Karl F. Liebau

Berufskunde für Heilpraktiker

Karl F. Liebau

Berufskunde für Heilpraktiker

2., aktualisierte Auflage

Pflaum Verlag München

Herausgeber der Reihe
Natur & Heilkunst:
Karl Friedrich Liebau

Diese Pflaum-Publikation knüpft an die Tradition vorheriger Veröffentlichungen im gleichen Verlag an:
1967 erschien die »Berufskunde für Heilpraktiker« bearbeitet von Fritz Rabe; von dieser ausgehend, ihre Struktur weitgehend übernehmend erschien 1985 das »Handbuch für die Naturheilpraxis. Leitfaden zur Berufskunde«, herausgegeben von Karl F. Liebau / M. Ullmann, bearbeitet von M. Ullmann.
1992 erschien die erste Auflage der vorliegenden »Berufskunde für Heilpraktiker« von Karl F. Liebau.

Die Deutsche Bibliothek – CIP-Einheitsaufnahme

Liebau, Karl F.:
Berufskunde für Heilpraktiker / Karl F. Liebau. –
2., aktualisierte Aufl. – München : Pflaum, 1995
(Natur & Heilkunst)
ISBN 3-7905-0684-2

Gesamtherstellung: Pustet, Regensburg

INHALT

Einleitung

Heilpraktiker – ein freier Gesundheitsberuf

Entwicklung und Geschichte

Seit es Menschen gibt, ist das zwischenmenschliche Sichergänzen von Hilfsbedürftigkeit und Hilfsbereitschaft ein unverzichtbarer Bestandteil des Zusammenlebens.

Trotz gleicher Vorbedingungen hat es immer Menschen gegeben, die bei gesundheitlichen Problemen erfolgreicher Hilfestellung geben konnten als andere, ein Umstand, den man sich mit deren Heilbegabung erklärte, einer besonderen Begabung, zu beobachten und zum Erkennen, Heilen oder Lindern von Krankheiten. Diese »Heilbegabung« wird auch heute noch als eine willkommene Eigenschaft für den Beruf des Heilpraktikers angesehen. Da sie Ausdruck des richtigen und erfolgreichen Umgangs mit den Bedürfnissen eines Kranken ist, schließt sie den Respekt vor natürlichen Heilverläufen ein und wendet sich an die von der Natur gegebenen Selbstheilungskräfte. Mit diesen Voraussetzungen für die Heilbegabung identifiziert sich auch der moderne Heilpraktiker in seinem Bemühen.

Heilkundige mit einer solchen Grundvoraussetzung gab es zu allen Zeiten und in allen Kulturen mit – ihrem Weltbild entsprechend – unterschiedlicher Ausprägung ihres »Medizinischen Modells«, was ihren jeweiligen Denk- und Handlungsansatz bestimmte.

In unserem Kulturkreis fußt die Heilkunde, auf die sich der Heilpraktiker bis heute beruft, auf den Säftelehren des griechischen Altertums, die sich im wesentlichen über das Mittelalter bis in die Humoralpathologie der Neuzeit erhalten haben. Dieses Vorstellungsmodell, in das von Beginn an die Pflanzenheilkunde integriert war, erwies sich, was das Bemühen um Zusammenhänge und Ganzheitssicht krankheitlichen Geschehens anbetraf, sowie auch für das praktische Handeln, als äußerst erfolgreich. Auch wenn es seit der Gründung von Universitäten mit der scholastischen Medizin neben den Heilbehandlern aus dem Volk die Behandlung durch universitäre Ärzte gab, gingen doch beide lange Zeit von gemeinsamen Grundvorstellungen in der Heilkunde aus. Erst mit der Anerkennung der Zellularpathologie im vorigen Jahrhundert gehen akademisch-ärztliche Medizin und Naturheilkundler in ihren Vorstellungen von Krankheit und Gesundheit getrennte Wege.

Als Reaktion auf die neue wissenschaftliche Medizin formierte sich zum Ende des 19. Jahrhunderts auch die empirische Heilkunde neu mit dem Gebot, in ihren Heilweisen den Weg der Natur nachzuvollziehen, möglichst natürlich zu behandeln, auf jeden Fall aber nicht zu schaden.

Diese Heilkunde speiste sich aus drei Quellen:

1. der geistig-philosophischen Bewegung des ausgehenden 18. Jahrhunderts durch Rousseau, Fichte, Hegel u. a.
2. der volksmedizinischen Bewegung zu Beginn des 19. Jahrhunderts mit Prießnitz, Kneipp, Schroth u. a.
3. den Impulsen, die auf antikes hippokratisches Gedankengut zurückgriffen wie Hufeland u. a.

Die Homöopathie Hahnemanns, die in der wissenschaftlichen Medizin praktisch keinen Stellenwert hatte, wurde von Anfang an von dieser neuen naturheilkundlich orientierten Heilkunde anerkannt und integriert.

Mit der Einführung der Kurierfreiheit 1869 formierten sich die unterschiedlichen natur- und volksheilkundlich ausgerichteten Heilkundigen wie Homöopathen, Magnetopathen, Kräuterheilkundige u. a. zu einem Berufsstand, was an gemeinsamen Aktivitäten, nicht nur in der Volksgesundheitsbewegung, sondern auch in der Gründung von Berufsverbänden, Ausbildungsstätten, gemeinsamer Fachfortbildung und Erstellung von Berufsordnungen deutlich wurde.

Mit der Einführung des Heilpraktikergesetzes vom 17. 2. 1939 wurde das bis dahin rein traditionelle Berufsbild der Natur- und Volksheilkundigen durch Zulassungsvoraussetzungen und die für den Berufsstand verbindliche Berufsbezeichnung »Heilpraktiker« teilweise normiert. Seitdem gibt es in Deutschland nach geltendem Recht neben den Ärzten einen zweiten freien und selbständigen Heilberuf, die deutsche Heilpraktikerin und den deutschen Heilpraktiker.

Der rechtliche Rahmen

Die Grundlage für die Tätigkeit des Heilpraktikers ist das Heilpraktikergesetz vom 17. 2. 1939 – HPG – als Berufszulassungsgesetz. In § 1 heißt es:

»Wer die Heilkunde, ohne als Arzt bestallt zu sein, ausüben will, bedarf dazu der Erlaubnis.«

Diese wird in der 1. Durchführungsverordnung – DVO – an Zulassungsbedingungen geknüpft, u. a. an eine »Überprüfung der Kenntnisse und Fähigkeiten«, aus der sich ergibt, daß die »Ausübung der Heilkunde« durch den Betreffenden »keine Gefahr« bedeutet.

Nach den Länderrichtlinien wird die Überprüfung der Kenntnisse und Fähigkeiten an entsprechenden fachlichen Inhalten ausgerichtet, um eine ausreichende Gewähr für das Überprüfungsziel zu bieten, nämlich bei der Ausübung der Heilkunde Gefahren für die Volksgesundheit, wie die Gesundheit des einzelnen, auszuschließen. Bundeseinheitliche Leitlinien schlagen ebenfalls in diesem Sinne Verfahren und Inhalte der Überprüfung vor, mit dem Ziel, durch Zentralisierung und Angleichung der Überprüfungen zu mehr Prüfungsgerechtigkeit beizutragen.

Abgesehen vom Heilpraktikergesetz, das die Tätigkeit der Heilpraktiker allgemein als Ausübung der Heilkunde definiert, wird durch die Überprüfung anhand fachlicher Inhalte direkter Bezug auf diese Tätigkeit genommen.

Die Ausübung der Heilkunde durch Heilpraktiker unterliegt einigen gesetzlichen Vorbehalten:

Nach dem »Bundesseuchengesetz« bleibt die Behandlung von meldepflichtigen Infektionskrankheiten Ärzten vorbehalten. Ebenso die Behandlung von Leiden und Erkrankungen der Geschlechtsorgane, wie auch die Untersuchung derselben.

Gemäß »Arzneimittelgesetz« bleibt die Verordnung verschreibungspflichtiger Arzneimittel Ärzten, Zahnärzten und Tierärzten vorbehalten.

Eine wichtige Ergänzung erfährt dieser gesetzliche Rahmen der Heilpraktikertätigkeit durch die Rechtsprechung, insbesondere das höchstrichterliche Urteil des BGH über die Sorgfaltspflicht. Es erlegt dem Heilpraktiker in Bereichen, in denen er am Patienten tätig wird, eine arztgleiche Sorgfalt auf, was Kenntnisse und Fähigkeiten betrifft und verlangt von ihm, daß er sich auf dem betreffenden Gebiet auf dem neuesten wissenschaftlichen Kenntnisstand befinden muß. Diese Sorgfaltspflicht bietet dem Patienten des Heilpraktikers zusätzlich Schutz und Sicherheit für seine Gesundheit.

Diese rechtlichen Bedingungen bieten dem Heilpraktiker die nötige Freiheit, dieselbe über den Rahmen der überprüften Grundstandards hinaus den Maßstäben seines Heilberufs und seiner individuellen Heilbegabung angemessen, eigenverantwortlich auszufüllen, um für seine individuelle Heiltätigkeit optimal gerüstet zu sein.

Auf welche Weise der Heilpraktiker seine Kenntnisse und Fähigkeiten zum einen für die Zulassungsvoraussetzung (Ausbildung), zum anderen für die Erfüllung der von ihm verlangten Sorgfaltspflicht (Fortbildung) erwirbt, ist, wie es die Tradition herausgebildet hat, in seine persönliche Verantwortung gestellt und nicht gesetzlich vorgeschrieben. Das Spektrum der Möglichkeiten, dieser persönlichen Verantwortung gerecht zu werden, reicht bei der Ausbildung von der verschulten Form einer mehrjährigen Ganztagsschule über das auch berufsbegleitende Fernstudium mit Wochenendseminaren (für den praktischen Lernstoff) bis zum Selbststudium und bei der Weiterbildung ähnlich: von der regelmäßigen Teilnahme an Fachfortbildungen, Schwerpunktseminaren bis hin zum Studium von Fachzeitschriften und neuester Fachliteratur. Die Formen der Wissensaneignung sind unterschiedlich, wobei der Beruf verlangt, daß es an der Gründlichkeit keine Abstriche gibt. Berufsverbände und / oder Fachgesellschaften haben es sich zur Aufgabe gemacht, Ausbildung, z. B. an Fachschulen anzubieten, und Weiterbildung durch regelmäßige Fachfortbildung zu ermöglichen.

Der selbständige Heilberuf des Heilpraktikers in Eigenverantwortung gehört in seiner Rechtsstellung, auch was die Steuergesetze betrifft, zu den »Freien Berufen«.

Aufgaben

Der Heilpraktiker hat in erster Linie die Aufgabe, die individuellen gesundheitlichen Bedürfnisse der Bürger, die trotz des Angebots der offiziellen medizinischen Bedarfdeckung des Gesundheitswesens an ihn herangetragen werden, objektiv und subjektiv, weitmöglichst zu befriedigen, d. h. die Krankheiten der Bürger zu erkennen und zu heilen, bzw. Befund und Befinden zu bessern.

Damit erfüllt er auch eine gesellschaftliche Aufgabe: Er verhindert in den ihm erlaubten Bereichen gesundheitlicher Versorgung eine unserer demokratisch pluralistischen Gesellschaft unangemessene Monopolstellung der insitutionalisierten Medizin und hat praktisch eine Regulativfunktion, indem durch sein Wirken nicht nur die Therapiefreiheit sinnvoll gewahrt wird, sondern auch die Wahlfreiheit des Bürgers nach einem von ihm persönlich bevorzugten Therapeuten. Diese soziologische Funktion erfüllt der Heilpraktiker als eigenständiger Behandler unabhängig davon, ob einige seiner Therapien die wissenschaftliche Anerkennung erlangen und / oder Eingang in die insitutionalisierte Medizin finden. Außerdem vervollständigt er das Spektrum naturheilkundlicher Verfahren über evtl. auch von der Medizin übernommene Methoden hinaus und leistet mit diesem Angebot wiederum einen unverzichtbaren Beitrag zur Therapievielfalt und Therapiefreiheit.

Darüber hinaus erfüllt der Heilpraktiker durch seine ihm eigene Art der Heilkunde auch Aufgaben für die Volksgesundheit, indem er seine Patienten grundsätzlich zu einer gesunden Lebensweise, speziell im Bereich der Ernährung, anhält.

Weiterhin ist ihm, besonders in Zeiten wissenschaftlichen Dogmatismus der Medizin, die Aufgabe zugefallen, Bewahrer der Naturheilkunde zu sein. Der Heilpraktiker hat die Pflege der Tradition dieser wichtigen Kulturgüter unseres Volkes übernommen und hält sie bis auf den heutigen Tag in seiner Therapie lebendig, besonders in Bereichen, die keinen Eingang in die institutionalisierte Medizin finden.

Die Heilkunde des Heilpraktikers

Der Heilpraktiker übt, unabhängig von der jeweiligen Anerkennung durch die wissenschaftliche Lehrmeinung, eine individuelle Heilkunde aus, die auf der Tradition und Erfahrung der Naturheilkunde beruht und naturheilkundlichen Prinzipien folgt, einschließlich neuerer Entwicklungen und Möglichkeiten in Diagnose und Therapie, die auf diesen Prinzipien basieren.

Oberstes Gebot bei der Ausübung der Heilkunde durch Heilpraktiker ist der Grundsatz: »Niemals schaden« (Nihil Nocere).

Das verlangt einen unbedingten Respekt vor der Unverletzlichkeit und Integrität der Gesamtpersönlichkeit des Patienten in seiner Geist-Seele-Körper-Einheit. Der natürliche Heilverlauf wird respektiert, erleichtert und gefördert. Es werden möglichst Bedingungen geschaffen, die die Abwesenheit von Krankheit begünstigen.

Der Heilpraktiker richtet sein Augenmerk in erster Linie auf die Selbstheilungskräfte und ihre individuellen Wirkmöglichkeiten bei einem Kranken.

Über den Befund und die Ätiologie einer Krankheit hinaus richtet der Heilpraktiker seine Aufmerksamkeit hauptsächlich auf das Befinden als individuelle Ausprägung von Krankheiten gleicher Ätiologie durch die Person des Kranken, durch seine konstitutionellen Anlagen, seine Disposition und Reaktionsbereitschaft gegenüber einer Krankheit. Aus diesen Kriterien bezieht der Heilpraktiker

u. a. die Erkenntnisse für seine personotrope Therapie, die sich an die individuellen Möglichkeiten der jeweiligen Selbstheilungskräfte wendet.

Das Verhältnis von Patient und Behandler ist von Gleichberechtigung und Respekt geprägt. Der Heilpraktiker geht davon aus, daß der Kranke mit allem Wissenswerten über seine Krankheit zu ihm kommt, das freilich oft unstrukturiert und unverstanden berichtet wird. Er hört ihn an, er nimmt ihn auf und versucht die meist wahllos berichteten Symptome des Befindens mit seinen Erfahrungsmustern zu verknüpfen, um sie dann dem Patienten strukturiert zurückzugeben, damit dieser sein Problem versteht, besser damit umgehen kann und die Ratschläge des Heilpraktikers mit Einsicht in die Zusammenhänge befolgt.

Dem Hauptziel des HPG folgend, nämlich Gefahren vom Patienten fernzuhalten, setzt der Heilpraktiker zur Ausschlußdiagnostik und Erhärtung von Verdachtsdiagnosen auch wissenschaftliche Diagnoseverfahren ein, wie z. B. die Labordiagnostik. Zur Vervollständigung der Erkenntnisse – aus seiner Sicht der Zusammenhänge von Krankheit und Gesundheit – verwendet der Heilpraktiker eine naturheilkundliche Diagnostik, die ihn z. T. unmittelbar zu seiner Therapie führt. Dabei geht er weniger nach quantitativen Normkonventionen des Messens und Wiegens vor, als nach qualitativen des Beobachtens, Verknüpfens und Bewertens.

Seine daraus folgenden therapeutischen Überlegungen zielen auf das Begünstigen der Selbstheilungskräfte zu einem natürlichen Heilverlauf,

- ob es um eine Entlastung und Entgiftung des Organismus durch Aus- und Ableitungsmethoden geht,
- ob es durch Simulieren von Störungen, die durch Übung zu einer verbesserten Anpassung konditionieren sollen, geschieht, wie in der Homöopathie oder Hydrotherapie,
- ob es durch gezielte Erregung von Kompensationssystemen geschieht, wie in der Humoralpathologie und Physiotherapie,
- ob mit der Behandlung durch eine ähnlich biologische Systematik auf die ebenso biologischen Entsprechungen und Ähnlichkeiten im Menschen abgezielt wird, wie es – über die reine Stofflichkeit hinaus – bei der Phytotherapie, Biochemie und Spagyrik geschieht,
- ob eine Schonung der Systeme das Ziel der Therapie ist, wie bei einer speziellen Diät oder Lebensweise,
- ob es um die – nach einer Konstitutionsdiagnose erkannten – Möglichkeiten in Bezug auf die Entwicklung potentieller genetischer Möglichkeiten geht, wie in der Verhaltens-, Sozio- oder Psychotherapie,
- oder ob es um die vielen weiteren Formen der Anwendung regulatorisch-naturheilkundlicher Therapie- und Arzneianwendungen mineralischer, pflanzlicher oder tierischer Herkunft geht.

Immer ist der Heilpraktiker bemüht, sich an die Selbstheilungskräfte zu wenden. Der Vielfältigkeit neuer diagnostischer und therapeutischer Möglichkeiten, die diesem Ziel dienen, und Eingang in das Behandlungsspektrum des Heilpraktikers finden können, sind auch in der Zukunft keine Genzen gesetzt.

Heilpraktiker und Gesellschaft

Der Heilpraktiker kann von jedermann als Privatpatient aufgesucht werden. Die Leistungen des Heilpraktikers können nicht auf Krankenschein der gesetzlichen Krankenkassen in Anspruch genommen werden, allerdings erstatten die Beihilfe für Beamte und Angestellte des Öffentlichen Dienstes, wie auch die Privaten Krankenversicherungen – im abgeschlossenen Vertragsrahmen – die Leistungen der Heilpraktiker in vergleichbarer Form wie ärztliche Leistungen.

In der Gestaltung der Behandlungshonorare ist der Heilpraktiker grundsätzlich frei. Die Heilpraktikerschaft besitzt allerdings ein Gebührenverzeichnis – GebüH –, das als Orientierungsrahmen und zur Aufklärung der Patienten über ihre evtl. zu erwartenden Erstattungsleistungen dient.

Die im GebüH aufgeführten Leistungen erheben, was das Tätigkeitsspektrum des Heilpraktikers angeht, keinen Anspruch auf Vollständigkeit. Auch hier ist der Heilpraktiker, was die Wahl von Therapien anbelangt – freilich im gesetzlich erlaubten Rahmen – völlig frei.

Auch wenn der Heilpraktiker eine Standesordnung mit Gesetzescharakter nicht besitzt und kein gesetzliches Werbeverbot für Heilpraktiker besteht, verhält er sich im Verkehr mit der Öffentlichkeit den ethischen Maßstäben seines Heilberufs angemessen. Die Verbände haben eine »Berufsordnung«, die für Mitglieder im Sinne einer Vereinssatzung Verbindlichkeit besitzt. Sie trägt in Vorschriften und Empfehlungen ihrer berufsbildprägenden Aufgabe Rechnung. Die BOH enthält u. a. auch die haftungsrechtlich bedeutsame Aufklärungspflicht und die ansonsten zivilrechtlich verankerte Schweigepflicht.

Die überwiegende Zahl der Heilpraktiker ist in Berufsverbänden organisiert, auch wenn eine solche Mitgliedschaft freiwillig ist. Es gibt, einem freien Beruf in einer freien Gesellschaft entsprechend, mehrere Berufsverbände, die in friedlichem Wettbewerb um den Heilpraktiker als Mitglied konkurrieren, hauptsächlich in den Bereichen, wo es um Leistungen und Aufgaben des Heilpraktikers zur eigenverantwortlichen Ausfüllung des gesetzlichen Rahmens geht, wie Ausbildung (z. B. durch Fachschulen), Weiterbildung (z. B. durch geregelte Fachfortbildung), aber ebenso Mitgliederbetreuung u. ä. Auch die Vertretung berufsständischer Belange gegenüber Regierung, Politik und Öffentlichkeit haben sich die Verbände zur Aufgabe gemacht.

Der Berufsstand besitzt eine »Arzneimittelkommission der deutschen Heilpraktiker«, die sich mit Zulassungs-, Widerrufs-, Beurteilungs- und Gefahrenabwehrproblemen von Arzneimitteln befaßt. Sie ist Stufenplanbeteiligte beim Bundesgesundheitsamt (BGA).

Seinem gesamten Charakter als selbständiger Heilberuf nach erbringt der Heilpraktiker viele seiner Leistungen in freier Eigenverantwortung und empfindet sich als geeigneter Ansprechpartner und sinnvolle Ergänzung eines aufgeklärten und für seine Gesundheit mitverantwortlichen Bürgers in unserer Gesellschaft.

Burglauer, Juni 1994 *Karl F. Liebau*

1.

GESETZLICHE GRUNDLAGEN DES HEILPRAKTIKERBERUFES

1.1 Gesetz über die berufsmäßige Ausübung der Heilkunde ohne Bestallung (Heilpraktikergesetz)

vom 17. 2. 1939 (RGBl. I S. 251)
geändert durch Art. 53 des EGStGB vom 2. März 1974 (BGBl. I S. 469)

§ 1

(1) Wer die Heilkunde, ohne als Arzt bestallt zu sein, ausüben will, bedarf dazu der Erlaubnis.

(2) Ausübung der Heilkunde im Sinne dieses Gesetzes ist jede berufs- oder gewerbsmäßig vorgenommene Tätigkeit zur Feststellung, Heilung oder Linderung von Krankheiten, Leiden oder Körperschäden bei Menschen, auch wenn sie im Dienste von anderen ausgeübt wird.

(3) Wer die Heilkunde bisher berufsmäßig ausgeübt hat und weiterhin ausüben will, erhält die Erlaubnis nach Maßgabe der Durchführungsbestimmungen; er führt die Berufsbezeichnung »Heilpraktiker«.

§ 2

(1) Wer die Heilkunde, ohne als Arzt bestallt zu sein, bisher berufsmäßig nicht ausgeübt hat, kann eine Erlaubnis nach § 1 in Zukunft ... erhalten.

§ 3

Die Erlaubnis nach § 1 berechtigt nicht zur Ausübung der Heilkunde im Umherziehen.

§ 4

...

§ 5

Wer, ohne zur Ausübung des ärztlichen Berufs berechtigt zu sein und ohne eine Erlaubnis nach § 1 zu besitzen, die Heilkunde ausübt, wird mit Freiheitsstrafe bis zu einem Jahr oder mit Geldstrafe bestraft.

§ 5a

(1) Ordnungswidrig handelt, wer als Inhaber einer Erlaubnis nach § 1 die Heilkunde im Umherziehen ausübt.

(2) Die Ordnungswidrigkeit kann mit einer Geldbuße bis zu fünftausend Deutsche Mark geahndet werden.

§ 6

(1) Die Ausübung der Zahnheilkunde fällt nicht unter die Bestimmungen dieses Gesetzes.

§ 7

Der (*Reichsminister des Innern*) erläßt ... die zur Durchführung ... dieses Gesetzes erforderlichen Rechts- und Verwaltungsvorschriften.

§ 8

(1) Dieses Gesetz tritt am Tage nach der Verkündung in Kraft.

(2) Gleichzeitig treten § 56a Abs. 1 Nr. 1 und § 148 Abs. 1 Nr. 7a der Reichsgewerbeordnung, soweit sie sich auf die Ausübung der Heilkunde im Sinne dieses Gesetzes beziehen, außer Kraft.

Anmerkungen zum Heilpraktikergesetz

*Zu **§ 1***

»Berufs- oder gewerbsmäßig« ist die Ausübung der Heilkunde, wenn die Absicht zur Wiederholung besteht oder diese zur wiederkehrenden oder dauernden Beschäftigung gemacht wird. »Berufsmäßig« ist die Ausübung der Heilkunde in diesem Falle auch dann, wenn sie unentgeltlich geschieht (BGH vom 16. 12. 1954), gegen Entgelt ist sie »gewerbsmäßig«, wobei sie deshalb noch nicht als Gewerbe einzustufen ist.

Selbstlose Hilfeleistung in Notfällen ist keine »berufs- oder gewerbsmäßige« Ausübung der Heilkunde, hingegen die heilkundliche Tätigkeit auch »im Dienste von anderen«.

Unabhängig von seinem speziellen Tätigkeitsfeld ist die einheitliche Berufsbezeichnung »Heilpraktiker« für Inhaber der Erlaubnis nach § 1 HPG festgelegt.

*Zu **§ 2***

§ 2 fällt im Hinblick auf die Kulturhoheit der Länder nicht unter das Bundesrecht, sondern wird durch die Vollzugserlasse der Länder ausgefüllt.

*Zu **§ 3***

Die Ausübung der Heilkunde im Umherziehen durch nicht ärztlich approbierte Heilbehandler ist seit 1883 nach der Reichsgewerbeordnung untersagt. § 3 regelt, daß dieses Verbot auch weiterhin für Heilpraktiker gilt. Er bedarf einer festen Niederlassung. Zeitweilig angemietete Räume mit ansonsten anderer Zweckbestimmung genügen dieser Vorschrift nicht.

*Zu **§§ 5** und **5a***

Ausübung und Heilkunde ohne Erlaubnis ist ein Straftatbestand, Ausübung der Heilkunde mit Erlaubnis, aber im Umherziehen eine Ordnungswidrigkeit.

1.2 Erste Durchführungsverordnung zum Gesetz über die berufsmäßige Ausübung der Heilkunde ohne Bestallung (Heilpraktikergesetz)

vom 18. Februar 1939 (RGBl. I S. 259)
zuletzt geändert durch Art. 1 der Verordnung vom 18. April 1975 (BGBl. I S. 967)

Aufgrund § 7 des Gesetzes über die berufsmäßige Ausübung der Heilkunde ohne Bestallung (Heilpraktikergesetz) vom 17. Februar 1939 (Reichsgesetzblatt I S. 251) wird verordnet:

§ 1

(zeitlich abgelaufen)

§ 2

(1) Die Erlaubnis wird nicht erteilt

a) wenn der Antragsteller das 25. Lebensjahr noch nicht vollendet hat,
b) wenn er nicht die deutsche Staatsangehörigkeit besitzt,
c) ... (gestrichen)
d) wenn er nicht mindestens abgeschlossene Volksschulbildung nachweisen kann,
e) (außer Kraft)
f) wenn sich aus Tatsachen ergibt, daß ihm die ... sittliche Zuverlässigkeit fehlt, insbesondere, wenn schwere strafrechtliche oder sittliche Verfehlungen vorliegen,
g) wenn ihm infolge eines körperlichen Leidens oder wegen Schwäche seiner geistigen oder körperlichen Kräfte oder wegen einer Sucht die für die Berufsausübung erforderliche Eignung fehlt,
h) wenn mit Sicherheit anzunehmen ist, daß er die Heilkunde neben einem anderen Beruf ausüben wird,
i) wenn sich aus einer Überprüfung der Kenntnisse und Fähigkeiten des Antragstellers durch das Gesundheitsamt ergibt, daß die Ausübung der Heilkunde durch den Betreffenden eine Gefahr für die Volksgesundheit bedeuten würde.

(2)

...

§ 3

(1) Über den Antrag entscheidet die untere Verwaltungsbehörde im Benehmen mit dem Gesundheitsamt.

(2) Der Bescheid ist dem Antragsteller ... zuzustellen; das Gesundheitsamt erhält Abschrift des Bescheides. Der ablehnende Bescheid ist mit Gründen zu versehen.

(3) Gegen den Bescheid können der Antragsteller ... *Beschwerde* einlegen. Über diese entscheidet die höhere Verwaltungsbehörde nach Anhörung eines Gutachterausschusses (§ 4).

§ 4

(1) Der Gutachterausschuß besteht aus einem Vorsitzenden, der weder Arzt noch Heilpraktiker sein darf, aus zwei Ärzten sowie aus zwei Heilpraktikern. Die Mitglieder des Ausschusses werden vom Reichsminister des Innern ... für die Dauer von zwei Jahren berufen. Die Landesregierungen werden ermächtigt, durch Rechtsverordnung die zuständige Behörde abweichend von Satz 2 zu bestimmen. Sie können diese Ermächtigung auf oberste Landesbehörden übertragen.

(2) Für mehrere Bezirke höherer Verwaltungsbehörden kann ein gemeinsamer Gutachterausschuß gebildet werden.

§ 5

...

§ 6

...

§ 7

(1) Die Erlaubnis ist durch die höhere Verwaltungsbehörde zurückzunehmen, wenn nachträglich Tatsachen eintreten oder bekannt werden, die eine Versagung der Erlaubnis nach § 2 Abs. 1 rechtfertigen würden. Die Landesregierungen werden ermächtigt, durch Rechtsverordnung die zuständige Behörde abweichend von Satz 1 zu bestimmen. Sie können diese Ermächtigung auf oberste Landesbehörden übertragen.

(2)

...

(3) Vor Zurücknahme der Erlaubnis nach Absatz 1 ist der Gutachterausschuß (§ 4) zu hören.

(4)

...

§ 8

...

§ 9

...

§ 10

...

§ 11

(1) Höhere Verwaltungsbehörde im Sinne dieser Verordnung ist ... der Regierungspräsident, in Berlin der Polizeipräsident ... und im übrigen die oberste Landesbehörde.

(2) Untere Verwaltungsbehörde im Sinne dieser Verordnung ist in Gemeinden mit staatlicher Polizeiverwaltung die staatliche Polizeibehörde, im übrigen in Stadtkreisen der Oberbürgermeister, in Landkreisen der Landrat.

(3)

...

§ 12

...

§ 13

...

§ 14

...

Anmerkungen zur ersten Durchführungsverordnung

Zu ***§ 2*** *(1)*

b) Nach dem »Gesetz über die Rechtsstellung heimatloser Ausländer ...« vom 25. 4. 1951 sind diese den Deutschen gleichgestellt. Auch Bürgern aus EG-Mitgliedstaaten kommt nach Art. 52 des EWG-Vertrages eine Gleichbehandlung mit Inländern zu.

Für asylberechtigte Ausländer hingegen trifft die Zugangssperre zum HPG zu.

f) Zuverlässigkeit wird im Grundsatz durch gesetzestreues Verhalten dokumentiert (polizeiliches Führungszeugnis). Nicht jede Art von Fehlverhalten begründet schon Unzuverlässigkeit im Sinne dieser Vorschrift. Entscheidend ist, ob trotz eines etwaigen Fehlverhaltens noch eine ausreichende Gewähr für eine ordnungsgemäße Berufsausübung geboten wird.

Je schwerer ein Fehlverhalten ist und je mehr auf die künftige Berufsausübung bezogen, desto schwerer wird es gewichtet. Die Ermessensentscheidung trifft die Verwaltungsbehörde.

g) Hierbei handelt es sich um Forderungen, wie sie berufsrechtlich auch an andere Heilberufe gestellt werden.

h) Nach Art. 12 Abs. 1 GG, der das Grundrecht der freien Berufsausübung garantiert, sind Verbote von Doppelbetätigungen nur möglich, wenn davon unmittelbare Gefahren ausgehen. Das BverwG (2. 3. 1967) hat ein Mehrfachbetätigungsverbot zum Schutze der Volksgesundheit nicht für erforderlich gehalten und Buchstabe h aufgehoben.

i) Der Begriff »Gefahr für die Volksgesundheit«, der sich früher hauptsächlich auf die mögliche Schädigung Dritter durch Nichtbeachten der Grenzen in der Ausübung der Heilkunde bezog (Ansteckungsgefahr - Seuchen), wird heute auch im Hinblick auf mögliche direkte Schädigungen des Patienten beim Heilpraktiker gesehen. Die Überprüfung bezieht sich deshalb, außer auf Grundkenntnisse, nicht mehr nur hauptsächlich auf Krankheiten des Bundesseuchengesetzes, sondern vermehrt auch auf Grenzen und Risiken in anderen Bereichen der Ausübung der Heilkunde.

Nach einem Urteil des BverwG vom 24. 1. 57 kann ein Antragsteller die Überprüfung mehrmals wiederholen.

Zu § 3 (3)

Enthält ein ablehnender Bescheid eine Rechtsmittelbelehrung, ist die Widerspruchsfrist ein Monat (Verwaltungsgerichtsordnung). Fehlt die Rechtsmittelbelehrung verlängert sich die Frist auf ein Jahr.

1.3 Leitlinien für die Überprüfung von Heilpraktikeranwärtern

Nachdem eine Rechtsverordnung des Bundes gescheitert war, hatte die Bundesregierung zugesagt, eine Initiative in Form einer Leitlinienempfehlung zur Vereinheitlichung der Überprüfungen auf Länderebene zu ergreifen.

Ende 1990/Anfang 1991 tagte das Sachverständigengremium aus Gesundheitsbeamten der Länderministerien, Amtsärzten, Naturheilkundeärzten und Heilpraktikern unter Leitung des Bundesministeriums für Gesundheit.

Damit ist eine Grundlage gegeben für mehr Vereinheitlichung und daraus folgend auch für mehr Überprüfungsgerechtigkeit, wenn der Durchführung in der Praxis auf vernünftige Weise Rechnung getragen wird, wozu auch die Heilpraktiker-Beisitzer einen wichtigen Beitrag leisten können (Beisitzer-Schulung durch die Verbände):

Leitlinien für die Überprüfung von Heilpraktikeranwärtern gemäß § 2 Abs. 1 Buchst. i) der Ersten Durchführungsverordnung zum Heilpraktikergesetz
Bundesministerium für Gesundheit 315-4334-3/4
Bonn, den 2. September 1992

I. RECHTSLAGE

Im Rahmen des Verfahrens über einen Antrag auf Erteilung einer Erlaubnis nach § 1 Abs. 1 des Heilpraktikergesetzes (HPG) vom 17. Februar 1939 (RGBl. I S. 251 – BGBl. III 2122 – 2), geändert durch Gesetz vom 2. März 1974 (BGBl. I S. 469), ist gemäß § 2 Abs. 1 Buchst. i) der Ersten DVO zum HPG vom 18. Februar 1939 (RGBl. I S. 259 – BGBl. III 2122 – 2 – 1), zuletzt geändert durch Verordnung vom

18. April 1975 (BGBl. I S. 967), eine Überprüfung des Heilpraktikeranwärters durch das Gesundheitsamt durchzuführen.

Nach der genannten Vorschrift ist die Erlaubnis zu versagen, »wenn sich aus einer Überprüfung der Kenntnisse und Fähigkeiten des Antragstellers durch das Gesundheitsamt ergibt, daß die Ausübung der Heilkunde durch den Betreffenden eine Gefahr für die Volksgesundheit bedeuten würde«. Die Überprüfung dient der Abwehr von Gefahren für die Gesundheit einzelner Bürger und der Bevölkerung.

Sie ist keine Prüfung im Sinne einer Leistungskontrolle zur Feststellung einer bestimmten Qualifikation. Daraus folgt, daß sie sich auf die Feststellung beschränken muß, ob der Stand der Kenntnisse und Fähigkeiten des Antragstellers keine Anhaltspunkte dafür bietet, daß eine heilkundliche Tätigkeit durch ihn zu Schäden an der menschlichen Gesundheit führen könnte. In diesem Rahmen muß sie allerdings die wesentlichen Gegenstände umfassen, die für eine solche Feststellung relevant sind. Dies bedingt, daß neben der Kenntnis der einschlägigen gesundheitsrechtlichen Vorschriften auch solche fachlichen Grundlagenkenntnisse der Medizin zu überprüfen sind, ohne deren Beherrschung heilkundliche Tätigkeiten leicht mit Gefahren für die menschliche Gesundheit verbunden sein können. Aufgrund der Überprüfung muß insbesondere auch festgestellt werden können, ob der Antragsteller die Grenzen seiner Fähigkeiten und der Handlungskompetenz des Heilpraktikers klar erkennt, sich der Gefahr bei einer Überschreitung dieser Grenzen bewußt und bereit ist, sein Handeln entsprechend einzurichten.

II. VERFAHREN BEI DER ÜBERPRÜFUNG

1. ZUSTÄNDIGKEIT DER ÜBERPRÜFUNG

Eine bundesweit an einheitlichen Maßstäben ausgerichtete Überprüfung ist notwendig. Um dieses Ziel zu erreichen, wird die Durchführung der Überprüfung zentralisiert. Eine solche Zentralisierung gibt es in einigen Ländern bereits seit längerer Zeit.

Für kleinere Länder empfiehlt es sich, die Überprüfung auf ein bestimmtes Gesundheitsamt zu konzentrieren. In größeren Ländern erscheint es zweckmäßig, hierfür einige wenige Gesundheitsämter – ein Gesundheitsamt je Regierungsbezirk – zu bestimmen.

Für eine entsprechende Organisation sprechen positive Erfahrungen in mehreren Ländern.

Eine Konzentration der Überprüfung auf ein Gesundheitsamt bzw. einige wenige Gesundheitsämter pro Land kann am ehesten gewährleisten, daß die Überprüfungen formell und inhaltlich landeseinheitlich durchgeführt werden. Bei der Ansiedlung der Überprüfungen bei einem Gesundheitsamt ist dies zwangsläufig. Aber auch bei einer Konzentration auf einige wenige Gesundheitsämter kann eine landeseinheitliche Handhabung realisiert werden, weil eine Abstimmung unter wenigen Gesundheitsämtern ohne größere Schwierigkeiten möglich ist. Wird in jedem Land einheitlich verfahren, ist das Ziel einer ländereinheitlichen Überprüfungspraxis durch Abstimmung unter den Ländern unschwer erreichbar.

2. DURCHFÜHRUNG DER ÜBERPRÜFUNG

2.1 Die Überprüfung besteht aus einem schriftlichen und einem mündlichen Teil.
2.2 Der schriftliche Teil der Überprüfung wird vor dem mündlichen Teil durchgeführt.
2.3 Im schriftlichen Teil der Überprüfung werden dem Antragsteller vom Amtsarzt 60 bis 80 Fragen schriftlich zur Beantwortung gestellt.

Für neun Zehntel der Fragen ist das Antwort-Wahl-Verfahren anzuwenden. Für das restliche Zehntel sind Fragen zu wählen, die in Form einer wörtlichen Darlegung zu beantworten sind.

Die Fragen sind klar und verständlich zu formulieren und auf den Bereich der unerläßlichen Kenntnisse zu beschränken. Dem Antragsteller stehen für die Beantwortung einer Frage nach dem Antwort-Wahl-Verfahren zwei Minuten, für die Beantwortung einer Frage durch eine wörtliche Darlegung vier Minuten zur Verfügung.

Antragsteller, die mindestens drei Viertel vom Hundert der im Antwort-Wahl-Verfahren zu beantwortenden Fragen und drei Viertel der in wörtlicher Darlegung zu beantwortenden Fragen zutreffend beantwortet haben, werden zur Fortsetzung der Überprüfung im mündlichen Teil zugelassen.

Falls der Antragsteller den Anforderungen des schriftlichen Teils nicht gerecht wird, wird die Überprüfung abgebrochen und festgestellt, daß angenommen werden muß, daß die Ausübung der Heilkunde durch den Antragsteller eine Gefahr für die Volksgesundheit bedeuten würde. Der Amtsarzt teilt dies der für die Erteilung der Erlaubnis zuständigen Behörde mit. Das gleiche gilt, wenn beim Antragsteller während der schriftlichen Überprüfung Täuschungsversuche oder sonstige Unregelmäßigkeiten festgestellt werden.
2.4 Die mündliche Überprüfung dauert mindestens 15 und höchstens 45 Minuten. Es kann in Gruppen mit bis zu vier Antragstellern geprüft werden.

Die mündliche Überprüfung wird vom Amtsarzt und einem von ihm zu berufenden gutachtlich mitwirkenden Heilpraktiker durchgeführt. Der Amtsarzt kann einen weiteren, ebenfalls von ihm zu berufenden gutachtlich mitwirkenden Heilpraktiker hinzuziehen. Die Berufsverbände der Heilpraktiker können dem Amtsarzt Heilpraktiker für die Teilnahme an der Überprüfung vorschlagen.

Im mündlichen Teil der Überprüfung sind die gestellten Fragen vom Antragsteller in freier Form zu beantworten. Dem Antragsteller soll auch eine praktische Aufgabe gestellt werden, die er in Anwesenheit aller Mitglieder des Überprüfungsgremiums zu erledigen hat.

Über die mündliche Prüfung ist eine Niederschrift zu fertigen, aus der Gegenstand, Ablauf und Ergebnis der Überprüfung, die gutachtliche Stellungnahme des gutachtlich beteiligten Heilpraktikers bzw. die gutachtlichen Stellungnahmen der gutachtlich beteiligten Heilpraktiker und gegebenenfalls vorgekommene Unregelmäßigkeiten hervorgehen.

Aufgrund des Ergebnisses der mündlichen Überprüfung entscheidet der Amtsarzt nach Anhören des gutachtlich beteiligten Heilpraktikers bzw. der gutachtlich beteiligten Heilpraktiker, ob beim Antragsteller Anhaltspunkte dafür vorliegen, daß die Ausübung der Heilkunde durch ihn eine Gefahr für die Volksgesundheit bedeuten würde. Er teilt die getroffene Entscheidung mit dem Ergebnis der schriftlichen Überprüfung der für die Erlaubniserteilung zuständigen Berhörde mit.

Der Amtsarzt unterrichtet den Antragsteller über das Ergebnis der Überprüfung.

3. INHALT DER ÜBERPRÜFUNG

Die Überprüfung der Kenntnisse und Fähigkeiten des Antragstellers dient der Feststellung, ob beim Antragsteller Anhaltspunkte dafür vorliegen, daß die Ausübung der Heilkunde durch ihn eine Gefahr für die Volksgesundheit bedeuten würde. Unter diesem Aspekt sind in der Überprüfung die nachfolgend genannten Gegenstände zu behandeln. Dabei ist insbesondere auch darauf zu achten, ob der Antragsteller die Grenzen seiner Befähigung und der Handlungskompetenzen eines Heilpraktikers klar erkennt, sich der Gefahren bei einer Überschreitung dieser Grenzen bewußt und bereit ist, sein Handeln entsprechend einzurichten.

Gegenstände der Überprüfung

- Berufs- und Gesetzeskunde einschließlich rechtliche Grenzen der Ausübung der Heilkunde ohne Approbation als Arzt,
- Grenzen und Gefahren diagnostischer und therapeutischer Methoden des Heilpraktikers,
- Grundkenntnisse der Anatomie, pathologischen Anatomie, Physiologie und Pathophysiologie,
- Grundkenntnisse in der allgemeinen Krankheitslehre, Erkennung und Unterscheidung von Volkskrankheiten, insbesondere der Stoffwechselkrankheiten, der Herz-Kreislauf-Krankheiten, der degenerativen Erkrankungen sowie der übertragbaren Krankheiten,
- Erkennung und Erstversorgung akuter Notfälle und lebensbedrohender Zustände,
- Technik der Anamneseerhebung; Methoden der unmittelbaren Krankenuntersuchung (Inspektion, Palpation, Perkussion, Auskultation, Reflexprüfung, Puls- und Blutdruckmessung),
- Praxishygiene, Desinfektion und Sterilisation,
- Injektions- und Punktionstechniken,
- Deutung grundlegender Laborwerte.

1.4 Richtlinien und Erlasse der Länder

1.4.1 BADEN-WÜRTTEMBERG

Erlaß des Innenministeriums über die Zulassung von Heilpraktikern

vom 6. Juli 1953 - Nr. X 4010/55

I. Bis zum Erlaß eines neuen Heilpraktikergesetzes ist bei der Erteilung der Erlaubnis zur Ausübung der Heilkunde ohne Bestallung als Arzt nach dem Heilpraktikergesetz vom 17. Februar 1939 (RGBl. I S. 251) und seinen Durchführungsverordnungen vom 18. Februar 1939 (RGBl. I S. 259) und 3. Juli 1941 (RGBl. I S. 368) zu verfahren. Hierbei sind jedoch im Hinblick auf das Grundgesetz nicht mehr anzuwenden:

a) vom Heilpraktikergesetz:
   § 1 Abs. 3 erster Halbsatz
   § 2 und
   § 4
   in § 5 Abs. 2 die Worte »oder § 4«
b) von der Ersten Durchführungsverordnung:
   § 1 Abs. 1 insoweit, als der Antragsteller die Heilkunde schon bei Verkündung des Gesetzes ausgeübt haben mußte und die Antragstellung bis zum 1. April 1939 befristet war,
   § 1 Abs. 2 und 3
   § 2 Abs. 1 Buchst. f. hinsichtlich der politischen Zuverlässigkeit,
   § 2 Abs. 2
   § 3 Abs. 2 und 3 insoweit, als die Zustellung des Bescheides an die Deutsche Heilpraktikerschaft e.V. und die Ärztekammer vorgeschrieben und diesen ein Beschwerderecht eingeräumt war,
   die §§ 5, 6, 7 Abs. 2 und 4, §§ 8, 9, 10, 12, 13 und 14.

II. Bei der Behandlung und Entscheidung von Anträgen auf Erteilung der Heilpraktikererlaubnis ist im einzelnen wie folgt zu verfahren:

1. Allgemeines

Sämtliche Anträge auf Erteilung der Heilpraktikererlaubnis sind als solche nach § 1 Abs. 1 des Gesetzes zu behandeln. Die Anträge sind bei der für den Niederlassungsort des Antragstellers zuständigen unteren Verwaltungsbehörde einzureichen, die im Benehmen mit dem Gesundheitsamt entscheidet (vgl. § 1 Abs. 1; und § 3 Abs. 1 Erste DVO).

2. Vorbehandlung der Anträge

Die untere Verwaltungsbehörde kann zu dem Antrag eine Stellungnahme des zuständigen Heilpraktikerverbandes einholen.

Der Antragsteller ist einer Überprüfung durch das Gesundheitsamt zu unterziehen. Die Überprüfung darf keine ausgesprochene Fachprüfung sein; sie soll sich vielmehr darauf erstrecken, ob die Ausübung der Heilkunde durch den Antragsteller eine Gefahr für die Allgemeinheit bedeuten würde. Die heilkundlichen Kenntnisse und Fähigkeiten sind nur in diesem Rahmen zu überprüfen.

Bei der Überprüfung ist besonderer Wert darauf zu legen, daß der Antragsteller über eine ausreichende Kenntnis der Seuchengesetze und Vorschriften über die Anzeigepflicht gemeingefährlicher und übertragbarer Krankheiten und ihrer Erscheinungsformen (Diagnosestellung) verfügt und sich der Grenzen der Heilbefugnis eines Heilpraktikers bewußt ist. In letzter Hinsicht ist insbesondere zu prüfen, ob der Antragsteller weiß, daß dem Heilpraktiker verboten ist,

1. Geschlechtskrankheiten und Krankheiten oder Leiden der Geschlechtsorgane zu behandeln ...,
2. Geburtshilfe auszuüben ...,
3. die Pockenschutzimpfung auszuführen ...,
4. Arzneimittel zu verschreiben, sofern die Verschreibung ausdrücklich bestallten (approbierten) Ärzten und Zahnärzten vorbehalten ist,
5. Betäubungsmittel (Opiate) zu verschreiben.

Die Überprüfung wird vom Amtsarzt unter Zuziehung eines Heilpraktikers durchgeführt. Der Heilpraktiker wird im Einzelfall auf Anforderung des Gesundheitsamtes vom zuständigen Heilpraktikerverband vorgeschlagen und vom Amtsarzt zur Prüfung eingeladen. Der Amtsarzt kann zu seiner Unterstützung weitere Ärzte des Gesundheitsamtes beiziehen. Er entscheidet über das Ergebnis der Überprüfungen und teilt seine Stellungnahme mit Begründung der unteren Verwaltungsbehörde mit. Über den Verlauf der Überprüfung ist eine Niederschrift zu den Akten des Gesundheitsamtes anzufertigen. Sie ist vom Amtsarzt und dem von ihm zu bestellenden Schriftführer zu unterzeichnen.

Die Kosten der Überprüfung hat der Antragsteller zu tragen. Das Gesundheitsamt hat aufgrund der Ziff. 3 der allgemeinen Bestimmungen in Verbindung mit Abschnitt A III Nr. 13 des Tarifs zu der Verordnung über die Gebührenerhebung der Gesundheitsämter vom 28. März 1935 (RGBl. I S. 481) für das Prüfungszeugnis eines Gebühr von DM 30,– bis DM 50,– anzusetzen.

3. Entscheidung der Anträge

a) Der Antrag auf Erteilung der Erlaubnis ist abzulehnen, wenn das Gesundheitsamt aufgrund seiner Überprüfung feststellt, daß die Ausübung der Heilkunde durch den Bewerber eine Gefahr für die Allgemeinheit darstellen würde oder wenn ein anderer Versagungsgrund vorliegt. Der ablehnende Bescheid ist mit Gründen und einer Rechtsmittelbelehrung zu versehen.

b) Wird dem Antrag stattgegeben, so ist die Erlaubnis nach folgendem Muster zu erteilen:

»Name . . . . geboren am . . . .
in . . . . wohnhaft in . . . .

erhält hiermit gemäß § 1 Abs. 1 des Gesetzes über die berufsmäßige Ausübung der

Heilkunde ohne Bestallung (Heilpraktikergesetz) vom 17. Februar 1939 (RGBl. I S. 251) die Erlaubnis, die Heilkunde ohne Bestallung berufsmäßig auszuüben. Er (sie) hat die Berufsbezeichnung ›Heilpraktiker(in)‹ zu führen.

(Dienstsiegel) . . . ., den . . . . . .«

c) Für die Erteilung der Erlaubis ist eine Verwaltungsgebühr von mindestens 20,– DM zu erheben. – Siehe Anmerkung –

d) Das Gesundheitsamt und der Heilpraktikerverband sind sowohl von der Erteilung der Erlaubnis als auch von der Ablehnung eines Antrags zu verständigen.

III. Aufhebung bisheriger Erlasse

Die Runderlasse des Innenministeriums Württemberg-Baden vom 31. Jan. 1952, Nr. X 4010/18, des Präsidenten des Landesbezirks Baden vom 30. Jan. 1952 Nr. 6800/IIIb, des Badischen Ministeriums des Innern vom 28. Mai 1952 Nr. 14248/V und des Innenministeriums Südwürttemberg-Hohenzollern vom 17. April 1952 Nr. X 4010 werden aufgehoben.

Mit Verordnung des Innenministeriums vom 28. Oktober 1971 ist das Verzeichnis der Verwaltungsgebühren (Gebührenverzeichnis) vom 17. November 1964 (Ges. Bl. S. 341) geändert und ergänzt worden. In Nr. 16 des Verzeichnisses (Berufsausübung) sind die den Heilpraktiker betreffenden Gebühren wie folgt angegeben:

3.	*Heilpraktiker*	
3.1.	*Erlaubnis zur Ausübung der Heilkunde als Heilpraktiker*	*50 DM*
3.2.	*Zurücknahme der Erlaubnis*	*100 bis 400 DM*
3.3.	*Wiedererteilung der Erlaubnis*	*100 bis 400 DM*

(Weitere Änderungen vorbehalten.)

Verordnung des Ministeriums für Arbeit, Gesundheit, Familie und Sozialordnung über Zuständigkeiten nach dem Heilpraktikerrecht

Vom 17. Dezember 1985

1. Artikel 29 des Gesetzes zur Erleichterung der Verwaltungsreform in den Ländern (Zuständigkeitslockerungsgesetz) vom 10. März 1975 (BGBl I S. 685),
2. § 4 Abs. 1 Sätze 3 und 4 und § 7 Abs. 1 Sätze 2 und 3 der Ersten Durchführungsverordnung zum Gesetz über die berufsmäßige Ausübung der Heilkunde ohne Bestallung (Heilpraktikergesetz) in der Fassung der Verordnung zur Erleichterung der Verwaltungsreform in den Ländern (Zuständigkeitslockerungsverordnung) vom 18. April 1975 (BGBl. I S. 697),
3. § 6 Abs. 1 Nr. 8 der Verordnung der Landesregierung zur Übertragung von

Ermächtigungen nach dem Zuständigkeitslockerungsgesetz und der Zuständigkeitslockerungsverordnung vom 26. August 1975 (GBl. S. 606),

4. § 10 des Gesetzes über die Vereinheitlichung des Gesundheitswesens vom 3. Juli 1934 (RGBl. I S. 531), geändert durch das Gesetz über die Änderung von Zuständigkeiten der Ministerien vom 14. März 1972 (GBl. S. 65),
5. § 5 Absätze 3 und 5, § 12 Abs. 1 Satz 2 und § 18 Satz 2 des Landesverwaltungsgesetzes (LVG) in der Fassung vom 2. Januar 1984 (GBl. S. 101):

§ 1

Zuständige Behörde für die Erteilung und die Zurücknahme der Erlaubnis im Sinne des § 1 Abs. 1 des Gesetzes über die berufsmäßige Ausübung der Heilkunde ohne Bestallung (Heilpraktikergesetz) vom 17. Februar 1939 (RGBl. I S. 251) ist die untere Verwaltungsbehörde.

§ 2

Dem Regierungspräsidium Freiburg wird die Zuständigkeit zur Berufung des Gutachterausschusses nach § 4 Abs. 1 Satz 2 der Ersten Durchführungsverordnung zum Gesetz über die berufsmäßige Ausübung der Heilkunde ohne Bestallung (Heilpraktikergesetz) für das ganze Land übertragen.

§ 3

Zuständiges Gesundheitsamt im Sinne des § 2 Abs. 1 Buchst. i und des § 3 Absätze 1 und 2 der Ersten Durchführungsverordnung zum Gesetz über die berufsmäßige Ausübung der Heilkunde ohne Bestallung (Heilpraktikergesetz) ist

1. für den Regierungsbezirk Stuttgart mit Ausnahme des Stadtkreises Stuttgart das Staatliche Gesundheitsamt Heilbronn,
2. für den Stadtkreis Stuttgart das Gesundheitsamt der Stadt Stuttgart,
3. für den Regierungsbezirk Karlsruhe das Staatliche Gesundheitsamt Karlsruhe,
4. für den Regierungsbezirk Freiburg das Staatliche Gesundheitsamt Freiburg,
5. für den Regierungsbezirk Tübingen das Staatliche Gesundheitsamt Tübingen.

§ 4

§ 2 und § 3 Nr. 1 der Verordnung des Ministeriums für Arbeit, Gesundheit und Sozialordnung über Zuständigkeiten im Gesundheitswesen vom 10. Dezember 1975 (GBl. 1976 S. 59), geändert durch die Verordnung der Landesregierung, des Innenministeriums, des Ministeriums für Kultus und Sport, des Ministeriums für Wissenschaft und Kunst, des Finanzministeriums, des Ministeriums für Wirtschaft, Mittelstand und Verkehr, des Ministeriums für Ernährung, Landwirtschaft, Umwelt und Forsten und des Ministeriums für Arbeit, Gesundheit und Sozialordnung zur Anpassung des Landesrechts an das Landesverwaltungsverfahrensgesetz und zur Aufhebung entbehrlicher Rechtsvorschriften vom 19. März 1984 (GBl. S. 281), werden aufgehoben.

§ 5

Diese Verordnung tritt am 1. Januar 1986 in Kraft.

1.4.2 BAYERN

Dritte Verordnung zur Änderung der Verordnung zur Ausführung des Gesetzes über den öffentlichen Gesundheitsdienst

Vom 26. Juli 1994

Auf Grund von Art. 17 Abs. 2 Nr. 2 des Gesetzes über den öffentlichen Gesundheitsdienst (GDG) vom 12. Juli 1986 (GVBl S. 120, BayRS 2120–1–A), zuletzt geändert durch § 2 des Gesetzes vom 23. Juli 1993 (GVBl S. 511) in Verbindung mit dem Gesetz zur Überleitung von Zuständigkeiten vom 23. Juli 1993 (GVBl S. 496), erläßt das Bayerische Staatsministerium für Arbeit und Sozialordnung, Familie, Frauen und Gesundheit folgende Verordnung:

§ 1

Die Verordnung zur Ausführung des Gesetzes über den öffentlichen Gesundheitsdienst (AVGDG) vom 9. September 1986 (GVBl S. 318, BayRS 2120–1–1–A), zuletzt geändert durch Verordnung vom 6. April 1992 (GVBl S. 96), wird wie folgt geändert:

Dem § 1 wird folgender Absatz 4 angefügt:

»(4) Zuständiges Gesundheitsamt im Sinn des § 2 Abs. 1 Buchst. i, und des § 3 Abs. 1 und 2 der Ersten Durchführungsverordnung zum Gesetz über die berufsmäßige Ausübung der Heilkunde ohne Bestallung (Heilpraktikergesetz) vom 18. Februar 1939 (BGBl III 2122–2–1), zuletzt geändert durch Beschluß des Bundesverfassungsgerichts vom 10. Mai 1988 (BGBl I S. 1587) ist, sofern nicht das Gesundheitsamt der Landeshauptstadt München, der Stadt Augsburg oder der Stadt Nürnberg zuständig ist,

1. im Regierungsbezirk Oberbayern das Staatliche Gesundheitsamt München,
2. im Regierungsbezirk Niederbayern das Staatliche Gesundheitsamt Landshut,
3. im Regierungsbezirk Oberpfalz das Staatliche Gesundheitsamt Regensburg,
4. im Regierungsbezirk Oberfranken das Staatliche Gesundheitsamt Bayreuth,
5. im Regierungsbezirk Mittelfranken das Staatliche Gesundheitsamt Ansbach,
6. im Regierungsbezirk Unterfranken das Staatliche Gesundheitsamt Würzburg,
7. im Regierungsbezirk Schwaben das Staatliche Gesundheitsamt Augsburg.«.

§ 2

[1]Diese Verordnung tritt am 1. Januar 1995 in Kraft. [2]Sie gilt nicht für Anträge auf Erteilung einer Erlaubnis nach § 1 Abs. 1 des Heilpraktikergesetzes, die vor diesem Zeitpunkt gestellt worden sind.

Vollzug des Gesetzes über die berufsmäßige Ausübung der Heilkunde ohne Bestallung (Heilpraktikergesetz – HeilprG)

Bekanntmachung des Bayerischen Staatsministeriums für Arbeit und Sozialordnung, Familie, Frauen und Gesundheit

Vom 5. August 1994 Nr. VII 2a – 5370/10 – 1/94

An die Kreisverwaltungsbehörden, die Gesundheitsämter, die Regierungen.

Zum Vollzug des Gesetzes über die berufsmäßige Ausübung der Heilkunde ohne Bestallung (Heilpraktikergesetz – HeilprG) vom 17. Februar 1939 (BGBl III 2122–2) in der Fassung des Gesetzes vom 2. März 1974 (BGBl I S. 469) und der Ersten Durchführungsverordnung vom 18. Februar 1939 (BGBl III 2122–2–1) – 1. DV –, zuletzt geändert durch Beschluß des Bundesverfassungsgerichts vom 10. Mai 1988 (BGBl I S. 1587), wird im Einvernehmen mit dem Bayerischen Staatsministerium für Unterricht, Kultus, Wissenschaft und Kunst folgendes bestimmt:

1 Erfordernis der Erlaubnis

Wer die Heilkunde ausüben will, ohne als Arzt approbiert oder Inhaber einer Erlaubnis im Sinn des § 2 Abs. 2 und § 10 der Bundesärzteordnung zu sein, bedarf der Erlaubnis nach § 1 Abs. 1 HeilprG. In welchen Fällen die Heilkunde ausgeübt wird, ergibt sich grundsätzlich aus der Legaldefinition des § 1 Abs. 2 HeilprG. Aber auch bei Vorliegen der dort genannten Voraussetzungen wird nach ständiger Rechtsprechung die Heilkunde nur dann ausgeübt, wenn die Tätigkeit nach allgemeiner Auffassung ärztliche beziehungsweise medizinische Fachkenntnisse erfordert. Ob solche Fachkenntnisse im konkreten Einzelfall erforderlich sind, ist einmal vom Ziel, von der Methode und der Art der Tätigkeit abhängig, zum anderen kann aber auch die Beurteilung, ob die konkrete Behandlung begonnen werden darf, solche Fachkenntnisse erfordern. Entscheidend ist stets, ob die Tätigkeit ihrer Methode nach oder, weil ihre sachgerechte Anwendung eine hinreichende diagnostische Abklärung voraussetzt, in den Händen Unberufener gesundheitliche Schäden für Patienten verursachen kann. Demnach ist nicht jede Tätigkeit, auf die die Legaldefinition des § 1 Abs. 2 HeilprG zutrifft, Ausübung der Heilkunde. Andererseits kann sie – wie etwa im Fall von operativen Eingriffen zu kosmetischen Zwecken – bei Fehlen eines krankhaften Zustandes, also bei Maßnahmen am gesunden Menschen, gleichwohl vorliegen (BVerwG, NJW 1959, 833; 1966, 418; 1973, 579). Näheres hierzu ergibt sich aus der umfangreichen Rechtsprechung und dem einschlägigen Schrifttum. Einer Erlaubnis nach § 1 Abs. 1 HeilprG bedürfen demnach auch Personen, die in eigener Verantwortung und ohne den Weisungen einer zur Ausübung der Heilkunde befugten Person zu unterliegen, heilkundlich-psychotherapeutische Tätigkeiten ausüben (BVerwGE 66, 367 = NJW 1984, S. 1414).

2 Erlaubnisvoraussetzungen

Die Voraussetzungen für die Erteilung der Erlaubnis zur Ausübung der Heilkunde nach § 2 HeilprG und § 2 der 1. DV sind verfassungskonform unter Berücksichtigung der hierzu ergangenen höchstrichterlichen Rechtsprechung auszulegen und anzuwenden.

Insbesondere hat danach jede Person, soweit sie nicht als Arzt zugelassen ist, einen Rechtsanspruch auf Erteilung der Erlaubnis, wenn sie die geltenden persönlichen Zulassungsvoraussetzungen nach § 2 Abs. 1 Buchst. a, d, f, g und i der 1. DV erfüllt. Zu beachten ist folgendes:

2.1 § 2 Abs. 1 Buchst. b der 1. DV ist nichtig (BVerfG, NJW 1988, S. 2290).

2.2 Die »sittliche Zuverlässigkeit« im Sinne des § 2 Abs. 1 Buchst. f der 1. DV ist als berufliche Zuverlässigkeit zu verstehen, weshalb es darauf ankommt, ob die betreffende Person die Gewähr für eine ordnungsgemäße Ausübung der Heilkunde bietet (BVerwGE 4, 250).

2.3 Das Verbot der Doppeltätigkeit nach § 2 Abs. 1 Buchst. h der 1. DV ist mit Art. 12 Abs. 1 Satz 1 GG nicht vereinbar und deshalb nichtig (BVerwG, DÖV 1967, S. 493).

3 Erlaubnisverfahren

3.1 Über Anträge auf Erteilung einer Erlaubnis zur Ausübung der Heilkunde entscheidet die gemäß Art. 3 Abs. 1 Nr. 2 BayVwVfG zuständige Kreisverwaltungsbehörde unter Würdigung der gutachtlichen Äußerung des Gesundheitsamtes (§ 3 Abs. 1 und § 11 Abs. 2 der 1. DV), es sei denn, nach Nr. 5.2.1 ist eine Kenntnisüberprüfung durch das zuständige Gesundheitsamt nicht vorzunehmen.

3.2 Bei der Antragstellung sind der Kreisverwaltungsbehörde folgende Nachweise und Unterlagen vorzulegen:

- eine Geburtsurkunde,
- ein ärztliches Zeugnis, das nicht älter als drei Monate sein darf, wonach keine Anhaltspunkte dafür vorliegen, daß der antragstellenden Person infolge eines körperlichen Leidens oder wegen Schwäche ihrer geistigen oder körperlichen Kräfte oder wegen einer Sucht die für die Berufsausübung erforderliche Eignung fehlt,
- ein amtliches Führungszeugnis, das nicht älter als drei Monate sein darf,
- eine Erklärung darüber, ob gegen die antragstellende Person ein gerichtliches Strafverfahren oder ein staatsanwaltschaftliches Ermittlungsverfahren anhängig ist und
- einen Nachweis darüber, daß sie mindestens die Hauptschule erfolgreich abgeschlossen hat.

Bei der Antragstellung muß außerdem angegeben werden, ob und gegebenenfalls bei welcher Behörde zuvor bereits eine Erlaubnis nach dem Heilpraktikergesetz beantragt wurde. Aus der Tatsache einer oder mehrerer früherer Antragstellungen dürfen negative Rückschlüsse auf den zur

Entscheidung vorliegenden Antrag nicht gezogen werden, da die Erlaubnis mehrfach beantragt werden kann. Die Kenntnis bereits entstandener Verwaltungsvorgänge kann jedoch die Beurteilung im Einzelfall erleichtern.

3.3 Die Kreisverwaltungsbehörde prüft aufgrund der mit dem Antrag vorgelegten Unterlagen, ob einer oder mehrere der in § 2 Abs. 1 Buchst. a, d, f und g der 1. DV genannten Versagungsgründe vorliegen. Ist dies der Fall, lehnt die Kreisverwaltungsbehörde den Antrag bereits aus diesem Grunde ab, ohne daß es einer Überprüfung der Kenntnisse und Fähigkeiten der antragstellenden Person durch das Gesundheitsamt bedarf. Andernfalls leitet sie den Vorgang dem zuständigen Gesundheitsamt zur Durchführung der Überprüfung der Kenntnisse und Fähigkeiten der antragstellenden Person zu.

3.4 Bringt sie bei der Antragstellung zum Audruck, daß sie die Heilkunde ausschließlich auf dem Gebiet der Psychotherapie ausüben will, so ist, wenn die insoweit einschlägigen Voraussetzungen erfüllt sind, die Erlaubnis ausdrücklich und förmlich auf dieses Gebiet zu beschränken (BVerwG, NJW 1993, S. 2395/2396). Diese Erlaubnisse berechtigen nicht zur Führung der Berufsbezeichnung »Heilpraktiker« beziehungsweise »Heilpraktikerin«.

3.5 Der Bescheid ist nach den Vorschriften des VwZVG zuzustellen und, wenn die Erlaubnis versagt oder unter Auflagen erteilt wird, zu begründen (§ 3 Abs. 2 der 1. DV, Art. 39 BayVwVfG). Die Kosten des Verwaltungsverfahrens hat die antragstellende Person zu tragen. Die Gebühren und Auslagen für die Überprüfung durch das Gesundheitsamt (Nr. 6 der Bek) sind dabei als Auslagen (Art. 13 Abs. 1 Nr. 5 KG) zu erheben und nach Art. 25 Abs. 2 KG zu erstatten.

Das Gesundheitsamt erhält einen Abdruck des Bescheides. § 3 Abs. 2 Satz 1 der 1. DV, wonach der Bescheid auch der ärztlichen Berufsvertretung zuzustellen ist, ist gegenstandslos (OVG Lüneburg, MDR 1954, S. 123).

4 Kenntnisüberprüfung

4.1 Die im Rahmen des Erlaubnisverfahrens durchzuführende Kenntnisüberprüfung gemäß § 2 Abs. 1 Buchst. i der 1. DV nimmt in jedem Regierungsbezirk, sofern nicht das Gesundheitsamt der Landeshauptstadt München, der Stadt Augsburg oder der Stadt Nürnberg zuständig ist, das am Sitz der Regierung bestehende staatliche Gesundheitsamt vor (Art. 3 Abs. 1 Nr. 2 BayVwVfG in Verbindung mit § 1 Abs. 4 AVGDG7.

4.2 Zweck der Überprüfung

Ziel der Überprüfung ist es festzustellen, ob die Ausübung der Heilkunde durch die antragstellende Person eine Gefahr für die Volksgesundheit bedeuten würde. Die Überprüfung dient somit der Abwehr von Gefahren für die Gesundheit der Bevölkerung und des einzelnen Menschen.

Sie ist andererseits aber keine Prüfung im Sinne einer Leistungskontrolle zur Feststellung einer bestimmten Befähigung. Daraus folgt, daß sie sich auf die Feststellung beschränken muß, ob der Stand der Kenntnisse und Fähigkeiten der antragstellenden Person Anhaltspunkte dafür bietet, daß eine heilkundliche Tätigkeit durch sie zu einer Schädigung der menschlichen Gesundheit führen könnte. In diesem Rahmen muß die Überprüfung allerdings die wesentlichen Gegenstände umfassen, die für eine solche Feststellung erheblich sind. Neben der hinreichenden Beherrschung der deutschen Sprache und der Kenntnis der einschlägigen gesundheitsrechtlichen Vorschriften gehören dazu notwendigerweise auch diejenigen fachlichen Grundlagenkenntnisse der Medizin, ohne deren Beherrschung heilkundliche Tätigkeiten mit Gefahren für die menschliche Gesundheit verbunden sein können. Durch die Überprüfung muß insbesondere auch festgestellt werden können, ob die antragstellende Person die Grenzen ihrer Fähigkeiten und der Handlungskompetenzen von Heilpraktikern klar erkennt, sich der Gefahren bei einer Überschreitung dieser Grenzen bewußt ist und bereit ist, ihr Handeln entsprechend einzurichten.

4.3 Inhalt der Überprüfung

In vorgenanntem Sinn sind Gegenstände der Überprüfung

4.3.1 Berufs- und Gesetzeskunde einschließlich rechtliche Grenzen der nichtärztlichen Ausübung der Heilkunde,

4.3.2 Grenzen und Gefahren diagnostischer und therapeutischer Methoden der Heilpraktiker,

4.3.3 Grundkenntnisse der Anatomie, pathologischen Anatomie, Physiologie und Pathophysiologie,

4.3.4 Grundkenntnisse in der allgemeinen Krankheitslehre, Erkennung und Unterscheidung von Volkskrankheiten, insbesondere der Stoffwechselkrankheiten, der Herz-Kreislauf-Krankheiten, der degenerativen und der übertragbaren Krankheiten, der bösartigen Neubildungen sowie schwerwiegender seelischer Krankheiten,

4.3.5 Erkennung und Erstversorgung akuter Notfälle und lebensbedrohender Zustände,

4.3.6 Technik der Anamneseerhebung; Methoden der unmittelbaren Krankenuntersuchung (Inspektion, Palpation, Perkussion, Auskultation, Reflexprüfung, Puls- und Blutdruckmessung),

4.3.7 Praxishygiene, Desinfektion und Sterilisation,

4.3.8 Injektions- und Punktionstechniken,

4.3.9 Deutung grundlegender Laborwerte.

4.4 Durchführung der Überprüfung

4.4.1 Die Überprüfung besteht aus einem schriftlichen und einem mündlichen Teil. Vor Beginn eines jeden Überprüfungsteils haben sich die Antragstellenden durch einen gültigen Personalausweis oder Reisepaß auszuweisen.

4.4.2 Der schriftliche Teil der Überprüfung wird vor dem mündlichen Teil durchgeführt.

4.4.3 Im schriftlichen Teil der Überprüfung werden den Antragstellenden vom Gesundheitsamt 60 Fragen im Antwort-Wahl-Verfahren zur Beantwortung gestellt. Die Bewertung obliegt einem Arzt des Gesundheitsamtes.
Die Fragen sind klar und verständlich zu formulieren und auf den Bereich der unerläßlichen Kenntnisse zu beschränken. Für die Beantwortung einer Frage nach dem Antwort-Wahl-Verfahren stehten zwei Minuten zur Verfügung.
Wer mindestens 45 Fragen zutreffend beantwortet hat, ist zur Fortsetzung der Überprüfung im mündlichen Teil zugelassen.
Bei den Übrigen wird die Überprüfung abgebrochen, weil angenommen werden muß, daß die Ausübung der Heilkunde durch sie eine Gefahr für die Volksgesundheit bedeuten würde. Das Gesundheitsamt teilt dies der Kreisverwaltungsbehörde mit. Das gleiche gilt, wenn (bei der antragstellenden Person) während der schriftlichen Überprüfung Täuschungsversuche oder sonstige Unregelmäßigkeiten festgestellt worden sind.

4.4.4 Die mündliche Überprüfung dauert pro Person mindestens 30 und höchstens 45 Minuten.
Die mündliche Überprüfung kann in Gruppen mit bis zu vier Personen durchgeführt werden.
Die mündliche Überprüfung wird unter Vorsitz eines Arztes des Gesundheitsamtes durchgeführt. An ihr sollten zwei Angehörige des Heilpraktikerberufs aus dem jeweiligen Überprüfungsbezirk als Beisitzende gutachtlich mitwirken. Die Berufsverbände der Heilpraktiker können dem zuständigen Gesundheitsamt Berufsangehörige als Beisitzende vorschlagen; das Gesundheitsamt soll diese Vorschläge bei der Bestellung der Beisitzenden berücksichtigen.
Im mündlichen Teil der Überprüfung sind die gestellten Fragen in freier Form zu beantworten. Der antragstellenden Person soll auch eine praktische Aufgabe gestellt werden, die sie in Anwesenheit aller Mitglieder des Überprüfungsgremiums zu erledigen hat. Bei der Gestaltung des mündlichen Teils der Überprüfung soll berücksichtigt werden, auf welchem Gebiet oder auf welchen Gebieten der Heilkunde die antragstellende Person tätig sein will.
Über die mündliche Überprüfung ist eine Niederschrift zu fertigen, aus der Gegenstand, Ablauf und Ergebnis der Überprüfung, die Stellungnahme der gutachtlich mitwirkenden Beisitzenden und gegebenenfalls vorgekommene Unregelmäßigkeiten hervorgehen.
Aufgrund des Ergebnisses der mündlichen Überprüfung entscheidet das vorsitzende Mitglied nach Anhörung der gutachtlich mitwirkenden Beisitzenden, ob bei der antragstellenden Person Anhaltspunkte dafür vorliegen, daß die Ausübung der Heilkunde durch sie eine Gefahr für die Volksgesundheit bedeuten würde. Das vorsitzende Mitglied unterrichtet

die antragstellende Person über das Ergebnis der Überprüfung und teilt die getroffene Entscheidung mit dem Ergebnis der schriftlichen Überprüfung samt einer gutachtlichen Stellungnahme zu der Voraussetzung nach § 2 Abs. 1 Buchst. g der 1. DV der Kreisverwaltungsbehörde mit.

4.5 Organisation des Überprüfungsverfahrens

4.5.1 Die zuständigen Gesundheitsämter sollen je Halbjahr einen Überprüfungsdurchgang durchführen, so daß das jeweilige Verfahren möglichst innerhalb dieses Zeitraumes abgeschlossen werden kann.

4.5.2 Die Ladungen zu jedem Teil der Überprüfung sollen spätestens drei Wochen vor dem jeweiligen Termin an die Antragstellenden versandt werden.

5 Besondere Form der Kenntnisüberprüfung

Bei den nachfolgend genannten Personengruppen gilt Nr. 4 mit folgenden Maßgaben:

5.1 Bei Antragstellenden, die – ohne zur ärztlichen Berufsausübung zugelassen zu sein – mindestens das Bestehen des Dritten Abschnitts der Ärztlichen Prüfung nach der Approbationsordnung für Ärzte oder eine abgeschlossene Ausbildung für den ärztlichen Beruf im Sinn des § 10 Abs. 1 der Bundesärzteordnung nachweisen, erstreckt sich die Kenntnisüberprüfung ausschließlich auf die Gegenstände nach Nr. 4.3.1. Die Überprüfung ist in Form eines Gesprächs zwischen der antragstellenden Person und einem Arzt des Gesundheitsamtes vorzunehmen. Dabei ist auch darauf zu achten, ob die antragstellende Person die deutsche Sprache hinreichend beherrscht.

5.2 Bei Antragstellenden, die eine auf das Gebiet der heilkundlichen Psychotherapie beschränkte Erlaubnis begehren, gilt folgendes:

5.2.1 Wird anhand eines Prüfungszeugnisses einer inländischen Universität oder ihr gleichgestellten Hochschule nachgewiesen, daß die Diplomprüfung im Studiengang Psychologie erfolgreich abgeschlossen wurde und war das Fach »Klinische Psychologie« Gegenstand dieser Prüfung, gelten die erforderlichen Kenntnisse als nachgewiesen. Die Durchführung einer Kenntnisüberprüfung durch das Gesundheitsamt entfällt insoweit. Gleiches gilt für Antragstellende, die über die Befähigung zur Zulassung als Psychologische Psychotherapeuten oder als Kinder- und Jugendlichenpsychotherapeuten nach Maßgabe eines künftigen Psychotherapeutengesetzes verfügen. Satz 2 gilt ferner für Antragstellende, die ein in einem Mitgliedstaat der Europäischen Union oder einem anderen Vertragsstaat des Abkommens über den Europäischen Wirtschaftsraum erworbenes Diplom oder Prüfungszeugnis im Stdiengang Psychologie nachweisen, das den Anforderungen der Richtlinie 89/48/EWG des Rates vom 21. Dezember 1988 über eine allgemeine Regelung zur Anerkennung der Hochschuldiplome, die eine mindestens dreijährige Berufsausbildung abschließen (ABlEG Nr. L 19 S. 16) sowie der Richtlinie 92/51/EWG des Rates vom 18. Juni 1992 über eine zweite allgemeine Regelung zur Anerkennung beruflicher Befähigungsnachweise in Ergänzung zur Richtlinie 89/48/ EWG (ABlEG Nr. L 209 S. 25) entspricht und das auch den Kenntnisnachweis im Fach »Klinische Psychologie« einschließt. Der im Satz 1 genannten Diplomprüfung gleichgestellt ist ferner eine in einem anderen Staat erfolgreich abgeschlossene, gleichwertige Studienabschlußprüfung im Fach Psychologie, die auch die »Klinische Psychologie« als Prüfungsfach einschließt. Ergeben sich in den Fällen des Satzes 1 Zweifel an der Anerkennungsfähigkeit vorgelegter Diplomurkunden oder Prüfungszeugnisse, holt die Kreisverwaltungsbehörde als Grundlage für das weitere Verfahren eine Stellungnahme des Staatsministeriums für Unterricht, Kultus, Wissenschaft und Kunst, Salvatorstraße 2, 80333 München ein. Bei Zweifelsfragen in Fällen nach den Sätzen 4 und 5 kann eine gutachtliche Stellungnahme von der Zentralstelle für ausländisches Bildungswesen beim Sekretariat der Kultusministerkonferenz, Nassestraße 8, Postfach, 53113 Bonn eingeholt werden. Im Hinblick auf die Versagungsgründe nach § 2 Abs. 1 Buchst. f und i der 1. DV achtet die Kreisverwaltungsbehörde insbesondere in den Fällen der Sätze 4 und 5 darauf, ob die Antragstellenden die deutsche Sprache hinreichend beherrschen, um ohne Gefahr für die Gesundheit der Allgemeinheit und des einzelnen Menschen die heilkundliche Psychotherapie ausüben zu können; im Zweifelsfall holt die Kreisverwaltungsbehörde eine Stellungnahme des nach § 1 Abs. 1 und 2 AVGDG zuständigen Gesundheitsamtes ein.

5.2.2 In allen übrigen Fällen ist unabhängig von der Vorbildung eine Kenntnisüberprüfung durch das Gesundheitsamt vorzunehmen. Diese darf sich nach dem Urteil des Bundesverwaltungsgerichts vom 21. Januar 1993 (NJW 1993, S. 2395) – abweichend von Nr. 4.3 – nicht auf »allgemeine heilkundliche Grundkenntisse einschließlich der Kenntnisse im Bereich der Anatomie, Physiologie, Pathologie und Arzneimittelkunde« erstrekken.

Die Antragstellenden müssen vielmehr, »um nicht die Volksgesundheit zu gefährden, ausreichende Kenntnisse über die Abgrenzung heilkundlicher Tätigkeit, insbesondere im psychotherapeutischen Bereich, gegenüber der den Ärzten und den allgemein als Heilpraktiker tätigen Personen vorbehaltenen heilkundlichen Behandlungen« sowie »auch ausreichende diagnostische Fähigkeiten in bezug auf das einschlägige Krankheitsbild« nachweisen »und die Befähigung haben, Patienten entsprechend der Diagnose psychotherapeutisch zu behandeln«. In der Überprüfung ist nach dem zitierten Urteil auch darauf zu achten, ob die Antragstellenden die Gewähr dafür bieten, daß sie sich auch nach Erteilung der Erlaubnis auf die Ausübung der Psychotherapie beschränken und die Abgrenzung der heilkundlichen Tätigkeit im Bereich der Psychotherapie zu den den Ärzten und Heilpraktikern vorbehaltenen Bereichen der Heilkunde beachten werden.

5.2.3 Für die Durchführung der Überprüfung gelten die Nrn. 4.4 und 4.5 mit folgenden Maßgaben:

5.2.3.1 Der schriftliche Teil der Überprüfung besteht aus 28 Fragen im Antwort-Wahl-Verfahren, die in 55 Minuten zu bearbeiten sind.

5.2.3.2 Der mündliche Teil der Überprüfung dauert pro Person 20 Minuten. Bei seiner Gestaltung soll eine einschlägige fachliche Vorbildung und das beabsichtigte heilkundlich-psychotherapeutische Tätigkeitsgebiet des Antragstellers berücksichtigt werden.

5.2.3.3 Als Beisitzende für den mündlichen Teil der Überprüfung sind heranzuziehen:

- Je ein Facharzt für Psychiatrie oder ein Nervenarzt jeweils mit Zusatzbezeichnung »Psychotherapie« oder ein Facharzt für Psychiatrie und Psychotherapie oder für psychotherapeutische Medizin oder ein Diplom-Psychologe mit der Befähigung zur Teilnahme am sog. Delegationsverfahren im Rahmen der gesetzlichen Krankenversicherung.
- Je ein aufgrund einer Erlaubnis nach § 1 HeilprG psychotherapeutisch tätiger Diplom-Psychologe im Sinne der Nr. 5.2.1.

Nach Inkrafttreten eines Psychotherapeutengesetzes kommen neben oder anstelle der vorgenannten Fachärzte oder Diplom-Psychologen auch Psychologische Psychotherapeuten als Beisitzende in Betracht.

6 Kosten des Überprüfungsverfahrens

Die Gebühren und Auslagen für die Überprüfung (Tarif-Nr. 3.9 des Gebührenverzeichnisses G 3 der Verordnung über die Benutzungsgebühren der Gesundheitsverwaltung – GGebO – vom 1. Juni 1991, GVBl S. 189) teilt das Gesundheitsamt der Kreisverwaltungsbehörde durch Kostenrechnung mit.
Die beteiligten Beisitzenden erhalten eine Vergütung. Sie beträgt je angefangene Überprüfungsstunde bei Beisitzenden nach Nr. 4.4.4 35 DM und bei Beisitzenden nach Nr. 5.2.3.3 50 DM. Mit ihr sind alle Aufwendungen, insbesondere auch ein Verdienstausfall, abgegolten. Das gilt nicht für Reisekosten. Diese werden nach Reisekostenstufe B der für Beamte des Freistaates Bayern geltenden Reisekostenbestimmungen gezahlt. Die Aufrechnungen über Vergütung und Reisekosten sind an die Gesundheitsämter zu richten. Dort werden sie geprüft und zur Zahlung angewiesen. Vergütung und Reisekosten sind bei Kap. 10 02 Tit. 526 11–7 zu verrechnen.

7 Gutachterausschuß

Vor der Entscheidung über den Widerspruch gegen einen Bescheid der Kreisverwaltungsbehörde und vor der Zurücknahme einer Erlaubnis durch die Regierung ist ein Gutachterausschuß anzuhören (§ 3 Abs. 3 Satz 2 und § 7 Abs. 3 der 1. DV). Das bedeutet jedoch nicht, daß der Gutachterausschuß vor jeder Entscheidung über den Widerspruch gegen

einen Bescheid der Kreisverwaltungsbehörde oder die Zurücknahme einer Erlaubnis anzuhören ist. Sie ist nur geboten, wenn es sich um Fragen der fachlichen Eignung und beruflichen Zuverlässigkeit handelt, also in den Fällen des § 2 Abs. 1 Buchst. f und i der 1. DV. Eine Anhörung zur beruflichen Zuverlässigkeit kann entfallen, wenn die der antragstellenden Person anhaftenden sittlichen Mängel so schwerwiegend sind, daß die Erteilung der Erlaubnis von vornherein ausgeschlossen erscheint (BVerwG, GewArch. 1962, 183).
Die Zusammensetzung des Gutachterausschusses ergibt sich aus § 4 Abs. 1 Satz 1 der 1. DV, wobei in den Fällen der Nr. 3.3 zwei Fachärzte und zwei nichtärztliche Psychotherapeuten im Sinn der Nr. 5.2.3.3 als weitere Mitglieder berufen werden sollen.
Für Bayern besteht ein gemeinsamer Gutachterausschuß (§ 4 Abs. 2 der 1. DV), dessen Mitglieder für die Dauer von zwei Jahren durch das Staatsministerium für Arbeit und Sozialordnung, Familie, Frauen und Gesundheit berufen werden. Der Ausschuß übt nur eine beratende Funktion aus. Das Verfahren richtet sich nach den für Ausschüsse geltenden Vorschriften des Bayerischen Verwaltungsverfahrensgesetzes.
Für die Entschädigung der Mitglieder des gemeinsamen Gutachterausschusses gilt Nr. 6 entsprechend. Der Schriftführer des Gutachterausschusses erhält eine Entschädigung von 20 DM je abschließend behandeltem Vorgang. Die Anträge auf Vergütungen und Reisekosten sind über das vorsitzende Mitglied des Gutachterausschusses einzureichen. Die Regierungen setzen die Höhe der Vergütung und Reisekosten fest und ordnen die Zahlung an die einzelnen Mitglieder des Gutachterausschusses an. Vergütung und Reisekosten sind bei Kap. 03 08 Tit. 412 01 zu verrechnen.

8 Inkrafttreten

Diese Bekanntmachung tritt am 1. Januar 1995 in Kraft. Gleichzeitig tritt die Bekanntmachung des Staatsministeriums des Innern vom 12. November 1968 (MABl S. 584), zuletzt geändert durch Bekanntmachung vom 16. Oktober 1978 (MABl S. 843), außer Kraft. Zum gleichen Zeitpunkt werden alle Verwaltungsvorschriften aufgehoben, die mit dieser Bekanntmachung übereinstimmen oder ihr entegenstehen.

1.4.3 BERLIN

Gesetz über den öffentlichen Gesundheitsdienst (Gesundheitsdienst-Gesetz – GDG)

Vom 28. Juli 1980 (GVBl. S. 1495)

(Auszug)

...

Abschnitt II

Aufsicht über Berufe und Einrichtungen des Gesundheitswesens

§ 7 Aufsicht über die Ausbildung und Berufsausübung.

(1) Der öffentliche Gesundheitsdienst führt die Aufsicht über die staatlich geregelten Berufe des Gesundheitswesens und wirkt darauf hin, daß eine ausreichende Zahl von Angehörigen dieser Berufe zur Sicherung der gesundheitlichen Versorgung der Bevölkerung zur Verfügung steht. Dabei nimmt er folgende Aufgaben wahr:

1. Überwachung der Ausbildung für die staatlich geregelten Berufe des Gesundheitswesens einschließlich Zulassung und Überwachung der Ausbildungsstätten und Abnahme der staatlichen Prüfungen, soweit diese Aufgaben nicht durch die Ärzte-, Zahnärzte-, Tierärzte- oder Apothekerkammer erfüllt werden oder in den Geschäftsbereichen des für Hochschulen, für Schulwesen oder für Arbeit und Soziales zuständigen Mitglieds des Senats fallen,
2. Erteilung der Erlaubnis zur Berufsausübung und zur Führung der gesetzlich geschützten Berufsbezeichnungen für die Angehörigen der staatlich geregelten Berufe des Gesundheitswesens,
3. Aufsicht über die Berufsausübung hinsichtlich der Berufsberechtigung und des Führens von Berufsbezeichnungen bei Angehörigen der staatlich geregelten Berufe des Gesundheitswesens.

(2) Der öffentliche Gesundheitsdienst überprüft die Heilpraktiker.

1.4.4 BRANDENBURG

Verordnung über den öffentlichen Gesundheitsdienst und die Aufgaben der Gesundheitsämter in den Landkreisen und kreisfreien Städten

Vom 8. August 1990 (GBl. I S. 1068)

(Auszug)

§ 1 Aufgaben des öffentlichen Gesundheitsdienstes

...

§ 2 Gesundheitsämter

(1) Die Aufgaben des öffentlichen Gesundheitsdienstes werden in den Landkreisen und kreisfreien Städten durch Gesundheitsämter erfüllt. Gesundheitsämter als untere Verwaltungsbehörde bestehen bei den Kreisverwaltungen.

(2) Die Gesundheitsämter unterliegen als untere Verwaltungsbehörde der Rechts- und Fachaufsicht der zuständigen Landesbehörde.

(3) Ist in Rechts- oder Verwaltungsvorschriften die Zuständigkeit von Amtsärzten oder von beamteten Ärzten begründet, so sind die Gesundheitsämter zustän-

dig. Das gleiche gilt, wenn die Erstellung amtsärztlicher Gutachten, Zeugnisse oder Bescheinigungen vorgeschrieben ist.

(4) Das Gesundheitsamt wird vom Amtsarzt geleitet. Amtsärzte und ihre Vertreter müssen die Prüfung für den höheren öffentlichen Gesundheitsdienst abgelegt haben.

...

§ 5 Zusammenwirken

(1) Die Gesundheitsämter beteiligen und unterstützen sich gegenseitig sowie andere Behörden, soweit dies durch Rechtsvorschrift festgelegt ist oder zur rechtmäßigen Erfüllung der gesetzlichen Aufgaben der unterstützten Behörde erforderlich ist. Sie unterrichten die zuständige Verwaltungsbehörde, wenn ihnen bei der Wahrnehmung ihrer Aufgaben Verstöße gegen Vorschriften des öffentlichen Gesundheitsdienstes bekannt werden. ...

...

§ 6 Überwachungsaufgaben

Die Gesundheitsämter überwachen

...

auf die Einhaltung der Anforderungen der Hygiene (§ 1 Abs. 1 Ziff. 3). Zusätzlich erstreckt sich die Überwachung der in Satz 1 Ziff. 1 und 2 genannten Einrichtungen auf die Beachtung des öffentlichen Heilberufsrechts, die Überwachung der in Satz 1 Ziff. 10 genannten Einrichtungen auf die Beachtung der internationalen Gesundheitsvorschriften nach Maßgabe der hierzu ergangenen Rechtsvorschriften. Kommunale und staatliche ambulante Gesundheitseinrichtungen einschließlich des Betriebsgesundheitswesens, Praxen von Ärzten, Zahnärzten und Angehörigen gesetzlich geregelter nichtärztlicher Heilberufe sowie die im Sanitätsdienst eingesetzten Einrichtungen des Katastrophenschutzes können überwacht werden, wenn Anhaltspunkte dafür vorliegen, daß die Anforderungen der Hygiene dort nicht eingehalten werden.

§ 7 Anzeigepflicht, Berufsaufsicht

(1) Die Angehörigen der gesetzlich geregelten ärztlichen und nichtärztlichen Heilberufe sowie die Apotheker haben Beginn und Beendigung einer selbständigen Berufsausübung unverzüglich dem für den Ort der Niederlassung zuständigen Gesundheitsamt anzuzeigen. Im Fall des Beginns der Berufsausübung ist

1. die Anschrift der Niederlassung anzugeben und
2. die Berechtigung zur Ausübung des Berufes oder Führen der Berufsbezeichnung nachzuweisen.

Anzuzeigen sind auch Änderungen der Niederlassung.

(2) Die Gesundheitsämter verständigen die zuständigen Behörden oder Berufsvertretungen, wenn Ärzte, Zahnärzte oder Apotheker ihres Bereiches ihre Befug-

nisse nicht einhalten oder ihre sonstigen öffentlich-rechtlichen Berufspflichten nicht erfüllen. Das gilt für die Angehörigen der sonstigen gesetzlich geregelten nichtärztlichen Heilberufe entsprechend, soweit diese Personen ihren Beruf ausüben. Die Gesundheitsämter achten ferner darauf, daß niemand unerlaubt die Heilkunde ausübt.

(3) Die Gesundheitsämter überwachen die ordnungsgemäße ärztliche Leichenschau und die Ausfüllung der Totenscheine.

...

§ 9 Ordnungsstrafbestimmung

(1) Wer vorsätzlich oder fahrlässig die nach § 7 Abs. 1 vorgeschriebenen Anzeigen nicht, nicht rechtzeitig, nicht vollständig oder nicht richtig erstattet, kann mit Ordnungsstrafe bis zu 1000 DM belegt werden.

(2) Die Durchführung des Ordnungsstrafverfahrens obliegt dem örtlich zuständigen Amtsarzt.

(3) Für die Durchführung des Ordnungsstrafverfahrens und den Ausspruch von Ordnungsstrafmaßnahmen gilt das Gesetz vom 12. Januar 1968 zur Bekämpfung von Ordnungswidrigkeiten – OWG – (GBl. I Nr. 3 S. 101), zuletzt geändert durch das 6. Strafrechtsänderungsgesetz vom 29. Juni 1990 (GBl. I Nr. 39 S. 526).

§ 10 Überleitungsvorschriften

(1) Soweit in Rechtsvorschriften den Räten der Kreise, Abteilung Gesundheits- und Sozialwesen bzw. den Kreisärzten Aufgaben und Befugnisse übertragen wurden, gehen diese, soweit zuteffend, auf die Gesundheitsämter bzw. Amtsärzte über.

(2) Aufgaben und Befugnisse, die nach der Verordnung über die Staatliche Hygieneinspektion vom 11. Dezember 1975 (GBl. I 1976 Nr. 2 S. 17) der Staatlichen Kreis-Hygieneinspektion übertragen wurden, gehen unter Berücksichtigung der Aufgabenstellung der Gesundheitsämter auf diese über.

(3) Fachärzte, die die in § 2 Abs. 4 geforderte Qualifikation noch nicht besitzen, können als Amtsarzt oder dessen Vertreter bestellt werden, wenn sie über mehrjährige Berufs- und Leitungserfahrungen verfügen und von der Gesamtpersönlichkeit her für die Tätigkeit geeignet sind.

(4) Festlegungen zum territorialen Notfalldienst, an dem alle ambulant tätigen Ärzte und Zahnärzte des Kreises teilzunehmen haben, trifft der Amtsarzt, bis die errichtete Kassenärztliche Vereinigung diese Aufgaben wahrnimmt.

...

Verordnung über Zuständigkeiten für die Überprüfung von Heilpraktikeranwärtern und Heilpraktikeranwärterinnen

Vom 12. Februar 1992 (GBl. II S. 78)

Auf Grund des § 7 des Heilpraktikergesetzes vom 17. Februar 1939 in der im Bundesgesetzblatt Teil III, Gliederungsnummer 2122-2, veröffentlichten bereinigten Fassung in Verbindung mit § 7 Abs. 1 Satz 2 der Ersten Durchführungsverordnung zum Heilpraktikergesetz vom 18. Februar 1939 (RGBl. I S. 259), zuletzt geändert durch Artikel 1 der Verordnung vom 18. April 1975 (BGBl. I S. 967) und des § 20 in Verbindung mit § 5 Abs. 2 Satz 2 des Landesorganisationsgesetzes verordnet die Landesregierung:

§ 1

Zuständige Behörden für die Durchführung des § 7 der Ersten Durchführungsverordnung zum Heilpraktikergesetz sind die Landräte und die Oberbürgermeister, in deren Bezirk der Heilpraktikerberuf ausgeübt wird.

§ 2

Zuständiges Gesundheitsamt für die Durchführung des § 2 Abs. 1 Buchstabe i) und der § 3 Abs. 1 und 2 der Ersten Durchführungsverordnung zum Heilpraktikergesetz ist das Gesundheitsamt der Stadt Potsdam.

§ 3

Diese Verordnung tritt am Tag nach ihrer Verkündung in Kraft.

Durchführung des Heilpraktikergesetzes
Richtlinien für die Überprüfung von Heilpraktikeranwärtern und Heilpraktikeranwärterinnen

Runderlaß des Ministeriums für Arbeit, Soziales, Gesundheit und Frauen vom 16. 03. 1993

Aufgrund des § 7 des Heilpraktikergesetzes vom 17. Februar 1939 in der im Bundesgesetzblatt Teil III, Gliederungsnummer 2122-2, veröffentlichten bereinigten Fassung wird bestimmt:

1. Überprüfung durch das Gesundheitsamt

1.1 Die Überprüfung der Kenntnisse und Fähigkeiten der Antragsteller gemäß § 2 Abs. 1 Buchstabe i) der Ersten Durchführungsverordnung zum Gesetz über die berufsmäßige Ausübung der Heilkunde ohne Bestallung (Heilpraktikergesetz) vom 18. Februar 1939 (RGBl. I S. 259), zuletzt geändert durch Verordnung vom 18. April 1975 (BGBl. I S. 967), umfaßt einen schriftlichen und einen mündlichen Teil.

1.2 An der Überprüfung sind zwei Heilpraktiker oder Heilpraktikerinnen gutachterlich zu beteiligen. Die Berufsverbände der Heilpraktiker können dem

Gesundheitsamt zugelassene Heilpraktiker oder Heilpraktikerinnen für die Teilnahme an der Überprüfung vorschlagen.

1.3 Die Überprüfung der Kenntnisse und Fähigkeiten der Antragsteller dient der Feststellung, ob bei den Antragstellenden Anhaltspunkte dafür vorliegen, daß die Ausübung der Heilkunde durch sie eine Gefahr für die Volksgesundheit bedeuten würde.
Die Überprüfung hat sich daher darauf zu erstrecken, ob der Antragsteller bzw. die Antragstellerin so viele heilkundliche Kenntnisse und Fähigkeiten besitzt, daß die Ausübung der Heilkunde durch ihn bzw. sie nicht zu einer Gefahr für die Volksgesundheit wird.

2. Schriftlicher Teil der Überprüfung

2.1 Der schriftliche Teil der Überprüfung erstreckt sich auf folgende Sachgebiete:

1. Erkennung und Unterscheidung von Volkskrankheiten, insbesondere der übertragbaren Krankheiten, der Stoffwechselkrankheiten, der Herz-Kreislauf-Krankheiten und der degenerativen Erkrankungen,
2. Deutung grundlegender Laborwerte,
3. grundlegende Kenntnisse der Anatomie und Physiologie,
4. Hygiene-, Desinfektions- und Sterilisationsmaßnahmen,
5. Berufs- und Gesetzeskunde, insbesondere rechtliche Grenzen der Heilkundeausübung ohne Bestallung,
6. Erkennung und Erstversorgung akuter lebensbedrohender Zustände und Notfälle.

2.2 Bei der schriftlichen Überprüfung kann das Antwort-Wahl-Verfahren (Multiple-choice) angewendet werden. In einem solchen Fall gilt die schriftliche Überprüfung als bestanden, wenn der Antragsteller oder die Antragstellerin mindestens 60 von Hundert der gestellten Prüfungsfragen zutreffend beantwortet hat. Im Falle einer Überprüfung im sogenannten freien Verfahren sollte die schriftliche Überprüfung ebenfalls als bestanden gelten, wenn der Antragsteller oder die Antragstellerin mindestens 60 von Hundert der Fragen zutreffend beantwortet hat.

3. Mündlicher Teil der Überprüfung

3.1 Außer auf die in Nr. 2 genannten Sachgebiete erstreckt sich der mündliche Teil der Überprüfung auf:

1. Technik der Anamneseerhebung; Methoden der unmittelbaren Krankenuntersuchungen (Inspektion, Palpation, Perkussion, Auskultation, Reflexprüfung, Puls- und Blutdruckmessung),
2. diagnostische Verfahrensweisen,
3. Injektionstechnik.

3.2 Bei Antragstellern, die sich auf einem besonderen Fachgebiet heilpraktisch betätigen wollen, hat sich die Überprüfung auch darauf zu richten, ob sie die insoweit erforderlichen besonderen Kenntnisse und Fähigkeiten besitzen.

3.3 Der mündliche Teil der Überprüfung soll für den einzelnen Antragsteller oder die einzelne Antragstellerin nicht mehr als eine Zeitstunde dauern. Es kann in Gruppen bis zu vier Antragstellern überprüft werden.

4. Niederschrift

Über die Überprüfung ist eine Niederschrift zu fertigen, aus der Gegenstand, Ablauf und Ergebnis der Überprüfung, die gutachterlichen Äußerungen der beteiligten Heilpraktiker und ggf. vorgekommene Unregelmäßigkeiten hervorgehen.

5. Ergebnis der Überprüfung

Im Benehmen mit den gutachterlich beteiligten Heilpraktikern trifft das Gesundheitsamt die Entscheidung über das Ergebnis der Überprüfung und leitet sie der für die Erlaubniserteilung zuständigen Behörde zu.

6. Überprüfungsunterlagen

Auf Antrag ist dem Antragsteller oder der Antragstellerin nach Abschluß der Überprüfung die Einsicht in die Überprüfungsunterlagen zu gewähren. Schriftliche Aufsichtsarbeiten sind drei, Prüfungsniederschriften zehn Jahre aufzubewahren.

7. Zuständigkeiten

7.1 Für die Erteilung der Erlaubnis gemäß § 1 Abs. 1 Heilpraktikergesetz ist der Landkreis oder die kreisfreie Stadt zuständig, in dessen bzw. deren Bezirk der Antragsteller oder die Antragstellerin seinen bzw. ihren Wohnsitz (Hauptwohnung im Sinne des Melderechts) oder dauernden Aufenthalt hat. In Ausnahmefällen kann die Zuständigkeit durch die Niederlassungsabsicht begründet werden.

7.2 Zuständig für die Überprüfung gemäß § 2 Abs. 1 Buchstabe i) der Ersten Durchführungsverordnung zum Heilpraktikergesetz ist das Gesundheitsamt der Stadt Potsdam. Auf die Verordnung über Zuständigkeiten für die Überprüfung von Heilpraktikeranwärtern und Heilpraktikeranwärterinnen vom 12. Februar 1992 (GVBl. II S. 78) wird verwiesen.

7.3 Im Falle eines Widerspruches entscheidet die nach § 1 der Verordnung über Zuständigkeiten für die Überprüfung von Heilpraktikeranwärtern und Heilpraktikeranwärterinnen zuständige Behörde über den Widerspruch nach Anhörung des Gutachterausschusses (§ 3 Abs. 3 Satz 2 Heilpraktikergesetz), der beim Gesundheitsamt der Stadt Potsdam seinen Sitz hat.

8. Kosten der Überprüfung

Die durch die Überprüfung dem Gesundheitsamt entstehenden Kosten sind von dem Antragsteller oder der Antragstellerin zu erstatten. Kosten sind

- die notwendigen sächlichen Verwaltungsausgaben (vgl. Nr. 4.14.17 der Allgemeinen Verwaltungsgebührenordnung der Ministerien für Arbeit, Soziales, Gesundheit und Frauen – AVwGebO MASGF – vom 01. September 1992 [GVBl. II S. 558]),

- die an die gutachterlich beteiligten Heilpraktiker oder Heilpraktikerinnen nach dem Gesetz über die Entschädigung von Zeugen und Sachverständigen in der Fassung der Bekanntmachung vom 01. Oktober 1969 (BGBl. I S. 1756), zuletzt geändert durch Gesetz vom 17. Dezember 1990 (BGBl. I S. 2847), zu zahlenden Entschädigungen in der Höhe der nach Anlage I Kapitel III Sachgebiet A Abschnitt III Nr. 25 des Einigungsvertrages vom 31. August 1990 (BGBl. 1990 II S. 889, 936) festgesetzten ermäßigten Beträge.

Die gutachterlich beteiligten Heilpraktiker oder Heilpraktikerinnen können den Ersatz darüber hinausgehender Aufwendungen nicht geltend machen.

9. Inkrafttreten

Dieser Runderlaß tritt am Tage nach seiner Veröffentlichung in Kraft.

1.4.5 BREMEN

Erlaß des Senators für Gesundheit und Umweltschutz zur Regelung des Verfahrens zur Erteilung der Heilpraktikererlaubnis

Erl. d. SGU v. 16. März 1978 – 510-01-90/3 (GültL 3/78)

1. Nach § 3 Abs. 1 der Ersten Durchführungsverordnung zum Gesetz über die berufsmäßige Ausübung der Heilkunde ohne Bestallung (Heilpraktikergesetz) vom 18. Februar 1939 (RGBl. I S. 251), zuletzt geändert durch die Zuständigkeitslockerungsverordnung vom 18. April 1975 (BGBl. I S. 967), entscheidet die untere Verwaltungsbehörde im Benehmen mit dem Gesundheitsamt über den Antrag auf Erteilung einer Heilpraktikererlaubnis. Der Bescheid ist nach § 3 Abs. 2 der Ersten Durchführungsverordnung zum Heilpraktikergesetz dem Antragsteller und der zuständigen Ärztekammer zuzustellen; das Gesundheitsamt erhält Abschrift des Bescheides. Der ablehnende Bescheid ist mit Gründen zu versehen. Gegen den Bescheid können die Antragsteller und die zuständige Ärztekammer innerhalb eines Monats Widerspruch einlegen. Über diesen entscheidet die nächst-höhere Behörde nach Anhörung eines Gutachterausschusses (§ 3 Abs. 3 der Ersten Durchführungsverordnung zum Heilpraktikergesetz).
2. Das Verfahren zur Erteilung der Heilpraktikererlaubnis wird mit sofortiger Wirkung wie folgt durchgeführt:
   Die beim Stadt- und Polizeiamt Bremen und der Ortspolizeibehörde der Stadt Bremerhaven eingehenden Anträge auf Erteilung einer Heilpraktikererlaubnis werden an das Hauptgesundheitsamt Bremen weitergeleitet. Das Hauptgesundheitsamt Bremen benachrichtigt den Antragsteller hiervon und teilt ihm in etwa den Zeitpunkt mit, zu dem er mit einem Termin für die Überprüfung rechnen kann.
   Wenn etwa 6 Anträge auf Erteilung einer Heilpraktikererlaubnis beim Hauptgesundheitsamt Bremen vorliegen, setzt dieses einen Termin zur Überprüfung

dieser Antragsteller fest. Die Antragsteller sind rechtzeitig vor dem Termin zu laden.
Die Überprüfung der Antragsteller wird im Hauptgesundheitsamt Bremen in Anwesenheit des Gutachterausschusses für Heilpraktiker durchgeführt. Das Hauptgesundheitsamt Bremen teilt den Mitgliedern des Gutachterausschusses den Termin der Überprüfung rechtzeitig mit.
Die Überprüfung jedes Antragstellers erfolgt einzeln durch den Amtsarzt. Die Überprüfung jedes Antragstellers soll mindestens 15 Minuten dauern. Über jede Überprüfung soll ein Wortprotokoll geführt werden. Es ist jedoch zumindest eine Ergebnisniederschrift anzufertigen, die den wesentlichen Inhalt und das Ergebnis der Überprüfung enthält und die vom Amtsarzt unterschrieben wird.
Bei Antragstellern aus Bremerhaven wird die Überprüfung durch den Amtsarzt aus Bremerhaven vorgenommen, dem der Termin der Überprüfung durch das Hauptgesundheitsamt Bremen rechtzeitig mitzuteilen ist.

3. Das Hauptgesundheitsamt Bremen teilt dem Stadt- und Polizeiamt Bremen bzw. der Ortspolizeibehörde der Stadt Bremerhaven das Ergebnis der Überprüfung der einzelnen Antragsteller mit. Zwei Wortprotokolle bzw. zwei Ergebnisniederschriften der Überprüfung sind der Ergebnismitteilung beizufügen.

4. Das Stadt- und Polizeiamt Bremen bzw. die Ortspolizeibehörde der Stadt Bremerhaven entscheidet über den Antrag auf Erteilung einer Heilpraktikererlaubnis. Der mit einer Rechtsbehelfsbelehrung zu versehene Bescheid ist dem Antragsteller und der zuständigen Ärztekammer zuzustellen; das zuständige Gesundheitsamt erhält eine Abschrift des Bescheides. Ein ablehnender Bescheid ist mit einer Begründung zu versehen.

5. Legt der Antragsteller gegen den Bescheid des Stadt- und Polizeiamtes Bremen bzw. der Ortspolizeibehörde der Stadt Bremerhaven Widerspruch ein und kann die Behörde, die den Verwaltungsakt erlassen hat, diesem Widerspruch nicht abhelfen, so legt sie ihn dem Senator für Gesundheit und Umweltschutz zur Entscheidung vor. Vor Entscheidung über diesen Widerspruch ist der Gutachterausschuß für Heilpraktiker zu hören. Vor der Stellungnahme des Gutachterausschusses für Heilpraktiker gegenüber dem Senator für Gesundheit und Umweltschutz hört der Gutachterausschuß für Heilpraktiker den Widerspruchsführer mündlich an, es sei denn, daß mit dem Widerspruch Fehler des Wortprotokolls bzw. der Ergebnisniederschrift oder sonstige formelle Fehler gerügt werden.

   a) Ist eine mündliche Anhörung des Widerspruchsführers erforderlich, beraumt der Vorsitzende des Gutachterausschusses einen Termin für die Anhörung des Antragstellers vor dem Gutachterausschuß für Heilpraktiker an, benachrichtigt hiervon rechtzeitig die Mitglieder des Gutachterausschusses für Heilpraktiker und lädt den Widerspruchsführer. Die Überprüfung des Widerspruchsführers durch den Gutachterausschuß für Heil-

praktiker soll mindestens 15 Minuten dauern. Über die Anhörung soll ein Wortprotokoll geführt werden. Es ist jedoch zumindest eine Ergebnisniederschrift anzufertigen, die den wesentlichen Inhalt und das Ergebnis der Anhörung enthält und die vom Vorsitzenden des Gutachterausschusses für Heilpraktiker unterschrieben wird.
Der Vorsitzende des Gutachterausschusses für Heilpraktiker teilt das Ergebnis der Anhörung dem Senator für Gesundheit und Umweltschutz mit.

b) Wird mit dem Widerspruch ein Fehler des Wortprotokolls bzw. der Ergebnisniederschrift oder ein sonstiger formeller Fehler gerügt, nehmen die Mitglieder des Gutachterausschusses schriftlich zu den gerügten Fehlern Stellung. Im Bedarfsfall kann der Vorsitzende des Gutachterausschusses für Heilpraktiker auch in diesen Fällen die mündliche Anhörung des Widerspruchsführers vor dem Gutachterausschuß für Heilpraktiker anordnen. Es gilt dann das unter a) Gesagte entsprechend. Andernfalls nimmt der Vorsitzende des Gutachterausschusses für Heilpraktiker aufgrund der Stellungnahmen der Mitglieder des Gutachterausschusses für Heilpraktiker gegenüber dem Senator für Gesundheit und Umweltschutz Stellung.

Nach Anhörung des Gutachterausschusses entscheidet der Senator für Gesundheit und Umweltschutz über den Widerspruch.

6. Der Erlaß des Senators für Gesundheit und Umweltschutz vom 20. Januar 1958 wird aufgehoben.

1.4.6 HAMBURG

Verfügung über Verfahrensrichtlinien für die Erteilung/Versagung von Erlaubnissen zur Ausübung der Heilkunde ohne Bestallung

vom 15. Februar 1980 (GL/G 3/511-94.2)

Nach dem Gesetz über die berufsmäßige Ausübung der Heilkunde ohne Bestallung (Heilpraktikergesetz) vom 17. Februar 1939 (BGBl. III S. 2122-2) und der hierzu ergangenen Ersten Durchführungsverordnung vom 18. Februar 1939 (BGBl. III S. 2122-2-1) können Erlaubnisse zur Ausübung der Heilkunde ohne Bestallung erteilt werden. Die hierfür erlassene Verfügung vom 14. 12. 1982 wird wie folgt neu gefaßt:

1. Die Anträge auf Erteilung der Erlaubnis zur Ausübung der Heilkunde ohne Bestallung werden bei der Gesundheitsbehörde eingereicht.
2. Die Gesundheitsbehörde führt die Überprüfungen nach § 2 Abs. 1 Buchstabe i) der Ersten Durchführungsverordnung zum Heilpraktikergesetz durch.
3. Als Überprüfer werden von der Gesundheitsbehörde ein Arzt des amtsärztlichen Dienstes und ein Arzt für Naturheilverfahren bestellt.
4. Die Gesundheitsbehörde sammelt die Unterlagen, die für die Prüfung nach § 2 Abs. 1 Buchstaben a), b), d), f) und g) der Ersten Durchführungsverordnung zum Heilpraktikergesetz erforderlich sind.

5. Ergeben sich aus den vorgelegten Nachweisen keine Versagungsgründe im Sinne von § 2 Abs. 1 der Ersten Durchführungsverordnung zum Heilpraktikergesetz, so werden sie den beiden überprüfenden Ärzten vor Beginn der jeweiligen Überprüfung zur Einsichtnahme vorgelegt.
6. Nach dieser Einsichtnahme nehmen die beiden Ärzte die Überprüfung des persönlich anwesenden Antragstellers vor. Vertreter der Heilpraktikerverbände sollen grundsätzlich an der Überprüfung nicht teilnehmen. Der Verlauf der Überprüfung wird auf Tonträger aufgenommen.
7. Jeder der beiden überprüfenden Ärzte gibt eine Beurteilung als Gutachten zu der Frage, ob die Ausübung der Heilkunde durch den Überprüften eine Gefahr für die Volksgesundheit bedeuten würde, unmittelbar nach der Überprüfung ab.

   Diese Gutachten werden gleichfalls auf Tonträger aufgenommen und später schriftlich festgehalten.
8. Die Gesundheitsbehörde entscheidet nach Abschluß dieses Verfahrensabschnittes über den Antrag unter Berücksichtigung der gesamten Unterlagen. Sie hat dabei zu beachten, daß sie die Erlaubnis nur aus Gründen der Gefahrenabwehr versagen darf.
9. Gegen einen ablehnenden Bescheid steht dem Antragsteller der Rechtsweg offen. Der Bescheid ist mit einer Rechtsmittelbelehrung zu versehen.
10. Wird gegen einen Bescheid Widerspruch erhoben, so ist vor der Entscheidung über den Widerspruch der Gutachterausschuß zu hören.

Merkblatt über die Überprüfung zur Ausübung der Heilkunde ohne Bestallung (Berufsbezeichnung Heilpraktiker)

Nach § 1 Abs. 1 des Gesetzes über die berufsmäßige Ausübung der Heilkunde ohne Bestallung (Heilpraktikergesetz vom 17. 2. 1939, RGBl. I S. 251; BGBl. III 2122-2) bedarf, wer die Heilkunde, ohne als Arzt bestallt zu sein, ausüben will, einer Erlaubnis. Die Erlaubnis kann nach der Ersten Durchführungsverordnung zum Gesetz über die berufsmäßige Ausübung der Heilkunde ohne Bestallung vom 18. 2. 1939 (RGBl. I S. 259; BGBl. III 2122-2) nur erteilt werden, wenn sich u. a. aus einer Überprüfung der Kenntnisse und Fähigkeiten des Antragstellers ergibt, daß die Ausübung der Heilkunde durch den Betreffenden keine Gefahr für die Volksgesundheit bedeuten würde.

Zur Überprüfung durch die Behörde für Arbeit, Gesundheit und Soziales kann nur zugelassen werden, wer das 25. Lebensjahr vollendet hat (eine Antragstellung vorher ist möglich) und beabsichtigt, den Heilpraktikerberuf in Hamburg auszuüben. Die Behörde für Arbeit, Gesundheit und Soziales erkennt die Zuständigkeit für einen Zulassungsantrag an, wenn der Antragsteller, der in Hamburg seinen Hauptwohnsitz hat, eine entsprechende Erklärung abgibt. Antragsteller, die keinen oder einen Nebenwohnsitz in Hamburg haben, können nur zugelassen werden, wenn besondere Umstände, die die Zuständigkeit der Behörde für Arbeit, Gesundheit und Soziales begründen, vorliegen. In diesen Fällen reicht die bloße Absichtserklärung, in Hamburg als Heilpraktiker tätig werden zu wollen nicht aus. Es müssen besondere Anhaltspunkte dafür erkennbar sein, daß die Heilpraktikertätigkeit in Hamburg aufgenommen wird.

Dem Antrag auf Zualssung zur Überprüfung sind folgende Unterlagen im Original oder in amtlich bzw. notariell beglaubigter Abschrift / Ablichtung einzureichen. Bitte legen Sie jedem Original der Nrn. 3–5 eine Fotokopie bei.

1. Antrag / Erklärung (Anlage)
2. Kurzgefaßter lückenloser Lebenslauf mit Datum und Unterschrift
3. Geburtsurkunde, bei Verheirateten auch die Heiratsurkunde oder ein Auszug aus dem Familienbuch
4. Das Schulabgangszeugnis (Mindestvoraussetzung für die Zulassung ist eine abgeschlossene Volksschulbildung)
5. Ein gültiger Personalausweis oder Reisepaß.

Nach Bekanntgabe des Termins für den medizinalrechtlichen Teil der Überprüfung sind folgende weitere Unterlagen einzureichen:

6. Amtliches Führungszeugnis, das nicht früher als 1 Monat vor dem Überprüfungsantrag ausgestellt sein darf (zu beantragen beim zuständigen Einwohneramt).
7. Eine Erklärung des Antragstellers, daß gegen ihn kein gerichtliches straf- oder staatsanwaltschaftliches Ermittlungsverfahren anhängig ist. Diese Erklärung darf frühestens 1 Monat vor dem Überprüfungstermin abgegeben werden.
8. Ärztliche Bescheinigung darüber, daß dem Antragsteller nicht infolge eines körperlichen Leidens oder wegen Schwäche seiner geistigen oder körperlichen Kräfte oder wegen einer Sucht die für die Berufsausübung erforderliche Eignung fehlt. Diese Bescheinigung darf nicht früher als 1 Monat vor dem Prüfungstermin ausgestellt worden sein.

Voraussetzung für die Zulassung zur Überprüfung ist, daß alle unter Nrn. 1–8 genannten Unterlagen der Behörde für Arbeit, Gesundes und Soziales vorliegen. Die Nachweise sollten bis spätestens 2 Wochen vor dem Überprüfungstermin vorliegen.

Die Überprüfung besteht aus einem medizinalrechtlichen und einem allgemeinmedizinischen Teil.

Im medizinalrechtlichen Teil der Überprüfung, der **in schriftlicher** Form durchgeführt wird, werden die Kenntnisse der für den Heilpraktiker einschlägigen gesetzlichen Bestimmungen überprüft.

Insbesondere wird überprüft, ob der Antragsteller die rechtlichen Grenzen der heilkundlichen Befugnisse eines Heilpraktikers kennt und ob ihm die dem Heilpraktiker obliegenden gesetzlichen Verpflichtungen bekannt sind.

Im allgemeinmedizinischen Teil der Überprüfung, der *in Form eines Prüfungsgespräches* stattfindet, das auf Tonträger aufgezeichnet wird und zu dem nur zugelassen wird, wer den medizinalrechtlichen Teil vorher erfolgreich absolviert hat, werden die Kenntnisse und Fähigkeiten in der Anatomie, der Physiologie, der Pathologie sowie in Diagnostik und Therapie überprüft. Auch muß der Antragsteller Kenntnisse über die äußeren Erscheinungsformen der meldepflichtigen Krankheiten nachweisen.

Das Ergebnis der Überprüfung wird dem Antragsteller ca. 2 Wochen nach dem jeweiligen Überprüfungstermin schriftlich mitgeteilt. Wer den allgemeinmedizinischen Teil der Überprüfung mit Erfolg absolviert hat, erhält die Erlaubnis zur Ausübung der Heilkunde ohne Bestallung.

Gebühren:

Überprüfung:	DM 200,–
Erteilung der Erlaubnis:	DM 100,–
Ablehnender Bescheid:	DM 75,–

Merkblatt über die Erteilung der Erlaubnis zur Ausübung der Heilkunde auf dem Gebiet der Psychotherapie; hier: Anwendung des Heilpraktikergesetzes auf Diplom-Pychologen

Nach dem Urteil des Bundesverwaltungsgerichts vom 10. 2. 1983 (BVerwG 3 C 21.83) ist die Ausübung der Psychotherapie Ausübung der Heilkunde i. S. des § 1 des Gesetzes über die Ausübung der Heilkunde ohne Bestallung (Heilpraktikergesetz). Da sich nach § 5 des Heilpraktikergesetzes strafbar macht, wer ohne Arzt zu sein oder eine Erlaubnis nach dem Heilpraktikergesetz zu besitzen die Heilkunde ausübt, benötigen behandelnde Diplom-Pychologen, die psychotherapeutisch tätig sein wollen, die Heilpraktikererlaubnis.

Die im Rahmen der Erlaubniserteilung gem. § 2 Abs. 1 i) der Ersten Durchführungsverordnung zum Heilpraktikergesetz durchzuführende Prüfung der Kenntnisse und Fähigkeiten findet für Diplom-Psychologen, die während oder nach der Hochschulausbildung eine Ausbildung in der Psychotherapie absolviert haben, in eingeschränktem Umfang statt. Bis eine erwartete Entscheidung des Bundesverfassungsgerichtes oder eine spezielle Regelung des Gesetzgebers Veranlassung dazu gibt, das Zulassungsverfahren für Diplom-Psychologen zu ändern, erhalten Diplom-Psychologen, die eine Ausbildung in der Psychotherapie absolviert haben, die Erlaubnis zur Ausübung der Heilkunde auf dem Gebiet der Psychotherapie ohne eine gesonderte Überprüfung ihrer Kenntnisse und Fähigkeiten, wenn im übrigen die Voraussetzungen für eine Erlaubniserteilung erfüllt sind.

Folgende Unterlagen sind in Urschrift oder in amtlich bzw. notariell beglaubigter Abschrift / Ablichtung dem Antrag auf Erteilung einer Erlaubnis zur Ausübung der Heilkunde auf dem Gebiet der Psychotherapie beizufügen:

(Bitte legen Sie jeder Originalurkunde eine Fotokopie bei.)

1. Antrag mit Erklärung über anhängige Straf- und Ermittlungsverfahren (Anlage),
2. einen kurzgefaßten, lückenlosen Lebenslauf mit Datum und Unterschrift,
3. die Geburtsurkunde, bei Verheirateten auch die Heiratsurkunde oder einen Auszug aus dem Familienbuch,
4. die Urkunde über die Verleihung des akademischen Grades Diplom-Psycho-

loge/Diplom-Psychologin **sowie** den Nachweis über die absolvierte Ausbildung auf dem Gebiet der klinischen Psychologie (Prüfungszeugnis), ggf. Promotionsurkunde,

5. einen Nachweis über die Staatsangehörigkeit (Bundespersonalausweis, Reisepaß, Reiseausweis),
6. ein amtliches Führungszeugnis, das zu dem Zeitpunkt, an dem der Behörde für Arbeit, Gesundheit und Soziales alle einzureichenden Unterlagen vorliegen, nicht älter als 1 Monat sein darf (zu beantragen beim Einwohnermeldeamt – Belegart – O –),
7. eine ärztliche Bescheinigung (s. Hinweis unten), welche ebenfalls zu dem Zeitpunkt, an dem der Behörde für Arbeit, Gesundheit und Soziales alle einzureichenden Unterlagen vorliegen, nicht älter als 1 Monat sein darf.

Die Antragsunterlagen können an die Postanschrift der Behörde für Arbeit, Gesundheit und Soziales gesandt oder persönlich in der Dienststelle Winterhuder Weg 29, V. Stock, Zimmer 522, während der Sprechzeiten (siehe vorne) abgegeben werden.

Der Antrag gilt als gestellt, wenn alle einzureichenden Unterlagen der Behörde für Arbeit, Gesundheit und Soziales vorliegen.

Für die Erteilung einer Erlaubnis zur Ausübung der Heilkunde auf dem Gebiet der Psychotherapie wird eine Verwaltungsgebühr von DM 150,– erhoben. Bei Abholung der Urkunde ist dieser Betrag bar durch den Kauf von Gebührenmarken zu entrichten.

Sollte in Ausnahmefällen die Urkunde nicht abgeholt werden können, wird sie dem Antragsteller zugesandt. In diesem Fall wird ein Gebührenbescheid zusammen mit der Urkunde zugestellt. Diplom-Psychologen, die keine psychotherapeutische Aus-, Fort- oder Weiterbildung nachweisen oder sich nicht auf die Ausübung der Psychotherapie beschränken wollen sowie alle Angehörigen anderer akademischer und nicht akademischer Berufsgruppen, die psychotherapeutisch tätig werden wollen, erhalten die Erlaubnis zur Ausübung der Heilkunst ohne Bestallung, wenn sich aus einer Überprüfung der Kenntnisse und Fähigkeiten ergibt, daß die Ausübung der Heilkunde durch den Betreffenden keine Gefahr für die Volksgesundheit bedeuten würde. Auf das Merkblatt über die Überprüfung zur Ausübung der Heilkunde ohne Bestallung wird verwiesen.

Hinweis für die ärztliche Bescheinigung

Der Arzt wird um eine Bescheinigung gebeten, daß keine Anhaltspunkte dafür vorliegen, daß der Antragsteller

> wegen eines körperlichen Leidens, oder wegen Schwäche seiner geistigen oder körperlichen Kräfte oder wegen einer Sucht

zur Ausübung der Heilkunde auf dem Gebiet der Psychotherapie unfähig oder ungeeignet ist.

1.4.7 HESSEN

Richtlinien zur Durchführung des Heilpraktikergesetzes

Vom 5. März 1992 (StAnz. 12/1992 S. 751)

1. Wer die Heilkunde, ohne Arzt/Ärztin zu sein, ausüben will, bedarf dazu der Erlaubnis nach § 1 des Gesetzes über die berufsmäßige Ausübung der Heilkunde ohne Bestallung (Heilpraktikergesetz – HPG –) vom 17. Februar 1939 (RGBl. I S. 251), geändert durch Gesetz vom 2. März 1974 (BGBl. I S. 469). Ausübung der Heilkunde ist jede berufs- oder gewerbsmäßig vorgenommene Tätigkeit zur Feststellung, Heilung oder Linderung von Krankheiten, Leiden oder Körperschäden bei Menschen, auch wenn sie im Dienst von anderen ausgeübt wird (§ 1 Abs. 2 HPG).

2. Die Berufsausübung ist eingeschränkt; den Heilpraktikern und Heilpraktikerinnen ist es insbesondere nicht möglich:

2.1 Geburtshilfe zu leisten (§ 4 des Gesetzes über den Beruf der Hebamme und des Entbindungspflegers – Hebammengesetz – HebG – vom 4. Juni 1985 – BGBl. I S. 902), zuletzt geändert durch den Einigungsvertrag vom 31. August 1991 i. V. m. dem Gesetz vom 23. September 1990 (BGBl. II S. 885),

2.2 Untersuchungen auf Geschlechtskrankheiten und Krankheiten oder Leiden der Geschlechtsorgane sowie ihre Behandlung vorzunehmen (§ 9 des Gesetzes zur Bekämpfung der Geschlechtskrankheiten vom 23. Juli 1953 – BGBl. I S. 700, zuletzt geändert durch Gesetz vom 12. September 1990 – BGBl. I S. 2002),

2.3 meldepflichtige, übertragbare Krankheiten zu behandeln (gemäß § 30 i. V. m. § 3 Abs. 1 und 2 des Gesetzes zur Verhütung und Bekämpfung übertragbarer Krankheiten beim Menschen [Bundes-Seuchengesetz] i. d. F. vom 18. Dezember 1979 – BGBl. I S. 2262; bereinigt 1980, S. 151; zuletzt geändert durch Gesetz vom 12. September 1990 – BGBl. I S. 2002),

2.4 verschreibungspflichtige Arzneimittel zu verordnen (§§ 48, 49 des Gesetzes über den Verkehr mit Arzneimitteln vom 24. August 1976 – BGBl. I S. 2445), zuletzt geändert durch Gesetz vom 11. April 1990 (BGBl. I S. 717),

2.5 Betäubungsmittel zu verordnen (gemäß der Verordnung über das Verschreiben, die Abgabe und den Nachweis des Verbleibs von Betäubungsmitteln – Betäubungsmittel-Verschreibungsverordnung – vom 16. Dezember 1981 – BGBl. I S. 1427 –, zuletzt geändert durch Verordnung vom 23. Juli 1986 – BGBl. I S. 1099).

3. Die Erlaubnis zur Ausübung der Heilkunde wird auf Antrag erteilt. Über den Antrag entscheidet nach § 1 Abs. 1 HPG i. V. m. § 3 Abs. 1 der Ersten Durchführungsverordnung zum Heilpraktikergesetz (1. DVO-HPG) vom 18. Februar 1939 (RGBl. I S. 259), zuletzt geändert durch Verordnung vom 18. April 1975 (BGBl. I S. 967) die untere Verwaltungsbehörde im Benehmen mit dem Gesundheitsamt.

4. Örtlich zuständig für die Erteilung der Erlaubnis zur Ausübung der Heilkunde ist grundsätzlich die Behörde, in deren Bezirk der Antragsteller / die Antragstellerin seinen / ihren Wohnsitz (Hauptwohnung im Sinne des Melderechts) oder dauernden Aufenthalt hat. Ausnahmsweise wird die Zuständigkeit durch die Niederlassungsabsicht begründet, wenn im Geltungsbereich des Heilpraktikergesetzes weder ein Wohnsitz noch eine dauernder Aufenthalt besteht.

   § 3 Abs. 1 Nr. 2 des Hessischen Verwaltungsverfahrensgesetzes findet keine Anwendung, da die Erlaubniserteilung mit einer Prüfung der Kenntnisse und Fähigkeiten des Antragstellers / der Antragstellerin verbunden ist.
   Die bloße Niederlassungsabsicht kann eine örtliche Zuständigkeit ausnahmsweise nur dann begründen, wenn bei der Anmeldung eine Wohnsitz- oder Aufenthaltszuständigkeit nicht gegeben ist.

5. Vor einer Überprüfung nach § 2 Abs. 1 der 1. DVO-HPG sollen die nach § 2 Abs. 1 1. DVO-HPG erforderlichen Feststellungen getroffen werden. Die Zulassung eines Bewerbers / einer Bewerberin zur Überprüfung seiner / ihrer Kenntnisse und Fähigkeiten erscheint nicht zweckmäßig, wenn feststeht oder festgestellt werden kann, daß eines oder mehrere Hindernisse nach § 2 Abs. 1 Buchst. a, d, f und g 1. DVO-HPG einer Erlaubniserteilung entgegenstehen (vgl. Urteil des Bundesverwaltungsgerichts – BVerwG – I C 246.54 vom 26. Juni 1958). Ist ein Bewerber / eine Bewerberin vorbestraft, so ist zu prüfen, ob der der Verurteilung zugrundeliegende Sachverhalt zu negativen Rückschlüssen auf persönliche Zuverlässigkeit und Eignung eines Bewerbers / einer Bewerberin zwingt. Eine Bindung an die Verurteilung eines Antragstellers / einer Antragstellerin durch ein Strafgericht besteht nicht (vgl. Urteil BVerwG I B 114.59 vom 11. Januar 1960). Bei der Bewerbung hat der Antragsteller / die Antragstellerin anzugeben, ob und ggf. bei welcher Behörde zuvor bereits eine Erlaubnis nach dem Heilpraktikergesetz beantragt wurde. Aus der Tatsache einer oder mehrerer früherer Antragstellungen dürfen negative Rückschlüsse auf den zur Entscheidung vorliegenden Antrag nicht gezogen werden, da die Erlaubnis mehrfach beantragt werden kann; die Kenntnis bereits entstandener Verwaltungsvorgänge kann jedoch die Beurteilung im Einzelfall erleichtern.

6. Für die Zulassung zur Ausübung des Heilpraktikerberufes ist eine medizinische Ausbildung nicht vorgesehen; der Nachweis einer Fachqualifikation muß nicht erbracht werden; dementsprechend findet eine Fachprüfung nicht statt. Die Überprüfung hat sich darauf zu erstrecken, ob der Antragsteller / die Antragstellerin so viele heilkundliche Kenntnisse und Fähigkeiten besitzt, daß die Ausübung der Heilkunde durch ihn nicht zu einer Gefahr für die Volksgesundheit wird. Bei der Überprüfung ist festzustellen, ob der Antragsteller / die Antragstellerin die gesetzlichen Bestimmungen kennt, die die Berufsausübung begrenzen und ob er / sie zur Beachtung dieser Grenzen in der Praxis fähig sein wird (vgl. Urteil BVerwG IC 248.54 vom 26. Juni 1958). Eine Gefahr für die Volksgesundheit kann auch darin bestehen, daß der

Antragsteller / die Antragstellerin nicht über ausreichende Grundkenntnisse der Hygiene, Sterilisation und Desinfektion verfügt.
Die Überprüfung der Kenntnisse und Fertigkeiten soll einen schriftlichen und einen mündlichen Teil umfassen.

6.1 Der schriftliche Teil der Überprüfung soll sich auf folgende Sachgebiete erstrecken:

1. Erkennung und Unterscheidung von Volkskrankheiten, insbesondere der übertragbaren Krankheiten, der Stoffwechselkrankheiten, der Herz-Kreislauf-Krankheiten und der degenerativen Erkrankungen,
2. Deutung grundlegender Laborwerte,
3. Grundlegende Kenntnisse der Anatomie und Physiologie,
4. Hygiene, Desinfektions- und Sterilisationsmaßnahmen,
5. Gesetzeskunde, insbesondere rechtliche Grenzen der Heilkundeausübung ohne Bestallung,
6. Erkennung und Erstversorgung akuter lebensbedrohender Zustände und Notfälle.

Bei der schriftlichen Überprüfung kann das Multiple-choice-Verfahren angewandt werden. In einem solchen Fall gilt die schriftliche Überprüfung als bestanden, wenn der Antragsteller / die Antragstellerin mindestens 60 v. H. der gestellten Prüfungsfragen zutreffend beantwortet hat. Dabei ist jede Frage mit einem Punkt zu bewerten. Im Falle einer Überprüfung im sogenannten freien Verfahren sollte aus Gründen der Chancengleichheit die schriftliche Überprüfung ebenfalls als bestanden gelten, wenn der Antragsteller / die Antragstellerin mindestens 60 v. H. der Fragen zutreffend beantwortet hat. Auch hier sollte jede Frage mit einem Punkt zu bewerten sein.

6.2 Der mündliche Teil der Überprüfung erstreckt sich außer auf die in 6.1 genannten Sachgebiete auf

1. die Technik der Anamneseerhebung und Methoden der unmittelbaren Krankenuntersuchung,
2. diagnostische Verfahrensweisen,
3. Injektionstechniken.

Der mündliche Teil der Überprüfung soll für den Antragsteller / die Antragstellerin nicht mehr als eine Zeitstunde dauern. Es kann in Gruppen bis zu vier Antragstellenden überprüft werden.

7. Bei Antragstellenden, die eine Zulassung als Heilpraktiker / Heilpraktikerin anstreben, um sich erkennbar von vornherein auf einem besonderen Fachgebiet heilpraktisch zu betätigen, hat sich die Überprüfung auch darauf zu erstrecken, ob der Bewerber / die Bewerberin die insoweit erforderlichen besonderen Kenntnisse und Fähigkeiten besitzt (vgl. Urteil BVerwG I C 2/69 vom 18. Dezember 1972). Zu dieser Überprüfung ist das Gesundheitsamt berechtigt und verpflichtet, damit sichergestellt ist, daß von der Tätigkeit des Antragstellers / der Antragstellerin keine gesundheitliche Gefahr für die All-

gemeinheit und den einzelnen ausgeht. Einer derartigen Überprüfung muß sich ein Heilpraktiker / eine Heilpraktikerin auch nach seiner Zulassung unterziehen, wenn er / sie sich später einem Spezialgebiet oder einer speziellen Behandlungsmethode zuwendet, und das Gesundheitsamt begründeten Anlaß zu der Annahme hat, daß hierdurch von dem Heilpraktiker / der Heilpraktikerin eine Gefahr für die Volksgesundheit ausgehen könnte.

8.1 Bei Antragstellenden, die den von einer inländischen oder als gleichgestellt anerkannten ausländischen Hochschule verliehenen akademischen Grad eines Diplom-Psychologen / einer Diplom-Psychologin führen dürfen und glaubhaft versichern, sich ausschließlich im Bereich der Psychotherapie heilkundlich betätigen zu wollen, ist in Anlehnung an das Grundsatzurteil des Bundesverwaltungsgerichts vom 10. Februar 1983 – BVerwG 3 C 21.82 – von einer Überprüfung seiner Kenntnisse und Fähigkeiten i. S. des § 2 Abs. 1 Buchst. i) der 1. DVO-HPG abzusehen. Dabei kommt es nicht darauf an, daß eine besondere psychotherapeutische Zusatzausbildung oder Weiterbildung nachgewiesen wird. Vielmehr ist davon auszugehen, daß ein Diplom-Psychologe / eine Diplom-Psychologin über die in diesem Bereich der Heilkunde erforderlichen psychotherapeutischen Grundkenntnisse verfügt. Da die Überprüfung keinen Fachkundenachweis erbringen soll, ist sie für diesen Personenkreis entbehrlich.

8.2 Bei sonstigen Antragstellenden, die glaubhaft versichern, sich ausschließlich im Bereich der Psychotherapie heilkundlich betätigen zu wollen, ist eine auf das Gebiet der Psychotherapie eingeschränkte Überprüfung ihrer Kenntnisse und Fähigkeiten vorzunehmen. Dabei sind insbesondere ausreichende Kenntnisse der psychologischen Diagnostik, der Psychopathologie und der klinischen Psychologie nachzuweisen. Solche Antragstellenden müssen ausreichende Kenntnis über die Abgrenzung heilkundlicher Tätigkeit, insbesondere im psychotherapeutischen Bereich, gegenüber Ärzten und allgemein als Heilpraktiker tätigen Personen vorbehaltenen heilkundlichen Behandlungen besitzen, sowie ferner ausreichende diagnostische Fähigkeiten in bezug auf das einschlägige Krankheitsbild haben und die Befähigung besitzen, die Patienten entsprechend der Diagnose psychotherapeutisch zu behandeln. Im Regelfall soll eine schriftliche und mündliche Überprüfung der Kenntnisse in Psychopathologie, klinischer Psychologie und Psychodiagnostik erfolgen. Von dieser mündlichen Überprüfung kann im Einzelfall abgesehen werden, wenn Antragstellende in langjähriger beruflicher Tätigkeit fremdtherapeutisch gearbeitet haben, vorzugsweise unter ärztlicher Begleitung, oder wenn auf Grund eines außerordentlich umfangreichen und erfolgreich absolvierten Aus- und Fortbildungs- oder Weiterbildungsweges an den diesbezüglichen Kenntnissen keine vernünftigen Zweifel bestehen können. Ein Anspruch des Antragstellers / der Antragstellerin besteht nicht.

8.3 Im übrigen ist die Erteilung der Erlaubnis vom Vorliegen der Voraussetzung nach § 2 Abs. 1 Buchst. a, f und g der 1. DVO-HPG abhängig. In die Erlaubnisurkunde ist aufzunehmen, daß bei einer heilkundlichen Betätigung außerhalb des Gebietes der Psychotherapie die Erlaubnis zurückgenommen (§ 7 Abs. 1 der 1. DVO-HPG) oder die Vornahme der üblichen Überprüfung nach § 2 Abs. 1 Buchst. i) der 1. DVO-HPG aufgegeben wird. Eine Verpflichtung für den Inhaber / die Inhaberin einer Erlaubnis nach § 1 Abs. 1 Heilpraktikergesetz, die Berufsbezeichnung »Heilpraktiker / Heilpraktikerin« zu führen, besteht nicht.

8.4 Beratung in sozialen Konflikten (z. B. Eheberatung, Familienberatung, Erziehungsberatung oder schulpsychologischer Dienst u. ä.) stellt keine Ausübung von Heilkunde im Sinne dieser Richtlinien dar. Das gleiche gilt für Diplom-Psychologen / Diplom-Psychologinnen, die nicht eigenverantwortlich-selbständig, sondern auf Weisung und unter Aufsicht (Supervision) eines Arztes / einer Ärztin tätig werden.

9. Zur Vereinfachung des Antragsverfahrens sollen die Überprüfungen in der Regel nur zweimal im Jahr stattfinden. Die Überprüfung erfolgt durch den Leiter / die Leiterin des Gesundheitsamtes oder seinen Vertreter / seine Vertreterin. An der Überprüfung ist ein Heilpraktiker / eine Heilpraktikerin zu beteiligen; wünschen die Antragstellenden die Beteiligung eines weiteren Heilpraktikers / einer weiteren Heilpraktikerin nach ihrer Wahl, kann das Gesundheitsamt ebenfalls auf Kosten der Antragstellenden einen zweiten Heilpraktiker / eine zweite Heilpraktikerin beiziehen. Heilpraktiker / innen werden im Rahmen der Überprüfung gutachterlich tätig; ein Entscheidungsrecht steht ihnen nicht zu. Zu der Überprüfung können weitere sachverständige Personen zugezogen werden. Die Einladung der an der Überprüfung Beteiligten erfolgt durch das Gesundheitsamt. Die in Hessen bestehenden Heilpraktiker-Berufsverbände können als Heilpraktiker / als Heilpraktikerin zugelassene Mitglieder ihres Verbandes für die Teilnahme an Heilpraktikerüberprüfungen vorschlagen; das gleiche gilt für die Berufung von Mitgliedern des Gutachterausschusses nach Nr. 14.

10. Wegen der Bedeutung der Überprüfung insbesondere für das Rechtsmittelverfahren ist ihr Verlauf in Form einer Niederschrift festzuhalten, aus der Gegenstand, Ablauf und Ergebnis der Überprüfung sowie die Stellungnahme der Überprüfenden hervorgeht. Das Ergebnis ist der unteren Verwaltungsbehörde zuzuleiten.

11. Die Überprüfung und die Erteilung der Erlaubnis zur Ausübung der Heilkunde als Heilpraktiker / als Heilpraktikerin sind nach Nr. 8181/2 des Gebührenverzeichnisses der Anlage zu § 1 der Verwaltungskostenordnung für den Geschäftsbereich des Sozialministers vom 25. November 1986 (GVBl. I S. 361), zuletzt geändert durch Verordnung vom 4. April 1991 (GVBl. I S. 140), gebührenpflichtig. Die dem Gesundheitsamt zustehenden baren Auslagen sind gemäß § 11 des Hessischen Verwaltungskostengesetzes vom 11. Juli 1972 (GVBl. I S. 235), zuletzt geändert durch Gesetz vom 29. November 1989 (GVBl. I S. 404), von den Antragstellenden zu erstatten. Bare Auslagen sind Entschädigungen für die nicht dem Gesundheitsamt zugehörenden Personen, die bei der Überprüfung mitwirken. Entstehende Reiseko-

sten sind entsprechend dem Reisekostenrecht für Landesbedienstete, Zeitversäumnisse in sinngemäßer Anwendung des § 2 des Gesetzes über die Entschädigung der ehrenamtlichen Richter vom 1. Oktober 1969 (BGBl. I S. 1753), zuletzt geändert durch das Gesetz vom 9. Dezember 1986 (BGBl. I S. 2326), zu erstatten.

12. Gegen die Versagung der Erlaubnis zur Ausübung der Heilkunde als Heilpraktiker / Heilpraktikerin steht den Antragstellenden der Rechtsweg zu den Verwaltungsgerichten offen. Der ablehnende Bescheid ist mit einer Rechtsbehelfsbelehrung zu versehen.
13. Wird gegen einen ablehnenden Bescheid Widerspruch erhoben oder wird eine Erlaubnis nach § 7 der 1. DVO-HPG zurückgenommen, so ist vor der Entscheidung der Gutachterausschuß zu hören.
14. Der Gutachterausschuß besteht aus einem / einer Vorsitzenden, der weder Arzt / Ärztin noch Heilpraktiker / Heilpraktikerin sein darf, und seinem Stellvertreter / seiner Stellvertreterin sowie zwei Ärzten / Ärztinnen und zwei Heilpraktikern / Heilpraktikerinnen und ihren Stellvertretern, die jeweils für die Dauer von zwei Jahren durch die Ministerien für Jugend, Familie und Gesundheit berufen werden. Die Geschäftsführung des Gutachterausschusses obliegt dem Ministerim für Jugend, Familie und Gesundheit.
    Für die ehrenamtliche Tätigkeit sind der / die Vorsitzende und die Mitglieder des Prüfungsausschusses in der unter der Nr. 11 angegebenen Weise vom Ministerium für Jugend, Familie und Gesundheit abzufinden, dem die Anträge auf Reisekostenerstattung und sonstige Entschädigung vorzulegen sind. Diese Kosten sind bei Kap. 2230 – 52601 zu buchen.
15. Die Richtlinien zur Durchführung des Heilpraktikergesetzes vom 19. Januar 1978 (StAnz. S. 1601), werden aufgehoben.

1.4.8 MECKLENBURG-VORPOMMERN

Verordnung über den öffentlichen Gesundheitsdienst und die Aufgaben der Gesundheitsämter in den Landkreisen und kreisfreien Städten

Vom 8. August 1990 (GBl. 1 S. 1068)

Dem öffentlichen Gesundheitsdienst obliegt die Berufsaufsicht über die Heilpraktiker.

Die untere Verwaltungsbehörde läßt aufgrund von Überprüfungen zu, die auf drei Städte konzentriert sind, nach der Kreisgebietsreform evtl. auf zwei Städte, bei denen die Verwaltungszentrale des Oberlausitzkreises sein soll.

Nach Auskunft (Stand Juni 1994) ist eine Überprüfungsrichtlinie in Arbeit.

1.4.9 NIEDERSACHSEN

Durchführung des Verfahrens zur Erteilung einer Erlaubnis nach dem Gesetz über die berufsmäßige Ausübung der Heilkunde ohne Bestallung (Heilpraktikergesetz)

vom 17. 2. 1939 (RGBl. I S. 251), geändert nach Art. 53 des Gesetzes vom 2. 2. 1974 (BGBl. I S. 469)

RdErl. d. MS v. 1. 7. 1987 – 405-41022/15 (GültL 170/55)

Bezug: a) RdErl. v. 4. 3. 1985 – 408-41 022/15
b) RdErl. v. 9. 9. 1985 – 408-41 022/15
c) RdErl. v. 22. 11. 1985 – 405-41 022/15
d) RdErl. v. 19. 12. 1985 – 405-41 022/15

Gemäß § 1 Abs. 1 des Heilpraktikergesetzes (HPG) vom 17. 2. 1939 (RGBl. I S. 251), geändert durch Art. 53 des Gesetzes vom 2. 2. 1974 (BGBl. I S. 469), bedarf der Erlaubnis, wer die Heilkunde ausüben will, ohne als Arzt im Besitz einer Approbation zu sein. Die Erlaubnis wird auf Antrag erteilt, über den gemäß § 3 Abs. 1 der Ersten Durchführungsverordnung zum HPG (1. DVO-HPG) vom 18. 2. 1939 (RGBl. I S. 259), zuletzt geändert durch Art. 1 der Verordnung vom 18. 4. 1975 (BGBl. I S. 967), die unteren Verwaltungsbehörden (Landkreise, kreisfreie Städte, große selbständige Städte und selbständige Gemeinden) entscheiden.

Zur einheitlichen und zweckmäßigen Durchführung der Erlaubniserteilung gilt folgendes Verfahren:

I. Allgemeines

1. Die örtliche Zuständigkeit für die Erteilung der Erlaubnis nach § 1 Abs. 1 HPG richtet sich nach den Bestimmungen des Verwaltungsverfahrensgesetzes (VwVfG) vom 25. 5. 1976 (BGBl. I S. 1253), geändert durch Art. 7 Nr. 4 des Gesetzes vom 2. 7. 1976 (BGBl. I S. 1749). Soweit der Antragsteller seinen Wohnsitz nicht im Bezirk der unteren Verwaltungsbehörde hat, bei der er den Antrag eingereicht hat, bestehen keine Bedenken, wenn von ihm konkrete Nachweise darüber verlangt werden, daß er in dem Bezirk der mit seinem Antrag befaßten unteren Verwaltungsbehörde seine Tätigkeit als Heilpraktiker ausüben will.

2. Zur Prüfung der Frage, ob der Antragsteller die nach § 2 Abs. 1 Buchst. a, b, d, f und g der 1. DVO-HPG zu fordernden Voraussetzungen erfüllt, sind von diesem folgende Unterlagen beizubringen:

2.1 ein kurzgefaßter Lebenslauf,

2.2 die Geburtsurkunde oder ein Auszug aus dem Familienbuch der Eltern, bei Verheirateten auch die Heiratsurkunde oder ein Auszug aus dem für die Ehe geführten Familienbuch,

2.3 ein Nachweis über die Staatsangehörigkeit des Antragstellers (Personalausweis, Reisepaß, in Zweifelsfällen: Staatsangehörigkeitszeugnis),

2.4 ein amtliches Führungszeugnis, das nicht früher als einen Monat vor der Vorlage ausgestellt sein darf,
2.5 eine Erklärung darüber, ob gegen den Antragsteller ein gerichtliches Strafverfahren oder ein staatsanwaltschaftliches Ermittlungsverfahren anhängig ist,
2.6 eine ärztliche Bescheinigung, die nicht früher als einen Monat vor der Vorlage ausgestellt sein darf, wonach keine Anhaltspunkte dafür vorliegen, daß der Antragsteller wegen eines körperlichen Gebrechens oder wegen Schwäche seiner geistigen und körperlichen Kräfte oder wegen einer Sucht zur Ausübung des Berufes als Heilpraktiker unfähig oder ungeeignet ist,
2.7 ein Nachweis darüber, daß er mindestens die Volksschule abgeschlossen hat.

3. Staatsangehörige der übrigen Mitgliedstaaten der Europäischen Gemeinschaft sind nach dem Art. 7 EWG-Vertrag deutschen Antragstellern gleichgestellt. Ihnen steht nach Art. 52 EWG-Vertrag unmittelbar der Zugang zum Beruf des Heilpraktikers offen. Allen anderen Ausländern ist der Zugang zum Beruf des Heilpraktikers verschlossen.

4. Nach § 2 Abs. 1 Buchst. i) der 1. DVO-HPG ist vom Gesundheitsamt eine Überprüfung der Kenntnisse und Fähigkeiten des Antragstellers dahingehend vorzunehmen, ob die Ausübung der Heilkunde durch den Betreffenden eine Gefahr für die Volksgesundheit bedeuten würde.

Den Gesundheitsämtern wird dringend empfohlen, im Rahmen ihres pflichtgemäßen Ermessens sich bei der Klärung der von ihnen verantwortlich zu entscheidenden vorstehenden Frage insbesondere der Erkenntnismöglichkeiten zu bedienen, die durch die Einrichtung eines Gutachterausschusses bei der Bezirksregierung Hannover gegeben sind.

Die Annahme des damit gegebenen Angebots liegt im öffentlichen Interesse, da landesweit ein möglichst einheitlicher Standard bei der Kenntnis- und Fähigkeitsüberprüfung des Antragstellers und eine möglichst übereinstimmende Beurteilungspraxis bei der Frage erreicht werden soll, ob in Bewertung der nachgewiesenen Kenntnisse und Fähigkeiten die Ausübung der Heilkunde durch den Betreffenden eine Gefahr für die Volksgesundheit bedeuten würde.

Nach den §§ 24 und 26 VwVfG kann sich das Gesundheitsamt im Rahmen seiner Überprüfung grundsätzlich aller Erkenntnismittel bedienen und nach pflichtgemäßem Ermessen deren Art und Umfang bestimmen, wenn diese geeignet sind oder sein können, seine Überzeugung vom Vorhandensein oder Nichtvorhandensein entscheidungserheblicher Tatsachen und von der Richtigkeit seiner eigenen Beurteilung und Wertung zu stützen oder zu begründen. Dabei ist das Gesundheitsamt auch berechtigt, die Feststellung der für seine Entscheidung maßgeblichen Tatsachen dem Gutachterausschuß zu überlassen. Der für sachverständige Stellungnahmen in Erlaubnisverfahren bei der Bezirksregierung Hannover eingerichtete Gutachterausschuß ist nicht mit dem nach § 3 Abs. 3 der 1. DVO-HPG eingerichteten Gutachterausschuß für das Widerspruchsverfahren identisch.

Als die für die Überprüfung nach § 2 Abs. 1 Buchst. i der 1. DVO-HPG zuständige Dienststelle ist das Gesundheitsamt jedoch gehalten, sich nach Klärung des

Sachverhalts und Ausschöpfung der zur Verfügung stehenden Beweismittel ein eigenes Urteil darüber zu bilden, ob dem Antragsteller die begehrte Erlaubnis zur berufsmäßigen Ausübung der Heilkunde nach dem HPG zu erteilen ist.

Kommen Antragsteller der ihnen auf Grund der Sollvorschrift des § 26 Abs. 2 Satz 1 VwVfG im Ergebnis obliegenden Mitwirkungspflicht – insbesondere einer etwaigen Vorstellung vor dem Gutachterausschuß – nicht nach, ist das Gesundheitsamt in der Regel berechtigt, daraus je nach den Umständen der Weigerung ggf. für den Antragsteller ungünstige Schlüsse zu ziehen und in seiner Stellungnahme eine Ablehnung des vorliegenden Antrags zu empfehlen.

Nach Abschluß des Überprüfungsverfahrens entscheidet gemäß § 3 Abs. 1 der 1. DVO-HPG die zuständige untere Verwaltungsbehörde im Benehmen mit dem Gesundheitsamt über den Antrag.

II. Erteilung der Erlaubnis als Heilpraktiker an Diplom-Psychologen

1. Das Bundesverwaltungsgericht hat in seinem Urteil vom 10. 2. 1983 – BVerwG 3 C 21.82 – den § 2 Abs. 1 Buchst. i der 1. DVO-HPG für Diplom-Psychologen mit Zusatzausbildung als Psychotherapeut dahingehend ausgelegt, daß die dort vorgeschriebene Überprüfung für diesen Personenkreis nur in einem eingeschränkten Umfange vorzunehmen ist. Dabei ist von der konkret beabsichtigten Heilkundetätigkeit des Antragstellers auszugehen. Die Überprüfung allgemein heilkundlicher Kenntnisse widerspricht damit dem Verhältnismäßigkeitsgebot.

2. Diplom-Psychologen unterliegen einer akademischen Abschlußprüfung. Diese entspricht den staatlich genehmigten Prüfungsordnungen und baut auf den staatlich vorgeschriebenen Mindestinhalten auf. Es handelt sich um eine Prüfung durch ein Organ der mittelbaren Staatsverwaltung. Vor diesem Hintergrund bestimme ich das Verfahren wie folgt:
Sofern der Antragsteller

2.1 im Besitz eines von einer inländischen oder als gleichgestellt anerkannten ausländischen Hochschule verliehenen akademischen Grades als Diplom-Psychologe ist,

2.2 schriftlich versichert, ausschließlich auf dem Gebiet der Psychotherapie tätig sein zu wollen, und

2.3 eine Zusatz-, Fort- oder Weiterbildung in Psychotherapie nachweist,

hat das Gesundheitsamt die Überprüfung der Kenntnisse und Fähigkeiten des Antragstellers gemäß § 2 Abs. 1 Buchst. i der 1. DVO-HPG grundsätzlich nach Aktenlage durchzuführen.
Hierbei ist wie folgt vorzugehen:

2.3.1 Enthält das Hauptdiplom-Zeugnis des Antragstellers Prüfungsfächer wie psychologische Diagnostik, angewandte Psychologie, allgemeine Psychopathologie sowie Tiefenpsychologie und Psychagogik bzw. klinische Psychologie, so wird dies als ausreichender Qualifikationsnachweis angesehen.

2.3.2 Wurden diese Fächer zwar im Studium belegt, sind diese aber im Hauptdiplom nicht aufgeführt, so kann der zu fordernde Nachweis grundsätzlich auch durch Vorlegen des Studienbuches geführt werden.

2.3.3 Sofern die vorstehenden Nachweise nicht erbracht werden, sind Fortbildungsbelege anzuerkennen, die der Antragsteller nach dem Hauptdiplom erworben hat (z.B. »Klinischer Psychologe BDP«).

3. In allen übrigen Fällen, insbesondere aber auch bei länger zurückliegenden Hochschulabschlüssen und nicht gegebener zwischenzeitlicher beruflicher Befassung mit den unter 2.3.1 aufgeführten Gebieten, empfiehlt es sich, in die Überprüfung ein mündliches Gespräch einzubeziehen, in dem sich der Amtsarzt oder sein Vertreter – möglichst unter Hinzuziehung von in der Psychotherapie erfahrenen Diplom-Psychologen oder Ärzten – Aufschluß darüber verschafft, ob der Antragsteller über »ausreichende Kenntnisse über die Abgrenzung heilkundlicher Tätigkeit, insbesondere im psychotherapeutischen Bereich, gegenüber Ärzten und den allgemein als Heilpraktiker tätigen Personen vorbehaltenen heilkundlichen Behandlungen« verfügt und »ausreichende diagnostische Fähigkeiten in bezug auf das einschlägige Krankheitsbild« sowie »die Befähigung (besitzt), den Patienten entsprechend der Diagnose psychotherapeutisch zu behandeln« (vgl. BVerwG. a.a.O. Seite 14).

Der unter I.4. genannte Gutachterausschuß ist in keinem Falle zu beteiligen.

Für den Fall, daß sich der zuständige Amtsarzt oder Vertreter auf Grund eigener fehlender Kenntnisse und Erfahrungen nicht in der Lage sieht, die erforderliche Überprüfung vorzunehmen, empfehle ich, gutachterliche Äußerungen von Ärzten und ärztlichen Organisationen einzuholen, mit denen entsprechend § 19 Abs. 1 der Zweiten Durchführungsverordnung zum Gesetz über die Vereinheitlichung des Gesundheitswesens vom 22. 2. 1935 (Nds. GVBl. Sb. II S. 167) wissenschaftliche und berufliche Beziehungen unterhalten werden.

Die Erstattung eines Gutachtens ist unselbständiger Teil des Verfahrens zur Feststellung persönlicher Voraussetzungen, das sich nach § 26 VwVfG richtet. Im Rahmen ihrer Untersuchungspflicht kann sich demnach die Behörde zur Ermittlung des Sachverhalts aller Beweismittel bedienen, die sie für erforderlich hält. Hierzu gehört auch die Heranziehung von Sachverständigen, wenn die Behörde mangels eigener Sachkenntnis zu keinem abschließenden Urteil gelangen kann.

4. Diplom-Psychologen, die die Psychotherapie ausschließlich unselbständig und unter der Verantwortung eines Arztes ausüben, bedürfen einer Erlaubnis gemäß § 1 Abs. 1 HPG nicht.

Ebenso stellen die Beratung in bestimmten sozialen Konfliktlagen und die anläßlich dieses Tätigwerdens in Einrichtungen z.B. der Ehe- und Familienberatung, Lebensberatung, Erziehungsberatung oder der schulpsychologischen Dienste etwa erfolgende Problemaufarbeitung zur Überwindung der vorgetragenen sozialen und individuellen Lebenskonflikte durch pädagogische und/oder psychologische Maßnahmen und/oder Methoden keine nach dem HPG erlaubnispflichtigen Tätigkeiten dar.

Regelmäßig wird auch die Demonstration psychotherapeutischer »Fälle« in

Lehre und Forschung keine Ausübung der Heilkunde sein. In Zweifelsfällen muß es dem Diplom-Psychologen selbstverantwortlich überlassen bleiben, ob er im Hinblick auf den Straftatbestand des § 5 HPG die Erlaubnis als Heilpraktiker erwirbt.

5. Bei Diplom-Psychologen mit einer Erlaubnis nach § 1 Abs. 1 HPG kann darauf verzichtet werden, in die Erlaubnisurkunde eine Verpflichtung zum Führen der Berufsbezeichnung »Heilpraktiker« bei der Berufsausübung aufzunehmen. In die Erlaubnisurkunde sollten jedoch folgende Hinweise aufgenommen werden:

5.1 Für den Fall, daß entgegen der abgegebenen Versicherung eine heilkundliche Betätigung außerhalb des Gebietes der Psychotherapie übernommen wird, kann nach dem Urteil des Bundesverwaltungsgerichts vom 10. 2. 1983 – BVerwG 3 – C 21.82 –

5.1.1 eine sachfremde heilkundliche Betätigung nach allgemeinem Sicherheitsrecht untersagt werden,

5.1.2 die Erlaubnis zurückgenommen werden, wenn der Betreffende sich an die Untersagung nicht hält (§ 7 der 1. DVO-HPG),

5.1.3 gegebenenfalls die Überprüfung gemäß § 2 Abs. 1 Buchst. i der 1. DVO-HPG in der für Heilpraktiker allgemein üblichen Form aufgegeben werden.

5.2 Die Erlaubnis stellt kein Präjudiz im Hinblick auf den Arztvorbehalt gemäß § 122 Abs. 1 RVO dar.

5.3 Durch das Urteil des Bundesverwaltungsgerichts vom 10. 2. 1983 – BVerwG 3 C 21.82 – ist im Einzelfall für die Berufsgruppe der Diplom-Psychologen das Recht zur heilkundlichen Tätigkeit begründet worden. Eine Ausdehnung der darauf zurückzuführenden erleichterten Zugangsregelungen auf andere Berufsgruppen ist durch das Urteil nicht geboten.

III. Rechtsbehelfsverfahren

Für förmliche Rechtsbehelfe gegen Entscheidungen der unteren Verwaltungsbehörden gelten die Verwaltungsgerichtsordnung und § 3 Abs. 3 i. V. m. § 4 der 1. DVO-HPG.

Der nach § 4 der 1. DVO-HPG bei der Bezirksregierung Hannover eingerichtete Gutachterausschuß soll den Bezirksregierungen als zuständigen Widerspruchsbehörden im wesentlichen in Fragen der fachlichen und berufsethischen Qualifikation zur Seite stehen. Fachliche und berufsethische Fragen werden auch schon im Überprüfungsverfahren gemäß § 2 Abs. 1 Buchst. i der 1. DVO-HPG in Anwesenheit von Berufsvertretern der Heilpraktiker und Ärzte entscheidend berücksichtigt. Aus Gründen der Effizienz und im Hinblick darauf, daß der Gutachterausschuß nur eine beratende Funktion hat, hätte ich keine Bedenken dagegen, wenn die Widerspruchsbehörde dem Gutachterausschuß bereits einen Entwurf des Widerspruchsbescheides mit den für die Entscheidung erheblichen Vorgänge übermittelt. Auf diese Weise wird die Möglichkeit eröffnet, die obligatorische Anhörung des Gutachterausschusses grundsätzlich im Umlaufverfahren durchzuführen.

IV. Entschädigung von Sachverständigen

Sachverständige, die von den Gesundheitsämtern im Rahmen des Überprüfungs- und Widerspruchsverfahrens nach den Abschnitten 1.4 und III sowie zur Ermittlung des Sachverhalts nach Abschnitt II.3 herangezogen werden, erhalten für ihre Leistungen eine von mir in Anlehnung an das ZSEG gesondert festgesetzte Entschädigung.
Die Kosten des Verfahrens trägt der Antragsteller.

V. Aufsicht

Es gehört zu den Aufgaben der Gesundheitsämter, die Tätigkeit der Heilpraktiker und der Diplom-Psychologen mit einer Erlaubnis gemäß § 1 Abs. 1 HPG zu überwachen. Zur Erleichterung dieser Aufgabe ist den Gesundheitsämtern von den zuständigen Verwaltungsbehörden jeweils eine Durchschrift der Erlaubnisurkunde zuzuleiten.

VI. Die Bezugserlasse werden aufgehoben.

1.4.10 NORDRHEIN-WESTFALEN

Richtlinien für die Überprüfung von Heilpraktikeranwärtern

RdErl. d. Ministers für Arbeit, Gesundheit und Soziales
vom 12. 3. 1991 - V B 6 - 0401.2

Aufgrund des § 7 des Heilpraktikergesetzes vom 17. Februar 1939 (RGBl. I S. 251), geändert durch Gesetz vom 2. März 1974 (BGBl. I S. 469), wird bestimmt:

1 *Überprüfung durch das Gesundheitsamt*

1.1 Die Überprüfung der Kenntnisse und Fähigkeiten der Antragsteller gemäß § 2 Abs. 1 Buchstabe i) der Ersten Durchführungsverordnung zum Gesetz über die berufsmäßige Ausübung der Heilkunde ohne Bestallung (Heilpraktikergesetz) vom 18. Februar 1939 (RGBl. I S. 259), zuletzt geändert durch Verordnung vom 18. April 1975 (BGBl. I S. 967), dient dem Schutz der Gesundheit der Bevölkerung, sie umfaßt einen schriftlichen und einen mündlichen Teil.

1.2 An der Überprüfung sind zwei Heilpraktiker gutachterlich zu beteiligen. Die Berufsverbände der Heilpraktiker können dem Amtsarzt zugelassene Heilpraktiker für die Teilnahme an der Überprüfung vorschlagen.

2 *Schriftlicher Teil der Überprüfung*

2.1 Der schriftliche Teil der Überprüfung erstreckt sich auf den Ausschluß von Gefahren in folgenden Sachgebieten:

1. Diagnostische und therapeutische Grenzen naturheilkundlicher Verfahren,
2. Erkennung und Unterscheidung von Volkskrankheiten, insbesondere der übertragbaren Krankheiten, der Stoffwechselkrankheiten, der Herzkreis-

laufkrankheiten und der degenerativen Erkrankungen,
3. Deutung grundlegender Laborwerte,
4. topographische und pathologische Anatomie,
5. Hygiene, Desinfektions- und Sterilisationsmaßnahmen,
6. Gesetzeskunde, insbesondere rechtliche Grenzen der Heilkundeausübung ohne Bestallung.

2.2 Der Antragsteller hat aus diesen Sachgebieten eine Aufsichtsarbeit nach vorgegebenen Fragen zu fertigen. Für die Aufsichtsarbeit stehen bis zu zwei Zeitstunden zur Verfügung. Die Aufsichtführenden werden vom Amtsarzt bestellt.

3 Mündlicher Teil der Überprüfung

3.1 Außer auf die in § 2 genannten Sachgebiete erstreckt sich der mündliche Teil der Überprüfung auf den Ausschluß von Gefahren bei:

1. Technik der Anamneseerhebung; Methoden der unmittelbaren Krankenuntersuchungen (Inspektion, Palpation, Perkussion, Auskultation, Reflexprüfung, Puls- und Blutdruckmessung),
2. Erkennung und Erstversorgung akuter Notfälle und lebensbedrohender Zustände,
3. Injektionstechniken (Blutentnahmen, Injektionen – intramuskulär, intravenös, subkutan, intrakutan).

3.2 Bei Antragstellern, die sich auf einem besonderen Fachgebiet heilpraktisch betätigen wollen, hat sich die Überprüfung zusätzlich darauf zu richten, ob sie die Grenzen und evtl. Risiken dieses besonderen Fachgebiets erkennen.

3.3 Der mündliche Teil der Überprüfung soll für den einzelnen Antragsteller nicht mehr als eine Zeitstunde dauern. Es kann in Gruppen bis zu vier Antragstellern überprüft werden.

4 Niederschrift

4.1 Über die Überprüfung ist eine Niederschrift zu fertigen, aus der Gegenstand, Ablauf und Ergebnis der Überprüfung, die gutachtlichen Äußerungen der beteiligten Heilpraktiker und ggf. vorgekommene Unregelmäßigkeiten hervorgehen.

4.2 Die von den Anwärtern erzielten Ergebnisse sind in einem Namensregister zu erfassen und für die Dauer von zehn Jahren aufzubewahren.

5 Ergebnis der Überprüfung

Im Benehmen mit den gutachtlich beteiligten Heilpraktikern trifft der Amtsarzt die Entscheidung über das Ergebnis der Überprüfung und leitet sie der für die Erlaubniserteilung zuständigen Kreisordnungsbehörde zu.

6 Überprüfungsunterlagen

Auf Antrag ist dem Antragsteller nach Abschluß der Überprüfung Einsicht in die Überprüfungsunterlagen zu gewähren. Schriftliche Aufsichtsarbeiten sind drei, Prüfungsniederschriften zehn Jahre aufzubewahren.

7 *Zuständigkeiten*

7.1 Für die Erteilung der Erlaubnis gemäß § 1 Abs. 1 Heilpraktikergesetz ist der Kreis oder die kreisfreie Stadt zuständig, in deren Bezirk der Antragsteller seinen Beruf ausüben will.

7.2 Zuständig für die Überprüfung gemäß § 2 Abs. 1 Buchstabe i) der Ersten Durchführungsverordnung zum Heilpraktikergesetz ist der Amtsarzt.

7.3 Überprüfungen können für mehrere Kreise und/oder Kreisfreie Städte gemeinsam durchgeführt werden.

8 *Kosten der Überprüfung*

Die durch die Überprüfung dem Gesundheitsamt entstehenden Kosten sind von dem Antragsteller zu erstatten. Kosten sind

- die notwendigen sächlichen Verwaltungsausgaben und die Personalkosten des Gesundheitsamtes,
- die an die gutachtlich beteiligten Heilpraktiker nach dem Ausschußmitglieder-Entschädigungsgesetz – AMEG – vom 13. Mai 1958 (GV.NW. S. 193) in der jeweils geltenden Fassung (SGV. NW. 204) zu zahlenden Entschädigungen.

Die gutachtlich beteiligten Heilpraktiker können den Ersatz darüber hinausgehender Aufwendungen nicht geltend machen.

9 *Inkrafttreten*

Dieser RdErl. tritt am Tage nach seiner Veröffentlichung in Kraft. Gleichzeitig tritt mein RdErl. v. 16. 8. 1989 (SMBl. NW. 21221) außer Kraft.

1.4.11 RHEINLAND-PFALZ

Nr. 12.2 Landesverordnung über Zuständigkeiten für die Überprüfung von Heilpraktikeranwärtern

Vom 15. Juli 1983 (GVBl. Nr. 17 Seite 186)

Auf Grund
des § 7 Abs. 1 Satz 2 der Ersten Durchführungsverordnung zum Heilpraktikergesetz vom 18. Februar 1939 (RGBl. I S. 259), zuletzt geändert durch Artkel 1 der Verordnung vom 18. April 1975 (BGBl. I S. 967),

verordnet die Landesregierung und

auf Grund
des § 10 des Gesetzes über die Vereinheitlichung des Gesundheitswesens vom 3. Juli 1934 in der Fassung der Bekanntmachung vom 18. August 1972 (GVBl. 1972, Sondernummer Reichsrecht, S. 19) in Verbindung mit Artikel 129 Abs. 2 des Grundgesetzes für die Bundesrepublik Deutschland, § 2 des Landesgesetzes über die Beschränkung des Erlasses von Rechtsverordnungen auf Grund ehemaligen

Reichsrechts vom 21. Juni 1948 (GVBl. S. 241; 1949 S. 80, BS 1103-2), der Ersten Übertragungsverordnung Gesundheit und Wohlfahrt vom 15. Februar 1949 (GVBl. S. 80, BS 1103-2-8) und des § 1 Nr. 5 und 31 des Landesgesetzes über den Übergang von Zuständigkeiten auf dem Gebiet des Gesundheitswesens vom 15. Juli 1971 (GVBl. S. 180, BS 2120-3)
verordnet der Minister für Soziales, Gesundheit und Umwelt:

§ 1

Zuständige Behörde für die Durchführung des § 7 der Ersten Durchführungsverordnung zum Heilpraktikergesetz ist die Bezirksregierung.

§ 2

Zuständiges Gesundheitsamt für die Durchführung des § 2 Abs. 1 Buchst. i und des § 3 Abs. 1 und 2 der Ersten Durchführungsverordnung zum Heilpraktikergesetz ist das Gesundheitsamt Mainz.

§ 3

(1) Diese Verordnung tritt am 1. September 1983 in Kraft.
(2) Gleichzeitig tritt die Landesverordnung über die Zuständigkeiten nach den §§ 4 und 7 der Ersten Durchführungsverordnung zum Gesetz über die berufsmäßige Ausübung der Heilkunde ohne Bestallung (Heilpraktikergesetz) vom 24. März 1976 (GVBl. S. 108, BS 2122-4) außer Kraft.

Richtlinie zur Überprüfung von Heilpraktikeranwärtern am Gesundheitsamt Mainz

1.) Der Antrag auf Zulassung zum Heilpraktiker ist an die für den Antragsteller zuständige untere Verwaltungsbehörde (Ordnungsamt, Kreisverwaltung) zu stellen. Diese leitet den Antrag zur Überprüfung gemäß § 2 Absatz 1 Buchst. i HPG vom 17. 2. 1939 an das gemäß der Landesverordnung über die Zuständigkeiten der Überprüfung von Heilpraktikeranwärtern zentral für Rheinland-Pfalz zuständige Gesundheitsamt Mainz weiter, das auch die Terminvergabe zur Überprüfung vornimmt.
2.) Die Überprüfung von Heilpraktikeranwärtern gemäß § 2 Abs. 1 Buchst. i HPG vom 17. 2. 1939, zuletzt geändert durch Verordnung vom 18. 5. 1975, gliedert sich in einen schriftlichen und einen mündlich/praktischen Teil. In beiden Teilen müssen ausreichende Kenntnisse nachgewiesen werden. Die Überprüfung erfolgt nach dieser Richtlinie in der zum Zeitpunkt der Überprüfung gültigen Fassung.
3.) Gegenstand der Überprüfung sind Fragen aus folgenden Gebieten: Berufs- und Gesetzeskunde, Grundkenntnisse der Anatomie, Physiologie und Pathophysiologie, allgemeine Krankheitslehre, Notfallmedizin und Naturheilkunde, Hygiene, Desinfektion und Sterilisation.
4.) Der schriftliche Teil umfaßt 60 Fragen nach einem Antwortwahl-Verfahren

(multiple choice), wobei mindestens 30 Fragen (50%) richtig beantwortet werden müssen. Die Zeitdauer beträgt 90 Minuten.

5.) Im mündlich/praktischen Teil sind die vom Amtsarzt oder seinem Vertreter bzw. von den Beisitzern gestellten Fragen in freier Form zu beantworten sowie am Ende der Überprüfung eine praktische Aufgabe (z.B. Perkussion und Auskultation der Lunge) zu demonstrieren. Die mündlich/praktische Überprüfung dauert ca. 60 Minuten.

6.) Der schriftliche Teil erfolgt grundsätzlich vor dem mündlich/praktischen. Zu beiden Teilen ergeht eine eigene Benachrichtigung.

7.) Zu jeder Überprüfung ist neben der Benachrichtigung der gültige Personalausweis oder Reisepaß vorzulegen.

8.) Bestehen aufgrund des schriftlichen Teils der Überprüfung keine Bedenken gegen die Erteilung der Erlaubnis gemäß § 1 HPG in Verbindung mit § 2 Abs. 1 Buchst. i der 1. Durchführungsverordnung zum Heilpraktikergesetz (HPG), erfolgt die Ladung zum mündlich/praktischen Teil durch das Gesundheitsamt.

9.) Ergeben sich bereits aus dem schriftlichen Teil Bedenken hinsichtlich § 1 HPG i.V. mit § 2 Abs. 1 der 1. DVO-HPG, so findet eine Ladung zum mündlich/praktischen Teil nicht statt. Das Gesundheitsamt teilt das Ergebnis der zuständigen unteren Verwaltungsbehörde unter Rücksendung der Antragsunterlagen mit. Das Überprüfungsverfahren durch das Gesundheitsamt ist damit abgeschlossen.

10.) Ergeben sich aus dem mündlich/praktischen Teil der Überprüfung Bedenken hinsichtlich § 1 HPG i.V. mit § 2 Abs. 1 der 1. DVO-HPG, so erfolgt ebenfalls die Mitteilung an die zuständige untere Verwaltungsbehörde. Das Überprüfungsverfahren durch das Gesundheitsamt ist damit abgeschlossen.

11.) Sofern nach Rücksendung der Antragsunterlagen aufgrund Bedenken im schriftlichen oder mündlich/praktischen Teil der Überprüfung im Sinne der § 1 HPG i.V. mit § 2 Abs. 1 der 1. DVO-HPG (Nr. 9 und Nr. 10 dieser Richtlinie) weiterhin die Erlaubnis nach § 1 HPG angestrebt wird, so ist ein erneuter Antrag über die zuständige untere Verwaltungsbehörde unter erneuter Zahlung der Überprüfungsgebühr erforderlich. In diesem Fall ist eine erneute vollständige (schriftliche und mündlich/praktische) Überprüfung nach dieser Richtlinie in der zum Zeitpunkt der Überprüfung gültigen Fassung notwendig.

12.) Bestehen nach dem schriftlichen *und* mündlich/praktischen Teil der Überprüfung keine Bedenken im Sinne des § 1 HPG i.V. mit § 2 Abs. 1 der 1. DVO-HPG, so leitet das Gesundheitsamt die Unterlagen mit einer entsprechenden Stellungsnahme der zuständigen unteren Verwaltungsbehörde zur weiteren Veranlassung zu.

13.) Die Überprüfungen finden halbjährlich, d.h. grundsätzlich März (schriftlich), April/Mai (mündlich/praktisch) und September (schriftlich) sowie Oktober/November (mündlich/praktisch) statt. Beide Teile der Überprüfung (schriftlich und mündlich/praktisch) sind zusammenhängend zu absolvieren.

14.) Die Überprüfung erfolgt nur unter der Voraussetzung, daß die Verwaltungsgebühr (= Überprüfungsgebühr =) gemäß der aktuellen Fassung des »Besonderen Gebührverzeichnisses der Gesundheitsverwaltung« innerhalb des in der Ladung zum schriftlichen Teil der Überprüfung angegebenen Zeitraumes auf das dort angegebene Konto eingezahlt wird.

15.) Die Verwaltungsgebühr beträgt zur Zeit DM 300,–.

1.4.12 SAARLAND

Erlaß des Ministers für Arbeit, Gesundheit und Sozialordnung zur Regelung des Verfahrens zur Erteilung der Erlaubnis zur Ausübung der Heilkunde ohne Bestallung

vom 16. 1. 1989

I.

Nach § 3 Abs. 1 der Ersten Durchführungsverordnung zum Gesetz über die berufsmäßige Ausübung der Heilkunde ohne Bestallung (Heilpraktikergesetz) vom 18. Februar 1939 (RGBl. I S. 251), zuletzt geändert durch die Zuständigkeitslockerungsverordnung vom 18. April 1975 (BGBl. I S. 967) entscheidet über den Antrag auf Erteilung einer Heilpraktikererlaubnis die untere Verwaltungsbehörde im Benehmen mit dem Gesundheitsamt.

II.

Die Überprüfungen gemäß § 2 Abs. 1 Buchst. i der Ersten Durchführungsverordnung führt das Staatliche Gesundheitsamt Saarbrücken zentral für das Saarland durch.

III.

Die Staatlichen Gesundheitsämter Saarlands, Merzig-Wadern, St. Wendel, Neunkirchen und Homburg leiten eingehende Überprüfungsaufträge der jeweils zuständigen unteren Verwaltungsbehörden an das Staatliche Gesundheitsamt Saarbrücken unter Erteilung einer Abgabenachricht an die untere Verwaltungsbehörde weiter.

IV.

Das Staatliche Gesundheitsamt Saarbücken setzt entsprechend der Anzahl der bei ihm eingegangenen Anträge in regelmäßigen Abständen Termine zur Überprüfung der Antragsteller fest und lädt die Antragsteller zum Termin.

V.

Das Staatliche Gesundheitsamt Saarbrücken teilt das Ergebnis der Überprüfung der einzelnen Antragsteller der jeweils zuständigen unteren Verwaltungsbehörde

auf direktem Wege mit. Das örtlich zuständige Gesundheitsamt erhält Abschriften der Ergebnismitteilung sowie des von der unteren Verwaltungsbehörde zu erteilenden Bescheides.
Die örtliche Zuständigkeit der unteren Verwaltungsbehörden für die Entscheidung über die Erteilung der Erlaubnis zur Ausübung der Heilkunde ohne Bestallung sowie die Zuständigkeit der Gesundheitsämter für die Überwachung von in Heilberufen tätigen Personen werden durch diesen Erlaß nicht berührt.

VI.

Dieser Erlaß tritt mit Wirkung vom 1. Februar 1989 in Kraft.

1.4.13 Sachsen

Gesetz über den öffentlichen Gesundheitsdienst im Freistaat Sachsen (SächsGDG)

Vom 11. Dezember 1991 (GBl. I S. 413)

(Auszug)

ABSCHNITT I

Allgemeine Vorschriften

§ 1 Öffentlicher Gesundheitsdienst

(1) Der öffentliche Gesundheitsdienst

1. fördert und schützt die Gesundheit der Menschen,
2. beobachtet und bewertet die gesundheitlichen Verhältnisse von Menschen und bei Tieren einschließlich der Auswirkungen von Umwelteinflüssen auf die Gesundheit (gesundheitlicher Umweltschutz),
3. wacht darüber, daß die Anforderungen der Hygiene eingehalten werden mit dem Ziel, gesundheitliche Beeinträchtigungen oder Schädigungen von Menschen zu vermeiden oder zu beseitigen,
4. wirkt darauf hin, daß übertragbare Krankheiten bei Menschen und Tieren verhütet und bekämpft werden und führt Schutzimpfungen durch einschließlich deren Dokumentation,
5. wirkt mit bei der epidemiologischen Erfassung und Bewertung von Infektionskrankheiten, Tumorerkrankungen und nichtübertragbaren umweltbedingten Krankheiten und nimmt Einfluß auf die Gestaltung gesunder Lebensbedingungen,
6. wacht darüber, daß die Anforderungen des Gesundheits- und Verbraucherschutzes im Verkehr mit Lebensmitteln einschließlich Trinkwasser, Tabakerzeugnissen, kosmetischen Mitteln und Bedarfsgegenständen beachtet werden und die Sicherheit im Verkehr mit Arzneimitteln und Betäubungsmitteln gewährleistet ist.

(2) Der öffentliche Gesundheitsdienst berät andere Behörden in allen humanmedizinischen, veterinärmedizinischen, pharmazeutischen und chemischen Fachfragen, soweit nicht besondere Dienste der öffentlichen Verwaltung zuständig sind.

(3) Aufgaben des öffentlichen Gesundheitsdienstes nach anderen Rechtsvorschriften werden, soweit dort nichts besonderes bestimmt ist, nach den Vorschriften dieses Gesetzes erfüllt.

(4) Die Behörden des öffentlichen Gesundheitsdienstes werden auch als Vollzugsbehörden tätig, wenn dies durch Gesetz oder auf Grund eines Gesetzes besonders bestimmt ist.

§ 2 Behörden des öffentlichen Gesundheitsdienstes

(1) Behörden des öffentlichen Gesundheitsdienstes sind:

1. das Staatsministerium für Soziales, Gesundheit und Familie als oberste Landesgesundheitsbehörde und oberste Landesveterinärbehörde,
2. die Regierungspräsidien als Mittelbehörden,
3. die Gesundheitsämter und die Lebensmittelüberwachungs- und Veterinärämter der Landkreise und kreisfreien Städte.

(2) Ist in Rechts- oder Verwaltungsvorschriften die Zuständigkeit von Amtsärzten begründet, so sind die Gesundheitsämter zuständig. Das gleiche gilt, wenn die Erstellung amtsärztlicher Zeugnisse oder Bescheinigungen vorgeschrieben ist.

(3) Das Gesundheitsamt wird vom Assistenzarzt geleitet. Amtsärzte und ihre Vertreter müssen die Prüfung für den höheren öffentlichen Gesundheitsdienst abgelegt haben.

(4) Ist in Rechts- oder Verwaltungsvorschriften die Zuständigkeit von Amtstierärzten oder amtlichen Lebensmittelchemikern begründet, so sind die Lebensmittelüberwachungs- und Veterinärämter zuständig. Das gleiche gilt, wenn die Erstellung von amtstierärztlichen Zeugnissen oder Bescheinigungen vorgeschrieben ist.

(5) Das Lebensmittelüberwachungs- und Veterinäramt wird vom Amtstierarzt geleitet. Amtstierärzte und ihre Vertreter müssen die Prüfung für den höheren veterinärmedizinischen Verwaltungsdienst abgelegt haben, Lebensmittelchemiker müssen die zweite Staatsprüfung nachweisen.

...

§ 4 Kommunale Behörden des öffentlichen Gesundheitsdienstes

(1) Die Landkreise und kreisfreien Städte nehmen die Aufgaben und Befugnisse der Gesundheitsämter und Lebensmittelüberwachungs- und Veterinärämter als übertragene Aufgabe wahr.

(2) Das Staatsministerium für Soziales, Gesundheit und Familie wird ermächtigt, im Einvernehmen mit den betroffenen Staatsministerien und mit Zustimmung der betroffenen Gebietskörperschaften durch Rechtsverordnung die Aufgaben nach

Absatz 1 für mehrere Landkreise und kreisfreie Städte einzelnen Landkreisen und kreisfreien Städten zu übertragen.

...

§ 7 Zusammenwirken

(1) Die Behörden des öffentlichen Gesundheitsdienstes beteiligen und unterstützen sich gegenseitig sowie andere Behörden, soweit dies durch Rechtsvorschriften festgelegt oder zur rechtmäßigen Erfüllung der gesetzlichen Aufgaben der unterstützenden Behörde erforderlich ist. Sie unterrichten die zuständige Verwaltungsbehörde, wenn ihnen bei der Wahrnehmung ihrer Aufgaben Verstöße gegen Vorschriften des öffentlichen Gesundheitsdienstes bekannt werden....

...

§ 10 Anzeigepflicht, Berufsaufsicht

(1) Die Angehörigen der gesetzlich geregelten ärztlichen, zahnärztlichen, tierärztlichen und sonstigen Heilberufe, die Apotheker sowie selbständig tätige Desinfektoren haben Beginn und Beendigung einer selbständigen Berufsausübung unverzüglich den für den Ort der Niederlassung zuständigen Behörden des öffentlichen Gesundheitsdienstes anzuzeigen. Im Falle des Beginns der Berufsausübung ist

1. die Anschrift der Niederlassung anzugeben und
2. die Berechtigung zur Ausübung des Berufs und zur Führung der Berufsbezeichnung nachzuweisen.

Anzuzeigen sind auch nachträgliche Änderungen.

(2) Die Behörden des öffentlichen Gesundheitsdienstes verständigen die zuständigen Behörden oder Berufsvertretungen, wenn Ärzte, Zahnärzte, Tierärzte oder Apotheker ihres Bereiches ihre Befugnisse nicht einhalten oder ihre sonstigen öffentlich-rechtlichen Berufspflichten nicht ausfüllen. Das gilt für die Angehörigen der sonstigen gesetzlich geregelten Heilberufe und selbständig tätigen Desinfektoren entsprechend, soweit diese Personen ihren Beruf ausüben. Die Behörden des öffentlichen Gesundheitsdienstes achten ferner darauf, daß niemand unerlaubt die Heilkunde ausübt.

...

Die Zulassungen zum Heilpraktiker werden von den unteren Verwaltungsbehörden aufgrund einer in Löbau (bei Dresden) zentral abgehaltenen Überprüfung ausgesprochen. Die Überprüfung orientiert sich weitgehend an den Kriterien der Richtlinie von Rheinland-Pfalz. Eine eigene Richtlinie befindet sich (Stand Juni 1994) in der hausinternen Abstimmung und soll Ende 1994 erlassen werden.

1.4.14 SACHSEN-ANHALT

Verordnung über den öffentlichen Gesundheitsdienst und die Aufgaben der Gesundheitsämter in den Landkreisen und kreisfreien Städten

Vom 8. August 1990 (GBl. I S. 1068)

Eine Überprüfungsrichtlinie, die sich im Wesentlichen an die von Nordrhein-Westfalen anlehnt, ist in Arbeit (Stand Juni 1994). Eine in Halle angesiedelte Sachverständigen-Kommission soll zentralisiert die Überprüfungen im gutachterlichen Amtshilfeverfahren übernehmen, aufgrund deren Ergebnisse die Verwaltungsbehörden zulassen.

1.4.15 SCHLESWIG-HOLSTEIN

Erlaß des Landesministers des Innern, Gesundheitsabteilung

vom 20. 4. 1951 (160–318 A)

Nach dem Grundgesetz und der derzeitigen Verwaltungsrechtsprechung können § 2 Ziff. 1 des HPG ... und die darauf basierenden Bestimmungen der DVO ... nicht mehr zur Anwendung gelangen. Danach sind Anträge auf Erteilung der Erlaubnis zur berufsmäßigen Ausübung der Heilkunde o. B. (Heilpraktiker) nicht mehr als Ausnahmeanträge, sondern als normale Anträge zu behandeln und von der unteren Verwaltungsbehörde in eigener Zuständigkeit entsprechend dem HPG zu entscheiden.

Dazu teile ich zur Unterrichtung mit:

Die Erlaubniserteilung durch die untere Verwaltungsbehörde wird neben den sonstigen Erfordernissen nach § 2 der 1. DVO ... von dem Bestehen einer Kenntnisprüfung und dem Nachweis der persönlichen Zuverlässigkeit des Antragstellers abhängig gemacht werden müssen.

Wenn auch bindende Weisungen über die Durchführung der Kenntnisprüfung nicht gegeben sind, so sind doch die Rd.Erl. d.RMdI v. 10. 7. 41 und v. 5. 2. 43 zur Beurteilung heranzuziehen. Es wird empfohlen, die Prüfungskommission mit dem Amtsarzt als Vorsitzenden, einem von der Deutschen Heilpraktikerschaft, Landesverband Schleswig-Holstein, zu benennenden Heilpraktiker zu besetzen. Prüfungsverlauf (Fragen und Antworten), Stellungnahme der Mitglieder und Entscheidung der Prüfungskommission sind in Form eines ordnungsgemäßen Prüfungsprotokolls niederzulegen. Dieses Protokoll ist Bestandteil der Akte. Ich bitte, auf sorgfältige Protokollführung besonderen Wert zu legen, da sein Inhalt ggf. bei Ablehnung der Erlaubniserteilung wesentliches Beweismaterial in einem Verwaltungsstreitverfahren bildet.

Es wird darauf hingewiesen, daß vor der endgültigen Entscheidung über einen Antrag auf Erteilung der Erlaubnis zur berufsmäßigen Ausübung der Heilkunde gemäß § 2 (2) der 1. DV zum Gesetz die Deutsche Heilpraktikerschaft zu hören ist. Der rechtsmittelfähige Bescheid der unteren Verwaltungsbehörde auf einen Antrag auf Erteilung der Erlaubnis ist gemäß § 3 (2) dem Antragsteller, der Deutschen Heilpraktikerschaft und der Landesärztekammer zuzustellen.

Im Hinblick auf die in Aussicht stehende bundeseinheitliche Regelung des Heilpraktikerwesens ist die Erlaubnis zur berufsmäßigen Ausübung der Heilkunde ohne Bestallung (Heilpraktiker) unter Hinweis auf diesen Erlaß widerruflich zu erteilen.

1.4.16 THÜRINGEN

Verordnung über den öffentlichen Gesundheitsdienst und die Aufgaben der Gesundheitsämter in den Landkreisen und kreisfreien Städten

Vom 8. August 1990 (GBl. I S. 1068)

Bisher wird in fünf Städten Thüringens zentralisiert für das ganze Land überprüft: Altenburg, Eisenach, Erfurt, Jena und Suhl. Eine Richtlinie befindet sich in der hausinternen Abstimmung (Stand Juni 1994).

1.5 Dritte Durchführungsverordnung zum Gesetz über die Vereinheitlichung des Gesundheitswesens

vom 30. März 1935 (BGBl. III 2120–1–3)

§ 1 (1) Das Gesundheitsamt führt Listen über diejenigen Personen, die in seinem Bezirk selbständig oder in abhängiger Stellung Behandlung, Pflege oder gesundheitliche Fürsorge am Menschen ausüben, die Leichenschau betätigen oder die Entkeimung von Wohnungen und Gegenständen vornehmen. Die polizeilichen Meldelisten sind die Grundlagen dieser Listenführung. Das Gesundheitsamt erhält von den An- und Abmeldungen rechtzeitig Kenntnis und ist verpflichtet, etwaige Ergänzungen anzufordern. Es prüft die Berechtigungsausweise und kann hierbei polizeiliche Hilfe in Anspruch nehmen.

(2) Für jede Berufsart ist eine besondere Liste zu führen; die Führung als Kartei ist statthaft...

§ 2 Ausübung des Heilgewerbes durch Personen ohne staatliche Anerkennung.

(1) Das Gesundheitsamt führt eine gesonderte Liste über diejenigen Personen, die ohne ärztliche Bestallung die Heilkunde am Menschen betreiben, und hat darauf zu achten, daß Personen ohne ärztliche Bestallung

1. sich nicht die Bezeichnung »Arzt« oder eine arztähnliche Bezeichnung zwecks Täuschung beilegen,

2. die Heilkunde nicht im Umherziehen oder gelegentlich von Vorträgen oder im Anschluß an solche ausüben oder Arznei- und Geheimmittel feilbieten oder an andere käuflich überlassen.

1.6 Ergänzende Rechtsprechung

1.6.1 Anforderungen an die Sorgfaltspflicht

BGH, Urteil vom 29. 1. 91 – VI ZR 206/90

(Auszug)

Vom Heilpraktiker wird eine arztgleiche Sorgfalt verlangt. In Bereichen, in denen er tätig wird, muß er arztgleiche Kenntnisse und Fähigkeiten besitzen und sich auf dem neuesten wissenschaftlichen Kenntnisstand befinden.

Urteil

Ein Heilpraktiker, der invasive Behandlungsmethoden bei seinen Patienten anwendet, hat insoweit dieselben Sorgfaltspflichten zu erfüllen, auch bezüglich seiner Fortbildung, im Hinblick auf Nutzen und Risiken dieser Therapiearten, wie ein Arzt für Allgemeinmedizin, der sich solcher Methoden bedient.

Aus den Gründen

II. 2.a. aa)

Die Anwendung solcher nicht allgemein anerkannter Therapieformen und sogar ausgesprochen paraärztlicher Behandlungsformen ist jedoch rechtlich grundsätzlich erlaubt. Es kann dahingestellt bleiben, ob dies schon deswegen der Fall sein muß, weil sich eine Beschränkung der Methodenfreiheit aus Rechtsgründen als Hemmnis des medizinischen Fortschritts bzw. als Stillstand der Medizin darstellen würde

...

Entscheidend ist, daß jeder Patient, bei dem eine von der Schulmedizin nicht oder noch nicht anerkannte Methode angewendet wird, innerhalb der durch die § 138 BGB, § 226a StGB gezogenen Grenzen eigenverantwortlich entscheiden kann, welchen Behandlungen er sich unterziehen will. Schließt aber das Selbstbestimmungsrecht eines um die Tragweite seiner Entscheidung wissenden Patienten die Befugnis ein, jede nicht gegen die guten Sitten verstoßende Behandlungsmethode zu wählen, so kann aus dem Umstand, daß der Heilbehandler den Bereich der Schulmedizin verlassen hat, nicht von vornherein auf einen Behandlungsfehler geschlossen werden.

...

bb)

Wie auch die Revision nicht bezweifelt, muß nicht nur ein Arzt, sondern auch ein Heilpraktiker, für den keine besondere medizinische Ausbildung vorgeschrieben ist und der nur nach einer Überprüfung seiner Kenntnisse und Fähigkeiten durch das zuständige Gesundheitsamt zur Heilbehandlung zugelassen wird, die Voraussetzungen fachgemäßer Behandlung kennen und beachten. Er ist also verpflichtet, sich eine ausreichende Sachkunde über die von ihm angewendeten Behandlungsweisen einschließlich ihrer Risiken, vor allem die richtigen Techniken für deren gefahrlose Anwendung anzueignen. Demgemäß verstößt er in gleicher Weise wie ein Arzt gegen die gebotene Sorgfalt, wenn er eine Therapie wählt, mit deren Handhabung, Eigenarten und Risiken er sich zuvor nicht in erforderlichem Maße vertraut gemacht hat. Über die ihm durch Einzelgesetze ausdrücklich verbotenen Behandlungsmaßnahmen hinaus darf der Heilpraktiker Methoden, deren Indikationsstellung oder Risiken die medizinisch-wissenschaftliche Ausbildung und Erfahrung eines approbierten Arztes verlangen, nicht anwenden, solange er sich nicht ein entsprechendes Fachwissen und -können erworben hat. Zur Beachtung der im Verkehr erforderlichen Sorgfalt gehört ferner, daß er sich – ähnlich wie ein ärztlicher Berufsanfänger – im Einzelfall jeweils selbstkritisch prüft, ob seine Fähigkeiten oder Kenntnisse ausreichen, um eine ausreichende Diagnose zu stellen und eine sachgemäße Heilbehandlung einzuleiten und bei etwaigen diagnostischen oder therapeutischen Eingriffen alle erforderlichen Vorsichtsmaßnahmen beachten zu können. Sind diese Kenntnisse und Fähigkeiten nicht vorhanden, dann muß er den Eingriff unterlassen. Darüber hinaus ist er selbstverständlich auch verpflichtet, sich über die Fortschritte der Heilkunde und auch über anderweitig gewonnene Erkenntnisse von Nutzen und Risiken der von ihm angewendeten Heilverfahren zu unterrichten.

b. aa)

Andererseits sind bei der Beantwortung der Frage, ob der Bekl. fahrlässig gehandelt hat, nicht die Maßstäbe anzulegen, an denen das Verschulden eines Facharztes, z. B. eines Angiologen, in vergleichbarer Situation gemessen wird. Zwar gilt im Zivilrecht ein objektiver Fahrlässigkeitsbegriff doch sind bei seiner Auslegung auch gewisse Differenzierungen unter dem Gesichtspunkt der Gruppenfahrlässigkeit sowie aufgrund der Verkehrserwartung geboten. So schuldet ein Facharzt ein anderes Maß an Sorgfalt und Können als ein Arzt für Allgemeinmedizin. Auch von einem Heilpraktiker kann, wie die Revision mit Recht geltend macht, nicht dasselbe Maß von allgemeiner Ausbildung und Fortbildung verlangt werden wie von einem Facharzt. Wenn und soweit er invasive Behandlungsmethoden anwendet, müssen an ihn aber auch bezüglich seines Wissens und seiner Fortbildung die Sorgfaltsanforderungen wie an einen Allgemeinmediziner gestellt werden, der solche Methoden ebenfalls anwendet.

Aber auch von einem Arzt verlangt die Rechtsprechung nicht in jedem Fall, daß er alle medizinischen Veröffentlichungen alsbald kennt und beachtet; gefordert wird nur das regelmäßige Lesen einschlägiger Fachzeitschriften auf dem entsprechenden Gebiet (z. B. von Fachärzten nicht die Lektüre medizinischer Spezialliteratur eines anderen Fachgebietes; von Ärzten, die sich mit der Behandlung einer bestimmten Krankheit, z. B. Tuberkulose, befassen, aber auch die Lektüre von Zeitschriften, welche über die medikamentöse Behandlung dieser Krankheit und deren Risiken berichten.

...

Im übrigen muß es auch einem Heilpraktiker ebenso wie einem Arzt gestattet sein, neue medizinische Veröffentlichungen und Auffassungen an den eigenen Kenntnissen und Erfahrungen zu messen und zu beobachten, ob diese in der übrigen Fachwelt auf Zustimmung oder Ablehnung stoßen.

1.6.2 Eingeschränkte Überprüfung von Diplom-Psychologen

Urteil des Bundesverwaltungsgerichts Berlin vom 10. 2. 1983 (BVerwGE 66, 367)

Obwohl kein Zweifel daran besteht, daß auch die Psychotherapie Ausübung der Heilkunde ist, gab es keinen rechtlichen Weg, diese in selbständiger Tätigkeit auszuüben. Ein Psychotherapeutengesetz fehlte. Für den Zugang zur selbständigen Ausübung der Heilkunde gibt es in Deutschland lediglich zwei Wege: die Approbation als Arzt oder die Zulassung nach dem Heilpraktikergesetz. Die Klage eines Diplom-Psychologen führte 1983 zu diesem BVG-Urteil.

Das BVG hat sich auf den Standpunkt gestellt, daß Diplom-Psychologen mit einer Zusatzausbildung in Psychotherapie, die der Erlaubnisbehörde glaubhaft versichern, daß sie sich lediglich auf dem Gebiet der Psychotherapie betätigen wollen, einer »erleichterten« Zulassungsüberprüfung nach dem Heilpraktikergesetz unterzogen und nach diesem zugelassen werden können.

»Der Antragsteller muß ausreichende Kenntnisse über die Abgrenzung heilkundlicher Tätigkeit, insbesondere im psychotherapeutischen Bereich, gegenüber den Ärzten und den allgemein als Heilpraktiker tätigen Personen vorbehaltenen heilkundlichen Behandlungen besitzen: er muß ferner ausreichende diagnostische Fähigkeiten in bezug auf das einschlägige Krankheitsbild haben und die Befähigung besitzen, den Patienten entsprechend der Diagnose psychotherapeutisch zu behandeln.«

Das BVG läßt sogar die Möglichkeit durchscheinen, daß bei Bewerbern, die die oben erwähnten Voraussetzungen erfüllen, evtl. auch die genannten Kenntnisse und Fähigkeiten unterstellt werden können und auf das Ablegen einer (auch eingeschränkten) Überprüfung überhaupt verzichtet werden kann.

Damit hat das BVG die Auslegung der Unteilbarkeit der Heilpraktikerüberprüfung verlassen und eine Differenzierung in die Rechtsprechung eingeführt zwischen typischen Erlaubnisanwärtern, an die das Heilpraktikergesetz keine gesetzlichen Ausbildungsforderungen, also keine berufsqualifizierenden Anforderungen stellt, und solchen, die eine Befähigung aufgrund eines öffentlich-rechtlich geregelten Ausbildungsgangs mitbringen.

Handlungsbedarf durch den Gesetzgeber bestehe in Bezug auf ein zu schaffendes Psychotherapeutengesetz. Für diese Übergangszeit soll der Weg zu dieser selbständigen Tätigkeit in der erwähnten Weise über das Heilpraktikergesetz führen.

Die meisten Länder haben das Urteil in der Weise umgesetzt, daß lediglich nach Aktenlage überprüft wird, der Bewerber versichern muß, daß er nur die Psychotherapie betreibt und zur Vermeidung von Irrtümern im Verkehr mit der Öffentlichkeit auf die Berufsbezeichnung Heilpraktiker verzichtet.

1.6.3 Eingeschränkte Erlaubniserteilung für Psychotherapie

Urteil des Bundesverwaltungsgerichts vom 21. Januar 1993 (BVerwG 3 C 34.90)

*Durch das Urteil des Bundesverwaltungsgerichts vom 10. Februar 1983, das bei Diplom-Psychologen mit Zusatzausbildung in Psychotherapie, die nur die Psychotherapie betreiben wollen, von der Forderung nach der Überprüfung allgemeiner heilkundlicher Kenntnisse abgesehen hat, ist man ja von der Unteilbarkeit der Heilpraktikerüberprüfung in gewisser Weise abgerückt, wenn auch nur im Fall des Diplom-**Psychologen**.*

*In dem hier zur Rede stehenden »Folge-Urteil« hat man sich – evtl. unter dem Eindruck einer zu erwartenden Verfassungsbeschwerde und Korrektur durch den Bundesgerichtshof – ein weiteres Mal höchstrichterlich für eine mögliche Teilüberprüfung nach dem Heilpraktikergesetz ausgesprochen und diese in dem vorliegenden Fall einer Diplom-*Pädagogin, *die ausschließlich die Psychotherapie als selbständige Heilkunde ausüben wollte, für recht erkannt.*

»Nichts anderes« – heißt es u.a. in der Begründung – »gilt für Bewerber anderer Vorbildungen mit dem gleichen Berufsziel wie etwa die Klägerin als Diplom-Pädagogin. Für diese Gleichbehandlung ist nicht die Vorbildung entscheidend, sondern die Gleichartigkeit der geplanten Betätigung« (Ausübung der Psychotherapie).

Bei dem Urteil geht es zwar in Anlehnung an das Urteil von 1983 bei der »geplanten Betätigung« um Psychotherapie, aber das Urteil hebt nicht ausdrücklich darauf ab, ob eine Teilerlaubnis nur auf diesen Fall einer geplanten Tätigkeit beschränkt bleibt. Ausdrücklich stellt das BVG allerdings in seiner Begründung fest:

»Das ist der Sache nach eine beschränkte Erlaubnis. Der Senat nimmt diesen Fall zum Anlaß, aus Gründen der Rechtsklarheit die bisherige Rechtsprechung in diesem Punkt zu ändern und ausdrücklich eine auf das Gebiet der Psychotherapie beschränkte Erlaubnis für zulässig und erforderlich zu erachten. ... Daß das Heilpraktikergesetz und seine Durchführungsverordnungen eine inhaltlich beschränkte Erlaubnis nicht vorsehen, hält der Senat nicht mehr für ein Hindernis für ihre Erteilung. Weder dem Sinne noch dem Wortlaut nach enthält das Gesetz ein diesbezügliches Verbot. Freilich bestand bei Inkrafttreten des Heilpraktikergesetzes ... auch kein Bedürfnis für eine inhaltlich beschränkte Erlaubnis. Zudem haben sich die Berufsbilder auf dem Sektor der Heilberufe seit dem Erlaß des Heilpraktikergesetzes in damals noch nicht erkennbarer Weise ausdifferenziert. So hat die spezielle heilkundliche Tätigkeit, die Anlaß gibt, die Vorschriften des vorkonstitutionellen Heilpraktikergesetzes insoweit im Wege der Auslegung an die gegenwärtigen Gegebenheiten anzupassen, nämlich die Psychotherapie, sich erst weit nach Inkrafttreten des Grundgesetzes – in dieser sozial bedeutsamen Weise – herausgebildet.«

Auch wenn es sich in dem vorliegenden Fall um Psychotherapie handelt, kann die Teilüberprüfung mit beschränkter Tätigkeitserlaubnis ein Einstieg in eine neue Sicht der Dinge sein, wiewohl die Psychotherapie ein Gebiet darstellt, das von den möglichen umfassenden Tätigkeitsbereichen eines praktizierenden Heilpraktikers, derart spezialisiert und isoliert ausgeübt, abweicht und wo eine Teilerlaubnis noch am ehesten plausibel erscheint. Ganz ausgeschlossen erscheint allerdings nicht, daß es weitere Versuche, Teilzulassungen zu erlangen, geben wird und evtl. auch einmal mit Erfolg.

Bedenken muß man jedoch, daß es sich bei diesen Teilerlaubnissen stets um staatlich akademisch ausgebildete Personen handelt, deren Diplome eine Gewähr geben, daß die Voraussetzungen des Heilpraktikergesetzes jedenfalls für ihr Gebiet erfüllt sind, und man sie in einer eingeschränkten Überprüfung »nach Aktenlage« zulassen kann.

Diese Voraussetzungen wären z. B. nicht erfüllt, wenn die Vorbildung nicht in dieser Weise eindeutig ist und jemand ohne staatliche Diplome eine Teilzulassung auf einem heilkundlichen Gebiet nach dem Heilpraktikergesetz verlangen würde.

Andererseits kann man heute die Entwicklung der Rechtsauffassung in der EU über die evtl. Anerkennung und Bewertung von Diplomen, die zwar nicht in öffentlich rechtlich geregelten Ausbildungsgängen, aber doch nach strengen Maßstäben in »privaten« Instituten erworben wurden, noch nicht voraussehen. Hier kann sich auf lange Zeit möglicherweise die Teilbarkeit der Heilpraktikerüberprüfung evtl. auch für andere Gebiete als die Psychotherapie als Problem erweisen.

1.6.4 Grenzen der Heilpraktikerüberprüfung

Urteil des Bayerischen Verwaltungsgerichtshofs vom 27. Februar 1991 (AZ: M 16 K 90.363)

Anläßlich eines angefochtenen Negativ-Bescheids, wo es um die Berechtigung von Überprüfungsfragen ging, hat sich der Bayerische Verwaltungsgerichtshof mit der Überprüfung und deren Abgrenzung gegenüber einer medizinischen Fachprüfung befaßt.

Aus der Begründung:

Als Wesensmerkmal des Begriffs »Ausübung der Heilkunde« ist es anzusehen, daß die Tätigkeit nach allgemeiner Auffassung heilkundliche Fachkenntnisse voraussetzt, sei es im Hinblick auf das Ziel, die Art oder die Methode der Tätigkeit oder für die Feststellung, ob im Einzelfall mit der Behandlung begonnen werden darf. Zweck des Gesetzes ist es, die Bevölkerung vor Gesundheitsgefährdungen durch Unberufene in ausreichendem Maße zu schützen (vgl. BVerwGE 35, 308/310). Auf die Erteilung der Erlaubnis besteht grundsätzlich ein Rechtsanspruch; sie darf nur versagt werden, wenn eine der persönlichen Zulassungsvoraussetzungen nach § 2 Abs. 1 DVO-HeilprG nicht gegeben ist (BVerwGE 35, 308/315; 66, 367/371).

... Mit dem Bundesverwaltungsgericht – das zwar zu Recht Bedenken gegen die pauschale Regelung des Heilpraktikergesetzes erhoben und die Untätigkeit des Gesetzgebers moniert, gleichwohl aber eine Anpassung an die gegenwärtige Verfassungslage einer etwaigen Nichtigerklärung vorgezogen hat (vgl. BVerwGE 66, 367/372) – ist davon auszugehen, daß die Ausgestaltung des Überprüfungsverfahrens und die Bestimmung der inhaltlichen Anforderungen der Überprüfung in das pflichtgemäße Ermessen der Gesundheitsbehörde gestellt wird. Das behördliche Ermessen wird dabei begrenzt durch das Ziel der Überprüfung, nämlich festzustellen, ob die Ausübung der Heilkunde durch den Berufsbewerber eine Gefahr für die Volksgesundheit bedeuten würde. Diese ist gefährdet, wenn befürchtet werden muß, daß infolge der Behandlung durch den Heilpraktiker unmittelbar oder durch ein nicht rechtzeitiges Erkennen der Notwendigkeit einer ärztlichen Heilbehandlung für den Patienten ernsthafte Gesundheitsschäden eintreten können; den Schutz vor Gesundheitsgefährdungen genießt nicht nur die Bevölkerung als Ganzes, sondern auch und gerade der Einzelne (BVerwG a.a.O.). Ferner kommt bei Anwendung von § 2 Abs. 1 Buchst. i) DVO-HeilprG im Hinblick auf Art. 12 Abs. 1 GG dem Verhältnismäßigkeitsgrundsatz Bedeutung zu....

Innerhalb dieser rechtlichen Grenzen kann die nach § 2 Abs. 1 Buchst. i) DVO-HeilprG vorzunehmende Überprüfung der Kenntnisse und Fähigkeiten eines Antragstellers aber nicht anders als im Wege eines zumindest prüfungsähnlichen Verfahrens durchgeführt werden. Mag es sich dabei auch nicht um eine ein bestimmtes Fachgebiet abdeckende Fachprüfung handeln, so kommt der Überprüfung nach Sinn und Zweck des Gesetzes doch der Charakter einer Eignungsprüfung zu, die sich notwendigerweise auf berufsbezogene Fachkenntnisse erstrecken muß, soweit diese Voraussetzung einer für den Patienten schadlosen Ausübung der Heilkunde sind. Es ist somit unter dem Gesichtspunkt einer ermessensfehlerfreien Ausgestaltung des Überprüfungsverfahrens nicht zu beanstanden, wenn vom Antragsteller – wie bei den bayerischen Gesundheitsbehörden üblich – die schriftliche Beantwortung eines Fragenkatalogs verlangt wird, an die sich ein mündliches Prüfungsgespräch anschließen kann. ...

Im pflichtgemäßen Ermessen des Gesundheitsamtes – ähnlich wie sonst bei Prüfungen im Beurteilungsspielraum der Prüfer – liegt auch der sachliche Inhalt der Überprüfung, d. h. die Auswahl der dem einzelnen Berufsbewerber zu stellenden Fragen; ...

Zwar ist der Begriff der »Volksgesundheit« als unbestimmter Rechtsbegriff grundsätzlich voll überprüfbar (BVerwGE 66, 367/371), doch kann die Prognoseentscheidung, ob die heilkundliche Tätigkeit eines bestimmten Bewerbers Gefahren für die Volksgesundheit erwarten läßt, nach § 2 Abs. 1 Buchst. i) DVO-HeilprG vom Amtsarzt allein aufgrund einer eigenverantwortlichen fachmedizinischen Beurteilung getroffen werden. Es erscheint daher sachnotwendig geboten, dem Amtsarzt bei Feststellung des Ergebnisses der Überprüfung als eines jedenfalls prüfungsähnlichen Vorgangs (Eignungsprüfung) entsprechend den im Prüfungsrecht allgemein geltenden Grundsätzen (vgl. Kopp, VwGO, 8. Aufl., RdNrn. 25 und 30 zu § 114 m. w. N.) einen gerichtlich nur beschränkt nachprüfbaren fachwissenschaftlichen Beurteilungsspielraum einzuräumen. Dies bedeutet, daß eine Entscheidung nach § 2 Abs. 1 Buchst. i) DVO-HeilprG gerichtlich nur dann beanstandet werden kann, wenn der Amtsarzt von einem unrichtigen Sachverhalt ausgegangen ist, wenn bei der Entscheidung allgemein anerkannte Bewertungsgrundsätze verletzt wurden oder sachfremde Erwägungen von Einfluß waren oder wenn das – nach pflichtgemäßem Ermessen auszugestaltende – Überprüfungsverfahren sich als fehlerhaft erweist. In diesem Rahmen ist auch zu berücksichtigen, wenn Prüfungsfragen den nach dem Ziel der Überprüfung zulässigen Rahmen überschreiten und außerhalb jedes vernünftigen Sachzusammenhanges mit der beabsichtigten Heilpraktikertätigkeit liegen. ...

Für eine ausschließliche Beschränkung der Überprüfung auf Kenntnisse der Seuchengesetze, der Erscheinungsformen gemeingefährlicher und anzeigepflichtiger Krankheiten sowie der Grenzen der Heilbefugnis des Heilpraktikers (so OVG Münster, B. v. 12. 12. 1980, NJW 1981, 2018) sprechen weder der Wortlaut noch Sinn und Zweck des Gesetzes. ...

Die Prüfungsfragen müssen auch nicht generell so formuliert sein (dies ist insbesondere bei der Überprüfung allgemeinmedizinischer Grundkenntnisse von Bedeutung), daß die Beantwortung bzw. Nichtbeantwortung jeder einzelnen Frage für sich allein geeignet ist, den Verdacht einer Gefahr für die Volksgesundheit zu begründen. Das dem Gesundheitsamt bei der Ausgestaltung der Überprüfung zustehende Ermessen ist nicht schon dann überschritten, wenn nicht jede einzelne Fragestellung streng darauf angelegt ist, ihrem Inhalt nach auf allgemeine oder spezifische Gesundheitsgefahren hinzuführen und gerade dadurch die potentielle Gefährlichkeit der Betätigung eines Berufsanwärters unmittelbar festzustellen. ...

In diesem Sinne nicht sachgerecht erscheinen zunächst solche Fragen, die über ein unerläßliches Mindestmaß an allgemeinen medizinischen Kenntnissen hinausgehen und ein gehobenes, spezielles medizinisches Fachwissen voraussetzen. ...

Die allgemeine Rüge des Klägers, die Verwendung lateinischer und griechischer Fachausdrücke in den Prüfungsfragen stelle eine Prüfungsschikane dar, die Kenntnis derartiger Fachbezeichnungen sei unter dem Gesichtspunkt der Gefahrenabwehr nicht erforderlich, greift nicht durch. Eine erhebliche, vom Prüfungszweck her nicht gerechtfertigte Erschwernis für den Prüfling kann im Gebrauch lateinisch / griechischer Fachbegriffe nicht gesehen werden, weil diese sich heute in allen Heil- und Heilhilfsberufen weitgehend eingebürgert haben und von den Berufsbewerbern anhand der jeweils einschlägigen Fachliteratur ohne besondere Schwierigkeiten erlernt werden können. ...

Im Rahmen der Berufszulassung für Heilpraktiker sind aber solche Prüfungsfragen nicht mehr durch den Zweck der Überprüfung gedeckt und daher unverhältnismäßig, deren Gegenstand gerade und ausschließlich in der Erläuterung (gleichsam »Übersetzung«) eines fremdwörtlichen medizinischen Fachbegriffes besteht. ...

Die richtige Beantwortung dieser Fragen erfordert nicht nur ein vertieftes medizinisches Fachwissen, sondern auch die Fähigkeit, die Bedeutung der Fachbegriffe gegebenenfalls von ihren griechischen bzw. lateinischen Sprachwurzeln her zu erschließen. ...

Die Übernahme »umgekehrter Fragestellungen«, wie sie im Antwort-Auswahl-Verfahren bei Ärztlichen und Pharmazeutischen Prüfungen üblich geworden sind, in die Überprüfung von Bewerbern für den Heilpraktikerberuf erscheint in hohem Maße sachwidrig. Diese Art der Fragestellung bewirkt eine unnötige, vom Zweck der Überprüfung her nicht gerechtfertigte Erschwerung der Prüfung, ...

Gerade bei der Fragestellung muß dem Umstand Rechnung getragen werden, daß es sich bei der Überprüfung von Heilpraktikern nicht um eine Fachprüfung handelt, der eine obligatorische akademische oder sonstige Ausbildung mit entsprechender Prüfungsvorbereitung vorangeht, sondern um eine einfache Eignungs- und Unbedenklichkeitsprüfung. Die Prüfungsfragen müssen demgemäß einfach, verständlich und ohne »Fallstricke« formuliert sein. ...

1.6.5 Pflichtgemäßes Ermessen bei der Überprüfung

Urteil des Verwaltungsgerichts Köln vom 27. Oktober 1993 zur Heilpraktikerüberprüfung
(9 K 1029/91)

(Auszug)

Ein Bewerber hatte gegen einen negativen Überprüfungsbescheid geklagt, weil seiner Meinung nach sein Werdegang mit medizinischer Vorbildung nicht zur »Sachverhaltsermittlung« herangezogen und somit das »pflichtgemäße Ermessen« der Behörde zur Bewertung eines Bewerbers verletzt und er ungeachtet seiner durch Zeugnisse nachweisbaren medizinischen Kenntnisse in das durch den Erlaß des in NRW vorgesehenen Regelverfahrens zur Überprüfung geschleust worden sei. Der Kläger bekam Recht.

Das Problem liegt sicher in der ***Handhabung*** *der Überprüfungsrichtlinien, wobei eine gewisse Standardisierung sicher nicht gegen das Heilpraktikergesetz (DVO) verstößt. Aber bei der Heilpraktikerüberprüfung muß der Tatsache*

Rechnung getragen werden, daß der einzelne zu Überprüfende und im Hinblick auf das Überprüfungsziel zu Bewertende Bestandteil des Überprüfungsverfahrens ist. Wenn die Behörde nach Kenntnisnahme der »Aktenlage« (z. B. Zeugnisse über medizinische Vorkenntnisse) ihr »pflichtgemäßes Ermessen« so auslegt, den zu Überprüfenden dennoch durch das Standardverfahren laufen zu lassen, ist dem Gesetz genüge getan. Lediglich das Versäumnis der ersten Stufe der der Überprüfungsbehörde auferlegten Sachverhaltsermittlung hat zu einem angreifbaren Fehler im Verfahren geführt.

Aus den Gründen

Bei der Überprüfung im Rahmen des § 2 Abs. 1 Buchst. i) 1. DVO handelt es sich vielmehr um die Umschreibung des Gegenstandes und des Zieles der der Behörde aufgegebenen Sachverhaltsermittlung, wobei die Art der Durchführung ihrem pflichtgemäßen Ermessen anheimgestellt und von der Mitwirkung des Bewerbers abhängig ist.

...

Diese Sachverhaltsermittlung hat nach dem Urteil des Bundesverwaltungsgerichts vom 21. Januar 1993, a.a.O., dem sich die Kammer anschließt, in der Weise zu erfolgen, daß die Behörde **zunächst** »nach Aktenlage« die vorgelegten Zeugnisse und sonstigen Nachweise über absolvierte Ausbildungsgänge und Zusatzausbildungen prüft und **sodann** – je nach Ergebnis – die Art der weiteren Ermittlungen bestimmt. ...

Denn auch wenn die oben dargestellten Anforderungen an die Sachverhaltsermittlung im Rahmen einer Überprüfung nach § 2 Abs. 1 Buchst. i) 1. DVO vom Bundesverwaltungsgericht im Zusammenhang mit einer Entscheidung dargelegt worden sind, bei der es um die Erteilung einer auf die Ausübung der Psychotherapie beschränkten Heilpraktikererlaubnis ging, so kommt ihnen doch auch Bedeutung für die Überprüfung von allgemein heilkundlich ausgerichteten Heilpraktikeranwärtern zu. ...

Denn auch bei Bewerbern, die allgemein heilkundlich tätig werden wollen, lassen der berufliche Werdegang und Art und Umfang der absolvierten Ausbildung Rückschlüsse darauf zu, ob die Ausübung der Heilkunde durch den Betreffenden eine Gefahr für die Volksgesundheit darstellen könnte. ...

Das Unterlassen der danach erforderlichen ersten Stufe der Sachverhaltsermittlung nach Aktenlage bei der Überprüfung der Kenntnisse und Fähigkeiten der Klägerin gemäß § 2 Abs. 1 Buchst. i) 1. DVO durch den Beklagten führt zur Rechtswidrigkeit der angefochtenen Bescheide. ...

1.7 Gesetz über den Verkehr mit Arzneimitteln

1.7.1 Arzneimittelgesetz in der Fassung der 4. AMG-Novelle

Gesetz zur Neuordnung des Arzneimittelrechts

Vom 24. August 1976 (BGBl. I S. 2445, 2448), geändert durch

das *Erste Gesetz* zur Änderung des Arzneimittelgesetzes vom 24. Februar 1983 (BGBl. I S. 169),

das *Zweite Gesetz* zur Änderung des Arzneimittelgesetzes vom 16. August 1986 (BGBl. I S. 1296),

das *Dritte Gesetz* zur Änderung des Arzneimittelgesetzes vom 20. Juli 1988(BGBl. I S. 1050),

das *Vierte Gesetz* zur Änderung des Arzneimittelgesetzes vom 11. April 1990 (BGBl. I S. 717)

Ausgewählte §§

Erster Abschnitt
Zweck des Gesetzes und Begriffsbestimmungen

§ 1 Zweck des Gesetzes

Es ist der Zweck dieses Gesetzes, im Interesse einer ordnungsgemäßen Arzneimittelversorgung von Mensch und Tier für die Sicherheit im Verkehr mit Arzneimitteln, insbesondere für die Qualität, Wirksamkeit und Unbedenklichkeit der Arzneimittel nach Maßgabe der folgenden Vorschriften zu sorgen.

§ 2 Arzneimittelbegriff

(1) Arzneimittel sind Stoffe und Zubereitungen aus Stoffen, die dazu bestimmt sind, durch Anwendung am oder im menschlichen oder tierischen Körper

1. Krankheiten, Leiden, Körperschäden oder krankhafte Beschwerden zu heilen, zu lindern, zu verhüten oder zu erkennen,
2. die Beschaffenheit, den Zustand oder die Funktionen des Körpers oder die Funktionen des Körpers oder seelische Zustände erkennen zu lassen,
3. vom menschlichen oder tierischen Körper erzeugte Wirkstoffe oder Körperflüssigkeiten zu ersetzen,
4. Krankheitserreger, Parasiten oder körperfremde Stoffe abzuwehren, zu beseitigen oder unschädlich zu machen oder
5. die Beschaffenheit, den Zustand oder die Funktion des Körpers oder seelische Zustände zu beeinflussen.

(2) Als Arzneimittel gelten

1. Gegenstände, die ein Arzneimittel nach Absatz 1 enthalten oder auf die ein Arzneimittel nach Absatz 1 aufgebracht ist und die dazu bestimmt sind,

dauernd oder vorübergehend mit dem menschlichen oder tierischen Körper in Berührung gebracht zu werden,

1a. ärztliche, zahn- oder tierärztliche Instrumente, soweit sie zur einmaligen Anwendung bestimmt sind und aus der Kennzeichnung hervorgeht, daß sie einem Verfahren zur Verminderung der Keimzahl unterzogen worden sind,

2. Gegenstände, die, ohne Gegenstände nach Nummer 1 oder 1a zu sein, dazu bestimmt sind, zu den in Absatz 1 Nr. 2 oder 5 bezeichneten Zwecken in den menschlichen oder tierischen Körper dauernd oder vorübergehend eingebracht zu werden, ausgenommen ärztliche, zahn- oder tierärztliche Instrumente,
3. Verbandstoffe und chirurgisches Nahtmaterial, soweit sie nicht Gegenstände der Nummer 1, 1a oder 2 sind,
4. Stoffe und Zubereitungen aus Stoffen, die, auch im Zusammenwirken mit anderen Stoffen oder Zubereitungen aus Stoffen, dazu bestimmt sind, ohne am oder im menschlichen oder tierischen Körper angewendet zu werden,
   a) die Beschaffenheit, den Zustand oder die Funktionen des Körpers erkennen zu lassen oder der Erkennung von Krankheitserregern zu dienen,
   b) Krankheitserreger oder Parasiten zu bekämpfen, ausgenommen solche, die dazu bestimmt sind, der Bekämpfung von Mikroorganismen einschließlich Viren bei Bedarfsgegenständen im Sinne des § 5 Abs. 1 Nr. 1 des Lebensmittel- und Bedarfsgegenständegesetzes zu dienen.

(3) Arzneimittel sind nicht

1. Lebensmittel im Sinne des § 1 des Lebensmittel- und Bedarfsgegenständegesetzes,
2. Tabakerzeugnisse im Sinne des § 3 des Lebensmittel- und Bedarfsgegenständegesetzes,
3. kosmetische Mittel im Sinne des § 4 des Lebensmittel- und Bedarfsgegenständegesetzes,
4. Stoffe oder Zubereitungen aus Stoffen, die ausschließlich dazu bestimmt sind, äußerlich am Tier zur Reinigung oder Pflege oder zur Beeinflussung des Aussehens oder des Körpergeruchs angewendet zu werden, soweit ihnen keine Stoffe oder Zubereitungen aus Stoffen zugesetzt sind, die vom Verkehr außerhalb der Apotheke ausgeschlossen sind,
5. Gegenstände zur Körperpflege im Sinne des § 5 Abs. 1 Nr. 4 des Lebensmittel- und Bedarfsgegenständegesetzes,
6. Futtermittel, Zusatzstoffe und Vormischungen im Sinne des § 2 Abs. 1 Nr. 1 bis 3 des Futtermittelgesetzes.

(4) Solange ein Mittel nach diesem Gesetz als Arzneimittel zugelassen oder registriert oder durch Rechtsverordnung von der Zulassung oder Registrierung freigestellt ist, gilt es als Arzneimittel. Hat die zuständige Bundesoberbehörde die Zulassung oder Registrierung eines Mittels mit der Begründung abgelehnt, daß es sich um kein Arzneimittel handelt, so gilt es nicht als Arzneimittel.

§ 3 Stoffbegriff

Stoffe im Sinne dieses Gesetzes sind

1. chemische Elemente und chemische Verbindungen sowie deren natürlich vorkommende Gemische und Lösungen,
2. Pflanzen, Pflanzenteile und Pflanzenbestandteile in bearbeitetem oder unbearbeitetem Zustand,
3. Tierkörper, auch lebender Tiere, sowie Körperteile, -bestandteile und Stoffwechselprodukte von Mensch oder Tier in bearbeitetem oder unbearbeitetem Zustand,
4. Mikroorganismen einschließlich Viren sowie deren Bestandteile oder Stoffwechselprodukte.

§ 4 Sonstige Begriffsbestimmungen

(1) Fertigarzneimittel sind Arzneimittel, die im voraus hergestellt und in einer zur Abgabe an den Verbraucher bestimmten Packung in den Verkehr gebracht werden.

(2) Blutzubereitungen sind Arzneimittel, die aus Blut gewonnene Blut-, Plasma- oder Serumkonserven, Blutbestandteile oder Zubereitungen aus Blutbestandteilen sind oder enthalten.

(3) Sera sind Arzneimittel im Sinne des § 2 Abs. 1, die aus Blut, Organen, Organteilen oder Organsekreten gesunder, kranker, krank gewesener oder immunisatorisch vorbehandelter Lebewesen gewonnen werden, spezifische Antikörper enthalten und die dazu bestimmt sind, wegen dieser Antikörper angewendet zu werden. Sera gelten nicht als Blutzubereitungen im Sinne des Absatzes 2.

(4) Impfstoffe sind Arzneimittel im Sinne des § 2 Abs. 1, die Antigene enthalten und die dazu bestimmt sind, bei Mensch oder Tier zur Erzeugung von spezifischen Abwehr- und Schutzstoffen angewendet zu werden.

(5) Testallergene sind Arzneimittel im Sinne des § 2 Abs. 1, die Antigene oder Halbantigene enthalten und die dazu bestimmt sind, bei Mensch oder Tier zur Erkennung von spezifischen Abwehr- oder Schutzstoffen angewendet zu werden.

(6) Testsera sind Arzneimittel im Sinne des § 2 Abs. 2 Nr. 4 Buchstabe a, die aus Blut, Organen, Organteilen oder Organsekreten gesunder, kranker, krank gewesener oder immunisatorisch vorbehandelter Lebewesen gewonnen werden, spezifische Antikörper enthalten und die dazu bestimmt sind, wegen dieser Antikörper verwendet zu werden, sowie die dazu gehörenden Kontrollsera.

(7) Testantigene sind Arzneimittel im Sinne des § 2 Abs. 2 Nr. 4 Buchstabe a, die Antigene oder Halbantigene enthalten und die dazu bestimmt sind, als solche verwendet zu werden.

(8) Radioaktive Arzneimittel sind Arzneimittel, die radioaktive Stoffe sind oder enthalten und ionisierende Strahlen spontan aussenden und die dazu bestimmt sind, wegen dieser Eigenschaften angewendet zu werden.

(9) Verbandstoffe sind Gegenstände, die dazu bestimmt sind, oberflächengeschädigte Körperteile zu bedecken oder deren Körperflüssigkeiten aufzusaugen.

(10) Fütterungsarzneimittel sind Arzneimittel in verfütterungsfertiger Form, die aus Arzneimittelvormischungen und Mischfuttermitteln hergestellt werden und die dazu bestimmt sind, zur Anwendung bei Tieren in den Verkehr gebracht zu werden.

(11) Arzneimittel-Vormischungen sind Arzneimittel, die dazu bestimmt sind, zur Herstellung von Fütterungsarzneimitteln verwendet zu werden.

(12) Wartezeit ist die Zeit, innerhalb der bei bestimmungsgemäßer Anwendung von Arzneimitteln bei Tieren mit Rückständen nach Art und Menge gesundheitlich nicht unbedenklicher Stoffe in den Lebensmitteln gerechnet werden muß, die von den behandelten Tieren gewonnen werden, einschließlich einer angemessenen Sicherheitsspanne.

(13) Nebenwirkungen sind die beim bestimmungsgemäßen Gebrauch eines Arzneimittels auftretenden unerwünschten Begleiterscheinungen.

(14) Herstellen ist das Gewinnen, das Anfertigen, das Zubereiten, das Be- oder Verarbeiten, das Umfüllen einschließlich Abfüllen, das Abpacken und das Kennzeichnen.

(15) Qualität ist die Beschaffenheit eines Arzneimittels, die nach Identität, Gehalt, Reinheit, sonstigen chemischen, physikalischen, biologischen Eigenschaften oder durch das Herstellungsverfahren bestimmt wird.

(16) Eine Charge ist die jeweils in einem einheitlichen Herstellungsgang erzeugte Menge eines Arzneimittels.

(17) Inverkehrbringen ist das Vorrätighalten zum Verkauf oder zu sonstiger Abgabe, das Feilhalten, das Feilbieten und die Abgabe an andere.

(18) Pharmazeutischer Unternehmer ist, wer Arzneimittel unter seinem Namen in den Verkehr bringt.

(19) Wirkstoffe sind Stoffe, die dazu bestimmt sind, bei der Herstellung von Arzneimitteln als arzneilich wirksame Bestandteile verwendet zu werden.

Zweiter Abschnitt: Anforderungen an die Arzneimittel

§ 5 Verbot bedenklicher Arzneimittel

(1) Es ist verboten, bedenkliche Arzneimittel in den Verkehr zu bringen.

(2) Bedenklich sind Arzneimittel, bei denen nach dem jeweiligen Stand der wissenschaftlichen Erkenntnisse der begründete Verdacht besteht, daß sie bei bestimmungsgemäßem Gebrauch schädliche Wirkungen haben, die über ein nach den Erkenntnissen der medizinischen Wissenschaft vertretbares Maß hinausgehen.

§ 6 Ermächtigung zum Schutz der Gesundheit

(1) Der Bundesminister für Jugend, Familie und Gesundheit (Bundesminister) wird ermächtigt, durch Rechtsverordnung mit Zustimmung des Bundesrates die Verwendung bestimmter Stoffe, Zubereitungen aus Stoffen oder Gegenstände bei der Herstellung von Arzneimitteln vorzuschreiben, zu beschränken oder zu verbieten und das Inverkehrbringen von Arzneimitteln, die nicht nach diesen Vorschriften hergestellt sind, zu untersagen, soweit es geboten ist, um eine unmittelbare oder mittelbare Gefährdung der Gesundheit von Mensch oder Tier durch Arzneimittel zu verhüten.

(2) ...

§ 7 Radioaktive und mit ionisierenden Strahlen behandelte Arzneimittel

(1) Es ist verboten, radioaktive Arzneimittel oder Arzneimittel, bei deren Herstellung ionisierende Strahlen verwendet worden sind, in den Verkehr zu bringen, es sei denn, daß dies durch Rechtsverordnung nach Absatz 2 zugelassen ist.

(2) ...

§ 8 Verbote zum Schutz vor Täuschung

(1) Es ist verboten, Arzneimittel herzustellen oder in den Verkehr zu bringen, die

1. durch Abweichung von den anerkannten pharmazeutischen Regeln in ihrer Qualität nicht unerheblich gemindert sind oder
2. mit irreführender Bezeichnung, Angabe oder Aufmachung versehen sind.

Eine Irreführung liegt insbesondere vor, wenn

a) Arzneimitteln eine therapeutische Wirksamkeit oder Wirkungen beigelegt werden, die sie nicht haben,
b) fälschlich der Eindruck erweckt wird, daß ein Erfolg mit Sicherheit erwartet werden kann oder daß nach bestimmungsgemäßem oder längerem Gebrauch keine schädlichen Wirkungen eintreten,
c) zur Täuschung über die Qualität geeignete Bezeichnungen, Angaben oder Aufmachungen verwendet werden, die für die Bewerbung des Arzneimittels mitbestimmend sind.

(2) ...

§ 9 Der Verantwortliche für das Inverkehrbringen

(1) Arzneimittel, die im Geltungsbereich dieses Gesetzes in den Verkehr gebracht werden, müssen den Namen oder die Firma und die Anschrift des pharmazeutischen Unternehmers tragen.

(2) Arzneimittel dürfen im Geltungsbereich dieses Gesetzes nur durch einen pharmazeutischen Unternehmer in den Verkehr gebracht werden, der seinen Sitz im Geltungsbereich dieses Gesetzes oder in einem anderen Mitgliedstaat der Europäischen Gemeinschaften hat.

§ 10 Kennzeichnung der Fertigarzneimittel

(1) Fertigarzneimittel, die Arzneimittel im Sinne des § 2 Abs. 1 oder Abs. 2 Nr. 1 sind, dürfen im Geltungsbereich dieses Gesetzes nur in den Verkehr gebracht werden, wenn auf den Behältnissen und, soweit verwendet, auf den äußeren Umhüllungen in deutlich lesbarer Schrift, in deutscher Sprache und auf dauerhafte Weise angegeben sind

1. der Name oder die Firma und die Anschrift des pharmazeutischen Unternehmers,
2. die Bezeichnung des Arzneimittels,
3. die Zulassungsnummer mit der Abkürzung »Zul.-Nr.«,
4. die Chargenbezeichnung, soweit das Arzneimittel in Chargen in den Verkehr gebracht wird, mit der Abkürzung »Ch.-B.«, soweit es nicht in Chargen in den Verkehr gebracht werden kann, das Herstellungsdatum,
5. die Darreichungsform,
6. der Inhalt nach Gewicht, Rauminhalt oder Stückzahl,
7. die Art der Anwendung,
8. die wirksamen Bestandteile nach Art und Menge,

8a. bei gentechnologisch gewonnenen Arzneimitteln der Wirkstoff und die Bezeichnung des bei der Herstellung verwendeten gentechnisch veränderten Mikroorganismus oder die Zellinie,

9. das Verfalldatum mit dem Hinweis »verwendbar bis«,
10. bei Arzneimitteln, die nur auf ärztliche, zahnärztliche oder tierärztliche Verschreibung abgegeben werden dürfen, der Hinweis »Verschreibungspflichtig«, bei sonstigen Arzneimitteln, die nur in Apotheken an Verbraucher abgegeben werden dürfen, der Hinweis »Apothekenpflichtig«,
11. bei Mustern der Hinweis »Unverkäufliches Muster«.

(1a) Bei Arzneimitteln, die nur einen arzneilich wirksamen Bestandteil enthalten, muß der Angabe nach Absatz 1 Nr. 2 die Bezeichnung dieses Bestandteils mit dem Hinweis »Wirkstoff:« folgen; dies gilt nicht, wenn in der Angabe nach Absatz 1 Nr. 2 die Bezeichnung des arzneilich wirksamen Bestandteils nach Absatz 1 Nr. 8 enthalten ist.

(2) Es sind ferner Warnhinweise und für die Fachkreise bestimmte Lagerhinweise anzugeben, soweit dies durch Auflagen der zuständigen Bundesoberbehörde nach § 28 Abs. 2 Nr. 1 angeordnet oder durch Rechtsverordnung nach § 12 Abs. 1 Nr. 3 oder nach § 36 Abs. 1 vorgeschrieben ist.

(3) Bei Sera ist auch die Art des Lebewesens, aus dem sie gewonnen sind, bei Virusimpfstoffen das Wirtssystem, das zur Virusvermehrung gedient hat, anzugeben.

(4) Bei Arzneimitteln, die in das Register für homöopathische Arzneimittel eingetragen sind, muß bei der Bezeichnung nach Absatz 1 Nr. 2 der Hinweis »Homöopathisches Arzneimittel« angegeben sein. An die Stelle der Angaben nach Absatz 1 Nr. 3 tritt die Registernummer mit der Abkürzung »Reg.-Nr.«. Bei diesen Arzneimitteln dürfen Angaben über Anwendungsgebiete nicht gemacht werden. Die

Sätze 1 und 3 gelten entsprechend für Arzneimittel, die nach § 38 Abs. 1 Satz 3 von der Registrierung freigestellt sind.

§ 11 Packungsbeilage

(1) Fertigarzneimittel, die Arzneimittel im Sinne des § 2 Abs. 1 oder Abs. 2 Nr. 1 sind und nicht zur klinischen Prüfung oder zur Rückstandsprüfung bestimmt sind, dürfen im Geltungsbereich dieses Gesetzes nur mit einer Packungsbeilage in den Verkehr gebracht werden, die die Überschrift »Gebrauchsinformation« trägt sowie folgende Angaben allgemeinverständlich in deutscher Sprache und in gut lesbarer Schrift enthalten muß:

1. den Namen oder die Firma und die Anschrift des pharmazeutischen Unternehmers,
2. die Bezeichnung des Arzneimittels; § 10 Abs. 1a und Abs. 10 Satz 3 findet entsprechende Anwendung,
3. die Bestandteile nach der Art und die arzneilich wirksamen Bestandteile nach Art und Menge; § 10 Abs. 6 findet Anwendung,
4. die Anwendungsgebiete,
5. die Gegenanzeigen,
6. die Nebenwirkungen,
7. die Wechselwirkungen mit anderen Mitteln,
8. die Dosierungsanleitung mit Einzel- und Tagesgaben und den Hinweis »soweit nicht anders verordnet«,
9. die Art der Anwendung und bei Arzneimitteln, die nur begrenzte Zeit angewendet werden sollen, die Dauer der Anwendung,
10. den Hinweis, daß das Arzneimittel nach Ablauf des Verfalldatums nicht mehr angewendet werden soll, und, soweit erforderlich, die Angabe der Haltbarkeit nach Öffnung des Behältnisses oder nach Herstellung der gebrauchsfertigen Zubereitung durch den Anwender,
11. den Hinweis, daß Arzneimittel unzugänglich für Kinder aufbewahrt werden sollen, es sei denn, es handelt sich um Heilwässer.

Soweit die Angaben nach Satz 1 in der Packungsbeilage zusätzlich in einer anderen Sprache wiedergegeben werden, müssen sie inhaltlich mit den Angaben in deutscher Sprache übereinstimmen. Satz 1 gilt nicht für Arzneimittel, die nach § 21 Abs. 2 Nr. 1 einer Zulassung nicht bedürfen. Weitere Angaben, die einen inhaltlichen Bezug zu den Angaben nach Absatz 1 Nr. 4 bis 6 aufweisen, sind unzulässig, soweit sie nicht in einem nach § 25 Abs. 7 Satz 1 bekanntgemachten Ergebnis enthalten sind.

(1a) Ein Muster der Packungsbeilage und geänderter Fassungen ist der zuständigen Bundesoberbehörde unverzüglich zu übersenden, soweit nicht das Arzneimittel von der Zulassung oder Registrierung freigestellt ist.

(2) Es sind ferner in der Packungsbeilage Warnhinweise und für die Verbraucher bestimmte Aufbewahrungshinweise anzugeben, soweit dies durch Auflagen der

zuständigen Bundesoberbehörde nach § 28 Abs. 2 Nr. 2 angeordnet oder durch Rechtsverordnung nach § 12 Abs. 1 Nr. 3 oder § 36 Abs. 1 vorgeschrieben ist.

(3) Bei Arzneimitteln, die in das Register für homöopathische Arzneimittel eingetragen sind, muß bei der Bezeichnung nach Absatz 1 Nr. 2 der Hinweis »Homöopathisches Arzneimittel« angegeben sein. Die Angaben nach Absatz 1 Nr. 4 dürfen nicht gemacht werden. Die Sätze 1 und 2 gelten entsprechend für Arzneimittel, die nach § 38 Abs. 1 Satz 3 von der Registrierung freigestellt sind.

(3a) Bei Sera ist auch die Art des Lebewesens, aus dem sie gewonnen sind, bei Virusimpfstoffen das Wirtssystem, das zur Virusvermehrung gedient hat, anzugeben.

(4) Bei Arzneimitteln, die zur Anwendung bei Tieren bestimmt sind, müssen ferner folgende Angaben gemacht werden:

1. die Angaben nach § 10 Abs. 5,
2. bei Arzneimittel-Vormischungen Hinweise für die sachgerechte Herstellung der Fütterungsarzneimittel, die hierfür geeigneten Mischfuttermitteltypen und Herstellungsverfahren sowie Angaben über die Dauer der Haltbarkeit der Fütterungsarzneimittel.

(5) Können die nach Absatz 1 Nr. 5 bis 7 vorgeschriebenen Angaben nicht gemacht werden, so können sie entfallen. Werden auf der Packungsbeilage weitere Angaben gemacht, so müssen sie von den Angaben nach den Absätzen 1 bis 4 deutlich abgesetzt und abgegrenzt sein.

(6) Wird ein Arzneimittel ohne äußere Umhüllung in den Verkehr gebracht, so kann die Packungsbeilage entfallen, wenn die nach den Absätzen 1 bis 4 vorgeschriebenen Angaben auf dem Behältnis stehen. Absatz 5 findet entsprechende Anwendung.

§ 11a Fachinformation

(1) Der pharmazeutische Unternehmer ist verpflichtet, Ärzten, Zahnärzten, Tierärzten, Apothekern und, soweit es sich nicht um verschreibungspflichtige Arzneimittel handelt, anderen Personen, die die Heilkunde oder Zahnheilkunde berufsmäßig ausüben, für Fertigarzneimittel, die der Zulassungspflicht unterliegen oder von der Zulassung freigestellt sind, Arzneimittel im Sinne des § 2 Abs. 1 oder Abs. 2 Nr. 1 und zur Anwendung bei Menschen bestimmt sowie für den Verkehr außerhalb der Apotheken nicht freigegeben sind, auf Anforderung eine Gebrauchsinformation für Fachkreise (Fachinformation) zur Verfügung zu stellen. Diese muß die Überschrift »Fachinformation« tragen und folgende Angaben in gut lesbarer Schrift enthalten:

1. die Bezeichnung des Arzneimittels; § 10 Abs. 1a findet entsprechende Anwendung,
2. bei Arzneimitteln, die nur auf ärztliche, zahnärztliche oder tierärztliche Verschreibung abgegeben werden dürfen, den Hinweis »Verschreibungspflichtig«, bei Betäubungsmitteln den Hinweis »Betäubungsmittel«, bei

sonstigen Arzneimitteln, die nur in Apotheken an Verbraucher abgegeben werden dürfen, den Hinweis »Apothekenpflichtig«, bei Arzneimitteln, die einen Stoff oder eine Zubereitung nach § 49 enthalten, den Hinweis, daß dieses Arzneimittel einen Stoff enthält, dessen Wirkung in der medizinischen Wissenschaft noch nicht allgemein bekannt ist und für das der pharmazeutische Unternehmer der zuständigen Bundesoberbehörde einen Erfahrungsbericht nach § 49 Abs. 6 vorzulegen hat,

3. die Stoff- oder Indikationsgruppe, die Bestandteile nach der Art und die arzneilich wirksamen Bestandteile nach Art und Menge; § 10 Abs. 6 findet Anwendung,
4. die Anwendungsgebiete,
5. die Gegenanzeigen,
6. die Nebenwirkungen,
7. die Wechselwirkungen mit anderen Mitteln,
8. die Warnhinweise, soweit dies für Behältnisse, äußere Umhüllungen, die Packungsbeilage oder die Fachinformation durch Auflagen der zuständigen Bundesoberbehörde durch § 28 Abs. 2 Nr. 1 Buchstabe a angeordnet oder durch Rechtsverordnung nach § 12 Abs. 1 Nr. 3 oder nach § 36 Abs. 1 vorgeschrieben ist,
9. die wichtigsten Inkompatibilitäten,
10. die Dosierung mit Einzel- und Tagesgaben,
11. die Art der Anwendung und bei Arzneimitteln, die nur begrenzte Zeit angewendet werden sollen, die Dauer der Anwendung,
12. Notfallmaßnahmen, Symptome und Gegenmittel,
13. die pharmakologischen und toxikologischen Eigenschaften und Angaben über die Pharmakokinetik und Bioverfügbarkeit, soweit diese Angaben für die therapeutische Verwendung erforderlich sind,
14. soweit erforderlich sonstige Hinweise, insbesondere Hinweise für die Anwendung bei bestimmten Patientengruppen,
15. die Dauer der Haltbarkeit und, soweit erforderlich, die Haltbarkeit nach der Öffnung des Behältnisses oder nach Herstellung der gebrauchsfertigen Zubereitung durch den Anwender,
16. die besonderen Lager- und Aufbewahrungshinweise,
17. die Darreichungsformen und Packungsgrößen,
18. den Zeitpunkt der Herausgabe der Information,
19. den Namen oder die Firma und die Anschrift des pharmazeutischen Unternehmers.

Weitere Angaben dürfen nicht gemacht werden. Satz 1 gilt nicht für Arzneimittel, die nach § 21 Abs. 2 einer Zulassung nicht bedürfen oder nach einer homöopathischen Verfahrenstechnik hergestellt sind.

(1a) Bei Sera ist auch die Art des Lebewesens, aus dem sie gewonnen sind, bei Virusimpfstoffen das Wirtssystem, das zur Virusvermehrung gedient hat, anzugeben.

(2) Der pharmazeutische Unternehmer ist verpflichtet, die Änderungen der Fachinformation, die für die Therapie relevant sind, den Fachkreisen in geeigneter Form zugänglich zu machen. Die zuständige Bundesoberbehörde kann, soweit erforderlich, durch Auflage bestimmen, in welcher Form die Änderungen allen oder bestimmten Fachkreisen zugänglich zu machen sind.

(3) Ein Muster der Fachinformation und geänderter Fassungen ist der zuständigen Bundesoberbehörde unverzüglich zu übersenden, soweit nicht das Arzneimittel von der Zulassung freigestellt ist.

(4) Die Verpflichtung nach Absatz 1 Satz 1 kann bei Arzneimitteln, die ausschließlich von Angehörigen der Heilberufe verabreicht werden, auch durch Aufnahme der Angaben nach Absatz 1 Satz 2 in der Packungsbeilage erfüllt werden. Die Packungsbeilage muß mit der Überschrift »Gebrauchsinformation und Fachinformation« versehen werden.

§ 12 Ermächtigung für die Kennzeichnung und die Packungsbeilage

Dritter Abschnitt: Herstellung von Arzneimitteln

§ 13 Herstellungserlaubnis

(1) Wer Arzneimittel im Sinne des § 2 Abs. 1 oder Abs. 2 Nr. 1, Testsera, Testantigene oder chirurgisches Nahtmaterial gewerbs- oder berufsmäßig zum Zwecke der Abgabe an andere herstellen will, bedarf einer Erlaubnis der zuständigen Behörde. Das gleiche gilt für juristische Personen, nicht rechtsfähige Vereine und Gesellschaften des bürgerlichen Rechts, die Arzneimittel zum Zwecke der Abgabe an ihre Mitglieder herstellen. Eine Abgabe an andere im Sinne des Satzes 1 liegt vor, wenn die Person, die das Arzneimittel herstellt, eine andere ist als die, die es anwendet.

(2) Einer Erlaubnis nach Absatz 1 bedarf nicht

1. der Inhaber einer Apotheke für die Herstellung von Arzneimitteln im Rahmen des üblichen Apothekenbetriebs,
2. der Träger eines Krankenhauses, soweit er nach dem Gesetz über das Apothekenwesen Arzneimittel abgeben darf,
3. der Tierarzt für die Herstellung von Arzneimitteln, die er für die von ihm behandelten Tiere abgibt; ...
4. der Großhändler für das Umfüllen, Abpacken oder Kennzeichnen von Arzneimitteln in unveränderter Form, soweit es sich nicht um zur Abgabe an den Verbraucher bestimmte Packungen handelt,
5. der Einzelhändler, der die Sachkenntnis nach § 50 besitzt, für das Umfüllen, Abpacken oder Kennzeichnen von Arzneimitteln zur Abgabe in unveränderter Form an den Verbraucher.

...

§ 14 Entscheidung über die Herstellungserlaubnis

§ 15 Sachkenntnis

§ 16 Begrenzung der Herstellungserlaubnis

§ 17 Fristen für die Erteilung

§ 18 Rücknahme, Widerruf, Ruhen

§ 19 Verantwortungsbereiche

§ 20 Anzeigepflichten

Vierter Abschnitt
Zulassung der Arzneimittel

§ 21 Zulassungspflicht

(1) Fertigarzneimittel, die Arzneimittel im Sinne des § 2 Abs. 1 oder Abs. 2 Nr. 1 sind, dürfen im Geltungsbereich dieses Gesetzes nur in den Verkehr gebracht werden, wenn sie durch die zuständige Bundesoberbehörde zugelassen sind. Das gilt auch für Arzneimittel, die keine Fertigarzneimittel und zur Anwendung bei Tieren bestimmt sind, sofern sie nicht an pharmazeutische Unternehmer abgegeben werden sollen, die eine Erlaubnis zur Herstellung von Arzneimitteln besitzen.

(2) Einer Zulassung bedarf es nicht für Arzneimittel, die

1. zur Anwendung bei Menschen bestimmt sind und auf Grund nachweislich häufiger ärztlicher oder zahnärztlicher Verschreibung in den wesentlichen Herstellungsschritten in einer Apotheke in Chargengröße bis zu hundert abgabefertigen Packungen an einem Tag im Rahmen des üblichen Apothekenbetriebs hergestellt werden und zur Abgabe in dieser Apotheke bestimmt sind,
2. zur klinischen Prüfung bei Menschen bestimmt sind,
3. Fütterungsarzneimittel sind, die bestimmungsgemäß aus Arzneimittel-Vormischungen hergestellt sind, für die eine Zulassung nach § 25 erteilt ist,
4. für Einzeltiere in Apotheken oder in tierärztlichen Hausapotheken hergestellt werden oder
5. zur klinischen Prüfung bei Tieren oder zur Rückstandsprüfung bestimmt sind.

(2a) Arzneimittel, die durch Rechtsverordnung nach § 48 oder § 49 bestimmte Stoffe oder Zubereitungen aus Stoffen enthalten und die zur Anwendung bei Tieren bestimmt sind, die der Gewinnung von Lebensmitteln dienen, dürfen nach Absatz 2 Nr. 4 nur hergestellt werden, wenn für die Behandlung bestimmter Krankheiten ein zugelassenes Arzneimittel für die betreffende Tierart nicht zur Verfügung steht, die notwendige arzneiliche Versorgung der Tiere sonst ernstlich gefährdet wäre und eine unmittelbare oder mittelbare Gefährdung der Gesundheit von Mensch und Tier nicht zu befürchten ist.

(3) Die Zulassung ist vom pharmazeutischen Unternehmer zu beantragen. Für ein Fertigarzneimittel, das in Apotheken oder sonstigen Einzelhandelsbetrieben auf Grund einheitlicher Vorschriften hergestellt und unter einer einheitlichen Be-

zeichnung an Verbraucher abgegeben wird, ist die Zulassung vom Herausgeber der Herstellungsvorschrift zu beantragen. Wird ein Fertigarzneimittel für mehrere Apotheken oder sonstige Einzelhandelsbetriebe hergestellt und soll es unter deren Namen und unter einer einheitlichen Bezeichnung an Verbraucher abgegeben werden, so hat der Hersteller die Zulassung zu beantragen.

§ 22 Zulassungsunterlagen

(1) Dem Antrag auf Zulassung müssen vom Antragsteller folgende Angaben in deutscher Sprache beigefügt werden:

1. der Name oder die Firma und die Anschrift des Antragstellers und des Herstellers,
2. die Bezeichnung des Arzneimittels,
3. die Bestandteile des Arzneimittels nach Art und Menge; § 10 Abs. 6 findet Anwendung,
4. die Darreichungsform,
5. die Wirkungen,
6. die Anwendungsgebiete,
7. die Gegenanzeigen,
8. die Nebenwirkungen,
9. die Wechselwirkungen mit anderen Mitteln,
10. die Dosierung,
11. kurzgefaßte Angaben über die Herstellung des Arzneimittels,
12. die Art der Anwendung und bei Arzneimitteln, die nur begrenzte Zeit angewendet werden sollen, die Dauer der Anwendung,
13. die Packungsgrößen,
14. die Art der Haltbarmachung, die Dauer der Haltbarkeit, die Art der Aufbewahrung, die Ergebnisse von Haltbarkeitsversuchen,
15. die Methoden zur Kontrolle der Qualität (Kontrollmethoden).

(2) Es sind ferner vorzulegen:

1. die Ergebnisse physikalischer, chemischer, biologischer oder mikrobiologischer Versuche und die zu ihrer Ermittlung angewandten Methoden (analytische Prüfung),
2. die Ergebnisse der pharmakologischen und toxikologischen Versuche (pharmakologisch-toxikologische Prüfung),
3. die Ergebnisse der klinischen oder sonstigen ärztlichen, zahnärztlichen oder tierärztlichen Erprobung (klinische Prüfung).

Die Ergebnisse sind durch Unterlagen so zu belegen, daß aus diesen Art, Umfang und Zeitpunkt der Prüfungen hervorgehen.

(3) An Stelle der Ergebnisse nach Absatz 2 Nr. 2 und 3 kann anderes wissenschaftliches Erkenntnismaterial vorgelegt werden, und zwar

1. bei einem Arzneimittel, dessen Wirkungen und Nebenwirkungen bereits bekannt und aus dem wissenschaftlichen Erkenntnismaterial ersichtlich sind,

2. bei einem Arzneimittel, das in seiner Zusammensetzung bereits einem Arzneimittel nach Nummer 1 vergleichbar ist,
3. bei einem Arzneimittel, das eine neue Kombination bekannter Bestandteile ist, für diese Bestandteile; es kann jedoch auch für die Kombination als solche anderes wissenschaftliches Erkenntnismaterial vorgelegt werden, wenn die Wirksamkeit und Unbedenklichkeit des Arzneimittels nach Zusammensetzung, Dosierung, Darreichungsform und Anwendungsgebieten auf Grund dieser Unterlagen bestimmbar sind.

Zu berücksichtigen sind ferner die medizinischen Erfahrungen der jeweiligen Therapierichtungen.

(3a) Enthält das Arzneimittel mehr als einen arzneilich wirksamen Bestandteil, so ist zu begründen, daß jeder arzneilich wirksame Bestandteil einen Beitrag zur positiven Beurteilung des Arzneimittels leistet.

(4) Wird die Zulassung für ein im Geltungsbereich dieses Gesetzes hergestelltes Arzneimittel beantragt, so muß der Nachweis erbracht werden, daß der Hersteller berechtigt ist, das Arzneimittel herzustellen. Dies gilt nicht für einen Antrag nach § 21 Abs. 3 Satz 2.

(5) Wird die Zulassung für ein außerhalb des Geltungsbereiches dieses Gesetzes hergestelltes Arzneimittel beantragt, so ist der Nachweis zu erbringen, daß der Hersteller nach den gesetzlichen Bestimmungen des Herstellerlandes berechtigt ist, Arzneimittel herzustellen und im Falle des Verbringens aus einem Land, das nicht Mitgliedstaat der Europäischen Gemeinschaften ist, daß der Einführer eine Erlaubnis besitzt, die zum Verbringen des Arzneimittels in den Geltungsbereich dieses Gesetzes berechtigt.

(6) Wird die Zulassung für ein außerhalb des Geltungsbereiches dieses Gesetzes hergestelltes Arzneimittel beantragt, so ist die Genehmigung für das Inverkehrbringen im Herstellerland beizufügen. Ist eine solche Genehmigung nicht erteilt, sind die Gründe hierfür anzugeben.

(7) Dem Antrag ist der Wortlaut der für das Behältnis, die äußere Umhüllung und die Packungsbeilage vorgesehenen Angaben sowie der Entwurf einer Fachinformation nach § 11a Abs. 1 Satz 2 beizufügen. Die zuständige Bundesoberbehörde kann verlangen, daß ihr ein oder mehrere Muster oder Verkaufsmodelle des Arzneimittels einschließlich der Packungsbeilagen vorgelegt werden.

§ 23 Besondere Unterlagen bei Arzneimitteln für Tiere

§ 24 Sachverständigengutachten

§ 25 Entscheidung über die Zulassung

(1) Die zuständige Bundesoberbehörde erteilt die Zulassung schriftlich unter Zuteilung einer Zulassungsnummer. Die Zulassung gilt nur für das im Zulassungsbescheid aufgeführte Arzneimittel und bei Arzneimitteln, die nach einer homöopathischen Verfahrenstechnik hergestellt und nicht verschreibungspflichtig sind,

auch für die in einem nach § 25 Abs. 7 Satz 1 bekanntgemachten Ergebnis genannten und im Zulassungsbescheid aufgeführten Verdünnungsgrade.

(2) Die zuständige Bundesoberbehörde darf die Zulassung nur versagen, wenn

1. die vorgelegten Unterlagen unvollständig sind,
2. das Arzneimittel nicht nach dem jeweils gesicherten Stand der wissenschaftlichen Erkenntnisse ausreichend geprüft worden ist,
3. das Arzneimittel nicht die nach den anerkannten pharmazeutischen Regeln angemessene Qualität aufweist,
4. dem Arzneimittel die vom Antragsteller angegebene therapeutische Wirksamkeit fehlt oder diese nach dem jeweils gesicherten Stand der wissenschaftlichen Erkenntnisse vom Antragsteller unzureichend begründet ist,
5. bei dem Arzneimittel der begründete Verdacht besteht, daß es bei bestimmungsgemäßem Gebrauch schädliche Wirkungen hat, die über ein nach den Erkenntnissen der medizinischen Wissenschaft vertretbares Maß hinausgehen,

5a. bei einem Arzneimittel, das mehr als einen arzneilich wirksamen Bestandteil enthält, eine ausreichende Begründung fehlt, daß jeder arzneilich wirksame Bestandteil einen Beitrag zur positiven Beurteilung des Arzneimittels leistet, wobei die Besonderheiten der jeweiligen Arzneimittel in einer risikogestuften Bewertung zu berücksichtigen sind,

6. die angegebene Wartezeit nicht ausreicht,

6a. das angegebene Rückstandsnachweisverfahren nach Art und Menge gesundheitlich nicht unbedenkliche Stoffe nicht zuverlässig nachzuweisen vermag oder nicht routinemäßig durchführbar ist,

6b. bei Arzneimittel-Vormischungen die zum qualitativen und quantitativen Nachweis der wirksamen Bestandteile in den Fütterungsarzneimitteln angewendeten Kontrollmethoden nicht routinemäßig durchführbar sind,

7. das Inverkehrbringen des Arzneimittels gegen gesetzliche Vorschriften oder gegen eine Verordnung oder eine Richtlinie des Rates oder der Kommission der Europäischen Gemeinschaften verstoßen würde,
8. das Arzneimittel durch Rechtsverordnung nach § 36 Abs. 1 von der Pflicht zur Zulassung freigestellt oder mit einem solchen Arzneimittel in der Art der arzneilich wirksamen Bestandteile identisch sowie in deren Menge vergleichbar ist, soweit kein berechtigtes Interesse an einer Zulassung nach Absatz 1 zu Exportzwecken glaubhaft gemacht wird.

Die Zulassung darf nach Satz 1 Nr. 4 nicht deshalb versagt werden, weil therapeutische Ergebnisse nur in einer beschränkten Zahl von Fällen erzielt worden sind. Die therapeutische Wirksamkeit fehlt, wenn feststeht, daß sich mit dem Arzneimittel keine therapeutischen Ergebnisse erzielen lassen.

(3) Die Zulassung ist für ein Arzneimittel zu versagen, das sich von einem zugelassenen oder bereits im Verkehr befindlichen Arzneimittel gleicher Bezeichnung in der Art oder der Menge der wirksamen Bestandteile unterscheidet. Abweichend

von Satz 1 ist ein Unterschied in der Menge der wirksamen Bestandteile unschädlich, wenn sich die Arzneimittel in der Darreichungsform unterscheiden.

(4) Bei Beanstandungen der vorgelegten Unterlagen ist dem Antragsteller Gelegenheit zu geben, Mängeln innerhalb einer angemessenen Frist abzuhelfen. Wird den Mängeln nicht abgeholfen, so ist die Zulassung zu versagen.

(5) Die Zulassung ist auf Grund der Prüfung der eingereichten Unterlagen und auf der Grundlage der Sachverständigengutachten zu erteilen. Zur Beurteilung der Unterlagen kann die zuständige Bundesoberbehörde eigene wissenschaftliche Ergebnisse verwerten, Sachverständige beiziehen oder Gutachten anfordern. Die zuständige Bundesoberbehörde kann ferner die Beurteilung der Unterlagen durch unabhängige Gegensachverständige durchführen lassen und legt deren Beurteilung der Zulassungsentscheidung und, soweit es sich um Arzneimittel handelt, die der Verschreibungspflicht nach § 49 unterliegen, dem der Zulassungskommission nach Absatz 6 Satz 1 vorzulegenden Entwurf der Zulassungsentscheidung zugrunde. Als Gegensachverständiger nach Satz 3 kann von der zuständigen Bundesoberbehörde beauftragt werden, wer die erforderliche Sachkenntnis und die zur Ausübung der Tätigkeit als Gegensachverständiger erforderliche Zuverlässigkeit besitzt. Dem Antragsteller ist auf Antrag Einsicht in die Gutachten zu gewähren. Verlangt der Antragsteller, von ihm gestellte Sachverständige beizuziehen, so sind auch diese zu hören. Für die Berufung als Sachverständiger, Gegensachverständiger und Gutachter gelten Absatz 6 Sätze 5 und 6 entsprechend.

(5a) Ist das Arzneimittel bereits in einem anderen Mitgliedstaat der Europäischen Gemeinschaften zugelassen worden, ist die Zulassung auf der Grundlage dieser Entscheidung zu erteilen, es sei denn, daß ein Versagungsgrund nach Absatz 2 vorliegt. Wenn ein Versagungsgrund nach Absatz 2 vorliegt, hat die zuständige Bundesoberbehörde die Ausschüsse für Arzneispezialitäten oder für Tierarzneimittel zu befassen.

(5b) Ist ein Verfahren nach der Richtlinie 87/22/EWG vom 22. Dezember 1986 durchgeführt worden, dann ist die Zulassung zu erteilen, wenn sie von den Ausschüssen für Arzneispezialitäten oder für Tierarzneimittel befürwortet worden ist.

(5c) Soweit ein Bewertungsbericht vorgelegt wird, der von einem Staat ausgestellt worden ist, der an der Vereinbarung über die gegenseitige Anerkennung von Bewertungsberichten teilnimmt oder Mitgliedstaat der Europäischen Gemeinschaften ist, soll die Entscheidung auf der Grundlage des Bewertungsberichts getroffen werden.

(6) Vor der Entscheidung über die Zulassung eines Arzneimittels, das der Verschreibungspflicht nach § 49 unterliegt, ist eine Zulassungskommission zu hören. Die Anhörung erstreckt sich auf den Inhalt der eingereichten Unterlagen, der Sachverständigengutachten, der angeforderten Gutachten, die Stellungnahmen der beigezogenen Sachverständigen, das Prüfungsergebnis und die Gründe, die für die Entscheidung über die Zulassung wesentlich sind, oder die Beurteilung durch

die Gegensachverständigen. Weicht die Bundesoberbehörde bei der Entscheidung über den Antrag von dem Ergebnis der Anhörung ab, so hat sie die Gründe für die abweichende Entscheidung darzulegen. Der Bundesminister beruft die Mitglieder der Zulassungskommission auf Vorschlag der Kammern der Heilberufe, der Fachgesellschaften der Ärzte, Zahnärzte, Tierärzte, Apotheker, Heilpraktiker sowie der pharmazeutischen Unternehmer. Bei der Berufung sind die jeweiligen Besonderheiten der Arzneimittel zu berücksichtigen. In die Zulassungskommission werden Sachverständige berufen, die auf den jeweiligen Anwendungsgebieten, auf dem Gebiet der jeweiligen Stoffgruppe und in der jeweiligen Therapierichtung über wissenschaftliche Kenntnisse verfügen und praktische Erfahrungen gesammelt haben.

(7) Für Arzneimittel, die nicht der Verschreibungspflicht nach § 49 unterliegen, hat die zuständige Bundesoberbehörde das wissenschaftliche Erkenntnismaterial nach § 22 Abs. 3 und § 23 Abs. 3 Satz 2 durch Kommissionen aufbereiten zu lassen und die Ergebnisse bekanntzumachen. Die Kommissionen werden für bestimmte Anwendungsgebiete, Stoffgruppen oder Therapierichtungen gebildet. Absatz 6 Satz 4 bis 6 findet entsprechende Anwendung. Soweit die zuständige Bundesoberbehörde Ergebnisse nach Satz 1 bekanntgemacht hat, entscheidet sie auf der Grundlage dieser Ergebnisse. Weicht die Bundesoberbehörde von den von ihr bekanntgemachten Ergebnissen ab, so hat sie die Gründe für die abweichende Entscheidung darzulegen.

(8) Bei Sera, Impfstoffen und Testallergenen erteilt die zuständige Bundesoberbehörde die Zulassung entweder auf Grund der Prüfung der eingereichten Unterlagen oder auf Grund eigener Untersuchungen oder auf Grund der Beobachtung der Prüfungen des Herstellers. Dabei können Beauftragte der zuständigen Bundesoberbehörde im Benehmen mit der zuständigen Behörde Betriebs- und Geschäftsräume zu den üblichen Geschäftszeiten betreten und in diesen sowie in den dem Betrieb dienenden Beförderungsmitteln Besichtigungen vornehmen. Auf Verlangen der zuständigen Bundesoberbehörde hat der Antragsteller das Herstellungsverfahren mitzuteilen und das Arzneimittel in einer für die Untersuchung ausreichenden Menge und in einem für die Untersuchung geeigneten Zustand zur Verfügung zu stellen. Bei diesen Arzneimitteln finden Absätze 6 und 7 keine Anwendung.

(8a) Absatz 8 Satz 1 bis 3 findet entsprechende Anwendung auf die Prüfung von Rückstandsnachweisverfahren nach § 23 Abs. 1 Nr. 2 und auf Kontrollmethoden nach § 23 Abs. 2 Satz 3.

(9) Werden verschiedene Darreichungsformen eines Arzneimittels unter gleicher Bezeichnung oder werden verschiedene Konzentrationen eines Arzneimittels gleicher Darreichungsform zugelassen, so ist eine einheitliche Zulassungsnummer zu verwenden, der weitere Kennzeichen zur Unterscheidung der Darreichungsformen oder Konzentrationen hinzugefügt werden müssen.

(10) Die Zulassung läßt die zivil- und strafrechtliche Verantwortlichkeit des pharmazeutischen Unternehmers unberührt.

§ 26 Arzneimittelprüfrichtlinien

(1) Der Bundesminister erläßt nach Anhörung von Sachverständigen aus der medizinischen und pharmazeutischen Wissenschaft und Praxis mit Zustimmung des Bundesrates allgemeine Verwaltungsvorschriften über die von der zuständigen Bundesoberbehörde an die analytische, pharmakologisch-toxikologische und klinische Prüfung sowie an die Rückstandsprüfung zu stellenden Anforderungen und macht diese als Arzneimittelprüfrichtlinien im Bundesanzeiger bekannt ...

§ 27 Fristen für die Erteilung

§ 28 Auflagenbefugnis

(1) Die zuständige Bundesoberbehörde kann die Zulassung mit Auflagen verbinden. Auflagen können auch nachträglich angeordnet werden.

...

§ 29 Anzeigepflicht, Neuzulassung

(1) Der zuständigen Bundesoberbehörde sind alle zur Beurteilung des Verdachtsfalles oder des beobachteten Mißbrauchs vorliegenden Unterlagen sowie eine wissenschaftliche Bewertung vorzulegen. Nach Erteilung der Zulassung ist die Anzeige solcher Verdachtsfälle entbehrlich, die außerhalb des Geltungsbereiches dieses Gesetzes beobachtet wurden, sofern das Arzneimittel bereits mit den entsprechenden Angaben versehen ist. Bei Arzneimitteln, die nicht der Verschreibungspflicht nach § 49 unterliegen, sind nach Erteilung der Zulassung nur die Verdachtsfälle schwerwiegender, im Krankheitsverlauf unerwarteter und in den Angaben zu dem Arzneimittel nicht enthaltener Nebenwirkungen oder in den Angaben zu dem Arzneimittel nicht enthaltener Wechselwirkungen mit anderen Mitteln anzuzeigen.

§ 30 Rücknahme, Widerruf, Ruhen

(1) Die Zulassung ist zurückzunehmen, wenn nachträglich bekannt wird, daß einer der Versagungsgründe des § 25 Abs. 2 Nr. 2, 3, 5, 5a, 6 oder 7 bei der Erteilung vorgelegen hat; sie ist zu widerrufen, wenn einer der Versagungsgründe des § 25 Abs. 2 Nr. 3, 5, 5a, 6 oder 7 nachträglich eingetreten ist. Die Zulassung ist ferner zurückzunehmen oder zu widerrufen, wenn

1. sich herausstellt, daß dem Arzneimittel die therapeutische Wirksamkeit fehlt,
2. in den Fällen des § 28 Abs. 3 die therapeutische Wirksamkeit nach dem jeweiligen Stand der wissenschaftlichen Erkenntnisse unzureichend begründet ist.

In den Fällen des Satzes 1 kann auch das Ruhen der Zulassung befristet angeordnet werden.

(2) Die zuständige Bundesoberbehörde kann die Zulassung

1. zurücknehmen, wenn in den Unterlagen nach den §§ 22, 23 oder 24 unrichtige oder unvollständige Angaben gemacht worden sind oder wenn einer der Versagungsgründe des § 25 Abs. 2 Nr. 6a oder 6b bei der Erteilung vorgelegen hat,
2. widerrufen, wenn einer der Versagungsgründe des § 25 Abs. 2 Nr. 2, 6a oder 6b nachträglich eingetreten ist oder wenn eine der nach § 28 angeordneten Auflagen nicht eingehalten und diesem Mangel nicht innerhalb einer von der zuständigen Bundesoberbehörde zu setzenden angemessenen Frist abgeholfen worden ist,
3. im Benehmen mit der zuständigen Behörde widerrufen, wenn die für das Arzneimittel vorgeschriebenen Prüfungen der Qualität nicht oder nicht ausreichend durchgeführt worden sind.

In diesen Fällen kann auch das Ruhen der Zulassung befristet angeordnet werden.

(3) Vor einer Entscheidung nach den Absätzen 1 und 2 muß der Inhaber der Zulassung gehört werden, es sei denn, daß Gefahr im Verzuge ist. In den Fällen des § 25 Abs. 2 Nr. 5 ist die Entscheidung sofort vollziehbar. Widerspruch und Anfechtungsklage haben keine aufschiebende Wirkung.

(4) Ist die Zulassung für ein Arzneimittel zurückgenommen oder widerrufen oder ruht die Zulassung, so darf es

1. nicht in den Verkehr gebracht und
2. nicht in den Geltungsbereich dieses Gesetzes verbracht werden.

Die Rückgabe des Arzneimittels an den pharmazeutischen Unternehmer ist unter entsprechender Kenntlichmachung zulässig. Die Rückgabe kann von der zuständigen Behörde angeordnet werden.

§ 31 Erlöschen

§ 32 Staatliche Chargenprüfung

§ 33 Kosten

§ 34 Bekanntmachung

(1) Die zuständige Bundesoberbehörde hat im Bundesanzeiger bekanntzumachen:

1. die Erteilung und Verlängerung einer Zulassung,
2. die Rücknahme einer Zulassung,
3. den Widerruf einer Zulassung,
4. das Ruhen einer Zulassung,
5. das Erlöschen einer Zulassung,
6. die Feststellung nach § 31 Abs. 4 Satz 2,
7. die Änderung der Bezeichnung nach § 29 Abs. 2,
8. die Rücknahme oder den Widerruf der Freigabe einer Charge nach § 42 Abs. 5.

(2) Die zuständige Bundesoberbehörde kann einen Verwaltungsakt, der auf Grund dieses Gesetzes ergeht, im Bundesanzeiger öffentlich bekanntmachen, wenn von dem Verwaltungsakt mehr als 50 Adressaten betroffen sind. Dieser Verwaltungsakt gilt zwei Wochen nach dem Erscheinen des Bundesanzeigers als bekanntgegeben. Sonstige Mitteilungen der zuständigen Bundesoberbehörde einschließlich der Schreiben, mit denen den Beteiligten Gelegenheit zur Äußerung nach § 28 Abs. 1 Verwaltungsverfahrensgesetz gegeben wird, können gleichfalls im Bundesanzeiger bekanntgemacht werden, wenn mehr als 50 Adressaten davon betroffen sind. Satz 2 gilt entsprechend.

§ 35 Ermächtigungen zur Zulassung und Freistellung

§ 36 Ermächtigung für Standardzulassungen

(1) Der Bundesminister wird ermächtigt, nach Anhörung von Sachverständigen durch Rechtsverordnung mit Zustimmung des Bundesrates bestimmte Arzneimittel oder Arzneimittelgruppen oder Arzneimittel in bestimmten Abgabeformen von der Pflicht zur Zulassung freizustellen, soweit eine unmittelbare oder mittelbare Gefährdung der Gesundheit von Mensch oder Tier nicht zu befürchten ist, weil die Anforderungen an die erforderliche Qualität, Wirksamkeit und Unbedenklichkeit erwiesen sind. Die Freistellung kann zum Schutz der Gesundheit von Mensch oder Tier von einer bestimmten Herstellung, Zusammensetzung, Kennzeichnung, Packungsbeilage, Fachinformation oder Darreichungsform abhängig gemacht sowie auf bestimmte Anwendungsarten, Anwendungsgebiete oder Anwendungsbereiche beschränkt werden. Die Angabe weiterer Gegenanzeigen, Nebenwirkungen und Wechselwirkungen durch den pharmazeutischen Unternehmer ist zulässig.

(2) Bei der Auswahl der Arzneimittel, die von der Pflicht zur Zulassung freigestellt werden, muß den berechtigten Interessen der Arzneimittelverbraucher, der Heilberufe und der pharmazeutischen Industrie Rechnung getragen werden. In der Wahl der Bezeichnung des Arzneimittels ist der pharmazeutische Unternehmer frei.

(3) ...

(4) Vor Erlaß der Rechtsverordnung nach Absatz 1 bedarf es nicht der Anhörung von Sachverständigen und der Zustimmung des Bundesrates, soweit dies erforderlich ist, um Angaben zu Gegenanzeigen, Nebenwirkungen und Wechselwirkungen unverzüglich zu ändern und die Geltungsdauer der Rechtsverordnung auf längstens ein Jahr befristet ist. Die Frist kann bis zu einem weiteren Jahr einmal verlängert werden; wenn das Verfahren nach Absatz 1 innerhalb der Jahresfrist nicht abgeschlossen werden kann.

§ 37 Zulassungen von Arzneimitteln aus anderen Staaten

(1) Als Zulassung im Sinne des § 21 gilt auch die von einem anderen Staat für ein Arzneimittel erteilte Zulassung, soweit dies durch Rechtsverordnung des Bundesministers bestimmt wird.

Fünfter Abschnitt
Registrierung homöopathischer Arzneimittel

§ 38 Registrierungspflicht und Registrierungsunterlagen

(1) Fertigarzneimittel, die Arzneimittel im Sinne des § 2 Abs. 1 oder Abs. 2 Nr. 1 sind, dürfen als homöopathische Arzneimittel im Geltungsbereich dieses Gesetzes nur in den Verkehr gebracht werden, wenn sie in ein bei der zuständigen Bundesoberbehörde zu führendes Register für homöopathische Arzneimittel eingetragen sind (Registrierung). Einer Zulassung bedarf es nicht; § 21 Abs. 1 Satz 2 und Abs. 3 findet entsprechende Anwendung.
Einer Registrierung bedarf es nicht für Arzneimittel, die von einem pharmazeutischen Unternehmer in Mengen bis zu 1000 Packungen in einem Jahr in den Verkehr gebracht werden.

(2) Dem Antrag auf Registrierung sind die in den §§ 22 bis 24 bezeichneten Angaben, Unterlagen und Gutachten beizufügen. Das gilt nicht für die Angaben über die Wirkungen und Anwendungsgebiete sowie für die Unterlagen und Gutachten über die pharmakologisch-toxikologische und klinische Prüfung.

§ 39 Entscheidung über die Registrierung

(1) Die zuständige Bundesoberbehörde hat das homöopathische Arzneimittel zu registrieren und dem Antragsteller die Registernummer schriftlich zuzuteilen. § 25 Abs. 5 Satz 3 findet entsprechende Anwendung. Die Registrierung gilt nur für das im Bescheid aufgeführte homöopathische Arzneimittel und seine Verdünnungsgrade. Die zuständige Bundesoberbehörde kann den Bescheid über die Registrierung mit Auflagen verbinden. Auflagen können auch nachträglich angeordnet werden. § 28 Abs. 2 und 4 findet Anwendung.

(2) Die zuständige Bundesoberbehörde hat die Registrierung zu versagen, wenn

1. die vorgelegten Unterlagen unvollständig sind,
2. das Arzneimittel nicht nach dem jeweils gesicherten Stand der wissenschaftlichen Erkenntnisse ausreichend analytisch geprüft worden ist,
3. das Arzneimittel nicht die nach den anerkannten pharmazeutischen Regeln angemessene Qualität aufweist,
4. bei dem Arzneimittel der begründete Verdacht besteht, daß es bei bestimmungsgemäßem Gebrauch schädliche Wirkungen hat, die über ein nach den Erkenntnissen der medizinischen Wissenschaft vertretbares Maß hinausgehen,
5. die angegebene Wartezeit nicht ausreicht,
6. das Arzneimittel der Verschreibungspflicht unterliegt,
7. das Arzneimittel nicht nach einer im Homöopathischen Teil des Arzneibuches beschriebenen Verfahrenstechnik hergestellt ist,

7a. wenn die Anwendung als homöopathisches oder anthroposophisches Arzneimittel nicht allgemein bekannt ist,

8. für die Arzneimittel eine Zulassung erteilt ist,

9. das Inverkehrbringen des Arzneimittels gegen gesetzliche Vorschriften verstoßen würde.

(3) Der Bundesminister wird ermächtigt, durch Rechtsverordnung mit Zustimmung des Bundesrates Vorschriften über die Anzeigepflicht, die Neuregistrierung, die Löschung, die Kosten, die Bekanntmachung und die Freistellung von der Registrierung homöopathischer Arzneimittel entsprechend den Vorschriften über die Zulassung zu erlassen. Die Rechtsverordnung ergeht im Einvernehmen mit dem Bundesminister für Ernährung, Landwirtschaft und Forsten, soweit es sich um Arzneimittel handelt, die zur Anwendung bei Tieren bestimmt sind.

Sechster Abschnitt
Pharmakologisch-therapeutische und preisliche Transparenz

§ 39a Errichtung einer Transparenzkommission

Unter der Bezeichnung »Transparenzkommission« wird beim Bundesgesundheitsamt eine unabhängige Sachverständigenkommission errichtet.

§ 39b Aufgaben

(1) Die Transparenzkommission hat die Aufgabe, für Arzneimittel, die zur Anwendung bei Menschen bestimmt sind und der Zulassungspflicht unterliegen oder durch Rechtsverordnung von der Zulassung freigestellt sowie für den Verkehr außerhalb der Apotheken nicht freigegeben sind, eine pharmakologisch-therapeutische und preisliche Transparenz herbeizuführen. Zu diesem Zweck erstellt sie für Teilmärkte, die durch Anwendungsgebiete abgegrenzt sind, Übersichten (Transparenzlisten), die Arzneimittel nach Stoffen und Stoffgruppen geordnet auflisten und Aussagen zu ihren Wirkungen treffen. Die Transparenzlisten enthalten einen Vergleich der Therapiekonzepte, die der therapeutischen Wirksamkeit von Arzneimitteln gleicher Anwendungsgebiete zugrunde liegen, und weisen die therapiegerechte Verordnungsmenge und ihren Preis bezogen auf einen Behandlungstag oder eine andere den Vergleich ermöglichende Basis sowie die Preise der Packungen oder Einzelgaben aus. Sie richten sich an die Heilberufe und werden im Bundesanzeiger veröffentlicht.

(2) Die Transparenzlisten sind in angemessenen Zeitabständen zu aktualisieren.

§ 39c Zusammensetzung und Berufung

(1) Die Mitglieder der Transparenzkommission und ihre Stellvertreter werden vom Bundesminister im Einvernehmen mit dem Bundesminister für Arbeit und Sozialordnung und dem Bundesminister für Wirtschaft für die Dauer von vier Jahren berufen, und zwar

1. fünf Sachverständige aus dem Bereich der Krankenversicherungen,
2. fünf Sachverständige aus der Ärzteschaft,
3. drei Sachverständige aus dem Bereich der Arzneimittelhersteller,

4. zwei Sachverständige aus der Apothekerschaft und
5. ein Sachverständiger aus der Verbraucherschaft.

(2) Die Mitglieder und ihre Stellvertreter üben ihre Tätigkeit ehrenamtlich aus. Sie können ihr Amt durch Erklärung gegenüber dem Bundesminister jederzeit niederlegen.

(3) Die Mitglieder und ihre Stellvertreter sind unabhängig und nicht an Weisungen gebunden.

§ 39d Verfahren

(1) Der Bundesminister wird ermächtigt, im Einvernehmen mit dem Bundesminister für Arbeit und Sozialordnung und dem Bundesminister für Wirtschaft durch Rechtsverordnung, die der Zustimmung des Bundesrates bedarf, das Nähere über das Verfahren der Transparenzkommission und ihre Zusammenarbeit mit der zuständigen Bundesoberbehörde zu regeln.

(2) Durch Rechtsverordnung, die der Zustimmung des Bundesrates bedarf, kann der Bundesminister im Einvernehmen mit dem Bundesminister für Arbeit und Sozialordnung und dem Bundesminister für Wirtschaft auch Grundsätze für das Verfahren der Zusammenarbeit der Transparenzkommission mit dem Bundesausschuß der Ärzte und Krankenkassen nach § 3680 der Reichsversicherungsordnung regeln, soweit es die Unterstützung des Bundesausschusses bei seinen Beschlüssen auf dem Gebiete der Gewährleistung wirtschaftlicher Verordnung von Arzneimitteln in der kassenärztlichen Versorgung angeht. Der Bundesminister macht von der Ermächtigung nach Satz 1 erst Gebrauch, wenn sich das von der Transparenzkommission mit dem Bundesausschuß selbst zu gestaltende Verfahren als unzureichend erwiesen hat.

§ 39e Anhörungsrecht und Mitwirkungspflicht

Betroffene pharmazeutische Unternehmer sind zu hören. Sie sind verpflichtet, der Transparenzkommission auf Verlangen die zur Herstellung einer pharmakologisch-therapeutischen und preislichen Transparenz notwendigen Auskünfte zu erteilen.

...

(3) Auf Verschreibung dürfen Arzneimittel im Sinne des § 2 Abs. 1 oder Abs. 2 Nr. 1 nur in Apotheken abgegeben werden. § 56 Abs. 1 bleibt unberührt.

§ 44 Ausnahme von der Apothekenpflicht

(1) Arzneimittel, die von dem pharmazeutischen Unternehmer ausschließlich zu anderen Zwecken als zur Beseitigung oder Linderung von Krankheiten, Leiden, Körperschäden oder krankhaften Beschwerden zu dienen bestimmt sind, sind für den Verkehr außerhalb der Apotheken freigegeben.

(2) Ferner sind für den Verkehr außerhalb der Apotheken freigegeben:

1. a) natürliche Mineral-, Heil- und Meerwässer sowie deren Salze, auch als Tabletten oder Pastillen,

   b) künstliche Mineral-, Heil- und Meerwässer sowie deren Salze, auch als Tabletten oder Pastillen, jedoch nur, wenn sie in ihrer Zusammensetzung natürlichen Heil- und Meerwässern entsprechen,
2. Heilerde, Bademoore und andere Peloide, Zubereitungen zur Herstellung von Bädern, Seifen zum äußeren Gebrauch,
3. mit ihren verkehrsüblichen deutschen Namen bezeichnete
   a) Pflanzen und Pflanzenteile, auch zerkleinert,
   b) Mischungen aus ganzen oder geschnittenen Pflanzen oder Pflanzenteilen als Fertigarzneimittel,
   c) Destillate aus Pflanzen und Pflanzenteilen,
   d) Preßsäfte aus frischen Pflanzen und Pflanzenteilen, sofern sie ohne Lösungsmittel mit Ausnahme von Wasser hergestellt sind,
4. Pflaster und Brandbinden,
5. ausschließlich oder überwiegend zum äußeren Gebrauch bestimmte Desinfektionsmittel sowie Mund- und Rachendesinfektionsmittel.

(3) Die Absätze 1 und 2 gelten nicht für Arzneimittel, die
1. nur auf ärztliche, zahnärztliche oder tierärztliche Verschreibung abgegeben werden dürfen oder
2. durch Rechtsverordnung nach § 46 vom Verkehr der Apotheken ausgeschlossen sind.

§ 45 Ermächtigung zu weiteren Ausnahmen von der Apothekenpflicht

§ 46 Ermächtigung zur Ausweitung der Apothekenpflicht

(1) Der Bundesminister wird ermächtigt, im Einvernehmen mit dem Bundesminister für Wirtschaft nach Anhörung von Sachverständigen durch Rechtsverordnung mit Zustimmung des Bundesrates Arzneimittel im Sinne des § 44 vom Verkehr außerhalb der Apotheken auszuschließen, soweit auch bei bestimmungsgemäßem oder bei gewohnheitsmäßigem Gebrauch eine unmittelbare oder mittelbare Gefährdung der Gesundheit von Mensch oder Tier zu befürchten ist.

Siebenter Abschnitt
Schutz des Menschen bei der klinischen Prüfung

§ 40 Allgemeine Voraussetzungen

§ 41 Besondere Voraussetzungen

§ 42 Ausnahmen

Achter Abschnitt
Abgabe von Arzneimitteln

§ 43 Apothekenpflicht, Inverkehrbringen durch Tierärzte

(1) Arzneimittel im Sinne des § 2 Abs. 1 oder Abs. 2 Nr. 1, die nicht durch die Vorschriften des § 44 oder der nach § 45 Abs. 1 erlassenen Rechtsverordnung für den Verkehr außerhalb der Apotheken freigegeben sind, dürfen im Einzelhandel nur in Apotheken in den Verkehr gebracht werden.

...

§ 47 Vertriebsweg

...

(3) Pharmazeutische Unternehmer dürfen Muster eines Fertigarzneimittels abgeben oder abgeben lassen an

1. Ärzte, Zahnärzte oder Tierärzte,
2. andere Personen, die die Heilkunde oder Zahnheilkunde berufsmäßig ausüben, soweit es sich nicht um verschreibungspflichtige Arzneimittel handelt,
3. Ausbildungsstätten für die Heilberufe.

Pharmazeutische Unternehmer dürfen Muster eines Fertigarzneimittels an Ausbildungsstätten für die Heilberufe nur in einem dem Zweck der Ausbildung angemessenen Umfang abgeben oder abgeben lassen.

(4) Pharmazeutische Unternehmer dürfen Muster eines Fertigarzneimittels an Personen nach Absatz 3 Satz 1 nur auf jeweilige schriftliche Anforderung, in der kleinsten Packungsgröße und in einem Jahr von einem Fertigarzneimittel nicht mehr als zwei Muster abgeben oder abgeben lassen. Das Muster dient insbesondere der Information des Arztes über den Gegenstand des Arzneimittels. Über die Empfänger von Mustern sowie über Art, Umfang und Zeitpunkt der Abgabe von Mustern sind gesondert für jeden Empfänger Nachweise zu führen und auf Verlangen der zuständigen Behörde vorzulegen.

§ 48 Verschreibungspflicht

(1) Arzneimittel, die durch Rechtsverordnung nach Absatz 2 Nr. 1 bestimmte Stoffe, Zubereitungen aus Stoffen oder Gegenstände sind oder denen solche Stoffe oder Zubereitungen aus Stoffen zugesetzt sind, dürfen nur nach Vorlage einer ärztlichen, zahnärztlichen oder tierärztlichen Verschreibung an Verbraucher abgegeben werden. Das gilt nicht für die Abgabe zur Ausstattung von Kauffahrteischiffen durch Apotheken nach Maßgabe der hierfür geltenden gesetzlichen Vorschriften.

(2) Der Bundesminister wird ermächtigt, im Einvernehmen mit dem Bundesminister für Wirtschaft nach Anhörung von Sachverständigen durch Rechtsverordnung mit Zustimmung des Bundesrates

1. Stoffe, Zubereitungen aus Stoffen oder Gegenstände zu bestimmen,
   a) die die Gesundheit von Mensch oder Tier auch bei bestimmungsgemäßem

Gebrauch unmittelbar oder mittelbar gefährden können, wenn sie ohne ärztliche, zahnärztliche oder tierärztliche Überwachung angewendet werden oder

b) die häufig in erheblichem Umfange nicht bestimmungsgemäß gebraucht werden, wenn dadurch die Gesundheit von Mensch oder Tier unmittelbar oder mittelbar gefährdet werden kann,

2. für Stoffe oder Zubereitungen aus Stoffen vorzuschreiben, daß sie nur abgegeben werden dürfen, wenn in der Verschreibung bestimmte Höchstmengen für den Einzel- und Tagesgebrauch nicht überschritten werden oder wenn die Überschreitung vom Verschreibenden ausdrücklich kenntlich gemacht worden ist,
3. zu bestimmen, daß ein Arzneimittel auf eine Verschreibung nicht wiederholt abgegeben werden darf oder unter welchen Voraussetzungen eine wiederholte Abgabe zulässig ist,
4. Vorschriften über die Form und den Inhalt der Verschreibung zu erlassen.

(3) Die Rechtsverordnung nach Absatz 2 Nr. 1 kann auf bestimmte Dosierungen, Potenzierungen, Darreichungsformen oder Anwendungsbereiche beschränkt werden. Ebenso kann eine Ausnahme von der Verschreibungspflicht für die Abgabe an Hebammen und Entbindungspfleger vorgesehen werden, soweit dies für eine ordnungsgemäße Berufsausbildung erforderlich ist.

(4) Die Rechtsverordnung ergeht im Einvernehmen mit dem Bundesminister des Innern, soweit es sich um radioaktive Arzneimittel und um Arzneimittel handelt, bei deren Herstellung ionisierende Strahlen verwendet werden, und im Einvernehmen mit dem Bundesminister für Ernährung, Landwirtschaft und Forsten, soweit es sich um Arzneimittel handelt, die zur Anwendung bei Tieren bestimmt sind.

Für die Umsetzung der EG-Richtlinien in Deutsches Recht wird eine fünfte Novelle des AMG notwendig werden.

Wenn die jetzt gefundene Lösung (Stand August 1991) eines »Ausnahmespielraumes« in bezug auf die Verschreibungspflicht der Parenteralia in den EG-Richtlinien geltendes Recht wird, muß im § 48 AMG nichts geändert werden. Der EG-Richtlinientext lautet im Art. 3 (1): »Arzneimittel dürfen nur auf ärztlicher Verschreibung abgegeben werden, wenn sie ...

– von Ausnahmen abgesehen nach der Verschreibung des Arztes parenteral verabreicht werden sollen.«

Damit bleibt es bei der in § 48 Abs. 2 Nr. 1 a AMG normierten Risikoanalyse einer stoffbezogenen Verschreibungspflicht.

§ 49 Automatische Verschreibungspflicht

(1) Arzneimittel im Sinne des § 2 Abs. 1 oder Abs. 2 Nr. 1, die Stoffe in der medizinischen Wissenschaft nicht allgemein bekannter Wirkungen oder deren Zubereitungen enthalten, dürfen nur nach Vorlage einer ärztlichen, zahnärztlichen oder tierärztlichen Verschreibung an Verbraucher abgegeben werden. Das gilt auch für

Arzneimittel, die Zubereitungen aus in ihren Wirkungen allgemein bekannten Stoffen sind, wenn die Wirkungen dieser Zubereitungen in der medizinischen Wissenschaft nicht allgemein bekannt sind, es sei denn, daß die Wirkungen nach Zusammensetzung, Dosierung, Darreichungsform oder Anwendungsgebiet der Zubereitung bestimmbar sind.

(2) Absatz 1 gilt nicht für Arzneimittel, die Zubereitungen aus Stoffen bekannter Wirkungen sind, soweit diese außerhalb der Apotheken abgegeben werden dürfen.

(3) Die Verschreibungspflicht nach Absatz 1 endet an dem auf den Ablauf einer fünfjährigen Frist nach dem Inkrafttreten der Rechtsverordnung nach Absatz 4 folgenden 1. Januar oder 1. Juli.

(4) Der Bundesminister wird ermächtigt, durch Rechtsverordnung, die nicht der Zustimmung des Bundesrates bedarf,

1. die Stoffe oder Zubereitungen nach Absatz 1 zu bestimmen,
2. von den Ermächtigungen in § 48 Abs. 2 Nr. 2 bis 4 und Abs. 3 für die durch die Rechtsverordnung nach Absatz 1 bestimmten Stoffe oder Zubereitungen Gebrauch zu machen,
3. die Verschreibungspflicht aufzuheben, wenn nach Ablauf von drei Jahren nach dem Inkrafttreten einer Rechtsverordnung nach Nummer 1 auf Grund der bei der Anwendung des Arzneimittels gemachten Erfahrungen feststeht, daß die Voraussetzungen des § 48 Abs. 2 Nr. 1 nicht vorliegen.

§ 50 Einzelhandel mit freiverkäuflichen Arzneimitteln

(1) Einzelhandel außerhalb von Apotheken mit Arzneimitteln im Sinne des § 2 Abs. 1 oder Abs. 2 Nr. 1, die zum Verkehr außerhalb der Apotheken freigegeben sind, darf nur betrieben werden, wenn der Unternehmer, eine zur Vertretung des Unternehmens gesetzlich berufene oder eine von dem Unternehmer mit dem Verkauf beauftragte Person die erforderliche Sachkenntnis besitzt.

(2) Die erforderliche Sachkenntnis besitzt, wer Kenntnisse und Fertigkeiten über das ordnungsgemäße Abfüllen, Abpacken, Kennzeichnen, Lagern und Inverkehrbringen von Arzneimitteln, die zum Verkehr außerhalb der Apotheken freigegeben sind, sowie Kenntnisse über die für diese Arzneimittel geltenden Vorschriften nachweist. Der Bundesminister wird ermächtigt, im Einvernehmen mit dem Bundesminister für Wirtschaft und dem Bundesminister für Bildung und Wissenschaft und, soweit es sich um Arzneimittel handelt, die zur Anwendung bei Tieren bestimmt sind, im Einvernehmen mit dem Bundesminister für Ernährung, Landwirtschaft und Forsten durch Rechtsverordnung mit Zustimmung des Bundesrates Vorschriften darüber zu erlassen, wie der Nachweis der erforderlichen Sachkenntnis zu erbringen ist, um einen ordnungsgemäßen Verkehr mit Arzneimitteln zu gewährleisten ...

(3) Einer Sachkenntnis nach Absatz 1 bedarf nicht, wer Fertigarzneimittel im Einzelhandel in den Verkehr bringt, die

1. im Reisegewerbe abgegeben werden dürfen,
2. zur Verhütung der Schwangerschaft oder von Geschlechtskrankheiten beim Menschen bestimmt sind,
3. als flüssige Verbandstoffe nur zu ihrer Entkeimung mit nicht verschreibungspflichtigen Stoffen oder Zubereitungen versehen sind oder
4. ausschließlich zum äußeren Gebrauch bestimmte Desinfektionsmittel sind.

§ 51 Abgabe im Reisegewerbe

(1) Das Feilbieten von Arzneimitteln und das Aufsuchen von Bestellungen auf Arzneimittel im Reisegewerbe sind verboten; ...

§ 52 Verbot der Selbstbedienung

(1) Arzneimittel im Sinne des § 2 Abs. 1 oder Abs. 2 Nr. 1 dürfen

1. nicht durch Automaten und
2. nicht durch andere Formen der Selbstbedienung in den Verkehr gebracht werden.

(2) Absatz 1 gilt nicht für Fertigarzneimittel, die

1. im Reisegewerbe abgegeben werden dürfen,
2. zur Verhütung der Schwangerschaft oder von Geschlechtskrankheiten beim Menschen bestimmt und zum Verkehr außerhalb der Apotheken freigegeben sind,
3. als flüssige Verbandstoffe nur zu ihrer Entkeimung mit nicht verschreibungspflichtigen Stoffen oder Zubereitungen versehen sind,
4. ausschließlich zum äußeren Gebrauch bestimmte Desinfektionsmittel,
5. Sauerstoff oder
6. Haftmittel für Zahnersatz sind.

(3) Absatz 1 Nr. 2 gilt ferner nicht für Arzneimittel, die für den Verkehr außerhalb der Apotheken freigegeben sind, wenn eine Person, die die Sachkenntnis nach § 50 besitzt, zur Verfügung steht.

§ 53 Anhörung von Sachverständigen

(1) Soweit nach § 36 Abs. 1, § 45 Abs. 1 und § 46 Abs. 1 vor Erlaß von Rechtsverordnungen Sachverständige anzuhören sind, errichtet hierzu der Bundesminister durch Rechtsverordnung ohne Zustimmung des Bundesrates einen Sachverständigen-Ausschuß. Dem Ausschuß sollen Sachverständige aus der medizinischen und pharmazeutischen Wissenschaft, den Krankenhäusern, den Heilberufen, den beteiligten Wirtschaftskreisen und den Sozialversicherungsträgern angehören. In der Rechtsverordnung kann das Nähere über die Zusammensetzung, die Berufung der Mitglieder und das Verfahren des Ausschusses bestimmt werden.

...

Neunter Abschnitt
Sicherung und Kontrolle der Qualität

§ 54 Betriebsordnungen

§ 55 Arzneibuch

(1) Das Arzneibuch ist eine Sammlung anerkannter pharmazeutischer Regeln über die Qualität, Prüfung, Lagerung, Abgabe und Bezeichnung von Arzneimitteln. Das Arzneibuch enthält auch Anforderungen an die Beschaffenheit von Behältnissen und Umhüllungen.

(2) Der Bundesminister wird ermächtigt, das Arzneibuch durch Rechtsverordnung mit Zustimmung des Bundesrates zu erlassen und nach den jeweiligen wissenschaftlichen Erkenntnissen zu ändern oder zu ergänzen, soweit dies im Interesse einer ordnungsgemäßen Arzneimittelversorgung erforderlich ist. Die Veröffentlichung der Rechtsverordnung im Bundesgesetzblatt kann sich darauf beschränken, auf die Bezugsquelle der Fassung des Arzneibuches hinzuweisen und den Beginn der Geltung der neuen Fassung zu bestimmen.

(3) Arzneimittel dürfen nur hergestellt und zur Abgabe an den Verbraucher im Geltungsbereich dieses Gesetzes in den Verkehr gebracht werden, wenn die in ihnen enthaltenen Stoffe und ihre Darreichungsformen den für sie geltenden Regeln des Arzneibuches entsprechen. Arzneimittel dürfen ferner zur Abgabe an den Verbraucher im Geltungsbereich dieses Gesetzes nur in den Verkehr gebracht werden, wenn ihre Behältnisse und Umhüllungen, soweit sie mit den Arzneimitteln in Berührung kommen, den für sie geltenden Regeln des Arzneibuches entsprechen. Die Sätze 1 und 2 gelten nicht für Arzneimittel im Sinne des § 2 Abs. 2 Nr. 4 Buchstabe a.

...

Zehnter Abschnitt
Sondervorschrift für Tierarzneimittel

§ 56 Fütterungsarzneimittel

§ 57 Erwerb durch Tierhalter

§ 58 Anwendung bei Tieren, die der Gewinnung von Lebensmitteln dienen

§ 59 Klinische Prüfung und Rückstandsprüfung bei Tieren, die der Lebensmittelgewinnung dienen

§ 60 Heimtiere

§ 61 Befugnisse tierärztlicher Bildungsstätten

Elfter Abschnitt
Beobachtung, Sammlung u. Auswertung von Arzneimittelrisiken

§ 62 Organisation

Die zuständige Bundesoberbehörde hat zur Verhütung einer unmittelbaren oder mittelbaren Gefährdung der Gesundheit von Mensch oder Tier die bei der Anwendung von Arzneimitteln auftretenden Risiken, insbesondere Nebenwirkungen, Wechselwirkungen mit anderen Mitteln, Gegenanzeigen und Verfälschungen, zentral zu erfassen, auszuwerten und die nach diesem Gesetz zu ergreifenden Maßnahmen zu koordinieren. Sie wirkt dabei mit den Dienststellen der Weltgesundheitsorganisation, den Arzneimittelbehörden anderer Länder, den Gesundheits- und Veterinärbehörden der Bundesländer, den Arzneimittelkommissionen der Kammern der Heilberufe sowie mit anderen Stellen zusammen, die bei der Durchführung ihrer Aufgaben Arzneimittelrisiken erfassen.

§ 63 Stufenplan

Der Bundesminister erstellt durch allgemeine Verwaltungsvorschrift mit Zustimmung des Bundesrates zur Durchführung der Aufgaben nach § 62 einen Stufenplan. In diesem werden die Zusammenarbeit der beteiligten Behörden und Stellen auf den verschiedenen Gefahrenstufen sowie die Einschaltung der pharmazeutischen Unternehmer näher geregelt und die jeweils nach den Vorschriften dieses Gesetzes zu ergreifenden Maßnahmen bestimmt. In dem Stufenplan können ferner Informationsmittel und -wege bestimmt werden.

§ 63a Stufenplanbeauftragter

(1) Wer als pharmazeutischer Unternehmer Fertigarzneimittel, die Arzneimittel im Sinne des § 2 Abs. 1 oder Abs. 2 Nr. 1 sind, in den Verkehr bringt, hat eine Person mit der erforderlichen Sachkenntnis und der zur Ausübung ihrer Tätigkeit erforderlichen Zuverlässigkeit (Stufenplanbeauftragter) zu beauftragen, bekanntgewordene Meldungen über Arzneimittelrisiken zu sammeln, zu bewerten und die notwendigen Maßnahmen zu koordinieren. Satz 1 gilt nicht für Personen, soweit sie nach § 13 Abs. 2 Satz 1 Nr. 1, 2, 3 oder 5 keiner Herstellungserlaubnis bedürfen. Der Stufenplanbeauftragte ist für die Erfüllung von Anzeigepflichten verantwortlich, soweit sie Arzneimittelrisiken betreffen. Das Nähere regelt die Betriebsverordnung für pharmazeutische Unternehmer.

(2) Der Nachweis der erforderlichen Sachkenntnis als Stufenplanbeauftragter wird erbracht durch das Zeugnis über eine nach abgeschlossenem Hochschulstudium der Humanmedizin, der Veterinärmedizin oder der Pharmazie abgelegte Prüfung und eine mindestens zweijährige Berufserfahrung oder durch den Nachweis nach § 15. Der Stufenplanbeauftragte kann gleichzeitig Herstellungs-, Kontroll- oder Vertriebsleiter sein.

(3) Der pharmazeutische Unternehmer hat der zuständigen Behörde den Stufenplanbeauftragten unter Vorlage der Nachweise über die Anforderungen nach Absatz 2 mitzuteilen und jeden Wechsel vorher anzuzeigen. Bei einem unvorher-

gesehenen Wechsel des Stufenplanbeauftragten hat die Anzeige unverzüglich zu erfolgen.

Zwölfter Abschnitt
Überwachung

§ 64 Durchführung der Überwachung

§ 65 Probenahme

§ 66 Duldungs- und Mitwirkungspflicht

§ 67 Allgemeine Anzeigepflicht

§ 68 Amtshilfe

§ 69 Maßnahmen der zuständigen Behörden

Dreizehnter Abschnitt
Sondervorschriften für Bundeswehr, Bundesgrenzschutz, Bereitschaftspolizei, Zivilschutz

§ 70–§ 71

Vierzehnter Abschnitt
Einfuhr und Ausfuhr

§ 72 Einfuhrerlaubnis

§ 73 Verbringungsverbot

...

gilt nicht für Arzneimittel, die

...

6. bei der Einreise in den Geltungsbereich dieses Gesetzes in einer dem üblichen persönlichen Bedarf entsprechenden Menge eingebracht werden,

6a. nicht verschreibungspflichtig sind, im Herkunftsland in Verkehr gebracht werden dürfen und in einer dem üblichen persönlichen Bedarf entsprechenden Menge aus einem Mitgliedstaat der Europäischen Gemeinschaften bezogen werden,

7. in Verkehrsmitteln mitgeführt werden und ausschließlich zum Gebrauch oder Verbrauch der durch diese Verkehrsmittel beförderten Personen bestimmt sind,

...

10. durch Bundes- oder Landesbehörden im zwischenstaatlichen Verkehr bezogen werden.

(3) Abweichend von Absatz 1 dürfen Fertigarzneimittel, die nicht zum Verkehr im Geltungsbereich dieses Gesetzes zugelassen oder registriert oder von der Zulas-

sung oder der Registrierung freigestellt sind, in den Geltungsbereich dieses Gesetzes verbracht werden, wenn sie im Herkunftsland in Verkehr gebracht werden dürfen und von Apotheken bestellt sind. Apotheken dürfen solche Arzneimittel nur in geringen Mengen auf ärztliche, zahnärztliche oder tierärztliche Verschreibung und auf besondere Bestellung einzelner Personen beziehen und nur im Rahmen des üblichen Apothekenbetriebs abgeben; das Nähere regelt die Apothekenbetriebsordnung. Satz 1 gilt nicht für Arzneimittel, die zur Anwendung bei Tieren bestimmt sind, die der Gewinnung von Lebensmitteln dienen.

§ 74 Mitwirkung von Zolldienststellen

Fünfzehnter Abschnitt
Pharmaberater

§ 75 Sachkenntnis

(1) Pharmazeutische Unternehmer dürfen nur Personen, die die in Absatz 2 bezeichnete Sachkenntnis besitzen, beauftragen, hauptberufliche Angehörige von Heilberufen aufzusuchen, um diese über Arzneimittel im Sinne des § 2 Abs. 1 oder Abs. 2 Nr. 1 fachlich zu informieren (Pharmaberater). Andere Personen als in Satz 1 bezeichnet dürfen eine Tätigkeit als Pharmaberater nicht ausüben.

(2) Die Sachkenntnis besitzen

1. Apotheker oder Personen mit einem Zeugnis über eine nach abgeschlossenem Hochschulstudium der Pharmazie, der Chemie, der Biologie, der Human- oder der Veterinärmedizin abgelegte Prüfung,
2. Apothekerassistenten sowie Personen mit einer abgeschlossenen Ausbildung als technische Assistenten in der Pharmazie, der Chemie, der Biologie, der Human- oder Veterinärmedizin,
3. Personen, deren Ausbildung oder Weiterbildung durch Rechtsverordnung nach Absatz 3 als ausreichend anerkannt ist.

(3) Der Bundesminister wird ermächtigt, im Einvernehmen mit dem Bundesminister für Wirtschaft und dem Bundesminister für Bildung und Wissenschaft durch Rechtsverordnung mit Zustimmung des Bundesrates eine Berufsausbildung oder berufliche Fortbildung als ausreichend anzuerkennen, die mindestens einer der Ausbildungen der in Absatz 2 Nr. 2 genannten Personen gleichwertig ist.

§ 76 Pflichten

(1) Der Pharmaberater hat, soweit er Angehörige der Heilberufe über einzelne Arzneimittel fachlich informiert, die Fachinformation nach § 11a auf Anforderung zur Verfügung zu stellen. Er hat Mitteilungen von Angehörigen der Heilberufe über Nebenwirkungen und Gegenanzeigen oder sonstige Risiken bei Arzneimitteln schriftlich aufzuzeichnen und dem Auftraggeber schriftlich mitzuteilen.

(2) Soweit der Pharmaberater vom pharmazeutischen Unternehmer beauftragt wird, Muster von Fertigarzneimitteln an die nach § 47 Abs. 3 berechtigten Per-

sonen abzugeben, hat er über die Empfänger von Mustern sowie über Art, Umfang und Zeitpunkt der Abgabe von Mustern Nachweise zu führen und auf Verlangen der zuständigen Behörde vorzulegen.

Sechzehnter Abschnitt
Zuständige Bundesoberbehörde u. sonstige Bestimmungen

§ 77 Zuständige Bundesoberbehörde

(1) Zuständige Bundesoberbehörde ist das Bundesgesundheitsamt, es sei denn, daß das Paul-Ehrlich-Institut zuständig ist.

(2) Das Paul-Ehrlich-Institut ist zuständig für Sera, Impfstoffe, Testallergene, Testsera und Testantigene.

§ 78 Preise

§ 79 Ausnahmeermächtigungen für Krisenzeiten

§ 80 Ausnahmen vom Anwendungsbereich

§ 81 Verhältnis zu anderen Gesetzen

§ 82 Allgemeine Verwaltungsvorschriften

§ 83 Angleichung an Gemeinschaftsrecht

(1) Rechtsverordnungen oder allgemeine Verwaltungsvorschriften nach diesem Gesetz können auch zum Zwecke der Angleichung der Rechts- und Verwaltungsvorschriften der Mitgliedstaaten der Europäischen Wirtschaftsgemeinschaft erlassen werden, soweit dies zur Durchführung von Verordnungen, Richtlinien oder Entscheidungen des Rates oder der Kommission der Europäischen Gemeinschaften, die Sachbereiche dieses Gesetzes betreffen, erforderlich ist.

(2) Rechtsverordnungen, die ausschließlich der Umsetzung von Richtlinien oder Entscheidungen des Rates oder der Kommission der Europäischen Gemeinschaften in nationales Recht dienen, bedürfen nicht der Zustimmung des Bundesrates.

Siebzehnter Abschnitt
Haftung für Arzneimittelschäden

§ 84–§ 94

Achtzehnter Abschnitt
Straf- und Bußgeldvorschriften

§ 95–§ 96 (Strafvorschriften)

§ 97 Bußgeldvorschriften (Ordnungswidrigkeiten)

§ 98 Einziehung

Artikel 3: Überleitungsvorschriften zum Arzneimittelgesetz

...

§ 7

(1) Fertigarzneimittel, die Arzneimittel im Sinne des § 2 Abs. 1 oder Abs. 2 Nr. 1 des Arzneimittelgesetzes sind und sich bei Inkrafttreten dieses Gesetzes im Verkehr befinden, gelten als zugelassen, wenn sie sich am Tage der Verkündung dieses Gesetzes in Verkehr befinden oder auf Grund eines Antrags, der bis zu diesem Zeitpunkt gestellt ist, in das Spezialitätenregister nach dem Arzneimittelgesetz 1961 eingetragen werden.

(2) Fertigarzneimittel nach Abs. 1 müssen innerhalb einer Frist von sechs Monaten seit Inkrafttreten dieses Gesetzes der zuständigen Bundesoberbehörde unter Mitteilung der Bezeichnung, der wirksamen Bestandteile nach Art und Menge und der Anwendungsgebiete angezeigt werden. Bei der Anzeige homöopathischer Arzneimittel kann die Mitteilung der Anwendungsgebiete entfallen. Eine Ausfertigung der Anzeige ist der zuständigen Behörde unter Mitteilung der vorgeschriebenen Angaben zu übersenden. Die Fertigarzneimittel dürfen nur weiter in den Verkehr gebracht werden, wenn die Anzeige fristgerecht eingeht.

(3) Die Zulassung eines nach Abs. 2 fristgerecht angezeigten Arzneimittels erlischt abweichend von § 31 Abs. 1 Nr. 3 des Arzneimittelgesetzes am 30. April 1990, es sei denn, daß ein Antrag auf Verlängerung der Zulassung oder auf Registrierung nach dem Arzneimittelgesetz vor dem Zeitpunkt des Erlöschens gestellt wird, oder das Arzneimittel durch Rechtsverordnung von der Zulassung oder von der Registrierung nach dem Arzneimittelgesetz freigestellt ist.

Bei der Entscheidung über diesen Antrag findet § 39 Abs. 2 Nr. 7 des Arzneimittelgesetzes mit der Maßgabe Anwendung, daß, soweit im Homöopathischen Teil des Arzneibuches eine Verfahrenstechnik nicht beschrieben ist, auch eine andere homöopathische Verfahrenstechnik angewendet werden kann. Erlischt die Zulassung nach Satz 1, darf das Arzneimittel abweichend von § 31 Abs. 4 des Arzneimittelgesetzes noch bis zum 31. Dezember 1992 in den Verkehr gebracht werden; § 31 Abs. 4 Satz 2 des Arzneimittelgesetzes findet entsprechende Anwendung.

(3a) Auf Fertigarzneimittel nach Absatz 1 findet bis zur erstmaligen Verlängerung der Zulassung § 29 Abs. 2a Satz 1 des Arzneimittelgesetzes keine Anwendung. Ein Fertigarzneimittel nach Absatz 1 darf bis zur erstmaligen Verlängerung der Zulassung abweichend von § 29 Abs. 3 des Arzneimittelgesetzes

1. in geänderter Zusammensetzung der arzneilich wirksamen Bestandteile nach Art und Menge, wenn die Änderung sich darauf beschränkt, daß ein oder mehrere bislang enthaltene arzneilich wirksame Bestandteile nach der Änderung nicht mehr oder in geringerer Menge enthalten sind,
2. mit geänderter Menge des arzneilich wirksamen Bestandteils und innerhalb des bisherigen Anwendungsbereiches mit geänderter Indikation, wenn das Arzneimittel insgesamt dem nach § 25 Abs. 7 Satz 1 des Arzneimittelgesetzes bekanntgemachten Ergebnis angepaßt wird,

3. mit geänderter Menge der arzneilich wirksamen Bestandteile, soweit es Stoffe im Sinne des § 3 Nr. 2 des Arzneimittelgesetzes oder deren Zubereitungen und mehr als einen arzneilich wirksamen Bestandteil enthält, wenn sich die Änderung im Rahmen eines nach § 25 Abs. 7 Satz 1 des Arzneimittelgesetzes bekanntgemachten Ergebnisses hält und erforderlich ist, um die Wirksamkeit im bisherigen Anwendungsbereich zu erhalten.
4. mit geänderter Menge der arzneilich wirksamen Bestandteile, soweit es sich um ein nach einer homöopathischen Verfahrenstechnik hergestelltes Arzneimittel mit mehreren wirksamen Bestandteilen handelt, deren Anzahl verringert worden ist, oder
5. mit geänderter Art oder Menge der arzneilich wirksamen Bestandteile ohne Erhöhung ihrer Anzahl innerhalb des gleichen Anwendungsbereichs und der gleichen Therapierichtung, wenn das Arzneimittel insgesamt einem nach § 25 Abs. 7 Satz 1 des Arzneimittelgesetzes bekanntgemachten Ergebnis oder einem vom Bundesgesundheitsamt vorgelegten Muster für ein Arzneimittel angepaßt und das Arzneimittel durch die Anpassung nicht verschreibungspflichtig wird, in den Verkehr gebracht werden. Der pharmazeutische Unternehmer hat die Änderung anzuzeigen und die bisherige Bezeichnung des Arzneimittels mindestens für die Dauer von fünf Jahren mit einem unterscheidenden Zusatz zu versehen. Nach einer Frist von sechs Monaten nach der Anzeige darf der pharmazeutische Unternehmer das Arzneimittel nur noch in der geänderten Form in den Verkehr bringen. Hat die zuständige Bundesoberbehörde für bestimmte Arzneimittel durch Auflage nach § 28 Abs. 2 Nr. 3 des Arzneimittelgesetzes die Verwendung einer Packungsbeilage mit einheitlichem Wortlaut vorgeschrieben, darf das Arzneimittel bei Änderungen nach Satz 2 Nr. 2 abweichend von § 11 Abs. 2 nur mit einer Packungsbeilage nach § 11 des Arzneimittelgesetzes in den Verkehr gebracht werden.

(4) Mit dem Antrag auf Verlängerung der Zulassung ist nachzuweisen, daß sich das Arzneimittel im Verkehr befindet, und anzuzeigen, daß es weiter in den Verkehr gebracht werden soll. Anstelle des Nachweises nach Satz 1 kann auch ein berechtigtes Interesse an der Verlängerung glaubhaft gemacht werden. Dem Antrag auf Verlängerung der Zulassung sind abweichend von § 31 Abs. 2 des Arzneimittelgesetzes die Unterlagen nach § 22 Abs. 1 Nr. 1 bis 6 des Arzneimittelgesetzes beizufügen. Den Zeitpunkt der Einreichung der Unterlagen nach § 22 Abs. 1 Nr. 7 bis 15, Abs. 2 Nr. 1 und Abs. 3a des Arzneimittelgesetzes, bei Arzneimittelvormischungen zusätzlich die Unterlagen nach § 23 Abs. 2 Satz 1 und 2 des Arzneimittelgesetzes sowie das analytische Gutachten nach § 24 Abs. 1 des Arzneimittelgesetzes bestimmt die zuständige Bundesoberbehörde im einzelnen. Auf Anforderung der zuständigen Bundesoberbehörde sind ferner Unterlagen einzureichen, die die ausreichende biologische Verfügbarkeit der arzneilich wirksamen Bestandteile des Arzneimittels belegen, sofern das nach dem jeweiligen Stand der wissenschaftlichen Erkenntnisse erforderlich ist. Ein bewertendes Sachverständigengutachten ist beizufügen. § 22 Abs. 2 Satz 2 und Abs. 4 bis 7 und § 23 Abs. 3 des Arzneimittelgesetzes finden entsprechende Anweisung. Die Unterlagen nach den Sätzen 4 bis 7

sind innerhalb von vier Monaten nach Anforderung der zuständigen Bundesoberbehörde einzureichen.

(4a) Mit dem Antrag auf Registrierung eines homöopathischen Arzneimittels nach Absatz 3 ist nachzuweisen, daß sich das Arzneimittel im Verkehr befindet, und anzuzeigen, daß es weiter in den Verkehr gebracht werden soll. Dem Antrag auf Registrierung sind abweichend von § 38 Abs. 2 des Arzneimittelgesetzes die Unterlagen nach § 22 Abs. 1 Nr. 1 bis 4 des Arzneimittelgesetzes beizufügen. Die Unterlagen nach § 22 Abs. 1 Nr. 7 bis 15, Abs. 2 Nr. 1 sowie das analytische Gutachten nach § 24 Abs. 1 des Arzneimittelgesetzes sind der zuständigen Bundesoberbehörde auf Anforderung einzureichen. § 22 Abs. 4 bis 7 des Arzneimittelgesetzes mit Ausnahme des Entwurfs einer Fachinformation finden entsprechende Anwendung. Die Unterlagen nach den Sätzen 3 und 4 sind innerhalb von zwei Monaten nach Anforderung der zuständigen Bundesoberbehörde einzureichen.

(4b) Für die Entscheidung über den Antrag auf Verlängerung der Zulassung oder Registrierung nach Absatz 3 Satz 1 finden § 25 Abs. 5 Satz 3 und § 39 Abs. 1 Satz 2 des Arzneimittelgesetzes entsprechende Anwendung.

(5) Abweichend von § 25 Abs. 4 des Arzneimittelgesetzes hat der Antragsteller bei Beanstandungen innerhalb von drei Jahren nach Mitteilung der Beanstandungen den Mängeln abzuhelfen. Wird den Mängeln nicht innerhalb dieser Frist abgeholfen, so ist die Zulassung zu versagen.

(6) Solange Arzneimittel nach den Absätzen 1 bis 5 in den Verkehr gebracht werden dürfen, finden auf diese an Stelle des § 8 Abs. 1 Nr. 2 Buchstabe a des Arzneimittelgesetzes und des § 3 Nr. 1 des Gesetzes über die Werbung auf dem Gebiete des Heilwesens in der Fassung dieses Gesetzes § 8 des Arzneimittelgesetzes 1961 und § 3 Nr. 1 des Gesetzes über die Werbung auf dem Gebiete des Heilwesens in der Fassung vom 2. Juli 1975 Anwendung.

(7) Die Absätze 1 bis 6 gelten auch für zur Anwendung bei Tieren bestimmte Arzneimittel, die keine Fertigarzneimittel sind, soweit sie der Pflicht zur Zulassung oder Registrierung nach dem Arzneimittelgesetz unterliegen und sich bei Inkrafttreten dieses Gesetzes im Verkehr befinden.

§ 7a

(1) Ein der Zulassungspflicht nach § 21 des Arzneimittelgesetzes unterliegendes Arzneimittel, bei dem ein Widerspruchsrecht nach § 24a Abs. 2 Satz 1 des Arzneimittelgesetzes nicht besteht, ist zuzulassen, wenn

1. es ausweislich der dem Antrag beigefügten Unterlagen mit einem nach § 21 des Arzneimittelgesetzes zugelassenen Arzneimittel nach Art und Menge der wirksamen Bestandteile und den Anwendungsgebieten identisch und hinsichtlich der Darreichungsformen vergleichbar ist und
2. ein auf der Grundlage der Angaben und Unterlagen nach § 22 des Arzneimittelgesetzes erstelltes Gutachten eines oder mehrerer von der zuständigen Bundesoberbehörde benannter unabhängiger Gegensachverständiger darüber vorliegt, daß die Qualität des Arzneimittels dem Stand der wissenschaft-

lichen Erkenntnisse entspricht, und, soweit es sich um ein Arzneimittel handelt, bei dem Unterlagen zur Bioverfügbarkeit vorzulegen sind, das Arzneimittel dem nach § 21 des Arzneimittelgesetzes zugelassenen Arzneimittel bioäquivalent ist.

Als Gegensachverständiger nach Satz 1 kann von der zuständigen Bundesoberbehörde benannt werden, wer die erforderliche Sachkenntnis und die zur Ausübung der Tätigkeit als Gegensachverständiger erforderliche Zuverlässigkeit besitzt.

(2) Der Nachweis der erforderlichen Sachkenntnis als Gegensachverständiger nach Absatz 1 Satz 2 wird erbracht durch das Zeugnis über eine nach abgeschlossenem Hochschulstudium der Pharmazie, der Human- oder der Veterinärmedizin abgelegte Prüfung und eine zweijährige Erfahrung in der Beurteilung der analytischen oder der klinischen Prüfung von Arzneimitteln oder durch den Nachweis nach § 15 des Arzneimittelgesetzes.

(3) Die zuständige Bundesoberbehörde kann bei Fertigarzneimitteln, die nicht der Verschreibungspflicht nach § 49 des Arzneimittelgesetzes unterliegen, zunächst von einer Prüfung der vorgelegten Fachinformation absehen und den pharmazeutischen Unternehmer von den Pflichten nach § 11a des Arzneimittelgesetzes und den Pharmaberater von der Pflicht nach § 76 Abs. 1 Satz 1 des Arzneimittelgesetzes freistellen, bis der einheitliche Wortlaut einer Fachinformation für entsprechende Arzneimittel durch Auflage nach § 28 Abs. 2 Nr. 3 angeordnet ist.

(4) Die Absätze 1 bis 3 gelten nicht für Arzneimittel, die zur Anwendung bei Tieren bestimmt sind oder die in die Zuständigkeit des Paul-Ehrlich-Instituts fallen.

...

§ 11

...

(3) Fertigarzneimittel, die Arzneimittel im Sinne des § 7 Abs. 1 und nach § 44 Abs. 1 oder Abs. 2 Nr. 1 bis 3 oder § 45 des Arzneimittelgesetzes für den Verkehr außerhalb der Apotheken freigegeben sind und unter die Buchstaben a bis e fallen, dürfen unbeschadet der Regelungen der Absätze 1 und 2 ab 1. Januar 1992 vom pharmazeutischen Unternehmer nur in den Verkehr gebracht werden, wenn sie auf dem Behältnis und, soweit verwendet, der äußeren Umhüllung und einer Packungsbeilage einen oder mehrere der folgenden Hinweise tragen: »Traditionell angewendet:

a) zur Stärkung oder Kräftigung,
b) zur Besserung des Befindens,
c) zur Unterstützung der Organfunktion,
d) zur Vorbeugung,
e) als mild wirkendes Arzneimittel.«

Satz 1 findet keine Anwendung, soweit sich die Anwendungsgebiete im Rahmen einer Zulassung nach § 25 Abs. 1 oder eines nach § 25 Abs. 7 Satz 1 des Arzneimittelgesetzes bekanntgemachten Ergebnisses halten.

1.7.2 EG-Arzneimittelrichtlinien

Zwei Richtlinien sind für die Heilpraktiker von Belang:

1. Die Richtlinie »Abgabe von Humanarzneimitteln«
2. Die »Homöopathie-Richtlinie«

Zu 1.: *Diese Richtlinie sieht, unabhängig von ihrem stofflichen Inhalt, eine prinzipielle ärztliche Verschreibungspflicht für alle Parenteralia vor. Dies hätte die Tätigkeit der Heilpraktiker in Deutschland stark eingeschränkt und ihnen die Injektionen entzogen. Abhilfe hat eine sehr geschickte Formulierung in der Richtlinie geschaffen, wo es in Artikel 3(1) heißt:*

»Arzneimittel dürfen nur auf ärztliche Verschreibung abgegeben werden, wenn sie ... von Ausnahmen abgesehen, nach der Verschreibung des Arztes parenteral verabreicht werden sollen.«

Zum anderen hat es in diesem Zusammenhang eine von allen EG-Staaten zur Kenntnis genommene Protokollnotiz gegeben, in der es heißt, daß den deutschen Heilpraktikern, die keine Ärzte sind, der Zugang zu Arzneimitteln, die nur aufgrund ihrer Darreichungsform unter ärztliche Verschreibung gestellt werden, weiterhin erhalten bleibt.

Zu 2.: *Die Homöopathie-Richtlinie regelt den freien Verkehr von Homöopathika in der EU. Danach können diese vereinfacht registriert und in Verkehr gebracht werden, wenn u. a. bestimmte Bedingungen erfüllt sind, wie:*
- *orale und äußerliche Anwendung (keine Injektionen)*
- *bei verschreibungspflichtigen Ausgangsstoffen ab D4*
- *kein Indikationsanspruch*
- *Aufschrift auf Verpackungen und Packungsbeilagen: »Homöopathisches Arzneimittel ohne genehmigte therapeutische Indikation« und ein Warnhinweis, bei während der Anwendung fortdauernden Krankheitssymptomen einen Arzt aufzusuchen.*

Diese Richtlinie gilt für alle ab dem 1. 1. 1994 auf dem Wege der Registrierung neu zuzulassenden Homöopathika. Der Altarzneimittelmarkt soll von dieser Richtlinie nicht betroffen werden.

Diese Richtlinien müssen rechtskonform in deutsches Recht umgesetzt werden, was mit der 5. AMG-Novelle geschehen ist.

1.7.3 Fünftes Gesetz zur Änderung des Arzneimittelgesetzes

Hauptsächlich um EG-Richtlinien in deutsches Recht umzusetzen, mußte das Arzneimittelgesetz abermals novelliert werden. Wir führen hier die wesentlichen, die »Mittel der Besonderen Therapierichtungen« betreffenden Paragraphen auf, die sich auf Kennzeichnungspflichten im Verkehr mit der Öffentlichkeit (also Verpackungen und Packungsbeilagen), auf Zulassungs-, Nachzulassungs- und Widerrufsmodalitäten beziehen.

Artikel 1: Änderung des Arzneimittelgesetzes

Das Arzneimittelgesetz vom 24. August 1976 (BGBl. I S. 2445, 2448), zuletzt geändert gemäß Artikel 10 der Fünften Zuständigkeitsanpassungs-Verordnung vom 26. Februar 1993 (BGBl. I S. 278, 279) wird wie folgt geändert:

§ 10 wird wie folgt geändert:

a) Absatz 1

aa) Nach dem Wort »Schrift,« wird das Wort »allgemeinverständlich« eingefügt.

bb) In Nummer 2 wird nach dem Wort »Arzneimittels« folgender Halbsatz angefügt:

»; sofern das Arzneimittel unter gleicher Bezeichnung in mehreren Darreichungsformen oder Stärken in den Verkehr gebracht wird, muß dieser Bezeichnung die Angabe der Darreichungsform, der Stärke oder der Personengruppe, für die das Arzneimittel bestimmt ist, folgen, es sei denn, daß diese Angabe bereits in der Bezeichnung enthalten ist.«

cc) Nummer 8 wird wie folgt gefaßt:

»8. die arzneilich wirksamen Bestandteile nach Art und Menge und weitere Bestandteile nach der Art, soweit dies durch Auflage der zuständigen Bundesoberbehörde nach § 28 Abs. 2 Nr. 1 angeordnet oder durch Rechtsverordnung nach § 12 Abs. 1 Nr. 3 oder nach § 36 Abs. 1 vorgeschrieben ist; bei Arzneimitteln zur Injektion oder zur topischen Anwendung, einschließlich der Anwendung am Auge, alle Bestandteile nach der Art,«. ...

c) Absatz 4 wird wie folgt gefaßt:

»(4) Bei Arzneimitteln, die in das Register für homöopathische Arzneimittel eingetragen sind, muß bei der Bezeichnung nach Absatz 1 Nr. 2 der Hinweis »Homöopathisches Arzneimittel« angegeben werden. An die Stelle der Angaben nach Absatz 1 Nr. 3 tritt die Registernummer mit der Abkürzung »Reg.-Nr.«. Angaben über Anwendungsgebiete dürfen nicht gemacht werden. Es ist die Angabe »Registriertes homöopathisches Arzneimittel, daher ohne Angabe einer therapeutischen Indikation« und bei Arzneimitteln, die zur Anwendung bei Menschen bestimmt sind, der Hinweis an den Anwender, bei während der Anwendung des Arzneimittels fortdauernden Krankheitssymptomen medizinischen Rat einzuholen, aufzunehmen. Die Angaben nach Absatz 1 Nr. 12 und 13 können entfallen. Die Sätze 1 und 3 bis 5 gelten entsprechend für Arzneimittel, die nach § 38 Abs. 1 Satz 3 von der Registrierung freigestellt sind. Arzneimittel, die nach einer homöopathischen Verfahrenstechnik hergestellt und nach § 25 zugelassen sind, sind mit einem Hinweis auf die homöopathische Beschaffenheit zu kennzeichnen.«

f) In Absatz 8 wird Satz 1 aufgehoben und durch folgenden Satz ersetzt:

»Durchdrückpackungen sind mit dem Namen oder der Firma des pharmazeutischen Unternehmers, der Bezeichnung des Arzneimittels, der Chargenbezeichnung und dem Verfalldatum mit dem Hinweis »verwendbar bis:« zu versehen.«

g) Dem Absatz 10 wird folgender Satz angefügt:

»Durchdrückpackungen sind mit der Bezeichnung und der Chargenbezeichnung zu versehen; die Sätze 2 und 3 finden Anwendung.«

§ 11 **Packungsbeilage** wird wie folgt gefaßt:

»(1) Fertigarzneimittel, die Arzneimittel im Sinne des § 2 Abs. 1 oder Abs. 2 Nr. 1 sind und nicht zur klinischen Prüfung oder zur Rückstandsprüfung bestimmt sind, dürfen im Geltungsbereich dieses Gesetzes nur mit einer Packungsbeilage in den Verkehr gebracht werden, die die Überschrift »Gebrauchsinformation« trägt sowie folgende Angaben in der nachstehenden Reihenfolge allgemeinverständlich in deutscher Sprache und in gut lesbarer Schrift enthalten muß:

1. die Bezeichnung des Arzneimittels; § 10 Abs. 1 Nr. 2, Abs. 1a und Abs. 10 Satz 3 findet entsprechende Anwendung,
2. die arzneilich wirksamen Bestandteile nach Art und Menge und die sonstigen Bestandteile nach der Art; § 10 Abs. 6 findet Anwendung,
3. die Darreichungsform und den Inhalt nach Gewicht, Rauminhalt oder Stückzahl,
4. die Stoff- oder Indikationsgruppe oder die Wirkungsweise,
5. den Namen oder die Firma und die Anschrift des pharmazeutischen Unternehmers sowie des Herstellers, der das Fertigarzneimittel für das Inverkehrbringen freigegeben hat,
6. die Anwendungsgebiete,
7. die Gegenanzeigen,
8. Vorsichtsmaßnahmen für die Anwendung, soweit diese nach dem jeweiligen Stand der wissenschaftlichen Erkenntnisse erforderlich sind,
9. Wechselwirkungen mit anderen Mitteln, soweit sie die Wirkung des Arzneimittels beeinflussen können,
10. Warnhinweise, insbesondere soweit dies durch Auflage der zuständigen Bundesoberbehörde nach § 28 Abs. 2 Nr. 2 angeordnet oder durch Rechtsverordnung vorgeschrieben ist,
11. die Dosierungsanleitung mit Art der Anwendung, Einzel- oder Tagesgaben und bei Arzneimitteln, die nur begrenzte Zeit angewendet werden sollen, Dauer der Anwendung,
12. Hinweise für den Fall der Überdosierung, der unterlassenen Einnahme oder Hinweise auf die Gefahr von unerwünschten Folgen des Absetzens, soweit erforderlich,
13. die Nebenwirkungen; zu ergreifende Gegenmaßnahmen sind, soweit dies nach dem jeweiligen Stand der wissenschaftlichen Erkenntnisse erforderlich ist, anzugeben; den Hinweis, daß der Patient aufgefordert werden soll, dem

Arzt oder Apotheker jede Nebenwirkung mitzuteilen, die in der Packungsbeilage nicht aufgeführt ist,

14. den Hinweis, daß das Arzneimittel nach Ablauf des auf Behältnis und äußerer Umhüllung angegebenen Verfalldatums nicht mehr anzuwenden ist, und, soweit erforderlich, die Angabe der Haltbarkeit nach Öffnung des Behältnisses oder nach Herstellung der gebrauchsfertigen Zubereitung durch den Anwender und die Warnung vor bestimmten sichtbaren Anzeichen dafür, daß das Arzneimittel nicht mehr zu verwenden ist,
15. das Datum der Fassung der Packungsbeilage.

Erläuternde Angaben zu den in Satz 1 genannten Begriffen sind zulässig. Sofern die Angaben nach Satz 1 in der Packungsbeilage zusätzlich in einer anderen Sprache wiedergegeben werden, müssen in dieser Sprache die gleichen Angaben gemacht werden. Satz 1 gilt nicht für Arzneimittel, die nach § 21 Abs. 2 Nr. 1 einer Zulassung nicht bedürfen. Weitere Angaben sind zulässig, soweit sie mit der Verwendung des Arzneimittels in Zusammenhang stehen, für die gesundheitliche Aufklärung wichtig sind und den Angaben nach § 11a nicht widersprechen. Bei den Angaben nach Satz 1 Nr. 7 bis 9 ist, soweit dies nach dem jeweiligen Stand der wissenschaftlichen Erkenntnisse erforderlich ist, auf die besondere Situation bestimmter Personengruppen, wie Kinder, Schwangere oder stillende Frauen, ältere Menschen oder Personen mit spezifischen Erkrankungen einzugehen; ferner sind, soweit erforderlich, mögliche Auswirkungen der Anwendung auf die Fahrtüchtigkeit oder die Fähigkeit zur Bedienung bestimmter Maschinen anzugeben. Die Angaben nach Satz 1 Nr. 8 und 10 können zusammengefaßt werden.

(1a) Ein Muster der Packungsbeilage und geänderter Fassungen ist der zuständigen Bundesoberbehörde unverzüglich zu übersenden, soweit nicht das Arzneimittel von der Zulassung oder Registrierung freigestellt ist.

(2) Es sind ferner in der Packungsbeilage Hinweise auf Bestandteile, deren Kenntnis für eine wirksame und unbedenkliche Anwendung des Arzneimittels erforderlich ist, und für die Verbraucher bestimmte Aufbewahrungshinweise anzugeben, soweit dies nach dem jeweiligen Stand der wissenschaftlichen Erkenntnis erforderlich oder durch Auflage der zuständigen Bundesoberbehörde nach § 28 Abs. 2 Nr. 2 angeordnet oder durch Rechtsverordnung vorgeschrieben ist.

(2a) Bei radioaktiven Arzneimitteln sind ferner die Vorsichtsmaßnahmen aufzuführen, die der Verwender und der Patient während der Zubereitung und Verabreichung des Arzneimittels zu ergreifen haben, sowie besondere Vorsichtsmaßnahmen für die Entsorgung des Transportbehälters und nicht verwendeter Arzneimittel.

(3) Bei Arzneimitteln, die in das Register für homöopathische Arzneimittel eingetragen sind, muß bei der Bezeichnung nach Absatz 1 Satz 1 Nr. 1 der Hinweis »Homöopathisches Arzneimittel« angegeben werden. Angaben über Anwendungsgebiete dürfen nicht gemacht werden; an deren Stelle ist die Angabe »Registriertes homöopathisches Arzneimittel, daher ohne Angabe einer therapeu-

tischen Indikation« und bei Arzneimitteln, die zur Anwendung bei Menschen bestimmt sind, der Hinweis an den Anwender, bei während der Anwendung des Arzneimittels fortdauernden Krankheitssymptomen medizinischen Rat einzuholen, aufzunehmen. Die Angaben nach Absatz 1 Satz 1 Nr. 4, 7, 9, 12, 13 und 15 können entfallen. Die Sätze 1 bis 3 gelten entsprechend für Arzneimittel, die nach § 38 Abs. 1 Satz 3 von der Registrierung freigestellt sind.

(3a) Bei Sera ist auch die Art des Lebewesens, aus dem sie gewonnen sind, bei Virusimpfstoffen das Wirtssystem, das zur Virusvermehrung gedient hat, anzugeben.

...

§ **31** wird wie folgt geändert: ...

b) Absatz 3

aa) Nach der Angabe »6,« wird die Angabe »6a, 6b, 6c,« eingefügt.

bb) Folgender Satz wird angefügt:

»Bei der Entscheidung über die Verlängerung ist auch zu überprüfen, ob Erkenntnisse vorliegen, die Auswirkungen auf die Unterstellung unter die Verschreibungspflicht haben.«

§ **32** wird wie folgt geändert:

a) Absatz 1

aa) In Satz 1 werden die Worte »Der Bundesminister« durch die Worte »Das Bundesministerium« ersetzt.

bb) Folgender Satz wird angefügt:

»Die Charge ist auch dann freizugeben, soweit die zuständige Behörde eines anderen Mitgliedstaates der Europäischen Gemeinschaften nach einer experimentellen Untersuchung festgestellt hat, daß die in Satz 2 genannten Voraussetzungen vorliegen.« ...

§ **39** wird wie folgt geändert: ...

b) Folgende Absätze 2a und 2b werden eingefügt:

»(2a) Ist das Arzneimittel bereits in einem anderen Mitgliedstaat der Europäischen Gemeinschaften oder in einem anderen Vertragsstaat des Abkommens über den Europäischen Wirtschaftsraum registriert worden, ist die Registrierung auf der Grundlage dieser Entscheidung zu erteilen, es sei denn, daß ein Versagungsgrund nach Absatz 2 vorliegt.

(2b) Die Registrierung erlischt nach Ablauf von fünf Jahren seit ihrer Erteilung, es sei denn, daß drei bis sechs Monate vor Ablauf der Frist ein Antrag auf Verlängerung gestellt wird. Für die Verlängerung der Registrierung gilt § 31 Abs. 2 bis 4 entsprechend mit der Maßgabe, daß die Versagungsgründe nach Absatz 2 Nr. 3 bis 9 Anwendung finden.«

§ **55** wird wie folgt gefaßt:

»§ 55 Arzneibuch

(1) Das Arzneibuch ist eine vom Bundesministerium bekanntgemachte Sammlung anerkannter pharmazeutischer Regeln über die Qualität, Prüfung, Lagerung, Abgabe und Bezeichnung von Arzneimitteln und den bei ihrer Herstellung verwendeten Stoffen. Das Arzneibuch enthält auch Regeln für die Beschaffenheit von Behältnissen und Umhüllungen.

(2) Die Regeln des Arzneibuchs werden von der Deutschen Arzneibuch-Kommission oder der Europäischen Arzneibuch-Kommission beschlossen. Die Bekanntmachung der Regeln kann aus rechtlichen oder fachlichen Gründen abgelehnt oder rückgängig gemacht werden.

(3) Die Deutsche Arzneibuch-Kommission hat die Aufgabe, über die Regeln des Arzneibuches zu beschließen und das Bundesministerium bei den Arbeiten im Rahmen des Übereinkommens über die Ausarbeitung eines Europäischen Arzneibuches zu unterstützen.

(4) Die Deutsche Arzneibuch-Kommission wird beim Bundesgesundheitsamt gebildet. Das Bundesministerium beruft die Mitglieder der Deutschen Arzneibuch-Kommission aus Sachveständigen der medizinischen und pharmazeutischen Wissenschaft, der Heilberufe, der beteiligten Wirtschaftskreise und der Arzneimittelüberwachung im zahlenmäßig gleichen Verhältnis. Das Bundesministerium bestellt den Vorsitzenden der Kommission und seine Stellvertreter und erläßt nach Anhörung der Kommission eine Geschäftsordnung.

(5) Die Deutsche Arzneibuch-Kommission soll über die Regeln des Arzneibuches grundsätzlich einstimmig beschließen. Beschlüsse, denen nicht mehr als drei Viertel der Mitglieder der Kommission zugestimmt haben, sind unwirksam. Das Nähere regelt die Geschäftsordnung.

(6) Die Absätze 2 bis 5 finden auf die Tätigkeit der Deutschen Homöopathischen Arzneibuch-Kommission entsprechende Anwendung.

(7) Die Bekanntmachung erfolgt im Bundesanzeiger. Sie kann sich darauf beschränken, auf die Bezugsquelle der Fassung des Arzneibuches und den Beginn der Geltung der Neufassung hinzuweisen.

(8) Arzneimittel dürfen nur hergestellt und zur Abgabe an den Verbraucher im Geltungsbereich dieses Gesetzes in den Verkehr gebracht werden, wenn die in ihnen enthaltenen Stoffe und ihre Darreichungsformen den anerkannten pharmazeutischen Regel entsprechen. Arzneimittel dürfen ferner zur Abgabe an den Verbraucher im Geltungsbereich dieses Gesetzes nur in den Verkehr gebracht werden, wenn ihre Behältnisse und Umhüllungen, soweit sie mit den Arzneimitteln in Berührung kommen, den anerkannten pharmazeutischen Regeln entsprechen. Die Sätze 1 und 2 gelten nicht für Arzneimittel im Sinne des § 2 Abs. 2 Nr. 4 Buchstabe a.«

Zu Artikel 1 Nr. 15a – neu – (§ 25 Abs. 2 Satz 3)

In Artikel 1 ist nach Nummer 15 folgende Nummer 15a einzufügen:

›15a. **§ 25** Abs. 2 Satz 3 wird wie folgt gefaßt:

(Diese Änderung bedeutet eine Umkehr der Beweispflicht)

»Die therapeutische Wirksamkeit fehlt, wenn der Antragsteller nicht entsprechend dem jeweils gesicherten Stand der wissenschaftlichen Erkenntnisse nachweist, daß sich mit dem Arzneimittel therapeutische Ergebnisse erzielen lassen.«‹

Die Bemühungen, im Zusammenhang mit der 5. AMG-Novelle für die Nachzulassung der Arzneimittel der »Besonderen Therapierichtungen« angemessene Kriterien zu etablieren, hat zu einem »Neun-Punkte-Programm« geführt, das in folgender Weise in die Änderungsanträge der Koalitionsfraktionen einfloß und so vom Bundestag und Bundesrat verabschiedet wurde.

§ 25 wird wie folgt geändert:

b) Absatz 7 wird wie folgt gefaßt:

»(7) Für Arzneimittel, die nicht der Verschreibungspflicht nach § 49 unterliegen, werden bei der zuständigen Bundesoberbehörde Kommissionen für bestimmte Anwendungsgebiete, Stoffgruppen oder Therapierichtungen gebildet. Absatz 6 Satz 4 bis 6 findet entsprechende Anwendung. Die zuständige Bundesoberbehörde kann zur Vorbereitung der Entscheidung über die Verlängerung von Zulassungen nach § 105 Abs. 3 Satz 1 die zuständige Kommission beteiligen. Betrifft die Entscheidung nach Satz 3 Arzneimittel einer bestimmten Stoffgruppe oder Therapierichtung (Phytotherapie, Homöopathie, Anthroposophie), *ist die zuständige Kommission zu beteiligen*; sie hat innerhalb von zwei Monaten Gelegenheit zur Stellungnahme. Soweit die Bundesoberbehörde bei der Entscheidung nach Satz 4 die Stellungnahme der Kommission nicht berücksichtigt, legt sie die Gründe dar.«

Begründung

Die Aufbereitung in der bisherigen Form wird beendet, weil der für die Aufbereitung des bislang nicht bearbeiteten Bereiches erforderliche Aufwand so erheblich einzuschätzen ist, daß ein zügiger Abschluß der Nachzulassung auf diesem Wege nicht erwartet werden kann. Stattdessen erhalten die bisherigen Aufbereitungskommissionen im Rahmen der *Nachzulassung neue Funktionen.* Das Arzneimittelinstitut kann die jeweils zuständige Kommission als externes Sachverständigengremium vor der Nachzulassungsentscheidung beteiligen. Im Bereich der besonderen Therapierichtungen hat das Arzneimittelinstitut die zuständige Kommission zu beteiligen.

§ 105 wird wie folgt geändert: ...

bb) Absatz 3a

aaa) ... »nach Einreichen der Unterlagen nach Absatz 4 Satz 8 ist nur noch eine Änderung zulässig, sofern sie zur Behebung der von der zuständigen Bundesoberbehörde dem Antragsteller mitgeteilten Mängel bei der Wirksamkeit oder Unbedenklichkeit erforderlich ist.«

cc) Nach Absatz 4b wird folgender Absatz 4c eingefügt:

»(4c) Die nach Absatz 3 Satz 1 beantragte Verlängerung ist außer aus den in § 31 Abs. 3 genannten Gründen auch dann zu versagen, wenn die vom pharmazeutischen Unternehmer angegebene therapeutische Wirksamkeit nach dem jeweils gesicherten Stand der wissenschaftlichen Erkenntnisse unzureichend begründet ist.«

dd) In Absatz 5 wird die Angabe »3 Jahren« durch die Angabe »18 Monaten« ersetzt, der Punkt nach dem Wort »abzuhelfen« durch ein Semikolon ersetzt und folgender Halbsatz angefügt:

»die Mängelbeseitigung ist in einem Schriftsatz darzulegen.«

ee) Nach Absatz 5 werden folgende Absätze 5a, 5b und 5c eingefügt:

»(5a) Die zuständige Bundesoberbehörde kann die Verlängerung der Zulassung nach Absatz 3 Satz 1 mit Auflagen verbinden. Auflagen können neben der Sicherstellung der in § 28 Abs. 2 genannten Anforderungen auch die Gewährleistung von Anforderungen an die Qualität, Unbedenklichkeit und Wirksamkeit zum Inhalt haben, es sei denn, daß wegen gravierender Mängel der pharmazeutischen Qualität, der Wirksamkeit oder der Unbedenklichkeit Beanstandungen nach Absatz 5 mitgeteilt oder die Verlängerung der Zulassung versagt werden muß. Im Bescheid über die Verlängerung ist anzugeben, ob der Auflage unverzüglich oder bis zu einem von der zuständigen Bundesoberbehörde festgelegten Zeitpunkt entsprochen werden muß. Die Erfüllung der Auflagen ist der zuständigen Bundesoberbehörde unter Beifügung einer eidesstattlichen Erklärung eines unabhängigen Gegensachverständigen mitzuteilen, in der bestätigt wird, daß die Qualität des Arzneimittels dem Stand der wissenschaftlichen Erkenntnisse entspricht. § 25 Abs. 5 Satz 3, 4 und 6 findet entsprechende Anwendung.

(5b) Ein Vorverfahren nach § 68 der Verwaltungsgerichtsordnung findet bei Rechtsmitteln gegen die Entscheidung über die Verlängerung der Zulassung nach Absatz 3 Satz 1 nicht statt. Die sofortige Vollziehung soll nach § 80 Abs. 2 Nr. 4 der Verwaltungsgerichtsordnung angeordnet werden, es sei denn, daß die Vollziehung für den pharmazeutischen Unternehmer eine unbillige, nicht durch überwiegende öffentliche Interessen gebotene Härte zur Folge hätte.

(5c) Abweichend von Absatz 3 Satz 1 erlischt die Zulassung eines nach Absatz 2 fristgerecht angezeigten Arzneimittels am 1. Januar 2005, sofern der pharmazeutische Unternehmer bis zum 31. Dezember 1995 erklärt, daß er den Antrag auf Verlängerung der Zulassung nach Absatz 3 Satz 1 zurücknimmt.«

Begründung

Die Änderungen dienen der Effektivierung und Beschleunigung der Nachzulassung durch folgende Maßnahmen:

- In Absatz 3 wird die bisher bestehende Möglichkeit aufgehoben, durch Verzicht auf die fiktive Zulassung, z. B. in einem späten Verfahrensstadium (etwa unmittelbar vor Rechtskraft einer Versagungsentscheidung) das Inverkehrbringen des Arzneimittels für weitere 2 Jahre zu ermöglichen. Diese Maßnahme steht im Zusammenhang mit Absatz 5c.
- Im Interesse der Konzentrierung des Verfahrens werden in Absatz 3a die Änderungsmöglichkeiten beschränkt und in Absatz 5 die Mängelbeseitigungsfrist auf 18 Monate verkürzt. Außerdem wird verlangt, daß die Mängelbeseitigung vom pharmazeutischen Unternehmer in einem Schriftsatz darzulegen ist.
- In Absatz 4c wird bestimmt, daß die Beweislast für die Wirksamkeit des Arzneimittels im Rahmen der Nachzulassung entsprechend der Regelung bei der erstmaligen Zulassung dem pharmazeutischen Unternehmer als dem Antragsteller auferlegt wird. Dieser kann dazu auf vorhandene Monographien der Aufbereitungskommission Bezug nehmen.
- In Absatz 5a wird die Möglichkeit eingeführt, die Nachzulassung unter Auflagen zu erteilen. Solche Auflagen müssen sofort oder in einem festgelegten Zeitraum erfüllt werden. Die Erfüllung der Auflagen wird durch einen unabhängigen Sachverständigen geprüft und eidesstattlich bestätigt.
- In Absatz 5b wird der Widerspruch gegen die Nachzulassungsentscheidung gesetzlich ausgeschlossen. Nunmehr ist unmittelbar die Klageerhebung möglich. Außerdem wird im öffentlichen Interesse die Anordnung der sofortigen Vollziehung erleichtert.
- In Absatz 5c wird den pharmazeutischen Unternehmern eine Frist bis zum 31. Dezember 1995 eingeräumt, innerhalb derer sie erklären können, ob sie ihren *Antrag auf Nachzulassung zurücknehmen*; für diesen Fall ist zur Erleichterung betrieblicher Umstrukturierungen das Inverkehrbringen des Arzneimittels noch bis zum *31. Dezember 2004 gestattet,* es sei denn, daß ein Arzneimittelrisiko dem entgegensteht. Es wird erwartet, daß aufgrund dieser Möglichkeit zahlreiche Anträge, die nach Einschätzung der pharmazeutischen Unternehmer letztlich keine Aussicht auf Erfolg haben, rechtzeitig zurückgenommen werden. Dadurch werden Ressourcen beim pharmazeutischen Unternehmer und beim Arzneimittelinstitut frei, die in anderen Bereichen der Arzneimittelzulassung wirksam eingesetzt werden können.

Nach § 109 wird folgender § 109a eingefügt:

»§ 109a

(1) Für die in § 109 Abs. 3 genannten Arzneimittel sowie für Arzneimittel, die nicht verschreibungspflichtig und nicht durch eine Rechtsverordnung aufgrund § 45 oder § 46, wegen ihrer Inhaltsstoffe, wegen ihrer Darreichungsform oder weil

sie chemische Verbindungen mit bestimmten pharmakologischen Wirkungen sind oder enthalten, vom Verkehr außerhalb der Apotheken ausgeschlossen sind, kann die Verlängerung der Zulassung nach § 105 Abs. 3 nach Maßgabe der Absätze 2 und 3 erteilt werden.

(2) Die Anforderungen an die erforderliche Qualität sind erfüllt, wenn die Unterlagen nach § 22 Abs. 2 Nr. 1 sowie das analytische Gutachten nach § 24 Abs. 1 vorliegen und von seiten des pharmazeutischen Unternehmers eidesstattlich versichert wird, daß das Arzneimittel nach Maßgabe der allgemeinen Verwaltungsvorschrift nach § 26 geprüft ist und die erforderliche pharmazeutische Qualität aufweist. Form und Inhalt der eidesstattlichen Versicherung werden durch die zuständige Bundesoberbehörde festgelegt.

(3) Die Anforderungen an die Wirksamkeit sind erfüllt, wenn das Arzneimittel Anwendungsgebiete beansprucht, die in einer von der zuständigen Bundesoberbehörde nach Anhörung von einer vom Bundesministerium berufenen Kommission, für die § 25 Abs. 6 Satz 4 bis 6 entsprechende Anwendung findet, erstellten Aufstellung der Anwendungsgebiete für Stoffe oder Stoffkombinationen anerkannt sind. Diese Anwendungsgebiete werden unter Berücksichtigung der Besonderheiten der Arzneimittel und der tradierten und dokumentierten Erfahrung festgelegt und erhalten den Zusatz: »Traditionell angewendet«. Solche Anwendungsgebiete sind:
»Zur Stärkung oder Kräftigung des ...«,
»Zur Besserung des Befindens ...«,
»Zur Unterstützung der Organfunktion des ...«,
»Zur Vorbeugung gegen ...«,
»Als mild wirkendes Arzneimittel bei ...«.
Anwendungsgebiete, die zur Folge haben, daß das Arzneimittel vom Verkehr außerhalb der Apotheken ausgeschlossen ist, dürfen nicht anerkannt werden.«

Begründung

Für traditionelle Arzneimittel wird ein pauschaliertes Prüfverfahren eingeführt, das den Besonderheiten dieser Arzneimittel entspricht und zur erheblichen Beschleunigung des Verfahrens beitragen soll. Diese Regelung gilt für freiverkäufliche Arzneimittel sowie für solche Arzneimittel, die in einem exakt definierten Umfang den freiverkäuflichen Arzneimitteln gleichstehen. Erfaßt werden davon alle nicht verschreibungspflichtigen Arzneimittel, ausgenommen solche, die

- wegen ihrer Inhaltsstoffe,
- wegen ihrer Darreichungsform,
- weil sie chemische Verbindungen sind oder enthalten, denen nach den Erkenntnissen der medizinischen Wissenschaft eine in § 9 der Verordnung über apothekenpflichtige und freiverkäufliche Arzneimittel vom 24. November 1988 aufgeführte pharmakologische Wirkung zukommt; oder
- weil sie der Anlage 3 dieser Verordnung (Krankheitsliste) unterliegen,

apothekenpflichtig sind.

Die Anforderungen an die erforderliche Qualität, verbunden mit einer eidesstattlichen Versicherung seitens des pharmazeutischen Unternehmers ermöglichen dem Arzneimittelinstitut, seine Prüfung auf Stichproben zu beschränken. Die Erfordernis der eidesstattlichen Versicherung stärkt die Eigenverantwortung des pharmazeutischen Unternehmers.

Im Hinblick auf die Wirksamkeit wird ein Verfahren für eine »rasterförmige« Prüfung eingeführt. Der für die betreffenden Anwendungsgebiete vorgesehene Zusatz verdeutlicht dem Verbraucher die Besonderheit des Arzneimittels als traditionelles Arzneimittel und seine begrenzten Einsatzmöglichkeiten. Im Hinblick auf die vorgesehene risikogestufte Bewertung entfällt die Verkehrsfähigkeit als traditionelles Arzneimittel bei Vorliegen eines Arzneimittelrisikos.

1.8 Meß- und Eichwesen

1.8.1 Gesetz über das Meß- und Eichwesen (Eichgesetz)

Vom 11. Juli 1969 (BGBl. I S. 759), in der Fassung der Bekanntmachung vom 23. März 1992 (BGBl. I S. 711)
(BGBl. III 7141–6)

(Auszug)

§ 3 Erlaß von Ausführungsvorschriften

(1) Die Bundesregierung wird ermächtigt, durch Rechtsverordnung mit Zustimmung des Bundesrates Vorschriften zur Durchführung des § 2 und der auf Grund von § 2 erlassenen Rechtsverordnungen zu erlassen. Sie kann dabei insbesondere

1. Anforderungen an Meßgeräte und ihre Verwendung festlegen,
2. die Gültigkeitsdauer der Eichung festlegen sowie die Wiederholung von Prüfungen und die Häufigkeit von Wartungsarbeiten vorschreiben,
3. Vorschriften erlassen über
   a) die Voraussetzungen, den Umfang und das Verfahren der Zulassung, der Eichung und sonstiger Prüfungen sowie die Voraussetzungen der Rücknahme und des Widerrufs der Zulassung,
   b) die Voraussetzungen, den Umfang und das Verfahren der Anerkennung von Prüfstellen und der öffentlichen Bestellung und Verpflichtung des Prüfstellenpersonals sowie die Voraussetzungen der Rücknahme und des Widerrufs der Bestellung, den Betrieb der Prüfstelle, die Aufsicht über die Prüfstelle und die Haftung für ihre Tätigkeit,
   c) die Voraussetzungen, den Umfang und das Verfahren der Anerkennung und Überwachung anderer mit der Durchführung dieses Gesetzes betrauter Stellen,
   d) die Mitwirkungspflichten des Besitzers eines Meßgerätes bei der Eichung oder sonstigen Prüfung der meßtechnischen Eigenschaften,

e) die Überprüfung von Meßergebnissen,

f) die Ausnutzung von Fehlergrenzen und Abweichungen,

g) den Schutz vorgeschriebener Kennzeichen,

h) die Untersagung des Inverkehrbringens, der Inbetriebnahme, der Bereithaltung und der Verwendung in anderen Staaten mit EG-Zeichen versehener vorschriftswidriger Meßgeräte durch die Physikalisch-Technische Bundesanstalt.

...

§ 11 Behörden

(1) Die Landesregierungen oder die von ihnen bestimmten Stellen bestimmen die für die Ausführung dieses Gesetzes zuständigen Behörden, soweit nicht die Physikalisch-Technische Bundesanstalt zuständig ist.

(2) Örtlich zuständig für die Eichung und sonstige Prüfung von Meßgeräten an der Amtsstelle ist jede nach Absatz 1 sachlich zuständige Behörde, bei der eine solche Amtshandlung beantragt wird.

§ 13 Aufgaben

(1) Die Physikalisch-Technische Bundesanstalt hat zur Sicherung der Einheitlichkeit des gesetzlichen Meßwesens

1. die physikalisch-technischen Einheiten zu entwickeln und darzustellen,
2. Bauarten von Meßgeräten zuzulassen,
3. Normalgeräte und Prüfungshilfsmittel der zuständigen Behörden und der staatlich anerkannten Prüfstellen auf Antrag zu prüfen und
4. die für die Durchführung dieses Gesetzes zuständigen Landesbehörden sowie die staatlich anerkannten Prüfstellen zu beraten

(2) Die Physikalisch-Technische Bundesanstalt hat ferner

1. das physikalisch-technische Meßwesen wissenschaftlich zu bearbeiten, insbesondere wissenschaftliche Forschung auf diesem Gebiet zu betreiben und
2. Prüfungen und Untersuchungen auf dem Gebiet des physikalisch-technischen Meßwesens vorzunehmen.

§ 19 Ordnungswidrigkeiten

(1) Ordnungswidrig handelt, wer vorsätzlich oder fahrlässig...

3. nicht geeichte Meßgeräte entgegen § 25 Abs. 1 Satz 1 verwendet oder entgegen § 25 Abs. 1 Satz 1 Nr. 1, 4 oder 5 bereithält,

...

§ 20 Einziehung

(1) Ist eine in § 19 bezeichnete Ordnungswidrigkeit begangen worden, so können Gegenstände, die durch die Ordnungswidrigkeit hervorgebracht oder zu ihrer

Begehung oder Vorbereitung gebraucht worden oder bestimmt gewesen sind oder auf die sich die Ordnungswidrigkeit bezieht, eingezogen werden.

§ 23 Bezugnahme auf technische Regeln

Zur Festlegung technischer Anforderungen und Prüfverfahren kann in Rechtsverordnungen auf Grund dieses Gesetzes auf Veröffentlichungen sachverständiger Stellen verwiesen werden. Hierbei sind in der Rechtsverordnung das Datum der Veröffentlichung und die Bezugsquelle anzugeben.

§ 24 Allgemeine Übergangsvorschriften

(1) Die Eichung und die eichamtliche Beglaubigung eines Meßgeräts vor Inkrafttreten dieses Gesetzes gilt im bisherigen Umfang als Eichung im Sinne dieses Gesetzes; die Zulassung eines Meßgeräts vor Inkrafttreten dieses Gesetzes gilt im bisherigen Umfang als Zulassung im Sinne dieses Gesetzes.

(2) Die amtliche Beglaubigung oder amtliche Prüfung von Meßgeräten für Elektrizität vor Inkrafttreten dieses Gesetzes und die Beglaubigung nach den bis zum 30. Juni 1992 geltenden Vorschriften dieses Gesetzes gelten im bisherigen Umfang als Eichung im Sinne dieses Gesetzes.

(3) Die öffentliche Bestellung und Vereidigung eines Wägers an öffentlichen Waagen vor Inkrafttreten dieses Gesetzes gilt als öffentliche Bestellung im Sinne dieses Gesetzes.

(4) Die Verpflichtung und Vereidigung der Leiter von Elektrischen Prüfämtern, Prüfamtsaußenstellen und Nebenprüfämtern sowie ihrer Stellvertreter, gilt als öffentliche Bestellung im Sinne dieses Gesetzes.

(5) Die bei Inkrafttreten dieses Gesetzes bestehenden Befugnisse und Verpflichtungen der Elektrischen Prüfämter, Prüfamtsaußenstellen und Nebenprüfämter gelten im bisherigen Umfang weiter. Die Befugnis zur amtlichen Prüfung von Meßgeräten für Elektrizität und die nach den bis zum 30. Juni 1992 geltenden Vorschriften bestehende Befugnis zur Beglaubigung von Meßgeräten für Elektrizität, Gas, Wasser und Wärme gelten als Befugnis zur Eichung.

(6) Soweit Prüfstellen vor dem 2. März 1985 staatlich anerkannt worden sind, kann die Anerkennung auch nachträglich mit einer Auflage verbunden werden.

1.8.2 Eichverordnung

Vom 12. August 1988 (BGBl. I S. 1657)
(BGBl. III 7141–6–12)

(Auszug)

TEIL 1

Pflichten beim Inverkehrbringen,
Verwenden und Bereithalten von Meßgeräten

§ 1 Medizinische Meßgeräte

(1) Die nachstehenden medizinischen Meßgeräte dürfen nur in den Verkehr gebracht, verwendet oder bereitgehalten werden, wenn sie geeicht sind:

1. Meßgeräte zur Bestimmung von Körpertemperaturen mit Ausnahme von bildgebenden Meßgeräten,
2. nichtinvasive Blutdruckmeßgeräte,
3. Blutmischpipetten,
4. Zellenzählkammern,
5. Meßgeräte zur Bestimmung des Augeninnendrucks (Augentonometer),
6. Meßgeräte zur Bestimmung des Blutdrucks am Auge (Ophthalmodynamometer).

(2) Die nachstehenden medizinischen Meßgeräte dürfen nur verwendet oder bereitgehalten werden, wenn sie geeicht sind:

1. Waagen zur Bestimmung des Körpergewichts bei der Ausübung der Heilkunde,
2. Präzisionswaagen, Feinwaagen,
3. Meßgeräte zur Bestimmung der Dichte von Flüssigkeiten,
4. Therapiepolster bei der Behandlung von Patienten mit Photonenstrahlung von außen im Energiebereich zwischen 0,005 bis 3 Megaelektronvolt.

(3) Die nachstehenden medizinischen Meßgeräte dürfen nur verwendet oder bereitgehalten werden, wenn sie zugelassen sind und die Übereinstimmung des Meßgeräts mit der Zulassung bescheinigt ist:

1. Meßkolben, Büretten, Pipetten, Kolbenbüretten, Kolbenhubpipetten, Dispenser, Dilutoren, Blutsenkungsrohre, Spritzen mit Ausnahme von Hochdruck-Injektionsspritzen,
2. Meßgeräte für quantitative Untersuchungen an Lösungen durch Messung des spektralen Absorptionsmaßes (Absorptionsphotometer) mit Ausnahme von Geräten für Trübungsmessungen,
3. Elektrokardiographen, sofern sie Frank- oder Standardableitungen automatisch auswerten, mit Ausnahme von intrakardial anwendbaren Geräten.

(4) Die nachstehenden medizinischen Meßgeräte dürfen nur verwendet oder bereitgehalten werden, wenn sie zugelassen sind, die Übereinstimmung des Meßgerätes mit der Zulassung bescheinigt und das Meßgerät nach den Anforderungen der Zulassung gewartet ist:

1. Meßgeräte zur Bestimmung der Hörfähigkeit (Audiometer),
2. bildgebende Meßgeräte zur Bestimmung von Körpertemperaturen (Thermographiegeräte),
3. Tretkurbelergometer zur definierten physikalischen und reproduzierbaren Belastung von Patienten (Tretkurbelergometer).

(5) Bereitgehalten im Sinne dieser Verordnung wird ein Meßgerät, wenn es ohne besondere Vorbereitung in Gebrauch genommen werden kann.

(6) Medizinische Meßgeräte, für die in der Zulassung die Beifügung einer Wartungs- und Gebrauchsanweisung vorgeschrieben ist, dürfen nur mit dieser Wartungs- und Gebrauchsanweisung in den Verkehr gebracht werden.

(7) Die Absätze 1 bis 6 gelten nicht für rückwirkungsfreie Zusatzeinrichtungen nach § 5 des Eichgesetzes.

(8) Die Absätze 1 bis 6 gelten nicht für die Dauer der klinischen Erprobung neuentwickelter Meßgeräte, sofern der Hersteller oder Einführer der Geräte die Erprobung der Physikalisch-Technischen Bundesanstalt (Bundesanstalt) angezeigt hat und eine Durchschrift der Anzeige dem Gerät beigefügt ist. In der Anzeige sind Verwendungsort, Anzahl der Geräte und voraussichtliche Dauer der Erprobung anzugeben. Die Bundesanstalt kann die Anzahl der Geräte beschränken und die Dauer der Erprobung befristen.

(9) Die Absätze 1 bis 6 gelten nicht für Meßgeräte, die zur Ausfuhr bestimmt sind.

...

§ 4 Kontrolluntersuchungen und Vergleichsmessungen

(1) Wer mit medizinischen Meßgeräten quantitative labormedizinische Untersuchungen durchführt, hat die Meßergebnisse durch Kontrolluntersuchungen (laborinterne Qualitätskontrollen) und durch Teilnahme an jährlich zwei Vergleichsmessungen (Ringversuche) gemäß Teil 1 Abschnitt 2 der Richtlinien der Bundesärztekammer zur Qualitätssicherung in medizinischen Laboratorien vom 16. Januar und 16. Oktober 1987 (Deutsches Ärzteblatt 1988, S. A-699) zu überwachen. Er hat die Unterlagen über die durchgeführten Kontrolluntersuchungen und die Bescheinigungen über die Teilnahme an Ringversuchen für die Dauer von fünf Jahren aufzubewahren und der zuständigen Behörde auf Verlangen vorzulegen.

(2) Absatz 1 gilt nicht für Untersuchungen im Bereich der Zahnheilkunde und der Tierheilkunde.

§ 5 Konformitätsbescheinigung

(1) Die Übereinstimmung von Meßgeräten mit der Zulassung wird vom Hersteller oder von der zuständigen Behörde durch Anbringung des Konformitätszeichens bescheinigt (Ausstellung der Konformitätsbescheinigung).

(2) Wer die Konformitätsbescheinigung ausstellt, hat zu prüfen, ob die Meßgeräte der Zulassung entsprechen. Zur Konformitätsprüfung dürfen nur Normale benutzt werden, die rückverfolgbar an ein nationales Normal angeschlossen sind und hinreichend kleine Fehlergrenzen einhalten; soweit in den Anlagen kein besonderer Wert festgelegt ist, gilt die Fehlergrenze als hinreichend klein, wenn sie ein Drittel der Fehlergrenze des zu prüfenden Meßgerätes nicht überschreitet.

(3) Meßgeräte, die der Zulassung entsprechen, sind nach der Prüfung mit dem Konformitätszeichen nach Anhang D Nr. 1 dauerhaft zu kennzeichnen. Bei Meßgeräten zur einmaligen Verwendung darf das Zeichen auf der Verpackung aufgebracht sein. Meßgeräte, die der Zulassung nicht entsprechen, dürfen mit dem Konformitätszeichen nicht gekennzeichnet werden.

(4) Geräteteile, die einen Eingriff in meßtechnische Funktionen ermöglichen, sind, soweit die Zulassung dies vorsieht, nach der Prüfung durch Plomben, Klebemarken oder in sonst geeigneter Weise zu sichern.

(5) Wer die Konformitätsbescheinigung ausstellt, hat über die Prüfungen nachprüfbare Unterlagen zu fertigen und für die Dauer von fünf Jahren aufzubewahren. Wer eingeführte Meßgeräte in den Verkehr bringt, hat Unterlagen über im Ausland durchgeführte Prüfungen ab der Einfuhr für die Dauer von fünf Jahren bereitzuhalten.

(6) Meßgeräte mit einem Konformitätszeichen, deren Art oder Bauart nicht zur Ausstellung einer Konformitätsbescheinigung zugelassen ist oder die mit der Zulassung nicht übereinstimmen, dürfen nicht in den Verkehr gebracht, verwendet oder bereitgehalten werden.

(7) Wenn Tatsachen vorliegen, aus denen sich die Unzuverlässigkeit des Herstellers in bezug auf die Ausstellung von Konformitätsbescheinigungen ergibt, kann dem Hersteller die Ausstellung von Konformitätsbescheinigungen oder dem Einführer von Meßgeräten dieses Herstellers ihr Inverkehrbringen untersagt werden.

§ 6 Aufstellung, Gebrauch und Wartung

(1) Wer ein Meßgerät nach den §§ 1 bis 3 des Eichgesetzes, nach den §§ 1 bis 3 dieser Verordnung oder nach § 27 der Fertigpackungsverordnung verwendet oder bereithält, muß

1. a) die Anforderungen an Aufstellung, Gebrauch und Wartung des Meßgeräts einhalten und
   b) die Verpflichtung zur Überprüfung der Meßergebnisse erfüllen, die bei der Zulassung festgelegt worden sind,

2. den Hauptstempel des Meßgeräts und eine zusätzliche Angabe »Geeicht bis...« entwerten, sobald die Gültigkeit der Eichung nach § 13 vorzeitig erloschen ist,
3. eine in der Zulassung vorgeschriebene Wartungs- und Gebrauchsanweisung so beim Gerät aufbewahren, daß sie jederzeit verfügbar ist.

(2) Wer nach § 1 Abs. 4, § 77 Abs. 3 Satz 1, Anlage 18 Abschnitt 10 Nr. 4 oder nach der Zulassung verpflichtet ist, Meßgeräte zu warten oder von einem Wartungsdienst warten zu lassen, hat übersichtliche Aufzeichnungen zu führen, aus denen der Zeitpunkt der Wartung, die durchgeführten Wartungsarbeiten sowie der Name der Person oder die Firma, die die Arbeiten durchgeführt hat, hervorgehen. Diese Aufzeichnungen sind für die Dauer von fünf Jahren aufzubewahren.

(3) Wer ein Meßgerät in offenen Verkaufsstellen verwendet, muß das Meßgeräte so aufstellen und benutzen, daß der Käufer den Meßvorgang beobachten kann.

(4) Wer eine Straßenfahrzeugwaage im geschäftlichen oder amtlichen Verkehr verwendet, darf das Gesamtgewicht des Fahrzeugs nicht durch achsweises Wägen ermitteln, wenn die Beruhigungsstrecken vor oder hinter der Waagenbrücke nicht mit dieser auf gleicher Höhe liegen und nicht gerade und waagrecht ausgeführt sind. Darauf ist durch ein Schild hinzuweisen. Achsweises Wägen ist außerdem unzulässig, wenn das Wägegut flüssig ist.

(5) Soweit in den Anlagen oder in anderen Rechtsvorschriften nichts anderes bestimmt ist, dürfen Waagen nur verwendet oder bereitgehalten werden, wenn sie zumindest der Genauigkeitsklasse III (Handelswaagen) angehören.

§ 7 Pflichten bei der Eichung

(1) Meßgeräte sind für die Eichung zu reinigen und ordnungsgemäß herzurichten. Meßgeräte, die nicht am Gebrauchsort geeicht werden, sind bei der zuständigen Behörde oder an einem von ihr angegebenen Prüfungsort zur Eichung vorzuführen und nach der Eichung dort abzuholen.

(2) Meßgeräte, die am Gebrauchsort geeicht werden, müssen ungehindert und gefahrlos zugänglich sein. Für ihre Eichung hat der Antragsteller Arbeitshilfe und Arbeitsräume zur Verfügung zu stellen.

(3) Die zuständige Behörde kann verlangen, daß der Antragsteller den Transport der Prüfmittel veranlaßt oder besondere Prüfmittel bereitstellt.

(4) Wird die Eichung eines Meßgerätes beantragt, für das eine EWG-Bauartzulassung nicht von der Bundesanstalt erteilt worden ist, so kann die zuständige Behörde vom Antragsteller die Vorlage einer Ausfertigung des Zulassungsscheines verlangen.

TEIL 2

Ausnahmen von der Eichpflicht

§ 8 Meßgeräte

Von der Eichpflicht ausgenommen sind Meßgeräte nach Anhang A.

§ 9 Zusatzeinrichtungen

(1) Von der Eichpflicht ausgenommen sind rückwirkungsfreie Zusatzeinrichtungen, die bei Meßgeräten nach § 1 des Eichgesetzes Meßwerte zusätzlich darstellen, wenn

1. das zugehörige Meßgerät oder eine zu dem Meßgerät gehörende andere geeichte Zusatzeinrichtung die ermittelten Meßwerte unverändert aufzeichnet oder speichert,
2. diese Meßwerte in einer lesbaren Form zur Verfügung stehen und
3. die Zusatzeinrichtungen mit der Aufschrift »Nicht geeicht« versehen sind.

...

TEIL 4

Gültigkeitsdauer der Eichung

§ 12 Allgemeines

(1) Die Gültigkeitsdauer der Eichung ist auf zwei Jahre befristet, soweit sich nicht aus diesem Teil oder aus Anhang B etwas anderes ergibt.

(2) Die Bundesanstalt kann bei der Erteilung einer befristeten oder inhaltlich beschränkten Bauartzulassung eine kürzere Gültigkeitsdauer der Eichung festlegen. Das gilt nicht für die auf zehn Jahre befristete EWG-Bauartzulassung.

(3) Die Gültigkeitsdauer der Eichung wird in Jahren nach Ablauf des Kalenderjahres bemessen, in dem das Meßgerät zuletzt geeicht wurde. Bei einer verspäteten Nacheichung in den ersten drei Monaten eines Kalenderjahres wird die Gültigkeitsdauer im Anschluß an die Gültigkeitsdauer der vorhergehenden Eichung bemessen.

§ 13 Vorzeitiges Erlöschen

(1) Die Gültigkeit der Eichung erlischt vorzeitig, wenn

1. das Meßgrät die Verkehrsfehlergrenzen nicht einhält,
2. ein Eingriff vorgenommen wird, der Einfluß auf die meßtechnischen Eigenschaften des Geräts haben kann oder einen Verwendungsbereich erweitert oder beschränkt,
3. die vorgeschriebene Bezeichnung des Meßgeräts geändert oder eine unzuläs-

sige Bezeichnung, Aufschrift, Meßgröße, Einteilung oder Hervorhebung einer Einteilung angebracht wird,

4. der Hauptstempel oder ein Sicherungsstempel unkenntlich, entwertet oder vom Meßgerät entfernt ist,
5. das Meßgerät mit einer Zusatzeinrichtung verbunden wird, deren Anfügung nicht zulässig ist, oder
6. das Inverkehrbringen und die Inbetriebnahme der Bauart des Meßgeräts einstweilen verboten wird.

(2) Absatz 1 Nr. 1, 2 und 4 gilt nicht für instandgesetzte Meßgeräte, wenn das Meßgerät nach der Instandsetzung die Verkehrsfehlergrenzen einhält, die erneute Eichung unverzüglich beantragt wird und die Instandsetzung durch das Zeichen des Instandsetzers nach Anhang D Nr. 6 kenntlich gemacht ist.

§ 14 Verlängerung

Bei Elektrizitätszählern nach Anhang B Nr. 20.1 und 20.2 verlängert sich die Gültigkeitsdauer der Eichung um jeweils vier Jahre, wenn die Richtigkeit der Zähler vor Ablauf der Gültigkeitsdauer durch eine Stichprobenprüfung nachgewiesen worden ist. Die Verlängerung der Gültigkeitsdauer beginnt mit Ablauf des Kalenderjahres, in dem die Stichprobenprüfung durchgeführt wurde. Für die Stichprobenprüfung gilt das von der Bundesanstalt in den PTB-Mitteilungen 95 (1985) Nr. 2 S. 114 festgelegte Verfahren.

TEIL 5

Zulassung

§ 15 Allgemeine Zulassung

(1) Meßgerätearten sind zur Eichung allgemein zugelassen, soweit dies in den Anlagen bestimmt ist. Meßgeräte einer allgemein zugelassenen Art müssen den Anforderungen dieser Verordnung und den anerkannten Regeln der Technik entsprechen.

(2) Die allgemeine innerstaatliche Zulassung ist die Zulassung von Meßgerätearten zur innerstaatlichen Eichung.

(3) Die allgemeine EWG-Zulassung ist die Zulassung von Meßgerätearten zur EWG-Ersteichung und zur innerstaatlichen Eichung.

§ 16 Bauartzulassung

(1) Die innerstaatliche Bauartzulassung ist die Zulassung von Meßgerätebauarten zur innerstaatlichen Eichung.

§ 37 Meßbeständigkeit

(1) Als meßbeständig gelten Meßgeräte, die richtige Meßergebnisse über einen ausreichend langen Zeitraum erwarten lassen. Bei eichpflichtigen Meßgeräten muß dieser Zeitraum mindestens der Gültigkeitsdauer der Eichung entsprechen.

(2) Bei der Zulassung kann gefordert werden, daß bei falschen Meßergebnissen

1. deren Ausgabe verhindert wird,
2. die Meßergebnisse deutlich als falsch erkennbar sind,
3. der Meßvorgang selbsttätig unterbrochen oder
4. selbsttätig auf ein Ersatzmeßgerät umgeschaltet wird.

TEIL 11
Ordnungswidrigkeiten, Übergangs- und Schlußvorschriften

§ 74 Ordnungswidrigkeiten

Ordnungswidrig im Sinne des § 35 Abs. 2 Nr. 12 des Eichgesetzes handelt, wer vorsätzlich oder fahrlässig

1. medizinische Meßgeräte
   a) entgegen § 1 Abs. 1 oder 6 in den Verkehr bringt,
   b) entgegen § 1 Abs. 1, 2, 3 oder 4 bei der Ausübung der Heilkunde, Zahnheilkunde oder Tierheilkunde verwendet oder bereithält oder
   c) entgegen § 1 Abs. 1 Nr. 1 oder 2 geschäftsmäßig zur Selbstkontrolle des Gesundheitszustandes bereithält,

...

13. entgegen § 6 Abs. 1 Nr. 3 eine Wartungs- und Gebrauchsanweisung nicht oder nicht in der vorgeschriebenen Weise aufbewahrt,
14. entgegen § 6 Abs. 2 Aufzeichnungen nicht, nicht richtig, nicht vollständig oder nicht in der vorgeschriebenen Weise führt oder nicht für die vorgeschriebene Dauer aufbewahrt,
15. entgegen § 6 Abs. 3 Meßgeräte nicht in der vorschriebenen Weise aufstellt oder benutzt,

Geräte und Apparate für quantitative Mengenfeststellungen und Messungen unterliegen prinzipiell der Eichpflicht, solche für qualitative Untersuchungen, also Behältnisse aller Art, sind nicht eichpflichtig.

1.8.3 Gesetz über Einheiten im Meßwesen

vom 2. 7. 1969 (BGBl. I S. 709)

(Auszug)

§ 2 Gesetzliche Einheiten im Meßwesen

Gesetzliche Einheiten im Meßwesen (Einheiten) sind

1. die für die Basisgrößen nach § 3 festgesetzten Basiseinheiten des Internationalen Einheitensystems (SI),
2. die nach § 4 festgesetzten atomphysikalischen Einheiten,
3. die aus den Einheiten nach den Nummern 1 und 2 abgeleiteten und nach § 5 festgesetzten Einheiten,
4. die durch Vorsätze nach § 6 bezeichneten dezimalen Vielfachen und Teile der in den Nummern 1 bis 3 aufgeführten Einheiten.

§ 3 Basisgrößen und Basiseinheiten

(1) Basisgrößen und Basiseinheiten im Sinne dieses Gesetzes sind

1. Basisgröße Länge mit der Basiseinheit Meter (Einheitenzeichen: m),
2. Basisgröße Masse mit der Basiseinheit Kilogramm (Einheitenzeichen: kg),
3. Basisgröße Zeit mit der Basiseinheit Sekunde (Einheitenzeichen: s),
4. Basisgröße elektrische Stromstärke mit der Basiseinheit Ampere (Einheitenzeichen: A),
5. Basisgröße thermodynamische Temperatur mit der Basiseinheit Kelvin (Einheitenzeichen: K),
6. Basisgröße Stoffmenge mit der Basiseinheit Mol (Einheitenzeichen: mol),
7. Basisgröße Lichtstärke mit der Basiseinheit Candela (Einheitenzeichen: cd).

...

§ 5 Abgeleitete Einheiten, Ermächtigungen

(1) Die Bundesregierung wird ermächtigt, zur Gewährleistung der Einheitlichkeit im Meßwesen nach Anhörung der beteiligten Kreise von Wissenschaft und Wirtschaft durch Rechtsverordnung mit Zustimmung des Bundesrates weitere Einheiten für besonders genannte Größen oder aus diesen ableitbare Größen als gesetzliche Einheiten mit Namen und Einheitenzeichen sowie Abkürzungen festzusetzen. Diese Einheiten müssen sich als mit einem festen Zahlenfaktor multiplizierte Produkte aus Potenzen der Basiseinheiten nach § 3 und der atomphysikalischen Einheiten nach § 4 ableiten lassen.

(2) Der Bundesminister für Wirtschaft wird ermächtigt, zur Gewährleistung der Einheitlichkeit im Meßwesen durch Rechtsverordnung, die nicht der Zustimmung des Bundesrates bedarf, die Schreibweise der Zahlenwerte zu bestimmen und Abkürzungen von Einheitennamen festzusetzen, die für bestimmte Anwen-

dungen im Bereich der Datenverarbeitung in Systemen mit beschränktem Zeichenvorrat an Stelle der gesetzlichen Einheitenzeichen verwendet werden dürfen.

§ 6 Vorsätze und Vorsatzzeichen

(1) Die folgenden dezimalen Vielfachen und Teile von Einheiten (§ 2 Nr. 4) können durch Versetzen von Vorsilben (Vorsätze) vor den Namen der Einheit bezeichnet werden. Vorsätze und deren Vorsatzzeichen sind:
für das Trillionenfache (1 000 000 000 000 000 000 oder 10^{18}fache) der Einheit: Exa (Vorsatzzeichen: E),
für das Billiardenfache (1 000 000 000 000 000 oder 10^{15}fache) der Einheit: Peta (Vorsatzzeichen: P),
für das Billionenfache (1 000 000 000 000 oder 10^{12}fache) der Einheit: Tera (Vorsatzzeichen: T),
für das Milliardenfache (1 000 000 000 oder 10^{9}fache) der Einheit: Giga (Vorsatzzeichen: G),
für das Millionenfache (1 000 000 oder 10^{6}fache) der Einheit: Mega (Vorsatzzeichen: M),
für das Tausendfache (1000 oder 10^{3}fache) der Einheit: Kilo (Vorsatzzeichen: k),
für das Hundertfache (100 oder 10^{2}fache) der Einheit: Hekto (Vorsatzzeichen: h),
für das Zehnfache (10 oder 10^{1}fache) der Einheit: Deka (Vorsatzzeichen: da),
für das Zehntel (01 oder 10^{-1}fache) der Einheit: Dezi (Vorsatzzeichen: d),
für das Hundertstel (0,01 oder 10^{-2}fache) der Einheit: Zenti (Vorsatzzeichen: c),
für das Tausendstel (0,001 oder 10^{-3}fache) der Einheit: Milli (Vorsatzzeichen: m),
für das Millionstel (0,000 001 oder 10^{-6}fache) der Einheit: Mikro (Vorsatzzeichen: μ), (entspricht 1 ppm)
für das Milliardstel (0,000 000 001 oder 10^{-9}fache) der Einheit: Nano (Vorsatzzeichen: n),
für das Billionstel (0,000 000 000 001 oder 10^{-12}fache) der Einheit: Piko (Vorsatzzeichen: p),
für das Billiardstel (0,000 000 000 000 001 oder 10^{-15}fache) der Einheit: Femeto (Vorsatzzeichen: f),
für das Trillionstel (0,000 000 000 000 000 001 oder 10^{-18}fache) der Einheit: Atto (Vorsatzzeichen: a).

(2) Zur Bezeichnung eines dezimalen Vielfachen oder Teiles einer Einheit nach Absatz 1 dürfen nicht mehr als ein Vorsatz benutzt werden.

(3) Der Vorsatz ist ohne Zwischenraum vor den Namen der Einheit, das Vorsatzzeichen ohne Zwischenraum vor das Einheitenzeichen zu setzen. Hochzeichen (Potenzexponenten) bei derart zusammengesetzten Kurzzeichen müssen sich auf das ganze Kurzzeichen beziehen.

(4) Wird eine Einheit als Produkt oder als Quotient aus dezimalen Vielfachen oder Teilen anderer Einheiten gebildet, so dürfen diese mit den in Absatz 1 genannten Vorsätzen und deren Vorsatzzeichen bezeichnet werden.

...

§ 8 Zuständige Behörden

Die Landesregierungen oder die von ihnen bestimmten Stellen bestimmen die für die Durchführung dieses Gesetzes zuständigen Behörden, soweit nicht die Physikalisch-Technische Bundesanstalt zuständig ist.

...

§ 11 Bußgeldvorschrift

(1) Ordnungswidrig handelt, wer

1. im geschäftlichen Verkehr entgegen § 1 Abs. 1 zur Angabe von Größen nach § 3 oder § 4 nicht die gesetzlichen Einheiten verwendet,

...

3. einer Vorschrift einer nach § 5 ergangenen Rechtsverordnung zuwiderhandelt, soweit die Rechtsverordnung für einen bestimmten Tatbestand auf diese Bußgeldvorschrift verweist.

(2) Die Ordnungswidrigkeit kann mit einer Geldbuße geahndet werden.

1.9 Verordnung über die Sicherheit medizinisch-technischer Geräte (Medizingeräteverordnung – MedGV)

Bundesrats-Drucksache 302/84 vom 13. 6. 84

Die Verordnung hat das Ziel, Gefahren bei der Anwendung medizinisch-technischer Geräte zu verringern und die erforderliche Anwender- und Patientensicherheit in den Praxen der niedergelassenen Ärzte und Zahnärzte, in den Krankenhäusern und sonstigen Einrichtungen des Gesundheitswesens zu gewährleisten.

Für Heilpraktiker werden vornehmlich die medizinisch-technischen Geräte der Gruppen 3 und 4 infrage kommen. Für diesen Bereich werden die betreffenden Abschnitte aus der MedGV auszugsweise wiedergegeben.

Anliegende »Anleitung für das Anlegen und Führen des ›Begleitheftes für medizinisch-technisches Gerät‹« ist auf die Inbetriebnahme solcher Geräte in den Praxen der Heilpraktiker zugeschnitten. Die Anlage ist nach dem jeweiligen Stand der Ausstattung zu ergänzen.

Erster Abschnitt

ALLGEMEINE VORSCHRIFTEN

§ 1 Anwendungsbereich

(1) Medizinisch-technische Geräte einschließlich Laborgeräten und Gerätekombinationen, die dazu bestimmt sind, in der Heilkunde oder Zahnheilkunde bei der Untersuchung oder Behandlung von Menschen verwendet zu werden, dürfen nur nach dieser Verordnung in den Verkehr gebracht, ausgestellt und betrieben werden.

(2) Ausgenommen hiervon sind medizinisch-technische Geräte, die nicht zur Verwendung im Geltungsbereich dieser Verordnung bestimmt sind.

§ 2 Einteilung der medizinisch-technischen Geräte

Medizinisch-technische Geräte werden in folgende Gruppen eingeteilt:

- Gruppe 1 Energetisch betriebene medizinisch-technische Geräte, die in Anlage 1 aufgeführt sind.
- Gruppe 2 Implantierbare Herzschrittmacher und sonstige energetisch betriebene medizinisch-technische Implantate.
- Gruppe 3 Energetisch betriebene medizinisch-technische Geräte, die nicht in Anlage 1 aufgeführt sind und nicht der Gruppe 2 zuzuordnen sind.
- Gruppe 4 Alle sonstigen medizinisch-technischen Geräte.

Zu § 2

Bei den medizinisch-technischen Geräten der Gruppe 1, die enumerativ in der Anlage 1 der Verordnung aufgeführt sind, handelt es sich um Geräte, von denen wegen ihrer überwiegend lebenserhaltenden Funktion und/oder intrakardialen Anwendungsweise besondere Gefahren ausgehen können. Die Sicherheit bei diesen Geräten soll im wesentlichen durch eine Bauartzulassung, ordnungsgemäße Personaleinweisung sowie durch regelmäßige sicherheitstechnische Kontrollen erreicht werden.

In der Gruppe 2 sind gesondert implantierbare Herzschrittmacher und sonstige energetisch betriebene medizinisch-technische Implantate – wie beispielsweise Blasenstimulatoren oder implantierbare Insulinpumpen zusammengefaßt, da nicht alle Vorschriften der Verordnung auf sie anwendbar sind. Das gilt insbesondere für die Vorschriften über den Betrieb und die sicherheitstechnische Überprüfung bereits in Betrieb befindlicher Geräte.

Zweiter Abschnitt
VORSCHRIFTEN FÜR DAS INVERKEHRBRINGEN UND AUSSTELLEN

§ 3 Allgemeine Anforderungen

(1) Medizinisch-technische Geräte dürfen nur in den Verkehr gebracht oder ausgestellt werden, wenn sie den Vorschriften dieser Verordnung, den allgemein anerkannten Regeln der Technik sowie den Arbeitsschutz- und Unfallverhütungsvorschriften entsprechen. Dabei muß sichergestellt sein, daß Patienten, Beschäftigte oder Dritte bei der bestimmungsgemäßen Verwendung der Geräte gegen Gefahren für Leben und Gesundheit so weit geschützt sind, wie es die Art der bestimmungsgemäßen Verwendung gestattet.

§ 4 Gebrauchsanweisung

(1) Der Hersteller hat eine Gebrauchsanweisung in deutscher Sprache mitzuliefern. Darin müssen die notwendigen Angaben über Verwendungszweck, Funktionsweise, Kombinationsmöglichkeiten mit anderen Geräten, Reinigung, Desinfektion, Sterilisation, Zusammenbau, Funktionsprüfung sowie Wartung des Gerätes enthalten sein.

(2) – betrifft nur Geräte der Gruppe 2

Zu § 4

Absatz 1 schreibt zwingend vor, daß für jedes medizinisch-technische Gerät eine in deutscher Sprache abgefaßte Gebrauchsanweisung in zweifacher Ausfertigung mitzuliefern ist. Über die in dieser Vorschrift im einzelnen aufgeführten Kriterien ist in der Gebrauchsanweisung allerdings nur im »notwendigen« Umfang, d. h. insoweit zu unterrichten, als dies für die Einweisung des Personals und für eine sichere Handhabung des Gerätes erforderlich ist. Eine noch so ausführlich gefaßte Gebrauchsanweisung kann jedoch nicht die fachkundige Einweisung des Personals, wie sie für die Anwendung der Geräte der Gruppen 1 und 3 nach dieser Verordnung (§ 10) zwingend vorgeschrieben ist, ersetzen.

§ 5 Bauartzulassung
(nur zur Information)

(1) Medizinisch-technische Geräte der Gruppen 1 und 2 dürfen nur in den Verkehr gebracht oder ausgestellt werden, wenn sie von der zuständigen Behörde der Bauart nach zugelassen sind.

(2) Die Bauartzulassung ist vom Hersteller zu beantragen. Dem Antrag sind die für die Beurteilung des Gerätes erforderlichen Unterlagen einschließlich eines vom Hersteller einzuholenden Gutachtens auf Grund der Bauartprüfung einer Prüfstelle beizufügen. Erforderliche Muster für die Bauartprüfung sind der Prüfstelle zur Verfügung zu stellen.

In § 5 wird für Geräte der Gruppen 1 und 2 eine Bauartzulassung vorgeschrieben und das Zulassungsverfahren im einzelnen geregelt.

In Absatz 1 wird der Grundsatz aufgestellt, daß medizinisch-technische Geräte der Gruppen 1 und 2 von der zuständigen Behörde der Bauart nach zugelassen sein müssen, bevor sie in Verkehr gebracht oder ausgestellt werden.

(3) Die Zulassung ist zu erteilen, wenn die Bauart den Anforderungen des § 3 entspricht. Die Zulassung kann erteilt werden, wenn die Bauart den Anforderungen des § 3 Abs. 1 und 2 nicht entspricht, jedoch die gleiche Sicherheit auf andere Weise gewährleistet ist.

(4) ggf. – siehe Originaltext – betrifft nur Gruppe 1 und 2

Dritter Abschnitt

VORSCHRIFTEN FÜR DAS BETREIBEN

§ 6 Allgemeine Anforderungen an den Betrieb

(1) Medizinisch-technische Geräte der Gruppen 1, 3 und 4 dürfen nur bestimmungsgemäß, nach den Vorschriften dieser Verordnung, den allgemein anerkannten Regeln der Technik sowie den Arbeitsschutz- und Unfallverhütungsvorschriften betrieben werden. Sie dürfen nicht betrieben werden, wenn sie Mängel aufweisen, durch die Patienten, Beschäftigte oder Dritte gefährdet werden können.

(2) Medizinisch-technische Geräte der Gruppe 1 dürfen nur betrieben werden, wenn sie der Bauart nach zugelassen sind.

(3) Medizinisch-technische Geräte der Gruppen 1, 3 und 4 dürfen nur von Personen angewendet werden, die auf Grund ihrer Ausbildung oder ihrer Kenntnisse und praktischen Erfahrungen die Gewähr für eine sachgerechte Handhabung bieten.

(4) Der Anwender hat sich vor der Anwendung eines Gerätes der Gruppen 1, 3 oder 4 von der Funktionssicherheit und dem ordnungsgemäßen Zustand des Gerätes zu überzeugen.

(5) Die zuständige Behörde kann im Einzelfall zur Abwendung besonderer Gefahren für Patienten, Beschäftigte oder Dritte über § 6 Abs. 1 Satz 1 hinausgehende Anforderungen stellen.

§ 12 Bestandsverzeichnis

Begleithefte

(1) Der Betreiber hat für die von ihm betriebenen medizinisch-technischen Geräte der Gruppen 1, 3 und 4 ein Bestandsverzeichnis und für jedes einzelne Gerät der Gruppen 3 und 4 ein Begleitheft lt. Muster zu führen.

(2) In das Bestandsverzeichnis sind für jedes einzelne Gerät folgende Angaben einzutragen:

1. Name oder Firma des Herstellers,

2. Typ, Fabriknummer und Anschaffungsjahr,
3. Gerätegruppe,
4. Standort oder betriebliche Zuordnung.

(3) Der zuständigen Behörde ist auf Verlangen beim Betreiber jederzeit Einsicht in das Bestandsverzeichnis und in die Begleithefte zu gewähren.

§ 13 Gerätebuch

(1) Für medizinisch-technische Geräte der Gruppe 1 hat der Betreiber ein Gerätebuch zu führen.

(2) – siehe Originaltext – betrifft nur Gruppe 1

§ 14 Aufbewahrung der Gebrauchsanweisung und Gerätebücher

(nur zur Information, da Gruppe 1)

(1) Gebrauchsanweisungen und Gerätebücher für medizinisch-technische Geräte der Gruppe 1 sind so aufzubewahren, daß sie den mit der Anwendung beauftragten Personen jederzeit zugänglich sind.

(2) Der zuständigen Behörde ist auf Verlangen am Betriebsort jederzeit Einsicht in die Gerätebücher zu gewähren.

§ 15 Unfall- und Schadensanzeige

– siehe Originaltext –

§ 16 Ausnahmen für nichtgewerblich betriebene Geräte

– siehe Originaltext –

Vierter Abschnitt

PRÜFUNGS- UND AUFSICHTSORGANE

§ 17 Prüfstellen

Prüfstellen für die Prüfung medizinisch-technischer Geräte der Gruppen 1 und 2 sind die in Anlage 2 genannten Prüfstellen.

§ 18 Sachverständige

Sachverständige für die Prüfung von medizinisch-technischen Geräten sind die Sachverständigen nach § 24c Abs. 1 und 2 und § 36 der Gewerbeordnung sowie die in Anlage 2 bezeichneten Prüfstellen.

Fünfter Abschnitt

ORDNUNGSWIDRIGKEITEN

§ 20 Ordnungswidrigkeiten ...

§ 21 Straftaten ...

Muster für Bestandsverzeichnis

Geräte-bezeichnung	Name od. Firma d. Herstellers	Typ, Fabrik-Nr., Anschaff.-Jahr	Ger.-Gr.	Standort im Betrieb

BEGLEITHEFT

für medizinisch-technische Geräte

(gemäß Medizingeräteverordnung – MedGV)

Gerät-Bezeichnung: ....

Gerät-Gruppe nach § 2 MedGV: ....

Datum der Anlieferung / Aufstellung: ....

Lieferant: ....

....

Rechnung Nr.: .... vom: ....

Hersteller: ....

....

Herstellungsjahr: ....

Modell: .... Typ: ....

Fabrik- / Werk-Nr.: ....

Aufbewahrungs- / Stellort: ....

Bedienungsanleitung: ....

Besonderheiten: ....

Empfänger des Gerätes: ....
(Name, Vorname)

....
(Unterschrift)

1.10 Hygiene und Infektionsprävention

Die Unteilbarkeit von Hygiene und Infektionsprävention bei allen medizinischen Maßnahmen, die die Körperdecke verletzen, versteht sich von selbst.

1.10.1 Richtlinie für Krankenhaushygiene und Infektionsprävention

Herausgegeben vom Bundesgesundheitsamt Berlin

Stand: August 1991

(Auszug)

Vorwort

Injektionen, Infusionen, Transfusionen, Operationen aller Schwierigkeitsgrade, diagnostische Eingriffe mit komplizierten Apparaturen gehören heute zu den Routinemaßnahmen der meisten Krankenhäuser und haben Erkennung und Heilung vieler Krankheiten wesentlich verbessert. Dafür mußten manche Patienten einen Tribut zahlen in Form einer zusätzlichen Krankheit infolge Infektion mit Keimen, die sich auf vielen verborgenen Wegen über das Instrumentarium, die Raumluft, Wäsche, Lebensmittel, aber auch das Personal verbreitet hatten und häufig chemotherapieresistent geworden waren. Diese zusätzlichen Infektionen, deren Häufigkeit von Klinik zu Klinik in Abhängigkeit vom jeweiligen Fachgebiet, der Ausstattung und des Hygienestandards schwankt, können bis zu 10% der Patienten betreffen und deren Verweildauer im Krankenhaus zum Teil erheblich verlängern.

Die Maßnahmen zur Erkennung, Verhütung und Bekämpfung von Krankenhausinfektionen, wie sie jetzt von einer Kommission des Bundesgesundheitsamtes vorgeschlagen werden, sind in einigen Bereichen kostenwirksam. Da sie aber der Verhütung von Gesundheitsschäden und der Kürzung der Verweildauer vieler Patienten im Krankenhaus dienen, werden im Ergebnis Kosten eingespart. Personalsituation und Kostenentwicklung im Gesundheitswesen lassen sicher nur eine schrittweise Realisierung der Empfehlungen zu. Dennoch sollte aber ein Anfang gemacht werden, damit die Bundesrepublik Deutschland auch in Zukunft einem internationalen Vergleich auf diesem Gebiet standhalten kann.

Die Zunahme von Krankenhausinfektionen stellt die verantwortlichen Ärzte und Gesundheitsbehörden vor neue Aufgaben in der Krankenhaushygiene. Ihre Durchführung setzt voraus, daß sich die ärztlichen Leiter, die im Krankenhaus tätigen Ärzte und das Pflegepersonal eingehender als bisher mit der Erkennung, Verhütung und Bekämpfung von Krankenhausinfektionen befassen. Die Gefahr einer Krankenhausinfektion ist besonders nach operativen Eingriffen, in Intensiv- und anderen Spezialeinheiten, in Frühgeborenenstationen und Kinderkliniken sowie auf Abteilungen für Urologie und Geburtshilfe gegeben. Um das Infektionsrisiko herabzusetzen und die Verbreitung von Krankenhausinfektionen zu verhü-

ten, sind die Forderungen der Krankenhaushygiene und der medizinischen Mikrobiologie zu beachten und zu erfüllen. Hierzu müssen im Krankenhaus funktionell-bauliche und betrieblich-organisatorische Voraussetzungen geschaffen werden. Erforderlich sind die Erfassung von Krankenhausinfektionen, die Klärung ihrer Ursachen und die Einleitung geeigneter Bekämpfungsmaßnahmen sowie eine ständige Überwachung der medizinisch-technischen Einrichtungen, des Pflegeablaufs und der Desinfektions-, Sterilisations- sowie anderer hygienischer Maßnahmen. Von gleicher Wichtigkeit ist eine den Aufgaben angepaßte Aus- und Fortbildung der Ärzte, des Pflegepersonals und des übrigen Personals auf den Gebieten der Krankenhaushygiene. Als Anleitung für die Durchführung dieser Aufgaben wurde von einer Kommission des Bundesgesundheitsamtes die vorliegende Richtlinie nach dem derzeitigen Stand der Wissenschaft erarbeitet.
Die Richtlinie gliedert sich in folgende Abschnitte:

1. Definition der Krankenhausinfektion
2. Rechtliche Grundlagen
3. Erkennung von Krankenhausinfektionen
4. Verhütung und Bekämpfung von Krankenhausinfektionen durch funktionell-bauliche Maßnahmen
5. Verhütung und Bekämpfung von Krankenhausinfektionen durch betrieblich-organisatorische Maßnahmen
6. Verhütung und Bekämpfung von Krankenhausinfektionen durch hygienische Maßnahmen in Versorgungs- und technischen Bereichen.
7. Durchführung der Sterilisation und Desinfektion.

Die in der Richtlinie genannten Anlagen befinden sich in Vorbereitung. Sie werden jeweils nach Fertigstellung im Bundesgesundheitsblatt veröffentlicht.

1. DEFINITION DER KRANKENHAUSINFEKTION (Nosokomiale Infektion)

Eine Krankenhausinfektion ist jede durch Mikroorganismen hervorgerufene Infektion, die im kausalen Zusammenhang mit einem Krankenhausaufenthalt steht, unabhängig davon, ob Krankheitssymptome bestehen oder nicht.

Eine epidemische Krankenhausinfektion liegt vor, wenn Infektionen mit einheitlichem Erregertyp in zeitlichem, örtlichem und kausalem Zusammenhang mit einem Krankenhausaufenthalt nicht nur vereinzelt auftreten.

2. RECHTLICHE GRUNDLAGEN

2.1 Bundes-Seuchengesetz vom 18. 7. 1961 (BGBl. 1 v. 22. 7. 1961, S. 1012) §§ 3, 8, 10

2.2 3. Durchführungsverordnung zum Gesetz über die Vereinheitlichung des Gesundheitswesens vom 30. 3. 1935 (BGBl. III. S. 2120–1–3) §§ 47, 50, 59.

2.3 Reichsversicherungsordnung (BGBl. III S. 820–1) § 708 ff. (Unfallverhütung)

2.4 Zivilrechtliche und strafrechtliche Normen, die grundsätzlich eine Schädigung an Leib und Leben, etwa infolge Nichtbeachtens anerkannter Regeln der Hygiene, verbieten.

2.5 Landeskrankenhausgesetze, soweit sie einschlägige Vorschriften enthalten.

2.6 Rechtsverordnungen über Anlage, Bau und Einrichtung von Krankenhäusern (nicht in allen Bundesländern).

2.7 Generalbestimmungen über Gefahrenabwehr in den jeweiligen Ordnungsgesetzen der Länder (z. B. Polizeiverwaltungsgesetz).

3. ERKENNUNG VON KRANKENHAUSINFEKTIONEN

Klinische Befunde, die auf eine Krankenhausinfektion hinweisen oder den Beginn einer solchen vermuten lassen, erfordern umgehend die in dieser Richtlinie zur Bekämpfung von Krankenhausinfektionen vorgeschlagenen Maßnahmen. Es ist dafür Sorge zu tragen, daß jede Krankenhausinfektion so früh wie möglich erkannt und jeder Verdacht einer Klärung zugeführt wird.

Bei Verdacht oder Vorliegen einer Krankenhausinfektion sind unverzüglich die jeweils erforderlichen mikrobiologischen Verfahren eines direkten und indirekten Erregernachweises auch in der Umgebung des Patienten anzuwenden.

Es sind regelmäßige mikrobiologische Routinekontrollen vorzusehen.

Bei jeder epidemischen Krankenhausinfektion ist die jeweilige Individualdiagnostik zu ergänzen durch

a) Feststellung der Einheitlichkeit der Erreger und ihrer Resistenzspektren durch standardisierte Resistenzbestimmungen

b) Ermittlung der Infektionswege und -quellen.

Sofern die mikrobiologischen Untersuchungen nicht im Krankenhaus selbst vorgenommen werden können, sind fachkompetente Einrichtungen einzuschalten.

4. VERHÜTUNG UND BEKÄMPFUNG VON KRANKENHAUSINFEKTIONEN DURCH FUNKTIONELL-BAULICHE MASSNAHMEN

Bei der Planung und Durchführung von Neu- und Umbauten von Krankenanstalten sind vorrangig die Grundlagen der Krankenhaushygiene im Sinne dieser Richtlinie zu berücksichtigen. Aus diesem Grund müssen bei allen Stadien der Bauplanung der zuständige Kliniker, ein auf diesem Gebiet erfahrener Hygieniker/Mikrobiologe und eine erfahrene Pflegekraft hinzugezogen werden. Die in den folgenden Abschnitten genannten Anforderungen sind in gesondert erscheinenden Anlagen aufgeführt.

4.1 Anforderungen an die Lage und die Gliederung des Krankenhauses

4.1.1 Wegeführung (u. a. Personal, Patienten, Besucher, Studenten, Material)
4.1.2 Zuordnung der einzelnen Leistungsstellen zu bestimmten Bereichen
4.1.3 Bildung von Reinheitszonen (Trennung reiner und unreiner Bereiche)
4.1.4 Zentralisierung von Einrichtungen

4.2 Anforderungen an Einzelräume

4.2.1 Aufenthalts- und Umkleideräume, Garderobe
4.2.2 Sanitärräume
4.2.3 Schleusen (u. a. Personal-, Patienten-, Geräte-, Materialschleusen)
4.2.4 Räume für reine und unreine Arbeiten (z. B. Aufbereitung von Instrumenten, Desinfektion von Instrumenten, Desinfektion von Betten, Sterilisation)
4.2.5 Nebenräume (z. B. zum Abstellen, zur Vorratshaltung und zum Sammeln des Abfalls)

4.3 Anforderungen an Leistungsstellen der Pflege, Diagnose und Therapie

4.3.1 Pflegebereiche
4.3.2 Ambulanz, Poliklinik
4.3.3 Operationsabteilung
4.3.4 Spezialeinheiten mit hohen hygienischen Ansprüchen (Einheiten für Intensivmedizin, Entbindungs-, Frühgeborenen- und Neugeboreneneinheiten, Isolier-, Dialyse- und Transplantationseinheiten)
4.3.5 Infektionseinheiten
4.3.6 Radiologische und nuklearmedizinische Einrichtungen
4.3.7 Physikalische Therapie
4.3.8 Laboratorien
4.3.9 Prosektur
4.3.10 Mikrobiologie

4.4 Anforderungen an andere Leistungsstellen

4.4.1 Zentralsterilisation
4.4.2 Desinfektions- und Aufbereitungseinrichtungen
4.4.3 Wäscherei
4.4.4 Apotheke
4.4.5 Küchen
4.4.6 Technische Versorgungseinrichtungen (u. a. Heizung, Wasserversorgung, Demineralisierungs- und Desinfektionsanlagen, Anlagen für medizinische Gase und Druckluft)
4.4.7 Entsorgungseinrichtungen (u. a. für Abfall und Müll, infiziertes Material, Abwasser)
4.4.8 Tierställe

4.5 Anforderungen an technische Anlagen und Materialien

4.5.1 Lüftungstechnische Anlagen
4.5.2 Kanal- und Schachtverbindungen, Leitungen
4.5.3 Transportanlagen (u. a. Aufzüge, Rohrpost, AWT-Anlagen)
4.5.4 Baustoffe
4.5.5 Oberflächen (z. B. Decken, Wände, Fußböden, Einrichtungen)

4.6 Anforderungen an Altbauten

4.6.1 Hinweise zur Sanierung
4.6.2 Nutzungsbeschränkungen bei Nichterfüllung hygienischer Anforderungen für spezielle Leistungsstellen

5. VERHÜTUNG UND BEKÄMPFUNG VON KRANKENHAUSINFEKTIONEN DURCH BETRIEBLICH-ORGANISATORISCHE MASSNAHMEN

5.1 Innerbetriebliche Erfordernisse

Zur Verhütung von Krankenhausinfektionen sind den Forderungen der Hygiene gerecht werdende bauliche Maßnahmen, innerbetriebliche Organisation und Überwachung der Funktionsabläufe, die geeignet sind, eine Einschleppung von Infektionen in das Krankenhaus und eine Verbreitung von Infektionen innerhalb des Krankenhauses zu verhindern, erforderlich. Entsprechende Schulung des Personals, Regelungen für den Besucherverkehr, zuverlässige Desinfektions- und Sterilisationsmaßnahmen, Schädlingsbekämpfung, Unterbrechung möglicher Infektionswege und Ausschaltung von Infektionsquellen sind notwendig.

- Besondere Maßnahmen müssen getroffen werden, um eine Einschleppung und Verbreitung von Infektionen durch Besucher zu verhindern.
- Innerhalb eines jeden Bereiches müssen Maßnahmen getroffen werden, um eine Verbreitung von Infektionserregern von Patient zu Patient oder von Pflegepersonal zum Patienten zu verhindern.
- Es müssen Maßnahmen getroffen werden, damit weder durch Personen noch durch Kleidung, Geräte, Instrumente, Betten usw. Infektionserreger weitergetragen werden.
  Insbesondere gilt dies bei einem Wechsel von einem Bereich in einen anderen.
  An Stellen, an denen besondere Übertragungsgefahren bestehen, z. B. vor Eintritt in Bereiche nach 5.2.1 und bei Wechsel von 5.2.2 in andere Bereiche, sind frische Schutzkleidung und Händedesinfektion erforderlich.

5.2 Einordnung der Krankenhausbereiche

5.2.1 Bereiche, die in besonderem Maße vor Infektionen geschützt werden müssen: z. B. Einheiten zur Pflege von Transplantations- oder Verbrennungsfällen, für Intensivmedizin, ferner Sterilzellen, Operationsabteilungen, Entbindungseinheiten, Frühgeborenenstation, Zentralsterilisation (reine Seite), Diagnostikeinheiten mit operativen Eingriffen.

5.2.2 Bereiche, von denen bevorzugt Infektionen ausgehen können: z. B. Infektionseinheiten, »septische« Operationseinheiten, Räume mit Patienten mit offenen Infektionsherden, Einheiten für Intensivmedizin, Dialyseeinheiten und Kinderpolikliniken. Ferner können von Milchküchen, Laboratorien für mikrobiologische Untersuchungen, insbesondere auf Krankheitserreger, von der Prosektur, Tierställen, von der unreinen Seite der Wäscherei, der unreinen Seite der Bettenzentrale und von Abfallbeseitigungseinrichtungen Infektionen ausgehen.

5.2.3 Bereiche mit mittlerem Infektionsrisiko:
Dies sind nicht unter 5.2.1 oder 5.2.2 genannte stationäre Bereiche, Polikliniken, Ambulanzbereiche, Patientenaufnahmebereiche, Laboratorien, radiologische

und nuklearmedizinische Einrichtungen, Abteilungen für physikalische Therapie, Küchen, Wäschereien, Sanitärräume.

5.2.4 Bereiche mit geringen Infektionsmöglichkeiten: z. B. Verwaltungsräume, Hörsäle, Unterrichtsräume, Personalwohn- und -speiseräume, Werkstätten u. a. technische Bereiche.

5.3 Aufgaben der Ärzte, des Pflegepersonals und anderer im Krankenhaus tätiger Personen im Rahmen der Krankenhaushygiene

...

Ziel der Krankenhaushygiene ist primär die Verhütung von Infektionen im Krankenhaus. Auf Grund der heutigen Kenntnisse über die wichtigsten Entstehungsmechanismen von Infektionen im Krankenhaus muß der Arzt für Hygiene darauf hinwirken, daß ärztliche und pflegerische Tätigkeiten unter infektionsprophylaktischen Gesichtspunkten durchgeführt werden, daß die betrieblich-organisatorischen und funktionell-baulichen Voraussetzungen vorhanden sind, so daß die Wahrscheinlichkeit des Entstehens von Infektionen im Krankenhaus minimiert ist. Dies erfordert auch die Sicherstellung und Kontrolle der entsprechenden Voraussetzungen und Maßnahmen zur Infektionsverhütung. Daneben ist es Aufgabe der Krankenhaushygiene, auftretende Infektionen möglichen Ursachen zuzuordnen. Hierzu müssen sowohl patientenbezogene Proben als auch aus der Umgebung des Patienten entnommene Proben zur Aufklärung möglicher Infektionsquellen herangezogen werden.

Diese Voraussetzungen für eine wirksame Erkennung, Verhütung und Bekämpfung von Krankenhausinfektionen erfordern einen Arzt für Hygiene, der auf Grund der Weiterbildungsinhalte Kenntnisse und Erfahrungen auf folgenden Gebieten erworben hat:

- Prophylaxe und Epidemiologie von infektiösen und nichtinfektiösen Krankheiten,
- Anzüchtung und Differenzierung von Mikroorganismen und Viren sowie immunologische Untersuchungen, soweit sie hygienisch von Belang sind,
- Anwendung von Antibiotika,
- Überwachung der Desinfektion und Sterilisation sowie der Ver- und Entsorgungseinrichtungen mittels physikalischer, chemischer und mikrobiologischer Verfahren,
- technische Hygiene (u. a. Luftschadstoffe, RLT-Anlagen, Wasserversorgungs- und andere technische Einrichtungen),
- Umwelthygiene zur Beurteilung der Beeinflussung des Menschen durch Umweltfaktoren (z. B. Schadstoffe in Boden, Wasser, Luft), Lebensmittel und Gegenstände des täglichen Bedarfs sowie Lärm.
- Individual- und Sozialhygiene,
- Beratung bezüglich Infektionsverhütung (u. a. Schutzimpfungen),
- Mitwirkung bei der Planung und dem Betrieb von Krankenhäusern (Einheiten

für die Notfallaufnahme, Krankenhauseinrichtungen für die Versorgung ambulanter Patienten, Einrichtungen der Urologie, Einheiten für die Endoskopie, Einheiten für Prosektur bzw. Pathologie, radiologische und nuklearmedizinische Einrichtungen, Operationsabteilungen, Entbindungsabteilungen, Einrichtungen der Physiotherapie, Pflegeeinheiten, Einheiten für Intensivmedizin, Dialyseeinheiten, Infektionseinheiten, Krankenhausapotheken, Sterilisationseinheiten, Einrichtungen zur Bettenaufbereitung, Krankenhausküchen, Krankenhauswäschereien, Einrichtungen zur Abfallentsorgung, Aufenthalts- und Umkleideräume, Sanitärräume, Schleusen, Kanal- und Schachtverbindungen, Transportanlagen, raumlufttechnische Anlagen; Baustoffe und Ausstattungsmaterialien),
- Abfallentsorgung.

6. VERHÜTUNG UND BEKÄMPFUNG VON KRANKENHAUS-INFEKTIONEN DURCH HYGIENISCHE MASSNAHMEN IN VERSORGUNGS- UND TECHNISCHEN BEREICHEN

6.1 Hygienische Anforderungen an Sterilisationsanlagen

Die Sterilisationsanlagen sollen durch Personal bedient werden, das für diese Aufgabe geschult ist. Für jede Anlage und jede Aufgabe sind Bedienungs- bzw. Arbeitsanweisungen zu fertigen, die jederzeit verfügbar sein müssen. Der Arbeitsablauf ist so zu organisieren, daß eine Verwechslung von sterilisiertem mit noch nicht sterilisiertem Gut ausgeschlossen ist.

6.2 Hygienische Anforderungen an Desinfektionsanlagen

Die Desinfektionsanlagen sollten durch Personal bedient werden, das für diese Aufgabe geschult ist. Für jede Aufgabe sind Bedienungs- bzw. Arbeitsanweisungen zu fertigen, die jederzeit verfügbar sein müssen. Der Arbeitsablauf ist so zu organisieren, daß eine Verwechslung von desinfiziertem mit noch nicht desinfiziertem Gut ausgeschlossen ist.

6.3 Hygienische Anforderungen an Küchen und Diätküchen

Die Lebensmittelzubereitung und -vorratshaltung sowie Küchengeräte, Behälter und Eßgeschirre müssen regelmäßig hygienisch überwacht werden, Räume und Gegenstände in bestimmten Bereichen sind zu desinfizieren. Es ist darauf zu achten, daß das Küchenpersonal stets saubere Arbeitskleidung trägt, auch die Sozialräume des Küchenpersonals sorgfältig gereinigt werden und die Toiletten mit Handwaschbecken, Einmal-Handtüchern, Handtuchautomaten o. ä. und mit Hände-Desinfektionsvorrichtungen versehen sind. Umkleideräume des Küchenpersonals sollen mit Duschräumen verbunden sein. Eine regelmäßige Belehrung des Küchenpersonals ist erforderlich. (Anlage: Hygienische Anforderungen an Küchen und Diätküchen.)
Milchküchen:

An zentrale Milchküchen sind höchste Anforderungen an ihre Organisation

und Überwachung zu stellen. Bestehende zentrale Milchküchen sind nur dann zu verantworten, wenn sie ständig hygienisch überwacht werden.
Bei einem Krankenhausneubau sollte aus hygienischen Gründen auf eine zentrale Milchküche verzichtet werden.

(Anlage: Hygienische Anforderungen an Milchküchen.)

6.4 Hygienische Anforderungen an die Wäsche, Wäscherei und den Waschvorgang

6.4.1 Durch Krankenhauswäsche können Erreger von Krankenhausinfektionen übertragen werden. Die gebrauchte Wäsche muß sofort an Ort und Stelle in keimdichte wasch- und desinfizierbare Transportsäcke gelegt werden. Beim Transport und bei den Vorbereitungsarbeiten muß eine Verbreitung von Krankheitserregern ausgeschlossen werden.

In der Wäscherei sollen vom Bundesgesundheitsamt anerkannte Desinfektionsverfahren angewendet werden.

Zu den hygienischen Anforderungen an die Wäscherei gehören ferner die Unterteilung in eine unreine und reine Seite und eine entsprechende betriebliche Organisation mit Trennung des in der Wäscherei beschäftigten Personals.

Es sind Vorkehrungen zu treffen, um eine Rekontamination der gewaschenen und desinfizierten Wäsche beim Waschvorgang auf dem Rücktransport und während der Lagerung zu vermeiden.

6.4.2 Bei der Vergabe von Krankenhauswäsche an private gewerbliche Wäschereien müssen die Durchführung der Hygiene-Maßnahmen und insbesondere eines zugelassenen Desinfektions-Waschverfahrens vertraglich gesichert werden.

(Anlagen: Hygienische Anforderungen an die Krankenhauswäscherei und Hygienische Anforderungen für die Vergabe von Krankenhauswäsche an gewerbliche Wäschereien.)

6.5 Hygienische Anforderungen an die Bettendesinfektion ...

6.6 Hygienische Anforderungen an Transportanlagen

Da Transportsysteme Infektionserreger im gesamten Krankenhausbereich verbreiten können, sind besondere Anforderungen zu stellen, die sich nach den konstruktiven Merkmalen und dem Risiko der Verbreitung von Infektionen zu richten haben.

6.7 Hygienische Anforderungen an Wasserversorgungsanlagen

Die Wasserbeschaffenheit in Krankenhäusern muß der Verordnung über Trinkwasser und über Brauchwasser für Lebensmittelbetriebe (Trinkwasserverordnung) vom 31. 1. 1975, BGBl. I S. 445, entsprechen.

6.8 Hygienische Anforderungen an die Abfallbeseitigung

Die Beseitigung von Abfällen soll entsprechend Merkblatt Nr. 8 »Die Beseitigung von Abfällen aus Krankenhäusern, Arztpraxen und sonstigen Einrichtungen des medizinischen Bereichs« erfolgen [Bundesgesundhbl. 17 (1974) 355–357] siehe

1.12. – Weitere Hinweise geben die »Sicherheitsregeln für Abfallbehandlung und Abfallverbrennungsanlagen in Einrichtungen des Gesundheitsdienstes und der Wohlfahrtspflege«, Sicherheitsregel SR 2 (Stand 1973), Berufsgenossenschaft für Gesundheitsdienst und Wohlfahrtspflege, Hamburg.

6.9 Hygienische Anforderungen an Lüftungs- und Klimaanlagen

Die hygienischen, technischen, baulichen und sicherheitstechnischen Anforderungen an lüftungstechnische Anlagen in Krankenanstalten sind in DIN 1946, Blatt 4 »Lüftungstechnische Anlagen« (VDI Lüftungsregeln), Lüftung in Krankenanstalten, festgelegt. Die Norm gibt Hinweise für die Prüfung, die technische Abnahme und die Wartung solcher Anlagen. Die technische und mikrobiologische Überwachung von Lüftungsanlagen muß durch entsprechend geschultes Personal regelmäßig vorgenommen werden.

6.10 Hygienische Anforderungen an zentrale Sauerstoff-Preßluft- und Vakuumversorgungsanlagen

Alle Gase, die bei Patienten angewandt werden, müssen dieselben hygienischen Anforderungen erfüllen, wie sie an die Zuluft von aseptischen Operationsräumen gestellt werden (DIN 1946, Blatt 4, Lüftung in Krankenanstalten). Werden Gase in ein Operationsgebiet eingeblasen, so müssen Sterilfilter zwischengeschaltet werden.

Für die Abluftführung aus zentralen Vakuumanlagen sind dieselben Kriterien wie bei der Abluftführung aus Infektionsabteilungen zu beachten.

6.11 Hygienische Anforderungen an Badeanlagen und an die Badewasserbeschaffenheit

Da die Badeanlagen in Krankenhäusern wesentlich zur Verbreitung der Erreger von Krankenhausinfektionen beitragen können, müssen ihre Einrichtungen, z. B. Liegen, Sitze und Flächen, regelmäßig desinfiziert und gereinigt werden. Das Wasser in Bäderanlagen, z. B. in Bewegungsbädern, muß den Anforderungen der »Richtlinien für Bäderbau- und Bäderbetrieb« – Abschnitt Technik – entsprechen. Wasserproben aus Bewegungsbädern müssen zusätzlich auf Vorkommen von Erregern von Krankenhausinfektionen untersucht werden.

Badewannen und Unterwassermassagewannen müssen nach jeder Benutzung entleert, gereinigt und desinfiziert werden.

6.12 Hausreinigung und -desinfektion

Da Reinigung und Desinfektion zur Bekämpfung der Krankenhausinfektion von großer Wichtigkeit sind, muß ihre ordnungsgemäße Durchführung stets gewährleistet sein.

In den unter 5.2.1 und 5.2.2 genannten Bereichen muß mindestens täglich einmal gereinigt und desinfiziert werden.

In den unter 5.2.4 genannten Bereichen mit geringer Infektionsmöglichkeit braucht nur feucht gereinigt zu werden.

Während in den Bereichen 5.2.3 und 5.2.4 für Reinigungsarbeiten angelernte

Hilfskräfte eingesetzt werden können, dürfen in den Bereichen 5.2.1 und 5.2.2 die Reinigungs- und Desinfektionsarbeiten nur von speziell ausgebildeten Personen ausgeführt werden. Auf Veranlassung durch die Hygiene-Kommission sind Reinigungsanweisungen und Desinfektionspläne für Reinigungsfirmen und hauseigenes Personal aufzustellen.

7. DURCHFÜHRUNG DER STERILISATION UND DESINFEKTION

Bereits bei der Einrichtung von Krankenanstalten sowie der Auswahl und Beschaffung der für die Diagnostik, Behandlung, Versorgung, Pflege und Reinigung bestimmten Arbeitsmittel ist zu berücksichtigen, inwieweit sich diese – soweit notwendig – sterilisieren bzw. desinfizieren lassen, und ob die erforderlichen Verfahren zur Verfügung stehen. Arbeitsmittel, die zur mehrfachen Verwendung bestimmt sind, müssen zusätzlich gereinigt werden können.

7.1 Sterilisation

Zur Sterilisation sollten bevorzugt Verfahren verwendet werden, bei denen die Mikroorganismen durch Einwirkung von Hitze abgetötet werden (Heißluftsterilisation bzw. Dampfsterilisation). Chemische Mittel, wie z. B. Äthylenoxid, sollten zur Sterilisation nur dann verwendet werden, wenn das Sterilisierungsgut wegen seiner Empfindlichkeit gegenüber Heißluft bzw. gespanntem Dampf nicht durch thermische Verfahren sterilisiert werden kann. Die Verpackung des zu sterilisierenden Gutes ist dem Sterilisierverfahren anzupassen. (Anlage: Durchführung der Sterilisation, siehe 1.11.2.)

7.2 Desinfektion

Erreger von Krankenhausinfektionen können vor allem durch Hände, Wäsche, Kleidung und Arbeitsmittel übertragen werden. Zur Desinfektion sollen vom Bundesgesundheitsamt anerkannte Mittel und Verfahren verwendet werden. Bei der Durchführung von Desinfektionsmaßnahmen ist die unterschiedliche Wirksamkeit und Brauchbarkeit der Mittel und Verfahren für die jeweiligen Aufgaben und Anwendungsbereiche zu berücksichtigen. Soweit möglich und anwendbar, sollte den Verfahren der Vorzug gegeben werden, bei denen die Keime durch Hitzeeinwirkung abgetötet werden (Verbrennen bei wertlosem Material; Dampfdesinfektion). Die Funktionsfähigkeit der verwendeten Anlage muß regelmäßig überprüft werden. (Anlage: Durchführung der Desinfektion. siehe 1.11.3)

1.10.2 Anforderungen der Krankenhaushygiene in Pflege, Diagnostik und Therapie

Anlage zu Ziffer 5.1 der »Richtlinie für die Erkennung, Verhütung und Bekämpfung von Krankenhausinfektionen«

(Auszug)

...

Händewaschen und Händedesinfektion

Bundesgesundhbl. 28 (1985) 185

1 Einleitung

Erreger von Krankenhausinfektionen werden häufig mit den Händen übertragen, deshalb sollten Händekontakte im Krankenhaus auf ein Mindestmaß beschränkt werden. Händewaschen und Händedesinfektion gehören zu den wichtigsten Maßnahmen zur Verhütung und Bekämpfung krankenhauserworbener Infektionen.

Bei besonderer Infektionsgefahr (z. B. infektiöser Hepatitis) oder Kontaminationsgefahr, insbesondere beim Umgang mit Objekten, die durch Blut, Fäzes und Auswurf kontaminiert sind, sind die Hände vor dem direkten Kontakt mit diesen Stoffen durch Einmal-Handschuhe zu schützen.

2 Voraussetzungen für Händewaschen und Händedesinfektion

Wasserhähne an Waschbecken, die vorzugsweise von Ärzten oder Pflegepersonal benutzt werden, sollten Fuß- oder Ellenbogenbedienung o. ä. besitzen. Der Wasserstrahl sollte nicht direkt in den Siphon gerichtet sein.

Waschbecken, die vom medizinischen Personal benutzt werden, sind mit einem Waschmittel- und in der Regel mit einem Desinfektionsmittelspender auszustatten. Die Waschmittel- und Desinfektionsmittelspender müssen leicht zu reinigen und zu desinfizieren sein.

Waschmittelspender müssen vor dem erneuten Füllen gründlich gereinigt bzw. desinfiziert werden. Wünschenswert sind Einweg-Flaschen. Die Waschmittel müssen frei von pathogenen Keimen sein. Dies sollte durch den Hersteller garantiert werden. Es können auch Waschmittel in Pulverform verwendet werden. Seifenstücke sind nicht zulässig.

Jede Waschgelegenheit, die vom Personal benutzt wird, ist mit einem Handtuchspender und erforderlichenfalls einem Sammelbehälter für gebrauchte Handtücher (zweckmäßigerweise Plastiksack) auszustatten.

3 Händewaschen

Es sind die allgemeinen Regeln der Händehygiene zu beachten. Das Händewaschen ist danach selbstverständlich z. B. bei sichtbarer Verschmutzung, nach Toilettenbenutzung, nach Naseputzen sowie vor dem Essen bzw. Essenausteilen. Bei speziellen Gegebenheiten kann in diesen Fällen auch eine hygienische Händedesinfektion notwendig sein.

4 Hygienische Händedesinfektion

Eine hygienische Händedesinfektion ist notwendig z. B.

- vor invasiven Eingriffen (z. B. Legen eines Venenkatheters, Blasenkatheters, Angiographie, Bronchoskopie, Endoskopie des Magen-Darmkanals, Lumbalpunktion). Diese Forderung gilt auch dann, wenn bei den Eingriffen sterile Handschuhe getragen werden müssen,

- vor und nach Kontakt mit dem Bereich der Eintrittsstellen von Kathetern, Drainagen u. a.,
- vor Kontakt mit Patienten, die im besonderen Maße vor Infektionen geschützt werden müssen (z. B. Leukämiepatienten, polytraumatisierte Patienten, bestrahlte oder intensiv-behandelte Patienten und sonstige schwer erkrankte Patienten),
- nach Kontakt mit Patienten, von denen Infektionen ausgehen können,
- nach Kontakt mit kontaminierten Flächen oder Gegenständen (z. B. Beatmungsgeräte, Beatmungsmasken, Trachealtuben, usw.),
- nach Kontakt mit Blut, Sekreten oder Exkreten.

Bei erhöhter Infektionsgefährdung sollten Einmal-Handschuhe getragen werden (z. B. bei Verbandwechsel, bei der Gefahr der Übertragung von Hepatitis).

5 Chirurgische Händedesinfektion

Eine chirurgische Händedesinfektion ist vor allen operativen Eingriffen notwendig.

Anforderungen der Krankenhaushygiene an Schutzkleidung

Bundesgesundhbl. 28 (1985) 185–186

1 Einleitung

Es ist zwischen Berufskleidung und Schutzkleidung zu unterscheiden.

Der Krankenhausträger hat für die Bereitstellung von Berufs- und Schutzkleidung in ausreichender Menge und für ihre Desinfektion und Reinigung zu sorgen.

2 Schutzkleidung

2.1 Allgemeines

Die Schutzkleidung soll verhindern, daß die Kleidung (auch Berufskleidung) der Beschäftigten kontaminiert wird und hierdurch Krankheitserreger weiterverbreitet werden.

Die Schutzkleidung muß getragen werden, wenn eine Gefahr der Keimverschleppung besteht. Die Schutzkleidung darf nur innerhalb der jeweiligen Betriebsstelle getragen werden. Es empfiehlt sich, die Schutzkleidung je nach Betriebsstelle farblich zu kennzeichnen.

Die Schutzkleidung muß täglich gewechselt werden.

Besucher von Patienten, die in besonders hohem Maße infektionsgefährdet sind oder eine Infektionsquelle darstellen, müssen mit Schutzkleidung ausgestattet werden. Zweckmäßig sind hierfür Einmalkittel.

2.2 Schutzkittel (oder Overall)

Der Schutzkittel muß geschlossen getragen werden und die Berufs- oder Tageskleidung vollständig bedecken. Pullover und Jacken dürfen nicht über dem Schutzkittel getragen werden.

Vor Betreten von Speise- und Aufenthaltsräumen innerhalb der Spezialabteilung ist der Schutzkittel abzulegen.

Bei Arbeiten, bei denen eine starke Verschmutzung zu erwarten ist, sollten Einmal- oder Plastikschürzen getragen werden. Diese sind sofort nach Gebrauch zu entsorgen bzw. gründlich zu desinfizieren und zu reinigen.

Beim Umgang mit Patienten, die eine Infektionsquelle darstellen, ist ein Schutzkittel anzulegen, der im Krankenzimmer mit der Außenseite nach außen oder vor dem Krankenzimmer in einer Schleuse mit der Innenseite nach außen aufzuhängen ist.

2.3 Schuhe

In bestimmten Bereichen (z. B. Operationsbteilung, Knochenmark-Transplantations-Einheiten, Einheiten für Schwerverbrannte) sind desinfizierbare Schuhe zu tragen (Bereichsschuhe). In diesen Bereichen sind solche Schuhe oder Überziehschuhe von allen Personen, auch von Besuchern und Konsiliar-Ärzten, anzuziehen.

Nach Anlegen und erforderlichenfalls auch nach Ablegen der Überziehschuhe ist eine hygienische Händedesinfektion erforderlich.

2.4 Mund-Nasenschutz (Atemschutzmasken)

Der Atemschutz muß über Mund und Nase getragen werden. Er darf nicht vorübergehend heruntergezogen werden. Er muß nach jeder länger dauernden Operation und nach Durchfeuchtung gewechselt und sofort in einen Abfallbehälter geworfen werden. Anschließend sind die Hände zu desinfizieren.

2.5 Haarschutz

Ein Haarschutz ist obligatorisch z. B. in Operationsbereichen, Knochenmark-Transplantations-Einheiten, Einheiten für Schwerverbrannte. Bart- und Kopfhaare müssen vollständig bedeckt sein. Langes Haar muß in allen klinischen Bereichen eng am Kopf anliegend festgesteckt sein.

3 Berufskleidung

Berufskleidung wie Trachten, offengetragene Arztkittel, sog. Hauskleidung und Uniformen erfüllen im allgemeinen die Anforderungen an Schutzkleidung nicht.

Die Berufskleidung soll 2× wöchentlich, in Bereichen mit besonderem Infektionsrisiko (z. B. Einheiten für Intensivtherapie, Einheiten für Frühgeborene) täglich gewechselt werden.

Anforderungen der Krankenhaushygiene bei Injektionen und Punktionen

Bundesgesundhbl. 28 (1985) 186–187

1 Einleitung

Injektionen und Punktionen sind häufige, routinemäßige Eingriffe, bei denen Mängel in der Hygiene leicht möglich sind. Hierdurch können Keime verschleppt werden, was zu Infektionen führen kann. Im Vordergrund stehen vor allem lokale Prozesse, wie z. B. Spritzenabszesse, in selteneren Fällen können auch Thrombophlebitis oder Sepsis auftreten. Deshalb ist einwandfreie Hygiene eine Grundvoraussetzung für die Vornahme von Injektionen und Punktionen.

2 Anforderungen an Vorbereitung und Durchführung

Das bereitgestellte Instrumentarium ist vor mikrobieller Kontamination zu schützen.

Vor bzw. nach der Ausführung von Injektionen an Patienten, die in besonderem Maße vor Infektionen geschützt werden müssen, bzw. von denen bevorzugt Infektionen ausgehen können, ist eine hygienische Händedesinfektion durchzuführen.

Für die Punktion des Liquorraumes und der Körperhöhlen sind grundsätzlich Händedesinfektion und sterile Handschuhe notwendig.

Die Punktion von Gelenken hat unter besonderen aseptischen Kautelen zu erfolgen (z. B. chirurgische Händedesinfektion, sterilisierte Kleidung und Handschuhe, sterile Flüssigkeiten).

3 Desinfektion der Einstichstelle

Bei Punktionen peripherer Gefäße sowie bei intrakutanen, subkutanen und intramuskulären Injektionen ist die Haut im Bereich der Einstichstelle sorgfältig mit Desinfektionsmittel abzureiben. Die vorgeschriebene Einwirkungszeit ist zu beachten. Es sind sterilisierte Tupfer zu verwenden, die bis zum Gebrauch von Kontamination geschützt aufzubewahren sind.

Vor anderen Punktionen (z. B. Gelenke, Körperhöhlen) soll die Einwirkungszeit des Desinfektionsmittels mind. zweimal 2½ Min. betragen. Es sind dabei sterile Tupfer zu benutzen. Für das Anlegen von Verweilkanülen wird auf die Anlage »Infusionstherapie und Katheterisierung von Gefäßen« verwiesen.

Zur Hautdesinfektion sollten vornehmlich Mittel auf der Wirkstoffbasis von Alkoholen oder Jodtinktur (Kontraindikationen berücksichtigen) bzw. entsprechende Austauschpräparate verwendet werden. Für die Alkohole gelten die gleichen Konzentrationsangaben wie für die chirurgische Händedesinfektion. Die Präparate müssen frei von Keimen, insbesondere bakteriellen Sporen, sein. Die Mittel sind in geschlossenen Behältnissen aufzubewahren und vor Kontamination zu schützen.

4 Anforderungen an das Instrumentarium

Instrumente dürfen erst unmittelbar vor Benutzung aus der bis dahin geschlossenen keimdichten Verpackung entnommen werden.

Nicht gebrauchte Instrumente in einer geöffneten Verpackung dürfen erst nach Wiederverpackung und erneuter Sterilisation verwendet werden.

Einmal-Material darf nicht wiederverwendet werden.

5 Anforderungen an Injektionslösungen

Es sind möglichst Einzeldosis-Ampullen zu verwenden. Sie dürfen erst kurz vor der Injektion geöffnet werden. Restmengen in Normalampullen dürfen nur in Sonderfällen (z. B. Opiate) kurzfristig aufbewahrt und weiterverwendet werden.

Mehrdosisbehältnisse ohne Konservierungsmittel (z. B. Aqua dest., NaCl, Na-Citrat, Na-Oxalat) sind nur für den kurzfristigen Gebrauch (max. ein Tag) zulässig. Kürzere Zeiträume sind z. B. für Lokalanästhetika einzuhalten.

Ist ein längerer Gebrauch von Mehrdosisbehältnissen unumgänglich (wie z. B. bei Insulin und Heparin), so sind die angebrochenen Behältnisse gekühlt aufzubewahren. Der Zeitpunkt der ersten Entnahme ist zu vermerken (Datum, Uhrzeit).

Die Entnahme aus den Behältnissen hat unter aseptischen Bedingungen zu erfolgen.

Werden für eine Injektion Arzneimittelmischungen benötigt, die nicht in der erforderlichen Zusammensetzung zur Verfügung gestellt werden können, so ist die Zumischung nur unmittelbar vor der Verwendung statthaft.

Anforderungen der Krankenhaushygiene bei Infusionstherapie und Katheterisierung von Gefäßen

Bundesgesundhbl. 28 (1985) 187

1 Einleitung

Im Rahmen einer Infusionstherapie können auch Mängel in der Hygiene zur Thrombophlebitis und (Katheter-)Sepsis führen. Schon aus diesem Grund sollen Gefäßkatheter nur bei eindeutiger therapeutischer oder diagnostischer Indikation gelegt bzw. belassen werden.

2 Vorbereitung der Infusionslösung

Der Infusionsbehälter ist durch Sichtkontrolle auf Haarrisse und der Inhalt auf Trübung oder Ausflockung zu überprüfen. Das Verfallsdatum ist zu kontrollieren.

Medikamente sollen erst unmittelbar vor Gebrauch zugemischt werden. Die Einstichstelle im Gummistopfen ist zu desinfizieren. Über Infusionsbeginn und -dauer sind Aufzeichnungen zu machen.

3 Gefäßpunktion und Legen einer Verweilkanüle oder eines Verweilkatheters

Vor dem Legen des Venenkatheters sind die Hände zu desinfizieren.

Bei Venae sectio sind sterile Handschuhe, sterile Abdeckungen, sterile Kittel und Mund-Nasenschutz erforderlich. Beim Legen peripherzentraler und zentraler Katheter sollten die gleichen Schutzvorkehrungen getroffen werden.

Der Bereich der Einstichstelle ist sorgfältig mit Desinfektionsmittel abzureiben. Dabei sind sterile Tupfer zu verwenden*. Die vorgeschriebene Einwirkungszeit ist zu beachten.

Der Katheter ist sorgfältig zu fixieren. Unmittelbar nach Legen des Venenkatheters, speziell bei Venae sectio, ist die Einstichstelle antiseptisch zu behandeln und steril abzudecken.

Venenkatheter, die unter Notfallbedingungen und ohne entsprechende Asepsis gelegt wurden, sollten so schnell wie möglich wieder entfernt werden.

4 Infusionstechnik

Metallkanülen sind aus hygienischer Sicht vorteilhaft.

Vor Manipulationen am Venenkatheter und an den Verbindungsstellen sind die Hände zu desinfizieren.

Infusionen von Lösungen mit Zumischungen und Infusionen zur parenteralen Ernährung sowie Serum-Infusionen sollen nicht länger als zwölf Stunden laufen.

Die Verweildauer peripherer Kunststoffdauerkanülen soll 72 Stunden nicht überschreiten. Zentrale Venenkatheter sollten bei Verdacht auf Venenkathetersepsis entfernt werden.

Infusionssysteme müssen mindestens alle 48 Stunden, in speziellen Risikobereichen (z. B. Einheiten für Intensivmedizin) alle 24 Stunden gewechselt werden. Systeme zur Messung des zentralen Venendruckes sind alle 24 Stunden auszuwechseln.

Die Zahl der Verbindungsstellen und der intravasalen Zugänge sollte so gering wie möglich sein.

Die Punktionsstelle sollte täglich durch sanfte Palpation durch den Verband untersucht werden. Bei Fieber unklarer Genese oder Schmerzen an der Punktionsstelle muß der Verband entfernt und die Einstichstelle inspiziert werden.

Eine Inspektion der Einstichstelle mit Verbandwechsel ist spätestens nach 72 Stunden vorzunehmen.

Aus dem Venenkatheter sollte nur in Notfallsituationen oder nur unmittelbar vor Entfernung des Venenkatheters Blut entnommen werden. Ein Durchspülen des Systems zur Verbesserung des Durchflusses ist möglichst zu vermeiden.

Bei eitriger Thrombophlebitis, Entzündung an der Venenkathetereintrittsstelle und Venenkathetersepsis sollte das gesamte Infusionssystem einschließlich Verweilkanüle entfernt werden. Auch bei Phlebitis ohne Zeichen einer Infektion sollte der Venenkatheter entfernt werden.

Die Spitze eines jeden Katheters, der länger als 48 Stunden gelegen hat, ist nach Möglichkeit mikrobiologisch zu untersuchen.

Bei Verdacht auf Kathetersepsis ist der Katheter zu entfernen. Katheterspitze

---

* Vergleiche Anlage zu Ziffer 7.2 der Richtlinie »Durchführung der Desinfektion«./1.10.4. S. 182.

und Reste der Infusionsflüssigkeit sind mikrobiologisch zu untersuchen; gleichzeitig ist Blut an anderer Stelle für aerobe und anaerobe Kulturen zu entnehmen.

Sogenannte Sterilfilter in Infusionssystemen können als routinemäßige Maßnahme zur Infektionsprophylaxe nicht empfohlen werden.

Anforderungen der Krankenhaushygiene an Wundverband und Verbandwechsel

Bundesgesundhbl. 28 (1985) 278–279

1 Einleitung

Aus krankhaushygienischer Sicht sind bei Wundverband und Verbandwechsel zu unterscheiden:

- aseptische und diesen gleichzusetzende Wunden (s. u.),
- kontaminierte und potentiell kontaminierte Wunden,
- infizierte Wunden.

Aseptische und diesen gleichzusetzende Wunden sind solche, die

- nach aseptischen Eingriffen durch Naht verschlossen wurden und keine Zeichen von Wundheilungsstörungen aufweisen,
- nach bedingt aseptischen Eingriffen durch Naht verschlossen wurden und ohne Wundheilungsstörungen verheilen,
- nach Verletzung durch Wundausscheidung und Naht versorgt wurden und ohne Wundheilungsstörung verheilen.

Kontaminierte und potentiell kontaminierte Wunden sind alle offen behandelten Wunden, solange keine Zeichen einer Infektion vorliegen.
Im einzelnen kann es sich dabei handeln um

- offen behandelte Verletzungswunden,
- eröffnete Wundhämatome oder Wundserome,
- Verbrennungswunden,
- Drainageaustrittsstellen,
- Anus praeter-Austrittsstellen,
- Tracheostoma.

Infizierte Wunden können sein:

- eröffnete Eiterherde (z. B. Abzeß, Phlegmone, Panaritium),
- Wunden, die zunächst durch Naht verschlossen waren (z. B. nach bedingt aseptischen Eingriffen oder Wundversorgungen) bei Auftreten von Zeichen einer Infektion,
- kontaminierte oder bedingt kontaminierte Wunden nach Auftreten von Zeichen einer Infektion.

2 Instrumente und Materialien für Wundverband und Verbandwechsel

Für Wundverband und Verbandwechsel ist das Set-System zu bevorzugen. Hierbei sind die für einen Verbandwechsel benötigten Materialien und Instrumente gemeinsam verpackt.

Die Transportmittel wie Tabletts, Fahrtische oder Verbandwagen müssen eine ausreichende, leicht zu reinigende und zu desinfizierende Arbeitsfläche aufweisen; es müssen Beutel bzw. Behälter vorhanden sein, die für die Entsorgung benutzter Materialien und Instrumente geeignet sind (s. Anlage zu Ziffer 6.8 der Richtlinie »Abfallentsorgung«). Die Arbeitsfläche muß mindestens täglich desinfiziert und gereinigt werden. Sogenannte Verbandwagen dürfen nur zum Transport und zur Lagerung von Verbandmaterial sowie der zum Verbandwechsel notwendigen Materialien und zur Vorbereitung eines Verbandwechsels benutzt werden.

3 Durchführung des Verbandwechsels

Der Verbandwechsel sollte von zwei Personen durchgeführt werden.

Der Verband sollte unter Zuhilfenahme von Instrumenten gewechselt werden (non-touch-Technik).

Verbände sollten nicht zu häufig gewechselt werden.

Es müssen Einmal-Handschuhe, falls notwendig, sterile Handschuhe getragen werden.

Es sind sterile Instrumente zu benutzen.

Gebrauchtes Verbandmaterial ist in geeignete Behältnisse zu legen, die nach dem Verbandwechsel verschlossen zu entsorgen sind.

Benutzte Instrumente sind möglichst bald der Aufbereitung zuzuführen.

Nach dem Verbandwechsel ist eine hygienische Händedesinfektion durchzuführen.

Bei *infizierten Wunden* wie auch bei kontaminierten und potentiell kontaminierten Wunden kann der Verbandwechsel in starkem Maße zur Keimverbreitung beitragen. Deshalb sollen Patienten mit infizierten Wunden und solche mit aseptischen Wunden in getrennten Zimmern untergebracht werden.

Insbesondere bei *großflächigen Wunden* (z. B. Verbrennungen) ist zusätzlich zu beachten:

Der Verband ist zu wechseln, wenn ein Anhalt für vermehrte Absonderungen besteht.

Um die Gefahr der Übertragung von Keimen auf Mitpatienten zu verringern, sollten größere Verbandwechsel nicht im Mehrbettkrankenzimmer, sondern im Einzelzimmer, in einem besonderen Raum, o. ä. durchgeführt werden.

Das ärztliche und das Pflege-Personal hat frische Schutzkleidung, einen Mund-Nasenschutz und einen Haarschutz zu tragen.

Vor dem Auflegen des neuen Verbandes sind die Handschuhe zu wechseln.

Hygienische Maßnahmen zur Verhütung der Übertragung von HIV im Krankenhaus

Anlage zu Ziffer 5.1 der »Richtlinie für die Erkennung, Verhütung und Bekämpfung von Krankenhausinfektionen«

1 Einleitung

Nach bisherigem Kenntnisstand ist HIV in Blut, Samenflüssigkeit, Vaginalsekret, Wundsekret, Speichel, Tränen, Muttermilch, Liquor, Amnionflüssigkeit, Stuhl und Urin nachgewiesen worden und kommt wahrscheinlich auch in anderen Körperflüssigkeiten, Sekreten und Exkreten vor. Epidemiologische Bedeutung bei der Übertragung haben bisher nur Blut, Samenflüssigkeit, Vaginalsekret und möglicherweise Muttermilch. Zudem kann HIV auch perinatal von der Mutter auf das Neugeborene übertragen werden. Aus der offenbar zunehmenden Prävalenz von HIV ergibt sich für medizinisches Personal die Notwendigkeit, alle Patienten als potentiell mit HIV und/oder anderen durch Blut übertragbaren Erregern infiziert anzusehen und die empfohlenen Schutzmaßnahmen genauestens einzuhalten, um das Risiko eines Kontaktes mit Blut- und Körperflüssigkeiten aller Patienten so gering wie möglich zu halten.
Grundsätzlich ist ein Infektionsrisiko gegeben

- für medizinisches Personal, welches Umgang mit erregerhaltigem Blut, erregerhaltigen Körperflüssigkeiten und Ausscheidungen hat;
- für Patienten, die z. B. Kontakt mit kontaminiertem und unzureichend aufbereitetem Instrumentarium haben.

Das Infektionsrisiko des mit der Pflege und Therapie von HIV-infizierten Patienten befaßten medizinischen Personals ist nach bisherigem Kenntnisstand – selbst nach Nadelstichverletzungen und parenteralem Kontakt mit HIV-positivem Blut – als gering anzusehen.

2 Allgemeine hygienische Maßnahmen

Der Umgang mit Patienten und deren Körperflüssigkeiten und Ausscheidungen beinhaltet stets ein Infektionsrisiko mit unterschiedlichsten Krankheitserregern. Die Beachtung anerkannter Regeln der Hygiene ist daher bei der Behandlung und Pflege aller Patienten unerläßlich (s. weitere Anlagen zu Ziffer 5.1 Richtlinie für die Erkennung, Verhütung und Bekämpfung von Krankenhausinfektionen).

Die Betreuung von HIV-infizierten Patienten stellt an die Hygiene keine höheren Anforderungen, als sie für Krankheiten erforderlich sind, deren Erreger auf gleichen Wegen verbreitet werden (z. B. Hepatitis B).

Im medizinischen Bereich ist die Hauptursache für eine HIV-Infektion die Inokulation von erregerhaltigem Material in die Blutbahn über die verletzte Haut oder die Schleimhaut. Die wichtigsten Vorkehrungen zur Minderung des Infektionsrisikos sind daher der Schutz vor Verletzungen und vor einer Kontamination mit Blut oder Körperflüssigkeiten, wirksame Desinfektions- und sichere Entsorgungsmaßnahmen.

Medizinisches Personal mit exsudativen Läsionen oder nässenden Dermatitiden an unbedeckter Haut sollte keine Eingriffe oder pflegerischen Maßnahmen durchführen.

Aus hygienischer und klinischer Sicht ist es unter bestimmten Umständen im Interesse des Patienten und zum Schutze von Mitpatienten und Personal notwendig, den HIV-Status des Patienten zu kennen. Diese Umstände können durch den klinischen Zustand des Patienten gegeben sein, aber auch belastende Operationen, medikamentöse, diagnostische oder therapeutische Maßnahmen sind in Betracht zu ziehen. Vor einer Untersuchung auf HIV ist in der Regel das Einverständnis des Patienten einzuholen.

Es ist dafür zu sorgen, daß bei Kenntnis eines HIV-positiven Serostatus eines Patienten das untersuchende bzw. weiterbehandelnde Personal (z. B. bei der Endoskopie, Intensivtherapie, Atemtherapie) hierüber unterrichtet wird. Auf die Grundsätze der Schweigepflicht wird hingewiesen.

HIV-infiziertes Personal kann seinen Beruf weiterhin ausüben. Es muß jedoch im Einzelfall entschieden werden, ob diese Personen von bestimmten Tätigkeiten (z. B. Operationen) ausgeschlossen werden müssen.

2.1 Unterbringung

Für die Versorgung von Patienten mit AIDS im Krankenhaus sind die besseren fachlichen und hygienischen Voraussetzungen auf Infektionsstationen (soweit vorhanden) zu nutzen.

Eine Absonderung von HIV-infizierten Patienten oder Patienten mit HIV-bedingten Erkrankungen ist in der Regel nicht erforderlich; ihnen braucht auch keine eigene Toilette zur Verfügung zu stehen.

Im Einzelfall ist zu prüfen, ob von der gemeinsamen Unterbringung von HIV-infizierten Patienten mit anderen Patienten Abstand zu nehmen ist (z. B. Patienten mit gestörtem Immunsystem, Schwangere).

Absonderung ist erforderlich für HIV-infizierte Patienten mit profusen Durchfällen, Inkontinenz, unkontrollierten Blutungen oder bestimmten übertragbaren Krankheiten (z. B. offene Lungentuberkulose, Pneumocystis carinii-Pneumonie). Sie kann auch zum Schutze des AIDS-Patienten erforderlich sein, da er in erhöhtem Maße infektionsanfällig ist.

2.2 Schutz vor Kontamination

Durch Anamnese und Untersuchung können nicht alle Patienten, die mit HIV oder anderen durch Blut übertragbaren Erregern infiziert sind, zuverlässig identifiziert werden. Dies gilt insbesondere für Patienten im Notaufnahmestationen, bei deren Versorgung das Risiko des Personals erhöht ist, sich mit Blut oder Sekreten zu kontaminieren. Daher werden die nachstehenden Vorsichtsmaßnahmen beim Umgang mit Blut und Körperflüssigkeiten bei allen Patienten dringlich empfohlen (s. auch UVV Gesundheitsdienst).

Handschuhe

- bei allen Tätigkeiten, bei denen ein Kontakt mit Blut, Blutbestandteilen, Körperflüssigkeiten oder Ausscheidungen zu erwarten ist,

- bei der Durchführung invasiver diagnostischer oder therapeutischer Maßnahmen,
- bei Berühren der Schleimhaut oder von nässenden oder blutenden Hautveränderungen.

Mund-Nasenschutz und Brillen

- wenn mit Aerosolbildung oder Verspritzen von Blut, Körperflüssigkeit oder Ausscheidungen zu rechnen ist (z. B. Bronchoskopie, Intubation, Absaugen, zahnärztliche Behandlungen).

Schutzkittel (ggf. auch wasserundurchlässige Schürzen)

- bei Arbeiten, bei denen eine Kontamination der Kleidung mit Blut bzw. Körperflüssigkeiten oder Ausscheidungen zu erwarten ist,
- bei der Entsorgung von Fäkalien, Urin u. ä.

2.3 Desinfektion

Das HIV ist gegenüber Inaktivierungsmitteln weniger resistent als das Hepatitis B-Virus. Für die Desinfektion bei AIDS bzw. HIV sind daher in der Regel alle Mittel und Verfahren brauchbar, die sich bei Hepatitis B bewährt haben. In beiden Fällen bestehen für chemische Mittel dadurch besondere Schwierigkeiten, daß sie auch in Gegenwart von Blut ausreichend wirksam sein müssen. Da die Mehrzahl der HIV-infizierten Patienten Hepatitis B-positiv ist, sollten zur Desinfektion von Gegenständen, die mit HIV-haltigen Materialien kontaminiert sind, nur Mittel und Verfahren angewendet werden, die auch gegen Hepatitis B-Virus wirksam sind. Bei bestimmten Sekundär-Infektionen (z. B. offene Lungentuberkulose) können besondere Maßnahmen erforderlich sein.

Allgemeine Hinweise zur Durchführung der Desinfektion und zum Wirkungs- und Anwendungsbereich von Desinfektionsmitteln und Verfahren enthalten die Anlage zu Ziffer 7.2 der Richtlinie für die »Erkennung, Verhütung und Bekämpfung von Krankenhausinfektionen« und die vom Bundesgesundheitsamt herausgegebene Liste geprüfter und anerkannter Desinfektionsmittel und -verfahren.

Hände und Haut

Für die Inaktivierung von HIV sind Präparate, die 70–85Vol.-% Alkohol (Ethanol, Isopropanol, n-Propanol) enthalten, ausreichend wirksam.

Instrumente

Zur Instrumentendesinfektion sind – wie stets – bevorzugt thermische Verfahren anzuwenden. Für die chemische Instrumentendesinfektion sind Präparate auf der Wirkstoffbasis von Formaldehyd oder Glutardialdehyd zu verwenden.

Oberflächen

Für die Desinfektion von Oberflächen sind Präparate zu verwenden, die Aldehyde oder aktives Chlor als Wirkstoff enthalten. Die Oberfläche ist mit der Desinfektionsmittellösung abzureiben (Scheuerdesinfektion).

Geschirr

Das Eßgeschirr und die Bestecke von HIV-infizierten Patienten können gemeinsam mit dem Geschirr anderer Personen entsorgt und aufbereitet werden. Die im Krankenhaus üblichen Verfahren sind ausreichend, um das Risiko einer Übertragung des HIV auszuschließen.

Wäsche

Die Wäsche von HIV-infizierten Patienten kann in gleicher Weise wie die Wäsche anderer Patienten entsorgt werden. Die für Krankenhauswäsche empfohlenen desinfizierenden Waschverfahren (s. Anlage zu Ziffer 4.4.3 und 6.4 der Richtlinie für die Erkennung, Verhütung und Bekämpfung von Krankenhausinfektionen) sind ausreichend, um das Risiko einer Übertragung von HIV auszuschließen.

Räume

Da das HIV nur durch Kontakt mit erregerhaltigem Blut, Blutbestandteilen, Körperflüssigkeiten und Ausscheidungen, nicht aber durch Staub übertragen wird, ist eine Scheuerdesinfektion der kontaminierten Oberflächen ausreichend.

Betten

Die Betten sind nach dem Gebrauch zu desinfizieren (s. Anlage zu den Ziffern 4.4.2 und 6.5 der Richtlinie für Erkennung, Verhütung und Bekämpfung von Krankenhausinfektionen). Die zur Bettenaufbereitung anzuwendenden Verfahren richten sich nach dem Grad der Gefährdung, die von dem Bett ausgeht (insbesondere der sekundären Erkrankung des HIV-infizierten Patienten). Es wird daran erinnert, daß jedem stationär aufgenommenen Patienten ein desinfiziertes Bett geboten werden sollte.

2.4 Entsorgung

Die Entsorgung erregerhaltigen bzw. kontaminierten Materials (Untersuchungsmaterial, Blut, Stuhl, Urin etc.) hat in der Weise zu erfolgen, daß das Personal sowie die mit der weiteren Entsorgung beauftragten Personen nicht gefährdet werden. Spitze und scharfe Gegenstände müssen in stich- und transportfesten, flüssigkeitsdichten geschlossenen Behältnissen entsorgt werden.

Bei Entsorgungsarbeiten sind Handschuhe und ggf. Schutzkittel zu tragen. Mit HIV kontaminierte Abfälle können wie Abfälle der Gruppe B entsorgt werden, soweit nicht aus anderen Gründen eine Entsorgung als Abfall der Gruppe C erforderlich ist (s. Anlage zu Ziffer 6.8 der »Richlinie für die Erkennung, Verhütung und Bekämpfung von Krankenhausinfektionen« und Unfallverhütungsvorschrift »Gesundheitsdienst«).

3 Spezielle Hinweise

...

1.10.3 Durchführung der Sterilisation

Anlage zu Ziffer 7.1 der »Richtlinie für die Erkennung, Verhütung und Bekämpfung von Krankenhausinfektionen« (aus Bundesgesundheitsblatt, 22. Jg. 1979, Nr. 10, S. 193–200).

1. ALLGEMEINES

1.1 Aufgabe der Sterilisation

Aufgabe der Sterilisation ist die Abtötung bzw. irreversible Inaktivierung sämtlicher an und in einem Objekt vorhandener Mikroorganismen und Viren, insbesondere die Abtötung bakterieller Sporen.

1.2 Anforderungen an das zu sterilisierende Gut

Die zu sterilisierenden Objekte müssen sauber sein. Die für die verschiedenen Sterilisierverfahren vorgeschriebenen Temperaturen, Konzentrationen und Einwirkungszeiten gelten für gereinigte Objekte. Bei der Beschaffung von Objekten, die mehrfach verwendet werden sollen, ist Erzeugnissen der Vorzug zu geben, die sich gut reinigen lassen und mit Hilfe von gespanntem Dampf (vgl. 2.1) oder Heißluft (vgl. 2.2) sterilisiert werden können.

1.2.1 Desinfektion und Reinigung des zu sterilisierenden Gutes

Objekte, die zum mehrmaligen Gebrauch und somit zur mehrmaligen Sterilisation bestimmt sind, sollten unmittelbar nach dem Gebrauch desinfiziert und gereinigt werden. Die Desinfektion dient vor allem dem Schutze der Personen, die mit dem Transport und der Reinigung der gebrauchten Objekte betraut sind. Die Verunreinigungen sollen vor der Desinfektion bzw. vor der Reinigung nicht an den Objekten antrocknen, um nicht die Desinfektion bzw. die Reinigung zusätzlich zu erschweren. Zur Desinfektion sollte eines der nachstehend aufgeführten Verfahren verwendet werden:

a) Auskochen in einer ca. 0,5%igen Sodalösung während mindestens 15 Minuten;

b) Einlegen in eine Desinfektionsmittel-Lösung der empfohlenen Konzentration; die empfohlene Einwirkungszeit ist als Mindestzeit zu betrachten;

c) thermische oder chemothermische Desinfektion in Desinfektions- und Reinigungsmaschinen; die Eignung des Verfahrens und der Maschine muß durch mikrobiologische Gutachten belegt sein.

Die Objekte sind soweit wie möglich in ihre Einzelteile zu zerlegen bzw. zu öffnen. Es ist dafür Sorge zu tragen, daß sämtliche zu desinfizierenden Oberflächen dem Desinfektionsmittel ausgesetzt sind und in Hohlräumen keine Luftblasen eingeschlossen werden.

Besondere Sorgfalt ist auf die Reinigung von Spalten und Hohlräumen und schwer zugänglichen Stellen zu verwenden (z. B. bei Kanülen, Spritzen, Kathetern). Nach der Reinigung sind die Reinigungsmittel mit destilliertem bzw. demineralisiertem Wasser sorgfältig abzuspülen. Das zum Spülen verwendete Wasser muß keimarm sein.

1.2.2 Verpackung des zu sterilisierenden Gutes

Nach der Reinigung ist das zu sterilisierende Gut in zweckmäßiger Weise zu verpacken. Die Verpackung soll das sterilisierte Gut während der Entnahme aus der Sterilisierkammer, während der Aufbewahrung bzw. des Transportes bis zur Verwendung vor einer mikrobiellen Rekontamination schützen. Die Art der Verpackung ist auf das Sterilisierverfahren und das Sterilisiergut abzustimmen (vgl. 2.1.4, 2.2.4 und 2.3.4); sie darf die Wirksamkeit des Sterilisierverfahrens nicht beeinträchtigen.

Die Verpackungseinheiten sollen möglichst klein sein. Die Objekte sollen so verpackt werden, daß sie nach der Sterilisation ohne Schwierigkeiten aseptisch entnommen werden können. Die Pakete sind möglichst mit Kennzeichen zu versehen, aus denen Inhalt, Art und Sterilisation, Datum der Sterilisation bzw. Verfalldatum und Nummer der Charge ersichtlich sind.

1.3 Sterile Einmal-Geräte

Es handelt sich hierbei um Objekte, die vom Handel steril in keimdichten Verpackungen bezogen werden können und die nach einmaligem Gebrauch verworfen werden. Die Packungen sollten mit Kennzeichen versehen sein, aus denen Art der Sterilisation, Datum der Sterilisation bzw. Verfalldatum und Nummer der Charge ersichtlich sind. Es ist darauf zu achten, daß die Verpackung und der keimdichte Verschluß unbeschädigt sind.

Die Art des Sammelns und des Beseitigens gebrauchter Einmal-Artikel ist in Anweisungen schriftlich festzulegen (siehe auch Merkblatt Nr. 8 der Zentralstelle für Abfallbeseitigung: »Die Beseitigung von Abfällen aus Krankenhäusern, Arztpraxen und sonstigen Einrichtungen des medizinischen Bereichs«). Es ist unzulässig, gebrauchte Einmal-Artikel aufzubereiten und erneut zu sterilisieren.

1.4 Durchführung der Sterilisation

Die Durchführung der Sterilisation ist so zu organisieren, daß es nicht zu Verwechslungen von nicht sterilisiertem mit sterilisiertem Gut kommen kann. Eine wertvolle Hilfe sind hierbei sog. chemische oder physikalische Behandlungs-Indikatoren. Diese zeigen in der Regel lediglich an, ob das Gut einem Sterilisierverfahren unterworfen wurde; sie sagen nichts darüber aus, ob Sterilität erreicht wurde.

1.4.1 Bedienung des Sterilisators

Das Bedienungspersonal soll über die Funktionsweise und die Kontrollmöglichkeiten des Sterilisators hinreichend informiert sein. Es muß ferner mit den Bedienungsanweisungen vertraut sein.

Dem Personal müssen übersichtliche schriftliche Anweisungen zur Bedienung des Sterilisators zur Verfügung stehen. Die Bedienungsanweisungen müssen auf das jeweils zu sterilisierende Gut abgestimmt sein. Sie müssen auch Angaben über

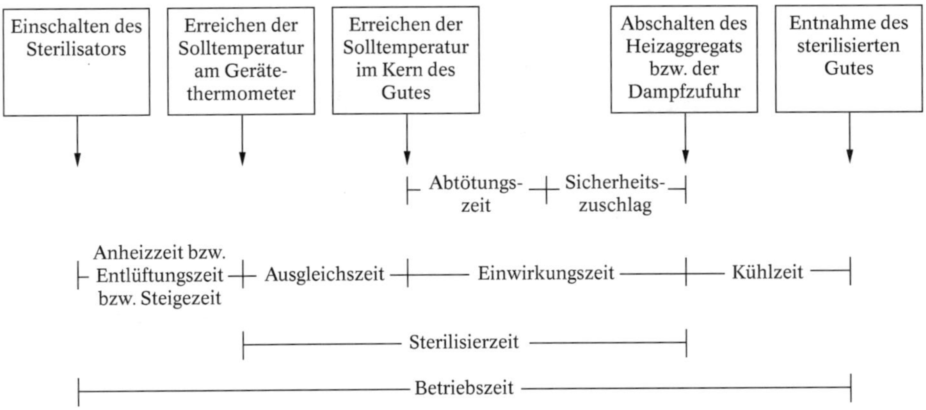

Schema zu Ziffer 1.4

die einzuhaltenden Temperaturen, Drücke und Zeiten enthalten. Es muß festgelegt sein, wer bei Abweichungen von den Sollwerten zu benachrichtigen ist und entscheidet, welche Maßnahmen einzuleiten sind.

1.4.2 Tagebuch

Es empfiehlt sich, für jeden Sterilisator ein Tagebuch zu führen, in dem folgende Angaben festgehalten werden: Datum und Zeitpunkt der Sterilisation, Nummer der Sterilisiercharge, Sterilisiergut, Name des Bedienenden; soweit erforderlich sollten ferner notiert werden: Beginn der Betriebszeit (vgl. 1.4.4), Zeitpunkt des Erreichens der Solltemperatur am Gerätethermometer, Ende der Ausgleichszeit (bzw. Beginn der Sterilisierzeit), Ende der Sterilisierzeit (bzw. Zeitpunkt des Abschaltens des Heizaggregates), Empfänger des sterilisierten Gutes.

Der Sterilisator sollte mit einer Einrichtung zur automatischen Registrierung des Verfahrensablaufes ausgerüstet sein. Die Diagramme sind mit den zur Identifizierung der Charge erforderlichen Angaben zu versehen und aufzubewahren.

1.4.3 Mikrobiologische Kontrolle

Das einwandfreie Funktionieren des Sterilisators sowie die sachgerechte Bedienung sind mit Hilfe von Bio-Indikatoren zu überprüfen. Hinweise geben DIN 58 946 Teil 4 und DIN 58 948 Teil 4. Die Häufigkeit, mit der derartige Prüfungen vorgenommen werden sollten, richtet sich nach der Art des Sterilisierverfahrens und der Störanfälligkeit der Anlage. Sie sollten mindestens halbjährlich erfolgen. Zusätzliche Prüfungen sind nach Reparaturen erforderlich; sie können auch bei einem Wechsel des Bedienungspersonals angezeigt sein. – Bei Dampfsterilisationsverfahren, insbesondere bei Vakuumverfahren, können zusätzliche mikrobiologische Prüfungen nach Änderungen bzw. Reparaturen an der Dampfversorgungseinrichtung erforderlich werden.

Die Prüfungen sollen unter den Bedingungen erfolgen, unter denen der Sterilisator üblicherweise betrieben wird, insbesondere hinsichtlich Art des Gutes, dessen Menge und Anordnung. Die Indikatoren sind im zu sterilisierenden Gut vorwiegend an den Stellen anzuordnen, an denen mit den längsten Ausgleichszeiten zu rechnen ist. In einem Protokoll sind nähere Angaben über die Durchführung der Prüfung, insbesondere hinsichtlich der Art der Bio-Indikatoren, ihrer Lage im Gut und der Art des Gutes festzuhalten. Über den Ausfall der Prüfung ist Buch zu führen.

Erweist sich ein Sterilisator als funktionsuntüchtig, so ist er sofort stillzulegen. Alle noch verfügbaren Chargen, von denen anzunehmen ist, daß sie unzureichend behandelt wurden, sind als unsteril zu deklarieren und einzuziehen. Die Anlage darf erst nach Instandsetzung und erneuter Prüfung zur Durchführung von Sterilisationen freigegeben werden.

1.4.4 Zeitlicher Ablauf

Im Ablauf eines Sterilisierverfahrens werden verschiedene Zeitphasen unterschieden. Einen schematischen Überblick über die Phasen bei den thermischen Verfahren und die sie begrenzenden Zeitpunkte gibt das Schema auf S. 171.

Die Ausgleichszeit und somit auch die Sterilisierzeit ist von der Art des zu sterilisierenden Gutes, dessen Gesamtmenge, der Unterteilung in einzelne Pakete und deren Anordnung in der Sterilisierkammer abhängig. Die Sterilisierzeit muß daher gegebenenfalls für jede Sterilisieraufgabe experimentell ermittelt werden. Die unter 2.1.2 und 2.2.2 angegebenen Zeiten sind die jeweiligen Einwirkungszeiten. Sie müssen um die jeweils erforderlichen Ausgleichszeiten verlängert werden.

2. STERILISIERVERFAHREN

Die Sterilisation der Objekte kann nach verschiedenen Prinzipien erfolgen. Es wird unterschieden zwischen Dampfsterilisation (s. 2.1), Heißluftsterilisation (s. 2.2) und Gas- bwz. Äthylenoxidsterilisation (s. 2.3) sowie anderen Verfahren (s. 2.4). Die Wahl des Sterilisierverfahrens ist in erster Linie von der Beschaffenheit des zu sterilisierenden Gutes abhängig (s. 3). Sie soll durch die Art der Verpakkung nicht eingeschränkt werden. Wenn irgend möglich, sollten die Dampf- oder die Heißluftsterilisation angewendet werden. Äthylenoxidverfahren sollen nur dann verwendet werden, wenn sich das Gut nicht für eine Sterilisation mit gespanntem Dampf oder Heißluft eignet.

2.1 Dampfsterilisation (Erhitzen im gespannten Dampf, Erhitzen im Autoklaven)

Die Dampfsterilisationsverfahren eignen sich nur für Objekte, die gegenüber Wasserdampf bzw. Wasser der jeweiligen Sterilisiertemperatur (vgl. 2.1.2) unempfindlich sind sowie für hitzebeständige wäßrige Lösungen. Die Verfahren sind nicht zur Sterilisation wasserfreier Substanzen (z. B. Glyzerin, Silikonöl) geeignet.

2.1.1 Prinzip

Sämtliche zu sterilisierenden Oberflächen bzw. sämtliche Teile des Gutes werden bei einer bestimmten Temperatur eine bestimmte Zeit lang der Einwirkung gesättigten, gespannten Wasserdampfes ausgesetzt.

Die in der Sterilisierkammer und dem Sterilisiergut befindliche Luft muß vor Beginn der Sterilisierzeit durch Verdrängen oder durch Evakuieren entfernt werden (vgl. auch DIN 58946 Teil 1; eine tabellarische Übersicht über die Anwendungsmöglichkeiten der verschiedenen Dampf-Sterilisationsverfahren findet sich in DIN 58946 Teil 2).

a) Entfernung der Luft durch Verdrängen

Der Dampf wird von oben in die Sterilisierkammer eingeleitet und verdrängt die Luft nach unten aus der Kammer. Dieses Prinzip wird bei den sog. Strömungs- bzw. Gravitationsverfahren angewendet.

b) Entfernung der Luft durch Evakuieren

Vor Einleitung des Dampfes wird die Sterilisierkammer mit Hilfe einer Pumpe evakuiert (Vakuumverfahren). Die Wirksamkeit des Verfahrens ist abhängig vom erreichten Unterdruck und der Betriebsweise (einmaliges Evakuieren oder mehrmaliges Evakuieren nach jeweiliger Zugabe von Dampf). Die Sterilisierkammer und die mit ihr in unmittelbarer Verbindung stehenden Rohrleitungen und Ventile müssen vakuumdicht sein. Der Dampf muß frei von Fremdgasen, insbesondere frei von Luft sein. Bereits geringe Mengen Luft, die durch Undichtigkeiten oder mit dem Dampf in die Kammer gelangen, können zur Bildung von Luft-»Inseln« im Gut führen. In derartigen Luft-»Inseln« ist das Gut der Einwirkung des Wasserdampfes entzogen.

2.1.2 Richtwerte

- 120 °C (entsprechend 1 bar Überdruck),
  Einwirkungszeit: mindestens 20 Minuten,
- 134 °C (entsprechend 2 bar Überdruck),
  Einwirkungszeit: mindestens 5 Minuten.

Die vorgeschriebenen Einwirkungszeiten rechnen von dem Zeitpunkt an, zu dem sämtliche Teile des Gutes die vorgeschriebene Temperatur angenommen haben und der Einwirkung gesättigten, gespannten Wasserdampfes ausgesetzt sind (vgl. 1.4.4).

2.1.3 Häufigste Störungsursache

Häufigste Störungsursache ist bei der Dampfsterilisation der Einschluß von Luft-»Inseln« im Gut. In den Luft-»Inseln« werden die zur Sterilisation erforderlichen Bedingungen nicht erreicht.

2.1.4 Verpackung

Die Verpackung darf das Austreiben der Luft aus dem Gut und den Zutritt des Dampfes zum Gut nicht behindern (vgl. Tab. 1). In der Verpackung ist das Gut so anzuordnen, daß sich keine Luft-»Inseln« bilden können; dies gilt vor allem für Gravitationsverfahren. Die Schutzfunktion der Verpackung (vgl. 1.2.2) und die spätere Trocknung des Gutes dürfen durch Kondensat nicht beeinträchtigt werden. Die zu sterilisierenden Objekte sind erforderlichenfalls auf Siebschalen oder saugfähige Einlagen zu legen.

Das zu sterilisierende Gut sollte doppelt verpackt werden. Ist beabsichtigt, das Gut auf Vorrat zu halten, oder ist damit zu rechnen, daß das Gut beim Transport besonderen Beanspruchungen oder Kontaminationsrisiken ausgesetzt ist, so ist es mindestens dreifach zu verpacken.

Als Verpackung können Behälter, Papier, Tuch oder spezielle wasserdampfdurchlässige Folien verwendet werden:

a) Behälter

Die Behälter müssen das Gut allseitig umschließen; sie müssen in ausreichendem Maße mit Öffnungen für den Durchtritt von Dampf und Luft versehen sein. Die Öffnungen müssen mit Einlagen oder mit einem Ventil versehen sein, die das sterilisierte Gut vor einer mikrobiellen Rekontamination schützen (s. DIN 58 952 Teil 1). Die Filtereinlagen sind in angemessenen Zeitabständen durch neue zu ersetzen. Für Gravitationsverfahren dürfen nur Behälter verwendet werden, die sowohl an ihrer Oberseite als auch an ihrer Unterseite mit Öffnungen versehen sind, so daß die im Behälter und im Gut befindliche Luft in senkrechter Richtung verdrängt werden kann.

In den Fällen, in denen sich die Sterilisationseinrichtung in unmittelbarer Nähe des Verwenders des sterilisierten Gutes befindet und das sterilisierte Gut innerhalb 24 Stunden nach der Sterilisation verwendet wird, dürfen Sterilisierbehälter als einzige Verpackung verwendet werden. Für einen angemessenen Staubschutz des Behälters ist dabei Sorge zu tragen.

b) Papier und Tuch

Es dürfen Sterilisationspapiere oder Baumwolltücher verwendet werden, letztere in mehrfacher Schicht. Sterilisationspapiere gewährleisten einen besseren Schutz vor Kontaminationen als Tücher. Die Objekte dürfen auch in Papierbeutel o. ä. verpackt werden. Werden sog. Sichtverpackungen verwendet, so soll zumindest eine der Seiten aus Sterilisationspapier bestehen. Normblätter über Anforderungen an Sterilisationspapier u. ä. Verpackungsmaterialien befinden sich in Vorbereitung. Die Papiere, Beutel u. ä. dürfen nur einmal verwendet werden.

2.1.5 Anordnung des Gutes in der Sterilisierkammer

Die Sterilisierbehälter bzw. -pakete sind in der Sterilisierkammer so anzuordnen, daß der Zutritt des Dampfes nicht behindert und das Austreiben der Luft erleichtert wird. Die Zwischenböden müssen perforiert sein. Hohlkörper müssen, sofern nicht Vakuumverfahren verwendet werden, mit abwärts gerichteter Öffnung sterilisiert werden. Die Pakete sollen die Innenwand der Sterilisierkammer nicht berühren.

2.1.6 Nachbehandlung

Während der Sterilisation scheidet sich am Gut Wasser ab; das Gut muß daher nach der Sterilisation in der Sterilisierkammer getrocknet werden, gegebenenfalls durch Evakuieren. Die der evakuierten Kammer zugeführte Luft muß keimfrei filtriert worden sein (vgl. DIN 58 946 Teil 2). Das sterilisierte Gut darf der Kammer nur in trockenem Zustand entnommen werden, da Feuchtigkeit die Schutzfunktion der Verpackung beeinträchtigt und die mikrobielle Rekontamination des Gutes begünstigt.

2.2 Heißluftsterilisation

Das Verfahren eignet sich nur für trockene bzw. wasserfreie Objekte, die gegenüber einer Temperatur von ca. 200 °C unempfindlich sind; bei gelöteten Instrumenten muß das Lötmittel einen entsprechend hohen Schmelzpunkt besitzen. Das Verfahren ist nicht für die Sterilisation wasserhaltiger Substanzen geeignet (Verpfuffungsgefahr).

2.2.1 Prinzip

Das zu sterilisierende Gut wird eine bestimmte Zeit lang einer bestimmten Temperatur ausgesetzt.

2.2.2 Richtwerte

- 180 °C, Einwirkungszeit: mindestens 30 Minuten;
- (160 °C, Einwirkungszeit: mindestens 200 Minuten).

Die vorgeschriebene Einwirkungszeit rechnet von dem Zeitpunkt an, zu dem alle Teile des zu sterilisierenden Gutes die vorgeschriebene Temperatur angenommen haben (vgl. auch 1.4.4).

Feuerfeste Objekte (z. B. Lanzetten) dürfen durch kurzfristiges Ausglühen in der Flamme sterilisiert werden. Das sog. Abflammen (Erhitzen in der Flamme ohne Erreichen der Glühtemperatur) und das sog. Abbrennen mit Alkohol gewährleisten keine Sterilität.

2.2.3 Häufigste Störungsursache

Infolge der geringen Wärmekapazität der erhitzten Luft und der zumeist geringen Wärmeleitfähigkeit des Gutes erwärmen sich die zu sterilisierenden Objekte nur langsam. Durch mechanische Luftumwälzung kann die Erwärmung des Gutes beschleunigt werden. Die am Gehäuse der Sterilisatoren angebrachten Kontrollthermometer geben keine Auskunft über die Temperatur im Innern des Gutes! Es empfiehlt sich, die Ausgleichszeit für das jeweilige Sterilisiergut mit Hilfe thermoelektrischer Messungen zu ermitteln.

Die ausreichende Erhitzung des Gutes sollte mit Hilfe gebleichter Watte oder weißer Zellstoff- bzw. Filtrierpapierstückchen kontrolliert werden. Sie werden dem Gut möglichst an den Stellen beigefügt, von denen anzunehmen ist, daß sie sich während der Sterilisation am langsamsten erwärmen. Die Zellstoff- bzw. Papierstücke müssen nach der Sterilisation bei 180 °C zumindest gelblich gefärbt sein.

2.2.4 Verpackung

Die Verpackung des zu sterilisierenden Gutes muß gegen Heißluft beständig sein; Papier und Tuch sind ungeeignet. Die Verpackung muß das Gut allseitig umschließen (Schalen, Büchsen, Aluminiumfolie). Für Flaschen u. ä. Hohlkörper ist eine keim- bzw. staubdichte Abdeckung der Öffnung ausreichend. Die Verpakkungseinheiten sollten möglichst klein sein.

Ist beabsichtigt, sterilisiertes Gut auf Vorrat zu halten oder zu transportieren, so muß es mindestens doppelt verpackt werden.

2.2.5 Anordnung des Gutes in der Sterilisierkammer

Das Gut ist in der Sterilisierkammer so anzuordnen, daß die erhitzte Luft zwischen den Verpackungseinheiten zirkulieren kann. Die Verpackungseinheiten dürfen nicht aufeinandergelegt werden; gegebenenfalls sind perforierte Zwischenböden zu verwenden.

2.2.6 Entnahme des sterilisierten Gutes aus der Sterilisierkammer

Während der Sterilisation darf die Sterilisierkammer nicht geöffnet werden. Das sterilisierte Gut darf erst nach dem Abkühlen entnommen werden. Vorzeitiges Öffnen der Sterilisierkammer kann zu einer mikrobiellen Rekontamination und zu Schäden am Sterilisiergut führen.

2.3 Äthylenoxid-Sterilisation

Äthylenoxid-Verfahren sollen nur dann verwendet werden, wenn sich das Gut nicht für eine Sterilisation mit gespanntem Dampf (2.1) oder Heißluft (2.2) eignet (z. B. thermolabile Kunststoffe).

Mit der Bedienung der Gassterilisatoren darf nur Personal betraut werden, das mit den Besonderheiten und Gefahren der Gassterilisation vertraut ist. Auf die Richtlinie der Berufsgenossenschaft für Gesundheitsdienst und Wohlfahrtspflege wird aufmerksam gemacht.

2.3.1 Prinzip

Das zu sterilisierende Gut wird nach Anfeuchten (Konditionieren) eine bestimmte Zeit lang bei einer bestimmten Temperatur der Einwirkung von gasförmigem Äthylenoxid einer bestimmten Konzentration ausgesetzt.

2.3.2 Richtwerte

Allgemein gültige Richtwerte lassen sich zur Zeit nicht angeben; sie sind von Verfahren zu Verfahren unterschiedlich. Die Äthylenoxid-Konzentration soll in der Regel nicht weniger als 1000 mg/l betragen.

2.3.3 Häufigste Störungsursache

Die Forderung, daß das Gut vor der Sterilisation sorgfältig zu reinigen ist, gilt in besonderem Maße für die Äthylenoxid-Sterilisation. Kalksalze, die beim Verdunsten von Leitungswasser als Rückstand auf den Objekten verbleiben, können Bakterien einschließen, so daß sie durch Äthylenoxid nicht abgetötet werden. Objekte, die mit Ätyhlenoxid sterilisiert werden sollen, sind zuvor in destilliertem oder demineralisiertem Wasser sorgfältig zu spülen. Anschließend sind sie mit einem trockenen Tuch abzuwischen. Sie sollten nicht in einem Wärmeschrank getrocknet werden. Katheter, Kanülen u. ä. müssen freien Durchgang haben und dürfen nicht durch Wassertropfen blockiert sein. Weitere häufige Störungsursachen sind: Unzureichende Feuchtigkeit, ungeeignete Verpackung, Äthylenoxid-Kartuschen bzw. -Flaschen mit unzureichendem Wirkstoffgehalt. Es empfiehlt sich, die Kartuschen vor und nach der Sterilisation zu wiegen.

Tabelle 1: Eignung der Verpackungsarten für Dampfsterilisationsverfahren. (Die Tabelle wurde in Anlehnung an DIN 58 946 Teil 5, Tabelle 3, aufgestellt.)

Art der Verpackung		Dampfsterilisationsverfahren nach DIN 58946 Teil 1 (Mai 76)		
Beschreibung	Symbolische Darstellung	Gravitationsverfahren	Vorvakuumverfahren	Fraktioniertes Vakuumverfahren
Sterilisierbehälter mit Ventilen an Deckel und Boden nach DIN 58 952, Teil 1	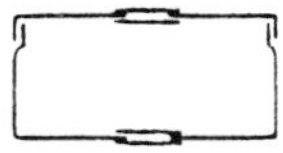	–	o	+
Sterilisierbehälter mit Ventil im Deckel nach DIN 58 952, Teil 1	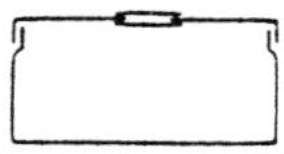	–	–	+
Sterilisierbehälter mit Filter nach DIN 58 952, Teil 1 Deckel u. Boden perforiert		+	+	+
Sterilisierbehälter mit Filter nach DIN 58 952, Teil 1 Deckel perforiert		–	–	+
Sterilisierbehälter mit Filter nach DIN 58 952, Teil 1 Boden perforiert	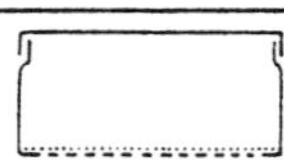	o	+	+
Behältnisse nicht perforiert	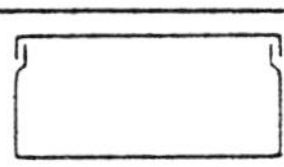	–	–	o
Sterilisationspapier nach DIN 58 953, Teil 2 einfach verpackt	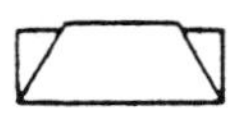	+	+	+
Sterilisationspapier nach DIN 58 953, Teil 2 zweifach verpackt	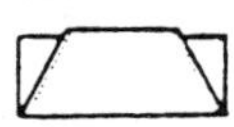	o	+	+
Tuch einfach verpackt	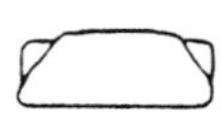	o	+	+
Tuch zweifach verpackt		o	+	+
Klarsicht-Sterilisierverpackung 1) einfach		o	+	+
Klarsicht-Sterilisierverpackung 1) zweifach		–	o	+
Kunststoff-Folie einfach verschlossen		–	–	o 2
Kunststoff-Folie zweifach verschlossen		–	–	–

Zeichenerklärung:
+ anwendbar
– nicht anwendbar
o bedingt anwendbar

1) Kombinationsverpackung, bei der eine Seite aus Sterilisationspapier und die andere Seite aus durchsichtiger Folie besteht
2) Geeignet ist nur Polyamid-Folie ausreichender Festigkeit, ausreichender Wasserdampf- und Luftdurchlässigkeit

Äthylenoxid-Verfahren sollten besonders häufig mittels Bio-Indikatoren kontrolliert werden. Die Indikatoren sollten in der gleichen Weise und mit dem gleichen Material verpackt werden wie das zu sterilisierende Gut.

2.3.4 Verpackung

Die Verpackung des zu sterilisierenden Gutes darf den Zutritt von Wasserdampf und Äthylenoxid nicht behindern. Es empfiehlt sich, Verpackungen zu verwenden, die zumindest teilweise aus gas- und wasserdampfdurchlässigem Sterilisationspapier bestehen (sog. Klarsicht-Sterilisierverpackungen). Kunststoff-Folien sollten zur Verpackung des Gutes nur dann verwendet werden, wenn die Eignung der Folie für die Äthylenoxid-Sterilisation vom Hersteller bestätigt wurde.

Das zu sterilisierende Gut sollte doppelt verpackt werden. Ist beabsichtigt, sterilisiertes Gut auf Vorrat zu halten bzw. zu transportieren, so muß es erforderlichenfalls dreifach verpackt werden.

2.3.5 Anordnung des Gutes in der Sterilisierkammer

Das Gut ist in der Sterilisierkammer so anzuordnen, daß der Zutritt von Wasserdampf und Äthylenoxid zum Gut nicht behindert wird. Gegebenenfalls sind perforierte Zwischenböden zu verwenden.

2.3.6 Nachbehandlung

Nach der Sterilisation muß das absorbierte Äthylenoxid aus dem Gut entfernt werden (Desorption). Kunststoffe absorbieren zumeist große Mengen Äthylenoxid. Bei unzureichender Desorption kann das sterilisierte Gut Nekrosen und Hämolysen verursachen. Die Dauer der Desorption ist von der Art des Gutes, der Temperatur und dem Luftwechsel abhängig; es ist auch der Verwendungszweck des Gutes zu berücksichtigen. Die Desorptionsdauer kann mehr als eine Woche betragen.

Polyvinylchlorid (PVC) sollte nicht mit Äthylenoxid sterilisiert werden, da sich in dem Kunststoff toxische Reaktionsprodukte (Äthylenchlorhydrin) bilden können, die sich durch eine Entgasung nicht entfernen lassen.

2.4 Andere Verfahren

In Sonderfällen, in denen die unter 2.1 bis 2.3 genannten Verfahren wegen der Materialbeschaffenheit des Gutes nicht angewendet werden können, dürfen auch andere Verfahren verwendet werden. Diese Verfahren müssen die unter 1.1 genannten Anforderungen erfüllen. Es ist anzustreben, derartige Objekte durch solche zu ersetzen, die mit Hilfe von gespanntem Dampf oder Heißluft sterilisiert werden können.

3. SPEZIELLE HINWEISE

Nachstehend werden einige spezielle Hinweise zur Sterilisation der wichtigsten Güter gegeben. Einen Überblick über die Anwendbarkeit der Sterilisierverfahren gibt Tab. 2.

Tabelle 2: Anwendbarkeit der Sterilisierverfahren.

Objekt		Sterilisierverfahren Dampf-Sterilisation	Heißluft-Sterilisation	Keimtötende Gase, insbesondere Äthylenoxid-Sterilisation
Instrumente (hitzebeständig)		+	+	
Injektionsspritzen (hitzebeständig)		+	+	
Gummihandschuhe		+		
Schläuche Katheter Sonden	hitzebeständig	+		
	hitzeempfindlich			+
Textilien, Verbandstoffe*		+		
Wäßrige Lösungen** (hitzebeständig)		+		

* Zur Sterilisation von porösem Gut wie Textilien und Verbandstoffen sollten Vakuum-Dampfsterilisationsverfahren verwendet werden.
** Vakuum-Dampfsterilisationsverfahren dürfen zur Sterilisation von Lösungen nicht verwendet werden.

3.1 Instrumente

Hitzebeständige Instrumente (Injektionsspritzen siehe unter 3.2), insbesondere metallene Instrumente, können sowohl durch gespannten Dampf als auch durch Heißluft sterilisiert werden.

3.1.1 Dampfsterilisation von Instrumenten

Bei der Dampf-Sterilisation metallener Instrumente können sich erhebliche Mengen an Kondensat bilden. Die Verpackung muß so beschaffen sein, daß eine Ansammlung des Kondensates vermieden wird; gegebenenfalls müssen die Instrumente in den Packungseinheiten auf Siebe, perforierte Böden oder saugfähige Einlagen gelegt werden. Pakete, in denen sich große Mengen Kondensat bilden können, sind möglichst auf dem unteren Zwischenboden der Sterilisierkammer zu plazieren, damit durch evtl. abfließendes Kondensat nicht die übrige Ladung beeinträchtigt wird.

3.1.2 Heißluftsterilisation von Instrumenten

Bei der Heißluftsterilisation von Instrumenten ist darauf zu achten, daß auch die Verbindungs- und Lötmittel bis zu einer Temperatur von 200 °C beständig sind.

3.2 Injektionsspritzen

Injektionsspritzen und die Kanülen sollten unmittelbar nach dem Gebrauch desinfiziert und gereinigt werden. Bei einer manuellen Reinigung sollten die

Spitzen samt Kanülen durch Hin- und Herbewegen des Kolbens mit Wasser bzw. Desinfektionsmittel-Lösung durchgespült werden. Die Hände sollten dabei mit der Spülflüssigkeit nicht in Berührung kommen. Die Spritzen werden anschließend in ihre Einzelteile zerlegt und desinfiziert. Danach werden die Spritzen und Kanülen sorgfältig gereinigt und abschließend mit destilliertem oder demineralisiertem Wasser durchgespült. Injektionsspritzen können mittels gespanntem Dampf oder in Heißluft sterilisiert werden.

3.2.1 Dampfsterilisation von Injektionsspritzen

Injektionsspritzen sollten, damit der Dampf alle zu sterilisierenden Oberflächen erreichen kann, nur im zerlegten Zustand mit Dampf sterilisiert werden; bei Anwendung eines Hochvakuum-Verfahrens oder eines fraktionierten Vakuum-Verfahrens dürfen sie, sofern es ihre Materialbeschaffenheit zuläßt, auch zusammengesetzt sterilisiert werden. Mandrins sind aus den Kanülen zu entfernen. Die Kanülen sollten auf einer Unterlage befestigt werden, so daß ihre Spitzen nicht beschädigt werden und die Kanülen nicht die Verpackung beschädigen. Um die Spritzen vor dem Gebrauch aseptisch zusammensetzen zu können, müssen sterile Zangen oder Pinzetten verfügbar sein.

3.2.2 Heißluftsterilisation von Injektionsspritzen

Mit Heißluft können nur Injektionsspritzen sterilisiert werden, deren Kittungen bzw. Lötmittel ausreichend hitzebeständig sind; die Spritzen müssen die Aufschrift »200 °C« tragen. Sofern es die Materialbeschaffenheit zuläßt, dürfen die Spritzen auch im zusammengesetzten Zustand sterilisiert werden. Die Kanülen sollten auf einer Unterlage befestigt werden, so daß ihre Spitzen nicht beschädigt werden und die Kanülen nicht die Verpackung beschädigen. Um die Spritzen vor dem Gebrauch aseptisch zusammensetzen zu können, müssen sterile Zangen oder Pinzetten verfügbar sein.

3.3 Gummihandschuhe

Gebrauchte, mit Blut, Sekreten o. ä. verunreinigte Gummihandschuhe sollten schon vor dem Ausziehen in einer Desinfektionsmittel-Lösung abgespült werden. Anschließend sind die Handschuhe in eine Desinfektionsmittel-Lösung zu legen. Nach der Desinfektion und der Reinigung müssen die Gummihandschuhe auf Freisein von Löchern geprüft werden. Die Handschuhe dürfen mit Gleitmitteln nur schwach eingepudert werden.

Gummihandschuhe sollten nur mit gespanntem Dampf sterilisiert werden. Um ein Zusammenkleben der Gummiflächen zu verhindern und um das Eindringen des Dampfes und das Verdrängen von Luft zu erleichtern, ist in die Handschuhe und unter den umgeschlagenen Bund Zellstoff u. ä. einzulegen. Es empfiehlt sich, die Handschuhe paarweise in sog. Handschuhtaschen zu sterilisieren. Die Taschen dürfen während der Sterilisation nicht aufeinander liegen; sie dürfen auch nicht zusammengepreßt oder geknickt werden. Es empfiehlt sich, spezielle Behälter zu verwenden. Durch Vakuum-Verfahren wird Gummi weniger geschädigt als durch Strömungsverfahren. Da während der Sterilisation aus dem Gummi Stoffe austreten können, die ein Anlaufen von Metallen verursachen, sind die Handschuhe möglichst gesondert zu sterilisieren. Unmittelbar nach der Sterilisation ist die Reißfestigkeit der Gummihandschuhe stark vermindert. Sie sollten daher erst nach 24- bis 48stündiger Lagerung verwendet werden.

3.4 Schläuche, Katheter und Sonden

Schläuche, Katheter und Sonden sollten unmittelbar nach dem Gebrauch mit einer Instrumenten-Desinfektionsmittel-Lösung durchgespült werden, gegebenenfalls mit Hilfe einer Spritze. Anschließend sind sie zu desinfizieren (s. 1.2.1), gegebenenfalls durch Einlegen in eine Desinfektionsmittel-Lösung; hierbei ist darauf zu achten, daß auch der Innenraum von Desinfektionsmittel ausgefüllt ist und keine Luftblasen eingeschlossen werden. Bei der Reinigung ist besondere Sorgfalt auf die Innenwände und die Ansatzstücke zu verwenden.

Soweit es ihre Materialbeschaffenheit zuläßt, sollten die Schläuche, Katheter und Sonden in gespanntem Dampf sterilisiert werden. Am besten eignen sich hierfür Vakuum-Verfahren. Die Schläuche, Katheter und Sonden dürfen während der Sterilisation keine Knicke aufweisen. Der gesamte Innenraum muß für den Dampf zugänglich sein. Wenn sich auf Grund der Materialbeschaffenheit eine Anwendung der Dampf- oder Heißluftsterilisation verbietet, können die Schläuche, Katheter und Sonden – soweit zulässig – einer Äthylenoxidsterilisation unterworfen werden (siehe auch 2.4).

3.5 Textilien und Verbandstoffe

Textilien und Verbandstoffe sollten nur mit gespanntem Dampf sterilisiert werden. Am besten eignen sich hierfür Vakuum-Verfahren. Um ein Überhitzen der Materialien während der Dampfsterilisation zu vermeiden, sollten sie nicht unmittelbar nach starkem Trocknen oder unmittelbar nach dem Bügeln sterilisiert werden. Die Verpackungseinheiten sollen möglichst klein sein. Um das Eindringen des Dampfes und das Verdrängen der Luft bei Gravitationsverfahren zu erleichtern, sollten die Lagen während der Sterilisation möglichst parallel zur Strömungsrichtung des Dampfes (in der Regel senkrecht) liegen. Durch Anwendung von Vakuum-Verfahren kann die Ausgleichszeit erheblich verkürzt werden. Durch Evakuieren kann auch die Kühl- bzw. Trocknungszeit verkürzt werden.

Zellstoff sollte, um seine Saugfähigkeit nicht zu sehr zu beeinträchtigen, vorzugsweise bei 120 °C und nicht bei 134 °C sterilisiert werden.

3.6 Wäßrige Lösungen

Wäßrige Lösungen können nur mit gespanntem Dampf sterilisiert werden. Die Gefäße dürfen nur so weit gefüllt sein, daß ca. ⅕ ihres Fassungsvermögens als freier Raum verbleibt. Damit Ausgleichs- und Kühlzeit möglichst kurz sind, sollen die Lösungen in möglichst kleinen Portionen sterilisiert werden. Nach der Sterilisation darf die Sterilisierkammer auf keinen Fall evakuiert werden. Die Behältnisse dürfen dem Sterilisator erst nach ausreichender Abkühlung ihres Inhaltes (auf weniger als 80 °C) entnommen werden, anderenfalls kann es durch Siedeverzüge zu Explosionen und Verbrühungen kommen.

4. LAGERUNG UND VORRATSHALTUNG

Die Lagerung und Vorratshaltung von sterilisiertem Gut hat an staubarmen und trockenen Orten zu erfolgen. Eine Lagerung in Schränken ist empfehlenswert. Die Räume müssen frei von Ungeziefer sein. Die Verpackungseinheiten müssen in ordnungsgemäßem Zustand, vor allem trocken sein.

Die Vorratshaltung sollte dem Bedarf angepaßt sein. Beschädigte Packungen und angebrochene Sets sind als unsteril anzusehen.

1.10.4 Durchführung der Desinfektion

Anlage zu Ziffer 7.2 der »Richtlinie für die Erkennung, Verhütung und Bekämpfung von Krankenhausinfektionen« aus »Bundesgesundheitsblatt«, 23. Jahrg. 1980, Nr. 23, S. 356–364

1. ALLGEMEINES

1.1 Aufgabe der Desinfektion

Aufgabe der Desinfektion ist die Abtötung bzw. irreversible Inaktivierung von krankheitserregenden Keimen an und in kontaminierten Objekten. Sie dient der Unterbrechung von Infektionsketten.

Die sog. »laufende Desinfektion« hat den Zweck, die Verbreitung von Krankheitserregern während der Pflege und Behandlung eines Patienten einzuschränken; sie wird auch als »Desinfektion am Krankenbett« bezeichnet. Die laufende Desinfektion erstreckt sich auf alle infektiösen Ausscheidungen des Patienten sowie auf alle Objekte, die mit Krankheitserregern kontaminiert wurden bzw. kontaminiert sein könnten.

Die Schlußdesinfektion ist die Desinfektion eines Bereiches oder Raumes, der zur Pflege oder Behandlung eines Infektionskranken diente. Durch die Desinfektion soll der Bereich bzw. der Raum so hergerichtet werden, daß er ohne Infektionsgefährdung zur Pflege oder Behandlung eines anderen Patienten genutzt werden kann. Die Schlußdesinfektion erstreckt sich auf alle Oberflächen und Gegenstände des Bereiches bzw. Raumes, die mit Krankheitserregern kontaminiert sind bzw. kontaminiert sein könnten. Im Rahmen der Schlußdesinfektion muß nicht in jedem Falle auch eine Raumdesinfektion durch Verdampfen oder Vernebeln von Desinfektionsmitteln vorgenommen werden (vgl. 3.4)

1.2 Anforderungen an die Maßnahmen

Alle Maßnahmen sind so durchzuführen, daß die Verbreitung von Krankheitserregern auf das nach Art der Maßnahme Unvermeidbare beschränkt ist. Dies gilt sowohl für den Umgang mit Patienten als auch im Umgang mit mikrobiell kontaminierten Objekten und infektiösen Ausscheidungen. Bei allen Maßnahmen ist Schutzkleidung zu tragen, erforderlichenfalls wasserdichte Schürze, Handschuhe und Atemschutz.

Vom Verantwortlichen bzw. einer von ihm zu beauftragenden Kommission sind den örtlichen Gegebenheiten und Notwendigkeiten entsprechend Arbeitsanweisungen und Verhaltensvorschriften aufzustellen. Aus den Arbeitsanweisungen und Verhaltensvorschriften muß ersichtlich sein, welche Desinfektionsmittel und -verfahren im Einzelfall anzuwenden sind und in welcher Weise das Verfahren durchzuführen ist. Die Arbeitsanweisungen sollten in engem Kontakt mit denjenigen aufgestellt werden, die die Objekte am Patienten verwenden bzw. die Desinfektionsmaßnahmen durchführen.

Die Arbeitsanweisungen und Verhaltensvorschriften sollten mindestens jährlich auf Gültigkeit und Vollständigkeit überprüft werden.

1.3 Anforderungen an die Objekte

Alle Objekte, die mehrmals verwendet werden, sollen hinsichtlich Material und Konstruktion so beschaffen sein, daß sie sich nach dem Gebrauch ohne Gefährdung der Umgebung durch Krankheitserreger desinfizieren und leicht reinigen lassen. Bei der Beschaffung der Objekte ist solchen Erzeugnissen der Vorzug zu geben, die sich mit Hilfe von thermischen Verfahren, insbesondere der sog. Feuchten Wärme desinfizieren lassen.

1.4 Reihenfolge von Desinfektion und Reinigung

Objekte, die zum mehrmaligen Gebrauch bestimmt sind, müssen vor der Reinigung, möglichst unmittelbar nach dem Gebrauch, desinfiziert werden. Die Verunreinigungen sollen vor der Desinfektion bzw. vor der Reinigung nicht an den Objekten antrocknen, um nicht die Desinfektion bzw. Reinigung zusätzlich zu erschweren. Mit Hilfe besonderer Verfahren ist auch eine gleichzeitige Desinfektion und Reinigung möglich.

Zum einmaligen Gebrauch bestimmte Objekte (Einmal- und Einwegartikel) und wertlose Objekte sind in angemessener Weise unschädlich zu machen und schadlos zu beseitigen. Die Empfehlungen der Zentralstelle für die Abfallbeseitigung sind zu beachten.

1.5 Auswahl der Mittel und Verfahren

Bei der Auswahl der Mittel und Verfahren sind deren Wirkungsbereiche und Anwendungsbereiche zu berücksichtigen. Den thermischen Desinfektionsverfahren ist, soweit nach Art des Objektes anwendbar, der Vorzug vor den chemischen Desinfektionsmitteln und -verfahren zu geben. Chemische Desinfektionsmittel sind, soweit sie keine besonderen Hinweise enthalten, meist nur zur Abtötung von vegetativen Bakterien und Pilzen geeignet.

Entsprechend den Gegebenheiten der Anwendungspraxis werden folgende Wirkungsbereiche unterschieden:

a) Abtötung von vegetativen Bakterienformen einschließlich Mykobakterien sowie von Pilzen und deren Sporen
   Wirkungsbereich A

b) Inaktivierung von Viren
   Wirkungsbereich B

c) Abtötung von bakteriellen Sporen bis zur Resistenzstufe des Erregers des Milzbrandes
Wirkungsbereich C

d) Abtötung bakterieller Sporen der Erreger von Wundinfektionen wie Clostridium tetani und Clostridium perfringens
Wirkungsbereich D

2. DESINFEKTIONSMITTEL UND -VERFAHREN

Entsprechend den Wirkungs- und Verfahrensprinzipien werden die Desinfektionsmittel und -verfahren zu bestimmten Gruppen zusammengefaßt. Die nachstehend gegebene Übersicht umfaßt nur die Mittel und Verfahren, die für die Bekämpfung von Krankenhausinfektionen von Bedeutung sind.

2.1 Thermische Desinfektionsverfahren

Bei den thermischen Desinfektionsverfahren werden die Krankheitserreger durch die Einwirkung von Wärme unschädlich gemacht. Die Wirksamkeit der Verfahren ist um so größer, je höher die Temperatur und je länger die Einwirkungsdauer ist. Je nach An- oder Abwesenheit von freiem Wasser wird in der Anwendungspraxis zwischen »Trockener Wärme« und »Feuchter Wärme« unterschieden. Für die Bekämpfung von Krankenhausinfektionen ist nur die »Feuchte Wärme« von Bedeutung.

Im zeitlichen Ablauf der thermischen Desinfektionsverfahren werden verschiedene Zeitphasen unterschieden. Einen schematischen Überblick über die Zeitphasen und die sie begrenzenden Zeitpunkte gibt das nachstehende Schema.

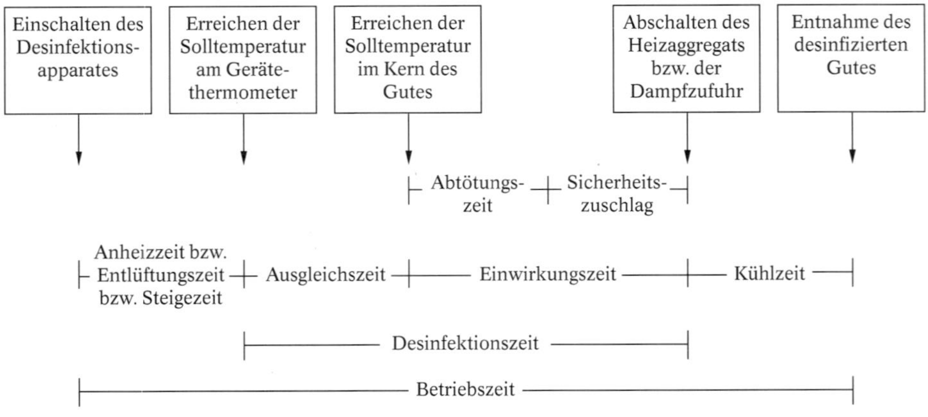

Zeitlicher Ablauf der thermischen Desinfektionsverfahren

2.1.1 Feuchte Wärme als Desinfektionsmittel

Die zu desinfizierenden Objekte werden in Gegenwart von Wasser bzw. gesättigtem Wasserdampf der Einwirkung der Wärme ausgesetzt.

2.1.1.1 Erhitzen in Wasser (sog. Auskochen)

Die zu desinfizierenden Objekte werden in Wasser eingelegt, dem zur Verbesserung der Reinigungswirkung ca. 0,5% Soda oder andere Waschhilfsstoffe zugesetzt wurden. Der Zusatz von Soda verhindert zugleich die Bildung von Rost an metallenen Instrumenten. Das Wasser sollte zunächst nicht wärmer als lauwarm sein. Es wird anschließend bis zum Sieden erhitzt und mindestens für 15 min bei der Siedetemperatur gehalten.

Wirkungsbereich: ABC

Das Verfahren wird vornehmlich zur Desinfektion von Instrumenten, Utensilien und Wäsche angewendet.

2.1.1.2 Spülen mit heißem Wasser

Die zu desinfizierenden Objekte werden in speziellen Apparaten allseits mit Wasser gespült, das während des Spülens auf die vorgeschriebene Desinfektionstemperatur erhitzt und eine gewisse Zeit lang bei dieser Temperatur gehalten wird. Zur Verbesserung der reinigenden Wirkung können dem Wasser bestimmte Reinigungsmittel zugesetzt werden. Zu Beginn des Spülens soll das Wasser höchstens lauwarm sein. Je nach Verfahren beträgt die Desinfektionstemperatur 85 bis 95 °C, die Einwirkungszeit 7 bis 20 min.

Wirkungsbereiche: A, AB (je nach Verfahren)

Die Verfahren werden vornehmlich zur Desinfektion von Utensilien und Instrumenten in Desinfektions-Reinigungsanlagen und von Wäsche in Desinfektions-Waschmaschinen verwendet.

2.1.1.3 Behandeln mit Wasserdampf (Dampfdesinfektionsverfahren)

Die zu desinfizierenden Objekte werden in speziellen Apparaten der Einwirkung von gesättigtem Wasserdampf ausgesetzt. Um sicherzustellen, daß alle zu desinfizierenden Oberflächen dem Wasserdampf ungehindert ausgesetzt sind, muß die Luft aus der Desinfektionskammer und dem Gut entfernt oder das in der Kammer enthaltene Dampf-Luft-Gemisch umgewälzt werden. Die Desinfektionsanlagen sind regelmäßig auf Funktionstüchtigkeit zu prüfen, auf DIN 58 949 Teil 3 wird verwiesen.

Es muß damit gerechnet werden, daß Verunreinigungen in das Desinfektionsgut »einbrennen«. Sichtbar verschmutzte Stellen sind gegebenenfalls vorzubehandeln.

Je nach Art der Verfahrensweise ist zu unterscheiden zwischen Dampf-Strömungs-Verfahren, Vakuum-Verfahren und Dampf-Kreislauf-Verfahren.

a) Dampf-Strömungs-Verfahren

Beim Dampf-Strömungs-Verfahren wird die Luft aus der Kammer und dem Desinfektionsgut mit Hilfe von gesättigtem Wasserdampf verdrängt. Die Desinfektionstemperatur beträgt 100 bis 105 °C. Die Einwirkungszeit soll mindestens 15 min betragen. Die Desinfektionszeit ist in hohem Maße davon abhängig, wie gut und schnell die Luft aus dem Gut verdrängt wird. Bei porösem Material kann sie mehr als eine Stunde betragen. Sie muß für jede Art des Gutes und dessen

Anordnung in der Desinfektionskammer mittels Bio-Indikatoren experimentell festgelegt werden.

Wirkungsbereich: ABC (der Wirkungsbereich D erfordert eine Temperatur von mindestens 120 °C)

Das Verfahren ist für Objekte, die mit Dampf von 100 bis 105 °C behandelt werden können, universell anwendbar, sofern sichergestellt ist, daß die Luft aus dem Gut verdrängt wird.

b) Vakuum-Verfahren

Bei den Vakuum-Verfahren wird die Luft aus der Desinfektionskammer und dem Gut durch Evakuieren entfernt. Entsprechend dem beim Evakuieren erreichten Druck wird zwischen Vorvakuum-Verfahren und Hochvakuum-Verfahren unterschieden. Eine besondere Verfahrensweise stellen die fraktionierten Vakuum-Verfahren dar. Bei ihnen wird die Kammer vor Beginn der Desinfektionszeit mehrmals bis zu bestimmten Drücken evakuiert und mit Dampf gefüllt. Die Vakuum-Verfahren ermöglichen es, die Dampfdesinfektion auch bei Desinfektionstemperaturen von weniger als 100 °C durchzuführen; der Wirkungsbereich verringert sich dementsprechend.

Zur Durchführung der Vakuum-Verfahren, insbesondere der Hochvakuum- und der fraktionierten Vakuum-Verfahren (VDV-Verfahren) ist Wasserdampf erforderlich, der frei von Luft und Fremdgasen ist. Die Desinfektionskammer muß vakuumdicht sein. Die vorgeschriebenen absoluten Drücke sind während der Vakuumphase mit einer maximalen Abweichung von + 10 mbar und während der Dampfstöße mit einer maximalen Abweichung von − 10 mbar einzuhalten.

Wirkungsbereiche: A, AB bzw. ABC (je nach Desinfektionstemperatur und Einwirkungsdauer; der Wirkungsbereich D erfordert eine Temperatur von mindestens 120 °C)

Die Vakuum-Verfahren, insbesondere die fraktionierten Vakuum-Verfahren, werden vornehmlich zur Desinfektion von porösem Gut wie Matratzen und Wolldecken verwendet.

c) Dampf-Kreislauf-Verfahren

Bei dem Dampf-Kreislauf-Verfahren wird das Desinfektionsgut einem Gemisch aus Dampf und Luft ausgesetzt, das mit Hilfe einer mechanischen Einrichtung umgewälzt wird. Um eine ausreichende Tiefenwirkung sicherzustellen, muß das Gut in der Desinfektionskammer locker angeordnet sein. Die Temperatur des Dampf-Luft-Gemisches soll mindestens 95 °C, höchstens 105 °C betragen, die Einwirkungszeit mindestens 15 min.

Wirkungsbereich: AB

Das Verfahren wird vorwiegend zur Desinfektion von Matratzen verwendet.

2.2 Chemische Desinfektionsmittel

Chemische Desinfektionsmittel enthalten Wirkstoffe, die infektiöse Keime abtöten bzw. inaktivieren. Die Wirkstoffe sind unter den üblichen Anwendungsbedingungen zumeist nur gegenüber vegetativen Keimen, nicht aber gegenüber bakteriellen Sporen wirksam. Gewisse Bakterien wie z. B. Mykobakterien und gewisse

Viren wie z. B. das Poliomyelitis-Virus sind gegenüber einigen Wirkstoffen resistenter als die übrigen Keimarten. Bei der Auswahl der chemischen Desinfektionsmittel ist die Resistenz der Keime, die Art des biologischen Milieus, in dem sich die Keime befinden und die Art des zu desinfizierenden Objektes zu berücksichtigen. Der mikrobizide Effekt ist ferner von der Konzentration des Mittels, seiner Einwirkungsdauer und der Temperatur abhängig.

Die chemischen Desinfektionsmittel dienen vor allem zur Desinfektion von Objekten, die infolge ihrer Eigenschaften wie z. B. Materialbeschaffenheit, Größe oder Anordnung nicht mit thermischen Desinfektionsverfahren behandelt werden können. Die Objekte müssen von dem Desinfektionsmittel vollständig benetzt bzw. durchtränkt werden. Die infektiösen Verunreinigungen sind möglichst im Desinfektionsmittel zu dispergieren.

Zur Bereitung der Gebrauchsverdünnungen ist Trinkwasser zu verwenden; es sind dabei Meßgefäße zu Hilfe zu nehmen. Wasser und Desinfektionsmittel müssen sorgfältig miteinander vermischt werden. Entsprechende Hilfsmittel müssen zur Verfügung stehen. Die Prozentangaben der Konzentration gelten bei flüssigen Präparaten für Milliliter in 100 ml der Gebrauchsverdünnung, bei festen und pulverförmigen Präparaten für Gramm in 100 ml der Gebrauchsverdünnung. Die für die Mittel vorgeschriebenen Konzentrationen sollen keinesfalls unterschritten werden. Die vorgeschriebenen Einwirkungszeiten sind Mindestzeiten. Die Temperatur soll, sofern keine speziellen Vorschriften bestehen, annähernd Zimmertemperatur betragen. Um Verwechslungen vorzubeugen, sollte innerhalb eines Krankenhauses nur eine geringe Anzahl verschiedener chemischer Desinfektionsmittel verwendet werden. Automatische Desinfektionsmittel-Dosiergeräte sollten nur dann verwendet werden, wenn diese die von der Bundesanstalt für Materialprüfung und dem Bundesgesundheitsamt herausgegebene Richtlinie erfüllen. Die in dieser Richtlinie für die Installation, den Betrieb und die Wartung gegebenen Empfehlungen sind zu beachten.

Sofern die Gebrauchsverdünnungen nicht unmittelbar nach der Bereitung aufgebraucht werden, sollen die Behälter mit Angaben über Art des Desinfektionsmittels und dessen Konzentration versehen sein. Die Vorratsbehälter sollen vor jedem Füllen vollständig entleert und sorgfältig gereinigt werden.

Den Personen, die die Gebrauchsverdünnungen herstellen bzw. die Desinfektion durchführen, sind Schutzkleidung und Schutzmittel zur Verfügung zu stellen (Schürze, Handschuhe, Brille, Gasmaske). Die chemischen Desinfektionsmittel sollten nur dann mit der Haut in Berührung kommen, wenn eine Desinfektion der Haut beabsichtigt ist. Zur Haut- und Händedesinfektion eignen sich jedoch nur spezielle Mittel.

Bei der Anwendung von alkoholischen Desinfektionsmitteln sind die Sicherheitsregeln der Zentralstelle für Unfallverhütung und Arbeitsmedizin des Hauptverbandes der gewerblichen Berufsgenossenschaft zu berücksichtigen, insbesondere die hinsichtlich Brand- und Explosionsgefahren bestehenden Einschränkungen der Verwendbarkeit.

3. SPEZIELLE HINWEISE

Nachstehend werden Hinweise zur Durchführung der wichtigsten Desinfektionsmaßnahmen gegeben, im übrigen ist sinngemäß zu verfahren.

3.1 Hände und Haut

Bei der Händedesinfektion ist zu unterscheiden zwischen der hygienischen Händedesinfektion und der chirurgischen Händedesinfektion. Beide dienen unterschiedlichen Zwecken und werden in unterschiedlicher Weise durchgeführt. Ein für die hygienische Händedesinfektion empfohlenes Mittel ist nicht unbedingt auch für die chirurgische Händedesinfektion geeignet und umgekehrt.

Die Händedesinfektionsmittel sollten in Gefäßen bereitgehalten werden, denen die zur Desinfektion benötigte Menge entnommen werden kann, ohne sie mit den Händen berühren zu müssen (z. B. Betätigung mit Hilfe des Fußes oder Ellenbogens). Die Desinfektionsmittelspender sollten sich möglichst über einer Auffangwanne (z. B. Waschbecken) befinden.

3.1.1 Hygienische Händedesinfektion

Durch die hygienische Händedesinfektion sollen diejenigen Keime unschädlich gemacht werden, die durch Kontakt mit mikrobiell kontaminierten Objekten u. ä. auf die Oberfläche der Haut gelangt sind. Da die Händedesinfektion immer von unsicherem Erfolg ist, sollten mit Krankheitserregern kontaminierte Objekte bzw. kontaminierte Bereiche möglichst nicht mit bloßen Händen angefaßt werden. Wenn irgend möglich, sollten hierbei keimdichte Schutzhandschuhe getragen und (oder) Hilfsmittel wie Zangen, Pinzetten oder Spatel verwendet werden.

Kontaminierte Hände dürfen erst nach ihrer Desinfektion mit Wasser und Seife gereinigt werden. Zur hygienischen Händedesinfektion sollten vornehmlich Mittel auf der Wirkstoffbasis von Alkoholen verwendet werden, bei Viruskrankheiten bevorzugt Chloramin T.

Wirkungsbereich: A, AB (nur Chloramin T)

Das Desinfektionsmittel wird zunächst in die hohle Hand gegeben und anschließend über die Hände verteilt. Die Hände sind die erforderliche Zeit lang mit dem Desinfektionsmittel gründlich zu benetzen und gegeneinander zu reiben. Besondere Sorgfalt ist auf die Desinfektion der Fingerkuppen und des Nagelfalzes zu verwenden. Die für die Händedesinfektion empfohlenen Mengen an Desinfektionsmitteln sind als Mindestmengen anzusehen. Dem auf den Händen verteilten Desinfektionsmittel darf Wasser erst nach Ablauf der für die Desinfektion vorgeschriebenen Einwirkungszeit zugesetzt werden.

Wurden die Hände sichtbar oder merklich mit keimhaltigen Ausscheidungen, (Eiter, Sputum, Stuhl, Exsudat) u. ä. kontaminiert, so sind die beschmutzten Stellen vor der eigentlichen Händedesinfektion mit einem Zellstoff- oder Wattebausch zu reinigen, der mit dem Desinfektionsmittel angefeuchtet wurde. Die hygienische Händedesinfektion ist dann zweimal nacheinander durchzuführen, ehe mit der Reinigung der Hände begonnen wird.

An die hygienische Händedesinfektion schließt sich in der Regel eine Reinigung der Hände mit Wasser und Seife an. Jedem Mitarbeiter sollte ein Handtuch zur Verfügung stehen, das nur für seinen persönlichen Gebrauch bestimmt ist, sofern nicht Einmalhandtücher oder Handtuch-Rollautomaten verwendet werden.

3.1.2 Chirurgische Händedesinfektion

Durch die chirurgische Händedesinfektion sollen nicht nur die an der Oberfläche der Haut befindlichen Keime unschädlich gemacht werden, sondern auch diejenigen Keime, die in der Haut (z. B. in Haarbälgen, Talg- und Schweißdrüsen) angesiedelt sind.

Zur chirurgischen Händedesinfektion sind vornehmlich Mittel auf der Wirkstoffbasis von Alkoholen zu verwenden. Die Mittel sollten mindestens 80 Vol.-% Äthanol, 70 Vol.-% iso-Propanol, 60 Vol.-% n-Propanol oder Gemische dieser Alkohole entsprechender Wirksamkeit enthalten. Der Alkohol muß frei von bakteriellen Sporen sein.

Wirkungsbereich: A

Die chirurgische Händedesinfektion umfaßt zwei Verfahrensschritte. Die Haut muß zunächst durch Reinigungsmittel von dem an der Oberfläche befindlichen Schmutz befreit werden; anschließend wird die Haut mit Desinfektionsmittel behandelt. Für Reinigung und Desinfektion können zwei verschiedene Mittel (zunächst Seife, anschließend Desinfektionsmittel) oder sog. Kombinationspräparate (Desinfektionsmittel, die Seifen enthalten) verwendet werden.

Es ist nicht möglich, die lebende Haut bis zur Sterilität zu entkeimen, da die zur Händedesinfektion verwendbaren Mittel nur eine geringe Tiefenwirkung besitzen.

3.1.3 Hautdesinfektion

Die Hautdesinfektion dient der Vorbereitung von medizinischen Eingriffen, bei denen die Haut verletzt werden muß, wie z. B. bei Injektionen, Punktionen, Operationen. Durch sie sollen die im Bereich des Eingriffs auf und in der Haut befindlichen Keime unschädlich gemacht werden.

Zur Hautdesinfektion sollten vornehmlich Mittel auf der Wirkstoffbasis von Alkoholen oder Jodtinktur (Allergien berücksichtigen) bzw. entsprechende jodfreie Austauschpräparate verwendet werden. Für die Alkohole gelten die gleichen Konzentrationsangaben wie für die chirurgische Händedesinfektion (vgl. 3.1.2). Die Präparate müssen frei von bakteriellen Sporen sein. Die Einwirkungszeit soll mindestens eine Minute betragen.

Wirkungsbereiche: A, AB (nur Jodtinktur)

Das Desinfektionsmittel ist mit einem sterilen Tupfer auf der Haut zu verreiben. Insbesondere vor Punktionen und Operationen sollte die Haut vor der Desinfektion gereinigt werden; die Desinfektion sollte in diesen Fällen mindestens zweimal durchgeführt werden.

3.2 Instrumente

Die Instrumente sollten möglichst unmittelbar nach dem Gebrauch desinfiziert und gereinigt werden. Die Verunreinigungen sollen nicht an den Objekten antrocknen, um nicht die Desinfektion und die Reinigung zusätzlich zu erschweren. Die Instrumente sind gegebenenfalls soweit in ihre Einzelteile zu zerlegen, daß alle Oberflächen dem Desinfektionsmittel zugänglich sind.

Zur Desinfektion von Instrumenten können sowohl die feuchte Wärme als auch chemische Desinfektionsmittel verwendet werden; sofern es die Beschaffenheit der Instrumente zuläßt, sollte bevorzugt die feuchte Wärme angewendet werden.

3.2.1 Behandlung der Instrumente mittels feuchter Wärme.

Die Instrumente können sowohl durch Erhitzen in Wasser (Auskochen) als auch durch Spülen mit heißem Wasser in automatischen Desinfektions- und Reinigungsapparaten desinfiziert werden (siehe 2.1.1.1 und 2.1.1.2). Müssen die Instrumente zur Erzielung des Wirkungsbereiches D einer höheren Temperatur als 100 °C ausgesetzt werden (z. B. 120 °C), so empfiehlt es sich, sie in Wasser liegend in einem Autoklaven zu erhitzen.

Wirkungsbereiche: A, AB, ABC (je nach Mittel und Verfahren)

3.2.2 Behandlung der Instrumente mit chemischen Desinfektionsmitteln

Von der chemischen Instrumentendesinfektion sollte nur dann Gebrauch gemacht werden, wenn die Instrumente wegen ihrer Beschaffenheit nicht mit feuchter Wärme (siehe 3.2.1) behandelt werden können.

Die Instrumente sind so in die Desinfektionsmittel-Lösung einzulegen, daß alle Oberflächen benetzt sind und der Zutritt des Desinfektionsmittels nicht durch Luftblasen behindert wird. Es ist jeweils eine frische Desinfektionsmittel-Lösung zu verwenden. Sichtbar kontaminierte Stellen sind unmittelbar nach dem Einlegen mit dem Desinfektionsmittel abzureiben. Schläuche und Hohlkörper sind mit dem Desinfektionsmittel durchzuspülen und so mit dem Desinfektionsmittel zu füllen, daß keine Luftblasen eingeschlossen sind.

Wirkungsbereiche: A, AB (je nach Desinfektionsmittel)

3.3 Oberflächen

Die Wirksamkeit und Verläßlichkeit des nachstehend beschriebenen Verfahrens (Scheuerdesinfektion) ist in starkem Maße von der Beschaffenheit der zu desinfizierenden Oberfläche (Struktur, Porosität) abhängig. Das Verfahren sollte daher nur dann angewendet werden, wenn die Objekte infolge ihrer Größe oder Anordnung nicht mit den für Instrumente beschriebenen Verfahren behandelt werden können (z. B. Arbeitsflächen, Mobiliar, Wände, Fußböden).

Die zu desinfizierende Oberfläche wird mit einem Scheuertuch, Schwamm o. ä., die mit der Gebrauchsverdünnung des Desinfektionsmittels getränkt wurden, unter leichtem Druck abgerieben. An den Oberflächen haftende Verunreinigungen sollen dabei im Desinfektionsmittel dispergiert werden. Es genügt nicht, das Desinfektionsmittel nur auf die Oberfläche aufzusprühen. Auf der mit dem

Desinfektionsmittel behandelten Fläche soll zunächst ein Flüssigkeitsfilm verbleiben. Es ist nicht zulässig, die behandelte Oberfläche kurze Zeit nach dem Auftragen des Desinfektionsmittels trockenzureiben. Die Fläche gilt erst nach Ablauf der vorgeschriebenen Einwirkungszeit des Mittels als desinfiziert.

Wirkungsbereiche: A, AB (je nach Desinfektionsmittel)

Die Scheuerdesinfektion sollte in der Weise durchgeführt werden, daß eine Verunreinigung der Desinfektionsmittel-Lösung hintangehalten wird (z. B. Zwei-Eimer-Methode: Das Scheuertuch wird nach dem Behandeln eines Teiles der Fläche in ein zweites Gefäß ausgedrückt). Es empfiehlt sich, die Scheuerdesinfektion mit entsprechenden Hilfsmitteln durchzuführen und die Hände vor dem Kontakt mit dem Desinfektionsmittel zu schützen. Gegebenenfalls sind auch Atemschutzmasken zu verwenden.

Die zur Scheuerdesinfektion verwendeten Tücher, Schwämme u. ä. sind nach dem Gebrauch zu desinfizieren und zu trocknen; sie sind keinesfalls naß aufzubewahren. Die Scheuerdesinfektion ist nicht zur Desinfektion grob verunreinigter Stellen geeignet. Grobe Verunreinigungen müssen von der Fläche zunächst entfernt und je nach ihrer Natur wie Fäzes oder Sputum desinfiziert werden (siehe 3.8 und 3.9). Es ist hierbei unerläßlich, Schutzhandschuhe zu tragen.

3.4 Räume

Unter Raumdesinfektion wird die umfassende und gleichzeitige Desinfektion aller in einem umschlossenen Raum befindlichen Oberflächen durch Verdampfen oder Vernebeln eines Desinfektionsmittels verstanden. Als wirksam ist bisher nur Formaldehyd anerkannt. Das Verfahren wird in der Regel nur dann angewendet, wenn besondere Infektionsgefahren bestehen und / oder anzunehmen ist, daß die übliche Scheuerdesinfektion unzureichend sein könnte. Die bei der Schlußdesinfektion übliche Scheuerdesinfektion wird durch die Verdampfung oder Verneblung von Formaldehyd nicht überflüssig. In der Regel sollte die Scheuerdesinfektion der Verdampfung oder Verneblung von Formaldehyd vorausgehen.

Der Raum ist so herzurichten, daß das Desinfektionsmittel alle Oberflächen erreichen kann und daß während der vorgeschriebenen Einwirkungszeit kein Desinfektionsmittel entweicht. Insbesondere sind die Fenster und Türen sowie Luftein- und -auslässe abzudichten. Die Möbel, insbesondere die Schränke, sollen an ihrem Standort verbleiben. Die Schranktüren, Schubläden u. ä. sind zu öffnen. Matratzen sind anzulüften; Kissen, Decken u. ä. sowie Kleidungsstücke sind locker und möglichst faltenfrei aufzuhängen. Die Heizung des Raumes ist abzuschalten bzw. zu drosseln; die Raumtemperatur soll jedoch 10 °C nicht unterschreiten.

Pro m^3 Rauminhalt sind mind. 5 g Formaldehyd (entspr. 14 ml Formaldehyd-Lösung DAB 7) und 20 ml Wasser zu verdampfen. Die Formaldehyd-Lösung DAB 7 ist eine wäßrige Formaldehyd-Lösung mit einem Formaldehydgehalt von mind. 35%. Während einer 6stündigen Einwirkungszeit soll die relative Luftfeuchte in dem Raum 70% nicht unterschreiten.

Wirkungsbereich: AB

Es empfiehlt sich, den Formaldehyd nach der vorgeschriebenen Einwirkungsdauer durch Einleiten des Dampfes einer siedenden Ammoniaklösung chemisch zu binden. Je ml der Formaldehyd-Lösung DAB 7 sollten mindestens 0,65 ml einer 25%igen Ammoniaklösung verdampft werden. Der Raum ist anschließend ausgiebig zu lüften.

3.5 Textilien

Waschbare Textilien sollten mit Hilfe der im Abschnitt 3.6 (Wäsche) empfohlenen Mittel und Verfahren desinfiziert werden. Nicht waschbare Textilien können mittels Wasserdampf, einem Gemisch aus Formaldehyd und Wasserdampf oder durch desinfizierende Chemisch-Reinigung desinfiziert werden.

Beim Sammeln der Textilien und ihrem Transport zur Desinfektionseinrichtung sind die Empfehlungen der Anlage zu den Ziffern 4.4.3 und 6.4 der Richtlinie sinngemäß zu beachten.

3.5.1 Behandlung der Textilien mit Wasserdampf

Die Textilien werden in einem Dampf-Desinfektionsapparat mit Wasserdampf behandelt (vgl. 2.1.1.3). In den Fällen, in denen mit einem verzögerten Eindringen des Wasserdampfes in das Desinfektionsgut gerechnet werden muß (z. B. aufeinanderliegende Wolldecken), müssen Vakuumverfahren verwendet werden.

Wirkungsbereiche: A, AB, ABC (je nach Verfahren)

Es muß mit einem »Einbrennen« der Verunreinigung in die Textilien gerechnet werden. Sichtbar kontaminierte Stellen sind gegebenenfalls durch Abreiben mit einer Desinfektionsmittel-Lösung vorzubehandeln.

3.5.2 Behandlung der Textilien mit Formaldehyd-Wasserdampf

Die Textilien werden in einer Desinfektionskammer locker aufgehängt. In die Kammer wird der Dampf einer siedenden Formaldehyd-Lösung eingeleitet. Pro m^3 Rauminhalt der Kammer sind mind. 5 g Formaldehyd zu verdampfen. Das Verfahren kann auch in einem entsprechend abgedichteten Zimmer durchgeführt werden (vgl. 3.4). Die Textilien sind dem Formaldehyd-Wasserdampf mind. sechs Stunden auszusetzen. Die relative Luftfeuchtigkeit soll während einer 6stündigen Einwirkungszeit 70% nicht unterschreiten.

Wirkungsbereich: AB

Die Textilien sollten nach der Desinfektion mit Ammoniak nachbehandelt werden, um den an ihnen haftenden Formaldehyd zu beseitigen bzw. chemisch zu binden. Es empfiehlt sich, in die Kammer den Dampf einer kochenden Ammoniaklösung einzuleiten (vgl. 3.4). Die Textilien müssen nach der Behandlung mit diesem Verfahren gelüftet werden.

3.5.3 Desinfizierende Chemisch-Reinigung der Textilien

Das Verfahren ist nur in Chemisch-Reinigungsanlagen durchführbar. Die Anlage muß mit einem Meßgerät zur Bestimmung der relativen Feuchte im Dampfraum über der Flotte ausgerüstet sein. Die Reinigungstrommel der Anlage darf nur bis zu 75% des maximal zulässigen Füllgewichtes mit dem zu desinfizierenden Gut beladen werden. Dem zur Reinigung des Gutes verwendeten Perchloraethylen sind die vorgeschriebenen Mengen an Lösungsvermittlern (sog. Reinigungsverstärker) und Desinfektionsmittel zuzusetzen. Das Gut ist die erforderliche Zeit lang (in der Regel 15 Minuten) in dieser Desinfektionsflotte zu bewegen. Die relative Feuchtigkeit im Dampfraum über der Flotte darf den vorgeschriebenen Wert nicht unterschreiten. (Flotte: allgemeine Bezeichnung für die Flüssigkeit, in der sich die Textilien während der Behandlung befinden). Nach Ablassen der Flotte in einem Vorrats- bzw. Aufbereitungstank ist das Gut durch Zentrifugieren vom anhaftenden Lösungsmittel zu befreien und durch Einblasen von warmer Luft zu trocknen. Die vorgeschriebenen Temperaturen und Einwirkungszeiten dürfen nicht unterschritten werden.

Soll die Flotte zur desinfizierenden Behandlung weiterer Chargen verwendet werden, so muß ihr Gehalt an Lösungsvermittler und Desinfektionsmittel mit den vorgeschriebenen Mengen ergänzt werden.

Das derzeit vom Bundesgesundheitsamt als wirksam anerkannte Verfahren ist nur für die Behandlung von Textilien aus Chemiefasern (z. B. Polyester, Polyacryl) geeignet.

Wirkungsbereich: AB

3.6 Wäsche

Unter Wäsche werden waschbare Textilien verstanden. Hinweise zum Sammeln der Wäsche und ihrem Transport zur Desinfektionseinrichtung sowie zur Kontrolle der Waschmaschinen und der -verfahren gibt die Anlage zu den Ziffern 4.4.3 und 6.4 der Richtlinien.

Wäsche kann durch Kochen, durch Wasserdampf, durch Behandeln mit Desinfektionsmittel-Lösungen (Chemische Wäschedesinfektion) oder in Verbindung mit dem Waschprozeß durch thermische oder chemo-thermische Desinfektionswaschverfahren desinfiziert werden. Für die Verfahren werden unterschiedliche Mittel und Hilfsmittel benutzt. Die Desinfektionswaschverfahren können nur in Waschmaschinen bei bewegter Flotte und bewegter Wäsche durchgeführt werden.

Je nach Art der Wäsche und dem Grad der Verschmutzung können die Verfahren unterschiedlich geeignet sein, vor allem hinsichtlich der Schädigung der Wäsche und ihrer Reinigung. Dampfdesinfektionsverfahren eignen sich in der Regel nur für die Desinfektion sauberer Wäsche.

Während des Waschprozesses und der nachfolgenden Bearbeitung der gewaschenen Wäsche kann die Wäsche mikrobiell rekontaminiert werden. Bezüglich der Anforderungen an die Keimarmut der gewaschenen Wäsche wird auf die Anlage zu den Ziffern 4.4.3 und 6.4 der Richtlinie verwiesen.

3.6.1 Kochen der Wäsche

Die Wäsche wird Stück für Stück in einen Kochtopf oder Kessel eingelegt, der zu ca. ¾ seines Fassungsvermögens mit einer Waschflotte gefüllt ist. Die Waschflotte soll zunächst höchstens lauwarm sein. Flüssigkeits- und Wäschemenge sollen so bemessen sein, daß die eingelegte Wäsche völlig mit Waschflotte bedeckt ist. Die Flotte wird dann bis zum Sieden erhitzt und die Wäsche 30 min gekocht. Um die

Belästigung durch Wasserdampf gering zu halten, empfiehlt es sich, das Gefäß während des Kochens mit einem Deckel abzudecken. Nach dem Kochen kann die Wäsche in üblicher Weise gewaschen werden.

Wirkungsbereich: ABC

Das Verfahren eignet sich nur für kochbare Wäsche. Zumeist läßt sich ein »Einbrennen« von Schmutz in die Textilien und ein Vergrauen der Wäsche nicht vermeiden.

3.6.2 Behandlung der Wäsche mit Wasserdampf

Die Wäsche wird in einem Dampf-Desinfektionsapparat mit Wasserdampf behandelt. Zweckmäßigerweise werden hierfür Vakuum-Verfahren verwendet (siehe 2.1.1.3). Es ist zu berücksichtigen, daß sich stark getrocknetes poröses Desinfektionsgut, wie z. B. heiß gemangelte Wäsche, bei der Dampfdesinfektion überhitzt; es sind dann längere Desinfektionszeiten erforderlich als sie für gesättigten Dampf gelten.

Wirkungsbereiche: A, AB, ABC (je nach Temperatur und Einwirkungsdauer)

Das Verfahren eignet sich in der Regel nur zur Behandlung von sauberer Wäsche.

3.6.3 Behandlung der Wäsche mit Desinfektionsmittel-Lösung (Chemische Wäschedesinfektion)

Die Wäsche wird Stück für Stück in ein Gefäß eingelegt, das mit der entsprechenden Gebrauchsverdünnung eines Desinfektionsmittels gefüllt ist. Die Temperatur der Flotte soll mindestens 15 °C betragen. Die Flüssigkeits- und Wäschemenge sollen so bemessen sein, daß die eingelegte Wäsche völlig vom Desinfektionsmittel bedeckt ist (das Gewichtsmengenverhältnis von Wäsche zur Flotte, sog. Flottenverhältnis, soll ca. 1:8 betragen). Das Desinfektionsmittel muß mindestens 12 Stunden auf die Wäsche einwirken. Um sicherzustellen, daß die Wirkung des Desinfektionsmittels nicht durch Luftblasen oder andere Hindernisse beeinträchtigt wird, ist die Wäsche von Zeit zu Zeit mit Hilfe eines Stabes in dem Bad zu bewegen. Der Stab wird zweckmäßigerweise gleichzeitig mit der Wäsche desinfiziert; er soll daher bis zum Ende der Wäschedesinfektion in dem Bad verbleiben. Nach Ablauf der erforderlichen Einwirkungsdauer ist die Wäsche gründlich zu spülen. Sie kann anschließend in üblicher Weise gewaschen werden. – Das Desinfektionsbad soll nur einmal verwendet werden.

Wirkungsbereiche: A, AB (je nach Art des Desinfektionsmittels)

Das Verfahren eignet sich zur Behandlung von waschbaren Textilien aller Art.

3.6.4 Behandlung der Wäsche durch Desinfektions-Waschverfahren

Die Desinfektions-Waschverfahren werden in Waschmaschinen durchgeführt. Die Waschmaschinen müssen von ihrer Bauart und der Betriebsweise her sicherstellen, daß die vorgeschriebene Konzentration des Desinfektions- und des Waschmittels, das Flottenverhältnis und die Temperatur während der vorgeschriebenen Desinfektionszeit eingehalten werden. In den Fällen, in denen ausgeschlossen werden muß, daß die Krankheitserreger in das Abwasser gelangen, muß die Desinfektion von Wäsche und Flotte vor dem erstmaligen Ablassen von Flotte abgeschlossen sein.

Bei den thermischen Desinfektions-Waschverfahren werden Flotte und Wäsche durch die Einwirkung einer Temperatur von 85 bis 90 °C desinfiziert. Die Zusätze zur Flotte dienen dazu, die Verunreinigungen aufzuschließen, vom Textil abzulösen und während der Erhitzung in Suspension zu halten. Bei den chemothermischen Desinfektions-Waschverfahren erfolgt die Desinfektion in erster Linie durch die Einwirkung eines chemischen Desinfektionsmittels auf die Wäsche. Die Flotte und die Wäsche werden erwärmt, um die Wirksamkeit des chemischen Mittels zu verstärken und zu beschleunigen.

3.6.4.1 Thermische Desinfektions-Waschverfahren

Die Waschmaschine wird dem vorgeschriebenen Füll- und Flottenverhältnis entsprechend mit Wasser, Waschmittel und Wäsche beschickt. Bei bewegter Waschtrommel werden Wäsche und Flotte langsam oder stufenweise, so daß ein »Einbrennen« des Schmutzes vermieden wird (gegebenenfalls unter weiterem Zusatz von Waschmittel), auf die Desinfektionstemperatur (je nach Verfahren 85 bzw. 90 °C) erhitzt und die erforderliche Zeit lang (je nach Verfahren 10 bzw. 15 min) bei dieser Temperatur gehalten. Nach Ablauf der vorgeschriebenen Einwirkungszeit kann die Flotte abgelassen und die Wäsche in üblicher Weise weitergewaschen bzw. gespült werden.

Wirkungsbereich: AB

Die thermischen Desinfektions-Waschverfahren eignen sich nur für die Desinfektion von kochbarer Wäsche.

3.6.4.2 Chemo-thermische Desinfektions-Waschverfahren

Die Waschmaschine wird dem vorgeschriebenen Füll- und Flottenverhältnis entsprechend mit Wasser, Desinfektionsmittel und Wäsche gefüllt (bei den Verfahren mit Chlor bzw. anorganischen oder organischen Substanzen mit aktivem Chlor als Wirkstoff soll das Desinfektionsmittel erst bei Erreichen der vorgeschriebenen Temperatur zugegeben werden). Bei bewegter Waschtrommel werden Wäsche und Flotte auf die vorgeschriebene Desinfektionstemperatur (je nach Verfahren 40 bis 85 °C) erwärmt und die erforderliche Zeit lang (je nach Verfahren 5 bis 45 min) bei dieser Temperatur gehalten. Nach Ablauf der vorgeschriebenen Einwirkungszeit kann die Flotte abgelassen und die Wäsche in üblicher Weise weitergewaschen bzw. gespült werden.

Wirkungsbereiche: A, AB (je nach Verfahren)

Die chemo-thermischen Desinfektions-Waschverfahren eignen sich für waschbare Textilien aller Art, insbesondere für sog. temperaturempfindliche Wäsche. Auf die Einhaltung der für die verschiedenen Verfahren vorgeschriebenen Desinfektionstemperatur ist dabei besonders zu achten.

3.7 Betten

Die Desinfektion eines kompletten (»aufgerüsteten«) Bettes, bestehend aus Bettgestell, Matratze, Bettdecken, Kissen und Bettwäsche, ist nur mit Hilfe von

Dampf-Desinfektionsverfahren möglich. Die Anwendung dieser Verfahren hat zur Voraussetzung, daß die Materialien, insbesondere das Bettgestell und seine Armaturen, eine derartige Behandlung zulassen. Bei der Dampf-Desinfektion ist es unvermeidlich, daß Verunreinigungen in die Textilien und Oberflächen »eingebrannt« werden. Die Dampf-Desinfektion von kompletten Betten ist daher in der Regel auf die Desinfektion von gereinigten Betten mit gewaschener Bettwäsche beschränkt.

Sollen benutzte Betten desinfiziert werden, so müssen in der Regel die Teile des Bettes (Bettgestell, Matratze, Bettdecken, Kissen, Bettwäsche) unterschiedlichen Desinfektionsverfahren unterworfen werden. Hinsichtlich der Anforderungen der Hygiene bei der Aufbereitung von Betten wird auf die Anlage zu den Ziffern 4.4.3 und 6.5 der Richtlinie verwiesen.

3.7.1 Bettgestelle

Bettgestelle werden, je nach Beschaffenheit, mit Wasserdampf (siehe 2.1.1.3), Formaldehyd-Wasserdampf (siehe 3.4) oder durch Abreiben mit Desinfektionsmittel-Lösung (siehe 3.3) desinfiziert. Bei Anwendung der Dampfdesinfektion empfiehlt es sich, sichtbar verschmutzte Stellen vorzubehandeln, um einem Einbrennen vorzubeugen.

Wirkungsbereiche: A, AB, ABC (je nach Mittel und Verfahren)

3.7.2 Matratzen

Im Innern von Matratzen befindliche Keime können nur durch Mittel und Verfahren abgetötet bzw. inaktiviert werden, die eine ausreichende Tiefenwirkung besitzen. Es empfiehlt sich, hierfür Dampfdesinfektionsverfahren zu verwenden (siehe 2.1.1.3). In den Fällen, in denen mit einem verzögerten Eindringen des Dampfes in die Matratzen gerechnet werden muß, sind bevorzugt Vakuumverfahren anzuwenden. Sichtbar verunreinigte Stellen müssen gegebenenfalls vorbehandelt werden, um einem Einbrennen vorzubeugen.

Wirkungsbereiche: A, AB, ABC (je nach Mittel und Verfahren)

Aus hygienischen und ästhetischen Gründen kann es zweckmäßig sein, die Matratzen vor dem Gebrauch ganz oder teilweise mit einem Schutzüberzug zu versehen.

3.7.3 Bettwäsche, Bettdecken und Kissen

Bettwäsche, Bettdecken und Kissen werden, je nach ihrer Beschaffenheit, insbesondere der Füllung der Bettdecken und Kissen, mit den für Textilien bzw. Wäsche beschriebenen Verfahren desinfiziert (siehe 3.5 bzw. 3.6). Bettdecken und Kissen, die Federn enthalten, können in der Regel nur mit Wasserdampf desinfiziert werden (siehe 2.1.1.3).

Wirkungsbereiche: A, AB, ABC (je nach Mittel und Verfahren)

3.8 Fäzes und Urin sowie Auffanggefäße

Eine Desinfektion von Fäzes und Urin kann sowohl aus Gründen der Abwasserhygiene als auch aus Gründen des Infektionsschutzes innerhalb der Krankenanstalt erforderlich sein.

Aus Gründen der Abwasserhygiene ist in der Regel nur dann eine Desinfektion der Fäzes erforderlich, wenn es sich um Krankheitserreger handelt, die in dem Abwasser, dem die Fäzes bzw. das Krankenhausabwasser zugeführt werden, normalerweise nicht enthalten (wie z. B. Erreger hämorrhagischer Fieber, Cholera-Erreger) oder in erheblich geringerer Menge zu erwarten sind (vgl. Merkblatt des Bundesgesundheitsamtes über die Einleitung von Krankenhausabwasser in die Kanalisation und in Gewässer). Die örtlichen Gegebenheiten sind hierbei gebührend zu berücksichtigen.

Patienten, die an einer Infektionskrankheit erkrankt sind oder einer Krankheit verdächtig sind, bei der die Krankheitserreger mit den Fäzes oder dem Urin ausgeschieden werden, sollten gesonderte Toiletten benutzen, unabhängig davon, ob eine Desinfektion der Ausscheidungen für erforderlich gehalten wird oder nicht. In gleicher Weise sollten die in Bettpfannen o. ä. aufgefangenen Fäzes und der Urin dieser Patienten über spezielle Toiletten oder Spülbecken der Kanalisation zugeführt werden. Die zum Auffangen der Ausscheidungen verwendeten Gefäße (z. B. Bettpfannen, Urinflaschen) sollten nach dem Entleeren desinfiziert werden, unabhängig davon, ob der Patient an einer Infektionskrankheit leidet oder nicht.

3.8.1 Desinfektion von Fäzes

Eine thermische Desinfektion von Fäzes ist infolge der Geruchsbelästigung zumeist nur in Verbindung mit der thermischen Abwasserdesinfektion praktikabel. Für die laufende Desinfektion von Fäzes können daher in der Regel nur chemische Mittel verwendet werden.

Zur chemischen Desinfektion von Fäzes können Kalkmilch oder Phenole bzw. Phenolderivate verwendet werden. Bei der Auswahl der Mittel ist jedoch darauf zu achten, daß Kalkmilch gegenüber Tuberkulose-Bakterien unwirksam ist und Phenole bzw. Phenolderivate zur Desinfektion bei Viruskrankheiten ungeeignet sind. Chloramin und Chlorkalk sind zur Desinfektion von Fäzes unbrauchbar (vgl. Tab.).

Krankheitserreger	Desinfektionsmittel bzw. Wirkstoff
Viren	Kalkmilch
Mykobakterien	Phenole bzw. Phenolderivate
sonstige	Kalkmilch oder Phenole bzw. Phenolderivate

Die Fäzes sind mit mindestens der doppelten Menge der Gebrauchsverdünnung des Desinfektionsmittels zu versetzen. Mit Hilfe eines Stabes sind die Fäzes mit dem Desinfektionsmittel zu verrühren. Kompakte Bestandteile der Fäzes müssen dabei bis auf Erbsengröße zerkleinert werden. Das Desinfektionsmittel muß bei Raumtemperatur mindestens sechs Stunden einwirken. Der zum Vermengen benutzte Stab kann mit dem Fäzes chemisch desinfiziert werden und soll dann bis zum Ablauf der Desinfektionszeit in dem Gemenge verbleiben. Die Gefäße können danach in einen Abort o. ä. entleert werden. Anschließend sind die entleerten Gefäße zu desinfizieren.

3.8.2 Desinfektion von Urin

Für die Desinfektion von Urin gilt das gleiche wie für die Desinfektion von Fäzes (vgl. 3.8.1). Bei der chemischen Desinfektion genügt ein Mischungsverhältnis von Urin mit der Gebrauchsverdünnung des Desinfektionsmittels von einem Teil Urin mit einem Teil Desinfektionsmittel-Lösung; die Einwirkungszeit soll mind. zwei Stunden betragen.

3.8.3 Desinfektion der Auffanggefäße

Die Auffanggefäße können thermisch oder chemisch desinfiziert werden; thermische Verfahren sollten bevorzugt verwendet werden.

3.8.3.1 Thermische Desinfektion der Auffanggefäße

Die Auffanggefäße können entweder in Wasser gekocht (siehe 2.1.1.1), mit Wasserdampf behandelt (siehe 2.1.1.3) oder mit heißem Wasser in speziellen Desinfektions-Spülmaschinen gespült werden (siehe 2.1.1.2). Bei der Verwendung von Spülmaschinen ist zu beachten, daß für die Desinfektion der Gefäße nicht allein die Temperatur des Spülwassers ausschlaggebend ist. Die zu desinfizierenden Oberflächen müssen die für die Desinfektion vorgeschriebene Temperatur annehmen und hinreichend lange dieser Temperatur ausgesetzt sein.

Wirkungsbereiche: A, AB, ABC (je nach Verfahren)

3.8.3.2 Chemische Desinfektion der Auffanggefäße

Die entleerten Gefäße sind in einen Behälter zu legen, der mit einem zur Desinfektion von Fäzes geeigneten Desinfektionsmittel gefüllt ist. Sichtbar verschmutzte Stellen der Gefäße sind zu Beginn der Desinfektion mit Hilfe eines Spatels o. ä. vom Untergrund zu lösen und im Desinfektionsmittel zu dispergieren. Die Gefäße müssen vom Desinfektionsmittel vollständig bedeckt sein, und es dürfen keine Luftblasen eingeschlossen sein. Die Gefäße sollen mindestens sechs Stunden in dem Bad verbleiben. Danach können sie in üblicher Weise gereinigt werden. Das in den Desinfektionswannen befindliche Desinfektionsmittel sollte mindestens einmal wöchentlich gewechselt werden. Die Wannen sind hierbei gründlich zu reinigen.

Wirkungsbereich: A

3.9 Desinfektion von Sputum

Sputum u. ä. Ausscheidungen können sowohl thermisch als auch chemisch desinfiziert werden; am verläßlichsten ist die thermische Desinfektion. Diese bietet zugleich den Vorteil, daß das Sputum und die Auffanggefäße in einem Arbeitsgang desinfiziert werden. Bei der Handhabung der Sputumgefäße sind keimdichte Schutzhandschuhe zu tragen, da stets damit gerechnet werden muß, daß auch die Außenseite der Gefäße kontaminiert ist.

3.9.1 Thermische Desinfektion von Sputum

Die Auffanggefäße werden samt Inhalt in einer Desinfektionskammer gesättigtem Wasserdampf von 100 °C ausgesetzt. Die Einwirkungsdauer des Dampfes soll mindestens 15 min betragen. Die Gefäße können anschließend in ein Toiletten- oder Spülbecken entleert und in üblicher Weise gereinigt werden.

Wirkungsbereich: ABC

3.9.2 Chemische Desinfektion von Sputum

Zur chemischen Desinfektion von Sputum können Chloramin T u. ä. Präparate (nicht aber Chlorkalk) sowie Phenole bzw. Phenolderivate verwendet werden. Zur Desinfektion bei Viruskrankheiten sind Phenole und Phenolderivate ungeeignet.

Wirkungsbereiche: A, AB (nur Chloramin T)

Die zum Auffangen bzw. Sammeln von Sputum dienenden Gefäße sind vor der Benutzung zu etwa ⅔ ihres Fassungsvermögens mit der Gebrauchsverdünnung des Desinfektionsmittels zu füllen. Nach dem Gebrauch bzw. der letztmaligen Zugabe von Sputum müssen die Gefäße mindestens vier Stunden bei Raumtemperatur verbleiben. Sie dürfen erst nach Ablauf dieser Zeit in einen Abort o. ä. entleert werden. Anschließend sind die entleerten Gefäße zu desinfizieren (siehe unten).

Es ist auch zulässig, die Sputen zunächst in einem Gefäß zu sammeln, das kein Desinfektionsmittel enthält, und sie nachträglich mit Desinfektionsmitteln zu versehen. In diesem Fall sollen die Gefäße zu nicht mehr als ¼ ihres Fassungsvermögens mit Sputum gefüllt sein. Dem Sputum ist mindestens die doppelte Menge Gebrauchsverdünnung des Desinfektionsmittels zuzufügen. Das Desinfektionsmittel muß auf das Sputum mindestens vier Stunden bei Raumtemperatur einwirken; erst nach Ablauf dieser Zeit dürfen die Gefäße in einen Abort o. ä. entleert werden. Die entleerten Gefäße sind anschließend zu desinfizieren.

Die entleerten Gefäße können entweder durch Kochen in Wasser (siehe 2.1.1.1), durch Spülen mit heißem Wasser (siehe 2.1.1.2), durch Behandeln mit Wasserdampf (siehe 2.1.1.3) oder durch chemische Mittel desinfiziert werden. Die chemische Desinfektion ist in folgender Weise durchzuführen:

Die Gefäße sind in einen Behälter zu legen, der mit dem Desinfektionsmittel gleicher Art und Konzentration gefüllt ist, das zur Desinfektion des Sputums verwendet wurde. Die Gefäße müssen vom Desinfektionsmittel vollständig bedeckt sein, und es dürfen keine Luftblasen eingeschlossen sein. Die Gefäße sollen mindestens vier Stunden in dem Bad verbleiben. Danach können sie in üblicher Weise gereinigt werden. Das in den Behältern befindliche Desinfektionsmittel sollte mindestens zweimal wöchentlich gewechselt werden. Die Wannen sind hierbei gründlich zu reinigen.

4. NORMEN UND RICHTLINIEN

DIN 58949 Teil 1	Desinfektion: Dampf-Desinfektionsapparate; Begriffe
DIN 58949 Teil 2	Desinfektion: Dampf-Desinfektionsapparate; Anforderungen
DIN 58949 Teil 3	Desinfektion: Dampf-Desinfektionsapparate; Prüfung auf Wirksamkeit

Berufsgenossenschaft für Gesundheitsdienst und Wohlfahrtspflege
Grundsätze für die Arbeitssicherheit bei Desinfektions-, Sterilisations- und Entwesungseinrichtungen nach dem Kaltgasverfahren.

Bundesanstalt für Materialprüfung und Bundesgesundheitsamt
Richtlinie für Desinfektionsmittel-Dosiergeräte. Bundesgesundhbl. 21 (1978) 115–119.

Bundesgesundheitsamt
Liste der vom Bundesgesundheitsamt geprüften und anerkannten Desinfektionsmittel und -verfahren. Bundesgesundhbl. 21 (1978) 255–261; 23 (1980) 47–49.

Bundesgesundheitsamt
Einleitung von Krankenhausabwasser in Kanalisation oder Gewässer. Bundesgesundhbl. 21 (1978) 34.

Zentralstelle für Abfallbeseitigung
Merkblatt Nr. 8
Die Beseitigung von Abfällen aus Krankenhäusern, Arztpraxen und sonstigen Einrichtungen des medizinischen Bereiches. Bundesgesundhbl. 17 (1974) 355–357 (siehe 1.11.1, Seite 206).

Zentralstelle für Unfallverhütung und Arbeitsmedizin des Hauptverbandes der gewerblichen Berufsgenossenschaften
Sicherheitsregeln zur Vermeidung von Brand- und Explosionsgefahren durch alkoholische Desinfektionsmittel. Köln: Carl Heymanns Verlag KG 1979.

1.10.5 Hausreinigung und Flächendesinfektion

Anlage zu Ziffer 6.12 der »Richtlinie für die Erkennung, Verhütung und Bekämpfung von Krankenhausinfektionen«

1. EINLEITUNG

Die Hausreinigung und Flächendesinfektion im Krankenhaus dient in den Räumen für Patienten sowohl der Sauberkeit als auch der Infektionsprophylaxe. Eine ordnungsgemäße, hygienisch einwandfreie Durchführung muß stets gewährleistet sein. Ziel ist nicht die Eliminierung ubiquitärer Umweltkeime, sondern die Verminderung der Anzahl pathogener oder fakultativ pathogener Keime. Die Auswahl der Methode richtet sich nach:

- den Anforderungen an die Keimarmut für einen einzelnen Krankenhausbereich,
- der Gefährdung oder Belästigung der Patienten und des Personals,
- dem zu behandelnden Material,
- der Wirtschaftlichkeit.

Die Hygienekommission erstellt für jeden Bereich des Krankenhauses einen Hygieneplan mit Anweisungen über Häufigkeit und anzuwendende Methoden für die Reinigung und Desinfektion. Diese Pläne sind sowohl für das Krankenhauspersonal als auch für Fremdfirmen verbindlich.

2. ALLGEMEINE ANFORDERUNGEN AN DIE METHODEN

Bei der Bewertung und Auswahl der Methoden bzw. Verfahren sind folgende Gesichtspunkte zu berücksichtigen:

2.1 Reinigung der Flächen und Gegenstände

2.2 Verminderung der Keimzahl

Es sind die besonderen Bedingungen in den einzelnen Krankenhausbereichen zu berücksichtigen (siehe Ziff. 4).

2.3 Verhinderung einer Keimverbreitung durch Reinigungsgeräte, -utensilien und -flotte

Die Keimverbreitung durch das Reinigungsverfahren soll möglichst gering sein. Eine trockene Reinigung im Krankenhaus ist wegen der Möglichkeit der aerogenen Verbreitung von Keimen in der Regel nicht zulässig.

2.4 Lernbarkeit der Methode und Kontrollierbarkeit des Arbeitsablaufes

2.5 Möglichst geringe Belästigung bzw. Gefährdung der Patienten oder des Personals

Hierbei sind auch Gesichtspunkte der Unfallverhütung zu beachten, z. B. Rutschgefahr und Berufskrankheiten (z. B. Allergien). Direkter Hautkontakt mit den Reinigungs- bzw. Desinfektionslösungen ist zu vermeiden. Dies gilt insbesondere für Arbeiten mit den Konzentraten [Unfallverhütungsvorschrift VBG 103 (§ 17) und Durchführungsanweisung der Berufsgenossenschaft für Gesundheitsdienst und Wohlfahrtspflege sowie der einzelnen Gemeindeunfall-Versicherungsverbände].

2.6 Zuverlässigkeit der Dosierung der Reinigungs- und Desinfektionsmittel

Die Dosierung soll mit einer Methode erfolgen, die einfach, verläßlich und wenig störanfällig ist.

2.7 Wiederaufbereitbarkeit der Reinigungsutensilien

Es soll kein großer Aufwand erforderlich sein, um die Reinigungsutensilien wieder hygienisch einwandfrei aufzubereiten.

2.8 Wirtschaftlichkeit

Der Aufwand an Zeit, Personal und Material soll möglichst klein sein.

3. ORGANISATION

Die Organisation, die Wahl der Reinigungs- und Desinfektionsmittel und -verfahren und die Häufigkeit der Durchführung der Maßnahmen müssen im Einvernehmen mit der Hygiene-Kommission festgelegt werden.

Bei der Wahl der Organisationsform ist der besonderen Situation im Krankenhaus sowie der dort gepflegten Patienten Rechnung zu tragen. Neben der Notwendigkeit der Infektionsprophylaxe sind nicht nur ökonomische Faktoren (Personalausstattung), sondern auch Gesichtspunkte der Humanität im Krankenhaus zu berücksichtigen. Aus diesem Grund sind für die Krankenhausreinigung nicht alle Verfahren anwendbar, die in anderen Bereichen üblich und möglich sind.

Das mit der Reinigung und Desinfektion beauftragte Personal muß entsprechend geschult und eingewiesen sein. In den Räumen für Patienten dürfen die Reinigungsarbeiten nur in Form der sog. Revierreinigung durchgeführt werden (einzelne Personen führen in den ihnen zugeordneten Bereichen alle Reinigungsarbeiten durch). Reinigungssysteme, bei denen verschiedene Personen nur jeweils Teile eines Raumes (z. B. nur Fußböden, nur Waschbecken) reinigen (sog. Taktreinigungen) sind abzulehnen.

Bei richtiger Organisation, Überwachung der Arbeiten und guter Zusammenarbeit mit den Pflegekräften ist die Reinigung und Desinfektion durch hauseigenes Personal der durch Fremdpersonal gleichwertig. In OP-Abteilungen, Einheiten für Intensivmedizin, Frühgeboreneneinheiten, Infektionseinheiten und Entbindungseinheiten sind wegen der Notwendigkeit der ständigen Einsatzbereitschaft und wegen der Infektionsgefahr und der Gefahr der Keimverschleppung besondere Anforderungen an den Einsatz von Reinigungspersonal zu stellen.

Wegen des häufigen Personalwechsels im Reinigungsdienst ist eine leicht verständliche, regelmäßige und wiederholte Belehrung, Information und Einweisung des Reinigungspersonals notwendig. Diese ist auch bei Einsatz von Fremdfirmen konsequent einzuhalten. Hierbei ist vor allem auf die Gefahren der Keimverbreitung sowie auf die strikte Einhaltung von Reinigungs- und Desinfektionsvorschriften hinzuweisen. Schriftliche Anweisungen haben sich bewährt.

Für die Vorratshaltung und Aufbereitung der Reinigungsgeräte ist im Krankenhaus ausreichend eigener Raum vorzusehen. Dies gilt sowohl bei Einsatz von Reinigungsfirmen als auch von hauseigenem Personal.

Die Wiederaufbereitung von Reinigungsutensilien muß hygienisch einwandfrei durchgeführt werden. Dabei sind thermische Desinfektions- bzw. Desinfektionswaschverfahren zu bevorzugen. Die Aufbereitung soll zentral z. B. in der Wäscherei oder in einem eigenen Raum erfolgen.

4. ANFORDERUNGEN AN DIE REINIGUNG UND DESINFEKTION IN VERSCHIEDENEN BEREICHEN

4.1 Allgemeines

Reinigung und Desinfektion haben in den verschiedenen Bereichen grundsätzlich gemäß den einzelnen Anforderungen zu erfolgen. Für die routinemäßige Desinfektion sollen Mittel der Liste der Deutschen Gesellschaft für Hygiene und Mikrobiologie (DGHM) verwendet werden (Verfahren mit einer Einwirkungszeit von 1 Std.); zur gezielten Desinfektion bei meldepflichtigen übertragbaren Krankheiten müssen Mittel und Verfahren nach der Liste des Bundesgesundheitsamtes (BGA) gemäß § 10c BSeuchG angewendet werden.

Sofern für die routinemäßige Desinfektion neben der desinfizierenden auch eine reinigende Wirkung gefordert wird, sind nur entsprechende Kombinationspräparate zu verwenden, z. B. Mittel der Liste der DGHM laut Abschnitt 2b. Ein nachträglicher Zusatz von Reinigungsmitteln zu Desinfektionsmitteln bzw. umgekehrt ist nicht zulässig.

Neben der routinemäßigen Reinigung oder Desinfektion können zusätzliche Desinfektionsmaßnahmen notwendig werden. Dies ist immer dann erforderlich, wenn eine sichtbare Kontamination durch Eiter, Blut, Speichel, Urin oder Fäzes vorliegt. In diesem Fall sind, sofern die Tätigkeit am Patienten es zuläßt, umgehend gezielte Desinfektionsmaßnahmen vorzunehmen (s. Anlage »Durchführung der Desinfektion« zu Ziff. 7.2 der Richtlinie).

Eine Sprühdesinfektion ist nur dort vertretbar, wo eine Scheuerdesinfektion nicht möglich ist. Bei alkoholischen Desinfektionsmitteln sind die Sicherheitsregeln zur Vermeidung von Brand- und Explosionsgefahren, herausgegeben vom Hauptverband der gewerblichen Berufsgenossenschaften, zu beachten.

Eine Raumdesinfektion durch Vernebeln oder Verdampfen von Desinfektionsmitteln ist lediglich beim Auftreten besonderer Infektionsgefahren notwendig (z. B. offene Lungentuberkulose, Lassa-Fieber). Hierzu sind Mittel und Verfahren nach der Liste des BGA gemäß § 10 c BSeuchG zu verwenden. Routinemäßig sind derartige Maßnahmen nicht erforderlich.

Da es schwierig ist, textile Fußbodenbeläge zu pflegen und zu reinigen – insbesondere desinfizierend zu reinigen –, sollten diese überall dort nicht verlegt werden, wo eine regelmäßige Desinfektion und Reinigung aus infektionsprophylaktischen Gründen erforderlich ist. Es ist ferner zu berücksichtigen, daß an textilen Belägen Desinfektionsmaßnahmen nach dem BSeuchG nicht mit genügender Sicherheit und vertretbarem wirtschaftlichen Aufwand durchgeführt werden können.

Bei lokaler Verschmutzung eines textilen Bodenbelages ist eine sofortige Detachierung unerläßlich.

Zur Verwendbarkeit von textilen Bodenbelägen in Pflegeeinheiten wird auf Punkt 6 der Anlage zu Ziffer 4.3.1 der Richtlinien hingewiesen.

In Bereichen mit geringen Infektionsmöglichkeiten (s. Punkt 4.9 dieser Anlage) sollen für die Reinigung textiler Beläge Geräte zur Verfügung stehen, die
- desinfiziert werden können,
- an eine zentrale Absauganlage anschließbar sind oder Schwebstoffilter gemäß DIN 24 185 besitzen.

4.2 Operationseinheiten

Täglich nach Betriebsende ist eine Desinfektion und Reinigung aller Flächen bis zu einer Höhe von ca. 2 m, sowie des gesamten Inventars durchzuführen.

Zwischen zwei Operationen ist es notwendig, mindestens die Fläche im Arbeitsbereich um den OP-Tisch und die Verkehrswege im OP-Raum zu desinfizieren. In der Regel genügen hierfür Mittel und Verfahren aus der Liste der DGHM. Es empfiehlt sich, die für kurze Einwirkungszeiten vorgesehenen Konzentrationen anzuwenden. Eine Raumdesinfektion durch Verdampfen oder Vernebeln eines Desinfektionsmittels ist routinemäßig nicht erforderlich.

Nach septischen Operationen kann es notwendig sein, den Umfang der Desinfektionsmaßnahmen zu erhöhen.

4.3 Kreißsäle

Eine tägliche Desinfektion und Reinigung ist erforderlich. Nach einer Geburt ist der Bereich um das Entbindungsbett zu desinfizieren und zu reinigen.

4.4 Einheiten für Intensivmedizin

Umfang, Art und Häufigkeit der Maßnahmen sind von der Art der Patientenbelegung abhängig und müssen von der Hygiene-Kommission festgelegt werden. Mindestens ist eine tägliche Desinfektion und Reinigung der Flächen und Einrichtungsgegenstände zu fordern.

4.5 Infektionseinheiten

Die routinemäßige Desinfektion kann – abhängig von der Art der Erkrankung – mit Mitteln der Liste der DGHM durchgeführt werden.

Zur gezielten Desinfektion bei meldepflichtigen übertragbaren Krankheiten müssen Mittel, Konzentrationen und Einwirkungszeiten aus der Liste des BGA gemäß § 10c BSeuchG angewendet werden.

4.6 Besondere Bereiche

In Bereichen wie z. B. Dialyse, Zentralsterilisation, Betten- und Geräteaufbereitung, Bäder-Abteilung, diagnostische Einheiten mit operativen Eingriffen, Untersuchungs-, Diagnostik- und Behandlungsräume, klinische Laboratorien und unreine Seite der Wäscherei, ist arbeitstäglich eine Desinfektion und Reinigung erforderlich.

Die Hygiene-Kommission legt Art und Umfang der Maßnahmen fest. In der Regel dürften Verfahren mit einer Einwirkungszeit von 6 Std. aus der Liste der DGHM ausreichend sein, z. B. bei Durchführung der Maßnahmen am Ende der Arbeitszeit.

4.7 Sonstige Räume für Patienten

Alle sonstigen Räume für Patienten, wie Krankenräume, Stationszimmer, sind täglich mit Verfahren zu reinigen, die insbesondere die Anforderungen an die Methodik nach 2.2 und 2.3 erfüllen.

Werden durch Reinigungsverfahren diese Anforderungen nicht erfüllt, ist die Methode der Reinigung und Desinfektion anzuwenden (siehe Punkt 4.1). Im Einzelfall entscheidet die Hygiene-Kommission über Art und Umfang der Maßnahmen.

4.8 Krankenhausküchen und Milchküchen

Es ist erforderlich täglich nach Arbeitsende zu reinigen und zu desinfizieren. Maschinelle Verfahren sind zu bevorzugen. Auf die Möglichkeit der Beeinträchtigung der Lebensmittel durch die Wirkstoffe der Reinigungs- und Desinfektionsmittel ist Rücksicht zu nehmen. Dies gilt sowohl für die aerogene Beeinflussung als auch für die Kontamination von Lebensmitteln durch Restmengen an Arbeits- oder Lagerflächen. Es kann notwendig sein, die Restmengen an Arbeits- und Lagerflächen zu entfernen.

Raumdesinfektionen durch Vernebeln oder Verdampfen von Desinfektionsmitteln sind im Küchenbereich aus technischen und toxikologischen Gründen abzulehnen.

4.9 Bereiche mit geringen Infektionsmöglichkeiten

Bereiche nach Ziffer 5.2.4 der Richtlinien, wie z. B. Verwaltung, Büros, Diensträume, Wohnbereiche, Treppenhäuser, Flure, Personal-Aufenthalts- und Speiseräume, sind arbeitstäglich zu reinigen. Auf Desinfektionsmittel kann nach infektionsprophylaktischen Gesichtspunkten in der Regel verzichtet werden.

5. KONTROLLE

Die Desinfektions- und Reinigungs-Verfahren und die Verfahren zur Aufbereitung der Reinigungsutensilien sind hygienischen Kontrollen zu unterziehen.

1.11 Abfallbeseitigung

1.11.1 Die Beseitigung von Abfällen aus Krankenhäusern, Arztpraxen und sonstigen Einrichtungen des medizinischen Bereichs

Zentralstelle für Abfallbeseitigung
ZfA-Merkblatt Nr. 8 (BGBl. Nr. 23 vom 15. 11. 1974)

1. EINLEITUNG

Die Art der Beseitigung von Abfällen aus Krankenhäusern, Arztpraxen und sonstigen Einrichtungen des medizinischen Bereichs kann Auswirkungen haben auf

- die Gesundheit und das Wohlbefinden der Menschen (Patienten, Beschäftigte in diesem Bereich, zur Beseitigung der Abfälle eingesetzte Arbeitskräfte, Dritte)
- Tiere
  (mögliche Infektionsquellen für weitere Tiere und für Menschen)
- die Umwelt
  (Boden, Wasser, Luft)
- die Belange der öffentlichen Sicherheit und Ordnung.

2. RECHTSGRUNDLAGEN

Für die Beseitigung von Abfällen aus Krankenhäusern, Arztpraxen und sonstigen Einrichtungen des medizinischen Bereichs gelten die Vorschriften des Abfallbeseitigungsgesetzes – AbfG – vom 7. Juni 1972 (BGBl. I S. 873), zuletzt geändert durch Gesetz vom 15. März 1974 (BGBl. I S. 721) und der in den Ländern dazu ergangenen Ausführungsgesetze.

Daneben sind die besonderen, sonst noch vorhandenen gesetzlichen Bestimmungen, namentlich diejenigen des Bundes-Seuchengesetzes, zu beachten. Grundsätzlich wird nach § 39 BSeuchG die Desinfektion oder Vernichtung verlangt, »wenn anzunehmen ist, daß Räume, Gegenstände oder menschliche Ausscheidungen mit Erregern meldepflichtiger, übertragbarer Krankheiten (vgl. § 3 BSeuchG) behaftet sind«. Bei Gegenständen kann es sich auch um Abfälle handeln. Es soll also u.a. gewährleistet sein, daß kein infektiöser Abfall den Entstehungsort verläßt.

Nach § 1 Abs. 1 AbfG sind Abfälle solche beweglichen Sachen, deren sich der Besitzer entledigen will oder deren geordnete Beseitigung zur Wahrung des Wohls der Allgemeinheit geboten ist. Die in Krankenhäusern, Arztpraxen und sonstigen Einrichtungen des medizinischen Bereichs anfallenden Rückstände unterliegen danach grundsätzlich in ihrer ursprünglichen Entstehungsform den Vorschriften des Abfallbeseitigungsgesetzes.

Nach dem Abfallbeseitigungsgesetz wird unter Abfallbeseitigung das Einsammeln, Befördern, Behandeln und/oder Ablagern der Abfälle verstanden. Damit fällt lediglich der vor dem Einsammeln liegende Abschnitt, also das Entstehen des Abfalls als Rückstand und sein Bereitstellen für das Einsammeln, aus dem unmittelbaren Einflußbereich des Abfallbeseitigungsgesetzes heraus. Die Möglichkeit einer innerbetrieblichen Vorbehandlung bleibt unberührt, soweit die Vorbehandlung nicht schon im wesentlichen die endgültige Vernichtung der Abfälle vorwegnimmt oder ersetzt.

Für alle Maßnahmen gilt der im § 2 AbfG enthaltene Grundsatz, wonach Abfälle so zu beseitigen sind, daß das Wohl der Allgemeinheit nicht beeinträchtigt wird. Insbesondere ist zu gewährleisten, daß die Gesundheit der Menschen nicht gefährdet, ihr Wohlbefinden nicht beeinträchtigt und die öffentliche Sicherheit und Ordnung nicht gefährdet oder gestört werden.

Abfälle sind grundsätzlich von den nach Landesrecht zuständigen Körperschaften des öffentlichen Rechts (in der Regel Gemeinden, Kreise oder Verbände) zu beseitigen. Der Besitzer hat diesen Körperschaften seine Abfälle zu überlassen. Krankenhäuser, Arztpraxen und die sonst hier in Betracht kommenden Einrichtungen sollten sich daher zunächst erkundigen, wie die Abfallbeseitigung in ihrem Gebiet geregelt ist, insbesondere ob und ggf. welche speziellen Vorschriften für ihre spezifischen Abfälle gelten. Aufschluß darüber soll eine Satzung der jeweiligen Körperschaft geben.

Wenn und soweit bestimmte Abfälle von der Beseitigung durch die Körperschaft angeschlossen sind – es sollte sich dabei allenfalls um Abfälle der Gruppen 5.2 und 5.3 handeln –, ist nach § 3 Abs. 4 AbfG der Besitzer dieser Abfälle – hier der Träger des Krankenhauses, der Arztpraxis oder der medizinischen Einrichtung – selbst zur Beseitigung der Abfälle verpflichtet. Er kann sich dann zwar eines beauftragten Unternehmers oder eines sonstigen Erfüllungsgehilfen bedienen, die Verantwortung für die Abfallbeseitigung verbleibt jedoch bei ihm.

In jedem Falle dürfen die Abfälle nur in den speziell für sie zugelassenen Anlagen oder Einrichtungen (Abfallbeseitigungsanlagen) behandelt – d.h. z.B. verbrannt –, gelagert oder abgelagert werden (§ 4 AbfG). Errichtung und Betrieb solcher Anlagen sowie wesentliche Änderungen hieran bedürfen der vorherigen Planfeststellung durch die nach Landesrecht zuständige Behörde; in Ausnahmefällen genügt eine Genehmigung nach § 7 AbfG. Neben der Gemeinverträglichkeit der Anlage nach dem Grundsatz von § 2 AbfG wird im Planfeststellungs- bzw. Genehmigungsverfahren geprüft, ob die Abfallbeseitigungsanlage in das planerische Gesamtkonzept der Abfallbeseitigung der jeweiligen Region hineinpaßt.

Nach § 9 AbfG sind die Inhaber bestehender Abfallbeseitigungsanlagen verpflichtet, der zuständigen Behörde das Vorhandensein einer Anlage anzuzeigen.

Für den gewerbsmäßigen oder im Rahmen wirtschaftlicher Unternehmen durchgeführten Transport von Abfällen gilt nach § 12 AbfG eine besondere Genehmigungspflicht.

Im Interesse einer ordnungsgemäßen Durchführung der Vorschriften des Abfallbeseitigungsgesetzes haben die Besitzer von Abfällen und die zur Abfallbeseitigung Verpflichteten den Beauftragten der Überwachungsbehörde Auskunft über Betrieb, Anlagen und Einrichtungen und alle sonstigen in Betracht kommenden Gegenstände zu erteilen und Prüfungen zu dulden (§ 11 Abs. 4 AbfG).

Die Führung eines Nachweisbuches über Anfall und Beseitigung der Abfälle kann verlangt werden (§ 11 Abs. 3 AbfG).

3. GELTUNGSBEREICH

Die Empfehlungen des Merkblatts gelten für Abfälle aus
- Krankenhäusern, Sanatorien, Pflegeheimen (Pflegestationen in Altersheimen)
- Arztpraxen, Zahnarztpraxen, Tierarztpraxen
- *Praxen von Heilpraktikern*
- sonstigen medizinischen Einrichtungen

Der sachliche Geltungsbereich entspricht dem des Abfallbeseitigungsgesetzes (vgl. Abschn. 2, 3. Absatz). Grundsätzlich werden also alle Abfälle erfaßt, zu denen im Sinne des Gesetzes auch abgetrennte Körperteile und Ausscheidungen zählen.

Abfälle aus dem medizinischen Bereich, deren Beseitigung durch besondere gesetzliche Vorschriften geregelt ist, gehören in Anlehnung an § 1 Abs. 3 AbfG nicht zum Geltungsbereich dieses Merkblattes. Das gilt u.a. für

- Tierkörper und Tierkörperteile, die nach dem Tierkörperbeseitigungsgesetz vom 1. Februar 1939 (BGBl. III 7831-7) und nach den auf Grund dieses Gesetzes erlassenen Rechtsverordnungen zu beseitigen sind – nach § 1 Abs. 1 der Ersten Durchführungsverordnung zum Tierkörperbeseitigungsgesetz vom 23. Februar 1939 (BGBl. III 7831-7-1) ist der Geltungsbereich des Tierkörperbeseitigungsgesetzes auch auf alle in wissenschaftlichen Anstalten gehaltenen Tiere ausgedehnt worden –;
- radioaktive Stoffe im Sinne des Atomgesetzes vom 23. Dezember 1959 (BGBl. I S. 814), zuletzt geändert durch Gesetz vom 23. Juni 1970 (BGBl. I S. 805), und der auf Grund des Atomgesetzes erlassenen Rechtsverordnungen;
- Abwasser, soweit es in Gewässer oder Abwasseranlagen eingeleitet wird.

4. INNERBETRIEBLICHE ÜBERWACHUNG UND BERATUNG

4.1 Betriebsbeauftragter für Abfall

Die Überwachung der Abfallbeseitigung soll einem Betriebsbeauftragten obliegen. Bei Krankenhäusern, Sanatorien u.ä. ist der Name des Betriebsbeauftragten der für die Überwachung der Abfallbeseitigung zuständigen Behörde und der beseitigungspflichtigen Körperschaft des öffentlichen Rechts mitzuteilen.

Der Betriebsbeauftragte hat den Weg des Abfalls von seiner Entstehung bis zur Übernahme durch den Beseitigungspflichtigen zu überwachen. Dies gilt insbesondere für solche Betriebsvorgänge, von denen nachteilige Wirkungen auf Mensch oder Umwelt ausgehen können.

Die Bestellung eines Betriebsbeauftragten für Abfall wird voraussichtlich bei der bevorstehenden Novellierung des Abfallbeseitigungsgesetzes gesetzlich geregelt werden.

4.2 Hygienebeauftragter

Die schadlose Beseitigung der im Krankenhausbereich entstehenden Abfälle gehört zu den Maßnahmen der Hygiene, für die grundsätzlich der ärztliche Leiter des Krankenhauses verantwortlich ist. Mit den einschlägigen Aufgaben wird jedoch in der Regel ein Mitarbeiter als Hygienebeauftragter betraut sein. In seiner Tätigkeit kann dieser durch eine Hygienekommission (z.B. Betriebsarzt, Pflegedienstleitung, Fachkraft für Arbeitssicherheit, Verwalter) unterstützt werden.

Der Hygienebeauftragte berät den Betriebsbeauftragten für Abfall. Die Aufgaben des Betriebsbeauftragten und des Hygienebeauftragten können auch von einer Person wahrgenommen werden.

5. EINLEITUNG DER ABFÄLLE

Im Hinblick auf die zu empfehlende oder notwendige Art der Beseitigung [grundsätzlich: geordnete Ablagerung (Deponie), Kompostierung oder Verbrennung] lassen sich Abfälle aus dem medizinischen Bereich je nach Art, Menge und Zusammensetzung in folgende Gruppen einteilen:

5.1 Abfälle, die grundsätzlich jeder Beseitigungsmethode zugänglich sind

- Abfälle, die nach Art und mengenmäßiger Zusammensetzung dem Hausmüll entsprechen
- Wundverbände, Gipsverbände, Einwegwäsche, Einwegartikel einschl. Einwegspritzen, wenn diese unbenutzbar gemacht wurden
- desinfizierte Abfälle aus Infektionskliniken, Infektionsstationen, mikrobiologischen Instituten und anderen medizinischen Einrichtungen, in denen mikrobiologisch gearbeitet wird
- Streu und Exkremente aus Tierversuchsanstalten, durch die eine Übertragung von Krankheitserregern nicht zu besorgen ist
- Abfälle aus Arztpraxen und Tierarztpraxen

5.2 Abfälle, die im allgemeinen verbrannt werden müssen

- Körperteile und Organabfälle aus dem Bereich der Pathologie, Chirurgie, Gynäkologie und Geburtshilfe, Blutbank u.a.
- Abfälle, die nach § 39 Abs. 3 BSeuchG vernichtet werden müssen
- Versuchstiere, soweit deren Beseitigung nicht durch das Tierkörperbeseitigungsgesetz geregelt ist
- Streu und Exkremente aus Tierversuchsanstalten, durch die eine Übertragung von Krankheitserregern zu besorgen ist.

5.3 Abfälle, die einer besonderen Behandlung bedürfen

- Speise- und Küchenabfälle (Drank), soweit sie wegen zu großer Menge nicht unter 5.1 einzuordnen sind
- Medikamente und Chemikalien, soweit sie wegen zu großer Menge nicht unter 5.1 einzuordnen sind
- besondere Abfälle, z.B. explosible Stoffe und brennbare Flüssigkeiten.

6. INNERBETRIEBLICHE MASSNAHMEN

Zu den innerbetrieblichen Maßnahmen gehören das Erfassen der Abfälle am Ort des Entstehens, das Sammeln und der Transport zu einer innerbetrieblichen Lagerstelle sowie das Bereitstellen für das Einsammeln und Befördern zur Abfallbeseitigungsanlage.

6.1 Sammelbehältnisse

Als Sammelbehältnisse sind grundsätzlich Einwegbehältnisse zu verwenden. Diese müssen feuchtigkeitsbeständig, transportfest, undurchsichtig und verschließbar sein.

Säcke sollen ein Fassungsvermögen von höchstens 70 l haben. Es wird auf den Normentwurf DIN 55 465 »Packmittel; Säcke für Müll«, Ausgabe März 1973, verwiesen.

Zur Kennzeichnung derjenigen Sammelbehältnisse, deren Inhalt besonders behandelt werden muß (Abfälle der Gruppen 5.2 und 5.3), empfiehlt sich eine von den ortsüblich für den Hausmüll vorgesehenen Müllsackfarben abweichende Farbgebung (vgl. Normentwurf DIN 55 465).

6.2 Sammlung und Transport

Einzelheiten der Sammlung sind mit der für die Abfallbeseitigung zuständigen öffentlichen Körperschaft festzusetzen.

Die Abfälle sind entsprechend der Einleitung in Abschnitt 5 zu erfassen und möglichst umgehend und hygienisch einwandfrei, unter Vermeidung von Staub- und Aerosolbildung, am Ort des Entstehens in Einwegbehältnissen zu sammeln.

Abfälle, deren Beseitigung (Einsammeln, Befördern, Behandeln) zu Verletzungen führen kann oder deren mißbräuchliche Verwendung zu befürchten ist, sollten vorbehandelt (z.B. zerkleinert oder in besonderen Behältnissen verpackt) werden.

Alle Abfälle sind ohne jedes Umfüllen oder Sortieren in den sorgfältig verschlossenen Einwegbehältnissen zu einer zentralen innerbetrieblichen Lagerstelle oder Übergabestelle (Sandplatz) zu bringen. Auch der Transport hat so zu erfolgen, daß eine Ausbreitung von Krankheitserregern durch Staub- und Aerosolbildung vermieden wird. Die unbedenkliche Lagerung der Abfälle bis zum Einsammeln und Befördern zur Abfallbeseitigungsanlage muß gewährleistet sein.

6.3 Besondere Hinweise

Müllabwurfschächte sollen aus hygienischen Gründen nicht eingebaut werden.

Die Entscheidung über die Eignung pneumatischer Transportanlagen bleibt der zuständigen Behörde vorbehalten.

Anlagen zur Kompaktierung von Abfällen sollen nicht im Krankenstationsbereich, sondern nur in einem besonderen Raum, z.B. Abfallagerraum, aufgestellt werden.

7. EINSAMMELN UND BEFÖRDERN DER ABFÄLLE ZUR ABFALL-BESEITIGUNGSANLAGE

7.1 Allgemeines

Nach dem Abfallbeseitigungsgesetz muß das Einsammeln und Befördern von Abfällen aus dem medizinischen Bereich von den mit der Abfallbeseitigung betrauten Körperschaften des öffentlichen Rechts vorgenommen werden. Private Transportunternehmen können als Dritte im Auftrage der beseitigungspflichtigen Körperschaft oder für Besitzer der nach § 3 Abs. 3 AbfG ausgeschlossenen Abfälle (vgl. Abschn. 2, Abs. 7) tätig werden.

Die Abfälle sollen in den für ihre Sammlung verwendeten Einwegbehältnissen zur Abfallbeseitigungsanlage befördert werden. Das Umfüllen und Sortieren der Abfälle ist zu unterlassen.

7.2 Hinweise für die einzelnen Abfallgruppen

7.2.1 Für Abfälle der Gruppe 5.1 besteht in der Regel Anschluß- und Benutzungszwang zur örtlichen Müllabfuhr. Sie sind in solchen Behältern bereitzustellen, die dem örtlichen System der Müllabfuhr entsprechen.

7.2.2 Sofern Abfälle der Gruppen 5.2 und 5.3 durch die beseitigungspflichtige Körperschaft des öffentlichen Rechts von der Beseitigung ausgeschlossen werden, muß der Krankenhausträger oder der sonst für die Beseitigung der Abfälle Verantwortliche diese einer nach § 7 in Verbindung mit § 4 Abs. 1 AbfG zugelassenen Verbrennungsanlage bzw. einer Sonderbehandlungsanlage zuführen (s. Abschnitt 8).

7.2.3 Für Abfälle der Gruppe 5.3 ist ein gesonderter Abholdienst vorzusehen.

8. ABFALLBESEITIGUNGSANLAGEN

Die Behandlung, Lagerung und Ablagerung der Abfälle ist grundsätzlich nicht Aufgabe des Abfallerzeugers. In der Regel ist hierfür die nach Landesrecht zuständige Körperschaft des öffentlichen Rechts verantwortlich. Schließt diese die Behandlung, Lagerung oder Ablagerung einzelner Abfallarten aus, insbesondere die unter Nr. 5.2 und 5.3 genannten, so ist gleichwohl die Einzelbehandlung durch den Abfallerzeuger zu vermeiden. Diese Abfälle sind einer zentralen, mehreren Einrichtungen dienenden Beseitigungsanlage zuzuführen, die sowohl von der beseitigungspflichtigen Körperschaft des öffentlichen Rechts als auch von einem größeren (Schwerpunkt-) Krankenhaus bzw. vom Inhaber einer Sonderbehandlungsanlage betrieben werden kann.

Infizierter Abfall muß in jedem Falle gesondert entsorgt werden. Kontaminierter Abfall ist abgeschlossen und so gelagert in den Müll zu geben, daß z.B. spielende Kinder nicht damit in Berührung kommen können. Spitze, scharfe und zerbrechliche Gegenstände dürfen nur mit dem Hausmüll beseitigt werden, wenn sie in geschlossenen Behältern lagern, die eine Verletzungsgefahr ausschließen.

1.11.2 Anforderungen der Hygiene an die Abfallentsorgung

Anlage zu Ziffer 6.8 der »Richtlinie für die Erkennung, Verhütung und Bekämpfung von Krankenhausinfektionen« (aus »Bundesgesundheitsblatt«, 26. Jahrg., 1983, Nr. 1, S. 24–25)

1. EINLEITUNG

Erfahrungen der Praxis bestätigen, daß von Abfällen aus dem medizinischen Bereich bei sachgemäßer Handhabung keine größeren Gefahren ausgehen als von ordnungsgemäß beseitigtem Hausmüll und sonstigen Siedlungsabfällen. Auch im Krankenhaus sind bei ordnungsgemäßer Abfallbeseitigung die Gefahren als gering einzuschätzen.

Die sachgemäße Handhabung des Abfalles umfaßt: Sammeln des Krankenhausabfalles, Transportieren und Lagern inner- und außerhalb des Krankenhauses, ggf. Vorbehandeln sowie Beseitigen.

2. ART DER ABFÄLLE

Aus Gründen der Infektionsverhütung werden unterschieden:

A. Abfälle, die keiner besonderen Maßnahmen zur Infektionsverhütung bedürfen: hausmüllähnliche Abfälle.

B. Abfälle, die beim Sammeln, ggf. beim Transportieren innerhalb des Krankenhauses Maßnahmen zur Infektionsverhütung erfordern: Abfälle, die mit Blut, Sekreten oder Exkreten behaftet sind (z. B. Wundverbände, Stuhlwindeln, Einmalspritzen, Kanülen). Bei diesen Abfällen besteht nur im Krankenhaus die Gefahr einer Verbreitung von Krankheitserregern.

C. Abfälle, die beim Sammeln, Transportieren, Lagern innerhalb des Krankenhauses sowie beim Beseitigen besonderer Maßnahmen zur Infektionsverhütung bedürfen:

   1. Abfälle (z. B. aus Infektionsstationen, Dialysestationen, medizinischen Laboratorien und Prosekturen), die aufgrund § 10a BSeuchG behandelt werden müssen.
   2. Versuchstiere, deren Beseitigung nicht durch das Tierkörperbeseitigungsgesetz (Bundesgesetzbl. 1975 I S. 2313) geregelt ist, sowie Streu und Exkremente aus Versuchstieranlagen, soweit eine Verbreitung von Krankheitserregern zu befürchten ist.

Nicht berücksichtigt wurden in dieser Einteilung Abfälle, für die besondere gesetzliche Vorschriften bestehen (z. B. radioaktive Stoffe, Abwasser), und solche, die zwar besonderer Maßnahmen bedürfen, die jedoch nicht unter Gesichtspunkten der Infektionsverhütung zu treffen sind (z. B. Körperteile und Organabfälle, Arzneimittel und Chemikalien, brennbare Flüssigkeiten sowie Speise- und Küchenabfälle).

3. BEHÄLTER ZUM SAMMELN UND TRANSPORTIEREN DER ABFÄLLE

Zum Sammeln und Transportieren der Abfälle kommen entsprechend den unterschiedlichen Anforderungen der einzelnen Entsorgungsschritte Einwegbehältnisse, Rücklaufbehälter oder ihre Kombinationen in Frage. Der Verwendung von Einwegbehältnissen ist der Vorrang zu geben; dies gilt insbesondere für Abfall der Gruppe C.

Einwegbehältnisse müssen verschließbar, geruchsdicht und feuchtigkeitsbeständig sowie dem jeweiligen Transportsystem entsprechend transportfest sein. Die Behältnisse sollen nicht zu groß sein; Säcke sollten ein Fassungsvermögen von nicht mehr als 70 l haben. Die Behältnisse sind so aufzustellen, daß die Umgebung nicht gefährdet wird.

Rücklaufbehälter müssen leicht zu reinigen und mit Desinfektionsmitteln und -verfahren desinfizierbar sein, die vom Bundesgesundheitsamt anerkannt sind. Sie müssen sorgfältig gewartet werden.

Werden Rücklaufbehälter benutzt, die auf die Station zurückgehen, so sind sie vor dem Rücktransport wie folgt zu behandeln:

- Nach Transport von Abfall der Gruppe A bei Verschmutzung reinigen.
- Nach Transport von Abfall der Gruppe B oder C bei Verschmutzung desinfizieren und reinigen.

Eine Verschmutzung liegt immer vor, wenn die Rücklaufbehälter Abfall der Gruppe B oder C direkt aufnehmen oder wenn Einwegbehältnisse beschädigt worden sind.

Behältnisse für Abfall der Gruppe C, ggf. auch der Gruppe B, sind zu kennzeichnen, z. B. durch eine Farbgebung, die von der ortsüblich für den Hausmüll vorgesehenen Farbe des Müllsackes abweicht.

4. SAMMELN UND TRANSPORTIEREN DER ABFÄLLE INNERHALB DES KRANKENHAUSES

Die Abfälle sind entsprechend der Einteilung in Abschnitt 2 möglichst umgehend und hygienisch einwandfrei unter Vermeidung von Staub- und Aerosolentwicklung am Ort, an dem sie anfallen, zu sammeln. Abfälle, die zu Verletzungen führen können (z. B. Einmalkanülen, -nadeln, -skalpelle), müssen in stichfesten Einmalbehältern gesammelt werden.

Abfall der Gruppe B und C ist ohne Umfüllen oder Sortieren in sorgfältig verschlossenen Behältnissen, ggf. in Kombination mit Rücklaufbehältern, zur zentralen Lager- oder Übergabestelle zu befördern. Abfall der Gruppe C darf auch im zentralen Lager und bei der Übergabe nicht umgefüllt werden. Abfall der

Gruppe B kann im zentralen Lager dem Abfall der Gruppe A ohne besonderes Umfüllen beigegeben werden. Der Transport und die Übergabe haben so zu erfolgen, daß eine Verbreitung von Krankheitserregern auf dem Kontakt- und Luftweg vermieden wird.

Abfallentsorgungssysteme sind störanfällig; mit dem Zerreißen von Müllsäkken ist zu rechnen. Der Transport von Abfällen muß deshalb von anderen Transporten getrennt werden. Zentrale pneumatische Förderanlagen für Abfall sind problematisch; sie stellen nach dem derzeitigen Stand der Technik häufig eine Gefahr dar. Abwurfschächte sind aus Gründen der Hygiene unzulässig.

5. LAGERN DER ABFÄLLE INNERHALB DES KRANKENHAUSES

Die in den einzelnen Bereichen gesammelten Abfälle dürfen bis zum Abtransport zur zentralen Lager- oder Übergabestelle nur an hierfür geeigneten Plätzen, in der Regel für max. 24 Stunden, gelagert werden. Die Plätze müssen so belüftet sein, daß eine Geruchsbelästigung vermieden wird. In der Nähe des Platzes ist eine Möglichkeit zur Händedesinfektion und -reinigung vorzusehen. Die Abfälle dürfen nicht – auch nicht vorübergehend – auf Fluren, vor Aufzügen etc. gelagert werden. Die Lagerung des Abfalles sollte so erfolgen, daß Staub- und Geruchsbelästigungen vermieden und Schädlinge möglichst ferngehalten werden.

Räume für die zentrale Lagerung sollen so gelegen sein, daß Beeinträchtigungen umliegender Bereiche (Küche, Pflegebereiche etc.) ausgeschlossen sind. Das zentrale Lager muß verschließbar und von außen für den Abtransport der Abfälle leicht zugänglich sein. Die Räume sind so zu gestalten, daß eine Anwendung von Desinfektionsmitteln und -verfahren, die vom Bundesgesundheitsamt anerkannt sind, jederzeit möglich ist.

In unmittelbarer Nähe der zentralen Abfallagerung sind Möglichkeiten zur Händedesinfektion und -reinigung sowie zum Schutzkittelwechsel vorzusehen.

Nicht gekühlt gelagerter Abfall sollte mindestens zweimal wöchentlich abgefahren werden.

Die zentrale Lagerung des Abfalles nach Gruppe C sollte in einem gesonderten Raum erfolgen. Eine gekühlte Lagerung bei Temperaturen unter +15 °C ist wünschenswert. Die Häufigkeit der Transporte zur Verbrennung bzw. Desinfektion soll so gewählt werden, daß der Abfall nach Gruppe C nicht zu lange (bei Kühlung längstens eine Woche) und nicht in zu großen Mengen gelagert werden muß.

6. ÜBERNAHME UND ABFUHR VON ABFÄLLEN AUS DEM KRANKENHAUS

Der Abfall der Gruppe C soll in den für seine Sammlung verwendeten Behältnissen zur Abfallbeseitigungs- oder Vorbehandlungsanlage befördert werden.

Hygienische Gründe sprechen nicht gegen eine gemeinsame Entsorgung der Abfälle der Gruppe A und B durch die örtliche Müllabfuhr.

Auf das Abfallbeseitigungsgesetz, die Abfallnachweis- und die Abfallbeförderungsverordnung wird hingewiesen.

7. VORBEHANDELN UND BESEITIGEN DER ABFÄLLE

Bei der Beseitigung von Abfällen der Gruppe A und B sind keine besonderen Maßnahmen erforderlich, wenn die Abfälle einer zugelassenen Verbrennungsanlage oder Deponie zugeführt werden.

Abfall der Gruppe C ist entweder zu verbrennen (zentrale Spezialanlagen) oder vor der Endbeseitigung mit gespanntem gesättigtem Wasserdampf zu desinfizieren (siehe Liste der vom Bundesgesundheitsamt geprüften und anerkannten Verfahren; Verfahren mit den Wirkungsbereichen ABC). Desinfizierte Abfälle können wie Hausmüll beseitigt werden.

Bearbeitet von: M. Alexander, Berlin; L. Barniske, Berlin; H. Bösenberg, Münster; K. Botzenhart, Tübingen; H. Brandis, Bonn; S. Carlson, Nürnberg; G. Clauss, Hamburg; F. Daschner, Freiburg; H. Esdorn, Berlin; F. W. Gierhake, Gießen; R. Gratenau, Wiesbaden; K. O. Gundermann, Kiel; E. Holzer, München; W. Knapp, Erlangen; F. Labryga, Berlin (Leiter der Arbeitsgruppe »Funktionell-bauliche Maßnahmen«); Löbel, Hannover; W. Marget, München; G. Pulverer, Köln; H. Rüden, Berlin; W. Steuer, Stuttgart; G. Terbeck, Hannover; W. Unger, Berlin; sowie: H. Flamm, Wien; G. Henneberg, Berlin; W. Schumacher, Überlingen; vom Bundesgesundheitsamt: J. Peters (Geschäftsführer), H. Ph. Pöhn (Vorsitzender), G. Spicher, J. Wegener.

1.11.3 Merkblatt über die Vermeidung und die Entsorgung von Abfällen aus öffentlichen und privaten Einrichtungen des Gesundheitsdienstes*

der LAGA-AG »Entsorgung von Abfällen aus öffentlichen und privaten Einrichtungen des Gesundheitsdienstes«

Mai 1991

INHALTSÜBERSICHT

* Erarbeitet von der Arbeitsgruppe der Länder-Arbeitsgemeinschaft Abfall.

1. EINLEITUNG

Die Entsorgung von Abfällen aus öffentlichen und privaten Einrichtungen des Gesundheitsdienstes kann Auswirkungen haben auf

- die Gesundheit und das Wohl der Menschen,
- die Umwelt (Luft, Wasser, Boden, Tiere, Pflanzen, Landschaft),
- die Belange der öffentlichen Sicherheit und Ordnung.

Allerdings bestätigen die Erfahrungen der Praxis, daß von Abfällen aus den Einrichtungen des Gesundheitsdienstes bei sachgerechter Behandlung keine größeren Gefahren ausgehen als von ordnungsgemäß entsorgtem Hausmüll oder Industrieabfällen. Das gilt auch für die Entsorgung krankenhausspezifischer Abfälle entgegen den gelegentlich in der Öffentlichkeit geäußerten Befürchtungen.

Das Merkblatt gibt Hinweise über die Vermeidung und Entsorgung von Abfällen aus öffentlichen und privaten Einrichtungen des Gesundheitsdienstes. Diese Hinweise berücksichtigen die abfallwirtschaftlichen Grundsätze der Vermeidung und Verwertung ebenso wie sie den Anforderungen der Hygiene entsprechen. Neben den ökologischen Aspekten sollen die Hinweise und Empfehlungen ökonomisch und einfach durchführbar sein und gleichzeitig die Entwicklung der Technik einbeziehen, um Risiken auf ein Mindestmaß zu beschränken.

2. RECHTLICHE RAHMENBEDINGUNGEN

Für die Entsorgung der Abfälle aus Einrichtungen des Gesundheitsdienstes gelten insbesondere folgende **abfallrechtliche Bestimmungen**:

- Gesetz über die Vermeidung und Entsorgung von Abfällen (Abfallgesetz – AbfG) vom 27. August 1986 (BGBl. I S. 1410, ber. S. 1501), zuletzt geändert durch Gesetz vom 23. September 1990 (BGBl. II S. 885)
- Verordnung zur Bestimmung von Abfällen nach § 2 Abs. 2 des Abfallgesetzes

(Abfallbestimmungs-Verordnung – AbfBestV) vom 3. April 1990 (BGBl. I S. 614)

- Verordnung zur Bestimmung von Reststoffen nach § 2 Abs. 3 des Abfallgesetzes (Reststoffbestimmungs-Verordnung – RestBestV) vom 3. April 1990 (BGBl. I S. 631, ber. S. 862)
- Verordnung über das Einsammeln und Befördern sowie über die Überwachung von Abfällen und Reststoffen (Abfall- und Reststoffüberwachungsverordnung – AbfRestÜberwV) vom 3. April 1990 (BGBl. I S. 648)
- Verordnung über die Entsorgung gebrauchter halogenierter Lösemittel (HKWAbfV) vom 23. Oktober 1989 (BGBl. I S. 1918)
- Verordnung über die grenzüberschreitende Verbringung von Abfällen (Abfallverbringungs-Verordnung – AbfVerbrV) vom 18. November 1988 (BGBl. I S. 2126)
- Verordnung über Betriebsbeauftragte für Abfall vom 26. Oktober 1977 (BGBl. I S. 1913)
- Zweite allgemeine Verwaltungsvorschrift zum Abfallgesetz (TA Abfall) – Teil 1: Technische Anleitung zur Lagerung, chemisch/physikalischen und biologischen Behandlung, Verbrennung und Ablagerung von besonders überwachungsbedürftigen Abfällen vom 12. März 1991 (GMBl. S. 139)
- die jeweils geltenden landesrechtlichen und kommunalen Vorschriften.

Aus diesen Vorschriften ergeben sich folgende Grundsätze, Verfahren und Strukturen, die bei der Abfallentsorgung zu beachten sind.

Der oberste Grundsatz der Abfallwirtschaft ist die Vermeidung von Abfall. Vor der ordnungsgemäßen Abfallbeseitigung sind alle Möglichkeiten der Verwertung zu prüfen und vor allem Maßnahmen zur Reduzierung des Schadstoffgehaltes und der Menge der Abfälle durchzuführen. Diese abfallwirtschaftlichen Ziele können im Rahmen der Beschaffung erreicht werden durch:

- Verzicht auf Produkte und Verpackungen,
- Einsatz langlebiger oder mehrfach nutzbarer Produkte und Verpackungen,
- Einsatz von umweltverträglicheren Produkten und Verpackungen sowie stofflich verwertbarer Materialien.

Die Verwertung von Abfällen hat nach § 3 Abs. 2 AbfG Vorrang vor der sonstigen Entsorgung, wenn

- sie technisch möglich ist,
- die hierbei entstandenen Kosten im Vergleich zu anderen Verfahren der Entsorgung nicht unzumutbar sind und
- für die gewonnenen Stoffe oder Energie ein Markt vorhanden ist oder insbesondere durch die Beauftragung Dritter geschaffen werden kann.

Ist ein Abfall weder vermeidbar noch kann er gegenwärtig verwertet werden, ist er so zu entsorgen, daß das Wohl der Allgemeinheit nicht beeinträchtigt wird. Insbesondere darf nicht die Gesundheit der Menschen gefährdet und ihr Wohlbefinden beeinträchtigt oder die Umwelt schädlich beeinflußt werden. Die ordnungsgemäße Abfallentsorgung umfaßt neben dem Ablagern von Abfällen das Einsammeln, Befördern, Behandeln und (Zwischen-)Lagern (§ 1 Abs. 2 AbfG).

Für die Abfallentsorgung ist aufgrund der jeweils geltenden landesrechtlichen und kommunalen Vorschriften festzustellen, welche Abfälle der öffentlichen Entsorgungspflicht unterliegen und welche davon ausgeschlossen sind, weil sie nach Art oder Menge nicht mit den in Haushalten anfallenden Abfällen entsorgt werden können (§ 3 Abs. 2 und 3 AbfG).

Unterliegen die entstandenen Abfälle der öffentlichen Entsorgungspflicht, sind sie in der dafür vorgeschriebenen Weise der entsorgungspflichtigen Körperschaft oder von ihr beauftragten Dritten zu überlassen (§ 3 Abs. 1 AbfG). Sind sie von der öffentlichen Entsorgung ausgeschlossen, ist der Abfallbesitzer entsorgungspflichtig (§ 3 Abs. 4 AbfG). Er ist dann dafür verantwortlich, daß die Abfälle unter Beachtung der abfallwirtschaftlichen Grundsätze ordnungsgemäß entsorgt werden, d. h., daß die Entsorgung nur in dafür zugelassenen Anlagen oder Einrichtungen erfolgt.

Zum Nachweis über die Abfallentsorgung nach der Abfall- und Reststoffüberwachungs-Verordnung ist verpflichtet, wer

- als Besitzer von Abfällen gemäß § 2 Abs. 2 AbfG automatisch nachweispflichtig ist (§ 11 Abs. 3 AbfG)

oder

- als Besitzer von Abfällen oder Reststoffen von der zuständigen Abfallbehörde ausdrücklich zum Nachweis verpflichtet wurde (§ 11 Abs. 2 AbfG).

Nachweispflichtig für die Entsorgung von Abfällen sind Krankenhäuser, Arztpraxen und sonstige Einrichtungen des medizinischen Bereichs immer dann, wenn dort besonders überwachungsbedürftige Abfälle gemäß Abfallbestimmungs-Verordnung (mehr als insgesamt 500 kg/a der Abfälle gemäß § 2 Abs. 2 AbfG) anfallen.

Im Interesse einer ordnungsgemäßen Durchführung der Vorschriften bedarf es einer ständigen Beratung und Kontrolle. Diese Aufgabe obliegt dem Betriebsbeauftragten für Abfall. Nach der Verordnung über Betriebsbeauftragte für Abfall müssen alle Krankenhäuser und Kliniken, in denen Abfälle nach § 2 Abs. 2 AbgG anfallen, einen Betriebsbeauftragten für Abfall bestellen, der die Abfallentsorgung nach den Grundsätzen der Abfallwirtschaft überwacht.

Schließlich sind die jeweils geltenden landesrechtlichen und kommunalen Vorschriften zu beachten, da die Entsorgung von Einrichtungen des Gesundheitsdienstes nur im Rahmen der örtlich gewachsenen Entsorgungsstrukturen in Verbindung mit den geltenden abfallwirtschaftlichen Grundsätzen erfolgen soll. Sofern entsprechende Abfallentsorgungspläne nach § 6 AbfG vorliegen, sind sie ebenfalls zu beachten.

Neben dem Abfallrecht finden weitere Rechtsvorschriften sowie sicherheitstechnische und hygienische Regelungen und Empfehlungen Anwendung:

- Das Gesetz zur Ordnung des Wasserhaushalts (Wasserhaushaltsgesetz – WHG) in der Fassung der Bekanntmachung vom 23. September 1986 (BGBl. I S. 1529, ber. S. 1654), zuletzt geändert durch Gesetz vom 12. Februar 1990 (BGBl. I S. 205), definiert durch den § 7a Mindestanforderungen an Abwassereinleitungen nach den allgemein anerkannten Regeln der Technik. Aufgrund des § 7a Abs. 1 Satz 4 wurde die Verordnung über die Herkunftsbereiche von Abwasser (Abwasserherkunftsverordnung – AbwHerkV) vom 3. Juli 1987 (BGBl. I S. 1578) erlassen, mit der die Herkunftsbereiche für Abwasser mit gefährlichen Stoffen festgelegt werden. Medizinische und naturwissenschaftliche Forschung und Entwicklung, Krankenhäuser, Arztpraxen, Röntgeninstitute und Laboratorien werden dort als sonstige Bereiche unter Punkt 10b erfaßt. Für die einzelnen Herkunftsbereiche werden branchenbezogene Anforderungen (Verwaltungsvorschriften) nach dem Stand der Technik erarbeitet.

- Gemäß Gesetz zur Verhütung und Bekämpfung übertragbarer Krankheiten beim Menschen in der Fassung der Bekanntmachung vom 18. Dezember 1979 (BGBl. I S. 2262, ber. BGBl. I 1980 S. 151) sind grundsätzlich die notwendigen Maßnahmen zur Abwendung drohender Gefahren zu treffen, wenn Gegenstände mit Erregern meldepflichtiger übertragbarer Krankheiten behaftet sind oder wenn das anzunehmen ist und dadurch eine Verbreitung der Krankheit zu befürchten ist (§ 10a Abs. 1 und 2 BSeuchG).

- Soweit es sich bei den Abfällen um gefährliche Güter im Sinne des Gesetzes über die Beförderung gefährlicher Güter vom 6. August 1975 (BGBl. I S. 2121) handelt, sind für das Einsammeln und Befördern neben den abfallrechtlichen Vorgaben des Bundes und der Länder zusätzlich die für die Beförderung gefährlicher Güter geltenden verkehrsrechtlichen Vorschriften zu beachten. Für den innerstaatlichen Verkehr sind dies die Gefahrgutverordnungen Eisenbahn und Straße (GGVE und GGVS) sowie die Eisenbahn- und die Straßen-Gefahrgutausnahmeverordnungen.

  Zu der Beförderung von ansteckungsgefährlichen Abfällen sowie zu den Anforderungen an die Verpackungen wird auf die Ausnahme Nr. S 61 der Straßen-Gefahrgutausnahmeverordnungen vom 25. September 1985 (BGBl. I S. 1925) mit der Berichtigung durch die Zweite Verordnung zur Änderung von Gefahrgutausnahmeverordnungen vom 24. August 1987 (BGBl. I S. 2115) verwiesen. Danach dürfen einige Abfälle aus Einrichtungen des Gesundheitsdienstes nur unter bestimmten Bedingungen im öffentlichen Straßenverkehr befördert werden (siehe auch Informationsbroschüre des Bundesministers für Verkehr, 53170 Bonn).

- Die Verordnung über gefährliche Stoffe (Gefahrstoff-Verordnung – GefStoffV) vom 26. August 1986 (BGBl. I S. 1470), zuletzt geändert durch die Dritte Verordnung zur Änderung der Gefahrstoffverordnung vom 5. Juni 1991 (BGBl. I S. 1218), enthält umfassende Regelungen zum Arbeits- und Gesundheitsschutz.

- Die Technischen Regeln für Gefahrstoffe – TRGS 201 – enthalten Hinweise zur Kennzeichnung von Abfällen beim Umgang mit ihnen (Ausgabe Oktober 1989).

- Zum Schutze des Personals gelten die Bestimmungen der Unfallverhütungsvorschrift Gesundheitsdienst vom 1. Oktober 1982 mit Durchführungsanweisungen vom April 1986 (VBG 103/GUV 8.1) und die zur Zeit im Entwurf vorliegenden Sicherheitsregeln für das Einsammeln, Befördern und Lagern von Abfällen in Einrichtungen des Gesundheitsdienstes (GUV 18.6) (geplantes Erscheinungsdatum 1992).
- Ferner gelten die »Anforderungen der Hygiene an die Abfallentsorgung« – Anlage zu Ziffer 6.8 der »Richtlinie für die Erkennung, Verhütung und Bekämpfung von Krankenhausinfektionen« – des Bundesgesundheitsamtes (Bundesgesundhbl. 26 (1983) Nr. 1, S. 24 u. 25).

Dieses Merkblatt regelt nicht die Entsorgung von radioaktiven Stoffen im Sinne des Gesetzes über die friedliche Verwendung der Kernenergie und den Schutz gegen ihre Gefahren (Atomgesetz) vom 15. Juli 1985 (BGBl. I S. 1565), zuletzt geändert am 14. März 1990 (BGBl. I S. 478) sowie die Beseitigung von Tierkörpern im Sinne des Gesetzes über die Beseitigung von Tierkörpern, Tierkörperteilen und tierischen Erzeugnissen (Tierkörperbeseitigungsgesetz) vom 2. September 1975 (BGBl. I S. 2313/2610).

3. GELTUNGSBEREICH

Diese Empfehlungen gelten für die Vermeidung und Entsorgung von allen Abfällen, die in Einrichtungen des Gesundheitsdienstes anfallen.

3.1 Einrichtungen des Gesundheitsdienstes

Einrichtungen des Gesundheitsdienstes sind Unternehmen, Teile von Unternehmen und Einrichtungen, in denen bestimmungsgemäß

- Menschen medizinisch untersucht, behandelt oder gepflegt werden,
- Rettungs- oder Krankentransporte ausgeführt werden,
- Tiere veterinärmedizinisch untersucht oder behandelt werden,
- Körpergewebe, -flüssigkeiten und -ausscheidungen von Menschen oder Tieren untersucht oder gehandhabt werden,
- Arbeiten mit Krankheitserregern ausgeführt werden,
- infektiöse oder infektionsverdächtige Gegenstände und Stoffe desinfiziert werden,
- Medikamente gehandhabt und in geringen Mengen zubereitet werden.

Zu diesen Einrichtungen gehören im wesentlichen:

(1)
- Krankenhäuser einschließlich entsprechender Einrichtungen in Justizvollzugsanstalten sowie Sonderkrankenhäuser
- Dialysestationen und -zentren außerhalb von Krankenhäusern und Arztpraxen einschließlich der Heimdialyseplätze
- Vorsorge- oder Rehabilitationseinrichtungen, Sanatorien und Kurheime
- Pflege- und Krankenheime bzw. -stationen einschließlich Gemeinde- und Krankenpflegestationen

- Arztpraxen und Zahnarztpraxen
- Praxen der Heilpraktiker und physikalischen Therapie
- Gesundheitsämter
- Betriebsärztliche und arbeitsmedizinische Dienste
- Sozialstationen
- Haus- und Familienpflegestationen

(2) – Tierhaltungen mit infizierten Versuchstieren
- Tierärztliche Praxen
- Veterinärmedizinische Kliniken

(3) – Medizinaluntersuchungsämter
- Hygieneinstitute
- Blutspendedienste
- Blutbanken
- Medizinische Laborpraxen und zahntechnische Laboratorien
- Desinfektionsanstalten
- Human- und veterinärmedizinische Institute und Forschungseinrichtungen

(4) – Apotheken

3.2 Einteilung der Abfälle

Ungeachtet der zusätzlichen Anforderungen, die sich aus der Abfallverwertung ergeben, lassen sich im Hinblick auf eine sichere Handhabung und ordnungsgemäße Entsorgung alle Abfälle aus privaten und öffentlichen Einrichtungen des Gesundheitsdienstes je nach Art, Beschaffenheit, Zusammensetzung und Menge folgendermaßen zuordnen:

(A) Abfälle, an deren Entsorgung aus infektionspräventiver und umwelthygienischer Sicht keine besonderen Anforderungen zu stellen sind:

- Hausmüll und hausmüllähnliche Abfälle, die nicht bei der unmittelbaren gesundheitsdienstlichen Tätigkeit anfallen, z. B. Zeitschriften, Papier-, Kunststoff- und Glasabfälle
  (Abfallschlüssel 911 01)
- Desinfizierte Abfälle der Abfallgruppe C
  (Abfallschlüssel 971 03)
- Hausmüllähnliche Gewerbeabfälle, z. B. Verpackungsmaterial und Kartonagen
  (Abfallschlüssel 912 01)
- Küchen- und Kantinenabfälle
  (Abfallschlüssel 912 02)

(B) Abfälle, an deren Entsorgung aus infektionspräventiver Sicht innerhalb der Einrichtungen des Gesundheitsdienstes besondere Anforderungen zu stellen sind.

- Mit Blut, Sekreten und Exkreten behaftete Abfälle wie Wundverbände, Gips-

verbände, Einwegwäsche, Stuhlwindeln und Einwegartikel einschließlich Spritzen, Kanülen, Skalpelle
(Abfallschlüssel 97103)
Fallen größere Flüssigkeitsmengen (Sekrete, Exkrete) an, sind die Behälter unter hygienischen Gesichtspunkten zu entleeren. Der Inhalt kann dem Abwasser zugeführt werden.

(C) Abfälle, an deren Entsorgung aus infektionspräventiver Sicht innerhalb und außerhalb der Einrichtungen des Gesundheitsdienstes besondere Anforderungen zu stellen sind (sog. infektiöse, ansteckungsgefährliche oder stark ansteckungsgefährliche Abfälle):

- Abfälle, die aufgrund von § 10a Bundes-Seuchengesetz (BSeuchG) behandelt werden müssen. Dies ist gegeben, wenn die Abfälle mit Erregern meldepflichtiger übertragbarer Krankheiten behaftet sind und dadurch eine Verbreitung der Krankheiten zu befürchten ist.
  Die Notwendigkeit zusätzlicher Anforderungen (z.B. getrennte Sammlung, Desinfektion) ergibt sich aus der Art der Krankheitserreger unter Berücksichtigung ihrer Ansteckungsgefährlichkeit und Überlebensfähigkeit und des Übertragungsweges, dem Ausmaß und der Art der Kontamination und der Menge des Abfalls.
  Nach dem gegenwärtigen Stand der Diskussion können bei folgenden Krankheiten Abfälle dieser Gruppe entstehen:
  Cholera,
  Lepra,
  Milzbrand,
  Paratyphus A, B, C,
  Pest,
  Pocken,
  Poliomyelitis*,
  Ruhr (bakteriell)*,
  Tollwut,
  Tularämie,
  Typhus abdominalis,
  virusbedingtem hämorrhagischen Fieber,
  Brucellose,
  Diphtherie*,
  Meningitis/Encephalitis*,
  Q-Fieber,
  Rotz,
  Tuberkulose (aktive Form),
  Virushepatitis*.

---

* Auflistung dieser Krankheiten ist z.Z. noch in der Kommission für Krankenhygiene und Infektionsprävention des Bundesgesundheitsamtes in der Diskussion.

Abfälle dieser Art können anfallen z. B. in Infektionsstationen, Dialysestationen und Dialysezentren mit gelber Dialyse, Pathologie, Blutbanken und Arztpraxen sowie in veterinärmedizinischen Praxen und Kliniken. Es handelt sich dabei um Abfälle, die bei der Behandlung eines Patienten entstehen, wie z. B. mit erregerhaltigem Sekret oder Exkret kontaminierte Materialien; nicht dazu gehören in der Regel Verpackungsmaterialien.

Zu diesen Abfällen zählen ferner mikrobiologische Kulturen, die in Instituten für Hygiene, Mikrobiologie und Virologie sowie in der Labormedizin und in Arztpraxen mit entsprechender Tätigkeit anfallen.
(Abfallschlüssel 97101)

- Versuchstiere, deren Beseitigung nicht durch Tierkörperbeseitigungsgesetz geregelt ist und soweit eine Verbreitung der o. g. Erkrankungen zu befürchten ist (Abfallschlüssel 97101)
- Streu und Exkremente aus Versuchstieranlagen, soweit eine Verbreitung der o. g. Krankheiten zu befürchten ist
(Abfallschlüssel 13705)

(D) Abfälle, an deren Entsorgung aus umwelthygienischer Sicht innerhalb und außerhalb der Einrichtungen des Gesundheitsdienstes besondere Anforderungen zu stellen sind:

- Sonstige feste mineralische Abfälle wie
  - ⋆ Glas- und Keramikabfälle mit schädlichen Verunreinigungen
  (Abfallschlüssel 31433)
  - ⋆ verbrauchte Filter- und Aufsaugmassen mit schädlichen Verunreinigungen (Kieselgur, Aktiverden, Aktivkohle)
  (Abfallschlüssel 31435)
- Abfälle von Pflanzenschutz- und Schädlingsbekämpfungsmitteln sowie von pharmazeutischen Erzeugnissen wie
  - ⋆ Altbestände und Reste von Pflanzenschutz- und Schädlingsbekämpfungsmitteln
  (Abfallschlüssel 53103)
  - ⋆ Abfälle aus der Produktion und Zubereitung von pharmazeutischen Erzeugnissen (einschließlich Zytostatika)
  (Abfallschlüssel 53502)
  - ⋆ Desinfektionsmittel
  (Abfallschlüssel 53507)
- Laborabfälle und Chemikalienreste wie
  - ⋆ Anorganische Säuren, Säuregemische, Beizen (sauer)
  (Abfallschlüssel 52102)
  - ⋆ Laugen, Laugengemische, Beizen (alkalisch)
  (Abfallschlüssel 52402)
  - ⋆ Tetrachlormethan (Tetra)
  (Abfallschlüssel 55211)

  - ⋆ Lösemittelgemische, halogenierte organische Lösemittel enthaltend (Abfallschlüssel 55220)
  - ⋆ Sonstige halogenierte organische Lösemittel (Abfallschlüssel 55223)
  - ⋆ Benzol, Toluol oder Xylole (Abfallschlüssel 55306)
  - ⋆ Methanol und andere flüssige Alkohole (Abfallschlüssel 55315)
  - ⋆ Lösemittelgemische ohne halogenierte organische Lösemittel (Abfallschlüssel 55370)
  - ⋆ Sonstige nicht halogenierte organische Lösemittel (Abfallschlüssel 55373)
  - ⋆ Feinchemikalien (Abfallschlüssel 59301)
  - ⋆ Laborchemikalienreste, organisch (Abfallschlüssel 59302)
  - ⋆ Laborchemikalienreste, anorganisch (Abfallschlüssel 59303)
- Abfälle aus Röntgenlabors wie
  - ⋆ bleihaltige Abfälle (Abfallschlüssel 35302)
  - ⋆ Fixierbäder (Abfallschlüssel 52707)
  - ⋆ Entwicklerbäder (Abfallschlüssel 52723)
  - ⋆ Sonstige Konzentrate und Halbkonzentrate sowie Spül- und Waschwasser (Abfallschlüssel 52725)
- Nicht-Eisen (NE)-metallhaltige Abfälle wie
  - ⋆ Nickel-Cadmium-Akkumulatoren (Abfallschlüssel 35323)
  - ⋆ Batterien, quecksilberhaltig (Abfallschlüssel 35324)
  - ⋆ Trockenbatterien (Trockenzellen) (Abfallschlüssel 35325)
  - ⋆ Quecksilber, quecksilberhaltige Rückstände, Quecksilberdampflampen, Leuchtstoffröhren (Abfallschlüssel 35326)
- Mineralöle und synthetische Öle wie
  - ⋆ Trafoöle, Wärmeträgeröle und Hydrauliköle frei von polychlorierten Biphenylen (Abfallschlüssel 54106)
  - ⋆ Trafoöle, Wärmeträgeröle und Hydrauliköle, polychlorierte Biphenyle enthaltend (Abfallschlüssel 54107)

- ⋆ PCB-haltige Erzeugnisse und Betriebsmittel
  (Abfallschlüssel 541 10)
- ⋆ Sonstige PCB-haltige Abfälle
  (Abfallschlüssel 541 11)
- ⋆ Verbrennungsmotoren- und Getriebeöle
  (Abfallschlüssel 541 12)
- ⋆ Maschinen- und Turbinenöle
  (Abfallschlüssel 541 13)
- ⋆ Verbrennungsmotoren-, Getriebe-, Maschinen- und Turbinenöle, polychlorierte Biphenyle oder halogenhaltige polychlorierte Biphenyl-Ersatzprodukte enthaltend, Kältemaschinenöle aus Kühllägern, Kälte- und Klimaanlagen
  (Abfallschlüssel 541 14)

– Neben den oben genannten besonders überwachungsbedürftigen Abfällen zählen hierzu auch
– ⋆ Altmedikamente (ohne Zytostatika)
  (Abfallschlüssel 535 01)

(E) Medizinische Abfälle, an deren Entsorgung nur aus ethischer Sicht zusätzliche Anforderungen zu stellen sind:

– Körperteile und Organabfälle einschließlich gefüllter Blutbeutel und Blutkonserven
  (Abfallschlüssel 971 04)

4. GRUNDSÄTZE DER ABFALLWIRTSCHAFT

Nach den Grundsätzen der Abfallwirtschaft sind vor der sonstigen Abfallentsorgung alle Möglichkeiten der Vermeidung und Verwertung auszuschöpfen.

Abfälle sind vorrangig zu verwerten. Falls es für die Verwertung erforderlich ist, sind die Abfälle vorher zu behandeln. Dabei sind Abfälle, soweit erforderlich, so zu behandeln, daß schädliche und gefährliche Inhaltsstoffe durch thermische, chemisch / physikalische oder biologische Behandlung separiert oder immobilisiert werden und sie, soweit nicht verwertbar, ohne Beeinträchtigung des Wohls der Allgemeinheit abgelagert werden können. Dabei ist eine Volumenreduzierung anzustreben. Bei der Verwertung kann also in Abhängigkeit von der Kontamination und dem Verwertungsverfahren eine zusätzliche Behandlung (z. B. Desinfektion) erforderlich werden.

Reststoffe sind wie die übrigen Abfälle getrennt so bereitzustellen, daß sie in möglichst großem Umfang verwertet oder behandelt werden können. Sie dürfen grundsätzlich nicht vermischt werden, auch wenn sie denselben Abfallschlüssel aufweisen, es sei denn, dies erfolgt im Auftrag und nach Maßgabe des Betreibers der vorgesehenen Abfallentsorgungsanlage oder des Verwerters in Verbindung mit dem Entsorgungs- bzw. Verwertungsnachweis entsprechend der Abfall- und Reststoffüberwachungs-Verordnung.

Bei der Feststellung der Zumutbarkeit ist u. a. zu berücksichtigen, ob

- die Verwertung sich insgesamt vorteilhafter auf die Umwelt auswirkt als andere Entsorgungsverfahren,
- durch die gemeinsame Behandlung von Abfällen mehrerer Abfallerzeuger die unzumutbaren Kosten reduziert werden können.

Zur Wirtschaftlichkeit im Sinne einer Kostenbegrenzung ist immer – wenn technisch und innerbetrieblich organisatorisch möglich – eine Vorbehandlung durch Trennung von Fremdanteilen von verwertbaren Abfallfraktionen bereits durch das Krankenhaus selbst oder die Arztpraxis anzustreben.

Die ordnungsgemäße Entsorgung unter Befolgung von Abfallvermeidungs- und -verwertungsgebot setzt für die unterschiedlichen Einrichtungen des Gesundheitsdienstes eine praxisgerechte, leicht überschaubare Handhabung und ein logistisch transparentes Vorgehen voraus. Das läßt sich nur erreichen, wenn von allen Mitarbeitern im Gesundheitsdienst verstärkt darüber nachgedacht und dementsprechend gehandelt wird, damit das Aufkommen und die Schädlichkeit von Abfällen minimiert wird. Die zunehmende Problematik der Abfallentsorgung zwingt zu einer ökologisch orientierten Umorganisation. Dies beginnt bereits bei der Beschaffung, indem umweltverträglichere Produkte vorgezogen, schädliche Produkte und Einwegartikel durch Mehrweg- oder Alternativerzeugnisse ersetzt werden, sofern die Anforderungen der Hygiene und Patientensicherheit gewahrt bleiben.

Als Orientierungshilfe kann das Handbuch »Umweltfreundliche Beschaffung«, herausgegeben durch das Umweltbundesamt (Bauverlag GmbH, Wiesbaden und Berlin), herangezogen werden.

4.1 Einwegprodukte

Das Abfallaufkommen läßt sich spürbar nur reduzieren, indem schon bei der Beschaffung die Menge der Einwegprodukte auf ihre Notwendigkeit hin grundlegend überprüft wird. Grundsätzlich sind Einwegprodukte, wie

- Einweggeschirr
- Einwegwäsche (einschl. Abdecktücher)
- Einweginstrumente und -geräte (Scheren, Skalpelle, Pinzetten)
- Einwegbehältnisse (Nierenschalen, Infusionsflaschen)

durch Mehrwegprodukte und langlebige Alternativen zu ersetzen.

Darüber hinaus zwingt eine vergleichende ökologische Betrachtung zum Verzicht von Einwegprodukten aus PVC (Polyvinylchlorid), was zugleich einen Beitrag zur Verringerung der PVC-Problematik bei der Abfallentsorgung leistet. Viele Einwegprodukte, die ganz oder teilweise aus PVC (z. B. Schläuche, Flaschen, Beutel, Handschuhe) bestehen, sind als qualitativ gleichwertige Ersatzprodukte aus umweltverträglicheren Materialien (z. B. Latex, Polypropylen (PP), Polyethylen (PE)) erhältlich.

4.2 Verpackung

Im engen Zusammenhang mit der Beschaffung von Produkten steht deren Verpackung. Das Abfallaufkommen läßt sich spürbar reduzieren, indem bei der Produktauswahl auch auf den Verpackungsaufwand geachtet wird. Dieser darf das Maß nicht übersteigen, das sich notwendigerweise aus den Anforderungen an Transport, Lagerung, Hygiene und Sterilität ergibt. Vor Bestellungen sollten der Materialaufwand für das Produkt und die Verpackung sowie der sich daraus ergebende Entsorgungsaufwand berücksichtigt werden.

Die Aufwendungen für die Entsorgung der Verpackungsabfälle lassen sich reduzieren,

- wenn Produkte mit geringem Verpackungsaufwand bevorzugt werden,
- wenn Produktverpackungen bevorzugt werden, die nachgefüllt, wiederverwendet oder anderweitig als Versorgungs- oder Entsorgungsbehältnis auch innerhalb der Einrichtung verwendet werden können,
- wenn bedarfsorientierte Verpackungsgrößen bevorzugt werden,
- wenn bei der Bestellung Produkthersteller oder Lieferanten veranlaßt werden, die Transportverpackungen und Behältnisse wieder zurückzunehmen.

Soweit Verpackungen nicht zu vermeiden sind, sind sie getrennt zu sammeln und einer geeigneten Verwertung zuzuführen. Entsprechende Verwertungen sind üblich für Pappe, Papier, Glas und Metalle. Kunststoffe lassen sich am besten verwerten, wenn sie sortenrein erfaßt werden.

4.3 Küchen- und Kantinenabfälle

Küchen- und Kantinenabfälle sind als Futterersatzmittel verwertbar, wenn sie in geeigneter Form zur Verfütterung desinfiziert werden bzw. wenn die Verwertung den behördlichen Auflagen entspricht.

4.4 Laborabfälle und Chemikalienreste

Eine Verringerung der Chemikalienreste läßt sich erreichen, indem die apparativen Laborausstattungen dem »Stand der Technik« angepaßt und zielgerichtete Laboruntersuchungen durchgeführt werden. Bei der Beschaffung von Laborgeräten ist auch vergleichsweise der Chemikalienverbrauch zu beachten.

Im Bereich der Laborchemikalien ist vorrangig zu überprüfen, ob der Einsatz chlorierter Kohlenwasserstoffe als Lösemittel unvermeidbar ist. Ziel muß die Umstellung von solchen Laborverfahren sein. In diesem Zusammenhang ist zu beachten, daß gemäß Anhang III der Gefahrstoffverordnung Tetrachlorkohlenstoff, Tetrachlorethan und Pentachlorethan nicht mehr verwendet werden dürfen.

Besonders Laborabfälle, die verwertet oder behandelt werden sollen, sind stoffspezifisch zu erfassen und dürfen nicht vermischt werden, auch wenn sie demselben Abfallschlüssel zuzuordnen sind. Für bestimmte halogenierte Lösemittel ist die Verpflichtung zur getrennten Haltung und Vermischungsverbote gemäß der Verordnung über die Entsorgung gebrauchter halogenierter Lösemittel verbindlich vorgeschrieben. Laborchemikalien und Lösemittel sind zu sammeln und vorrangig zu verwerten, wenn die dafür erforderlichen Kosten gegenüber der sonstigen Entsorgung zumutbar sind. Die besten Möglichkeiten der Lösemittelverwertung bestehen im Bereich der Pathologie, Histologie und Anatomie, da hier größere Mengen fett- und blutverunreinigter Lösemittel (Xylol, Toluol u. a. m.) anfallen.

4.5 Abfälle aus Röntgenlabors

Zu verwertbaren Abfällen im Röntgenbereich gehören gebrauchte Entwickler- und Fixierbäder, Altfilme sowie Bleifolien.

Der Aufbereitung von Entwickler- und Fixierbädern ist erhebliche Bedeutung zuzumessen, da aufgrund der Schadstoffgehalte das Ableiten über die Kanalisation grundsätzlich unzulässig ist und die Entsorgung als besonders überwachungsbedürftiger Abfall oder überwachungsbedürftiger Reststoff vorgeschrieben ist.

Altfilme und Bleifolien sind zum Zwecke der Verwertung einem entsprechenden Verwertungsunternehmen zuzuführen.

4.6 NE-metallhaltige Abfälle

Abfälle mit toxischen Schwermetallen – insbesondere quecksilberhaltige Abfälle – sind gesondert zu erfassen. Grundsätzlich sind quecksilberhaltige Thermometer nicht mehr zu beschaffen. Zu entsorgende quecksilberhaltige Thermometer sowie Quecksilber aus Altgeräten sind einer Verwertung zuzuführen. Nicht verwertbare quecksilberhaltige Abfälle sind entsprechend der TA Abfall in erster Priorität untertägig abzulagern.

Trockenbatterien als Einmalprodukte sind weitestmöglich durch wieder aufladbare Akkumulatoren zu ersetzen. Ist dies nicht möglich, sind zumindest schadstoffarme Batterien zu verwenden. Die verwertbaren Batterien / Akkumulatoren sind mit dem bekannten Symbol des Rücknahmezirkels gekennzeichnet und sind damit einer getrennten Entsorgung zuzuführen. Nicht verwertbare Batterien / Akkumulatoren sind getrennt von hausmüllähnlichen Abfällen zu sammeln und als besonders überwachungsbedürftiger Abfall zu entsorgen.

Leuchtstoffröhren sind der Verwertung zuzuführen, geeignete Aufbereitungsanlagen stehen zur Verfügung. Nicht verwertbare Leuchtstoffröhren sind entsprechend der TA Abfall in erster Priorität untertägig abzulagern.

Die Amalgam-Entsorgung bedarf einer besonderen Beachtung. Mit dem 1. Januar 1990 sind auf der Grundlage der »Allgemeinen Rahmen-Verwaltungsvorschriften über Mindestanforderungen an das Einleiten von Abwasser in Gewässer« nach § 7a WHG vom 8. September 1989 (GMBl. 1989 S. 518) alle neu zugelassenen Zahnarztpraxen zum Einbau von bauartgeprüften Amalgam-Abscheidern verpflichtet, und die bestehenden Zahnarztpraxen müssen in einer Übergangszeit entsprechend nachrüsten.

Als Folge dieser Verwaltungsvorschrift ist sicherzustellen, daß die Entsorgung von Amalgam und die damit im Zusammenhang stehende Wartung der Abscheider nur von solchen Fachfirmen durchgeführt werden, die die Silber-Zink- und Quecksilbergehalte der Amalgamrückstände einer Verwertung zuführen.

4.7 Mineralöle und synthetische Öle

Während im Kfz-Bereich Altöle mit dem Ziel der Aufarbeitung gesammelt werden, kann die Entsorgung von Schmierstoffen im Klinikbereich z. B. wegen möglicherweise vorhandener PCB-Kontaminierung problematisch sein. Die Entsorgung dieser Abfälle erfolgt nach folgenden Vorschriften:

- §§ 5a, 5b AbfG
- Altölverordnung vom 27. Oktober 1987 (BGBl. I S. 2335),
- Verwaltungsvorschriften der Länder zum Vollzug der §§ 5a, 5b AbfG und der Altölverordnung (Altölentsorgung).

4.8 PCB-Transformatoren und PCB-Kondensatoren

Spätestens bis Ende 1999 sind alle PCB-Geräte der Entsorgung als besonders überwachungsbedürftiger Abfall zuzuführen, auch solche aus bestimmungsgemäßem Gebrauch, unabhängig davon, ob sie noch über diesen Zeitpunkt hinaus funktionstüchtig sein würden. Grundlage dafür ist die Verordnung zum Verbot von polychlorierten Biphenylen, polychlorierten Terphenylen und zur Beschränkung von Vinylchlorid vom 18. Juli 1989 (BGBl. I S. 1482). Es sind daher alle Maßnahmen zur Vorbereitung einer ordnungsgemäßen Entsorgung zu treffen.

4.9 Altmedikamente und Zytostatika

Durch regelmäßige Sichtung der Medikamentenbestände und eine Überprüfung der Haltbarkeitsgrenzen (Verfallsdatum) ist der Abfall von Altmedikamenten zu reduzieren. Solange Rücknahmevereinbarungen mit Produktherstellern auf erhebliche Akzeptanzprobleme stoßen, sind unter Berücksichtigung des Arzneimittelrechts die Möglichkeiten einer spezifischen Medikamenten-Börse für gesundheitsdienstliche Einrichtungen auszuschöpfen.

Altmedikamente sind zur Verhinderung eines Mißbrauchs getrennt einzusammeln.

Aus arbeitsmedizinischen Gründen sind Zytostatika getrennt von Altmedikamenten zu erfassen und vorzugsweise einer Sonderabfallverbrennung zuzuführen. Dies gilt nicht für Materialien, wie beispielsweise Tupfer und Handschuhe, die als Abfälle beim Umgang mit Zytostatika anfallen oder nur gering mit Zytostatika kontaminiert wurden. Diese Abfälle sollten zwar getrennt erfaßt werden, können aber wie Abfälle der Gruppe B gemeinsam mit Hausmüll entsorgt werden.

5. DESINFEKTION VON ABFÄLLEN

Eine Desinfektion von Abfällen aus öffentlichen und privaten Einrichtungen des Gesundheitsdienstes ist nur für Abfälle der Gruppe C erforderlich. Diese Abfälle sind vor einer gemeinsamen Entsorgung mit Hausmüll thermisch zu desinfizieren. Die chemische Desinfektion ist nicht ausreichend und entspricht nicht dem Stand der Technik.

Zur thermischen Desinfektion von Abfällen der Gruppe C dürfen nur Verfahren eingesetzt werden, die vom Bundesgesundheitsamt gemäß § 10c BSeuchG auf ihre Eignung geprüft und in die im Bundesgesundheitsblatt veröffentlichte Liste der vom Bundesgesundheitsamt geprüften und anerkannten Desinfektionsmittel und -verfahren aufgenommen wurden (vergleiche Ziffer 3.4 der 11. Ausgabe der o. g. Liste). Nur diese Art der Entseuchung kommt bei Abfällen der Gruppe C, die nach ihrer Definition dem § 10a BSeuchG unterliegen, als geeignete Maßnahme zur Gefahrenabwehr durch behördliche Anordnung nach § 10c BSeuchG in Betracht.

Die Desinfektionsanlagen sind entsprechend den zur Desinfektion von Abfällen vorgegebenen Betriebsparametern zu betreiben und diese Betriebsweise ist zu dokumentieren.

Die Wirksamkeit der Dampfdesinfektionsverfahren ist erstmalig bei der Inbetriebnahme der Anlage und danach wiederkehrend in vierteljährlichen Abständen, z. B. mit geeigneten mikrobiologischen Indikatoren, durch eine anerkannte Institution zu überprüfen.

6. ENTSORGUNG DER ABFÄLLE

Die Entsorgung der Abfälle aus Einrichtungen des Gesundheitsdienstes bedarf eines durchdachten und gesteuerten Einsammelns, Lagerns, Behandelns und Beförderns innerhalb und außerhalb der Einrichtungen, da

- aufgrund der Zusammensetzung bestimmter Abfälle (verletzungsträchtiges Material, pathogene Keime, Chemikalien u. ä. m.) aus infektionspräventiver Sicht und gesundheitlicher Vorsorge Sicherheitsvorkehrungen, insbesondere für das mit der Entsorgung des Abfalls betraute Personal einzuhalten sind und
- durch getrenntes Erfassen und Zusammenstellen von geeigneten Chargen aus abfallwirtschaftlicher und umwelthygienischer Sicht zu gewährleisten ist, daß verwertbare Stoffe getrennt einer Aufarbeitung zugeführt und Schadstoffe aus dem Hausmüll ferngehalten werden können.

Ein funktionsfähiges Entsorgungssystem macht die Beachtung von Arbeits-, Gesundheits- und Umweltschutz notwendig und muß in der Logistik der Abfallentsorgung innerhalb und außerhalb der Einrichtung des Gesundheitsdienstes zusammengefügt werden.

6.1 Umfang und Grenzen innerbetrieblicher Maßnahmen

Zu den innerbetrieblichen Maßnahmen gehören das Erfassen der Abfälle am Ort des Entstehens, das Sammeln und Transportieren zu einer innerbetrieblichen Sammelstelle und das Bereitstellen für die Entsorgung zu Behandlungs- oder Beseitigungsanlagen.

Voraussetzung für ein ordnungsgemäßes System ist die lückenlose Erfassung aller anfallenden Abfälle und Reststoffe, die in der einzelnen Einrichtung entstehen. Diese Abfälle und Reststoffe sind alle getrennt – ungeachtet dessen, ob sie regelmäßig, häufig oder einmalig und in großen oder geringen Mengen anfallen – entsprechend der Einteilung in Kapitel 3.2 zu erfassen und zu entsorgen. Das erfordert eine darauf gerichtete Organisation unter Anpassung an die räumlichen Gegebenheiten.

Der Aufbau des innerbetrieblichen Sammlungs- und Transportsystems ist auf die außerhalb der Einrichtung vorhandenen Entsorgungspfade abzustimmen. Zu beachten sind die Anforderungen

- der entsorgungspflichtigen Körperschaften oder der von der Körperschaft beauftragten Dritten,
- an die Entsorgung besonders überwachungsbedürftiger Abfälle sowie der Abfälle, die aufgrund ihrer Art und Menge nicht mit den in Haushalten anfallenden Abfälle entsorgt werden können,
- an die Verwertung unter Berücksichtigung unterschiedlicher Behandlungsverfahren.

Es empfiehlt sich, die Abfälle entsprechend der außerhalb der Einrichtung vorgesehenen Entsorgungspfade und der Einteilung nach Abfallarten schon am Ort des Entstehens in den jeweils vorgeschriebenen Behältnissen umgehend und hygienisch einwandfrei zu sammeln und zum Abtransport bereitzustellen.

Für eine differenzierte Entsorgung mit Mehrstofferfassungssystemen muß eine passende Raumkonzeption entwickelt werden.

Die Sammelbehältnisse (transportfest, feuchtigkeitsbeständig, fest verschließbar) müssen nach den Anforderungen der Entsorgung ausgewählt und für jedermann erkennbar gekennzeichnet sein. Es empfiehlt sich, neben der vorgeschriebenen Kennzeichnung und Beschaffenheit die Behältnisse durch besondere Farbgebung hervorzuheben, deren Inhalt besonders behandelt werden muß. Scharfe und spitze Abfälle (z. B. Skalpelle, Spritzen und Kanülen), deren Entsorgung zu Verletzungen führen kann, sind in stichfesten und entsprechend gekennzeichneten Behältnissen zu sammeln.

Abfälle, bei denen eine mißbräuchliche Verwendung zu befürchten ist, sind für Unbefugte unzugänglich zu entsorgen. Es empfiehlt sich, schon beim Einsammeln von Abfällen der Gruppe C und E Sammelbehältnisse zu wählen, die für den Transport zu den Entsorgungseinrichtungen geeignet sind und ggf. den Vorschriften für den Transport gefährlicher Güter entsprechen. Bei einer Entsorgung dieser Abfälle in Anlagen, die der zweiten allgemeinen Verwaltungsvorschrift zum Abfallgesetz (TA Abfall) vom 12. März 1991 unterliegen, ist zu beachten, daß gemäß Nr. 6.2.2 TA Abfall (GMBl. S. 149) Abfälle des Abfallschlüssels 971 04 in verbrennbaren bauartzugelassenen Einwegbehältnissen anzuliefern sind und Abfälle des Abfallschlüssels 971 01 in verbrennbaren bauartzugelassenen Einwegbehältnissen oder in Einwegbehältnissen in bauartzugelassenen Wechselbehältnissen angeliefert werden können.

Der innerbetriebliche Transport zu zentralen Lagerstellen und Übergabestellen und die Bereitstellung hat so zu erfolgen, daß ein Austreten von Krankheitserregern ausgeschlossen ist. Ein Öffnen oder Umfüllen von Behältnissen mit Abfällen der Gruppen C und E und eine Sortierung dieser Abfälle ist im Rahmen der Abfallentsorgung nicht zulässig.

Anlagen zur Behandlung und Kompaktierung von Abfällen sind nur im Zusammenhang mit Lagerungs- und Übergabestellen zu errichten.

Es ist zweckmäßig, beim Aufbau des innerbetrieblichen Entsorgungssystems die entsorgungspflichtige Körperschaft zu beteiligen, zumal sie z. B. durch Satzung regeln kann, unter welchen Voraussetzungen Abfälle zu erfassen und zu überlassen sind. Nur durch eine enge Verknüpfung innerbetrieblicher Entsorgungsmaßnahmen mit den vorhandenen örtlichen Entsorgungsstrukturen kann die Errichtung eines abfallrechtlichen Zwischenlagers in einer Einrichtung des Gesundheitsdienstes ausgeschlossen werden. Vielmehr handelt es sich dann um eine Bereitstellung der Abfälle im Rahmen der weiteren Entsorgung.

6.2 Systematik der Abfallentsorgung

Nach dem geltenden Abfallrecht sind an die Entsorgung unterschiedliche Anforderungen zu stellen, die sich aus der Einteilung der Abfälle und deren Zuordnung ergeben. Neben dieser Differenzierung der Abfallarten haben die Grundsätze der Abfallwirtschaft zu einer Aufgliederung der Entsorgungsstruktur geführt, deren Entwicklung keineswegs abgeschlossen ist. Die Systematik der Abfallentsorgung ist dadurch bestimmt, daß neben der Abfallbeseitigung durch thermische Behandlung und Ablagerung verstärkt Vermeidung sowie Verwertung mit entsprechenden Behandlungsverfahren in den Vordergrund treten. Für die Verpackung und Beförderung von Abfällen – soweit sie gefährliche Güter darstellen – sind die Anforderungen der Beförderung von gefährlichen Gütern auf Straßen oder davon erteilte Ausnahmegenehmigungen zu beachten.

7. EIGENKONTROLLE UND BERATUNG

Die staatliche Überwachung wird im Hinblick auf umwelthygienische und infektionspräventive Gesichtspunkte um die betriebsinterne Eigenkontrolle durch den Beauftragten für Abfall und den Krankenhaushygieniker ergänzt. Dabei ist auch die eventuelle Bestellung eines Gefahrgutbeauftragten gemäß der »Verordnung über die Bestellung von Gefahrgutbeauftragten und die Schulung beauftragter Personen« vom 12. Dezember 1989 (BGBl. I S. 2185) zu beachten. Hinsichtlich des Arbeitsschutzes ist eine Kooperation des Betriebsbeauftragten für Abfall und des Krankenhaushygienikers mit der Fachkraft für Arbeitssicherheit und dem Betriebsarzt erforderlich.

7.1 Betriebsbeauftragter für Abfall

Die Grundsätze der Bestellung und Funktion des Betriebsbeauftragten für Abfall sind in den §§ 11a bis 11f AbfG geregelt; die Verordnung über den Betriebsbeauftragten für Abfall füllt diese Bestimmungen aus.

Nach § 11a AbfG haben die Betreiber von Krankenhäusern und Kliniken, in denen regelmäßig Abfälle i. S. v. § 2 Abs. 2 AbfG anfallen, die Verpflichtung zur Bestellung eines Betriebsbeauftragten für Abfall. Darüber hinaus kann auch im Einzelfall die zuständige Behörde die Bestellung eines Betriebsbeauftragten für Abfall gemäß § 11a Abs. 2 anordnen.

Nach § 11b AbfG hat der Betriebsbeauftragte für Abfall folgende Funktionen zu erfüllen:

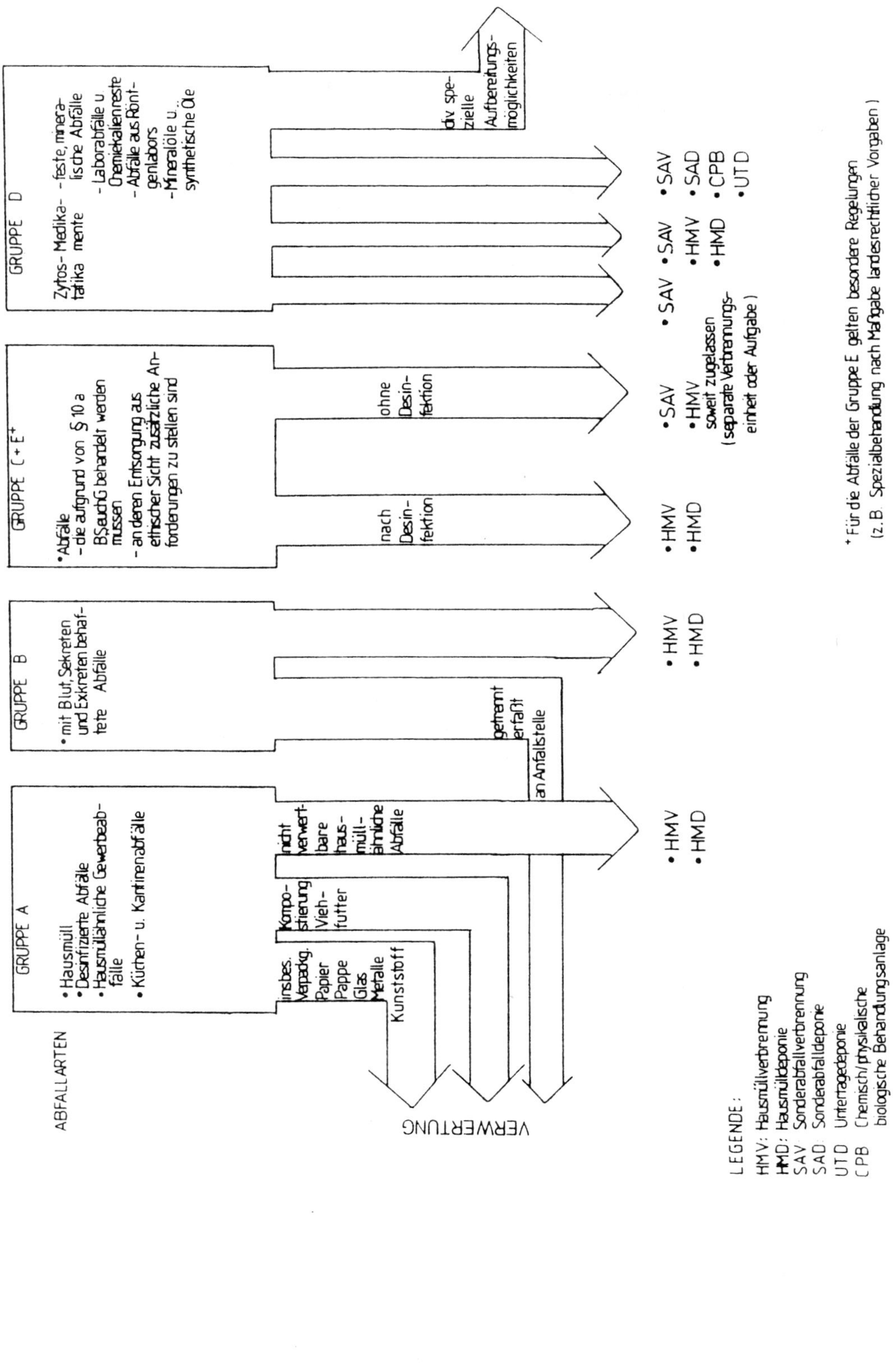
ABFALLARTEN
GRUPPE A
• Hausmüll
• Desinfizierte Abfälle
• Hausmüllähnliche Gewerbeabfälle
• Küchen- u. Kantinenabfälle
insbes. Verpackg. Papier Pappe Glas Metalle Kunststoff
Kompostierung Viehfutter
nicht verwertbare hausmüllähnliche Abfälle
• HMV
• HMD
VERWERTUNG
GRUPPE B
• mit Blut, Sekreten und Exkreten behaftete Abfälle
getrennt erfaßt an Anfallstelle
• HMV
• HMD
GRUPPE C + E+
• Abfälle
- die aufgrund von § 10 a BSeuchG behandelt werden müssen
- an deren Entsorgung aus ethischer Sicht zusätzliche Anforderungen zu stellen sind
nach Desinfektion
ohne Desinfektion
• HMV
• HMD
• SAV
• HMV soweit zugelassen (separate Verbrennungseinheit oder Aufgabe)
GRUPPE D
Zytostatika
Medikamente
- feste, mineralische Abfälle
- Laborabfälle u. Chemikalienreste
- Abfälle aus Röntgenlabors
- Mineralöle u. synthetische Öle
div. spezielle Aufbereitungsmöglichkeiten
• SAV
• SAV • HMV • HMD
• SAV • SAD • CPB • UTD
+ Für die Abfälle der Gruppe E gelten besondere Regelungen (z.B. Spezialbehandlung nach Maßgabe landesrechtlicher Vorgaben)
LEGENDE:
HMV: Hausmüllverbrennung
HMD: Hausmülldeponie
SAV: Sonderabfallverbrennung
SAD: Sonderabfalldeponie
UTD: Untertagedeponie
CPB: Chemisch/physikalische biologische Behandlungsanlage

- Initiativfunktion

  Der Betriebsbeauftragte für Abfall hat auf die Vermeidung, Verwertung und ordnungsgemäße Beseitigung aller anfallenden Abfälle hinzuwirken und sich bei der Beschaffung für die Verwendung umweltverträglicher Produkte und Verfahren einzusetzen.
- Informationspflicht

  Der Betriebsbeauftragte für Abfall hat die Mitarbeiter und die Leitung der gesundheitsdienstlichen Einrichtung über die Gefahren, die von den Abfällen für Mensch und Umwelt ausgehen können, zu unterrichten.
- Kontrollfunktion

  Der Betriebsbeauftragte für Abfall muß sämtliche Abfallströme innerhalb und außerhalb der Einrichtung von dem Entstehen bis zur Entsorgung verfolgen und kontrollieren; er hat die Einhaltung der für die Abfallentsorgung geltenden Bestimmungen zu überwachen.
- Berichtspflicht

  Der Betriebsbeauftragte für Abfall hat regelmäßig über getroffene Maßnahmen und Empfehlungen der Leitung der gesundheitsdienstlichen Einrichtung – möglichst vor dem Jahresbericht – Bericht zu erstatten.

Nach § 11 c AbfG darf die Leitung einer Einrichtung zum Betriebsbeauftragten für Abfall nur bestellen, wer über die notwendige Sachkunde und Zuverlässigkeit verfügt. Darüber hinaus ist die Leitung der Einrichtung verpflichtet, den Betriebsbeauftragten für Abfall bei seiner Aufgabe mit Hilfspersonal sowie Räumen, Einrichtungen, Geräten und Mitteln zu unterstützen und die speziellen Qualifikationen durch Fortbildung zu ermöglichen. Gerade im Bereich des Gesundheitsdienstes besteht eine differenzierte Entsorgungsstruktur, deshalb muß der Betriebsbeauftragte für Abfall über die notwendigen abfallwirtschaftlichen, sicherheitstechnischen und hygienischen Kenntnisse verfügen.

7.2 Krankenhaushygieniker

Zur hygienisch sachgerechten Organisation der Abfallentsorgung (Sammlung, Sortierung, Lagerung und Beseitigung) ist der Krankenhaushygieniker (Arzt für Hygiene) hinzuzuziehen. In seiner Funktion ist er verantwortlich für:

- Aufstellung eines Hygieneplans für die Abfallentsorgung,
- regelmäßige Begehungen der entsprechenden Krankenhausbereiche,
- Fortbildung des Personals,
- Mitwirkung bei der Erarbeitung von Konzepten, die – bei gleichzeitiger Sicherung der Infektionsprävention – zur Reduzierung von Schädlichkeit und Menge der Abfälle führen sollen.

Der Krankenhaushygieniker ist beratend in Entscheidungen einzubeziehen, die die Abfallentstehung und -entsorgung beeinflussen können, wie z. B. Einkauf von Material und Medikamenten oder bei Baumaßnahmen in hygienisch relevanten Bereichen.

Dies gilt entsprechend ihrer Aufgabenstellung auch für den Hygienebeauftragten und die Hygienefachkraft. Sie sollen mit dem Betriebsbeauftragten für Abfall in Fragen der Abfallentsorgung und Infektionsprävention eng zusammenarbeiten.

7.3 Beratung

Bei der Unterschiedlichkeit der Einrichtungen ist eine ordnungsgemäße Abfallentsorgung nicht ohne weiteres gesichert, da kleinere Einrichtungen – wie Arztpraxen – aufgrund der Logistik und der Wirtschaftlichkeit von dem differenzierten Entsorgungssystem weitgehend ausgeschlossen sind und mangels Kenntnissen über die Möglichkeiten der Vermeidung und Verwertung unnötig viele Abfälle mit dem Hausmüll entsorgen lassen.

Zur Verbesserung der Entsorgungssituation von privaten Kleineinrichtungen wie Arztpraxen, Zahnarztpraxen, Laboratorien und Apotheken, bei denen auch andere Abfälle als die der Gruppe A und B anfallen, ist zukünftig eine den Bedürfnissen angepaßte, flächendeckende Entsorgungsstruktur aufzubauen. Im Zusammenwirken von Standesorganisationen, Kammern und qualifizierten Entsorgern kann dies in Form von Musterentsorgungsverträgen erfolgen, die auf der Basis einer Mischkalkulation unter Berücksichtigung aller anfallenden Abfälle zu einem einheitlichen Entsorgungspreis angeboten werden.

8. ABFALLWIRTSCHAFTSPLANUNG

Es besteht keine Veranlassung, Abfälle aus gesundheitsdienstlichen Einrichtungen – mit Ausnahme der Gruppe C, D und E – von der öffentlichen Entsorgung durch landesrechtliche und kommunale Vorschriften auszuschließen. Darüber hinaus empfiehlt es sich, durch geeignete Desinfektionen von Abfällen der Gruppe C die Entsorgung zusammen mit Hausmüll zu realisieren. Die Abfälle der Gruppe D verlangen ein differenziertes Entsorgungssystem.

Grundlage für ein gesichertes und differenziertes Entsorgungssystem wäre ein regionaler branchenbezogener Abfallwirtschaftsplan zur Entsorgung der Abfälle des Gesundheitsdienstes. Ein solches Branchenkonzept kann vom Land als Abfallwirtschaftsplan gemäß § 6 AbfG oder von der Kommune als Branchenkonzept aufgestellt werden. Insoweit sind neben den landesrechtlichen und kommunalen Vorschriften entsprechende Abfallwirtschaftspläne zu beachten.

Mitglieder der Bund / Länder-Arbeitsgruppe der LAGA:

Herr Rhein (Obmann), Umweltbehörde Hamburg; Herr Gleis (Geschäftsführer), Umweltbundesamt; Prof. Dr. med. Daschner, Universitätsklinik Freiburg; Dr. Junghannß, Medizinisches Landesuntersuchungsamt Stuttgart; Herr Meyer, Ministerium für Natur, Umwelt und Landesentwicklung Schleswig-Holstein; Dr. Peters, Bundesgesundheitsamt; Herr Ringeltaube, Niedersächsisches Ministerium für Umwelt; Dr. Rössert, Bayerisches Landesamt für Umweltschutz; Prof. Dr. med. Rüden, Freie Universität Berlin; Herr Scherrer, Universitätsklinik Freiburg; Prof. Dr. med. Steuer, Medizinisches Landesuntersuchungsamt Stuttgart; Herr Völlink, Deutsche Krankenhausgesellschaft; gastweise: Frau Dr. med. Juras, Bezirks-Hygiene-Institut Berlin

1.12 Hygiene-Verordnungen der Länder

Wiewohl Akupunktur Ausübung der Heilkunde ist und als solche Ärzten und Heilpraktikern vorbehalten bleibt, ist diese gemeinsam mit dem Rasieren und Ohrlochstechen in Hygiene-Verordnungen der Länder abgehandelt worden, die einer möglichen Verbreitung ansteckender Krankheiten (hier insbesondere AIDS) vorbeugen helfen sollten. Einige Länder haben dabei nicht einmal auf die notwendige und selbstverständliche Sterilisation der Akupunkturnadeln hingewiesen, sondern es beim Desinfizieren bewenden lassen. In Niedersachsen ist es gelungen, die Akupunktur, deren Nadeln ja den Richtlinien der Sterilisation unterliegen, aus der Hygiene-Verordnung herauszunehmen.

1.12.1 BADEN-WÜRTTEMBERG

Verordnung der Landesregierung zur Verhütung übertragbarer Krankheiten (Hygiene-Verordnung)

vom 19. Oktober 1987 (GBl. S. 454)

Auf Grund von § 12a des Gesetzes zur Verhütung und Bekämpfung übertragbarer Krankheiten beim Menschen (Bundes-Seuchengesetz) in der Fassung vom 18. Dezember 1979 (BGBl. I S. 2263) wird verordnet:

§ 1 Geltungsbereich

Wer berufs- oder gewerbsmäßig Tätigkeiten am Menschen ausübt, bei denen Erreger einer durch Blut übertragbaren Krankheit im Sinne von § 1 des Bundes-Seuchengesetzes, insbesondere Erreger von AIDS oder Virus-Hepatitis-B übertragen werden können, unterliegt dieser Verordnung. Das gilt insbesondere für Tätigkeiten im Friseurhandwerk, in der Kosmetik, der Fußpflege und in der Akupunktur sowie für das Tätowieren und das Ohrlochstechen.

§ 2 Pflichten

(1) Wer Tätigkeiten im Sinne des § 1 ausübt, ist zur sorgfältigen Beachtung der allgemein anerkannten Regeln der Hygiene verpflichtet.

(2) Wer Eingriffe durchführt, die eine Verletzung der Haut vorsehen, muß vorher seine Hände reinigen und desinfizieren und die zu behandelnde Hautfläche desinfizieren.

(3) Geräte, die bei den in § 1 genannten Tätigkeiten verwendet werden und deren Verwendung zu Verletzungen der Haut führen kann oder die hierzu bestimmt sind, sind nach jeder Anwendung zu desinfizieren und sorgfältig zu reinigen.

§ 3 Desinfektion

(1) Zur Desinfektion dürfen nur virusinaktivierende Mittel und Verfahren verwendet werden, die in der Liste der vom Bundesgesundheitsamt geprüften und anerkannten Desinfektionsmittel und Verfahren aufgeführt sind. Für die Hände-

und Hautdesinfektion können auch Präparate verwendet werden, die 70 bis 85 Volumenprozent Alkohol enthalten.

(2) Über geeignete Desinfektions- und Sterilisationsmaßnahmen berät das Gesundheitsamt.

§ 4 Beseitigung von Abfällen

(1) Spitze, scharfe oder zerbrechliche Geräte, die bei der Ausübung von Tätigkeiten im Sinne des § 1 verwendet wurden, dürfen nur mit dem Hausmüll beseitigt werden, wenn sie in Behältern, die eine Verletzungsgefahr ausschließen, in den Abfall gegeben werden oder wenn sie vor der Beseitigung wirksam desinfiziert worden sind.

(2) Abfallrechtliche Regelungen bleiben unberührt.

§ 5 Überwachung

(1) Die Beauftragten des Gesundheitsamtes sowie der Ortspolizeibehörde sind zur Überwachung der in dieser Verordnung festgelegten Pflichten befugt,

1. Grundstücke, Räume und Einrichtungen der in § 1 genannten Personen während der üblichen Betriebs- oder Geschäftszeiten zu betreten, Gegenstände zu untersuchen sowie Bücher und sonstige Unterlagen einzusehen und hieraus Ablichtungen oder Auszüge zu fertigen,
2. von Personen Auskünfte zu verlangen, die über Tatsachen im Sinne des § 10 Abs. 1 des Bundes-Seuchengesetzes Auskunft geben können.

(2) Die in § 1 genannten Personen sind verpflichtet,

1. die Maßnahmen nach Absatz 1 zu dulden,
2. die zur Überwachung befugten Personen zu unterstützen, insbesondere ihnen auf Verlangen die Räume, Einrichtungen und Geräte zu bezeichnen, Räume und Behältnisse zu öffnen, die Entnahme von Proben zu ermöglichen sowie Bücher und Unterlagen vorzulegen,
3. die verlangten Auskünfte zu erteilen.

(3) Der zur Auskunft Verpflichtete kann die Auskunft auf solche Fragen verweigern, deren Beantwortung ihn selbst oder einen der in § 383 Abs. 1 Nr. 1 bis 3 der Zivilprozeßordnung bezeichneten Angehörigen der Gefahr strafgerichtlicher Verfolgung oder eines Verfahrens nach dem Gesetz über Ordnungswidrigkeiten aussetzen würde. Entsprechendes gilt für die Vorlage von Unterlagen.

§ 6 Ordnungswidrigkeiten

Ordnungswidrig im Sinne des § 69 Abs. 2 des Bundes-Seuchengesetzes handelt, wer vorsätzlich oder fahrlässig

1. entgegen § 2 Abs. 2 die Reinigung und Desinfektion nicht oder nicht ausreichend durchführt;
2. entgegen § 2 Abs. 3 Geräte nicht nach dem Gebrauch einer sorgfältigen Desinfektion und Reinigung unterzieht;

3. entgegen § 4 Abs. 1 infektiöse Abfälle unbehandelt oder ungeschützt mit dem Hausmüll beseitigt;
4. einer Duldungs-, Unterstützungs- oder Auskunftspflicht nach § 5 Abs. 2 zuwiderhandelt.

§ 7 Inkrafttreten

Diese Verordnung tritt am 1. November 1987 in Kraft.

1.12.2 BAYERN

Verordnung zur Verhütung übertragbarer Krankheiten (Hygiene-Verordnung)

vom 11. August 1987 (GVBl. S. 291),

in der Fassung der Änderungsverordnung vom 10. Juli 1989 (GVBl. S. 363)

Auf Grund von § 12a des Bundes-Seuchengesetzes in der Fassung der Bekanntmachung vom 18. Dezember 1979 (BGBl. I S. 2262), zuletzt geändert durch Gesetz vom 19. Dezember 1986 (BGBl. I S. 2555), in Verbindung mit § 7a der Verordnung zur Ausführung des Bundes-Seuchengesetzes (BayRS 2126-1-I), geändert durch Verordnung vom 25. Februar 1986 (GVBl. S. 13), erläßt das Bayerische Staatsministerium des Innern folgende Verordnung:

§ 1 Geltungsbereich

Wer – ohne Arzt oder Zahnarzt zu sein – Tätigkeiten ausübt, bei denen durch Geräte Erreger einer durch Blut übertragbaren Krankheit im Sinne des § 1 des Bundes-Seuchengesetzes, vor allem Erreger von AIDS oder Virushepatitis B übertragen werden können, unterliegt dieser Verordnung. Das gilt insbesondere für das berufs- oder gewerbsmäßige Rasieren, für das Ausüben der Maniküre und Pediküre, für das Tätowieren und Ohrlochstechen sowie für die Akupunktur.

§ 2 Pflichten

(1) Wer Tätigkeiten im Sinn des § 1 ausübt, ist zur sorgfältigen Beachtung der allgemein anerkannten Regeln der Hygiene verpflichtet.

(2) Wer Eingriffe durchführt, die eine Verletzung der Haut vorsehen, muß vorher seine Hände und die zu behandelnde Hautfläche desinfizieren.

(3) Eingriffe, die eine Verletzung der Haut vorsehen, sind mit sterilen (keimfreien) Geräten vorzunehmen. Mehrfach zu verwendende Geräte sind nach jedem Gebrauch einer sorgfältigen Desinfektion, Reinigung und anschließend einer Sterilisation zu unterziehen und bis zur nächsten Anwendung in sterilen Behältern aufzubewahren.

(4) Mehrfach zu verwendende Geräte für Tätigkeiten, bei denen es leicht zu Verletzungen kommen kann, insbesondere Manikür- und Pedikürgeräte sowie Rasiermesser, sind nach jeder Anwendung zu desinfizieren und zu reinigen.

Das gilt auch für andere, mehrfach zu verwendende Geräte nach jeder Anwendung, bei der es zu einer Verunreinigung des Geräts durch Blut oder Wundsekret gekommen ist. Nach unbeabsichtigten Verletzungen ist eine Wunddesinfektion mit einem zugelassenen Wunddesinfektionsmittel durchzuführen.

§ 3 Mittel und Verfahren zur Desinfektion und Sterilisation

(1) Zur Desinfektion dürfen nur viruzide Mittel verwendet werden. Zur Gerätedesinfektion dürfen nur Mittel verwendet werden, die in der Liste der vom Bundesgesundheitsamt geprüften und anerkannten Desinfektionsmittel und -verfahren oder in der Liste der nach den »Richtlinien für die Prüfung chemischer Desinfektionsmittel« geprüften und von der Deutschen Gesellschaft für Hygiene und Mikrobiologie als wirksam befundenen Desinfektionsverfahren aufgeführt sind. Zur Hände- und Hautdesinfektion (§ 2 Abs. 2) können darüber hinaus auch Mittel verwendet werden, die vom Hersteller als gegen Hepatitis-B-Virus wirksam deklariert sind. Zur Wunddesinfektion (§ 2 Abs. 4 Satz 3) sind die vom Bundesgesundheitsamt zugelassenen Mittel zu verwenden.

(2) Die Sterilisation von Geräten ist mit Dampf oder Heißluft nach DIN 58 946 bzw. DIN 58 947 durchzuführen.

(3) Über geeignete Desinfektions- und Sterilisationsmaßnahmen berät das Gesundheitsamt.

§ 4 Beseitigung von Abfällen

Spitze, scharfe oder zerbrechliche Gegenstände, die bei der Ausübung von Tätigkeiten im Sinn des § 2 Abs. 3 oder 4 verwendet wurden, dürfen nur mit dem Hausmüll beseitigt werden, wenn sie in Behältern, die eine Verletzungsgefahr ausschließen, in den Abfall gegeben werden, oder wenn sie vor der Beseitigung wirksam desinfiziert worden sind. Abfallrechtliche Regelungen bleiben unberührt.

§ 5 Überwachung

(1) Unter den Voraussetzungen des § 10 Abs. 1 des Bundes-Seuchengesetzes sind die Beauftragten des Gesundheitsamts und der Kreisverwaltungsbehörde zur Überwachung der in dieser Verordnung festgelegten Pflichten befugt,

1. Grundstücke, Räume, Anlagen und Einrichtungen der in § 1 genannten Personen während der üblichen Betriebs- oder Geschäftszeit zu betreten und Gegenstände zu untersuchen oder Proben zur Untersuchung zu fordern oder zu entnehmen.
2. von Personen, die über Tatsachen im Sinn des § 10 Abs. 1 des Bundes-Seuchengesetzes Auskunft geben können, die erforderlichen Auskünfte zu verlangen.

(2) Die in Absatz 1 Nr. 1 genannten Personen sind verpflichtet, die Maßnahmen nach Absatz 1 Nr. 1 zu dulden und den zur Überwachung befugten Personen auf Verlangen Grundstücke, Räume, Anlagen, Einrichtungen und sonstige Gegen-

stände zugänglich zu machen. Die in Absatz 1 Nr. 2 genannten Personen sind verpflichtet, die erforderlichen Auskünfte zu erteilen.

(3) Der zur Auskunft Verpflichtete kann die Auskunft auf solche Fragen verweigern, deren Beantwortung ihn selbst oder einen der in § 383 Abs. 1 Nrn. 1 bis 3 der Zivilprozeßordnung bezeichneten Angehörigen der Gefahr strafgerichtlicher Verfolgung oder eines Verfahrens nach dem Gesetz über Ordnungswidrigkeiten aussetzen würde; entsprechendes gilt für die Vorlage von Unterlagen.

(4) Die Grundrechte der Freiheit der Person (Art. 2 Abs. 2 des Grundgesetzes), der Freizügigkeit (Art. 11 Abs. 1 des Grundgesetzes), und der Unverletzlichkeit der Wohnung (Art. 13 Abs. 1 des Grundgesetzes) sind im Rahmen der Absätze 1 und 2 eingeschränkt (§ 10 Abs. 4 Bundes-Seuchengesetz).

§ 6 Ordnungswidrigkeiten

Ordnungswidrig im Sinn des § 69 Abs. 2 des Bundes-Seuchengesetzes handelt, wer vorsätzlich oder fahrlässig

1. entgegen § 2 Abs. 2 Desinfektionen oder entgegen § 2 Abs. 4 die Reinigung und Desinfektion nicht durchführt,
2. entgegen § 2 Abs. 3 Satz 1 Eingriffe mit nichtsterilen (nichtkeimfreien) Arbeitsgeräten vornimmt,
3. entgegen § 2 Abs. 3 Satz 2 Geräte nicht nach jedem Gebrauch einer sorgfältigen Desinfektion, Reinigung und anschließenden Sterilisation unterzieht,
4. andere als die in § 3 Abs. 1 genannten Desinfektionsmittel verwendet,
5. entgegen § 4 die dort genannten Gegenstände ohne Behältnis oder ohne wirksame Desinfektion mit dem Hausmüll beseitigt,
6. einer Duldungs-, Unterstützungs- oder Auskunftspflicht nach § 5 Abs. 2 zuwiderhandelt.

§ 7 Inkrafttreten

Diese Verordnung tritt am 1. September 1987 in Kraft.

1.12.3 BERLIN

Verordnung zur Verhütung übertragbarer Krankheiten bei bestimmten gewerblichen Tätigkeiten (Infektionsverhütungs-Verordnung)

vom 18. Februar 1990 (GVBl. S. 584)

Auf Grund der §§ 12a und 38a des Bundes-Seuchengesetzes in der Fassung vom 18. Dezember 1979 (BGBl. I S. 2262, 1980 I S. 151 / GVBl. 1980 S. 290, 564), zuletzt geändert durch Gesetz vom 19. Dezember 1986 (BGBl. I S. 2555 / GVBl. 1987 S. 29), wird verordnet:

§ 1 Geltungsbereich

Wer, ohne Arzt oder Zahnarzt zu sein, berufs- und gewerbsmäßig Tätigkeiten in der Körper- und Schönheitspflege ausübt, bei denen durch Geräte Erreger einer durch Blut übertragbaren Krankheit im Sinne des § 1 des Bundes-Seuchengesetzes auf Menschen übertragen werden können, unterliegt dieser Verordnung. Das gilt insbesondere für das Maniküren, Tätowieren, Ohrlochstechen und die Fußpflege sowie das Akupunktieren unabhängig von der Zweckbestimmung.

§ 2 Pflichten

(1) Wer Tätigkeiten im Sinne des § 1 ausübt, ist zur sorgfältigen Beachtung der allgemein anerkannten Regeln der Hygiene verpflichtet.

(2) Wer Eingriffe durchführt, die eine Verletzung der Haut vorsehen, ist verpflichtet, vorher seine Hände und die zu behandelnde Hautfläche zu desinfizieren.

(3) Eingriffe, die eine Verletzung der Haut vorsehen, sind mit sterilen (keimfreien) Geräten vorzunehmen. Sterile Einwegartikel dürfen nach Gebrauch nicht wieder verwendet werden. Mehrfach zu verwendende Geräte sind nach jedem Gebrauch zuerst zu desinfizieren, dann zu reinigen und anschließend zu sterilisieren; bis zur nächsten Verwendung sind sie in geeigneten Behältern aufzubewahren.

(4) Mehrfach zu verwendende Geräte für Tätigkeiten, bei denen es zu unbeabsichtigten Verletzungen kommen kann (z. B. Maniküre, Fußpflege, Rasur), sind nach jeder Verwendung zuerst zu desinfizieren, dann zu reinigen und anschließend erneut zu desinfizieren. Nach Verletzungen der Haut ist die Wunde zu desinfizieren.

(5) Zur Desinfektion dürfen nur Mittel und Verfahren verwendet werden, die in der Liste der vom Bundesgesundheitsamt geprüften und anerkannten Desinfektionsmittel (Wirkungsspektrum A und B) und Verfahren oder die in der Liste der nach den »Richtlinien für die Prüfung chemischer Desinfektionsmittel« geprüften und von der Deutschen Gesellschaft für Hygiene und Mikrobiologie als wirksam befundenen Desinfektionsverfahren aufgeführt sind.

§ 3 Beratung

Die zuständige Behörde berät Personen nach § 1 über Maßnahmen der allgemeinen Hygiene und über Desinfektions- und Sterilisationsmaßnahmen.

§ 4 Beseitigung von Abfällen

(1) Spitze, scharfe oder zerbrechliche Gegenstände, die bei der Ausübung von Tätigkeiten im Sinne des § 2 Abs. 3 oder 4 verwendet wurden, sind in geeigneten Einwegbehältnissen zu sammeln. Diese müssen feuchtigkeitsbeständig, stichfest, transportfest und verschließbar sein, damit eine Verletzungsgefahr ausgeschlossen wird. Diese Behältnisse können mit dem Hausmüll beseitigt werden.

(2) Abfallrechtliche Vorschriften bleiben unberührt.

§ 5 Überwachung

(1) Die Beauftragten der zuständigen Behörde sind zur Überwachung der in dieser Verordnung festgelegten Pflichten befugt,

1. Grundstücke, Räume und Einrichtungen der in § 1 genannten Personen während der üblichen Betriebs- oder Geschäftszeiten zu betreten und Gegenstände zu untersuchen.
2. von Personen Auskünfte zu verlangen, die über Tatsachen im Sinne des § 10 Abs. 1 des Bundes-Seuchengesetzes Auskunft geben können.

(2) Die in § 1 genannten Personen sind verpflichtet,

1. die Maßnahmen nach Absatz 1 Nr. 1 zu dulden,
2. die zur Überwachung befugten Personen zu unterstützen, insbesondere ihnen auf Verlangen die Räume, Einrichtungen, Instrumente und Geräte zu bezeichnen, Räume und Behältnisse zu öffnen und die Entnahme von Proben zu ermöglichen,
3. die verlangten Auskünfte zu erteilen.

(3) Der zur Auskunft Verpflichtete kann die Auskunft auf solche Fragen verweigern, deren Beantwortung ihm selbst oder einen der in § 383 Abs. 1 Nr. 1 bis 3 der Zivilprozeßordnung bezeichneten Angehörigen der Gefahr strafrechtlicher Verfolgung oder eines Verfahrens nach dem Gesetz über Ordnungswidrigkeiten aussetzen würde.

§ 6 Ordnungswidrigkeiten

Ordnungswidrig im Sinne des § 69 Abs. 2 des Bundes-Seuchengesetzes handelt, wer vorsätzlich oder fahrlässig

1. entgegen § 2 Abs. 2 oder 4 nicht desinfiziert,
2. entgegen § 2 Abs. 3 keine sterilen oder wieder steril gemachten Geräte verwendet,
3. andere als die in § 2 Abs. 5 genannten Mittel und Verfahren anwendet,
4. entgegen § 4 Abfall nicht in geeigneten Behältnissen sammelt und beseitigt,
5. Duldungs-, Unterstützungs- und Auskunftspflichten nach § 5 Abs. 2 zuwiderhandelt.

§ 7 Inkrafttreten

Diese Verordnung tritt am 1. Juni 1990 in Kraft.

1.12.4 BREMEN

Verordnung zur Verhütung übertragbarer Krankheiten (Infektionshygiene-Verordnung)

Vom 18. Oktober 1988 (Brem. GBl. S. 295)

Auf Grund des § 12a des Bundes-Seuchengesetzes in der Fassung der Bekanntmachung vom 18. Dezember 1979 (BGBl. I S. 2262, 1980 I S. 151), zuletzt geändert durch Gesetz vom 19. Dezember 1986 (BGBl. I S. 2555), verordnet der Senat:

§ 1 Geltungsbereich

Wer berufs- oder gewerbsmäßig Tätigkeiten am Menschen durchführt, die eine Verletzung der Haut bewirken oder bewirken können, bei der Erreger einer durch Blut übertragbaren Krankheit im Simme des § 1 des Bundes-Seuchengesetzes, insbesondere Erreger von AIDS oder Virus-Hepatitis B, übertragen werden können, unterliegt den Vorschriften dieser Verordnung. Neben Tätigkeiten bei der Ausübung der Heilkunde gehören hierzu insbesondere die Akupunktur, das Tätowieren und das Ohrlochstechen sowie Tätigkeit in der Fußpflege, in der Kosmetik und im Friseurhandwerk.

§ 2 Pflichten

(1) Wer Tätigkeiten im Sinne des § 1 ausübt, ist zur sorgfältigen Beachtung der allgemein anerkannten Regeln der Hygiene verpflichtet.

(2) Wer Eingriffe durchführt, die eine Verletzung der Haut vorsehen, muß unmittelbar vorher seine Hände reinigen und desinfizieren sowie die zu behandelnde Hautfläche desinfizieren.

(3) Instrumente und Geräteteile, die bei den in § 1 genannten Tätigkeiten wiederholt verwendet und durch deren Gebrauch Verletzungen der Haut herbeigeführt werden sollen oder können, sind nach jeder Anwendung zu desinfizieren und sorgfältig zu reinigen.

§ 3 Desinfektion

(1) Zur Desinfektion von Händen, Haut sowie Instrumenten und Geräteteilen dürfen nur virustötende Mittel und Verfahren verwendet werden, die in der Liste der vom Bundesgesundheitsamt geprüften und anerkannten Desinfektionsmittel und -verfahren oder in der Liste der nach den »Richtlinien für die Prüfung chemischer Desinfektionsmittel« geprüften und von der Deutschen Gesellschaft für Hygiene und Mikrobiologie als wirksam befundenen Desinfektionsverfahren aufgeführt sind. Bei der Desinfektion von Instrumenten und Geräteteilen dürfen aus den in Satz 1 genannten Listen nur Verfahren auf der Wirkstoffbasis Aldehyd angewendet werden.

(2) Neben Desinfektions- und Reinigungsmaßnahmen sind bei Instrumenten und Geräteteilen auch Sterilisationsmaßnahmen zulässig. Über geeignete Desinfektions- und Sterilisationsmaßnahmen berät das Gesundheitsamt.

§ 4 Beseitigung von Abfällen

(1) Spitze, scharfe oder zerbrechliche Instrumente und Geräteteile, die bei der Ausübung von Tätigkeiten im Sinne des § 1 verwendet werden, dürfen mit dem Hausmüll nur beseitigt werden, wenn sie in Behältern, die eine Verletzungsgefahr ausschließen, in den Abfall gegeben werden.

(2) Abfallrechtliche Regelungen in anderen Rechtsvorschriften bleiben unberührt.

§ 5 Zuständigkeit

(1) Zuständige Behörde ist die Ortspolizeibehörde. Diese wird durch das Gesundheitsamt fachlich beraten. Erforderliche Maßnahmen werden von der zuständigen Behörde auf Vorschlag des Gesundheitsamtes angeordnet.

(2) Das Gesundheitsamt nimmt die Aufklärung und Beratung der nach § 1 tätigen Personen wahr.

§ 6 Ordnungswidrigkeiten

Ordnungswidrig im Sinne des § 69 Abs. 2 des Bundes-Seuchengesetzes handelt, wer vorsätzlich oder fahrlässig

1. entgegen § 2 Abs. 2 die Reinigung und Desinfektion nicht oder nicht ausreichend durchführt,
2. entgegen § 2 Abs. 3 Instrumente und Geräteteile nicht nach dem Gebrauch einer Desinfektion und sorgfältigen Reinigung unterzieht,
3. entgegen § 4 Abs. 1 Abfälle unbehandelt oder ungeschützt mit dem Hausmüll beseitigt.

§ 7 Inkrafttreten

Diese Verordnung tritt am Tage nach ihrer Verkündigung in Kraft. Gleichzeitig tritt die Polizeiverordnung über die hygienische Ausübung des Friseurhandwerks (Friseurverordnung) vom 5. April 1979 (Brem.GBl. S. 135–2127-b-1) außer Kraft.

1.12.5 HAMBURG

Verordnung zur Verhütung übertragbarer Krankheiten

Vom 19. April 1988 (GVBl. S. 42)

Auf Grund von § 12a des Bundes-Seuchengesetzes in der Fassung vom 18. Dezember 1979 (Bundesgesetzblatt I Seite 2263) wird verordnet:

§ 1 Geltungsbereich

Diese Verordnung gilt für die berufs- und gewerbsmäßige Ausübung von Tätigkeiten, bei denen Erreger übertragbarer Krankheiten im Sinne von § 1 des Bundes-Seuchengesetzes, insbesondere Erreger von Virushepatitis oder AIDS, durch Blut übertragen werden können. Neben Tätigkeiten bei der Ausübung der Heilkunde gehören hierzu insbesondere das Tätowieren, das Ohrlochstechen, die Akupunktur sowie Tätigkeiten im Friseurhandwerk, in der Kosmetik und in der Fußpflege.

§ 2 Pflichten

(1) Bei den in § 1 genannten Tätigkeiten sind die allgemein anerkannten Regeln der Hygiene einzuhalten.

(2) Wer Eingriffe durchführt, die eine Verletzung der Haut vorsehen, muß vorher

1. seine Hände desinfizieren oder flüssigkeitsdichte Einmalhandschuhe tragen und
2. die zu behandelnde Hautfläche desinfizieren.

Nach einem Eingriff ohne Einmalhandschuhe sind die Hände vor der Reinigung erneut zu desinfizieren.

(3) Geräte, die bei verschiedenen Personen verwendet werden sollen und dazu bestimmt sind, die Haut zu verletzen oder mit Blut in Berührung zu kommen, sind nach jeder Verwendung zuerst zu desinfizieren und sodann sorgfältig zu reinigen. Sonstige Geräte, die bei verschiedenen Personen verwendet werden sollen, sind, wenn durch sie die Haut verletzt worden ist oder sie mit Blut in Berührung gekommen sind, anschließend zu desinfizieren und sodann sorgfältig zu reinigen.

§ 3 Desinfektion

Zur Desinfektion dürfen nur Mittel und Verfahren verwendet werden, die in der Liste der vom Bundesgesundheitsamt geprüften und anerkannten Desinfektionsmittel und -verfahren aufgeführt sind. Für die Instrumentendesinfektion dürfen nur Mittel und Verfahren ausgewählt werden, die nach der Kennzeichnung in der Liste zur Inaktivierung von Viren geeignet sind.

§ 4 Beseitigung von Abfällen

Spitze, scharfe oder zerbrechliche Gegenstände, die bei der Ausübung von Tätigkeiten im Sinne des § 1 verwendet wurden und noch mit Erregern übertragbarer Krankheiten behaftet sein können, dürfen mit den in Haushaltungen anfallenden Abfällen nur beseitigt werden, wenn sie in Behältern, die eine Verletzungsgefahr ausschließen, in den Abfall gegeben werden.

§ 5 Überwachung

(1) Die Beauftragten der zuständigen Behörde sind berechtigt, zur Überwachung der in dieser Verordnung festgelegten Pflichten Grundstücke, Räume und Einrichtungen, auf oder in denen die in § 1 genannten Tätigkeiten ausgeübt werden, während der üblichen Betriebs- oder Geschäftszeiten zu betreten, Gegenstände zu untersuchen sowie Bücher und sonstige Unterlagen einzusehen und hieraus Ablichtungen oder Auszüge zu fertigen.

(2) Personen, die die in § 1 genannten Tätigkeiten berufs- oder gewerbsmäßig ausüben, haben den Beauftragten der zuständigen Behörde die für die Überwachung erforderlichen Auskünfte zu erteilen und sie bei der Durchführung der

Überwachung zu unterstützen, insbesondere ihnen auf Verlangen Räume, Einrichtungen und Geräte zu bezeichnen, Räume und Behältnisse zu öffnen, die Entnahme von Proben zu ermöglichen sowie Bücher und Unterlagen vorzulegen.

(3) Der zur Auskunft Verpflichtete kann die Auskunft auf solche Fragen verweigern, deren Beantwortung ihn selbst oder einen der in § 383 Absatz 1 Nummern 1 bis 3 der Zivilprozeßordnung bezeichneten Angehörigen der Gefahr strafgerichtlicher Verfolgung oder eines Verfahrens nach dem Gesetz über Ordnungswidrigkeiten aussetzen würde. Entsprechendes gilt für die Vorlage von Unterlagen.

§ 6 Ordnungswidrigkeiten

Ordnungswidrig nach § 69 Absatz 2 des Bundes-Seuchengesetzes handelt, wer vorsätzlich oder fahrlässig

1. entgegen § 2 Absatz 2 oder Absatz 3 die Desinfektion oder Reinigung nicht oder nicht ausreichend durchführt,
2. entgegen § 4 Gegenstände ungeschützt in den Abfall gibt,
3. entgegen § 5 Absatz 2 eine Auskunft nicht oder nicht richtig erteilt oder einer sonstigen Unterstützungspflicht zuwiderhandelt.

§ 7 Inkrafttreten

Diese Verordnung tritt am 1. Mai 1988 in Kraft.

1.12.6 HESSEN

Verordnung zur Verhütung übertragbarer Krankheiten (Infektionshygiene-Verordnung)

vom 30. September 1987 (GVBl. S. 179)

Auf Grund des § 12a Satz 1 und 3 des Bundes-Seuchengesetzes in der Fassung vom 18. Dezember 1979 (BGBl. I S. 2263, 1980 S. 151), zuletzt geändert durch Gesetz vom 19. Dezember 1986 (BGBl. I S. 2555), in Verbindung mit § 6 der Verordnung über die zur Ausführung des Bundes-Seuchengesetzes zuständigen Behörden vom 18. Dezember 1986 (GVBl. 1987 I S. 1) wird verordnet:

§ 1

Wer berufsmäßig oder gewerbsmäßig Tätigkeiten ausübt, bei denen Erreger einer durch Blut oder andere Körperflüssigkeiten übertragbaren Krankheit im Sinne des § 1 des Bundes-Seuchengesetzes, insbesondere von AIDS oder Virus-Hepatitis B, übertragen werden können, unterliegt den Vorschriften dieser Verordnung. Dies gilt insbesondere für Tätigkeiten bei der Ausübung der Haarpflege, der Kosmetik und der Fußpflege, für das Tätowieren, das Ohrlochstechen und die Akupunktur.

§ 2

(1) Wer Tätigkeiten im Sinne des § 1 ausübt, ist zur sorgfältigen Beachtung der allgemein anerkannten Regeln der Hygiene verpflichtet.

(2) Wer Eingriffe am Menschen durchführt, die eine Verletzung der Haut bewirken, muß unmittelbar vorher seine Hände reinigen und desinfizieren und die zu behandelnde Hautfläche desinfizieren.

(3) Geräte, die bei den in § 1 genannten Tätigkeiten wiederholt verwendet werden und durch deren Gebrauch Verletzungen der Haut herbeigeführt werden sollen oder können, sind nach jeder Anwendung zu desinfizieren und sorgfältig zu reinigen.

§ 3

(1) Zur Desinfektion dürfen nur virustötende Mittel und Verfahren verwendet werden, die in der Liste der vom Bundesgesundheitsamt geprüften und anerkannten Desinfektionsmittel und -verfahren aufgeführt sind. Bei der Händedesinfektion können auch Präparate verwendet werden, die 70 bis 85 Volumenprozent Alkohol enthalten.

(2) Über geeignete Desinfektions- und Sterilisationsmaßnahmen berät das Gesundheitsamt.

§ 4

(1) Spitze, scharfe oder zerbrechliche Gegenstände, die bei der Ausübung von Tätigkeiten im Sinne des § 1 verwendet werden, dürfen mit dem Hausmüll nur beseitigt werden, wenn sie in Behältern, die eine Verletzungsgefahr ausschließen, in den Abfall gegeben werden oder wenn sie vor der Beseitigung wirksam desinfiziert worden sind.

(2) Abfallrechtliche Regelungen in anderen Rechtsvorschriften bleiben unberührt.

§ 5

(1) Zur Überwachung der in dieser Verordnung festgelegten Pflichten zur Verhütung der Übertragung von AIDS oder Virus-Hepatitis B sind die Beauftragten der Gemeinden und im Rahmen seiner Mitwirkung bei der Gewerbeaufsicht des Gesundheitsamtes befugt,

1. Grundstücke, Räume und Einrichtungen der in § 1 genannten Personen während der üblichen Betriebs- und Geschäftszeiten zu betreten, Gegenstände zu untersuchen sowie Bücher und sonstige Unterlagen einzusehen und hieraus Ablichtungen oder Auszüge zu fertigen,
2. Auskünfte von Personen zu verlangen, die über Tatsachen, die zum Auftreten einer übertragbaren Krankheit im Sinne des § 1 Satz 1 führen können, Auskunft geben können.

(2) Die in Abs. 1 Nr. 1 und 2 genannten Personen sind verpflichtet,

1. die Maßnahmen nach Abs. 1 zu dulden,

2. die mit der Überwachung Beauftragten zu unterstützen, insbesondere ihnen auf Verlangen die Räume, Einrichtungen und Geräte zu bezeichnen, Räume und Behältnisse zu öffnen, die Entnahme von Proben zu ermöglichen und Bücher und Unterlagen vorzulegen,
3. die verlangten Auskünfte zu erteilen.

(3) Der zur Auskunft Verpflichtete kann die Auskunft auf solche Fragen verweigern, deren Beantwortung ihn selbst oder einen der in § 383 Abs. 1 Nr. 1 bis 3 der Zivilprozeßordnung bezeichneten Angehörigen der Gefahr strafgerichtlicher Verfolgung oder eines Verfahrens nach dem Gesetz über Ordnungswidrigkeiten aussetzen würde. Entsprechendes gilt für die Vorlage von Unterlagen.

§ 6

(1) Ordnungswidrig im Sinne des § 69 Abs. 2 des Bundes-Seuchengesetzes handelt, wer vorsätzlich oder fahrlässig

1. entgegen § 2 Abs. 2 die Reinigung und Desinfektion nicht oder nicht ausreichend durchführt,
2. entgegen § 2 Abs. 3 Geräte nicht nach jedem Gebrauch einer sorgfältigen Desinfektion und Reinigung unterzieht,
3. entgegen § 4 Abs. 1 infektiöse Abfälle unbehandelt oder ungeschützt mit dem Hausmüll beseitigt,
4. einer Duldungs-, Unterstützungs- oder Auskunftspflicht nach § 5 Abs. 2 zuwiderhandelt.

(2) Wer durch eine in Abs. 1 bezeichnete vorsätzliche Handlung eine der in § 3 Abs. 1 oder 2 des Bundes-Seuchengesetzes bezeichneten Krankheiten verbreitet, wird, soweit die Tat nicht in § 63 des Bundes-Seuchengesetzes mit Strafe bedroht ist, nach § 70 des Bundes-Seuchengesetzes mit Freiheitsstrafe bis zu fünf Jahren oder mit Geldstrafe bestraft.

§ 7

Diese Verordnung tritt am Tage nach der Verkündung in Kraft.

1.12.7 MECKLENBURG-VORPOMMERN

Landesverordnung zur Verhütung von Blutkontaktinfektionen (BlutkInfVO)

vom 10. August 1993,

GS Meckl.-Vorp. Gl. Nr. B 2126-1-3

Aufgrund des § 12a des Bundes-Seuchengesetzes in der Fassung der Bekanntmachung vom 18. Dezember 1979 (BGBl. I S. 2262, 1980 S. 151), zuletzt geändert durch Artikel 25 der Verordnung vom 26. Februar 1993 (BGBl. I S. 278), verordnet die Landesregierung mit Ausnahme des § 6 Satz 2, den der Sozialminister aufgrund des § 1 der Landesverordnung vom 12. März 1991 (GVOBl. M-V S. 77) verordnet:

§ 1 Geltungsbereich

Wer berufs- oder gewerbsmäßig Tätigkeiten am Menschen durchführt, durch die Krankheitserreger (insbesondere von AIDS und Virushepatitis) durch Blut übertragen werden können, unterliegt den Vorschriften dieser Verordnung. Hierzu gehören insbesondere Maßnahmen der Heilkunde einschließlich der Akupunktur, der Physiotherapie, der Kosmetik, der Mani- und Pediküre und der Haar- und Bartpflege sowie das Ohrlochstechen und Tätowieren. Die Verordnung gilt nicht für Ärzte und Zahnärzte und die unter ihrer Aufsicht tätigen Personen sowie für Hebammen und Entbindungspfleger.

§ 2 Pflichten

(1) Wer Tätigkeiten im Sinne des § 1 ausübt, hat die allgemein anerkannten Regeln der Hygiene zu beachten.

(2) Wer Eingriffe durchführt, die eine Verletzung der Haut vorsehen, muß unmittelbar vorher seine Hände und die zu behandelnde Hautfläche desinfizieren. Die für diesen Zweck eingesetzten Geräte müssen steril sein. Benutzte Geräte sind, falls sie mehrfach verwendet werden, nach jedem Gebrauch zu desinfizieren, zu reinigen und anschließend in einer Verpackung zu sterilisieren, die eine keimfreie Aufbewahrung bis zur nächsten Anwendung gewährleistet.

(3) Mehrfach verwendbare Geräte für Tätigkeiten, bei denen es leicht zu Verletzungen der Haut kommen kann oder durch die eine erhöhte Infektionsgefahr gegeben ist, insbesondere Manikür- und Pedikürgeräte sowie Rasiermesser, sind nach jeder Verwendung zu desinfizieren und zu reinigen.

(4) Nach einer Beschmutzung mit infektiösem Material sind auch solche mehrfach verwendbaren Geräte zu desinfizieren, von denen im Normalfall keine Infektionsgefahr ausgehen kann.

§ 3 Entkeimungsverfahren

(1) Zur Händedesinfektion dürfen nur Mittel verwendet werden, die in der Liste der vom Bundesgesundheitsamt geprüften und anerkannten Desinfektionsmittel und -verfahren oder in der Liste der nach den Richtlinien für die Prüfung chemischer Desinfektionsmittel geprüften und von der Deutschen Gesellschaft für Hygiene und Mikrobiologie als wirksam befundenen Desinfektionsverfahren aufgeführt sind. Zur Hautdesinfektion sind die gleichen Mittel zu verwenden, die jedoch 70 bis 80 Volumenprozent Alkohol enthalten müssen.

(2) Zur Desinfektion von Geräten dürfen nur Mittel und Verfahren, die in der Liste der vom Bundesgesundheitsamt geprüften und anerkannten Desinfektionsmittel und -verfahren für die Instrumentendesinfektion in Reinigungsautomaten aufgeführt sind, oder chemische Verfahren für die Instrumentendesinfektion auf der Wirkstoffbasis Aldehyd, die in der Liste der nach den Richtlinien für die Prüfung chemischer Desinfektionsmittel geprüften und von der Deutschen Gesellschaft für Hygiene und Mikrobiologie als wirksam befundene Desinfektionsverfahren aufgeführt sind, verwendet werden.

(3) Die Sterilisation von Geräten ist mittels Dampf oder Heißluft nach dem Stand der Technik durchzuführen. Die Sterilisatoren sind mindestens halbjährlich zu überprüfen.

§ 4 Beseitigung von Abfällen

(1) Spitze, scharfe oder zerbrechliche Instrumente und Geräteteile, die bei Tätigkeiten im Sinne des § 1 verwendet werden, dürfen mit dem Hausmüll nur beseitigt werden, wenn sie sich in Behältern, die eine Verletzungsgefahr ausschließen, befinden oder wenn sie vor der Beseitigung wirksam desinfiziert worden sind.

(2) Abfallrechtliche Regelungen in anderen Rechtsvorschriften bleiben unberührt.

§ 5 Überwachung

(1) Die Beauftragten des Gesundheitsamtes sind zur Überwachung der in dieser Verordnung festgelegten Pflichten befugt,

1. während der üblichen Betriebs- oder Geschäftszeit Grundstücke, Räume und Einrichtungen der in § 1 genannten Personen zu betreten. Gegenstände zu untersuchen sowie Bücher und sonstige Unterlagen einzusehen und hieraus Ablichtungen oder Auszüge zu fertigen,
2. von Personen Auskünfte zu verlangen, die über Tatsachen im Sinne des § 10 Abs. 1 des Bundes-Seuchengesetzes Auskunft geben können.

(2) Die in § 1 genannten Personen sind verpflichtet,

1. die Maßnahmen nach Absatz 1 zu dulden,
2. die zur Überwachung befugten Personen zu unterstützen, insbesondere ihnen auf Verlangen die Räume, Einrichtungen und Geräte zu bezeichnen, Räume und Behältnisse zu öffnen, die Entnahme von Proben zu ermöglichen sowie Bücher und sonstige Unterlagen vorzulegen,
3. die verlangten Auskünfte zu erteilen.

(3) Der zur Auskunft Verpflichtete kann die Auskunft auf solche Fragen verweigern, deren Beantwortung ihn selbst oder einen der in § 383 Abs. 1 Nr. 1 bis 3 der Zivilprozeßordnung bezeichneten Angehörigen der Gefahr strafgerichtlicher Verfolgung oder eines Verfahrens nach dem Gesetz über Ordnungswidrigkeiten aussetzen würde: Entsprechendes gilt für die Vorlage von Büchern und sonstigen Unterlagen.

§ 6 Ordnungswidrigkeiten

Ordnungswidrig im Sinne des § 69 Abs. 2 des Bundes-Seuchengesetzes handelt, wer vorsätzlich oder fahrlässig

1. entgegen § 2 Abs. 2 seine Hände oder die zu behandelnde Hautfläche nicht, nicht ausreichend oder nicht mit den in § 3 Abs. 1 genannten Mitteln desinfiziert,
2. entgegen § 2 Abs. 2 Satz 2 Eingriffe nicht mit sterilen Geräten vornimmt,

3. entgegen § 2 Abs. 3 Instrumente oder Geräte nicht, nicht ausreichend oder nicht mit den in § 3 Abs. 2 und 3 genannten Mitteln und Verfahren desinfiziert, reinigt und sterilisiert,
4. die in § 4 genannten Abfälle unbehandelt oder ungeschützt in den Hausmüll gibt,
5. einer Duldungs-, Unterstützungs- oder Auskunftspflicht nach § 5 Abs. 2 zuwiderhandelt.

Zuständige Verwaltungsbehörde für die Verfolgung und Ahndung der Ordnungswidrigkeiten sind die Landräte und die Oberbürgermeister (Bürgermeister) der kreisfreien Städte.

§ 7 Inkrafttreten

Diese Verordnung tritt am Tage nach der Verkündung in Kraft.

1.12.8 NIEDERSACHSEN

Verordnung zur Verhütung übertragbarer Krankheiten (Hygiene-Verordnung)

vom 21. Januar 1988 (GVBl. S. 27)

Auf Grund des § 12a Sätze 1 und 2 des Bundes-Seuchengesetzes in der Fassung vom 18. September 1979 (Bundesgesetzbl. I S. 2262), zuletzt geändert durch Artikel 10 des 2. Statistikbereinigungsgesetzes vom 19. Dezember 1986 (Bundesgesetzbl. I S. 2555), wird verordnet:

§ 1 Geltungsbereich

Wer in seinem Beruf oder Gewerbe das Tätowieren, Ohrlochstechen, die Akupunktur, Maniküre, Fußpflege oder die Messerrasur ausübt, hat die Vorschriften dieser Verordnung zu beachten, um der Verbreitung durch Blut übertragbarer Krankheiten entgegenzuwirken.

§ 2 Pflichten

(1) Wer das Tätowieren, Ohrlochstechen oder die Akupunktur ausübt, muß zuvor seine Hände sorgfältig reinigen und die zu behandelnde Hautfläche desinfizieren.

(2) Bei den in § 1 aufgeführten Tätigkeiten dürfen nur sorgfältig desinfizierte und gereinigte Geräte verwendet werden; sie sind nach jedem Gebrauch unverzüglich zu desinfizieren und zu reinigen.

§ 3 Desinfektion

Die Desinfektion muß mit Mitteln und Verfahren zur Inaktivierung von Viren vorgenommen werden, die in der Liste der vom Bundesgesundheitsamt geprüften und anerkannten Desinfektionsmittel und Desinfektionsverfahren aufgeführt sind. Für die Desinfektion nach § 2 Abs. 1 dürfen auch Präparate verwendet werden, die mindestens 70 bis höchstens 85 Volumenprozent Alkohol enthalten.

§ 4 Entsorgung von Abfällen

Unbeschadet abfallrechtlicher Vorschriften dürfen verletzungsgefährliche Gegenstände, die bei der Ausübung von Tätigkeiten im Sinne des § 1 benutzt worden sind, nur dann in den Haushaltsabfall gegeben werden, wenn sie entweder nach § 3 Satz 1 desinfiziert oder in Behältern gesichert sind, die eine Verletzungsgefahr ausschließen.

§ 5 Ordnungswidrigkeiten

Ordnungswidrig im Sinne des § 69 Abs. 2 des Bundes-Seuchengesetzes handelt, wer

1. entgegen § 2 Abs. 1 seine Hände nicht sorgfältig reinigt oder die zu behandelnde Hautfläche nicht desinfiziert,
2. entgegen § 2 Abs. 2, auch in Verbindung mit § 3,
   a) Geräte verwendet, die nicht sorgfältig desinfiziert und gereinigt sind oder
   b) Geräte nach jedem Gebrauch nicht unverzüglich desinfiziert und reinigt,
3. entgegen § 4 verletzungsgefährliche Gegenstände undesinfiziert oder ungesichert in den Haushaltsabfall gibt.

§ 6 Inkrafttreten

Diese Verordnung tritt am 1. Februar 1988 in Kraft.

1.12.9 NORDRHEIN-WESTFALEN

Verordnung zur Verhütung übertragbarer Krankheiten (Hygiene-Verordnung)

vom 10. Mai 1988 (GVBl. S. 210)

Aufgrund des § 12a des Bundes-Seuchengesetzes in der Fassung der Bekanntmachung vom 18. Dezember 1979 (BGBl. I S. 2262), zuletzt geändert durch Gesetz vom 19. Dezember 1986 (BGBl. I S. 2555), und des § 5 Abs. 3 des Landesorganisationsgesetzes (LOG. NW.) vom 10. Juli 1962 (GV. NW. S. 421), zuletzt geändert durch Gesetz vom 20. Oktober 1987 (GV. NW. S. 366), insoweit nach Anhörung des Ausschusses für Arbeit, Gesundheit, Soziales und Angelegenheiten der Vertriebenen und Flüchtlinge des Landtags, sowie aufgrund des § 36 Abs. 2 Satz 1 des Gesetzes über Ordnungswidrigkeiten wird verordnet:

§ 1 Geltungsbereich

Diese Verordnung gilt für berufs- oder gewerbsmäßige Tätigkeiten im Friseurhandwerk, in der Kosmetik und Fußpflege sowie für das Tätowieren, Ohrlochstechen und in der Akupunktur, soweit bei ihnen Erreger einer durch Blut übertragbaren Krankheit im Sinne von § 1 des Bundes-Seuchengesetzes übertragen werden können.

§ 2 Pflichten

(1) Wer Tätigkeiten nach § 1 ausübt, ist zur sorgfältigen Beachtung der allgemein anerkannten Regeln der Hygiene verpflichtet. Die gilt insbesondere für die Tätigkeiten, mit denen Verletzungen der Haut verbunden oder bei denen solche nicht auszuschließen sind.

(2) Wer Eingriffe durchführt, die mit einer Verletzung der Haut verbunden sind, hat vorher seine Hände und die zu behandelnde Hautfläche zu desinfizieren.

(3) Geräte, die zu den in § 1 genannten Tätigkeiten mehrfach verwendet werden und deren Verwendung mit Verletzungen der Haut verbunden ist oder dazu führen kann, sind nach jeder Anwendung sorgfältig zu desinfizieren und dann zu reinigen.

§ 3 Desinfektion

Zur Desinfektion dürfen nur virusinaktivierende Mittel und Verfahren angewendet werden, die in der Liste der vom Bundesgesundheitsamt geprüften und anerkannten Desinfektionsmittel und -verfahren (Bundesgesundheitsblatt 1987 Seite 279ff.) in der jeweils geltenden Fassung aufgeführt sind. Für die Haut- und Händedesinfektion sind Präparate auf Alkoholbasis mit 70 bis 85 Vol. % Alkohol ausreichend. In Zweifelsfällen ist eine Beratung durch das zuständige Gesundheitsamt einzuholen.

§ 4 Beseitigung von Abfällen

Spitze, scharfe oder zerbrechliche Gegenstände, die bei Tätigkeiten nach § 1 verwendet worden sind, dürfen, auch wenn sie desinfiziert worden sind, nur in einer Verpackung, die eine Verletzungsgefahr ausschließt, in den Abfall gegeben werden. Im übrigen bleiben abfallrechtliche Regelungen unberührt.

§ 5 Überwachung

Die örtlichen Ordnungsbehörden überwachen die Einhaltung der in dieser Verordnung festgelegten Pflichten. § 10 Abs. 2 des Bundes-Seuchengesetzes gilt entsprechend. Das Grundrecht der Unverletzlichkeit der Wohnung (Artikel 13 Abs. 1 Grundgesetz) wird insoweit eingeschränkt.

§ 6 Ordnungswidrigkeiten

(1) Ordnungswidrig im Sinne des § 69 Abs. 2 Bundes-Seuchengesetzes handelt, wer vorsätzlich oder fahrlässig

1. entgegen § 2 Abs. 2 die Desinfektion seiner Hände oder der zu behandelnden Hautfläche oder entgegen § 2 Abs. 3 die Desinfektion oder Reinigung der Geräte nicht oder nicht sorgfältig durchführt,
2. entgegen § 4 Gegenstände ohne entsprechende Verpackung in den Abfall gibt oder
3. einer Mitwirkungs- oder Auskunftspflicht nach § 5 Satz 2 in Verbindung mit § 10 Abs. 2 des Bundes-Seuchengesetzes – entsprechend – zuwiderhandelt.

(2) Die Verfolgung und Ahndung der Ordnungswidrigkeiten nach Absatz 1 wird auf die örtlichen Ordnungsbehörden übertragen.

§ 7 Inkrafttreten

Diese Verordnung tritt am Tage nach ihrer Verkündigung in Kraft.

1.12.10 SAARLAND

Verordnung zur Verhütung übertragbarer Krankheiten (Hygiene-Verordnung)

vom 12. Januar 1988 (ABl. S. 73)

Auf Grund von § 12a des Bundes-Seuchengesetzes in der Fassung der Bekanntmachung vom 18. 12. 1979 (BGBl. I S. 2262), zuletzt geändert durch Gesetz vom 19. 12. 1986 (BGBl. I S. 2555), verordnet die Landesregierung:

§ 1 Geltungsbereich

Diese Verordnung gilt für berufs- oder gewerbsmäßige Ausübung von Tätigkeiten, bei denen Erreger übertragbarer Krankheiten im Sinne von § 1 des Bundes-Seuchengesetzes, insbesondere Erreger von Virus-Hepatitis-B oder AIDS, durch Blut übertragen werden können. Neben Tätigkeiten bei der Ausübung der Heilkunde gehören hierzu insbesondere das Tätowieren, das Ohrlochstechen, die Akupunktur sowie Tätigkeiten im Friseurhandwerk, in der Kosmetik und in der Fußpflege.

§ 2 Pflichten

(1) Bei den in § 1 genannten Tätigkeiten sind die allgemein anerkannten Regeln der Hygiene einzuhalten.

(2) Wer Eingriffe durchführt, die eine Verletzung der Haut vorsehen, muß vorher seine Hände und die zu behandelnde Hautfläche desinfizieren.

(3) Eingriffe, die eine Verletzung der Haut vorsehen, sind mit sterilen (keimfreien) Geräten vorzunehmen. Mehrfach zu verwendende Geräte sind nach jedem Gebrauch einer Desinfektion, Reinigung und anschließend einer Sterilisation zu unterziehen und bis zur nächsten Anwendung in sterilen Behältern aufzubewahren.

(4) Mehrfach zu verwendende Geräte für Tätigkeiten, bei denen es leicht zu Verletzungen kommen kann (z. B. Manikür- und Pedikürgeräte, Rasiermesser, Scheren) sind nach jeder Anwendung zu desinfizieren und sorgfältig zu reinigen. Dies trifft auch auf sonstige Geräte zu, die zu einer unbeabsichtigten Verletzung geführt haben. Nach Verletzungen ist eine Wunddesinfektion mit einem hierfür geeigneten Mittel durchzuführen.

§ 3 Desinfektion, Sterilisation

(1) Zur Gerätedesinfektion dürfen nur virusinaktivierende Mittel und Verfahren verwendet werden, die in der Liste der vom Bundesgesundheitsamt geprüften und anerkannten Desinfektionsmittel und -verfahren aufgeführt sind. Die nach den Richtlinien für die Prüfung chemischer Desinfektionsmittel von der Deutschen Gesellschaft für Hygiene und Mikrobiologie als wirksam befundenen Mittel zur Instrumentedesinfektion können verwendet werden, wenn sie auf Aldehydbasis hergestellt sind.

(2) Für die Hände- und Hautdesinfektion können neben den für diesen Zweck in der Liste des Bundesgesundheitsamtes aufgeführten, zur Inaktivierung von Viren geeigneten Mitteln (Wirkungsbereich B) auch Präparate verwendet werden, die 70–85 Volumenprozent Alkohol enthalten. Für die Instrumentedesinfektion sind Präparate auf Alkoholbasis ungeeignet.

(3) Die Sterilisation von Instrumenten und Geräteteilen ist mittels Heißluft oder Dampf nach dem Stand der Technik durchzuführen.

(4) Über geeignete Desinfektions- und Sterilisationsmaßnahmen berät das Gesundheitsamt.

§ 4 Beseitigung von Abfällen

(1) Spitze, scharfe oder zerbrechliche Gegenstände, die bei der Ausübung von Tätigkeiten im Sinne des § 2 Abs. 3 verwendet wurden, dürfen nur mit dem Hausmüll beseitigt werden, wenn sie in Behältern, die eine Verletzungsgefahr ausschließen, in den Abfall gegeben werden oder wenn sie vorher desinfiziert worden sind.

(2) Abfallrechtliche Regelungen bleiben unberührt.

§ 5 Überwachung

(1) Die Beauftragten des Gesundheitsamtes sowie der Ortspolizeibehörde sind berechtigt, zur Überwachung der in dieser Verordnung festgelegten Gebote und Verbote Grundstücke, Räume und Einrichtungen, auf oder in denen die in § 1 genannten Tätigkeiten ausgeübt werden, während der üblichen Betriebs- oder Geschäftszeiten zu betreten, Gegenstände zu untersuchen sowie Bücher und sonstige Unterlagen einzusehen und hieraus Ablichtungen oder Auszüge zu fertigen.

(2) Wer eine Tätigkeit nach § 1 ausübt, hat den in Absatz 1 genannten Beauftragten die für die Überwachung erforderlichen Auskünfte zu erteilen und sie bei der Durchführung der Überwachung zu unterstützen. Insbesondere hat er ihnen auf Verlangen Räume, Einrichtungen und Geräte zu bezeichnen, Räume und Behältnisse zu öffnen, die Entnahme von Proben zu ermöglichen sowie Bücher und Unterlagen vorzulegen.

(3) Der zur Auskunft Verpflichtete kann die Auskunft auf solche Fragen verweigern, deren Beantwortung ihn selbst oder einen der in § 383 Abs. 1 Nrn. 1 bis 3 der Zivilprozeßordnung bezeichneten Angehörigen der Gefahr strafrechtlicher Ver-

folgung oder eines Verfahrens nach dem Gesetz über Ordnungswidrigkeiten aussetzen würde. Entsprechendes gilt für die Vorlage von Unterlagen.

§ 6 Ordnungswidrigkeiten

Ordnungswidrig nach § 69 Abs. 2 des Bundes-Seuchengesetzes handelt, wer vorsätzlich oder fahrlässig

1. entgegen § 2 Abs. 2 bis 4 Sterilisation, Desinfektion oder Reinigung nicht durchführt,
2. entgegen § 4 Abs. 1 Gegenstände ungeschützt oder unbehandelt in den Abfall gibt,
3. entgegen § 5 Abs. 2 eine Auskunft nicht oder nicht richtig erteilt oder einer sonstigen Duldungs- oder Unterstützungspflicht zuwiderhandelt.

§ 7 Inkrafttreten

Diese Verordnung tritt am Tage nach der Verkündung im Amtsblatt des Saarlandes in Kraft. Gleichzeitig tritt die Polizeiverordnung über die Ausübung des Friseurhandwerks vom 25. Mai 1967 (Amtsbl. S. 524) außer Kraft.

1.12.11 SCHLESWIG-HOLSTEIN

Landesverordnung zur Verhütung übertragbarer Krankheiten

vom 19. Januar 1988 (GVOBl. Schl.-H. S. 52) GS Schl.-H. II, Gl. Nr. 2120-7

Aufgrund des § 12a Satz 1 des Bundes-Seuchengesetzes in der Fassung der Bekanntmachung vom 18. Dezember 1979 (BGBl.I S. 2262), zuletzt geändert durch Gesetz vom 19. Dezember 1986 (BGBl. I S. 2555), in Verbindung mit § 1 der Landesverordnung zur Übertragung von Ermächtigungen nach dem Bundes-Seuchengesetz vom 1. Oktober 1980 (GVOBl. Schl.-H. S. 290) verordnet der Sozialminister die folgenden §§ 1 bis 4 und §§ 6 bis 8; aufgrund des § 3 Abs. 1 Satz 2 des Gesundheitsdienst-Gesetzes vom 26. März 1979 (GVOBl. Schl.-H. S. 244), zuletzt geändert durch Gesetz vom 13. Oktober 1986 (GVOBl. Schl.-H. S. 214), verordnet die Landesregierung die folgenden §§ 5 und 8.

§ 1 Geltungsbereich

Wer ohne Arzt oder Zahnarzt zu sein, berufs- oder gewerbsmäßig Tätigkeiten am Menschen ausübt, bei denen Erreger einer durch Blut übertragbaren Krankheit im Sinne von § 1 des Bundes-Seuchengesetzes, insbesondere Erreger von AIDS oder Virushepatitis B, übertragen werden können, unterliegt dieser Verordnung. Das gilt insbesondere für Tätigkeiten in der Akupunktur, der Körper- und Schönheitspflege (einschließlich des Rasierens, der Hand- und Fußpflege) sowie für das Tätowieren und Ohrlochstechen.

§ 2 Pflichten

(1) Wer Tätigkeiten im Sinne des § 1 ausübt, ist zur Einhaltung der allgemein anerkannten Regeln der Hygiene verpflichtet.

(2) Wer Eingriffe durchführt, die eine Verletzung der Haut vorsehen, muß unmittelbar vorher seine Hände und die zu behandelnde Hautfläche desinfizieren.

(3) Geräte, die bei den in § 1 genannten Tätigkeiten verwendet werden und deren Verwendung zu Verletzungen der Haut führen kann oder die hierzu bestimmt sind, müssen nach jeder Anwendung desinfiziert, sorgfältig gereinigt, erneut desinfiziert und vor Verunreinigungen geschützt aufbewahrt werden.

(4) Verletzungsstellen sind zu desinfizieren.

§ 3 Desinfektionsmittel und -verfahren

Zur Desinfektion dürfen nur Mittel und Verfahren angewendet werden, die in der Liste der vom Bundesgesundheitsamt geprüften und anerkannten Desinfektionsmittel und -verfahren als zur Inaktivierung von Viren geeignet aufgeführt sind.

§ 4 Beseitigung von Abfällen

Spitze, scharfe oder zerbrechliche Geräte im Sinne des § 2 Abs. 3 und andere Gegenstände, die bei der Ausübung von Tätigkeiten nach § 1 verwendet worden sind, dürfen zur Vermeidung von Verletzungen nur in geeigneten Behältern in den Hausmüll gegeben werden. Abfallrechtliche Regelungen bleiben unberührt.

§ 5 Zuständigkeiten

Zuständig für die Durchführung dieser Verordnung einschließlich der Überwachung sowie für die Abwehr von Zuwiderhandlungen gegen diese Verordnung ist die Kreisgesundheitsbehörde.

§ 6 Überwachung

(1) Die Beauftragten der Kreisgesundheitsbehörde sind zur Überwachung der in dieser Verordnung festgelegten Pflichten befugt,

1. Grundstücke, Räume und Einrichtungen der in § 1 genannten Personen zu betreten, Gegenstände zu untersuchen sowie Bücher und sonstige Unterlagen einzusehen und hieraus Ablichtungen oder Auszüge zu fertigen,
2. von Personen, die Tätigkeiten nach § 1 ausüben oder an denen diese Tätigkeiten vorgenommen werden, Auskünfte über Tatsachen zu verlangen, die zum Auftreten einer übertragbaren Krankheit führen können (§ 10 Abs. 1 des Bundes-Seuchengesetzes).

(2) Die in Absatz 1 Nr. 1 und 2 genannten Personen sind verpflichtet,

1. die Maßnahmen nach Absatz 1 zu dulden,
2. die zur Überwachung befugten Personen zu unterstützen, insbesondere ihnen auf Verlangen die Räume, Einrichtungen und Geräte zu bezeichnen, Räume und Behältnisse zu öffnen, die Entnahme von Proben zu ermöglichen sowie Bücher und sonstige Unterlagen vorzulegen,

3. die Auskünfte nach Absatz 1 Nr. 2 zu erteilen.

(3) Der zur Auskunft Verpflichtete kann die Auskunft auf solche Fragen verweigern, deren Beantwortung ihn selbst oder einen der in § 383 Abs. 1 Nr. 1 bis 3 der Zivilprozeßordnung bezeichneten Angehörigen der Gefahr strafgerichtlicher Verfolgung oder eines Verfahrens nach dem Gesetz über Ordnungswidrigkeiten aussetzen würde; entsprechendes gilt für die Vorlage von Büchern und sonstigen Unterlagen.

§ 7 Ordnungswidrigkeiten

Ordnungswidrig im Sinne des § 69 Abs. 2 des Bundes-Seuchengesetzes handelt, wer vorsätzlich oder fahrlässig

1. entgegen § 2 Abs. 2 Desinfektionen nicht durchführt,
2. entgegen § 2 Abs. 3 Geräte nicht nach jeder Anwendung desinfiziert, sorgfältig reinigt, erneut desinfiziert und vor Verunreinigungen geschützt aufbewahrt,
3. andere als die in § 3 genannten Desinfektionsmittel und -verfahren anwendet,
4. entgegen § 4 die dort genannten Geräte und andere Gegenstände nicht in geeigneten Behältern in den Hausmüll gibt,
5. einer Duldungs-, Unterstützungs- oder Auskunftspflicht nach § 6 Abs. 2 zuwiderhandelt.

§ 8 Inkrafttreten

Diese Verordnung tritt am 1. Februar 1988 in Kraft.

1.12.12 Hygiene-Check-up für die Praxis (Vorschlag) ○

1) Räumlichkeit:

○ Arbeits- / Praxisraum / -räume ...., ○ Nebenraum / -räume ....,

○ Personal-WC ...., ○ Kunden- / Patienten-WC ....

	Ja	Nein
Sauberkeit ausreichend?	○	○

	Ja	Nein
2) Desinfektionsmaßnahmen ausreichend?	○	○
a) Hygienische Händedesinfektion:		
Verfahren bekannt?	○	○
Verwandtes Mittel in der BGA- oder DGHM-Liste aufgeführt?	○	○
Hepatitis-B-Virus-Abtötung durch Präparathersteller bestätigt?	○	○
Desinfektionswaschbecken vorhanden?	○	○

b) Hautdesinfektion:

Verfahren bekannt? ○ ○

Einsatz von verpackten sterilen Alkoholeinmaltupfern? ○ ○

Anmerkung: Hautdesinfektion vor Eingriffen, die die intakte Haut bestimmungsgemäß verletzen, z. B. Akupunktur, oder vor Behandlungen, die erfahrungsgemäß Wunden setzen.

c) Gerätedesinfektion:

Thermisches Verfahren bekannt? ○ ○

Chemisches Verfahren bekannt? ○ ○

Verwandtes Mittel in der DGHM-Liste unter »Instrumentendesinfektion« aufgeführt? ○ ○

Hepatitis-B-Virus-Abtötung durch Präparathersteller bestätigt? ○ ○

Welche Geräte werden thermisch desinfiziert?

....

....

Welche Geräte werden chemisch desinfiziert?

....

Anmerkung: Instrumentarium, das eine entsprechende Behandlung verträgt, sollte mit Wasser unter Zusatz von 0,5% Soda ausgekocht werden. Einwirkungszeit mind. 3 Min. (BGA-Liste)

Desinfektionsmittel: ....

angesetzt am: ....

Konzentration: ....%

Einwirkungszeit: ....

3) Sterilisationsmaßnahmen ausreichend? Ja Nein

a) ○ Autoklav ○ ○

b) ○ Heißluft ○ ○

Biologische Funktionsprüfung zweimal jährlich durchgeführt? (Nachweise vorgelegt) ○ ○

Welche Geräte werden sterilisiert?

....

Welche sterilen Einmalgeräte werden eingesetzt?

....

4) Erste-Hilfe-Austattung:

	Ja	Nein
– sterile Alkoholeinmaltupfer zur Wunddesinfektion vorhanden?	○	○
– sterilisierte Tupfer – geschützt im Rollenspender gelagert – zur Blutstillung vorhanden?	○	○
– Einmalschutzhandschuhe (Latex) vorhanden?	○	○
– Wundpflaster – einzelverpackt – steril, hypoallergen – vorhanden?	○	○
– Erste-Hilfe-Verbandkasten »DIN 688 985 für Betriebe« vorhanden?	○	○

Es wird darauf hingewiesen, daß für die Praxis die Unfallverhütungsvorschrift (UVV) VBG 103 »Gesundheitsdienst« der Berufsgenossenschaft für Gesundheitsdienst und Wohlfahrtspflege, Schäferkampsallee 24, 20357 Hamburg, gilt. Diese UVV enthält wichtige Hygienevorschriften!

Durchführung der Hygienischen Händedesinfektion

(beschrieben bei Einsatz eines Desinfektionsmittels auf Alkoholbasis):

Die Hände mit 3 ml (eine gefüllte Hohlhand) eines Händedesinfektionsmittels (gem. BGA- oder DGHM-Liste) einreiben (sorgfältig verreiben, so daß auch die Fingerspitzen und -nägel erfaßt werden) und dieses eine halbe Minute bis drei Minuten (letzte Zeit nach Blut- oder Eiterverunreinigung) einwirken lassen; danach Händewaschen mit Wasser u. Seife, anschließend Verwendung eines Einmalhandtuchs zum Abtrocknen. Bei sichtbar verunreinigter Haut empfiehlt sich, diese zunächst mit einem in Händedesinfektionsmittel getränkten Einmalpapierhandtuch zu reinigen und dann die Hygienische Händedesinfektion durchzuführen.

Desinfektionswaschbecken:

Zur Erleichterung der Händedesinfektions- und -waschmöglichkeit wird für angezeigt gehalten, bei der Handwaschgelegenheit im Arbeitsraum sowie im Vorraum des Personal-WCs

- einen ellbogenbedienbaren Seifenspender und
- einen ebensolchen Desinfektionsmittelspender
- sowie einen Papierhandtuchspender (mit Abwurftreteimer) zur Verfügung zu stellen.
- Die Wasserzufuhr sollte nicht über Handkontakt geregelt werden, um eine Wiederverunreinigung der gewaschenen Hände über den Wasserhahngriff zu vermeiden.

Stückseife und Gemeinschaftshandtücher sind abzulehnen.

Bei der *Hautdesinfektion* ist darauf zu achten, daß der sterile Alkoholeinmaltupfer von der vorgesehenen Einstichstelle bzw. Behandlungsstelle beginnend nach außen in konzentrisch-kreisender Bewegung die Haut abreibt.

Folgende nächstgelegene mikrobiologische Laboratorien in privater oder öffentlicher Trägerschaft führen die Biologische Funktionsprüfung von Sterilisationsgeräten durch:

(Adresse eintragen)

Desinfektionsmittellisten

Liste der vom Bundesgesundheitsamt geprüften und anerkannten Desinfektionsmittel und -verfahren (BGA-Liste), gültige Ausgabe, zu beziehen über das Robert-Koch-Institut, Nordufer 20, 13353 Berlin.

VII. Liste der nach den »Richtlinien für die Prüfung chemischer Desinfektionsmittel« geprüften und von der Deutschen Gesellschaft für Hygiene und Mikrobiologie als wirksam befundenen Desinfektionsverfahren (DGHM-Liste) – zu bestellen über mhp-Verlag GmbH, Ostring 13, 65205 Wiesbaden-Nordenstadt.

1.13 Unfallverhütung

1.13.1 Unfallverhütungsvorschriften (UVV) Gesundheitsdienst (Auszug)

Händedesinfektion

§ 6 (1) Den Beschäftigten in Arbeitsbereichen, in denen Tätigkeiten nach § 1 Abs. 1 und 2 ausgeführt werden, sind leicht erreichbare Händewaschplätze mit fließendem warmem und kaltem Wasser, Direktspender mit hautschonenden Waschmitteln, Händedesinfektionsmitteln und geeignete Hautpflegemittel sowie Handtücher zum einmaligen Gebrauch zur Verfügung zu stellen.

(2) Händedesinfektion nach der Schüsselmethode ist nur zulässig, wenn der Desinfektionserfolg sichergestellt und eine Schädigung der Haut der Hände verhindert ist.

Schutzkleidung

§ 7 (1) Der Unternehmer hat den Beschäftigten bei Tätigkeiten, die in § 1 Abs. 1 und 2 genannt sind, geeignete Schutzkleidung in ausreichender Stückzahl zur Verfügung zu stellen, wenn die Kleidung oder Berufskleidung der Beschäftigten mit Krankheitskeimen verschmutzt werden kann.

(2) Der Unternehmer hat Schutzkleidung in ausreichender Stückzahl auch anderen Beschäftigten zur Verfügung zu stellen, wenn diese in Arbeitsbereichen mit erhöhter Infektionsgefährdung nach § 18 eingesetzt werden.

(3) Der Unternehmer hat den Beschäftigten zusätzlich

1. dünnwandige und flüssigkeitsdichte Handschuhe, wenn die Hände mit Blut, Ausscheidungen, Eiter oder hautschädigenden Stoffen in Berührung kommen können,

2. feste, flüssigkeitsdichte Handschuhe zum Desinfizieren und Reinigen benutzter Instrumente, Geräte und von Flächen,
3. flüssigkeitsdichte Schürzen, wenn damit zu rechnen ist, daß die Schutzkleidung durchnäßt wird,
4. flüssigkeitsdichte Fußbekleidung, wenn mit Durchnässen des Schuhwerks zu rechnen ist,
5. Gesichts- oder Kopfschutz, wenn mit Verspritzen oder Versprühen infektiöser Stoffe zu rechnen ist und technische Maßnahmen keine ausreichende Abschirmung bewirken,

zur Verfügung zu stellen.

(4) Der Unternehmer hat für die Desinfektion, Reinigung und Instandhaltung der Schutzkleidung zu sorgen.

(5) Der Unternehmer hat die getrennte Aufbewahrung der getragenen Schutzkleidung und der anderen Kleidung zu ermöglichen.

(6) Die Beschäftigten müssen vor dem Betreten ihrer Aufenthaltsräume, insbesondere ihrer Speiseräume, die getragene Schutzkleidung ablegen.

Pipettieren

§ 8 Flüssigkeiten dürfen nicht mit dem Mund pipettiert werden.

Hygieneplan

§ 9 Der Unternehmer hat für die einzelnen Arbeitsbereiche entsprechend der Infektionsgefährdung Maßnahmen zur Desinfektion, Reinigung und Sterilisation sowie zur Ver- und Entsorgung schriftlich festzulegen und ihre Durchführung zu überwachen.

Reinigung von Instrumenten und Laborgeräten

§ 11 Verschmutzte Instrumente und Laborgeräte müssen vor einer Reinigung desinfiziert werden, sofern bei der Reinigung die Gefahr von Verletzungen besteht.

Oberflächen von Geräten

§ 12 Oberflächen von Geräten und Geräteteilen, die nicht nur einmal eingesetzt werden, müssen desinfizierbar sein.

Abfall

§ 13 Spitze, scharfe und zerbrechliche Gegenstände aus Arbeitsbereichen, in denen Tätigkeiten nach § 1 Abs. 1 und 2 durchgeführt werden, dürfen nur sicher umschlossen in den Abfall gegeben werden.

Zu § 13

Durchführungsanweisung:

Sicher umschlossen im Sinne dieser Bestimmung sind spitze, scharfe und zerbrechliche Gegenstände, wenn sie sich in geschlossenen Behältnissen befinden, deren Wände von Spitzen nicht durchstochen werden können.

Toiletten

§ 14 Den Beschäftigten müssen gesonderte, für Patienten nicht zugängliche Toiletten zur Verfügung stehen.

Wasserarmaturen

§ 21 In Arbeitsbereichen mit erhöhter Infektionsgefährdung müssen an Händewaschplätzen für die Beschäftigten Wasserarmaturen installiert sein, die ohne Berühren mit der Hand benutzt werden können.

Tragen von Schmuck

§ 22 In Arbeitsbereichen mit erhöhter Infektionsgefährdung dürfen an Händen und Unterarmen keine Schmuckstücke, Uhren und Eheringe getragen werden.

Lebens- und Genußmittel

§ 23 (1) In Arbeitsbereichen mit erhöhter Infektionsgefährdung ist Essen, Trinken und Rauchen nicht erlaubt.

(2) Den Beschäftigten ist ein leicht erreichbarer Raum zur Einnahme von Lebensmitteln zur Verfügung zu stellen. In diesem Raum dürfen die in § 1 Abs. 1 genannten Tätigkeiten nicht ausgeführt werden.

Fußboden, Wände

§ 24 (1) Fußböden in Arbeitsbereichen mit erhöhter Infektionsgefährdung müssen flüssigkeitsdicht, desinfizierbar und leicht zu reinigen sein.

(2) Wände in Arbeitsbereichen mit erhöhter Infektionsgefährdung müssen feucht zu reinigen und zu desinfizieren sein; dies gilt auch für die Außenflächen von eingebauten Einrichtungen und Einrichtungsteilen.

1.13.2 Aktive Immunisierung gegen Hepatitis B

Beschäftigte im Gesundheitsdienst sind nachweislich einer höheren Infektionsgefährdung ausgesetzt als die Allgemeinbevölkerung. Gegen viele Infektionskrankheiten ist heute als vorbeugende Maßnahme eine aktive und / oder passive Schutzimpfung möglich.

Die Unfallverhütungsvorschrift »Gesundheitsdienst« (VBG 103 / GUV 8.1) verpflichtet daher den Unternehmer:

- sicherzustellen, daß die Beschäftigten über die für sie in Frage kommenden Immunisierungsmaßnahmen in verständlicher Form unterrichtet werden

- im Einvernehmen mit dem Arzt, der die arbeitsmedizinischen Vorsorgeuntersuchungen durchführt, festzulegen, welche Impfungen im Einzelfall geboten sind und
- bei gegebener Indikation (Personenkreis, Expositionssituation) die Impfungen kostenlos anzubieten.

Die Träger der gesetzlichen Unfallversicherung empfehlen den gefährdeten Beschäftigten im Gesundheitsdienst dringend, von der Möglichkeit der für sie kostenlosen aktiven Schutzimpfung gegen Hepatitis B Gebrauch zu machen. Dies um so mehr, als Personen, die gegen das Hepatitis-B-Virus (HBV) immun sind, auch nicht mit dem in neuerer Zeit entdeckten Delta-Virus (HDV) infiziert werden können.

Folgende Personen sind in besonderem Maße der Gefahr einer Hepatitis B als Berufskrankheit ausgesetzt:

- Beschäftigte, die bei ihrer Arbeit Kontakt mit Blut, Serum, Gewebsflüssigkeit usw. haben, z. B. bei Blutentnahmen, Injektionen, Wundversorgung, bei invasiven diagnostischen und therapeutischen Maßnahmen, zahnärztlicher Behandlung, medizinischen Laboratoriumsarbeiten, Entbindungen, Untersuchungen von Körperhöhlen sowie bei regelmäßiger Teilnahme am Rettungsdienst.
- Beschäftigte in Arbeitsbereichen mit erhöhter Infektionsgefährdung, z. B.

Allen vorgenannten Beschäftigten ist die aktive Schutzimpfung gegen Hepatitis B anzubieten.

Seit 1982 stehen in der Bundesrepublik Deutschland Impfstoffe für eine aktive Schutzimpfung gegen Hepatitis B zur Verfügung. Die Impfstoffe der ersten Generation werden aus Blut oder Plasma chronischer Virusträger gewonnen. Durch aufwendige Reinigungs- und Inaktivierungsmaßnahmen erfolgt eine Abtötung aller bekannten humanpathogenen (beim Menschen krankheitserregenden) Infektionserreger. Die Sicherheit der Plasma-Impfstoffe ist nach den in den vergangenen Jahren an mehreren Millionen Menschen erfolgten Impfungen eindeutig belegt.

Seit 1986 sind Impfstoffe der zweiten Generation zugelassen. Diese neuen Impfstoffe werden auf gentechnologischem Weg mittels Hefezellen hergestellt und sind frei von menschlichen Plasmabestandteilen und damit von humanpathogenen Erregern.

Die Verträglichkeit beider Impfstoffarten, die durch das Paul-Ehrlich-Institut, Bundesamt für Sera und Impfstoffe, zugelassen sind, ist durchweg gut. Nebenwirkungen beschränken sich auf gelegentliche lokale Reaktionen, wie Rötung oder Schwellung sowie in Einzelfällen auf leichtes Fieber.

Weitere Hinweise für den Unternehmer enthält der Berufsgenossenschaftliche Grundsatz für arbeitsmedizinische Vorsorgeuntersuchungen G 42 »Infektionskrankheiten«, Teil 3: Hepatitis-B-Viren (HBV). Bezugsquelle: Gentner Verlag Stuttgart, Postfach 10 17 42, 70015 Stuttgart.

Es gilt der Rechtsgrundsatz, daß Immunprophylaxen, wie alle vorbeugenden Maßnahmen zur Verhütung von Arbeitsunfällen und Berufskrankheiten, zu Lasten des Unternehmers gehen.

Der Versicherungsschutz bleibt für die Beschäftigten bestehen, auch wenn die Impfung wegen eines Versäumnisses des Unternehmers oder aufgrund eigener Ablehnung unterblieben ist.
Falls durch eine Impfung, die aufgrund der Unfallverhütungsvorschrift durchgeführt wurde, ein Impfschaden entsteht, gewährt der Träger der gesetzlichen Unfallversicherung dafür Leistungen wie bei einem Arbeitsunfall.
Dem Unternehmer wird empfohlen, sich von den Beschäftigten, die die angebotene Impfung ablehnen, bestätigen zu lassen, daß sie über die gebotenen Maßnahmen zur Immunisierung gegen Hepatitis B unterrichtet wurden und daß ihnen die kostenlose Aktiv-Schutzimpfung angeboten wurde.

Muster

Bestätigung

Ich bin anhand des Merkblattes M 613 der BGW über die Schutzimpfung gegen Hepatitis B unterrichtet worden.

Mir ist die kostenlose Impfung angeboten worden.

_______________ ______________________________

(Datum) (Unterschrift)

1.13.3 Erste Hilfe laut Vorschrift

Nach der Arbeitsstättenrichtlinie »Mittel und Einrichtungen zur Ersten Hilfe« (ASR 39/1,3) sowie der Unfallverhütungsvorschrift »Erste Hilfe« der Berufsgenossenschaften (VBG 109) muß in allen Betrieben Erste-Hilfe-Material zur Verfügung stehen.
Art und Umfang dieses Erste-Hilfe-Materials richten sich nach Größe und Art der Arbeitsstätten. Für die Heilpraktikerpraxis gilt die Zusammenstellung in der Norm DIN 13 157-C aus der Durchführungsanweisung (Stand 4/1990) zu § 6, UVV »Erste Hilfe« (VBG 109):

Erste-Hilfe-Material	DIN 13 157-C	Erste-Hilfe-Material	DIN 13 157-C
Heftpflaster DIN 13 019-A 5 × 2,5	1	Fingerkuppenverband	5
Wundschnellverband DIN 13 019-E 50 × 6	1	Wundschnellverband DIN 13 019-E 18 × 2	5
Wundschnellverband DIN 13 019-E 10 × 6	3	Verbandpäckchen DIN 13 151-K	2
		Verbandpäckchen DIN 13 151-M	2

Erste-Hilfe-Material	DIN 13 157-C	Erste-Hilfe-Material	DIN 13 157-C
Verbandpäckchen DIN 13 151-G	1	Dreiecktuch DIN 13 168-D	2
Kompresse, 10 × 10 cm	6	Schere DIN 58 279-A 145 oder	
Verbandtuch DIN 13 152-BR	1	DIN 58 278-B 145	1
Verbandtuch DIN 13 152-A	1	Schere DIN 58 279-B 190	
Metallisierte Polyesterfolie als		Vliesstoff-Tuch, 200 × 300 mm	10
Decke, min. 210 × 140 cm	1	Verschließbarer Folienbeutel,	
Lederfingerling	2	300 × 400 mm	2
Mullbinde DIN 61 631-MB-8-ZW/		Einmalhandschuh, groß	4
BW	2	Augenkompresse, Mindestgröße	
Mullbinde DIN 61 631-MB-6-ZW/		50 × 70 mm	
BW	1	Ölkreide, weiß	
Fixierbinde, 4 m × 8 cm, elastisch	2	Zettelblock, Mindestformat A 7,	
Fixierbinde, 4 m × 6 cm, elastisch	2	nach DIN 476 und Schreibstift	
Netzverband für Extremitäten,		Anleitung zur Ersten Hilfe bei	
4 m gedehnt	1	Unfällen	1
Netzverband für Kopf, 4 m gedehnt		Inhaltsverzeichnis	1

Das Erste-Hilfe-Material muß jederzeit leicht zugänglich und gegen schädigende Einflüsse wie Verunreinigung, Nässe und hohe Temperaturen geschützt sein. Es ist in ausreichender Menge bereitzuhalten und muß rechtzeitig ergänzt oder erneuert werden.
Erste-Hilfe-Material kann in Verbandkästen oder anderen dafür geeigneten Behältnissen wie Verbandschränken oder -koffern aufbewahrt werden.

1.14 Verordnung über den Schutz von Schäden durch Röntgenstrahlen (Röntgenverordnung – RöV)

Vom 8. Januar 1987 (BGBl. I S. 114), zuletzt geändert durch Verordnung vom 19. Dezember 1990 (BGBl. I S. 2949)

(BGBl. III 751–13)

(Auszug)

Auf Grund der §§ 11, 12 und 54 Abs. 1 Satz 1 und Abs. 2 Satz 1 des Atomgesetzes in der Fassung der Bekanntmachung vom 15. Juli 1985 (BGBl. I S. 1565) verordnet die Bundesregierung,

auf Grund des § 3 des Gesetzes über die Ausübung der Zahnheilkunde in der im Bundesgesetzblatt Teil III, Gliederungsnummer 2123-1, veröffentlichten bereinigten Fassung, der durch Artikel 1 des Gesetzes vom 25. Februar 1983 (BGBl. I S. 187) neu gefaßt worden ist, verordnet der Bundesminister für Jugend, Familie, Frauen und Gesundheit
mit Zustimmung des Bundesrates:

ERSTER ABSCHNITT

Allgemeine Vorschriften

§ 1 Anwendungsbereich

(1) Diese Verordnung gilt für Röntgeneinrichtungen und Störstrahler, in denen Röntgenstrahlen mit einer Grenzenergie von mindestens fünf Kiloelektronvolt durch beschleunigte Elektronen erzeugt werden können und bei denen die Beschleunigung der Elektronen auf eine Energie von drei Megaelektronvolt begrenzt ist.

(2) Diese Verordnung gilt nicht für Störstrahler, die zur Erzeugung ionisierender Teilchenstrahlung betrieben werden und der Strahlenschutzverordnung unterliegen.

§ 2 Begriffsbestimmungen

Für die Anwendung dieser Verordnung gelten die Begriffsbestimmungen der Anlage I.

ZWEITER ABSCHNITT

Überwachungsvorschriften

1. Betrieb von Röntgeneinrichtungen und Störstrahlern

§ 3 Genehmigungsbedürftiger Betrieb von Röntgeneinrichtungen

(1) Wer eine Röntgeneinrichtung betreibt, bedarf der Genehmigung.

(2) Die Genehmigung ist zu erteilen, wenn

1. keine Tatsachen vorliegen, aus denen sich Bedenken gegen die Zuverlässigkeit
   a) des Antragstellers, seines gesetzlichen Vertreters oder, bei juristischen Personen oder nicht rechtsfähigen Personenvereinigungen, der nach Gesetz, Satzung oder Gesellschaftsvertrag zur Vertretung oder Geschäftsführung Berechtigten oder
   b) eines Strahlenschutzbeauftragten

   ergeben,
2. die für den sicheren Betrieb der Röntgeneinrichtung notwendige Anzahl von Strahlenschutzbeauftragten vorhanden, der ihnen übertragene Entscheidungsbereich festgelegt ist und ihnen die für die Erfüllung ihrer Aufgaben erforderlichen Befugnisse eingeräumt sind,
3. jeder Strahlenschutzbeauftragte oder, falls ein Strahlenschutzbeauftragter nicht notwendig ist, eine der in Nummer 1 Buchstabe a genannten Personen die für den Strahlenschutz erforderliche Fachkunde besitzt,
4. gewährleistet ist, daß die beim Betrieb der Röntgeneinrichtung sonst tätigen Personen die notwendigen Kenntnisse über die mögliche Strahlengefährdung und die anzuwendenden Schutzmaßnahmen besitzen,

5. gewährleistet ist, daß beim Betrieb der Röntgeneinrichtung die Einrichtungen vorhanden und die Maßnahmen getroffen sind, die nach dem Stand der Technik erforderlich sind, damit die Schutzvorschriften eingehalten werden,
6. der Antragsteller oder der von ihm bestellte Strahlenschutzbeauftragte als Arzt, Zahnarzt oder Tierarzt approbiert oder zur vorübergehenden Ausübung des ärztlichen, zahnärztlichen oder tierärztlichen Berufs berechtigt ist, falls die Röntgeneinrichtung im Zusammenhang mit der Ausübung der Heilkunde oder Zahnheilkunde am Menschen oder der Tierheilkunde betrieben wird,
7. bei einer Röntgeneinrichtung zur Untersuchung von Menschen gewährleistet ist, daß
   a) bei dem vorgesehenen Betrieb die erforderliche Bildqualität mit einer möglichst geringen Strahlenexposition erreicht wird und
   b) die Verpflichtung nach § 16 Abs. 3 Satz 1 eingehalten wird, und
8. dem Betrieb sonstige öffentlich-rechtliche Vorschriften nicht entgegenstehen.

(3) Dem Genehmigungsantrag sind die zur Prüfung erforderlichen Unterlagen beizufügen, insbesondere

1. erläuternde Pläne, Zeichnungen und Beschreibungen,
2. ein Nachweis der für den Strahlenschutz erforderlichen Fachkunde (Absatz 2 Nr. 3) durch
   a) eine Bescheinigung der zuständigen Stelle,
   b) das Zeugnis über das Bestehen der zahnärztlichen Prüfung (Abschlußprüfung) nach der Prüfungsordnung für Zahnärzte, das ausweist, daß die für den Strahlenschutz erforderliche Fachkunde in einem besonderen Teil der Prüfung in der Chirurgie geprüft wurde, und eine schriftliche Bestätigung des Vorsitzenden des Prüfungsausschusses, vor dem diese Prüfung abgelegt worden ist, daß die zahnärztliche Prüfung eine Prüfung gemäß § 48 Abs. 4 der Prüfungsordnung für Zahnärzte umfaßt hat, oder
   c) das Zeugnis über das Bestehen der Tierärztlichen Prüfung nach der Approbationsordnung für Tierärzte, das eine Prüfung in dem Prüfungsfach Radiologie ausweist,
3. Angaben, die es ermöglichen zu prüfen, ob Absatz 2 Nr. 5 eingehalten ist, und
4. in den Fällen des Absatzes 2 Nr. 6 und 7 Nachweise der dort genannten Voraussetzungen.

(4) Bei Änderungen, die den Strahlenschutz beeinflussen können, sind die Absätze 1 bis 3 entsprechend anzuwenden.

(5) Wer den Betrieb einer Röntgeneinrichtung beendet, hat dies der zuständigen Behörde unverzüglich anzuzeigen.

§ 4 Genehmigungsfreier Betrieb von Röntgeneinrichtungen

(1) Wer eine Röntgeneinrichtung betreibt, deren Röntgenstrahler der Bauart nach zugelassen ist, bedarf der Genehmigung nach § 3 Abs. 1 nicht, wenn er die

Inbetriebnahme der zuständigen Behörde spätestens zwei Wochen vorher anzeigt und der Anzeige folgende Unterlagen beifügt:

1. Abdruck der Bescheinigung einschließlich des Prüfberichtes eines von der zuständigen Behörde bestimmten Sachverständigen, in der
   a) die Röntgeneinrichtung und der vorgesehene Betrieb beschrieben sind,
   b) festgestellt ist, daß die Bauart des Röntgenstrahlers zugelassen ist,
   c) festgestellt ist, daß die Anforderungen nach § 3 Abs. 2 Nr. 5 erfüllt sind, und
   d) bei einer Röntgeneinrichtung zur Untersuchung von Menschen durch Kontrolle der Abnahmeprüfung festgestellt ist, daß bei dem vorgesehenen Betrieb die erforderliche Bildqualität mit einer möglichst geringen Strahlenexposition erreicht wird,
2. Abdruck des Zulassungsscheins,
3. Nachweis nach § 3 Abs. 3 Nr. 2 und
4. in den Fällen des
   a) § 3 Abs. 2 Nr. 6 der Nachweis einer der dort genannten Voraussetzungen und
   b) § 3 Abs. 2 Nr. 7 der Nachweis der dort in Buchstabe b genannten Voraussetzung.

Verweigert der Sachverständige die Erteilung der Bescheinigung nach Satz 1 Nr. 1, entscheidet auf Antrag die zuständige Behörde.

(2) Einer Genehmigung nach § 3 Abs. 1 bedarf auch nicht, wer eine Röntgeneinrichtung betreibt, die als Hochschutzgerät oder Schulröntgeneinrichtung der Bauart nach zugelassen ist, wenn er die Inbetriebnahme der zuständigen Behörde spätestens zwei Wochen vorher anzeigt und der Anzeige

1. einen Abdruck des Zulassungsscheins und
2. den Nachweis nach § 3 Abs. 3 Nr. 2 beifügt.

Röntgeneinrichtungen, die der Bauart nach nicht als Schulröntgeneinrichtungen zugelassen sind, dürfen im Zusammenhang mit dem Unterricht in allgemeinbildenden Schulen nicht betrieben werden.

(3) Einer Genehmigung nach § 3 Abs. 1 bedarf ferner nicht, wer eine Röntgeneinrichtung betreibt, die als Vollschutzgerät der Bauart nach zugelassen ist, wenn er die Inbetriebnahme der zuständigen Behörde spätestens zwei Wochen vorher anzeigt und der Anzeige einen Abdruck des Zulassungsscheins beifügt.

(4) Die zuständige Behörde kann den nach Absatz 1 oder 2 angezeigten Betrieb einer Röntgeneinrichtung binnen zwei Wochen nach Eingang der Anzeige untersagen, wenn eine Genehmigung nach § 3 Abs. 2 nicht erteilt werden könnte; danach kann der Betrieb nur noch untersagt werden, wenn eine erteilte Genehmigung zurückgenommen oder widerrufen werden könnte. Die Behörde kann den nach Absatz 3 angezeigten Betrieb einer Röntgeneinrichtung untersagen, wenn Tatsachen vorliegen, aus denen sich Bedenken gegen die Zuverlässigkeit des Strahlenschutzverantwortlichen ergeben.

(5) Bei Änderungen, die den Strahlenschutz beeinflussen können, ist Absatz 1 entsprechend anzuwenden.

(6) § 3 Abs. 5 gilt entsprechend.

§ 10 Zulassungsschein

Wird die Bauart zugelassen, so hat die zuständige Behörde einen Zulassungsschein zu erteilen. In ihn sind aufzunehmen

1. die für den Strahlenschutz wesentlichen Merkmale der Vorrichtung,
2. bei Hoch- und Vollschutzgeräten, Schulröntgeneinrichtungen und Störstrahlern die Bezeichnung der dem Strahlenschutz dienenden Einrichtungen,
3. inhaltliche Beschränkungen, Auflagen und Befristungen und
4. die Kennzeichen und Angaben, mit denen die Vorrichtung zu versehen ist.

§ 11 Bekanntmachung im Bundesanzeiger

Der wesentliche Inhalt der Bauartzulassung und ihrer Änderungen, ihre Rücknahme, ihr Widerruf, die Verlängerung der Zulassungsfrist und die Feststellung der Behörde nach § 8 Abs. 3 Satz 3 sind im Bundesanzeiger bekanntzumachen.

§ 12 Pflichten des Betreibers einer zugelassenen Vorrichtung

Wer eine der Bauart nach zugelassene Vorrichtung betreibt, hat den Betrieb unverzüglich einzustellen, wenn

1. die Rücknahme oder der Widerruf der Bauartzulassung bekanntgemacht wurde,
2. die zuständige Behörde eine Feststellung nach § 8 Abs. 3 Satz 3 getroffen hat oder
3. die Vorrichtung nicht mehr den im Zulassungsschein bezeichneten Merkmalen entspricht.

DRITTER ABSCHNITT

Vorschriften für den Betrieb

1. Allgemeine Vorschriften

§ 13 Strahlenschutzverantwortliche und Strahlenschutzbeauftragte

(1) Strahlenschutzverantwortlicher ist, wer eine Röntgeneinrichtung oder einen Störstrahler, dessen Betrieb der Genehmigung nach § 5 Abs. 1 bedarf, (Störstrahler nach § 5 Abs. 1) betreibt.

(2) Der Strahlenschutzverantwortliche hat, soweit dies für den sicheren Betrieb notwendig ist, für die Leitung oder Beaufsichtigung dieses Betriebs die erforderliche Anzahl von Strahlenschutzbeauftragten schriftlich zu bestellen. Dem Strahlenschutzbeauftragten dürfen nur solche Aufgaben übertragen werden, die er infolge seiner Stellung im Betrieb und der ihm übertragenen Befugnisse erfüllen kann. Bei der Bestellung des Strahlenschutzbeauftragten ist dessen innerbetriebli-

cher Entscheidungsbereich schriftlich festzulegen. Die Pflichten des Strahlenschutzverantwortlichen nach § 15 Abs. 1 bleiben in vollem Umfang bestehen, auch wenn Strahlenschutzbeauftragte bestellt sind.

(3) Die Bestellung des Strahlenschutzbeauftragten mit Angabe des innerbetrieblichen Entscheidungsbereiches, die Änderung des innerbetrieblichen Entscheidungsbereiches sowie das Ausscheiden des Strahlenschutzbeauftragten aus seiner Funktion sind von dem Strahlenschutzverantwortlichen der zuständigen Behörde unverzüglich schriftlich anzuzeigen. Bei der Anzeige der Bestellung ist der Nachweis der für den Strahlenschutz erforderlichen Fachkunde zu erbringen; § 3 Abs. 3 Nr. 2 gilt entsprechend. Dem Strahlenschutzbeauftragten und dem Betriebsrat oder dem Personalrat ist eine Abschrift der Anzeige auszuhändigen.

(4) Zu Strahlenschutzbeauftragten dürfen nur Personen bestellt werden, gegen die keine Tatsachen vorliegen, aus denen sich gegen ihre Zuverlässigkeit Bedenken ergeben, und die die für den Strahlenschutz erforderliche Fachkunde besitzen.

§ 16 Qualitätssicherung bei Röntgeneinrichtungen zur Untersuchung von Menschen

(1) Bei Röntgeneinrichtungen zur Untersuchung von Menschen ist vor der Inbetriebnahme und nach jeder Änderung des Betriebs, welche die Bildqualität beeinflußt, eine Abnahmeprüfung durch den Hersteller oder Lieferanten durchzuführen. Das Ergebnis der Abnahmeprüfung ist aufzuzeichnen; zu den Aufzeichnungen gehören auch die Aufnahmen der Prüfkörper. Die Abnahmeprüfung ersetzt nicht eine Genehmigung nach § 3 Abs. 1 und 4 oder eine Anzeige nach § 4 Abs. 1 und 5.

(2) In regelmäßigen Zeitabständen, mindestens jedoch monatlich, ist durch eine Konstanzprüfung festzustellen, ob die Bildqualität den Angaben in der letzten Aufzeichnung nach Absatz 1 noch entspricht. Das Ergebnis der Konstanzprüfungen ist aufzuzeichnen; zu den Aufzeichnungen gehören auch die Aufnahmen des Prüfkörpers. Ist die erforderliche Bildqualität nicht mehr gegeben, ist unverzüglich die Ursache zu ermitteln und zu beseitigen. Die zuständige Behörde kann Abweichungen von Satz 1 festlegen.

(3) Die Röntgenaufnahmen von Menschen sowie die Aufzeichnungen nach Absatz 1 Satz 2 und Absatz 2 Satz 2 sind einer von der zuständigen Behörde bestimmten ärztlichen oder zahnärztlichen Stelle zugänglich zu machen. Diese Stelle hat die Aufgabe, dem Strahlenschutzverantwortlichen und dem anwendenden Arzt Vorschläge zur Verringerung der Strahlenexposition zu machen.

(4) Die Aufzeichnungen nach Absatz 1 Satz 2 sind zehn Jahre, die Aufzeichnungen nach Absatz 2 Satz 2 zwei Jahre aufzubewahren und der zuständigen Behörde auf Verlangen vorzulegen. Bei der Beendigung des Betriebs der Röntgeneinrichtung sind sie bei der von der zuständigen Behörde bestimmten Stelle zu hinterlegen.

§ 17 Qualitätssicherung bei Röntgeneinrichtungen zur Behandlung von Menschen

(1) Bei Röntgeneinrichtungen zur Behandlung von Menschen ist vor der Inbetriebnahme und nach jeder Änderung des Betriebs, welche die Dosisleistung im Nutzstrahlenbündel des Strahlers beeinflussen kann, die Dosisleistung unter den üblichen Betriebsbedingungen zu messen und das Ergebnis aufzuzeichnen.

(2) Mindestens alle sechs Monate ist zu prüfen, ob die Dosisleistung im Nutzstrahlenbündel den Angaben der Aufzeichnung noch entspricht; das Ergebnis der Prüfung ist aufzuzeichnen. Bei wesentlichen Änderungen der Dosisleistung sind unverzüglich die Ursachen zu ermitteln und zu beseitigen oder die Bestrahlungspläne zu ändern.

(3) Die nach den Absätzen 1 und 2 vorgeschriebenen Messungen sind nicht erforderlich, wenn die Dosis während der Behandlung fortlaufend gemessen wird. Absatz 2 Satz 2 gilt entsprechend.

(4) Die Aufzeichnungen nach Absatz 1 und 2 sind dreißig Jahre aufzubewahren und der zuständigen Behörde auf Verlangen vorzulegen. Bei Beendigung des Betriebs der Röntgeneinrichtung sind sie bei der von der zuständigen Behörde bestimmten Stelle zu hinterlegen.

§ 18 Sonstige Pflichten des Betreibers

Wer eine Röntgeneinrichtung betreibt, hat

1. dafür zu sorgen, daß die beim Betrieb dieser Röntgeneinrichtung beschäftigten Personen anhand der Gebrauchsanweisung in die sachgerechte Handhabung durch jemanden eingewiesen werden, der über die dafür erforderliche Fachkunde verfügt,
2. eine Ausfertigung der Genehmigungsurkunde oder, sofern eine Bauartzulassung erteilt ist, einen Abdruck des Zulassungsscheins und der Betriebsanleitung nach § 9 Nr. 5 aufzubewahren sowie die Gebrauchsanweisung und die letzte Sachverständigenbescheinigung nach § 4 Abs. 1 Nr. 1 und den letzten Prüfbericht nach Nummer 4 bei der Röntgeneinrichtung bereitzuhalten,
3. einen Abdruck dieser Verordnung zur Einsicht auszulegen oder auszuhängen und
4. die Röntgeneinrichtung in Zeitabständen von längstens fünf Jahren durch einen von der zuständigen Behörde bestimmten Sachverständigen überprüfen zu lassen und eine Durchschrift des Prüfberichts der zuständigen Behörde zu übersenden.

Der Betreiber hat die Einweisung bei der ersten Inbetriebnahme durch eine fachkundige Person des Herstellers oder Lieferanten vornehmen zu lassen. Satz 1 Nr. 1 bis 3 und Satz 2 gelten für den Betreiber eines Störstrahlers nach § 5 Abs. 1 entsprechend.

§ 19 Kontrollbereich und betrieblicher Überwachungsbereich

(1) Bereiche, in denen Personen im Kalenderjahr höhere Körperdosen aus Ganzkörperexpositionen als 15 mSv erhalten können, (Kontrollbereiche) sind abzugrenzen. Sie müssen während der Einschaltzeit gekennzeichnet sein. Die Kennzeichnung muß deutlich sichtbar mindestens die Worte »Kein Zutritt – Röntgen« enthalten; sie muß auch während der Betriebsbereitschaft vorhanden sein.

(2) Nicht zum Kontrollbereich gehörende betriebliche Bereiche, in denen Personen im Kalenderjahr höhere Körperdosen aus Ganzkörperexpositionen als 5 mSv erhalten können, (betriebliche Überwachungsbereiche) sind festzulegen.

(3) Aus anderen Strahlenquellen herrührende Ortsdosen sind bei der Festlegung der Grenzen des Kontrollbereichs und des betrieblichen Überwachungsbereichs einzubeziehen.

(4) Die zuständige Behörde kann anordnen, daß weitere Bereiche als Kontrollbereiche oder als betriebliche Überwachungsbereiche zu behandeln sind, wenn dies zum Schutz einzelner oder der Allgemeinheit erforderlich ist.

(5) Die Bereiche nach den Absätzen 1, 2 und 4 gelten als Kontrollbereich oder betrieblicher Überwachungsbereich nur während der Einschaltzeit.

§ 20 Röntgenräume

(1) Eine Röntgeneinrichtung darf nur in dem in der Genehmigung oder in der Bescheinigung des Sachverständigen bezeichneten allseitig umschlossenen Raum (Röntgenraum) betrieben werden.

(2) Abweichend von Absatz 1 darf eine Röntgeneinrichtung zur Untersuchung außerhalb des Röntgenraumes betrieben werden, wenn der Zustand der zu untersuchenden Person oder des zu untersuchenden Tieres oder dessen Größe dies zwingend erfordert. Die Röntgenuntersuchung ist so vorzunehmen, daß das Nutzstrahlenbündel keine andere als die zu untersuchende Person oder nur das zu untersuchende Tier treffen kann.

(3) Absatz 1 ist nicht anzuwenden auf den Betrieb von Röntgeneinrichtungen

1. für technische Zwecke, wenn sie den Vorschriften der Anlage III Nr. 2 oder 3 entsprechen,
2. für den Unterricht an Schulen, wenn sie den Vorschriften der Anlage III Nr. 4 entsprechen,
3. bei denen in der Genehmigung ausdrücklich festgestellt ist, daß sie zum Betrieb außerhalb eines Röntgenraumes bestimmt sind, und
4. in sonstigen Fällen, wenn es im Einzelfall zwingend erforderlich ist, die Röntgeneinrichtung außerhalb eines Röntgenraumes zu betreiben, und die für die Genehmigung nach § 3 oder für die Entgegennahme der Anzeige nach § 4 zuständige Behörde den Betrieb außerhalb eines Röntgenraumes gestattet.

Der Betrieb einer Röntgeneinrichtung nach Satz 1 Nr. 3 und 4 ist, außer bei Gefahr im Verzug, der für den Betriebsort zuständigen Aufsichtsbehörde spätestens 48 Stunden vorher anzuzeigen.

§ 21 Besondere Vorschriften für den Kontrollbereich

(1) Der Schutz beruflich strahlenexponierter Personen vor Strahlen ist an allen Stellen, an denen es der betriebsmäßige Ablauf erlaubt, durch Dauereinrichtungen, insbesondere durch Abschirmung oder Abstandhaltung, sicherzustellen. Dauereinrichtungen müssen unter Berücksichtigung der Aufenthaltszeit so ausgelegt sein, daß die von einer Person während des normalen betriebsmäßigen Ablaufs erhaltenen Körperdosen ein Fünftel der Werte der Anlage IV Tabelle 1 Spalte 2 nicht überschreiten können. Alle Personen haben im Kontrollbereich eine ausreichende Schutzkleidung zu tragen, soweit nicht durch eine Dauereinrichtung ein ausreichender Schutz gewährleistet ist; dies gilt nicht für die zu untersuchenden oder zu behandelnden Personen.

(2) Im Kontrollbereich von Röntgeneinrichtungen, die in Röntgenräumen betrieben werden, dürfen Arbeitsplätze, Verkehrswege oder Umkleidekabinen nur liegen, wenn sichergestellt ist, daß sich dort während der Einschaltzeit Personen nicht aufhalten. Dies gilt nicht für Arbeitsplätze, die aus Gründen einer ordnungsgemäßen Anwendung der Röntgenstrahlen nicht außerhalb des Kontrollbereichs liegen können.

§ 22 Zutritt zum Kontroll- und betrieblichen Überwachungsbereich

(1) Personen darf der Zutritt zum Kontrollbereich nur erlaubt werden, wenn

1. sie zur Durchführung oder Aufrechterhaltung der darin vorgesehenen Betriebsvorgänge tätig werden müssen,
2. ihre Ausbildung einen Aufenthalt in diesem Bereich erfordert oder
3. ihr Aufenthalt in diesem Bereich als Patient, Tierhalter oder Begleitperson nach Auffassung einer zur Ausübung des ärztlichen, zahnärztlichen oder tierärztlichen Berufs berechtigten fachkundigen Person zur Untersuchung oder Behandlung erforderlich ist.

Die zuständige Behörde kann gestatten, daß der fachkundige Strahlenschutzverantwortliche oder der zuständige Strahlenschutzbeauftragte auch anderen Personen den Zutritt zum Kontrollbereich erlaubt.

(2) Schwangeren Frauen und Personen unter 18 Jahren darf der Zutritt zum Kontrollbereich nur erlaubt werden, wenn sie untersucht oder behandelt werden. Die zuständige Behörde kann gestatten, daß sich Personen im Alter zwischen 16 und 18 Jahren unter ständiger Aufsicht und Anleitung eines Fachkundigen im Kontrollbereich zum Zwecke der Ausbildung aufhalten, wenn dies zur Erreichung ihres Ausbildungszieles notwendig ist; dies gilt nicht für schwangere Frauen.

(3) Der Zutritt zum betrieblichen Überwachungsbereich darf nur

1. Personen, die darin eine dem Betrieb dienende Tätigkeit ausüben,
2. Auszubildenden, soweit ihr Aufenthalt im betrieblichen Überwachungsbereich zur Erreichung ihres Ausbildungszieles erforderlich ist, und

3. Besuchern

erlaubt werden. Absatz 1 Satz 2 gilt entsprechend.

2. Anwendung von Röntgenstrahlen auf Menschen

§ 23 Zur Anwendung berechtigte Personen

Auf Menschen dürfen nur folgende Personen in Ausübung ihres Berufs Röntgenstrahlen anwenden:

1. Personen, die zur Ausübung des ärztlichen oder zahnärztlichen Berufs berechtigt sind, wenn sie über einen Nachweis nach § 3 Abs. 3 Nr. 2 verfügen,
2. Personen, die zur Ausübung des ärztlichen oder zahnärztlichen Berufs berechtigt sind, ohne über einen Nachweis nach § 3 Abs. 3 Nr. 2 zu verfügen, wenn sie über die erforderlichen Kenntnisse im Strahlenschutz verfügen und unter ständiger Aufsicht und Verantwortung einer der in Nummer 1 genannten Personen tätig sind,
3. Personen, die zur Führung der Berufsbezeichnung
   »medizinisch-technischer Radiologieassistent«,
   »medizinisch-technische Radiologieassistentin«,
   »medizinisch-technischer Assistent« oder
   »medizinisch-technische Assistentin«
   berechtigt sind,
4. Hilfskräfte, die unter ständiger Aufsicht und Verantwortung einer der in Nummer 1 bezeichneten Personen tätig sind und für diese Tätigkeit über die erforderlichen Kenntnisse im Strahlenschutz verfügen, nach dem Ablauf von drei Jahren seit dem Inkrafttreten dieser Verordnung jedoch nur, wenn die nach Landesrecht zuständige Stelle ihnen den Besitz der erforderlichen Kenntnisse bescheinigt hat, und
5. andere als die in Nummer 1 und 2 bezeichneten Personen, wenn sie zur Ausübung der Heilkunde oder Zahnheilkunde berechtigt sind, dazu auch schon vor dem Inkrafttreten dieser Verordnung berechtigt waren und die für den Strahlenschutz erforderliche Fachkunde durch eine von der zuständigen Behörde festgelegte Prüfung vor dem Inkrafttreten dieser Verordnung nachgewiesen haben.

§ 23 a* Übergangsbestimmungen für Hilfskräfte nach § 23 Nr. 4

(1) In dem in Artikel 3 des Einigungsvertrages genannten Gebiet gilt abweichend von § 23 Nr. 4 die folgende Übergangsbestimmung:

Hilfskräfte, die unter ständiger Aufsicht und Verantwortung einer in § 23 Nr. 1 bezeichneten Person tätig sind und für diese Tätigkeit über die erforderlichen Kenntnisse im Strahlenschutz verfügen, dürfen nach dem 31. Dezember 1993 diese Tätigkeit nur fortsetzen, wenn die nach Landesrecht zuständige Stelle ihnen den Besitz der erforderlichen Kenntnisse bescheinigt hat.

---

* Eingefügt durch VO v. 19. Dezember 1990.

(2) Die zuständigen Behörden können die in Absatz 1 sowie in § 23 Nr. 4 aufgeführten Fristen um höchstens ein Jahr verlängern, wenn die Nichteinhaltung der Frist vom Betreiber der Röntgeneinrichtung nicht zu vertreten ist.

§ 24 Anwendungsbeschränkungen

(1) Röntgenstrahlen dürfen auf Menschen nur in Ausübung der Heilkunde, der Zahnheilkunde oder in sonstigen durch Gesetz vorgesehenen oder zugelassenen Fällen angewendet werden. Röntgenuntersuchungen zur Ermittlung übertragbarer Krankheiten, die nicht in Ausübung der Heilkunde oder der Zahnheilkunde erfolgen, sind nur unter den im Bundes-Seuchengesetz festgelegten Voraussetzungen zulässig; die obersten Landesgesundheitsbehörden können jedoch veranlassen, daß in Landesteilen oder für bestimmte Bevölkerungsgruppen mit überdurchschnittlicher Tuberkuloseerkrankungshäufigkeit freiwillige Röntgenreihenuntersuchungen angeboten werden.

(2) Außer zu den in Absatz 1 bezeichneten Zwecken dürfen Röntgenstrahlen auf Menschen nur auf Grund einer besonderen Genehmigung angewendet werden. Die Genehmigung ist zu befristen. Sie ist zu versagen, wenn der Antragsteller nicht den Nachweis führt, daß der Schutz vor Strahlenschäden für Leben und Gesundheit sichergestellt ist und die für die Anwendung von Röntgenstrahlen in Ausübung der Heilkunde oder Zahnheilkunde geltenden Bestimmungen dieser Verordnung beachtet werden.

(3) Ob und in welcher Weise Röntgenstrahlen auf einen Menschen angewendet werden, ist von einer Person festzulegen, welche die Voraussetzungen des § 23 Nr. 1 erfüllt.

§ 25 Anwendungsgrundsätze

(1) In Ausübung der Heilkunde oder Zahnheilkunde dürfen Röntgenstrahlen auf Menschen nur angewendet werden, wenn dies aus ärztlicher Indikation geboten ist. Die durch eine Röntgenuntersuchung bedingte Strahlenexposition ist so weit einzuschränken, wie dies mit den Erfordernissen der medizinischen Wissenschaft zu vereinbaren ist. Bei der Behandlung mit Röntgenstrahlen muß Dosis und Dosisverteilung den Erfordernissen der medizinischen Wissenschaft entsprechen. Körperbereiche, die bei der vorgesehenen Anwendung nicht von der Nutzstrahlung getroffen werden müssen, sind vor einer Strahlenexposition so weit wie möglich zu schützen. Bei bestehender Schwangerschaft sind alle Möglichkeiten einer Herabsetzung der Strahlenexposition der Leibesfrucht auszuschöpfen.

(2) Die Vorschriften über die Dosisgrenzwerte gelten nicht für Personen, auf die in Ausübung der Heilkunde oder Zahnheilkunde Röntgenstrahlen angewendet werden.

(3) Die Absätze 1 und 2 gelten entsprechend für die sonstigen durch Gesetz vorgesehenen oder zugelassenen Fälle der Anwendung von Röntgenstrahlen auf Menschen.

§ 26 Röntgendurchleuchtung

Bei der Röntgendurchleuchtung von Menschen ist eine Einrichtung zur elektronischen Bildverstärkung mit Fernsehkette und automatischer Dosisleistungsregelung oder eine andere, mindestens gleichwertige Einrichtung zu verwenden. Der Röntgenstrahler darf nur während der Durchleuchtung oder zum Anfertigen einer Aufnahme eingeschaltet sein.

§ 27 Röntgenbehandlung

(1) Bei der Röntgenbehandlung von Menschen muß der Bestrahlungsplan einschließlich der Bestrahlungsbedingungen vor der Behandlung schriftlich festgelegt und von einer Person, welche die Voraussetzungen des § 23 Nr. 1 erfüllt, kontrolliert werden. Aus dem Bestrahlungsplan müssen alle erforderlichen Daten der Röntgenbehandlung zu ersehen sein, insbesondere die Bestimmung der Dosisleistung, die Dauer und Zeitfolge der Bestrahlungen, die Oberflächen- und Herddosis, die Lokalisation und die Abgrenzung des Bestrahlungsfeldes, die Wahl des Filters, der Röhrenstromstärke, der Röhrenspannung und des Brennfleck-Haut-Abstandes sowie die Festlegung des Schutzes gegen Streustrahlung.

(2) Die Einstellung des Bestrahlungsfeldes sowie die Einhaltung der übrigen in Absatz 1 genannten Bedingungen sind vor Beginn jeder einzelnen Bestrahlung von einer Person zu überprüfen, welche die Voraussetzung des § 23 Nr. 1 oder 2 erfüllt.

§ 28 Aufzeichnungen

(1) Vor der Anwendung von Röntgenstrahlen in Ausübung der Heilkunde oder Zahnheilkunde sind aufzuzeichnen:

1. frühere Anwendungen von ionisierenden Strahlen, soweit sie für die vorgesehene Anwendung von Röntgenstrahlen von Bedeutung sind, und
2. bei weiblichen Personen im gebärfähigen Alter, Angaben über das Bestehen einer Schwangerschaft.

Für die Aufzeichnung über frühere Anwendungen von Röntgenstrahlen muß nach dem Röntgennachweisheft gefragt werden.

(2) Über jede Anwendung von Röntgenstrahlen sind Aufzeichnungen anzufertigen. Aus ihnen müssen der Zeitpunkt, die Art der Anwendung, die untersuchte oder behandelte Körperregion sowie die Angaben hervorgehen, die zur Ermittlung der Körperdosen erforderlich sind. Die Aufzeichnungen sind auf Verlangen der zuständigen Behörde vorzulegen.

(3) Der untersuchten oder behandelten Person ist auf deren Wunsch eine Abschrift oder Ablichtung der Aufzeichnungen nach Absatz 2 Satz 1 auszuhändigen. Wird ein Röntgennachweisheft vorgelegt, sind die darin vorgesehenen Eintragungen vorzunehmen.

(4) Wer eine Röntgeneinrichtung in Ausübung der Heilkunde oder Zahnheilkunde betreibt, hat

1. die Aufzeichnungen über Röntgenbehandlungen 30 Jahre nach der letzten Behandlung,
2. Röntgenaufnahmen und sonstige Aufzeichnungen nach Absatz 1, 2 Satz 1 und 2 über Röntgenuntersuchungen zehn Jahre nach der letzten Untersuchung

aufzubewahren. Die zuständige Behörde kann verlangen, daß er im Falle der Praxisaufgabe die Aufzeichnungen und Aufnahmen an einer von ihr bestimmten, der ärztlichen Schweigepflicht unterliegenden Stelle hinterlegt. Diese Stelle hat auch die sich aus Absatz 6 Satz 1 ergebenden Pflichten zu erfüllen.

(5) Die Aufzeichnungen über die Anwendung von Röntgenstrahlen nach Absatz 4 Satz 1 können als Wiedergabe auf einem Bildträger oder auf anderen Datenträgern aufbewahrt werden, wenn sichergestellt ist, daß die Wiedergaben oder die Daten

1. mit den Aufzeichnungen bildlich oder inhaltlich übereinstimmen, wenn sie lesbar gemacht werden, und
2. während der Dauer der Aufbewahrungsfrist verfügbar sind und jederzeit innerhalb angemessener Zeit lesbar gemacht werden können.

Satz 1 gilt für Röntgenaufnahmen der Direktradiographie mit der Maßgabe, daß die Aufbewahrung als Wiedergabe auf einem Bildträger oder auf anderen Datenträgern erst nach Ablauf von drei Jahren zulässig ist.

(6) Wer eine Person mit Röntgenstrahlen untersucht oder behandelt, hat einem diese Person später untersuchenden oder behandelnden Arzt oder Zahnarzt auf dessen Verlangen Auskünfte über die Aufzeichnungen nach Absatz 1 oder 2 Satz 1 zu erteilen und ihm die Aufzeichnungen, einschließlich der Röntgenaufnahmen, vorübergehend zu überlassen. Auch ohne dieses Verlangen sind Röntgenaufnahmen dem Patienten, in besonderen Fällen im verschlossenen Umschlag oder in anderer zur Wahrung der ärztlichen Schweigepflicht geeigneter Weise auch einem Dritten, zur Weiterleitung an einen später untersuchenden oder behandelnden Arzt oder Zahnarzt zu übergeben, wenn dadurch voraussichtlich eine Doppeluntersuchung vermieden werden kann.

§ 31* Dosiswerte für beruflich strahlenexponierte und besonders schutzbedürftige Personen

(1) Die Körperdosen dürfen für beruflich strahlenexponierte Personen die Werte der Anlage IV Tabelle 1 Spalte 2 oder 3 im Kalenderjahr nicht überschreiten. In drei aufeinanderfolgenden Monaten dürfen die Körperdosen höchstens die Hälfte der Jahreswerte betragen. Die Summe der in allen Kalenderjahren ermittelten effektiven Dosen beruflich strahlenexponierter Personen darf 400 Millisievert nicht überschreiten.

(2) Die jährlichen Körperdosen dürfen für Personen unter 18 Jahren, die sich nach § 22 Abs. 2 Satz 2 im Kontrollbereich aufhalten, ein Zehntel der Grenzwerte nach Anlage IV Tabelle 1 Spalte 2 nicht überschreiten.

---

* Geändert durch VO v. 18. Mai 1989.

(3) Bei gebärfähigen Frauen darf die über einen Monat kumulierte Körperdosis an der Gebärmutter 5 mSv nicht überschreiten.

(4) Wird ein Grenzwert nach Anlage IV Tabelle 1 Spalte 2 überschritten, so sind die folgenden Expositionen so zu begrenzen, daß jeweils für den Zeitraum eines Kalendervierteljahres die Körperdosen kleiner als ein Zehntel dieser Jahreswerte sind. Diese Begrenzung ist so lange durchzuführen, bis die Summe der Körperdosen für den Zeitraum des Jahres der Überschreitung und der folgenden Jahre kleiner ist als das Produkt aus den Grenzwerten nach Anlage IV Tabelle 1 Spalte 2 und der Anzahl der Jahre seit Beginn des Jahres der Überschreitung.

(5) Bei der Ermittlung der Körperdosen ist die anderweitige Strahlenexposition durch ionisierende Strahlen im Beruf einzubeziehen; die natürliche Strahlenexposition, die Strahlenexposition des Patienten durch ärztliche oder zahnärztliche Untersuchungen oder Behandlungen sowie andere, außerhalb des beruflichen Tätigkeitsbereichs liegende Strahlenexpositionen sind nicht zu berücksichtigen.

§ 32 Dosisgrenzwerte für andere Personen

(1) Die Körperdosen für nicht beruflich strahlenexponierte Personen im Kontrollbereich oder betrieblichen Überwachungsbereich dürfen jährlich ein Zehntel der Grenzwerte der Anlage IV Tabelle 1 Spalte 2 nicht überschreiten. § 31 Abs. 5 ist entsprechend anzuwenden.

(2) Die Körperdosis infolge Ganzkörperexposition darf außerhalb der in Absatz 1 genannten Bereiche im Kalenderjahr 1,5 mSv nicht überschreiten. Die zuständige Behörde kann den Dosisgrenzwert in Einzelfällen auf bis zu 5 mSv pro Jahr erhöhen.

§ 34 Messung von Ortsdosis und Ortsdosisleistung

(1) Soweit es aus Gründen des Strahlenschutzes erforderlich ist, ist die Ortsdosis oder Ortsdosisleistung im Kontrollbereich und im betrieblichen Überwachungsbereich einer Röntgeneinrichtung oder eines Störstrahlers nach § 5 Abs. 1 zu messen. In begründeten Ausnahmefällen kann die zuständige Behörde eine Stelle bestimmen, die die Messung vorzunehmen hat.

(2) Zeitpunkt und Ergebnis der Messungen nach Absatz 1 sind aufzuzeichnen. Die Aufzeichnungen sind dreißig Jahre aufzubewahren und der zuständigen Behörde auf Verlangen vorzulegen. Bei Beendigung des Betriebs der Röntgeneinrichtung oder des Störstrahlers nach § 5 Abs. 1 sind sie bei der von der zuständigen Behörde bestimmten Stelle zu hinterlegen.

§ 35* Ermittlung der Körperdosis

(1) An Personen, die sich aus anderen Gründen als zu ihrer ärztlichen oder zahnärztlichen Untersuchung oder Behandlung im Kontrollbereich aufhalten, sind die Körperdosen zu ermitteln. Ist bei dem Aufenthalt einer Person im Kontrollbereich sichergestellt, daß keine höheren Körperdosen als ein Zehntel

* Geändert durch VO v. 18. Mai 1989.

der Grenzwerte nach Anlage IV Tabelle 1 Spalte 2 erreicht werden, so kann die zuständige Behörde Ausnahmen von Satz 1 zulassen. Die in Satz 1 genannten Personen haben die erforderlichen Messungen zu dulden.

(2) Die Körperdosis ist durch Messung der Personendosis mit einem von der nach Landesrecht zuständigen Meßstelle bereitgestellten Dosimeter zu ermitteln. Die Anzeige des Dosimeters gilt als Maß für die Körperdosis. Wenn auf Grund der Messung der Personendosis oder sonstiger Tatsachen der Verdacht einer Überschreitung der Grenzwerte nach Anlage IV Tabelle 1 Spalte 2 besteht, sind die Körperdosen unter Berücksichtigung der Expositionsbedingungen zu ermitteln.

(3) Die in Absatz 1 Satz 1 genannten Personen haben die Dosimeter an einer für die Strahlenexposition repräsentativen Stelle der Körperoberfläche, in der Regel an der Vorderseite des Rumpfes, zu tragen. Der Strahlenschutzverantwortliche oder der Strahlenschutzbeauftragte kann festlegen, daß die Personendosis nach zwei voneinander unabhängigen Verfahren gemessen wird. Ist vorauszusehen, daß die Körperdosis an einem in Anlage IV Tabelle 1 Spalte 1 Nr. 4 bezeichneten Körperteil größer ist als ein Drittel der für diesen Körperteil festgelegten Dosisgrenzwerte, so ist die Personendosis durch ein weiteres Dosimeter auch an diesem Körperteil zu messen.

(4) Der zu überwachenden Person ist auf ihr Verlangen ein Dosimeter zur Verfügung zu stellen, mit dem die Personendosis jederzeit festgestellt werden kann.

(5) Die Dosimeter nach Absatz 2 und 3 Satz 3 sind der Meßstelle jeweils nach Ablauf eines Monats unverzüglich einzureichen. Hierbei sind die Angaben zur Identifikation der Person, zur ausgeübten Tätigkeit und zu den Expositionsbedingungen mitzuteilen. Die zuständige Behörde kann

1. gestatten, daß Dosimeter in Zeitabständen bis zu sechs Monaten der Meßstelle einzureichen sind, oder
2. anordnen, daß die Dosimeter der Meßstelle in kürzeren als einmonatigen Zeitabständen einzureichen sind, wenn nach der Art des Betriebs der Röntgeneinrichtung oder des Störstrahlers nach § 5 Abs. 1 eine besondere Gefährdung möglich erscheint.

Die Meßstelle hat die Personendosis festzustellen, die Meßergebnisse aufzuzeichnen und dem Einsender schriftlich mitzuteilen. Sie hat ihre Aufzeichnungen dreißig Jahre aufzubewahren. Die Meßstelle hat auf Verlangen die Ergebnisse ihrer Feststellungen einschließlich der Angaben nach Satz 2 der zuständigen Behörde mitzuteilen.

(6) Die zuständige Behörde kann

1. anordnen, daß abweichend von Absatz 2 Satz 1 oder Absatz 3 Satz 3 zur Ermittlung der Körperdosen zusätzlich oder allein die Ortsdosis oder die Ortsdosisleistung gemessen wird, wenn dies nach den Expositionsbedingungen erforderlich erscheint,
2. bei unterbliebener oder fehlerhafter Messung eine Ersatzdosis festlegen sowie

3. anordnen, daß die Personendosis nach einem anderen geeigneten oder nach zwei voneinander unabhängigen Verfahren gemessen wird.

(7) Die Ermittlungen, Festlegungen und Messungen nach den Absätzen 1 bis 4 und 6 sind aufzuzeichnen. Die Aufzeichnungen sind dreißig Jahre aufzubewahren und auf Verlangen der zuständigen Behörde vorzulegen oder bei einer von dieser bestimmten Stelle zu hinterlegen. § 28 Abs. 5 gilt entsprechend. Personen, die nach Absatz 1 Satz 3 Messungen zu dulden haben, sind die Meßergebnisse auf Verlangen, die Überschreitung der Grenzwerte nach §§ 31 und 32 Abs. 1 unaufgefordert und unverzüglich mitzuteilen. Die Aufzeichnungen sind einem neuen Strahlenschutzverantwortlichen auf Verlangen mitzuteilen, falls weiterhin eine Tätigkeit als beruflich strahlenexponierte Person ausgeübt wird. Sie sind ferner einem anderen Strahlenschutzverantwortlichen mitzuteilen, wenn dies nach § 31 Abs. 5 erforderlich ist.

§ 35 a* Strahlenschutzregister nach § 12 c Atomgesetz

(1) In das Strahlenschutzregister werden die Feststellungen der Meßstellen nach § 35 Abs. 2 Satz 1 zur Ermittlung der Körperdosen beruflich strahlenexponierter Personen und etwa vorliegende Feststellungen der zuständigen Behörden hierzu, die jeweiligen Personendaten (Name, Geburtsdatum, Geschlecht), Tätigkeitsmerkmale und Expositionsverhältnisse sowie die Anschrift der Strahlenschutzverantwortlichen eingetragen.

(2) An das Strahlenschutzregister übermitteln

1. die Meßstellen ihre Feststellungen zur Ermittlung der Körperdosen und, soweit erforderlich, weitere Angaben nach Absatz 1 binnen Monatsfrist,
2. die zuständigen Behörden ihre Feststellungen hierzu sowie Angaben über registrierte Strahlenpässe unverzüglich,

soweit neue oder geänderte Daten vorliegen. Die zuständige Behörde kann anordnen, daß eine Meßstelle bei ihr aufgezeichnete Feststellungen zu früher erhaltenen Körperdosen an das Strahlenschutzregister übermittelt; sie kann von ihr angeforderte Aufzeichnungen des Strahlenschutzverantwortlichen oder des Strahlenschutzbeauftragten über Ergebnisse von Messungen und Ermittlungen zu Körperdosen an das Strahlenschutzregister weiterleiten.

(3) Das Bundesamt für Strahlenschutz faßt die übermittelten Daten im Strahlenschutzregister personenbezogen zusammen, wertet sie aus und unterrichtet die zuständige Behörde, wenn es dies im Hinblick auf die Ergebnisse der Auswertung für erforderlich hält.

(4) Auskünfte aus dem Strahlenschutzregister werden erteilt, soweit dies für die Wahrnehmung der Aufgaben des Empfängers erforderlich ist:

1. einer zuständigen Behörde oder Meßstelle auf Anfrage; die zuständige Behörde kann Auskünfte aus dem Strahlenschutzregister an den Strahlenschutzverantwortlichen über bei ihm tätige Personen betreffende Daten, an dessen

---

* Eingefügt durch VO v. 3. April 1990.

Strahlenschutzbeauftragten sowie an den zuständigen ermächtigten Arzt weitergeben, soweit dies zur Wahrnehmung ihrer Aufgaben erforderlich ist;

2. einem Strahlenschutzverantwortlichen über bei ihm tätige Personen betreffende Daten auf Antrag;
3. einem Träger der gesetzlichen Unfallversicherung über bei ihm versicherte Personen betreffende Daten auf Antrag.

Dem Betroffenen werden Auskünfte aus dem Strahlenschutzregister über die zu seiner Person gespeicherten Daten auf Antrag erteilt.

(5) Auskünfte an Dritte für Zwecke der wissenschaftlichen Forschung auf dem Gebiet des Strahlenschutzes nach § 12c Abs. 3 Atomgesetz dürfen nur auf Antrag erteilt werden. Dabei ist der Zweck des Forschungsvorhabens im einzelnen zu beschreiben. Wird eine Auskunft über personenbezogene Daten beantragt, so ist eine schriftliche Einwilligung des Betroffenen beizufügen. Soll die Auskunft ohne Einwilligung des Betroffenen erfolgen, sind die für die Prüfung der Voraussetzungen nach § 12c Abs. 3 Satz 2 Atomgesetz erforderlichen Angaben zu machen; zu § 12c Abs. 3 Satz 3 Atomgesetz ist glaubhaft zu machen, daß der Zweck der wissenschaftlichen Forschung bei Verwendung anonymisierter Daten nicht mit vertretbarem Aufwand erreicht werden kann.

(6) Die im Strahlenschutzregister gespeicherten personenbezogenen Daten sind 95 Jahre nach der Geburt der betroffenen Person zu löschen.

(7) Die Meßstellen beginnen mit der Übermittlung zu dem Zeitpunkt, den das Bundesamt für Strahlenschutz bestimmt. Das Bundesamt für Strahlenschutz bestimmt das Datenformat und das Verfahren der Übermittlung.

§ 36 Belehrung

(1) Personen, denen der Zutritt zum Kontrollbereich nach § 22 Abs. 1 Satz 1 Nr. 1 oder 2 erlaubt ist, und Personen, die Röntgenstrahlen anwenden, sind vorher über die Arbeitsmethoden, die möglichen Gefahren, die anzuwendenden Schutzmaßnahmen, den für ihre Tätigkeit wesentlichen Inhalt dieser Verordnung und erteilte Genehmigungen zu belehren. Die Belehrung ist halbjährlich, auf Anordnung der zuständigen Behörde in kürzeren Zeiträumen, zu wiederholen.

(2) Personen, denen nach § 22 Abs. 1 Satz 2 der Aufenthalt im Kontrollbereich erlaubt ist, sind vorher über die möglichen Gefahren und ihre Verhütung zu belehren, falls sie nicht von einer fachkundigen Person begleitet werden.

(3) Über den Inhalt und den Zeitpunkt der Belehrung sind Aufzeichnungen zu führen, die von der belehrten Person zu unterzeichnen sind. Die Aufzeichnungen sind fünf Jahre aufzubewahren und der zuständigen Behörde auf Verlangen vorzulegen.

VIERTER ABSCHNITT

Ärztliche Überwachung

§ 37 Erfordernis

(1) Eine beruflich strahlenexponierte Person der Kategorie A darf im Kontrollbereich nur beschäftigt werden, wenn sie innerhalb eines Jahres vor Beginn der Beschäftigung von einem nach § 41 ermächtigten Arzt (ermächtigter Arzt) untersucht worden ist und dem Strahlenschutzverantwortlichen eine von diesem Arzt ausgestellte Bescheinigung vorliegt, nach der der Tätigkeit keine gesundheitlichen Bedenken entgegenstehen.

(2) Eine beruflich strahlenexponierte Person der Kategorie A darf nach Ablauf eines Jahres seit der letzten Beurteilung oder Untersuchung im Kontrollbereich nur weiterbeschäftigt werden, wenn sie von einem ermächtigten Arzt erneut beurteilt oder untersucht worden ist und dem Strahlenschutzverantwortlichen eine von diesem Arzt ausgestellte Bescheinigung vorliegt, daß gegen die Weiterbeschäftigung keine gesundheitlichen Bedenken bestehen.

(3) Die zuständige Behörde kann auf Vorschlag des ermächtigten Arztes die in Absatz 2 genannte Frist abkürzen, wenn die Arbeitsbedingungen oder der Gesundheitszustand der ärztlich zu überwachenden Person dies erfordern.

(4) Die zuständige Behörde kann anordnen, der Strahlenschutzverantwortliche kann bestimmen, daß beruflich strahlenexponierte Personen der Kategorie B ihre Tätigkeit im Kontrollbereich nur fortsetzen dürfen, wenn durch einen ermächtigten Arzt festgestellt und bescheinigt wird, daß gegen die Weiterbeschäftigung im Kontrollbereich keine gesundheitlichen Bedenken bestehen.

(5) Die zuständige Behörde kann anordnen, daß die in § 22 Abs. 2 Satz 2 Halbsatz 1 genannten nicht beruflich strahlenexponierten Personen sich von einem ermächtigten Arzt untersuchen lassen.

(6) Personen, die nach den Absätzen 1 bis 5 der ärztlichen Überwachung unterliegen, haben die erforderlichen ärztlichen Untersuchungen zu dulden.

(7) Soweit es für die ärztliche Bescheinigung erforderlich ist, hat der ermächtigte Arzt bei der ärztlichen Überwachung nach Absatz 1, 2, 4 oder 5 von anderen ermächtigten Ärzten angelegte Gesundheitsakten, die bisher erteilten, ärztlichen Bescheinigungen sowie die behördlichen Entscheidungen nach § 39 und die diesen Entscheidungen zu Grunde liegenden Gutachten anzufordern. Die ärztliche Bescheinigung ist auf dem Formblatt nach Anlage V zu erteilen.

(8) Dem ermächtigten Arzt sind

1. die Art der Tätigkeit der ärztlich zu überwachenden Person und die mit dieser Tätigkeit verbundenen Arbeitsbedingungen,
2. jeder Wechsel der Art der Tätigkeit und der mit ihr verbundenen Arbeitsbedingungen,
3. die Ergebnisse der Körperdosisermittlungen und

4. der Inhalt der letzten ärztlichen Bescheinigung, soweit sie nicht von ihm ausgestellt wurde,

schriftlich mitzuteilen. Die ärztlich zu überwachende Person kann vom Strahlenschutzverantwortlichen eine Abschrift der Mitteilung nach Satz 1 verlangen.

§ 38 Ärztliche Bescheinigung

(1) Der ermächtigte Arzt hat die ärztliche Bescheinigung dem Strahlenschutzverantwortlichen, der ärztlich zu überwachenden Person und, soweit gesundheitliche Bedenken bestehen, auch der zuständigen Behörde zu übersenden.

(2) Während der Dauer des Beschäftigungsverhältnisses sind die ärztlichen Bescheinigungen aufzubewahren und der zuständigen Behörde auf Verlangen vorzulegen.

§ 39 Behördliche Entscheidung

(1) Hält der Strahlenschutzverantwortliche oder die zu überwachende Person die vom ermächtigten Arzt ausgestellte Bescheinigung für unzutreffend, so kann die Entscheidung der zuständigen Behörde beantragt werden.

(2) Die zuständige Behörde kann vor ihrer Entscheidung das Gutachten eines Arztes einholen, der über die für die ärztliche Überwachung strahlenexponierter Personen erforderliche Fachkunde verfügt. Die Kosten des ärztlichen Gutachtens sind vom Strahlenschutzverantwortlichen zu tragen.

§ 41 Ermächtigte Ärzte

(1) Ärztliche Überwachungsmaßnahmen nach den §§ 37 und 40 dürfen nur von Ärzten vorgenommen werden, die hierzu von der zuständigen Behörde ermächtigt worden sind. Die Ermächtigung darf nur einem Arzt erteilt werden, der die für die ärztliche Überwachung beruflich strahlenexponierter Personen erforderliche Fachkunde nachweist.

(2) Der ermächtigte Arzt hat die Aufgabe, die ärztliche Überwachung nach den §§ 37 und 40 durchzuführen sowie die Maßnahmen vorzuschlagen, die bei erhöhter Strahlenexposition zur Vorbeugung vor gesundheitlichen Schäden und zu ihrer Abwehr erforderlich sind.

(3) Der ermächtigte Arzt ist verpflichtet, für jede ärztlich zu überwachende beruflich strahlenexponierte Person eine Gesundheitsakte zu führen und diese während der überwachungspflichtigen Tätigkeit auf dem laufenden zu halten. Diese Gesundheitsakte hat Angaben über die Arbeitsbedingungen, die Ergebnisse der ärztlichen Überwachungen und Maßnahmen nach den §§ 37, 39 und 40 sowie die Gesamtheit der von der überwachten Person im Beruf empfangenen Körperdosen zu enthalten. Die Gesundheitsakte ist nach der letzten Überwachungsmaßnahme mindestens dreißig Jahre aufzubewahren. Gesundheitsakten, die infolge Beendigung der Tätigkeit als beruflich strahlenexponierte Person nicht mehr benötigt werden, sind einer von der zuständigen Behörde bestimmten Stelle zu übergeben; dabei ist die ärztliche Schweigepflicht zu wahren.

(4) Der ermächtigte Arzt ist verpflichtet, die Gesundheitsakte auf Verlangen der zuständigen Behörde einer von dieser benannten ärztlichen Dienststelle zur Einsicht vorzulegen und bei Beendigung der Ermächtigung zu übergeben.

§ 42 Allgemeine Unfallanzeige

Unfälle beim Betrieb einer Röntgeneinrichtung oder eines Störstrahlers nach § 5 Abs. 1 sind der zuständigen Behörde unverzüglich anzuzeigen. Unfall ist ein Ereignisablauf, der für eine Person oder mehrere Personen eine die Grenzwerte nach Anlage IV Tabelle 1 Spalte 2 übersteigende Strahlenexposition zur Folge haben kann.

FÜNFTER ABSCHNITT

Ergänzende Vorschriften

§ 44 Änderung der Strahlenschutzverordnung

Die Strahlenschutzverordnung vom 13. Oktober 1976 (BGBl. I S. 2905; 1977 I S. 184, 269), zuletzt geändert gemäß Artikel 15 der Dritten Zuständigkeitsanpassungs-Verordnung vom 26. November 1986 (BGBl. I S. 2089), wird wie folgt geändert:

1. In § 1 Abs. 1 Nr. 3 werden die Worte »einschließlich des Betriebs von Röntgeneinrichtungen im Zusammenhang mit dem Unterricht in Schulen« gestrichen.
2. In § 17 Abs. 1 wird in Nummer 2 das Komma hinter dem Wort »können« durch einen Punkt ersetzt und die Nummer 3 gestrichen.
3. In § 29 Abs. 5 Satz 1 und in § 31 Abs. 4 werden die Worte »oder beim Betrieb von Röntgengeräten im Zusammenhang mit dem Unterricht in Schulen« gestrichen.
4. In § 56 Abs. 3 werden die Worte »oder bei dem Betrieb von Röntgengeräten in Schulen« gestrichen.
5. In Anlage XIII wird die Nummer 7 gestrichen.

§ 45* Übergangsvorschriften

(1) Wer beim Inkrafttreten dieser Verordnung eine Röntgeneinrichtung oder einen Störstrahler befugt betrieben hat, darf die Röntgeneinrichtung oder den Störstrahler nach Maßgabe der Absätze 2 und 3 unter den bisherigen Voraussetzungen weiter betreiben. Für den Betrieb von Röntgeneinrichtungen gilt die Genehmigung nach § 16 der Strahlenschutzverordnung als Genehmigung nach § 3 und die Anzeige nach § 17 der Strahlenschutzverordnung als Anzeige nach § 4 fort. § 33 bleibt unberührt.

(2) Wer vor dem Inkrafttreten dieser Verordnung als Arzt, Zahnarzt oder Tierarzt Röntgenstrahlen angewendet hat und die vor dem Inkrafttreten dieser Verord-

---

* Geändert durch VO v. 18. Mai 1989 und durch VO v. 19. Dezember 1990.

nung für den Betrieb erforderliche Fachkunde im Strahlenschutz besitzt, darf die Tätigkeit ohne eine Bescheinigung der nach Landesrecht zuständigen Stelle nach § 23 Nr. 1 fortsetzen und braucht einem Genehmigungsantrag nach § 3 oder einer Anzeige nach § 4 einen Nachweis nach § 3 Abs. 3 Nr. 2, auch in Verbindung mit § 4 Abs. 1 Nr. 3, nicht beizufügen. Satz 1 gilt entsprechend für Lehrer, die die nach § 17 Abs. 2 Nr. 1 und § 18 Nr. 1 der Strahlenschutzverordnung erforderliche Fachkunde besitzen. Satz 1 gilt auch entsprechend für andere Personen, die Röntgenstrahlen angewendet haben und für dieses Anwendungsgebiet die Fachkunde durch Kursteilnahme erworben und nachgewiesen haben.

(3) Wer beim Inkrafttreten dieser Verordnung eine Röntgeneinrichtung zur Untersuchung von Menschen betrieben hat, darf sie nach dem Ablauf von zwölf Monaten seit dem Inkrafttreten dieser Verordnung nur weiter betreiben, wenn er der zuständigen Behörde nachweist, daß

1. ein von der zuständigen Behörde bestimmter Sachverständiger für die Röntgeneinrichtung die Ergebnisse einer Abnahmeprüfung bescheinigt hat und
2. Röntgenaufnahmen von Menschen und Aufzeichnungen der nach § 16 Abs. 3 bezeichneten ärztlichen oder zahnärztlichen Stelle zugänglich gemacht werden.

Die Frist nach Satz 1 verlängert sich bis zum Ablauf von drei Jahren seit dem Inkrafttreten dieser Verordnung, wenn der Betreiber der Röntgeneinrichtung innerhalb von sechs Monaten nach dem Inkrafttreten dieser Verordnung den Auftrag für die Durchführung der Abnahmeprüfung erteilt hat und dies der zuständigen Behörde auf Verlangen nachweist. Röntgeneinrichtungen, die beim Inkrafttreten dieser Verordnung betrieben worden sind und deren Prüfung durch einen Sachverständigen beim Inkrafttreten der Verordnung fünf Jahre oder länger zurückliegt, dürfen nach Ablauf von 24 Monaten seit dem Inkrafttreten dieser Verordnung nur weiter betrieben werden, wenn sie einer Prüfung unterzogen worden sind; Satz 2 gilt entsprechend. Die zuständigen Behörden können die Frist für einen Weiterbetrieb über den 31. Dezember 1990 hinaus um höchstens ein Jahr verlängern, wenn die Nichteinhaltung der Frist vom Betreiber der Röntgeneinrichtung nicht zu vertreten ist.

(4) Dauereinrichtungen, die vor dem Inkrafttreten dieser Verordnung benutzt worden sind, genügen der in § 21 Abs. 1 vorgeschriebenen Sicherstellung, wenn sie so beschaffen sind, daß die von einer beruflich strahlenexponierten Person aufgenommene Äquivalentdosis durchschnittlich 1 mSv in der Woche nicht überschreiten kann.

(5) Bei Röntgendurchleuchtungen mit Röntgeneinrichtungen, die vor dem Inkrafttreten dieser Verordnung betrieben wurden, ist abweichend von § 26 Satz 1 in den ersten zwei Jahren nach dem Inkrafttreten dieser Verordnung die Verwendung einer Einrichtung zur elektronischen Bildverstärkung mit Fernsehkette und automatischer Dosisleistungsregelung nicht erforderlich.

(6) Eine vor Inkrafttreten dieser Verordnung nach § 42 Abs. 1 der Röntgenverordnung vom 1. März 1973 erteilte Ermächtigung eines Arztes gilt mit allen

Nebenbestimmungen als entsprechende Ermächtigung nach § 41 Abs. 1 Satz 1 fort. Der Nachweis der erforderlichen Fachkunde für die ärztliche Überwachung strahlenexponierter Personen ist, sofern er nicht schon im Zusammenhang mit einer Ermächtigung nach § 71 Abs. 1 der Strahlenschutzverordnung erbracht worden ist, innerhalb von 2 Jahren nach Inkrafttreten dieser Verordnung zu erbringen. Wird der Nachweis nicht rechtzeitig erbracht, so erlischt die Ermächtigung.

(7) Bauartzulassungen, die bis zum Inkrafttreten dieser Verordnung gültig waren, gelten bis zum Ende ihrer Befristung fort. § 8 Abs. 3 Satz 1 und 2 gilt entsprechend.

(8) Bei der Anwendung des § 31 Abs. 1 Satz 3 kann davon abgesehen werden, die Summe der bis zum 1. November 1989 erhaltenen effektiven Dosen beruflich strahlenexponierter Personen zu ermitteln, wenn auch bei Annahme einer Dosis von 10 Millisievert für jedes Kalenderjahr ihrer Tätigkeit als beruflich strahlenexponierte Person in der Zeit vor dem 1. November 1989 ein Überschreiten der Dosis nach § 31 Abs. 1 Satz 3 bei Fortführung ihrer Tätigkeit nicht zu erwarten ist und die beruflich strahlenexponierte Person keine Ermittlung verlangt. Die zuständige Behörde ordnet eine Ermittlung an, wenn sie dies zum Nachweis der Einhaltung der Dosis nach § 31 Abs. 1 Satz 3 für erforderlich hält.

(9) Beruflich strahlenexponierte Personen, die die Dosis nach § 31 Abs. 1 Satz 3 überschritten haben oder bis zum 31. Dezember 1995 überschreiten, können mit Zustimmung der zuständigen Behörde im Kontrollbereich bis zu diesem Zeitpunkt weiter beschäftigt werden, wenn dabei ein Fünftel des Wertes der effektiven Dosis nach Anlage IV Tabelle 1 Spalte 2 im Kalenderjahr nicht überschritten wird. § 37 Abs. 2 findet entsprechende Anwendung.

§ 45a* Übergangsbestimmungen aus Anlaß der Herstellung der Einheit Deutschlands

(1) In dem in Artikel 3 des Einigungsvertrages genannten Gebiet gelten abweichend von § 45 Abs. 3 und 5 die folgenden Übergangsbestimmungen:

1. Wer am 1. Juli 1990 eine Röntgeneinrichtung zur Untersuchung von Menschen betrieben hat, darf sie nach dem 31. Dezember 1991 nur weiter betreiben, wenn er der zuständigen Behörde nachweist, daß
   a) ein von der zuständigen Behörde bestimmter Sachverständiger für die Röntgeneinrichtung die Ergebnisse einer Abnahmeprüfung bescheinigt hat und
   b) Röntgenaufnahmen von Menschen und Aufzeichnungen der nach § 16 Abs. 3 bezeichneten ärztlichen oder zahnärztlichen Stelle zugänglich gemacht werden.

   Die Frist nach Satz 1 verlängert sich bis zum 31. Dezember 1993, wenn der Betreiber der Röntgeneinrichtung den Auftrag für die Durchführung der Ab-

* Eingefügt durch VO v. 19. Dezember 1990.

nahmeprüfung bis zum 30. Juni 1991 erteilt hat und dies der zuständigen Behörde auf Verlangen nachweist.

2. Wer am 1. Juli 1990 eine Röntgeneinrichtung betrieben hat, deren Inbetriebnahme fünf Jahre oder länger zurückliegt, darf diese nach dem 31. Dezember 1992 nur weiter betreiben, wenn sie einer Prüfung durch den von der zuständigen Behörde bestimmten Sachverständigen unterzogen worden ist. Die Frist nach Satz 1 verlängert sich bis zum 31. Dezember 1993, wenn der Betreiber der Röntgeneinrichtung den Auftrag für die Durchführung der Sachverständigenprüfung bis zum 30. Juni 1991 erteilt hat und diese der zuständigen Behörde auf Verlangen nachweist.
3. Bei Röntgendurchleuchtungen mit Röntgeneinrichtungen, die am 1. Juli 1990 betrieben wurden, ist abweichend von § 26 Satz 1 die Verwendung einer Einrichtung zur elektronischen Bildverstärkung mit Fernsehkette und automatischer Dosisleistungsregelung spätestens ab dem 1. Januar 1993 erforderlich.

(2) Die zuständigen Behörden in dem in Artikel 3 des Einigungsvertrages genannten Gebiet können die in Absatz 1 aufgeführten Fristen um höchstens ein Jahr verlängern, wenn andernfalls die medizinische Versorgung der Bevölkerung nicht gewährleistet und die Nichteinhaltung der Fristen von dem Betreiber der Röntgeneinrichtung nicht zu vertreten ist.

SECHSTER ABSCHNITT
Bußgeld- und Schlußvorschriften

§ 46 Ordnungswidrigkeiten

§ 47 Berlin-Klausel

Diese Verordnung gilt nach § 14 des Dritten Überleitungsgesetzes in Verbindung mit § 58 des Atomgesetzes und § 21 des Gesetzes über die Ausübung der Zahnheilkunde auch im Land Berlin.

§ 48 Inkrafttreten, abgelöste Vorschrift

(1) Diese Verordnung tritt unbeschadet des Absatzes 2 am 1. Januar 1988 in Kraft. Gleichzeitig tritt die Röntgenverordnung vom 1. März 1973 (BGBl. I S. 173), geändert durch § 84 der Verordnung vom 13. Oktober 1976 (BGBl. I S. 2905; 1977 I S. 184, 269), außer Kraft.

(2) § 5 Abs. 4 Anlage I Nr. 6 und Anlage III Nr. 6 treten am Tage nach der Verkündung in Kraft.

Anlage I
(zu § 2)

Begriffsbestimmungen

Im Sinne dieser Verordnung sind

1. Abnahmeprüfung:
   Prüfung der Röntgeneinrichtung einschließlich des Abbildungssystems um festzustellen, daß bei dem vorgesehenen Betrieb die erforderliche Bildqualität mit einer möglichst geringen Strahlenexposition erreicht wird. Nach einer Änderung, die den Strahlenschutz beeinflussen kann, beschränkt sich die Abnahmeprüfung auf die Auswirkungen der Änderung auf den Strahlenschutz.
2. Betrieb:
   Eine Röntgeneinrichtung betreibt, wer sie eigenverantwortlich zur Erzeugung von Röntgenstrahlen verwendet oder dafür bereithält. Zum Betrieb gehört nicht die Erzeugung von Röntgenstrahlen im Zusammenhang mit der geschäftsmäßigen Prüfung, Erprobung, Wartung oder Instandsetzung der Röntgeneinrichtung. Röntgeneinrichtungen werden ferner nicht betrieben, soweit sie im Bereich der Bundeswehr oder des Zivilschutzes ausschließlich für den Verteidigungsfall geprüft, erprobt, gewartet, instandgesetzt oder bereitgehalten werden. Sätze 1 bis 3 gelten für Störstrahler entsprechend.
3. Beruflich strahlenexponierte Person:
   Person, die bei ihrer Berufsausübung oder bei ihrer Berufsausbildung mehr als ein Zehntel der Grenzwerte nach Anlage IV Tabelle 1 Spalte 2 erhalten kann. Es werden unterschieden:
   a) beruflich strahlenexponierte Personen der Kategorie A: Personen, die mehr als drei Zehntel der Grenzwerte nach Anlage IV Tabelle 1 Spalte 2 erhalten können,
   b) beruflich strahlenexponierte Personen der Kategorie B: Personen, die mehr als ein Zehntel bis höchstens drei Zehntel der Grenzwerte nach Anlage IV Tabelle 1 Spalte 2 erhalten können.
4. Bildqualität:
   Verhältnis zwischen den Strukturen eines Prüfkörpers und den Kenngrößen seiner Abbildung.
5. Effektive Dosis:
   Summe der nach Anlage IV Tabelle 2 gewichteten mittleren Äquivalentdosen in den einzelnen Organen und Geweben.
6. Eigensichere Kathodenstrahlröhre:
   Kathodenstrahlröhre, die den Vorschriften der Anlage III Nr. 6 entspricht.
7. Für den Strahlenschutz erforderliche Fachkunde:
   Theoretisches Wissen und praktische Erfahrung
   a) bei der Verwendung von Röntgeneinrichtungen und Störstrahlen sowie
   b) im Strahlenschutz
   auf dem jeweiligen Verwendungsgebiet.
8. Hochschutzgerät:
   Röntgeneinrichtung, die den Vorschriften der Anlage III Nr. 2 entspricht.
9. Körperdosis:
   Sammelbegriff für effektive Dosis und Teilkörperdosis.
10. Konstanzprüfung:
    Prüfung der Röntgeneinrichtung einschließlich des Abbildungssystems, durch die ohne

mechanische oder elektrische Eingriffe festgestellt wird, ob eine bestimmte Bildqualität erhalten geblieben ist.

11. Ortsdosis:
    Äquivalentdosis für Weichteilgewebe, gemessen an einem bestimmten Ort.
12. Ortsdosisleistung:
    In einem kurzen Zeitintervall erzeugte Ortsdosis, dividiert durch die Länge des Zeitintervalls.
13. Personendosis:
    Äquivalentdosis für Weichteilgewebe, gemessen an einer für die Strahlenexposition repräsentativen Stelle der Körperoberfläche.
14. Röntgenbehandlung:
    Bestrahlung eines menschlichen oder tierischen Körpers oder einer Sache mit Röntgenstrahlen, um deren Beschaffenheit, Zustand oder Funktion zu beeinflussen.
15. Röntgeneinrichtung:
    Einrichtung, die zum Zwecke der Erzeugung von Röntgenstrahlen betrieben wird und die aus Röntgenstrahler und Röntgengenerator besteht; zur Röntgeneinrichtung gehören auch Anwendungsgeräte, Zusatzgeräte und Zubehör.
16. Röntgennachweisheft:
    Von Patienten freiwillig geführte schriftliche Unterlage zur Eintragung des Datums und der untersuchten Körperregion einer Röntgenuntersuchung durch den untersuchenden Arzt; der Bundesminister für Arbeit und Sozialordnung macht ein Muster im Bundesarbeitsblatt bekannt.
17. Röntgenstrahler:
    Die Röntgenröhre und das Röhrenschutzgehäuse, bei einem Einkesselgerät auch der Hochspannungserzeuger.
18. Röntgenuntersuchung:
    Röntgendurchleuchtung, Röntgenaufnahme oder ein sonstiges Untersuchungsverfahren unter Anwendung von Röntgenstrahlen, um Beschaffenheit, Zustand oder Funktion eines menschlichen oder tierischen Körpers, einer Sache oder deren Teile sichtbar zu machen.
19. Schulen:
    Öffentliche und private allgemeinbildende und berufsbildende Schulen sowie Bundeswehrfachschulen. Diesen Schulen stehen gleich
    a) Einrichtungen der Erwachsenenbildung und
    b) Ausbildungsstätten für medizinisch-technische, chemo-technische, physikalisch-technische oder landwirtschaftliche Berufe oder Hilfsberufe oder für medizinische Hilfsberufe.
20. Schulröntgeneinrichtung:
    Röntgeneinrichtung zum Betrieb im Zusammenhang mit dem Unterricht in Schulen, die den Vorschriften der Anlage III Nr. 4 entspricht.
21. Störstrahler:
    Geräte oder Einrichtungen, die Röntgenstrahlen erzeugen, ohne daß sie zu diesem Zweck betrieben werden.
22. Teilkörperdosis:
    Mittelwert der Äquivalentdosis über das Volumen eines Körperabschnittes oder eines Organs, im Falle der Haut über die kritische Fläche (1 cm^2 im Bereich der maximalen Äquivalentdosis in 70 Mikrometer Tiefe).
23. Vollschutzgerät:
    Röntgeneinrichtung, die den Vorschriften der Anlage III Nr. 3 entspricht.

Anlage II
(zu § 8 Abs. 1 Satz 1)

Vorschriften über die Bauart von Röntgenstrahlern, die zur Anwendung von Röntgenstrahlen auf Menschen oder auf Tiere bestimmt sind (Röntgeneinrichtungen für medizinische Zwecke)

Bei Röntgenstrahlern für medizinische Zwecke darf die Ortsdosisleistung bei geschlossenem Strahlenaustrittsfenster und den vom Hersteller angegebenen Höchstbetriebswerten in 1 m Abstand vom Brennfleck nicht höher sein als:

1 mSv/h für Röntgenuntersuchungen

1 mSv/h für Röntgenbehandlungen bis 100 Kilovolt und

10 mSv/h für Röntgenbehandlungen über 100 Kilovolt.

Die Lage des Brennflecks ist auf dem Gehäuse des Röntgenstrahlers zu markieren.

Röntgenstrahler, die bei der Anwendung mit der Hand gehalten werden müssen, sind mit einer deutlich gekennzeichneten Griffstelle zu versehen, die so abgeschirmt ist, daß die Ortsdosisleistung bei abgedecktem Strahlenaustrittsfenster in 2 cm Abstand von der Oberfläche der Griffstelle 1 mSv/h nicht überschreitet.

Anlage IV (zu § 21 Abs. 1 Satz 2, §§ 31, 32 Abs. 1, § 35 Abs. 2 und 3, § 40 Abs. 1)

Werte* der Körperdosen für beruflich strahlenexponierte Personen

Tabelle 1

Körperdosis	Werte der Körperdosis für beruflich strahlenexponierte Personen im Kalenderjahr der Kategorie A	Kategorie B
1	2	3
Effektive Dosis	50 mSv	15 mSv
1. Teilkörperdosis: Keimdrüsen, Gebärmutter, rotes Knochenmark	50 mSv	15 mSv
2. Teilkörperdosis: Alle Organe und Gewebe, soweit nicht unter 1., 3. und 4. genannt	150 mSv	45 mSv
3. Teilkörperdosis: Schilddrüse, Knochenoberfläche, Haut, soweit nicht unter 4. genannt	300 mSv	90 mSv
4. Teilkörperdosis: Hände, Unterarme, Füße, Unterschenkel, Knöchel, einschl. der dazugehörigen Haut	500 mSv	150 mSv

* Zur Berechnung der effektiven Dosis bei einer Ganz- oder Teilkörperexposition werden die Äquivalentdosen der in Tabelle 2 genanten Organe und Gewebe mit den Wichtungsfaktoren der Tabelle 2 multipliziert und die so erhaltenen Produkte addiert. – Amtl. Anm.

Tabelle 2

Organe und Gewebe	Wichtungsfaktoren
1. Keimdrüsen	0,25
2. Brust	0,15
3. rotes Knochenmark	0,12
4. Lunge	0,12
5. Schilddrüse	0,03
6. Knochenoberfläche	0,03
7. andere Organe und Gewebe:* Blase, oberer Dickdarm, unterer Dickdarm, Dünndarm, Gehirn, Leber, Magen, Milz, Nebenniere, Niere, Bauchspeicheldrüse, Thymus, Gebärmutter	je 0,06

* Zur Bestimmung des Beitrags der anderen Organe und Gewebe bei der Berechnung der effektiven Dosis ist die Teilkörperdosis für jedes der fünf am stärksten strahlenexponierten anderen Organe oder Gewebe zu ermitteln. Die Strahlenexposition aller übrigen Organe und Gewebe bleibt bei der Berechnung der effektiven Dosis unberücksichtigt. – Amtl. Anm.

2.

GESETZLICHE GRENZEN DES HEILPRAKTIKERBERUFS

2.1 Gesetz zur Verhütung und Bekämpfung übertragbarer Krankheiten beim Menschen

2.1.1 Bundes-Seuchengesetz*

Vom 18. Juli 1961 (BGBl. I S. 1012, ber. S. 1300) in der Fassung der Bekanntmachung vom 18. Dezember 1979 (BGBl. I S. 2262, ber. BGBl. 1980 S. 151) (BGBl. III 2126–1)

Geändert durch:

Art. II § 21 G v. 18. August 1980 (BGBl. I S. 1469, ber. S. 2218).
5. ÄndG v. 27. Juni 1985 (BGBl. I S. 1254).
Art. 10 2. Statistikbereinigungsgesetz v. 19. Dezember 1986 (BGBl. I S. 2555).
Art. 8 v. 20. Dezember 1988 (BGBl. I S. 2330).
Art. 7 v. 26. Juni 1990 (BGBl. I S. 1211).
Art. 7 § 9 G v. 12. September 1990 (BGBl. I S. 2002).
Art. 17 G v. 21. Dezember 1992 (BGBl. I S. 2094).
Art. 25 VO v. 26. Februar 1993 (BGBl. I S. 278).

---

* Für das Inkrafttreten in den beigetretenen Ländern gilt gem. Artikel 1 des Gesetzes vom 23. September 1990 i. V. m. Anlage I Kapitel X Sachgebiet D Abschnitt III Nr. 3 zu dem Einigungsvertrag vom 31. August 1990 (BGBl. II S. 885, 1088):

»3. Bundes-Seuchengesetz in der Fassung der Bekanntmachung vom 18. Dezember 1979 (BGBl. I S. 2262; 1980 I S. 151), zuletzt geändert durch Artikel 7 des Gesetzes vom 26. Juni 1990 (BGBl. I S. 1211),

mit folgenden Maßgaben:

a) § 18 Abs. 1 tritt für Beschäftigte in Lebensmittelbereichen, die im Zeitpunkt des Wirksamwerdens des Beitritts bereits tätig sind, ein Jahr nach Wirksamwerden des Beitritts in Kraft.

b) § 22 Abs. 4 Satz 1 tritt für Personen, die im Zeitpunkt des Wirksamwerdens des Beitritts mikrobiologische und serologische Untersuchungen zur Feststellung übertragbarer Krankheiten rechtmäßig durchführen, vier Jahre nach Wirksamwerden des Beitritts in Kraft.

c) Soweit nach den §§ 51 bis 55, 59 bis 61 des Bundes-Seuchengesetzes das Bundesversorgungsgesetz und die zu seiner Durchführung erlassenen Vorschriften entsprechend anzuwenden sind, gelten diese Vorschriften mit den in Anlage I Kapitel VIII Sachgebiet K Abschnitt III Nr. 1 des Vertrages aufgeführten Maßgaben. Die nach dem bisher in der Deutschen Demokratischen Republik geltenden Recht geleisteten Zahlungen für Impfschäden werden so lange weiter gewährt, bis Leistungen nach den §§ 51 bis 55, 59 bis 61 des Bundes-Seuchengesetzes in Verbindung mit dem Bundesversorgungsgesetz erbracht werden. Die entsprechenden Vorschriften der Deutschen Demokratischen Republik sind insoweit bis zu diesem Zeitpunkt den Zahlungen zugrundezulegen. Die geleisteten Zahlungen sind auf Zahlungen nach dem Bundes-Seuchengesetz in Verbindung mit dem Bundesversorgungsgesetz für denselben Zeitraum anzurechnen.«

Inhaltsübersicht

Erster Abschnitt
Begriffsbestimmungen

§ 1

Übertragbare Krankheiten im Sinne dieses Gesetzes sind durch Krankheitserreger verursachte Krankheiten, die unmittelbar oder mittelbar auf den Menschen übertragen werden können.

§ 2

Im Sinne dieses Gesetzes ist

1. krank eine Person, die an einer übertragbaren Krankheit erkrankt ist,
2. krankheitsverdächtig eine Person, bei der Erscheinungen bestehen, welche das Vorliegen einer bestimmten übertragbaren Krankheit vermuten lassen,
3. ansteckungsverdächtig eine Person, von der anzunehmen ist, daß sie Erreger einer übertragbaren Krankheit (Krankheitserreger) aufgenommen hat, ohne krank, krankheitsverdächtig oder Ausscheider zu sein,

4. Ausscheider eine Person, die Krankheitserreger ausscheidet, ohne krank oder krankheitsverdächtig zu sein,
5. ausscheidungsverdächtig eine Person, von der anzunehmen ist, daß sie Krankheitserreger ausscheidet, ohne krank oder krankheitsverdächtig zu sein.

Zweiter Abschnitt
Meldepflicht

§ 3

(1) Zu melden ist der Krankheitsverdacht, die Erkrankung sowie der Tod an

1. Botulismus,
2. Cholera,
3. Enteritis infectiosa
   a) Salmonellose,
   b) übrige Formen einschließlich mikrobiell bedingter Lebensmittelvergiftung,
4. Fleckfieber,
5. Lepra,
6. Milzbrand,
7. Ornithose,
8. Paratyphus A, B und C,
9. Pest,
10. Pocken,
11. Poliomyelitis,
12. Rückfallfieber,
13. Shigellenruhr,
14. Tollwut,
15. Tularämie,
16. Typhus abdominalis,
17. virusbedingtem hämorrhagischem Fieber.

(2) Zu melden ist die Erkrankung sowie der Tod an

1. angeborener
   a) Cytomegalie,
   b) Listeriose,
   c) Lues,
   d) Toxoplasmose,
   e) Rötelnembryopathie,
2. Brucellose,
3. Diphtherie,
4. Gelbfieber,
5. Leptospirose
   a) Weil'sche Krankheit,
   b) übrige Formen,

6. Malaria,
7. Meningitis/Encephalitis
   a) Meningokokken-Meningitis,
   b) andere bakterielle Meningitiden,
   c) Virus-Meningoencephalitis,
   d) übrige Formen,
8. Q-Fieber,
9. Rotz,
10. Trachom,
11. Trichinose,
12. Tuberkulose (aktive Form)
    a) der Atmungsorgane,
    b) der übrigen Organe,
13. Virushepatitis
    a) Hepatitis A,
    b) Hepatitis B,
    c) nicht bestimmbare und übrige Formen,
14. anaerober Wundinfektion
    a) Gasbrand/Gasoedem,
    b) Tetanus.

(3) Zu melden ist der Tod an
1. Influenza (Virusgrippe),
2. Keuchhusten,
3. Masern,
4. Puerperalsepsis,
5. Scharlach.

(4) Zu melden ist jeder Ausscheider von
1. Choleravibrionen,
2. Salmonellen
   a) S. typhi,
   b) S. paratyphi A, B und C,
   c) übrige,
3. Shigellen.

(5) Zu melden ist die Verletzung eines Menschen durch ein tollwutkrankes oder -verdächtiges Tier sowie die Berührung eines solchen Tieres oder Tierkörpers.

§ 4

(1) Zur Meldung sind verpflichtet
1. der behandelnde oder sonst hinzugezogene Arzt, im Fall des § 3 Abs. 5 auch der Tierarzt,
2. jede sonstige mit der Behandlung oder der Pflege des Betroffenen berufsmäßig beschäftigte Person,
3. die hinzugezogene Hebamme,
4. auf Seeschiffen der Kapitän,

5. die Leiter von Pflegeanstalten, Justizvollzugsanstalten, Heimen, Lagern, Sammelunterkünften und ähnlichen Einrichtungen.

(2) In Krankenhäusern oder Entbindungsheimen ist für die Einhaltung der Meldepflicht nach Absatz 1 Nr. 1 der leitende Arzt, in Krankenhäusern mit mehreren selbständigen Abteilungen der leitende Abteilungsarzt, in Krankenhäusern ohne leitenden Arzt der behandelnde Arzt verantwortlich.

(3) Die Meldepflicht besteht für die in Absatz 1 Nr. 2 bis 5 bezeichneten Personen nur, wenn eine in der Reihenfolge des Absatzes 1 vorher genannte Person nicht vorhanden oder an der Meldung verhindert ist. Die außerhalb des Krankenhauses oder eines Entbindungsheimes tätige Hebamme ist in jedem Falle zur Meldung verpflichtet.

§ 5

Die Meldung ist dem für den Aufenthalt des Betroffenen zuständigen Gesundheitsamt unverzüglich, spätestens innerhalb 24 Stunden nach erlangter Kenntnis zu erstatten. Dieses hat das für die Wohnung, bei mehreren Wohnungen das für die Hauptwohnung des Betroffenen zuständige Gesundheitsamt unverzüglich zu benachrichtigen, wenn die Wohnung oder Hauptwohnung im Bereich eines anderen Gesundheitsamtes liegt.

§ 5a

(1) Über die nach den §§ 3 und 8 meldepflichtigen Erkrankungen, Todesfälle, Ausscheider und Ausbrüche werden vierteljährliche Erhebungen als Bundesstatistik durchgeführt; die Erhebungen für die Erkrankung und den Tod an Tuberkulose (§ 3 Abs. 2 Nr. 12) werden nur jährlich durchgeführt. Bei den Erkrankungen werden jährlich Alter und Geschlecht der Erkrankten erfaßt; die an Tuberkulose Erkrankten sind zusätzlich nach Diagnosen sowie nach Deutschen und Ausländern zu erfassen. Über Ausscheider von Salmonella typhi und Salmonella paratyphi A, B und C nach § 3 Abs. 4 Nr. 2 Buchstaben a und b werden jährliche Erhebungen als Bundesstatistik durchgeführt.

(2) Der Bundesminister für Jugend, Familie und Gesundheit wird ermächtigt, durch Rechtsverordnung mit Zustimmung des Bundesrates die Erhebungen auf übertragbare Krankheiten auszudehnen, die durch eine Rechtsverordnung auf Grund des § 7 Abs. 1 oder 2 in die Meldepflicht einbezogen sind, sowie die Periodizität der Bundesstatistik zu ändern, soweit die Epidemiologie dies zuläßt oder erfordert.

(3) Auskunftspflichtig ist das für die Wohnung, bei mehreren Wohnungen das für die Hauptwohnung des Betroffenen zuständige Gesundheitsamt.

§ 6

(1) Ausscheider nach § 3 Abs. 4 haben jeden Wechsel der Wohnung und jeden Wechsel der Arbeitsstätte unverzüglich dem bisher zuständigen Gesundheitsamt anzuzeigen.

(2) Die in Absatz 1 genannten Ausscheider sind verpflichtet, bei jeder Aufnahme in ein Krankenhaus oder ein Entbindungsheim oder bei der Inanspruchnahme einer Hebamme dem behandelnden Arzt oder der Hebamme mitzuteilen, daß sie Ausscheider sind.

(3) Im Falle der Geschäftsunfähigkeit oder der beschränkten Geschäftsfähigkeit eines der in Absatz 1 genannten Ausscheider treffen die Verpflichtungen nach den Absätzen 1 und 2 denjenigen, dem die Sorge für die Person des Ausscheiders zusteht. Die gleiche Verpflichtung trifft auch den Betreuer eines der in Absatz 1 genannten Ausscheider, soweit die Sorge für die Person des Ausscheiders zu seinem Aufgabenkreis gehört. Im Falle des § 1633 des Bürgerlichen Gesetzbuches ist der Minderjährige verpflichtet.

(4) In den Fällen des § 3 sind die Aufnahme der Kranken, Krankheitsverdächtigen und Ausscheider in ein Krankenhaus oder ein Entbindungsheim sowie ihre Entlassung unverzüglich dem Gesundheitsamt anzuzeigen, an das die Meldung nach § 5 Satz 1 zu erstatten war. In der Entlassungsanzeige ist anzugeben, ob der Entlassene geheilt ist und ob er die Erreger einer übertragbaren Krankheit noch ausscheidet. § 4 Abs. 2 und § 5 Satz 2 gelten entsprechend.

§ 7

(1) Der Bundesminister für Jugend, Familie und Gesundheit wird ermächtigt, durch Rechtsverordnung mit Zustimmung des Bundesrates die Meldepflicht für die in § 3 genannten Krankheiten aufzuheben, einzuschränken oder zu erweitern oder die Meldepflicht auf andere übertragbare Krankheiten auszudehnen, soweit die epidemische Lage dies zuläßt oder erfordert.

(2) In dringenden Fällen kann die Rechtsverordnung ohne Zustimmung des Bundesrates erlassen werden, jedoch ist ihre Geltungsdauer auf längstens drei Monate zu befristen.

(3) Solange der Bundesminister für Gesundheit von der Ermächtigung nach Absatz 1 keinen Gebrauch macht, sind die Landesregierungen zum Erlaß einer Rechtsverordnung nach Absatz 1 ermächtigt, sofern die Meldepflicht nach § 3 hierdurch nicht eingeschränkt oder aufgehoben wird. Sie können die Ermächtigung durch Rechtsverordnung auf andere Stellen übertragen.

Dritter Abschnitt
Meldepflicht in besonderen Fällen

§ 8

Wenn durch Krankheitserreger verursachte Erkrankungen in Krankenhäusern, Entbindungsheimen, Säuglingsheimen, Säuglingstagesstätten oder Einrichtungen zur vorübergehenden Unterbringung von Säuglingen nicht nur vereinzelt auftreten (Ausbruch), so sind diese Erkrankungen unverzüglich als Ausbruch zu melden, es sei denn, daß die Erkrankten schon vor der Aufnahme an diesen Krankheiten erkrankt oder dessen verdächtig waren. § 4 Abs. 2 ist entsprechend anzuwenden.

§ 9

(1) Die Leiter von Medizinaluntersuchungsämtern und sonstigen öffentlichen oder privaten Untersuchungsstellen haben jeden Untersuchungsbefund, der auf einen meldepflichtigen Fall oder eine Erkrankung an Influenza schließen läßt, unverzüglich dem für den Aufenthaltsort des Betroffenen zuständigen Gesundheitsamt zu melden. § 5 Satz 2 gilt entsprechend.

(2) Absatz 1 gilt nicht, wenn die Untersuchungsstelle Teil eines Krankenhauses ist und sich die Untersuchung auf Insassen dieses Krankenhauses bezieht.

Vierter Abschnitt
Vorschriften zur Verhütung übertragbarer Krankheiten

1. Allgemeines

§ 10

(1) Werden Tatsachen festgestellt, die zum Auftreten einer übertragbaren Krankheit führen können oder ist anzunehmen, daß solche Tatsachen vorliegen, so trifft die zuständige Behörde die notwendigen Maßnahmen zur Abwendung der dem einzelnen oder der Allgemeinheit hierdurch drohenden Gefahren.

(2) In den Fällen des Absatzes 1 sind die Beauftragten der zuständigen Behörde und des Gesundheitsamtes zur Durchführung von Ermittlungen und zur Überwachung der angeordneten Maßnahmen berechtigt, Grundstücke, Räume, Anlagen und Einrichtungen sowie Fahrzeuge aller Art zu betreten und diese sowie sonstige Gegenstände zu untersuchen oder Proben zur Untersuchung zu fordern oder zu entnehmen. Der Inhaber der tatsächlichen Gewalt ist verpflichtet, den Beauftragten der zuständigen Behörde und des Gesundheitsamtes Grundstücke, Räume, Anlagen, Einrichtungen und Fahrzeuge sowie sonstige Gegenstände zugänglich zu machen. Personen, die über die in Absatz 1 genannten Tatsachen Auskunft geben können, sind verpflichtet, die erforderlichen Auskünfte zu erteilen und Unterlagen vorzulegen. Der Verpflichtete kann die Auskunft auf solche Fragen verweigern, deren Beantwortung ihn selbst oder einen der in § 383 Abs. 1 Nr. 1 bis 3 der Zivilprozeßordnung bezeichneten Angehörigen der Gefahr strafrechtlicher Verfolgung oder eines Verfahrens nach dem Gesetz über Ordnungswidrigkeiten aussetzen würde; Entsprechendes gilt für die Vorlage von Unterlagen.

(3) Ist anzunehmen, daß Tatsachen im Sinne des Absatzes 1 bei Personen vorliegen, so sind diese Personen verpflichtet, die erforderlichen äußerlichen Untersuchungen, Röntgenuntersuchungen, Blutentnahmen, Abstriche von Haut und Schleimhäuten durch die Beauftragten des Gesundheitsamtes zu dulden und Vor-

ladungen des Gesundheitsamtes Folge zu leisten sowie das erforderliche Untersuchungsmaterial auf Verlangen bereitzustellen.

(4) Die Grundrechte der körperlichen Unversehrtheit (Artikel 2 Abs. 2 Satz 1 Grundgesetz), der Freiheit der Person (Artikel 2 Abs. 2 Satz 2 Grundgesetz), der Freizügigkeit (Artikel 11 Abs. 1 Grundgesetz), der Versammlungsfreiheit (Artikel 8 Grundgesetz) und der Unverletzlichkeit der Wohnung (Artikel 13 Abs. 1 Grundgesetz) werden im Rahmen der Absätze 1 bis 3 eingeschränkt.

(5) Wenn die von Maßnahmen nach den Absätzen 1 bis 4 betroffenen Personen geschäftsunfähig oder in der Geschäftsfähigkeit beschränkt sind, hat derjenige für die Erfüllung der genannten Verpflichtung zu sorgen, dem die Sorge für die Person zusteht.

(6) Die Maßnahmen nach Absatz 1 werden auf Vorschlag des Gesundheitsamtes von der zuständigen Behörde angeordnet. Kann die zuständige Behörde einen Vorschlag des Gesundheitsamtes nicht rechtzeitig einholen, so hat sie das Gesundheitsamt von der getroffenen Maßnahme unverzüglich zu unterrichten.

(7) Bei Gefahr im Verzuge kann das Gesundheitsamt die erforderlichen Maßnahmen selbst anordnen. Es hat die zuständige Behörde unverzüglich hiervon zu unterrichten. Diese kann die Anordnung ändern oder aufheben. Wird die Anordnung nicht innerhalb von zwei Arbeitstagen nach der Unterrichtung aufgehoben, so gilt sie als von der zuständigen Behörde getroffen. Eine Anordnung, die zu einer nach den Absätzen 2 oder 3 bestehenden Verpflichtung anhält, kann das Gesundheitsamt auch treffen, wenn die Voraussetzungen des Satzes 1 nicht vorliegen.

(8) Widerspruch und Anfechtungsklage gegen Maßnahmen nach den Absätzen 1 bis 3 haben keine aufschiebende Wirkung.

§ 10a

(1) Wenn Gegenstände mit Erregern meldepflichtiger übertragbarer Krankheiten behaftet sind oder wenn das anzunehmen ist und dadurch eine Verbreitung der Krankheit zu befürchten ist, sind die notwendigen Maßnahmen zur Abwendung der hierdurch drohenden Gefahren zu treffen. Die Vernichtung von Gegenständen kann angeordnet werden, wenn andere Maßnahmen nicht ausreichen. Sie kann auch angeordnet werden, wenn andere Maßnahmen im Verhältnis zum Wert der Gegenstände zu kostspielig sind, es sei denn, daß derjenige, der ein Recht an diesem Gegenstand oder die tatsächliche Gewalt darüber hat, widerspricht und auch die höheren Kosten übernimmt. Müssen Gegenstände entseucht, entwest, entrattet oder vernichtet werden, so kann ihre Benutzung und die Benutzung der Räume, in denen sie sich befinden, untersagt werden, bis die Maßnahme durchgeführt ist.

(2) Bei nicht meldepflichtigen übertragbaren Krankheiten können Maßnahmen nach Absatz 1 getroffen werden, wenn diese Krankheiten in epidemischer Form auftreten oder nicht nur vereinzelt bösartig verlaufen.

(3) § 10 Abs. 4 bis 8 gilt entsprechend.

§ 10b

Erfordert die Durchführung einer Maßnahme nach § 10a besondere Sachkunde, so kann die zuständige Behörde anordnen, daß der Verpflichtete damit geeignete Fachkräfte beauftragt. Die zuständige Behörde kann selbst geeignete Fachkräfte mit der Durchführung beauftragen, wenn das zur wirksamen Bekämpfung der übertragbaren Krankheiten notwendig ist und der Verpflichtete diese Maßnahme nicht durchführen kann oder will oder einer Anordnung nach Satz 1 nicht nachkommt. Wer ein Recht an dem Gegenstand oder die tatsächliche Gewalt darüber hat, muß die Durchführung der Maßnahme dulden.

§ 10c

Bei behördlich angeordneten Entseuchungen und Entwesungen dürfen nur Mittel und Verfahren verwendet werden, die vom Bundesgesundheitsamt, bei behördlich angeordneten Entrattungen nur solche verwendet werden, die von der Biologischen Bundesanstalt für Land- und Forstwirtschaft auf Brauchbarkeit geprüft und in eine zu veröffentlichende Liste aufgenommen sind.

§ 11

(1) Trinkwasser sowie Wasser für Betriebe, in denen Lebensmittel gewerbsmäßig hergestellt oder behandelt werden oder die Lebensmittel gewerbsmäßig in den Verkehr bringen, muß so beschaffen sein, daß durch seinen Genuß oder Gebrauch eine Schädigung der menschlichen Gesundheit, insbesondere durch Krankheitserreger, nicht zu besorgen ist. Schwimm- oder Badebeckenwasser in öffentlichen Bädern oder Gewerbebetrieben muß so beschaffen sein, daß durch seinen Gebrauch eine Schädigung der menschlichen Gesundheit durch Krankheitserreger nicht zu besorgen ist. Wassergewinnungs- und Wasserversorgungsanlagen und Schwimm- oder Badebecken einschließlich ihrer Wasseraufbereitungsanlagen unterliegen insoweit der Überwachung durch das Gesundheitsamt. Für die Überwachung gilt § 10 Abs. 2 entsprechend. Das Grundrecht der Unverletzlichkeit der Wohnung (Artikel 13 Abs. 1 Grundgesetz) wird insoweit eingeschränkt.

(2) Der Bundesminister für Gesundheit bestimmt durch Rechtsverordnung mit Zustimmung des Bundesrates, welchen Anforderungen das in Absatz 1 bezeichnete Wasser entsprechen muß, um der Vorschrift von Absatz 1 Satz 1 bis 3 zu genügen und regelt die Überwachung der Wassergewinnungs- und Wasserversorgungsanlagen, der Schwimm- oder Badebecken und des Wassers in hygienischer Hinsicht. Er bestimmt in dieser Rechtsverordnung auch, welche Mitwirkungs- und Duldungspflichten insoweit dem Unternehmer oder sonstigen Inhaber einer Wassergewinungs- oder Wasserversorgungsanlage oder eines Schwimm- oder Badebeckens obliegen, welche Wasseruntersuchungen dieser durchführen oder durchführen lassen muß und in welchen Zeitabständen diese vorzunehmen sind. Ferner kann er in dieser Rechtsverordnung bestimmen, daß für die Aufbereitung von Schwimm- oder Badebeckenwasser nur Mittel und Verfahren verwendet werden dürfen, die vom Bundesgesundheitsamt auf Brauchbarkeit geprüft und in eine zu veröffentlichende Liste aufgenommen worden sind. Die Rechtsverord-

nung bedarf des Einvernehmens mit dem Bundesminister des Innern, soweit es sich um die Überwachung von Wassergewinnungsanlagen handelt.

(3) Der Unternehmer oder sonstige Inhaber einer Wassergewinnungs- oder Wasserversorgungsanlage oder eines Schwimm- oder Badebeckens hat die ihm auf Grund der Rechtsverordnung nach Absatz 2 obliegenden Wasseruntersuchungen auf eigene Kosten durchzuführen oder durchführen zu lassen. Er hat auch die Kosten (Gebühren und Auslagen) der Wasseruntersuchungen zu tragen, die die zuständige Behörde auf Grund der Rechtsverordnung nach Absatz 2 durchführt oder durchführen läßt.

(4) Die zuständige Behörde hat die notwendigen Maßnahmen zu treffen, um

1. die Einhaltung der Vorschriften des Absatzes 1 und der Rechtsverordnung nach Absatz 2 sicherzustellen,
2. Gefahren für die menschliche Gesundheit abzuwenden, die von Trinkwasser, von Wasser für Lebensmittelbetriebe oder von Wasser für und in Schwimm- oder Badebecken im Sinne von Absatz 1 ausgehen können, insbesondere um das Auftreten oder die Weiterverbreitung übertragbarer Krankheiten zu verhindern.

§ 10 Abs. 6 bis 8 gilt entsprechend.

§ 12

(1) Die Gemeinden oder Gemeindeverbände haben darauf hinzuwirken, daß Abwasser, soweit es nicht dazu bestimmt ist, auf landwirtschaftlich, forstwirtschaftlich oder gärtnerisch genutzte Böden aufgebracht zu werden, so beseitigt wird, daß Gefahren für die menschliche Gesundheit durch Krankheitserreger nicht entstehen. Einrichtungen zur Beseitigung des in Satz 1 genannten Abwassers unterliegen der Überwachung durch das Gesundheitsamt. Die Inhaber dieser Einrichtungen sind verpflichtet, den Beauftragten des Gesundheitsamtes das Betreten ihrer Grundstücke zu gestatten, Räume, Anlagen und Einrichtungen zugänglich zu machen und auf Verlangen Auskunft zu erteilen, soweit dies zur Überwachung erforderlich ist. Das Grundrecht der Unverletzlichkeit der Wohnung (Artikel 13 Abs. 1 Grundgesetz) wird insoweit eingeschränkt. § 10 Abs. 1 bis 3 findet Anwendung.

(2) Der zur Erteilung einer Auskunft nach Absatz 1 Verpflichtete kann die Auskunft auf solche Fragen verweigern, deren Beantwortung ihn selbst oder einen der in § 383 Abs. 1 Nr. 1 bis 3 der Zivilprozeßordnung bezeichneten Angehörigen der Gefahr strafrechtlicher Verfolgung oder eines Verfahrens nach dem Gesetz über Ordnungswidrigkeiten aussetzen würde.

§ 12 a

Die Landesregierungen werden ermächtigt, unter den für Maßnahmen nach den §§ 10, 10a, 10b und 12 maßgebenden Voraussetzungen auch durch Rechtsverordnung entsprechende Gebote und Verbote zur Verhütung übertragbarer Krankheiten zu erlassen. § 10 Abs. 4 gilt entsprechend. Die Landesregierungen können die Ermächtigung durch Rechtsverordnung auf andere Stellen übertragen.

§ 13

(1) Wenn tierische Schädlinge festgestellt werden und die Gefahr begründet ist, daß durch sie Krankheitserreger verbreitet werden können, so hat die zuständige Behörde zu ihrer Bekämpfung die erforderlichen Maßnahmen anzuordnen.

(2) Die Landesregierungen können zur Verhütung und Bekämpfung übertragbarer Krankheiten Rechtsverordnungen über die Feststellung und die Bekämpfung tierischer Schädlinge erlassen; sie können die Ermächtigung durch Rechtsverordnung auf andere Stellen übertragen.

(3) Die Bekämpfung umfaßt Maßnahmen gegen das Auftreten, die Vermehrung und Verbreitung sowie zur Vernichtung tierischer Schädlinge. Die Rechtsverordnungen im Sinne des Absatzes 2 können insbesondere Bestimmungen treffen über

1. die Verpflichtung der Eigentümer von Gegenständen, der Nutzungsberechtigten oder der Inhaber der tatsächlichen Gewalt an Gegenständen sowie der zur Unterhaltung von Gegenständen Verpflichteten,
   a) den Befall mit tierischen Schädlingen festzustellen oder feststellen zu lassen und der zuständigen Behörde anzuzeigen,
   b) tierische Schädlinge zu bekämpfen;
2. die Befugnis und die Verpflichtung der Gemeinden oder der Gemeindeverbände, tierische Schädlinge, auch am Menschen, festzustellen, zu bekämpfen und das Ergebnis der Bekämpfung festzustellen;
3. die Feststellung und Bekämpfung, insbesondere über
   a) die Art und den Umfang der Bekämpfung,
   b) die Verwendung von Fachkräften,
   c) die zulässigen Bekämpfungsmittel und -verfahren,
   d) die Beseitigung von Bekämpfungsmitteln und
   e) die Verpflichtung, Abschluß und Ergebnis der Bekämpfung der zuständigen Behörde mitzuteilen und das Ergebnis durch Fachkräfte feststellen zu lassen;
4. die Mitwirkungs- und Duldungspflichten, insbesondere im Sinne des § 10 Abs. 2, die den in Nummer 1 genannten Personen obliegen.

Die Grundrechte der körperlichen Unversehrtheit (Artikel 2 Abs. 2 Satz 1 Grundgesetz), der Freiheit der Person (Artikel 2 Abs. 2 Satz 2 Grundgesetz) und der Unverletzlichkeit der Wohnung (Artikel 13 Abs. 1 Grundgesetz) können insoweit eingeschränkt werden.

(4) Tierische Schädlinge im Sinne dieser Vorschrift sind alle Tiere, durch die nach Art, Lebensweise oder Verbreitung Krankheitserreger auf Menschen übertragen werden können, soweit die Tiere nicht vom Tierseuchenrecht erfaßt sind.

2. Schutzimpfungen

§ 14

(1) Der Bundesminister für Gesundheit wird ermächtigt, durch Rechtsverordnung mit Zustimmung des Bundesrates Schutzimpfungen für bedrohte Teile der Bevölkerung anzuordnen, wenn eine übertragbare Krankheit in bösartiger Form auftritt oder mit ihrer epidemischen Verbreitung zu rechnen ist. Das Grundrecht der körperlichen Unversehrtheit (Artikel 2 Abs. 2 Satz 1 Grundgesetz) kann insoweit eingeschränkt werden. Ein nach dieser Rechtsverordnung Impfpflichtiger, der nach ärztlichem Zeugnis ohne Gefahr für sein Leben oder seine Gesundheit nicht geimpft werden kann, ist von der Impfpflicht freizustellen.

(2) Solange der Bundesminister für Gesundheit von der Ermächtigung nach Absatz 1 keinen Gebrauch macht, sind auch die Landesregierungen zum Erlaß einer Rechtsverordnung nach Absatz 1 ermächtigt. Die Landesregierungen können die Ermächtigung durch Rechtsverordnung auf die obersten Landesgesundheitsbehörden übertragen.

(3) Die obersten Landesgesundheitsbehörden können zum Schutze der Gesundheit Impfungen öffentlich empfehlen.

(4) Die obersten Landesgesundheitsbehörden können bestimmen, daß die Gesundheitsämter in öffentlichen Terminen unentgeltliche Schutzimpfungen gegen bestimmte übertragbare Krankheiten durchführen.

§ 15

Bei einer gesetzlich vorgeschriebenen oder auf Grund dieses Gesetzes angeordneten oder einer von der obersten Landesgesundheitsbehörde öffentlich empfohlenen Schutzimpfung oder einer Impfung nach § 17 Abs. 4 des Soldatengesetzes dürfen Impfstoffe verwendet werden, die vermehrungsfähige Krankheitserreger enthalten, welche von den Geimpften ausgeschieden und von anderen Personen aufgenommen werden können. Das Grundrecht der körperlichen Unversehrtheit (Artikel 2 Abs. 2 Satz 1 Grundgesetz) wird insoweit eingeschränkt.

§ 16

(1) Der impfende Arzt hat jede Impfung in ein Impfbuch einzutragen oder, falls das Impfbuch nicht vorgelegt wird, eine Impfbescheinigung auszustellen. Der impfende Arzt, im Falle seiner Verhinderung das Gesundheitsamt, hat den Inhalt der Impfbescheinigung auf Verlangen in das Impfbuch einzutragen.

(2) Das Impfbuch muß einem bundeseinheitlichen Muster entsprechen. Der Bundesminister für Gesundheit wird ermächtigt, durch allgemeine Verwaltungsvorschrift mit Zustimmung des Bunderates ein Muster für das Impfbuch festzulegen. In ihm ist in geeigneter Form auf zweckmäßiges Verhalten bei Eintritt eines Impfschadens, auf die sich gegebenenfalls aus § 51 ergebenden Ansprüche sowie auf Stellen, bei denen diese geltend gemacht werden können, hinzuweisen. Für die erste Eintragung ist das Impfbuch von der zuständigen Behörde unentgeltlich abzugeben.

3. Tätigkeits- und Beschäftigungsverbote beim Verkehr mit Lebensmitteln; Untersuchungspflichten

§ 17–§ 18

4. Arbeiten und Verkehr mit Krankheitserregern

§ 19

(1) Wer

1. a) die vermehrungsfähigen Erreger von Chagaskrankheit, Cholera, Coccidioidomykose, Lepra, Milzbrand, Ornithose, Paratyphus, Pest, Toxoplasmose, Tuberkulose, Tularämie oder Typhus,
   b) die vermehrungsfähigen Erreger von auf den Menschen übertragbaren Viruskrankheiten, ausgenommen Maul- und Klauenseuche,
   c) vermehrungsfähige Brucellen, Coxiellen, Leptospiren, Plasmodien oder Rickettsien,
2. die vermehrungsfähigen Erreger anderer auf den Menschen übertragbarer Krankheiten einschließlich der Geschlechtskrankheiten, ausgenommen Rotz,

einführen, ausführen, sonst in den Geltungsbereich oder aus dem Geltungsbereich dieses Gesetzes verbringen, aufbewahren, abgeben oder mit ihnen arbeiten will, bedarf einer Erlaubnis der zuständigen Behörde.

(2) Als Arbeiten mit Krankheitserregern sind insbesondere anzusehen:

1. Versuche mit vermehrungsfähigen Krankheitserregern,
2. mikrobiologische und serologische Untersuchungen zur Feststellung übertragbarer Krankheiten,
3. Fortzüchtung von Krankheitserregern.

§ 20

(1) Der Erlaubnis zum Arbeiten mit den in § 19 Abs. 1 Nr. 2 bezeichneten Krankheitserregern sowie zu ihrer Aufbewahrung bedürfen nicht

1. Ärzte, Zahnärzte und Tierärzte, soweit sie sich auf diagnostische Untersuchungen oder therapeutische Maßnahmen für die eigene Praxis beschränken,
2. Ärzte in Justizvollzugsanstalten, soweit sie sich auf diagnostische Untersuchungen oder therapeutische Maßnahmen bei den Gefangenen beschränken,
3. Krankenhäuser, Polikliniken oder Tierkliniken, soweit sie sich unter ärztlicher oder tierärztlicher Leitung auf diagnostische Untersuchungen oder therapeutische Maßnahmen in ihrem Arbeitsbereich beschränken,
4. ärztlich oder tierärztlich geleitete staatliche oder kommunale Hygiene-Institute, Medizinaluntersuchungsämter und Veterinäruntersuchungsämter sowie Gesundheitsämter, Veterinärämter, Tiergesundheitsämter und solche öffentlichen Forschungsinstitute, deren Aufgaben das Arbeiten mit Krankheitserregern erfordern.

Eine Erlaubnis nach § 19 ist nicht erforderlich für Sterilitätsprüfungen nach den Vorschriften des Arzneibuches und Bestimmungen der Koloniezahl im Zusammenhang mit der Herstellung von Arzneimitteln sowie für Sterilitätsprüfungen und Bestimmungen der Koloniezahl bei der Herstellung und bei der Überwachung des Verkehrs mit Lebensmitteln einschließlich Trinkwasser, Tabakerzeugnissen, kosmetischen Mitteln und Bedarfsgegenständen.

(2) Wer Arbeiten im Sinne von Absatz 1 aufnehmen will, hat dies der zuständigen Behörde unter Angabe der Art und des Umfanges der beabsichtigten Arbeiten spätestens zwei Wochen vor Aufnahme der Arbeiten anzuzeigen. Ändern sich Art oder Umfang der Arbeiten, so ist dies der zuständigen Behörde innerhalb von zwei Wochen anzuzeigen.

(3) Die zuständige Behörde kann Arbeiten im Sinne von Absatz 1 untersagen, wenn

1. eine Person, die die Arbeiten ausführt, sich bezüglich der nach Absatz 1 erlaubnisfreien Tätigkeiten als unzuverlässig erwiesen hat,
2. wenn geeignete Räume oder Einrichtungen nicht vorhanden sind.

§ 21

Der Erlaubnis nach § 19 Abs. 1 bedarf nicht, wer unter Aufsicht desjenigen, der eine Erlaubnis besitzt oder nach § 20 keiner Erlaubnis bedarf, tätig ist.

§ 22

(1) Die Erlaubnis ist zu versagen,

1. wenn der Antragsteller
   a) die erforderliche Sachkenntnis nicht besitzt,
   b) sich als unzuverlässig in bezug auf die Tätigkeiten erwiesen hat, für deren Ausübung die Erlaubnis begehrt wird, oder
2. wenn geeignete Räume oder Einrichtungen nicht vorhanden sind.

(2) Wenn der Antragsteller nicht selbst die Leitung der Tätigkeiten übernimmt, so darf bei ihm der Versagungsgrund nach Absatz 1 Nr. 1 Buchstabe b und dürfen bei der von ihm mit der Leitung beauftragten Person die Versagungsgründe nach Absatz 1 Nr. 1 nicht vorliegen. Bei juristischen Personen darf der Versagungsgrund nach Absatz 1 Nr. 1 Buchstabe b bei den nach Gesetz oder Satzung zur Vertretung berufenen Personen nicht vorliegen.

(3) Die erforderliche Sachkenntnis wird durch

1. die Approbation oder Bestallung als Arzt, Zahnarzt, Tierarzt oder Apotheker oder den Abschluß eines naturwissenschaftlichen Hochschulstudiums und
2. eine mindestens dreijährige Tätigkeit auf dem Gebiete der Mikrobiologie und Serologie

nachgewiesen.

(4) Bei Antragstellern, die nicht die Approbation oder Bestallung als Arzt, Zahnarzt oder Tierarzt besitzen, ist die Erlaubnis auf die in § 19 Abs. 2 Nr. 1 und 3 bezeichneten Arbeiten zu beschränken. Im übrigen kann die Erlaubnis auf bestimmte Tätigkeiten und auf bestimmte Krankheitserreger beschränkt und mit Auflagen

verbunden werden, soweit dies zur Verhütung übertragbarer Krankheiten erforderlich ist.

§ 23

Die Erlaubnis ist zurückzunehmen, wenn ein Versagungsgrund nach § 22 vorhanden ist und wenn im Falle des § 22 Abs. 1 Nr. 1 dem Mangel nicht innerhalb einer von der zuständigen Behörde zu setzenden angemessenen Frist abgeholfen wird.

§ 24

Der Inhaber einer Erlaubnis hat jeden Wechsel der mit der Leitung der Tätigkeiten beauftragten Person sowie jede wesentliche Änderung der Räume oder Einrichtungen unverzüglich der zuständigen Behörde anzuzeigen. Das gleiche gilt beim Wechsel der Vertretungsberechtigten juristischer Personen.

§ 25

Wer eine in § 19 genannte Tätigkeit ausübt, untersteht der Aufsicht der zuständigen Behörde. Er ist insoweit verpflichtet, den von der zuständigen Behörde beauftragten Personen das Betreten seines Grundstücks zu gestatten, Räume, Anlagen und Einrichtungen zugänglich zu machen, Bücher und sonstige Unterlagen vorzulegen, die Einsicht in diese zu gewähren und die notwendigen Prüfungen zu dulden. Das Grundrecht der Unverletzlichkeit der Wohnung (Artikel 13 Abs. 1 Grundgesetz) wird insoweit eingeschränkt.

§ 26

Krankheitserreger der in § 19 Abs. 1 bezeichneten Art sowie Material, das solche Krankheitserreger enthält, dürfen nur an denjenigen abgegeben werden, der eine Erlaubnis besitzt oder einer solchen nach § 20 oder § 21 nicht bedarf.

§ 27

Zur Schädlingsbekämpfung dürfen Krankheitserreger, durch die übertragbare Krankheiten beim Menschen verursacht werden können, nicht verwendet werden.

§ 28

Für die gewerbsmäßige Herstellung von Seren und Impfstoffen und den Verkehr mit ihnen gelten die hierfür erlassenen besonderen Vorschriften.

§ 29

(1) Der Bundesminister für Gesundheit wird ermächtigt, im Einvernehmen mit dem Bundesminister für Ernährung, Landwirtschaft und Forsten und dem Bundesminister für Arbeit und Sozialordnung durch Rechtsverordnung mit Zustimmung des Bundesrates Vorschriften über die an die Beschaffenheit der Räume und Einrichtungen zu stellenden Anforderungen sowie über die Vorsichtsmaßregeln,

die beim Arbeiten und beim Verkehr mit den in § 19 Abs. 1 bezeichneten Krankheitserregern und bei deren Versendung zu treffen sind, zu erlassen.

(2) In der Rechtsverordnung nach Absatz 1 kann zum Zwecke der Überwachung des Arbeitens und des Verkehrs mit Krankheitserregern vorgeschrieben werden, daß bei bestimmten Tätigkeiten die Arbeitsaufnahme der zuständigen Behörde anzuzeigen ist, daß Verzeichnisse zu führen und Berichte über die durchgeführten Arbeiten der zuständigen Behörde vorzulegen sowie bestimmte Wahrnehmungen dem Gesundheitsamt zu melden sind, soweit dies zur Verhütung oder Bekämpfung übertragbarer Krankheiten erforderlich ist.

Fünfter Abschnitt
Vorschriften zur Bekämpfung übertragbarer Krankheiten

1. Behandlung übertragbarer Krankheiten

§ 30

(1) Die Behandlung von Personen, die an einer der in den §§ 3, 8 oder 45 genannten übertragbaren Krankheiten erkrankt oder dessen verdächtig sind, und die Behandlung von Ausscheidern ist im Rahmen der berufsmäßigen Ausübung der Heilkunde nur Ärzten, im Rahmen der berufsmäßigen Ausübung der Zahnheilkunde auch Zahnärzten gestattet. Satz 1 gilt entsprechend bei übertragbaren Krankheiten, die durch eine Rechtsverordnung auf Grund des § 7 in die Meldepflicht einbezogen sind.

(2) Stellt ein Heilpraktiker eine Erkrankung oder den Verdacht einer Erkrankung an einer übertragbaren Krankheit im Sinne des Absatzes 1 fest und wird daraufhin die Behandlung einem Arzt übertragen, so kann der Heilpraktiker bis zur Übernahme der Behandlung durch den Arzt Maßnahmen zur Linderung einleiten.

2. Ermittlungen

§ 31

(1) Ergibt sich oder ist anzunehmen, daß jemand krank, krankheitsverdächtig, ansteckungsverdächtig, Ausscheider oder ausscheidungsverdächtig ist oder daß ein Verstorbener krank, krankheitsverdächtig oder Ausscheider war, so stellt das Gesundheitsamt die erforderlichen Ermittlungen, insbesondere über Art, Ursache, Ansteckungsquelle und Ausbreitung der Krankheit an.

(2) Beim Auftreten von Cholera, Gelbfieber, Pest oder Pocken haben die zuständigen obersten Landesbehörden sofort das Bundesgesundheitsamt zu benachrichtigen.

§ 32

(1) Für die Durchführung der Ermittlungen nach § 31 Abs. 1 gilt § 10 Abs. 2 und 5 entsprechend.

(2) Die in § 31 Abs. 1 genannten Personen sind verpflichtet, die erforderlichen Untersuchungen durch die Beauftragten des Gesundheitsamtes zu dulden und Vorladungen des Gesundheitsamtes Folge zu leisten sowie das erforderliche Untersuchungsmaterial auf Verlangen bereitzustellen oder entnehmen zu lassen. Die Entnahme von Mageninhalt oder Galle, von Rückenmarks- oder Gehirnflüssigkeit sowie alle operativen Eingriffe und solche Eingriffe, die eine allgemeine Betäubung erfordern, dürfen nur von Ärzten und nur mit Einwilligung des Betroffenen vorgenommen werden. § 10 Abs. 5 gilt entsprechend.

(3) Den Ärzten des Gesundheitsamtes und dessen ärztlichen Beauftragten ist die Untersuchung der in § 31 Abs. 1 genannten Verstorbenen zu gestatten. Die zuständige Behörde kann die innere Leichenschau anordnen, wenn dies vom Gesundheitsamt für erforderlich gehalten wird.

(4) Die Grundrechte der körperlichen Unversehrtheit (Artikel 2 Abs. 2 Satz 1 Grundgesetz), der Freiheit der Person (Artikel 2 Abs. 2 Satz 2 Grundgesetz) und der Unverletzlichkeit der Wohnung (Artikel 13 Abs. 1 Grundgesetz) werden insoweit eingeschränkt.

§ 33

Der behandelnde Arzt ist berechtigt, den Untersuchungen nach § 32 und der inneren Leichenschau beizuwohnen.

3. Schutzmaßnahmen

§ 34

(1) Werden Kranke, Krankheitsverdächtige, Ansteckungsverdächtige, Ausscheider oder Ausscheidungsverdächtige festgestellt oder ergibt sich, daß ein Verstorbener krank, krankheitsverdächtig oder Ausscheider war, so kann die zuständige Behörde die notwendigen Schutzmaßnahmen, insbesondere die in den §§ 36 bis 38 genannten, anordnen, soweit und solange es zur Verhinderung der Verbreitung übertragbarer Krankheiten erforderlich ist. Unter den Voraussetzungen von Satz 1 kann die zuständige Behörde Veranstaltungen in Theatern, Filmtheatern, Versammlungsräumen, Vergnügungs- oder Gaststätten und ähnlichen Einrichtungen sowie die Abhaltung von Märkten, Messen, Tagungen, Volksfesten und Sportveranstaltungen oder sonstige Ansammlungen einer größeren Anzahl von Menschen beschränken oder verbieten und Badeanstalten schließen. Eine Heilbehandlung darf nicht angeordnet werden. § 10 Abs. 4 gilt entsprechend.

(2) Für Maßnahmen nach Absatz 1 gilt § 10 Abs. 5 bis 8, für ihre Überwachung außerdem § 10 Abs. 2 entsprechend.

§ 35

(weggefallen)

§ 36

(1) Kranke, Krankheitsverdächtige, Ansteckungsverdächtige, Ausscheider und Ausscheidungsverdächtige können einer Beobachtung unterworfen werden.

(2) Wer einer Beobachtung nach Absatz 1 unterworfen ist, hat die erforderlichen Untersuchungen durch die Beauftragten des Gesundheitsamtes zu dulden und den Weisungen des Gesundheitsamtes Folge zu leisten. § 6 Abs. 1 und § 32 Abs. 2 gelten entsprechend. Er ist ferner verpflichtet, Vorladungen des Gesundheitsamtes Folge zu leisten, den Beauftragten des Gesundheitsamtes zum Zwecke der Befragung oder der Untersuchung den Zutritt zu seiner Wohnung zu gestatten, ihnen über alle seinen Gesundheitszustand betreffenden Umstände Auskunft zu geben und im Falle des Wohnungswechsels unverzüglich dem bisher zuständigen Gesundheitsamt Anzeige zu erstatten. § 12 Abs. 2 gilt entsprechend.

§ 37

(1) Die zuständige Behörde hat Personen, die an Cholera, Pest, Pocken oder an virusbedingtem hämorrhagischem Fieber erkrankt sind, unverzüglich in einem Krankenhaus oder einer für diese Krankheiten geeigneten Absonderungseinrichtung abzusondern. Sonstige Kranke sowie Krankheitsverdächtige, Ansteckungsverdächtige und Ausscheider können in einem Krankenhaus oder in sonst geeigneter Weise abgesondert werden, Ausscheider jedoch nur, wenn sie andere Schutzmaßnahmen nicht befolgen, befolgen könnten oder befolgen würden und dadurch ihre Umgebung gefährden.

(2) Kommt der Betroffene den seine Absonderung betreffenden Anordnungen nicht nach oder ist nach seinem bisherigen Verhalten anzunehmen, daß er solchen Anordnungen nicht ausreichend Folge leisten wird, so ist er zwangsweise durch Unterbringung in einem abgeschlossenen Krankenhaus oder einem abgeschlossenen Teil eines Krankenhauses abzusondern. Ansteckungsverdächtige und Ausscheider können auch in einer anderen geeigneten abgeschlossenen Einrichtung abgesondert werden. Das Gesetz über das gerichtliche Verfahren bei Freiheitsentziehungen vom 29. Juni 1956 in der im Bundesgesetzblatt Teil III, Gliederungsnummer 316-1, veröffentlichten bereinigten Fassung, zuletzt geändert durch § 185 des Gesetzes vom 16. März 1976 (BGBl. I S. 581), ist anzuwenden.

(3) Der Abgesonderte hat die Anordnungen des Krankenhauses oder der sonstigen Absonderungseinrichtung zu befolgen und die Maßnahmen zu dulden, die der Aufrechterhaltung eines ordnungsgemäßen Anstaltsbetriebs oder der Sicherung des Unterbringungszwecks dienen. Insbesondere dürfen ihm Gegenstände, die unmittelbar oder mittelbar einem Entweichen dienen können, abgenommen und bis zu seiner Entlassung anderweitig verwahrt werden. Für ihn eingehende oder von ihm ausgehende Pakete und schriftliche Mitteilungen können in seinem Beisein geöffnet und zurückgehalten werden, soweit dies zur Sicherung des Unterbringungszweckes erforderlich ist. Postsendungen von Gerichten, Behörden, gesetzlichen Vertretern, Rechtsanwälten, Notaren oder Seelsorgern dürfen weder geöffnet noch zurückgehalten werden; Postsendungen an solche Stellen oder Per-

sonen dürfen nur geöffnet und zurückgehalten werden, soweit dies zum Zwecke der Entseuchung notwendig ist. Neben den in § 10 Abs. 4 genannten Grundrechten wird insoweit auch das Grundrecht des Briefgeheimnisses (Artikel 10 Grundgesetz) eingeschränkt.

(4) Der behandelnde Arzt und die zur Pflege bestimmten Personen haben freien Zutritt zu abgesonderten Personen. Dem Seelsorger oder Urkundspersonen muß, anderen Personen kann der behandelnde Arzt den Zutritt unter Auferlegung der erforderlichen Verhaltensmaßregeln gestatten.

(5) Die Gemeinden oder Gemeindeverbände haben dafür zu sorgen, daß die eingesetzten Ärzte, Schwestern sowie weitere Personen den erforderlichen Impfschutz erhalten. Sie haben weiterhin dafür zu sorgen, daß die notwendigen Räume, Einrichtungen und Transportmittel sowie das erforderliche Personal zur Durchführung von Absonderungsmaßnahmen außerhalb der Wohnung zur Verfügung stehen. Die Räume und Einrichtungen zur Absonderung nach Absatz 2 sind nötigenfalls von den Ländern zu schaffen und zu unterhalten.

§ 38

Kranken, Krankheitsverdächtigen, Ansteckungsverdächtigen, Ausscheidern und Ausscheidungsverdächtigen kann die Ausübung bestimmter beruflicher Tätigkeiten ganz oder teilweise untersagt werden.

§ 38a

Die Landesregierungen werden ermächtigt, unter den Voraussetzungen, die für Maßnahmen nach den §§ 34 bis 38 maßgebend sind, auch durch Rechtsverordnungen entsprechende Gebote und Verbote zur Bekämpfung übertragbarer Krankheiten zu erlassen. § 10 Abs. 4 gilt entsprechend. Die Landesregierungen können die Ermächtigung durch Rechtsverordnung auf andere Stellen übertragen.

§ 39–§ 43

(weggefallen)

Sechster Abschnitt
Zusätzliche Vorschriften für Schulen und sonstige Gemeinschaftseinrichtungen

§ 44

Schulen im Sinne der §§ 45 bis 47 sind alle öffentlichen und privaten, dem allgemeinbildenden und berufsbildenden Unterricht dienenden Schulen.

§ 45

(1) Lehrer, zur Vorbereitung auf den Beruf des Lehrers in Schulen tätige Personen, Schüler, Schulbedienstete und in Schulgebäude wohnende Personen, die an

ansteckender Borkenflechte (Impetigo contagiosa), Cholera, Diphtherie, Enteritis infectiosa, Keuchhusten, Krätze, Masern, Meningitis/Encephalitis, Milzbrand, Mumps, Ornithose, Paratyphus, Pest, Pocken, Poliomyelitis, Q-Fieber, Röteln, Scharlach, Shigellenruhr, ansteckungsfähiger Tuberkulose der Atmungsorgane, Tularämie, Typhus abdominalis, virusbedingtem hämorrhagischem Fieber, Virushepatitis oder Windpocken erkrankt oder dessen verdächtig oder die verlaust sind, dürfen die dem Schulbetrieb dienenden Räume nicht betreten, Einrichtungen der Schule nicht benutzen und an Veranstaltungen der Schule nicht teilnehmen, bis nach dem Urteil des behandelnden Arztes oder des Gesundheitsamtes eine Weiterverbreitung der Krankheit oder der Verlausung durch sie nicht mehr zu befürchten ist.

(2) Ausscheider dürfen nur mit Zustimmung des Gesundheitsamtes und unter Beachtung der vorgeschriebenen Schutzmaßnahmen die dem Schulbetrieb dienenden Räume betreten, Einrichtungen der Schule benutzen oder an Veranstaltungen der Schule teilnehmen.

(3) Für Lehrer, zur Vorbereitung auf den Beruf des Lehrers in Schulen tätige Personen, Schüler, Schulbedienstete und in Schulgebäuden wohnende Personen, in deren Wohngemeinschaft eine Erkrankung oder der Verdacht einer Erkrankung nach Absatz 1 aufgetreten ist, gilt Absatz 2 entsprechend.

(4) Wenn die nach den Absätzen 1 bis 3 verpflichteten Personen geschäftsunfähig oder in der Geschäftsfähigkeit beschränkt sind, so hat derjenige für die Einhaltung der diese Personen nach den Absätzen 1 bis 3 treffenden Verpflichtungen zu sorgen, dem die Sorge für die Person zusteht. Die gleiche Verpflichtung trifft den Betreuer einer nach den Absätzen 1 bis 3 verpflichteten Person, soweit die Sorge für die Person des Verpflichteten zu seinem Aufgabenkreis gehört.

§ 46

Die zuständige Behörde kann beim Auftreten übertragbarer Krankheiten oder einem hierauf gerichteten Krankheitsverdacht auf Vorschlag des Gesundheitsamtes die Schließung von Schulen oder von einzelnen Schulklassen anordnen. § 10 Abs. 8 gilt entsprechend.

§ 47

(1) Lehrer und zur Vorbereitung auf den Beruf des Lehrers in Schulen tätige Personen sowie Schulbedienstete, die Kontakt mit den Schülern haben, haben vor erstmaliger Aufnahme ihrer Tätigkeit der zuständigen Behörde ein Zeugnis des Gesundheitsamtes darüber vorzulegen, daß bei ihnen eine ansteckungsfähige Tuberkulose der Atmungsorgane nicht festgestellt wurde. Das Zeugnis muß sich auf eine Röntgenaufnahme der Atmungsorgane und eine intrakutane Tuberkulinprobe stützen. Die Erhebung der Befunde darf nicht länger als sechs Monate zurückliegen. Bei Schwangeren ist von der Röntgenaufnahme abzusehen; statt dessen ist ein Zeugnis des Gesundheitsamtes vorzulegen, daß nach sonstigen Befunden eine ansteckungsfähige Tuberkulose der Atmungsorgane nicht zu be-

fürchten ist. Vor einer Wiederaufnahme der Tätigkeit nach Beendigung der Schwangerschaft ist die Röntgenaufnahme nachzuholen. Solange ein Zeugnis nach Satz 1 oder 4 nicht vorgelegt worden ist, dürfen die in Satz 1 genannten Personen ihre Tätigkeit nicht ausüben und nicht damit beschäftigt werden.

(2) Werden bei der Erhebung der Befunde Tatsachen festgestellt, die zu einer ansteckungsfähigen Tuberkulose führen können, ordnet das Gesundheitsamt die erforderlichen weiteren Untersuchungen an. Dies ist im Zeugnis nach Absatz 1 zum Ausdruck zu bringen.

(3) Bei Wiederholungsuntersuchungen kann der Nachweis nach Absatz 1 auch durch das Zeugnis eines sonstigen Arztes geführt werden. In diesem Fall hat der Arzt eine Abschrift des Zeugnisses unverzüglich dem zuständigen Gesundheitsamt zu übersenden.

(4) Schüler dürfen durch eine perkutane oder intrakutane Tuberkulinprobe auf Tuberkulose untersucht werden. Personen, denen die Sorge für die Person eines Schülers zusteht, sind verpflichtet, diese Untersuchung zu dulden.

(5) Das Grundrecht der körperlichen Unversehrtheit (Artikel 2 Abs. 2 Satz 1 des Grundgesetzes) wird insoweit eingeschränkt.

§ 48

(1) Die Bestimmungen der §§ 45 bis 47 gelten für Schülerheime, Schullandheime, Säuglingsheime, Kinderheime, Kindergärten, Kindertagesstätten, Lehrlingsheime, Jugendwohnheime, Ferienlager und ähnliche Einrichtungen entsprechend mit der Maßgabe, daß die Verpflichtung nach § 47 Abs. 1 und 2 dem Aufsichts-, Lehr-, Erziehungs-, Pflege- und Hauspersonal dieser Einrichtung obliegt und daß § 47 Abs. 4 auch dann gilt, wenn die Insassen der genannten Einrichtungen nicht Schüler sind.

(2) Tritt in den in Absatz 1 genannten Einrichtungen eine übertragbare Krankheit im Sinne des § 45 Abs. 1 oder ein hierauf gerichteter Krankheitsverdacht auf, so hat der Leiter, unbeschadet der Meldepflicht anderer Personen nach § 4, das für die Einrichtung zuständige Gesundheitsamt unverzüglich zu benachrichtigen.

(3) Die zuständige Behörde kann im Einvernehmen mit dem Gesundheitsamt für die in Absatz 1 genannten Einrichtungen Ausnahmen von dem Verbot nach § 45 Abs. 1 zulassen, wenn die hygienischen Einrichtungen dieser Heime ausreichend sind, eine Absonderung möglich und die ärztliche Betreuung sichergestellt ist.

§ 48a

(1) Gemeinschaftseinrichtungen im Sinne der §§ 44 und 48 Abs. 1 sowie Krankenhäuser, Entbindungsheime, Kurheime, Altenheime, Altenwohnheime und Pflegeheime, sonstige Einrichtungen zur heimmäßigen Unterbringung und Massenunterkünfte unterliegen der seuchenhygienischen Überwachung durch das Gesundheitsamt. Für die Durchführung der Überwachung gilt § 10 Abs. 2 entsprechend. Das Grundrecht der Unverletzlichkeit der Wohnung (Artikel 13 Abs. 1 Grundgesetz) wird insoweit eingeschränkt.

(2) Personen, die in ein Altenheim, Altenwohnheim, Pflegeheim oder eine gleichartige Einrichtung nach § 1 Abs. 1 des Heimgesetzes vom 7. August 1974 (BGBl. I S. 1873) aufgenommen werden sollen, haben vor oder unverzüglich nach ihrer Aufnahme der zuständigen Behörde durch Vorlage eines ärztlichen Zeugnisses nachzuweisen, daß bei ihnen eine ansteckungsfähige Tuberkulose der Atmungsorgane nicht vorliegt.

Siebenter Abschnitt
Entschädigung in besonderen Fällen

§ 49–§ 61

Achter Abschnitt
Kosten

§ 62

Neunter Abschnitt
Straf- und Bußgeldvorschriften

§ 63

(1) Wer eine der in § 37 Abs. 1 Satz 1 bezeichneten Krankheiten verbreitet, wird mit Freiheitsstrafe von sechs Monaten bis zu fünf Jahren bestraft, soweit nicht die Tat in anderen Vorschriften mit einer schwereren Strafe bedroht ist.

(2) Der Versuch ist strafbar.

§ 64

(1) Wer als Unternehmer oder Inhaber einer Wassergewinnungs- oder Wasserversorgungsanlage Wasser als Trinkwasser oder als Wasser für die in § 11 Abs. 1 Satz 1 bezeichneten Betriebe oder als Wasser für Schwimm- oder Badebecken in den in § 11 Abs. 1 Satz 2 bezeichneten öffentlichen Bädern oder Gewerbebetrieben abgibt oder anderen zur Verfügung stellt, das den Anforderungen einer nach § 11 Abs. 2 Satz 1 erlassenen Rechtsverordnung nicht entspricht, wird mit Freiheitsstrafe bis zu zwei Jahren oder mit Geldstrafe bestraft.

(2) Ebenso wird bestraft, wer

1. ohne die nach § 19 erforderliche Erlaubnis die dort bezeichneten Krankheitserreger einführt, ausführt, sonst in den Geltungsbereich oder aus dem Geltungsbereich dieses Gesetzes verbringt, aufbewahrt, abgibt oder mit ihnen arbeitet,
2. entgegen der Vorschrift des § 26 Krankheitserreger an Personen abgibt, die nicht im Besitz der vorgeschriebenen Erlaubnis sind,
3. entgegen der Vorschrift des § 27 Krankheitserreger zur Schädlingsbekämpfung verwendet,

4. sich einer zwangsweise vollzogenen Absonderung (§ 37 Abs. 2) entzieht,
5. entgegen der Vorschrift des § 17 Personen beschäftigt oder eine Tätigkeit ausübt oder wer entgegen einer vollziehbaren Anordnung nach § 38 eine Tätigkeit ausübt.

(3) Wer durch eine der in den Absätzen 1 oder 2 bezeichneten Handlungen eine der in § 3 Abs. 1 und 2 bezeichneten Krankheiten verbreitet, wird mit Freiheitsstrafe von drei Monaten bis zu fünf Jahren bestraft, soweit die Tat nicht in § 63 mit Strafe bedroht ist.

(4) Handelt der Täter in den Fällen der Absätze 1 oder 2 fahrlässig, so ist die Strafe Freiheitsstrafe bis zu einem Jahr oder Geldstrafe.

§ 65

(1) Wer als Veranstalter oder Leiter einer in § 34 Abs. 1 Satz 2 bezeichneten Veranstaltung oder Ansammlung oder als Inhaber einer dort bezeichneten Einrichtung gegen eine auf Grund des § 34 Abs. 1 Satz 2 erlassene vollziehbare Anordnung verstößt, wird mit Freiheitsstrafe bis zu zwei Jahren oder mit Geldstrafe bestraft.

(2) Wer durch die in Absatz 1 bezeichnete Handlung eine der in § 3 Abs. 1 und 2 bezeichneten Krankheiten verbreitet, wird mit Freiheitsstrafe von drei Monaten bis zu fünf Jahren bestraft, soweit die Tat nicht in § 63 mit Strafe bedroht ist.

(3) Handelt der Täter in den Fällen des Absatzes 1 fahrlässig, so ist die Strafe Freiheitsstrafe bis zu sechs Monaten oder Geldstrafe bis zu einhundertachtzig Tagessätzen.

§ 66

(weggefallen)

§ 67

Wer entgegen § 30 Abs. 1 dort bezeichnete Personen, Ausscheider oder Personen, die an einer auf Grund einer Rechtsverordnung nach § 7 meldepflichtigen Krankheit erkrankt oder dessen verdächtig sind, behandelt, wird mit Freiheitsstrafe bis zu einem Jahr oder mit Geldstrafe bestraft.

§ 68

(weggefallen)

§ 69

(1) Ordnungswidrig handelt, wer vorsätzlich oder fahrlässig

1. einer Meldepflicht nach den §§ 3 bis 5 oder 8 oder 9 Abs. 1 auch in Verbindung mit einer Rechtsverordnung nach § 7, einer Anzeigepflicht nach § 6 Abs. 1, 3 oder 4, § 24 oder § 36 Abs. 2 Satz 3, einer Mitteilungspflicht nach § 6 Abs. 2, 3 oder § 48 Abs. 2 oder einer Auskunftspflicht nach § 10 Abs. 2 Satz 3, § 12 Abs. 1 Satz 3, § 36 Abs. 2 Satz 3 zuwiderhandelt,
2. einer Duldungspflicht nach § 10 Abs. 3, § 25 Satz 2, § 32 Abs. 2 Satz 1, § 36

Abs. 2 Satz 1, einer Gestattungspflicht nach § 12 Abs. 1 Satz 3, § 25 Satz 2, § 32 Abs. 3 Satz 1, § 36 Abs. 2 Satz 3 oder einer Mitwirkungspflicht nach § 10 Abs. 2 Satz 2, Abs. 3, § 12 Abs. 1 Satz 3, § 25 Satz 2, § 32 Abs. 2 Satz 1, § 36 Abs. 2 Satz 1 zuwiderhandelt,
3. einer Vorladung des Gesundheitsamtes nach § 10 Abs. 3, § 32 Abs. 2 Satz 1 oder § 36 Abs. 2 Satz 3 nicht Folge leistet,
4. einer vollziehbaren Anordnung nach den §§ 10a, 10b, 32 Abs. 3 Satz 2, § 34 Abs. 1 Satz 1 oder § 37 oder einer vollziehbaren Auflage nach § 22 Abs. 4 Satz 2 zuwiderhandelt,
5. entgegen § 16 Abs. 1 eine Eintragung oder Bescheinigung nicht, nicht richtig oder nicht vollständig vornimmt,
6. entgegen § 18 Abs. 1 Satz 1 ohne Zeugnis des Gesundheitsamtes eine der in § 17 Abs. 1, 3 oder 4 genannten Tätigkeiten ausübt oder eine Person mit einer dieser Tätigkeiten beschäftigt,
7. entgegen § 45 Abs. 1 bis 3, auch in Verbindung mit § 48 Abs. 1, die dort bezeichneten Räume betritt, Einrichtungen benutzt oder an Veranstaltungen teilnimmt oder der ihm nach § 45 Abs. 4, auch in Verbindung mit § 48 Abs. 1, obliegenden Verpflichtung nicht nachkommt.

(2) Ordnungswidrig handelt, wer vorsätzlich oder fahrlässig einer Rechtsverordnung nach § 11 Abs. 2 Satz 2, §§ 12a, 13 Abs. 2, § 14 Abs. 1, 2, § 18 Abs. 2, 3 oder § 29 Abs. 1 zuwiderhandelt, soweit sie für einen bestimmten Tatbestand auf diese Bußgeldvorschrift verweist.

(3) Die Ordnungswidrigkeit kann mit einer Geldbuße bis zu fünfzigtausend Deutsche Mark geahndet werden.

§ 70

Wer durch eine der in § 69 Abs. 1 oder 2 bezeichneten vorsätzlichen Handlungen eine der in § 3 Abs. 1 und 2 bezeichneten Krankheiten verbreitet, wird mit Freiheitsstrafe bis zu fünf Jahren oder mit Geldstrafe bestraft, soweit die Tat nicht in § 63 mit Strafe bedroht ist.

§ 71

Gegenstände, auf die sich eine Straftat nach § 64 Abs. 2 oder 4 in Verbindung mit Absatz 2 bezieht, können eingezogen werden.

§ 72–§ 73

(weggefallen)

ZEHNTER ABSCHNITT

Übergangs- und Schlußbestimmungen

§ 74 (weggefallen).

§ 75 [Übergangsvorschrift für Erlaubnisinhaber]. Eine nach den bisherigen Vorschriften erteilte Erlaubnis für das Arbeiten und den Verkehr mit Krankheitserregern gilt als Erlaubnis im Sinne des § 19 Abs. 1. Der Erlaubnisinhaber hat innerhalb eines Jahres nach dem Inkrafttreten der nach § 29 zu erlassenden Rechtsverordnung die an die Räume und Einrichtungen zu stellenden Anforderungen zu erfüllen.

§ 76 (weggefallen).

§ 77 [Zuständige Behörden]. (1) Welche Stellen zuständige Behörden im Sinne dieses Gesetzes sind, bestimmt, soweit eine landesrechtliche Regelung nicht besteht, die Landesregierung.

(2) Die Senate der Länder Berlin, Bremen und Hamburg werden ermächtigt, die Vorschriften dieses Gesetzes über die Zuständigkeit von Behörden dem besonderen Verwaltungsaufbau ihrer Länder anzupassen.

§ 78 [Bundeswehr]. ...

§ 79 [Bundesbahn]. ...

§ 79a [Schiffsbesatzung]. ...

§ 80 [Weitergeltendes Recht].

Unberührt bleiben

1. das Gesetz über die Pockenschutzimpfung vom 18. Mai 1976 (BGBl. I S. 1216),
2. die lebensmittelrechtlichen Vorschriften,
3. die Vorschriften des Tierseuchenrechts, des Fleischbeschaurechts und des Tierkörperbeseitigungsrechts,
4. die Eisenbahnverkehrsordnung vom 8. September 1938 (RGBl. II S. 663),
5. wasserrechtliche Vorschriften des Bundes und der Länder,
6. das Gesetz über technische Assistenten in der Medizin vom 8. September 1971 (BGBl. I S. 1515),
7. landesrechtliche Vorschriften über das Verbot der Ausübung bestimmter Tätigkeiten oder der Beschäftigung in bestimmten Betrieben, soweit die Verbote über diejenigen des § 17 hinausgehen oder sich auf weitere als die darin bezeichneten Personen erstrecken,
8. landesrechtliche Vorschriften über das Leichenwesen.

§§ 81 bis 83 (Änderung und Aufhebung anderer Vorschriften).

§ 83a [Anwendung des Verwaltungsverfahrensgesetzes]. Auf die Ausführung dieses Gesetzes ist, soweit in den §§ 23 und 55 nichts anderes bestimmt ist, das Verwaltungsverfahrensgesetz anzuwenden.

§ 84 [Berlinklausel]. Dieses Gesetz gilt nach Maßgabe des § 13 Abs. 1 des Dritten Überleitungsgesetzes auch im Land Berlin. Rechtsverordnungen, die auf Grund diese Gesetzes erlassen werden, gelten im Land Berlin nach § 14 des Dritten Überleitungsgesetzes.

Da alle in § 3 aufgeführten Krankheiten nicht vom Heilpraktiker behandelt werden dürfen (Behandlungsvorbehalt für Ärzte), er aber nach § 4 zu dem »meldepflichtigen Personenkreis« gehört, ist dem Heilpraktiker in diesem Bereich eine besondere Sorgfalt auferlegt, der durch eine strenge Überprüfung in der Differentialdiagnostik der Krankheiten nach dem Bundesseuchengesetz Rechnung getragen wird.

2.1.2 Verordnung über die Berichtspflicht für positive HIV-Bestätigungstests (Laborberichtsverordnung)

Vom 18. Dezember 1987 (BGBl. I S. 2819)
(BGBl. III 2126-1-8-2)

Auf Grund des § 7 Abs. 1 des Bundes-Seuchengesetzes in der Fassung der Bekanntmachung vom 18. Dezember 1979 (BGBl. I S. 2262) wird mit Zustimmung des Bundesrates verordnet:

§ 1 Zweck

Diese Rechtsverordnung dient der Erfassung von Infektionen mit Erregern der Erworbenen Immunschwächekrankheit AIDS (HIV) zur Beurteilung der epidemischen Lage.

§ 2 Pflichten

Wer als behandelnder oder sonst hinzugezogener Arzt Bestätigungstests zum Nachweis von Antikörpern gegen HIV, wie Westernblot, Immunfluoreszenz oder gleichwertige Untersuchungsverfahren, durchführt oder durch Untersuchungsverfahren den gesicherten Nachweis von HIV, von HIV-Antigenen oder von HIV-Nukleinsäure in vom Menschen gewonnenen Untersuchungsmaterial erbringt, hat die positiven Ergebnisse nach Maßgabe des § 3 dem zentralen AIDS-Infektionsregister beim Bundesgesundheitsamt in Form eines anonymen Berichts zu melden. Die gleiche Verpflichtung trifft die Leiter von Medizinaluntersuchungsämtern oder sonstigen öffentlichen oder privaten Untersuchungsstellen, in denen solche Untersuchungen durchgeführt werden.

§ 3 Umfang und Zeitpunkt der Berichtspflicht

(1) Die Berichte über positive Ergebnisse sind ohne Angabe des Namens der Person, ohne Namensbestandteile oder eines alphanumerischen Schlüssels zur

Kennzeichnung der Person, von der das Untersuchungsmaterial stammt (untersuchte Person), auf einem vom Bundesgesundheitsamt herausgegebenen Formular zu erstatten. Der Bericht muß enthalten

1. Name und Anschrift des Berichtenden,
2. Monat und Jahr des Eingangs des Untersuchungsmaterials,
3. Art der Untersuchungsverfahren gemäß § 2,

ferner, soweit dem zum Bericht Verpflichtenden bekannt,

4. Alter der untersuchten Person in Jahren, bei Kindern unter einem Jahr in Monaten,
5. Geschlecht der untersuchten Person,
6. die ersten beiden Ziffern der Postleitzahl des Wohnsitzes der untersuchten Person,
7. Angaben über den Anlaß der Untersuchung, über die mögliche Übertragungsweise und über das vorliegende Krankheitsbild und
8. Angabe, ob die untersuchte Person schon als HIV-positiv bekannt war.

Weitere Angaben darf der Bericht nicht enthalten. Die Angaben nach Satz 2 Nr. 1 dürfen nicht in das AIDS-Infektionsregister aufgenommen werden; sie sind zu löschen, sobald der Bericht durch das Bundesgesundheitsamt ausgewertet ist.

(2) Die Berichte sind für jeden Kalendermonat zusammengefaßt bis zum Ende des folgenden Monats zu erstatten; es ist für den Monat zu berichten, in dem das Untersuchungsmaterial bei der Untersuchungsstelle eingegangen ist.

§ 4 Ordnungswidrigkeiten

Wer vorsätzlich oder fahrlässig einer Pflicht nach den §§ 2, 3 Abs. 1 Satz 1 oder 2 oder Abs. 2 zuwiderhandelt, handelt nach § 69 Abs. 1 Nr. 1 des Bundes-Seuchengesetzes ordnungswidrig.

§ 5 Berlin-Klausel

Diese Verordnung gilt nach § 14 des Dritten Überleitungsgesetzes in Verbindung mit § 84 des Bundes-Seuchengesetzes auch im Land Berlin.

§ 6 Inkrafttreten

Diese Verordnung tritt am 1. Januar 1988 in Kraft.

2.2 Gesetz zur Bekämpfung der Geschlechtskrankheiten

Vom 23. Juli 1953 (BGBl. I S. 700), zuletzt geändert durch Gesetz vom 12. September 1990 (BGBl. I S. 2002)
(BGBl. III 2126-4)
(Auszug)

Für das Inkrafttreten in den beigetretenen Ländern gilt gem. Artikel 1 des Gesetzes vom 23. September 1990 i.V.m. Anlage I Kapitel X Sachgebiet D Abschnitt III Nr. 5 zu dem Einigungsvertrag vom 31. August 1990 (BGBl. II S. 885, 1089):

»5. Gesetz zur Bekämpfung der Geschlechtskrankheiten in der im Bundesgesetzblatt Teil III, Gliederungsnummer 2126-4, veröffentlichten bereinigten Fassung, zuletzt geändert durch Artikel 11 des Gesetzes vom 19. Dezember 1986 (BGBl. I S. 2555).
Die in § 20 genannten Gegenstände dürfen noch ein Jahr nach Wirksamwerden des Beitritts ohne Genehmigung des Bundesgesundheitsamtes in dem in Artikel 3 des Vertrages bezeichneten Gebiet in den Verkehr gebracht werden, sofern sie nach dem bisher in der Deutschen Demokratischen Republik geltenden Recht in den Verkehr gebracht werden dürfen.«

Der Bundestag hat mit Zustimmung des Bundesrates das folgende Gesetz beschlossen:

ERSTER ABSCHNITT
Begriffsbestimmungen, Aufgaben des Gesetzes

§ 1 Geschlechtskrankheiten

Geschlechtskrankheiten im Sinne dieses Gesetzes sind

1. Syphilis (Lues),
2. Tripper (Gonorrhoe),
3. Weicher Schanker (Ulcus molle),
4. Venerische Lymphknotenentzündung
(Lymphogranulomatosis inguinalis Nicolas und Favre)

ohne Rücksicht darauf, an welchen Körperteilen die Krankheitserscheinungen auftreten.

§ 2

(1) Die Bekämpfung der Geschlechtskrankheiten umfaßt Maßnahmen zur Verhütung, Feststellung, Erkennung und Heilung der Erkrankung sowie die vorbeugende und nachgehende Gesundheitsfürsorge. Zu diesem Zweck werden die Grundrechte auf körperliche Unversehrtheit (Art. 2 Abs. 2 Satz 1 des Grundge-

setzes) und auf Freiheit der Person (Art. 2 Abs. 2 Satz 2 des Grundgesetzes) eingeschränkt.

(2) Die Durchführung dieser Aufgabe obliegt den Gesundheitsämtern ...

§ 3

(1) Wer an einer Geschlechtskrankheit leidet und dies weiß oder den Umständen nach annehmen muß, ist verpflichtet,

1. sich unverzüglich von einem in Deutschland bestallten oder zugelassenen Arzt untersuchen und bis zur Beseitigung der Ansteckungsgefahr behandeln zu lassen sowie sich den notwendigen Nachuntersuchungen zu unterziehen;
2. sich in ein geeignetes Krankenhaus zu begeben, wenn das Gesundheitsamt dies anordnet, weil er sich der ordnungsgemäßen Durchführung der Behandlung entzogen hat oder die Einweisung zur Verhütung der Ansteckung erforderlich ist ...

§ 9

(1) Die Untersuchung auf Geschlechtskrankheiten und Krankheiten oder Leiden der Geschlechtsorgane sowie ihre Behandlung ist nur den in Deutschland bestallten oder zugelassenen Ärzten gestattet.

(2) Verboten ist:

1. Geschlechtskrankheiten anders als auf Grund eigener Untersuchungen zu behandeln (Fernbehandlung);
2. in Vorträgen, Schriften, Rundbriefen, Abbildungen oder Darstellungen sowie durch Rundfunk oder Film Ratschläge zur Selbstbehandlung zu erteilen;
3. sich zu einer Behandlung von Geschlechtskrankheiten und Krankheiten oder Leiden der Geschlechtsorgane durch Vorträge, Verbreitung von Schriften, Briefen, Abbildungen oder Darstellungen sowie durch Rundfunk oder Film, wenn auch in verschleierter Weise, zu erbieten, soweit es sich dabei nicht um den üblichen Hinweis eines Arztes auf die Ausübung seines Berufes handelt.

(3) Erlaubt sind Vorträge, Verbreitung von Schriften, Briefen oder Abbildungen, Filmen und Darstellungen, die der Aufklärung und Belehrung über Geschlechtskrankheiten, insbesondere über deren Erscheinungsformen, dienen, soweit sie nicht in Widerspruch zu Absatz 2 Nummern 2 und 3 stehen.

(4) Wer Geschlechtskranke oder Personen, die von Krankheiten oder Leiden der Geschlechtsorgane befallen sind, behandelt, ohne nach Absatz 1 hierzu berechtigt zu sein, oder wer gegen ein Verbot des Absatzes 2 verstößt, wird mit Freiheitsstrafe bis zu einem Jahr oder mit Geldstrafe bestraft.

§ 11

(1) Über die ansteckungsfähigen Erkrankungen an Geschlechtskrankheiten wird eine Bundesstatistik durchgeführt.

(2) Jeder Fall einer ansteckungsfähigen Erkrankung an einer Geschlechtskrankheit ist von dem behandelnden oder sonst hinzugezogenen Arzt unverzüglich

ohne Nennung des Namens und der Anschrift des Erkrankten dem Gesundheitsamt zu melden, in dessen Bezirk der Arzt seine ärztliche Tätigkeit ausübt.

§ 12

(1) Ein Geschlechtskranker ist von dem behandelnden Arzt namentlich dem Gesundheitsamt zu melden, wenn der Kranke

1. sich weigert, die vom Arzt verordnete Behandlung zu beginnen oder fortzusetzen, sie ohne triftigen Grund unterbricht oder sich der vom Arzt verordneten Nachuntersuchung entzieht;
2. nach der Überzeugung des Arztes durch seine Lebensweise oder seine allgemeinen Lebensumstände eine ernste Gefahr der Übertragung auf andere bildet;
3. offensichtlich falsche Angaben über die Ansteckungsquelle oder über die durch ihn gefährdeten Personen macht oder
4. das 18. Lebensjahr noch nicht vollendet hat und sittlich gefährdet erscheint, es sei denn, daß der Arzt nach Beratung mit den Eltern, Erziehungsberechtigten oder dem gesetzlichen Vertreter die Überzeugung gewonnen hat, daß diese die Gewähr für eine ordnungsgemäße Behandlung und Betreuung des Jugendlichen übernehmen.

(2) Über den Stand der Behandlung von Geschlechtskranken, die der namentlichen Meldepflicht unterliegen oder als Ansteckungsquelle gemeldet sind, kann das Gesundheitsamt Auskunft von dem behandelnden Arzt verlangen.

Alle der Fortpflanzung dienenden inneren und äußeren Organe zählen zu den Geschlechtsorganen, deren Behandlung nach diesem Gesetz Ärzten vorbehalten bleibt. Dem Heilpraktiker ist jede Behandlung der Geschlechtsorgane und der im Gesetz aufgeführten Geschlechtskrankheiten untersagt.

Bereits bei einem Verdacht auf eine evtl. Geschlechtskrankheit muß der Heilpraktiker einen Patienten mit dem Hinweis auf dessen gesetzliche Pflicht nach § 3 an einen Arzt verweisen und jede Untersuchung oder Behandlung verweigern, um sich nicht strafbar zu machen.

Gelangt der Heilpraktiker erst im Laufe einer Untersuchung oder Behandlung zu der Erkenntnis, daß hinter den beklagten Beschwerden eine Geschlechtskrankheit stecken könnte, hat er sich bis dahin nicht strafbar gemacht, wenn er den Patienten dann an einen Arzt verweist, für den Meldepflicht besteht.

2.3 Gesetz über die Ausübung der Zahnheilkunde

Vom 31. März 1952 (BGBl. I S. 221), in der Fassung der Bekanntmachung vom 16. April 1987 (BGBl. I S. 1225), geändert durch Gesetz v. 23. März 1992 (BGBl. I S. 719)
(BGBl. III 2123-1)

(Auszug)

Der Bundestag hat mit Zustimmung des Bundesrates das folgende Gesetz beschlossen:

I. Die Approbation als Zahnarzt

§ 1

(1) Wer im Geltungsbereich dieses Gesetzes die Zahnheilkunde dauernd ausüben will, bedarf einer Approbation als Zahnarzt nach Maßgabe dieses Gesetzes oder als Arzt nach bundesgesetzlicher Bestimmung. Die Approbation berechtigt zur Führung der Bezeichnung als »Zahnarzt« oder »Zahnärztin«. Die vorübergehende Ausübung der Zahnheilkunde bedarf einer jederzeit widerruflichen Erlaubnis.

(2) Zahnärzte, die Staatsangehörige eines Mitgliedstaates der Europäischen Wirtschaftsgemeinschaft sind, dürfen den zahnärztlichen Beruf im Geltungsbereich dieses Gesetzes ohne Approbation als Zahnarzt oder ohne Erlaubnis zur vorübergehenden Ausübung der Zahnheilkunde ausüben, sofern sie vorübergehend als Erbringer von Dienstleistungen im Sinne des Artikels 60 des EWG-Vertrages im Geltungsbereich dieses Gesetzes tätig werden. Sie unterliegen jedoch der Anzeigepflicht nach diesem Gesetz.

(3) Ausübung der Zahnheilkunde ist die berufsmäßige auf zahnärztlich wissenschaftliche Erkenntnisse gegründete Feststellung und Behandlung von Zahn-, Mund- und Kieferkrankheiten. Als Krankheit ist jede von der Norm abweichende Erscheinung im Bereich der Zähne, des Mundes und der Kiefer anzusehen, einschließlich der Anomalien der Zahnstellung und des Fehlens von Zähnen.

(4) Die Ausübung der Zahnheilkunde ist kein Gewerbe.

...

2.4 Gesetz über den Beruf der Hebamme und des Entbindungspflegers (Hebammengesetz – HebG)

Vom 4. Juni 1985 (BGBl. I S. 902), zuletzt geändert durch Gesetz vom 23. März 1992 (BGBl. I S. 719)
(BGBl. III 2124-14)

(Auszug)

§ 4

(1) Zur Leistung von Geburtshilfe sind, abgesehen von Notfällen, außer Ärztinnen und Ärzten nur Personen mit einer Erlaubnis zur Führung der Berufsbezeichnung »Hebamme« oder »Entbindungspfleger« sowie Dienstleistungserbringer im Sinne des § 1 Abs. 2 berechtigt. Die Ärztin und der Arzt sind verpflichtet, dafür Sorge zu tragen, daß bei einer Entbindung eine Hebamme oder ein Entbindungspfleger zugezogen wird.

(2) Geburtshilfe im Sinne des Absatzes 1 umfaßt Überwachung des Geburtsvorgangs von Beginn der Wehen an, Hilfe bei der Geburt und Überwachung des Wochenbettverlaufs.

...

Lange Zeit hatte man keinen Widerspruch weder zum Grundrecht der freien Berufsausübung (Art. 12 GG), noch zum Grundsatz der Gleichberechtigung von Mann und Frau (Art. 3 GG) darin gesehen, daß nur Frauen Hebammen werden konnten. Seit geraumer Zeit können auch Männer den Beruf der Hebamme ergreifen.

2.5 Gesetz zum Schutz von Embryonen (Embryonenschutzgesetz – ESchG)

Vom 13. Dezember 1990 (BGBl. I S. 2746)
(BGBl. III 453-19)

(Auszug)

§ 9 **Arztvorbehalt**

Nur ein Arzt darf vornehmen:

1. die künstliche Befruchtung,
2. die Übertragung eines menschlichen Embryos auf eine Frau,
3. die Konservierung eines menschlichen Embryos sowie einer menschlichen Eizelle, in die bereits eine menschliche Samenzelle eingedrungen oder künstlich eingebracht worden ist.

...

§ 11 Verstoß gegen den Arztvorbehalt

(1) Wer, ohne Arzt zu sein,

1. entgegen § 9 Nr. 1 eine künstliche Befruchtung vornimmt oder
2. entgegen § 9 Nr. 2 einen menschlichen Embryo auf eine Frau überträgt,

wird mit Freiheitsstrafe bis zu einem Jahr oder mit Geldstrafe bestraft.

(2) Nicht bestraft werden im Fall des § 9 Nr. 1 die Frau, die eine künstliche Insemination bei sich vornimmt, und der Mann, dessen Samen zu einer künstlichen Insemination verwendet wird.

...

2.6 Gesetz über die freiwillige Kastration und andere Behandlungsmethoden

Vom 15. August 1969 (BGBl. I S. 1143), zuletzt geändert durch Gesetz vom 12. September 1990 (BGBl. I S. 2002)
(BGBl. III 453-16)

(Auszug)

...

§ 2 Voraussetzungen der Kastration

(1) Die Kastration durch einen Arzt ist nicht als Körperverletzung strafbar, wenn

1. der Betroffene einwilligt (§ 3),
2. die Behandlung nach den Erkenntnissen der medizinischen Wissenschaft angezeigt ist, um bei dem Betroffenen schwerwiegende Krankheiten, seelische Störungen oder Leiden, die mit seinem abnormen Geschlechtstrieb zusammenhängen, zu verhüten, zu heilen oder zu lindern,
3. der Betroffene das fünfundzwanzigste Lebensjahr vollendet hat,
4. für ihn körperlich oder seelisch durch die Kastration keine Nachteile zu erwarten sind, die zu dem mit der Behandlung angestrebten Erfolg außer Verhältnis stehen, und
5. die Behandlung nach den Erkenntnissen der medizinischen Wissenschaft vorgenommen wird.

...

2.7 Blutproben und körperliche Untersuchungen bei strafbaren Handlungen

Strafprozeßordnung (StPO)

Vom 1. Februar 1877 (RGBl. S. 253), in der Fassung der Bekanntmachung vom 7. April 1987 (BGBl. I S. 1074, ber. S. 1319), zuletzt geändert durch Gesetz vom 28. Februar 1992 (BGBl. I S. 372)
(BGBl. III 312-2)

(Auszug)

§ 81 a [Körperliche Untersuchung: Blutprobe]

(1) Eine körperliche Untersuchung des Beschuldigten darf zur Feststellung von Tatsachen angeordnet werden, die für das Verfahren von Bedeutung sind. Zu diesem Zweck sind Entnahmen von Blutproben und andere körperliche Eingriffe, die von einem Arzt nach den Regeln der ärztlichen Kunst zu Untersuchungszwekken vorgenommen werden, ohne Einwilligung des Beschuldigten zulässig, wenn kein Nachteil für seine Gesundheit zu befürchten ist.

(2) Die Anordnung steht dem Richter, bei Gefährdung des Untersuchungserfolges durch Verzögerung auch der Staatsanwaltschaft und ihren Hilfsbeamten (§ 152 des Gerichtsverfassungsgesetzes) zu.

...

§ 81 c [Untersuchung anderer Personen]

(1) Andere Personen als Beschuldigte dürfen, wenn sie als Zeugen in Betracht kommen, ohne ihre Einwilligung nur untersucht werden, soweit zur Erforschung der Wahrheit festgestellt werden muß, ob sich an ihrem Körper eine bestimmte Spur oder Folge einer Straftat befindet.

(2) Bei anderen Personen als Beschuldigten sind Untersuchungen zur Feststellung der Abstammung und die Entnahme von Blutproben ohne Einwilligung des zu Untersuchenden zulässig, wenn kein Nachteil für seine Gesundheit zu befürchten und die Maßnahmen zur Erforschung der Wahrheit unerläßlich sind. **Die Untersuchungen und die Entnahme von Blutproben dürfen stets nur von einem Arzt vorgenommen werden.**

(3) Untersuchungen oder Entnahmen von Blutproben können aus den gleichen Gründen wie das Zeugnis verweigert werden. Haben Minderjährige wegen mangelnder Verstandesreife oder haben Minderjährige oder Betreute wegen einer psychischen Krankheit oder einer geistigen oder seelischen Behinderung von der Bedeutung ihres Weigerungsrechts keine genügende Vorstellung, so entscheidet der gesetzliche Vertreter; § 52 Abs. 2 Satz 2 und Abs. 3 gilt entsprechend. Ist der gesetzliche Vertreter von der Entscheidung ausgeschlossen (§ 52 Abs. 2 Satz 2) oder aus sonstigen Gründen an einer rechtzeitigen Entscheidung gehindert und erscheint die sofortige Untersuchung oder Entnahme von Blutproben zur Beweis-

sicherung erforderlich, so sind diese Maßnahmen nur auf besondere Anordnung des Richters zulässig. Der die Maßnahmen anordnende Beschluß ist unanfechtbar. Die nach Satz 3 erhobenen Beweise dürfen im weiteren Verfahren nur mit Einwilligung des hierzu befugten gesetzlichen Vertreters verwertet werden.

(4) Maßnahmen nach den Absätzen 1 und 2 sind unzulässig, wenn sie dem Betroffenen bei Würdigung aller Umstände nicht zugemutet werden können.

(5) Die Anordnung steht dem Richter, bei Gefährdung des Untersuchungserfolges durch Verzögerung, von den Fällen des Absatzes 3 Satz 3 abgesehen, auch der Staatsanwaltschaft und ihren Hilfsbeamten (§ 152 des Gerichtsverfassungsgesetzes) zu.

(6) Bei Weigerung des Betroffenen gilt die Vorschrift des § 70 entsprechend. Unmittelbarer Zwang darf nur auf besondere Anordnung des Richters angewandt werden. Die Anordnung setzt voraus, daß der Betroffene trotz Festsetzung eines Ordnungsgeldes bei der Weigerung beharrt oder daß Gefahr im Verzug ist.

Im Rahmen der Strafprozeßordnung können Untersuchungen sowie die Entnahme von Blutproben bei strafbaren Handlungen nur auf ausdrückliche Anordnung der Staatsanwaltschaft oder ihrer Hilfsorgane durchgeführt werden.

Unter Berücksichtigung der ausschließlich prozeßinternen Bedeutung des § 81 StPO sowie der Tatsache, daß außer für die genannten Personengruppen kein unmittelbarer Zugang zu den Untersuchungen möglich ist, wird der Heilpraktiker durch diese Bestimmungen des § 81 StPO praktisch nicht betroffen.

2.8 Leichenschau und Bestattungswesen

in der 3. Durchführungsverordnung zum Gesetz über die Vereinheitlichung des Gesundheitswesens vom 30. 3. 1935 (BGBl. III 2120-1-3) wird im § 72 die Leichenschau geregelt.

§ 72

Das Gesundheitsamt hat darauf hinzuwirken, daß die Leichenschau nach Möglichkeit überall eingerichtet und möglichst von Ärzten durchgeführt wird. Insbesondere hat das Gesundheitsamt auf die sorgfältige Ausstellung der Totenscheine durch die Ärzte zu achten.

Nach den einschlägigen Ländergesetzen kann die Ausstellung eines Totenscheins nur auf speziellen Formularen erfolgen, die ausschließlich den hierzu berechtigten Personen zur Verfügung stehen. Einen unmittelbaren Zugang für andere Personenkreise gibt es nicht.

Der Heilpraktiker wird in der Ausübung seiner Tätigkeit mit dem Ausstellen von Totenscheinen nicht in Berührung kommen.

2.9 Schutzimpfungen

Beschränkungen von Heilpraktikern bei Schutzimpfungen können weitgehend aus folgenden Gesetzen hergeleitet werden:

1.) Das Gesetz über die Pockenschutzimpfung vom 18. März 1976 (BGBl. I S. 1216) bestimmte im § 3, daß Impfungen nur von Ärzten vorgenommen werden dürfen. Dieses Gesetz wurde durch ein Gesetz vom 24. 11. 1982 (BGBl. I S. 1529) mit Gültigkeit vom 1. 7. 1983 aufgehoben.

2.) Gesetz über den Verkehr mit Arzneimitteln (Arzneimittelgesetz)
Impfstoffe sind in der Regel verschreibungspflichtig (Arzneimittelgesetz).

3.) Im Bundes-Seuchengesetz werden die Fragen der Impfungen in den Paragraphen 14–16 geregelt.
Die Gesundheitsbehörden sind ermächtigt, Schutzimpfungen anzuordnen ungeachtet des Grundrechts der körperlichen Unversehrtheit (Artikel 2 Absatz 2 des Grundgesetzes).
Die Impfungen sind von Ärzten auszuführen.

Nach einschlägiger Kommentierung ist die Schutzimpfung nicht als Behandlung, sondern als vorbeugende Maßnahme bei Krankheiten nach dem Bundes-Seuchengesetz zu sehen. Ein ausdrückliches Impfverbot für Heilpraktiker läßt sich daher nicht ableiten, wiewohl eine Schutzimpfung unter den gegebenen gesetzlichen Bedingungen mit der Sorgfaltspflicht kaum vereinbar erscheint.

2.10 Gesetz über den Verkehr mit Betäubungsmitteln (Betäubungsmittelgesetz)

Vom 28. Juli 1981 (BGBl. I S. 681, ber. S. 1187), zuletzt geändert durch 3. BtMÄndV vom 28. Februar 1991 (BGBl. I S. 712)
(BGBl. III 2121-6-24)

(Auszug)

Für das Inkrafttreten in den beigetretenen Ländern gilt gem. Artikel 1 des Gesetzes vom 23. September 1990 i. V. m. Anlage I Kapitel X Sachgebiet D Abschnitt III Nr. 1 zu dem Einigungsvertrag vom 31. August 1990 (BGBl. II S. 885, 1087):

§ 1 Betäubungsmittel

(1) Betäubungsmittel im Sinne dieses Gesetzes sind die in den Anlagen I bis III aufgeführten Stoffe und Zubereitungen.

(2) Die Bundesregierung wird ermächtigt, nach Anhörung von Sachverständigen durch Rechtsverordnung mit Zustimmung des Bundesrates die Anlagen I bis III zu ändern oder zu ergänzen, wenn dies

1. nach wissenschaftlicher Erkenntnis wegen der Wirkungsweise eines Stoffes, vor allem im Hinblick auf das Hervorrufen einer Abhängigkeit,

2. wegen der Möglichkeit, aus einem Stoff oder unter Verwendung eines Stoffes Betäubungsmittel herstellen zu können, oder
3. zur Sicherheit oder zur Kontrolle des Verkehrs mit Betäubungsmitteln oder anderen Stoffen oder Zubereitungen wegen des Ausmaßes der mißbräuchlichen Verwendung und wegen der unmittelbaren oder mittelbaren Gefährdung der Gesundheit

erforderlich ist. In der Rechtsverordnung nach Satz 1 können einzelne Stoffe oder Zubereitungen ganz oder teilweise von der Anwendung dieses Gesetzes oder einer auf Grund dieses Gesetzes erlassenen Rechtsverordnung ausgenommen werden, soweit die Sicherheit und die Kontrolle des Betäubungsmittelverkehrs gewährleistet bleiben.

(3) Der Bundesminister für Jugend, Familie und Gesundheit (Bundesminister) wird ermächtigt, durch Rechtsverordnung ohne Zustimmung des Bundesrates die Anlagen I bis III oder die auf Grund dieses Gesetzes erlassenen Rechtsverordnungen zu ändern, soweit das auf Grund von Änderungen der Anhänge zu dem Einheits-Übereinkommen von 1961 über Suchtstoffe in der Fassung der Bekanntmachung vom 4. Februar 1977 (BGBl. II S. 111) und dem Übereinkommen von 1971 über psychotrope Stoffe (BGBl. 1976 II S. 1477) (Internationale Suchtstoffübereinkommen) in ihrer jeweils für die Bundesrepublik Deutschland verbindlichen Fassung erforderlich ist.

§ 2 Sonstige Begriffe

(1) Im Sinne dieses Gesetzes ist

1. Stoff:
   eine Pflanze, ein Pflanzenteil oder ein Pflanzenbestandteil in bearbeitetem oder unbearbeitetem Zustand sowie eine chemische Verbindung und deren Ester, Ether, Isomere, Molekülverbindungen und Salze – roh oder gereinigt – sowie deren natürlich vorkommende Gemische und Lösungen;
2. Zubereitung:
   ohne Rücksicht auf ihren Aggregatzustand ein Stoffgemisch oder die Lösung eines oder mehrerer Stoffe außer den natürlich vorkommenden Gemischen und Lösungen;
3. ausgenommene Zubereitung:
   eine in den Anlagen I bis III bezeichnete Zubereitung, die von den betäubungsmittelrechtlichen Vorschriften ganz oder teilweise ausgenommen ist;
4. Herstellen:
   das Gewinnen, Anfertigen, Zubereiten, Be- oder Verarbeiten, Reinigen und Umwandeln.

(2) Der Einfuhr oder Ausfuhr eines Betäubungsmittels steht jedes sonstige Verbringen in den oder aus dem Geltungsbereich dieses Gesetzes gleich.

§ 3 Erlaubnis zum Verkehr mit Betäubungsmitteln

(1) Einer Erlaubnis des Bundesgesundheitsamtes bedarf, wer

1. Betäubungsmittel anbauen, herstellen, mit ihnen Handel treiben, sie, ohne mit ihnen Handel zu treiben, einführen, ausführen, abgeben, veräußern, sonst in den Verkehr bringen, erwerben oder
2. ausgenommene Zubereitungen (§ 2 Abs. 1 Nr. 3) herstellen will.

(2) Eine Erlaubnis für die in Anlage I bezeichneten Betäubungsmittel kann das Bundesgesundheitsamt nur ausnahmsweise zu wissenschaftlichen oder anderen im öffentlichen Interesse liegenden Zwecken erteilen.

§ 4 Ausnahmen von der Erlaubnispflicht

(1) Einer Erlaubnis nach § 3 Abs. 1 bedarf nicht, wer

1. im Rahmen des Betriebs einer öffentlichen Apotheke oder einer Krankenhausapotheke (Apotheke)
   a) in Anlage II oder III bezeichnete Betäubungsmittel oder dort ausgenommene Zubereitungen herstellt,
   b) in Anlage II oder III bezeichnete Betäubungsmittel erwirbt,
   c) in Anlage III bezeichnete Betäubungsmittel auf Grund ärztlicher, zahnärztlicher oder tierärztlicher Verschreibung abgibt oder
   d) in Anlage II oder III bezeichnete Betäubungsmittel an Inhaber einer Erlaubnis zum Erwerb dieser Betäubungsmittel zurückgibt oder an den Nachfolger im Betrieb der Apotheke abgibt,
2. im Rahmen des Betriebs einer tierärztlichen Hausapotheke
   a) in Anlage II oder III bezeichnete Betäubungsmittel oder dort ausgenommene Zubereitungen herstellt,
   b) in Anlage II oder III bezeichnete Betäubungsmittel erwirbt,
   c) in Anlage III bezeichnete Betäubungsmittel für ein von ihm behandeltes Tier abgibt oder
   d) in Anlage II oder III bezeichnete Betäubungsmittel an Inhaber einer Erlaubnis zum Erwerb dieser Betäubungsmittel zurückgibt oder an den Nachfolger im Betrieb der tierärztlichen Hausapotheke abgibt,
3. in Anlage III bezeichnete Betäubungsmittel
   a) auf Grund ärztlicher, zahnärztlicher oder tierärztlicher Verschreibung oder
   b) zur Anwendung an einem Tier von einer Person, die dieses Tier behandelt und eine tierärztliche Hausapotheke betreibt,

erwirbt,

4. in Anlage III bezeichnete Betäubungsmittel
   a) als Arzt, Zahnarzt oder Tierarzt im Rahmen des grenzüberschreitenden Dienstleistungsverkehrs oder
   b) auf Grund ärztlicher, zahnärztlicher oder tierärztlicher Verschreibung erworben hat und sie als Reisebedarf

ausführt oder einführt oder

5. gewerbsmäßig
   a) an der Beförderung von Betäubungsmitteln zwischen befugten Teilnehmern am Betäubungsmittelverkehr beteiligt ist oder die Lagerung und Aufbewahrung von Betäubungsmitteln im Zusammenhang mit einer solchen Beförderung oder für einen befugten Teilnehmer am Betäubungsmittelverkehr übernimmt oder
   b) die Versendung von Betäubungsmitteln zwischen befugten Teilnehmern am Betäubungsmittelverkehr durch andere besorgt oder vermittelt.

(2) Einer Erlaubnis nach § 3 bedürfen nicht die Bundes- und Landesbehörden für den Bereich ihrer dienstlichen Tätigkeit sowie die von ihnen mit der Untersuchung von Betäubungsmitteln beauftragten Behörden.

(3) Wer nach Absatz 1 Nr. 1 und 2 keiner Erlaubnis bedarf und am Betäubungsmittelverkehr teilnehmen will, hat dies dem Bundesgesundheitsamt zuvor anzuzeigen. Die Anzeige muß enthalten:

1. den Namen und die Anschriften des Anzeigenden sowie der Apotheke oder der tierärztlichen Hausapotheke,
2. das Ausstellungsdatum und die ausstellende Behörde der apothekenrechtlichen Erlaubnis oder der Approbation als Tierarzt und
3. das Datum des Beginns der Teilnahme am Betäubungsmittelverkehr.

Das Bundesgesundheitsamt unterrichtet die zuständige oberste Landesbehörde unverzüglich über den Inhalt der Anzeigen, soweit sie tierärztliche Hausapotheken betreffen.

§ 5 Versagung der Erlaubnis

(1) Die Erlaubnis nach § 3 ist zu versagen, wenn

1. nicht gewährleistet ist, daß in der Betriebsstätte und, sofern weitere Betriebsstätten in nicht benachbarten Gemeinden bestehen, in jeder dieser Betriebsstätten eine Person bestellt wird, die verantwortlich ist für die Einhaltung der betäubungsmittelrechtlichen Vorschriften und der Anordnungen der Überwachungsbehörden (Verantwortlicher); der Antragsteller kann selbst die Stelle eines Verantwortlichen einnehmen,
2. der vorgesehene Verantwortliche nicht die erforderliche Sachkenntnis hat oder die ihm obliegenden Verpflichtungen nicht ständig erfüllen kann,
3. Tatsachen vorliegen, aus denen sich Bedenken gegen die Zuverlässigkeit des Verantwortlichen, des Antragstellers, seines gesetzlichen Vertreters oder bei juristischen Personen oder nicht rechtsfähigen Personenvereinigungen der nach Gesetz, Satzung oder Gesellschaftsvertrag zur Vertretung oder Geschäftsführung Berechtigten ergeben,
4. geeignete Räume, Einrichtungen und Sicherungen für die Teilnahme am Betäubungsmittelverkehr oder die Herstellung ausgenommener Zubereitungen nicht vorhanden sind,
5. die Sicherheit oder Kontrolle des Betäubungsmittelverkehrs oder der Her-

stellung ausgenommener Zubereitungen aus anderen als den in den Nummern 1 bis 4 genannten Gründen nicht gewährleistet ist,
6. die Art und der Zweck des beantragten Verkehrs nicht mit dem Zweck dieses Gesetzes, die notwendige medizinische Versorgung der Bevölkerung sicherzustellen, daneben aber den Mißbrauch von Betäubungsmitteln oder die mißbräuchliche Herstellung ausgenommener Zubereitungen sowie das Entstehen oder Erhalten einer Betäubungsmittelabhängigkeit soweit wie möglich auszuschließen, vereinbar ist, oder
7. bei Beanstandung der vorgelegten Antragsunterlagen einem Mangel nicht innerhalb der gesetzten Frist (§ 8 Abs. 2) abgeholfen wird.

(2) Die Erlaubnis kann versagt werden, wenn sie der Durchführung der internationalen Suchtstoffübereinkommen oder Beschlüssen, Anordnungen oder Empfehlungen zwischenstaatlicher Einrichtungen der Suchtstoffkontrolle entgegensteht oder dies wegen Rechtsakten der Organe der Europäischen Gemeinschaften geboten ist.

§ 6 Sachkenntnis

(1) Der Nachweis der erforderlichen Sachkenntnis (§ 5 Abs. 1 Nr. 2) wird erbracht
1. im Falle des Herstellens von Betäubungsmitteln oder ausgenommenen Zubereitungen, die Arzneimittel sind, durch den Nachweis der Sachkenntnis als Herstellungsleiter oder Kontrolleiter nach den Vorschriften des Arzneimittelgesetzes,
2. im Falle des Herstellens von Betäubungsmitteln, die keine Arzneimittel sind, durch das Zeugnis über eine nach abgeschlossenem wissenschaftlichem Hochschulstudium der Biologie, der Chemie, der Pharmazie, der Human- oder der Veterinärmedizin abgelegte Prüfung und durch die Bestätigung einer mindestens einjährigen praktischen Tätigkeit in der Herstellung oder Prüfung von Betäubungsmitteln,
3. im Falle des Verwendens für wissenschaftliche Zwecke durch das Zeugnis über eine nach abgeschlossenem wissenschaftlichem Hochschulstudium der Biologie, der Chemie, der Pharmazie, der Human- oder der Veterinärmedizin abgelegte Prüfung und
4. in allen Fällen durch das Zeugnis über eine abgeschlossene Berufsausbildung als Kaufmann im Groß- und Außenhandel in den Fachbereichen Chemie oder Pharma und durch die Bestätigung einer mindestens einjährigen praktischen Tätigkeit im Betäubungsmittelverkehr.

(2) Das Bundesgesundheitsamt kann im Einzelfall von den im Absatz 1 genannten Anforderungen an die Sachkenntnis abweichen, wenn die Sicherheit und Kontrolle des Betäubungsmittelverkehrs oder der Herstellung ausgenommener Zubereitungen gewährleistet sind.

§ 7 Antrag

§ 8 Entscheidung

§ 9 Beschränkungen, Befristung, Bedingungen und Auflagen

(1) Die Erlaubnis ist zur Sicherheit und Kontrolle des Betäubungsmittelverkehrs oder der Herstellung ausgenommener Zubereitungen auf den jeweils notwendigen Umfang zu beschränken. Sie muß insbesondere regeln:

1. die Art der Betäubungsmittel und des Betäubungsmittelverkehrs,
2. die voraussichtliche Jahresmenge und den Bestand an Betäubungsmitteln,
3. die Lage der Betriebsstätten und
4. den Herstellungsgang und die dabei anfallenden Ausgangs-, Zwischen- und Endprodukte, auch wenn sie keine Betäubungsmittel sind.

(2) Die Erlaubnis kann

1. befristet, mit Bedingungen erlassen oder mit Auflagen verbunden werden oder
2. nach ihrer Erteilung hinsichtlich des Absatzes 1 Satz 2 geändert oder mit sonstigen Beschränkungen oder Auflagen versehen werden,

wenn dies zur Sicherheit oder Kontrolle des Betäubungsmittelverkehrs oder der Herstellung ausgenommener Zubereitungen erforderlich ist oder die Erlaubnis der Durchführung der internationalen Suchtstoffübereinkommen oder von Beschlüssen, Anordnungen oder Empfehlungen zwischenstaatlicher Einrichtungen der Suchtstoffkontrolle entgegensteht oder dies wegen Rechtsakten der Organe der Europäischen Gemeinschaften geboten ist.

§ 10 Rücknahme und Widerruf

(1) Die Erlaubnis kann auch widerrufen werden, wenn von ihr innerhalb eines Zeitraumes von zwei Kalenderjahren kein Gebrauch gemacht worden ist. Die Frist kann verlängert werden, wenn ein berechtigtes Interesse glaubhaft gemacht wird.

(2) Die zuständige oberste Landesbehörde wird über die Rücknahme oder den Widerruf der Erlaubnis unverzüglich unterrichtet.

§ 11 Einfuhr, Ausfuhr und Durchfuhr

(1) Wer Betäubungsmittel im Einzelfall einführen oder ausführen will, bedarf dazu neben der erforderlichen Erlaubnis nach § 3 einer Genehmigung des Bundesgesundheitsamtes. Betäubungsmittel dürfen durch den Geltungsbereich dieses Gesetzes nur unter zollamtlicher Überwachung ohne weiteren als den durch die Beförderung oder den Umschlag bedingten Aufenthalt und ohne daß das Betäubungsmittel zu irgendeinem Zeitpunkt während des Verbringens dem Durchführenden oder einer dritten Person tatsächlich zur Verfügung steht, durchgeführt werden. Ausgenommene Zubereitungen dürfen nicht in Länder ausgeführt werden, die die Einfuhr verboten haben.

(2) Die Bundesregierung wird ermächtigt, durch Rechtsverordnung ohne Zustimmung des Bundesrates das Verfahren über die Erteilung der Genehmigung zu regeln und Vorschriften über die Einfuhr, Ausfuhr und Durchfuhr zu erlassen, soweit es zur Sicherheit oder Kontrolle des Betäubungsmittelverkehrs, zur Durchführung der internationalen Suchtstoffübereinkommen oder von Rechtsakten der Organe der Europäischen Gemeinschaften erforderlich ist. Insbesondere können

1. die Einfuhr, Ausfuhr oder Durchfuhr auf bestimmte Betäubungsmittel und Mengen beschränkt sowie in oder durch bestimmte Länder oder aus bestimmten Ländern verboten,
2. Ausnahmen von Absatz 1 für den Reiseverkehr und die Versendung von Proben im Rahmen der internationalen Zusammenarbeit zugelassen,
3. Regelungen über das Mitführen von Betäubungsmitteln durch Ärzte, Zahnärzte und Tierärzte im Rahmen des grenzüberschreitenden Dienstleistungsverkehrs getroffen und
4. Form, Inhalt, Anfertigung, Ausgabe und Aufbewahrung der zu verwendenden amtlichen Formblätter festgelegt

werden.

§ 12 Abgabe und Erwerb

(1) Betäubungsmittel dürfen nur abgegeben werden an

1. Personen oder Personenvereinigungen, die im Besitz einer Erlaubnis nach § 3 zum Erwerb sind oder eine Apotheke oder tierärztliche Hausapotheke betreiben,
2. die in § 4 Abs. 2 oder § 26 genannten Behörden oder Einrichtungen.

(2) Der Abgebende hat dem Bundesgesundheitsamt unverzüglich jede einzelne Abgabe unter Angabe des Erwerbers und der Art und Menge des Betäubungsmittels zu melden. Der Erwerber hat dem Abgebenden den Empfang der Betäubungsmittel zu bestätigen.

(3) Die Absätze 1 und 2 gelten nicht bei

1. Abgabe von in Anlage III bezeichneten Betäubungsmitteln
   a) auf Grund ärztlicher, zahnärztlicher oder tierärztlicher Verschreibung im Rahmen des Betriebes einer Apotheke,
   b) im Rahmen des Betriebes einer tierärztlichen Hausapotheke für ein vom Betreiber dieser Hausapotheke behandeltes Tier,
2. der Ausfuhr von Betäubungsmitteln und
3. Abgabe und Erwerb von Betäubungsmitteln zwischen dem im § 4 Abs. 2 oder § 26 genannten Behörden oder Einrichtungen.

(4) Der Bundesminister wird ermächtigt, durch Rechtsverordnung ohne Zustimmung des Bundesrates das Verfahren hinsichtlich der Meldung und der Empfangsbestätigung, insbesondere Form, Inhalt, Ausgabe und Aufbewahrung der hierbei zu verwendenden amtlichen Formblätter zu regeln, soweit es für die Sicherheit oder Kontrolle des Betäubungsmittelverkehrs erforderlich ist.

§ 13 Verschreibung und Abgabe auf Verschreibung

(1) Die in Anlage III bezeichneten Betäubungsmittel dürfen nur von Ärzten, Zahnärzten und Tierärzten und nur dann verschrieben oder im Rahmen einer ärztlichen, zahnärztlichen oder tierärztlichen Behandlung verabreicht oder einem anderen zum unmittelbaren Verbrauch überlassen werden, wenn ihre Anwendung am oder im menschlichen oder tierischen Körper begründet ist. Die Anwendung ist insbesondere dann nicht begründet, wenn der beabsichtigte Zweck auf andere Weise erreicht werden kann. Die in Anlagen I und II bezeichneten Betäubungsmittel dürfen nicht verschrieben, verabreicht oder einem anderen zum unmittelbaren Verbrauch überlassen werden.

(2) Die nach Absatz 1 verschriebenen Betäubungsmittel dürfen nur im Rahmen des Betriebs einer Apotheke und gegen Vorlage der Verschreibung abgegeben werden. Im Rahmen des Betriebs einer tierärztlichen Hausapotheke dürfen nur die in Anlage III bezeichneten Betäubungsmittel und nur zur Anwendung bei einem vom Betreiber der Hausapotheke behandelten Tier abgegeben werden.

(3) Die Bundesregierung wird ermächtigt, durch Rechtsverordnung mit Zustimmung des Bundesrates das Verschreiben von den in Anlage III bezeichneten Betäubungsmitteln, ihre Abgabe auf Grund einer Verschreibung und das Aufzeichnen ihres Verbleibs und des Bestandes bei Ärzten, Zahnärzten, Tierärzten, in Apotheken, tierärztlichen Hausapotheken, Krankenhäusern und Tierkliniken zu regeln, soweit es zur Sicherheit oder Kontrolle des Betäubungsmittelverkehrs erforderlich ist. Insbesondere können

1. das Verschreiben auf bestimmte Zubereitungen, Bestimmungszwecke oder Mengen beschränkt,
2. Form, Inhalt, Anfertigung, Ausgabe, Aufbewahrung und Rückgabe des zu verwendenden amtlichen Formblattes für die Verschreibung sowie der Aufzeichnungen über den Verbleib und den Bestand festgelegt und
3. Ausnahmen von den Vorschriften des § 4 Abs. 1 Nr. 1 Buchstabe c für die Ausrüstung von Kauffahrteischiffen erlassen

werden.

§ 14 Kennzeichnung und Werbung

(1) Im Betäubungsmittelverkehr sind die Betäubungsmittel unter Verwendung der in den Anlagen aufgeführten Kurzbezeichnungen zu kennzeichnen. Die Kennzeichnung hat in deutlich lesbarer Schrift, in deutscher Sprache und auf dauerhafte Weise zu erfolgen.

(2) Die Kennzeichnung muß außerdem enthalten

1. bei rohen, ungereinigten und nicht abgeteilten Betäubungsmitteln den Gewichtsvomhundertsatz und bei abgeteilten Betäubungsmitteln das Gewicht des enthaltenen reinen Stoffes,
2. auf Betäubungsmittelbehältnissen und – soweit verwendet – auf den äußeren Umhüllungen bei Stoffen und nicht abgeteilten Zubereitungen die enthaltene

Gewichtsmenge, bei abgeteilten Zubereitungen die enthaltene Stückzahl; dies gilt nicht für Vorratsbehältnisse in wissenschaftlichen Laboratorien sowie für zur Abgabe bestimmte kleine Behältnisse und Ampullen.

(3) Die Absätze 1 und 2 gelten nicht für Vorratsbehältnisse in Apotheken und tierärztlichen Hausapotheken.

(4) Die Absätze 1 und 2 gelten sinngemäß auch für die Bezeichnung von Betäubungsmitteln in Katalogen, Preislisten, Werbeanzeigen oder ähnlichen Druckerzeugnissen, die für die am Betäubungsmittelverkehr beteiligten Fachkreise bestimmt sind.

(5) Für in Anlage I bezeichnete Betäubungsmittel darf nicht geworben werden. Für in den Anlagen II und III bezeichnete Betäubungsmittel darf nur in Fachkreisen der Industrie und des Handels sowie bei Personen und Personenvereinigungen, die eine Apotheke oder eine tierärztliche Hausapotheke betreiben, geworben werden, für in Anlage III bezeichnete Betäubungsmittel auch bei Ärzten, Zahnärzten und Tierärzten.

§ 15 Sicherungsmaßnahmen

Wer am Betäubungsmittelverkehr teilnimmt, hat die Betäubungsmittel, die sich in seinem Besitz befinden, gesondert aufzubewahren und gegen unbefugte Entnahme zu sichern. Das Bundesgesundheitsamt kann Sicherungsmaßnahmen anordnen, soweit es nach Art oder Umfang des Betäubungsmittelverkehrs, dem Gefährdungsgrad oder der Menge der Betäubungsmittel erforderlich ist.

§ 16 Vernichtung

(1) Der Eigentümer von nicht mehr verkehrsfähigen Betäubungsmitteln hat diese auf seine Kosten in Gegenwart von zwei Zeugen in einer Weise zu vernichten, die eine auch nur teilweise Wiedergewinnung der Betäubungsmittel ausschließt sowie den Schutz von Mensch und Umwelt vor schädlichen Einwirkungen sicherstellt. Über die Vernichtung ist eine Niederschrift zu fertigen und diese drei Jahre aufzubewahren.

(2) Das Bundesgesundheitsamt, in den Fällen des § 19 Abs. 1 Satz 3 die zuständige Behörde des Landes, kann den Eigentümer auffordern, die Betäubungsmittel auf seine Kosten an diese Behörden zur Vernichtung einzusenden. Ist ein Eigentümer der Betäubungsmittel nicht vorhanden oder nicht zu ermitteln, oder kommt der Eigentümer seiner Verpflichtung zur Vernichtung oder der Aufforderung zur Einsendung der Betäubungsmittel gemäß Satz 1 nicht innerhalb einer zuvor festgesetzten Frist von drei Monaten nach, so treffen die in Satz 1 genannten Behörden die zur Vernichtung erforderlichen Maßnahmen. Der Eigentümer oder Besitzer der Betäubungsmittel ist verpflichtet, die Betäubungsmittel den mit der Vernichtung beauftragten Personen herauszugeben oder die Wegnahme zu dulden.

(3) Absatz 1 und Absatz 2 Satz 1 und 3 gelten entsprechend, wenn der Eigentümer nicht mehr benötigte Betäubungsmittel beseitigen will.

§ 17 Aufzeichnungen

(1) Der Inhaber einer Erlaubnis nach § 3 ist verpflichtet, getrennt für jede Betriebsstätte und jedes Betäubungsmittel fortlaufend folgende Aufzeichnungen über jeden Zugang und jeden Abgang zu führen:

1. das Datum,
2. den Namen oder die Firma und die Anschrift des Lieferers oder des Empfängers oder die sonstige Herkunft oder den sonstigen Verbleib,
3. die zugegangene oder abgegangene Menge und den sich daraus ergebenden Bestand,
4. im Falle des Anbaues zusätzlich die Anbaufläche nach Lage und Größe sowie das Datum der Aussaat,
5. im Falle des Herstellens zusätzlich die Angabe der eingesetzten oder hergestellten Betäubungsmittel, der nicht dem Gesetz unterliegenden Stoffe oder der ausgenommenen Zubereitungen nach Art und Menge und
6. im Falle der Abgabe ausgenommener Zubereitungen durch deren Hersteller zusätzlich den Namen oder die Firma und die Anschrift des Empfängers.

Anstelle der in Nummer 6 bezeichneten Aufzeichnungen können die Durchschriften der Ausgangsrechnungen, in denen die ausgenommenen Zubereitungen kenntlich gemacht sind, fortlaufend nach dem Rechnungsdatum abgeheftet werden.

(2) Die in den Aufzeichnungen oder Rechnungen anzugebenden Mengen sind

1. bei Stoffen und nicht abgeteilten Zubereitungen die Gewichtsmenge und
2. bei abgeteilten Zubereitungen die Stückzahl.

(3) Die Aufzeichnungen oder Rechnungsdurchschriften sind drei Jahre, von der letzten Aufzeichnung oder vom letzten Rechnungsdatum an gerechnet, gesondert aufzubewahren.

§ 18 Meldungen

(1) Der Inhaber einer Erlaubnis nach § 3 ist verpflichtet, dem Bundesgesundheitsamt getrennt für jede Betriebsstätte und für jedes Betäubungsmittel die jeweilige Menge zu melden, die

1. beim Anbau gewonnen wurde, unter Angabe der Anbaufläche nach Lage und Größe,
2. hergestellt wurde, aufgeschlüsselt nach Ausgangsstoffen,
3. zur Herstellung anderer Betäubungsmittel verwendet wurde, aufgeschlüsselt nach diesen Betäubungsmitteln,
4. zur Herstellung von nicht unter dieses Gesetz fallenden Stoffen verwendet wurde, aufgeschlüsselt nach diesen Stoffen,
5. zur Herstellung ausgenommener Zubereitungen verwendet wurde, aufgeschlüsselt nach diesen Zubereitungen,
6. eingeführt wurde, aufgeschlüsselt nach Ausfuhrländern,

7. ausgeführt wurde, aufgeschlüsselt nach Einfuhrländern,
8. erworben wurde,
9. abgegeben wurde,
10. vernichtet wurde,
11. zu anderen als den nach den Nummern 1 bis 10 angegebenen Zwecken verwendet wurde, aufgeschlüsselt nach den jeweiligen Verwendungszwecken und
12. am Ende des jeweiligen Kalenderhalbjahres als Bestand vorhanden war.

(2) Die in den Meldungen anzugebenden Mengen sind

1. bei Stoffen und nicht abgeteilten Zubereitungen die Gewichtsmenge und
2. bei abgeteilten Zubereitungen die Stückzahl.

(3) Die Meldungen nach Absatz 1 Nr. 2 bis 12 sind dem Bundesgesundheitsamt jeweils bis zum 31. Januar und 31. Juli für das vergangene Kalenderhalbjahr und die Meldung nach Absatz 1 Nr. 1 bis zum 31. Januar für das vergangene Kalenderjahr einzusenden.

(4) Für die in Absatz 1 bezeichneten Meldungen sind die vom Bundesgesundheitsamt herausgegebenen amtlichen Formblätter zu verwenden.

§ 19 Durchführende Behörde

(1) Der Betäubungsmittelverkehr sowie die Herstellung ausgenommener Zubereitungen unterliegt der Überwachung durch das Bundesgesundheitsamt. Diese Stelle ist auch zuständig für die Anfertigung, Ausgabe und Auswertung der zur Verschreibung von Betäubungsmitteln vorgeschriebenen amtlichen Formblätter. Der Betäubungsmittelverkehr bei Ärzten, Zahnärzten und Tierärzten und in Apotheken, tierärztlichen Hausapotheken, Krankenhäusern und Tierkliniken unterliegt der Überwachung durch die zuständigen Behörden der Länder.

(2) Das Bundesgesundheitsamt ist zugleich die besondere Verwaltungsdienststelle im Sinne der internationalen Suchtstoffübereinkommen.

§ 20 Besondere Ermächtigung für den Spannungs- oder Verteidigungsfall

§ 21 Mitwirkung anderer Behörden

§ 22 Überwachungsmaßnahmen

§ 23 Probenahme

(1) Soweit es zur Durchführung der Vorschriften über den Betäubungsmittelverkehr oder die Herstellung ausgenommener Zubereitungen erforderlich ist, sind die mit der Überwachung beauftragten Personen befugt, gegen Empfangsbescheinigung Proben nach ihrer Auswahl zum Zwecke der Untersuchung zu fordern oder zu entnehmen. Soweit nicht ausdrücklich darauf verzichtet wird, ist ein Teil der Probe oder, sofern die Probe nicht oder ohne Gefährdung des Untersuchungszwecks nicht in Teile von gleicher Qualität teilbar ist, ein zweites Stück der gleichen Art wie das als Probe entnommene zurückzulassen.

(2) Zurückzulassende Proben sind amtlich zu verschließen oder zu versiegeln. Sie sind mit dem Datum der Probenahme und dem Datum des Tages zu versehen, nach dessen Ablauf der Verschluß oder die Versiegelung als aufgehoben gelten,

(3) Für entnommene Proben ist eine angemessene Entschädigung zu leisten, soweit nicht ausdrücklich darauf verzichtet wird.

§ 24 Duldungs- und Mitwirkungspflicht

(1) Jeder Teilnehmer am Betäubungsmittelverkehr oder jeder Hersteller ausgenommener Zubereitungen ist verpflichtet, die Maßnahmen nach den §§ 22 und 23 zu dulden und die mit der Überwachung beauftragten Personen bei der Erfüllung ihrer Aufgaben zu unterstützen, insbesondere ihnen auf Verlangen die Stellen zu bezeichnen, in denen der Betäubungsmittelverkehr oder die Herstellung ausgenommener Zubereitungen stattfindet, umfriedete Grundstücke, Gebäude, Räume, Behälter und Behältnisse zu öffnen, Auskünfte zu erteilen sowie Einsicht in Unterlagen und die Entnahme der Proben zu ermöglichen.

(2) Der zur Auskunft Verpflichtete kann die Auskunft auf solche Fragen verweigern, deren Beantwortung ihn selbst oder einen seiner in § 383 Abs. 1 Nr. 1 bis 3 der Zivilprozeßordnung bezeichneten Angehörigen der Gefahr strafgerichtlicher Verfolgung oder eines Verfahrens nach dem Gesetz über Ordnungswidrigkeiten aussetzen würde.

§ 25 Kosten

§ 26 Bundeswehr, Bundesgrenzschutz, Bereitschaftspolizei und Zivilschutz

§ 27 Meldungen und Auskünfte

§ 28 Jahresbericht an die Vereinten Nationen

§ 29 Straftaten

(1) Mit Freiheitsstrafe bis zu vier Jahren oder mit Geldstrafe wird bestraft, wer

1. Betäubungsmittel ohne Erlaubnis nach § 3 Abs. 1 Nr. 1 anbaut, herstellt, mit ihnen Handel treibt, sie, ohne Handel zu treiben, einführt, ausführt, veräußert, abgibt, sonst in den Verkehr bringt, erwirbt oder sich in sonstiger Weise verschafft,
2. eine ausgenommene Zubereitung (§ 2 Abs. 1 Nr. 3) ohne Erlaubnis nach § 3 Abs. 1 Nr. 2 herstellt,
3. Betäubungsmittel besitzt, ohne sie auf Grund einer Erlaubnis nach § 3 Abs. 1 erlangt zu haben,
4. Geldmittel oder andere Vermögenswerte für einen anderen zum unerlaubten Handeltreiben mit Betäubungsmitteln oder zu deren unerlaubter Herstellung bereitstellt,
5. entgegen § 11 Abs. 1 Satz 3 Betäubungsmittel durchführt,
6. entgegen § 13 Abs. 1 Betäubungsmittel
   a) verschreibt,
   b) verabreicht oder zum unmittelbaren Verbrauch überläßt,

7. entgegen § 13 Abs. 2 Betäubungsmittel in einer Apotheke oder tierärztlichen Hausapotheke abgibt,
8. entgegen § 14 Abs. 5 für Betäubungsmittel wirbt,
9. unrichtige oder unvollständige Angaben macht, um für sich oder einen anderen oder für ein Tier die Verschreibung eines Betäubungsmittels zu erlangen,
10. eine Gelegenheit zum unbefugten Verbrauch, Erwerb oder zur unbefugten Abgabe von Betäubungsmitteln öffentlich oder eigennützig mitteilt, eine solche Gelegenheit einem anderen verschafft oder gewährt oder ihn zum unbefugten Verbrauch von Betäubungsmitteln verleitet oder
11. einer Rechtsverordnung nach § 11 Abs. 2 Satz 2 Nr. 1 oder § 13 Abs. 3 Satz 2 Nr. 1 oder 3 zuwiderhandelt, soweit sie für einen bestimmten Tatbestand auf diese Strafvorschrift verweist.

(2) In den Fällen des Absatzes 1 Nr. 1, 2, 5 und 6 Buchstabe b ist der Versuch strafbar.

(3) In besonders schweren Fällen ist die Strafe Freiheitsstrafe nicht unter einem Jahr. Ein besonders schwerer Fall liegt in der Regel vor, wenn der Täter

1. in den Fällen des Absatzes 1 Nr. 1, 4, 5, 6 oder 10 gewerbsmäßig handelt,
2. durch eine der in Absatz 1 Nr. 1, 6 oder 7 bezeichneten Handlungen die Gesundheit mehrerer Menschen gefährdet,
3. als Person über 21 Jahre Betäubungsmittel an eine Person unter 18 Jahre abgibt, verabreicht oder zum unmittelbaren Verbrauch überläßt oder
4. mit Betäubungsmitteln in nicht geringer Menge Handel treibt, sie in nicht geringer Menge besitzt oder abgibt.

(4) Handelt der Täter in den Fällen des Absatzes 1 Nr. 1, 2, 5, 6 Buchstabe b oder Nr. 10 fahrlässig, so ist die Strafe Freiheitsstrafe bis zu einem Jahr oder Geldstrafe.

(5) Das Gericht kann von einer Bestrafung nach den Absätzen 1, 2 und 4 absehen, wenn der Täter die Betäubungsmittel lediglich zum Eigenverbrauch in geringer Menge anbaut, herstellt, einführt, ausführt, durchführt, erwirbt, sich in sonstiger Weise verschafft oder besitzt.

(6) Die Vorschriften des Absatzes 1 Nr. 1 sind, soweit sie das Handeltreiben, Abgeben oder Veräußern betreffen, auch anzuwenden, wenn sich die Handlung auf Stoffe oder Zubereitungen bezieht, die nicht Betäubungsmittel sind, aber als solche ausgegeben werden.

§ 30 Straftaten

(1) Mit Freiheitsstrafe nicht unter zwei Jahren wird bestraft, wer

1. Betäubungsmittel ohne Erlaubnis nach § 3 Abs. 1 Nr. 1 anbaut, herstellt oder mit ihnen Handel treibt (§ 29 Abs. 1 Nr. 1) und dabei als Mitglied einer Bande handelt, die sich zur fortgesetzten Begehung solcher Taten verbunden hat,
2. im Falle des § 29 Abs. 3 Nr. 3 gewerbsmäßig handelt,

3. Betäubungsmittel abgibt, einem anderen verabreicht oder zum unmittelbaren Verbrauch überläßt und dadurch leichtfertig dessen Tod verursacht oder
4. Betäubungsmittel in nicht geringer Menge ohne Erlaubnis nach § 3 Abs. 1 Nr. 1 einführt,

(2) In minder schweren Fällen ist die Strafe Freiheitsstrafe von drei Monaten bis zu fünf Jahren.

§ 31 Strafmilderung oder Absehen von Strafe

§ 32 Ordnungswidrigkeiten

§ 33 Einziehung

§ 34 Führungsaufsicht

§ 35 Zurückstellung der Strafvollstreckung

§ 36 Anrechnung und Strafaussetzung zur Bewährung

§ 37 Absehen von der Verfolgung

§ 38 Jugendliche und Heranwachsende

§ 39 Weitergeltende Erlaubnisse

(1) Eine Erlaubnis, die nach § 3 Abs. 1 und 2 in der bis zum 31. Dezember 1981 geltenden Fassung erteilt worden ist und zu diesem Zeitpunkt wirksam besteht, gilt im bisherigen Umfang als Erlaubnis im Sinne des § 3 Abs. 1 Nr. 1 bis zu dem in ihr angegebenen Zeitpunkt, längstens jedoch bis zum 31. Dezember 1984 fort. Eine Ausnahme, die nach § 9 Satz 2 in der bis zum 31. Dezember 1981 geltenden Fassung zugelassen worden ist, gilt im bisherigen Umfange als ausnahmsweise erteilte Erlaubnis im Sinne des § 3 Abs. 2 bis zu dem in ihr angegebenen Zeitpunkt, längstens jedoch bis zum 31. Dezember 1983 fort.

(2) § 10 gilt entsprechend. Eine weitergeltende Erlaubnis ist zu widerrufen, wenn am 1. Januar 1985 die in § 5 Abs. 1 Nr. 1 und 2 in Verbindung mit § 6 genannten Anforderungen noch nicht erfüllt sind.

§ 40 Verkehr mit neuen Betäubungsmitteln und ausgenommenen Zubereitungen

(1) Wer vom 1. Januar 1982 an, ohne zu dem in § 4 genannten Personenkreis zu gehören, am Verkehr mit Betäubungsmitteln (§ 3 Abs. 1 Nr. 1), die bis zu diesem Zeitpunkt keine solchen waren, oder am Verkehr mit ausgenommenen Zubereitungen (§ 3 Abs. 1 Nr. 2) teilnimmt, bleibt dazu bis zum 31. März 1982 berechtigt. Beantragt er vor dem 1. April 1982 eine Erlaubnis nach § 3 Abs. 1, so dauert die Berechtigung fort bis zur unanfechtbaren oder rechtskräftigen Ablehnung des Antrages.

(2) Wer als Inhaber einer Berechtigung nach Absatz 1 dort bezeichnete Betäubungsmittel am 1. Januar 1982 in Gewahrsam hat, ist verpflichtet, diese Betäubungsmittel bis zum 31. März 1982

1. dem Bundesgesundheitsamt unter Angabe der Art und Menge zu melden und
2. an den Inhaber einer Erlaubnis nach § 3 Abs. 1, an den Betreiber einer

Apotheke oder tierärztlichen Hausapotheke oder an den Inhaber einer Berechtigung nach Absatz 1 abzugeben oder zu veräußern, wenn er eine Erlaubnis nach § 3 Abs. 1 nicht beantragen will.

Wer nach Satz 1 Nr. 2 Betäubungsmittel erwirbt, hat dem Bundesgesundheitsamt bis zum 30. Juni 1982 den Abgebenden und die Art und Menge der erworbenen Betäubungsmittel zu melden.

(3) Sind die in Absatz 1 bezeichneten Betäubungsmittel zur Abgabe an den Verbraucher verpackt, ohne daß die Packungen den Anforderungen des § 14 entsprechen, so dürfen sie noch bis zum 31. Dezember 1983 in diesen Packungen abgegeben werden.

(4) Sind die in Absatz 1 bezeichneten Betäubungsmittel nicht in der nach § 15 erforderlichen Weise aufbewahrt und gesichert, so dürfen sie noch bis zum 31. Dezember 1983 in der bisher zulässigen Weise aufbewahrt werden. Satz 1 gilt nicht für die Aufbewahrung in Apotheken, tierärztlichen Hausapotheken und auf Kauffahrteischiffen.

(5) Für in Anlage III Teil B bezeichnete nicht ausgenommene Zubereitungen, die vor dem 1. Januar 1982 keine Betäubungsmittel waren, gelten bis zum 31. Dezember 1983 die Vorschriften für ausgenommene Zubereitungen der Anlage III Teil B.

§ 40 a Verkehr mit weiteren neuen Betäubungsmitteln und ausgenommenen Zubereitungen

(1) Wer am 31. Juli 1986, ohne zu dem in § 4 genannten Personenkreis zu gehören, mit den nachgenannten Stoffen, deren Isomeren, Estern, Ethern, Molekülverbindungen und Salzen:

1. Alprazolam
2. Bromazepam
3. Camazepam
4. Chlordiazepoxid
5. Clobazam
6. Clonazepam
7. Clorazepat
8. Clotiazepam
9. Cloxazolam
10. Delorazepam
11. Diazepam
12. Estazolam
13. Ethylloflazepat
14. Fenetyllin
15. Fludiazepam
16. Flunitrazepam
17. Flurazepam
18. Halazepam
19. Haloxazolam
20. Ketazolam
21. Loprazolam
22. Lorazepam
23. Lormetazepam
24. Medazepam
25. Nimetazepam
26. Nitrazepam
27. Nordazepam
28. Oxazepam
29. Oxazolam
30. Pinazepam
31. Prazepam
32. Temazepam
33. Tetrazepam
34. Triazolam

am Verkehr mit Betäubungsmitteln (§ 3 Abs. 1 Nr. 1) teilnimmt oder ausgenommene Zubereitungen herstellt (§ 3 Abs. 1 Nr. 2), bleibt dazu bis zum 31. Oktober 1986 berechtigt. Beantragt er vor dem 1. November 1986 eine Erlaubnis nach § 3 Abs. 1, so dauert die Berechtigung fort bis zur unanfechtbaren oder rechtskräftigen Ablehnung des Antrages. Der nach Satz 1 oder 2 Berechtigte ist ab Inkrafttreten dieser Verordnung wie der Inhaber einer Erlaubnis an alle Vorschriften dieses Gesetzes und der dazu ergangenen Verordnungen gebunden.

(2) Sind die in Absatz 1 bezeichneten Betäubungsmittel zur Abgabe an den Verbraucher verpackt, ohne daß die Packungen den Anforderungen des § 14 entsprechen, dürfen sie noch bis zum 30. Juni 1987 in diesen Packungen abgegeben werden.

(3) Sind die in Absatz 1 bezeichneten Betäubungsmittel nicht in der nach § 15 erforderlichen Weise aufbewahrt und gesichert, so dürfen sie noch bis zum 30. Juni 1987 in der bisher zulässigen Weise aufbewahrt werden. Satz 1 gilt nicht für die Aufbewahrung in Apotheken, tierärztlichen Hausapotheken und auf Kauffahrteischiffen.

...

ARTIKEL 2

Übergangsvorschriften

(1) Wer am 14. April 1991, ohne zu dem in § 4 des Gesetzes genannten Personenkreis zu gehören, mit folgenden in Artikel 1 aufgeführten Stoffen, deren Isomeren, Estern, Ethern, Molekülverbindungen, Salzen und Zubereitungen:

1. Allobarbital
2. Butalbital
3. Butobarbital
4. Cathin (D-Norpseudoephedrin)
5. Etilamfetamin
6. Fencamfamin
7. Fenproporex
8. Mefenorex
9. Midazolam
10. Pemolin
11. Pyrovaleron
12. Secbutabarbital
13. Vinylbital

am Verkehr im Sinne des § 3 Abs. 1 Nr. 1 des Gesetzes teilnimmt oder ausgenommene Zubereitungen herstellt (§ 3 Abs. 1 Nr. 2 des Gesetzes), bleibt dazu bis zum 30. Juni 1991 berechtigt. Beantragt er vor dem 1. Juli 1991 eine Erlaubnis nach § 3 Abs. 1 des Gesetzes, so dauert die Berechtigung bis zur unanfechtbaren Ablehnung des Antrages fort. Der nach Satz 1 oder 2 Berechtigte ist ab Inkrafttreten dieser Verordnung wie der Inhaber einer Erlaubnis an alle übrigen Vorschriften des Gesetzes und der dazu ergangenen Verordnung gebunden.

(2) Sind die in Absatz 1 bezeichneten Betäubungsmittel zur Abgabe an den Verbraucher verpackt, ohne daß die Packungen den Anforderungen des § 14 des Gesetzes entsprechen, dürfen sie noch bis zum 31. Dezember 1992 in diesen Packungen abgegeben werden.

(3) Sind die in Absatz 1 bezeichneten Betäubungsmittel nicht in der nach § 15 des Gesetzes erforderlichen Weise aufbewahrt und gesichert, so dürfen sie noch bis zum 31. Dezember 1992 in der bisher zulässigen Weise aufbewahrt werden. Satz 1 gilt nicht für die Aufbewahrung in Apotheken, tierärztlichen Hausapotheken und auf Kauffahrteischiffen.

ARTIKEL 3*

Inkrafttreten, Außerkrafttreten

Die Verordnung tritt am 15. April 1991 in Kraft. Artikel 2 tritt mit Ablauf des 31. Dezember 1992 außer Kraft.

* 3. Betäubungsmittelrechts-Änderungsverordnung vom 28. Februar 1991 (BGBl. I S. 712).

Anlage I (zu § 1 Abs. 1)
(nicht verkehrsfähige Betäubungsmittel)

Acetorphin	4,5α-Epoxy-7α-(1-hydroxy-1-methylbutyl)-6-methoxy-17-methyl-6,14-*endo*-ethenomorphinan-3-ylacetat
Acetylalphamethylfentanyl	*N*-[1-(α-Methylphenethyl)-4-piperidyl]acetanilid
Acetyldihydrocodein	4,5α-Epoxy-3-methoxy-17-methyl-6-morphinanylacetat
Acetylmethadol	1-Ethyl-4-dimethylamino-2,2-diphenylpentylacetat
Allylprodin	3-Allyl-1-methyl-4-phenyl-4-piperidylpropionat
Alphacetylmethadol	α-1-Ethyl-4-dimethylamino-2,2-diphenylpentylacetat
Alphameprodin	3α-Ethyl-1-methyl-4-phenyl-4α-piperidylpropionat
Alphamethadol	α-6-Dimethylamino-4,4-diphenyl-3-heptanol
Alphamethylfentanyl	*N*-[1-(α-Methylphenethyl)-4-piperidyl]propionanilid
Alphamethylthiofentanyl	*N*-{1-[1-Methyl-2-(2-thienyl)ethyl]-4-piperidyl}propionanilid
Alphaprodin	1,3α-Dimethyl-4-phenyl-4α-piperidylpropionat
Anileridin	Ethyl-[1-(4-aminophenethyl)-4-phenyl-4-piperidincarboxylat]
Benzethidin	Ethyl-[1-(2-benzyloxyethyl)-4-phenyl-4-piperidincarboxylat]
Benzphetamin	N-Benzyl-N, α-dimethylphenethylamin
Benzylmorphin	3-Benzyloxy-4,5α-epoxy-17-methyl-7-morphinen-6α-ol
Betacetylmethadol	β-1-Ethyl-4-dimethylamino-2,2-diphenylpentylacetat
Betahydroxyfentanyl	*N*-[1-(β-Hydroxyphenethyl)-4-piperidyl]propionanilid
Betahydroxymethylfentanyl	*N*-[1-(β-Hydroxyphenethyl)-3-methyl-4-piperidyl]propionanilid
Betameprodin	3β-Ethyl-1-methyl-4-phenyl-4α-piperidylpropionat
Betamethadol	β-6-Dimethylamino-4,4-diphenyl-3-heptanol
Betaprodin	1,3β-Dimethyl-4-phenyl-4α-piperidylpropionat
Bezitramid	4-[4-(2-Oxo-3-propionyl-1-benzimidazolinyl)piperidino]-2,2-diphenyl=butyronitril
Cannabis (Marihuana)	Pflanzen und Pflanzenteile der zur Gattung Cannabis gehörenden Pflanzen – ausgenommen a) deren Samen, b) wenn sie als Schutzstreifen bei der Rübenzüchtung gepflanzt und vor der Blüte vernichtet werden oder c) wenn der Verkehr mit ihnen (ausgenommen der Anbau) zur Gewinnung oder Verarbeitung der Fasern für gewerbliche Zwecke dient –
Cannabisharz (Haschisch)	das abgesonderte Harz der zur Gattung Cannabis gehörenden Pflanzen
Cathinon	2-Aminopropiophenon
Clonitazen	2-[2-(4-Chlorbenzyl)-5-nitro-1-benzimidazolyl]triethylamin
Codein-*N*-oxid	4,5α-Epoxy-3-methoxy-17-methyl-7-morphinen-6α-ol-17-oxid

Codoxim	*N*-(4,5α-Epoxy-3-methoxy-17-methyl-6-morphinanyliden) aminooxy = essigsäure
Desomorphin	4,5α-Epoxy-17-methyl-3-morphinanol
Diamorphin (Heroin)	4,5α-Epoxy-17-methyl-7-morphinen-3,6α-diyldiacetat
Diampromid	*N*-[2-(*N*-Methylphenethylamino)propyl]propionanilid
Diethylthiambuten	*N,N*-Diethyl-1 methyl-3,3-di (2-thienyl)allylamin
Diehyltryptamin (DET)	2-(3-Indolyl)triethylamin
Dimenoxadol	2-Dimethylaminoethyl-(*O*-ethylbenzilat)
Dimepheptanol	6-Dimethylamino-4,4-diphenyl-3-heptanol
Dimethoxyamphetamin (DMA)	2,5-Dimethoxy-*α*-methylphenethylamin
Dimethoxybromamphetamin (DOB)	4-Brom-2,5-dimethoxy-*α*-methylphenethylamin
Dimethoxyethylamphetamin (DOET)	4-Ethyl-2,5-dimethoxy-*α*-methylphenethylamin
Dimethoxymethyl-amphetamin (DOM)	2,5-Dimethoxy-4,α-dimethylphenethylamin
Dimethylheptyltetra-hydrocannabinol (DMHP)	3-(1,2-Dimethylheptyl)-7,8,9,10-tetrahydro-6,6,9-trimethylbenzo[*c*]-chromen-1-ol
Dimethylthiambuten	*N,N*, 1-Trimethyl-3,3-di(2-thienyl)allylamin
Dimethyltryptamin (DMT)	2-(3-Indolyl)-*N,N*-dimethylethylamin
Dioxaphetylbutyrat	Ethyl-(4-morpholino-2,2-diphenylbutyrat)
Dipipanon	4,4-Diphenyl-6-piperidino-3-heptanon
Drotebanol	3,4-Dimethoxy-17-methyl-6β, 14-morphinandiol
Ethylmethylthiambuten	*N*-Ethyl-*N*, 1-dimethyl-3,3-di(2-thienyl)allylamin
Ethylpiperidylbenzilat (JB 318)	1-Ethyl-3-piperidylbenzilat
Eticyclidin	*N*-Ethyl-1-phenylcyclohexylamin
Etonitazen	2-[2-(4-Ethoxybenzyl)-5-nitro-1-benzimidazolyl]triethylamin
Etorphin	4,5α-Epoxy-7α(1-hydroxy-1-methylbutyl)-6-methoxy-17-methyl-6,14-*endo*-ethenomorphinan-3-ol
Etoxeridin	Ethyl-[1-[2-(2-hydroxyethoxy)ethyl]-4-piperidincarboxylat]
Furethidin	Ethyl-[4-phenyl-1-(2-tetrahydrofurfuryloxyethyl)-4-piperidincarboxylat]
Hydromorphinol	4,5α-Epoxy-17-methyl-3,6α, 14-morphinantriol
Hydroxymethylendioxy-amphetamin	*N*-[*α*-Methyl-3,4-(methylendioxy)phenethyl]hydroxylamin
Hydroxypethidin	Ethyl-[4-(3-hydroxyphenyl)-1-methyl-4-piperidincarboxylat]
Lefetamin (SPA)	(–)-*N,N*-Dimethyl-α-phenylphenethylamin
Levomethorphan	(–)-3-Methoxy-17-methylmorphinan
Levophenacylmorphan	(–)-2-(3-Hydroxy-17-morphinanyl)acetophenon
Lysergid (LSD)	D-7-Methyl-4,6 6a, 7,8,9-hexahydroindolo[4,3-*f,g*]chinolin-9-carbonsäurediethylamid
Mecloqualon	3-(2-Chlorphenyl)-2-methyl-4(*3H*)-chinazolinon
Melentanyl	*N*-(3-Methyl-1-phenethyl-4-piperidyl)propionanilid

Mescalin	3,4,5-Trimethoxyphenethylamin
Metazocin	1,2,3,4,5,6-Hexahydro-3,6,11-trimethyl-2,6-methano-3-benzazocin-8-ol
Methoxymethylendioxy-amphetamin (MMDA)	3-Methoxy-α-4,5-methylendioxyphenethylamin
Methylaminorex	4,5-Dihydro-4-methyl-5-phenyl-2-oxyzolamin
Methyldesorphin	4,5α-Epoxy-6, 17-dimethyl-6-morphinen-3-ol
Methyldihydromorphin	4,5α-Epoxy-6, 17-dimethyl-3,6-morphinandiol
Methylendioxyamphetamin (MDA)	α-Methyl-3,4-methylendioxyphenethylamin
Methylendioxyethyl-amphetamin (MDE)	*N*-Ethyl-α-methyl-3,4-methylendioxyphenethylamin
Methylendioxymeth-amphetamin (MDMA)	N,α-Dimethyl-3,4-methylendioxyphenethylamin
Methylphenylpropionoxy-piperidin (MPPP)	(1-Methyl-4-phenyl-4-piperidyl)propionat
Methylpiperidylbenzilat (JB 336)	1-Methyl-3-piperidylbenzilat
Methylthiofentanyl	*N*-{3-Methyl-1-[2-(2-thienyl)ethyl]-4-piperidyl}propion-anilid
Metopon	4,5α-Epoxy-3-hydroxy-5,17-dimethyl-6-morphinanon
Morpheridin	Ethyl-[1-(2-morpholinoethyl)-4-phenyl-4-piperidincarb-oxylat]
Morphin-*N*-oxid	4,5α-Epoxy-17-methyl-7-morphinen-3,6α-diol-17-oxid
Myrophin	3-Benzyloxy-4,5α-epoxy-17-methyl-7-morphinen-6-yl-myristat
Nicomorphin	4,5α-Epoxy-17-methyl-7-morphinen-3,6-diyldinicotinat
Noracymethadol	1-Ethyl-4-methylamino-2,2-diphenylpentylacetat
Norcodein	4,5α-Epoxy-3-methoxy-7-morphinen-6α-ol
Norlevorphanol	(–)-3-Morphinanol
Normorphin	4,5α-Epoxy-7-morphinen-3,6α-diol
Norpipanon	4,4-Diphenyl-6-piperidino-3-hexanon
Oxymorphon	4,5α-Epoxy-3, 14-dihydroxy-17-methyl-6-morphinanon
Parahexyl	3-Hexyl-7,8,9,10-tetrahydro-6,6,9-trimethylbenzo[*c*]-chromen-1-ol
Parafluorfentanyl	4'-Fluor-*N*-(1-phenethyl-4-piperidyl)propionanilid
Phenadoxon	6-Morpholino-4,4-diphenyl-3-heptanon
Phenampromid	*N*-(1-Methyl-2-piperidinoethyl)propionanilid
Phenazocin	1,2,3,4,5,6-Hexahydro-6,11-dimethyl-3-phenethyl-2,6-methano-3-benzazocin-8-ol
Phencyclidin	1-(1-Phenylcyclohexyl)piperidin
Phendimetrazin	3,4-Dimethyl-2-phenylmorpholin
Phenethylphenylacetoxy-piperidin (PEPAP)	(1-Phenethyl-4-phenyl-4-piperidyl)acetat
Phenomorphan	17-Phenethyl-3-morphinanol
Phenoperidin	Ethyl-[1-(3-hydroxy-3-phenylpropyl)-4-phenyl-4-pipe-ridincarboxylat]
Piminodin	Ethyl-[1-(3-anilinopropyl)-4-phenyl-4-piperidincarb-oxylat]

Anlage II (zu § 1 Abs. 1)

(verkehrsfähige, aber nicht verschreibungsfähige Betäubungsmittel)

Butalbital	5-Allyl-5-isobutylbarbitursäure
Cetobemidon	1-[4-(3-Hydroxyphenyl)-1-methyl-4-piperidyl]-1-propanon
Cocablätter	Blätter der zur Gattung Erythroxylum gehörenden Pflanzen
Codein	4,5α-Epoxy-3-methoxy-17-methyl-7-morphinen-6α-ol – ausgenommen in Zubereitungen, die ohne einen weiteren Stoff der Anlagen I bis III (außer Amobarbital, Barbital, Cyclobarbital, Ethylmorphin, Meprobamat, Methylphenobarbital, Pentobarbital, Phenobarbital, Secorbarbital) bis zu 2,5 vom Hundert oder je abgeteilte Form bis zu 100 mg Codein, berechnet als Base, enthalten –
Dexamphetamin	(+)-α-Methylphenethylamin
Dextropropoxyphen	(+)-(1-Benzyl-3-dimethylamino-2-methyl-1-phenylpropyl)propionat – ausgenommen in Zubereitungen, die ohne einen weiteren Stoff der Anlagen I bis III bei oraler Anwendung bis zu 2,5 vom Hundert oder je abgeteilte Form bis zu 135 mg Dextropropoxyphen, berechnet als Base, enthalten –
Difenoxin	1-(3-Cyan-3,3-diphenylpropyl)-4-phenyl-4-piperidincarbonsäure – ausgenommen in Zubereitungen, die ohne einen weiteren Stoff der Anlagen I bis III je abgeteilte Form bis zu 0,5 mg Difenoxin, und, bezogen auf diese Menge, mindestens 0,5 vom Hundert Atropinsulfat enthalten –
Dihydrocodein	4,5α-Epoxy-3-methoxy-17-methyl-6α-morphinanol – ausgenommen in Zubereitungen, die ohne einen weiteren Stoff der Anlagen I bis III (außer Barbital) bis zu 2,5 vom Hundert oder je abgeteilte Form bis zu 100 mg Dihydrocodein, berechnet als Base, enthalten –
Dihydromorphin	4,5α-Epoxy-17-methyl-3,6α-morphinandiol
Dihydrothebain	4,5α-Epoxy-3,6-dimethoxy-17-methyl-6-morphinen
Diphenoxylat	Ethyl-[1-(3-cyan-3,3-diphenyl-propyl)-4-phenyl-4-piperidincarboxylat] – ausgenommen in Zubereitungen, die ohne einen weiteren Stoff der Anlagen I bis III je abgeteilte Form bis zu 2,5 mg Diphenoxylat und, bezogen auf diese Menge, mindestens 1 vom Hundert Atropinsulfat enthalten –
Ecgonin	3β-Hydroxy-2β(1α*H*, 5α*H*)-tropancarbonsäure
Ethylmorphin	4,5α-Epoxy-3-ethoxy-17-methyl-7-morphinen-6α-ol – ausgenommen in Zubereitungen, die ohne einen weiteren Stoff der Anlagen I bis III (außer Codein)

Propheptazin	1,3-Dimethylperhydro-4-phenyl-4-azepinylpropionat
Properidin	Isopropyl-(1-methyl-4-phenyl-4-piperidincarboxylat)
Psilocin	3-(2-Dimethylaminoethyl)-4-indolol
Psilocin-(eth)	3-(2-Diethylaminoethyl)-4-indolol
Psilocybin	3-(2-Dimethylaminoethyl)-4-indolyldihydrogenphosphat
Psilocybin-(eth)	3-(2-Diethylaminoethyl)-4-indolyldihydrogenphosphat
Racemethorphan	(±)-3-Methoxy-17-methylmorphinan
Rolicyclidin	1-(1-Phenylcyclohexyl)pyrrolidin
Sufentanil	*N*-{4-Methoxymethyl-1-[2-(2-thienyl)ethyl]-4-piperidyl propionanilid}
Tenocyclidin	1-[1-(2-Thienyl)cyclohexyl]piperidin
Tetrahydrocannabinol	Tetrahydro-6,6,9-trimethyl-3-pentylbenzo[*c*]chromen-1-ol
Thiofentanyl	*N*-{1-[2-(2-Thienyl)ethyl]-4-piperidyl}propionanilid
Trimeperidin	1,2,5-Trimethyl-4-phenyl-4-piperidylpropionat
Trimethoxyamphetamin (TMA)	3,4,5-Trimethoxy-α-methylphenethylamin

- die Isomere der in dieser Anlage aufgeführten Stoffe, wenn sie nicht besonders ausgenommen sind und das Bestehen solcher Isomere in der bestimmten chemischen Bezeichnung möglich ist;
- die Ester, Ether und Molekülverbindungen der in dieser Anlage aufgeführten Stoffe, wenn sie nicht in einer anderen Anlage verzeichnet sind und das Bestehen solcher Ester, Ether und Molekülverbindungen möglich ist;
- die Salze der in dieser Anlage aufgeführten Stoffe, wenn das Bestehen solcher Salze möglich ist;
- die Zubereitungen der in dieser Anlage aufgeführten Stoffe, wenn sie nicht
  a) ohne am menschlichen oder tierischen Körper angewendet zu werden, ausschließlich diagnostischen oder analytischen Zwecken dienen, und ihr Gehalt an einem oder mehreren Betäubungsmitteln jeweils 0,001 vom Hundert nicht übersteigt, oder
  b) besonders ausgenommen sind.

	bis zu 2,5 vom Hundert oder je abgeteilte Form bis zu 100 mg Ethylmorphin, berechnet als Base, enthalten –
Etilamfetamin	*N*-Ethyl-α-methylphenethylamin
Isomethadon	6-Dimethylamino-5-methyl-4,4-diphenyl-3-hexanon
Levamfetamin	(–)-α-Methylphenethylamin
Levomoramid	(–)-3-Methyl-4-morpholino-2,2-diphenyl-1-(1-pyrrolidinyl)butanon
Levorphanol	(–)-17-Methyl-3-morphinanol
Methadon	6-Dimethylamino-4,4-diphenyl-3-heptanon
Methadon-Zwischenprodukt (Premethadon)	4-Dimethylamino-2,2-diphenylvaleronitril
Mohnstrohkonzentrat	das bei der Verarbeitung von Pflanzen und Pflanzenteilen der Art Papaver somniferum zur Konzentrierung der Alkaloide anfallende Material
Moramid-Zwischenprodukt (Premoramid)	3-Methyl-4-morpholino-2,2-diphenylbuttersäure
Nicocodin	4,5α-Epoxy-3-methoxy-17-methyl-7-morphinen-6α-ylnicotinat
Nicodicodin	4,5α-Epoxy-3-methoxy-17-methyl-6α-morphin-anylnicotinat
Papaver orientale (Papaver bracteatum)	Pflanzen und Pflanzenteile der zur Art Papaver orientale gehörenden Pflanzen, ausgenommen deren Samen; dienen diese Zierzwecken, so finden betäubungsmittelrechtliche Vorschriften nur Anwendung auf die Einfuhr, Durchfuhr, Ausfuhr, den Anbau und die Gewinnung
Papaver somniferum	Pflanzen und Pflanzenteile der zur Art Papaver somniferum gehörenden Pflanzen, ausgenommen deren Samen; dienen diese Zierzwecken, so finden betäubungsmittelrechtliche Vorschriften nur Anwendung auf die Einfuhr, Durchfuhr, Ausfuhr, den Anbau und die Gewinnung
Pethidin-Zwischenprodukt A (Prepethidin)	1-Methyl-4-phenyl-4-piperidincarbonitril
Pethidin-Zwischenprodukt B (Norpethidin)	Ethyl-(4-phenyl-4-piperidincarboxylat)
Pethidin-Zwischenprodukt C (Pethidinsäure)	1-Methyl-4-phenyl-4-piperidincarbonsäure
Phendimetrazin	3,4-Dimethyl-2-phenylmorpholin
Pholcodin	4,5α-Epoxy-17-methyl-3-(2-morpholinoethoxy)-7-morphinen-6α-ol – ausgenommen in Zubereitungen, die ohne einen weiteren Stoff der Anlagen I bis III bis zu 2,5 vom Hundert oder je abgeteilte Form bis zu 100 mg Pholcodin, berechnet als Base, enthalten –
Propiram	*N*-(1-Methyl-2-piperidonethyl)-*N*-(2-pyridyl)propionamid – ausgenommen in Zubereitungen, die ohne einen weiteren Stoff der Anlagen I bis III bis zu 100 mg

	Propiram und mindestens dieselbe Menge Methylcellulose enthalten –
Pyrovaleron	4'-Methyl-2-(1-pyrrolidinyl)valerophenon
Racemorphan	(±)-17-Methyl-3-morphinanol
Racemoramid	(±)-3-Methyl-4-morpholino-2,2-diphenyl-1-(1-pyrrolidinyl)butanon
Tetrahydrothebain	4,5α-Epoxy-3,6-dimethoxy-17-methylmorphinan
Thebacon	4,5α-Epoxy-3-methoxy-17-methyl-6-morphinen-6-yl-acetat
Thebain	4,5α-Epoxy-3,6-dimethoxy-17-methyl-6,8-morphinadien

- die Isomere der in dieser Anlage aufgeführten Stoffe, wenn sie nicht besonders ausgenommen sind und das Bestehen solcher Isomere in der bestimmten chemischen Bezeichnung möglich ist;
- die Ester, Ether und Molekülverbindungen der in dieser Anlage aufgeführten Stoffe, wenn sie nicht in einer anderen Anlage verzeichnet sind und das Bestehen solcher Ester, Ether und Molekülverbindungen möglich ist;
- die Salze der in dieser Anlage aufgeführten Stoffe, wenn das Bestehen solcher Salze möglich ist;
- die Zubereitungen der in dieser Anlage aufgeführten Stoffe, wenn sie nicht
  a) ohne am menschlichen oder tierischen Körper angewendet zu werden, ausschließlich diagnostischen oder analytischen Zwecken dienen, und ihr Gehalt an einem oder mehreren Betäubungsmitteln jeweils 0,001 vom Hundert nicht übersteigt, oder
  b) besonders ausgenommen sind.

Anlage III (zu § 1 Abs. 1)
(verkehrsfähige und verschreibungsfähige Betäubungsmittel)

Teil A	(aus dem Einheits-Übereinkommen von 1961 und der Liste des Anhangs II des Übereinkommens von 1971 über psychotrope Stoffe)
Alfentanil	*N*-{1.[2-(4-Ethyl-5-oxo-2-tetrazolin-1-yl)ethyl]-4-methoxymethyl-4-piperidyl}propionanilid
Amphetamin	(±)-α-Methylphenethylamin
Buprenorphin	17-Cyclopropylmethyl-4,5α-Epoxy-7α-[(S)-1-hydroxy-1,2,2-trimethyl-propyl]-6-methoxy-6,14-*endo*-ethanomorphinan-3-ol
Cetobemidon	1-[4-(3-Hydroxyphenyl)-1-methyl-4-piperidyl]-1-propanon
Cocain	(–)-Methyl-[3β-benzoloxy-2β(1α*H*, 5α*H*)-tropan-carboxylat]
Dextromoramid	(+)-3-Methyl-4-morpholino-2,2-diphenyl-1-(1-pyrrolodinyl] butanon
Dextropropoxyphen	(+)-1(1-Benzyl-3-dimethylamino-2-methyl-1-phenylpropyl) propionat – ausgenommen in Zubereitungen, die ohne einen weiteren Stoff der Anlagen I und III Teil B bei oraler Anwendung bis zu 2,5 vom Hundert oder je abgeteilte Form bis zu 150 mg Dextropropoxyphen oder eines seiner Salze enthalten –
Etorphin	4,5α-Epoxy-7α-(1-hydroxy-1-methylbutyl)-6-methoxy-17-methyl-6,14-*endo*-ethenomorphinan-3-ol
Fenetyllin	7-[2-(α-Methylphenethylamino)ethyl]theophyllin
Fentanyl	*N*-(1-Phenethyl-4-piperidyl)propionanilid
Hydrocodon	4,5α-Epoxy-3-methoxy-17-methyl-6-morphinanon
Hydromorphon	4,5α-Epoxy-3-hydroxy-17-methyl-6-morphinanon
Levomethadon	(–)-6-Dimethylamino-4,4-diphenyl-3-heptanon
Levorphanol	(–)-17-Methyl-3-morphinanol
Methamphetamin	*N*,α-Dimethylphenethylamin
Methaqualon	2-Methyl-3-*o*-tolyl-4(3*H*)-chinazolinon
Methylphenidat	Methyl-[2-phenyl-2-(2-piperidyl)acetat]
Morphin	4,5α-Epoxy-17-methyl-7-morphinen-3,6α-diol
Normethadon	6-Dimethylamino-4,4-diphenyl-3-hexanon
Opium	der geronnene Saft der zu Art Papaver somniferum gehörenden Pflanzen
Oxycodon	4,5α-Epoxy-14-hydroxy-3-methoxy-17-methyl-6-morphinanon
Papaver somniferum	Pflanzen und Pflanzenteile, ausgenommen die Samen der zur Art Papaver somniferum gehörenden Pflanzen
Pethidin	Ethyl-(1-methyl-4-phenyl-4-piperidincarboxylat)
Phenmetrazin	3-Methyl-2-phenylmorpholin
Piritramid	1′-(3-Cyan-3,3-diphenylpropyl) [1,4′-bipiperidin]-4′-carboxamid

Thebacon	4,5α-Epoxy-3-methoxy-17-methyl-6-morphinen-6-ylacetat
Tilidin	Ethyl-(2-dimethylamino-1-phenyl-3-cyclohexen-1-carboxylat) – ausgenommen in Zubereitungen, die ohne einen weiteren Stoff der Anlagen I bis III je abgeteilte Form bis zu 750 mg Tilidin und, bezogen auf diese Menge, mindestens 7,5 von Hundert Naloxonhydrochlorid enthalten. Für diese Zubereitungen gelten jedoch die betäubungsmittelrechtlichen Vorschriften über die Einfuhr, Ausfuhr und Durchfuhr –
Teil B	(aus der Liste des Anhangs III des Übereinkommens von 1971 über psychotrope Stoffe)
Amobarbital	5-Ethyl-5-Isopentylbarbitursäure – ausgenommen in Zubereitungen, die ohne einen weiteren Stoff der Anlagen I bis III (außer Codein) a) je abgeteilte Form bis zu 100 mg Amobarbital enthalten oder b) jedoch mit einem weiteren Stoff der Anlage III Teil B oder C zusammen keine größere Menge an Betäubungsmitteln enthalten als die geringere Menge, die bei einem der Stoffe (außer Codein) für ausgenommene Zubereitungen festgelegt ist. Für diese Zubereitungen gelten jedoch die betäubungsmittelrechtlichen Vorschriften über die Einfuhr, Ausfuhr und Durchfuhr –
Cathin (D-Norpseudoephedrin)	(1*S*,2*S*)-2-Amino-1-phenyl-1-propanol – ausgenommen in Zubereitungen, die ohne einen weiteren Stoff der Anlagen I bis III bis zu 5 vom Hundert als Lösung, jedoch nicht mehr als 1600 mg je Packungseinheit, oder je abgeteilte Form bis zu 40 mg Cathin, berechnet als Base, enthalten. Für diese Zubereitungen gelten jedoch die betäubungsmittelrechtlichen Vorschriften über die Einfuhr, Ausfuhr und Durchfuhr –
Cyclobarbital	5-(1-Cyclohexenyl)-5-ethylbarbitursäure – ausgenommen in Zubereitungen, die ohne einen weiteren Stoff der Anlagen I bis III (außer Codein) a) je abgeteilte Form bis zu 200 mg Cyclobarbital enthalten oder b) jedoch mit einem weiteren Stoff der Anlage III Teil B oder C zusammen keine größere Menge an Betäubungsmitteln enthalten als die geringere Menge, die bei einem der Stoffe (außer Codein) für ausgenommene Zubereitungen festgelegt ist. Für diese Zubereitungen gelten jedoch die betäubungsrechtlichen Vorschriften über die Einfuhr, Ausfuhr und Durchfuhr –

Glutethimid	3-Ethyl-3-phenyl-2,6-piperidindion – ausgenommen in Zubereitungen, die ohne einen weiteren Stoff der Anlagen I bis III a) je abgeteilte Form bis zu 250 mg Glutethimid enthalten oder b) jedoch mit einem weiteren Stoff der Anlage III Teil B oder C zusammen keine größere Menge an Betäubungsmitteln enthalten als die geringere Menge, die bei einem der beiden Stoffe für ausgenommene Zubereitungen festgelegt ist. Für diese Zubereitungen gelten jedoch die betäubungsmittelrechtlichen Vorschriften über die Einfuhr, Ausfuhr und Durchfuhr –
Pentazocin	1,2,3,4,5,6-Hexahydro-6,11-dimethyl-3-(3-methyl-2-butenyl)-2,6-methano-3-benzazocin-8-ol
Pentobarbital	5-Ethyl-5-(1-methylbutyl)barbitursäure – ausgenommen in Zubereitungen, die ohne einen weiteren Stoff der Anlagen I bis III (außer Codein) a) je abgeteilte Form bis zu 110 mg Pentobarbital enthalten oder b) jedoch mit einem weiteren Stoff der Anlage III Teil B oder C zusammen keine größere Menge an Betäubungsmitteln enthalten als die geringere Menge, die bei einem der Stoffe (außer Codein) für ausgenommene Zubereitungen festgelegt ist. Für diese Zubereitungen gelten jedoch die betäubungsmittelrechtlichen Vorschriften über die Einfuhr, Ausfuhr und Durchfuhr –
Secobarbital	5-Allyl-5-(1-methylbutyl)barbitursäure – ausgenommen in Zubereitungen, die ohne einen weiteren Stoff der Anlagen I bis III (außer Codein) a) je abgeteilte Form bis zu 120 mg Secobarbital enthalten oder b) jedoch mit einem weiteren Stoff der Anlage III Teil B oder C zusammen keine größere Menge an Betäubungsmitteln enthalten als die geringere Menge, die bei einem der Stoffe (außer Codein) für ausgenommene Zubereitungen festgelegt ist. Für diese Zubereitungen gelten jedoch die betäubungsmittelrechtlichen Vorschriften über die Einfuhr, Ausfuhr und Durchfuhr –
Teil C	(aus der Liste des Anhangs IV des Übereinkommens von 1971 über psychotrope Stoffe)
Allobarbital	5,5-Diallylbarbitursäure – ausgenommen in Zubereitungen, die ohne einen weiteren Stoff der Anlagen I bis III (außer Codein, Meprobamat oder Phenobarbital) je abgeteilte Form bis zu

	120 mg Allobarbital, berechnet als Säure, enthalten. Für diese Zubereitungen gelten jedoch die betäubungsmittelrechtlichen Vorschriften über die Einfuhr, Ausfuhr und Durchfuhr –
Alprazolam	8-Chlor-1-methyl-6-phenyl-4*H*-[1,2,4]triazolo[4,3-*a*][1,4]benzodiazepin – ausgenommen in Zubereitungen, die ohne einen weiteren Stoff der Anlagen I bis III je abgeteilte Form bis zu 1 mg Alprazolam enthalten. Für diese Zubereitungen gelten jedoch die betäubungsmittelrechtlichen Vorschriften über die Einfuhr, Ausfuhr und Durchfuhr –
Amfepramon	2-Diethylaminopropiophenon – ausgenommen in Zubereitungen ohne verzögerte Wirkstofffreigabe, die ohne einen weiteren Stoff der Anlagen I bis III je abgeteilte Form bis zu 25 mg Amfepramon und in Zubereitungen mit verzögerter Wirkstofffreigabe bis zu 75 mg Amfepramon enthalten –
Barbital	5,5-Diethylbarbitursäure – ausgenommen in Zubereitungen, die ohne einen weiteren Stoff der Anlagen I bis III (außer Codein oder Dihydrocodein) a) bis zu 10 vom Hundert oder je abgeteilte Form bis zu 500 mg Barbital enthalten oder b) jedoch mit einem weiteren Stoff der Anlage III Teil B oder C zusammen keine größere Menge an Betäubungsmitteln enthalten als die geringere Menge, die bei einem der Stoffe (außer Codein oder Dihydrocodein) für ausgenommene Zubereitungen festgelegt ist –
Bromazepam	7-Brom-5-(2-pyridyl)-1*H*-1,4-benzodiazepin-2(3*H*)-on – ausgenommen in Zubereitungen, die ohne einen weiteren Stoff der Anlagen I bis III je abgeteilte Form bis zu 12 mg Bromazepam enthalten. Für diese Zubereitungen gelten jedoch die betäubungsmittelrechtlichen Vorschriften über die Einfuhr, Ausfuhr und Durchfuhr –
Butobarbital	5-Butyl-5-ethylbarbitursäure – ausgenommen in Zubereitungen, die ohne einen weiteren Stoff der Anlagen I bis III je abgeteilte Form bis zu 130 mg Butobarbital, berechnet als Säure, enthalten. Für diese Zubereitungen gelten jedoch die betäubungsmittelrechtlichen Vorschriften über die Einfuhr, Ausfuhr und Durchfuhr –
Camazepam	(7-Chlor-1,3-dihydro-1-methyl-2-oxo-5-phenyl-2*H*-1,4-benzodiazepin-3-yl)-dimethylcarbamat – ausgenommen in Zubereitungen, die ohne einen weiteren Stoff der Anlagen I bis III je abgeteilte Form bis zu

	20 mg Camazepam enthalten. Für diese Zubereitungen gelten jedoch die betäubungsmittelrechtlichen Vorschriften über die Einfuhr, Ausfuhr und Durchfuhr –
Chlordiazepoxid	7-Chlor-*N*-methyl-5-phenyl-3*H*-benzodiazepin-2-ylamin-4-oxid – ausgenommen in Zubereitungen, die ohne einen weiteren Stoff der Anlagen I bis III je abgeteilte Form bis zu 40 mg Chlordiazepoxid enthalten. Für diese Zubereitungen gelten jedoch die betäubungsmittelrechtlichen Vorschriften über die Einfuhr, Ausfuhr und Durchfuhr –
Chlobazam	7-Chlor-1-methyl-5-phenyl-1*H*-1,5-benzodiazepin-2,4(3*H*,5*H*)-dion – ausgenommen in Zubereitungen, die ohne einen weiteren Stoff der Anlagen I bis III je abgeteilte Form bis zu 30 mg Chlobazam enthalten. Für diese Zubereitungen gelten jedoch die betäubungsmittelrechtlichen Vorschriften über die Einfuhr, Ausfuhr und Durchfuhr –
Clonazepam	5-(2-Chlorphenyl)-7-nitro-1*H*-1,4-benzodiazepin-2(3*H*)-on – ausgenommen in Zubereitungen, die ohne einen weiteren Stoff der Anlagen I bis III bis zu 0,25 vom Hundert als Tropflösung, jedoch nicht mehr als 250 mg je Packungseinheit, oder je abgeteilte Form bis zu 2 mg Clonazepam enthalten. Für diese Zubereitungen gelten jedoch die betäubungsmittelrechtlichen Vorschriften über die Einfuhr, Ausfuhr und Durchfuhr –
Clorazepat	7-Chlor-2,3-dihydro-2-oxo-5-phenyl-1*H*-1,4-benzodiazepin-3-carbonsäure – ausgenommen in Zubereitungen, die ohne einen weiteren Stoff der Anlagen I bis III je abgeteilte Form bis zu 50 mg, als Trockensubstanz nur zu parenteralen Anwendungen bis zu 100 mg, Dikaliumchlorazepat enthalten. Für diese Zubereitungen gelten jedoch die betäubungsmittelrechtlichen Vorschriften über die Einfuhr, Ausfuhr und Durchfuhr –
Clotiazepam	5-(2-Chlorphenyl)-7-ethyl-1-methyl-1*H*-thieno[2,3-*e*][1,4]diazepin-2(3*H*)-on – ausgenommen in Zubereitungen, die ohne einen weiteren Stoff der Anlagen I bis III je abgeteilte Form bis zu 20 mg Clotiazepam enthalten. Für diese Zubereitungen gelten jedoch die betäubungsmittelrechtlichen Vorschriften über die Einfuhr, Ausfuhr und Durchfuhr –
Cloxazolam	10-Chlor-11b-(2-chlorphenyl)-2,3,7,11b-tetrahydrooxazolo[3,2-*d*][1,4]benzodiazepin-6(5*H*)-on
Delorazepam	7-Chlor-5-(2-chlorphenyl)-1*H*-1,4-benzodiazepin-2(3*H*)-on
Diazepam	7-Chlor-1-methyl-5-phenyl-1*H*-1,4-benzodiazepin-2(3*H*)-on

	– ausgenommen in Zubereitungen, die ohne einen weiteren Stoff der Anlagen I bis III bis zu 1 vom Hundert als Sirup oder Tropflösung, jedoch nicht mehr als 250 mg je Packungseinheit, oder je abgeteilte Form bis zu 20 mg Diazepam enthalten. Für diese Zubereitungen gelten jedoch die betäubungsmittelrechtlichen Vorschriften über die Einfuhr, Ausfuhr und Durchfuhr –
Estazolam	8-Chlor-6-phenyl-4*H*-1,2,4-triazolo[4,3-*α*][1,4]benzodiazepin
Ethchlorvynol	1-Chlor-3-ethyl-1-penten-4-in-3-ol – ausgenommen in Zubereitungen, die ohne einen weiteren Stoff der Anlagen I bis III je abgeteilte Form bis zu 250 mg Ethchlorvynol enthalten –
Ethinamat	1-Ethinylcyclohexylcarbamat – ausgenommen in Zubereitungen, die ohne einen weiteren Stoff der Anlagen I bis III je abgeteilte Form bis zu 500 mg Ethinamat enthalten –
Ethylloflazepat	Ethyl[7-chlor-5-(2-fluorphenyl)-2,3-dihydro-2-oxo-1*H*-1,4-benzodiazepin-3-carboxylat]
Fencamfamin	*N*-Ethyl-3-phenyl-8,9,10-trinorbornan-2-ylamin – ausgenommen in Zubereitungen, die ohne einen weiteren Stoff der Anlagen I bis III je abgeteilte Form bis zu 8,6 mg Fencamfamin, berechnet als Base, enthalten. Für diese Zubereitungen gelten jedoch die betäubungsmittelrechtlichen Vorschriften über die Einfuhr, Ausfuhr und Durchfuhr –
Fenproporex	3-(*α*-Methylphenethylamino)propionitril – ausgenommen in Zubereitungen, die ohne einen weiteren Stoff der Anlagen I bis III je abgeteilte Form bis zu 11 mg Fenproporex, berechnet als Base, enthalten. Für diese Zubereitungen gelten jedoch die betäubungsmittelrechtlichen Vorschriften über die Einfuhr, Ausfuhr und Durchfuhr –
Fludiazepam	7-Chlor-5-(2-fluorphenyl)-1-methyl-1*H*-1,4-benzodiazepin-2(3*H*)-on
Flunitrazepam	5-(2-Fluorphenyl)-1-methyl-7-nitro-1*H*-1,4-benzodiazepin-2(3*H*)-on – ausgenommen in Zubereitungen, die ohne einen weiteren Stoff der Anlagen I bis III je abgeteilte Form bis zu 2 mg Flunitrazepam enthalten. Für diese Zubereitungen gelten jedoch die betäubungsmittelrechtlichen Vorschriften über die Einfuhr, Ausfuhr und Durchfuhr –
Flurazepam	7-Chlor-1-(2-diethylaminoethyl)-5-(2-fluorphenyl)-1*H*-1,4-benzodiazepin-2(3*H*)-on – ausgenommen in Zubereitungen, die ohne einen weiteren Stoff der Anlagen I bis III je abgeteilte Form bis zu 30 mg Flurazepam enthalten. Für diese Zubereitungen gelten jedoch die betäubungsmittelrechtlichen Vor-

	schriften über die Einfuhr, Ausfuhr und Durchfuhr –
Halazepam	7-Chlor-5-phenyl-1-(2,2,2-trifluorethyl)-1*H*-1,4-benzodiazepin-2(3*H*)-on – ausgenommen in Zubereitungen, die ohne einen weiteren Stoff der Anlagen I bis III je abgeteilte Form bis zu 120 mg Halazepam enthalten. Für diese Zubereitungen gelten jedoch die betäubungsmittelrechtlichen Vorschriften über die Einfuhr, Ausfuhr und Durchfuhr –
Haloxazolam	10-Brom-11b-(2-fluorphenyl)-2,3,7,11b-tetrahydrooxazolo[3,2-*d*][1,4]benzodiazepin-6(5*H*)-on
Ketazolam	11-Chlor-8,12b-dihydro-2,8-dimethyl-12b-phenyl-4*H*-[1,3]oxazino[3,2-*d*][1,4]benzodiazepin-4,7(6*H*)-dion – ausgenommen in Zubereitungen, die ohne einen weiteren Stoff der Anlagen I bis III je abgeteilte Form bis zu 45 mg Ketazolam enthalten. Für diese Zubereitungen gelten jedoch die betäubungsmittelrechtlichen Vorschriften über die Einfuhr, Ausfuhr und Durchfuhr –
Loprazolam	6-(2-Chlorphenyl)-2-(4-methyl-1-piperazinylmethylen)-8-nitro-2*H*-imidazol[1,2-*α*][1,4]benzodiazepin-1(4*H*)-on – ausgenommen in Zubereitungen, die ohne einen weiteren Stoff der Anlagen I bis III je abgeteilte Form bis zu 2,5 mg Loprazolam enthalten. Für diese Zubereitungen gelten jedoch die betäubungsmittelrechtlichen Vorschriften über die Einfuhr, Ausfuhr und Durchfuhr –
Lorazepam	7-Chlor-5-(2-chlorphenyl)-3-hydroxy-1*H*-1,4-benzodiazepin-2(3*H*)-on – ausgenommen in Zubereitungen, die ohne einen weiteren Stoff der Anlagen I bis III je abgeteilte Form bis zu 2,5 mg Lorazepam enthalten. Für diese Zubereitungen gelten jedoch die betäubungsmittelrechtlichen Vorschriften über die Einfuhr, Ausfuhr und Durchfuhr –
Lormetazepam	7-Chlor-5-(2-chlorphenyl)-3-hydroxy-1-methyl-1*H*-1,4-benzodiazepin-2(3*H*)-on – ausgenommen in Zubereitungen, die ohne einen weiteren Stoff der Anlagen I bis III je abgeteilte Form bis zu 2 mg Lormetazepam enthalten. Für diese Zubereitungen gelten jedoch die betäubungsmittelrechtlichen Vorschriften über die Einfuhr, Ausfuhr und Durchfuhr –
Mazindol	5-(4-Chlorphenyl)-2,5-dihydro-3*H*-imidazo[2,1-a]isoindol-5-ol – ausgenommen in Zubereitungen, die ohne einen weiteren Stoff der Anlagen I bis III je abgeteilte Form bis zu 1 mg Mazindol enthalten –
Medazepam	7-Chlor-2,3-dihydro-1-methyl-5-phenyl-1*H*-1,4-benzodiazepin – ausgenommen in Zubereitungen, die ohne einen weite-

ren Stoff der Anlagen I bis III je abgeteilte Form bis zu 10 mg Medazepam enthalten. Für diese Zubereitungen gelten jedoch die betäubungsmittelrechtlichen Vorschriften über die Einfuhr, Ausfuhr und Durchfuhr –

Mefenorex	*N*-(3-Chlorpropyl)-*α*-methylphenethylamin – ausgenommen in Zubereitungen, die ohne einen weiteren Stoff der Anlagen I bis III je abgeteilte Form bis zu 40 mg Mefenorex, berechnet als Base, enthalten. Für diese Zubereitungen gelten jedoch die betäubungsmittelrechtlichen Vorschriften über die Einfuhr, Ausfuhr und Durchfuhr –
Meprobamat	2-Methyl-2-propyltrimethylendicarbamat – ausgenommen in Zubereitungen, die ohne einen weiteren Stoff der Anlagen I bis III (außer Codein) a) je abgeteilte Form bis zu 500 mg Meprobamat enthalten oder b) jedoch mit einem weiteren Stoff der Anlage III Teil B oder C zusammen keine größere Menge an Betäubungsmitteln enthalten als die geringere Menge, die bei einem der Stoffe (außer Codein) für ausgenommene Zubereitungen festgelegt ist –
Methylphenobarbital	5-Ethyl-1-methyl-5-phenylbarbitursäure – ausgenommen in Zubereitungen, die ohne einen weiteren Stoff der Anlagen I bis III (außer Codein) a) je abgeteilte Form bis zu 200 mg Methylphenobarbital enthalten oder b) jedoch mit einem weiteren Stoff der Anlage III Teil B oder C zusammen keine größere Menge an Betäubungsmitteln enthalten als die geringere Menge, die bei einem der Stoffe (außer Codein) für ausgenommene Zubereitungen festgelegt ist –
Methyprylon	3,3-Diethyl-5-methyl-2,4-piperidindion – ausgenommen in Zubereitungen, die ohne einen weiteren Stoff der Anlagen I bis III je abgeteilte Form bis zu 200 mg Methyprylon enthalten –
Midazolam	8-Chlor-6-(2-fluorphenyl)-1-methyl-4*H*-imidazol[1,5-*a*][1,4]benzodiazepin – ausgenommen in Zubereitungen, die ohne einen weiteren Stoff der Anlagen I bis III je abgeteilte Form bis zu 15 mg Midazolam, berechnet als Base, enthalten. Für diese Zubereitungen gelten jedoch die betäubungsmittelrechtlichen Vorschriften über die Einfuhr, Ausfuhr und Durchfuhr –
Nimetazepam	1-Methyl-7-nitro-5-phenyl-1*H*-1,4-benzodiazepin-2(3*H*)-on
Nitrazepam	7-Nitro-5-phenyl-1*H*-1,4-benzodiazepin-2(3*H*)-on – ausgenommen in Zubereitungen, die ohne einen weiteren Stoff der Anlagen I bis III bis zu 0,5 vom Hundert als Tropflösung, jedoch nicht mehr als 250 mg je Pak-

kungseinheit, oder je abgeteilte Form bis zu 10 mg Nitrazepam enthalten. Für diese Zubereitungen gelten jedoch die betäubungsmittelrechtlichen Vorschriften über die Einfuhr, Ausfuhr und Durchfuhr –

Nordazepam	7-Chlor-5-phenyl-1*H*-1,4-benzodiazepin-2(3*H*)-on – ausgenommen in Zubereitungen, die ohne einen weiteren Stoff der Anlagen I bis III bis zu 0,5 vom Hundert als Tropflösung, jedoch nicht mehr als 150 mg je Packungseinheit, oder je abgeteilte Form bis zu 15 mg Nordazepam enthalten. Für diese Zubereitungen gelten jedoch die betäubungsmittelrechtlichen Vorschriften über die Einfuhr, Ausfuhr und Durchfuhr –
Oxazepam	7-Chlor-3-hydroxy-5-phenyl-1*H*-1,4-benzodiazepin-2(3*H*)-on – ausgenommen in Zubereitungen, die ohne einen weiteren Stoff der Anlagen I bis III je abgeteilte Form bis zu 50 mg Oxazepam enthalten. Für diese Zubereitungen gelten jedoch die betäubungsmittelrechtlichen Vorschriften über die Einfuhr, Ausfuhr und Durchfuhr –
Oxazolam	(*cis-trans*)-10-Chlor-2,3,7,11b-tetrahydro-2-methyl-11b-phenyloxazolo[3,2-*d*][1,4]benzodiazepin-6(5*H*)-on – ausgenommen in Zubereitungen, die ohne einen weiteren Stoff der Anlagen I bis III je abgeteilte Form bis zu 20 mg Oxazolam enthalten. Für diese Zubereitungen gelten jedoch die betäubungsmittelrechtlichen Vorschriften über die Einfuhr, Ausfuhr und Durchfuhr –
Pemolin	2-Imino-5-phenyl-4-oxazolidinon – ausgenommen in Zubereitungen, die ohne einen weiteren Stoff der Anlagen I bis III je abgeteilte Form bis zu 20 mg Pemolin, berechnet als Base, enthalten. Für diese Zubereitungen gelten jedoch die betäubungsmittelrechtlichen Vorschriften über die Einfuhr, Ausfuhr und Durchfuhr –
Phenobarbital	5-Ethyl-5-phenylbarbitursäure – ausgenommen in Zubereitungen, die ohne einen weiteren Stoff der Anlagen I bis III (außer Codein) a) bis zu 10 vom Hundert oder je abgeteilte Form bis zu 300 mg Phenobarbital enthalten oder b) jedoch mit einem weiteren Stoff der Anlage III Teil B oder C zusammen keine größere Menge an Betäubungsmitteln enthalten als die geringere Menge, die bei einem der Stoffe (außer Codein) für ausgenommene Zubereitungen festgelegt ist –
Phentermin	α, α-Dimethylphenethylamin – ausgenommen in Zubereitungen, die ohne einen weiteren Stoff der Anlagen I bis III je abgeteilte Form bis zu 16 mg Phentermin enthalten –
Pinazepam	7-Chlor-5-phenyl-1-(2-propinyl)-1*H*-1,4-benzodiazepin-2(3*H*)-on

Pipradrol	α-(2-Piperidyl)benzhydrylalkohol – ausgenommen in Zubereitungen, die ohne einen weiteren Stoff der Anlagen I bis III je abgeteilte Form bis zu 1,5 mg Pipradrol enthalten –
Prazepam	7-Chlor-1-(cyclopropylmethyl)-5-phenyl-1*H*-1,4-benzodiazepin-2(3*H*)-on – ausgenommen in Zubereitungen, die ohne einen weiteren Stoff der Anlagen I bis III je abgeteilte Form bis zu 20 mg Prazepam enthalten. Für diese Zubereitungen gelten jedoch die betäubungsmittelrechtlichen Vorschriften über die Einfuhr, Ausfuhr und Durchfuhr –
Secbutabarbital	5-sec-Butyl-5-ethylbarbitursäure – ausgenommen in Zubereitungen, die ohne einen weiteren Stoff der Anlagen I bis III (außer Meprobamat) bis zu 0,5 vom Hundert als Lösung, jedoch nicht mehr als 1000 mg je Packungseinheit, oder je abgeteilte Form bis zu 50 mg, berechnet als Säure, enthalten. Für diese Zubereitungen gelten jedoch die betäubungsmittelrechtlichen Vorschriften über die Einfuhr, Ausfuhr und Durchfuhr –
Temazepam	7-Chlor-3-hydroxy-1-methyl-5-phenyl-1*H*-1,4-benzodiazepin-2(3*H*)-on – ausgenommen in Zubereitungen, die ohne einen weiteren Stoff der Anlagen I bis III je abgeteilte Form bis zu 20 mg Temazepam enthalten. Für diese Zubereitungen gelten jedoch die betäubungsmittelrechtlichen Vorschriften über die Einfuhr, Ausfuhr und Durchfuhr –
Tetrazepam	7-Chlor-5-(1-cyclohexenyl)-1-methyl-1*H*-1,4-benzodiazepin-2(3*H*)-on – ausgenommen in Zubereitungen, die ohne einen weiteren Stoff der Anlagen I bis III je abgeteilte Form bis zu 50 mg Tetrazepam enthalten. Für diese Zubereitungen gelten jedoch die betäubungsmittelrechtlichen Vorschriften über die Einfuhr, Ausfuhr und Durchfuhr –
Triazolam	8-Chlor-6-(2-chlorphenyl)-1-methyl-4*H*-1,2,4-triazolo[4,3-*α*][1,4]-benzodiazepin – ausgenommen in Zubereitungen, die ohne einen weiteren Stoff der Anlagen I bis III je abgeteilte Form bis zu 1 mg Triazolam enthalten. Für diese Zubereitungen gelten jedoch die betäubungsmittelrechtlichen Vorschriften über die Einfuhr, Ausfuhr und Durchfuhr –
Vinylbital	5-(1-Methylbutyl)-5-vinylbarbitursäure – ausgenommen in Zubereitungen, die ohne einen weiteren Stoff der Anlagen I bis III je abgeteilte Form bis zu 150 mg Vinylbital, berechnet als Säure, enthalten. Für diese Zubereitungen gelten jedoch die betäubungsmittelrechtlichen Vorschriften über die Einfuhr, Ausfuhr und Durchfuhr –

– die Isomere der in dieser Anlage aufgeführten Stoffe, wenn sie nicht besonders ausgenommen sind und das Bestehen solcher Isomere in der bestimmten chemischen Bezeichnung möglich ist;

- die Ester, Ether und Molekülverbindungen der in dieser Anlage aufgeführten Stoffe, wenn sie nicht in einer anderen Anlage verzeichnet sind und das Bestehen solcher Ester, Ether und Molekülverbindungen möglich ist;
- die Salze der in dieser Anlage aufgeführten Stoffe, wenn das Bestehen solcher Stoffe möglich ist;
- die Zubereitungen der in dieser Anlage aufgeführten Stoffe, wenn sie nicht
  - a) ohne am menschlichen oder tierischen Körper angewendet zu werden, ausschließlich diagnostischen oder analytischen Zwecken dienen, und ihr Gehalt an einem oder mehreren Betäubungsmitteln jeweils 0,001 vom Hundert nicht übersteigt, oder
  - b) besonders ausgenommen sind.

Auch verkehrfähige Betäubungsmittel unterliegen der ärztlichen Verschreibungspflicht und sind dem Heilpraktiker nicht zugänglich. Sie können lediglich als homöopathische Arzneimittel bis zu einer festgelegten Konzentration der verschreibungspflichtigen Ausgangssubstanz vom Heilpraktiker verwendet werden (auf dem Wege der Registrierung zugelassene Homöopathika).

2.11 Reichsversicherungsordnung

Nach der Reichsversicherungsordnung wird von den gesetzlichen Krankenkassen lediglich die Behandlung durch anerkannte Kassenärzte übernommen. Dies ist im Bundesmanteltarifvertrag zwischen dem Bundesverband der Gesetzlichen Krankenkassen und der Kassenärztlichen Vereinigung festgelegt. Heilpraktiker können ihre Leistungen nicht mit den gesetzlichen Kassen abrechnen. Aus sporadischen Kulanzregelungen ist kein Rechtsanspruch abzuleiten.

Wiederholte Versuche gegen diese Regelung mit Rechtsmitteln vorzugehen, schlugen letztendlich immer wieder fehl.

Das Bundesarbeits- und Sozialgericht in Kassel hat mit einem höchstrichterlichen Urteil die diesbezüglichen Vorschriften der Reichsversicherungsordnung (RVO) bestätigt, wonach deren Kostenübernahme nur für solche Leistungen gilt, die von Kassenärzten erbracht werden.

Selbst bei der Erarbeitung des Psychotherapeutengesetzes war die Kassenerstattungsfrage lange Zeit ein Streitpunkt, obgleich es um die Behandlung von psychischen Zuständen geht, die allgemein als Krankheit anerkannt werden und es sich bei den unter dieses Gesetz fallenden Behandlern um akademisch ausgebildete Personen handelt.

Private Krankenversicherungen (je nach Vertragsabschluß) und die Beihilfe für Beamte und Angestellte des öffentlichen Dienstes erstatten Leistungen von Heilpraktikern (siehe dort unter 5.1.6 Abrechnung und Erstattung).

2.12 Gesetz über die Werbung auf dem Gebiete des Heilwesens

Vom 11. Juli 1965 (BGBl. I S. 604), in der Fassung der Bekanntmachung vom 18. Oktober 1978 (BGBl. I S. 1677), zuletzt geändert durch Gesetz vom 11. April 1990 (BGBl. I S. 717)
(BGBl. III S. 2121-20)

§ 1

(1) Dieses Gesetz findet Anwendung auf die Werbung für

1. Arzneimittel im Sinne des § 2 des Arzneimittelgesetzes,
2. andere Mittel, Verfahren, Behandlungen und Gegenstände, soweit sich die Werbeaussage auf die Erkennung, Beseitigung oder Linderung von Krankheiten, Leiden, Körperschäden oder krankhaften Beschwerden bei Mensch oder Tier bezieht.

(2) Andere Mittel im Sinne des Absatzes 1 Nr. 2 sind kosmetische Mittel im Sinne des § 4 des Lebensmittel-und Bedarfsgegenständegesetzes. Gegenstände im Sinne des Absatzes 1 Nr. 2 sind auch Gegenstände zur Körperpflege im Sinne des § 5 Abs. 1 Nr. 4 des Lebensmittel-und Bedarfsgegenständegesetzes.

(3) Eine Werbung im Sinne dieses Gesetzes ist auch das Ankündigen oder Anbieten von Werbeaussagen, auf die dieses Gesetz Anwendung findet.

(4) Dieses Gesetz findet keine Anwendung auf die Werbung für Gegenstände zur Verhütung von Unfallschäden.

§ 2

Fachkreise im Sinne dieses Gesetzes sind Angehörige der Heilberufe oder des Heilgewerbes, Einrichtungen, die der Gesundheit von Mensch oder Tier dienen, oder sonstige Personen, soweit sie mit Arzneimitteln, Verfahren, Behandlungen, Gegenständen oder anderen Mitteln erlaubterweise Handel treiben oder sie in Ausübung ihres Berufes anwenden.

§ 3

Unzulässig ist eine irreführende Werbung. Eine Irreführung liegt insbesondere dann vor,

1. wenn Arzneimitteln, Verfahren, Behandlungen, Gegenständen oder anderen Mitteln eine therapeutische Wirksamkeit oder Wirkungen beigelegt werden, die sie nicht haben,
2. wenn fälschlich der Eindruck erweckt wird, daß
   a) ein Erfolg mit Sicherheit erwartet werden kann,
   b) bei bestimmungsgemäßem oder längerem Gebrauch keine schädlichen Wirkungen eintreten,
   c) die Werbung nicht zu Zwecken des Wettbewerbs veranstaltet wird,
3. wenn unwahre oder zur Täuschung geeignete Angaben
   a) über die Zusammensetzung oder Beschaffenheit von Arzneimitteln, Gegenständen oder anderen Mitteln oder über die Art und Weise der Verfahren oder Behandlungen oder
   b) über die Person, Vorbildung, Befähigung oder Erfolge des Herstellers, Erfinders oder der für sie tätigen oder tätig gewesenen Personen gemacht werden.

§ 4

(1) Jede Werbung für Arzneimittel im Sinne des § 2 Abs. 1 oder Abs. 2 Nr. 1 des Arzneimittelgesetzes muß folgende Angaben enthalten:

1. den Namen oder die Firma und den Sitz des pharmazeutischen Unternehmers,
2. die Bezeichnung des Arzneimittels,
3. die Zusammensetzung des Arzneimittels nach Art und Menge der wirksamen Bestandteile,
4. die Anwendungsgebiete,
5. die Gegenanzeigen,
6. die Nebenwirkungen,

7. Warnhinweise, soweit sie für die Kennzeichnung der Behältnisse und äußeren Umhüllungen vorgeschrieben sind,
8. die Wartezeit bei Arzneimitteln, die zur Anwendung bei Tieren bestimmt sind, die der Gewinnung von Lebensmitteln dienen.

(2) Die Angaben nach Absatz 1 müssen mit denjenigen übereinstimmen, die nach § 11 oder § 12 des Arzneimittelgesetzes für die Packungsbeilage vorgeschrieben sind.

(3) Bei einer Werbung außerhalb der Fachkreise können die Angaben nach Absatz 1 Nr. 3 entfallen. Können die nach Absatz 1 Nr. 5, 6 und 8 vorgeschriebenen Angaben nicht gemacht werden, so können sie entfallen.

(4) Die nach Absatz 1 vorgeschriebenen Angaben müssen von den übrigen Werbeaussagen deutlich abgesetzt, abgegrenzt und gut lesbar sein.

(5) Nach einer Werbung in audiovisuellen Medien ist folgender Text einzublenden, der im Fernsehen vor neutralem Hintergrund gut lesbar wiederzugeben und gleichzeitig zu sprechen ist: »Zu Risiken und Nebenwirkungen lesen Sie die Packungsbeilage und fragen Sie Ihren Arzt oder Apotheker«. Die Angaben nach Absatz 1 können entfallen.

(6) Absatz 1 gilt nicht für eine Erinnerungswerbung. Eine Erinnerungswerbung liegt vor, wenn ausschließlich mit der Bezeichnung eines Arzneimittels oder zusätzlich mit dem Namen, der Firma oder dem Warenzeichen des pharmazeutischen Unternehmers geworben wird.

§ 5

Für homöopathische Arzneimittel, die nach dem Arzneimittelgesetz registriert oder von der Registrierung freigestellt sind, darf mit der Angabe von Anwendungsgebieten nicht geworben werden.

§ 6

Unzulässig ist eine Werbung, wenn

1. Gutachten oder Zeugnisse veröffentlicht oder erwähnt werden, die nicht von wissenschaftlich oder fachlich hierzu berufenen Personen erstattet worden sind und nicht die Angabe des Namens, Berufes und Wohnortes des Gutachters oder Ausstellers des Zeugnisses sowie den Zeitpunkt der Ausstellung des Gutachtens oder Zeugnisse enthalten,
2. auf wissenschaftliche, fachliche oder sonstige Veröffentlichungen Bezug genommen wird, ohne daß aus der Werbung hervorgeht, ob die Veröffentlichung das Arzneimittel, das Verfahren, die Behandlung, den Gegenstand oder ein anderes Mittel selbst betrifft, für die geworben wird, und ohne daß der Name des Verfassers, der Zeitpunkt der Veröffentlichung und die Fundstelle genannt werden.

§ 7

Es ist unzulässig, Werbegaben (Waren oder Leistungen) anzubieten, anzukündigen oder zu gewähren, es sei denn, daß es sich um Gegenstände von geringem Wert, die durch eine dauerhafte und deutlich sichtbare Bezeichnung des Werbenden oder des Arzneimittels oder beider gekennzeichnet sind, um geringwertige Kleinigkeiten oder um Werbegaben handelt, die als Zugaben zulässig wären. § 47 Abs. 3 des Arzneimittelgesetzes bleibt unberührt.

§ 8

(1) Unzulässig ist eine Werbung, die darauf hinwirkt, Arzneimittel, deren Abgabe den Apotheken vorbehalten ist, im Wege des Versandes zu beziehen. Dieses Verbot gilt nicht für eine Werbung, die sich auf die Abgabe von Arzneimitteln in den Fällen des § 47 des Arzneimittelgesetzes bezieht.

(2) Unzulässig ist ferner die Werbung, bestimmte Arzneimittel im Wege der Einzeleinfuhr nach § 73 Abs. 2 Nr. 6a oder § 73 Abs. 3 des Arzneimittelgesetzes zu beziehen.

§ 9

Unzulässig ist eine Werbung für die Erkennung oder Behandlung von Krankheiten, Leiden, Körperschäden oder krankhaften Beschwerden, die nicht auf eigener Wahrnehmung an dem zu behandelnden Menschen oder Tier beruht (Fernbehandlung).

§ 10

(1) Für verschreibungspflichtige Arzneimittel darf nur bei Ärzten, Zahnärzten, Tierärzten, Apotheken und Personen, die mit diesen Arzneimitteln erlaubterweise Handel treiben, geworben werden.

(2) Für Arzneimittel, die dazu bestimmt sind, bei Menschen die Schlaflosigkeit oder psychische Störungen zu beseitigen oder die Stimmungslage zu beeinflussen, darf außerhalb der Fachkreise nicht geworben werden.

§ 11

Außerhalb der Fachkreise darf für Arzneimittel, Verfahren, Behandlungen, Gegenstände oder andere Mittel nicht geworben werden

1. mit Gutachten, Zeugnissen, wissenschaftlichen oder fachlichen Veröffentlichungen sowie mit Hinweisen darauf,
2. mit Angaben, daß das Arzneimittel, das Verfahren, die Behandlung, der Gegenstand oder das andere Mittel ärztlich, zahnärztlich, tierärztlich oder anderweitig fachlich empfohlen oder geprüft ist oder angewendet wird,
3. mit der Wiedergabe von Krankengeschichten sowie mit Hinweisen darauf,
4. mit der bildlichen Darstellung von Personen in der Berufskleidung oder bei der Ausübung der Tätigkeit von Angehörigen der Heilberufe, des Heilgewerbes oder des Arzneimittelhandels,

5. mit der bildlichen Darstellung
   a) von Veränderungen des menschlichen Körpers oder seiner Teile durch Krankheiten, Leiden oder Körperschäden,
   b) der Wirkung eines Arzneimittels, eines Verfahrens, einer Behandlung, eines Gegenstandes oder eines anderen Mittels durch vergleichende Darstellung des Körperzustandes oder des Aussehens vor und nach der Anwendung,
   c) des Wirkungsvorganges eines Arzneimittels, eines Verfahrens, einer Behandlung, eines Gegenstandes oder eines anderen Mittels am menschlichen Körper oder an seinen Teilen,
6. mit fremd- oder fachsprachlichen Bezeichnungen, soweit sie nicht in den allgemeinen deutschen Sprachgebrauch eingegangen sind,
7. mit einer Werbeaussage, die geeignet ist, Angstgefühle hervorzurufen oder auszunutzen,
8. durch Werbevorträge, mit denen ein Feilbieten oder eine Entgegennahme von Anschriften verbunden ist,
9. mit Veröffentlichungen, deren Werbezweck mißverständlich oder nicht deutlich erkennbar ist,
10. mit Veröffentlichungen, die dazu anleiten, bestimmte Krankheiten, Leiden, Körperschäden oder krankhafte Beschwerden beim Menschen selbst zu erkennen und mit den in der Werbung bezeichneten Arzneimitteln, Gegenständen, Verfahren, Behandlungen oder anderen Mitteln zu behandeln, sowie mit entsprechenden Anleitungen in audiovisuellen Medien,
11. mit Äußerungen Dritter, insbesondere mit Dank-, Anerkennungs- oder Empfehlungsschreiben, oder mit Hinweisen auf solche Äußerungen,
12. mit Werbemaßnahmen, die sich ausschließlich oder überwiegend an Kinder oder an Jugendliche unter 18 Jahren richten,
13. mit Preisausschreiben, Verlosungen oder anderen Verfahren, deren Ergebnis vom Zufall abhängig ist,
14. durch die nicht verlangte Abgabe von Mustern oder Proben oder durch Gutscheine dafür.

§ 12

(1) Die Werbung für Arzneimittel außerhalb der Fachkreise darf sich nicht auf die Erkennung, Verhütung, Beseitigung oder Linderung der in der Anlage zu diesem Gesetz aufgeführten Krankheiten oder Leiden beim Menschen oder Tier beziehen.

(2) Die Werbung für andere Mittel, Verfahren, Behandlungen oder Gegenstände außerhalb der Fachkreise darf sich nicht auf die Erkennung, Beseitigung oder Linderung dieser Krankheiten oder Leiden beziehen. Dies gilt nicht für die Werbung für Verfahren oder Behandlungen in Heilbädern, Kurorten und Kuranstalten.

Anlage
(zu § 12)

Krankheiten und Leiden, auf die sich die Werbung gemäß § 12 nicht beziehen darf

A. Krankheiten und Leiden beim Menschen

1. Nach dem Bundes-Seuchengesetz in der im Bundesgesetzblatt Teil III, Gliederungsnummer 2126-1, veröffentlichten bereinigten Fassung, zuletzt geändert durch Artikel 4 des Gesetzes vom 10. August 1978 (BGBl. I S. 1217), meldepflichtige Krankheiten,
2. Geschwulstkrankheiten,
3. Krankheiten des Stoffwechsels und der inneren Sekretion, ausgenommen Vitamin-und Mineralstoffmangel und alimentäre Fettsucht,
4. Krankheiten des Blutes und der blutbildenen Organe, ausgenommen Eisenmangelanämie,
5. organische Krankheiten
   a) des Nervensystems,
   b) der Augen und Ohren,
   c) des Herzens und der Gefäße, ausgenommen allgemeine Arteriosklerose, Varikose und Frostbeulen,
   d) der Leber und des Pankreas,
   e) der Harn- und Geschlechtsorgane,
6. Geschwüre des Magens und des Darms,
7. Epilepsie,
8. Geisteskrankheiten,
9. Trunksucht,
10. krankhafte Komplikationen der Schwangerschaft, der Entbindung und des Wochenbetts.

B. Krankheiten und Leiden beim Tier

1. Nach dem Viehseuchengesetz in der Fassung der Bekanntmachung vom 23. Februar 1977 (BGBl. I S. 313, 437) meldepflichtige Krankheiten,
2. ansteckender Scheidenkatarrh der Rinder,
3. Fruchtbarkeitsstörungen der Pferde und Rinder,
4. infektiöse Aufzuchtkrankheiten der Tiere,
5. bakterielle Eutererkrankungen bei Kühen, Ziegen und Schafen,
6. Kolik bei Pferden und Rindern.

§ 13

Die Werbung eines Unternehmens mit Sitz außerhalb des Geltungsbereichs dieses Gesetzes ist unzulässig, wenn nicht ein Unternehmen mit Sitz oder eine natürliche Person mit gewöhnlichem Aufenthalt im Geltungsbereich dieses Gesetzes, die nach diesem Gesetz unbeschränkt strafrechtlich verfolgt werden kann, ausdrücklich damit betraut ist, die sich aus diesem Gesetz ergebenden Pflichten zu übernehmen.

§ 14

Wer dem Verbot der irreführenden Werbung (§ 3) zuwiderhandelt, wird mit Freiheitsstrafe bis zu einem Jahr oder mit Geldstrafe bestraft.

§ 15

(1) Ordnungswidrig handelt, wer vorsätzlich oder fahrlässig

1. eine Werbung betreibt, die die nach § 4 vorgeschriebenen Angaben nicht enthält oder entgegen § 5 mit der Angabe von Anwendungsgebieten wirbt,
2. in einer nach § 6 unzulässigen Weise mit Gutachten, Zeugnissen oder Bezugnahmen auf Veröffentlichungen wirbt,
3. entgegen § 7 eine mit Werbegaben verbundene Werbung betreibt,
4. entgegen § 8 eine Werbung betreibt, die auf einen Bezug von Arzneimitteln im Wege des Versandes oder im Wege der Einzeleinfuhr hinwirkt,
5. entgegen § 9 für eine Fernbehandlung wirbt,
6. entgegen § 10 für die dort bezeichneten Arzneimittel wirbt,
7. auf eine durch § 11 verbotene Weise außerhalb der Fachkreise wirbt,
8. entgegen § 12 eine Werbung betreibt, die sich auf die in der Anlage zu § 12 aufgeführten Krankheiten oder Leiden bezieht,
9. eine nach § 13 unzulässige Werbung betreibt.

(2) Ordnungswidrig handelt ferner, wer fahrlässig dem Verbot der irreführenden Werbung (§ 3) zuwiderhandelt.

(3) Die Ordnungswidrigkeit nach Absatz 1 kann mit einer Geldbuße bis zu fünfzigtausend Deutsche Mark, die Ordnungswidrigkeit nach Absatz 2 mit einer Geldbuße bis zu fünfundzwanzigtausend Deutsche Mark geahndet werden.

§ 16

Werbematerial, auf das sich eine Straftat nach § 14 oder eine Ordnungswidrigkeit nach § 15 bezieht, kann eingezogen werden.

§ 17

Unberührt bleiben:

1. das Gesetz gegen den unlauteren Wettbewerb in der im Bundesgesetzblatt Teil III, Gliederungsnummer 43-1, veröffentlichten bereinigten Fassung, zuletzt geändert durch Artikel 14 des Gesetzes vom 10. März 1975 (BGBl. I S. 685),

2. § 21 des Gesetzes zur Bekämpfung der Geschlechtskrankheiten in der im Bundesgesetzblatt Teil III, Gliederungsnummer 2126-4, veröffentlichten bereinigten Fassung, zuletzt geändert durch Artikel 66 des Gesetzes vom 2. März 1974 (BGBl. I S. 469),

3. die Zugabeverordnung in der im Bundesgesetzblatt Teil III, Gliederungsnummer 43-4-1, veröffentlichten bereinigten Fassung, zuletzt geändert durch Artikel 141 des Gesetzes vom 2. März 1974 (BGBl. I S. 469).

Die Änderung des Arzneimittelgesetzes durch die 5. Novelle bringt eine Änderung des Heilmittelwerbegesetzes mit sich, die im Regierungsentwurf (Stand Juni 1994) folgenden Wortlaut hat:

Änderung des Gesetzes über die Werbung auf dem Gebiete des Heilwesens im Rahmen der 5. AMG-Novelle

Das Gesetz über die Werbung auf dem Gebiete des Heilwesens in der Fassung der Bekanntmachung vom 18. Oktober 1978 (BGBl. I S. 1677), zuletzt geändert durch Artikel 5 des Vierten Gesetzes zur Änderung des Arzneimittelgesetzes vom 11. April 1990 (BGBl. I S. 717), wird wie folgt geändert:

1. Nach § 3 wird folgender § 3a eingefügt:

   »**§ 3a**

   Unzulässig ist eine Werbung für Arzneimittel, die der Pflicht zur Zulassung unterliegen und die nicht nach den arzneimittelrechtlichen Vorschriften zugelassen sind oder als zugelassen gelten.«

2. **§ 4** wird wie folgt geändert:

   a) Absatz 1

      aa) Nummer 3 wird wie folgt gefaßt:
      »3. die Zusammensetzung des Arzneimittels gemäß § 11 Abs. 1 Satz 1 Nr. 2 des Arzneimittelgesetzes,«.

      bb) Folgende Nummer 7a wird eingefügt:
      »7a. bei Arzneimitteln, die nur auf ärztliche, zahnärztliche oder tierärztliche Verschreibung abgegeben werden dürfen, der Hinweis »Verschreibungspflichtig«,.

   b) Folgender Absatz 1a wird eingefügt:

      »(1a) Bei Arzneimitteln, die nur einen arzneilich wirksamen Bestandteil enthalten, muß der Angabe nach Absatz 1 Nr. 2 die Bezeichnung dieses Bestandteils mit dem Hinweis: »Wirkstoff:« folgen; dies gilt nicht, wenn in der Angabe nach Absatz 1 Nr. 2 die Bezeichnung des Wirkstoffs enthalten ist.«

   c) In Absatz 2 ist die Angabe »Absatz 1« durch die Angabe »den Absätzen 1 und 1a« zu ersetzen.

   d) Absatz 3 wird wie folgt gefaßt:

»(3) Bei einer Werbung außerhalb der Fachkreise ist der Text »Zu Risiken und Nebenwirkungen lesen Sie die Packungsbeilage und fragen Sie Ihren Arzt oder Apotheker« gut lesbar und von den übrigen Werbeaussagen deutlich abgesetzt und abgegrenzt anzugeben. Bei einer Werbung für Heilwässer tritt an die Stelle der Angabe »die Packungsbeilage« die Angabe »das Etikett« und bei einer Werbung für Tierarzneimittel an die Stelle der Angabe »Ihren Arzt« die Angabe »den Tierarzt«. Die Angaben nach Absatz 1 Nr. 1, 3 und 5 bis 7 können entfallen. Satz 1 findet keine Anwendung auf Arzneimittel, die für den Verkehr außerhalb der Apotheken freigegeben sind, es sei denn, daß in der Packungsbeilage oder auf dem Behältnis Nebenwirkungen oder sonstige Risiken angegeben sind.«

e) Absatz 5 wird wie folgt gefaßt:

»(5) Nach einer Werbung in audiovisuellen Medien ist der Text nach Absatz 3 Satz 1 einzublenden, der im Fernsehen vor neutralem Hintergrund gut lesbar wiederzugeben und gleichzeitig zu sprechen ist.«

f) In Absatz 6 wird nach der Angabe »Absatz 1« die Angabe »3 und 5« eingefügt.

3. Nach § 4 wird folgender § 4a eingefügt:

»§ 4a

Unzulässig ist es, in der Packungsbeilage eines Arzneimittels für andere Arzneimittel oder andere Mittel zu werden.«

4. In **§ 6** wird der Punkt nach Nummer 2 durch ein Komma ersetzt und folgende Nummer 3 angefügt:

»3. aus der Fachliteratur entnommene Zitate, Tabellen oder sonstige Darstellungen nicht wortgetreu übernommen werden.«

5. **§ 7** wird wie folgt geändert:

a) Der bisherige Wortlaut wird Absatz 1 und es werden in Satz 1 nach dem Wort »unzulässig«, die Worte »Zuwendungen und sonstige« sowie nach Satz 1 folgender Satz eingefügt:

»Werbegaben für Angehörige der Heilberufe sind unbeschadet des Satzes 1 nur dann zulässig, wenn sie zur Verwendung in der ärztlichen, tierärztlichen oder pharmazeutischen Praxis bestimmt sind.«

b) Folgender Absatz 2 wird angefügt:

»(2) Absatz 1 gilt nicht für Zuwendungen im Rahmen ausschließlich berufsbezogener wissenschaftlicher Veranstaltungen, sofern diese einen vertretbaren Rahmen nicht überschreiten, insbesondere in bezug auf den wissenschaftlichen Zweck der Veranstaltung von untergeordneter Bedeutung sind und sich nicht auf andere als im Gesundheitswesen tätige Personen erstrecken.«

6. **§ 11** wird wie folgt geändert:

a) In Nummer 12 werden die Worte »oder an Jugendliche unter 18 Jahren« durch die Worte »unter 14 Jahren« ersetzt.

b) Nummer 14 wird durch folgende Nummern 14 und 15 ersetzt:

»14. durch die Abgabe von Mustern oder Proben von Arzneimitteln oder durch Gutscheine dafür,

15. durch die nicht verlangte Abgabe von Mustern oder Proben von anderen Mitteln oder Gegenständen oder durch Gutscheine dafür.«

7. In **§ 13** werden nach den Worten »im Geltungsbereich dieses Gesetzes« die Worte »oder in einem anderen Mitgliedstaat der Europäischen Gemeinschaften oder in einem anderen Vertragsstaat des Abkommens über den Europäischen Wirtschaftsraum« eingefügt.

8. **§ 15** Abs. 1 Nr. 3 wird wie folgt gefaßt:

»3. entgegen § 7 Abs. 1 eine mit Zuwendungen oder sonstigen Werbegaben verbundene Werbung betreibt,«.

2.13 Gesetz gegen den unlauteren Wettbewerb

Vom 7. Juni 1909 (RGBl. 499), zuletzt geändert durch Gesetz vom 17. Dezember 1990 (BGBl. I S. 2840)
(BGBl. III 43-1)

(Auszug)

§ 1 Generalklausel

Wer im geschäftlichen Verkehr zu Zwecken des Wettbewerbes Handlungen vornimmt, die gegen die guten Sitten verstoßen, kann auf Unterlassung und Schadensersatz in Anspruch genommen werden.

...

§ 3 Unerlaubte Werbung

Wer im geschäftlichen Verkehr zu Zwecken des Wettbewerbs über geschäftliche Verhältnisse, insbesondere über die Beschaffenheit, den Ursprung, die Herstellungsart oder die Preisbemessung einzelner Waren oder gewerblicher Leistungen oder des gesamten Angebots, über Preislisten, über die Art des Bezugs oder die Bezugsquelle von Waren, über den Besitz von Auszeichnungen, über den Anlaß oder den Zweck des Verkaufs oder über die Menge der Vorräte irreführende Angaben macht, kann auf Unterlassung der Angaben in Anspruch genommen werden.

§ 4 Strafbare Werbung

(1) Wer in der Absicht, den Anschein eines besonders günstigen Angebots hervorzurufen, in öffentlichen Bekanntmachungen oder in Mitteilungen, die für einen größeren Kreis von Personen bestimmt sind, über geschäftliche Verhält-

nisse, insbesondere über die Beschaffenheit, den Ursprung, die Herstellungsart oder die Preisbemessung von Waren oder gewerblichen Leistungen, über die Art des Bezugs oder die Bezugsquelle von Waren, über den Besitz von Auszeichnungen, über den Anlaß oder den Zweck des Verkaufs oder über die Menge der Vorräte wissentlich unwahre und zur Irreführung geeignete Angaben macht, wird mit Freiheitsstrafe bis zu zwei Jahren oder mit Geldstrafe bestraft.

(2) Werden die im Absatz 1 bezeichneten unrichtigen Angaben in einem geschäftlichen Betriebe von einem Angestellten oder Beauftragten gemacht, so ist der Inhaber oder Leiter des Betriebs neben dem Angestellten oder Beauftragten strafbar, wenn die Handlung mit seinem Wissen geschah.

...

§ 13 Sachbefugnis von Gewerbetreibenden und Verbänden

(1) Wer den §§ 4, 6, 6c, 12 zuwiderhandelt, kann auf Unterlassung in Anspruch genommen werden.

(2) In den Fällen der §§ 1, 3, 4, 6 bis 6e, 7, 8 kann der Anspruch auf Unterlassung geltend gemacht werden.

1. von Gewerbetreibenden, die Waren oder gewerbliche Leistungen gleicher oder verwandter Art vertreiben,
2. von rechtsfähigen Verbänden zur Förderung gewerblicher Interessen,
3. von rechtsfähigen Verbänden, zu deren satzungsgemäßen Aufgaben es gehört, die Interessen der Verbraucher durch Aufklärung und Beratung wahrzunehmen. Im Falle des § 1 können diese Verbände den Anspruch auf Unterlassung nur geltend machen, soweit der Anspruch eine Handlung betrifft, durch die wesentliche Belange der Verbraucher berührt werden,
4. von den Industrie- und Handelskammern oder den Handwerkskammern.

(3) Im Falle des § 12 kann der Anspruch auf Unterlassung nur von den in Absatz 2 Nr. 1, 2 und 4 genannten Gewerbetreibenden, Verbänden und Kammern geltend gemacht werden.

(4) Werden in den in den Absätzen 2 und 3 genannten Fällen die Zuwiderhandlungen in einem geschäftlichen Betrieb von einem Angestellten oder Beauftragten begangen, so ist der Unterlassungsanspruch auch gegen den Inhaber des Betriebs begründet.

(5) Der Anspruch auf Unterlassung kann nicht geltend gemacht werden, wenn die Geltendmachung unter Berücksichtigung der gesamten Umstände mißbräuchlich ist, insbesondere wenn sie vorwiegend dazu dient, gegen den Zuwiderhandelnden einen Anspruch auf Ersatz von Aufwendungen oder Kosten der Rechtsverfolgung entstehen zu lassen.

Zum Ersatz des durch die Zuwiderhandlung entstehenden Schadens ist verpflichtet:

1. wer im Falle des § 3 wußte oder wissen mußte, daß die von ihm gemachten Angaben irreführend sind. Gegen Redakteure, Verleger, Drucker oder Verbrei-

ter von periodischen Druckschriften kann der Anspruch auf Schadenersatz nur geltend gemacht werden, wenn sie wußten, daß die von ihnen gemachten Angaben irreführend waren;

2. wer den §§ 6 bis 6e, 7, 8, 12 vorsätzlich oder fahrlässig zuwiderhandelt.

§ 13a Rücktrittsrecht

(1) Ist der Abnehmer durch eine unwahre und zur Irreführung geeignete Werbeangabe im Sinne von § 4, die für den Personenkreis, an den sie sich richtet, für den Abschluß von Verträgen wesentlich ist, zur Abnahme bestimmt worden, so kann er von dem Vertrag zurücktreten. Geht die Werbung mit der Angabe von einem Dritten aus, so steht dem Abnehmer das Rücktrittsrecht nur dann zu, wenn der andere Vertragsteil die Unwahrheit der Angabe und ihre Eignung zur Irreführung kannte oder kennen mußte oder sich die Werbung mit dieser Angabe durch eigene Maßnahmen zu eigen gemacht hat.

(2) Der Rücktritt muß dem anderen Vertragsteil gegenüber unverzüglich erklärt werden, nachdem der Abnehmer von den Umständen Kenntnis erlangt hat, die sein Rücktrittsrecht begründen. Das Rücktrittsrecht erlischt, wenn der Rücktritt nicht vor dem Ablauf von sechs Monaten nach dem Abschluß des Vertrages erklärt wird. Es kann nicht im voraus abbedungen werden.

(3) Die Folgen des Rücktritts bestimmen sich bei beweglichen Sachen nach § 3 Abs. 1, 3 und 4 sowie § 5 Abs. 3 Satz 1 des Gesetzes über den Widerruf von Haustürgeschäften und ähnlichen Geschäften. Die Geltendmachung eines weiteren Schadens ist nicht ausgeschlossen. Geht die Werbung von einem Dritten aus, so trägt im Verhältnis zwischen dem anderen Vertragsteil und dem Dritten dieser den durch den Rücktritt des Abnehmers entstandenen Schaden allein, es sei denn, daß der andere Vertragsteil die Zuwiderhandlung kannte.

...

3.

ANDERE HEILBERUFSGESETZE

3.1 Gesetz über technische Assistenten in der Medizin (MTA-Gesetz)

Im Jahre 1993 wurde ein neues MTA-Gesetz verabschiedet, um den Anforderungen des technischen Fortschritts in der Diagnostik zu entsprechen. Die Ausbildungszeit wurde von zwei auf drei Jahre angehoben und damit gleichzeitig der »EG-Richtlinie über eine zweite allgemeine Regelung zur Anerkennung beruflicher Befähigungsnachweise in Ergänzung zur Richtlinie 89/48 EWG« (gegenseitige Anerkennung von Diplomen) Rechnung getragen. Außerdem wurde als weiterer Zweig der in den Ländern der früheren DDR ausgebildete »Medizinisch-technische Assistent für Funktionsdiagnostik« in das Gesetz aufgenommen.

MTA-Gesetz
(Auszug) §§ 1, 2 ... 9, 10

ERSTER ABSCHNITT

Erlaubnis

§ 1

Wer eine der Berufsbezeichnungen

1. »Medizinisch-technische Laboratoriumsassistentin« oder »Medizinisch-technischer Laboratoriumsassistent«,
2. »Medizinisch-technische Radiologieassistentin« oder »Medizinisch-technischer Radiologieassistent«,
3. »Medizinisch-technische Assistentin für Funktionsdiagnostik« oder »Medizinisch-technischer Assistent für Funktionsdiagnostik« oder
4. »Veterinärmedizinisch-technische Assistentin« oder »Veterinärmedizinisch-technischer Assistent«

(technische Assistenten in der Medizin) führen will, bedarf der Erlaubnis.

DRITTER ABSCHNITT

Vorbehaltene Tätigkeiten

§ 9

(1) Auf dem Gebiet der Humanmedizin dürfen ausgeübt werden

1. die folgenden Tätigkeiten nur von Personen mit einer Erlaubnis nach § 1 Nr. 1:
   a) technische Aufarbeitung des histologischen und zytologischen Untersuchungsmaterials, technische Beurteilung der Präparate auf ihre Brauchbarkeit zur ärztlichen Diagnose sowie Vormusterung auf krankhafte Veränderungen,
   b) Durchführung von Untersuchungsgängen in der morphologischen Häma-

tologie, Immunhämatologie und Hämostaseologie einschließlich Ergebniserstellung, Qualitäts- und Plausibilitätskontrolle.

c) Durchführung von Untersuchungsgängen in der Klinischen Chemie einschließlich Ergebniserstellung, Qualitäts- und Plausibilitätskontrolle.

v) Durchführung von Untersuchungsgängen in der Mikrobiologie, Parasitologie und Immunologie einschließlich Ergebniserstellung, Qualitäts- und Plausibilitätskontrolle;

ausgenommen von den unter Buchstaben b bis d genannten Tätigkeiten sind einfache klinisch-chemische Analysen sowie einfache qualitative und semiquantitative Untersuchungen von Körperflüssigkeiten, Ausscheidungen und Blut,

2. die folgenden Tätigkeiten nur von Personen mit einer Erlaubnis nach § 1 Nr. 2:
   a) Durchführung der technischen Arbeiten und Beurteilung ihrer Qualität in der Radiologischen Diagnostik und anderen bildgebenden Verfahren einschließlich Qualitätssicherung.
   b) technische Mitwirkung in der Strahlentherapie bei der Erstellung des Bestrahlungsplanes und dessen Reproduktion am Patienten einschließlich Qualitätssicherung,
   c) technische Mitwirkung in der nuklearmedizinischen Diagnostik und Therapie einschließlich Qualitätssicherung,
   d) Durchführung meßtechnischer Aufgaben in der Dosimetrie und im Strahlenschutz in der Radiologischen Diagnostik, der Strahlentherapie und der Nuklearmedizin;

   die Röntgenverordnung vom 8. Januar 1987 (BGBl. I S. 114) bleibt unberührt,

3. die folgenden Tätigkeiten nur von Personen mit einer Erlaubnis nach § 1 Nr. 3:
   a) Durchführung von Untersuchungsgängen in der Funktionsdiagnostik des Nervensystems und der Sinnesorgane einschließlich Ergebniserstellung, Qualitäts- und Plausibilitätskontrolle,
   b) Durchführung von Untersuchungsgängen in der kardio-vaskulären Funktionsdiagnostik einschließlich Ergebniserstellung, Qualitäts- und Plausibilitätskontrolle,
   c) Durchführung von Untersuchungsgängen in der pulmologischen Funktionsdiagnostik einschließlich Ergebniserstellung, Qualitäts- und Plausibilitätskontrolle,
   d) technische Mitwirkung im Rahmen der chirurgischen und invasiven Funktionsdiagnostik,

   ausgenommen von den unter Buchstaben a bis c genannten Tätigkeiten sind einfache vor- oder nachbereitende Tätigkeiten und einfache Funktionsprüfungen, wie das Elektrokardiogramm, die Ergometrie und die Spirometrie.

(2) Auf dem Gebiet der Veterinärmedizin dürfen die folgenden Tätigkeiten nur von Personen mit einer Erlaubnis nach § 1 Nr. 4 ausgeübt werden:

1. Tätigkeiten, die den in Absatz 1 Nr. 1 genannten entsprechen,
2. Durchführung von Untersuchungsgängen an Lebensmitteln tierischer Herkunft einschließlich Ergebniserstellung, Qualitäts- und Plausibilitätskontrolle,
3. Durchführung von Untersuchungsgängen in der Spermatologie einschließlich Ergebniserstellung, Qualitäts- und Plausibilitätskontrolle,

Ausgenommen von den unter Nummern 1 bis 3 genannten Tätigkeiten sind einfache klinisch-chemische Analysen sowie einfache qualitative und semiquantitative Untersuchungen von Körperflüssigkeiten, Ausscheidungen und Blut.

(3) Tätigkeiten, deren Ergebnisse der Erkennung einer Krankheit und der Beurteilung ihres Verlaufs dienen, dürfen von den in § 1 genannten Personen nur auf ärztliche, zahnärztliche oder tierärztliche oder auf Anforderung einer Heilpraktikerin oder eines Heilpraktikers ausgeübt werden.

§ 9 Abs. 1 und 2 findet keine Anwendung auf

1. Personen, die auf Grund einer abgeschlossenen Hochschulausbildung über die erforderlichen Fachkenntnisse, Fähigkeiten und Fertigkeiten zur Ausübung der genannten Tätigkeit verfügen, Zahnärztinnen und Zahnärzte, die die Approbation nach den §§ 8 bis 10 des Gesetzes über die Ausübung der Zahnheilkunde erhalten haben, sowie Heilpraktikerinnen und Heilpraktiker,
2. Personen, die sich in einer die erforderlichen Voraussetzungen vermittelnden beruflichen Ausbildung befinden, soweit sie Arbeiten ausführen, die ihnen im Rahmen ihrer Ausbildung übertragen sind,
3. Personen mit einer Erlaubnis nach § 1 Nr. 4, die eine vorbehaltene Tätigkeit auf einem der in § 9 Abs. 1 Nr. 1 genannten Gebiete ausüben, wenn sie nach dem Erwerb der Erlaubnis während eines Zeitraumes von sechs Monaten unter Aufsicht einer der in Nummer 1 oder § 1 Nr. 1 genannten Personen auf diesem Gebiet tätig gewesen sind,
4. Personen mit einer Erlaubnis nach § 1 Nr. 1, die eine vorbehaltene Tätigkeit auf einem der in § 9 Abs. 2 Nr. 2 oder Nr. 3 genannten Gebiete ausüben, wenn sie nach dem Erwerb der Erlaubnis während eines Zeitraumes von sechs Monaten unter Aufsicht einer der in Nummer 1 oder § 1 Nr. 4 genannten Personen auf diesem Gebiet tätig gewesen sind,
5. Personen mit einer staatlich geregelten, staatlich anerkannten oder staatlich überwachten abgeschlossenen Ausbildung, wenn sie eine der vorbehaltenen Tätigkeiten nach § 9 ausüben, sofern diese Tätigkeit Gegenstand ihrer Ausbildung und Prüfung war,
6. Personen mit einer abgeschlossenen sonstigen medizinischen Ausbildung, die ohne nach Nummern 1 bis 5 berechtigt zu sein, unter Aufsicht und Verantwortung einer der in Nummer 1 genannten Personen tätig werden.

MTA's dürfen ihre Leistungen nur auf Anforderung erbringen. Daß außer Ärzten auch Heilpraktiker diese anfordern können, ist konsequenter Ausdruck der Rechtssystematik des Heilpraktikergesetzes, das den Heilpraktiker als freien und selbständigen Heilberuf neben dem Arzt sieht. Diese Tatsache wird auch in § 10 unterstrichen, wo der Heilpraktiker gemeinsam mit dem Arzt von den ansonsten auf MTA's übertragenen Tätigkeitsvorbehalten ausgenommen und ihm erlaubt wird, die entsprechenden Tätigkeiten weiter auch selbst auszuführen. Dieses rechtskonforme Zugeständnis des Gesetzgebers war zunächst vom Bundesrat abgelehnt, dann aber akzeptiert worden.

3.2 Psychotherapeutengesetz (Entwurf und Diskussion)

Das vom Bundesverwaltungsgericht bereits 1983 geforderte Psychotherapeutengesetz hat eine wechselvolle Entstehungsgeschichte und stand schon des öfteren kurz davor, erlassen zu werden. Am 10. Juni 1994 ist es in einer Bundesratssitzung abermals gescheitert, da dieser dem Ergebnis des Vermittlungsausschusses nicht zustimmte. Die SPD lehnt eine Zuzahlung grundsätzlich ab, CDU und FDP lehnen das Gesetz ohne Zuzahlung grundsätzlich ab.

Ansonsten dürfte der Inhalt dieses Gesetzentwurfs zur Schaffung eines psychologischen Psychotherapeuten neben dem ärztlichen Psychotherapeuten, sowie eines Kinder- und Jugend-Psychotherapeuten in seinem Wesen so bleiben.

Das Gesetz schützt diese Berufsbezeichnungen, wobei die Frage, ob auch die Bezeichnung »Psychotherapeut« ohne jeden Zusatz geschützt ist, nicht so eindeutig erscheint und sicher durch die Gerichte geklärt werden muß.

Das Gesetz beschreibt das Tätigkeitsfeld des »Psychologischen Psychotherapeuten« und legt die Bedingungen fest, unter denen man diesen Beruf ergreifen und ausüben kann. Einen Tätigkeitsvorbehalt für die Ausübung der Psychotherapie enthält dieses Gesetz nicht.

Unter anderem heißt es in der Begründung:

7.3 Die Erlaubnis und die Befristete Erlaubnis sollen das Recht zur Führung der Berufsbezeichnung (§ 1 Abs. 2) beinhalten. Außerdem sollen sie die Befugnis umfassen, eigenverantwortlich Psychotherapie im Sinne des Gesetzes in dem gesetzlich festgelegten Rahmen auszuüben (§ 1 Abs. 3 und 4). Die unbefugte Führung der Berufsbezeichnung soll als Ordnungswidrigkeit geahndet werden können (§ 11). Kinder- und Jugendlichenpsychotherapeuten sollen grundsätzlich nur Personen behandeln dürfen, die das 18. Lebensjahr noch nicht vollendet haben.

Der Gesetzentwurf definiert, was Ausübung von Psychotherapie im Sinne des Gesetzes sein soll (§ 1 Abs. 4). Die Berufserlaubnis soll nur psychotherapeutische Behandlungen abdecken, die »mittels wissenschaftlich anerkannter psychotherapeutischer Verfahren« zur Feststellung, Heilung oder Linderung von psychischen Störungen mit Krankheitswert vorgenommen werden.

...

Die vorgesehene detaillierte Regelung der Rechte, die die Erlaubnisse nach dem Gesetz verleihen sollen, ist zur Verdeutlichung des Umfangs und der Grenzen dieser Befugnisse erforderlich. Die Erlaubnisinhaber selbst müssen ihre Befugnisse und deren Grenzen genau kennen, auch im Hinblick darauf, daß sie hinsichtlich anderer heilkundlicher Tätigkeiten nach wie vor unter dem Verbot des Heilpraktikergesetzes stehen.

...

Angehörige anderer Berufe sollen erkennen können, welche Tätigkeiten Ärzten, Heilpraktikern und anderen Personen mit einer Erlaubnis nach dem Heilpraktikergesetz sowie den Angehörigen der vom Psychotherapeutengesetz erfaßten Berufe vorbehalten sind. Es ist eine gesetzliche Klarstellung vorgesehen, daß psychologische Tätigkeiten, die die Aufarbeitung und Überwindung sozialer Konflikte oder sonstige Zwecke außerhalb der Heilkunde zum Gegenstand haben, nicht der Ausübung von Psychotherapie zuzuordnen sind (§ 1 Abs. 4 Satz 3).

...

7.4 Durch das vorgesehene Psychotherapeutengesetz wird das Heilpraktikergesetz insoweit geändert, als neben Ärzten und den Inhabern einer Erlaubnis nach dem Heilpraktikergesetz auch die Inhaber einer Erlaubnis nach dem Psychotherapeutengesetz berechtigt sind, Heilkunde – wenn auch beschränkt auf Tätigkeiten in der Psychotherapie – auszuüben. Im übrigen bleiben die Vorschriften des Heilpraktikergesetzes unberührt.
Das bedeutet, daß das Verbot zur unerlaubten Ausübung von Heilkunde und die Strafvorschrift des § 5 des Heilpraktikergesetzes auch für Psychologische Psychotherapeuten und Kinder- und Jugendlichenpsychotherapeuten insoweit fortgilt, als es um heilkundliche Tätigkeiten außerhalb der den Berufsangehörigen durch das Psychotherapeutengesetz zugestandenen Psychotherapie geht. Auch werden weder heilkundliche Befugnisse von Ärzten noch die Rechte, die eine Erlaubnis nach dem Heilpraktikergesetz verleiht, durch das Psychotherapeutengesetz eingeschränkt.

Die Ausschließlichkeit des Heilpraktikergesetzes zur Ausübung der Heilkunde neben den Ärzten, wird für die Ausübung der Psychotherapie durch den »Psychologischen Psychotherapeuten« durchbrochen. Für die Ausübung der Psychotherapie durch Heilpraktiker, die durch das Psychotherapeutengesetz in keiner Weise eingeschränkt wird, gilt das HPG in vollem Umfang fort.

3.3 Gesetz über die Berufe in der Physiotherapie

(Physiotherapeutengesetz – PhysThG)
Entwurf – Stand März 1993

I. ABSCHNITT

Erlaubnis

§ 1

Wer eine der Berufsbezeichnungen

1. »Masseurin und medizinische Bademeisterin« oder »Masseur und medizinischer Bademeister«,
2. »Physiotherapeutin« oder »Physiotherapeut«

führen will, bedarf der Erlaubnis.

Aus der Begründung
Allgemeiner Teil

Das Gesetz über die Berufe in der Physiotherapie soll das Gesetz über die Ausübung der Berufe des Masseurs, des Masseurs und medizinischen Bademeisters und des Krankengymnasten vom 21. Dezember 1958 ablösen.

Gleichzeitig soll das Gesetz die Richtlinie des Rates vom 21. 12. 1988 über eine allgemeine Regelung zur Anerkennung der Hochschuldiplome, die eine mindestens dreijährige Berufsausbildung abschließen (89/48/EWG), ABl. der EG Nr. L S. 16 vom 24. 1. 1989, die Richtlinie des Rates vom 18. 6. 1992 über eine zweite allgemeine Regelung zur Anerkennung beruflicher Befähigungsnachweise in Ergänzung zur Richtlinie 89/48/EWG (92/51/EWG), ABl. der EG Nr. L 209 S. 25, und den Vertrag von Porto vom 2. 5. 1992 im Hinblick auf die Anerkennung der Diplome und Prüfungszeugnisse innerhalb der Mitgliedstaaten der EG und der Unterzeichnerstaaten des genannten Abkommens – Europäischer Wirtschaftsraum (EWR) – in deutsches Recht umsetzen. Ebenso ist die durch den Einigungsvertrag vom 31. 8. 1990 gebotene Rechtseinheit hinsichtlich der in den neuen Ländern noch bestehenden dreijährigen Physiotherapeutenausbildung der früheren DDR herbeizuführen. Aus diesen Gründen erscheint es sinnvoll, die Berufsbezeichnung »Krankengymnastin« / »Krankengymnast« durch die Berufsbezeichnung »Physiotherapeutin« / »Physiotherapeut«, die auch in einigen Mitgliedstaaten der EG üblich ist, zu ersetzen.

Besonderer Teil

Zu § 1

Nach dieser Vorschrift ist das Führen der Berufsbezeichnung »Masseurin und medizinische Bademeisterin« oder »Masseur und medizinischer Bademeister« und »Physiotherapeutin« oder »Physiotherapeut« erlaubnispflichtig. Die Führung einer der genannten Berufsbezeichnungen durch Personen, die keine Erlaubnis nach dem Gesetz besitzen, wird durch § 15 mit Bußgeld bedroht. Damit wird durch das Gesetz ausdrücklich die Berufsbezeichnung unter besonderen staatlichen Schutz gestellt. Zugleich wird die Berufsausübung als solche hierdurch mittelbar ebenfalls geschützt, da für eine qualifizierte Tätigkeit auf diesen Gebieten nur examinierte Kräfte eingesetzt werden können.

Ein Tätigkeitsvorbehalt wird nur insoweit aufgestellt, als es um die ausdrücklich qualifizierte Tätigkeit auf dem Gebiet der Physiotherapie geht, also im Rahmen der staatlichen und offiziellen Gesundheitsversorgung durch Kliniken, ärztlich anerkannte und aufgrund ärztlicher Diagnostik und Weisung durchgeführte Maßnahmen.

Ein Tätigkeitsvorbehalt gegenüber physiotherapeutischer Tätigkeit des Heilpraktikers in seiner Praxis als Ausübung der selbständigen Heilkunde nach dem Heilpraktikergesetz wird durch das Physiotherapeutengesetz nicht eingeführt. Das Heilpraktikergesetz wird hiervon nicht berührt. Auch die Möglichkeit, daß ein Heilpraktiker einen Physiotherapeuten bei sich in der Praxis beschäftigt, wird durch das Physiotherapeutengesetz nicht behindert.

4.

ERGÄNZENDE GESETZE UND VORSCHRIFTEN

4.1 Privatkrankenanstalten

Das Betreiben einer Privatkrankenanstalt unterliegt der Gewerbeordnung vom 21. 6. 1869 in der Fassung vom 1. 1. 1978

§ 30 Privatkrankenanstalten

(1) Unternehmer von Privatkranken-, Privatentbindungs- und Privatnervenkliniken bedürfen einer Konzession der zuständigen Behörde. Die Konzession ist nur dann zu versagen, wenn

1. Tatsachen vorliegen, welche die Unzuverlässigkeit des Unternehmers in Beziehung auf die Leitung oder Verwaltung der Anstalt dartun,
2. nach den von dem Unternehmer einzureichenden Beschreibungen und Plänen die baulichen und die sonstigen technischen Einrichtungen der Anstalt den gesundheitspolizeilichen Anforderungen nicht entsprechen,
3. die Anstalt nur in einem Teil eines auch von anderen Personen bewohnten Gebäudes untergebracht werden soll und durch ihren Betrieb für die Mitbewohner dieses Gebäudes erhebliche Nachteile oder Gefahren hervorrufen kann oder
4. die Anstalt zur Aufnahme von Personen mit ansteckenden Krankheiten oder von Geisteskranken bestimmt ist und durch ihre örtliche Lage für die Besitzer oder Bewohner der benachbarten Grundstücke erhebliche Nachteile oder Gefahren hervorrufen kann.

(2) Vor Erteilung der Konzession sind über die Fragen zu Absatz 1 Nr. 3 und 4 die Ortspolizei- und die Gemeindebehörden zu hören.

Es muß dafür Sorge getragen werden, daß den Kranken etwa nötige Hilfe zuteil werden kann. Die Fachaufsicht über »Private Krankenanstalten liegt nach der »DVO zum Gesetz über die Vereinheitlichung des Gesundheitswesens« bei der Gesundheitsbehörde.

Erholungsheime sind von dieser Fachaufsicht ausgenommen.

4.2 Rotkreuz-Zeichen

Gesetz über Ordnungswidrigkeiten

vom 24. 5. 1968 (GBGl. I S. 481)

in der Fassung des Gesetzes vom 2. 3. 1974 (BGBl. I S. 469/535)

§ 125 Benutzen des Roten Kreuzes oder des Schweizer Wappens

(1) Ordnungswidrig handelt, wer unbefugt das Wahrzeichen des roten Kreuzes auf weißem Grund oder die Bezeichnung »Rotes Kreuz« oder »Genfer Kreuz« benutzt.

(2) Ordnungswidrig handelt auch, wer unbefugt das Wappen der Schweizerischen Eidgenossenschaft benutzt.

(3) Den in den Absätzen 1 und 2 genannten Wahrzeichen, Bezeichnungen und Wappen stehen solche gleich, die ihnen zum Verwechseln ähnlich sind.

(4) Die Absätze 1 und 3 gelten für solche Wahrzeichen oder Bezeichnungen entsprechend, die nach Völkerrecht dem Wahrzeichen des roten Kreuzes auf weißem Grund oder der Bezeichnung »Rotes Kreuz« gleichstehen.

(5) Die Ordnungswidrigkeit kann mit einer Geldbuße geahndet werden.

Ohne besondere Erlaubnis darf das Rotkreuz-Zeichen nicht geführt werden, insbesondere nicht von Privatpersonen aus dem Gesundheitsbereich, wo evtl. der Anschein einer offiziellen Beauftragung durch die Organisation in besonderer Weise gegeben sein könnte. Zuwiderhandlungen sind Ordnungswidrigkeiten.

4.3 Titel, Orden, akademische Grade

Gesetz über Titel, Orden und Ehrenzeichen

vom 26. 7. 1957 (BGBl. I S. 844)

§ 1 (1) Für besondere Verdienste um die Bundesrepublik Deutschland können Titel, Orden und Ehrenzeichen des Bundes nach Maßgabe dieses Gesetzes verliehen werden.

(2) Die Befugnisse der Länder, Titel, Orden und Ehrenzeichen zu verleihen, werden durch dieses Gesetz nicht berührt.

§ 2 (1) Titel werden durch den Bundespräsidenten verliehen, soweit gesetzlich nichts anderes bestimmt ist. Die Bezeichnung der Titel und die Voraussetzungen ihrer Verleihung werden durch Gesetz festgelegt.

(2) Akademische Grade sowie Amts- und Berufsbezeichnungen werden durch dieses Gesetz nicht berührt ...

§ 5 (1) Ein Deutscher darf Titel, Orden und Ehrenzeichen von einem ausländischen Staatsoberhaupt oder einer ausländischen Regierung nur mit **Genehmigung des Bundespräsidenten** annehmen. Dieser Genehmigung bedarf auch, wer nach dem 8. Mai 1945 einen ausländischen Titel, einen ausländischen Orden oder ein ausländisches Ehrenzeichen erhalten hat und den Titel zu führen oder die Auszeichnung zu tragen beabsichtigt. Die Genehmigung kann widerrufen werden; ...

(2) Das gleiche gilt für die Annahme von Titeln, Orden und Ehrenzeichen, die von anderen Stellen außerhalb des Geltungsbereiches dieses Gesetzes verliehen werden ...

Gesetz über die Führung akademischer Grade

vom 7. 6. 1939 (RGBl. I S. 985)
in der Fassung des Gesetzes vom 2. 3. 1974 (BGBl. I S. 469/557)

§ 1 Führung der akademischen Grade einer deutschen Hochschule

Die von einer deutschen staatlichen Hochschule verliehenen akademischen Grade dürfen im Gebiet des Deutschen Reiches geführt werden.

§ 2 Führung akademischer Grade einer ausländischen Hochschule

(1) Deutsche Staatsangehörige, die einen akademischen Grad einer ausländischen Hochschule erworben haben, bedürfen zur Führung dieses Grades im Deutschen Reiche der Genehmigung ...

(2) Die Genehmigung kann hinsichtlich der akademischen Grade bestimmter ausländischer Hochschulen allgemein erteilt werden.

§ 3 Ausländer

Die Bestimmungen des § 2 finden auf Ausländer entsprechende Anwendung ...

...

§ 5 Strafvorschrift

Wer sich erbietet, gegen Vergütung den Erwerb eines ausländischen akademischen Grades zu vermitteln, wird mit Freiheitsstrafe bis zu einem Jahr oder mit Geldstrafe bestraft.

Strafgesetzbuch (StGB)
vom 15. 5. 1871 (RGBl. S. 127)
in der Fassung vom 2. 1. 1975 (BGBl. I S. 1)

§ 132a Mißbrauch von Titeln, Berufsbezeichnungen und Abzeichen

(1) Wer unbefugt

1. inländische oder ausländische Amts- oder Dienstbezeichnungen, akademische Grade, Titel oder öffentliche Würden führt,
2. die Berufsbezeichnung Arzt, Zahnarzt, Tierarzt, Apotheker, Rechtsanwalt, Patentanwalt, Wirtschaftsprüfer, vereidigter Buchprüfer, Steuerberater oder Steuerbevollmächtigter führt,
3. die Bezeichnung öffentlich bestellter Sachverständiger führt oder
4. inländische oder ausländische Uniformen, Amtskleidungen oder Amtsabzeichen trägt,

wird mit Freiheitsstrafe bis zu einem Jahr oder mit Geldstrafe bestraft.

(2) Den in Absatz 1 genannten Bezeichnungen, akademischen Graden, Titeln, Würden, Uniformen, Amtskleidungen oder Amtsbezeichnungen stehen solche gleich, die ihnen zum Verwechseln ähnlich sind.

(3) Die Absätze 1 und 2 gelten auch für Amtsbezeichnungen, Titel, Würden, Amtskleidungen und Amtsabzeichen der Kirchen und anderen Religionsgemeinschaften des öffentlichen Rechts.

(4) Gegenstände, auf die sich eine Straftat nach Absatz 1 Nr. 4, allein oder in Verbindung mit Absatz 2 oder 3, bezieht, können eingezogen werden.

Auch wenn die unberechtigte und fälschliche Verwendung der Berufsbezeichnung »Heilpraktiker« nicht nach den Vorschriften des Strafgesetzbuches verfolgt wird, ist der »Heilpraktiker« eine Berufsbezeichnung, die die Ausübung der Heilkunde nach dem Heilpraktikergesetz schützt.

Für den nach diesem Gesetz Heilkunde Ausübenden ist die Berufsbezeichnung »Heilpraktiker« bindend und darf durch keine andere Bezeichnung ersetzt oder ergänzt werden, die den Anschein einer eigenen Berufsbezeichnung erweckt, auch wenn sie auf spezielle Tätigkeitsbereiche des Heilpraktikers hinweisen soll (z.B. Homöopath bei einer Schwerpunkttätigkeit im Bereich der Homöopathie). Will der Heilpraktiker auf solche hinweisen, kann er als Zusatz zu seiner Berufsbezeichnung »Heilpraktiker« die infragestehende Therapie als solche hinzufügen, also z.B. »Homöopathie«, aber nicht »Homöopath«.

Der »Doktor-Grad« sollte im Zusammenhang mit der Berufsbezeichnung Heilpraktiker, gerade bei der im Bereich der Medizin in besonderer Weise gegebenen Verwechslung vollständig angegeben werden (also Dr. jur. . .-Heilpraktiker, nicht Dr. . .-Heilpraktiker), bei genehmigten ausländischen Doktor-Graden auch mit dem Namen der Universität des Herkunftslandes (z.B. Dr. med. Univers. Guatemala).

Der Bezeichnung »Professor« ist nicht nach dem Strafgesetzbuch geschützt, dennoch kann deren Anwendung im Verkehr mit der Öffentlichkeit, besonders auf Gebieten, auf denen sie einer falschen Verkehrsanschauung Vorschub leistet, nicht erlaubt sein, es sei denn, sie ist ausdrücklich in diesem Zusammenhang genehmigt.

4.4 Praxiseröffnung

4.4.1 Praxisräume

Die Praxisräume müssen gewerblich nutzbar sein.
Wenn man nicht für eine Praxis vorgesehene Räume anmietet, sondern bisherigen Wohnraum nutzen will, muß man einen Nutzungsänderungsantrag stellen.
Als Mieter stellt man den Antrag an den Vermieter, der alle weiteren Formalitäten mit der Gemeinde erledigt.
Will man als Hausbesitzer Wohneigentum als Praxis nutzen, muß man einen Antrag auf Umnutzung einer Wohnung in eine Heilpraktikerpraxis stellen, und zwar in der Regel beim zuständigen Baurechtsamt der Gemeinde. Dieser Vorgang wird als Bauvorhaben abgehandelt mit allen diesbezüglichen Auflagen gewerblicher Räume für Publikumsverkehr, wie eine ausreichende Anzahl von Autostellplätzen u. a. m. Auch muß vor der Umnutzung mit dem Elektrizitätswerk und dem zuständigen Fernmeldeamt klargestellt werden, ob durch evtl. Bauarbeiten unterirdische Kabel oder Starkstromanlagen in Mitleidenschaft gezogen werden können.

Verstöße gegen baurechtliche Bestimmungen und gegen die jeweilige Baugenehmigung können als Ordnungswidrigkeit nach § 74 LBO geahndet werden mit einer Geldbuße bis zu DM 100 000.–.
Die Baufertigstellung der Umnutzung in eine Heilpraktikerpraxis muß der Baurechtsbehörde schriftlich angezeigt werden.
Bei Eigentumswohnungen gelten diese Vorschriften gleichermaßen. Zusätzlich muß man die Nutzungsänderung auch mit der Eigentümerversammlung abklären.

4.4.2 Meldepflichten

Die Niederlassung als Heilpraktiker ist nach den Bestimmungen der 3. DVO zum Gesetz über die Vereinheitlichung des Gesundheitswesens dem zuständigen **Gesundheitsamt** persönlich oder schriftlich anzuzeigen. Anzugeben sind: Name, Praxisanschrift, Geburtsdatum. Ferner muß angegeben werden, wann und von welcher Behörde der Anmeldende die Erlaubnis zur Ausübung der Heilkunde erhalten hat. Auch dem zuständigen **Finanzamt** ist zur steuerlichen Erfassung von der Niederlassung als freiberuflich tätiger Heilpraktiker Mitteilung zu geben, damit eine Steuer-Nummer zugeteilt werden kann.

4.4.3 Gesetzliche Unfallversicherung (Berufsgenossenschaft)

Die Praxis jedes Heilpraktikers wird mit dem Tage der Eröffnung Mitglied der Berufsgenossenschaft für Gesundheitsdienst und Wohlfahrtspflege, Schäferkampsallee 24, 20357 Hamburg.

Der Heilpraktiker ist bei seiner freiberuflichen Tätigkeit nicht verpflichtet, für sich selbst Beiträge für die gesetzliche Unfallversicherung an die Berufsgenossenschaft abzuführen, er genießt demnach Versicherungsschutz nur, wenn er sich **freiwillig versichert** und die entsprechenden Beiträge bezahlt.
Jedoch muß jede mithelfende Arbeitskraft (Sprechstundenhilfe, Putzfrau etc.), die in irgendeiner Weise für die Praxis beschäftigt wird, bei der Berufsgenossenschaft gesetzlich gegen Unfall versichert werden. Der Praxisinhaber hat die Beiträge in voller Höhe abzuführen.
Auch mithelfende Familienangehörige (Ehefrauen etc.) unterliegen der Versicherungspflicht. Ehegatten, die in der Praxis mitarbeiten, d. h. als Sprechstundenhilfe tätig sind oder die Reinigung der Praxisräume übernehmen, sind nur mit einem entsprechenden Zeitanteil nachzuweisen, meist als $\frac{2}{10}$ Beschäftigte. Die Berufsgenossenschaft für Gesundheitsdienst und Wohlfahrtspflege in Hamburg übersendet alljährlich allen Heilpraktikern um die Jahreswende einen Vordruck für den Nachweis der Beitragsberechnung.
Die Anstellung einer Hilfskraft muß der Berufsgenossenschaft jeweils sofort mitgeteilt werden.

Heilpraktiker als Selbständiger

In § 541 der RVO heißt es »Versicherungsfrei sind ... Ärzte, Heilpraktiker, Zahnärzte und Apotheker, soweit sie eine selbständige Tätigkeit ausüben.«

Freiwillige Versicherungen in der zuständigen Berufsgenossenschaft können formlos schriftlich beantragt werden. Die Mitgliedschaft endet:

1. mit dem Tode des oder der Versicherten,
2. bei Einstellen der Praxistätigkeit am Ende des betreffenden Monats,
3. am Ende des folgenden Monats nach einer schriftlichen Kündigung,
4. wenn ausstehende Beiträge trotz Mahnung nicht innerhalb einer Frist von 8 Tagen beglichen werden.

Leistungen an freiwillig Versicherte sind denen an die Pflichtmitglieder gleichgestellt.

Arbeitgeberpflichten

Als Arbeitgeber von Angestellten und anderen evtl. Mitarbeitern hat der Heilpraktiker nach § 661 RVO eine Meldepflicht gegenüber der Berufsgenossenschaft:

»Wer als Unternehmer Mitglied einer Berufsgenossenschaft wird, hat binnen einer Woche der zuständigen Berufsgenossenschaft anzuzeigen

1. den Gegenstand und die Art des Unternehmens,
2. die Zahl der Versicherten,
3. den Eröffnungstag oder den Tag der Aufnahme der vorbereitenden Arbeiten für das Unternehmen.«

Weitere Zwischenmeldungen können entfallen, wenn die am Ende eines Jahres von der Berufsgenossenschaft zugesandten Formulare jeweils ausgefüllt und eingereicht werden. Bei Fristenversäumnissen erfolgt eine verbindliche Schätzung durch die Berufsgenossenschaft.

Ob Ganztags- oder Teilzeitbeschäftigte, ob Fremde oder Familienangehörige, alle in Heilpraktikerpraxen tätigen Personen müssen ab dem Tag ihrer Arbeitsaufnahme bei der Berufsgenossenschaft versichert werden.

»(1) In der Unfallversicherung sind ... gegen Arbeitsunfälle versichert ...

7. die im Gesundheits- und Veterinärwesen oder in der Wohlfahrtspflege Tätigen ...«

Der Versicherungsschutz gilt gleicherweise für alle vom zuständigen Gewerbearzt anerkannten Krankheiten, die im Verzeichnis der Berufskrankheiten enthalten sind.

Ist der Heilpraktiker Arbeitnehmer – auch in »eigener« Praxis – (z.B. GmbH oder private Krankenanstalt), wird er wie alle anderen Arbeitsnehmer behandelt und ist bei der Berufsgenossenschaft pflichtversichert.

4.5 Steuern und Abgaben

Der Heilpraktiker unterliegt nicht der Gewerbeordnung, da er in eigener Praxis einen freien Beruf ausübt. Es besteht insoweit keine Gewerbesteuerpflicht.

Übt er seine Tätigkeit in einer anderen Rechtsform aus (private Krankenanstalt, GmbH usw.), wird er nach der Rechtsform seiner Tätigkeit beurteilt und ist gewerbesteuerpflichtig.

In der Abgabenordnung heißt es

§ 134 Personenstands- und Betriebsaufnahme

(1) Zur Erfassung von Personen und Unternehmen, die der Besteuerung unterliegen, können die Gemeinden für die Finanzbehörden eine Personenstands- und Betriebsaufnahme durchführen. Die Gemeinden haben hierbei die Befugnisse nach den §§ 328 bis 335.

§ 140 Buchführungs- und Aufzeichnungspflichten nach anderen Gesetzen

Wer nach anderen Gesetzen als den Steuergesetzen Bücher und Aufzeichnungen zu führen hat, die für die Besteuerung von Bedeutung sind, hat die Verpflichtungen, die ihm nach den anderen Gesetzen obliegen, auch für die Besteuerung zu erfüllen.

§ 141 Buchführungspflicht bestimmter Steuerpflichtiger

§ 145 Allgemeine Anforderungen an Buchführung und Aufzeichnungen

(1) Die Buchführung muß so beschaffen sein, daß sie einem sachverständigen Dritten innerhalb angemessener Zeit einen Überblick über die Geschäftsvorfälle und über die Vermögenslage des Unternehmens vermitteln kann. Die Geschäftsvorfälle müssen sich in ihrer Entstehung und Abwicklung verfolgen lassen.

(2) Aufzeichnungen sind so vorzunehmen, daß der Zweck, den sie für die Besteuerung erfüllen sollen, erreicht wird.

§ 146 Ordnungsvorschriften für die Buchführung und für Aufzeichnungen

(1) Die Buchungen und die sonst erforderlichen Aufzeichnungen sind vollständig, richtig, zeitgerecht und geordnet vorzunehmen. Kasseneinnahmen und Kassenausgaben sollen täglich festgehalten werden.

(2) Bücher und die sonst erforderlichen Aufzeichnungen sind im Geltungsbereich dieses Gesetzes zu führen und aufzubewahren. Dies gilt nicht, soweit für Betriebstätten außerhalb des Geltungsbereichs dieses Gesetzes nach dortigem Recht eine Verpflichtung besteht, Bücher und Aufzeichnungen zu führen, und diese Verpflichtung erfüllt wird. In diesem Falle sowie bei Organgesellschaften außerhalb des Geltungsbereichs dieses Gesetzes müssen die Ergebnisse der dortigen Buchführung in die Buchführung des hiesigen Unternehmens übernommen werden, soweit sie für die Besteuerung von Bedeutung sind. Dabei sind die erforderlichen

Anpassungen an die steuerrechtlichen Vorschriften im Geltungsbereich dieses Gesetzes vorzunehmen und kenntlich zu machen.

(3) Die Buchungen und die sonst erforderlichen Aufzeichnungen sind in einer lebenden Sprache vorzunehmen. Wird eine andere als die deutsche Sprache verwendet, so kann die Finanzbehörde Übersetzungen verlangen. Werden Abkürzungen, Ziffern, Buchstaben oder Symbole verwendet, muß im Einzelfall deren Bedeutung eindeutig festliegen.

(4) Eine Buchung oder eine Aufzeichnung darf nicht in einer Weise verändert werden, daß der ursprüngliche Inhalt nicht mehr feststellbar ist. Auch solche Veränderungen dürfen nicht vorgenommen werden, deren Beschaffenheit es ungewiß läßt, ob sie ursprünglich oder erst später gemacht worden sind.

(5) Die Bücher und die sonst erforderlichen Aufzeichnungen können auch in der geordneten Ablage von Belegen bestehen oder auf Datenträgern geführt werden, soweit diese Formen der Buchführung einschließlich des dabei angewandten Verfahrens den Grundsätzen ordnungsgemäßiger Buchführung entsprechen; bei Aufzeichnungen, die allein nach den Steuergesetzen vorzunehmen sind, bestimmt sich die Zulässigkeit des angewendeten Verfahrens nach dem Zweck, den die Aufzeichnungen für die Besteuerung erfüllen sollen. Bei der Führung der Bücher und der sonst erforderlichen Aufzeichnungen auf Datenträgern muß insbesondere sichergestellt sein, daß die Daten während der Dauer der Aufbewahrungsfrist verfügbar sind und jederzeit innerhalb angemessener Frist lesbar gemacht werden können. Absätze 1 bis 4 gelten sinngemäß.

(6) Die Ordnungsvorschriften gelten auch dann, wenn der Unternehmer Bücher und Aufzeichnungen, die für die Besteuerung von Bedeutung sind, führt, ohne hierzu verpflichtet zu sein.

§ 147 Ordnungsvorschriften für die Aufbewahrung von Unterlagen

(1) Die folgenden Unterlagen sind geordnet aufzubewahren:

1. Bücher und Aufzeichnungen, Inventare, Bilanzen sowie die zu ihrem Verständnis erforderlichen Arbeitsanweisungen und sonstigen Organisationsunterlagen,
2. die empfangenen Handels- oder Geschäftsbriefe,
3. Wiedergabe der abgesandten Handels- oder Geschäftsbriefe,
4. Buchungsbelege,
5. sonstige Unterlagen, soweit sie für die Besteuerung von Bedeutung sind.

(2) Mit Ausnahme der Bilanz können die in Absatz 1 aufgeführten Unterlagen auch als Wiedergabe auf einem Bildträger oder auf anderen Datenträgern aufbewahrt werden, wenn dies den Grundsätzen ordnungsmäßiger Buchführung entspricht und sichergestellt ist, daß die Wiedergabe oder die Daten

1. mit den empfangenen Handels- oder Geschäftsbriefen und den Buchungsbelegen bildlich und mit den anderen Unterlagen inhaltlich übereinstimmen, wenn sie lesbar gemacht werden,

2. während der Dauer der Aufbewahrungsfrist verfügbar sind und jederzeit innerhalb angemessener Frist lesbar gemacht werden können.

Sind Unterlagen auf Grund des § 146 Abs. 5 auf Datenträgern hergestellt worden, können statt der Datenträger die Daten auch ausgedruckt aufbewahrt werden; die ausgedruckten Unterlagen können auch nach Satz 1 aufbewahrt werden.

(3) Die in Absatz 1 Nr. 1 aufgeführten Unterlagen sind zehn Jahre, die sonstigen in Absatz 1 aufgeführten Unterlagen sechs Jahre aufzubewahren, sofern nicht in anderen Steuergesetzen kürzere Aufbewahrungsfristen zugelassen sind. Die Aufbewahrungsfrist läuft jedoch nicht ab, soweit und solange die Unterlagen für Steuern von Bedeutung sind, für welche die Festsetzungsfrist noch nicht abgelaufen ist; § 169 Abs. 2 Satz 2 gilt nicht.

(4) Die Aufbewahrungsfrist beginnt mit dem Schluß des Kalenderjahres, in dem die letzte Eintragung in das Buch gemacht, das Inventar aufgestellt, die Bilanz festgestellt, der Handels- oder Geschäftsbrief empfangen oder abgesandt oder der Buchungsbeleg entstanden ist, ferner die Aufzeichnungen vorgenommen oder die sonstigen Unterlagen entstanden sind.

(5) Wer aufzubewahrende Unterlagen nur in der Form einer Wiedergabe auf einem Bildträger oder auf anderen Datenträgern vorlegen kann, ist verpflichtet, auf seine Kosten diejenigen Hilfsmittel zur Verfügung zu stellen, die erforderlich sind, um die Unterlagen lesbar zu machen; auf Verlangen der Finanzbehörde hat er auf seine Kosten die Unterlagen unverzüglich ganz oder teilweise auszudrucken oder ohne Hilfsmittel lesbare Reproduktionen beizubringen.

§ 149 Erklärungspflichtige Personen

Die Steuergesetze bestimmen, wer zur Abgabe einer Steuererklärung verpflichtet ist und wann die Steuererklärung abzugeben ist. Zur Abgabe einer Steuererklärung ist auch verpflichtet, wer hierzu von der Finanzbehörde aufgefordert wird. Die Aufforderung kann durch öffentliche Bekanntmachung erfolgen. Die Verpflichtung zur Abgabe einer Steuererklärung bleibt auch dann bestehen, wenn die Finanzbehörde die Besteuerungsgrundlagen geschätzt hat (§ 162).

§ 150 Form und Inhalt der Steuererklärungen

(1) Die Steuererklärungen sind nach amtlich vorgeschriebenem Vordruck abzugeben, soweit nicht eine mündliche Steuererklärung zugelassen ist. Der Steuerpflichtige hat in der Steuererklärung die Steuer selbst zu berechnen, soweit dies gesetzlich vorgeschrieben ist (Steueranmeldung).

(2) Die Angaben in den Steuererklärungen sind wahrheitsgemäß nach bestem Wissen und Gewissen zu machen. Dies ist, wenn der Vordruck dies vorsieht, schriftlich zu versichern.

(3) Ordnen die Steuergesetze an, daß der Steuerpflichtige die Steuererklärung eigenhändig zu unterschreiben hat, so ist die Unterzeichnung durch einen Bevollmächtigten nur dann zulässig, wenn der Steuerpflichtige infolge seines körper-

lichen oder geistiges Zustandes oder durch längere Abwesenheit an der Unterschrift gehindert ist. Die eigenhändige Unterschrift kann nachträglich verlangt werden, wenn der Hinderungsgrund weggefallen ist.

(4) Den Steuererklärungen müssen die Unterlagen beigefügt werden, die nach den Steuergesetzen vorzulegen sind. Dritte Personen sind verpflichtet, hierfür erforderliche Bescheinigungen auszustellen.

(5) In die Vordrucke der Steuererklärungen können auch Fragen aufgenommen werden, die zur Ergänzung der Besteuerungsunterlagen für Zwecke einer Statistik nach dem Gesetz über Steuerstatistiken erforderlich sind.

(6) Zur Erleichterung und Vereinfachung des automatisierten Besteuerungsverfahrens kann der Bundesminister der Finanzen durch Rechtsverordnung mit Zustimmung des Bundesrates bestimmen, daß Steueranmeldungen oder sonstige für das Besteuerungsverfahren erforderliche Daten ganz oder teilweise auf maschinell verwertbaren Datenträgern oder durch Datenfernübertragung übermittelt werden können. Dabei können insbesondere geregelt werden:

1. die Voraussetzungen für die Anwendung des Verfahrens,
2. das Nähere über Form, Inhalt, Verarbeitung und Sicherung der zu übermittelnden Daten,
3. die Art und Weise der Übermittlung der Daten,
4. die Zuständigkeit für die Entgegennahme der zu übermittelnden Daten,
5. die Haftung von Dritten für Steuern oder Steuervorteile, die auf Grund unrichtiger Verarbeitung oder Übermittlung der Daten verkürzt oder erlangt werden,
6. der Umfang und die Form der für dieses Verfahren erforderlichen besonderen Erklärungspflichten des Steuerpflichtigen.

Der Heilpraktiker als freier Beruf ist in bezug auf die Tätigkeit in seiner Praxis nicht umsatz- bzw. mehrwertsteuerpflichtig. Darüber hinausgehende Tätigkeiten, wie Vortragstätigkeit, schriftstellerische Tätigkeit usw., sind auch bei Fachbezogenheit ab einem bestimmten Umfang, der veränderlichen Grenzen unterliegt, mehrwertsteuerpflichtig (über Freibeträge informieren).
Damit er seinen steuerlichen Pflichten bei den sich ständig ändernden Vorschriften ordnungsgemäß nachkommen kann, empfiehlt es sich für den Heilpraktiker, einen Steuerberater hinzuzuziehen.

4.6 Finanzierungshilfen

4.6.1 Alte Bundesländer

Die rechtliche Fundierung und die institutionelle Einbindung der Deutschen Ausgleichsbank

Der Gesetzgeber hat der Deutschen Ausgleichsbank 1986 ihren neuen Namen sowie einen neuen gesetzlichen Rahmen für ihre Tätigkeit gegeben. Er hat der Bank damit keine neuen Aufgaben übertragen, sondern den Kreis der Geschäfte, die die Bank betreiben darf, neu formuliert und damit zugleich ergänzt und abgerundet. Danach finanziert die Deutsche Ausgleichsbank Aufgaben des Bundes, soweit der Bund Aufgaben hat,

1. im wirtschaftsfördernden Bereich, insbesondere für den gewerblichen Mittelstand und die Freien Berufe,
2. im Bereich des Umweltschutzes,
3. im sozialen Bereich,
4. zur wirtschaftlichen Eingliederung und Förderung der durch den Zweiten Weltkrieg und seine Folgen betroffenen Personen sowie heimatloser Ausländer und ausländischer Flüchtlinge; die Bank wird ferner tätig im Rahmen des Lastenausgleichs.

Die Deutsche Ausgleichsbank ist eine Anstalt des öffentlichen Rechts. Ihr Grundkapital beträgt 715 Mio. DM, die vom Bund und von Sondervermögen des Bundes aufgebracht wurden. Die Deutsche Ausgleichsbank untersteht der Aufsicht der Bundesregierung, die durch das Bundesministerium des Innern im Einvernehmen mit dem Bundesministerium der Finanzen ausgeübt wird.

Ihre Darlehen gewährt die Deutsche Ausgleichsbank wettbewerbsneutral in der Regel über die örtlichen Kreditinstitute, die Hausbanken der Kreditnehmer. Zur Wahrung ihrer Wettbewerbsneutralität beschränkt sich die Deutsche Ausgleichsbank grundsätzlich auf eine Mitfinanzierung von Projekten; insoweit fügt sie nur eine Förderkomponente in die Gesamtfinanzierung ein, die sie im übrigen den Hausbanken der Kreditnehmer überläßt.

Als überregional tätiges Kreditinstitut mit Sitz in Bonn und einer Niederlassung in Berlin ist die Deutsche Ausgleichsbank eines der beiden Hauptleihinstitute des ERP-Sondervermögens. Sie nimmt, um ihre Aufgaben zu erfüllen, aber auch Mittel am Kapitalmarkt auf und leiht sie unter Einsatz fremder und eigener Fördermittel in bestimmten Programmkrediten zinsgünstig aus. Bei der Auswahl ihrer Kreditnehmer verfährt die Deutsche Ausgleichsbank nach dem Subsidiaritätsprinzip, d. h., sie fördert nur insoweit, als Eigenmittel der Investoren und im Wettbewerb angebotene Fremdmittel zur Erreichung des Förderzwecks nicht oder nicht in ausreichendem Maße zur Verfügung stehen. Ob ein einschlägiges Finanzierungsprojekt mit Krediten der Deutschen Ausgleichsbank gefördert werden kann, ist bei den örtlichen Kreditinstituten bzw. Hausbanken zu erfahren, über die im Normalfall auch die Kreditanträge an die Deutsche Ausgleichsbank gerichtet werden.

Eigenkapitalhilfe-Programm

Im Rahmen dieses Programms unterstützt die Bank im Auftrag der Bundesregierung qualifizierte Existenzgründer der gewerblichen Wirtschaft und der Freien Berufe in den neuen Bundesländern durch die Gewährung von langfristigen eigenkapitalähnlichen Mitteln. Auch Investitionen zur Festigung bereits gegründeter Unternehmen sind in diesem Programm förderfähig.

Die Eigenkapitalfunktion ist insbesondere durch die sehr niedrige Verzinsung in den ersten Jahren der in der Regel 20jährigen Laufzeit, die 10 tilgungsfreien Jahre sowie den Verzicht auf Sicherheiten gewährleistet. Hierdurch üben diese Mittel eine bedeutende stabilisierende Wirkung auf die Bestandsfestigkeit des jungen Unternehmens aus. Durch die zeitlich begrenzte Zinshilfe, die in den ersten 6 Jahren stufenweise verringert ist, wird dem Existenzgründer Gelegenheit gegeben, sich in Etappen an die Aufbringung von Marktzinsen zu gewöhnen.

DtA-Existenzgründungsprogramm

Zur Ergänzung der im Auftrag des Bundes durchgeführten Existenzgründungsprogramme bietet die Deutsche Ausgleichsbank Darlehen aus ihrem DtA-Existenzgründungsprogramm an. Die Bank hält dieses Programm, das sie aus eigenen Erträgen zinsverbilligt, insbesondere für solche Fälle bereit, in denen die Förderung kleinerer und mittlerer gewerblicher Unternehmen und Angehöriger der Freien Berufe mit den Förderzwecken anderer Existenzgründungsprogramme vereinbar ist und eine ergänzende Hilfe angezeigt erscheint. In den alten Bundesländern sind Angehörige der Heilberufe nicht antragsberechtigt. Die Förderung von Existenzgründungen durch Aussiedler ist in diesem Programm zu vergünstigten Konditionen möglich.

Bürgschaften für Bankkredite an Angehörige Freier Berufe

Zur Begründung oder Festigung selbständiger Erwerbstätigkeit kann die Deutsche Ausgleichsbank ferner Bürgschaften für Kredite von Kreditinstituten an Angehörige Freier Berufe geben. Solche Bürgschaften sollen die Kreditsicherheiten ersetzen, die junge Freiberufler für benötigte Kreditmittel (etwa zur Praxisübernahme) vielfach nicht stellen können.

Ansparförderung

Um die Bildung von Eigenkapital für Existenzgründungen im Bereich der gewerblichen Wirtschaft und der Freien Berufe zu fördern, ist die Deutsche Ausgleichsbank mit dem Ansparförderungsprogramm betraut. Im Rahmen dieses Programms gewährt der Bund Ansparzuschüsse auf Sparleistungen, die aufgrund eines Gründungssparvertrages mit einem Kreditinstitut erbracht und als Eigenkapital für eine Existenzgründung verwendet worden sind.

4.6.2 Neue Bundesländer

Die Deutsche Ausgleichsbank (DtA) ist eine auf dem Gebiet der Wirtschaftsförderung tätige bundeseigene Bank. Sie bietet Existenzgründern, mittelständischen Unternehmen und Angehörigen der Freien Berufe günstige Finanzierungshilfen an.

Die im folgenden dargestellten Finanzierungshilfen der DtA gelten für die fünf neuen Bundesländer Brandenburg, Mecklenburg-Vorpommern, Sachsen, Sachsen-Anhalt und Thüringen.

Falt- und Merkblätter sowie die Richtlinien der einzelnen Programme sind, ebenso wie Antragsvordrucke, bei der DtA erhältlich bzw. können telefonisch unter (0228) 831-2261/-2310 angefordert werden.

Für einen freien Heilberuf bieten sich speziell folgende Programme an:

a) Darlehen aus dem Eigenkapitalhilfe-Programm
b) Darlehen aus dem DtA-Existenzgründungsprogramm
c) Bürgschaften im Bürgschaftsprogramm für Angehörige Freier Berufe.

a) EIGENKAPITALHILFE-PROGRAMM

1. Zielsetzung

Beim Aufbau einer selbständigen Existenz erweist sich ein Mangel an Eigenkapital oft als ein schwer überwindbares Gründungshemmnis. Das Eigenkapitalhilfe-Programm liefert den Schlüssel zur Lösung dieses Finanzierungsproblems. Ziel der Eigenkapitalhilfe (EKH) ist es, die Eigenkapitalbasis zu verbreiten. Dies ebnet den Weg für die Aufnahme von Krediten zur Finanzierung der Gründungs- oder Festigungsinvestitionen.

Die Eigenkapitalhilfe wird zwar in der Form eines Darlehens ausgereicht. Das Programmziel wird aber über die eigenkapitalähnlichen Konditionen erreicht:

- Risikotragend werden die Fördermittel dadurch, daß für sie keine Sicherheiten zu stellen sind.
- Sie stehen zehn Jahre lang ungeschmälert zur Verfügung.
- In den ersten drei Jahren brauchen sie nicht verzinst zu werden.

2. Hilfe zur Selbsthilfe

Von den Antragstellern wird erwartet, daß sie sich durch Einsatz vorhandener eigener Mittel am wirtschaftlichen Risiko des Vorhabens beteiligen. Der Eigenbeitrag soll 15% der Investitionssumme möglichst nicht unterschreiten. Sind weniger als 15% Eigenmittel vorhanden, ist eine Förderung dann möglich, wenn zu erwarten ist, daß die Antragsteller ihre finanziellen Verpflichtungen aus den erwirtschafteten Erträgen unschwer erfüllen können.

Zu den Eigenmitteln, die vorrangig einzusetzen sind, zählen:

- Bargeld und Bank- bzw. Sparguthaben, auch aus Schenkungen.
- Unbare Einlagen in Form betriebsnotwendiger Güter, z. B. Maschinen, Geräte, Fahrzeuge, Einrichtungsgegenstände, soweit sie realistisch bewertet sind.

- Realistisch bewertete Eigenleistungen.
- Finanzmittel, die durch zumutbare Beleihung des Haus- und Grundbesitzes, anderer Vermögensgegenstände oder Lebensversicherungsguthaben des Antragstellers mobilisierbar sind.

Haus- und Grundbesitz ist nur dann zur Mobilisierung von Eigenmitteln zu beleihen, wenn er – nach Abschluß der Investitionsmaßnahme – zu weniger als 50% mit Hypotheken und Grundpfandrechten belastet ist.

3. Förderkonditionen

Zinsen:	In den ersten drei Jahren werden sie vom Bund voll übernommen. 1.–3. Jahr 0% 4. Jahr 2% p. a. 5. Jahr 3% p. a. 6. Jahr 5% p. a. Der ab dem 7. Laufzeitjahr geltende Darlehenszins wird zum Zeitpunkt der Förderzusage festgelegt. Er kann im zehnten Laufzeitjahr den Marktbedingungen angepaßt werden und gilt dann bis zum Laufzeitende.
Auszahlung:	100%
Tilgungsbeginn:	Erst nach Ablauf von zehn Jahren. Rückzahlung in 20 gleichen Halbjahresraten. Bei Antragstellern im Alter zwischen 50 und 59 Jahren verkürzt sich die tilgungsfreie Zeit um die Jahre über 50.
Sicherheiten:	Antragsteller und Ehepartner haften persönlich. Weitere Sicherheiten werden nicht verlangt. Garantieentgeld in Höhe von 0,5% p. a. des valutierenden Darlehens.

b) DtA-EXISTENZGRÜNDUNGSPROGRAMM

1. Zielsetzung

Die DtA-Mittel bieten eine Möglichkeit zur Aufstockung öffentlicher Mittel, beispielsweise aus dem ERP-Sondervermögen. Der höchstmögliche Finanzierungsanteil beläuft sich auf 75% der förderfähigen Investitionen, wobei eingeplante öffentliche Mittel in Abzug zu bringen sind.

2. Antragsberechtigte

Im DtA-Existenzgründungsprogramm sind nicht nur – wie im ERP-Existenzgründungsprogramm – natürliche Personen, sondern auch kleine und mittlere Unternehmen antragsberechtigt. Neben Antragstellern aus der gewerblichen Wirtschaft erhalten auch Angehörige der Freien Berufe einschließlich der Heilberufe, Apotheker sowie soziale Einrichtungen, sofern sie nicht gemeinnützig betrieben werden, die DtA-Mittel.

3. Förderkonditionen

Die DtA-Darlehen zeichnen sich besonders aus durch
- günstigen Zinssatz, fest über die volle Laufzeit
  lange Laufzeit: bis zu zehn Jahre
- liquiditätsschonende tilgungsfreie Zeit:
  bis zu zwei Jahre nach Darlehensbewilligung
- jederzeitige Rückzahlbarkeit ohne Mehrkosten.

Der Regelhöchstbetrag beläuft sich auf 1 Mio. DM. Bei Privatisierungen, Reprivatisierungen und innovativen Vorhaben kann dieser Betrag überschritten werden.

4. Verwendungszweck

Der Katalog der Verwendungszwecke ist weitergezogen als in der ERP-Förderung für Existenzgründer. Die berücksichtigungsfähige Zeitspanne der Existenzfestigung und -sicherung beläuft sich auf acht Jahre. Auch für Investitionen zur Standortsicherung und -verlegung können DtA-Darlehen eingesetzt werden. Im Gegensatz zu den ERP-Mitteln, die eine Nachfinanzierung ausschließen, ist mit DtA-Mitteln eine Umschuldung möglich. Voraussetzung ist, daß die nachzufinanzierenden Investitionsmaßnahmen nicht länger als etwa ein Jahr zurückliegen und eine langfristige Finanzierung nicht zustande kam.

5. Antragsweg

Wie alle Finanzierungshilfen des Bundes, so sind auch die DtA-Darlehen bei einem frei wählbaren Kreditinstitut, also einer Hausbank, zu beantragen. Diese entscheidet über den Kredit und die zu stellenden Sicherheiten in eigenem Ermessen und leitet den Förderantrag an die DtA weiter. Reichen die vorhandenen Sicherheiten nicht aus, besteht für die Hausbank die Möglichkeit, eine 40%ige Haftungsfreistellung für ein DtA-Darlehen bis zum Betrag von 1 Mio. DM zu beantragen.

c) BÜRGSCHAFTSPROGRAMM FÜR ANGEHÖRIGE FREIER BERUFE

1. Zielsetzung

Die Gründung oder Festigung einer selbständigen freiberuflichen Existenz erfordert in der Regel umfangreiche materielle Investitionen, um erfolgreich zu sein. Fehlt es bei der Kreditaufnahme für diese Kosten an Sicherheiten, schließt die DtA diese Lücke. Die DtA übernimmt 80%ige Ausfallbürgschaften. Mit den restlichen 20% beteiligt sich die Hausbank am Kreditrisiko.

2. Verwendungszweck

Verbürgt werden langfristige Bankkredite zur Finanzierung folgender Investitionen:
- Einrichtungsgegenstände, beispielsweise medizinisch-technische Geräte in Arztpraxen, Computertomographen in radiologischen Praxen,
- Kauf, Neubau oder Umbau eigener Praxis- oder Büroräume,

- Aufbau ambulanter Operationszentren, auch mit angeschlossenen Tageskliniken, entsprechend der Zielsetzung des Gesundheitsstrukturgesetzes,
- Beteiligungs- und Übernahmekosten bis hin zu den Kaufpreisen für den ideellen Wert von beispielsweise Steuerberater- oder Anwaltspraxen,
- Anschaffungskosten der Warenausstattung, z. B. von Apotheken.
- Auch der gewerbliche Bereich eines Gründungsvorhabens wird berücksichtigt, wenn er mit der freiberuflichen Tätigkeit eine Einheit bildet (z. B. der an eine Praxis angeschlossene Klinikteil, das Dentallabor eines Zahnarztes, die Sauna eines Masseurs, das Reformhaussortiment einer Apotheke).

Daneben können auch Kontokorrentkredite für den langfristigen Betriebsmittelbedarf verbürgt werden. Bei einem Kreditbetrag oberhalb von 100 000 DM (bei Ärzten, Zahnärzten und Apothekern) bzw. 50 000 DM (bei allen anderen Freien Berufen) ist der erhöhte langfristige Betriebsmittelbedarf zu begründen.

3. Konditionen

- Ein Höchstbetrag für die Bürgschaft ist nicht festgelegt,
- Laufzeit bis zu zwölf Jahre, bei Bauinvestitionen 15 Jahre,
- bis zu zwei (ausnahmsweise drei) tilgungsfreie Jahre,
- Rückführung in gleichen Raten, in Form eines Annuitätendarlehens oder im Wege der Einmaltilgung aus Lebensversicherungen,
- die Bürgschaftsprovision beträgt 0,75% p.a. des jeweiligen Bürgschaftsbetrages,
- die einmalige Bearbeitungsgebühr wird bei Bewilligung in Höhe von 0,5% berechnet.

4. Fördervoraussetzungen

Die Übernahme einer Bürgschaft ist an folgende Voraussetzungen geknüpft:
- verbürgt werden nur langfristige Bankkredite,
- die Bürgschaft wird vor Abschluß des Kreditvertrages beantragt,
- die Investitionsmaßnahmen sind betriebswirtschaftlich sinnvoll und lassen einen nachhaltigen Erfolg erwarten,
- die obligatorische Stellungnahme der Berufsvertretung oder einer anderen fachlich kompetenten Stelle zur Person und zum Vorhaben ist positiv,
- vorhandene Vermögenswerte sind grundsätzlich zur Besicherung heranzuziehen,
- Bürgschaft des Ehepartners. Sie kann auf Antrag begrenzt werden auf 50% des zu verbürgenden Kreditbetrages mit einem Höchstbetrag von 100 000 DM.

5. Adressen

BBB Bürgschaftsbank zu Berlin-Brandenburg GmbH
Bismarckstraße 105

10625 BERLIN

Bürgschaftsbank Brandenburg GmbH
Steinstraße 104–106

14480 POTSDAM

Bürgschaftsbank Mecklenburg-Vorpommern GmbH
Postfach 50152

19031 SCHWERIN

Bürgschaftsbank Sachsen GmbH
Postfach 19243

01282 DRESDEN

Bürgschaftsbank Sachsen-Anhalt GmbH
Haeckelstraße 9a

39104 MAGDEBURG

Bürgschaftsbank Thüringen GmbH
Arnstädter Straße 28

99096 ERFURT

Treuarbeit AG
Auf'm Hennekamp 47
40225 DÜSSELDORF

5.

DER SOZIALE UND BERUFSSTÄNDISCHE BEREICH

5.1 Heilpraktiker und Patient

5.1.1 Der Heilpraktikervertrag

Zwischen dem Heilpraktiker und seinem Patienten entsteht ein »Vertrag«, auf den aus juristischer Sicht, privat- und strafrechtlichen Bestimmungen einwirken.

Am Anfang jeder Behandlung steht praktisch die Schließung eines Dienstvertrages. Durch sein Behandlungsbegehren stellt der Patient einen »Antrag auf Schließung eines Vertrages« im Sinne des Bürgerlichen Gesetzbuches.

Bürgerliches Gesetzbuch (BGB)

§ 145 Bindung an den Antrag

Wer einem anderen die Schließung eines Vertrags anträgt, ist an den Antrag gebunden, es sei denn, daß er die Gebundenheit ausgeschlossen hat.

§ 146 Erlöschen des Antrags

Der Antrag erlischt, wenn er dem Antragenden gegenüber abgelehnt oder wenn er nicht diesem gegenüber nach den §§ 147 bis 149 rechtzeitig angenommen wird.

§ 147 Annahmefrist

(1) Der einem Anwesenden gemachte Antrag kann nur sofort angenommen werden. Dies gilt auch von einem mittels Fernsprechers von Person zu Person gemachten Antrage.

(2) Der einem Abwesenden gemachte Antrag kann nur bis zu dem Zeitpunkt angenommen werden, in welchem der Antragende den Eingang der Antwort unter regelmäßigen Umständen erwarten darf.

§ 148 Bestimmung einer Annahmefrist

Hat der Antragende für die Annahme des Antrags eine Frist bestimmt, so kann die Annahme nur innerhalb der Frist erfolgen.

§ 149 Verspätet zugegangene Annahmeerklärung

Ist eine dem Antragenden verspätet zugegangene Annahmeerklärung dergestalt abgesendet worden, daß sie bei regelmäßiger Beförderung ihm rechtzeitig zugegangen sein würde, und mußte der Antragende dies erkennen, so hat er die Verspätung dem Annehmenden unverzüglich nach dem Empfange der Erklärung anzuzeigen, sofern es nicht schon vorher geschehen ist. Verzögert er die Absendung der Anzeige, so gilt die Annahme als nicht verspätet.

§ 150 Verspätete und abändernde Annahme

(1) Die verspätete Annahme eines Antrags gilt als neuer Antrag.

(2) Eine Annahme unter Erweiterungen, Einschränkungen oder sonstigen Änderungen gilt als Ablehnung verbunden mit einem neuen Antrage.

§ 151 Annahme ohne Erklärung gegenüber dem Antragenden

Der Vertrag kommt durch die Annahme des Antrags zustande, ohne daß die Annahme dem Antragenden gegenüber erklärt zu werden braucht, wenn eine solche Erklärung nach der Verkehrssitte nicht zu erwarten ist oder der Antragende auf sie verzichtet hat. Der Zeitpunkt, in welchem der Antrag erlischt, bestimmt sich nach dem aus dem Antrag oder den Umständen zu entnehmenden Willen des Antragenden.

Da kein Kurierzwang besteht, muß keine der beiden Parteien (Patient und Heilpraktiker) den Vertrag annehmen. Er gilt allerdings als geschlossen, wenn der Patient sich in die Behandlung begibt und der Heilpraktiker diese aufnimmt. Die aus dem Behandlungsvertrag folgenden Verpflichtungen für beide Parteien sind im BGB ausformuliert.

Das BGB kennt Werks- und Dienstverträge. Während Werksverträge einen bestimmten Erfolg beinhalten, verpflichten Dienstverträge zwar zu einer gewissenhaften Dienstleistung, aber ohne Erfolgszusage.

Bürgerliches Gesetzbuch (BGB)

§ 611 Wesen des Dienstvertrags

(1) Durch den Dienstvertrag wird derjenige, welcher Dienste zusagt, zur Leistung der versprochenen Dienste, der andere Teil zur Gewährung der vereinbarten Vergütung verpflichtet.

(2) Gegenstand des Dienstvertrags können Dienste jeder Art sein.

§ 612 Vergütung

(1) Eine Vergütung gilt als stillschweigend vereinbart, wenn die Dienstleistung den Umständen nach nur gegen eine Vergütung zu erwarten ist.

(2) Ist die Höhe der Vergütung nicht bestimmt, so ist bei dem Bestehen einer Taxe die taxmäßige Vergütung, in Ermangelung einer Taxe die übliche Vergütung als vereinbart anzusehen.

§ 613 Höchstpersönliche Verpflichtung und Berechtigung

Der zur Dienstleistung Verpflichtete hat die Dienste im Zweifel in Person zu leisten. Der Anspruch auf die Dienste ist im Zweifel nicht übertragbar.

§ 614 Fälligkeit der Vergütung

Die Vergütung ist nach der Leistung der Dienste zu entrichten. Ist die Vergütung nach Zeitabschnitten bemessen, so ist sie nach dem Ablaufe der einzelnen Zeitabschnitte zu entrichten.

§ 615 Vergütung bei Annahmeverzug

Kommt der Dienstberechtigte mit der Annahme der Dienste in Verzug, so kann der Verpflichtete für die infolge des Verzugs nicht geleisteten Dienste die vereinbarte Vergütung verlangen, ohne zur Nachleistung verpflichtet zu sein. Er muß sich jedoch den Wert desjenigen anrechnen lassen, was er infolge des Unterbleibens der Dienstleistung erspart oder durch anderweitige Verwendung seiner Dienste erwirbt oder zu erwerben böswillig unterläßt.

§ 616 Vorübergehende Verhinderung

(1) Der zur Dienstleistung Verpflichtete wird des Anspruchs auf die Vergütung nicht dadurch verlustig, daß er für eine verhältnismäßig nicht erhebliche Zeit durch einen in seiner Person liegenden Grund ohne sein Verschulden an der Dienstleistung verhindert wird. Er muß sich jedoch den Betrag anrechnen lassen, welcher ihm für die Zeit der Verhinderung aus einer auf Grund gesetzlicher Verpflichtung bestehenden Kranken- oder Unfallversicherung zukommt.

...

§ 617 Erkrankung des Dienstverpflichteten

(1) Ist bei einem dauernden Dienstverhältnis, welches die Erwerbstätigkeit des Verpflichteten vollständig oder hauptsächlich in Anspruch nimmt, der Verpflichtete in die häusliche Gemeinschaft aufgenommen, so hat der Dienstberechtigte ihm im Falle der Erkrankung die erforderliche Verpflegung und ärztliche Behandlung bis zur Dauer von sechs Wochen, jedoch nicht über die Beendigung des Dienstverhältnisses hinaus, zu gewähren, sofern nicht die Erkrankung von dem Verpflichteten vorsätzlich oder durch grobe Fahrlässigkeit herbeigeführt worden ist. Die Verpflegung und ärztliche Behandlung kann durch Aufnahme des Verpflichteten in eine Krankenanstalt gewährt werden. Die Kosten können auf die für die Zeit der Erkrankung geschuldete Vergütung angerechnet werden. Wird das Dienstverhältnis wegen der Erkrankung von dem Dienstberechtigten nach § 626 gekündigt, so bleibt die dadurch herbeigeführte Beendigung des Dienstverhältnisses außer Betracht.

(2) Die Verpflichtung des Dienstberechtigten tritt nicht ein, wenn für die Verpflegung und ärztliche Behandlung durch eine Versicherung oder durch eine Einrichtung der öffentlichen Krankenpflege Vorsorge getroffen ist.

§ 618 Pflicht zu Schutzmaßnahmen

(1) Der Dienstberechtigte hat Räume, Vorrichtungen oder Gerätschaften, die er zur Verrichtung der Dienste zu beschaffen hat, so einzurichten und zu unterhalten und Dienstleistungen, die unter seiner Anordnung oder seiner Leitung vorzunehmen sind, so zu regeln, daß der Verpflichtete gegen Gefahr für Leben und Gesundheit soweit geschützt ist, als die Natur der Dienstleistung es gestattet.

(2) Ist der Verpflichtete in die häusliche Gemeinschaft aufgenommen, so hat der Dienstberechtigte in Ansehung des Wohn- und Schlafraums, der Verpflegung sowie der Arbeits- und Erholungszeit diejenigen Einrichtungen und Anordnungen zu treffen, welche mit Rücksicht auf die Gesundheit, die Sittlichkeit und die Religion des Verpflichteten erforderlich sind.

(3) Erfüllt der Dienstberechtigte die ihm in Ansehung des Lebens und der Gesundheit des Verpflichteten obliegenden Verpflichtungen nicht, so finden auf seine Verpflichtung zum Schadensersatze die für unerlaubte Handlungen geltenden Vorschriften der §§ 842 bis 846 entsprechende Anwendung.

§ 619 Unabdingbarkeit der Fürsorgepflichten

Die dem Dienstberechtigten nach den §§ 617, 618 obliegenden Verpflichtungen können nicht im voraus durch Vertrag aufgehoben oder beschränkt werden.

§ 620 Ende des Dienstverhältnisses

(1) Das Dienstverhältnis endigt mit dem Ablaufe der Zeit, für die es eingegangen ist.

(2) Ist die Dauer des Dienstverhältnisses weder bestimmt noch aus der Beschaffenheit oder dem Zwecke der Dienste zu entnehmen, so kann jeder Teil das Dienstverhältnis nach Maßgabe der §§ 621, 622 kündigen.

§ 621 Allgemeine Kündigungsfristen

Bei einem Dienstverhältnis, das kein Arbeitsverhältnis im Sinne des § 622 ist, ist die Kündigung zulässig,

1. wenn die Vergütung nach Tagen bemessen ist, an jedem Tag für den Ablauf des folgenden Tages;
2. wenn die Vergütung nach Wochen bemessen ist, spätestens am ersten Werktag einer Woche für den Ablauf des folgenden Sonnabends;
3. wenn die Vergütung nach Monaten bemessen ist, spätestens am 15. eines Monats für den Schluß des Kalendermonats;
4. wenn die Vergütung nach Vierteljahren oder längeren Zeitabschnitten bemessen ist, unter Einhaltung einer Kündigungsfrist von sechs Wochen für den Schluß eines Kalendervierteljahres;
5. wenn die Vergütung nicht nach Zeitabschnitten bemessen ist, jederzeit; bei einem die Erwerbstätigkeit des Verpflichteten vollständig oder hauptsächlich in Anspruch nehmenden Dienstverhältnis ist jedoch eine Kündigungsfrist von zwei Wochen einzuhalten.

§ 622 Kündigungsfrist bei Arbeitsverhältnissen

§ 623 (aufgehoben)

§ 624 Kündigungsfrist bei Verträgen über mehr als 5 Jahre

Ist das Dienstverhältnis für die Lebenszeit einer Person oder für längere Zeit als fünf Jahre eingegangen, so kann es von dem Verpflichteten nach dem Ablaufe von fünf Jahren gekündigt werden. Die Kündigungsfrist beträgt sechs Monate.

§ 625 Stillschweigende Verlängerung

Wird das Dienstverhältnis nach dem Ablaufe der Dienstzeit von dem Verpflichteten mit Wissen des anderen Teiles fortgesetzt, so gilt es als auf unbestimmte Zeit verlängert, sofern nicht der andere Teil unverzüglich widerspricht.

§ 626 Fristlose Kündigung aus wichtigem Grund

(1) Das Dienstverhältnis kann von jedem Vertragsteil aus wichtigem Grund ohne Einhaltung einer Kündigungsfrist gekündigt werden, wenn Tatsachen vorliegen, auf Grund derer dem Kündigenden unter Berücksichtigung aller Umstände des Einzelfalles und unter Abwägung der Interessen beider Vertragsteile die Fortsetzung des Dienstverhältnisses bis zum Ablauf der Kündigungsfrist oder bis zu der vereinbarten Beendigung des Dienstverhältnisses nicht zugemutet werden kann.

(2) Die Kündigung muß nur innerhalb von zwei Wochen erfolgen. Die Frist beginnt mit dem Zeitpunkt, in dem der Kündigungsberechtigte von den für die Kündigung maßgebenden Tatsachen Kenntnis erlangt. Der Kündigende muß dem anderen Teil auf Verlangen den Kündigungsgrund unverzüglich schriftlich mitteilen.

§ 627 Fristlose Kündigung bei Vertrauensstellung

(1) Bei einem Dienstverhältnis, das kein Arbeitsverhältnis im Sinne des § 622 ist, ist die Kündigung auch ohne die im § 626 bezeichnete Voraussetzung zulässig, wenn der zur Dienstleistung Verpflichtete, ohne in einem dauernden Dienstverhältnis mit festen Bezügen zu stehen, Dienste höherer Art zu leisten hat, die auf Grund besonderen Vertrauens übertragen zu werden pflegen.

(2) Der Verpflichtete darf nur in der Art kündigen, daß sich der Dienstberechtigte die Dienste anderweit beschaffen kann, es sei denn, daß ein wichtiger Grund für die unzeitige Kündigung vorliegt. Kündigt er ohne solchen Grund zur Unzeit, so hat er dem Dienstberechtigten den daraus entstehenden Schaden zu ersetzen.

§ 628 Vergütung, Schadensersatz bei fristloser Kündigung

(1) Wird nach dem Beginne der Dienstleistung das Dienstverhältnis auf Grund des § 626 oder des § 627 gekündigt, so kann der Verpflichtete einen seinen bisherigen Leistungen entsprechenden Teil der Vergütung verlangen. Kündigt er, ohne durch vertragswidriges Verhalten des anderen Teiles dazu veranlaßt zu sein, oder veranlaßt er durch sein vertragswidriges Verhalten die Kündigung des anderen Teiles, so steht ihm ein Anspruch auf die Vergütung insoweit nicht zu, als seine bisherigen Leistungen infolge der Kündigung für den anderen Teil kein Interesse haben. Ist die Vergütung für eine spätere Zeit im voraus entrichtet, so hat der Verpflichtete sie nach Maßgabe des § 347 oder, wenn die Kündigung wegen eines Umstandes erfolgt, den er nicht zu vertreten hat, nach den Vorschriften über die Herausgabe einer ungerechtfertigten Bereicherung zurückzuerstatten.

(2) Wird die Kündigung durch vertragswidriges Verhalten des anderen Teiles veranlaßt, so ist dieser zum Ersatze des durch die Aufhebung des Dienstverhältnisses entstehenden Schadens verpflichtet.

Das »Gebührenverzeichnis für Heilpraktiker – Gebüh« kann in gewisser Weise als übliche Vergütung im Sinne des BGB gelten, da es auf dem Wege der Umfrage zustande gekommen ist. Es ist aber nicht für die Abrechnung bindend, da die Höhe der Vergütung frei vereinbart werden kann.

Bürgerliches Gesetzbuch (BGB)

§ 195 Regelmäßige Verjährungsfrist

Die regelmäßige Verjährungsfrist beträgt dreißig Jahre.

§ 196 Zweijährige Verjährungsfrist

(1) In zwei Jahren verjähren die Ansprüche:

1. der Kaufleute, Fabrikanten, Handwerker und derjenigen, welche ein Kunstgewerbe betreiben, für Lieferung von Waren, Ausführung von Arbeiten und Besorgung fremder Geschäfte, mit Einschluß der Auslagen, es sei denn, daß die Leistung für den Gewerbebetrieb des Schuldners erfolgt;
2. derjenigen, welche Land- und Forstwirtschaft betreiben, für Lieferung von land- oder forstwirtschaftlichen Erzeugnissen, sofern die Lieferung zur Verwendung im Haushalte des Schuldners erfolgt;
3. der Eisenbahnunternehmungen, Frachtfuhrleute, Schiffer, Lohnkutscher und Boten wegen des Fahrgeldes, der Fracht, des Fuhr- oder Botenlohns, mit Einschluß der Auslagen;
4. der Gastwirte und derjenigen, welche Speisen oder Getränke gewerbsmäßig verabreichen, für Gewährung von Wohnung und Beköstigung sowie für andere den Gästen zur Befriedigung ihrer Bedürfnisse gewährte Leistungen, mit Einschluß der Auslagen;
5. derjenigen, welche Lotterielose vertreiben, aus dem Vertriebe der Lose, es sei denn, daß die Lose zum Weitervertriebe geliefert werden;
6. derjenigen, welche bewegliche Sachen gewerbsmäßig vermieten, wegen des Mietzinses;
7. derjenigen, welche, ohne zu den in Nummer 1 bezeichneten Personen zu gehören, die Besorgung fremder Geschäfte oder die Leistung von Diensten gewerbsmäßig betreiben, wegen der ihnen aus dem Gewerbebetriebe gebührenden Vergütungen, mit Einschluß der Auslagen;
8. derjenigen, welche im Privatdienste stehen, wegen des Gehalts, Lohnes oder anderer Dienstbezüge, mit Einschluß der Auslagen, sowie der Dienstberechtigten wegen der auf solche Ansprüche gewährten Vorschüsse;
9. der gewerblichen Arbeiter – Gesellen, Gehilfen, Lehrlinge, Fabrikarbeiter –, der Tagelöhner und Handarbeiter wegen des Lohnes und anderer anstelle oder als Teil des Lohnes vereinbarter Leistungen, mit Einschluß der Auslagen,

sowie der Arbeitgeber wegen der auf solche Ansprüche gewährten Vorschüsse;
10. der Lehrherren und Lehrmeister wegen des Lehrgeldes und anderer im Lehrvertrage vereinbarter Leistungen sowie wegen der für die Lehrlinge bestrittenen Auslagen;
11. der öffentlichen Anstalten, welche dem Unterrichte, der Erziehung, Verpflegung oder Heilung dienen, sowie der Inhaber von Privatanstalten solcher Art für Gewährung von Unterricht, Verpflegung oder Heilung und für die damit zusammenhängenden Aufwendungen;
12. derjenigen, welche Personen zur Verpflegung oder zur Erziehung aufnehmen, für Leistungen und Aufwendungen der in Nummer 11 bezeichneten Art;
13. der öffentlichen Lehrer und der Privatlehrer wegen ihrer Honorare, die Ansprüche der öffentlichen Lehrer jedoch nicht, wenn sie auf Grund besonderer Einrichtungen gestundet sind;
14. der Ärzte, insbesondere auch der Wundärzte, Geburtshelfer, Zahnärzte und Tierärzte, sowie der Hebammen für ihre Dienstleistungen, mit Einschluß der Auslagen;
15. der Rechtsanwälte, Notare sowie aller Personen, die zur Besorgung gewisser Geschäfte öffentlich bestellt oder zugelassen sind, wegen ihrer Gebühren und Auslagen, soweit nicht diese zur Staatskasse fließen;
16. der Parteien wegen der ihren Rechtsanwälten geleisteten Vorschüsse;
17. der Zeugen und Sachverständigen wegen ihrer Gebühren und Auslagen.

(2) Soweit die im Absatz 1 Nr. 1, 2, 5 bezeichneten Ansprüche nicht der Verjährung von zwei Jahren unterliegen, verjähren sie in vier Jahren.

§ 197 Vierjährige Verjährungsfrist

In vier Jahren verjähren die Ansprüche auf Rückstände von Zinsen, mit Einschluß der als Zuschlag zu den Zinsen zum Zwecke allmählicher Tilgung des Kapitals zu entrichtenden Beträge, die Ansprüche auf Rückstände von Miet- und Pachtzinsen, soweit sie nicht unter die Vorschrift des § 196 Abs. 1 Nr. 6 fallen, und die Ansprüche auf Rückstände von Renten, Auszugsleistungen, Besoldungen, Wartegeldern, Ruhegehalten, Unterhaltsbeiträgen und allen anderen regelmäßig wiederkehrenden Leistungen.

§ 198 Regelmäßiger Verjährungsbeginn

Die Verjährung beginnt mit der Entstehung des Anspruchs. Geht der Anspruch auf ein Unterlassen, so beginnt die Verjährung mit der Zuwiderhandlung.

§ 199 Verjährungsbeginn bei Kündigung

Kann der Berechtigte die Leistung erst verlangen, wenn er dem Verpflichteten gekündigt hat, so beginnt die Verjährung mit dem Zeitpunkte, von welchem an die Kündigung zulässig ist. Hat der Verpflichtete die Leistung erst zu bewirken, wenn seit der Kündigung eine bestimmte Frist verstrichen ist, so wird der Beginn der Verjährung um die Dauer der Frist hinausgeschoben.

§ 200 Verjährungsbeginn bei Anfechtung

Hängt die Entstehung eines Anspruchs davon ab, daß der Berechtigte von einem ihm zustehenden Anfechtungsrecht Gebrauch macht, so beginnt die Verjährung mit dem Zeitpunkte, von welchem an die Anfechtung zulässig ist. Dies gilt jedoch nicht, wenn die Anfechtung sich auf ein familienrechtliches Verhältnis bezieht.

§ 201 Beginn der kurzen Verjährung

Die Verjährung der in den §§ 196, 197 bezeichneten Ansprüche beginnt mit dem Schlusse des Jahres, in welchem der nach den §§ 198 bis 200 maßgebende Zeitpunkt eintritt. Kann die Leistung erst nach dem Ablauf einer über diesen Zeitpunkt hinausreichenden Frist verlangt werden, so beginnt die Verjährung mit dem Schlusse des Jahres, in welchem die Frist abläuft.

§ 202 Hemmung der Verjährung aus Rechtsgründen

(1) Die Verjährung ist gehemmt, solange die Leistung gestundet oder der Verpflichtete aus einem anderen Grunde vorübergehend zur Verweigerung der Leistung berechtigt ist.

(2) Diese Vorschrift findet keine Anwendung auf die Einrede des Zurückbehaltungsrechts, des nicht erfüllten Vertrags, der mangelnden Sicherheitsleistung, der Vorausklage sowie auf die nach § 770 dem Bürgen und nach den §§ 2014, 2015 dem Erben zustehenden Einreden.

§ 203 Hemmung aus tatsächlichen Gründen

(1) Die Verjährung ist gehemmt, solange der Berechtigte durch Stillstand der Rechtspflege innerhalb der letzten sechs Monate der Verjährungsfrist an der Rechtsverfolgung verhindert ist.

(2) Das gleiche gilt, wenn eine solche Verhinderung in anderer Weise durch höhere Gewalt herbeigeführt wird.

5.1.2 Aufklärungspflicht

Ohne ausdrückliche Einwilligung eines Patienten würde jede Behandlung einen Eingriff in dessen Persönlichkeitsrechte im Sinne einer Körperverletzung bedeuten. Nach der Rechtsprechung ist die Voraussetzung einer sinnvollen Einwilligung nur gegeben, wenn der Patient nach Aufklärung durch den Heilpraktiker seine Einwilligung mit der nötigen Einsicht gibt.

Die Aufklärung bezieht sich auf Erkenntnisse über den gegenwärtigen Gesundheitszustand, evtl. Risiken der vorgeschlagenen Behandlungsart und auf in etwa zu erwartende Ergebnisse. Je risikoreicher einerseits oder je entbehrlicher andererseits eine therapeutische Maßnahme ist, desto gründlicher und umfassender hat die Aufklärung zu sein.

Die Aufklärung über den Gesundheitszustand eines Patienten hat nach einer gründlichen Abschätzung des Individualfalles zum Wohle desselben zu geschehen

(Selbstmordgefahr?, Verschlechterung des Zustandes?). Evtl. ist eine Vorbesprechung mit nächsten Angehörigen angezeigt.

Ergriffene Maßnahmen zur Aufklärung sind gegebenenfalls auch schriftlich festzuhalten.

Zu einer umfassenden Aufklärung eines Patienten gehört auch die Gewährung der Einsicht in die gesamten Krankenunterlagen, die Aufschluß über alle ergriffenen diagnostischen und therapeutischen Maßnahmen geben. Eine besondere Bedeutung gewinnt die Aufklärungspflicht bei Methoden, die von der allgemeinen Anschauung der Medizin oder sogar von der der Anhänger der eigenen Richtung abweichen.

Darüber hinaus ist der Heilpraktiker selbstverständlich verpflichtet, sich über die Fortschritte der Heilkunde und auch über anderweitig gewonnene Erkenntnisse von Nutzen und Risiken der von ihm angewendeten Heilverfahren zu unterrichten.

Das Maß und der Umfang der von ihm zu verlangenden Sorgfalt bestimmt sich dabei allerdings nach der Größe der übernommenen Gefahr und ist weitgehend abhängig von der Verkehrserwartung. Maßgebend ist der Erwartungshorizont eines durchschnittlichen Patienten, der einen Heilpraktiker aufsucht. Diese wird mitgeprägt u. a. durch die allerdings nicht stets gerechtfertigte allgemeine Vorstellung des Laien, daß die Methoden des Heilpraktikers, insbesondere wo er sich solcher aus der Natur- und Volksheilkunde bedient, in aller Regel risikolos und wenig belastend sind. *Hierauf muß sich der Heilpraktiker in seinem medizinischen Vorgehen und insbesondere auch bei der Aufklärung eines Patienten über etwaige Risiken der Behandlung einstellen.*

5.1.3 Schweigepflicht

Die Schweigepflicht des Heilpraktikers ist zivilrechtlich verankert. Das Strafgesetzbuch unterscheidet in diesem Punkt z. B. Arzt und Heilpraktiker deutlich.

Strafgesetzbuch (StGB)

in der Fassung vom 2. 1. 1975 (BGBl. I S. 1)

§ 203 Verletzung von Privatgeheimnissen

(1) Wer unbefugt ein fremdes Geheimnis, namentlich ein zum persönlichen Lebensbereich gehörendes Geheimnis oder ein Betriebs- oder Geschäftsgeheimnis, offenbart, das ihm als

1. Arzt, Zahnarzt, Tierarzt, Apotheker oder Angehörigen eines anderen Heilberufs, der für die Berufsausübung oder die Führung der Berufsbezeichnung eine staatlich geregelte Ausbildung erfordert,
2. Berufspsychologen mit staatlich anerkannter wissenschaftlicher Abschlußprüfung,
3. Rechtsanwalt, Patentanwalt, Notar, Verteidiger in einem gesetzlich geord-

neten Verfahren, Wirtschaftsprüfer, vereidigtem Buchprüfer, Steuerberater, Steuerbevollmächtigter oder Organ oder Mitglied eines Organs einer Wirtschaftsprüfungs-, Buchprüfungs- oder Steuerberatungsgesellschaft,
4. Ehe-, Erziehungs- oder Jugendberater sowie Berater für Suchtfragen in einer Beratungsstelle, die von der Behörde oder Körperschaft, Anstalt oder Stiftung des öffentlichen Rechts anerkannt ist,
4a. Mitglied oder Beauftragten einer anerkannten Beratungsstelle nach § 218b Abs. 2 Nr. 1,
5. staatlich anerkanntem Sozialarbeiter oder staatlich anerkanntem Sozialpädagogen oder
6. Angehörigen eines Unternehmens der privaten Kranken-, Unfall- oder Lebensversicherung oder einer privatärztlichen Verrechnungsstelle

anvertraut worden oder sonst bekanntgeworden ist, wird mit Freiheitsstrafe bis zu einem Jahr oder mit Geldstrafe bestraft.

(2) Ebenso wird bestraft, wer unbefugt ein fremdes Geheimnis, namentlich ein zum persönlichen Lebensbereich gehörendes Geheimnis oder ein Betriebs- oder Geschäftsgeheimnis, offenbart, das ihm als
1. Amtsträger,
2. für den öffentlichen Dienst besonders Verpflichteten,
3. Person, die Aufgaben oder Befugnisse nach dem Personalvertretungsrecht wahrnimmt,
4. Mitglied eines für ein Gesetzgebungsorgan des Bundes oder eines Landes tätigen Untersuchungsausschusses, sonstigen Ausschusses oder Rates, das nicht selbst Mitglied des Gesetzgebungsorgans ist, oder als Hilfskraft eines solchen Ausschusses oder Rates oder
5. öffentlich bestelltem Sachverständigen, der auf die gewissenhafte Erfüllung seiner Obliegenheiten auf Grund eines Gesetzes förmlich verpflichtet worden ist,

anvertraut worden oder sonst bekanntgeworden ist. Einem Geheimnis im Sinne des Satzes 1 stehen Einzelangaben über persönliche oder sachliche Verhältnisse eines anderen gleich, die für Aufgaben der öffentlichen Verwaltung erfaßt worden sind; Satz 1 ist jedoch nicht anzuwenden, soweit solche Einzelangaben anderen Behörden oder sonstigen Stellen für Aufgaben der öffentlichen Verwaltung bekanntgegeben werden und das Gesetz dies nicht untersagt.

(3) Den in Absatz 1 Genannten stehen ihre berufsmäßig tätigen Gehilfen und die Personen gleich, die bei ihnen zur Vorbereitung auf den Beruf tätig sind. Den in Absatz 1 und den in Satz 1 Genannten steht nach dem Tode des zur Wahrung des Geheimnisses Verpflichteten ferner gleich, wer das Geheimnis von dem Verstorbenen oder aus dessen Nachlaß erlangt hat.

(4) Die Absätze 1 bis 3 sind auch anzuwenden, wenn der Täter das fremde Geheimnis nach dem Tode des Betroffenen unbefugt offenbart.

(5) Handelt der Täter gegen Entgelt oder in der Absicht, sich oder einen anderen zu

bereichern oder einen anderen zu schädigen, so ist die Strafe Freiheitsstrafe bis zu zwei Jahren oder Geldstrafe.

§ 204 Verwertung fremder Geheimnisse

(1) Wer unbefugt ein fremdes Geheimnis, namentlich ein Betriebs- oder Geschäftsgeheimnis, zu dessen Geheimhaltung er nach § 203 verpflichtet ist, verwertet, wird mit Freiheitsstrafe bis zu zwei Jahren oder mit Geldstrafe bestraft.

(2) § 203 Abs. 4 gilt entsprechend.

Strafprozeßordnung (StPO)

Vom 1. Februar 1877 (RGBl. S. 253), in der Fassung der Bekanntmachung vom 7. April 1987 (BGBl. I S. 1074, ber. S. 1319), zuletzt geändert durch Gesetz vom 28. Februar 1992 (BGBl. I S. 372)
(BGBl. III 312-2)

(Auszug)

§ 53 [Zeugnisverweigerungsrecht aus beruflichen Gründen]

(1) Zur Verweigerung des Zeugnisses sind ferner berechtigt

1. Geistliche über das, was ihnen in ihrer Eigenschaft als Seelsorger anvertraut worden oder bekanntgeworden ist;
2. Verteidiger des Beschuldigten über das, was ihnen in dieser Eigenschaft anvertraut worden oder bekanntgeworden ist;
3. Rechtsanwälte, Patentanwälte, Notare, Wirtschaftsprüfer, vereidigte Buchprüfer, Steuerberater und Steuerbevollmächtigte, Ärzte, Zahnärzte, Apotheker und Hebammen über das, was ihnen in dieser Eigenschaft anvertraut worden oder bekanntgeworden ist;

3a. Mitglieder oder Beauftragte einer anerkannten Beratungsstelle nach § 218b Abs. 2 Nr. 1 des Strafgesetzbuches über das, was ihnen in dieser Eigenschaft anvertraut worden oder bekanntgeworden ist;

4. Mitglieder des Bundestages, eines Landtages oder einer zweiten Kammer über Personen, die ihnen in ihrer Eigenschaft als Mitglieder dieser Organe oder denen sie in dieser Eigenschaft Tatsachen anvertraut haben sowie über diese Tatsachen selbst;
5. Personen, die bei der Vorbereitung, Herstellung oder Verbreitung von periodischen Druckwerken oder Rundfunksendungen berufsmäßig mitwirken oder mitgewirkt haben, über die Person des Verfassers, Einsenders oder Gewährsmanns von Beiträgen und Unterlagen sowie über die ihnen im Hinblick auf ihre Tätigkeit gemachten Mitteilungen, soweit es sich um Beiträge, Unterlagen und Mitteilungen für den redaktionellen Teil handelt.

(2) Die in Abs. 1 Nr. 2 und 3a Genannten dürfen das Zeugnis nicht verweigern, wenn sie von der Verpflichtung zur Verschwiegenheit entbunden sind.

§ 53a [Zeugnisverweigerungsrecht von Hilfspersonen und Auszubildenden]

(1) Den in § 53 Abs. 1 Nr. 1 bis 4 Genannten stehen ihre Gehilfen und die Personen gleich, die zur Vorbereitung auf den Beruf an der berufsmäßigen Tätigkeit teilnehmen. Über die Ausübung des Rechts dieser Hilfspersonen, das Zeugnis zu verweigern, entscheiden die in § 53 Abs. 1 Nr. 1 bis 4 Genannten, es sei denn, daß diese Entscheidung in absehbarer Zeit nicht herbeigeführt werden kann.

(2) Die Entbindung von der Verpflichtung zur Verschwiegenheit (§ 53 Abs. 2) gilt auch für die Hilfspersonen.

Im Gegensatz zu einem Zivilprozeß steht dem Heilpraktiker und den in seiner Praxis mitwirkenden Personen ein Zeugnisverweigerungsrecht in einem Strafprozeß nicht zu.

Die Verletzung der Schweigepflicht kann jedoch zivilrechtlich, auch im Sinne von Schadenersatz, verfolgt werden.

Zivilprozeßordnung (ZPO)

Vom 30. Januar 1877 (RGBl. S. 83), in der Fassung vom 12. September 1950 (BGBl. I S. 455), zuletzt geändert durch Gesetz vom 1. April 1992 (BGBl. I S. 745)
(BGBl. III 310-4)

(Auszug)

§ 383 [Zeugnisverweigerung aus persönlichen Gründen]

(1) Zur Verweigerung des Zeugnisses sind berechtigt:

1. der Verlobte einer Partei;
2. der Ehegatte einer Partei, auch wenn die Ehe nicht mehr besteht;
3. diejenige, die mit einer Partei in gerader Linie verwandt oder verschwägert, in der Seitenlinie bis zum dritten Grade verwandt oder bis zum zweiten Grade verschwägert sind oder waren;
4. Geistliche in Ansehung desjenigen, was ihnen bei der Ausübung der Seelsorge anvertraut ist;
5. Personen, die bei der Vorbereitung, Herstellung oder Verbreitung von periodischen Druckwerken oder Rundfunksendungen berufsmäßig mitwirken oder mitgewirkt haben, über die Person des Verfassers, Einsenders oder Gewährsmanns von Beiträgen und Unterlagen sowie über die ihnen im Hinblick auf ihre Tätigkeit gemachten Mitteilungen, soweit es sich um Beiträge, Unterlagen und Mitteilungen für den redaktionellen Teil handelt;
6. Personen, denen kraft ihres Amtes, Standes oder Gewerbes Tatsachen anvertraut sind, deren Geheimhaltung durch die Natur oder durch gesetzliche Vorschriften geboten ist, in betreff der Tatsachen, auf welche die Verpflichtung zur Verschwiegenheit sich bezieht.

(2) Die unter Nummern 1 und 3 bezeichneten Personen sind vor der Vernehmung über ihr Recht zur Verweigerung des Zeugnisses zu belehren.

(3) Die Vernehmung der unter Nummer 4 bis 6 bezeichneten Personen ist, auch wenn das Zeugnis nicht verweigert wird, auf Tatsachen nicht zu richten, in Ansehung welcher erhellt, daß ohne Verletzung der Verpflichtung zur Verschwiegenheit ein Zeugnis nicht abgelegt werden kann.

...

§ 385 [Besondere Zeugnispflicht]

(1) In den Fällen des § 383 Nr. 1 bis 3 und des § 384 Nr. 1 darf der Zeuge das Zeugnis nicht verweigern:

1. über die Errichtung und den Inhalt eines Rechtsgeschäfts, bei dessen Errichtung er als Zeuge zugezogen war;
2. über Geburten, Verheiratungen oder Sterbefälle von Familienmitgliedern;
3. über Tatsachen, welche die durch das Familienverhältnis bedingte Vermögensangelegenheiten betreffen;
4. über die auf das streitige Rechtsverhältnis sich beziehende Handlungen, die von ihm selbst als Rechtsvorgänger oder Vertreter einer Partei vorgenommen sein sollen.

(2) Die im § 383 Nr. 4, 6 bezeichneten Personen dürfen das Zeugnis nicht verweigern, wenn sie von der Verpflichtung zur Verschwiegenheit entbunden sind.

Abgesehen von privatrechtlichen Schadensersatzklagen, kann eine vorsätzliche oder grobfahrlässige Verletzung der Schweigepflicht auch strafrechtliche Schritte nach sich ziehen.

Bürgerliches Gesetzbuch (BGB)

§ 276 Haftung für eigenes Verschulden

(1) Der Schuldner hat, sofern nicht ein anderes bestimmt ist, Vorsatz und Fahrlässigkeit zu vertreten. Fahrlässig handelt, wer die im Verkehr erforderliche Sorgfalt außer acht läßt. Die Vorschriften der §§ 827, 828 finden Anwendung.

(2) Die Haftung wegen Vorsatzes kann dem Schuldner nicht im voraus erlassen werden.

§ 823 Schadensersatzpflicht

(1) Wer vorsätzlich oder fahrlässig das Leben, den Körper, die Gesundheit, die Freiheit, das Eigentum oder ein sonstiges Recht eines anderen widerrechtlich verletzt, ist dem anderen zum Ersatz des daraus entstehenden Schadens verpflichtet.

(2) Die gleiche Verpflichtung trifft denjenigen, welcher gegen ein den Schutz eines anderen bezweckendes Gesetz verstößt. Ist nach dem Inhalte des Gesetzes ein

Verstoß gegen dieses auch ohne Verschulden möglich, so tritt die Ersatzpflicht nur im Falle des Verschuldens ein.

§ 826 Sittenwidrige vorsätzliche Schädigung

Wer in einer gegen die guten Sitten verstoßenden Weise einem anderen vorsätzlich Schaden zufügt, ist dem anderen zum Ersatz des Schadens verpflichtet.

§ 827 Ausschluß und Minderung der Verantwortlichkeit

Wer im Zustande der Bewußtlosigkeit oder in einem die freie Willensbestimmung ausschließenden Zustande krankhafter Störung der Geistestätigkeit einem anderen Schaden zufügt, ist für den Schaden nicht verantwortlich. Hat er sich durch geistige Getränke oder ähnliche Mittel in einen vorübergehenden Zustand dieser Art versetzt, so ist er für einen Schaden, den er in diesem Zustande widerrechtlich verursacht, in gleicher Weise verantwortlich, wie wenn ihm Fahrlässigkeit zur Last fiele; die Verantwortlichkeit tritt nicht ein, wenn er ohne Verschulden in den Zustand geraten ist.

BDSG Bundesdatenschutzgesetz

Datenschutz bedeutet: Der Bürger soll vor nachteiligen Folgen der Datenverarbeitung bewahrt bleiben.
Lt. BDSG bedeutet Datenverarbeitung das Speichern, Übermitteln, Verändern und Löschen von Daten.
Technische und organisatorische Maßnahmen sind zu treffen, um Mißbrauch und Fehler zu verhindern.
Schutz der Betroffenen soll in 4facher Weise erreicht werden:

1. *Zulässigkeitsregeln*
   Das Gesetz gibt Anweisungen an datenverarbeitende Stellen, indem es regelt, unter welchen Voraussetzungen die Verarbeitung von Daten zulässig ist.

2. *Recht der Betroffenen*
   Das BDSG räumt dem Betroffenen Rechte ein, die er gegenüber den datenverarbeitenden Stellen geltend machen kann, um *selbst* den Schutz seiner Daten durchzusetzen. Besondere Bedeutung hat das
   Recht auf *Auskunft* über die gespeicherten Daten, ferner das
   Recht auf *Berichtigung,*
   Sperrung,
   Löschung,
   Geheimhaltung.

3. *Datenschutzkontrolle*
   BDSG sieht ein System von Kontrollinstitutionen vor (Datenschutzbeauftragte, Aufsichtsbehörden), die die Einhaltung der Vorschriften überwachen.

4. *Strafvorschriften*
   Aufgrund von Bußgeldvorschriften und Strafbestimmungen können Gesetzesverstöße geahndet werden.

BDSG schützt nur *personenbezogene* Daten:
Das sind außer Name und Anschrift auch Angaben im weitesten Sinn über persönliche und sachliche Verhältnisse eines Bürgers.
Daten müssen einer bestimmten oder bestimmbaren Einzelperson zugeordnet werden können. (Anonymisierte Angaben mit nur statistischem Wert scheiden aus, ebenso Sachdaten aus Wissenschaft und Technik bzw. von Personen losgelöste Daten.) Gesetz schützt Daten, die in Dateien gespeichert oder aus Dateien übermittelt werden.
Datei umfaßt herkömmliche (Kartei) und automatisierte Datenverarbeitung. Entscheidend ist, daß die Datensammlung gleichartig ist, d. h., nach einheitlichen Kriterien aufgebaut, daß die Daten nach bestimmten Merkmalen erfaßt, geordnet, umgeordnet und ausgewertet werden können.

5.1.4 Hilfspflicht

Trotz fehlendem Kurierzwang kann sich aus der Hilfspflicht eine Pflicht zur Behandlung ergeben.

Hierzu das Bürgerliche Gesetzbuch in bezug auf den Behandlungsvertrag:

§ 662 Wesen des Auftrags

Durch die Annahme eines Auftrags verpflichtet sich der Beauftragte, ein ihm von dem Auftraggeber übertragenes Geschäft für diesen unentgeltlich zu besorgen.

§ 663 Anzeigepflicht bei Ablehnung

Wer zur Besorgung gewisser Geschäfte öffentlich bestellt ist oder sich öffentlich erboten hat, ist, wenn er einen auf solche Geschäfte gerichteten Auftrag nicht annimmt, verpflichtet, die Ablehnung dem Auftraggeber unverzüglich anzuzeigen. Das gleiche gilt, wenn sich jemand dem Auftraggeber gegenüber zur Besorgung gewisser Geschäfte erboten hat.

§ 664 Übertragung; Haftung für Gehilfen

(1) Der Beauftragte darf im Zweifel die Ausführung des Auftrags nicht einem Dritten übertragen. Ist die Übertragung gestattet, so hat er nur ein ihm bei der Übertragung zur Last fallendes Verschulden zu vertreten. Für das Verschulden eines Gehilfen ist er nach § 278 verantwortlich.

(2) Der Anspruch auf Ausführung des Auftrags ist im Zweifel nicht übertragbar.

§ 665 Abweichung von Weisungen

Der Beauftragte ist berechtigt, von den Weisungen des Auftraggebers abzuweichen, wenn er den Umständen nach annehmen darf, daß der Auftraggeber bei Kenntnis der Sachlage die Abweichung billigen würde. Der Beauftragte hat vor der Abweichung dem Auftraggeber Anzeige zu machen und dessen Entschließung abzuwarten, wenn nicht mit dem Aufschube Gefahr verbunden ist.

§ 666 Auskunfts- und Rechenschaftspflicht

Der Beauftragte ist verpflichtet, dem Auftraggeber die erforderlichen Nachrichten zu geben, auf Verlangen über den Stand des Geschäfts Auskunft zu erteilen und nach der Ausführung des Auftrags Rechenschaft abzulegen.

§ 667 Herausgabepflicht des Beauftragten

Der Beauftragte ist verpflichtet, dem Auftraggeber alles, was er zur Ausführung des Auftrags erhält und was er aus der Geschäftsbesorgung erlangt, herauszugeben.

Endet der Behandlungsvertrag (s. Heilpraktiker-Vertrag), endet auch die Behandlungspflicht des Heilpraktikers. Wie der Patient kann auch er von sich aus eine Behandlung abbrechen oder beenden, wenn ein Patient durch seine Handlungsweise dem Therapieziel massiv entgegenwirkt (Nichteinnahme verordneter Medikamente, Verweigerung von dringend für erforderlichen gehaltenen diagnostischen Maßnahmen usw.).

In solchen Fällen besteht für den Heilpraktiker lediglich die »sittliche Verpflichtung« zu Weiterbehandlung, wenn ein anderer Behandler (Arzt oder Heilpraktiker) nicht oder nur unter unzumutbarem zeitlichen oder finanziellen Aufwand zu erreichen ist.

In diesem Fall kann ein Heilpraktiker die Weiterbehandlung nur aus triftigen Gründen verweigern oder er muß für evtl. entstehenden Schaden haften.

Die für jedermann geltende Hilfspflicht ergibt sich aus dem Strafgesetzbuch:

Strafgesetzbuch (StGB)

zuletzt geändert durch Gesetz vom 8. 12. 1981 (BGBl. I S. 1329)

§ 323c Unterlassene Hilfeleistung

Wer bei Unglücksfällen oder gemeiner Gefahr oder Not nicht Hilfe leistet, obwohl dies erforderlich und ihm den Umständen nach zuzumuten, insbesondere ohne erhebliche eigene Gefahr und ohne Verletzung anderer wichtiger Pflichten möglich ist, wird mit Freiheitsstrafe bis zu einem Jahr oder mit Geldstrafe bestraft.

Auch wenn die Hilfspflicht für jedermann besteht, legt die Rechtsprechung an die Angehörigen der Heilberufe vergleichsweise strenge Maßstäbe. Verlangt wird eine den Möglichkeiten des Heilberufes entsprechende Hilfe.
Die Regulierung hierbei evtl. entstehender Schäden für den Hilfeleistenden ist durch die Reichsversicherungsordnung § 539 geregelt:

Reichsversicherungsordnung (RVO)

§ 539 *(1) Ziff. 9*

»In der Unfallversicherung sind, unbeschadet der §§ 541 und 542 gegen Arbeitsunfall versichert... Personen, die bei Unglücksfällen oder gemeiner Gefahr oder Not Hilfe leisten oder einen anderen aus gegenwärtiger Lebensgefahr oder erheblicher gegenwärtiger Gefahr für Körper oder Gesundheit zu retten unternehmen, ...«

5.1.5 Haftpflicht

In der Ausübung seiner Tätigkeit übernimmt der Heilpraktiker ein großes Haftungsrisiko. Haftansprüche können sich ableiten aus:

a) Nichteinhaltung des Behandlervertrages
b) Verstoß gegen die Schweigepflicht
c) unterlassener Hilfeleistung
d) fahrlässigem Handeln bei der Behandlung

Bürgerliches Gesetzbuch (BGB)

§ 276 Haftung für eigenes Verschulden

(1) Der Schuldner hat, sofern nicht ein anderes bestimmt ist, Vorsatz und Fahrlässigkeit zu vertreten. Fahrlässig handelt, wer die im Verkehr erforderliche Sorgfalt außer acht läßt. Die Vorschriften der §§ 827, 828 finden Anwendung.

(2) Die Haftung wegen Vorsatzes kann dem Schuldner nicht im voraus erlassen werden.

§ 277 Sorgfalt in eigenen Angelegenheiten; grobe Fahrlässigkeit

Wer nur für diejenige Sorgfalt einzustehen hat, welche er in eigenen Angelegenheiten anzuwenden pflegt, ist von der Haftung wegen grober Fahrlässigkeit nicht befreit.

§ 278 Verschulden des Erfüllungsgehilfen

Der Schuldner hat ein Verschulden seines gesetzlichen Vertreters und der Personen, deren er sich zur Erfüllung seiner Verbindlichkeit bedient, in gleichem Umfange zu vertreten wie eigenes Verschulden. Die Vorschrift des § 276 Abs. 2 findet keine Anwendung.

§ 823 Schadensersatzpflicht

(1) Wer vorsätzlich oder fahrlässig das Leben, den Körper, die Gesundheit, die Freiheit, das Eigentum oder ein sonstiges Recht eines anderen widerrechtlich verletzt, ist dem anderen zum Ersatze des daraus entstehenden Schadens verpflichtet.

(2) Die gleiche Verpflichtung trifft denjenigen, welcher gegen ein den Schutz eines anderen bezweckendes Gesetz verstößt. Ist nach dem Inhalte des Gesetzes ein

Verstoß gegen dieses auch ohne Verschulden möglich, so tritt die Ersatzpflicht nur im Falle des Verschuldens ein.

§ 831 Haftung für den Verrichtungsgehilfen

(1) Wer einen anderen zu einer Verrichtung bestellt, ist zum Ersatze des Schadens verpflichtet, den der andere in Ausführung der Verrichtung einem Dritten widerrechtlich zufügt. Die Ersatzpflicht tritt nicht ein, wenn der Geschäftsherr bei der Auswahl der bestellten Person und, sofern er Vorrichtungen oder Gerätschaften zu beschaffen oder die Ausführung der Verrichtung zu leiten hat, bei der Beschaffung oder der Leitung die im Verkehr erforderliche Sorgfalt beobachtet oder wenn der Schaden auch bei Anwendung dieser Sorgfalt entstanden sein würde.

(2) Die gleiche Verantwortlichkeit trifft denjenigen, welcher für den Geschäftsherrn die Besorgung eines der im Absatz 1 Satz 2 bezeichneten Geschäfte durch Vertrag übernimmt.

Da in der Regel weder Vermögen noch Einkommen ausreichend sind für evtl. Schadensregulierungen von Schäden, für die der Heilpraktiker für sich und sein Personal haftet, ist der Abschluß einer Berufshaftpflichtversicherung nicht nur eine selbstverständliche Selbstschutzmaßnahme, sondern auch eine Erfüllung der Sorgfaltspflicht gegenüber den Patienten. Ihr Fehlen wird von Gerichten und Behörden entsprechend gewertet.

Durch eine Haftpflichtversicherung sind Schäden abgedeckt, die im Zusammenhang mit der Behandlung von Patienten entstehen können. (Fehler in der Medikamentation oder Dosierung, Unterlassungen und Versäumnisse - durch evtl. nicht rechtzeitiges Weiterverweisen zum Arzt - u.ä.). Probleme können entstehen, wenn sich der Heilpraktiker eines »Kunstfehlers« schuldig macht, der darauf zurückzuführen ist, daß er seinen Kenntnisstand nachweisbar nicht der ausgeführten Therapie, besonders wenn diese Risiken enthalten kann, angepaßt hat. Dies kann als Vernachlässigung der Sorgfaltspflicht zum Erstattungsausschluß führen.

Verschiedene Versicherungen bieten Berufshaftpflichttarife an, die durch Gruppentarife mit Berufsverbänden günstiger sein können. Für »risikoreiche« Therapien werden Zuschläge erhoben (z.B. Chiropraktik).

Da oft Anwalts- und Gerichtskosten nicht in den Tarifen enthalten sind, empfiehlt sich der Abschluß einer gesonderten Versicherung hierfür.

5.1.6 Abrechnung und Erstattung

(s. auch Anlage: Gültiges Gebührenverzeichnis für Heilpraktiker – GebüH

5.1.6.1 Private Krankenversicherungen

Private Krankenversicherungen erstatten Heilpraktikerleistungen grundsätzlich nach den vertraglichen Vereinbarungen mit dem Versicherten.

Zu Auslegungsschwierigkeiten hat immer wieder die sogenannte »Wissen-

schaftlichkeitsklausel« geführt, nach der die Versicherungen versuchten Leistungen auszuschließen, die »wissenschaftlich nicht allgemein anerkannt« sind. Abgesehen davon, daß der Begriff selbst auslegungsbedürftig erscheint, und Auseinandersetzungen mit dem Versicherten über zu erstattende Leistungen in sich barg, hat die höchst richterliche Rechtsprechung des BGH dahingehend entschieden, daß die »Wissenschaftlichkeitsklausel« nicht zur Erstattungsverweigerung von Heilpraktikerleistungen herangezogen werden darf.

Hierdurch rückten andere Grundlagen in den Vordergrund, für die eine Erstattung zu erfolgen hat, wie für Therapien und Heilmittel,

- *für die eine medizinische Notwendigkeit besteht*
- *die sich erfolgversprechend bewährt haben*
- *die in ihrer Wirksamkeit erprobt sind*
- *die in der Regel nicht kostenträchtiger erscheinen, als eine konventionelle medizinische Behandlung u. ä.*

Aber selbst diese Vorgaben sind im Einzelfalle auslegungsbedürftig und auch aus diesen lassen sich keine allgemein verbindlichen Erstattungsklauseln fertigen.

Es erhob sich für die Versicherungen die Frage, wie man verbindliche und für jeden Versicherten durchschaubare Leistungszusagen gestalten könnte. Einige Versicherungen haben es mit einem Leistungsverzeichnis versucht, andere haben z. T. Zusagen für das »Gebührenverzeichnis für Heilpraktiker« gemacht.

Um eine Abgrenzung gegenüber heilerischer Willkür zu erreichen, werden an die Naturheilverfahren und -heilmittel einige grundsätzliche Anforderungen gestellt.

1. *Dem Therapiekonzept müssen ein nachvollziehbares theoretisches Denkmodell und eine erklärbare plausible Arbeitshypothese zugrunde liegen.*
2. *Die praktische Anwendung von Naturheilverfahren und -heilmitteln muß mit dem Denkmodell ein schlüssiges Konzept ergeben.*
3. *Das Naturheilverfahren sollte sich über einen bestimmten Zeitraum praktisch und erfolgreich bewährt haben und lehr- und erlernbar sein.*

5.1.6.2 Durchführungshinweise zu den Beihilfevorschriften (BhV); Hinweise zum Gebührenrecht

Beamte und Angestellte des öffentlichen Dienstes erhalten für Leistungen von Heilpraktikern wie für ärztliche Leistungen Beihilfe.

Durch die Dritte Verordnung zur Änderung der Gebührenordnung für Ärzte vom 9. Juni 1988 (BGBl. I S. 797) ergeben sich ab 1. Juli 1988 folgende Auswirkungen für die Hinweise zum Gebührenrecht (Anhang, vgl. Hinweis Nummer 7 u. § 5 Abs. 1 BhV):

1. Das Kriterium »örtliche Verhältnisse« ist in § 5 Abs. 2 GOÄ nicht mehr enthalten.
   Der Hinweis Nummer 1.1 zum Gebührenrecht entfällt.

2. Die von der Bundesärztekammer vorgenommenen »analogen Bewertungen« sind in das Gebührenverzeichnis der GOÄ aufgenommen worden. Der Hinweis Nummer 1.6 zum Gebührenrecht entfällt.
3. Durch die Änderungen im Gebührenverzeichnis der GOÄ (Anhebung des Punktwertes um 10%, Absenkung der Vergütungen im Laborbereich und großzügigere Vergütungsregelung für die anwendungsintensive Patientenberatung) ergeben sich im Hinweis Nummer 3 zum Gebührenrecht (Gegenüberstellung der Leistungsverzeichnisse GebüH – GOÄ) die aus den Tabellen ersichtlichen Beiträge der Einfachsätze und der 1,8- bzw. 2,3fachen Schwellenwerte.

Leistungsübersicht			GebüH-Nr.	GOÄ-Nr.	1fach GOÄ	2,3- bzw. (P) 1,8fach (T)* Schwellenwert (§ 5 Abs. 1 Satz 3 BhV)	Bemerkungen
1–10	**Allgemeine Leistungen**						
1	Für die eingehende, das gewöhnliche Maß übersteigende Untersuchung	DM 24,– bis 40,–	1	65	11,66	26,81	**Zu Ziff. 1:** Vgl. Anmerkung zu den Nrn. 65, 65a des Gebührenverzeichnisses der GOÄ
2	Durchführung des vollständigen Krankenexamens mit Repertorisation nach den Regeln der klassischen Homöopathie	DM 30,– bis 80,–	2	A 1b	16,50	37,95	
3	Kurze Information, auch mittels Fernsprecher, oder Ausstellung einer Wiederholungsverordnung, als einzige Leistung pro Inanspruchnahme des Heilpraktikers	bis DM 8,–	3	1a	3,96	9,10	
4	Eingehende Beratung, die das gewöhnliche Maß übersteigt, von mindestens 15 Minuten Dauer, gegebenenfalls einschließlich einer Untersuchung	DM 32,– bis 43,–	4	1b	16,50	37,95	
	Anmerkung: *Eine Leistung nach Ziffer 4 wird nur als alleinige Leistung von der privaten Krankenversicherung oder der Beihilfe erstattet.*						

Leistungsübersicht			GebüH-Nr.	GOÄ-Nr.	1fach GOÄ	2,3- bzw. (P) 1,8fach (T)* Schwellenwert (§ 5 Abs. 1 Satz 3 BhV)	Bemerkungen
5	Beratung, auch mittels Fernsprecher, gegebenenfalls einschließlich einer kurzen Untersuchung . . .	DM 16,– bis 40,–	5	1	7,92	18,21	
	Anmerkung: *Eine Leistung nach Ziffer 5 wird nur einmal pro Behandlungsfall neben einer anderen Leistung von der privaten Krankenversicherung oder der Beihilfe erstattet.*						
6	Für die gleichen Leistungen wie unter 5, jedoch außerhalb der normalen Sprechstundenzeit	DM 33,– bis 48,–	6	2	9,46	21,75	
7	Für die gleichen Leistungen wie unter 5, jedoch bei Nacht, zwischen 20 und 7 Uhr	DM 38,– bis 55,–	7	3	28,60	65,78	
8	Für die gleichen Leistungen wie unter 5, jedoch sonn- und feiertags	DM 30,– bis 52,–	8	4	12,54	28,84	
	Anmerkung: *Als allgemeine Sprechstunde gilt die durch Aushang festgesetzte Zeit, selbst wenn sie nach 20 Uhr festgesetzt ist. Eine Berechnung des Honorars nach Ziff. 6 bis 8 kann also nur dann erfolgen, wenn die Beratung außerhalb der festgesetzten Zeit stattfand und der Patient nicht schon vor*						

	Leistungsübersicht		GebüH-Nr.	GOÄ-Nr.	1fach GOÄ	2,3- bzw. (P) 1,8fach (T)* Schwellenwert (§ 5 Abs. 1 Satz 3 BhV)	Bemerkungen
	Ablauf derselben im Wartezimmer anwesend war. Ebenso können für Sonn- und Feiertage nicht die dafür vorgesehenen erhöhten Honorare zur Berechnung kommen, wenn der Heilpraktiker gewohnheitsmäßig an Sonn- und Feiertagen Sprechstunden hält.						
9	Hausbesuch einschließlich Beratung						
9.1	bei Tag	DM 42,– bis 57,–	9.1	5	27,50	63,25	
9.2	in dringenden Fällen (Eilbesuch, sofort ausgeführt)	DM 47,– bis 62,–	9.2	6	36,30	83,49	
9.3	bei Nacht und an Sonn- und Feiertagen	DM 53,– bis 71,–	9.3 A 9.3 B	7a 8	68,20 40,70	156,86 93,61	bei Nacht an Sonn- und Feiertagen
10	Nebengebühren für Hausbesuche Wenn der Heilpraktiker außerhalb seiner Praxis tätig sein muß, so hat er Anspruch auf Entschädigung für den Zeitaufwand während seiner Abwesenheit oder für den zurückgelegten Weg. Liegt der Ort der Behandlung bis zu 2 Kilometer von der Praxis entfernt, dann beträgt das Wegegeld:						

Leistungsübersicht			GebüH-Nr.	GOÄ-Nr.	1fach GOÄ	2,3- bzw. (P) 1,8fach (T)*	Bemerkungen
10.1	für jede angefangene Stunde bei Tag	bis DM 10,–	10.1	§ 8 GOÄ: 10,– DM (Festgebühr, unabhängig vom Zeitaufwand)			
10.2	für jede angefangene Stunde bei Nacht	bis DM 20,–	10.2	§ 8 GOÄ: 20,– DM (Festgebühr, unabhängig vom Zeitaufwand)			
	Das Wegegeld wird ersetzt bei einer Entfernung von 2 bis 25 Kilometern:						
10.3	durch Erstattung der Auslagen für öffentliche Verkehrsmittel		10.3	Regelung entspricht § 9 Abs. 2.1 GOÄ			
10.4	durch besondere Vereinbarung mit dem Patienten, wie Gestellung eines Transportmittels. Hierbei besteht nur Anspruch auf Vergütung der Zeitversäumnis		10.4	Siehe §§ 7 bis 9 GOÄ			
	Bei Benutzung des eigenen Fahrzeuges für den zurückgelegten Kilometer:			§ 8 GOÄ: Bei mehr als zwei bis 25 km Entfernung			
10.5	bei Tag	bis DM 2,50	10.5	– bei Tage je km 2,50 DM			
10.6	bei Nacht	bis DM 5,–	10.6	– bei Nacht je km 5,00 DM			
10.7	Handelt es sich um einen Fernbesuch von über 25 km Entfernung zwischen Praxis- und Besuchsort, so können pro Kilometer an Reisekosten in Anrechnung gebracht werden	bis DM 0,50	10.7	Regelung entspricht § 9 Abs. 2.1 GOÄ			
	Anmerkung: *Die Wegekilometer werden nach dem jeweils günstigsten benutzbaren Fahrtweg berechnet. Besucht der Heilpraktiker mehrere Patienten bei einer Besuchsfahrt, werden die Fahrtkosten entsprechend aufgeteilt.*						

Nr.	Leistungsübersicht		GebüH-Nr.	GOÄ-Nr.	1fach GOÄ	2,3- bzw. (P) 1,8fach (T)*	Bemerkungen
10.8	Handelt es sich bei einem Krankenbesuch um eine Reise, welche länger als 6 Stunden dauert, so kann der Heilpraktiker anstelle des Wegegeldes die tatsächlich entstandenen Reisekosten in Anrechnung bringen und außerdem für den Zeitaufwand . . . . pro Stunde Reisezeit berechnen. Der Patient ist hiervon in Kenntnis zu setzen.	DM 20,– bis 40,–	10.8	siehe § 9 GOÄ			
11	**Schriftliche Auslassungen und Krankheitsbescheinigungen**						
11.1	Kurze Krankheitsbeschreibungen oder Brief im Interesse des Patienten	DM 7,– bis 30,–	11.1	14	3,41	7,84	Bescheinigung
11.2	Ausführlicher Krankheitsbericht oder Gutachten (DIN A4 engzeilig maschinengeschrieben)	DM 20,– bis 40,–	11.2A 11.2B	16 20	10,01 12,10	23,02 27,83	Krankheitsbericht Gutachten o.n. Begründung
11.3	Individuell angefertigter schriftlicher Diätplan bei Ernährungs- und Stoffwechselstörungen *Anmerkung:* *Die Vervollständigung vorgefertigter Diätpläne ist nicht berechnungsfähig.*	DM 20,– bis 50,–	11.3	18	7,70	17,71	

	Leistungsübersicht		GebüH-Nr.	GOÄ-Nr.	1fach GOÄ	2,3- bzw. (P) 1,8fach (T)*	Bemerkungen
12	**Chemisch-physikalische Untersuchungen**						
12.1	Harnuntersuchungen qualitativ mittels Verwendung eines Mehrfachreagenzträgers (Teststreifen) durch visuellen Farbvergleich	bis DM 6,–	12.1	3500	2,86	5,14	
	Anmerkung: *Die einfache qualitative Untersuchung auf Zucker und Eiweiß sowie die Bestimmung des pH-Wertes und des spezifischen Gewichtes ist nicht berechnungsfähig.*						
12.2	Harnuntersuchung quantitativ (es ist anzugeben, auf welchen Stoff untersucht wurde, z.B. Zucker usw.)	bis DM 9,–	12.2	3627	4,40	7,92	
12.4	Harnuntersuchung, nur Sediment ..	bis DM 9,–	12.4	4055	4,40	7,92	
12.5	Carzinochrom-Reaktion (CCR)	bis DM 35,–	12.5	A 3911	30,80	55,44	**zu Ziffer 12.5:** Soweit nicht nach Hinweis Nr. 1.13 zu § 6 Abs. 2 BhV ausgeschlossen
12.7	Blutstatus (nicht neben Ziffer 12.9, 12.10, 12.11)	bis DM 35,–	12.7	4205	17,60	31,68	
12.8	Blutzuckerbestimmung	bis DM 15,–	12.8	3661	8,80	15,84	
12.9	Hämoglobinbestimmung	bis DM 10,–	12.9	3625	4,40	7,92	
12.10	Differenzierung des gefärbten Blutaussinches	bis DM 15,–	12.10	4165	8,80	15,84	

Leistungsübersicht			GebüH-Nr.	GOÄ-Nr.	1fach GOÄ	2,3- bzw. (P) 1,8fach (T)*	Bemerkungen
12.11	Zählung der Leuko- und Erythrozyten	bis DM 10,–	12.11	4142 4143	4,84	8,71	
12.12	Blutkörperchen-Senkungs-geschwindigkeit (BKS) einschließlich Blutentnahme	bis DM 11,–	12.12	400	7,15	12,87	
12.13	Einfache mikroskopische und/oder chemische Untersuchungen von Körperflüssigkeiten und Ausscheidungen auch mit einfachen oder schwierigen Färbeverfahren sowie Dunkelfeld, pro Untersuchung	bis DM 18,–	12.13	A 4101	7,92	14,25	
12.14	Aufwendige Chemogramme von Körperflüssigkeiten und Ausscheidungen, je nach Umfang (z.B. Enzymdiagnostik, Nierenchemie, Blutserumchemie, Stuhlchemie, Elektrolyse, Elektrophorese, Fermentchemie, pro Einzeluntersuchung)	bis DM 20,–	12.14	A 3748	10,56	19,00	
12.15	Kristallographie, Photometrie, pro Einzeluntersuchung	bis DM 20,–	12.15	A 3661	8,80	15,84	Kristallographie nicht beihilfefähig; vgl. Hinweis Nummer 1.13 zu § 6 Abs. 2 BhV

Anmerkung:
Die Art der Untersuchung bei Ziff. 12.13, 12.14 oder 12.15 ist anzugeben.

Nr.	Leistungsübersicht		GebüH-Nr.	GOÄ-Nr.	1fach GOÄ	2,3- bzw. (P) 1,8fach (T)*	Bemerkungen
13	**Sonstige Untersuchungen**						
13.1	Sonstige Untersuchungen unter Zuhilfenahme spezieller Apparaturen oder Färbeverfahren besonders schwieriger Art, z.B. pH-Messungen im strömenden Blut oder Untersuchungen nach v. Brehmer, Enderlein usw.	DM 20,– bis 60,–	13.1	A 667	33,33	59,99	
	Anmerkung: *Die Art der Untersuchung ist anzugeben.*						
14	**Spezielle Untersuchungen**						
14.1	Binokulare mikroskopische Untersuchung des Augenvordergrundes	DM 10,– bis 20,–	14.1	1240	8,14	18,72	Vgl. Anmerkung zu Nr. 1240 des Gebühren-verzeichnisses der GOÄ
14.2	Binokulare Spiegelung des Augenhintergrundes	DM 10,– bis 20,–	14.2	A 1242	16,72	38,45	
	Anmerkung: *Eine Leistung nach Ziffer 14.1 kann nicht neben einer Leistung nach Ziffer 1 oder Ziffer 4 berechnet werden. Leistungen nach Ziffer 14.1 und 14.2 können nicht nebeneinander berechnet werden.*						

Nr.	**Leistungsübersicht**		GebüH-Nr.	GOÄ-Nr.	1fach GOÄ	2,3- bzw. (P) 1,8fach (T)*	Bemerkungen
14.3	Grundumsatzbestimmung nach Read	DM 10,– bis 15,–	14.3	A 601	4,84	11,13	Vgl. Anmerkung zu Nr. 601 des Gebühren-verzeichnisses der GOÄ
14.4	Grundumsatzbestimmung mit Hilfe der Atemgasuntersuchung	DM 20,– bis 50,–	14.4	A 666	24,97	44,94	
14.5	Prüfung der Lungenkapazität (Spirometrische Untersuchung)	DM 20,– bis 40,–	14.5	A 605	26,62	47,91	
14.6	Elektrokardiogramm mit Phonokardiogramm und Ergometrie, vollständiges Programm	DM 50,– bis 100,–	14.6	A 652	48,95	112,58	
14.7	Elektrokardiogramm mit Standardableitungen, Goldbergerableitungen, Nennsche Ableitungen, Brustwandableitungen	DM 40,– bis 60,–	14,7 A 14,7 B	A 650 A 651	16,72 27,83	30,09 50,09	bis 8 Ableitungen ab 9 Ableitungen
14.8	Oszillogramm-Methoden	DM 10,– bis 50,–	14.8	621	13,97	25,14	
14.9	Spezielle Herz-Kreislauf-Untersuchungen *Anmerkung zu Ziffer 14.9:* *Nicht neben Ziffer 1 oder Ziffer 4 berechenbar.*	DM 20,– bis 50,–	14.9	A 600	8,03	18,46	Vgl. Anmerkung zu Nr. 601 des Gebühren-verzeichnisses der GOÄ

Leistungsübersicht		GebüH-Nr.	GOÄ-Nr.	1fach GOÄ	2,3- bzw. (P) 1,8fach (T)*	Bemerkungen
14.10 Ultraschall-Gefäßdoppler-Untersuchung für peripheren Venendruck und/oder Strömungsmessung	bis DM 22,–		14.10	643	13,20	23,76
15 Photoaufnahmen						
15.1 Photoaufnahmen zu diagnostischen Zwecken, Aufnahmen schwarzweiß (pro Augenpaar)	DM 10,– bis 30,–	15.1	Nicht beihilfefähig; nach § 4 Abs. 3 GOÄ nicht gesondert berechenbar, da Kosten mit der Gebühr der Grundleistung abgegolten sind. (gilt für 15.1 und 15.2)			
15.2 Vergrößerung sowie Farbaufnahmen werden zum handelsüblichen Preis berechnet.		15.2				
Anmerkung: *Photographische Aufnahmen der Iris oder andere photographische Aufnahmen, die zu diagnostischen Zwecken notwendig sind, sind zuvor mit dem Patienten zu vereinbaren. Photoaufnahmen, die Studienzwecken des Heilpraktikers dienen, kommen nicht zur Berechnung.*						

	Leistungsübersicht		GebüH-Nr.	GOÄ-Nr.	1fach GOÄ	2,3- bzw. (P) 1,8fach (T)*	Bemerkungen
16	**Bioenergetische Verfahren**						
16.1	Elektro-Neural-Diagnostik	DM 20,– bis 50,–	16.1	Nicht beihilfefähig; vgl. Hinweis Nummer 1.6 zu § 6 Abs. 2 BhV			
16.2	Segmentaldiagnostik, Maximaldiagnostik u.a.	DM 10,– bis 40,– 16.2 B		16.2 A			
16.3	Bioelektrische Funktionsdiagnostik	DM 30,– bis 80,–	16.3	Nur beihilfefähig, wenn sie als einzige Leistung (vgl. § 4 Abs. 2 GOÄ) erbracht wird und die Notwendigkeit besonders begründet wird.			
16.4	Hautwiderstandsmessungen . . . . . . *Anmerkung:* *Art und Ziel der Untersuchung sind anzugeben.*	DM 10,– bis 50,–	16.4				
17	**Neurologische Untersuchungen**						
17.1	Neurologische Untersuchung . . . . . *Anmerkung:* *Die neurologische Untersuchung wird grundsätzlich nur durchgeführt, wenn sie für den Heilzweck oder für die Sicherung der Diagnose oder die Beobachtung des Heilungsverlaufes erforderlich erscheint.*	DM 10,– bis 50,–	17.1	800	21,45	49,33	Vgl. Anmerkung zu Nr. 800 des Gebührenverzeichnisses der GOÄ

Leistungsübersicht			GebüH-Nr.	GOÄ-Nr.	1fach GOÄ	2,3- bzw. (P) 1,8fach (T)*	Bemerkungen
18–23	**Spezielle Behandlungen**						
18	Heilmagnetische Behandlungen						
18.1	Einfache heilmagnetische Spezialbehandlungen, soweit sie nicht das gewöhnliche Maß einer Behandlung in zeitlicher Hinsicht überschreiten	DM 10,– bis 20,–	18.1				Nicht beihilfefähig; vgl. Hinweis Nummer 1.15 zu § 6 Abs. 2 BhV.
18.2	Heilmagnetische Spezialbehandlungen, soweit sie in zeitlicher Hinsicht das gewöhnliche Maß überschreiten	DM 15,– bis 50,–	18.2				Nicht beihilfefähig; vgl. Hinweis Nummer 1.15 zu § 6 Abs. 2 BhV.

Leistungsübersicht			GebüH-Nr.	GOÄ-Nr.	1fach GOÄ	2,3- bzw. (P) 1,8fach (T)*	Bemerkungen
19	Psychotherapie						
19.1	Psychotherapie von halbstündiger Dauer	DM 30,– bis 50,–	19.1	849	25,30	58,19	
19.2	Psychotherapie von 50–90 Minuten Dauer	DM 50,– bis 90,–	19.2	861	75,90	174,57	
19.3	Ausstellung eines psychodiagnostischen Befundes	DM 30,– bis 75,–	19.3	A 801	27,50	63,25	**zu Ziffer 19.3:** Vgl. Anmerkung zu Nr. 801 des Gebührenverzeichnisses der GOÄ
19.4	Psychotherapeutisches Gutachten je zweizeiliger Schreibmaschinenseite	bis DM 30,–	19.4	A 20	12,10	27,83	
19.5	Psychologische Exploration mit eingehender Beratung	DM 30,– bis 90,–	19.5	804	16,50	37,95	Beihilfefähig nur nach Maßgabe der Nummer 4 der Anlage 1 zu § 6 Abs. 1 Nr. 1 BhV (19.1–19.8)
19.6	Anwendung und Auswertung von Testverfahren (TAT, TUA, Rorschach usw.)	DM 30,– bis 75,–	19.6	855	79,42	142,95	
19.7	Behandlung von Störungen der Sprechorgane je Sitzung	DM 20,– bis 60,–	19.7	1559	22,77	40,98	
	Anmerkung: *Die Honorare für eine ausgedehnte Spezialbehandlung von Sprechangst-Neurosen (Stottern), Honorare für spezielle, ausgedehnte Sprechlehrkurse, Kurse der Entwöhnungsbehandlung usw. sind besonders zu vereinbaren.*						
19.8	Behandlung einer Einzelperson durch Hypnose	DM 30,– bis 50,–	19.8	845	16,50	37,95	

Leistungsübersicht			GebüH-Nr.	GOÄ-Nr.	1fach GOÄ	2,3- bzw. (P) 1,8fach (T)*	Bemerkungen
20	Atemtherapie, Massagen						
20.1	Atemtherapeutische Behandlungsverfahren	DM 25,– bis 60,–	20.1	505	9,35	16,83	Beihilfefähig, wenn die Leistungen in der Praxis des Heilpraktikers erbracht werden (vgl. § 4 Abs. 3 GOÄ)
20.2	Nervenpunktmassage nach Cornelius, Aurelius u.a., Spezialnervenmassage	DM 15,– bis 30,–	20.2	A 523	7,15	12,87	
20.3	Bindegewebsmassage	DM 15,– bis 40,–	20.3	523	7,15	12,87	
20.4	Teilmassage (Massage einzelner Körperteile)	DM 10,– bis 20,–	20.4	520	4,95	8,91	
20.5	Großmassage	DM 20,– bis 35,–	20.5	521	7,15	12,87	
20.6	Sondermassagen (Unterwasserdruckstrahlmassage, Lymphdrainage, Schrägbettbehandlung u.a.)	DM 20,– bis 40,–	20.6 A 20.6 B 20.6 C	527 527 510	10,34 7,15 7,15	18,61 12,87 12,87	
20.7	Behandlung mit physikalischen oder medicomechanischen Apparaten	DM 20,– bis 50,–	20.7	510	7,70	13,86	
20.8	Einreibungen zu therapeutischen Zwecken in die Haut	DM 10,– bis 15,–	20.8	520	4,95	8,91	

Leistungsübersicht			GebüH-Nr.	GOÄ-Nr.	1fach GOÄ	2,3- bzw. (P) 1,8fach (T)*	Bemerkungen
22	Inhalationen						
22.1	Inhalationen, soweit sie vom Heilpraktiker mit den verschiedenen Apparaturen in der Sprechstunde ausgeführt werden	DM 10,– bis 25,–	22.1	500	4,18	7,52	
23	Aerosole						
23.1	Anwendung von Aerosolen mit Kompressor, Preßluft- bzw. Sauerstoffapparat	DM 10,– bis 30,–	23.1	500	4,18	7,52	Soweit nicht nach Hinweis Nr. 1.13 zu § 6 Abs. 2 BhV ausgeschlossen
24–30	**Blutentnahmen – Injektionen – Infusionen – Hautableitungsverfahren**						
24	Eigenblut, Eigenharn						
24.1	Eigenblutinjektion	DM 20,– bis 25,–	24.1	278	10,01	23,02	
24.2	Eigenharninjektion	DM 10,– bis 25,–	24.2				
25	Injektionen, Infusionen						
25.1	Injektion, subkutan	bis DM 10,–	25.1	252	4,51	10,37	
25.2	Injektion, intramuskulär	bis DM 10,–	25.2	252	4,51	10,37	
25.3	Injektion, intravenös, intraarteriell	bis DM 15,–	25.3	253	7,37	16,95	
25.4	Intrakutane Reiztherapie (Quaddelbehandlung) pro Sitzung	DM 14,– bis 25,–	25.4	260	6,71	15,43	

Leistungsübersicht			GebüH-Nr.	GOÄ-Nr.	1fach GOÄ	2,3- bzw. (P) 1,8fach (T)*	Bemerkungen
25.5	Injektion, intraartikulär	DM 10,– bis 30,–	25.5	254	10,01	23,02	
25.6	Neural- oder segmentgezielte Injektionen nach Hunecke	DM 15,– bis 50,–	25.6	A 267	7,59	17,45	
25.7	Infusion	bis DM 17,–	25.7	280	8,36	19,22	
25.8	Dauertropfinfusion	bis DM 25,–	25.8	281	11,66	26,81	
	Anmerkung: *Für die bei Infusionen gegebenenfalls eingebrachten Medikamente werden nur die nachweisbaren Eigenkosten, unter Angabe von Art und Menge der verbrauchten Präparate, von den Leistungsträgern erstattet.*						
25.9	Gasgemischinjektionen (z.B. Ozon oder Sauerstoff), intramuskulär	DM 15,– bis 25,–	25.9	Nicht beihilfefähig; vgl. Hinweis Nummer 1.14 zu § 6 Abs. 2 BhV			
25.10	Gasgemischinjektionen, intraarteriell	DM 25,– bis 50,–	25.10	A 281	11,66	26,81	
25.11	HOT-Behandlung (Hämatogene Oxydationstherapie)	DM 50,– bis 100,–	25.11	Vgl. Hinweis Nummer 1.5 zu § 6 Abs. 2 BhV			
26	Blutentnahmen						
26.1	Blutentnahme	bis DM 7,–	26.1	250	4,40	7,92	
26.2	Aderlaß	bis DM 25,–	26.2	251	10,01	23,02	

Leistungsübersicht			GebüH-Nr.	GOÄ-Nr.	1fach GOÄ	2,3- bzw. (P) 1,8fach (T)*	Bemerkungen
27	Hautableitungsverfahren, Hautreizverfahren						
27.1	Setzen von Blutegeln, ggf. einschl. Verband	DM 20,– bis 60,–	27.1	747	4,84	11,13	
27.2	Skarifikation der Haut	DM 10,– bis 20,–	27.2	A 387	3,85	8,85	
27.3	Setzen von Schröpfköpfen, unblutig	DM 10,– bis 15,–	27.3	747	4,84	11,13	
27.4	Setzen von Schröpfköpfen, blutig	DM 20,– bis 40,–	27.4	747	4,84	11,13	
27.5	Schröpfkopfmassage einschl. Gleitmittel	DM 10,– bis 20,–	27.5	747	4,84	11,13	
27.6	Anwendung großer Saugapparate für ganze Extremitäten	DM 20,– bis 50,–	27.6	747	4,84	11,13	
27.7	Setzen von Fontanellen	DM 10,– bis 30,–	27.7	A 746	5,06	11,63	
27.8	Setzen von Canthandenblasen	DM 10,– bis 20,–	27.8	A 200	5,17	11,89	
27.9	Reinjektion des Blaseninhaltes (aus Ziffer 27.8)	DM 10,– bis 20,–	27.9	A 252	4,51	10,37	
27.10	Anwendungvon Pustulantien	DM 10,– bis 20,–	27.10	A 200	5,17	11,89	
27.11	Baunscheidtieren	DM 20,– bis 40,–	27.11				
27.12	Biersche Stauung	DM 10,– bis 15,–	27.12	A 200	5,17	11,89	

Leistungsübersicht			GebüH-Nr.	GOÄ-Nr.	1fach GOÄ	2,3- bzw. (P) 1,8fach (T)*	Bemerkungen
28	Infiltrationen						
28.1	Behandlung mittels paravertebraler Infiltration, einmalig	DM 15,– bis 30,–	28.1	270	7,59	17,45	
28.2	Behandlung mittels paravertebraler Infiltration, mehrmalig	DM 20,– bis 40,–	28.2	271	13,31	30,61	
29	Roedersches Verfahren						
29.1	Roedersches Behandlungs- und Mandelabsaugverfahren	DM 15,– bis 30,–	29.1	1498	4,84	11,13	
30	Sonstiges						
30.1	Spülung des Ohres	DM 15,– bis 30,–	30.1	1566	4,95	11,38	
30.2	Anwendung der Beutelbegasung für ganze Extremitäten mit Ozon oder Sauerstoff	DM 20,– bis 70,–	30.2				
31	**Wundversorgung, Verbände und Verwandtes**						
31	Abszesse u.a.						
31.1	Eröffnung eines oberflächlichen Abszesses	DM 10,– bis 25,–	31.1	2428	8,80	20,24	
31.2	Entfernung von Aknepusteln, pro Sitzung	DM 10,– bis 20,–	31.2	758	8,25	18,97	

Leistungsübersicht			GebüH-Nr.	GOÄ-Nr.	1fach GOÄ	2,3- bzw. (P) 1,8fach (T)*	Bemerkungen
32	**Versorgung einer frischen Wunde**						
32.1	bei einer kleinen Wunde	DM 10,– bis 20,–	32.1	2000	7,70	17,71	
32.2	bei einer größeren und verunreinigten Wunde	DM 20,– bis 30,–	32.2	2003	14,30	32,89	
33	**Verbände (außer zur Wundbehandlung)**						
33.1	Verbände, jedesmal	DM 10,– bis 30,–	33.1	200	5,17	11,89	
33.2	elastische Stütz- oder Pflasterverbände	DM 10,– bis 30,–	33.2	201	6,93	15,93	
33.3	Kompressions- oder Zinkleimverband	DM 10,– bis 25,–	33.3	203	10,45	24,03	
	Anmerkung: Materialien kommen zum Gestehungspreis zur Berechnung.						

Leistungsübersicht			GebüH. Nr.	GOÄ-Nr.	1fach GOÄ	2,3- bzw. (P) 1,8fach (T)*	Bemerkungen
34	**Gelenk- und Wirbelsäulenbehandlung**						
34.1	Chiropraktische Behandlung	DM 20,– bis 25,–	34.1	3305	4,07	9,36	
34.2	Gezielter chiropraktischer Eingriff an der Wirbelsäule	DM 20,– bis 37,–	34.2	3306	16,28	37,44	
	Anmerkung zu Ziff. 34.2: Bei einem mehr als dreimaligen gezielten Eingriff an der Wirbelsäule kann der Leistungsträger eine Begründung verlangen.						
35	**Osteopathische Behandlung**						
35.1	des Unterkiefers	DM 15,– bis 30,–	35.1				
35.2	des Schultergelenkes	DM 30,– bis 50,–	35.2	2217	40,70	93,61	
35.3	der Handgelenke, des Oberschenkels, des Unterschenkels, des Vorderarmes und der Fußgelenke	DM 30,– bis 50,–	35.3	A 2211	30,58	70,33	
35.4	des Schlüsselbeins und der Kniegelenke	DM 10,– bis 30,–	35.4	2221	12,21	28,08	
35.5	des Daumens	DM 10,– bis 25,–	35.5	2207	16,28	37,44	
35.6	einzelner Finger und Zehen	DM 10,– bis 25,–	35.6	2205	10,23	23,52	

Leistungsübersicht			GebüH-Nr.	GOÄ-Nr.	1fach GOÄ	2,3- bzw. (P) 1,8fach (T)*	Bemerkungen
36	**Hydro- und Elektrotherapie** Medizinische Bäder und sonstige hydrotherapeutische Anwendungen						
36.1	Leitung eines ansteigenden Vollbades	DM 10,– bis 30,–	36.1	532	8,36	15,04	Beihilfefähig, wenn die Leistungen in der Praxis des Heilpraktikers erbracht werden (vgl. § 4 Abs. 3 GOÄ)
36.2	Leitung eines ansteigenden Teilbades	DM 10,– bis 15,–	36.2	531	5,06	9,10	
36.3	Spezialdarmbad (subaquales Darmbad)	DM 15,– bis 45,–	36.3	533	16,50	29,70	
36.4	Kneippsche Güsse	DM 10,– bis 15,–	36.4	A 531	5,06	9,10	
37	**Elektrische Bäder und Heißluftbäder**						
37.1	Teilheißluftbad, z.B. Kopf oder Arm	DM 10,– bis 15,–	37.1	535	3,63	6,53	
37.2	Ganzheißluftbad, z.B. Rumpf oder Beine	DM 15,– bis 20,–	37.2	536	5,61	10,09	
37.3	Heißluftbad im geschlossenen Kasten	DM 10,– bis 20,–	37.3	535	3,63	6,53	
37.4	Elektrisches Vierzellenbad	DM 15,– bis 25,–	37.4	553	5,06	9,10	
37.5	Elektrisches Vollbad (Stangerbad)	DM 15,– bis 25,–	37.5	554	10,01	18,01	

Leistungsübersicht			GebüH-Nr.	GOÄ-Nr.	1fach GOÄ	2,3- bzw. (P) 1,8fach (T)*	Bemerkungen
38	**Spezialpackungen**						
38.1	Fangopackungen	DM 15,– bis 30,–	38,1	530	3,85	6,83	Beihilfefähig, wenn die Leistungen in der Praxis des Heilpraktikers erbracht werden (vgl. § 4 Abs. 3 GOÄ)
38.2	Paraffinpackungen, örtliche	DM 15,– bis 30,–	38.2	530	3,85	6,93	
38.3	Paraffinganzpackungen	DM 20,– bis 45,–	38.3	530	3,85	6,93	
38.4	Kneippsche Wickel und Ganzpackungen, Prießnitz- und Schlenzpackungen	DM 20,– bis 60,–	38.4	530	3,85	6,93	
	Anmerkung: *Alle nicht aufgeführten Bäder und Packungen evtl. unter Verwendung verschiedener Apparate werden nach vergleichbaren Positionen berechnet.*						
39	**Elektrophysikalische Heilmethoden**						
39.1	einfache oder örtliche Lichtbestrahlungen	DM 10,– bis 15,–	39.1	560	3,41	6,13	
39.2	Ganzbestrahlungen	DM 15,– bis 20,–	39.2	564	10,01	18,01	
39.4	Faradisation, Galvanisation und verwandte Verfahren (Schwachstromgeräte)	DM 10,– bis 30,–	39.4	A 551	5,28	9,50	
39.5	Anwendung der Influenzmaschine	DM 10,– bis 20,–	39.5	A 551	5,28	9,50	
39.6	Anwendung von Heizsonnen (Infrarot)	DM 10,– bis 15,–	39,6	538	4,40	7,92	
39.7	Verschorfung mit heißer Luft und heißen Dämpfen	DM 10,– bis 20,–	39,7	741	8,36	19,22	

Leistungsübersicht			GebüH-Nr.	GOÄ-Nr.	1fach GOÄ	2,3- bzw. (P) 1,8fach (T)*	Bemerkungen
39.8	Behandlung mit hochgespannten Strömen, Hochfrequenzströmen in Verbindung mit verschiedenen Apparaten	DM 10,– bis 30,–	39.8	A 548	4,07	7,32	Beihilfefähig, wenn die Leistungen in der Praxis des Heilpraktikers erbracht werden (vgl. § 4 Abs. 3 GOÄ)
39.9	Langwellenbehandlung (Diathermie), Kurzwellen- und Mikrowellenbehandlung	DM 15,– bis 35,–	39.9	548	4,07	7,32	
39.10	Magnetfeldtherapie mit besonderen Spezialapparaten	DM 20,– bis 40,–		Nicht beihilfefähig; vgl. Hinweis Nummer 1.18 zu § 6 Abs. 2 BhV.			
39.11	Elektromagnetische und elektrothermische Behandlung (je nach Aufwand und Dauer)	DM 10,– bis 60,–	39.11	A 521 + 530	11,00	19,80	Beihilfefähig, wenn die Leistungen in der Praxis des Heilpraktikers erbracht werden (vgl. § 4 Abs. 3 GOÄ)
39.12	Niederfrequente Reizstromtherapie, z.B. Jono-Modulator	DM 10,– bis 50,–					
39.13	Ultraschall-Behandlung	DM 10,– bis 30,–	39.13	539	4,84	8,71	

Änderung der Arbeitshinweise zum Beihilferecht

hier: Gegenüberstellung der Leistungsverzeichnisse GebüH-GOÄ (vgl. § 3 Abs. 2 BVO)

Rundschreiben des Ministeriums der Finanzen vom 20. November 1990 (P 1820/03 A-416)

Bezug: Rundschreiben des Ministeriums der Finanzen vom 30. September 1985 – P 1820/03 A-416-9740/85 – MinBl. S. 476 – in der Fassung des Rundschreibens vom 18. Juli 1988 – P 1820/03 A-416 – MinBl. S. 355 –
Die Ziffern 12.14, 14.9 und 19 bis 19.8 unseres Rundschreibens vom 30. September 1985 – P 1820/03 A-416-9749/85 – erhalten die aus der Anlage ersichtliche Fassung:
MinBl. 1990, S. 460

Anlage zum Rundschreiben des Ministeriums der Finanzen vom 20. November 1990

	Leistungsübersicht	DM	Geb.-Nr.	GOÄ-Nr.	1fach GOÄ DM	2,3- bzw. (P) 1,8fach (T)* Schwellenwert DM
12.14	Aufwendige Chemogramme von Körperflüssigkeiten und Ausscheidungen je nach Umfang (z. B. Enzymdiagnostik, Nierenchemie, Blutserumchemie, Stuhlchemie, Elektrolyse, Elektrophorese, Fermentchemie, pro Einzeluntersuchung .	bis zu 20,–	12.14	A 3748	10,56	19,00

Bemerkungen: 12.14 gilt abschließend auch für sonstige Laborleistungen; eine analoge Heranziehung des Abschnitts M der GOÄ ist nicht zulässig.

14.9	Spezielle Herz-Kreislauf-Untersuchungen	20,– bis 50,–	14.9	A 600	8,03	18,46

Bemerkungen: Vgl. Anmerkung zu Nr. 65, 65a des Gebührenverzeichnisses der GOÄ

Anmerkung zu Ziff. 14.9: Nicht neben Ziffer 1 oder Ziffer 4 berechenbar

19 Psychotherapie

19.1	Psychotherapie von halbstündiger Dauer	30,– bis 50,–	19.1	
19.2	Psychotherapie von 50–90 Minuten Dauer	50,– bis 90,–	19.2	
19.3	Ausstellung eines psychodiagnostischen Befundes	30,– bis 75,–	19.3	
19.4	Psychotherapeutisches Gutachten je zweizeiliger Schreibmaschinenseite	bis 30,–	19.4	
19.5	Psychol. Exploration mit eingehender Beratung	30,– bis 90,–	19.5	
19.6	Anwendung und Auswertung von Testverfahren (TAT, TUA, Rorschach usw.)	30,– bis 75,–	19.6	Nicht beihilfefähig nach der Verwaltungsvorschrift zu § 4 Abs. 1 Nr. 1 Satz 2 BVO
19.7	Behandlung von Störungen der Sprechorgane je Sitzung	20,– bis 60,–	19.7	

Anmerkung:
Die Honorare für eine ausgedehnte Spezialbehandlung von Sprechangst-Neurosen (Stottern), Honorare für spezielle ausgedehnte Sprechlehrkurse, Kurse der Entwöhnungsbehandlung usw. sind besonders zu vereinbaren.

19.8	Behandlung einer Einzelperson durch Hypnose	30,– bis 50,–	19.8	

Anmerkung: Psychotherapeutische Leistungen sind nicht mehr behilfefähig, dies ändert jedoch nichts daran, daß sie von Heilpraktikern nach Absprache mit dem Patienten selbstverständlich nach wie vor erbracht werden können und von einigen privaten Krankenversicherungen nach Kostenübernahmeerklärung auch erstattet werden.

5.2 Heilpraktiker und Arzt

Auf dem 79. Deutschen Ärztetag 1976 wurde eine Neufassung der Berufsordnung für die deutschen Ärzte verabschiedet. Sie äußert sich auch bezüglich der Stellung der Ärzte zu den Heilpraktikern.

Berufsordnung für die deutschen Ärzte

§ 22 Arzt und Nichtarzt

(1) Dem Arzt ist es nicht gestattet, zusammen mit Personen, die weder Ärzte sind noch zu seinen berufsmäßig tätigen Gehilfen gehören, zu untersuchen oder zu behandeln. Er darf diese auch nicht als Zuschauer bei ärztlichen Verrichtungen zulassen. Personen, welche sich in der Ausbildung zum ärztlichen Beruf befinden, und Angehörige von Patienten, für deren Anwesenheit eine ärztliche Begründung besteht, werden hiervon nicht betroffen.

(2) Ein unzulässiges Zusammenwirken im Sinne von Absatz 1 liegt nicht vor, wenn der Arzt zur Erzielung des Heilerfolges am Patienten nach den Regeln der ärztlichen Kunst die Mitwirkung des Nichtarztes für notwendig hält und die Verantwortungsbereiche von Arzt und Nichtarzt klar erkennbar voneinander getrennt bleiben.

(3) Der Arzt darf sich durch einen Nichtarzt weder vertreten lassen noch eine Krankenbehandlung oder Untersuchung durch einen Nichtarzt mit seinem Namen decken.

Das ärztliche Standesrecht untersagt dem Arzt, gemeinsam mit Heilpraktikern »zu untersuchen oder zu behandeln«. Er darf nur eine Person hinzuziehen, die die »Erzielung des Heilerfolges am Patienten nach den Regeln der ärztlichen Kunst« fördert. Diese können per definitionem nur Ärzte anwenden, bzw. ärztliches Hilfspersonal gebunden an ärztliche Weisungen und unter ärztlicher Aufsicht.

Labordiagnostische und andere ergänzende Untersuchungen (EKG, Röntgen usw.) für einen Heilpraktiker sind – auch auf Anforderung – keine Zusammenarbeit in diesem von der Standesordnung im § 22 untersagten Sinne.

Auch außerhalb der patientenbezogenen Praxistätigkeit gibt es die Zusammenarbeit von Arzt und Heilpraktiker: Gutachterausschuß für Heilpraktikerüberprüfungen, Bundesgesundheitsrat, Fachkommissionen im Bundesgesundheitsamt, Anhörungen in Ministerien u.v.a.m.

Heilpraktiker sind zum Schutze ihrer Patienten gehalten, die Zusammenarbeit mit dem Arzt zu suchen.

5.3 Heilpraktiker und Apotheker

Die Aufgaben von Apotheken sind festgelegt im:

Gesetz über das Apothekenwesen

vom 20. 8. 1960 (BGBl. I S. 697)
(Auszug)

§ 1

Den Apotheken obliegt die im öffentlichen Interesse gebotene Sicherstellung einer ordnungsgemäßen Arzneimittelversorgung der Bevölkerung.

§ 10

Der Erlaubnisinhaber darf sich nicht verpflichten, bestimmte Arzneimittel ausschließlich oder bevorzugt anzubieten oder abzugeben oder anderweitig die Auswahl der von ihm abzugebenden Arzneimittel auf das Angebot bestimmter Hersteller oder Händler oder von Gruppen von solchen zu beschränken.

§ 11

Erlaubnisinhaber und Personal von Apotheken dürfen mit Ärzten oder anderen Personen, die sich mit der Behandlung von Krankheiten befassen, keine Rechtsgeschäfte vornehmen oder Absprachen treffen, die eine bevorzugte Lieferung bestimmter Arzneimittel, die Zuführung von Patienten, die Zuweisung von Verschreibungen oder die Fertigung von Arzneimitteln ohne volle Angabe der Zusammensetzung zum Gegenstand haben.

§ 18

(1) Der Betrieb der Apotheken einschließlich der Krankenhaus- und Zweigapotheken untersteht der Aufsicht der zuständigen Behörde.

§ 21

Der Bundesminister des Innern wird ermächtigt, soweit dies zum Zwecke der einwandfreien Herstellung, Prüfung, Aufbewahrung und Abgabe von Arzneimitteln und zur Gewährleistung eines ordnungsgemäßen Betriebes der Apotheken erforderlich ist, durch Rechtsverordnung mit Zustimmung des Bundesrates eine Apothekenbetriebsordnung zu erlassen. Die Apothekenbetriebsordnung soll die Anforderungen festlegen, die an die Räume, die Einrichtung, den Betrieb, das Personal einer Apotheke, Krankenhausapotheke und Zweigapotheke zu stellen sind. Sie soll ferner für Apotheken und Zweigapotheken die Stellvertretung und Dienstbereitschaft regeln sowie Vorschriften über Warenlager, Nebengeschäfte, Rezeptsammelstellen und Arzneiabgabe außerhalb der Apothekenbetriebsräume treffen.

Verordnung über den Betrieb von Apotheken (Apothekenbetriebsordnung)

vom 7. 8. 1968
(Auszug)

§ 1 Apothekenleiter

(1) Der Betrieb einer Apotheke ist vom Apothekenleiter persönlich zu leiten.

§ 4 Wissenschaftliche und sonstige Hilfsmittel

In der Apotheke müssen vorhanden sein

1. Abdrucke der Rechtsvorschriften über das Apotheken-, Arzneimittel- und Giftwesen in ihren jeweils geltenden Fassungen,
2. die amtliche Ausgabe des Deutschen Arzneibuches in der jeweils geltenden Fassung,
3. das Ergänzungsbuch zum Deutschen Arzneibuch,
4. das Homöopathische Arzneibuch,
5. das internationale Arzneibuch,
6. ein Nachschlagewerk nach dem neuesten Stand über die Zusammensetzung, Indikationen und Hersteller der gebräuchlichen Arzneispezialitäten,
7. ein Verzeichnis der gebräuchlichen Dosierungen von Arzneimitteln.

§ 10 Abgabe der Arzneimittel

(1) Arzneimittel dürfen nur in den Apothekenbetriebsräumen abgegeben werden. Die Versendung aus der Apotheke oder die Zustellung durch Boten ist zulässig.

(2) Arzneimittel dürfen weder innerhalb noch außerhalb der Apotheke zur Selbstbedienung feilgehalten werden.

(3) Verschreibungen von Personen, die zur Ausübung der Heilkunde, Zahnheilkunde oder Tierheilkunde berechtigt sind, sind unverzüglich auszuführen.

(4) Die Arzneimittel müssen den Verschreibungen entsprechen. Enthält eine Verschreibung einen Irrtum, ist sie unleserlich oder ergeben sich sonstige Bedenken, so darf das Arzneimittel nicht abgegeben werden, bevor die Unklarheit beseitigt ist. Der Apotheker hat jede Änderung auf der Verschreibung zu vermerken. Enthält die Verschreibung eine Gebrauchsanweisung, so darf das Arzneimittel nur abgegeben werden, wenn diese auf der äußeren Umhüllung oder auf dem Behältnis in lesbarer Schrift vermerkt ist. Satz 4 gilt auch für den Namen der Person, für die das Arzneimittel bestimmt ist, wenn der Name auf der Verschreibung angegeben ist.

§ 12 Apothekenübliche Waren

In der Apotheke dürfen neben Arzneimitteln nur vorrätig gehalten, feilgehalten oder abgegeben werden

1. Verbandmittel,
2. Mittel und Gegenstände zur Kranken- und Säuglingspflege,
3. ärztliche, zahnärztliche und tierärztliche Instrumente,
4. Mittel und Gegenstände der Hygiene und Körperpflege,
5. diätetische Lebensmittel,
6. Lebensmittel, soweit sie zur Vorbeugung und zur Heilung von Krankheiten bestimmt sind,
7. Gewürze,
8. Prüfmittel, Chemikalien, Reagenzien und Laboratoriumsbedarf,
9. Gifte sowie Schädlingsbekämpfungsmittel und Pflanzenschutzmittel,
10. Mittel zur Aufzucht von Tieren,
11. Fruchtsäfte.

5.4 Bundesgesundheitsamt (BGA)

Mit dem Gesetz über die Errichtung eines Bundesgesundheitsamtes vom 27. 2. 1952 war die Nachfolgeorganisation des früheren Reichsgesundheitsamtes geschaffen worden. Parlament und Regierung haben dem BGA per Gesetz und Verordnung eine wachsende Zahl von Exekutivaufgaben zugewiesen. Die Befugnisse für die Kontrolle, Überwachung oder Anordnung von Zwangsmaßnahmen liegen entsprechend der föderativen Struktur der Bundesrepublik bei den zuständigen Länderbehörden, für deren Tätigkeit das BGA die wissenschaftliche Vorarbeit leistet.

Das BGA mit Sitz in Berlin ist eine dem Bundesministerium für Gesundheit unterstellte Bundesbehörde mit ca. 2000 Mitarbeitern, davon 500 Wissenschaftler. Das Amt stellt die zentrale Forschungseinrichtung der Bundesrepublik auf dem Gebiet der öffentlichen Gesundheitspflege dar. Es berät die Bundesregierung und liefert wissenschaftliche Erkenntnisse zur Vorbereitung politischer Entscheidungen. Das BGA hat den Auftrag, frühzeitig Risiken für die Gesundheit zu erkennen und Möglichkeiten zur Begrenzung und Abwehr aufzuzeigen, sowie Gesundheits- und Umweltrisiken im Rahmen seiner gesetzlichen Kompetenzen einzudämmen.

Die Zielsetzungen des Bundesgesundheitsamtes bestehen in drei Hauptpunkten:

1. Forschung auf den Gebieten der Arzneimittelsicherheit, des gesundheitlichen Verbraucherschutzes, der Umwelt- und Strahlenhygiene, sowie der Prävention und Intervention im human- und veterinärmedizinischen Bereich.

2. Verwaltungsaufgaben auf den Gebieten des Arznei- und Betäubungsmittelrechts, des Seuchenrechts, des Pflanzenschutzrechts, des Chemikalienrechts und des Gentechnikgesetzes.

3. Wissenschaftliche Beratung der Bundesregierung und anderer staatlicher Entscheidungsträger, der EG und weiterer internationaler Gremien.

Das BGA ist in sechs wissenschaftliche Institute und eine Zentralabteilung gegliedert, denen Arbeitsschwerpunkte zugeordnet sind:

1. Zentralabteilung

Wahrnehmung der zentralen Verwaltungsaufgaben, Erbringung von Dienstleistungen für andere Bereiche des BGA, Unterstützung des Präsidenten in der Erfüllung seiner Aufgaben.

2. Robert-Koch-Institut

Forschung und Beratung auf dem Gebiet der Erkennung, Verhütung und Bekämpfung von Infektionskrankheiten.

3. Institut für Wasser-, Boden- und Lufthygiene

Ermittlung von Zusammenhängen zwischen ökologischen Bedingungen und menschlicher Gesundheit; Umwelthygiene.

4. Max-von-Pettenkofer-Institut

Verbesserung des gesundheitlichen Verbraucherschutzes im Bereich von Lebensmitteln, Bedarfsgegenständen, Pflanzenbehandlungsmitteln u. Chemikalien. Dokumentation und Information zum Vergiftungsgeschehen.

5. Institut für Sozialmedizin und Epidemiologie

Epidemiologische Untersuchungen als Grundlage für die Erkennung und Bewertung gesundheitlicher Risiken.

6. Institut für Veterinärmedizin

Hygiene der Lebensmittel tierischer Herkunft, Erforschung und Bekämpfung von Krankheiten, die vom Tier auf den Menschen übertragen werden können. Nachweis und Beurteilung von Rückständen in tierischen Lebensmitteln.

7. Institut für Arzneimittel

Zulassung und Registrierung von Arzneimitteln – Hier arbeiten die Kommissionen für die »besonderen Therapierichtungen« (Phytotherapie – Homöopathie – Anthroposophie), in denen auch Heilpraktiker mitarbeiten. Die Kommissionen sichten sog. »anderes wissenschaftliches Erkenntnismaterial« und fassen den wissenschaftlichen Erkenntnisstand in Form von Monographien zusammen. Diesem Institut obliegen auch Sammlung und Auswertung von unerwünschten Arzneimittelwirkungen. Im Bedarfsfalle wird ein Stufenplanverfahren eingeleitet. Die »Arzneimittelkommission der Deutschen Heilpraktiker« ist Beteiligte an Stufenplanverfahren des BGA. Auch die Überwachung des legalen Verkehrs mit Betäubungsmitteln obliegt dem Institut für Arzneimittel.

Im Zuge der deutschen Vereinigung hat auch das BGA eine gesamtdeutsche Verantwortung übernommen.

Durch die Zuordnung wissenschaftlicher Einrichtungen der ehemaligen DDR vergrößerte sich der Personalbestand um über 400 Mitarbeiter. So wurden das »Institut für Arzneimittelwesen (IFAR), das »Zentralinstitut für Hygiene, Mikrobiologie und Epidemiologie (ZIHME)«, das »Forschungsinstitut für Hygiene und Mikrobiologie (FHM)« und das »Institut für Experimentelle Epidemiologie (IEE)« den entsprechenden Instituten des BGA angegliedert. Die »Abteilung

Strahlenschutzmedizin des früheren Staatlichen Amtes Atomsicherheit und Strahlenschutz (SAAS)« wurde dem Präsidenten des BGA direkt unterstellt.

1994 ist das BGA als zentrale Behörde aufgelöst worden. Die einzelnen Institute sind mit ihren jeweiligen Aufgabenbereichen direkt dem Bundesminister für Gesundheit unterstellt worden. Das »Institut für Wasser, Boden- und Lufthygiene« wurde dem Bundesumweltminister unterstellt.

Die Rote Liste

Unter diesem Titel erscheint jährlich ein Verzeichnis von Fertigarzneimitteln vom Bundesverband der Pharmazeutischen Industrie (BPI). Inzwischen gibt es eine »*Grüne Liste*« mit hauptsächlich Diätetischen Fertigprodukten (auch Babynahrung) und »*Die Liste-Pharmaindex*« mit Phytopharmaka und pflanzlichen Kombinationspräparaten und die Präparate Liste der Naturheilkunde« mit Fertigarzneimitteln der Biologisch Pharmazeutischen Industrie.

5.5 Arzneimittelkommission der Deutschen Heilpraktiker – AMK

Wie die Ärzte, Zahnärzte und Tierärzte haben auch die Heilpraktiker eine Arzneimittelkommission, die beim Bundesgesundheitsamt als Stufenplanbeteiligte zur Abwehr von Arzneimittelrisiken akreditiert ist. Ihr gehören Sachverständige entsprechend dem Aufgabenbereich der Kommission an.

- Heilpraktiker mit langer therapeutischer Erfahrung mit den entsprechenden Arzneimitteln der Phytotherapie, Homöopathie usw., die die Interessen der Heilpraktiker in diesen Therapierichtungen vertreten,
- Apotheker und Fachleute, die Erfahrungen in der Herstellung und Prüfung von entsprechenden Arzneimitteln besitzen,
- Vertreter der biologisch-pharmazeutischen Industrie.

Die Aufgabe der Arzneimittelkommission (AMK) ist es, sich mit allen für die Heilpraktiker relevanten Arzneimittelfragen zu befassen und eine abgestimmte Arbeitsgrundlage für die Interessenvertreter der Heilpraktiker in den Kommissionen des BGA zu schaffen.

Nach ihrer Bestimmung hat sich die AMK auch mit der Beobachtung, Sammlung und Auswertung von Arzneimittelrisiken und mit der Weitergabe entsprechender Informationen an den Berufsstand zu befassen.

Die AMK hat Arbeitsgruppen, die sich unterschiedlichen Problembereichen der Arzneimittel widmen. Eine gemeinsame Sitzung findet mindestens einmal jährlich statt.

In den Heilpraktikerpraxen beobachtete unerwünschte Arzneimittelwirkungen sollen der AMK oder dem zuständigen Berufsverband unverzüglich mitgeteilt werden.

Seit 1994 wird die Arzneimittelkommission der deutschen Heilpraktiker von sechs Bundesverbänden gemeinsam getragen.

5.6 Heilpraktikerassistent / Innen

Auch wenn eine Assistenzzeit für Heilpraktiker nicht rechtsverbindlich vorgeschrieben ist, ist sie doch für das Sammeln von Praxiserfahrungen empfehlenswert. Viele Schulen haben eine angeschlossene Praxisambulanz, die von Beginn der Ausbildung an eine gewisse Praxisnähe gewährleistet.

Da die Heilpraktikertätigkeit in den einzelnen Praxen sehr unterschiedlich geprägt ist, wird auch eine Assistenz sehr verschieden verlaufen vor allen Dingen unterschiedliche Schwerpunkte haben. Der rechtliche Rahmen der Zusammenarbeit während der Assistenzzeit sollte dennoch in einem Vertrag schriftlich fixiert werden:

1. Dauer der Assistenzzeit

(Angemessen sind sicher ein Jahr oder mehr)

2. Beiderseitige Kündigungsfristen

(Ist wichtig, für die beiderseitige Planung – auch für die Kontinuität einer Praxis.

3. Arbeitszeit

Die Einsatzfreude von Assistenten sollte nicht überstrapaziert oder mißbraucht werden.

4. Aufgabenumfang

Dieser muß den Kenntnissen und Fähigkeiten des Assistenten angepaßt sein, nicht nur zum Schutze der Patienten, sondern auch zu seinem eigenen Schutz. Hat der Assistent noch keine Zulassung zum Heilpraktiker gilt er als angestellte Hilfskraft, für die der »Lehrmeister« die volle Verantwortung trägt. Hat der Assistent die Zulassung, können ihm seine Kenntnisse und Fähigkeiten gemäß Aufgaben überlassen werden. Der Assistent kommt, um zu lernen. Hierzu muß Gelegenheit geboten werden.

5. Finanzielle Bedingungen

Diese werden sehr unterschiedlich gehandhabt, sicher auch nach Angebot und Nachfrage. Es gibt eine gute Bezahlung, wenn der Assistent eine richtige Hilfe ist, es gibt kostenlose Assistenzen manchmal wird sogar vom Assistenten Geld bezahlt werden, wenn ihm die Lernmöglichkeit entsprechend unentbehrlich erscheint.

6. Weitere Vereinbarungen

(Z. B., daß sich der Assistent in den nächsten 5 Jahren nicht im selben Bezirk niederläßt u.ä.)

5.7 Praxishilfe

Die Berufsbezeichnung »Arzthelferin« ist gesetzlich geschützt. Der Heilpraktiker kann aber selber eine Hilfskraft anlernen.

Selbstverständlich müssen dabei alle gesetzlichen Bestimmungen, wie Anmeldung zur Sozialversicherung, Urlaubsregelung nach den derzeit gültigen Vorschriften des Bundesurlaubsgesetzes etc., erfüllt werden.

Der Anlernvertrag könnte folgendermaßen aussehen (Muster):

ANLERNVERTRAG

Zwischen ....
Heilpraktiker(in) in ....
und ....
geboren am .... in ....
wohnhaft in ....
gesetzlich vertreten durch ....
wohnhaft in ....
wird folgender Anlernvertrag geschlossen:

1. Heilpraktiker(in) ....
stellt ....

als Praxishelferin-Anlernling ein und verpflichtet sich, den Anlernling in jeder erforderlichen Weise auszubilden.

Die Anlernzeit beträgt zwei Jahre und endet somit am ....

Die ersten zwei Monate gelten als Probezeit. Während dieser acht Wochen kann jeder der Vertragschließenden bedingungslos vom Vertrage zurücktreten. Der Heilpraktiker verpflichtet sich, dem Anlernling und gegebenenfalls dem gesetzlichen Vertreter Mitteilung zu geben, wenn die Eignung des Anlernlings nicht gegeben erscheint.

Wenn die Probezeit abgelaufen ist, kann das Vertragsverhältnis nur aus einem wichtigen Grunde nach den Bestimmungen des BGB gekündigt werden.

Das Vertragsverhältnis endet ferner,
wenn der Heilpraktiker die Praxistätigkeit einstellt,
wenn der Heilpraktiker oder der Anlernling stirbt.

Muß der Heilpraktiker seine Praxistätigkeit aus irgendeinem Grunde einstellen, so wird er sich bemühen, den Anlernling für den Rest der Ausbildungszeit an anderer Stelle unterzubringen.

2. Bei der vereinbarten Anlernzeit von zwei Jahren werden Zeitversäumnisse durch Krankheit oder aus anderen Gründen nicht mitgerechnet, wenn diese länger als 14 Arbeitstage andauern und wenn nach Entscheidung des Heilpraktikers durch das Fernbleiben das Lehrziel gefährdet erscheint. Dem Anlernling und dem gesetzlichen Vertreter ist in solchen Fällen schriftliche Mitteilung zu geben. Die Arbeitszeit beträgt je Woche ... Stunden und verteilt sich auf ... Arbeitstage.

3. Der Heilpraktiker hat gegebenenfalls die Bestimmungen des Gesetzes zum Schutz der arbeitenden Jugend vom 9. 8. 1960 (BGBl. I, S. 665) zu beachten.

4. Der Anlernling übernimmt die Verpflichtungen, sich in jeder Weise in der Praxis des Heilpraktikers ordentlich zu betragen und alle ihm übertragenen Arbeiten

nach bestem Können zu erledigen, über alle ihm in der Praxis des Heilpraktikers zur Kenntnis kommenden beruflichen Vorgänge Stillschweigen gegenüber Dritten zu bewahren; die Arbeitszeit nicht ohne anzuerkennenden Grund zu versäumen.

Die Verrichtung von Nebenleistungen kann nur verweigert werden, wenn sie mit dem Wesen der Ausbildung nicht vereinbar sind.

Ein Verstoß gegen diese Verpflichtungen ist als wichtiger Grund zur fristlosen Auflösung des Vertragsverhältnisses im Sinne vom Abschnitt 1 anzusehen.

4. Der Heilpraktiker gewährt dem Anlernling während der Ausbildungszeit eine Beihilfe. Diese beträgt
im ersten Jahr DM ... monatlich,
im zweiten Jahr DM ... monatlich.
Die Beihilfe ist jeweils am Monatsende zahlbar.

Der Jahresurlaub wird unter Weiterzahlung der Beihilfe nach den Bestimmungen des Bundesurlaubsgesetzes vom 8. 1. 1963 (BGBl. I, S. 2) gewährt. Der Urlaubsanspruch entfällt, wenn der Heilpraktiker nach diesem Vertrage berechtigt ist, das Vertragsverhältnis fristlos zu lösen und/oder der Anlernling das Beschäftigungsverhältnis vertragswidrig beendet.

Für die Beiträge zur Sozialversicherung sowie für die Fortzahlung der Ausbildungsbeihilfe in Krankheitsfällen oder bei sonstigen vom Anlernling nicht verschuldeten Versäumnissen gelten die gesetzlichen Bestimmungen.

6. Sechs Wochen vor Ablauf der zweijährigen Anlernzeit hat der Heilpraktiker dem Anlernling bzw. dem gesetzlichen Vertreter mitzuteilen, ob eine Weiterbeschäftigung als Praxishelferin vorgesehen ist oder nicht.
Nach Abschluß der Anlernzeit erhält der Anlernling ein Zeugnis. Auf Verlangen ist sechs Wochen vor Beendigung der Anlernzeit ein vorläufiges Zeugnis auszustellen, wenn eine Weiterbeschäftigung nicht beabsichtigt ist.

7. Die Vertragschließenden erhalten je eine Ausfertigung dieses Vertrages.

.... den ....

....

(Heilpraktiker) (Anlernling)

5.8 Der Berufsstand

5.8.1 Geschichtsdaten zum Heilpraktikergesetz

1848 Trotz politischer Reaktion wird den niederen Heilständen ihre Tätigkeit weiterhin erlaubt.

1868 Reichstag des Norddeutschen Bundes diskutiert über Entwurf einer neuen Gewerbeordnung mit einem absoluten Kurierverbot für Laien und einem Kuriermonopol für approbierte Ärzte und Zahnärzte. Die weit über Berlin hinaus bedeutende Ärztevereinigung »Berliner Medizinische Gesellschaft« spricht sich gegen das Kurierverbot aus und verlangt im Gegenteil die völlige Kurierfreiheit. Dahinter steckte der Wunsch der Ärzte, nicht länger ohne Honorar kurieren zu müssen, was der Fall wäre, wenn die Behandlung durch niemanden als Ärzte erfolgen dürfte.

1869 Am 26. Mai Abstimmung im Norddeutschen Bund für die Einführung der Kurierfreiheit.

1873 Gültigkeit der Gewerbeordnung des Norddeutschen Bundes als Reichsgewerbeordnung für das gesamte Reichsgebiet.

1883 Änderung der Reichsgewerbeordnung: Die Heilkunde im Umherziehen wird für nicht ärztlich approbierte Heilbehandler verboten.

1918 Durch die Nachkriegswirren mit allen ihren Folgen steigt die Zahl der »berufenen« Heilbehandler schlagartig an, freilich auf Kosten der Qualität. Die daraus folgenden Bestrebungen, die Kurierfreiheit einzuschränken, scheitern allerdings.

1933 »Heilpraktikerbund Deutschlands e.V.« von Nationalsozialisten als Zwangseinheitsverband gegründet. Schulen für qualifizierten Nachwuchs in Berlin, München, Köln.

1939 Gegen den Widerstand der Heilpraktiker wird am 17. Februar das Heilpraktikergesetz (HPG) verabschiedet. Gleichzeitig Verfügung einer Nachwuchssperre. »Wiege und Grab zugleich« sollte dieses Gesetz für die Heilpraktiker sein, wie es zynisch hieß.

1949 Anerkennung des Heilpraktikergesetzes nach Art. 123 Grundgesetz ohne die einer demokratischen Grundverfassung widersprechenden Bestandteile.

1950 Nachwuchssperre zum Berufsstand wird aufgehoben, aber keine gesetzlich geregelte Ausbildung eingeführt. Der Heilpraktiker ist ein Zulassungsberuf.

5.8.2 Berufsorganisationen der Heilpraktiker

mit über 500 Mitgliedern (nach eigenen Angaben) in alphabetischer Reihenfolge:

Bund Deutscher Heilpraktiker e. V.
Münsterstraße 13
48231 WARENDORF
Tel. 0 25 81-12 34
Fax 0 25 81-63 33 29

Fachverband Deutscher Heilpraktiker e. V.
Marweg 10
53123 BONN
Tel. 02 28-61 10 49
Fax 02 28-62 73 59

Freie Heilpraktiker e. V.
Kölner Straße 369
40227 DÜSSELDORF
Tel. 02 11-72 57 77
Fax 02 11-72 68 84

Freier Verband Deutscher Heilpraktiker e. V.
Sonnenstraße 19
80331 MÜNCHEN
Tel. 0 89-55 85 11
Fax 0 89-55 85 10

Union Deutscher Heilpraktiker e. V.
Ipfweg 5
73614 SCHORNDORF-Oberberken
Tel. 0 71 81-6 28 46
Fax 0 71 81-6 24 32

Verband Deutscher Heilpraktiker e. V.
Ernst-Grote-Straße 13
30916 HANNOVER-Isernhagen
Tel. 05 11-6 18 28
Fax 05 11-6 15 13

Darüber hinaus gibt es weitere Verbände, Gruppierungen auf Landes- und Regionalebene, sowie zahlreiche Fachgesellschaften.
Die Niederlassung als Heilpraktiker bedingt keine Zugehörigkeit zu einem Berufsverband. Die sog. Berufsverbände haben keinerlei bindende berufsständische Funktion wie etwa eine Kammer. Sie sind lediglich eingetragene Interessenvereine (e.V.) im Sinne des BGB.

Auch für die Erstattung der Heilpraktikerleistungen bei privat versicherten Patienten durch die privaten Krankenversicherungen ist der Mitgliedsstempel unter der Rechnung keine Bedingung.

Allerdings nehmen die Verbände berufsständische Gruppeninteressen wahr und bieten Fachfortbildung – z.T. auch Ausbildung – an.

5.8.3 AUSGEWÄHLTE ÜBERREGIONALE ADRESSEN FÜR INTERESSIERTE THERAPEUTEN

Akupunktur

Arbeitsgemeinschaft für Klassische Akupunktur und Traditionelle Chinesische Medizin e. V. – Leiter Helen Blohm, 1. Vorsitzende. Starnberger Straße 3, 82131 Gauting. Telefon (089) 8507235, Telefax (0881) 2135.

Chinesische Naturheilkunde-Akademie e. V. – Hans-Dill-Straße 9, 95326 Kulmbach. Telefon (09221) 84100, Telefax (09221) 84114.

Deutsches Forschungsinstitut für Chinesische Medizin – Silberbachstraße 10, 79100 Freiburg. Telefon (0761) 77234, Telefax (0761) 700687.

Augendiagnose

Arbeitskreis für Augendiagnose und Phänomenologie Josef Angerer e. V. – Besselstraße 4, 81679 München. Telefon (089) 988255, Telefax (089) 9810100, Leitung: Wolfgang Schmitz-Petri, G. v. Hannover.

Pastor-Felke-Institut – Institut für Irisdiagnostik und Ganzheitstherapie, Aus- und Weiterbildung. Leitung: Willy Hauser, Heilpraktiker. Heidestraße 2, 71296 Heimsheim. Telefon (07033) 35160 und 3906, Telefax (07033) 35183.

Forschungsinstitut für Grundlagen der Irisdiagnostik – Leitung: Josef Deck. Steigenhohlstraße 41, 76272 Ettlingen.

Uslarer Kreis – Organisation: Frankring 18f, 22359 Hamburg.

Biochemie

Arbeitskreis für praktische Biochemie im Fachverband Deutscher Heilpraktiker e. V. – Leiter des Arbeitskreises: Tilman Reinhardt, Wiesenstraße 34, 82223 Eichenau. Telefon (08141) 71683.

Biochemischer Bund Deutschlands e. V. – Präsident: Dierk Schildt, In der Kuhtrift 18, 41541 Dormagen.

Bioenergetik

Arbeitskreis für Bio-Energetik – Leiter des Arbeitskreises: HP Bernhard Muschlien. Dotzheimer Straße 82, 65197 Wiesbaden.

Grieshaber Akademie GmbH – Am Hohenstein, 77761 Schiltach. Telefon (07836) 50219, Telefax (07836) 50206.

Institut für Biophysik – Fasanenweg 41, 64625 Bensheim. Telefon (06251) 7945 9, Telefax (06251) 76993.

Chiropraktik

Arbeitsgemeinschaft für Chiropraktik / Osteopathie und Neuraltherapie Deutscher Heilpraktiker e. V. (ACON) – Leiter: Bernd Riemer, Wartburgstraße 52, 10823 Berlin. Telefon (030) 7821694.

Ernährung

Arbeitskreis für medizinische Ernährungstherapie – Leitung: Werner Gehner, Am Obstmarkt 51b, 55126 Mainz. Telefon (06131) 475522.

Homöopathie

Deutsche Gesellschaft für klassische Homöopathie e. V. – Grundtvigstraße 39, 33330 Gütersloh. Telefon (05241) 38802, Telefax (05241) 340622.

Clemens von Bönninghausen-Gesellschaft für Homöopathik e. V. – Verwaltung: Busekiststraße 20, 23562 Lübeck. Telefon (0451) 593376.

Aude Sapere Homöopathie-Seminare – Uwe Lorenz, Danziger Straße 31, 76307 Karlsbad. Telefon (07202) 8032.

Homöopathie-Forum – Grubmühlerfeldstraße 14a, 82119 Gauting. Telefon (089) 8500356, Telefax (089) 8503745.

Hahnemann-Lutze Verein Köthen e. V. – Schützenplatz 3, 06366 Köthen. Telefon (03496) 60417 oder 4859, Telefax (03496) 2854.

Kinesiologie

Institut für Angewandte Kinesiologie – Zasiusstraße 67, 79102 Freiburg. Telefon (0761) 72729, Telefax (0761) 706384.

Kirlianfotografie

Mandel-Institut für Esogetische Medizin – Hildastraße 8, 76646 Bruchsal. Telefon (07251) 800140, Telefax (07251) 800142.

Lymphdrainage

Gesellschaft für Manuelle Lymphdrainage nach Dr. Vodder – A-6344 Walchsee 88 – Österreich.

Psychosomatik

Deutsche Gesellschaft für therapeutische Hypnose und Hypnoseforschung e. V. – GTH-Geschäftsstelle, Kaiserstraße 2a, 66955 Pirmasens. Telefon (06331) 73774, Telefax (06331) 78534.

Sauerstoff – Ozon

Heilpraktikergesellschaft für Ozontherapie e. V. HPG – O_3 – Grothenstr. 10, 45881 Gelsenkirchen. Telefon (02 09) 4 21 58, Telefax (02 09) 4 25 46.

Ozontherapeutischer Arbeitskreis – Auskünfte: Andreas A. Filz, Zentralstelle. Unterer Markt 5, 66538 Neunkirchen / Saar. Telefon (0 68 21) 1 29 29, Telefax (0 68 21) 1 21 94.

Archive

ZDN-Zentrum zur Dokumentation für Naturheilverfahren e. V. – Hufelandstraße 56, 45147 Essen.

Naturheilpraxis mit Naturmedizin (Fachzeitschrift) – Lazarettstraße 4, 80636 München.

Fachverband Deutscher Heilpraktiker e. V. – Maarweg 10, 53123 Bonn.

5.8.4 Berufsordnung für Heilpraktiker (BOH)

Außer dem Heilpraktikergesetz mit seinen Einschränkungen und gesetzlichen Vorbehalten für andere Berufe besitzt der Heilpraktikerstand kein rechtlich verbindliches eigenes Standesrecht.

Die 1941 vom damaligen Zwangsverband, der Deutschen Heilpraktikerschaft e.V., erlassene BOH verlor, wie der Zwangsverband selbst, nach dem Kriege die Allgemeinverbindlichkeit.

Die Nachfolgeorganisationen schrieben ihre BOH, auf dem vorkonstitutionellen Recht der BOH 41 fußend, dem neuen gesetzlichen Rahmen angepaßt fort.

Die Verbände lehnten sich in ihren BOHs, die sie sich auf der Grundlage ihrer Vereinssatzungen gaben, an diese BOH an. Die Berufsordnungen schrieben sich jeweils anhand der Rechtsprechung weiter fort.

1988 fanden die fünf größten Verbände zu einer gleichlautenden Fassung einer BOH zusammen. In vier Verbänden wurde diese Fassung, die hier zum Abdruck kommen soll, durch die satzungsgemäßen Gremien ratifiziert.

1989 wurde die BOH in ihren Wettbewerbsparagraphen vor dem Bundesgerichtshof strittig verhandelt (IZR 166/87). Der BGH stellte fest:

a) Ein allgemeines Werbeverbot für Heilpraktiker kann – wegen seines die freie Berufsausübung im Sinne des Art. 12 GG einschränkenden Charakters – nicht allein durch eine einheitliche Standesauffassung der Heilpraktiker sowie deren Niederlegung in – als »Berufsordnungen« bezeichneten – Vereinssatzungen von Heilpraktikerverbänden begründet werden; es setzt vielmehr ein Eingreifen des Gesetzgebers voraus (vgl. BVerfGE 76, 171 ff zum anwaltlichen Standesrecht).

b) Soweit eine einheitliche Standesauffassung der Heilpraktiker als Indiz dafür herangezogen werden soll, daß ein bestimmtes Verhalten eines Heilpraktikers auch dem allgemeinen sittlichen Empfinden widerspricht und deshalb gegen § 1 UWG verstößt, genügt es nicht, diese Standesauffassung den – als Vereinssatzungen nur mehrheitlich beschlossenen – »Berufsordnungen« von Heilpraktikerverbänden zu entnehmen.

Daraus ergibt sich, daß die Berufsordnungen Satzungscharakter haben, also wie die Satzung jeweils nur für Mitglieder eines Vereins gültig sind, aber dennoch keine zu starken Einschränkungen enthalten dürfen, die die Mitglieder übermäßig gegenüber Nichtmitgliedern in der freien Berufsausübung im Sinne des Art. 12 GG benachteiligen.

Die Verfolgung von Wettbewerbsverstößen nach dem UWG und HWG bleibt davon unberührt. Die BOH wird sich also durch Vorgaben des Bundeskartellamtes und die laufende Rechtsprechung weiterentwickeln, ohne dadurch über Verbandsgrenzen hinaus verbindlichen Charakter zu gewinnen.

Die BOH wurde einem grundsätzlichen Revirement unterzogen. Dabei wurden besonders in den Wettbewerbsparagraphen »Muß-Vorschriften« in Empfehlungen umgewandelt, die der Ethik eines Heilberufs angemessen sind und berufsbildprägenden Charakter haben.

Eine BOH, die über die unbedingt zu beachtenden gesetzlichen Vorschriften hinaus in diesem Sinne »Empfehlungscharakter« hat, erscheint auch nicht so gefährdet zu sein, vom Bundeskartellamt evtl. als Absprache unter den Verbänden zum Zwecke Wettbewerbsbeschränkung in der freien Berufsausübung im Sinne des § 12 GG eingestuft zu werden.

BERUFSORDNUNG FÜR HEILPRAKTIKER (BOH)

INHALT

ANHANG:

Auszug aus dem Gesetz gegen den unlauteren Wettbewerb
Auszug aus dem Gesetz über die Werbung auf dem Gebiete des Heilwesens

Berufsordnung für Heilpraktiker (BOH)

Artikel 1 – Berufsgrundsätze

1. Der Heilpraktiker dient der Gesundheit des einzelnen Menschen und des ganzen Volkes. Er erfüllt seine Aufgabe nach bestem Gewissen sowie nach den Erfahrungen der heilkundlichen Überlieferungen und dem jeweiligen Erkenntnisstand der Heilkunde. Der Heilpraktiker hat den hohen ethischen Anforderungen seines freien Heilberufs zu dienen und alles zu vermeiden, was dem Ansehen seines Berufsstandes schadet.
2. Der Heilpraktiker übt einen freien Beruf aus. Er behandelt seine Patienten eigenverantwortlich. Er muß in seiner Eigenverantwortlichkeit stets für den Patienten erkennbar sein.

Artikel 2 – Berufspflichten

1. Der Heilpraktiker verpflichtet sich, seinen Beruf gewissenhaft auszuüben. Bei seinen Patienten wendet er stets diejenigen Heilmethoden an, die nach seiner Überzeugung einfach und kostengünstig zum Heilerfolg oder zur Linderung der Krankheit führen können.
2. Der Heilpraktiker hat sich der Grenzen seines Wissens und Könnens bewußt zu sein. Er ist verpflichtet, sich eine ausreichende Sachkunde über die von ihm angewandten Diagnose- und Behandlungsverfahren einschließlich ihrer Risiken, vor allem die richtigen Techniken für deren gefahrlose Anwendung anzueignen.
3. Der Heilpraktiker ist verpflichtet, sich über die für die Berufsausübung geltenden Vorschriften zu unterrichten und sie zu beachten. Soweit ihm gesetzlich die Untersuchung oder Behandlung einzelner Leiden und Krankheiten sowie andere Tätigkeiten untersagt sind, sind die Beschränkungen zu beachten.
4. Der Heilpraktiker ist bei der Ausübung seines Berufes frei. Er kann die Behandlung ablehnen. Seine Verpflichtung, in Notfällen zu helfen, bleibt davon unberührt.
5. Der Heilpraktiker darf kostenlose oder briefliche Behandlung (Fernbehandlung) nicht anbieten. Fernbehandlung liegt u. a. vor, wenn der Heilpraktiker den Kranken nicht gesehen und untersucht hat. Es ist ferner nicht zulässig, Diagnosen zu stellen und Arzneimittel oder Heilverfahren zu empfehlen, wenn ausschließlich eingesandtes Untersuchungsmaterial oder andere Unterlagen zur Verfügung stehen.

6. In allen die Öffentlichkeit berührenden Standesfragen gilt der Grundsatz der Wahrung von Takt und Zurückhaltung.

Artikel 3 – Schweigepflicht

1. Der Heilpraktiker verpflichtet sich, über alles Schweigen zu bewahren, was ihm bei der Ausübung seines Berufes anvertraut oder zugänglich gemacht wird.
2. Der Heilpraktiker hat seine Gehilfen oder jene Personen, die zur Vorbereitung auf den Beruf unter seiner Aufsicht tätig sind, über die Pflicht zur Verschwiegenheit zu belehren und dies schriftlich festzuhalten.
3. Der Heilpraktiker hat die Pflicht zur Verschwiegenheit auch gegenüber seinen Familienangehörigen zu beachten.
4. Der Heilpraktiker darf ein Berufsgeheimnis nur offenbaren, wenn der Patient ihn von der Schweigepflicht entbunden hat. Dies gilt auch gegenüber den Angehörigen eines Patienten, wenn nicht die Art der Erkrankung oder die Behandlung eine Mitteilung notwendig macht.
5. Auskünfte über den Gesundheitszustand eines Arbeitnehmers an seinen Arbeitgeber dürfen nur mit Zustimmung des Ersteren erfolgen.
6. Notwendige Auskünfte an Krankenversicherungen müssen nach bestem Wissen und Gewissen gegeben werden.

Artikel 4 – Aufklärungs-, Dokumentations- und Sorgfaltspflicht

1. Der Heilpraktiker stellt sein ganzes Wissen und Können in den Dienst seines Berufes und wendet jede mögliche Sorgfalt in der Betreuung seiner Patienten an.
2. Der Patient ist über seine Erkrankung sowie über die Art und voraussichtliche Dauer der Behandlung aufzuklären. Dabei entscheidet der Heilpraktiker unter Berücksichtigung des körperlichen und seelischen Zustandes des Patienten nach seiner Erfahrung, inwieweit der Kranke unter seinem derzeitigen Zustand aufzuklären ist. Ebenso muß der Kranke bei einer vorgesehenen Behandlung auf eventuelle Risiken aufmerksam gemacht werden.
3. Im Rahmen der wirtschaftlichen Aufklärungspflicht wird er die Patienten nach bestem Wissen und Gewissen über die voraussichtlich entstehenden ungefähren Behandlungskosten unterrichten.
4. In Fällen, in denen eine Spezialuntersuchung, eine Operation oder eine sonstige Heilmaßnahme erforderlich ist, die der Heilpraktiker selbst nicht vornehmen kann, ist rechtzeitig mit allem Nachdruck auf die Vornahme einer solchen Maßnahme hinzuweisen. Führt auch eine neue, eindringliche Warnung an den Patienten und dessen Angehörige nicht zum Ziel, so kann die Ablehnung der Behandlung bzw. Weiterbehandlung geboten sein. Über diesen Vorgang sollte der Heilpraktiker in eigenem Interesse eine Niederschrift fertigen.
5. Der Heilpraktiker ist zur Dokumentation der wichtigsten Daten einer Krankenbehandlung verpflichtet.

6. Heilungsversprechen sind nicht zulässig.
7. Die Ausstellung von Attesten ohne vorgenommene Untersuchung ist nicht zulässig.
8. In Bescheinigungen und Befundberichten hat der Heilpraktiker seiner Überzeugung gewissenhaft Ausdruck zu verleihen.
9. Im Rahmen einer eventuellen gutachterlichen Tätigkeit für Gerichte, private Krankenversicherungen, Beihilfestellen oder andere Institutionen hat sich der Heilpraktiker in seinen gutachterlichen Aussagen ausschließlich auf die sachliche Beurteilung der jeweiligen Behandlung zu beschränken.

Artikel 5 – Fortbildungspflicht

1. Der Heilpraktiker ist zur ständigen Fortbildung verpflichtet. Die Fortbildung ist nachzuweisen. Die Berufsorganisationen sind nach ihren Satzungen verpflichtet, fachliche Fortbildung anzubieten.
2. Die Verbände geben Fortbildungsnachweise aus.
3. Fortbildungsnachweise und auch Fachkundenachweise für besondere Fachdisziplinen können nur anerkannt werden, wenn sie von einem Berufsverband oder von durch ihn anerkannte Institutionen ausgestellt sind.

Artikel 6 – Praxisort

1. Der Heilpraktiker übt seine Tätigkeit am Ort seiner Niederlassung aus. Einem Ruf nach auswärts darf Folge geleistet werden (Hausbesuch). Es ist nicht zulässig, Patienten in Sammelbestellungen oder einzeln an einen anderen Ort als den der Niederlassung zur Behandlung zu bestellen.
2. Ändert der Heilpraktiker seinen Praxisort, teilt er dies unter Angabe der neuen Anschrift den zuständigen Behörden sowie seinem Verband mit.

Artikel 7 – Praxisräume

1. Die Praxisräume müssen den hygienischen und gesetzlichen Anforderungen entsprechen.
2. Die Vertraulichkeit der Gespräche und Behandlungen muß gewährleistet sein.

Artikel 8 – Werbung

Der Heilpraktiker unterliegt keinem generellen gesetzlich normierten Werbeverbot.

Jedoch hat er bei jeder unmittelbaren oder mittelbaren Werbung, sei es für seine Person, seine Praxis oder seine Tätigkeit, die gesetzlichen Bestimmungen, insbesondere diejenigen des »Gesetzes über den unlauteren Wettbewerb (UWG)«, des Gesetzes über die »Werbung auf dem Gebiete des Heilwesens (HWG)«, die wesentliche werbliche Einschränkungen enthalten, zu beachten.

Die einschlägige laufende Rechtsprechung ist zu berücksichtigen.

Bezüglich UWG und HWG wird ausdrücklich auf den Anhang verwiesen.

1. Unzulässig ist jede irreführende Werbung, die mit den guten Sitten der Heilberufe nicht zu vereinbaren ist (UWG, § 1).
2. Die Mitwirkung des Heilpraktikers an aufklärenden Veröffentlichungen medizinischen Inhaltes in Presse, Funk und Fernsehen sowie anläßlich von Vorträgen sollte so erfolgen, daß sich seine Mitwirkung auf sachliche Informationen beschränkt.
3. Er verpflichtet sich, darauf hinzuwirken, daß jede unzulässige Werbung, die ohne seine Kenntnis oder Mitwirkung erfolgt ist, richtiggestellt wird und künftig unterbleibt.

Artikel 9 – Praxisschilder

1. Der Heilpraktiker hat auf seinem Praxisschild seinen Namen und die Berufsbezeichnung Heilpraktiker anzugeben.
   Evtl. weitere Angaben sollten sich auf Sprechzeiten, Fernsprechnummer, Stockwerk, Privatadresse, eine Bezeichnung wie »Naturheilpraxis« und bis zu höchstens drei Verfahren, für die der Heilpraktiker über die besonderen Qualifikationen verfügt, beschränken.
   Die Angabe der Verfahren sollte bei allen Verwendungsmöglichkeiten identisch sein.
2. Das Praxisschild ist in unaufdringlicher Form zu gestalten. Die Größe sollte sich den örtlichen Gepflogenheiten (etwa 35 cm × 50 cm) anpassen. Je nach örtlicher Gegebenheit können zwei Praxisschilder erforderlich werden. Beim Wechsel der Praxisstätte ist vorübergehend das Belassen eines Hinweisschildes an der früheren Praxis möglich.

Artikel 10 – Drucksachen und Stempel

Die Angaben für Drucksachen und Stempel sollten über die in Artikel 9 gemachten Angaben nicht hinausgehen.

Artikel 11 – Eintragung in Verzeichnisse und Sonderverzeichnisse

Die Eintragung sollte nur im Einzugsbereich des Niederlassungsortes erfolgen. Über den kostenlosen Eintrag hinausgehende Informationen sollten sich auf höchstens fünf Zeilen und die in Artikel 9 erwähnten Angaben beschränken.

Artikel 12 – Inserate

Inserate dienen der Information des Patienten und dürfen keinen darüber hinausgehenden unsachgemäßen, mit den guten Sitten des Heilberufs nicht zu vereinbarenden werbenden Charakter aufweisen. Ihnen sollte in der Regel ein besonderer Anlaß zugrunde liegen, insbesondere Neuniederlassung, Umzug, längere Abwesenheit oder Änderung der Telefonnummer.

Für Inserate sollten folgende Hinweise beachtet werden:

1. Eine Anzeige nach der Niederlassung, nach einem Umzug oder Änderung der Telefon-Nummer sollte

- außer den Angaben der Praxisstätte nicht mehr als die in Artikel 9 angeführten Angaben enthalten und
- nur in den im Einzugsbereich des Niederlassungsortes erscheinenden Tages-, Orts- und Stadtteilzeitungen (Werbezeitungen mit redaktionellem Teil) innerhalb der ersten drei Monate nach der Niederlassung oder dem Umzug veröffentlicht werden.

2. Eine Hinweisanzeige vor und nach einer längeren Abwesenheit (mindestens eine Woche) in einer der unter Absatz 1 genannten Zeitungen sollte
   - außer den Daten, welche den Zeitpunkt der Praxisunterbrechung angeben, keine weiteren als die in Artikel 9 erwähnten Angaben enthalten.
3. Die Anzeige sollte in Form und Größe dem Informationszweck entsprechen und die Maße einspaltig 60 mm hoch oder zweispaltig 30 mm hoch nicht überschreiten.

Artikel 13 – Besondere Bezeichnungen

1. Der Heilpraktiker verzichtet auf die Bezeichnung »Spezialist« sowie auf andere Zusatzbezeichnungen, die ihn gegenüber seinen Standeskollegen hervorheben. Er darf neben der Berufsbezeichnung »Heilpraktiker« keine Bezeichnungen wie z. B. »Akupunkteur«, »Chiropraktiker«, »Homöopath«, »Psychologe«, »Psychotherapeut« u. a. führen, die durch diese Koppelung den Eindruck einer ebenfalls gesetzlich und / oder behördlich genehmigten Berufsausübung bzw. Berufsbezeichnung wie der des Heilpraktikers erwecken.
2. Akademische Grade dürfen nur in Verbindung mit der Fakultätsbezeichnung verwendet werden. Ausländische akademische Grade, Titel und Bezeichnungen wie Professor, dürfen nur geführt werden, wenn das zuständige Ministerium eine entsprechende Genehmigung erteilt hat. Sie sind so zu führen, daß ihre ausländische Herkunft erkennbar ist.

Artikel 14 – Krankenbesuche

1. Bei Krankenbesuchen muß jeder Patient in dessen Wohnung oder dem vorübergehenden Aufenthaltsort behandelt werden.
2. Patienten in Kliniken, Kurheimen usw. können nur mit vorherigem Einverständnis des leitenden Arztes oder Heilpraktikers beraten, untersucht und behandelt werden.

Artikel 15 – Heilpraktiker und Arzneimittel

Die Herstellung sowie der Verkauf von Arzneimitteln unterliegt den gesetzlichen Bestimmungen.

Artikel 16 – Verordnung von Arzneimitteln, Provisionen, Rabatte

1. Verbandszugehörigkeiten sollten auf Rezepten, Rechnungen u. a. durch Abdruck des Mitgliedsstempels kenntlich gemacht werden.
2. Der Heilpraktiker läßt sich für die Verordnung oder Empfehlung von Arznei-

mitteln, medizinischen Geräten usw. keine Vergütung oder sonstige Vergünstigungen gewähren.

3. Patienten dürfen ohne hinreichenden Grund nicht an bestimmte Apotheken verwiesen werden.

Artikel 17 – Haftpflicht

1. Der Heilpraktiker verpflichtet sich, eine ausreichende Berufshaftpflichtversicherung abzuschließen. Der Abschluß einer Strafrechtsschutzversicherung wird empfohlen.
2. Im eigenen Interesse sollte der Heilpraktiker von der Einleitung und dem Fortgang eines Strafverfahrens sowie von der Geltendmachung berufsbedingter Schadensersatzansprüche gegen ihn unverzüglich seinem Verband schriftlich Mitteilung machen. Die erforderlichen Angaben sind dabei lückenlos und in aller Offenheit darzulegen.

Artikel 18 – Meldepflicht

Der Heilpraktiker hat sich mit der Praxisaufnahme nach den gesetzlichen Vorschriften anzumelden (z. B. Gesundheitsamt, Finanzamt).

Artikel 19 – Beschäftigung von Hilfskräften

Beschäftigt der Heilpraktiker in seiner Praxis Angestellte (Sprechstundenhilfen usw.), so hat er die für Beschäftigungsverhältnisse geltenden Vorschriften zu beachten.

Artikel 20 – Berufsinsignien

1. Der Heilpraktiker erhält von seiner Standesorganisation einen Berufsausweis und einen Mitgliederstempel. Beide bleiben Eigentum des ausgebenden Verbandes und müssen bei Beendigung der Mitgliedschaft zurückgegeben werden. Unberechtigter Besitz und Gebrauch werden gerichtlich verfolgt. Die Berufsinsignien werden nur an Heilpraktiker ausgegeben.
2. Der Berufsausweis dient dazu, sich bei Behörden und in erforderlichen Situationen als Heilpraktiker ausweisen zu können.
3. Ausweis und Stempel müssen die Mitgliedsnummer und den Namen des Verbandes (Berufsorganisation) enthalten. Weitere evtl. Vorschriften über Ausgabe usw. sind in den Verbandsstatuten zu regeln.

Artikel 21 – Berufsaufsicht

1. Der Heilpraktiker unterstellt sich im Interesse des Berufsstandes der Berufsaufsicht seines Verbandes (Berufsorganisation).
2. Es liegt im eigenen Interesse des Heilpraktikers,
   - von seinem Verband erbetene Auskünfte über seine Praxistätigkeit wahrheitsgemäß zu erteilen,
   - den gewählten Vertretern seiner Berufsorganisation bzw. deren autorisier-

ten Beauftragten es zu ermöglichen, sich über seine geordnete Berufstätigkeit an Ort und Stelle zu unterrichten,

- notwendigen Anordnungen seines Verbandes nachzukommen, wobei gegen Anordnungen, die nach Ansicht des Heilpraktikers nicht gerechtfertigt sind, entsprechend der Satzung des zuständigen Verbandes Einspruch erhoben werden kann,
- bei Ausübung spezieller Behandlungsmethoden wie Akupunktur, Chiropraktik, Osteopathie u. a., die besondere Kenntnisse und Fähigkeiten erfordern, im Bedarfsfalle einen entsprechenden Befähigungsnachweis zu erbringen.

Artikel 22 – Prüfungen

1. Eine Prüfung kann im Interesse des Standes vom Verband als notwendig erachtet werden, wenn aufgrund von Tatsachen erhebliche Zweifel am Wissen und an der Befähigung eines Heilpraktikers mit Gefahren für den Patienten entstehen. Wird einem Prüfungsverlangen nicht entsprochen, berechtigt dies den Verband zu satzungsgemäßen Maßnahmen.
2. Die Bestätigung als Mitglied eines Verbandes kann von einer kollegialen Prüfung abhängig gemacht werden.
3. Über jede Prüfung ist eine Niederschrift zu fertigen, die von allen Mitgliedern der Prüfungskommission zu unterzeichnen ist.

Artikel 23 – Standesdisziplin

1. Der Heilpraktiker als Mitglied eines Verbandes verpflichtet sich zur Standesdisziplin. Kollegen begegnet er sowohl am Krankenbett als auch in privatem Rahmen mit Kollegialität.
2. Herabsetzende Äußerungen über die Person, die Behandlungsweise oder das berufliche Wissen eines Berufskollegen sind zu unterlassen.

Artikel 24 – Hinzuziehung eines zweiten Heilpraktikers

1. Sofern es vom Kranken oder dessen Angehörigen gewünscht wird, oder wenn der behandelnde Heilpraktiker unter Zustimmung des Kranken oder der Angehörigen es befürwortet, können weitere Heilpraktiker zur gemeinsamen Behandlung einbezogen werden.
2. Wird ein weiterer Heilpraktiker einbezogen, so darf er nur die Untersuchung durchführen. Er darf nicht die weitere Behandlung vornehmen, es sei denn, der Patient selbst, seine Angehörigen oder der bisher behandelnde Heilpraktiker im Einvernehmen mit dem Patienten wünschen weiterhin seine Tätigkeit.

Artikel 25 – Vertrauliche Beratung

1. Der Meinungsaustausch und die Beratung von mehreren einbezogenen Heilpraktikern müssen geheim bleiben und dürfen nicht in Gegenwart des Patienten stattfinden; auch dürfen die Angehörigen bei der Beratung nicht zugegen sein.

2. Das Ergebnis der gemeinsamen Beratung soll in der Regel vom behandelnden Heilpraktiker dem Patienten mitgeteilt werden.

Artikel 26 – Zuweisung gegen Entgelt

Es ist standeswidrig, wenn Heilpraktiker sich Patienten gegen Entgelt zuweisen.

Artikel 27 – Vertretung

Jeder Heilpraktiker sorgt bei vorübergehender oder langandauernder Verhinderung dafür, daß die notwendige Weiterbehandlung von Patienten in dringenden Krankheitsfällen sichergestellt ist.

Artikel 28 – Verstöße gegen die Berufsordnung

1. Verstöße gegen die Berufsordnung können im Wege eines satzungsgemäßen Verfahrens geahndet werden. Vorher sollte jedoch immer der Versuch einer kollegialen Bereinigung durch die satzungsgemäß zuständigen Berufsvertreter unternommen werden.
2. In einem solchen Verfahren kann auch darüber entschieden werden, ob ein Heilpraktiker im Interesse des Standes aus dem Verband auszuschließen ist.
3. Die Bestimmungen des HeilprG vom 17. 2. 1939 und der Durchführungsverordnungen sowie anderer gesetzlicher Bestimmungen werden hiervon nicht berührt.

Artikel 29

1. Diese Berufsordnung wurde satzungsgemäß beschlossen.
2. Sie tritt am 1. Oktober 1992 in Kraft.

ANHANG

zur Berufsordnung für Heilpraktiker (BOH)
– Gesetzliche Beschränkungen in der Werbung –

A. Auszug aus

Gesetz gegen den unlauteren Wettbewerb

Vom 7. Juni 1909 (RGBl. 499), zuletzt geändert durch Gesetz vom 22. Oktober 1987 (BGBl. I S. 2294)
(BGBl. III 43-1)

§ 1 [Generalklausel]

Wer im geschäftlichen Verkehr zu Zwecken des Wettbewerbs Handlungen vornimmt, die gegen die guten Sitten verstoßen, kann auf Unterlassung und Schadensersatz in Anspruch genommen werden.

§ 3 [Unerlaubte Werbung]

Wer im geschäftlichen Verkehr zu Zwecken des Wettbewerbs über geschäftliche Verhältnisse, insbesondere über die Beschaffenheit, den Ursprung, die Herstellungsart oder die Preisbemessung einzelner Waren oder gewerblicher Leistungen oder des gesamten Angebots, über Preislisten, über die Art des Bezugs oder die Bezugsquelle von Waren, über den Besitz von Auszeichnungen, über den Anlaß oder den Zweck des Verkaufs oder über die Menge der Vorräte irreführende Angaben macht, kann auf Unterlassung der Angaben in Anspruch genommen werden.

§ 4 [Strafbare Werbung]

(1) Wer in der Absicht, den Anschein eines besonders günstigen Angebots hervorzurufen, in öffentlichen Bekanntmachungen oder in Mitteilungen, die für einen größeren Kreis von Personen bestimmt sind, über geschäftliche Verhältnisse, insbesondere über die Beschaffenheit, den Ursprung, die Herstellungsart oder die Preisbemessung von Waren oder gewerblichen Leistungen, über die Art des Bezugs oder die Bezugsquelle von Waren, über den Besitz von Auszeichnungen, über den Anlaß oder den Zweck des Verkaufs oder über die Menge der Vorräte wissentlich unwahre und zur Irreführung geeignete Angaben macht, wird mit Freiheitsstrafe bis zu einem Jahr oder mit Geldstrafe bestraft.

B. Auszug aus

Gesetz über die Werbung auf dem Gebiete des Heilwesens (HWG)

In der Fassung der Bekanntmachung vom 18. Oktober 1978 (BGBl. I S. 1677), geändert durch Gesetz vom 16. August 1986 (BGBl. I S. 1296) (BGBl. III S. 2121-20)

Artikel 1

§ 1

(1) Dieses Gesetz findet Anwendung auf die Werbung für

1. Arzneimittel im Sinne des § 2 des Arzneimittelgesetzes,
2. *andere Mittel, Verfahren, Behandlungen und Gegenstände, soweit sich die Werbeaussage auf die Erkennung, Beseitigung oder Linderung von Krankheiten, Leiden, Körperschäden oder krankhaften Beschwerden bei Mensch oder Tier bezieht.*

(2) Andere Mittel im Sinne des Absatzes 1 Nr. 2 sind kosmetische Mittel im Sinne des § 4 des Lebensmittel- und Bedarfsgegenständegesetzes. Gegenstände im Sinne des Absatzes 1 Nr. 2 sind auch Gegenstände zur Körperpflege im Sinne des § 5 Abs. 1 Nr. 4 des Lebensmittel- und Bedarfsgegenständegesetzes.

(3) *Eine Werbung im Sinne des Gesetzes ist auch das Ankündigen oder Anbieten von Werbeaussagen, auf die dieses Gesetz Anwendung findet.*

(4) Dieses Gesetz findet keine Anwendung auf die Werbung für Gegenstände zur Verhütung von Unfallschäden.

§ 2

Fachkreise im Sinne dieses Gesetzes sind Angehörige der Heilberufe oder des Heilgewerbes, Einrichtungen, die der Gesundheit von Mensch oder Tier dienen, oder sonstige Personen, soweit sie mit Arzneimitteln, Verfahren, Behandlungen, Gegenständen oder anderen Mitteln erlaubterweise Handel treiben oder sie in Ausübung ihres Berufes anwenden.

§ 3

Unzulässig ist eine irreführende Werbung. *Eine Irreführung liegt insbesondere dann vor,*

1. wenn Arzneimittel, Verfahren, Behandlungen, Gegenstände oder anderen Mitteln eine therapeutische Wirksamkeit oder Wirkungen beigelegt werden, die sie nicht haben.
2. wenn fälschlich der Eindruck erweckt wird, daß
   a) ein Erfolg mit Sicherheit erwartet werden kann,
   b) bei bestimmungsgemäßem oder längerem Gebrauch keine schädlichen Wirkungen eintreten,
   c) die Werbung nicht zu Zwecken des Wettbewerbs veranstaltet wird,
3. wenn unwahre oder zur Täuschung geeignete Angaben
   a) über die Zusammensetzung oder Beschaffenheit von Arzneimitteln, Gegenständen oder anderen Mitteln oder über die Art und Weise der Verfahren oder Behandlungen oder
   b) über die Person, Vorbildung, Befähigung oder Erfolge des Herstellers, Erfinders oder der für sie tätigen oder tätig gewesenen Personen gemacht werden.

§ 9

Unzulässig ist eine Werbung für die Erkennung oder Behandlung von Krankheiten, Leiden, Körperschäden oder krankhaften Beschwerden, die nicht auf eigener Wahrnehmung an dem zu behandelnden Menschen oder Tier beruht (Fernbehandlung).

§ 11

Außerhalb der Fachkreise darf für Arzneimittel, Verfahren, Behandlungen, Gegenstände oder andere Mittel nicht geworben werden

1. mit Gutachten, Zeugnissen, wissenschaftlichen oder fachlichen Veröffentlichungen sowie mit Hinweisen darauf,
2. mit Angaben, daß das Arzneimittel, das Verfahren, die Behandlung, der

Gegenstand oder das andere Mittel ärztlich, zahnärztlich, tierärztlich oder anderweitig fachlich empfohlen oder geprüft ist oder angewendet wird,

3. mit der Wiedergabe von Krankengeschichten sowie mit Hinweisen darauf,
4. mit der bildlichen Darstellung von Personen in der Berufskleidung oder bei der Ausübung der Tätigkeit von Angehörigen der Heilberufe, des Heilgewerbes oder des Arzneimittelhandels,
5. mit der bildlichen Darstellung
   a) von Veränderungen des menschlichen Körpers oder seiner Teile durch Krankheiten, Leiden oder Körperschäden,
   b) der Wirkung eines Arzneimittels, eines Verfahrens, einer Behandlung, eines Gegenstandes oder eines anderen Mittels durch vergleichende Darstellung des Körperzustandes oder des Aussehens vor und nach der Anwendung,
   c) des Wirkungsvorganges eines Arzneimittels, eines Verfahrens, einer Behandlung, eines Gegenstandes oder eines anderen Mittels am menschlichen Körper oder an seinen Teilen,
6. mit fremd- oder fachsprachlichen Bezeichnungen, soweit sie nicht in den allgemeinen deutschen Sprachgebrauch eingegangen sind,
7. mit einer Werbeaussage, die geeignet ist, Angstgefühle hervorzurufen oder auszunutzen,
8. durch Werbevorträge, mit denen ein Feilbieten oder eine Entgegennahme von Anschriften verbunden ist,
9. mit Hauszeitschriften, deren Werbezweck mißverständlich oder nicht deutlich erkennbar ist,
10. mit Veröffentlichungen, die dazu anleiten, bestimmte Krankheiten, Leiden, Körperschäden oder krankhafte Beschwerden beim Menschen selbst zu erkennen und mit den in der Werbung bezeichneten Arzneimitteln, Gegenständen, Verfahren, Behandlungen oder anderen Mitteln zu behandeln, sowie mit entsprechenden Anleitungen in audiovisuellen Medien,
11. mit Äußerungen Dritter, insbesondere mit Dank-, Anerkennungs- oder Empfehlungsschreiben, oder mit Hinweisen auf solche Äußerungen,
12. mit Werbemaßnahmen, die sich ausschließlich oder überwiegend an Kinder oder an Jugendliche unter 18 Jahren richten,
13. mit Preisausschreiben, Verlosungen oder anderen Verfahren, deren Ergebnis vom Zufall abhängig ist,
14. durch die nicht verlangte Abgabe von Mustern oder Proben oder durch Gutscheine dafür.

§ 12

(1) Die Werbung für Arzneimittel außerhalb der Fachkreise darf sich nicht auf die Erkennung, Verhütung, Beseitigung oder Linderung *der in der Anlage zu*

diesem Gesetz aufgeführten Krankheiten oder Leiden beim Menschen oder Tier beziehen.

(2) *Die Werbung für andere Mittel, Verfahren, Behandlungen oder Gegenstände außerhalb der Fachkreise darf sich nicht auf die Erkennung, Beseitigung oder Linderung dieser Krankheiten oder Leiden beziehen.* Dies gilt nicht für die Werbung für Verfahren oder Behandlungen in Heilbädern, Kurorten und Kuranstalten.

Anlage zu § 12 HWG

Krankheiten und Leiden, auf die sich die Werbung gemäß § 12 nicht beziehen darf

A. Krankheiten und Leiden beim Menschen

1. Nach dem Bundes-Seuchengesetz in der im Bundesgesetzblatt Teil III, Gliederungsnummer 2126-1, veröffentlichten Fassung, zuletzt geändert durch Artikel 4 des Gesetzes vom 10. August 1978 (BGBl. I S. 1217), meldepflichtige Krankheiten,
2. Geschwulstkrankheiten,
3. Krankheiten des Stoffwechsels und der inneren Sekretion, ausgenommen Vitamin- und Mineralstoffmangel und alimentäre Fettsucht,
4. Krankheiten des Blutes und der blutbildenden Organe, ausgenommen Eisenmangelanämie,
5. organische Krankheiten
   a) des Nervensystems,
   b) der Augen und Ohren,
   c) des Herzens und der Gefäße, ausgenommen allgemeine Arteriosklerose, Varikose und Frostbeulen,
   d) der Leber und des Pankreas,
   e) der Harn- und Geschlechtsorgane,
6. Geschwüre des Magens und des Darms,
7. Epilepsie,
8. Geisteskrankheiten,
9. Trunksucht,
10. krankhafte Komplikationen der Schwangerschaft, der Entbindung und des Wochenbetts.

§ 14

Wer dem Verbot der irreführenden Werbung (§ 3) zuwiderhandelt, wird mit Freiheitsstrafe bis zu einem Jahr oder mit Geldstrafe bestraft.

§ 15

(1) Ordnungswidrig handelt, wer vorsätzlich oder fahrlässig
  5. entgegen § 9 für eine Fernbehandlung wirbt,
  7. auf eine durch § 11 verbotene Weise außerhalb der Fachkreise wirbt,
  8. entgegen § 12 eine Werbung betreibt, die sich auf die in der Anlage § 12 aufgeführten Krankheiten oder Leiden bezieht.

(2) Ordnungswidrig handelt ferner, wer fahrlässig dem Verbot der irreführenden Werbung (§ 3) zuwiderhandelt.

(3) Die Ordnungswidrigkeit nach Absatz 1 kann mit einer Geldbuße bis zu fünfzigtausend Deutsche Mark, die Ordnungswidrigkeit nach Absatz 2 mit einer Geldbuße bis zu fünfundzwanzigtausend Deutsche Mark geahndet werden.

5.8.5 Ausbildung zum Heilpraktiker

Da der Heilpraktiker ein Zulassungsberuf ist, ist der Ausbildungsgang nicht gesetzlich geregelt. Wie ein Anwärter seine Kenntnisse und Fähigkeiten nicht nur für die Zulassungsüberprüfung, sondern auch für seine spätere Tätigkeit erwirbt, liegt in seiner eigenen Verantwortung:

1. Durch Selbststudium
   Früher haben sich viele Heilpraktiker autodidaktisch ausgebildet. Heute ist die Wissensvermittlung eher verschult, der Heilpraktiker eher ein Erstberuf.
2. Durch Mitarbeit in einer Heilpraktikerpraxis
   Zu dieser Form der Ausbildung gehört nicht nur ein guter Lehrmeister, sondern auch eine zusätzliche konsequente Nacharbeit der theoretischen Grundlagen des in der Praxis erfahrenen Stoffes.
3. Durch ein Ausbildungsinstitut
   Hier gibt es eine Fülle von Angeboten, vom Fernstudium mit Wochenendseminaren bis zu Abendseminaren an mehreren Wochentagen über 1½ bis 3 Jahre. Eine gründliche Vorabinformation (z. B. Probeunterricht u. ä.) bewahrt vor Enttäuschungen.
4. Durch Verbandschulen
   Diese sind z. T. dreijährige, oder auch zweijährige, Tages- oder Abendschulen.

Auszug aus den Bestimmungen des Ministeriums für Gesundheit, Familie u. Sozialordnung des Landes Baden-Württemberg,

Mindestanforderungen, auf deren Grundlage geprüft wird, ob eine Heilpraktikerschule im Sinne des Umsatzsteuergesetzes § 4 Nr. 21b ordnungsgemäß auf den Beruf vorbereitet (Umsatzsteuerbefreiung).

Die eingesetzten Lehrkräfte müssen die erforderliche Eignung besitzen (Heilpraktiker, Ärzte, Dipl.-Psychologen, Dipl.-Biologen). Die Ausbildungsinhalte müssen in einem Lehrplan konkret beschrieben sein.
Ein zeitlicher Zusammenhang der Themen muß bestehen und in einem Unterrichtsplan und Stundenplan erfaßt und für den Studierenden zugänglich sein.

Die Mindeststudienzeit soll bei berufsbegleitendem Studium mit Selbststudium ca. 1000 Stunden betragen. Bei Vollzeitstudium mindestens 2000 Stunden.
Die Schülerzahl muß in einem angemessenen Verhältnis zur Zahl der Lehrkräfte stehen.
Die Unterrichtsräume müssen für den Schulbetrieb geeignet sein.
Der *Unterricht* soll folgende Bereiche umfassen:
- Medizinisches Grundlagenwissen (Anatomie, Physiologie),
- Krankheitslehre (Pathologie),
- Verfahren zur Krankheitserkennung (Diagnostik),
- Verfahren zur Krankheitsbehandlung und -verhütung (Therapie),
- Naturheilkunde und -verfahren,
- Erste Hilfe (Notfallbehandlung),
- Hygiene (einschl. Sterilisation),
- Arzneimittelkunde und -verordnungslehre (Pharmakologie f. Heilpraktiker),
- Berufs- und Gesetzeskunde (Heilpraktikergesetz und seine Durchführungsverordnungen, Bundesseuchengesetz und ähnliche gesundheitsrechtlichen Vorschriften, Rechte und Pflichten des Heilpraktikers, Praxisführung etc.),
- Erlernung wichtiger Techniken wie Injektionstechnik, EKG etc., Blutdruckmessung und Blutabnahme. Reflexübungen, Laborarbeiten.

Schul- und Ausbildungsvertrgäe müssen folgende Regelung enthalten:
- angemessene Unterrichtsgebühren mit Angabe der genauen Leistungen,
- ordentliche Kündigungsmöglichkeiten z. B. viertel-, halb- oder jährliche Kündigungsmöglichkeiten des Ausbildungsvertrages,
- Festpreise ohne Preisgleitklausel,
- Möglichkeiten der monatl. oder semestermäßigen Zahlung der Studiengebühren,
- Möglichkeit der Studienunterbrechung z. B. bei Krankheit oder dergl. über einen angemessenen Zeitraum.

Werbung:
Eine korrekte Werbung mit genauer Schul- bzw. Firmenbezeichnung.
Die Werbung darf nicht den Anschein einer öffentl. rechtl. Schule erwecken.
Die Werbung darf nicht sittenwidrig sein und so zum Vertragsabschluß verleiten.
Es ist darauf hinzuweisen, daß die Abschlußprüfung am Ende der Ausbildung keine staatl. Prüfung darstellt, und erst die amtsärztliche Zulassungsüberprüfung den Zugang zum Beruf des Heilpraktikers eröffnet.

Auszüge aus einer Schulsatzung für Verbandsschulen
(Aus dem Bundesanzeiger Nr. 182 – 1984) – freilich aufgrund der Rechtslage nicht verbindlich

Präambel

Als Orientierung für die Heilpraktikerausbildung wurde ein Berufsbild des Heilpraktikers zugrunde gelegt, dessen Schwerpunkt die traditionelle Volksheilkunde ist. Die Wurzeln dieses Berufes, die das heutige Berufsbild prägen, bestehen im wesentlichen aus der Volksheilkunde, der Homöopathie und der klassischen Naturheilkunde.

Die Volksmedizin oder Volksheilkunde, die den Anfang jeder heilkundlichen Tätigkeit unter Menschen darstellt, hat die Entwicklung der Medizin bis weit in die vorigen Jahrhunderte beeinflußt. Auch nach der Entstehung einer scholastischen Medizin ausgangs des Mittelalters blieb sie bestehen, nahm jedoch teilweise eine eigenständige Entwicklung, die sich bis in das 20. Jahrhundert fortsetzte.

Der Beruf des Heilpraktikers ist aus dieser Entwicklung entstanden. Es ist seine Aufgabe, zum Wohle der Volksgesundheit das wertvolle Erfahrungsgut und das zum Teil individuelle Erfahrungswissen der vergangenen Jahrhunderte zu erhalten, zu pflegen und weiterzuentwickeln.

Das Menschenbild des Heilpraktikers stellt den Menschen als geistig-seelisch-körperliche Einheit dar, die mit der sie hervorbringenden und umgebenden Umwelt ein höheres Ganzes bildet und deren Einzelglieder sich in ständiger Wechselwirkung untereinander befinden. Der Heilpraktiker berücksichtigt daher bei der Behandlung sowohl die Bezüge erkrankter Organe zum übrigen Organismus, die geistig-seelischen Aspekte, als auch das soziale Umfeld und die Lebensgewohnheiten seiner Patienten.

Dabei versucht er, mit seinen Heilverfahren die Selbstheilungskräfte des Kranken anzuregen, dessen gesunden Bezug zu seiner Umgebung wiederherzustellen und dem Grundsatz des »nihil nocere« gerecht zu werden.

Diese berufsständische Ausbildungsregelung beinhaltet die im Gesetz zur Ausübung der Heilkunde nicht festgelegten Ausbildungswege für diesen Beruf.

. . .

§ 2

Träger der Schule ist der zuständige Verband . . .

§ 3

Die für den Unterricht vorgesehenen Räume müssen alle Voraussetzungen erfüllen, um einen geordneten Unterricht in Theorie und Praxis zu ermöglichen. Die Schule muß über ausreichendes Lehrmaterial, Geräte und audiovisuelle Hilfsmittel verfügen.

§ 4

In die Schulen werden Heilpraktikeranwärter aufgenommen, die das 21. Lebensjahr vollendet haben sollen. Voraussetzung für die Aufnahme ist der Nachweis der notwendigen Allgemeinbildung – qualifizierter Volksschulabschluß mit abgeschlossener Berufsausbildung, mittlere Reife oder Abitur und Erfüllung der gesetzlichen Bestimmungen. Über die Aufnahme entscheidet die Schulleitung nach Prüfung der erforderlichen Unterlagen und ggf. in einem persönlichen Gespräch mit dem Bewerber.

§ 5

Die Schule schließt mit dem Bewerber einen Schulvertrag ab, in dem sie sich verpflichtet, dem Schüler in einer berufsständischen Ausbildung die Kenntnisse und Fähigkeiten zu vermitteln, die zur verantwortlichen Ausübung des Heilpraktikerberufes im Sinne der Präambel notwendig sind.

§ 6

Die Ausbildung zum Heilpraktiker muß 3000 (dreitausend) Unterrichtsstunden zu 45 Minuten umfassen. Die Ausbildungszeit beträgt mindestens drei Jahre. Darüber hinaus wird nach Schulabschluß ein einjähriges Praktikum empfohlen.

§ 7

Vom Schüler müssen fortlaufend, mindestens quartalsmäßig, Leistungsnachweise verlangt werden. Ein erfolgreicher Schulabschluß ist durch ein Zeugnis zu bescheinigen.

§ 8

Das Schulgeld muß ausreichend sein, um ein hohes Ausbildungsniveau in Theorie und Praxis zu ermöglichen.

§ 9

Der Lehrplan orientiert sich an der Präambel dieser Satzung und dem folgenden Gegenstandskatalog.

§ 10

Die Ausbildung muß folgende Fachgebiete umfassen (Gegenstandskatalog/beispielhafte Aufzählung)

Allgemeines Grundwissen, Berufskunde

Geschichte und Ethik der Volks- und Naturheilkunde
Die soziale Stellung des Heilpraktikers
Die Rechte und Pflichten des Heilpraktikers und Gesetzeskunde

Medizinisches Grundwissen

Einführung in die medizinische Biologie und Chemie,
Cytologie, Histologie, Embryologie, Anatomie und Physiologie,
Allgemeine Pathologie, Stoffwechsel, Ernährungsbiologie und Diätetik, Erste Hilfe

Pathologie, Diagnostik, Therapieverfahren

Spezielle Pathologie mit Infektionskrankheiten und Geschlechtskrankheiten,
Individuelle Pathologie mit Berücksichtigung individueller Reizbeantwortung, konstitutioneller Anlagen und Diathesen,
Anamnese, Diagnostik und Differentialdiagnostik

Psychodiagnostik
Diagnosemethoden des Heilpraktikers
  Augendiagnostik, Harndiagnostik, Labor,
  Semiotik, visuelle Diagnostik, thermische
  und bio-energetische Verfahren

Volks- und naturheilkundliche Therapiemethoden
  Haut-, Reiz- und Ableitungsmethoden
  Humoralpathologische Verfahren
  Ausleitung über Darm, Nieren und Haut,
  Hydrotherapie, Schröpfbehandlung, Baunscheidt, u.a.

Homöopathie, Biochemie, Nosodentherapie, Isopathie,
Phytotherapie, Spagyrik
Einführung in die Chiropraktik
Einführung in die Akupunktur
Psychosomatik, Einführung in die Psychotherapie

Praktische Ausbildung: »Diagnose- und Therapieverfahren«

(Übungen und Demonstrationen)
Auskultation, Perkussion
Palpation und Inspektion
Reflexprüfungen
Herz- und Kreislaufuntersuchungen und Funktionsproben
EKG, Ultraschall-Gefäßdiagnostik
Labor Blut und Harn
Akupunktur, Chiropraktik
Massage
Hydrotherapie
Reflexzonentherapie, z.B.
Baunscheidt-Methode, Cantharidenpflasterbehandlung
Blutegelbehandlung, blutiges und unblutiges Schröpfen
Segmenttherapie, u.a.
Injektionstechniken:
I.c., s.c., i.m. und Venenpunktion
Bio-energetische und thermische Verfahren
Psychosomatische Therapie
Hygiene, Desinfektion und Sterilisation
Notfälle, Erste-Hilfe-Maßnahmen
Allgemeine Pharmakologie

Praktische Übungen
Fallbesprechungen (aus der Praxis)
teilweise mit Vorstellungen
Beteiligung an Ambulatorium und Schullabor

§ 11

Der Unterricht wird von erfahrenen Heilpraktikern und fachbezogenen Lehrkräften erteilt.

Die Qualifikation:
Grundsätzlich soll das Lehrerkollegium zu mindestens 60% aus Heilpraktikern bestehen und der Leiter der Schule ein Heilpraktiker sein.

Die an der Berufsfachschule tätigen Heilpraktiker sollen mindestens sieben Jahre selbständige Praxistätigkeit nachweisen können ...

Außer Heilpraktikern können auch Ärzte, Psychologen, Apotheker, Chemiker, Diplom-Biologen, MTA, Physiologen und andere tätig werden. Ihre Qualifikation ergibt sich aus ihrem abgeschlossenen Studium oder ihrer Ausbildung.

Nicht regelmäßig tätige Gastdozenten können in angemessenem Verhältnis auch ohne die in Absatz 1 und 2 geforderte Qualifikation beschäftigt werden. Der Gesamtanteil des Unterrichts durch Gastdozenten darf jedoch nicht mehr als 10% der Gesamt-Unterrichtszeit betragen.

5.8.6 BERUFSBILD DES HEILPRAKTIKERS

Der Heilpraktikerstand besitzt kein gesetzlich normiertes Berufsbild, aber dennoch hat sich ein tradiertes Berufsbild herausgebildet, das sich am Gesetz und allen gesetzlichen Bestimmungen aus dem Umfeld des Heilpraktikers, aus seiner Tradition, seiner soziologischen Aufgabe in der Gesellschaft, seinen Motivationen und Quellen, seiner spezifischen Denk- und Handlungsweise, aus seinem Tätigkeitsfeld, seinen Aus- und Fortbildungsbemühungen, seinem Bemühen um eine faßbare Ordnung im Berufsstand (z. B. in einer BOH und einem GebüH) und nicht zuletzt aus seiner Identifikation mit der Naturheilkunde ergibt.

Ein Berufsbild, das aus der Herkunft abgeleitet, Gegenwart beschreibt und eine freie, an den Bedürfnissen der Patienten orientierte Entwicklung ermöglicht.

Seit dem Ende des Krieges, seit dem Ende des Zwangsverbandes »Deutsche Heilpraktikerschaft« und mit dem Einzug pluralistischer Strukturen sowie der Möglichkeit zu mehr Verbandsvielfalt, seit also Meinung nicht mehr staatlich vorgeschrieben und verordnet wird, hat in den Heilpraktikerverbänden eine Diskussion über das – oder ein – Berufsbild des Heilpraktikers begonnen. Alle möglichen Ansätze hierzu hat es gegeben, pragmatisch-realistische, programmatisch-idealistische, naturheilkundlich-philosophische und ideologische Gesetzes- und Tätigkeitsbeschreibungen.

Der Beruf des Heilpraktikers existiert und er *hat* natürlich ein Berufsbild, auch wenn es nicht differenziert niedergeschrieben ist.

Sein tradiertes Berufsbild kommt aus einer Tradition, die sich von Generation zu Generation berufsständisch fortentwickelt hat, ohne vom Gesetzgeber geregelt zu sein. Das tradierte Berufsbild rechtfertigt seine Existenz aus dieser Tradition. Ein solches rein tradiertes Berufsbild war lange Zeit das des Naturheilkundigen.

Dessen Nachfahre, der heutige Heilpraktiker, fußt auf dieser Tradition, besitzt aber auch Merkmale eines gesetzlich normierten Berufsbildes, in dem es bestimmte Regelungen in diesem Sinne und in dieser Richtung gibt, wie allein schon die gesetzlich verbindliche Berufsbezeichnung »Heilpraktiker« zeigt, im Gegensatz zu denen der früher unverbindlichen »Naturheilkundler, Homöopath, Magnetopath usw.«, zwischen denen man für seine Heiltätigkeit wählen konnte.

Darüber hinaus gibt es weitere gesetzliche Normierungen für den Beruf des Heilpraktikers, die ihn in gewisser Weise von einem rein tradierten Berufsbild abrücken:

1. Eingangsvoraussetzungen zum Beruf
   - Alter und Vorbildung
   - Zulassungsüberprüfung (in bezug auf Kenntnisse und Fähigkeiten, die gewährleisten, daß Berufsanwärter keine Gefahr in der Ausübung der Heilkunde werden)
2. Beschreibung des Tätigkeitsfeldes im weitesten Sinne:
   - Ausübung der Heilkunde (am Menschen) ohne Bestallung (Heilpraktikergesetz)
   - Anerkennung dieses heilkundlichen Tätigkeitsfeldes durch mit Ärzten gemeinsames Ausnehmen von bestimmten heilkundlichen Tätigkeitsvorbehalten in anderen Heilberufsgesetzen (z. B. diagnostischen Tätigkeitsvorbehalten im MTA-Gesetz ...)
   - Inhalte der Überprüfung in Länderrichtlinien (auch Leitlinienempfehlungen)
3. Begrenzung des Tätigkeitsfeldes (Einschränkung)
   - durch andere Gesetze (Bundesseuchengesetz, Gesetz zur Bekämpfung der Geschlechtskrankheiten, Zahnheilkundegesetz, Hebammengesetz, Arzneimittelgesetz [Verschreibungspflicht, Betäubungsmittel ...] ...)
4. Qualifikationsanspruch in ausgeübten Tätigkeitsbereichen
   - durch höchstrichterliche Rechtsprechung (BGH-Urteil über Sorgfaltspflicht, das in Bereichen, in denen der Heilpraktiker tätig wird, arztgleiche fachliche Kenntnisse und Fähigkeiten und den neuesten Kenntnisstand abverlangt)

Bereiche, die auf dem rein tradierten Berufsbild fußen, also nicht gesetzlich geregelt sind, müssen, wie es die Tradition herausgebildet hat, eigenverantwortlich ausgefüllt werden:

- Erwerb der Berufszulassungsvoraussetzungen (Ausbildung ...)
- Erwerb von Kenntnissen und Fähigkeiten, die der geforderten Sorgfaltspflicht genügen (Fortbildung ...)

In diesen Bereichen kann der einzelne in seinen eigenverantwortlichen Pflichten durch Berufsverbände unterstützt werden, was weitgehend der Fall ist (Ausbildung, Fortbildung – »verbandliche Regelung«).

Die eigenverantwortlichen Pflichten des einzelnen könnte aber auch der Gesamtberufsstand (freiwilliger Zusammenschluß aller Verbände) gemeinsam unterstützen (Ausbildung, Fortbildung – »berufsständische Regelung«).

Normierte Aufstiegsregelungen innerhalb des Berufs (Diplomheilpraktiker u. ä.), sowie gesetzlich normiertes Spezialistentum innerhalb des Berufs Heilpraktiker sind nicht vorgesehen.

Hingegen ist eine freiwillige eigenverantwortliche Spezialisierung auf bestimmte Tätigkeitsbereiche innerhalb der Ausübung der Heilkunde durch einen Heilpraktiker möglich und oft geübte Praxis. Dabei müssen die Qualifikationsansprüche, die sich jeweils durch das Sorgfaltspflichturteil ergeben, ebenso eigenverantwortlich erfüllt werden, wobei wieder Verbände oder der Gesamtberufsstand unterstützend helfen können durch Fortbildungsangebote (»verbandliche« oder »berufsständische« Regelung der Fortbildung).

Unter diesen Gegebenheiten ist das Berufsbild des Heilpraktikers das eines freien und selbstverantwortlichen Gesundheitsberufs.

Walther Hofer

Mächte und Kräfte im 20. Jahrhundert

Walther Hofer

Mächte und Kräfte im 20. Jahrhundert

Gesammelte Aufsätze
und Reden zum 65. Geburtstag

Herausgegeben von Peter Maurer

Droste Verlag Düsseldorf

Dieses Buch entstand mit Unterstützung folgender
Personen und Firmen

Bank Julius Baer, Zürich
Berner Allgemeine Versicherungs-Gesellschaft, Bern
Enginconsult Ltd., Zürich
Kleinert Unternehmungen, Bern
Loeb AG, Bern
Dr. W. Lüem, A. Welti-Furrer AG, Zürich
Matthys und Partner, Zürich
Schweizerische Bankgesellschaft, Zürich
Schweizerische Kreditanstalt, Zürich
Schweizerische Mobiliar Versicherungsgesellschaft, Bern
Schweizerische Volksbank, Bern

CIP-Kurztitelaufnahme der Deutschen Bibliothek

Hofer, Walther : Mächte und Kräfte im 20. Jahrhundert /
Walther Hofer. - Düsseldorf : Droste, 1985
ISBN 3-7700-0698-4

Lizenzausgabe für die Bundesrepublik Deutschland und Österreich:
Droste Verlag GmbH, Düsseldorf, 1985

Satz: Typobauer Filmsatz GmbH, Ostfildern
Druck und Einband: May + Co., Darmstadt
Printed in Germany

Inhaltsverzeichnis

Einleitung

Der 65. Geburtstag von Walther Hofer bildet den Anlass zum Erscheinen des vorliegenden Sammelbandes. Den profilierten Wissenschaftler und Politiker dabei näher vorzustellen, dürfte sich wohl erübrigen, um so mehr als dies in der ihm gewidmeten Festschrift «Innen- und Aussenpolitik» vor fünf Jahren bereits geschehen ist. Das Ziel unserer Publikation ist es vielmehr, Aspekte aus seinem Schaffen einem breiteren Publikum in dieser handlichen Form zugänglich zu machen. Die an verstreuten und oft schwierig auffindbaren Orten abgedruckten – teils auch unveröffentlichten – Beiträge sollen in der vorliegenden Zusammenstellung einen Einblick in grundlegende Probleme und Entwicklungen der Weltpolitik im 20. Jahrhundert geben, die Hofer während nun mehr als vierzig Jahren verfolgt und analysiert hat: als Student in Zürich und Bern während des Zweiten Weltkrieges, als Dozent und später Professor in der «Frontstadt» Berlin während der 50er Jahre; in den 60er und 70er Jahren dann als Ordinarius für neuere Weltgeschichte in Bern, als eidgenössischer Parlamentarier während sechszehn Jahren und als Mitglied der Parlamentarischen Versammlung des Europarates während mehr als zwölf Jahren.

Angesichts der mit diesen Ämtern verbundenen vielfältigen Tätigkeiten, die sich auch in einem umfangreichen schriftstellerischen Werk niederschlagen, war es hier unmöglich, Vollständigkeit anzustreben. Die Auswahl, welche trotzdem beansprucht, einen repräsentativen Querschnitt zu geben, konzentriert sich auf ein Thema, von dem wir glauben, dass es eine existentielle Erfahrung im politischen Leben des 20. Jahrhunderts zum Ausdruck bringt: die Auseinandersetzung zwischen Demokratie und Diktatur.

Das historische Interesse, die Neugierde darüber, wie etwas geworden ist und in welcher Tradition es steht, rückt in Hofers Analysen immer wieder ins Zentrum der Betrachtung und durchzieht auch die hier abgedruckten Beiträge wie ein roter Faden. Eindrücklich tritt dabei die Fähigkeit hervor, grosse Entwicklungslinien offenzulegen, wo der Lauf der Geschichte scheinbar ziel- und planlos vorangetrieben wird. Selbst in Detailstudien wird dies deutlich, werden doch auch hier einzelne, isolierte Ereignisse stets in einen breiten historischen Kontext gestellt.

Historisches Verstehen ist jedoch für Hofer nie Selbstzweck, sondern letztlich immer mit dem Ziel verbunden, politisch zu verstehen und angemessen handeln zu können. Dies offenbart auch eine pädagogische Ader, wie sie wohl am deutlichsten in «Der Nationalsozialismus. Dokumente 1933–1945» (Neuauflage Frankfurt 1983) zutage getreten ist. Die von einem Rezensenten gelobte «glückliche Verbindung von

Vollständigkeit und vertretbarer Länge» machte aus diesem Buch ein Instrument politischer Bewusstseinsbildung gegen das Unwesen totalitärer Diktaturen. Dass ausgerechnet ein Schweizer Historiker zu diesem dunkelsten Kapitel deutscher Geschichte die mit einer Auflage von über einer Million Exemplaren am meisten verbreitete Darstellung verfasste, verdient dabei ganz besonders hervorgehoben zu werden, wurde doch Hofer gerade auch wegen seiner Verdienste für die Erforschung des Nationalsozialismus 1984 mit dem grossen Verdienstkreuz der Bundesrepublik Deutschland ausgezeichnet.

Zur pädagogischen Ader gesellt sich bei Walther Hofer die Klarheit der Sprache, die, allgemeinverständlich und wissenschaftlich präzise zugleich, auf hochgestochene und pseudogeniale Wissenschaftlichkeit verzichtet. Seine Aufsätze und Reden richten sich denn auch mehr an den historisch und politisch interessierten Zeitgenossen, als an den spezialisierten Fachkollegen. Dies ist das Ergebnis einer langjährigen journalistischen und publizistischen Erfahrung, aber auch Ausdruck für das Bestreben, zwischen dem engen Kreis der Wissenschaft und einem breiteren Publikum Brücken zu schlagen. Letzteres führte Hofer mit zwingender Logik von der politischen Wissenschaft in die Politik selbst.

Dem Spannungsverhältnis zwischen wissenschaftlicher Analyse und politischer Aktivität sollte auch in diesem Band Rechnung getragen werden. Europaratsreden stehen so neben geschichtswissenschaftlichen und politologischen Untersuchungen; sprachlich bedeutet dies zwar einen Stilbruch, inhaltlich bieten sich dadurch aber besonders reizvolle Vergleichsmöglichkeiten.

Ein weiteres Spannungsverhältnis durchzieht Hofers Beiträge, unabhängig davon, ob diese mehr für die wissenschaftliche oder die politische Arena bestimmt sind: Es handelt sich um jenes zwischen analytischer Distanz und scharfen Urteilen, das nur auf dem Hintergrund seines Geschichtsverständnisses und seiner ethisch-weltanschaulichen Überzeugungen und Wertungen verständlich wird.

Vorurteilslos versucht er, die Geschichte aus der jeweiligen Zeit heraus zu verstehen, ihre Grundfragen immer wieder neu zu thematisieren und ihre treibenden Kräfte am konkreten Beispiel zu bestimmen: den Einfluss von Personen und Strukturen, von Kontinuität und Diskontinuität, von Freiheit und Notwendigkeit, sowie das Gewicht geistiger und materieller Kräfte. Keinem dieser Elemente wird im voraus ein Vorrang zugesprochen, ihr jeweiliges Mischverhältnis mache gerade die Besonderheit und Individualität der Geschichte aus. Was Hofer in seiner Dissertation über Friedrich Meineckes Geschichtsverständnis darlegte, kann denn auch für seine eigene Sicht als charakteristisch betrachtet werden. Dass nämlich das geschichtliche Leben eine zwar einheitliche, aber zugleich doppelpolige Welt darstelle, die immer von zwei Seiten gleichzeitig bestimmt werde: «Wesentlich ist, dass diese polaren Grundverhältnisse kein entweder-oder zum Ausdruck bringen, sondern immer ein sowohl als auch». Hitler ist zwar das Produkt von Umständen, der wirtschaftlichen, politischen und sozialen Krise, aber der «Nationalsozialismus ohne Hitler» als Person ist undenkbar. Die deutsche Geschichte kennt zwar Elemente der Kontinuität zwischen Bismarck, Wilhelm II. und Hitler, sie kennt aber auch Brüche. Das Jahr 1917 ist zwar ein Entscheidungsjahr der Weltgeschichte, in welchem Russland mit dem Zarismus bricht, der russische Imperialismus lebt jedoch unter roter Flagge weiter. Der Konflikt zwischen den USA und der Sowjetunion ist zwar ein geistig-ideologischer, was nicht ausschliesst, dass er auch ein machtpolitischer ist; die beiden Supermächte unterscheiden sich zwar fundamental was ihre politischen Systeme anbetrifft, der missionarische Eifer für ihre weltumfassenden Konzepte ist ihnen jedoch gemeinsam. Dies sind nur einige Beispiele für die Interpretationsbreite der nachfolgenden Beiträge.

Hofers Geschichtsverständnis, welches vom Bestreben geprägt ist, durch die Konkretisierung von Gegensatzpaaren die Vergangenheit wirklichkeitsgetreu zu beschreiben, findet eine Fortsetzung in der politischen Praxis. Dies wird in seinen ostpolitischen Stellungnahmen vor dem Europarat, beispielsweise in bezug auf die Konferenz über Sicherheit und Zusammenarbeit in Europa (KSZE) deutlich, galt es doch auch hier zwischen zwei Polen einen Weg zu finden. In einer kürzlich erschienenen Abhandlung ist diese Politik folgendermassen charakterisiert und beurteilt worden: «Zumal unter diesem Gesichtspunkt der Suche nach einem Gleichgewicht zwischen Öffnung und Prinzipien-Wahrung stellt der Beitrag Nationalrat Hofers den nachhaltigsten individuellen Beitrag zur Formulierung der «Détente»-Doktrin des Europarates dar.» (R. Wyder, Die Schweiz und der Europarat 1949–1971, Bern 1984.) Angesichts der überwiegenden Begeisterung für die Entspannungspolitik habe sich Hofer nicht auf eine Kassandra-Rolle zurückgezogen, sondern neue Postulate formuliert wie den «Kontakt zwischen den Völkern als Gegenstück zu den erweiterten Beziehungen zwischen den Regierungen», sowie die Sicherung des freien Austausches von Personen, Ideen und Informationen. Es waren dies Postulate, die, wie Wyder feststellt, schliesslich als wohl wichtigster Verhandlungserfolg des Westens in die KSZE-Schlussakte Eingang fanden.

Damit sind wir beim zweiten erwähnten Element, bei Hofers ethisch-politischen Wertungen angelangt, die seine Beiträge ebenso prägen wie sein Geschichtsverständnis. Differenzierte Beschreibung der Wirklichkeit ist bei ihm nie Standpunktlosigkeit. Auch hier können wir auf seine Arbeit über Friedrich Meinecke zurückgreifen, wo festgestellt wird, dass es auf der Ebene der «Auffassungen» für jeden Historiker gelte, sich zu entscheiden. «Er kann nicht Individualist und Kollektivist, Determinist und Indeterminist sein. Eines der Prinzipien wird seine Theorie immer bestimmen und danach wird der Historiker einzuordnen sein.»

So auch Hofer selbst, den man auf der Ebene der «Auffassungen» mehr zu den Individualisten und «Idealisten» und weniger zu den Kollektivisten und Materialisten zählen müsste. Der Massstab für die Beurteilung politischer Systeme ist somit eindeutig: es ist die Freiheit des Individuums, welche er am besten in den freiheitlich-rechtsstaatlichen Demokratien geschützt sieht. Dieser Staatsform und ihrer Verteidigung fühlt er sich mit Leib und Seele verbunden. Bedroht sieht er die persönliche Freiheit durch «rechte» und «linke» Diktaturen: durch Nationalsozialismus und Bolschewismus, durch Parteidiktaturen in Osteuropa, durch – inzwischen überwundene – Militärdiktaturen in Westeuropa; nicht zu vergessen schliesslich die elementaren Verletzungen von Menschenrechten und Menschenwürde in den Ländern der Dritten Welt.

Dass Hofer als liberal-konservativer Politiker die Freiheit des Individuums zu seiner strikten politischen Handlungsmaxime machte, ohne unter dem Zeichen des Antibolschewismus Rechtsdiktaturen zu rechtfertigen, dies macht die Besonderheit seines politischen Profils aus. Dass es ihm gelang, seiner Konzeption im Europarat zum Durchbruch zu verhelfen und diesen in den Demokratisierungsprozess in Griechenland, Spanien und Portugal in den 70er Jahren einzuschalten, wurde zu einem seiner wichtigsten, auch überparteilich anerkannten politischen Erfolge.

Aus dieser Perspektive wird es auch verständlich, dass sich Hofer in Wissenschaft und Politik immer heftig gegen jene Theorien und Ideen wandte, die offen oder verschleiert, aus marxistischer oder neo-marxistischer Perspektive, bürgerliche Politik mit Faschismus und Antibolschewismus identifizieren. Was Hofer 1959 in bezug auf die Gründung der Freien Universität Berlin feststellte, gilt auch für sein wissenschaftliches und politisches Schaffen: Es geht nicht um den Kampf gegen, sondern für eine Idee, nicht gegen den Bolschewismus, sondern für die Freiheit. Seine umfassende Diktatur- und Totalitarismus-Kritik ist dadurch solide legitimiert. Für alle, denen echter Liberalismus nichts bedeutet, wird Hofer damit zum unbequemen Streiter.

In Aufbau und Auswahl dieses Sammelbandes wurde versucht, diesen hier allgemein entwickelten Gedankengängen Rechnung zu tragen und sie entsprechend zur Geltung zu bringen.

Die Beiträge des ersten Kapitels führen uns ein in die Entstehungsgeschichte der bipolaren Welt, wie sie sich durch den Bedeutungsverlust Europas als Folge zweier Weltkriege und durch den Aufstieg von USA und Sowjetunion zu Weltmächten herauskristallisiert hat. Aufgrund der Entwicklung des West-Ost-Gegensatzes wird gezeigt, dass dieser nicht primär als machtpolitischer, sondern vielmehr als geistiger Konflikt zwischen Demokratie und Diktatur begriffen werden muss, der sich seinerseits über Jahrhunderte zurückverfolgen lässt. Die in der abendländisch-christlichen Welt gewachsene Freiheitsvorstellung stand am Anfang einer allmählich sich herausbildenden europäisch-atlantischen «politischen Kultur». Demgegenüber gab es aber auch eine autokratisch-autoritäre russische Tradition, an welche die neuen Machthaber seit 1917 anknüpfen konnten. In diesen globalen und säkularen Perspektiven wird der Ost-West-Konflikt zu einer historischen Notwendigkeit, der sich auch die führenden Politiker nicht zu entziehen wussten. Das angeschlagene europäische Staatensystem konnte in der Zwischenkriegszeit nicht mehr gerettet werden und brach infolge des Zweiten Weltkrieges endgültig zusammen, während ein neues, weltweites Gleichgewicht bis heute labil geblieben ist.

Der Gegensatz zwischen westlicher Demokratie und östlicher Diktatur wurde durch das Auftreten faschistischer Diktaturen in Japan, Deutschland und Italien vorübergehend in den Hintergrund gedrängt. Der nationalsozialistischen Diktatur, ihrer wissenschaftlichen Rezeption sowie dem Zweiten Weltkrieg sind die Beiträge des zweiten Kapitels gewidmet. Hofers Bilanz, 50 Jahre nach der «Machtergreifung» Hitlers, gibt eine Zusammenfassung seiner langjährigen Forschungen über die Errichtung der Diktatur, in deren Rahmen seine Untersuchungen zum Reichtstagsbrand standen, sowie über «Die Entfesselung des Zweiten Weltkrieges» (Neuauflage, Düsseldorf 1984), mit welcher er sich bereits in seiner Habilitationsschrift beschäftigt hatte. In seiner kritischen Auseinandersetzung mit der sogenannten revisionistischen Interpretation des Nationalsozialismus offenbart sich aber auch besonders deutlich sein eingangs beschriebenes Geschichtsverständnis.

Angesichts von totalitärer Diktatur und totalem Krieg waren die Möglichkeiten von Widerstand und Opposition innen- wie aussenpolitisch zwar beschränkt, als

Symbole für Freiheits- und Unabhängigkeitsdenken jedoch von weitreichender politischer Bedeutung. Die Beiträge über das Attentat der Offiziere auf Hitler vom 20. Juli 1944 und über die neutralen Staaten im Krieg illustrieren dies deutlich, wenn auch die Kriegführenden hüben und drüben, gerade die hier dargestellten Aktionen und Haltungen mit wenig Sympathie oder gar Ablehnung beurteilten.

Während die ersten beiden Kapitel in erster Linie historische Probleme darlegen, öffnen das dritte und vierte Kapitel die Perspektiven bis in die Gegenwart hinein, wobei die Auseinandersetzungen anhand von zwei eng miteinander verbundenen Themenbereichen näher ausgeführt werden. Auf der Ebene der Machtpolitik berühren sie die Frage der europäischen Sicherheit und Zusammenarbeit, auf geistig-ideologischer Ebene jene von Freiheit und Menschenrechten. Eindrücklich wird im Jahr der Unterzeichnung der KSZE-Schlussakte 1975 dargelegt, dass trotz Unterschieden manche Probleme der europäischen Sicherheit, wie sie 50 Jahre zuvor in Locarno debattiert wurden, auch noch heute auf Traktandenlisten internationaler Konferenzen anzutreffen sind, dies trotz ungeheuren technischen und wissenschaftlichen Veränderungen, die die Welt in der Zwischenzeit erfahren hatte. Die in manchen Punkten über die Helsinki-Akte hinausgehenden Beschlüsse von Locarno wurden aber durch die nationalsozialistische Gewaltpolitik ebenso zunichte gemacht, wie die auf der Konferenz von Jalta 1945 abgegebene «Erklärung über das befreite Europa» durch die sowjetische Politik der folgenden Monate und Jahre. Letzteres verdient hervorgehoben zu werden, hat sich doch die «Legende von der Weltteilung in Jalta» bis heute in tagespolitischen Auseinandersetzungen einen beharrlichen Platz erhalten können.

Die daran anschliessenden Reden vor der parlamentarischen Versammlung des Europarates, sowie jene zum zwanzigjährigen Jubiläum des schweizerischen Beitritts zur Strassburger Organisation, führen uns in die Sicherheitsproblematik der 70er Jahre ein. Dabei verdient die These hervorgehoben zu werden, die zum nächsten Kapitel überführt, dass nämlich Sicherheit, Frieden, Freiheit und Menschenrechte ein unteilbares Ganzes bilden; für das Problem der Neutralität zieht Hofer daher die Folgerung, dass es eine solche in Fragen von Menschenrechten und Demokratie nicht geben dürfe und könne.

Mit der Freiheits- und Menschenrechtsproblematik, wie sie in den Beiträgen des vierten Kapitels behandelt wird, stossen wir zu dem wohl zentralen Element in Hofers Denken vor. Der erste Beitrag zielt auf eine rationale Durchdringung der emotionell geladenen Frage. Er unterscheidet zwischen individualistischen, kollektivistischen und nationalistischen Menschenrechtskonzeptionen. Dass gerade dieselbe historische Epoche, die in Europa der Freiheitsidee zum Durchbruch verhalf, den Ländern der heutigen Dritten Welt seinerzeit Kolonialismus und Abhängigkeit brachte, war eine schwerwiegende und folgenschwere Tragik der Geschichte, die jedoch, so Hofer, nichts an der universellen Gültigkeit individueller Freiheitsrechte ändern dürfte. Dies wird insbesondere auch gegenüber dem von östlicher Seite erhobenen Vorwurf betont, dass der Einsatz für Freiheit und Menschenrechte nationale Souveränitäten untergrabe und damit entspannungsfeindlich wirke, eine These, die auch vor eindeutigen, völkerrechtlichen Normen keinen Bestand hat. Entscheidend in diesem Kapitel scheint uns sodann die Erkenntnis vom inneren Zusammenhang zwischen den verschiedenen sozialen, politischen, religiösen, künstlerischen und wissenschaftlichen Freiheiten und ihrer letztlichen Abhängigkeit von der individuellen Freiheit. Ohne diese sind nämlich alle andern Grundrechte undenkbar und drohen gar, unter dem Vorzeichen einer Diktatur zur blossen Farce zu werden. Anhand der Schicksale osteuropäischer Staaten wie Polen und Ungarn und der ehemaligen westeuropäischen Diktaturen werden diese Gedankengänge näher ausgeführt. Dabei wird auch hier wieder auf die Geschichts-Wirksamkeit der Freiheits- und Unabhängigkeitsidee hingewiesen.

Im fünften und sechsten Kapitel werden schliesslich die angesprochenen Themen anhand von Problemen aus den beiden Ländern behandelt, mit denen Hofer beruflich und politisch am engsten verbunden ist. Die Freiheitsthematik wird anhand der deutschen Frage fortgeführt, wobei auch hier ihr Vorrang vor dem Postulat nach Einheit vertreten wird: Was für die europäische, gilt somit auch für die deutsche Frage und umgekehrt, wie überhaupt ja die deutsche Frage, der erste Beitrag zeigt dies, immer eine europäische war und seit dem Zweiten Weltkrieg gar eine weltpolitische geworden ist.

Dass Demokratie keineswegs eine starre Regierungsform sein darf und kann, zeigt das letzte Kapitel anhand von zwei Beispielen aus der schweizerischen Geschichte und Politik. Demokratisierung in der Innenpolitik rief nach Demokratisierung der Aussenpolitik, insbesondere nachdem die weltpolitische Interdependenz des Kleinstaates voll ins Bewusstsein breiter Bevölkerungsschichten eingedrungen war. Demokratie schliesslich, so der letzte Beitrag, ist abhängig von demokratischer Kontrolle, ohne die das gefährliche Monopol des Sachverstandes der Bürokratie die parlamentarische Macht untergräbt. In den 60er Jahren geschrieben erscheint dieser Beitrag, gerade angesichts des immer wiederkehrenden Rufes nach Parlamentsreformen, von ungebrochener Aktualität.

Die hier abgedruckten Texte werden, abgesehen von unbedeutenden Kürzungen, unverändert wiedergegeben. Wo dies unerlässlich erschien, wurde in kleinen Einleitungstexten auf den Zusammenhang verwiesen, in welchem der entsprechende Beitrag entstanden ist.

Peter Maurer

Der Ost-West-Gegensatz in historischer Perspektive

Von der europäischen zur globalen Weltgeschichte

Arnold Toynbee, bekannt für seine oft eigenwilligen Ansichten, hat kurz nach dem zweiten Weltkrieg den Ausspruch getan, wir Europäer seien die einzigen, deren Geschichtsbild noch dasjenige aus der Zeit vor Vasco da Gama sei. Was wollte er mit diesen paradox scheinenden Worten sagen? Dass die Europäer wohl seit ungefähr 1500 die Welt, d. h. die andern Kontinente, zu entdecken und zu erobern begonnen, daraus aber bis in unsere Zeit nicht die Konsequenzen gezogen hätten für ihr geschichtliches Denken und ihr politisches Handeln. Die Europäer betrachteten also auch im 20. Jahrhundert die Weltgeschichte immer noch innerhalb eines auf Europa begrenzten Horizontes, gerade so, als ob Europa immer noch mehr oder weniger allein in der Weltgeschichte vorhanden wäre. Sie seien nicht zur Einsicht vorgedrungen, so kritisiert der erwähnte Engländer weiter, dass die Existenz der aussereuropäischen Völker im Begriff sei, für das eigene europäische Schicksal ein mitbestimmender Faktor zu werden.

In früheren Jahrhunderten mochte eine Betrachtungsweise der Weltgeschichte, die Europa im Zentrum der Weltereignisse sah, verständlich sein; denn die Zeit seit dem Beginn der grossen Entdeckungsfahrten stand ganz im Zeichen europäischer Welteroberung und Weltgeltung, aber auch Weltordnung ... (Heute jedenfalls haben wir noch keine neue Weltordnung, sondern wohl eher Weltanarchie.) Völker wie die Spanier und die Portugiesen, die Engländer, Holländer und Franzosen eroberten sich grosse überseeische Kolonialreiche, unter denen das britische Empire das grösste und mächtigste Gebilde wurde. In der Tat wurde bis tief ins 19. Jahrhundert hinein die Welt von Europa aus regiert. Allerdings hat die Entstehung eines unabhängigen nordamerikanischen Staates, nämlich der USA, schon im letzten Viertel des 18. Jahrhunderts eine, wenn auch zunächst kaum spürbare, Bresche in diese europäische Weltmachtstellung geschlagen.

Wie wenig man indessen auf ein solches Ereignis gefasst war, nämlich auf die Entstehung eines unabhängigen und souveränen Staates ausserhalb des traditionellen europäischen Systems, geht etwa daraus hervor, dass man in den europäischen Staatskanzleien zunächst durchaus geneigt war, Amerika als Teil des europäischen Systems anzusehen. Der Gedanke der weltbeherrschenden Stellung Europas war so selbstverständlich, dass man sich einen souveränen Staat ausserhalb des europäischen Systems gar nicht vorstellen konnte. Aber auch die Amerikaner schwankten, wohin sie eigentlich gehören sollten, und es hat 40 Jahre gedauert, von 1783 bis 1823, bis endgültig entschieden war, dass die USA keinen

Teil des europäischen Systems bildeten, sondern Kern eines neuen, eben amerikanischen Systems darstellten. Vom heutigen Standpunkt aus ist es besonders reizvoll, daran zu erinnern, dass vor allem *eine* Regierung immer wieder versucht hat, die USA in das europäische System samt Heiliger Allianz zu inkorporieren, nämlich die russische. Durch Jahrhunderte hindurch waren jedenfalls die Völker der andern Kontinente mehr oder weniger Objekte europäischer Weltpolitik, die Völker Afrikas und teilweise auch Asiens bis in unsere Epoche hinein. Man hat infolgedessen auch mit Recht von einer «Weltgeschichte Europas» gesprochen.

Dieses europäische Weltzeitalter begann sich um die letzte Jahrhundertwende zu Ende zu neigen, sichtbar vor allem am Aufstieg der USA und Japans zu Grossmächten, die in weltpolitischen Angelegenheiten mitzureden begannen. Man kann den Eintritt dieser beiden Mächte in die Weltpolitik sogar auf das Jahr genau feststellen: 1898 und 1902. Was verbergen sich hinter diesen nackten Zahlen für weltgeschichtliche Ereignisse? 1898 ist das Jahr des spanisch-amerikanischen Krieges, durch welchen die USA in ihre imperialistische Phase eintreten und wichtige Positionen des alten und schwachen spanischen Imperiums erben, einerseits in der karibischen See (Puerto Rico und Cuba), anderseits in Ostasien (Philippinen). Die Entscheidungen von damals wirken bis in unsere Zeit hinüber und haben die Entwicklung der internationalen Politik im 20. Jahrhundert in hohem Masse bestimmt. Der bekannte amerikanische Diplomat und Historiker, George Kennan, ist bei seiner Suche nach dem Ursprung des amerikanisch-japanischen Gegensatzes, der im zweiten Weltkrieg so ungeheure Ausmasse angenommen hat, eben auf dieses Jahr 1898 gestossen. Damals wurde entschieden, dass die USA auch eine ostasiatische Macht sein würden. Und nun zu Japan: das Jahr 1902 bringt den Abschluss eines Bündnisses mit England, das gegen Englands Hauptgegner Russland gerichtet ist. Japan ist somit als gleichberechtigte Grossmacht anerkannt – weniger als 50 Jahre nach seiner gewaltsamen Erweckung aus jahrhundertelangem Dornröschenschlaf. Schon zwei Jahre später folgt der russisch-japanische Krieg, der zum ersten Mal in der Geschichte mit dem Sieg einer asiatischen Macht über eine europäische Grossmacht endet. Dieses Ereignis sollte auch eine grosse Wirkung haben im Sinne einer Beförderung der asiatischen Emanzipationsbestrebungen von der europäischen Vormundschaft.

Durch den ersten Weltkrieg trat das europäische Weltsystem in eine Krise und endete infolge des zweiten Weltkrieges und seiner machtpolitischen Ergebnisse mit einem völligen Zusammenbruch europäischer Weltgeltung und Weltordnung. Wir haben daher in den beiden Weltkriegen und ihren Folgewirkungen, also in der Zeit von 1914 bis auf unsere Tage, eine Umbruchzeit weltgeschichtlichen Ausmasses zu sehen. Die beiden Weltkriege bringen eine grosse weltgeschichtliche Epoche zum Abschluss, nämlich das europäische Weltzeitalter, und sie führen eine neue herauf, die wir als das «globale» Zeitalter bezeichnen könnten. Dieses neue Zeitalter, in dessen Anfängen wir leben, ist dadurch gekennzeichnet, dass die Welt einen einheitlichen Wirkungszusammenhang darstellt. Zum ersten Mal können wir jetzt von einer Weltgeschichte im eigentlichen Sinn sprechen, im Sinne einer planetarischen Interdependenz.

Der erste Weltkrieg begann zwar wie frühere Kriege innerhalb des europäischen Staatensystems; aber er unterschied sich dadurch von allen früheren Kriegen in Europa, dass er nicht mehr durch europäische Kräfte allein zur Entscheidung gebracht werden konnte. Während das Frankreich Napoleons noch durch eine Koalition aller andern europäischen Grossmächte, wenn auch erst nach langen und blutigen Kriegen, besiegt werden konnte, war hundert Jahre später der Eintritt der USA in den Weltkrieg nötig, um den Sieg der Alliierten über das zur Hegemonie strebende kaiserliche Deutschland herbeizuführen. Während 1815 auf dem Wiener Kongress nur europäische Mächte vertreten waren, gab es unter den grossen Fünf bei den Versailler Friedensverhandlungen von 1919 bereits zwei aussereuropäische Grossmächte, nämlich die USA und Japan. Das europäische System war zum Weltsystem geworden, aber nicht im Sinne einer Ausweitung zu einem System europäischer Weltmächte – wie das historisch-politische Denken in Deutschland unter der Nachwirkung Rankes es erwartet hatte – sondern im Sinne einer gleichberechtigten Teilnahme aussereuropäischer Mächte. Amerika war zur stärksten Weltmacht aufgestiegen, ohne deren Mitsprache keine Neuordnung der weltpolitischen Verhältnisse möglich schien. Dafür war eine europäische Macht, die im Staatensystem unseres Kontinentes lange Zeit eine wichtige Rolle gespielt hatte, in ihre nationalen Bestandteile zerfallen: Österreich-Ungarn, die traditionsreiche Monarchie der Habsburger. Das europäische Staatensystem, in dem seit dem 18. Jahrhundert die fünf Grossmächte England, Frankreich, Österreich, Russland und Preussen tonangebend gewesen waren, erhielt damit einen ersten schweren Stoss.

Die Folgen des Zusammenbruchs der Doppelmonarchie für das europäische Staatensystem waren verhängnisvoll, weil im Donauraum ein Machtvakuum entstand, das nur scheinbar durch die neuentstandene Mittel- und Kleinstaatenwelt ausgefüllt wurde. Es ist bezeichnend, dass die in diesem Raum etablierte Neuordnung nur solange einigermassen funktionierte, bis die wiedererstandene deutsche Macht unter dem nationalsozialistischen Regime ihre neoimperialistische Expansionspolitik begann. Und es ist ebenso symptomatisch, dass die aussenpolitische Dynamik des Dritten Reiches zuerst diesen Teil Europas heimsuchte. Wir meinen damit keineswegs nur das militärische Vorgehen gegen Österreich und die Tschechoslowakei, sondern ebenso die wirtschaftiche Durchdringung Südosteuropas, das schon vor Kriegsbeginn zum «Grosswirtschaftsraum» oder auch «Versorgungsraum des Grossdeutschen Reiches» deklariert wurde, in welchem andere Mächte nichts zu suchen hätten. «Grosswirtschaftsraum» bedeutete aber, wie sich bald zeigen sollte, nur Vorstufe, Durchgangsstadium für den als endgültig gedachten Zustand des eigentlichen «Grossherrschaftsraumes» Deutschlands; denn dem wirtschaftlichen Interesse folgte die politische Gleichschaltung auf dem Fusse, sei es durch direkten Anschluss an das Reich oder durch den indirekten Anschluss über den Dreimächtepakt, und schliesslich, im Vorfeld des Krieges gegen die Sowjetunion, die militärische Sicherung bzw. Besetzung. Damit hatten die betreffenden Länder den letzten Rest an wirklicher Souveränität verloren. Es ist also rückblickend nicht zu bestreiten, dass der Zusammenbruch der Donaumonarchie die neoimperialistische Politik Deutschlands begünstigt, andere scheuen nicht davor zurück, zu sagen: herausgefordert hat.

Der britische Aussenminister Palmerston hatte also richtig vorausgesehen, wenn er in einer Unterhausrede im Jahre 1849 sagte, die politische Unabhängigkeit und Freiheit Europas seien gebunden an die Erhaltung und Unversehrtheit Österreichs als europäische Grossmacht. Deshalb müsse alles vermieden werden, so rief er aus, was dazu führen könnte, «Österreich zu schwächen oder zum Krüppel zu machen». So dachte die britische Politik bis in den ersten Weltkrieg hinein, und diese Auffassung wurde von der amerikanischen Politik durchaus geteilt. Noch in seiner Rede vom 4. Dezember 1917, mit welcher er Österreich-Ungarn den Krieg erklärte, betonte der amerikanische Präsident Wilson ausdrücklich, «dass wir in keiner Weise wünschen, das österreichisch-ungarische Reich zu schwächen oder anders einzurichten». Und in den viel zitierten 14 Punkten war bekanntlich nur von Autonomie, keineswegs von völliger Unabhängigkeit der Nationalitäten des Vielvölkerstaates die Rede. Wenn Österreich dann doch zum Krüppel wurde, um das Wort Palmerstons anzuwenden, so kann das allerdings keineswegs, wie es auch heute noch gelegentlich geschieht, einfach den «Friedensmachern von 1919» in die Schuhe geschoben werden. Die Auflösung der Doppelmonarchie ist nicht auf den Friedensvertrag zurückzuführen, sondern vielmehr auf den Krieg, der ihm vorausgegangen ist. Der Krieg hat Österreich-Ungarn zerstört, nicht der Frieden. Dass dieser grosse Krieg die Monarchie zerstören würde, haben weitsichtige Österreicher übrigens schon sehr früh erkannt. Ja man kann die Sache sogar umdrehen und die These aufstellen, dass die Staatsmänner von 1919 dieses Reich gar nicht mehr hätten erhalten können, selbst wenn sie gewollt hätten! Es ist also eine Verkennung der tatsächlichen Gegebenheiten, wenn da in dokrinärer Weise verlangt wird, man hätte die Donaumonarchie im Interesse des europäischen Gleichgewichts und Staatensystems erhalten sollen. Es gab nichts mehr zu erhalten, nachdem die Monarchie ihr Schicksal auf Gedeih und Verderb mit demjenigen Deutschlands verbunden hatte. Die von deutscher Seite pathetisch beschworene «Nibelungentreue» erfüllte sich dann wirklich im Sinne der altgermanischen Sage, nämlich im gemeinsamen Untergang – auch wenn dies natürlich ursprünglich nicht die Meinung gewesen war. All dies ändert indessen nichts an der historischen Erkenntnis, dass der Zusammenbruch der Donaumonarchie die beschriebenen verhängnisvollen Konsequenzen hatte, die weit über den betroffenen geographischen Raum hinauswirkten, wie Palmerston scharfblickend vorausgesehen hatte. Mit diesem Ereignis beginnt der Zusammenbruch des europäischen Staatensystems. Ob diese Entwicklung schlechterdings unvermeidlich war und mit historischer Notwendigkeit abrollte, gleich einem altgriechischen Schicksalsdrama, oder ob es Möglichkeiten gab, sie aufzuhalten, darüber werden wir später noch einige Gedanken äussern.

Dazu kam indessen ein weiteres Ereignis, das für die Folgezeit, d.h. also für unsere Epoche, von einer Bedeutung sein sollte, die damals wohl kaum jemand richtig vorausgesehen hat: die Machtergreifung der Bolschewisten in Russland. Sie fällt wie der Kriegseintritt der USA ins Jahr 1917. In der Tat: Wenn man ein bestimmtes Jahr als Ausgangspunkt unseres globalen Zeitalters nehmen wollte, dann müsste es unbedingt dieses Jahr 1917 sein.

Die Sowjetrussen sind natürlich sehr stolz darauf, dass auch die westliche Geschichtswissenschaft diesem Jahr so grosse Bedeutung zuzumessen beginnt; denn das Jahr 1917 bedeutet für alle gläubigen Kommunisten den Beginn eines neuen Zeitalters. Auf dem internationalen Historikerkongress in Rom im Jahre 1955 meinte ein Mitglied der sowjetischen Akademie der Wissenschaften, wenn wir auch noch den Eintritt der USA in den Krieg erwähnen wollten, so sollten wir das ruhig tun, zu vergleichen sei dieses Ereignis mit der bolschewistischen Machtergreifung indessen keineswegs. Ich glaube, dass dies ein Irrtum ist. Denn auch der amerikanische Entschluss, in einen europäischen Krieg einzugreifen, war eine revolutionäre Tat, weil sie mit der 100 Jahre alten Tradition des Isolationismus gebrochen und die Monroedoktrin einseitig ausser Kraft gesetzt hat. Wie 1823 das Jahr ist, wo europäisches und amerikanisches System endgültig, d. h. für 100 Jahre, getrennt werden, so ist 1917 das Jahr, mit welchem das europäische und das amerikanische System wieder zusammenzuwachsen beginnen, bis durch den zweiten und nach dem zweiten Weltkrieg daraus das atlantische System entsteht. Der Atlantik, der im 19. Jahrhundert Europa und Amerika politisch getrennt hat, wird im 20. Jahrhundert zum Faktor der Einigung. So ist der amerikanische Entschluss von 1917 von mindestens so grosser Bedeutung für die internationale Politik geworden wie die Machtergreifung der Bolschewiki in Russland. Dazu kommt der ideologische Aspekt, von dem gleich noch mehr zu sagen sein wird.

Beide Ereignisse, der Eintritt der USA in den Krieg und die Machtergreifung der Bolschewiki in Russland, sind begleitet von ideologisch-politischen Programmen, die in sich den Anspruch tragen – und ihn auch expressis verbis verkünden –, die Welt umzugestalten. Ja diese ideologischen Programme scheinen recht eigentlich die politischen Ereignisse legitimieren zu sollen: Amerikas Kriegseintritt soll den Krieg zugunsten der Demokratie und gegen die Autokratie entscheiden und die Welt «safe for democracy» machen, wie Präsident Wilson sich ausgedrückt hat, die bolschewistische Revolution nur Vorstufe und Anlauf einer umfassenden Weltrevolution sein, die nach geschichtlichem Gesetz die ganze Welt kommunistisch machen wird. Beide Ereignisse spielen sich also, nach der Deutung ihrer Urheber, sozusagen in einem höheren Weltinteresse ab.

Wenn von Weltrevolution die Rede ist, dann denken wir unwillkürlich an den Bolschewismus. Tatsächlich hat Lenin, im Anschluss an Marx, den Sinn der Weltgeschichte in der Vollendung einer sogenannten sozialistischen Weltrevolution gesehen. Auch die Revolution in Russland war für ihn nur sinnvoll als Auftakt einer solchen Umwälzung, die die ganze Welt ergreifen sollte. Er und seine Leute haben denn auch in den ersten Jahren des bolschewistischen Regimes geglaubt, dass diese Revolution unmittelbar bevorstehe. Es gibt Äusserungen von Lenin und Trotzki, die der Hoffnung Ausdruck geben, die Weltrevolution werde innerhalb einer Woche erfolgen! Dabei fiel besonders Deutschland eine entscheidende Rolle zu. Aber wir sollten beim Begriff «Weltrevolution» auch an das amerikanische Programm denken. Auch Wilson wollte, gleich Lenin, mit seinem Programm die ganze Welt erfassen, und er hat es auch offen ausgesprochen. Und dieses revolutionäre Pathos entsprach einer alten amerikanischen Tradition. 100 Jahre vor Wilson hat der amerikanische Staatssekretär John Q. Adams – er war der Aussenminister des Präsidenten Monroe – die Erwartung ausgesprochen, dass das amerikanische Beispiel alle europäischen Regierungen ins Wanken bringen werde. «Ich halte diese Revolution für so gewiss», sagte er im Jahre 1823, «wie die Erde sich in einem Jahr um die Sonne dreht». Die Revolution, die er meinte, war dieselbe, die Wilson 100 Jahre später entfachen wollte, nämlich die Verwandlung aller Staaten in demokratische Republiken. Es gibt also neben dem bolschewistischen ein amerikanisches Weltrevolutionsprogramm. Und wie Lenin glaubte, nur eine sozialistisch bzw. kommunistisch gewordene Welt werde eine friedliche Welt sein, so formulierte Wilson sein Credo in dem Satz: «Die einzige Hoffnung für einen dauerhaften Frieden zwischen allen Nationen hängt von der Begründung demokratischer Institutionen in der ganzen Welt ab.» Sinngemäss konnte er sich den Völkerbund nur als Verein demokratischer Staaten vorstellen, was oft übersehen wird.

Hinter den beiden Programmen stehen also zwei Männer, Wilson und Lenin, der amerikanische Präsident und der Führer der russischen Bolschewiken, die beide in wahrhaft weltpolitischen Kategorien und Zusammenhängen denken, während die kontinentaleuropäischen Staatsmänner in Versailles mit ihrem europazentrischen Geschichtsbild kaum über ihre nationalen Grenzen und Interessen hinauszusehen vermögen. Lenin wird in Versailles nicht dabei sein, Wilson seine weltpolitische Konzeption nur sehr unvollkommen realisieren können. So wird dieser Frieden von 1919/20 nochmals im wesentlichen ein europäischer Vertrag sein, der eine europäische Ordnung, ja eine europäische *Welt*ordnung zu schaffen versucht – in einem Augenblick, da das Gesetz des weltpolitischen Handelns den europäischen Mächten zu entgleiten beginnt. Wilson und Lenin haben den Sinn des ersten Weltkrieges, seine weltgeschichtliche Bedeutung, wenn auch jeder auf seine Weise, besser verstanden und abzuschätzen gewusst, als die angeblichen Realpolitiker Europas. Kein Wunder, dass ihnen bzw. ihren Programmen die Zukunft gehören sollte.

Damit sind wir auch bereits auf den ersten der historischen Entwicklungsprozesse gestossen, die unserem Zeitalter das bestimmende Gepräge geben: Es ist der Aufstieg der USA und der Sowjetunion zu den entscheidenden Weltmächten unserer Epoche.

Aber diese Entwicklung wird nach 1919 zunächst noch dadurch verdeckt, dass sowohl die USA wie auch das bolschewistische Russland sich auf sich selbst zurückziehen und weltpolitische Enthaltsamkeit üben (soweit die bolschewistischen Führer im Kreml ihren Einfluss nicht durch die kommunistische Internationale ausüben und die Amerikaner über ihre finanziellen Investitionen und Transaktionen). Das nachleninsche Russland verlegte das Schwergewicht auf den «Aufbau des Sozialismus in einem Lande», das nachwilsonsche Amerika kehrte zur traditionellen Haltung des Isolationismus zurück. Welteroberungsplan auf der einen Seite, Weltbefriedigungsplan auf der andern Seite wurden – vorläufig wenigstens – aufgegeben. Die Zeit zwischen den Kriegen stand so im Zeichen einer europäischen Scheinherrschaft. Aber die Weltmächte der Zukunft, deren Aufstieg Alexis de Tocqueville bereits im Jahre 1835 in einer grossartigen Vision prophezeit hatte, hatten sich nur vorübergehend zurückgezogen. Hitlers frivol vom Zaun gebrochener Krieg sollte sie aufwecken – mit den bekannten Folgen bis auf den heutigen Tag.

Die weltgeschichtliche Bedeutung des Jahres 1917 besteht darin, dass zwei Programme, zwei Männer, zwei Mächte in merkwürdiger, zeitlicher Übereinstimmung gleichzeitig in die Arena der Weltgeschichte treten. Keiner von ihnen vertritt eine europäische oder eine rein europäische Macht, wenn sie beide auch europäisches Erbe in sich tragen, der liberale Präsident Amerikas wie der bolschewistische Diktator Russlands. Dies ist ein Zeichen dafür, dass die weltgeschichtliche

Entwicklung politisch über Europa hinweg zu gehen beginnt, ohne ihre Prägung durch den europäischen Geist verleugnen zu können.

Dies wird wie gesagt zunächst kaum spürbar dank dem fast gleichzeitigen Rückzug Amerikas und Russlands in die Isolation, wobei der entscheidende Unterschied allerdings darin besteht, dass es für die USA ein selbstgewählter Rückzug auf dem Höhepunkt ihrer Entfaltung als Weltmacht war, für das bolschewistische Russland aber ein durch die inneren und äusseren Umstände erzwungener Rückzug auf dem Tiefpunkt seiner Ohnmacht (es war territorial in die Zeit vor Peter I. zurückgeworfen!). Trotzdem muten den rückblickenden Historiker die Jahre 1917–1919 an wie das Aufblitzen der geschichtlichen Möglichkeit, dass der Gang der weltpolitischen Entwicklung eine antieuropäische Richtung nehmen könnte – im Sinne einer Infragestellung der europäischen Weltherrschaft, die das Kennzeichen der neueren Weltgeschichte war. Denn dass sich nicht nur das bolschewistische Weltrevolutionsprogramm, sondern durchaus auch das amerikanische Weltbefriedungs- und -befreiungsprogramm gegen das geschichtlich gewordene und nun in Versailles im Prinzip neu bestätigte europäische Weltsystem richtete, darüber kann kein Zweifel bestehen.

Augenfällig ist dies natürlich zunächst im russischen Programm; denn das 1917 zur Macht gekommene bolschewistische Regime verkündete urbi et orbi, dass der neue Sowjetstaat nicht ein Mitglied der bestehenden Staatengemeinschaft werden wolle wie alle andern Staaten, sondern vielmehr den Kristallisationskern einer neuen Weltordnung darstelle, den ersten Schritt zur Schaffung eines weltumspannenden revolutionären Bundes von Sowjetrepubliken. Es erging der Aufruf an die proletarischen Massen der Welt, das bestehende Staatensystem als ein kapitalistisches zu zerstören und die Welteinheit durch einen proletarischen Internationalismus zu erzwingen. Demgemäss dachten die Bolschewiki zunächst auch gar nicht daran, eine herkömmliche Aussenpolitik im Sinne von Beziehungen zwischen Staaten überhaupt zu führen. Wenn wir dazu noch die Propagierung des Selbstbestimmungsrechts ins Auge fassen, von dem gleich noch die Rede sein wird, so erkennen wir, dass mit diesem bolschewistischen Programm dem geschichtlich gewordenen «imperialistischen» Weltsystem, das in erster Linie immer noch das europäische Staatensystem plus zugehörige Kolonial-Imperien war, recht eigentlich der Kampf auf Leben und Tod angesagt wurde. Lenins These von der Identität der nationalen und kolonialen Frage führte ganz von selbst zu einer weltrevolutionären Strategie, in welcher der Kampf der proletarischen Massen um Befreiung vom «kapitalistischen Joch» ergänzt werden sollte durch den Kampf der kolonialen Völker um Befreiung vom «imperialistischen Joch». Zweifellos ein genialer Plan, der nichts weniger vorsah, als das bestehende System durch einen Doppelangriff aus seinen Angeln zu heben und damit zu zerstören. Sinngemäss sah Lenin den Hauptfeind seiner Bestrebungen im mächtigsten dieser Imperien, im British Empire.

Aber auch Wilsons Konzeption richtete sich gegen das bestehende System, wenn ihre ganze Radikalität auch nicht zum Ausdruck kam, da er taktische Rücksichten auf seine Verbündeten nehmen musste. Dies zeigt sich etwa an seiner Einschränkung des Selbstbestimmungsrechts, das er für die farbigen Völker nur stufen- und phasenweise verwirklichen zu können glaubte. In dem propagandistischen Wettrennen um die Seele des farbigen Mannes stand Lenin hier von vorneherein in günstigerer Ausgangsposition, weil er völlig bedingungslos und bindungslos operieren konnte. Aber es kann kein Zweifel bestehen, dass auch im amerikanischen Programm weder das herkömmliche europäische Staatensystem noch das mit ihm korrespondierende Kolonialsystem prinzipiell einen Platz hatte. Das traditionelle Staatensystem Europas sollte überwunden werden durch den Völkerbund – kollektive Sicherheit statt europäisches Gleichgewicht oder, wie Wilson selbst sich ausgedrückt hat: «not balance of power but community of power» hiess die Parole – während auch nach amerikanischer Auffassung die Idee des Selbstbestimmungsrechts das bestehende Kolonialsystem allmählich auflösen sollte. Roosevelt hat diese Linie während des zweiten Weltkrieges durchaus konsequent weitergeführt, so dass Winston Churchill einmal ausrufen musste, er sei nicht Premierminister seiner Majestät geworden, um das britische Empire auszuverkaufen. So unterschiedlich, ja gegensätzlich die Weltordnungskonzeptionen des Russen Lenin und des Amerikaners Wilson auch waren, in diesem Punkt waren sie sich völlig einig: das historische europazentrische Weltsystem war dem Untergang geweiht.

Was man damals, unmittelbar nach dem grossen Krieg, noch nicht so ohne weiteres zu sehen vermochte, was wir aber rückblickend mit voller Sehschärfe feststellen können, ist der Umstand, dass auch die europäische Kolonialherrschaft ihren Höhepunkt im Grunde schon damals überschritten hat. Der äusseren kolonialen und imperialen Entfaltung der europäischen Mächte entsprach nicht eine innere Festigkeit dieser Reiche oder auch nur des imperialen Willens. Die Emanzipation der farbigen Völker, die wir als eine weitere säkulare Entwicklungstendenz unseres Jahrhunderts ansehen müssen, nimmt durchaus schon vom ersten Weltkrieg ihren Ausgang, oder sie wird, so weit sie älteren Ursprungs ist, durch das Kriegsgeschehen und seine Folgen deutlich sichtbar beschleunigt. Das Tempo dieser Bewegung wird sich im Laufe der Jahre und Jahrzehnte zusehends verschärfen und durch den zweiten Weltkrieg dann auf höchste Touren gebracht werden – wie der erste, so hat ja auch der zweite Weltkrieg als europäischer Krieg begonnen. Und hier wird nun ein für die Geschichte unserer Zeit wichtiger, ja entscheidend wichtiger Zusammenhang sichtbar: der aus der europäischen Selbstzerfleischung resultierende Substanzverlust der europäischen Staaten wird sehr bald als europäischer Machtverlust in Übersee, im aussereuropäischen Raum, registriert und führt zu den Entwicklungsprozessen, die unsere Zeit in so hohem Masse charakterisieren: zum Aufstieg der aussereuropäischen Mächte, zunächst vor allem Japans und der USA, später auch Sowjetrusslands, das man, besonders nach der intensiven Kolonisierung und Industrialisierung der asiatischen Gebiete durch Stalins Fünfjahrespläne nur noch sehr eingeschränkt als europäische Macht bezeichnen kann; es ist eher als eurasiatische Macht zu definieren, was auch seine weltpolitische Position und seine weltpolitischen Interessen prägnanter zum Ausdruck bringt und übrigens seinem Selbstverständnis entspricht. Der europäische Machtverlust in der Welt begünstigt und fördert also einerseits diesen Aufstieg aussereuropäischer Mächte, andererseits aber auch die beschriebene Emanzipation der Kolonialvölker.

Die Unabhängigkeitsbewegung der farbigen Welt, die die kolonialen Völker von Objekten zu Subjekten der Weltpolitik machen wird (wenn deren Führer heute gelegentlich auch dazu neigen, ihre weltpolitische Rolle zu überschätzen), vollzieht sich im Zeichen einer revolutionär wirkenden Idee: dem Gedanken des nationalen Selbstbestimmungsrechtes, des Rechtes jedes Volkes, über sein Schicksal frei bestimmen zu können. Und hier wird nun insofern ein innerer Zusammenhang zwischen dem Aufstieg der beiden Weltmächte und der afroasiatischen Emanzipationsbewegung sichtbar, als beide Programme von 1917, dasjenige Wilsons wie dasjenige Lenins, gerade diesem Selbstbestimmungsrecht der Völker einen wichtigen Platz eingeräumt haben. Während dieser Grundsatz für den amerikanischen Präsidenten zum Baustein des von ihm gewünschten weltumspannenden Völkerbundes demokratischer Nationen hätte werden sollen, hat Lenin dieses Recht nie anders verstanden denn als Vorstufe und Instrument der bolschewistischen Weltrevolution.

Gleich anderen hohen Idealen, wie Demokratie, Frieden, Freiheit, Koexistenz, muss auch die Idee des Selbstbestimmungsrechts dem Sozialismus bzw. Kommunismus untergeordnet werden, wodurch jene Ideale allerdings zu rein taktischen Instrumenten im Kampf um die Weltrevolution erniedrigt werden. «Kein einziger Marxist kann, ohne mit den Grundsätzen des Marxismus und Leninismus überhaupt zu brechen, bestreiten, dass die Interessen des Sozialismus höher stehen als die Interessen des Selbstbestimmungsrechts der Völker», sagte Lenin schon 1917. Und Stalin sekundierte ihn: «Das Prinzip der Selbstbestimmung muss ein Mittel im Kampf für den Sozialismus sein und den Prinzipien des Sozialismus untergeordnet werden.» Was die Bolschewiki den nichtrussischen Nationalitäten des ehemaligen Zarenreiches feierlich versprachen, nämlich das Recht zur Lostrennung und zur Bildung eigener Staaten, wurde durch dieses typisch dialektische Kunststück wiederum völlig entwertet. Tatsächlich versuchten denn die Bolschewiki auch sofort, nachdem sie sich stark genug fühlten, diese nichtrussischen Nationalitäten mit Waffengewalt unter ihre Botmässigkeit zu zwingen, weil diese nicht die geringste Lust zeigten, freiwillig unter russische Herrschaft zurückzukehren, auch wenn es jetzt nicht mehr die zaristische, sondern eben die bolschewistische war. Das Schulbeispiel sozusagen für diese Synthese russischer Machtpolitik und bolschewistischer Dialektik stellt der Fall Georgien dar.

Die doppelte Bedeutung des Jahres 1917 wird klar sichtbar: Wilson und Lenin stellen zwei Programme auf, die gleichzeitig verkündet werden und deren Kampf miteinander das Bild unserer Zeit bestimmen wird. Für die Entwicklung der Emanzipationsbewegung der farbigen Völker wird es besonders bedeutsam werden, dass Wilson und Lenin ihnen nicht als Gegensatz, sondern als Synthese erscheinen. Ihre in Europa geschulten Intellektuellen nehmen in derselben Weise die Schlagworte Wilsons und Lenins auf und schaffen sich daraus eventuell unter Zugabe eigener Ingredienzien ihre Ideologie für die Befreiung ihrer Völker. Die Begriffsverwirrung, die wir bei so vielen Intellektuellen dieser Völker immer wieder feststellen müssen, ist nicht nur ein Resultat der kommunistischen Propaganda der letzten Jahre, sondern sie setzt bereits mit dem Jahre 1917 ein.

Der zweite Weltkrieg hat die Entwicklungsprozesse, die das globale Zeitalter bestimmen, in hohem Masse beschleunigt. Der von Hitler entfesselte opferreichste Krieg der bisherigen Weltgeschichte hat dem traditionellen europäischen Staatensystem und damit auch der europäischen Weltstellung recht eigentlich den

Todesstoss gegeben. Rufen wir uns dieses folgenschwere Geschehen in grossen Zügen rasch in Erinnerung. 1940 bricht Frankreich unter den Schlägen der deutschen Wehrmacht zusammen, und es vermochte seither seine Stellung als «puissance du premier rang» nicht mehr zurückzugewinnen.

Insofern müssen die entsprechenden Bemühungen der gegenwärtigen französischen Politik als im Endeffekt nutzlos bezeichnet werden. De Gaulle scheint einem Missverständnis zum Opfer gefallen zu sein, was seine Tat von 1940 anbetrifft. Man tut dieser historischen Tat keinen Abbruch, wenn man nüchtern feststellt, dass de Gaulle damals wohl die Ehre Frankreichs gerettet hat, nicht aber die Grösse Frankreichs; die Grösse Frankreichs konnte er nicht retten, falls darunter die Grösse als Weltmacht verstanden wird, weil diese unter den weltpolitischen Bedingungen des neuen Zeitalters gar nicht mehr möglich ist. Frankreich hätte diese Stellung als Weltmacht auch dann verloren, wenn es die Niederlage von 1940 nicht erlebt hätte – man denke an England! – wie Frankreich andererseits als unabhängige Nation auch dann wiederhergestellt worden wäre, wenn es die Tat von de Gaulle von 1940 nicht gegeben hätte. Die Unabhängigkeit Frankreichs bzw. deren Wiederherstellung hing nach 1940 nicht mehr von Frankreich selbst ab, sondern vom Ausgang des Ringens, das wir zweiten Weltkrieg nennen, und in welchem Frankreich nach 1940 keine mitbestimmende Rolle mehr zu spielen vermochte.

1943 erlitt Italien, 1945 Deutschland eine totale Niederlage. Die Schlussphase des zweiten Weltkrieges hat im Zeichen einer Befreiung Europas von der deutschen Hegemonie gestanden. Diese Befreiung aber – und das ist nun für unser Thema das Entscheidende – ist nur möglich geworden durch aussereuropäische Mächte! Es sind die USA, welche im Westen die Hauptlast tragen, während im Osten die eurasiatische Sowjetunion der Hauptgegner Deutschlands ist. Dazu treten, neben Grossbritannien selbst natürlich, das 1940/41 ganz allein den Kampf gegen das übermächtige Deutschland geführt hat, die Völker des britischen Commonwealth, d.h. die kanadischen, südafrikanischen, australischen und neuseeländischen Verbände, so dass man mit Fug und Recht sagen kann: alle aussereuropäischen Kontinente haben an der Befreiung Europas von der deutschen Hegemonie teilgenommen, und ihr Kampfbeitrag war um ein Vielfaches höher als derjenige der europäischen Völker selbst.

Was bedeutet dies für Europa? Dass am Ende dieses zweiten Weltkrieges keine kontinental-europäische Grossmacht mehr vorhanden ist. Das europäische Staatensystem, in das 1918 eine erste schwere Bresche geschlagen worden war, ist 1945 vollkommen zusammengebrochen. Als die Spitzen der amerikanischen und der russischen Armeen im April 1945 bei Torgau an der Elbe aufeinandertrafen, war dies das militärische Symbol dafür, dass Europa ein Machtvakuum geworden war.

Wir haben absichtlich gesagt, daß keine kontinental-europäische Grossmacht mehr übrig blieb; denn die Sowjetunion ist keine europäische, sondern eine eurasiatische Macht, Grossbritannien keine kontinentale, sondern eine maritime und koloniale Macht (wenn man ihm den Titel einer Grossmacht im Weltmassstab 1945 überhaupt noch zusprechen will). Am Ende des zweiten Weltkrieges steht somit Russland zum ersten Mal in seiner Geschichte auf der eurasiatischen Landmasse keine Grossmacht als Rivale mehr gegenüber. Der die ganze neuere europäische Geschichte erfüllende Kampf zwischen Hegemonie und Gleichgewicht, in dem nacheinander Spanien unter Philipp II., Frankreich unter Ludwig XIV. und Napoleon und Deutschland unter Wilhelm II. und Hitler ihr Glück als Beherrscher Europas versucht haben und der immer wieder zugunsten eines pluralistischen Mächtesystems ausgegangen war, schien zum erstenmal endgültig zugunsten der Hegemonie *einer* Macht entschieden.

An sich war zwar die Situation, in welcher Russland wie ein schweres Bleigewicht auf dem europäischen System lastete, keineswegs völlig neu. Vielmehr war sie seit den polnischen Teilungen im letzten Drittel des 18. Jahrhunderts latent immer vorhanden gewesen. Nach der endgültigen Niederlage des napoleonischen Frankreichs ist die Gefahr einer russischen Hegemonie deutlich sichtbar und spürbar geworden. Die Politik Metternichs war in jenem historischen Moment ganz überwiegend der Verhütung einer solchen Entwicklung gewidmet, und er wurde darin von den Engländern unterstützt. Die drohende russische Hegemonie hat bekanntlich auch damals die Koalition der Siegermächte zu sprengen gedroht, sogar noch rascher als das nach dem zweiten Weltkrieg der Fall war. Aber im Unterschied zu 1945 konnte dem «Schwergewichtler» Russland 1815 ein entsprechendes, zum mindesten imponierendes, europäisches Gegengewicht entgegengestellt werden, indem sich Österreich, England und Frankreich zusammenschlossen. So musste Russland von seinen Maximalforderungen abgehen, und das «europäische Konzert» hatte freie Bahn. Der sozusagen naturgegebene Druck des russischen Kolosses auf Europa blieb allerdings trotzdem bestehen. Aber er wurde im 19. Jahrhundert durch die beiden Grossmächte Österreich und Preussen, später Deutschland, ausgeglichen – wenn wir rein machtpolitisch urteilen; denn ideologisch herrschte ja zwischen den drei konservativen Grossmächten weitgehende Harmonie, die lange Zeit ihre Beziehungen auf einen friedlichen Ton abstimmte. Dass diese beiden Gegengewichte nach dem ersten Weltkrieg ausfielen – Österreich endgültig, Deutschland zum mindesten vorübergehend – wirkte sich, wie wir sahen, nur deswegen zunächst nicht aus, weil Russland sich in einem Zustand der Schwäche, ja der Ohnmacht befand. Die Abfallbewegung der nichtrussischen Völker des ehemaligen Zarenreiches führte dazu, dass Russland die ganzen Gewinne aus den polnischen Teilungen, ja sogar die baltischen Eroberungen Peters des Grossen wieder verlor. Es war territorial um 200 Jahre zurückgeworfen. Der russische Druck verschwand von Europa, nachdem schon Lenin die revolutionäre Kriegsführung hatte aufgeben müssen und sein Nachfolger Stalin völlig zu einer introvertierten Politik überging.

Es war eine grosse geschichtliche Chance Europas, die letzte Chance, wie der rückblickende Historiker feststellen muss, soweit es die Wiederherstellung eines funktionierenden europäischen Staatensystems betrifft – und das will heissen: eines Systems, in welches sich alle partizipierenden Staaten aus freiem souveränen Entschluss einordnen können, wofür sie aber ein Minimum von Regeln und Normen anerkennen müssen, wie sie damals vor allem durch die Satzung des Völkerbundes, aber auch durch weitere, auf diesem Grundgesetz des zwischenstaatlichen Lebens basierende Verträge gegeben waren; eines Systems aber auch, in dem ein gewisser Machtausgleich herrschte, ob man den damals an sich verpönten Begriff des Gleichgewichts dabei nun ins Spiel bringen wollte oder nicht. Dass das

Locarnovertragssystem von 1925 ein solches Ziel anvisierte, ist offensichtlich. An die Stelle der Unterscheidung von Siegern und Besiegten trat wiederum die Gleichberechtigung. Die Aufnahme Deutschlands in den Völkerbund mit ständigem Sitz im Völkerbundsrat kam prinzipiell einer Wiederanerkennung dieses Staates als einer gleichberechtigten Grossmacht gleich (auch wenn weiterhin finanzielle und militärische Verpflichtungen aus dem Friedensvertrag ihre Souveränität noch einschränken mochten). Diese Aktion ist daher der Wiederaufnahme Frankreichs in das «europäische Konzert» auf dem Kongress von Aachen 1818 durchaus zu vergleichen. Man könnte sogar auch für die Zeit nach 1925 von einer gewissen Erneuerung des «europäischen Konzerts» sprechen, insofern als es nicht nur um machtpolitische, sondern durchaus auch um ideelle Prinzipien ging, die allerdings schon damals von einer der Grossmächte, nämlich vom faschistisch gewordenen Italien, in Frage gestellt wurden, wenn wir an die Bedeutung der gemeinsamen demokratischen Staatsform als der neuen «Legitimität von 1919» denken.

Es ist richtig: es war ein europäisches System ohne Russland, das darin zweifellos einen historischen Platz beanspruchen konnte. Aber die bolschewistische Führung hatte sich ja selbst ausserhalb des bestehenden Staatensystems, als eines «kapitalistischen», gestellt, und es erntete nun die Früchte seiner Isolierungspolitik. Übrigens hatte dieses System von Locarno zu keiner Zeit eine offensive antisowjetische Tendenz, wie man im Kreml argwöhnte und in der sowjetischen Geschichtsschreibung bis auf den heutigen Tag behauptet; der Ton lag voll und ganz auf der Aussöhnung mit Deutschland, wenn es auch klar war, dass damit zugleich ein engeres deutsch-sowjetisches Zusammengehen hätte verhindert werden sollen. Zehn Jahre später bemühte sich dann die Diplomatie der europäischen Westmächte, insbesondere Frankreichs, das Westpaktsystem von 1925 durch ein Ostpaktsystem zu ergänzen, d.h. auch die Sowjetunion wiederum in das europäische Staatensystem aufzunehmen. Diese hatte nämlich unter Stalin Schritt für Schritt ihre Verbindungen mit «kapitalistischen» Staaten ausgebaut – durch Friedensverträge bereits zur Zeit Lenins, dann durch Neutralitätsverträge und Nichtangriffspakte und schliesslich, 1934, durch Eintritt in den Völkerbund – und die weltrevolutionäre Komponente der sowjetrussischen Aussenpolitik war allmählich völlig in den Hintergrund getreten bzw. der Staatsräson des Sowjetstaates unterworfen worden. Aber jetzt weigerte sich Deutschland, an einem solchen «Ostlocarno» mitzumachen. Hier hatte sich inzwischen das nationalsozialistische Regime etabliert, das weder an kollektiver Sicherheit noch gar an Garantie der Grenzen von 1919 interessiert war. Seine Machthaber hegten ganz andere Pläne, deren schrittweise Realisierung das 1925 wiedererstandene «europäische Konzert» alsbald wieder zerfallen liessen. An seine Stelle traten wiederum gegnerische Allianzen, welche die Gefahr eines neuen Krieges heraufbeschworen, der dann auch vom deutschen Diktator in verantwortungsloser Weise entfesselt wurde. Damit war, wie sich zeigen sollte, die letzte Chance eines funktionierenden europäischen Systems vertan, aber auch der europäischen Weltstellung das Grab geschaufelt. Der zweite Weltkrieg hat das eine wie das andere vernichtet.

1945 gab es, so sahen wir, keine nennenswerte europäische Gegenmacht mehr, die dem übermächtig dastehenden Russland hätte entgegengesetzt werden können: Deutschland war total besiegt, Frankreich schwach, England, was es immer gewesen war, mehr Seemacht als Landmacht. Die Rolle des Gegengewichtes konnte nur noch eine aussereuropäische Macht übernehmen: die USA. Europa wurde so schliesslich Teil eines Weltgleichgewichts, das durch die beiden grossen Siegermächte des zweiten Weltkrieges gebildet wurde – ein Gleichgewicht, das allerdings kein harmonisches im Rahmen eines «Weltkonzerts» bleiben sollte – wie es dem Wunsch der Amerikaner entsprochen hätte, sondern immer antagonistischer wurde, wie es dem Willen Stalins entsprach oder jedenfalls mit innerer Notwendigkeit aus seiner Politik sich ergab. Die Einflusssphären der beiden Weltmächte schlossen Europa ein, und zwar so, dass es ungefähr da geteilt wurde, wo die Armeen der beiden Mächte am Ende des zweiten Weltkrieges aufeinandergestossen waren.

Wenn heute oft behauptet wird, diese Entwicklung von der Siegerkoalition zum Antagonismus, von der Freundschaft im Kriege zur Feindschaft im Frieden, sei sozusagen naturnotwendig gewesen, so bedarf dieses Urteil der Korrektur. Es ist nämlich keineswegs so gewesen, dass 1945 russischer und amerikanischer Machtwille mit innerer Notwendigkeit aufeinandergestossen wären. Vielmehr steht fest, dass die USA unter der Führung des Präsidenten Roosevelt gerade keinen Machtwillen entfaltet haben, der über die Zerschlagung der gemeinsamen Gegner Deutschland und Japan hinausgegangen wäre. Die USA zeigten nicht die geringste Lust, zu einem weltumspannenden Kräftemessen mit dem bolschewistischen Russland anzutreten. Infolgedessen demobilisierten sie denn auch in völlig überstürzter Weise ihre Streitkräfte und machten dem Herrscher im Kreml das Angebot, im Rahmen der neugegründeten Vereinten Nationen eine friedliche Nachkriegswelt aufzubauen, in der die Grossmächte so etwas wie ein patriarchalisches Kondominium ausüben sollten. Die Amerikaner dachten nicht, wie es die Europäer aus alter Tradition zu tun pflegen, an das Gleichgewicht der Macht, wenn sie an die Sicherung des Friedens herangingen, sondern an die Welteinheit – «the one world» war die Parole – und damit an die Gemeinsamkeit der Macht, wie es schon Wilson getan hatte und wie sie in einem neuen Anlauf in den Vereinten Nationen verwirklicht werden sollte. Diese Weltfriedensorganisation war nach amerikanischem Willen auf dem Konsensus der Grossmächte, insbesondere der USA und der Sowjetunion, aufgebaut, nicht auf natürlichen Machtgegensätzen. Aus dem Umstand, dass Russland «nach der Niederlage der Achse ohne Frage die Vorherrschaft in Europa haben wird» und daß es nach Deutschlands Zusammenbruch keine Macht mehr geben werde, «die sich Russlands gewaltiger militärischer Kraft entgegenstellen könnte», wird nicht der für ein in den Kategorien der Machtpolitik geschultes Denken naheliegende Schluss gezogen, es werde nun Aufgabe der USA sein, diese Gegenmacht aufzubauen. Vielmehr heisst es in dem Gutachten, das für die Politik von Teheran und Jalta massgeblich wurde, infolgedessen sei «die Entwicklung und Aufrechterhaltung der freundschaftlichsten Beziehungen zu Russland nur um so wichtiger»! Von naturgegebenem Machtgegensatz ist keine Rede. Es erweist sich dies bei näherem Zusehen vielmehr als dem amerikanischen politischen Planen – wie es damals vorherrschte, – fremdes europäisches Element. Harry Hopkins, Roosevelts engster Berater während des Krieges, sah die Hauptschwierigkeit im Verhältnis zwischen den USA und der Sowjetunion nach dem Kriege keineswegs in einem allfälligen Machtgegensatz – er meinte sogar, «dass

Russlands Interessen, soweit wir sie voraussehen können, aussenpolitisch keinen Anlass zu schweren Differenzen bieten». Hingegen müssten die Beziehungen zwischen den beiden Staaten «schwer beeinträchtigt werden», so meint er, und zwar «wegen unserer verschiedenen Grundbegriffe hinsichtlich der menschlichen Freiheit». Und er fährt fort: «Die Amerikaner wünschen nicht nur Freiheit für sich selbst, sondern auch für die Völker in aller Welt...»

Uns scheint, dass diese Worte, die sich Roosevelt, aber auch sein Nachfolger Truman, offensichtlich voll und ganz zu eigen machten, mehr aussagen über das Wesen der amerikanischen Politik nach 1945 als eine höchst fragwürdige Projektion typisch europäischer Vorstellungen auf das amerikanische Denken. Ein solches Vorgehen führt vielmehr dazu, dass wir uns die Möglichkeit einer wahrhaft historischen Erkenntnis selbst verschütten. Wir gelangen höchstens zu einem europäischen Missverständnis der amerikanischen Politik. Nein: nicht machtpolitische Gegensätze führten zu dem, was wir als «kalten Krieg» bezeichnen. In der Umgebung Roosevelts dachte man gar nicht daran, die Tatsache der sowjetischen Vorherrschaft im Bereiche der von der roten Armee besetzten Länder in Frage zu stellen. Man hatte volles Verständnis für die russische Forderung, dass die betreffenden Länder Regierungen haben müssten, die der Sowjetunion «freundlich gesinnt» seien. Man erkannte in Washington nur zunächst nicht, welche tiefere Bedeutung diese Forderung hatte.

Um so rascher begriff man in London, um was es wirklich ging. Churchill reagierte sofort, als er merkte, wie die Russen die Bildung einer wahrhaft demokratischen Regierung in Polen zu hintertreiben suchten und auf dem Balkan sogar dazu übergingen, unter Gewaltandrohung ihnen genehme kommunistisch bestimmte Regimes einzurichten. Schon Ende Februar 1945 betonte er in einer Unterhausrede, dass es nicht die territoriale Umgrenzung Polens sei, die Sorgen bereite, sondern die innere Gestaltung dieses Staates. Ob Polen wirkliche Freiheit geniessen werde oder aber «eine blosse Widerspiegelung des Sowjetstaates» werden solle, das sei die Frage; ob das polnische Volk wirkliches Selbstbestimmungsrecht ausüben dürfe oder ob ihm durch eine Minderheit ein totalitäres Regime aufgezwungen werden solle. «Hier ist ein weit empfindlicherer und gewichtigerer Prüfstein als die Festlegung der Grenzen.» Es war Churchill klar, dass die Sowjetrussen sich daran machten, die feierlich unterzeichnete «Erklärung über das befreite Europa», die auf der Jalta-Konferenz beschlossen worden war, zu missachten. Aber vergeblich versuchte er, den amerikanischen Präsidenten für eine gemeinsame Intervention bei Stalin zu gewinnen. Es ist symptomatisch für das Denken und Planen Roosevelts und seiner Leute, dass sie glaubten, es handle sich dabei um einen britisch-russischen Streit im Stile der traditionellen europäischen Machtpolitik, in dem den USA die Aufgabe zufalle, den «mediator» zu spielen. Washington verdächtigte die Engländer, in die verruchten Gedankengänge europäischen Gleichgewichtsdenkens oder gar des britischen Imperialismus zurückzufallen, mit denen man nichts zu tun haben wollte. Aber noch in seinen letzten Lebenstagen musste Roosevelt erkennen, dass es tatsächlich um etwas anderes ging, dass es um etwas ging, das auch die amerikanische Politik im Innersten berührte. In einem seiner letzten Briefe an Stalin, vom 1. April 1945, beschwor nun auch er den «Geist von Jalta» und die «Deklaration über das befreite Europa», die den vom Nazismus befreiten Völkern eine freiheitliche und demokratische Entwicklung im Sinne des Selbstbestimmungsrechts garantieren sollte. Und auch er äussert nun tiefe Besorgnis über die Haltung der Sowjetunion, ohne allerdings die Hoffnung auf eine friedliche Lösung der Probleme und eine Erhaltung der Einheit der Alliierten aufzugeben.

Nun, diese Hoffnung des bereits vom Tode gezeichneten Präsidenten sollte sich nicht erfüllen. Die Siegerkoalition, deren erste Risse wir hier kurz skizziert haben, sollte bald endgültig auseinanderfallen. Der eigentliche Ursprung dieser zweifellos verhängnisvollen Entwicklung, in deren Schatten die ganze Nachkriegszeit gestanden hat, ist indessen nicht machtpolitischer Natur. Der «kalte Krieg» geht nicht auf eine machtpolitische Konfrontation USA–Sowjetunion zurück, sondern auf eine geistige Konfrontation Demokratie-totalitärer Kommunismus. Nur widerwillig zogen die USA aus diesem geistigen Gegensatz die machtpolitischen Konsequenzen. Sie bestanden darin, dass das Streben nach Welteinheit unter den obwaltenden Bedingungen als Illusion und der Aufbau und Ausbau der eigenen Macht zur Herstellung eines Weltgleichgewichtes mit der Sowjetunion als geschichtliche Notwendigkeit erkannt wurde.

1967

Lenin und Wilson 1917

Die «leitende Tendenz» des Jahrhunderts

Wie Leopold von Ranke vor etwas mehr als 100 Jahren den Gegensatz von Monarchie und Volkssouveränität als «leitende Tendenz» seines Jahrhunderts bestimmte, so erkennen wir von unserem Standort aus die Auseinandersetzung zwischen Demokratie und Totalitarismus als «leitende Tendenz» unseres 20. Jahrhunderts. Und wie Ranke den Kampf zwischen dem monarchischen und dem demokratischen Prinzip aus der französischen Revolution aufsteigen sieht, so sehen wir den Gegensatz zwischen Demokratie und totalitärer Ideologie bzw. totalitärem System aus dem Ersten Weltkrieg hervorbrechen. Das Kriegsgeschehen von 1914 bis 1918 erweist sich damit als Epochenscheide wahrhaft weltgeschichtlichen Ausmasses. Und es bewahrheitet sich das Wort, dass der Erste Weltkrieg eine Revolution gewesen ist, die nur mit der sogenannten «grossen» Revolution, eben der französischen, zu vergleichen sei. Wir können es auch so formulieren, dass der Erste Weltkrieg als Krieg des 19. Jahrhunderts begonnen und als Krieg des 20. Jahrhunderts geendet hat. Aus den «Stahlgewittern» des Krieges – um den Titel eines Buches jenes Dichters zu nennen, der die neue Zeit visionär ankündigte – ist das neue Jahrhundert geboren. Und es hat die weltgeschichtlichen Zeichen seiner Geburtsstunde, so müssen wir ein halbes Jahrhundert später doch wohl feststellen, durchaus beibehalten.

Im Rahmen dieses Geschehens kommt dem Jahr 1917 ganz besondere Bedeutung zu; denn es brachte zwei Ereignisse, die der neuen Epoche ihr bestimmendes Gepräge geben sollten: den Eintritt der USA in den europäischen Krieg und damit in die europäische Politik und die Revolution in Russland, zunächst die liberaldemokratische, die nur Episode bleiben sollte, und dann die totalitär-bolschewistische, die den ersten kommunistischen Staat der Weltgeschichte zum Ergebnis hatte. Von heute aus erkennen wir, dass die weltgeschichtlichen Konsequenzen von 1917 unser Jahrhundert viel nachhaltiger bestimmen als die Folgen von 1919. Zwar sind die geschichtlichen Wirkungen des Friedensvertrages von Versailles und des Völkerbundes kurzfristig gesehen stärker gewesen, und die Zwischenkriegszeit hat ganz in ihrem Zeichen gestanden. Die Ergebnisse des Zweiten Weltkrieges haben aber die Konstellation, die schon 1917 bestanden hatte, mit Macht wieder durchbrechen lassen. Der eigentliche weltgeschichtliche Entwicklungsbogen unseres Jahrhunderts schwingt vom Jahre 1917 aus; der von 1919 ausgehende, wesentlich europäische, ist in jenen eingebettet. Die Jahre von 1919 bis 1939 bzw. 1941 erscheinen uns als verspätete europäische Episode in einem weltgeschichtlichen Stück, mit dessen

Inszenierung 1917 begonnen wurde. Die Akteure dieses weltgeschichtlichen Stükkes zogen sich allerdings zunächst bald wieder hinter die Kulissen zurück, was wesentlich zu der irrtümlichen und folgenschweren Auffassung der Europäer beitrug, die da glaubten, immer noch tonangebend und allein massgebend in der Welt zu sein. Als einer von ihnen, der bezeichnenderweise über einen besonders engen Geschichtshorizont verfügte, sich gar aufmachte, sich eine hegemoniale Stellung in der Welt zu erkämpfen, da kehrten die Akteure der weltgeschichtlichen Bühne zurück. Der Kriegseintritt der USA und der Sowjetunion im Jahre 1941 markiert das definitive Ende der europazentrischen Weltpolitik. Was 1917 nur als Präludium in Erscheinung getreten war, wurde jetzt zur beherrschenden Melodie, zum Hauptstück der Weltereignisse: der russisch-amerikanische Dualismus und bald auch Antagonismus. Seine Ursprünge indessen liegen im Jahre 1917.

Dass diese russisch-amerikanische Begegnung antagonistische Züge annehmen musste, stand keineswegs von vornherein fest – im Gegenteil: Die Ereignisse des Frühjahrs 1917 schienen eine enge politische und ideelle Zusammenarbeit der beiden Mächte anzukündigen, eine Zusammenarbeit, die geeignet schien, der Weltgeschichte ihre Richtung vorzuschreiben.

Zu diesem Zeitpunkt hatte der grosse Krieg einen Stand erreicht, den man als militärisches Remis bezeichnen muss. Keine Partei hatte die Kraft, die andere militärisch wirklich zu überwinden. In dieser Lage fasste die deutsche Führung den Entschluss, ihre letzte – wie sich zeigen sollte vermeintliche – Trumpfkarte auszuspielen, indem sie den uneingeschränkten U-Bootkrieg ankündigte. Dies stellte in erster Linie eine direkte Herausforderung der mächtigsten neutralen Macht, nämlich der USA, dar. Es brachte die Dinge in Bewegung.

Um die neue Lage zu beurteilen, die die unmittelbare Konfrontation mit Deutschland herbeigeführt hatte, und um die entsprechenden Entschlüsse zu fassen, zog sich der amerikanische Präsident, mehr einem meditierenden Mönche gleich als einem agierenden Staatsmann, in die Einsamkeit seiner Studierstube zurück. Einen Tag nachdem Wilson sich in diese freiwillige Klausur begeben hatte, aus der der weltgeschichtliche Entschluss des Eintritts Amerikas in den Krieg hervorgehen sollte, begann in Russland eine Entwicklung, ja eine Kettenreaktion, die eine ebenso epochemachende Bedeutung erhalten sollte: die russische Revolution. Die Koinzidenz der Ereignisse ist verblüffend, aber keineswegs zufällig. Beides, der amerikanische Entschluss zur Intervention wie der Ausbruch der russischen Revolution, ist Ergebnis des Krieges gewesen, der 1914 in Europa begonnen hatte.

Natürlich war die russische Revolution nicht nur Ergebnis des Krieges. Eine latente revolutionäre Lage war in Russland längst vor dem Krieg vorhanden. Aber der Krieg, der ganz einfach über die Kräfte des russischen Staates ging, hat den Ausbruch der Revolution zweifellos stark beschleunigt.

Zwei oppositionelle Strömungen sind zusammengetroffen und haben vereint den Sturz des Zarismus herbeigeführt, zwei Strömungen, die unter sich alles andere als einig waren: die Opposition in der Duma und die Unzufriedenheit der hauptstädtischen Massen. Die eine Strömung zielte «nur», aber bewusst, auf eine politische Reform des Staates, und zwar im Sinne der liberalen Demokratie. Die andere Strömung, die Unrast der Massen, tendierte, wenn auch unbewusst und ohne eigentliche Führung – die Bolschewiki spielten entgegen offizieller sowjetischer

Geschichtsschreibung zunächst überhaupt keine Rolle! –, auf einen völligen Umsturz der bestehenden gesellschaftlichen Verhältnisse. Dieser latente Gegensatz der oppositionellen Kräfte sollte sich besonders zuspitzen angesichts der bald auftauchenden Frage: Krieg oder Frieden. Dies ist nicht verwunderlich, wenn wir bedenken, dass die psychologische Lage der breiten Massen durch Kriegsmüdigkeit und Friedenssehnsucht gekennzeichnet war, während die liberale Opposition in der Duma den Zar nicht zuletzt deswegen gestürzt hat, weil sie dem zaristischen Regime keine siegreiche Beendigung des Krieges mehr zutraute. Für das Verständnis dessen, was kommen sollte, ist es wichtig, diese unterschiedlichen, ja gegensätzlichen Hoffnungen zu sehen, die mit der Revolution verbunden wurden. Zunächst aber schien die Revolution den Weg des westlichen Liberalismus und Menschenrechtskatalogs zu gehen – selbst Lenin musste feststellen, dass Russland das freieste Land der Welt geworden sei! –, und die neu entstandene Demokratie im Osten wurde von den alten Schwestern des Westens, insbesondere von den USA, begeistert begrüsst.

Zunächst gilt es indessen, vor einem Missverständnis zu warnen. Der Ablauf der Ereignisse im Frühjahr 1917 könnte die Interpretation nahelegen, und gewisse Historiker sind dieser Versuchung erlegen, die Dinge so zu verstehen, als ob die russische Revolution entscheidend mitgewirkt habe, die amerikanische Kriegserklärung an Deutschland herbeizuführen. Zwischen dem Sieg der russischen Revolution (Mitte März) und der amerikanischen Kriegserklärung (6. April) liegen tatsächlich nur ungefähr drei Wochen. Dazu ist zunächst zu sagen, dass der Entschluss zum Krieg in Amerika wesentlich früher gefasst worden ist, nämlich, wie man genau nachweisen kann, in einer Kabinettssitzung vom 20. März 1917. Allerdings hat Lansing, der Staatssekretär, in dieser erwähnten Sitzung vom 20. März bereits auf die Bedeutung der russischen Revolution hingewiesen. Es war ja gerade einige Tage her, dass der Zar gestürzt worden war, an den Iden des März, wie bedeutungsvoll festgestellt worden ist! Lansing meinte, und er hat dies in einer Denkschrift niedergelegt, der Sieg der russischen Revolution habe den einzig möglichen Einwand beseitigt, «dass es sich bei dem europäischen Krieg um einen Krieg zwischen Demokratie und Absolutismus handelt». Weiter lesen wir in dieser Denkschrift: «An erster Stelle würde der Kriegseintritt die neue demokratische Regierung Russlands ermutigen und stärken. Ich glaube, dass die auf den Abscheu gegen den Absolutismus und daher gegen die deutsche Regierung gegründete russische Revolution wesentlich gefördert würde, wenn sie weiss, dass die amerikanische Republik gegen den gleichen Feind des Liberalismus gerichtet ist.»

Der Sieg der demokratischen Kräfte über die Autokratie in Russland erlaubte es also Wilson, den Krieg, den die Vereinigten Staaten von Amerika nun zu führen hatten, als Kreuzzug gegen die Autokratie und für die Demokratie zu deklarieren, was er nicht gut hätte tun können, wenn die USA sich mit dem zaristischen Regime im gleichen Boot befunden hätten. Es war nun sozusagen der letzte ideologische Schönheitsfehler im Lager der Entente beseitigt. Der amerikanische Historiker und Diplomat George F. Kennan hat in seinem grundlegenden Werk über die sowjetisch-amerikanischen Beziehungen der Jahre 1917 bis 1920 das Urteil gefällt:

«Man kann sagen, dass die russische Revolution zwar keinerlei Einfluss auf den Eintritt Amerikas in den Ersten Weltkrieg gehabt hat, wohl aber auf die Auslegung, die man diesem Kriegseintritt von seiten der Regierung und in der amerikanischen Öffentlichkeit gab.»

Die Vereinigten Staaten von Amerika waren denn auch der erste Staat, der die neue provisorische Regierung anerkannte; die Amerikaner kamen den europäischen Verbündeten Russlands sogar um einige Stunden zuvor. In der Tat sind schliesslich die beiden Entschlüsse zur Anerkennung der russischen Regierung und zum Eintritt in den Krieg gegen Deutschland innerhalb von 24 Stunden gefasst worden, eben an jenem 20. März 1917, der sich damit als ein wirklich weltgeschichtliches Datum erweist. Daran ändert auch der Umstand nichts, dass es in den meisten Geschichtsbüchern nicht verzeichnet ist.

Dieser Tag ist aber auch gleichzeitig das Datum eines Irrtums von weltgeschichtlichen Konsequenzen gewesen insofern, als die russische Entwicklung nicht so verlief, wie die Amerikaner sich das gewünscht und vorgestellt hatten. Die russische Revolution verlief nicht nach dem Vorbild der amerikanischen, und an ihrem Ende stand nicht eine Virginia Bill of Rights. Keine Prognose schien indessen wahrscheinlicher als eben die, dass Russland nun endlich – wenn auch mit einer für die russische Geschichte typischen Verspätung – den Weg in Richtung auf die liberale, freiheitliche, rechtsstaatliche Demokratie eingeschlagen habe. Dieser Hoffnung und Freude gab Wilson denn auch in der Rede Ausdruck, mit der er Deutschland den Krieg erklärte und sein Credo vom Kreuzzug für die Demokratie zum ersten Mal öffentlich kundgab. Über Russland sagte er dort:

«Fühlt nicht jeder Amerikaner die Zuversicht, die sich unserer Hoffnung auf einen zukünftigen Frieden in der Welt durch die herrlichen und herzerfreuenden Dinge hinzugesellt, die in den letzten Wochen in Russland geschehen sind? Diejenigen, die Russland am besten kannten, haben immer gewusst, dass es in Wahrheit in seinem innersten Herzen demokratisch ist. Alle lebendigen Äusserungen seines Geistes, alle die engen Bindungen seines Volkes, in denen sich ein natürlicher Instinkt und eine angeborene positive Einstellung gegenüber dem Leben aussprechen, künden davon ... Die Autokratie, in der sein politisches System gipfelte, war in ihrem Ursprung, in ihrem Wesen und ihrem Zwecke nach in Wahrheit nicht russisch. Nun ist sie abgeschüttelt und das starke, grossmütige russische Volk hat sich in seiner ganzen unschuldigen Majestät und Macht den Kräften hinzugesellt, die für die Freiheit in der Welt, für Gerechtigkeit und Frieden kämpfen. Hier ist ein würdiger Gefährte für einen Bund der Ehre.»

Nur nebenbei sei angedeutet, dass es sehr fraglich ist, ob dieser Geschichtsoptimismus mit den Tatsachen der russischen Geschichte in Einklang zu bringen wäre; aber das steht hier nicht zur Diskussion.

Auf denselben Ton war das Telegramm abgestimmt, mit welchem die neue russische Regierung offiziell vom amerikanischen Kriegseintritt unterrichtet wurde. Der amerikanische Vertreter in Petersburg wurde nämlich beauftragt zu sagen, «dass Regierung und Volk der Vereinigten Staaten voller Freude ist, dass sich das grosse russische Volk an die Seite der mächtigen Demokratien gestellt hat, die gegen die Autokratie kämpfen». Da hat man wieder die Formel «Demokratie gegen Autokratie», und russich-amerikanische Interessengemeinschaft, ja Seelenharmonie gegen die deutsche Autokratie. Ich zitierte diese Sätze deswegen, weil damit der Grundton angeschlagen ist, auf den das amerikanische Verhalten gegenüber der provisorischen Regierung Russlands abgestimmt sein wird, nämlich Willkomm des russischen Volkes im Kreise der demokratischen Nationen und Wunsch, dem demokratisch gewordenen Russland in seinen Kriegsanstrengungen beizustehen, die eben zum allgemeinen Sieg des demokratischen Gedankens in der Welt so notwendig waren; mit anderen Worten: Russland kam in diesem Kampf, den Wilson nun annahm, eine Schlüsselstellung zu. Die Frage, ob Wilsons Konzeption einer demokratischen Welt sich durch diesen Krieg verwirklichen lassen würde, hing vom Schicksal der jungen russischen Demokratie ab.

Dass die Weltgeschichte nicht nach den Plänen des amerikanischen Präsidenten ablief, dafür sorgte ein Mann, der zu seinem eigentlichen weltgeschichtlichen Gegenspieler werden sollte, obschon er bisher nicht im Rampenlicht der Öffentlichkeit gestanden hatte. Gerade das war aber der Grund dafür, warum man zunächst nicht erkannt hat, dass die Zukunft der Weltgeschichte nicht vom Ringen zwischen Wilson und Wilhelm II. abhing, der schon vor Wilsons Veto gegen Verhandlungen mit einem deutschen Kaiser entmachtet war, und zwar durch seine eigenen Generäle, und dass die Zukunft der Weltgeschichte auch nicht von dem Duell Wilson-Clemenceau abhing, wie es auf den Versailler Friedensvertrags-Verhandlungen dann ausgetragen werden sollte, sondern vom Ringen zwischen Wilson und dem russischen Berufsrevolutionär Wladimir I. Uljanow, genannt Lenin. Als Wilson seine grosse Rede, aus der wir zitiert haben, vorbereitete, traf Lenin die letzten Vorbereitungen für seine Rückreise nach Russland. Zehn Tage nach der amerikanischen Kriegserklärung traf er in Petersburg ein; der Zweikampf konnte beginnen.

Eigentlich hatte er schon begonnen, nur wusste es der amerikanische Präsident noch nicht. In den letzten Tagen des Jahres 1916 hatte nämlich der russische Bolschewik Lenin in seinem Zürcher Exil an einem Traktat über «bürgerlichen und sozialistischen Pazifismus» gearbeitet. Darin regte er sich u.a. fürchterlich auf über die französischen Sozialisten, weil sie in einer Konferenz vom 26. 12. 1916 beschlossen hatten, einer Note des amerikanischen Präsidenten ihre Zustimmung zu geben, in der Wilson die kriegführenden Nationen aufgefordert hatte, ihre Kriegsziele bzw. Friedensbedingungen öffentlich darzulegen. Lenin nannte diese Stellungnahme der französischen Sozialisten «eine Kostprobe des reinen Pazifismus» (wobei er rein in Anführungszeichen setzt), eine «Plattform der hohlen pazifistischen Phrase»; die Resolution enthalte «faktisch absolut nichts ausser bürgerlich-pazifistischen Phrasen», «nicht die Spur revolutionären Bewusstseins» usw. Wirkliche Sozialisten, so fährt er fort, hätten feststellen müssen, «dass der Vorschlag Wilsons offenkundige Lüge und Heuchelei ist, denn Wilson ist der Vertreter einer Bourgeoisie, die Milliarden am Krieg verdient hat, ist das Haupt einer Regierung, die die Rüstung der Vereinigten Staaten – unzweifelhaft für einen zweiten (unterstrichen!) grossen imperialistischen Krieg – ins Irrsinnige gesteigert hat ...». Auch die bürgerliche Regierung Frankreichs sei nicht fähig, «in der Frage eines demokratischen und gerechten (in Anführungszeichen) Friedens etwas zu sagen oder zu tun, was nicht ebenso verlogen wäre ...». Denn «der Kampf für einen derartigen Frieden», so erklärt Lenin weiter, und er holt damit zur Darlegung seiner eigenen Auffassung aus, könne nicht in der Wiederholung leerer, nichtssagender, frommer und zuckersüsser pazifistischer Phrasen bestehen, sondern nur darin, den Völkern die Wahrheit (unterstrichen!) zu sagen. Und diese Wahrheit sieht folgendermassen aus: «Um einen demokratischen und gerechten Frieden zu erlangen, müssen die bürgerlichen Regierungen aller kriegführenden Länder gestürzt werden, und zu diesem Zweck muss ausgenutzt werden, dass Millionen Arbeiter Waffen in den Händen haben . . .»

Welch merkwürdiger Anblick! Lenin contra Wilson? Der in armseligen Verhältnissen lebende, weitab von den Zentren der Weltpolitik schreibende, den Grossen der Welt nicht einmal dem Namen nach bekannte russische Extremist gegen den Staatschef des mächtigsten Landes der Welt? Fast möchte man Mitleid kriegen mit dem kleinen Eiferer, wie er da die proletarischen Massen der Welt zum Sturz ihrer Regierungen aufruft, ohne Mittel und Möglichkeiten, an diese Massen auch nur heranzukommen. Doch dann fällt unser Blick auf das Datum, das diese Auseinandersetzung mit Wilson trägt. Es lautet: Zürich, 1. Januar 1917. Bevor dieses Jahr um ist, wird der unbekannte Revolutionär Herrscher über Russand, Erbe der Zaren sein. Hier, wenn irgendwo, greifen wir die Bedeutung der Persönlichkeit für den Gang der Weltgeschichte. Man geht wohl nicht fehl in der Annahme, dass die russische Revolution und damit die Weltgeschichte einen andern Verlauf genommen hätte, wenn Lenin nicht auf dem Schauplatz der Ereignisse in Petrograd erschienen wäre.

In Lenin und Wilson standen sich nicht nur zwei gegensätzliche politische Weltanschauungen gegenüber. Es ging vielmehr um das Gegeneinander zweier geschichtsphilosophischer Konzeptionen. Wie Lenin den Sieg des Kommunismus aus geschichtlicher Notwendigkeit ableitete, die sogenannte sozialistische Revolution und ihr Ergebnis, nämlich die klassenlose Gesellschaft, als Geschichtsgesetz verstand, so gewann Wilson aus seinen geschichtlichen und staatsphilosophischen Studien die Überzeugung, dass der Sieg der Demokratie der Sinn der Weltgeschichte sei. Und dieser Sieg scheint ihm mit dem Kriegseintritt Amerikas und der Entstehung einer demokratischen Republik in Russland so gut wie gewiss zu sein. Wilson glaubte an «the democratic feeling of the world». Es ist bezeichnend, dass dieser Ausdruck in einer Note Wilsons an seinen Gesandten in Russland steht, wobei es von untergeordneter Bedeutung ist, dass diese Note zufällig nie abgeschickt worden ist. Dieser Glaube an das demokratische Fühlen der Welt, insbesondere des einfachen Mannes, verführte Wilson dazu, die Entwicklung in Russland nicht in ihren wirklichen Proportionen zu sehen. Gerechterweise muss aber gesagt werden, dass wohl keinem Volk der Erde der doktrinäre Marxismus so ferne lag wie dem amerikanischen. Was die Bolschewiki wollten und schliesslich dann auch durchsetzten, war Wilson unverständlich; es erschien ihm als Wahnsinn oder auch als Kriminalität. Es war ihm unerklärlich, wie halbwegs vernünftige Menschen die Abschaffung der Demokratie und ihre Ersetzung durch die Herrschaft einer Minderheit als Fortschritt und Ausdruck des Volkswillens zu deklarieren wagten. Wie an behaupten konnte, es gebe keinen grundlegenden Unterschied zwischen demokratisch gewählten Regierungen und militaristischen Autokratien, zwischen den USA und dem kaiserlichen Deutschland also, war für den ehemaligen Professor für «government» und «political science» schlechterdings widersinnig. Wenn einer so etwas behauptete, so gab es nur eine Erklärung: er musste ein deutscher Agent sein. Und hatten nicht Lenin und die deutsche Autokratie dasselbe Interesse, die junge russische Demokratie wieder zu vernichten? Und war der russische Bolschewistenführer nicht durch den deutschen Generalstab nach Russland geschleust worden?

Wilson und Lenin betrieben die Verwirklichung ihrer geschichtsphilosophischen Konzeptionen mit demselben missionarischen Eifer. Und sie sprachen sich gegenseitig die Echtheit ihres Idealismus ab. Wie Lenin für Wilson ein deutscher Agent war, so war Wilson für Lenin ein Handlanger der amerikanischen Milliardäre, eine Marionette des Kapitalismus.

Während eines halben Jahres, vom Frühjahr bis zum Herbst 1917, schien Wilsons Ziel einer demokratischen Welt, die sich auf die beiden mächtigen Pfeiler der alten angelsächsischen Demokratie im Westen und der neuen russischen Demokratie im Osten stützen würde, in greifbare Nähe gerückt. Denn der Sieg über die deutsche Autokratie, den er für absolut notwendig hielt, gerade auch aus ideologischen und keineswegs nur aus machtpolitischen Gründen, war für den Präsidenten nach dem Eintritt seines Landes in den Krieg nur noch eine Frage der Zeit. Diese Gewissheit bedeutete auch für die führenden Männer der demokratischen Republik Russlands neue Hoffnung – wie ein deus ex machina mussten ihnen, die sie die zaristische Autokratie in schwerster äusserer und innerer Bedrängnis beseitigt hatten, die USA und ihr Präsident erscheinen. Der schon fast verlorene Krieg nahm auch für Russland damit eine unverhofft günstige Wendung – unter der Voraussetzung allerdings, dass man jetzt, gerade jetzt, an der Seite der vereinigten Demokratien des Westens ausharrte.

Man sieht, wie die neuen Männer Russlands die Lage prinzipiell gleich beurteilten wie ihr grosser Freund jenseits des Ozeans – und sie täuschten sich über die wirklichen politischen und psychologischen Voraussetzungen in Russland damit ebenso grausam wie der weit entfernte Wilson. Aber kann man es ihnen verargen, so gedacht und gehandelt zu haben? War der Weg nicht deutlich gewiesen angesichts des Doppelereignisses der russischen Revolution und des amerikanischen Kriegseintritts? Lag der Sinn dieser Koinzidenz, die man schon damals als weltgeschichtliche Wende empfand, nicht klar zutage? War es nicht einleuchtend, dass man die nach amerikanischem Vorbild im Innern gewonnene Freiheit nur mit Hilfe Amerikas nach aussen behaupten konnte gegen einen Feind, der die alte nationale Existenz des russischen Staates ebenso bedrohte wie die neue demokratische Form dieses Staates, also Feind in doppelter Hinsicht war, machtpolitisch und ideologisch? Fürst Lwow, der erste Regierungschef der demokratischen Republik, begrüsste im Sommer 1917 eine amerikanische Kommission, die Amerikas Sympathie für «Russlands Bekenntnis zu den Grundsätzen der Demokratie» zum Ausdruck bringen und allerdings auch die «Zusammenarbeit zwischen den beiden Regierungen bei der Weiterführung des Krieges» besprechen sollte, mit den Worten, dass Russland «mit einem Sprung» Amerikas Freiheit erreicht habe. Und er bezeichnete die wachsende Freundschaft zwischen den beiden Ländern als «ein Werkzeug in diesem Weltprozess». Die Übereinstimmung mit Wilsons Gedankengängen und Hoffnungen ist offensichtlich. Und der russische Aussenminister Tereschtschenko sagte einige Wochen später, Ende August 1917: «Das russische Volk ist fest entschlossen, den Befreiungskrieg bis zum unerlässlichen Triumph aller Demokratien über die autokratischen und imperialistischen Prinzipien zu führen.» Auch hier stellen wir völlige Harmonie mit Wilsons Konzeption fest. Die zitierten Worte bedeuten ja auch die Zustimmung zu Wilson in einer ganz konkreten Situation;

einige Tage vorher hatte der amerikanische Präsident nämlich die päpstliche Friedensvermittlung abgelehnt, weil er mit dem militaristischen Regime in Deutschland nicht verhandeln wollte. Hier beginnt der ideologische Beschuss Deutschlands, der im November 1918 mit dem Sturz des Kaisertums enden sollte. Auch Russlands Schicksal und Rolle hatte Wilson in seiner ablehnenden Note nicht vergessen zu erwähnen; «das neugeborene Russland», wie er sich ausdrückte, könnte dadurch (d.h. durch einen solchen Frieden mit der deutschen Autokratie) den Ränken einer sicheren Gegenrevolution von deutscher Seite ausgeliefert werden.

Man erkennt, wie das Denken der amerikanischen wie der russischen Staatsmänner jener Monate sich in gleicher Weise von den Dreiecksbeziehungen Amerika–Deutschland–Russland bestimmen lässt. Machtpolitische und ideologische Beurteilung gehen Hand in Hand. Macht und Idee verlangen sozusagen in Idealkonkurrenz dasselbe Ziel: gemeinsamer Sieg über den gemeinsamen militärischen und politischen Feind, das kaiserliche Deutschland.

Heute wissen wir längst, dass Wilson und seine russischen Freunde einem tragischen Irrtum zum Opfer gefallen sind. Wenn etwas die zarte Pflanze der russischen Demokratie vor dem Zugriff der machtbesessenen Extremisten noch hätte retten können, dann wäre es der sofortige Friedensschluss gewesen. Kerenski erkannte es zu spät – der Sturz in den Abgrund erneuter Diktatur war nicht mehr aufzuhalten. Die bolschewistische Machtergreifung vom Oktober 1917 aber verwandelte die so verheissungsvoll begonnene russisch-amerikanische Partnerschaft in politische und ideologische Gegnerschaft.

Am 1. Januar 1918, genau ein Jahr nach der scharfen Kritik Lenins an Wilsons Friedensappell, erhält Staatssekretär Lansing den Text des Aufrufs, den Trotzki erneut an alle alliierten Regierungen und Völker gerichtet hat. Darin forderten die Bolschewiki die ehemaligen Verbündeten in ultimativer Form zu einem allgemeinen Verzichtfrieden auf. Für den Fall der Weigerung wurde die Arbeiterklasse aufgerufen, «die Macht den Händen derer zu entreissen, die den Völkern den Frieden nicht geben können oder wollen». Lansing stellte fest, dass dieser Aufruf «eine direkte Drohung gegen die Gesellschaftsordnung in allen Ländern sei», dass die Bolschewiki nicht berechtigt seien, im Namen des russischen Volkes zu sprechen und daher einer Antwort gar nicht gewürdigt werden sollten. Der Präsident entschied dann allerdings anders, und er antwortete den russischen Bolschewiki oder vielmehr über deren Köpfe hinweg dem russischen Volk direkt recht ausführlich in seinen berühmt gewordenen 14 Punkten. Aber der Erfolg bzw. Misserfolg dieser Aktion – was Russland anbetrifft – gab Lansing recht, der gesagt hatte, dass man nichts unternehmen könne, was Lenin und Trotzki wieder der Vernunft zugänglich machen würde. Der russisch-amerikanische Dialog war zu Ende. An seine Stelle trat die ideologische Auseinandersetzung zwischen bolschewistischem Totalitarismus und freiheitlicher Demokratie, die das seitdem verflossene halbe Jahrhundert in ihren Bann schlagen sollte. Der Traum einer demokratischen Welt war zu Ende.

1967

Europäisch-atlantische Tradition als Voraussetzung freiheitlicher Existenz

Vor dem Hintergrund des schweizerischen Beitritts zum Europarat im Frühjahr 1963 hielt Hofer den folgenden Vortrag, der im Hinblick auf die in der Zukunft erwarteten verstärkten Integrationstendenzen zwar die Besonderheiten der schweizerischen politischen Individualität darlegt, gleichzeitig aber vor allem auf die Verbundenheit der Schweiz mit der europäisch-atlantischen Welt hinweist. Damit wird ein bis heute aktuelles Spannungsverhältnis zwischen schweizerischer Identität und Weltoffenheit, welches gewisser paradoxer Momente nicht entbehrt, thematisiert.

Die gegenwärtige Weltlage ist, wie kaum je eine Zeit zuvor, dazu angetan, uns zur Besinnung auf die Grundfragen unserer Existenz anzuhalten. Und zwar gilt dies für den globalen wie den europäischen Rahmen der internationalen Politik. Von höchster Stelle ist kürzlich, im Hinblick auf unsere Lage in Europa, gesagt worden – wir zitieren Bundesrat Wahlen –, «dass seit dem Bestehen des Bundesstaates keine Entscheidung von derartiger Tragweite an uns herangetreten ist». Und diese schwierige Aufgabe, vor der wir stehen, ist mit den Worten umschrieben worden: «Es geht darum, unseren wirtschaftlichen Lebensraum zu behaupten, ohne die Attribute zu verlieren, die die Schweiz zu dem machen, was sie ist.» Es geht also offensichtlich um nichts weniger als um die politische Individualität unseres Staates, um das, was man gerne «Sonderexistenz» der Schweiz nennt, eine Sonderexistenz, die von einem gewissen europäischen Dogmatismus nun grundsätzlich in Frage gestellt erscheint. Insofern ginge es in unserem Verhältnis zu dem sich integrierenden Europa tatsächlich um nichts weniger als um eine schweizerische Existenzfrage.

Welches sind nun aber die Attribute, «die die Schweiz zu dem machen, was sie ist»? Auch darüber hat der Bundesrat, beraten von Historikern, Juristen, Diplomaten und sicher im Einklang mit dem überwältigenden Teil des Schweizer Volkes, genaue Auskunft gegeben, und zwar in seinem Schreiben an den Ministerrat der Europäischen Wirtschafts-Gemeinschaft (EWG) vom 24. September 1962. Es werden darin als Strukturelemente des schweizerischen Staatswesens, als Grundzüge schweizerischer Innen- und Aussenpolitik und damit sozusagen als Essentialia schweizerischer Existenz hervorgehoben: der föderalistische Staatsaufbau, die direkte Demokratie und die Maxime der Neutralität. Diese Elemente schweizerischer Staatsgesinnung und Politik sind also in allen Verhandlungen über eine wie auch immer geartete Assoziation der Schweiz mit dem sich integrierenden Europa als unantastbar und unabdingbar anzusehen. Es ist damit sozusagen ein innerer Bezirk schweizerischer Existenz innerhalb Europas abgesteckt.

Diese drei Grundwerte, die die spezifische politische Individualität der Schweiz ausmachen, stellen indessen nur die eine Seite der Problematik dar, vor die wir uns gestellt sehen. Sie zeigen, was unser besonderes Wesen innerhalb Europas ausmacht, was uns, sprechen wir es ruhig aus, von Europa abhebt, unterscheidet, politisch unterscheidet. Aber es gibt ja nicht nur Faktoren, die uns von Europa, jedenfalls von einer vorherrschenden politischen Tendenz in Europa, unterscheiden, sondern es gibt ebenso Faktoren, die uns mit Europa und darüber hinaus mit der westlichen, atlantischen Welt verbinden. Wenn es aus naheliegenden Gründen die Hauptaufgabe kommender Unterhändler mit den europäischen Gremien sein wird, dieses Spezifische, Besondere, Eigentliche schweizerischer politischer Existenz hervorzuheben und zu bewahren, so haben wir uns hier die Aufgabe gestellt, das Verbindende, Einigende, Gemeinsame zwischen uns und den andern, das heisst wiederum der europäisch-atlantischen Welt hervorzuheben, bewusst zu machen, vor allem dadurch bewusst zu machen, dass wir aufzuzeigen versuchen, wie sehr wir in einer gemeinsamen historisch-politischen Tradition verwurzelt sind. Und es wird zugleich zu zeigen sein, dass die Grundwerte, die wir mit den Völkern der europäisch-atlantischen Welt gemeinsam haben, in mindestens ebenso hohem Masse unabdingbare Voraussetzungen schweizerischer Existenz sind, ja dass diese europäisch-atlantischen Grundwerte den spezifisch schweizerischen Grundwerten vorgeordnet sind, in dem Sinne, dass die spezifisch schweizerischen Werte ihren Sinn und Zweck verlieren würden, sollten einmal die europäisch-atlantischen Werte untergehen.

Das mag zunächst alles etwas thesenartig, wenn nicht gar dogmatisch erscheinen. Um diese These näher zu begründen und einsichtig zu machen und ihr den dogmatisch scheinenden Anstrich zu nehmen, ist hier aufzuzeigen, wie sehr es sich bei diesen Zusammenhängen um lebendige Wirklichkeit, um pulsierendes Leben handelt.

Ich hatte schon früher Gelegenheit, auf das sozusagen Paradoxe unserer Situation hinzuweisen, und zwar gilt dies sowohl für den europäischen wie für den globalen Aspekt der gegenwärtigen Weltlage. Es besteht darin, dass wir nicht voll und ganz in einer wie auch immer strukturierten europäischen oder atlantischen Gemeinschaft aufgehen können und doch mit dieser Gemeinschaft, als einer regelrechten Schicksalsgemeinschaft, auf Gedeih und Verderb verbunden sind. Wir verhalten uns zwar in dem grossen Weltkonflikt der Gegenwart, soweit er machtpolitischer Natur ist, unserem bewährten aussenpolitischen Grundsatz gemäss neutral, sind uns aber gleichzeitig darüber klar – oder müssten es zum mindesten sein –, dass wir auf eine weitere Existenz als freie Nation wie als freie Bürger nur hoffen können, wenn sich die freie Welt in diesem säkularen Ringen behaupten kann. Wie kein vernünftiger Schweizer der Auffassung sein wird, dass die weitere Existenz einer freien Schweiz in einem nationalsozialistischen Europa auf die Dauer möglich gewesen wäre, so können nur unverbesserliche Illusionisten die Hoffnung hegen, ein kommunistischer Sieg im Ringen, das wir kalten Krieg nennen, würde die Position der Schweiz als eines unabhängigen Kleinstaates und einer rechtsstaatlichen, freiheitlichen Demokratie nicht berühren.

Es ist vielmehr gar kein Zweifel darüber möglich, dass es im Kampf zwischen dem totalitären Machtgebilde der Sowjets und der freien Welt, der machtpolitisch gesehen vor allem ein Kampf zwischen den beiden Weltgiganten Sowjetunion und

USA ist, auch um unser Schicksal geht. Der Ausgang dieses Kampfes wird auch darüber entscheiden, ob die Schweiz weiterhin ihre Existenz als freiheitliche Demokratie fristen kann oder einen – naturgemäss sehr bescheidenen – Platz in einem sozialistischen, lies: kommunistischen Weltsystem einnehmen wird, das uns nicht nur eine innere kommunistische Parteidiktatur, sondern uns, nach Lage der Dinge, und das heisst vor allem, der geographischen Dinge, sehr wahrscheinlich auch die äussere Diktatur Moskaus bringen würde. Diese zugegebenermassen nicht sehr angenehme Vision gilt es immer wieder zu beschwören, gibt es doch auch bei uns immer noch allzuviele, die den eigentlichen Sinn des gegenwärtigen Weltringens nicht begriffen haben oder nicht begreifen wollen. Visionen haben zwar im allgemeinen nicht viel mit der Realität zu tun. Täuschen wir uns aber nicht darüber hinweg, dass diejenigen die eigentlichen Illusionisten sind, die eine solche Vision nicht für eine geschichtliche Möglichkeit halten!

Worin liegt der tiefste Grund für den Umstand, dass wir uns mit den Völkern der europäisch-atlantischen Welt in einer sogenannten Schicksalsgemeinschaft befinden? Er liegt, um mit unserem Titel zu antworten, darin, dass die europäisch-atlantische Tradition die Voraussetzung freiheitlicher Existenz schlechthin ist. Was ist nun aber diese europäisch-atlantische Tradition, an der, wie ich behauptete, auch die Schweiz, und zwar in existentieller Weise, partizipiert? Eine umfassende Antwort auf diese Frage wird im Rahmen dieses kurzen Beitrages niemand von mir erwarten. Es kann hier nur darum gehen, eine Skizze zu entwerfen, von der man allerdings verlangen darf, dass sie die wesentlichen Gesichtspunkte enthalte.

Wenn drei Grundwerte hervorgehoben worden sind, die das Besondere und gleichzeitig das Wesentliche schweizerischer Politik und Staatsgesinnung ausmachen, so kann man ebenso drei Grundwerte hervorheben, die das Gemeinsame und gleichzeitig das Wesentliche der europäisch-atlantischen Tradition darstellen. Handelt es sich bei den spezifisch schweizerischen Grundwerten um ausgesprochen politische Elemente, so geht es bei den europäisch-atlantischen Grundwerten um einen religiösen, einen kulturellen und einen politischen, nämlich um das Christentum, die abendländische Kultur und die freiheitlich-rechtsstaatliche Demokratie. Sie sind die drei Grundpfeiler, auf denen das Gebäude der europäisch-atlantischen Welt steht. Und alle drei stehen sie unter demselben Gesetz: dem Gesetz der Freiheit. Freiheit erkennen wir somit als Bewegungsgesetz, als Elan vital sozusagen der europäisch-atlantischen Tradition. Nicht als ob diese Freiheit unangefochten geblieben wäre! Freiheit ist, wie Jaspers einmal bemerkt hat, immer in Gefahr. Diese Gefahr mochte von aussen kommen, etwa in Form von Barbarenstürmen, aber sie konnte auch im Innern selbst entstehen und sich wie ein böses Geschwür ausbreiten. Denken wir etwa nur an das Beispiel des Nationalsozialismus, der eines der Kernländer abendländischer Kultur in tiefste Barbarei zu stürzen vermochte. Heute erscheint dieses Grundgesetz europäisch-atlantischer Tradition vor allem durch den Bolschewismus bedroht. Er stellt die religiöse, die kulturelle wie vor allem die politische Freiheit in Frage. An Stelle der christlichen Religion möchte er den historischen und dialektischen Materialismus setzen, den Marxismus-Leninismus, dem die Funktion einer Ersatzreligion oder eines Religionsersatzes zukommt. Die Freiheit der Kultur, des schöpferischen Schaffens hat, wie die jüngsten Auseinandersetzungen zwischen Parteiideologen und Künstlern wiederum mit aller Schärfe gezeigt haben, in der kommunistischen Welt ebenfalls keinen Platz. Das kulturelle Leben wird diktiert, ja terrorisiert durch den sogenannten sozialistischen Realismus – ein Begriff, hinter dem nichts anderes steckt als der Anspruch der Partei, den Künstlern zu befehlen, wie und was sie zu schreiben, zu malen und zu komponieren haben.

Der Hauptangriff des Bolschewismus indessen gilt zweifellos dem dritten der europäisch-atlantischen Grundwerte, der Idee und Realität der freiheitlichen und rechtsstaatlichen Demokratie. Sie ist der eigentliche Gegenstand des Hasses, der wichtigste Feind des Bolschewismus sowie jeglichen Totalitarismus überhaupt, sie ist das grosse Hindernis, das aus dem Wege geräumt werden muss, wenn der Plan der Weltrevolution verwirklicht werden soll. Man kann die Geschichte unserer Zeit, des 20. Jahrhunderts, unter verschiedenen Gesichtspunkten betrachten und analysieren; einer der wichtigsten, wenn nicht überhaupt der entscheidende, ist der des Kampfes zwischen Demokratie und totalem Staat. Er dauert nun schon bald ein halbes Jahrhundert, das heisst seit der bolschewistischen Revolution von 1917. Nachdem in den dreissiger und vierziger Jahren der Nationalsozialismus vorübergehend als Hauptfeind der Demokratie in den Vordergrund getreten ist, hat sich der Kampf nach der totalen Niederlage dieser Variante des Totalitarismus wiederum auf die Auseinandersetzung mit dem Bolschewismus konzentriert. Der Bolschewismus behauptet zwar bekanntlich von sich selbst, ebenfalls Demokratie zu sein, höhere, wahre, echte Demokratie im Gegensatz zu der angeblichen Formaldemokratie, wie wir sie haben. Abgesehen davon, dass schon der theoretische Ansatz bei Marx falsch war – worauf wir hier nicht näher eingehen können –, ist die sogenannte Sowjetdemokratie oder Volksdemokratie eben eine Diktatur geworden, nicht einmal Diktatur des Proletariates – was immerhin unter bestimmten Umständen die Diktatur einer Mehrheit über eine Minderheit sein könnte –, sondern, wie schon Trotzky prophetisch erahnt hatte, Diktatur über das Proletariat, nämlich Diktatur der Partei, genauer einer engeren Führungsgruppe oder eines Einzelnen über das ganze Volk. Somit erweist sich das bolschewistische Herrschaftssystem, in welcher Gestalt es auch auftreten möge, als Nicht-Demokratie, als absolutes Gegenstück, als Negation der Demokratie. Dies gilt es mit aller Schärfe festzuhalten. Wenn in gewissen Köpfen, auch bei uns, immer noch oder schon wieder, die Vorstellung spukt, beim Sowjetsystem handle es sich um so etwas wie «linke» und «sozialistische» Demokratie, so haben diese Köpfe ganz einfach die Tatsachen der Geschichte nicht zur Kenntnis genommen, um so schlimmer, wenn es intellektuelle Köpfe sind!

Der Hauptangriff des Bolschewismus richte sich, so sagten wir, gegen Idee und Institution der freiheitlich-rechtsstaatlichen Demokratie, der der europäisch-atlantischen Tradition entsprungenen, unsere Welt recht eigentlich kennzeichnenden und auszeichnenden politischen Lebensform. Der totalitäre Angriff trifft, wenn er sich gegen diesen politischen Kern europäisch-atlantischer Tradition wendet, gleichzeitig aber auch auf den kulturellen und religiösen Daseinsgehalt unserer Welt; denn die freiheitlich-rechtsstaatliche Demokratie ist ideengeschichtlich undenkbar ohne die Grundlage des Christentums und der abendländischen Kultur. Christentum und Antike, die man die Urpolarität europäischer Kultur genannt hat, sind auch die doppelte Wurzel der modernen Demokratie. Die Ahnengalerie der (freiheitlichen) Demokratie umfasst eine grossartige Reihe politischer Denker von Aristoteles bis John Locke. Und die englischen Puritaner, die die moderne Demokratie zum ersten

Mal zu verwirklichen trachteten, fassten sie auf als religiöses und moralisches Prinzip, als Übertragung des allgemeinen Priestertums aller Gläubigen in eine nichttheologische Sprache. Sicher stehen wir vor dem Phänomen einer Säkularisierung, einer Verweltlichung christlicher Glaubensinhalte im modernen demokratischen Denken, wenn aus der Souveränität Gottes die Souveränität des Volkes und aus der Gleichheit aller Menschen vor Gott die Gleichheit aller vor dem Gesetz wird. Aber auch in dem also säkularisierten demokratischen Denken ist die christliche Tradition lebendig geblieben, und weder Renaissance noch Aufklärung haben die Vitalität dieser Tradition völlig gebrochen.

Dies wird wohl nirgends deutlicher als da, wo es um das eigentliche Zentrum, die wahre Mitte, den Urquell freiheitlich-demokratischen Denkens geht, um die Vorstellung, um den Glauben von der unantastbaren Freiheit und Würde der menschlichen Persönlichkeit, um den sich allmählich der ganze Kranz der Menschenrechte gruppieren wird. Denn hinter diesem Glauben steht letztlich nichts anderes als der Glaube von der Gottesebenbildlichkeit des Menschen. Dieser christliche Gedanke war indessen auch im antiken Griechenland schon vorgedacht worden in dem Postulat von der ursprünglichen Gleichheit und Freiheit alles dessen, was Menschenantlitz trägt. Wiederum stehen wir vor den beiden Grundsäulen abendländischer Zivilisation: Christentum und Antike. Die freiheitliche Demokratie erscheint nicht als zufälliges Produkt europäisch-atlantischer Geschichte, sondern als mit innerer Notwendigkeit aus den schöpferischen Tiefen des europäischen Geistes entsprungen.

Wie diese moderne Demokratie sich nun in einem jahrhundertelangen Entwicklungsprozess aus dem Kerngedanken von der Freiheit und Würde des Menschen herausbildet, nicht kontinuierlich, sondern unter Sprüngen und auch Rückschlägen, dies ist eines der faszinierendsten Phänomene, die sich dem Historiker bieten. Nach langer Inkubationszeit kommt es im 17. und 18. Jahrhundert zum entscheidenden Durchbruch, zum Durchbruch der Ideen im 17. und zur Verwirklichung der Ideen in Institutionen im 18. Jahrhundert. Philosophen wie Locke und Spinoza bezeichnen Religionsfreiheit, Denk- und Glaubensfreiheit als natürliche und unveräusserliche Menschenrechte. Englische Puritaner verwirklichen diese Grundsätze zum ersten Mal in ihren Siedlungen auf dem jungfräulichen Boden Nordamerikas, teilweise schon bevor die grossen Geister gesprochen haben. John Locke verkündet in seiner berühmten Schrift über die Regierung die wechselseitige Bedingtheit der drei Grundrechte auf Freiheit, Leben und Eigentum. Es ist die Trias, die im folgenden Jahrhundert im ersten Artikel der ersten Menschenrechtserklärung stehen wird: derjenigen von Virginia von 1776.

Schon mehr als ein halbes Jahrhundert vor Lockes entscheidenden Schriften ist in England, dieser hohen Schule für die Bildung politischer Freiheitsrechte, ein Schritt getan worden, der sich als von ganz grundsätzlicher Bedeutung für die Entstehung des modernen Rechtsstaates erweisen sollte. Das englische Parlament postulierte den Grundsatz des Habeas Corpus, des Schutzes vor willkürlicher Verhaftung, des Rechtes auf ein ordentliches Gerichtsverfahren. Dieser Grundsatz der Sicherheit der Person wurde zum Kern aller Freiheitsrechte überhaupt, weil sie ohne ihn praktisch bedeutungslos würden. Man kann die Bedeutung, die diesem Grundsatz zukommt, auch daran ablesen, dass freiheitsfeindliche Regierungen ihn, wenn sie an die Macht gelangt sind, als ersten ausser Kraft zu setzen pflegen, unter welchem Vorwand auch immer, meistens unter demjenigen der Staatssicherheit.

Wenn wir diese grossartige Periode in der Geschichte der Freiheit überblicken, dann erkennen wir, wie sie einen atlantischen Charakter hat. Dieses Charakteristikum ist kein zufälliges oder nebensächliches, auch kein gesuchtes oder hineinkonstruiertes, sondern ein wesentliches, entscheidendes, in der geschichtlichen Entwicklung selbst liegendes. Diese freiheitlichen Ideen wandern, so könnten wir es bildhaft darstellen, mit den englischen Kolonisten nach Amerika hinüber, wo sie alsbald die politischen Institutionen erfüllen. Es ist kein Zufall, sondern entspricht durchaus der Logik dieses geschichtlichen Prozesses, wenn der Ruhm, die erste Erklärung der Menschenrechte verfasst, den ersten Katalog politischer Freiheitsrechte aufgestellt zu haben, den Amerikanern zukommt. Und nochmals treten die freiheitlichen Ideen den Weg über den Ozean an, diesmal in umgekehrter Richtung, indem die Virginia Bill of Rights, und die Ideen der amerikanischen Revolution überhaupt, nach Europa zurückwirken. Das Echo, das die amerikanische Unabhängigkeitsbewegung mit ihrer Menschenrechtserklärung und ihrer freiheitlichen Verfassung in Europa gefunden hat, ist ungeheuer. Allenthalben, bis nach Russland hinein, betrachteten fortschrittliche Geister diese amerikanischen Vorgänge als Vorbild, das in der einen oder andern Form nachgeahmt werden sollte. Wir finden seinen Niederschlag in politischen Flugschriften, in historischen und philosophischen Abhandlungen, in literarischen Ergüssen, vom Gelegenheitsgedicht bis zum Dichterfürsten Johann Wolfgang von Goethe. Das Gefühl war überall unter Gebildeten und freiheitlich Gesinnten lebendig, dass ein neues Zeitalter angebrochen sei. Man entfremdete sich von der eigenen alten europäischen Ordnung und projizierte die europäischen Träume auf den amerikanischen Bildschirm. Mit einem Wort: Amerika half Europa, ein revolutionäres Bewusstsein zu entwickeln.

Vor allem denken wir natürlich dabei an den Zusammenhang zwischen amerikanischer und französischer Revolution. Sicher ist die grosse Revolution von 1789 in erster Linie aus eigenen französischen Voraussetzungen entstanden und geschichtlich zu erklären. Aber der Impuls, der von Amerika ausging, darf keinesfalls unterschätzt werden. Am deutlichsten sichtbar wird dieser Zusammenhang wiederum an den Menschenrechten, an der Übernahme einer ausdrücklichen Deklaration dieser Rechte. So wenig die Déclaration des droits de l'homme et du citoyen von 1789 einfach ein Abklatsch der Virginia Bill of Rights von 1776 ist, so sehr ist die amerikanische Erklärung der französischen Pate gestanden. Der atlantische Charakter der revolutionären Ereignisse diesseits und jenseits des Ozeans im letzten Drittel des 18. Jahrhunderts ist also offensichtlich. Niemals sei man, so betont ein führender amerikanischer Historiker unserer Zeit, dem Begriff einer atlantischen Kultur, einer atlantischen politischen Kultur, näher gewesen als damals! Man sprach diesseits und jenseits des Ozeans dieselbe politische Sprache, soweit es sich natürlich nicht um die Verfechter des Ancien Régime, des fürstlichen Absolutismus von Gottes Gnaden, handelte. Der Atlantik war also alles andere als eine kulturelle und geistige Scheide, er hinderte keineswegs den ideellen Austausch, und das zu einer Zeit, als eine Reise über diesen Ozean noch ein wirkliches, ein oft auch gefährliches Abenteuer war. Mit dem Strom der Handelsgüter ging auch auf dem Atlantik, wie anderswo, der Strom der ideellen Güter. So sehr es eine geschichtliche Tatsache ist, dass der geistige Austausch und die kulturelle Befruchtung zwischen Völkern und Kulturen den Handelswegen gefolgt ist, so sehr ist es andererseits eine nicht zu leugnende politische Tatsache, dass diese geschichtliche Erfahrung für den Handel mit totalitären Staaten keine Gültigkeit hat. Es ist vielmehr ein grundlegender Irrtum, zu glauben oder zu hoffen, dass die Intensivierung des Handels zwischen freier und totalitärer Welt die gegenseitige Verständigung fördern werde. Dies könnte nur dann der Fall sein, wenn es sich auf beiden Seiten um offene Gesellschaften und um freie Menschen handeln würde. Aber der Handelspartner des freien westlichen Kaufmanns ist der ideologisch geschulte Funktionär des totalitären Regimes. Zwischen ihnen ist keine geistige und politische Kommunikation möglich – Ausnahmen, wenn es solche geben sollte, würden nur die Regel bestätigen.

Doch zurück zu unseren geschichtlichen Betrachtungen, die aber auch sogleich abgeschlossen werden sollen. Es ging uns darum zu zeigen, dass europäisch-atlantische Tradition keine Schimäre, kein Wunschgebilde ist, sondern konkrete geschichtliche Wirklichkeit. Wenn in den letzten Jahren verstärkte Bemühungen sichtbar geworden sind, gewisse geistige Grundwerte festzustellen, denen sich die freien Völker, die sich grösstenteils zur Verteidigung gegen die totalitäre Gefahr zusammengeschlossen haben, verpflichtet fühlen, so konnte es also nur darum gehen, diese im geschichtlichen Erbe vorhandenen Werte wieder bewusst zu machen. Wenn wir in einer Erklärung über die Grundsätze der atlantischen Gemeinschaft, die auf einer Studientagung amerikanischer und europäischer Gelehrter und Politiker vor einigen Jahren gemacht worden ist, etwa lesen, dass zu diesen Grundsätzen gehöre «Respektierung des unverlierbaren Wertes jedes Menschen» sowie «Anerkennung der Freiheit des sittlich verantwortlichen Individuums», dann erkennen wir sogleich, dass es sich um Variationen des Themas handelt, das die grossen revolutionären Ereignisse beherrscht hat, von denen soeben die Rede war. Wenn sich die freien Völker beidseits des Nordatlantiks 1949 gegen die drohende bolschewistische Gefahr zusammengeschlossen haben, unter der Führung der USA zusammengeschlossen haben, dann lag das insofern in der Logik der Geschichte, als sie das zu verteidigen beschlossen, was 175 Jahre früher zum ersten Mal in Amerika feierlich verkündet worden ist: das Bekenntnis zu einer freien Gesellschaft freier Menschen. Damit eine solche Verteidigung gegen den mächtigen eurasiatischen Koloss des bolschewistischen Russlands indessen Aussicht auf Erfolg haben konnte, hatte etwas geschehen müssen, das sich in diesen 175 Jahren abgespielt hat: der Aufstieg der USA vom kleinen und ärmlichen Kolonialgebiet zur Weltmacht unserer Zeit. Es liegt eine eigene Faszination in dieser geschichtlichen Perspektive: dass die mächtigen USA des 20. Jahrhunderts ihre schützende Hand über die Frucht halten, die aus dem Samen erblüht ist, den der schwächliche Bund emanzipierter englischer Kolonien eindreiviertel Jahrhunderte zuvor ausgestreut hat.

Es ist also aus der Geschichte heraus verständlich zu machen, wenn unsere gegenwärtige Weltlage unter anderem dadurch gekennzeichnet ist, dass ein Kranz von Demokratien den nordatlantischen Ozean umsäumt, es ist das Resultat der grossen atlantischen Revolution, wie wir sie in ihren Grundzügen zu skizzieren versucht haben. Zugegeben: diese Demokratien gleichen sich nicht wie ein Ei dem andern. Es gibt sogar recht erhebliche Unterschiede, und die Skala geht von der vorbildlich gewordenen parlamentarischen Demokratie Grossbritanniens bis zur autoritären und plebiszitären Demokratie, wie sie die Fünfte Republik in Frankreich verwirklicht hat, wenn man den Begriff der Demokratie für dieses Regime überhaupt noch anwenden will. Die Skala geht aber auch, wenn wir nun auch uns selbst in diese weltgeschichtliche Bilanz hineinbringen, von dem durch entscheidende Elemente der direkten Demokratie angereicherten Repräsentativsystem der Schweiz zum ebenfalls repräsentativen, aber zugleich präsidentiellen System der USA. Die Skala geht aber auch, machtpolitisch gesprochen, vom Kleinstaat zur Weltmacht, womit der Beweis erbracht ist, dass die demokratische Lebensform sich in jeder Grössenordnung zu bewähren vermag. Jede dieser Demokratien hat also, bei allen typischen Merkmalen, ihre unverwechselbare historische Individualität. Dies hängt nicht zuletzt damit zusammen, dass das freiheitliche und demokratische Ideengut, wie es die westlichen Revolutionen des 18. und dann auch des 19. Jahrhunderts verbreiteten, in verschiedenen Ländern auf bereits wohlpräparierten Boden fallen konnte. Dies gilt vor allem für jene Länder, die man die «altfreien» Demokratien genannt hat und zu denen auch die Schweiz gehört.

So verdankt die schweizerische Demokratie, so wie sie sich uns heute präsentiert, keineswegs alles der atlantischen Revolution. Die angelsächsischen und französischen Freiheitsgedanken trafen bei uns auf ein alteingewurzeltes Freiheitsbewusstsein, die organische und langsam gewachsene Freiheit der alten Eidgenossenschaft, die Botschaft von der unveräusserlichen und natürlichen Freiheit des Individuums traf auf die altbewährte Vorstellung von der genossenschaftlichen Freiheit, die vor allem Selbstverwaltung und Selbstbestimmung autonomer Gemeinschaften war, Talschaften, Stadtrepubliken, Kantone schliesslich. Aber das Werk des neuen Bundesstaates wäre unmöglich gewesen, wenn die freiheitlichen atlantischen Winde nicht auch die alte Eidgenossenschaft erreicht hätten. Das grossartige geschichtliche Verdienst unserer Bundesgründer besteht darin, dass ihnen eine lebensfähige und lebenskräftige Synthese alter und neuer Freiheit gelungen ist. So hoch wir auch das Nachwirken alteidgenössischer Tradition in der modernen schweizerischen Demokratie anzuschlagen geneigt sind, in einem entscheidenden Punkt unseres Staatsaufbaus, der eines der eingangs hervorgehobenen spezifisch schweizerischen Strukturelemente betrifft, sind wir gerade Amerika besonderen Dank schuldig: es ist der bundesstaatliche, föderalistische Aufbau unseres Staatswesens. So sehr auch hier die jahrhundertelange bündische Tradition den Weg vorgezeichnet haben mag, die ausgewogene Konstruktion von 1848, das «weise Auswägen zwischen Einzelstaat und Gesamtstaat» (Bonjour) ist undenkbar ohne das Vorbild der USA, die als erste in ihrer Verfassung von 1787 das scheinbar unlösbare Problem eines Ausgleichs herkömmlicher einzelstaatlicher und neuer gesamtstaatlicher Interessen praktisch zu bewältigen vermochten.

Es kann also gar kein Zweifel darüber möglich sein, dass das, war wir die freiheitlichen atlantischen Winde genannt haben, den Weg des schweizerischen Staatsschiffes in ganz entscheidendem Masse bestimmt hat, dass wir, mit andern Worten, zur europäisch-atlantischen Gemeinschaft gehören. Denn ohne die allgemeinen Menschenrechte und politischen Freiheitsrechte, wie sie die Kataloge von 1776 und 1789 verkündet haben, ist das undenkbar, was wir freiheitliche Demokratie nennen. Sie sind die ideelle, aber auch die funktionelle Grundlage der Demokratie. Wie es ohne individuelle Freiheit keine politische Freiheit und damit keine echte

Demokratie, die diesen Namen verdient, geben kann, so garantieren nur diese Freiheitsrechte ein richtiges Funktionieren der demokratischen Einrichtungen. Ohne Pressefreiheit, ohne Versammlungs- und Vereinsfreiheit gibt es keine freie politische Diskussion, keine in Freiheit sich bildende öffentliche Meinung und damit kein echtes parlamentarisches Leben. Mit einem Wort: das Ausmass der Freiheitsrechte, die der Bürger eines Staates wirklich geniesst, ist der untrügliche Massstab für den demokratischen Charakter dieses Staates.

Das Bild von den freiheitlichen atlantischen Winden bringt aber auch zum Ausdruck, dass die Gesellschaft freiheitlicher Demokratien keine geschlossene Gesellschaft, keine auf einen bestimmten geographischen Raum beschränkte Gesellschaft ist. Wohl bildete sich diese Gesellschaft freier Völker, aus historischen Gründen, wie wir gesehen haben, zunächst beidseits des nordatlantischen Ozeans, das heisst in Nordamerika und Westeuropa. Aber wie die Winde nicht fragen, wohin sie wehen dürfen, so bleibt auch die Ausstrahlungskraft jener freiheitlichen Ideen nicht auf einen bestimmten Raum beschränkt. Englische Kolonisten trugen diese freiheitlich-demokratischen Ideen und Institutionen ja nicht nur nach Nordamerika, sondern auch nach andern Weltgegenden: nach Afrika, nach Asien, nach Ozeanien. Nicht nur eigentliche britische Siedlungskolonien wie Australien und Neuseeland gehören zur Familie der freiheitlichen Demokratien, sondern auch ein asiatisches Land wie Indien, vielleicht das grösste, gewagteste Experiment, das sehr wohl für den weiteren Gang der Weltgeschichte, die ja vor allem durch die Auseinandersetzung von Demokratie und totalem Staat geprägt erscheint, ausschlaggebende Bedeutung haben könnte.

Wie die Winde leichter über die Ozeane gehen als über die Kontinente, so scheint es auch mit den Ideen. Sie blieben stecken in der Tiefe des eurasiatischen Raumes. Zwar blieb auch Osteuropa keineswegs unberührt vom freiheitlichen Ideengut aus der europäisch-atlantischen Tradition, selbst Russland nicht. Am Ende des Ersten Weltkrieges schien die Demokratie vor einem entscheidenden weltgeschichtlichen Sieg zu stehen; denn die fürstliche Autokratie, die Mittel- und Osteuropa bislang beherrscht hatte, lag besiegt am Boden. Aber in Russland vermochte die Demokratie nur vorübergehend zu siegen: der demokratischen Revolution vom Frühjahr 1917 folgte schon ein halbes Jahr später die bolschewistische Machtergreifung, die sehr bald allen freiheitlichen Träumen ein Ende machte. Dieses Ereignis sollte für die ganze mittel- und osteuropäische Weltgegend schicksalsentscheidend sein. So erweist sich das Jahr 1917 als ein wirkliches Schicksalsjahr der Weltgeschichte. Aber auch in Deutschland vermochte sich die freiheitliche europäisch-atlantische Tradition nicht durchzusetzen. Der antidemokratische Totalitarismus begann sich mitten in Europa wie ein Geschwür auszubreiten. Europa schien 1939 nur noch vor der Alternative zu stehen, ob es nationalsozialistisch oder bolschewistisch werden solle.

Wenn wir 1945 noch einmal davongekommen sind, wenn wir dieser unheilvollen Alternative nochmals entrinnen konnten – und mit «wir» meine ich auch uns Schweizer –, so verdanken wir das nur – ich wiederhole: nur dem Eingreifen der USA, dem Entschluss, für die Grundwerte europäisch-atlantischer Tradition, die man 1776 pathetisch verkündet hatte, nun auch kämpfend einzustehen. Nur dieses amerikanische Eingreifen machte den Sieg über den Nationalsozialismus möglich und vermochte gleichzeitig eine bolschewistische Beherrschung ganz Europas zu verhindern. Wie gegenüber dem Nationalsozialismus, so ist Amerika auch gegenüber dem Bolschewismus die einzige Macht, die uns davor bewahren kann, dass wir alle einem totalen Weltstaat einverleibt werden. Vor dieser geschichtlichen Leistung, vor diesem geschichtlichen Auftrag verblasst alle Kritik an den USA, wie sie gerade auch bei jenen verbreitet ist, die ihre Freiheit und damit auch die Freiheit der Kritik diesen USA verdanken. Wir werden in der europäisch-atlantischen Tradition, in der – sei es auch nur ideellen – atlantischen Gemeinschaft, frei sein, oder wir werden es nicht mehr sein.

1963

Historische Grundlagen sowjetischer Weltpolitik

Ich werde versuchen, in erster Linie die Dimensionen sowjetischer Weltpolitik aufzuzeigen, womit nicht nur die Epoche seit 1917 gemeint ist, sondern die Einordnung in den Ablauf der ganzen russischen Geschichte. Meine These ist, dass an dieser Politik viel weniger sowjetisch als russisch ist.

Zunächst aber einige sozusagen politologische Bemerkungen: Eine Weltmacht ist folgendermassen definiert: eine Macht, die ihre Interessen überall in der Welt berücksichtigt wissen will und notfalls auch die Macht hat, ihnen Nachdruck zu verleihen oder sie durchzusetzen. Also weltweites Mitsprache- und Mitwirkungsrecht. In diesem Sinne gibt es heute nur zwei Mächte: die USA und die Sowjetunion. Etliche frühere Weltmächte haben diesen Status verloren, wie Frankreich und Grossbritannien, eventuell auch Deutschland und Japan (falls sie überhaupt jemals Weltmächte waren). Andere könnten einen solchen Status erreichen, wie vor allem China.

Wenn man USA und Sowjetunion vergleicht, dann erkennt man, dass Sowjetrussland eine ältere Macht als die USA ist. Russland ist die einzige europäische Grossmacht, die diesen Status nicht nur behalten, sondern eben zur Weltmacht in unserem globalen Zeitalter ausbauen konnte. Es ist die Frage nach den Gründen aufzuwerfen und darüber zu diskutieren. Die USA sind erst Ende des 19. Jahrhunderts als mitbestimmende Grossmacht im Konzert anerkannt, Russland bereits seit Peter I., also ab etwa 1725, jedenfalls seit dem 18. Jahrhundert. Die Frage stellt sich, inwiefern sowjetische Weltpolitik einfach Weiterführung russischer Weltpolitik, nicht mit anderen Mitteln, sondern vielmehr mit gleichen Mitteln, aber neuer ideologischer Rechtfertigung bzw. Verhüllung ist, natürlich auch unter radikal veränderten weltpolitischen Verhältnissen (Zusammenbruch der europäischen Grossmächte und ihrer Imperien).

Es ist also die Frage gestellt, was denn neu sei an sowjetischer Weltpolitik gegenüber dem zaristischen Russland. Ich vertrete die These, dass die Sowjetunion praktisch alle Ziele, aber auch alle Probleme des zaristischen Russland übernommen hat, und zwar sowohl aussen- als auch innenpolitisch. Die von Lenin verkündete Abkehr vom russischen Imperialismus wurde noch zu seinen Lebzeiten rückgängig gemacht, als nämlich seine Nationalitätenpolitik sich nicht nach seinen Voraussagen entwickelte, indem die abgefallenen Nationalitäten keine Miene machten, sich dem «befreiten Kernrussland» wieder anzuschliessen. Da begann wiederum das «Sammeln der russischen Erde», Wiedereroberung ehemals russischer Gebiete auf allen

Fronten erfolgreich mit Ausnahme des Westens, d.h. Polen und die baltischen Staaten konnten ihre Unabhängigkeit behaupten, aber nicht, weil Lenin sie ihnen garantierte, sondern weil die Rückeroberung misslang. Unter Stalin trat an die Stelle ideologisch-revolutionärer Rechtfertigung immer offener die historische: Bei der Rückforderung der baltischen Staaten vertrat er gegenüber den baltischen Delegationen den Standpunkt, es gelte den historischen Zustand wiederherzustellen, wie er durch Peter den Grossen geschaffen worden war.

Bei den Verhandlungen Molotows mit Hitler im November 1940 berief sich jener auf die historischen Rechte Russlands, auf die Meerengen und Bulgarien, aber auch auf Finnland (was der Beweis dafür ist, dass Finnland ein gleiches Schicksal erlitten hätte wie die anderen baltischen Staaten, wenn es nicht gekämpft hätte). Auf der Konferenz von Jalta berief sich Stalin bei seinen territorialen Forderungen in Ostasien darauf, dass das Ergebnis des russisch-japanischen Krieges von 1905 rückgängig gemacht werden müsse.

Dies sind nur einige Beispiele, die beliebig vermehrt werden könnten. Wie wenig auch schon Lenin bereit war, auf das Erbe des Zarenreiches zu verzichten, zeigt auch seine Haltung gegenüber China. Entgegen feierlichen Versprechen sind die sogenannten «ungleichen Verträge» von Aigun (1858) und Peking (1860) nie rückgängig gemacht worden. Ebenso interessant ist, dass sich der chinesische Aussenminister bei seinem Auftreten vor dem Europarat im Herbst 1980 zur Begründung für den Gegensatz zur Sowjetunion gerade auf diesen Punkt berief.

Die Kontinuität zwischen zaristischer und sowjetischer Expansionspolitik zeigt sich vor allem auch am Beispiel Afghanistans, das bekanntlich vor ziemlich genau 100 Jahren bereits Objekt russischer Begehrlichkeit war. Damals allerdings ist der Versuch am Gegengewicht des britischen Empires gescheitert. Die Afghanistan-Politik wurde bereits von Lenin wieder aufgenommen, ein Beispiel dafür, wie aus einer defensiven Haltung heraus angesichts militärischer Schwäche doch historische russische Ziele erreicht wurden, nämlich die Wiedereinverleibung mittelasiatischer Gebiete, darunter Chiwa und Buchara, für welche sich auch Afghanistan interessierte, aber trotz seines Vertrages mit der Sowjetunion nichts erreichte.

Mit welcher Unverschämtheit zu allen Zeiten unangenehme, nicht mit verkündeten Prinzipien im Einklang stehende Tatbestände wegdisputiert wurden, dafür gibt es gerade in diesem Zusammenhang ein Beispiel: Boris Meissner hat in «Osteuropa» vor einigen Jahren einen Artikel wieder abgedruckt, der 1927 erstmals erschienen war und aus der Feder eines gewissen Rothstein stammt, der ehemals enger Mitarbeiter des sowjetischen Aussenkommissariats war, so etwas wie ein Pressechef. Er versuchte also, die sowjetische Aussenpolitik westlichen Lesern möglichst günstig darzustellen: zwar als revolutionär, aber auch als friedliebend. Da heisst es über eine angeblich neue, den russischen Imperialismus weit hinter sich lassende Sowjetpolitik hinsichtlich Chinas: «China hat aus den Händen des Sowjetstaates alles, was das imperiale Russland bei verschiedenen Gelegenheiten zusammengeraubt hatte, zurückbekommen.» Um dies zu «beweisen», beginnt er mit dem Boxeraufstand, also 1900 – die Verträge von 1858 und 1860, die in diesem Zusammenhang weitaus wichtigsten, werden schlicht «vergessen».

Wenn von der historischen Dimension sowjetischer Politik die Rede ist, dann muss man vor allem auch von Polen sprechen. Hier ist die Parallelität etwa zwischen

Katharina der Grossen und Breschnew vollkommen. Wie seine illustre Vorgängerin 1792 mit russischen Truppen intervenierte, um die Reformverfassung von 1791 zu verhindern (sie wollte die «französische Pest» an der Weichsel nicht dulden), so Breschnew, wenn auch indirekt, 1981, um den neuen «Gesellschaftsvertrag» zu verhindern, der den sowjetischen Interessen zuwiderlief. Wie Katharina kollaborationswillige Aristokraten gefunden hatte, so Breschnew ebenso kooperationswillige Generäle. Absolute Kontinuität besteht sowohl hinsichtlich russischem Anspruch auf Beherrschung Polens wie hinsichtlich russischer Angst vor westlichen Ideen (damals die französische Aufklärung, heute die Akte von Helsinki). Nebenbei gesagt: Bereits im 19. Jahrhundert war das Verhalten Russlands gegenüber Polen der Gradmesser der Beurteilung russischer Absichten durch westeuropäische Liberale und Nationale.

Sowjetische Aussenpolitik ist in allen Himmelsrichtungen auf den Pfaden des russischen Imperialismus gewandelt, sei es zur Wiederherstellung des früheren Zustandes, sei es zu weiterer Expansion. Augenfällig ist die Kontinuität auch im Drang zum Persischen Golf und zum Indischen Ozean – zum warmen Meer und zum Öl. Wenn Lenin im britischen Empire den Hauptfeind sah, so wird oft übersehen, dass er auch da in die Fussstapfen der zaristischen Politik tritt, deren Hauptfeind vor dem sogenannten Ausgleich von 1907 ebenfalls das britische Reich war.

Wichtig ist in diesem Zusammenhang, dass das historische Russland nicht nur als europäische Grossmacht anerkannt war, sondern auch als Weltmacht. Im Zeitalter des Imperialismus herrschte die Theorie von den «Weltreichen», d.h. solchen Staaten, die dank ihrer Expansion den Sprung in die Kategorie Weltmacht schaffen würden, während alle andern dazu verdammt waren, zu Mächten 2. oder 3. Ranges abzusinken. Wenn auch unterschiedliche Auffassung darüber bestand, wer die Chance habe, Weltmacht zu werden, war man sich doch einig über einen Punkt: als solche Weltmächte galten damals vor allem das britische Empire, aber auch Russland und – teilweise erst für die Zukunft – die USA. Seeley meinte, die USA und Russland würden Deutschland und Frankreich weit hinter sich lassen, ja zu Zwergen herabwürdigen, wenn sie sich so weiterentwickelten. Dasselbe Schicksal prophezeite Seeley Grossbritannien, wenn es in seiner Expansion stehen bleiben sollte.

Bekanntlich hat Tocqueville schon eine Generation früher (1835) den Aufstieg Russlands und der USA zu den bestimmenden Weltmächten der Zukunft prophezeit. Oft wird übersehen, dass diese Prophezeiung hinsichtlich Russlands keineswegs schwer war, denn Russland war damals bereits fast die Hegemonialmacht auf dem euroasiatischen Kontinent, praktisch «Schiedsrichter in europäischen Angelegenheiten». Russlands Interventionspolitik der Heiligen Allianz wurde von liberalen und radikalen Kritikern als «Diktatur des Kontinents» bezeichnet (darunter bekanntlich auch von Karl Marx). Karl Marx erklärte in den 1850er Jahren: Russland gehöre die Zukunft, Westeuropa die Vergangenheit. Die angestrebte Grenze dieses Reiches sei eine Linie von «Danzig oder vielleicht Stettin bis nach Triest». Dies stimmt überein mit dem Wunschtraum des russischen Chauvinisten Danilewski (geäussert 1870). So nahm Russland im 19. und im beginnenden 20. Jahrhundert auch an allen Konferenzen teil, die «weltpolitischer» Natur waren, z.B. an der Kongokonferenz von 1885, der Algeciras-Konferenz von 1906, wo es beide Male um afrikanische Probleme ging und wo Russland territorial überhaupt nicht engagiert war.

Duroselle vergleicht – wie viele andere heute – das Sowjetreich mit dem römischen Reich.

Auch das ist nicht neu: Nietzsche z.B. (nebst vielen andern) tat dies gegenüber dem zaristischen Russland vor 100 Jahren:

So stösst Nietzsche bei seiner Suche nach den «Barbaren des 20. Jahrhunderts» auf die Russen, und er notiert sich unter den Titel «Zeichen des nächsten Jahrhunderts» die Worte: «Das Eintreten der Russen in die Kultur. Ein grandioses Ziel, Nähe der Barbarei ... phantastischer Wahnsinn und wirkliche Willenskraft». Das ist es, was Nietzsche und auch andere Kulturpessimisten, die «müde der Civilisation» geworden waren, geradezu magisch anzieht: die Willenskraft, die barbarische Willenskraft, die sie dem angeblich verbrauchten, alten, willenlosen Westen entgegenhalten, womit sie sich mit der panslawischen These vom absterbenden und verfaulenden Westen treffen. «Die Kraft zu wollen», so schreibt er in «Jenseits von Gut und Böse», «und zwar einen Willen lang zu wollen ist am allerstärksten und erstaunlichsten in jenem ungeheuren Zwischenreiche, wo Europa gleichsam nach Asien zurückfliesst, in Russland». Es sei «die einzige Macht, die heute Dauer im Leibe hat». Und er prophezeit ein neues Imperium Romanum, auch dies ein damals beliebter Vergleich (gerade bei den Slawophilen), von Russlands Gnaden, wobei er allerdings hofft, Europa werde dann das Griechenland dieses neuen Weltreiches sein.

In einem nachgelassenen Fragment über Russland ergeht sich Jacob Burckhardt in ganz ähnlichen Gedankengängen. «Nun erhebt sich ein Staat im Osten, der sich der europäischen Kultur eifrigst anzuschliessen scheint, aber um Europa mit allen Mitteln zu beherrschen!» Ähnlich wie Karl Marx spricht er von einer «Regierung mit festem Programm», in deren Händen sich «eine der stärksten Maschinen» befinde, «welche jemals zur Weltherrschaft in Bewegung gesetzt worden sind». Und ganz im Sinne Nietzsches spricht er von einem «Fond von gesunder Barbarei» und von einer «Fülle elementarer Kräfte», die für dieses Ziel zur Verfügung stünden.

Interessant ist auch noch ein weiterer Aspekt: Wie heute unsere Hoffnungen auf die Erhaltung westlicher Unabhängigkeit und Zivilisation auf die USA ausgerichtet sind, so gab es ebenfalls schon vor mehr als 100 Jahren den gleichen Gedanken etwa bei Männern, die um die nationale Unabhängigkeit ihrer Völker kämpften. So blickten z.B. Kossuth und Mazzini, aber auch Polen bereits nach jenseits des Ozeans, um nach amerikanischer Hilfe Ausschau zu halten und die aufstrebende Macht der USA zu überzeugen, dass es ihre geschichtliche Mission sei, Europa zu befreien. Natürlich ist viel Enttäuschung über Europa dabei, das der Unterwerfung Polens und Ungarns tatenlos zusah, ja sie begrüsste und förderte, soweit es sich um die herrschenden Kreise handelte.

Auch das Hauptmerkmal heutiger Sowjetmacht, nämlich die einseitige Abstützung auf militärische Mittel, bzw. die augenfällige Diskrepanz zwischen der Entwicklung des militärischen und zivilen Sektors, ist historisches Erbe. Als Russland längst als europäische Grossmacht und schliesslich als Weltmacht galt, lag es industriell weit hinter Grossbritannien, den USA und Deutschland. Immerhin ergaben sich dann beträchtliche Zuwachsraten während der «industriellen Revolution» der Jahrzehnte vor dem 1. Weltkrieg, so z.B. die Verzehnfachung der Kohlenproduktion zwischen 1880 und 1914; noch krasser war es bei der Stahlproduktion, wobei

Frankreich in beiden Bereichen bis Kriegsbeginn weit überholt wurde. Russland ist also auch historisch gesehen eine stets einseitig militärische Grossmacht. Andererseits gründet die sowjetische Militärdoktrin auf der Theorie, wonach in einem kommenden Krieg nur Sieger sein könne, wer neben militärischer Überlegenheit auch über solche politischer, moralischer und ökonomisch-technologischer Art verfüge. Der Rückstand auf technologischem Gebiet dürfte ja das Hauptmotiv für die KSZE (Konferenz über Sicherheit und Zusammenarbeit in Europa) gewesen sein. Die Frage ist nur, warum die Sowjetunion die gegebene Chance nicht wahrgenommen hat, sondern den ganzen KSZE-Prozess gefährdet bzw. diskreditiert hat durch Missbrauch der Détente zum Zwecke einer gigantischen Aufrüstung. Hier stellt sich die Frage, ob die Sowjetführung gar nicht in der Lage ist, diese einseitige Bevorzugung des militärischen Sektors abzubauen, weil entweder die Militärs das nicht zulassen oder aber die Angst vorherrscht, dass dadurch die entscheidende Grundlage der politischen Macht gefährdet werden könnte.

Wenn behauptet wird, dass die Sowjetunion auch die innenpolitischen Probleme des zaristischen Russland geerbt und nicht bewältigt habe, so ist vor allem die ungelöste Agrarfrage sowie die ebenso ungelöste Nationalitätenfrage zu nennen. Russland war weder in zaristischer noch in sowjetischer Zeit jemals in der Lage, seine Bevölkerung ausreichend zu ernähren – früher gab es Hungersnöte wegen Getreideexporten, heute wenigstens Getreideimporte. Bald ein halbes Jahrhundert sowjetischer Agrarpolitik ist nicht in der Lage, das Problem zu lösen – im Gegenteil. Dies gehört zu den Hauptschwächen der sowjetischen Macht.

Was das Nationalitätenproblem betrifft, so besteht heute allgemein die Auffassung, dass der Nationalismus der nichtrussischen Völker stärker in Entwicklung begriffen ist denn je zuvor. Daher prognostizieren viele, dass die Sowjetunion schliesslich an diesem Problem zugrunde gehen werde. Der russische Anteil an der Gesamtbevölkerung ist schon heute unter 50% gefallen. Bereits in wenigen Jahrzehnten wird jeder zweite Sowjetsoldat Angehöriger der mohammedanischen Religion sein.

Mit Bezug auf das Satellitensystem ist die Lage noch prekärer. So erklärte George Kennan kürzlich in einem Interview: «Dass es sich auf die Dauer nicht halten kann und konnte, liegt für alle historisch geschulten Beobachter auf der Hand: es strapaziert in ungebührlichem Mass die Gefühle der einzelnen Völker. So gesehen, war es von Anfang an unnatürlich. Vor allem aber verlangte dieses Bündnis von der Sowjetunion und ihrer Führung mehr, als diese geben konnte: nämlich Klugheit, Erfahrung und Flexibilität im Umgang mit den Völkern Osteuropas. Alle diese Voraussetzungen, die für eine dauerhafte erfolgreiche Vorherrschaft der Sowjetunion über die osteuropäischen Länder nötig gewesen wären, existierten auf der sowjetischen Seite einfach nicht; und so war von Anfang an klar, dass die in der Nachkriegszeit entstandenen Verhältnisse sich nicht unbeschränkt halten werden. Entweder musste die Sowjetunion den Ländern Osteuropas mehr Unabhängigkeit und Freiheit zugestehen, oder es musste zu einer einzigen grossen Krise oder auch zu einer Serie von Krisen kommen – und das ist es, was wir heute erleben.»

Ich komme zur Rolle der Ideologie: Ihr Stellenwert ist sehr schwierig zu beurteilen. «Die Rolle der Ideologie als treibende oder nur im nachhinein legitimierende Kraft bleibt umstritten» (Gasteyger). Es lasse sich nicht leugnen, dass das «Mutterland der kommunistischen Revolution» einen stetigen Säkularisierungsprozess durchgemacht habe. Die Komponente rein nationalstaatlicher Grossmachtpolitik stehe immer mehr im Vordergrund. Sie sei stets vorhanden gewesen, selbst unter Lenin. Stalin habe sie in der Theorie vom «Sozialismus in einem Lande» praktiziert und formuliert.

Michail Woslenski, ehemaliger aussenpolitischer Experte im Sowjetapparat, Verfasser des bekannten Buches über die «Nomenklatura» meint, die Sowjet-Ideologie spiegle die «reale Zielsetzung der herrschenden Klasse der Sowjetunion wider». Der «weltrevolutionäre Prozess» werde Schritt für Schritt, Land für Land fortgesetzt, bis der «Sieg des Sozialismus im Weltmassstab» errungen sei. Kissinger meint, die ideologischen Floskeln seien nicht zum Nennwert zu nehmen, beeinflussten aber doch die Interpretation der Realitäten. G. Kennan sagt im schon erwähnten Interview: «Die Sowjetunion fühlt sich aufgrund ihres ideologischen Selbstanspruchs und getrieben von der Furcht, wenn sie nicht ihren Einfluss in den Ländern der Dritten Welt geltend mache, dann würde China an ihre Stelle treten und die gesamte kommunistische Weltbewegung käme unter die Führung Pekings, immer wieder zu Abenteuern wie zum Beispiel Afghanistan verleitet. Nun wäre das alles vom Standpunkt des russischen Volkes und seiner sozialen Entwicklung gewiss keine Tragödie, doch das Regime kann seine Rolle als «Leiter der Weltrevolution» aus innen- und aussenpolitischen Erwägungen nur schwerlich aufgeben. Wenn nämlich die Sowjets vor aller Öffentlichkeit eingestehen müssten, dass sie ihre Führungsfunktion in der kommunistischen Weltbewegung verloren hätten, wie sollten sie dann die russische Revolution begründen und die unsagbaren Leiden rechtfertigen, die diese Revolution dem russischen Volk aufgezwungen hat?» Auch Jacques Freymond betont in einem Vortrag vom Mai 1982 «que les Soviétiques se posent en missionaires», auch von «messianisme» ist die Rede.

Wie der Stellenwert bolschewistischer Ideologie in der sowjetischen Aussenpolitik auch immer beurteilt wird, so ist auch hier die Frage zu stellen, ob dieser missionarische Trieb so neu ist. Wir glauben, dass er ebenfalls guter alter russischer Tradition entspricht. Gerade der folgende Satz von Freymond führt uns weiter in eine historische Argumentation: «Ils s'arrogent le droit de conduire l'humanité au nom de la verité qu'ils sont seuls à détenir». Anspruch auf alleinige Wahrheit also. Das ist typisch orthodox-slawophil. Selbst Dostojewski träumte vom panslawischen Krieg gegen Westeuropa – das an der polnischen Grenze begann – und von der welterlösenden Mission des orthodoxen als des allein wahren Glaubens:

«Wenn ein grosses Volk nicht glaubt, dass es im alleinigen und ausschliesslichen Besitz der Wahrheit ist, wenn es nicht glaubt, dass es allein fähig und dazu berufen ist, durch seine Wahrheit alle anderen von den Toten aufzuerwecken und zu retten, dann verwandelt es sich sogleich in ethnographisches Material und hört auf, ein grosses Volk zu sein. Ein grosses Volk kann sich niemals mit einer Rolle zweiten Ranges in der Menschheit begnügen, nicht einmal mit einer solchen ersten Ranges, sondern es verlangt, unbedingt und ausschliesslich den ersten Platz einzunehmen. Ein Volk, das diesen Glauben verliert, ist kein Volk mehr. Aber es gibt nur eine Wahrheit, und folglich kann nur ein einziges Volk den wahren Gott haben, wenn auch die übrigen Völker ihre eigenen grossen Götter haben mögen. Der einzige Träger des wahren Gottesglaubens ist das russische Volk.»

Ein so hervorragender Kenner der russischen Geistesgeschichte wie Masaryk sieht in dieser Ideenwelt geradezu den Schlüssel zum Verständnis der russischen Revolution – nicht in der bolschewistischen Ideologie. Hier trifft er sich mit einem anderen schwergewichtigen Zeugen: Nikolaus Berdjajew: «Die kommunistische Religion ist nicht russischen Ursprungs, sie hat aber eine eigentümliche Strahlenbrechung an der russischen Religiosität erfahren und sich mit ihr vermengt.» Lenin hat die messianische Hoffnung einfach von der orthodoxen Religion auf die marxistische Ideologie übertragen. Bolschewiki sind also säkularisierte Slawophile oder Panslawisten, wobei sich allerdings ihre Zielsetzungen weit über den slawischen Raum hinaus erstrecken. Aber das war durchaus auch damals schon der Fall, denn Konstantinopel hat nichts mit Slawentum zu tun. Samarkand, Taschkent etc. sind nie christlich gewesen. Hier spielt nun eine weitere altrussische Tradition hinein: Moskau als drittes Rom; dies ist eine Theorie, die bereits zu Beginn des 16. Jahrhunderts formuliert wurde:

«Unser Herrscher ... ist auf der ganzen Erde der einzige Zar über die Christen, der Lenker der heiligen, göttlichen Throne der Heiligen, Ökumenischen, Apostolischen Kirche, die, anstelle der Römischen und der Konstantinopeler Kirche, in der von Gott geretteten Stadt Moskau ... ist. Sie allein leuchtet auf dem ganzen Erdkreis heller als die Sonne. Denn wisse ...: Alle christlichen Reiche sind vergangen und sind zusammen übergegangen in das Eine Reich unseres Herrschers, gemäss den prophetischen Büchern: Das ist das Russische Reich. Denn zwei Rome sind gefallen, aber das dritte steht, und ein viertes wird es nicht geben.»

Stökl nennt es das «Kernstück einer Staats- und Reichsideologie», aus welcher die Mission abgeleitet wird, allein den wahren Glauben auszubreiten, Konstantinopel zu befreien und später wohl auch Rom selbst. Es handelt sich um das Phänomen einer Synthese des marxistischen Messianismus von der welterlösenden Sendung des Proletariates mit dem traditionell russischen Sendungsbewusstsein, einer Verschmelzung der orthodox-christlichen Idee vom Dritten Rom mit der Dritten Internationale.

Ist hier vielleicht schon die Übersiedlung der bolschewistischen Regierung aus Petersburg, der Stadt der westlichen Aufklärung, nach Moskau, Stadt des Kreml, symbolisch? Die Verwandlung von Messianismus in Imperialismus, von der Freymond für die sowjetische Periode mit Recht spricht, gilt genauso für die zaristische Zeit.

Natürlich ist bei aller Kontinuität nicht zu übersehen, dass die sowjetische Weltpolitik die traditionellen zaristischen Zielsetzungen hinter sich gelassen hat. Aber dieser Bruch oder Sprung geschieht nicht eigentlich nach 1917, sondern nach 1945. Erst die revolutionäre Verwandlung der weltpolitischen Szenerie, insbesondere der Zusammenbruch des europäischen Staatensystems und des damit korrespondierenden kolonialen Weltsystems gab der Sowjetunion die Möglichkeit, weiter auszugreifen. Das Verlassen der traditionell russischen Weltpolitik geschah indessen erst nach Stalin. Boris Meissner meint, der Aufstieg der Sowjetunion zur Weltmacht habe sich bereits unter Stalin vollzogen, der Übergang von kontinentaler zu globaler Aussenpolitik erst nach seinem Tode, noch etwas abenteuerlich unter Chruschtschew, systematischer unter seinen Nachfolgern. Das Ausgreifen über traditionelle Einfluss- und Interessensphären des eurasiatischen Kontinents bezeichnet auch Gasteyger als «das entscheidende Neue», meint aber, vorläufig sei es eine interkontinentale, noch nicht globale Dimension.

Wichtiger scheint mir, dass dieses Ausgreifen auf andere Kontinente und über Ozeane nur auf Grund der enormen und in der russischen Geschichte noch nicht dagewesenen Aufrüstung zur See möglich war. Nicht dass es in zaristischer Zeit an entsprechenden Plänen gefehlt hätte. Vor allem die Niederlage gegen Japan 1905 führte zur Einsicht, dass Russland nicht mehr gleichwertig als imperiale Weltmacht konkurrieren konnte, wenn es nicht auch Seemacht wurde. Entsprechende Rüstungsprogramme wurden ausgearbeitet, teilweise auch beschlossen, doch weniger verwirklicht, vor allem aber durch den Ausbruch des Krieges von 1914 unterbrochen bzw. abgebrochen.

In der bolschewistischen Epoche scheint das Fiasko mit Kuba 1962 die entscheidende Wende gebracht zu haben, die Erkenntnis nämlich, dass ohne Seemacht keine interkontinentale Weltpolitik zu treiben ist. Jetzt blühten die Theorien von Admiral Gortschkow auf, der sich bald einmal als Nachfahre des amerikanischen Admirals Mahan und seiner Theorie von der Seemacht als Voraussetzung für die Weltmacht entpuppte. Hier werden nun interessante Zusammenhänge sichtbar: Mahans Gedankengut, das auch als Navalismus bekannt ist, war der entscheidende Anstoss für das Flottenwettrüsten im Zeitalter des Imperialismus, insbesondere ist Einfluss auf Tirpitz nachweisbar: Durchbruch zur Weltmacht durch Seemacht war die deutsche Parole. So erweist sich Gortschkow als Nachfahre der zweiten Generation der Flottenimperialisten von 1900. Das wird zwar in den Schriften des sowjetischen Admirals nicht offen zugegeben, aber es schimmert um so deutlicher durch. Tatsächlich hat sich die Position des Westens in der Welt seit dem Bestehen einer ebenbürtigen Sowjetflotte entscheidend verändert, d. h. verschlechtert. Die potentielle Bedrohung lebenswichtiger Seeverbindungen sowie der Versuch, das südliche Afrika abzuschneiden, sind allgemein bekannt. Hier sehe ich die eigentliche strategische Revolution unserer Zeit. Sie hat Gültigkeit, unabhängig davon, ob der Krieg konventionell oder nuklear ist.

Und noch ein weiterer Punkt von Bedeutung: Damit ist die weltweite Auseinandersetzung heute nicht mehr wie bis dahin eine solche zwischen Landmacht und Seemacht. Vielmehr ist die Sowjetunion heute nicht nur die grösste und militärisch stärkste Landmacht, sondern inzwischen eben auch eine grosse Seemacht (gleich hinter den USA, teilweise offenbar neben oder gar über den USA). Ähnlich wie das kaiserliche Deutschland nach 1871 stärkste Landmacht war, ist es das bolschewistische Russland nach 1945. Und ähnlich wie das wilhelminische Deutschland sich in den 1890er Jahren daran machte, auch eine starke Seemacht zu werden, so die Sowjetunion seit den 1960er Jahren.

Die weltrevolutionäre Komponente der sowjetischen Politik hat einen totalen Schiffbruch erlitten. Die westlichen kommunistischen Parteien als wichtigste Helfershelfer sind seit Jahrzehnten ständig entweder im Begriff, vom sowjetischen Modell abzufallen, oder sie haben es bereits getan – das mitten in schwerster Wirtschaftskrise, wo man doch meinen sollte, die Kommunistische Partei würde aufblühen. Das Gegenteil ist der Fall. Aber auch die Modellhaftigkeit für die Dritte Welt ist verblasst. Je mehr die weltrevolutionäre Komponente zurücktritt, desto deutlicher kommt das nationalrussische Gesicht der sowjetischen Politik zum Vorschein, sei es im Innern, sei es nach aussen. Die Behauptung vom totalen Bruch von 1917 ist zwar eine erfolgreich verbreitete Legende, aber eben doch Legende. Je weiter wir uns von diesem Datum entfernen, desto mehr wird die sogenannte grosse Revolution in die russische Geschichte eingeebnet. Eine neue Klasse ist zwar entstanden, aber die Probleme sind dieselben geblieben. Das bedeutet nicht, dass wir der Ideologie keine Bedeutung beimessen sollten, aber sie ist nur dazu da, der nackten Machtpolitik höhere Rechtfertigung zu verleihen. Breschnew war der Testamentsvollstrecker von Iwan IV., Peter I. und Katharina II. und nicht von Marx, ja vielleicht nicht einmal von Lenin. Die russische Weltpolitik von heute ist weniger sowjetisch als russisch, was in noch viel höherem Masse vom Herrschaftssystem selbst gilt. Es ist die totalitäre Verwirklichung der von Iwan IV. begründeten Einheit von Heil und Herrschaft. Die Bolschewiki haben in säkularisierter Form fort- und weitergeführt, was die Zaren so erfolgreich vorgearbeitet haben. Die Zaren hätten wesentlich mehr Anlass, mit dem Erreichten zufrieden zu sein als Marx und Engels. Daraus sind auch für die Interpretation der sowjetischen Weltpolitik Konsequenzen zu ziehen.

1983

Nationalsozialismus und Zweiter Weltkrieg

Über den wissenschaftlichen Umgang mit dem Dritten Reich

> Wird man die ungeheuerlichen Erlebnisse, die uns in den zwölf Jahren des Dritten Reiches beschieden wurden, je vollkommen verstehen?
>
> *Friedrich Meinecke: Die deutsche Katastrophe (1946)*

Wer den Versuch unternimmt, 50 Jahre nach Beginn dieses düstersten Kapitels deutscher Geschichte, eine Bilanz zu ziehen über den gegenwärtigen Stand der wissenschaftlichen Bemühungen um das Phänomen Nationalsozialismus, der steht vor einer zwiespältigen, ja paradox erscheinenden Situation: einerseits wird wohl zu Recht festgestellt, dass die genannte Epoche zu den am besten untersuchten der deutschen Geschichte gehöre, anderseits aber «nach wie vor zu den umstrittensten Gegenständen der geschichtswissenschaftlichen Forschung».[1] Die Frage liegt nahe, ob denn hier nicht ein Versagen der Geschichtsforschung bzw. der Geschichtsschreibung vorliege. Einerseits ist die Literatur – und wir beschränken uns hier auf wissenschaftliche bzw. auf Wissenschaft Anspruch erhebende Literatur – in den vergangenen Jahrzehnten derart angewachsen, dass sie auch für den Spezialisten der Materie schon längst nicht mehr überschaubar ist. Anderseits hat dies offensichtlich nicht dazu geführt, mehr Einigkeit über die Ansichten hinsichtlich dieser geschichtlichen Epoche zu erzielen, ja man muss hinzufügen, dass die Kontroversen sozusagen proportional zu den sich stetig häufenden Publikationen angewachsen sind – also, etwas überspitzt ausgedrückt: je mehr wissenschaftliche Publikationen, desto mehr wissenschaftliche Komplikationen. Wie ist dieses Phänomen zu erklären?

Zunächst einmal darf sicher festgestellt werden, dass Kontroversen sozusagen zum täglichen Brot des Wissenschaftsbetriebes gehören. Dies gilt keineswegs nur für die hier besprochene Epoche, sondern im Prinzip für alle Epochen und Probleme der Weltgeschichte, wenn natürlich auch in unterschiedlichem Ausmass. Ferner darf als unbestritten gelten, dass die Diskussion und Austragung kontroverser Ansichten über geschichtliche Gegenstände durchaus einen Fortschritt in der Erarbeitung wissenschaftlicher Erkenntnisse darstellen kann – im Prinzip wenigstens. Denn nicht jeder neue methodische Ansatz, nicht jede neue Theorie und nicht jede als neu angepriesene Geschichtsinterpretation ist eo ipso schon als dem wissenschaftlichen Fortschritt dienlich zu qualifizieren.

Diese Einschränkung scheint uns gerade auch angebracht gegenüber einer Richtung in der gegenwärtigen NS-Forschung, deren offensichtliches Ziel es ist, die in Jahrzehnten intensiver wissenschaftlicher Arbeit zutage geförderten Ergebnisse und Erkenntnisse über diese Epoche einer gründlichen «Revision» zu unterziehen, sozusagen an Haupt und Gliedern. Diese Richtung, für die sich inzwischen der Begriff «Revisionismus» eingebürgert hat, begnügt sich also nicht damit, einzelne geschichtliche Tatbestände einer möglicherweise notwendigen Revision zu unterziehen, sondern sie hat es recht eigentlich darauf abgesehen, ein praktisch völlig neues Bild des Nationalsozialismus und seiner Zeit zu entwerfen, indem grundlegende Erkenntnisse, die man für völlig gesichert, ja unbestritten gehalten hat, radikal in Frage gestellt werden. So hat der Direktor des Instituts für Zeitgeschichte schon 1970 dazu aufgerufen, «bestimmte Leitbegriffe neu zu durchdenken, neu zu interpretieren oder gänzlich zu revidieren». Und er hat dabei selbst ein Beispiel solch totaler Revision geliefert, indem er den aussenpolitischen und rassenpolitischen Endziel- und Endlösungsvorstellungen Hitlers, nämlich dem Ziel der Lebensraumgewinnung im Osten und der Lösung der «Judenfrage», lediglich «die Funktion einer ideologischen Metapher» bzw. eines «primären Symbols für den unablässigen Kampf im Innern» zusprach. Wie die Jahre seither zeigen, haben solche Leitsätze keineswegs zur beabsichtigten Klärung «der inneren Verfassung und Funktionalität des NS-Regimes» beigetragen.[2] Dadurch ist vielmehr eine derartige Verwirrung, gerade auch über ganz grundsätzliche Aspekte und Probleme der NS-Diktatur entstanden bzw. geschaffen worden, dass sich die Frage geradezu aufdrängt, ob wir heute nicht weiter denn je von der durch Friedrich Meinecke 1946 markierten Erkenntnisgrenze entfernt sind. Diesen wenig erfreulichen Zustand hat auch der ehemalige Bundeskanzler Helmut Schmidt in seiner Ansprache am deutschen Historikertag von 1978 beklagt, indem er sagte, dieses düstere Kapitel jüngster deutscher Geschichte sei «vor lauter Theorien» für viele heute Erwachsene «noch immer ein Bild ohne ausreichend klare Kontur».[3]

Dass der gegenwärtige «geschichtswissenschaftliche Streit», der teilweise auch in dieser Zeitschrift (Geschichte in Wissenschaft und Unterricht) seinen Niederschlag gefunden hat, weit über das hinausgeht, was an Diskussionen und Kontroversen im Wissenschaftsbetrieb etwa üblich ist, das zeigt sich sofort, wenn wir einige der Positionen bzw. Gegenpositionen umreissen, die von dieser neuen Richtung vertreten werden: das Dritte Reich sei gar kein totalitärer Führerstaat gewesen, sondern eine formlose «Polykratie», in der Hitler gar kein unumschränkter Herrscher, sondern eher «ein schwacher Diktator», von den Ereignissen mehr getriebener als sie gestaltender und bestimmender Faktor gewesen sei; die nationalsozialistische Politik sei auch keinem Programm gefolgt und habe im wesentlichen überhaupt weder Rationalität noch Planung gehabt, sondern sei von Improvisationen und Opportunismus bestimmt gewesen, angetrieben nicht vom Machtwillen des Führers, sondern von «gesellschaftlicher Dynamik» oder gar «blinden Mechanismen»; Hitler sei viel weniger die autonome Führergestalt der Bewegung und des Systems gewesen als der Repräsentant oder gar Agent der traditionellen gesellschaftlichen Eliten; seine Absichtserklärungen, etwa hinsichtlich Krieg oder Rassenpolitik, seien nicht zum Nennwert zu nehmen, weil sie keine Aufforderungen zum konkreten Handeln gewesen seien, sondern «Wachträume», utopische Phantasie oder allenfalls «zynische Integrationstechnik»; die NS-Diktatur und ihr Führer hätten nicht eigentlich agiert, sondern vielmehr reagiert, meistens auf von aussen herangetragene Ereignisse, ihre Taten hätten sie nur vollbringen können, weil zufällig die Umstände günstig waren oder unvorhersehbare Fehler der anderen Seite ihnen Gelegenheiten zum Handeln zuspielten oder strategische Notwendigkeiten sie zu ungewollten Handlungen zwangen, kurz: Sachzwänge hätten das Geschehen im Dritten Reich viel stärker bestimmt als eigene Initiative und autonome Handlungsweise.

Diese Reihe könnte beliebig fortgesetzt werden, was aber im Rahmen dieses Aufsatzes nicht geschehen kann. Wir sind aber der Ansicht, dass auch diese beschränkte Aufzählung revisionistischer Grundüberzeugungen bereits ein ziemlich plastisches Bild davon ergibt, wie eine Darstellung des Dritten Reiches aussehen müsste, die diesen Richtlinien gemäss erfolgen würde. Auf einige der wichtigsten dieser revisionistischen Positionen werden wir aber im folgenden dann noch zurückkommen und sie einer kritischen Prüfung am geschichtlichen Gegenstand unterziehen.

Wie ist es zu dieser «neuen Sicht» der Geschichte des Nationalsozialismus und des Dritten Reiches überhaupt gekommen? Darauf werden recht unterschiedliche Antworten gegeben. So wird einerseits auf den Anfall neuer Dokumentation hingewiesen – insbesondere auch nach der Rückführung deutscher Aktenbestände aus dem Ausland, vor allen den USA – die zu einer differenzierteren Darstellung der Herrschaftsstruktur und der Entscheidungsprozedur im nationalsozialistischen Deutschland geführt habe, ja habe führen müssen. Andererseits wird indessen auf methodologische und theoretische, aber auch ideologische Einflüsse hingewiesen: vermehrte Anwendung sozialwissenschaftlicher Methoden, damit verbunden ein zunehmender Hang zur Theoretisierung, aber auch Reideologisierung der Geschichtsbetrachtung (wobei insbesondere sog. neomarxistische Tendenzen im Vordergrund stehen, von denen man ja gesagt hat, sie seien so etwas wie eine offizielle Universitätsphilosophie der jüngeren Generation in Deutschland geworden, jedenfalls seit der Studentenrevolte von 1968).

Was die methodische Ebene anbetrifft, so ist die Rede von einem Unterschied bzw. Gegensatz zwischen Historismus und Strukturalismus, aber auch zwischen einer mehr sozioökonomisch orientierten Methode und einer solchen, die ihr Augenmerk stärker auf die politischen Aspekte der Herrschaftssysteme richtet (hier der totalitären Diktaturen, insbesondere eben des Nationalsozialismus), und schliesslich ist auch das Gegensatzpaar Intentionalisten–Funktionalisten gebildet worden. Danach würde zu den Intentionalisten zählen, wer die geschichtlichen Abläufe – wie der Begriff andeutet – mehr aus den Absichten, Entscheidungen und Handlungen der herrschenden bzw. bestimmenden Persönlichkeiten ableitet, während für die andere Richtung die geschichtlichen Ereignisse mehr – wie der Begriff ebenfalls nahelegt – Ergebnis, Produkt oder auch Reflex von gegebenen Strukturen, insbesondere der sozioökonomischen Bedingungen darstellen. Letztlich ginge es also hier um die Frage, ob Geschichte, hier diejenige des Dritten Reiches, mehr von Personen oder von Strukturen «gemacht» wird.

Was die ideologische Komponente dieser «neuen Welle» anbetrifft, so hat sie einer der führenden Spezialisten der Nationalsozialismusforschung dahingehend umschrieben, dass sie darauf abziele, «die antikommunistische Diktaturkritik völlig durch antifaschistische Argumentation zu verdrängen, den Faschismusverdacht mit ökonomischen und theoretischen Begründungen auf alle nicht-sozialistischen Gesellschaften auszudehnen und die linken Diktaturen den Rechtsdiktaturen unvergleichbar zu deklarieren». Der gleiche Autor spricht in bezug auf diese revisionistische Tendenz von «modischen Umwertungen und Neuorientierungen, die manche Zeitgenossen zur Distanzierung von früheren Einsichten und Erfahrungen verführt haben». Er zeigt sich aber auch «beunruhigt von den Umwertungen und Verfälschungen, die jene Debatten der Gefahr eines Rückfalls in überwunden geglaubte Fiktionen und Ideologisierungen aussetzen».[4]

Was ist von diesen neuen «revisionistischen» Positionen zu halten? Das ist die Frage, mit der wir uns im vorliegenden Aufsatz vor allem zu beschäftigen haben werden. Zunächst aber drängt sich die Feststellung auf, dass es sich bei diesen Bemühungen um eine angeblich notwendige Revision des «überlieferten» Geschichtsbildes vom Dritten Reich in ganz erheblichem Ausmass um eine Art von Schattenboxen handeln dürfte, indem gewisse Teile und gerade auch grosse Werke der bisherigen NS-Forschung in höchst einseitiger Weise dargestellt oder mit dem schwammigen, aber willkommene ideologische Reaktionen herbeiführenden Wort «konservativ» abgestempelt werden, offensichtlich um diese weitgehend konstruierten «traditionellen» Positionen dann mit um so grösserer Berechtigung aus angeblich neuen und «fortschrittlichen» Gegenpositionen heraus attackieren zu können. Diese Taktik führt dazu, dass der revisionistische Eifer dann auch prompt über jedes vernünftige Ziel hinausschiesst. Um die angebliche Hitlerzentrik aller bisherigen Geschichtsforschung zu korrigieren – wobei es hier nicht um die zweifellos ebenfalls existierende marktschreierische und populistische Hitlerkult-Welle geht – wird z.B. eine Interpretation des Nationalsozialismus angeboten, in welcher die Bedeutung des deutschen Diktators für den Gang der Dinge gelegentlich auf ein absolutes Minimum reduziert wird.

So hat sich der Herausgeber dieser Zeitschrift kürzlich veranlasst gesehen, gerade im Zusammenhang mit einer polemischen Auseinandersetzung um revisionistische Positionen, von den «Absurditäten einer Faschismusinterpretation» zu sprechen, «für die die Person Hitlers nicht viel mehr als das zufällige und mehr oder weniger auswechselbare Produkt der wirtschaftlich-gesellschaftlichen Verhältnisse ist».[5] Ein anderer Autor fühlte sich durch eine von den Revisionisten offenbar weitgehend beherrschte internationale Tagung in Übereinstimmung mit dem oben zitierten Urteil ebenfalls veranlasst, eine Besprechung über diese Tagung unter den provokativen Titel zu setzen: «Nationalsozialismus ohne Hitler?»[6] Auch wenn es sich hierbei um die Auseinandersetzung mit Extrempositionen handeln mag, so ist doch hiermit die Grundfrage, die Grundpolarität sozusagen sichtbar gemacht, um die sich der ganze gegenwärtige Streit dreht: die Frage nämlich, welche Bedeutung der Person und dem Wirken Hitlers für den Ablauf der geschichtlichen Geschehnisse zuzumessen ist, oder anders formuliert: die Frage nach dem Verhältnis von individuellem Faktor und allgemeinen Kräften und Mächten in der Geschichte des Nationalsozialismus – oder schliesslich auf eine zügige Formel gebracht: «personales oder instrumentales Hitlerverständnis». Dass hier lediglich eine Fragestellung auf die Hitler- und NS-Interpretation angewandt wird, die im Grunde so alt ist wie die Geschichtsschreibung selbst, wird noch zu zeigen sein.[7]

Der gegenwärtige Streit um die richtige Interpretation des Nationalsozialismus hat sich insbesondere auf die Frage konzentriert, inwiefern das Dritte Reich «Monokratie» oder «Polykratie» gewesen sei. Es ist im Zeichen dieses sogenannten Revisionismus Mode geworden, das nationalsozialistische Regime mit schmückenden Beiwörtern wie «anarchisch» und «chaotisch» zu kennzeichnen. Dass es im Dritten Reich eine verwirrende Ämtervielfalt gab, mangelnde Abgrenzung von Zuständigkeiten und daher dauernde Kompetenzstreitigkeiten, nie abreissende Positionskämpfe und Rivalitäten auf allen Ebenen – das ist gewiss keine neue Erkenntnis. Neu allerdings ist es, aus dieser alten Erkenntnis abzuleiten, dass das NS-Regime infolgedessen gar nicht mehr als totalitäres System im eigentlichen Sinne angesprochen werden könne, dass es samt seinem Führer «objektiviert» oder auch «normalisiert» bzw. «entdämonisiert» werden müsse, dass der totale Führerstaat mehr Mythos als Realität gewesen sei – als ob nicht gerade auch der Mythos eine ganz entscheidende Realität von höchster geschichtlicher Wirksamkeit darstellte (wie man spätestens eigentlich seit Sorel wissen müsste).

Angesichts solcher Urteile sollte man vielleicht zunächst einmal das walten lassen, was ich den gesunden Menschenverstand nennen möchte. Und da ergibt sich die Frage, ob es denn ein Beitrag zum Verständnis dessen sein kann, was sich zwischen 1933 und 1945 abgespielt hat, wenn das Dritte Reich belegt wird mit Ausdrücken wie Chaos oder Anarchie. Kann es denn einleuchtend erscheinen, wenn ein Regime, das in dieser Weise charakterisiert wird, derartige geschichtliche Wirkungen erzielt hat? Kann man sich erklären, wie ein derartiges Regime innerhalb weniger Jahre Deutschland zur stärksten Militärmacht Europas machen konnte? Kann man sich schliesslich erklären, wie ein solches Regime innerhalb weniger Jahre fast ganz Europa erobern und dem Endziel einer totalen Hegemonie näher kommen konnte als irgendein europäisches Regime zuvor? Gegenüber solchen revisionistischen Ansichten ist mit Recht ins Feld geführt worden, dass sie bestimmte Aspekte des NS-Regimes überbetonen und dabei gerade das verfehlen, was das eigentlich Totalitäre an diesem Regime ausgemacht hat.

Zunächst ist festzustellen, dass die viel berufenen Rivalitäten und Machtkämpfe die Entscheidungsfähigkeit des Führers, aber auch seine Entscheidungsfreiheit nie wesentlich eingeschränkt haben. Der Antagonismus der Machtfunktionen und das unübersichtliche Netz von persönlichen Bindungen ist vielmehr die Voraussetzung für die omnipotente Schlüsselstellung Hitlers gewesen. Die Rivalitäten haben sich, zumal nach dem Verschwinden Röhms, bis in die letzten Tage des Dritten Reiches hinein nie gegen die Stellung des Führers gerichtet. Diese wurde vielmehr als unantastbar, ja sakrosankt angesehen. Insofern halte ich auch schon den Ausdruck «Polykratie» für verfehlt.[8] Als Gegensatz zum Begriff Monokratie kann er nur als «Vielherrschaft» bzw. als Herrschaft mehrerer im Unterschied zur Herrschaft eines einzelnen interpretiert werden. Eine Herrschaft mehrerer gleichberechtigter Partner oder auch Rivalen hat es indessen im NS-Regime nie gegeben. Das ist meines Wissens auch nie behauptet worden. Dass so und so viele Funktionäre und Satrapen verschiedensten Ranges ihren eigenen Herrschaftsbereich auf- und ausbauten und eifersüchtig gegen Konkurrenten verteidigten, dies ist wie gesagt unbestritten. Aber das ergibt noch keine Polykratie im Sinne von geteilter Herrschaft.

Dazu kommt ein weiterer Punkt. Alle diese Herrschaftsbereiche, und zwar bis in die höchsten Ränge, hatten keine Autonomie. Sie waren samt und sonders abhängige Herrschaften, eine Art von Neofeudalismus. Der Führer konnte sie geben, aber im Falle von Versagen oder (angeblichem) Verrat auch wieder nehmen – unter Umständen samt dem Leben, wie es Röhm erfahren musste, der damals als der zweitmächtigste Mann gegolten hat. Treue zum Führer war die einzige Legitimation solcher Teilherrschaften. Eigene «Legitimität» (im Sinne des «Führerstaates») hatten sie nicht. Auf dieser Ebene ist das hochgespielte Problem der Rivalitäten angesiedelt. Von Polykratie könnte allenfalls gesprochen werden, wenn es Rivalitäten um die Führung, wenn es Rivalen gegen Hitler gegeben hätte. Aber das war gerade nicht der Fall. Und das bringt uns zu einem letzten Punkt.

Es waren Rivalitäten nicht gegen, sondern für den Führer. Sie waren sehr oft darin begründet, dass jeder der Rivalen sich beim Führer in ein günstigeres Licht zu setzen versuchte. Es waren im wesentlichen doch Rivalitäten um die Gunst des Führers, um eine möglichst genaue und prompte Durchführung seiner Pläne. Daher bedeuteten Rivalitäten keineswegs automatisch Beeinträchtigungen der Effizienz im Sinne der höchsten Zielsetzung – ganz im Gegenteil: Steigerung der Effizienz, eine Art kumulativer Wirkung war das Ergebnis. Für diesen Vorgang gibt es genügend Beispiele. Wird jemand z.B. behaupten wollen, die Rivalitäten zwischen den verschiedenen Polizeigewaltigen – Göring, Himmler, Heydrich, früher Diels und Daluege usw. – hätten die Effizienz dieses Terrorinstrumentes des NS-Regimes etwa beeinträchtigt? Hätte es etwa effizienter sein können oder gar sollen?[9]

Zurecht ist ein Unterschied gemacht worden zwischen «monopolistisch» und «monolithisch». Es wird nämlich oft übersehen, und das führt dann zu den erwähnten Fehlurteilen, dass eine monolithische Struktur keineswegs unabdingbare Voraussetzung eines monopolistischen Machtanspruchs darstellt. Das zeigt sich wiederum nirgends deutlicher als bei dem gewaltigen Polizeiapparat, den das Dritte Reich als wichtigstes Herrschaftsinstrument aufgebaut hat. Niemand wird heute noch behaupten wollen, dass die SS, die diesen Apparat betätigte und beherrschte, eine monolithische Organisation war. Ein Autor, der ganz im revisionistischen Fahrwasser segelt, vom «Trugbild eines SS-Staates» spricht und die Welt der Schutzstaffel als «bizarr, widersinnig, aller Logik fern» charakterisiert, sieht sich aber anderseits veranlasst, die Sätze zu schreiben: «Das Volk spürte, dass die unheimliche Organisation ein engmaschiges Netz über das Reich geworfen hatte ...» oder: «Ein vielarmiger Polizeipolyp hielt die Volksgenossen in Atem ...» oder: «Pausenlos kontrollierte das Schattenheer ... das Denken der Bürger.» Damit ist doch nichts anderes beschrieben als das Gesicht des totalitären Systems, wie es der Nationalsozialismus, Polykratie hin oder her, mit der geschilderten Effektivität verwirklicht hat. Es zeigt sich auch, dass die «NS-Kampfspiele», wie ein treffender zeitgenössischer Ausdruck lautete, keineswegs etwa den Effekt hatten, dem Bürger bzw. dem Untertan mehr Luft zu verschaffen. Auch hier kommt das Gegenteil der Realität wesentlich näher.[10]

Um die sogenannten «polykratischen» Elemente in den richtigen Proportionen zu sehen und um nicht falsche Schlüsse hinsichtlich der Realität einer totalitären Diktatur zu ziehen, muss man sich vor allem einmal klar werden, was das Wesen einer solchen Diktatur, hier speziell der nationalsozialistischen, ausmacht. Dabei ist davon auszugehen, dass der Nationalsozialismus zwar den wohlorganisierten deutschen Staat, der traditionell ein starker Staat war – etwa im Unterschied zu Italien, aber auch zu Russland –, in voller Funktion übernehmen konnte. Doch war dieser Staat bzw. die Eroberung der totalen Macht in diesem Staat nicht Selbstzweck, wie dies weitgehend für den italienischen Faschismus der Fall war (wenigstens dem Anspruch nach), sondern er wurde zum Instrument in der Hand der Partei bzw. des Führers, und zwar für die Verwirklichung von Zielen, die weit über den traditionellen Staatsbegriff hinausgingen. Die totalitäre Diktatur ist nicht einfach eine Steigerung des absolutistischen Staates oder irgendeines früheren autokratischen Systems. Daher ist vielleicht schon der Begriff «totaler Staat» für den deutschen Fall auch nicht ganz adäquat, ebensowenig übrigens für den Fall des bolschewistischen Systems in Russland und in den andern kommunistischen Diktaturen. Denn die eigentliche totalitäre Qualität solcher Herrschaftssysteme liegt nicht auf staatlicher Ebene, sondern auf gesellschaftlicher.

Spezifisches Merkmal ist also nicht die Steigerung staatlicher Tätigkeiten zu mehr Rationalität und Effizienz, sondern die möglichst totale Erfassung aller gesellschaftlichen Kräfte, um sie wie eine geballte Ladung – dies ein typisch nationalsozialistisches Bild für diesen Vorgang – für die Zielsetzung des Regimes bzw. des Führers einzusetzen. Das Vorbild ist die totale Mobilmachung des Ersten Weltkrieges. Es geht um die Übertragung der Gesetze der Frontgemeinschaft auf die Volksgemeinschaft. Die Mobilisierung aller gesellschaftlichen bzw. nationalen Kräfte geht weit über alle Staatstätigkeit hinaus. Für eine solche Kraftanstrengung genügen die überlieferten Strukturen des Staates bei weitem nicht, daher können sie gegebenenfalls auch vernachlässigt werden oder absterben. Es ist daher symptomatisch, dass Hitler das Kabinett als Regierungsorgan eingehen liess, nachdem die Legislative schon vorher entmachtet worden war. Die traditionellen Staatsorgane verschwinden also im NS-System. Es ist aber ein Missverständnis, daraus abzuleiten, dass das neue System weniger effizient gewesen sei.

Während traditionelle staatliche Regierungsorgane absterben, werden neue, nur dem Regime bzw. dem Führer verpflichtete geschaffen. Hier rücken vor allem die Massenorganisationen ins Blickfeld, die im wesentlichen ausserhalb des Staates stehen und sogar in Konkurrenz zu ihm treten. Man kann sie füglich auch für den deutschen Fall als «Transmissionsriemen» bezeichnen. Man sollte also das Phänomen des Absterbenlassens des Staates bzw. bestimmter staatlicher Funktionen nicht voreilig mit dem Problem der Effizienz in Verbindung bringen, da eben neue Machtinstrumente geschaffen werden, die für den angestrebten Zweck viel effizienter eingesetzt werden können. Es geht um den Abbau des traditionellen Rechts- und Staatssystems und den gleichzeitigen Aufbau eines Herrschafts- und Vernichtungsapparates ausserhalb der traditionellen Staatsstruktur, der ausschliesslich nach den Richtlinien der vom Führer interpretierten radikalen Ideologie arbeitet, und für den der Begriff «SS-Staat» nach wie vor angemessen erscheint. Ebenso angemessen erscheint trotz der offensichtlich fehlenden monolithischen Struktur des Dritten Reiches nach wie vor dessen Bezeichnung als totalitäre Diktatur. Dass die gesellschaftliche Kontrolle und ideologische Gleichschaltung nicht so total war, wie sie theoretisch hätte sein können, würde nur dann ein Grund sein, dem NS-Regime die «Qualität» totalitär abzusprechen, wenn man es an einem «Idealtypus» messen würde. Als «Realtypus» entspricht indessen das Dritte Reich durchaus den Kriterien, die die moderne Totalitarismusforschung entwickelt hat. Ob man so weit gehen kann zu sagen, es habe «wie kein anderes Diktatursystem der Idee totalitärer Organisation, Machtkonzentration und Mono-Ideologie» entsprochen,[11] möchten wir allerdings bezweifeln. Dieser Rang kommt unserer Ansicht nach doch wohl eher dem Sowjetsystem zu, und zwar nicht nur in seiner stalinistischen Form, sondern durchaus bis heute. Man sollte in diesem Zusammenhang auch bedenken, dass der Nationalsozialismus lediglich 12 Jahre zur Verfügung hatte, um ein totalitäres System zu errichten und auszubauen. Uns scheint das Sowjetsystem gerade in der Durchsetzung der «Monoideologie» einen viel höheren Intensitätsgrad erreicht zu haben, als es dem Nationalsozialismus, nicht zuletzt, wenn auch keineswegs ausschliesslich, aus zeitlichen Gründen jemals möglich war. Natürlich spielt dabei auch der rudimentäre Charakter der NS-Ideologie, im Vergleich mit dem ausgebauten ideologischen System des Marxismus-Leninismus, eine nicht zu unterschätzende Rolle. Doch dieses Thema kann hier nicht vertieft werden.

Zwei Bücher versuchten schon vor 20 Jahren, und sie stehen damit wohl am Anfang dieser neuen Welle, eine weitere, inzwischen zum eisernen Bestand des Revisionismus zählende These zu beweisen, dass nämlich die nationalsozialistische Politik durchaus der Konsequenz und Stringenz, die man bislang angenommen habe, entbehrte und vielmehr das Produkt von Improvisationen, aber auch Irrtümern und Zufällen gewesen sei. Und sie versuchten diesen Nachweis an zwei entscheidenden Stellen anzubringen, nämlich beim Durchbruch zur Diktatur 1933 und beim Entschluss zum Krieg 1939. Falls dieser Nachweis gelungen wäre, dann wären in der Tat für gesichert gehaltene und wohl begründete Erkenntnisse, die geradezu konstitutive Bedeutung für das erarbeitete Geschichtsbild hatten, revisionsbedürftig geworden, nämlich die Auffassung von der weitgehend konsequenten und systematischen Eroberung der totalen Macht nach der Berufung Hitlers zum Reichskanzler sowie die aktenmässig wohlfundierte Erkenntnis von der planmässigen Vorbereitung des Krieges und dessen absichtsvoller Entfesselung. Das eine Buch stammte von einem bekannten, allerdings gerade auch für seinen unbändigen Originalitätstrieb bekannten Oxforder Historiker[12], das andere von einem deutschen Verfassungsschutzbeamten, dessen Buch wohl unbeachtet geblieben wäre, wenn es nicht 1. durch einen Vorabdruck in einem bekannten deutschen Magazin weite Verbreitung gefunden hätte und 2. durch einen Fachhistoriker in seinen wesentlichen Ergebnissen «sanktioniert» worden wäre.[13]

Es ist hier weder Ort noch Platz, sich kritisch mit den Ergebnissen dieser Bücher auseinanderzusetzen. Das ist längst u.a. auch durch den Verfasser geschehen.[14] Hingegen sei hier doch nochmals auf die geradezu grotesken Konsequenzen hingewiesen,welche die beiden Verfasser aus ihren Forschungen in bezug auf die Politik Hitlers und des Nationalsozialismus gezogen haben bzw. von ihren falschen Voraussetzungen aus zu ziehen gezwungen waren. In dem Buch, das sich anheischig macht, «die Ursprünge des Zweiten Weltkrieges» zu eruieren, heisst es am Schluss: «Es mag sein, dass Hitler die ganze Zeit einen grossen Krieg geplant hatte, doch nach den Akten scheint es sich so zu verhalten, dass er in einen Krieg verwickelt wurde, weil er erst am 29. August ein diplomatisches Manöver lancierte, das er schon am 28. hätte lancieren sollen. Derart waren die Ursprünge des Zweiten Weltkrieges . . .».[15] Der Krieg von 1939 also ein Betriebsunfall, ein Zufall, der auf einem diplomatischen Irrtum beruhte. Diese groteske, dem dokumentarischen Material völlig widersprechende Ansicht ist indessen eine logische Folge der Improvisationsthese, wonach Hitler mit dem Gedanken des Krieges nur gespielt, ihn aber nicht ernsthaft geplant habe. Diese Ansicht ist zwar seinerzeit von den meisten Historikern auch in Deutschland zurückgewiesen worden. Aber es ist bezeichnend, dass Taylor im Zusammenhang mit dem revisionistischen Trend eindeutig wieder aufgewertet wurde. Seine Deutung Hitlers «als eines aussenpolitischen Hasardeurs in der Nachfolge des Weimaraner Revisionismus» erscheint jetzt nur noch lediglich als «überspitzt»[16], was man natürlich nur behaupten kann, wenn man wiederum Hitlers eigene programmatische Äusserungen in «Mein Kampf» nicht ernst nimmt, wo er bekanntlich von einer solchen Politik sagte, sie sei «ein politischer Unsinn von Ausmassen und Folgen, die ihn als Verbrechen erscheinen lassen».[17] Wer umgekehrt damit die Parole von der «Revision von Versailles», mit welcher die «friedliche» Phase von Hitlers Aussenpolitik propagandistisch gerechtfertigt und abgeschirmt wurde, ernst nimmt und nicht als taktische Vorbereitung auf die stets eingeplante kriegerische Phase erkennen will, der muss sich sagen lassen, noch nachträglich Opfer eben dieser NS-Propaganda zu sein. Es fällt uns schwer, hier irgendeinen Fortschritt in der Erkenntnis des wahren Wesens der NS-Aussenpolitik festzustellen.

In dieselbe Richtung geht es, wenn Taylor neuerdings bescheinigt wird, durch seine Behandlung Hitlers als eines «konventionellen Politikers» sei «die Frage des Kriegsausbruchs von 1939 wieder eine . . . mit dem politischen Normalmass taxierbare Frage» geworden.Oder wenn jetzt erklärt wird, Taylors Aussage sei zwar wissenschaftlich nicht ergiebiger, aber er habe eben doch eine «Gegenposition» formuliert, eine wissenschaftlich offenbar gleichwertige «Gegenposition».[18] Wo sind die ehemaligen Urteile über Taylors Eskapaden geblieben: dass sie «nicht einmal den primitivsten handwerklichen Regeln wissenschaftlicher Methodik entsprechen» und dass «die Quellen in geradezu grotesker, jedem normalen Denken hohnsprechender Weise interpretiert» werden[19], um nur ein kompetentes Urteil unter vielen anderen zu zitieren, das beim erstmaligen Erscheinen von Taylors Publikation gegeben wurde? Hat das alles plötzlich keine Gültigkeit mehr? Oder kommt es eben nicht mehr so sehr auf einwandfreie Quellenbehandlung an, wenn es darum geht, eine Theorie zu beweisen?

Wenn wir hier auf Taylor zurückgekommen sind, dann einmal wegen der geschilderten «Neubewertung» in revisionistischen Kreisen, aber auch deswegen, weil seine Methode trotz der ehemaligen vernichtenden Urteile ihre Nachfolger gefunden hat, die Methode nämlich, Hitlers Absichtserklärungen nicht ernst zu nehmen («Tagträume» nannte der britische Autor die «Führerbesprechungen», in denen Hitler den versammelten Generälen seinen Krieg ankündigte), nur damit man die These von der mangelnden Planung und reinen Improvisation stützen konnte.

Man kann sich denken, dass es diesem britischen Autor eitel Freude bereitete, als etwa gleichzeitig der «Nachweis» erbracht wurde, dass die Nationalsozialisten auch die Machtergreifung bzw. die Errichtung der Diktatur nicht «geplant» hätten, genau so wenig eben wie die Entfesselung eines Krieges. Es gefiel ihm, wenn nun «erwiesen» war, dass diese Diktatur ihre Entstehung einem «Missverständnis» verdankte, dem Missverständnis Hitlers nämlich, die Kommunisten hätten den Reichstag angezündet, woran Hitler nach Taylor «ehrlich» glaubte, so dass er sich gezwungen sah, «Ausnahmegesetze» einzuführen.[20] Wir müssten uns mit der bestürzenden Tatsache abfinden, so schlussfolgerte der deutsche Reichstagsbrandforscher, «dass ein blinder Zufall, ein Irrtum eine Revolution auslöste». Dieser «Zufall» war der holländische Vagabund van der Lubbe, der gerade rechtzeitig für die Zwecke der Nazis des Weges kam und den Reichstag in Brand steckte, damit Hitler seine so heiss begehrte Notverordnung endlich haben konnte, mit welcher er mit einem Schlag Deutschland von einer Demokratie in eine Diktatur verwandeln konnte. In der Brandnacht sei «aus dem zivilen Reichskanzler ... in einer Sternstunde der Menschheit (!) ... der machtberauschte, sendungsbesessene Diktator Adolf Hitler» geworden ...[21]

Karl-Dietrich Bracher hat dazu folgenden Kommentar gegeben: «Die übermässige Betonung der alten Streitfrage nach dem Verhältnis von Planung und Improvisation, von politischem Willen und zufälligem Reagieren in der nationalsozialistischen Diktatur hat so seltsame Blüten wie die Reichstagsbrandtheorien von Fritz Tobias hervorgetrieben: mit dem grotesken Schluss, Hitler sei erst durch den Brand zum Diktator geworden».[22] Sicher ist dieser Schluss grotesk angesichts des Aktenmaterials, das das Gegenteil beweist. Dies hat aber keineswegs gehindert, dass die «seltsame Blüte» zu einer sorgfältig gepflegten und gehegten Blume des Revisionismus geworden ist, der keine Mühen gescheut hat, dieser Theorie samt ihrem «grotesken Schluss» Einzug in den Tempel der Wissenschaft zu verschaffen. Ja, man kann sagen, dass diese Theorie sozusagen zu einem Eckstein des revisionistischen Gebäudes emporstilisiert wurde: von der «wissenschaftlichen Überprüfung» durch Hans Mommsen vor nunmehr 20 Jahren bis zu der grossen Kampagne des Wochenblattes «Die Zeit», dessen Hofhistoriker Janssen sich 1979 in einer grossen Serie voll und ganz hinter die Theorie von der zufälligen Entstehung der NS-Diktatur stellte, einer Kampagne, die der oben zitierte Bracher seinerseits als «grosse Vernebelungsaktion» bezeichnete.

In der Tat ist die Theorie vom Zufall, der den Nationalsozialisten im richtigen Augenblick zu Hilfe gekommen sei, weit eher geeignet, die damalige Situation einzunebeln statt zu klären. Oder was soll man davon halten, wenn der zitierte Hans Mommsen zur Stützung der von ihm für gut befundenen Reichstagsbrandtheorie sich zu der Behauptung versteigt, der Brand habe gar nicht in das Konzept Hitlers gepasst, «der einem ungestörten Verlauf der Reichstagswahlen am 5. März die absolute Priorität gab»?![23] Kann man ein verkehrteres Bild vom Stellenwert von Wahlen in Hitlers Konzept im Allgemeinen und von der Wahl vom 5. März im besonderen überhaupt ausdenken? Als ob nicht längst feststünde bzw. von jeher festgestanden hätte, dass Wahlen für Hitler niemals etwas anderes bedeuteten als günstige Gelegenheiten – besonders seit dem Durchbruch zur Massenpartei 1930 –, den politischen Gegnern die Macht der Nationalsozialisten mit aller Brutalität und notfalls auch Mordlust vorzudemonstrieren. Schon bei früheren Wahlen hatte es zahlreiche Tote gegeben als Opfer der braunen Schlägerbanden, die «ruhige» Wahl vom 5. März forderte gar 50 Tote, wobei der offene Terror der SA längst vor dem Reichstagsbrand an der Tagesordnung war. Auf wie schwachen Füssen muss eine Geschichtsinterpretation stehen, wenn man zu solcher Geschichtsklitterung Zuflucht nehmen muss? Jedenfalls könnte man es doch wohl kaum als böswillige Unterstellung abtun, wenn hier von Verharmlosung gesprochen würde. Auf den Streit um den Reichstagsbrand kann hier nicht näher eingegangen werden, doch dürfen wir auf die Forschungen eines internationalen und interdisziplinären Teams hinweisen, die sowohl den negativen Beweis für die Unmöglichkeit einer Alleintäterschaft wie den positiven Beweis für eine NS-Täterschaft ergeben haben.[24] Es besteht infolgedessen auch keine Veranlassung, die Schlussfolgerung zu ziehen, es müsse die bisherige Auffassung vom Wesen der Anfangsphase des Dritten Reiches in entscheidender Weise, wie es hiess, revidiert werden.

Immerhin möchten wir noch darauf hinweisen, dass es eine zwar weit verbreitete, aber doch irrige Auffassung ist, es komme bei dieser Affäre lediglich auf die politische Ausnutzung durch die Nationalsozialisten an, während die Frage der Urheberschaft von untergeordneter Bedeutung sei. Denn es macht einen nicht unerheblichen Unterschied aus, ob die NS-Führung im «ehrlichen» Glauben handelte, einem roten Umsturz zuvorkommen zu müssen oder ob sie die Feuersbrunst selbst inszenierte, ob es sich also um Zufall handelte oder um bewusste Provokation.

«Der Reichstagsbrand», so heisst es in einem gerade auch für die Geschichtsschreibung bemerkenswerten Urteil des obersten deutschen Gerichtes vom Jahre 1966, «war für die Festigung der nationalsozialistischen Herrschaft von entscheidender Bedeutung. Es handelte sich um ein Ereignis von grosser geschichtlicher Tragweite. Die Frage, ob die NS-Machthaber den Reichstag in Brand setzen liessen oder ob sie sich des Brandes nur als eines ihnen gelegen kommenden Mittels zur Erreichung ihrer Zwecke bedient haben, wird ... mit Recht als wesentlich für das die Epoche später einmal kennzeichnende Geschichtsbild bezeichnet».[25]

Die Improvisationsthese hängt natürlich mit derjenigen von der «Polykratie» aufs engste zusammen, ist sozusagen ihre Zwillingsschwester; denn wo keine Führung, sondern Anarchie herrscht, kann es logischerweise auch keine Planung geben. Mit Recht ist dieser These entgegengehalten worden, dass sie die Ebenen der Taktik und der Strategie durcheinanderbringe. Tatsächlich ist nicht einzusehen, warum taktische Schwankungen im Einzelfall die grundsätzlich festgehaltene strategische Zielsetzung beeinträchtigen sollten. Die These, wonach Hitler an den Grundzügen seines einmal verkündeten Programms – womit nicht das Parteiprogramm gemeint ist, sondern seine eigenen ideologisch-politischen Grundsätze und Zielsetzungen – unverrückbar festgehalten habe, widerspricht doch in keiner Weise der Erkenntnis, dass er zu dessen Verwirklichung allerlei taktische Winkelzüge vorgenommen und sogar Umwege und Rückzüge in Kauf genommem hat.

Das zeigt sich nirgends eindrücklicher als am Beispiel der zentralen Zielsetzung seines Expansionsprogramms, nämlich der Eroberung neuen Lebensraums in Osteuropa, von der er durch seinen Pakt mit Stalin eben nur vorübergehend abgewichen ist; ja sein letztlich das eigene Verderben herbeiführender Entschluss eines Angriffs auf die Sowjetunion statt eines Ausbaus der bereits gewonnenen Hegemoniestellung in West- und Mitteleuropa lässt sich überhaupt nur aus seiner sturen Fixierung auf dieses Endziel erklären, jenseits aller rationalen Staatsräson im traditionellen Sinne. Dasselbe gilt im Grunde auch für den Entschluss, mit dem Hitler den Zweiten Weltkrieg entfesselt hat. Als sich die internationale Lage plötzlich nicht mehr nach den Berechnungen des Diktators entwickelt hat – britisch-polnisches Bündnis und Abfall des Achsenpartners Italien am 25. August 1939 –, hat er zwar zunächst den Rückzug angetreten, und zwar ganz buchstäblich, indem er die zum Angriff angetretene Armee im letzten Augenblick zurückrief, aber wenige Tage später hat er den Krieg doch begonnen, ohne dass sich an der Lage etwas geändert hätte, die ihn vorher zum Widerruf des Angriffsbefehls veranlasst hatte. Auch dieser Entschluss geht letztlich auf das unverrückbar festgehaltene Ziel zurück, das, wie Hitler genau wusste, ohne Krieg eben nicht erreichbar war.[26]

Gerade am Beispiel des Befehls zur Auslösung des Krieges, doch wohl der wichtigsten Zäsur in der Geschichte des Dritten Reiches, lässt sich auch dokumentarisch einwandfrei nachweisen, dass nicht nur die Improvisations-, sondern auch die Polykratiethese hier überhaupt nichts zu suchen hat. Auch wenn es den Anschein erweckte, als ob in dieser entscheidenden Phase des Übergangs vom – allerdings relativen – Friedens- in den Kriegszustand noch andere Nazigrössen mitmischten – z. B. Göring mit seinem schwedischen Vermittler Dahlerus –, so steht eindeutig fest, dass in dieser für das Leben einer Nation doch wohl schicksalschwersten Frage Hitler ganz allein das Sagen hatte. Wenn irgendwo, dann zeigt sich hier mit aller Deutlichkeit, dass Hitler in diesem Moment ganz allein und unkontrolliert Herr über Krieg und Frieden der Nation war. Demgegenüber fallen die Rivalitäten und Reibereien der verschiedenen Funktionäre und Ämter, die in Aussenpolitik machten oder zu machen versuchten, überhaupt nicht ins Gewicht. Dass es solche Ämtervielfalt und Kompetenzstreitigkeiten auch auf aussenpolitischem Gebiet gegeben hat, dies ist keineswegs eine Neuentdeckung der Revisionisten. Auf diesen Tatbestand ist von mehreren Forschern schon seit langem hingewiesen worden, u. a. auch vom Verfasser vor bereits über 20 Jahren.[27] Daraus indessen den Schluss ziehen, «dass das polykratische Binnensystem des NS-Staates ... sich auch auf die Aussenbeziehungen auswirkte», ist völlig verfehlt, und die Probe aufs Exempel ist denn auch gründlich misslungen.

Wir meinen damit den Versuch, die deutsche Intervention im spanischen Bürgerkrieg als «faschistisches Lehrstück polykratischer Aussenpolitik» darzustellen, sozusagen als Prüfstein für diesen neuen theoretischen Ansatz.[28] Es sollte an diesem Beispiel bewiesen werden, dass die Hitler in den Mittelpunkt rückende Betrachtungsweise der «Programmologen» eben revisionsbedürftig sei. Der Autor dieses Experimentes glaubte feststellen zu können, dass die deutsche Entscheidung zur Intervention ein «Musterbeispiel» dafür sei, «dass sich die polykratischen Machtstrukturen des sogenannten (!) Führerstaates auch auf die Aussenpolitik auswirkten». Erstaunlicherweise unterliess es der Autor dann aber, eine detaillierte Analyse des eigentlichen Entscheidungsprozesses vorzunehmen. Eine «Gegenexpertise», die diese Analyse nun vorgenommen hat, kam allerdings zu diametral entgegengesetzten Ergebnissen: dass Hitler die Entscheidung für die Unterstützung Francos ganz allein gefasst hat; dass der angeblich entscheidungsunwillige Diktator keineswegs das Bedürfnis gehabt hat, sich von seinen Beratern führen zu lassen; dass infolgedessen die «polykratischen Machtstrukturen» bei dieser Entscheidung gerade nicht zum Tragen kamen.[29]

Das erwähnte Experiment wurde also offensichtlich zum Rohrkrepierer, d. h. es konnte nicht nur nicht die These verifiziert werden, sondern das Gegenteil ist dabei herausgekommen. Der ganze Vorgang hat aber über den Einzelfall hinaus grundsätzliche Bedeutung insofern, als der Autor dieses Experiments versucht hat, Lieblingsvorstellungen der revisionistischen Schule praktisch zu erproben, ausser der bereits erwähnten Polykratiethese auch die Auffassung, wonach Hitlers aussenpolitischer Zielsetzung, hier dem Antikommunismus, keine reale programmatische Bedeutung beigemessen werden dürfe, da es sich dabei lediglich um «die ideologische Überhöhung einer gesellschaftlichen Dynamik» – da haben wir den Schlüsselbegriff wieder – gehandelt habe. Es kommt bei diesem misslungenen Experiment weiterhin ein bei solchen revisionistischen Bemühungen fast durchgängig zu beobachtender Zug zum Vorschein, nämlich mit der fertigen Theorie an den geschichtlichen

Gegenstand heranzugehen, um dann die Quellen so zu gewichten und zu interpretieren, dass sie in die Theorie hineinpassen. Ein Konflikt mit den Quellen ist dann die logische Folge. Man kann diesen Tatbestand übrigens praktisch überall nachweisen, wo mit einer vorgegebenen sozialwissenschaftlichen Theorie operiert wird. Der Historiker muss aber daran festhalten, dass Theorien letzten Endes vor den Quellen bestehen müssen und nicht umgekehrt. Bei aller heuristischen Bedeutung der Theoriebildung, die auch wir durchaus anerkennen, darf die Geschichte dabei nicht zu einer Hilfswissenschaft der Sozialwissenschaften degradiert werden.

Zusammenfassend kann gesagt werden, wie ein anderer Kritiker der revisionistischen Bestrebungen es formuliert hat, «dass Hitler im aussenpolitischen Bereich noch deutlicher sichtbar als im prinzipiell parallelen Feld der Innenpolitik uneingeschränkt dominierte».[30] Dieselbe Feststellung gilt in gleicher Weise auch für den Bereich der rassenpolitischen Zielsetzung, d.h. der Durchsetzung «seines rassenideologischen, universalantisemitischen Dogmas», das ja bekanntlich aufs engste mit der expansionspolitischen Zielsetzung verbunden ist.[31] Dies muss deswegen betont werden, weil man es für richtig und notwendig befunden hat, auch die NS-Judenpolitik mit ihrem schrecklichen Ende des millionenfachen Massenmordes in die entfesselte Methodendebatte einzubeziehen.

Es fehlt uns hier der Raum, um uns mit diesem Aspekt mit der nötigen Gründlichkeit zu befassen. Hier nur so viel, dass zwar die extreme These Irvings zurückgewiesen wird, wonach Hitler das Genozid nicht nur nicht befohlen habe, sondern dass es ohne sein Wissen von Himmler, Heydrich und Konsorten auf eigene Faust in die Wege geleitet worden sei.[32] Anderseits kommt man dieser These aber auf halbem Wege entgegen, wenn die Behauptung aufgestellt wird, der beispiellose Massenmord sei weniger auf klare Befehlsgebung und langfristige Planung zurückzuführen als auf Improvisation, Planlosigkeit oder sogar organisatorische Unfähigkeit.[33] So wird in einer ausführlichen Erwiderung des Direktors des Instituts für Zeitgeschichte auf Irvings Thesen eingeräumt, es sei wahrscheinlich, «dass es überhaupt keinen umfassenden allgemeinen Vernichtungsplan gegeben hat ...». Die Judenvernichtung, so wird weiter spekuliert, sei nicht nur aus «vorgegebenem Vernichtungswillen», sondern auch als «Ausweg aus einer Sackgasse» entstanden, in die man sich selbst manövriert habe.[34] Zwar lasse sich diese Interpretation nicht mit absoluter Sicherheit belegen, doch habe sie weit mehr Wahrscheinlichkeit für sich als die Annahme eines umfassenden Geheimbefehls. Nun wird die Verantwortlichkeit Hitlers nicht etwa geleugnet, aber doch nicht die allfällige Befehlsgebung des Führers als entscheidend angesehen, sondern eine unkontrollierte, zur Improvisation geradezu drängende «Dynamik» des Regimes. Wiederum haben wir die Argumentation der sogenannten Funktionalisten vor uns, für welche die entscheidenden Dinge im Dritten Reich sich aus der ihm innewohnenden «gesellschaftlichen Dynamik» ergeben bzw. deren Funktion sind, und nicht aus Absicht und Planung hervorgehen, wie die sogenannten «Intentionalisten» glauben.

Inzwischen ist die unseres Erachtens für die Erkenntnis des wahren Wesens der NS-Diktatur und des Holocaust gar nicht hilfreiche Konstruktion entschieden zurückgewiesen worden.[35] Die Dokumente sprächen gar nicht für die Annahme, die NS-Führung habe selbst nach dem Beginn der Deportationen aus dem Reich nur eine vage Idee vom weiteren Schicksal der Opfer gehabt. Insbesondere wird die

These entkräftet, wonach Görings berüchtigter Befehl an Heydrich vom 31. Juli 1941, eine «Gesamtlösung» der Judenfrage vorzubereiten, noch keine Entscheidung für die Tötung der Juden bedeutet habe, schliesslich seien ja die Massenexekutionen an der jüdischen Bevölkerung der Sowjetunion schon in vollem Gange gewesen. Es fällt auch der Vorwurf, dass die vorhandene Dokumentation einseitig benutzt worden sei. Auch sei schliesslich fraglich, ob es über den zitierten Auftrag an Göring hinaus eines allgemeinen ausdrücklichen Befehls Hitlers überhaupt noch bedurfte. «Bei der politischen Struktur des Dritten Reiches, in dem rivalisierende Paladine um Hitlers Gunst wetteiferten und in dem Mass erfolgreich waren, in dem sie seine Wünsche vorhersahen und erfüllten, brauchten Himmler und Heydrich wenig mehr als ein Kopfnicken Hitlers, um zu begreifen, dass die Zeit ... gekommen war».[36]

Diese Auffassung wird voll bestätigt durch Aussagen, die Eichmann in seinem Jerusalemer Prozess gemacht hat, die man trotz aller zweifellos auch vorhandenen apologetischen Tendenz nicht einfach unberücksichtigt lassen sollte. Eichmann betont dort, welche Bedeutung Äusserungen des Führers für das Geschehen im Dritten Reich gehabt haben, wenn er wörtlich sagt: «Meistens dann, wenn eine Rede Hitlers gewesen ist, wo er mal wieder besonders gegen die Juden ins Zeug gegangen ist, dann wussten wir: jetzt kommt irgend etwas von Himmler ...». Und weiter betont er, dass der Sonderauftrag, den Heydrich für die «Endlösung» erhalten habe, ein «Führerbefehl» gewesen sei, und Führerbefehle hätten bekanntlich Gesetzeskraft gehabt. Nach den Aussagen Eichmanns gibt es auch am eigentlichen Zweck der berühmt-berüchtigten Wannseekonferenz nichts zu deuteln (was trotzdem immer wieder versucht wird): ob von «Endlösung» die Rede ist oder von «Sonderbehandlung», es bedeutete in jedem Fall Tötung. «Das wusste ein jeder, jawohl, Herr Hauptmann», so lautet wörtlich seine Antwort an dieser entscheidenden Stelle des Verhörs. Eichmann lässt auch keine Zweifel daran, dass es sich bei dieser «Endlösung» um langfristige Planung handelte und keineswegs um Improvisation. Eine solche ist auch schwer vorstellbar, wenn man sich vor Augen führt, welchen Ausmasses an organisatorischen Vorbereitungen es bedurfte, um nur die Verschiebung von Millionen von Menschen über derartige Entfernungen vorzunehmen. (Die Bereitstellung der notwendigen Transportkapazitäten war ja die eigentliche Aufgabe Eichmanns.) Besonders aufschlussreich für den Stellenwert, den die «Endlösung» im NS-Programm einnahm, ist auch seine Aussage, wonach sie als «kriegsentscheidender Faktor» eingestuft wurde. Nur dieses «Prädikat», wie er sich ausdrückt, machte es möglich, dass die notwendigen Transportmittel überhaupt zur Verfügung gestellt wurden.[37]

Angesichts solcher Aussagen einer Schlüsselfigur der NS-Vernichtungspolitik, denen ebensolche von andern Missetätern angefügt werden könnten, ist es schlechterdings unerfindlich, wie die Behauptung aufgestellt werden kann, die Rassenpolitik des Nationalsozialismus sei nicht die Verwirklichung der Weltanschauung Hitlers gewesen. Denn diese habe viel mehr aus «fixen Ideen» bestanden denn aus konkreten politischen Kalkülen, und «die scheinbare (!) Konsequenz des hitlerschen Handelns» sei in weitem Umfang nichts anderes «als ein übersteigerter Reflex bestehender Bedingungen» gewesen. Man begreift allerdings, dass es für diesen Autor (H. Mommsen) schwierig wird, die Frage zu beantworten, «wie die konkrete Verknüpfung zwischen den radikalen antisemitischen Äusserungen in ‹Mein

Kampf› und der Wirklichkeit der Judenvernichtung im Zweiten Weltkrieg ausgesehen hat»». Dass hier der nicht ganz abwegige Zusammenhang zwischen der Verkündung eines Programms und dessen späterer Verwirklichung vorliegt – auf diesen naheliegenden Gedanken kommt der Autor gar nicht, will er nicht kommen, weil nicht sein kann, was nicht sein darf.

Das Bestreben, so geht die Argumentation weiter, die Abläufe innerhalb des Dritten Reiches «auf eine angebliche innere Stringenz und Folgerichtigkeit der Entscheidungen des nationalsozialistischen Diktators zurückzuführen», sei mit der problematischen Konsequenz behaftet, «die ideologischen und propagandistischen Äusserungen ... als ernsthafte Absichtserklärung und nicht als zynische Integrationstechnik aufzufassen und damit politisch aufzuwerten». Man könne dies tun, aber man werde es dann schwer haben zu erklären, «warum die Nationalsozialisten sowohl von ihren innenpolitischen Gegnern vor 1933 wie während des Regimes von den auswärtigen Regierungen unterschätzt worden sind». Der Autor nimmt also wahrhaftig die inneren und äusseren Gegner Hitlers nachträglich in Schutz, wenn sie seine Äusserungen nicht ernst genommen haben, weil sie nämlich gar nicht ernst gemeint gewesen seien. Ich bekenne, dass es mir immer schwieriger wird, einer solchen Argumentation zu folgen. Bislang war praktisch unbestritten gültig, dass Hitlers Gegner vor allem auch deswegen versagt haben, weil sie seine Absichtserklärungen aus «Mein Kampf» gerade nicht ernst genug genommen haben, und jetzt wird ihnen bescheinigt, dass sie recht gehabt haben. Besonders erstaunlich ist, dass der zitierte Autor für sich die Bezeichnung «Revisionist» entrüstet ablehnt, kommt doch seine Auffassung einer geradezu totalen Revision bislang allgemein anerkannter Positionen gleich.

Aber es kommt noch besser. Seine Auffassung über das Problem der Judenvernichtung zusammenfassend, prägt er den Satz: «Nach meiner Überzeugung konnte es zur Endlösungspolitik nur deshalb kommen, weil im Grunde eine langfristige Planung, die eine Liquidation zum Ziele hatte, nicht bestanden hat».[38] Das ist zwar konsequent, wenn auch von falschen Voraussetzungen aus gedacht, führt aber doch wohl nun endgültig die anti-intentionalistische Argumentation ad absurdum. Denn wenn die Endlösung nur möglich war, weil es keine Planung gegeben hat, dann gilt umgekehrt, dass es keine Endlösung gegeben hätte, wenn eine solche langfristige Planung vorhanden gewesen wäre. Quod erat demonstrandum. Man muss sich fragen, ob solche Theorien und Spekulationen wirklich zu Ende gedacht wurden. Denn wenn behauptet wird, der Völkermord an den Juden gehe nicht auf ursprüngliche Intentionen Hitlers, auf eindeutige Befehle und entsprechende Durchführung zurück, sondern er sei vielmehr «Folge einer konkreten kriegsbedingten Zwangslage des Regimes», dann wäre die logische Konsequenz, dass ohne solche Sachzwänge eine Endlösung gar nicht stattgefunden hätte. Ich lasse mich gerne belehren, wenn dies eine Überinterpretation der revisionistischen Thesen darstellen sollte. Man wird aber den Eindruck nicht los, dass solche Thesen nur aufgestellt werden können, weil gewisse Autoren gewisse Dinge nicht ernst nehmen, die sie ernst nehmen sollten, nämlich Hitlers wiederholte Drohung mit der Vernichtung der «jüdischen Rasse», während dieselben Autoren Dinge ernst nehmen, die sie nicht ernst nehmen sollten, z.B. die Pläne über angebliche Judenreservate in Sibirien oder auf Madagaskar. Dass die meisten Deutschen – und nicht nur sie – die Drohgebärden Hitlers nicht ernst nahmen, wissen wir. Dass sie damit Unrecht hatten, beweisen die Millionen von bestialisch umgebrachten Menschen. Was wir nur schwer nachvollziehen können, ist dies, wie die damalige falsche Beurteilung von Hitlers Worten heute nun plötzlich zu einer richtigen historischen Erkenntnis geworden sein soll. Wie überhaupt manche revisionistischen Thesen sich darauf zurückführen lassen, dass Fehlbeurteilungen von Hitlers Politik, wie sie damals seinen innen- und aussenpolitischen Gegnern unterlaufen sind, heute auf den Schild des wissenschaftlichen Fortschritts erhoben werden. Unser Eindruck, dass sich hier die «funktionalistische» Methode selbst ad absurdum führt, wird auch von andern, durchaus kompetenten Beobachtern der Szenerie geteilt. So nennt der Schriftsteller Rolf Hochhuth in einer angesehenen schweizerischen Wochenzeitung den Streit um Hitlers Anteil an der Vernichtung der Juden «eine absurde Diskussion». Und Simon Wiesenthal spricht ebenfalls von «Absurdität» im Zusammenhang mit der Behauptung, die Endlösung sei darauf zurückzuführen, dass die Nationalsozialisten in eine Sackgasse geraten seien.[39] Solche Reaktionen sprechen nicht gerade dafür, dass diese Art von Geschichtsschreibung geeignet wäre, die «ausreichend klare Kontur» des Bildes von der NS-Zeit zu schaffen, deren Fehlen Helmut Schmidt in der erwähnten Rede beklagt hat.

Den linken und auch den meisten liberalen zeitgenössischen Kritikern des Nationalsozialismus galt dessen Ideologie und Herrschaftssystem geradezu als Prototyp der «Reaktion». Die Hemmung, dem Nationalsozialismus und dem Faschismus überhaupt das Epitheton ornans «revolutionär» zuzusprechen, mag zwar aus ideologischen und psychologischen Gründen verständlich sein, der geschichtlichen Erkenntnis ist sie sicher nicht förderlich. Wenn man nicht wahrhaben will, dass im Nationalsozialismus immense revolutionäre Energien freigesetzt worden sind, dann wird man weder die Entstehung einer Massenbewegung verstehen, noch die Mobilmachung des Volkes, gar nicht zu reden von den unbestreitbaren, wenn Gottseidank auch nur vorübergehenden politischen und militärischen Erfolgen. Man braucht nicht so weit zu gehen wie de Felice, der den italienischen Faschismus als Teil einer linken Aufklärung interpretiert, oder wie Sebastian Haffner, der Hitler eher als Sozialist sieht denn als Faschist (jedenfalls näher bei Stalin als bei Mussolini), aber dem Nationalsozialismus die revolutionäre «Qualität» abzusprechen, ist nur möglich, wenn man einen ideologisch festgelegten oder eingeengten Revolutionsbegriff benutzt.[40]

Dass die nationalsozialistische Aussen- und Kriegspolitik Wirkungen gezeitigt hat, die man nicht gut anders denn als revolutionär bezeichnen kann, liegt auf der Hand, wenn man bedenkt, dass sie recht eigentlich einer totalen Umwälzung der damaligen Weltverhältnisse gleichkamen, unter deren Nachwirkungen wir ja bis heute zu leiden haben. Etwas überspitzt, aber im Kern richtig ist gesagt worden: «Die Welt, in der wir leben, ist die Welt Hitlers» – jedenfalls hat er ganz entscheidende Anstösse dazu gegeben, dass diese Welt heute so ist, wie sie ist.

Es macht ja gerade einen entscheidenden Unterschied zum italienischen Faschismus aus, um auf dem Gebiet der Aussenpolitik zu bleiben, dass dieser in seinem imperialistischen Programm an die Epoche der Zeit vor 1914 anknüpfte – «Rache für Adua» – und Ziele anvisierte, die kaum über frühere imperialistische Tendenzen der italienischen Politik hinausgingen, während die deutsche Aussenpolitik unter Hitler nicht nur die Aspirationen des Wilhelminischen Deutschland weit hinter sich liess, sondern selbst die ja keineswegs bescheidenen Weltreichsphantasien alldeutscher Provenienz. Das Ziel eines «Grossgermanischen Weltreiches auf rassischer Grundlage», oder wie immer man es nennen mag, hatte mit bisherigen Vorstellungen von Imperialismus und Hegemonie, wie man sie aus der neueren Weltgeschichte kannte, nichts mehr zu tun, insofern handelte es sich durchaus um eine Art «weltrevolutionären Prinzips».

Aber auch innenpolitisch lassen sich revolutionär zu nennende Tendenzen ausmachen, d.h. solche, die auf Umwälzung oder gar Zerstörung der bestehenden Verhältnisse zielten, nicht nur politisch, was unbestritten ist, sondern auch gesellschaftlich. Die NS-Ideologie hatte einen ausgesprochenen nicht-bürgerlichen, ja antibürgerlichen Gehalt, die westliche bürgerliche Welt war als Plutokratie verschrien, und es war insofern nur folgerichtig, dass Hitler sie auch durch seine Kriege zu zerstören suchte. Mit Recht ist gesagt worden, dass die aus dem Ersten Weltkrieg heimgekehrten Frontkämpfer, die nachher die Partei und die SA bevölkerten, die Nachkriegswelt als ihren Feind ansahen, «den sie als Stosstrupps zerstören mussten». Der vom Schlachtfeld in die Heimat transformierte Aktivismus wurde benutzt, «die bestehende Ordnung zu zerstören, damit die ewige Wahrheit von Volk oder Nation triumphieren konnte . . .».[41]

Dass Hitler selbst die führenden Schichten der traditionellen Eliten von ganzem Herzen hasste und verabscheute, ist wohlbekannt; insofern dachte er durchaus wie jene SA-Führer, die er dann aus politischem Opportunismus beseitigen liess. Wie sollte Hitler eine Gesellschaft auch lieben, die ihn nicht akzeptiert hatte, als sie sein künstlerisches Genie nicht erkannte? Dass Röhm und Co. «irregeleitete Revolutionäre» gewesen seien, konnte man damals sogar aus Kominternkreisen hören.

Zugegeben: diese revolutionären Impulse der NS-Bewegung und des von ihr hervorgebrachten Systems haben sich letztlich rein destruktiv ausgewirkt, sowohl innen- wie vor allem auch aussenpolitisch. Jede Revolution muss zwar zunächst Altes einreissen, um dann allenfalls Neues aufbauen zu können. Das Wesen des NS-Regimes besteht darin, dass die Aufbauphase (die es ja auch gegeben hat und dem Regime die Bewunderung, wenn oft auch wider Willen, der übrigen Welt eingetragen hat) nicht auf Dauer angelegt war, sondern von vornherein dazu bestimmt, die Vernichtungs- und Zerstörungsphase vorzubereiten. Der Aufbauphase kam somit kein Eigenwert zu. Es ist infolgedessen auch müssig und gar nicht hilfreich, darüber zu spekulieren, wie es wohl gekommen wäre oder wie Hitler heute beurteilt würde, wenn er auf dem Höhepunkt seiner «positiven» Leistungen, also etwa 1938, nach dem Münchner Abkommen, innegehalten hätte. Das würde voraussetzen, dass es zunächst einmal einen vernünftigen bzw. in der Verantwortung vernünftig gewordenen Hitler gegeben hätte, der z.B. nichts anderes gewollt habe, als Deutschland seine ehemalige Grösse wiederzugeben, dem dann aber die unglaublichen Erfolge zu Kopf gestiegen seien, so dass er schliesslich den Weg der kriegerischen Expansion beschritten habe. Dass diese Auffassung von vielen ehemaligen Anhängern und Gefolgsleuten Hitlers nach 1945 aus durchsichtigen Gründen verbreitet wurde, ist aus psychologischen Gründen verständlich, bei manchen sogar ehrlich, weil sie sich wirklich getäuscht vorgekommen sind.

Inzwischen wissen wir aus der angefallenen Dokumentation allerdings längst, dass ein krasseres Missverständnis Hitlers gar nicht denkbar ist. Die sogenannten

Friedensjahre der Hitler-Diktatur sind längst als Jahre der Kriegsvorbereitung entlarvt. Um so erstaunlicher muss es anmuten, dass jetzt im Zuge revisionistischer Tendenzen diese irrige Interpretation von Historikern vertreten wird, denen eigentlich nichts ferner liegen dürfte als apologetische Motive. Doch wer davon spricht, dass Krieg und Verbrechen bis hin zur Judenvernichtung durch «kumulative Radikalisierung» zu erklären seien und nicht durch die ursprünglichen, im ideologischen Programm Hitlers angelegten Zielsetzungen, der muss doch logischerweise annehmen, dass auch eine andere, weniger katastrophale Entwicklung möglich gewesen wäre, wenn eben diese Radikalisierung ausgeblieben wäre. Dem gegenüber muss daran festgehalten werden, dass es, was Hitler und seine Paladine betrifft, keiner Radikalisierung bedurfte, weil sie von allem Anfang an ohnehin zu den radikalsten Lösungen bereit und entschlossen waren, wenn sie einmal die Macht haben würden, um diese zu realisieren. Solch irrige Auffassungen sind die Folge davon, dass man à tout prix ankämpfen zu müssen glaubt gegen eine Deutung des Nationalsozialismus, die diesen vorwiegend als «Verwirklichung der Weltanschauung Hitlers» versteht und diese Deutung gleichzeitig als «personalistisch» missversteht. Natürlich hat es nichts mit einer Wertung oder Aufwertung zu tun, wenn man dem Nationalsozialismus revolutionäre «Qualitäten» zuspricht. Das kann nur der so sehen, für den der Begriff Revolution an sich schon etwas Positives bedeutet. Aber warum sollte dieser Begriff nicht auch wie andere Geschichtsbegriffe zunächst einmal wertfrei interpretiert und benutzt werden? Man sollte auch nicht übersehen – und das dürfte eine der leider selten beherzigten Lehren der Geschichte sein – dass Revolutionen im Sinne von sozialpolitischen Umwälzungen sowohl Gutes wie Böses hervorbringen können. Man nehme nur das Beispiel der «grossen» Revolution, der französischen von 1789: ist sie nicht innerhalb weniger Jahre von der Sternstunde der Menschenrechtserklärung zur terroristischen Diktatur des Wohlfahrtausschusses degeneriert? Und die andere, für manche Leute noch grössere Revolution, die russische: ist sie nicht ebenfalls innerhalb kürzester Frist vom Ideal der Befreiung des Proletariats zur ebenso terroristischen Diktatur entartet?

Man sollte also vorsichtig sein im Gebrauch der Worte Revolution und Reaktion, die scheinbar unvereinbare Dinge sind und doch so nahe beieinander liegen können, wie eben gerade im Falle des Nationalsozialismus, aber durchaus auch beim Bolschewismus, wenn man etwa an die sofortige Einrichtung einer Geheimpolizei nach dem Vorbild der zaristischen denkt. Was Revolution und was Konterrevolution ist, hängt oft nur vom ideologisch-politischen Standort des Betrachters oder des Betroffenen ab. Dafür bietet gerade die Geschichte des bolschewistischen Systems auch heute wieder überzeugenden Anschauungsunterricht.

Wichtig und letztlich entscheidend scheint uns nicht die Frage, ob die nationalsozialistische oder auch die faschistische Ideologie als reaktionär oder revolutionär zu interpretieren ist, sondern die Feststellung, dass diese Ideologie unmenschlich ist, weil sie Freiheit und Würde des Menschen mit Füssen tritt. Daran sollten auch die Revolutionen gemessen werden: am Ideal nämlich einer menschlichen Gesellschaft, die durch diese, von den Nationalsozialisten auf so ungeheuerliche Weise missbrauchten und unterdrückten Werte bestimmt wird.

Daher ist es auch verfehlt, wenn gerade im Lager der Revisionisten manche Autoren befürchten, dass man Hitler «historische Grösse» zusprechen müsste, wenn man ihm zu grosse «historische Gestaltungskraft» oder gar «revolutionäre Qualität» beimessen würde. Es geht in diesem Falle eben gerade nicht vorwiegend um historische «Gestaltungskraft», sondern um – allerdings auch historische – Zerstörungskraft. Was den Begriff der «historischen Grösse» angeht, so ist in letzter Zeit mehr Verwirrung als Klarheit gestiftet worden, vor allem im Zusammenhang mit der sogenannten «Hitlerwelle». So ist immer wieder mit Jacob Burckhardts «Weltgeschichtlichen Betrachtungen» operiert worden, in welchen er die Formel von der «Koinzidenz des Individuums mit dem Allgemeinen» braucht und von «der in einzelnen Individuen konzentrierten Weltbewegung» spricht, um Kriterien für die historische Grösse zu finden. Wohl schreibt Burckhardt auch, der grosse Mann sei ein solcher, «ohne welchen die Welt uns unvollständig schiene, weil bestimmte grosse Leistungen nur durch ihn innerhalb seiner Zeit und Umgebung möglich waren und sonst undenkbar sind ...» Gleich darauf folgt aber der Satz, einzig und unersetzlich – Kriterien für historische Grösse – sei «nur der mit abnormer intellektueller oder sittlicher Kraft ausgerüstete Mensch, dessen Tun sich auf ein Allgemeines, d.h. ganze Völker oder ganze Kulturen, ja die ganze Menschheit Betreffendes bezieht». Auch der Hitler-Biograph Fest, der die Frage nach der historischen Grösse stellt, hat zwei Worte übersehen, mit denen Jacob Burckhardt Hitler bereits geschichtlich eingeordnet hat, bevor er überhaupt seine unheilvolle Rolle spielen konnte. Burckhardt spricht nämlich auch von den «Revolutionszelebritäten», denen deswegen keine Grösse zukomme, weil sie kein Allgemeines darstellen, «sondern nur die Wut und das Programm einer Partei». Und dann kommt noch der Satz: «Dagegen gar nicht gross sind die blossen kräftigen Ruinierer ...».[42] Friedrich Meinecke kam nach der Katastrophe des Dritten Reiches, an deren Eintreten er eigentlich nie gezweifelt hatte, zu analogen Schlussfolgerungen. Die Frage nach dem «positiven Gehalte des Hitlerismus» müsse negativ beantwortet werden, nicht weil er keinen Erfolg hatte, sondern weil er keine positiven Schöpfungen zurückgelassen habe – im Gegenteil «ein völliges Trümmerfeld».[43] Natürlich sind die Auffassungen darüber, wem historische Grösse zukomme, ebenfalls geschichtlichem Wandel unterworfen. Es scheint aber schwer vorstellbar, dass Vernichtung, Zerstörung und Massenmord jemals als positive Leistungen im Sinne historischer Grösse interpretiert werden könnten.

Der Methodenstreit um die Interpretation des Nationalsozialismus spiegelt sich auch in unterschiedlichen bzw. gegensätzlichen Haltungen gegenüber einer allgemeinen Faschismustheorie wider. So kann man drei Gruppen unterscheiden.

Die erste Gruppe lehnt einen generalisierenden Faschismusbegriff bzw. eine allgemeine Faschismustheorie grundsätzlich ab, weil sie viel zu vage und daher unergiebig seien. Es werde vorschnell generalisiert, sehr Disparates unter einen Hut gezwungen und damit den geschichtlichen Realitäten eben entsprechend Zwang angetan. Dazu komme, dass die Bestimmung eines solchen allgemeinen Begriffs nach Kriterien sozioökonomischer und ideologischer Art nicht genüge, sondern vielmehr dazu führe, dass fundamentale Unterschiede in den Voraussetzungen, Erscheinungsformen und Zielen der als faschistisch bezeichneten Bewegungen verwischt würden, wie vor allem die nationalen, von je verschiedenen geschichtlichen Grundlagen ausgehenden politischen Traditionen, aber auch die sehr heterogenen sozioökonomischen Bedingungen. Der notwendigerweise inflationär wirkende Gebrauch eines allgemeinen Faschismusbegriffs bedeutete letztlich auch eine Bagatellisierung und Verharmlosung der wirklichen totalitären Diktatur, vor allem derjenigen des Nationalsozialismus. Die meistens ausschliessliche Verbindung des Begriffs mit der Entwicklung des sogenannten kapitalistischen Gesellschafts- und Wirtschaftssystems führe schliesslich dazu, dass politische Regimes sehr unterschiedlicher, ja gegensätzlicher Provenienz, im Extremfall bis hin zur freiheitlich-rechtsstaatlichen Demokratie, in einen Topf geworfen würden. Da ein solcher Faschismusbegriff zudem meistens dem Totalitarismuskonzept entgegengesetzt werde, ja dieses recht eigentlich ausschliesse, werde dadurch gleichzeitig die totalitäre Dimension der kommunistischen Diktaturen, allen voran des Sowjetregimes, aus dem Blickfeld gerückt. Der Faschismusbegriff erscheine fragwürdig, weil er beliebig manipulierbar sei, er entspreche «einer modischen Tendenz zur Generalisierung und Theoretisierung» und reproduziere grossenteils die Fehler der Faschismusdiskussion der 20er und 30er Jahre.[44]

Demgegenüber vertritt eine zweite Gruppe die genaue Gegenposition, wonach die also kritisierte Faschismustheorie vielmehr einen wesentlichen Erkenntnisfortschritt darstelle in der Erfassung faschistischer Systeme und deren Entstehung inklusive Nationalsozialismus, der dann oft als «deutscher Faschismus» erscheint. Entscheidend für die Entstehung faschistischer Bewegungen und Systeme sind für diese Gruppe bestimmte sozioökonomische Bedingungen im Verlaufe der Entwicklung eines Landes zur Industriegesellschaft bzw. zur kapitalistischen Wirtschaftsform. Eine gängige Theorie bezeichnet Faschismus «als eine besondere Form der Herrschaft in Gesellschaften, die sich in einer kritischen Phase des gesellschaftlichen Transformationsprozesses zur Industriegesellschaft befinden und zugleich objektiv oder in den Augen der herrschenden Schichten von der Möglichkeit eines kommunistischen Umsturzes bedroht sind».[45] Nach dieser Auffassung kommt also dem Faschismus vor dem Hintergrund einer spezifischen historischen Entwicklungsphase eine bestimmte politische Funktion zu, nämlich das überlieferte Gesellschaftsgefüge und damit die Position der herrschenden Schichten vor den egalitären Tendenzen der allgemeinen Entwicklung zu erhalten. Aus dieser politischen Funktion wird dann der spezifisch reaktionäre Charakter faschistischer Ideologien und Systeme abgeleitet. Was den Nationalsozialismus anbetrifft, so wird dieser damit in einem «europäischen Faschismus eingeebnet».[46] Nach dieser offensichtlich vorherrschenden, wenn auch stark variierten Theorie ist Faschismus ein Phänomen, das ausschliesslich Produkt einer kapitalistischen Gesellschafts- und Wirtschaftsentwicklung sein kann. In manchen Variationen ist die kausale Verbindung von Kapitalismus und Faschismus so eng, dass die Distanz zur Deutung eines DDR-Historikers, wonach Hitler sein Ziel erreicht habe, «weil er den gesellschaftlichen Auftrag des deutschen Monopolkapitals erfüllte», nicht mehr allzu gross erscheint.[47]

Eine dritte Gruppe nimmt insofern eine mittlere Stellung ein, als sie einen allgemeinen Faschismusbegriff nicht ablehnt, wohl aber seine einseitige sozioökonomische Begründung nicht akzeptiert. Sie hält die Anzahl vergleichbarer Merkmale in den verschiedenen faschistischen Bewegungen für ausreichend, um sie unter einen gemeinsamen Begriff zu subsumieren, ohne allerdings deswegen die teilweise erheblichen nationalen Abweichungen vom «Grundmuster» zu übersehen. Sie betrachtet die durchaus feststellbaren Unterschiede – gerade etwa auch im Vergleich zwischen italienischem Faschismus und deutschem Nationalsozialismus – als «Modifikationen bzw. stärkere oder schwächere Intensitätsgrade von beiden gemeinsamen Strukturelementen».[48] Solche Modifikation und unterschiedliche Intensität bestimmen dann die «historische Individualität» der betreffenden Bewegungen und Systeme. Dieser aus der Tradition des Historismus stammende Begriff erlaubt es dieser Theorie auch, trotz der Zurechnung zur selben Gattung die Einzigartigkeit des Nationalsozialismus zu erkennen, ihn also gerade nicht «einzuebnen». Diese mittlere Gruppe geht also nicht so weit, eine allgemeine Faschismustheorie aufzustellen, die Gesetzmässigkeiten der historischen Entwicklung postuliert, sondern begnügt sich mit der Feststellung solcher gemeinsamer Merkmale, schafft also eigentlich einen Typus, dessen Wesen gerade darin besteht, individuelle Variationen nicht zu verwischen, sondern durch Vergleich um so konturierter erscheinen zu lassen. Im Grunde geht diese Gruppe nach der traditionellen, im historischen Denken längst praktizierten komparatistischen Methode vor, bei der es stets um die Feststellung von gemeinsamen *und* unterschiedlichen Merkmalen geht. Dieser Sicht können sich im Grunde auch Anhänger der ersten Gruppe anschliessen, da sie ja auch nicht leugnen können und wollen, dass es gemeinsame Merkmale faschistisch genannter Bewegungen gibt. Aber sie möchten lieber von den Faschismen sprechen, also im Plural bleiben. Schon Ernst Nolte, der sich um eine umfassende phänomenologische Faschismustheorie bemüht hat, lehnte es entschieden ab, in der Entwicklung faschistischer Bewegungen voreilige Generalisierungen vorzunehmen oder gar Gesetzmässigkeiten abzuleiten. Insbesondere seien die Gegenbeispiele zu zahlreich, um die letzte Ursache des Faschismus in der (kapitalistischen) Gesellschafts- und Wirtschaftsstruktur zu sehen.

In der Tat: Faschismus als mehr oder weniger logisches oder geschichtsnotwendiges Ergebnis oder zum mindesten Zwischenprodukt des Kapitalismus zu bezeichnen, scheitert einfach daran, dass einerseits faschistische Bewegungen in Ländern mit sehr unterschiedlichen sozioökonomischen Voraussetzungen entstanden sind (von den wirtschaftlich unterentwickelten Ländern Südosteuropas und der Iberischen Halbinsel über fortgeschrittenere Länder Mitteleuropas bis zum industriell und kapitalistisch hochentwickelten Deutschland) und anderseits höchstentwickelte Staaten wie die USA und Grossbritannien, aber auch skandinavische Länder und die Schweiz keine Entwicklung zum Faschismus hin durchgemacht haben. Was ist das aber für eine «Theorie», die diese frappanten Unterschiede nicht erklärt, sondern verwischt – von «Gesetzmässigkeit» der Entwicklung ganz zu schweigen? Die historische Wirklichkeit jedenfalls lässt sich nicht auf eine einfache Formel bringen, etwa im Sinne eines Kausalverhältnisses zwischen Kapitalismus und Faschismus – es sei denn, man bezeichne die westlichen Demokratien insgesamt als zum mindesten tendenziell «faschistisch», wovor bekanntlich unbeirrte Anhänger des sogenannten Neomarxismus auch gar nicht zurückschrecken. Dies hat aber wohl wesentlich weniger mit wissenschaftlicher Erkenntnis als mit ideologischer Voreingenommenheit zu tun. Die Frage sei nur eben aufgeworfen, wo denn da das gegenwärtige Militärregime von Sowjets Gnaden im kommunistischen Polen einzustufen wäre.

Eine solche allgemeine Faschismustheorie gerät an allen Ecken und Enden mit den historischen Gegebenheiten in Widerspruch, wenn man mit ihrer Hilfe die Entstehung – oder eben auch Nichtentstehung – als faschistisch bezeichneter Bewegungen und Systeme erklären soll. Das einzig gültige Kriterium für den Wert einer sozialwissenschaftlichen Theorie zur Interpretation historischer Probleme kann aber nur sein, ob eine solche Theorie am historischen Material letzten Endes verifizierbar ist. Mit Recht ist festgestellt worden, dass der undifferenzierte Gebrauch eines allgemeinen Faschismusbegriffs mehr zur Verwirrung als zur Klärung historisch-politischer Tatbestände beiträgt, wenn die spezifische Qualität so verschiedenartiger politischer Systeme wie Demokratie und Diktatur verwischt wird. Der angebliche Nutzen einer «Abkehr vom Totalitarismusmodell» für eine «eingehendere Analyse» des «faschistischen» Charakters des Nationalsozialismus wird jedenfalls weit übertroffen vom tatsächlichen Schaden einer Unterschätzung des «totalitären» Charakters des Nationalsozialismus. Wer einer neuen Methode in der NS-Forschung selbst attestiert, sie sei «deklariert um politische Aufklärung» bemüht[49], muss sich gefallen lassen, dass dieser Anspruch an den historisch-politischen Gegebenheiten gemessen wird. Und diese sind, jedenfalls im heutigen Europa, derart, dass man sich fragen muss, welchen Beitrag eine aus einer allgemeinen Faschismustheorie abgeleitete «politische Aufklärung» für das Verständnis unserer Gegenwart zu erbringen vermag. Denn diese Gegenwart ist ja gerade dadurch gekennzeichnet, dass es im heutigen Europa keine «faschistischen» Diktaturen mehr gibt (wenn man diesen Begriff auf die früheren Regimes in Portugal, Spanien und Griechenland überhaupt anwenden will), sondern nur noch «sozialistische» (sozialistisch immer verstanden im Sinne des «Marxismus-Leninismus»). Insbesondere hat sich die Theorie gerade nicht bewährt, wonach solche Gesellschaften faschismusanfällig sind, «die sich in einer kritischen Phase des gesellschaftlichen Transformationsprozesses zur Industriegesellschaft befinden», was zweifellos für alle drei genannten Länder zutrifft. Wie vorsichtig man operieren sollte, wenn man die Bedeutung der sozioökonomischen Strukturen für die Entstehung bestimmter politischer Herrschaftsformen bemessen will, geht schon aus der einfachen Tatsache hervor, dass, geschichtlich gesehen, sowohl sogenannte kapitalistische wie sogenannte sozialistische Strukturen antidemokratische Systeme bzw. Diktaturen hervorgebracht haben.

Das ist aber noch nicht alles: die Entstehung politischer Diktatursysteme auf dem Boden «sozialistischer» ökonomischer Strukturen ist die Regel, auf dem Boden «kapitalistischer» Strukturen die Ausnahme. Genau genommen hat unter den damals hochentwickelten kapitalistischen Staaten nur Deutschland eine «faschistische» Diktatur hervorgebracht. Eine «allgemeine» Theorie, die diesen Namen verdient, müsste aber von der Regel ausgehen, nicht von der Ausnahme. Eine «politische Aufklärung», die diesen Namen ebenfalls verdient, müsste sich vor allem darum bemühen, den heutigen Tatbestand einsichtig zu machen, der dadurch gekennzeichnet ist, dass die pluralistische rechtsstaatliche und freiheitliche Demokratie – historisch gesehen – praktisch ausschliesslich auf dem Boden «kapitalistischer» Strukturen gewachsen und angesiedelt ist, während «sozialistische» Strukturen nur mit einer politischen Diktatur vereinbar erscheinen. Aber eben: solche politische Aufklärung ist mit einer derartigen Faschismustheorie nicht zu leisten, auch nicht mit einer «Abkehr vom Totalitarismusmodell». Mehr ist wohl über die mangelnde Tragfähigkeit und Aussagefähigkeit einer solchen Theorie nicht zu sagen.

So weit es sich bei der gegenwärtigen Auseinandersetzung um einen Methodenstreit handelt, scheint dem Gegensatz Historismus–Strukturalismus besondere

Bedeutung zuzukommen. Tiefverwurzelte methodische Differenzen träten hervor, so formuliert es ein zur revisionistischen Schule neigender Autor, «einerseits ein neohistoristischer Standpunkt, der sich streng an die Primärquellen zu halten bemüht ist und in erster Linie auf die Motivation der Handelnden abhebt, anderseits ein deklariert um politische Aufklärung bemühter sozialgeschichtlicher Ansatz, der es ungenügend findet, den Schlüssel zur Erklärung der katastrophalen Politik des tausendjährigen Reiches ausschliesslich in der Persönlichkeit Hitlers zu suchen».[50]

Wenn von den Anhängern der sogenannten strukturellen Methode behauptet oder zum mindesten der Eindruck zu erwecken versucht wird, das Geschichtsverständnis in der Tradition des Historismus sei mit personalistischer Geschichtsauffassung identisch, betone einseitig den individuellen Faktor oder segle gar unter dem Motto, es seien Männer, die Geschichte machen, so ist dem entgegenzuhalten, dass es gerade zum Erbe eines wohlverstandenen Historismus gehört, Geschichte stets als Produkt individueller und allgemeiner Kräfte zu verstehen oder – wie es gerne formuliert wurde – als «Ineinander von Freiheit und Notwendigkeit».

Dies kann gerade am Geschichtsschreiber und letzten massgeblichen Theoretiker des Historismus exemplifiziert werden, nämlich an Friedrich Meinecke. Zunächst einmal schon rein geschichtstheoretisch, indem er zwar im sogenannten geschichtswissenschaftlichen Streit gegen Lamprecht die Bedeutung des individuellen Faktors stark hervorhob, bei anderer Gelegenheit aber ebenso die allgemeinen Umweltbedingungen betonte, die das Wirken der grossen Individuen erheblich beeinflussten bzw. einschränkten. So heisst es einmal über Napoleon, der den preussischen Reformern «schlechthin nur als eine einheitliche, ihren eigenen inneren Machttrieben folgende Naturgewalt» vorgekommen sei, er sei nicht nur dies gewesen, «sondern zugleich auch gebunden und bedingt durch die Umweltverhältnisse und die Kombinationen seiner eigenen politischen Zwecke, durch den Wandel der Begebenheiten . . .». Und sein historisches Credo fasste Meinecke einmal, mit Blick auf Goethe, in die Worte: «Er schaute das strömende Leben der Geschichte so an, wie es einem unbefangenen Auge erscheinen muss, weder eindeutig bestimmt durch die Massen- und Zeitgewalten, noch eindeutig bestimmt durch die grossen Individuen». Von einseitig personalistischer Geschichtsinterpretation wird man da wohl kaum sprechen können. Wer sich an der noch durch den Idealismus geprägten Sprache nicht stösst, wird leicht erkennen, dass Meinecke sich hier um dasselbe methodologische Problem bemüht, um das es heute wieder geht, nur dass es eben inzwischen, infolge Anreicherung der historischen Sprache durch sozialwissenschaftliche Begriffe, etwas anders formuliert wird.[51]

Meinecke hat diese ausgewogene, individuelle und allgemeine Geschichtsfaktoren gleicherweise berücksichtigende Methode aber auch praktiziert, u. a. und zuletzt gerade am Beispiel des Nationalsozialismus. Das ist auch der Grund, warum wir auf Meinecke in diesem Zusammenhang näher eingegangen sind. In seiner bereits unmittelbar nach dem Untergang des Dritten Reiches erschienenen, angesichts der damaligen kurzen Distanz zu den Ereignissen um so erstaunlicheren Analyse hat Meinecke keineswegs versucht, auch wenn er gerne von Hitlerismus spricht, diesen etwa vorwiegend von der persönlichen Entwicklung des unseligen Mannes her zu verstehen, sondern, wie er es nennt, von der Entwicklung des deutschen Menschentums her. Auch wenn dabei seine geistesgeschichtliche Methode naturgemäss im

Vordergrund steht, hat ihn dies nicht gehindert, schon damals und mit dieser Methode, Tatbestände zu erkennen, die den Verfechtern der heutigen strukturellen Methode eigentlich Freude bereiten müssten. So ist dort die Rede von der besonderen Verantwortung der gesellschaftlichen Eliten, die das Wilhelminische Deutschland beherrschten, für das spätere Aufkommen des Nationalsozialismus: des preussisch-deutschen Militärs, der Grossindustrie, des Junkertums, aber auch des Bürgertums ganz allgemein. Wenn nun also der Versuch gemacht wird, einer dazu noch einseitig interpretierten «traditionellen» historischen oder «historistischen» Methode eine neue «strukturelle» oder «funktional-strukturelle» Methode entgegenzusetzen, so ist dazu zweierlei grundsätzlich zu bemerken:

Erstens handelt es sich um die Neuauflage eines Methodenstreits, wie er in der Geschichte der Geschichtswissenschaft, gerade auch der deutschen, schon mehrfach stattgefunden hat, zwar mit jeweils neuen Begriffen, aber in der Sache ging es stets um dasselbe Problem, nämlich um die Frage des Anteils individueller und allgemeiner Kräfte oder Faktoren am geschichtlichen Geschehen; zweitens ist diese als neu angepriesene Methode keineswegs so neu, wie man uns glauben machen will, vielmehr ist die strukturgeschichtliche Betrachtungsweise auch in der älteren NS-Forschung von vielen Autoren in angemessener Weise integriert worden, so dass von der Notwendigkeit einer methodischen «Revolution» kaum die Rede sein kann.

Es geht also ganz offensichtlich nicht um ein Entweder-Oder, sondern um ein Sowohl-Als-Auch. Die Frage lautet nicht, ob man die «traditionelle» historische Methode anwenden soll oder die «neue» strukturgeschichtliche, es geht nicht darum, «Ereignisgeschichte» und «Strukturgeschichte» gegeneinander auszuspielen, sondern allein darum, welche «Mischung» der beiden Methoden uns das Forschungsinstrumentarium gibt, das uns eine möglichst adäquate, d.h. wirklichkeitsnahe Interpretation der geschichtlichen Gegenstände, hier des Nationalsozialismus, erlaubt.

Es ist wie erwähnt davon auszugehen, dass «das Verhältnis von Strukturen und Persönlichkeiten als ein sehr altes, in der Geschichtswissenschaft und Geschichtsschreibung immer gegenwärtiges Problem» anzusehen ist.[52] Auch die Väter des Historismus wie Ranke und Droysen hatten es mit «Strukturen» zu tun, ohne dass sie allerdings den Begriff bzw. diesen Begriff für die Sache kannten. Die Frage erhebt sich nun, ob die Einführung des aus der Sozialwissenschaft stammenden Begriffs «Struktur» eine prinzipiell neue Forschungslage geschaffen hat und ob damit ein «Durchbruch zu qualitativ neuen Erkenntnissen, ja zur wahren wissenschaftlichen Methode» erfolgt ist. Man wird doch wohl eher zögern müssen, hier ohne weiteres eine positive Antwort zu geben, wenn man zur Kenntnis nehmen muss, dass beim Versuch der Bestimmung des Wortes «Struktur» «eine beträchtliche begriffliche Unschärfe» festzustellen ist. Dieser «Unschärfe» begegnen wir auf Schritt und Tritt, wenn wir entsprechende Äusserungen aus der revisionistischen Schule unter die Lupe nehmen, kaum irgendwo das Bedürfnis, diesen Zentralbegriff der neuen Methode zu erklären oder gar zu definieren. Dasselbe gilt übrigens auch für den Begriff «Elite», der für die neue Methode ebenfalls von zentraler Bedeutung ist und dem man in ähnlicher Weise «bis heute schillernde Unbestimmtheit» bescheinigt.[53] Wir stimmen der Auffassung zu, dass der Strukturbegriff «als Grundbezeichnung für soziale Phänomene» letztlich nichts anderes ist als eine «moderne»

Fassung für Tatbestände, die es in der Geschichte immer gegeben hat und deren sich frühere Geschichtsschreiber auch durchaus bewusst waren, nämlich die Existenz «überindividueller» – um es in der Sprache des Historismus auszudrücken – Phänomene und Kräfte, in denen das Individuum zwar auch präsent ist, die es aber nicht nach Belieben lenken und verändern kann, von denen es vielmehr selbst in seinem Handeln und Denken in einem allerdings jeweils zu bestimmenden Ausmass eingeschränkt und festgelegt wird.

Die früheren Erkenntnisse haben durchaus ihre Gültigkeit behalten: dass das Individuum, auch das grosse Individuum, nicht schrankenlos schalten und walten kann, sondern eingebunden ist in gesellschaftliche, politische, ökonomische, aber auch geistige Gegebenheiten, die dann als Bedingungen seines Handelns erscheinen und in Rechnung gestellt werden müssen. Anderseits war und ist es offensichtlich, dass solche «Strukturen» an und für sich noch keine Geschichte machen – im Gegenteil: je erstarrter die Strukturen, desto weniger Geschichte – sie bedingen zwar geschichtliches Handeln, aber sie ersetzen es nicht. Daher hat es auch wenig Sinn, Strukturen gegen Personen auszuspielen – nur beide zusammen machen das geschichtliche Geschehen aus. Hier liegt das Problem also offensichtlich nicht – oder es ist ein falsches Problem –, sondern allein darin, das jeweilige Verhältnis der Geschichtswirksamkeit der beiden Faktoren auszumachen.

Hinsichtlich des Dritten Reiches ergibt sich für dieses Problem doch ein ziemlich eindeutiges Bild. Denn wer die Geschichte des Nationalsozialismus erforscht, stösst immer wieder und überall, insbesondere an den entscheidenden Wegmarken, auf die direkte oder indirekte Einwirkung von Hitler selbst. Dies festzustellen, hat mit Hitlerzentrik nichts zu tun. Es muss vielmehr als das charakteristische Merkmal des NS-Herrschaftssystem bezeichnet werden, dass es in kaum zu überschätzendem Ausmass mit dieser zentralen Figur verschmolzen erscheint. Es ist schwer, wenn nicht unmöglich, sich den Nationalsozialismus als geschichtliche Realität ohne Hitler vorzustellen – den Zweiten Weltkrieg schon gar nicht. Das zeigt die Grenzen auf, die gerade bei der Analyse eines solchen, von einer einzelnen Gestalt derart geprägten Systems einer Methode gesetzt sind, die die historischen Prozesse und Abläufe vorwiegend aus sozioökonomischen Strukturen erklären möchte.

Wir möchten zum Schluss nochmals Helmut Schmidt zu diesem Problem zitieren, nicht zuletzt weil er ja selbst zu den «dramatis personae» gehört, deren Bedeutung für die Geschichtsinterpretation nicht zu unterschätzen, er die Historiker aufruft: «Eine einseitig sozialstruktur-orientierte Geschichtsdeutung, bei der die dramatis personae und ihre individuelle Verantwortung völlig hinter den strukturellen ökonomischen Faktoren zurücktreten, hinter den Ständen und den Klassen und den Wirtschaftsordnungen und deren Eigendynamik, bei der die Personen dahinter völlig verschwinden, die kann nun in der Tat bei dem, der zuhört oder liest, ein Erklärungsvakuum entstehen lassen, in das dann rein personalisierende Deutungsversuche, wie z. B. der heutige subkulturelle Hitlerkult, ohne grosse Mühe einströmen können. Und umgekehrt wird mit der Inflationierung des Faschismusbegriffs (nicht nur im allgemeinen, sondern sogar im wissenschaftlichen Sprachgebrauch!) sicher keine Klarheit über die Probleme der Zeitgeschichte hergestellt. Das gilt genauso für den Begriff des Antifaschismus. Das sind Begriffe, die die Welt eher vernebeln, aber nicht klären.»[54]

1983

Der 20. Juli 1944 und das Ausland

Die Kunde von einem Attentat gegen Hitler, wie sie durch ein amtliches Kommuniqué des Grossdeutschen Rundfunks kurz vor 19 Uhr an jenem denkwürdigen 20. Juli 1944 verbreitet wurde, schlug wie eine Bombe ein und ging wie ein Lauffeuer um die Welt. Tagelang erschienen die sich jagenden Meldungen und Gerüchte auf den Frontseiten der Zeitungen in aller Welt und vermochten sogar die Berichte über die wahrhaftig dramatischen militärischen Ereignisse in West und Ost vorübergehend vom ersten Platz zu verdrängen. Die Radiopropaganda der Kriegführenden, die seit Kriegsbeginn als stetige Begleiterin des eigentlichen Kampfgeschehens den Äther erfüllte, war beherrscht von diesem Thema. Es kann keinen Zweifel darüber geben, dass das Attentat gegen den zum Mythos emporstilisierten Führer des Dritten Reiches eine Sensation ersten Ranges gewesen ist, obschon gleich mit der ersten Meldung bekanntgeworden war, dass der Anschlag sein Ziel verfehlt hatte. Natürlich ist es nicht so gewesen, dass man im Ausland nicht schon vorher von Spannungen innerhalb der Führung des nationalsozialistischen Regimes, insbesondere zwischen Hitler und seinen Generalen, gehört oder aus bestimmten Vorgängen und Ereignissen auf das Vorhandensein solcher Spannungen geschlossen hätte. Doch hatten, wie die schwedische Zeitung «Dagens Nyheter» am Tage nach dem Attentat schrieb, selbst die grössten Optimisten unter den Gegnern Hitlers mit einer derartigen Form der Entladung dieser Gegensätze nicht zu rechnen gewagt.

Für die Beurteilung der ersten Reaktionen des Auslandes auf das aussergewöhnliche Ereignis ist es von Bedeutung, sich in Erinnerung zu rufen, dass zunächst Informationen nur von offizieller nationalsozialistischer Seite vorgelegen haben. Diese Informationen waren indessen aus naheliegenden Gründen nicht um Wahrheitsfindung bemüht, sondern vielmehr bestrebt, wie in einem Bericht der schweizerischen Gesandtschaft in Berlin schon gleich nach dem Scheitern des Attentats festgehalten worden ist, die wahren Umstände der Aktion zu verschleiern. Die «Neue Zürcher Zeitung» schrieb von einer gewaltigen Staubwolke, die durch den 20. Juli aufgeschleudert worden sei und durch die der Blick nicht durchzudringen vermöge. Damit war die ideale Situation für die Entstehung einer ausgedehnten und groteske Ausmasse annehmenden Gerüchtewelle gegeben.

Vor allem über den in die Verschwörung verwickelten Personenkreis sickerte nur allmählich die Wahrheit durch, da die offizielle Propaganda bemüht war, die Tat als Werk einer «kleinen Clique» erscheinen zu lassen, die in den Ansprachen von Hitler, Göring und Dönitz in der Nacht auf den 21. Juli mit den unflätigsten Ausdrücken beschimpft wurde. Zunächst war ja nur der Attentäter mit Namen genannt worden. Zu welchen Kapriolen die Spekulationssucht führen konnte, zeigt sich gerade am Beispiel Stauffenbergs. So meldete die englische Presseagentur «Exchange», wie sie aus «gewöhnlich gut unterrichteter Quelle» erfahren haben will, Stauffenberg sei ein enger Freund von General Keitel (!) gewesen. Kaum ein Marschall oder General, der nicht mit dem Verschwörerkreis in Verbindung gebracht worden wäre! Sofort kam auch der Verdacht auf, dass es sich um ein inszeniertes Unternehmen handeln könnte, das der nationalsozialistischen Führung den Vorwand liefern sollte, um mit den Miesmachern und Frondeuren in der Wehrmacht und im zivilen Sektor abzurechnen. Andererseits wurde gemutmasst, dass das Attentat nur Auftakt zu einer grösseren Auseinandersetzung sein könnte, die zu einem allgemeinen Bürgerkrieg führen würde. Unklarheit herrschte auch darüber, welche Folgewirkungen das Attentat haben könnte, insbesondere auf die Moral der kämpfenden Truppe. Uneinig war man sich auch, ob das Ereignis zu einer Schwächung oder vielmehr Stärkung der nationalsozialistischen Herrschaft führen würde.

Wenn es auch nicht lange verborgen bleiben konnte, dass die Verschwörung viel weitere Kreise gezogen hatte, als mit dem Wort von der «kleinen Clique» angedeutet worden war, so blieben anderseits zuverlässige Informationen über die wahren Motive und Absichten der Verschwörer auch auf Dauer aus. Dass das Regime alles unternahm, um derartige Erkenntnisse zu unterdrücken oder systematisch zu verfälschen, ist naheliegend. Weniger einleuchtend erscheint es, dass man auch im Ausland, auch dort, wo man es besser hätte wissen müssen, nicht gewillt war, der Opposition gegen Hitler in dieser Beziehung Gerechtigkeit widerfahren zu lassen. So blieben insbesondere die westlichen Alliierten bei ihrer völligen Ablehnung des 20. Juli 1944, sogar bis über das Kriegsende hinaus, obschon ihre Regierungen und Geheimdienste schon seit längerer Zeit über Erkenntnisse verfügt hatten, die genaue Auskunft gaben über die eigentlichen Motive der Männer, die in praktisch aussichtsloser Lage Deutschland und die Welt von der Verbrechergestalt Hitlers befreien wollten. Eine Erklärung für dieses Verhalten kann allenfalls gefunden werden, wenn man sich die Geschichte der Beziehungen der deutschen Opposition zu den Alliierten in grossen Zügen vergegenwärtigt. Denn die Reaktion dieser Mächte auf das Attentat vom 20. Juli folgte einer längst vorher festgelegten Argumentationslinie und Verhaltensnorm.

Der erste Versuch einer Zusammenarbeit zwischen deutscher Opposition und britischer Regierung war schon vor Kriegsbeginn unternommen worden und gescheitert. Damals, im Sommer und Herbst 1938, angesichts der von Hitler geschürten Krise um die Tschechoslowakei, war eine einflussreiche Gruppe von Offizieren um den neuen Generalstabschef Halder entschlossen, Hitler in dem Augenblick zu verhaften, wenn er einen Krieg entfesseln sollte. Voraussetzung des Gelingens einer solchen Aktion war indessen das unbedingte Festbleiben Englands, so dass dem deutschen Volk klar vor Augen geführt werden könnte, dass Hitler Krieg bedeute. Aber Chamberlain, der britische Premierminister, und seine Berater folgten weiterhin der Linie der Appeasement Policy, indem sie glaubten, durch weitere Konzessionen sich das Wohlverhalten Hitlers zu erkaufen. Oder wie der Botschafter Seiner Majestät in Berlin, Henderson, es formulierte, man müsse dem Führer die Chance geben, «to be a good boy»! Und so begab sich Chamberlain zu Hitler, um diesem die verlangten Sudetengebiete zu Füssen zu legen, was in Kreisen der deutschen Opposition einen ungeheuren Schock auslöste und ihr weitgehend die Basis entzog. Die Entfesselung eines Krieges ein Jahr später durch den Überfall auf Polen konnte von der Opposition nicht mehr verhindert werden.

Nach Kriegsbeginn, als das Scheitern der Befriedungspolitik und die Fehleinschätzung Hitlers auch dem allerletzten Engländer klargeworden waren, zeigte die britische Regierung wesentlich mehr Bereitschaft, mit der deutschen Opposition zusammenzuarbeiten. London hatte nun mehr Verständnis für die schwierigen politischen und psychologischen Bedingungen, unter denen eine Opposition im totalitären Polizeistaat Hitlers wirken musste. Eine Verständigung zwischen einer deutschen Nach-Hitler-Regierung und Grossbritannien schien durchaus möglich, auch in territorialen Fragen. Voraussetzung für eine solche Lösung wäre natürlich die Verhinderung des deutschen Angriffs auf Westeuropa gewesen. Dass die deutsche Militäropposition dies nicht zu leisten vermochte, hat sie in den Augen der Engländer völlig und, was sich zeigen sollte, auf Dauer diskreditiert. Es ist die Tragik des deutschen Widerstandes gewesen, dass er nun seinerseits versagte, als er vom Gegner endlich akzeptiert zu werden schien.

Der Übergang der Regierungsgeschäfte in die Hände von Winston Churchill stellte ein weiteres wichtiges Element der Verhärtung in der britischen Haltung dar. In der Situation von 1938 war Churchill zu einer politischen Zusammenarbeit mit der deutschen Opposition durchaus bereit gewesen. Jetzt, als Premierminister und oberster Verantwortlicher für die Kriegsführung, schaltete er um auf die Parole der totalen Niederlage des nationalsozialistischen Regimes, das je länger je mehr mit dem deutschen Volk identifiziert wurde. Für eine deutsche Widerstandsbewegung als ernst zu nehmenden Faktor war in einer solchen Konzeption bald kein Platz mehr. Bereits 1941 erklärte man einem Vertreter der deutschen Opposition, der sich in die britische Gesandtschaft nach Bern durchgeschlagen hatte, Friedenspläne dürften überhaupt nicht mehr entgegengenommen werden. Schon bevor Grossbritannien durch Kriegsallianzen mit den USA und der Sowjetunion in seiner Entscheidungsfreiheit eingeengt wurde, hat sich Churchill jeglicher Diskussion oder auch nur Erörterung von Vorschlägen und Plänen der deutschen Opposition konsequent verschlossen. Er versuchte, gerade zu vermeiden, was diese für einen erfolgversprechenden Staatsstreich dringend gebraucht hätte, nämlich irgendeine Bindung für die Zukunft, ein Versprechen für nachsichtigere Behandlung nach einer allfälligen Beseitigung Hitlers. Churchill war zu keiner Zeit bereit, irgendwelche Konzessionen an eine deutsche Anti-Hitler-Gruppe zu machen. Auch eine nichtnationalsozialistische Regierung sollte sich bedingungslos unterwerfen. Das stand für den britischen Premierminister lange vor der Verkündung der Formel von der «bedingungslosen Kapitulation» fest, wie sie dann im Januar 1943 in Casablanca vorgenommen wurde.

Fast auf den Tag genau zwei Jahre vor dem Attentat gegen Hitler, am 21. Juli 1942, schrieb Churchill in einem Memorandum über die Kriegslage: «Falls das Naziregime gestürzt wird, geht die Macht beinahe mit Sicherheit auf die Spitzen der deutschen Armee über, die keineswegs bereit sein werden, Friedensbedingungen anzunehmen, wie sie von Grossbritannien und den Vereinigten Staaten im Interesse der künftigen Weltsicherheit für nötig erachtet werden.» Dieses Zitat bedeutet nichts weniger, als dass Churchill von einer Übernahme der Macht durch putschende Offiziere keine Erleichterung der Situation für die Alliierten erwartete. Von hier aus kann man eine direkte Linie ziehen zur Beurteilung des Attentats vom 20. Juli 1944, wonach es nicht viel ausmache, ob die Nazis oder die Generale in Deutschland regierten, da beide dieselben Ziele verfolgten, nämlich die Erhaltung oder Wiederaufrichtung eines grossen deutschen Reiches. Die totale Identifizierung von Nationalsozialismus und Preussentum bzw. preussischem Militarismus – oder dem, was man in der alliierten Kriegspropaganda darunter verstand – war regelrecht zum Axiom geworden, das keinen Interpretationsspielraum mehr erlaubte. Gleichzeitig führte dies zu einer völligen Blockierung der alliierten Kriegspropaganda, falls man es als Ziel und Zweck einer solchen Tätigkeit ansieht, einen Krieg zu verkürzen und nicht, ihn zu verlängern. Es war eine entscheidende Schwäche der sogenannten «psychologischen Kriegführung» des Westens – nicht des Ostens, wie noch zu zeigen sein wird –, dass sie jeder im eigentlichen Sinne des Wortes politischen Zielsetzung entbehrte, die ein positives Element für die Zukunftsgestaltung des deutschen Volkes enthalten hätte.

Womöglich noch kompromissloser war die Haltung der USA und insbesondere ihres Präsidenten Roosevelt, der schliesslich so weit ging, «jede Erwähnung eines deutschen Widerstandes» zu verbieten. Wenn die Atmosphäre gegenüber der deutschen Opposition in London kühl war, so war sie in Washington eisig. Zwar ist bereits 1942 Allan W. Dulles als Leiter des Office of Strategic Services in die Schweiz geschickt worden, wo er den Auftrag hatte, «herauszubekommen, was in Deutschland vorging». Unter anderem habe Washington wissen wollen, «wer in Deutschland die eigentlichen Gegner Hitlers waren, und ob sie aktiv daran arbeiteten, das Regime zu stürzen». Dulles selbst beurteilte die Schweiz, wie er sich ausdrückte, als den günstigsten Beobachterposten für alles, was sich in Hitlers Reich abspielte.

In der Tat ist es Dulles in der Folge dann gelungen, ständige Kontakte mit Vertretern der deutschen Widerstandsbewegung herzustellen und genaue Berichte über deren Pläne, Absichten und Motive nach Washington zu melden. Insbesondere war der Amerikaner bestens über die Vorbereitungen eines Attentats gegen Hitler informiert. Es kann also nicht Mangel an Information gewesen sein, wenn Roosevelt an seiner Ablehnung und Fehleinschätzung der deutschen Opposition festgehalten hat. Aber, welches waren dann die Gründe?

Als wichtigstes Motiv für Roosevelts Verhalten wird meistens sein Bestreben angesehen, unter keinen Umständen den «Fehler» seines Vorgängers Wilson zu wiederholen. Dieser Fehler bestand nach Ansicht Roosevelts und seiner Umgebung darin, dass den Deutschen 1918 vor Ende der Kampfhandlungen Versprechungen gemacht wurden – die berühmten Vierzehn Punkte –, von denen sie nachher behaupten konnten, sie seien nicht eingehalten worden. Dieser «Wilson-Komplex» führte Roosevelt zu dem unabänderlichen Entschluss, keinerlei Zusagen an wen auch immer zu machen, um so völlig freie Hand für die kommende Gestaltung des Friedens zu behalten. Ein sinnvolles Gespräch mit der von seinem Abgesandten Dulles so eindringlich geschilderten Widerstandsbewegung konnte unter diesen Umständen natürlich nicht zustande kommen. So hat er auch einen Vorschlag des Oberkommandierenden Eisenhower vom April 1944 abgelehnt, als dieser anregte, man sollte den Deutschen eine mildere Behandlung zusagen, wenn sie die Waffen niederlegten. Schon gar nichts wissen wollte er von der Idee, eine Bewegung innerhalb des deutschen Offizierskorps zum Sturze Hitlers allenfalls zu begünstigen oder gar zu unterstützen. Roosevelt wollte, wie es ein amerikanischer Historiker formuliert hat, «unconditional surrender» und keinen «conditional negociated peace».

Als zweites wichtiges Motiv für Roosevelts (und auch Churchills) Haltung werden koalitionspolitische Rücksichten genannt, das heisst die Sorge um die Erhaltung der Kriegsallianz mit der Sowjetunion und die Angst vor einem deutsch-sowjetischen Sonderfrieden im Falle eines Zerwürfnisses zwischen den Westmächten und Stalin. Die Erinnerung an den August 1939 und den Hitler-Stalin-Pakt war noch frisch. Dazu kam eine Art von schlechtem Gewissen gegenüber Russland, das während drei Jahren die Hauptlast des Krieges gegen Nazideutschland zu tragen hatte, da die zweite Front im Westen immer wieder hinausgeschoben werden musste. Stalin tat natürlich alles, um diese Sorgen und Ängste seiner Verbündeten lebendig zu erhalten bis hin zu geheimen Sonderverhandlungen mit deutschen Abgesandten in Stockholm in den Jahren 1942 und 1943.

Es ist begreiflich, dass unter solchen Umständen alle Versuche der deutschen Opposition, einseitig mit den Westmächten zusammenzuarbeiten oder nur im Westen zu kapitulieren, dort den Verdacht erwecken mussten, es gehe den Deutschen nur darum, die Kriegsallianz mit der Sowjetunion zu spalten. Es galt aber in der Kriegspolitik der Westmächte geradezu als Axiom, eine solche Entwicklung unter allen Umständen zu verhindern. Man kann sich daher ungefähr vorstellen, wie ein Bericht von Allan W. Dulles, den er am 13. Juli 1944 abschickte, in Washington gewirkt haben muss, hiess es doch darin über die Ziele der deutschen Opposition: «Im Falle eines gelungenen Komplotts würde es wohl einen geordneten Rückzug im Westen geben, während gleichzeitig die besten Divisionen Deutschlands nach dem Osten geworfen würden, um dort die Grenze zu verteidigen.» Wen wundert's, dass selbst Eden die Abgesandten der deutschen Opposition verdächtigte, mit dem deutschen Geheimdienst unter einer Decke zu stecken oder mindestens mit dessen Kenntnis zu handeln – was ja auch der Fall war, allerdings in ganz anderem Sinne, als der britische Aussenminister sich das vorgestellt hat: Denn der Leiter des Abwehrdienstes, Admiral Canaris, befand sich bekanntlich auf seiten der Verschwörer. Ob die Reaktion des Westens bei voller Kenntnis dieser Zusammenhänge allerdings wesentlich anders ausgefallen wäre, ist dennoch zu bezweifeln. Insbesondere die Engländer hielten sich streng an die mit der Sowjetunion getroffenen Abmachungen, die bindend vorsahen, sich gegenseitig über Friedensfühler zu orientieren. (Dass sich das Foreign Office daran wesentlich gewissenhafter gehalten hat als Stalin, steht auf einem andern Blatt). Dass keiner der Bündnispartner separat über einen Waffenstillstand oder Friedensvertrag verhandeln durfte, war schon 1941 nach dem Überfall Hitlers auf die Sowjetunion vereinbart worden.

So empfindlich sich Stalin in allen koalitionspolitischen Angelegenheiten gab, in seiner Deutschlandpolitik nahm er kaum Rücksicht auf seine westlichen Alliierten. Die Verkündung der Formel von der bedingungslosen Kapitulation, der er zwar nach einigem Zögern beitrat, hat ihn nicht gehindert, grünes Licht für die Gründung einer Organisation, des «Nationalkomitee Freies Deutschland», zu geben, in der sich deutsche Exilkommunisten und gefangene deutsche Offiziere zusammenfanden und der man nun Versprechungen machte, die so ziemlich das Gegenteil von bedingungsloser Kapitulation beinhalteten. Während die Westmächte zur Freude des deutschen Propagandaministers verkündeten, keine mögliche deutsche Regierung hätte bessere Bedingungen zu erwarten als diejenige Hitlers, spielte Stalin ungeniert die Karten des nationalen Selbstbestimmungsrechts der Deutschen und der traditionellen deutsch-russischen Freundschaft aus. Besonders pikant war es, dass dem Nationalkomitee, in dem sich alle antifaschistischen Deutschen zusammenfinden sollten, von russischer Seite die schwarzweissrote Flagge als Emblem aufgezwungen wurde – also die deutschnationalen Farben an Stelle der von den Emigranten selbst gewünschten Flagge Schwarz-Rot-Gold. Diese Farben würden, so der Abgesandte Stalins, Manuilskij, an die Schwächen der Weimarer Republik erinnern, und sie wären deshalb kaum geeignet, bei den kriegsgefangenen Offizieren besondere Sympathien zu erwecken.

Wahrlich: Die Westmächte hätten wohl kaum ein schlechtes Gewissen zu haben brauchen, wenn sie analoge Kontakte mit deutschen Emigranten und Oppositionellen geknüpft hätten. Als der britische Aussenminister kurz nach der Gründung des «Nationalkomitees Freies Deutschland» durch die Sowjets im Juli 1943 während einer Unterhausdebatte auf diesen Sachverhalt angesprochen wurde, musste er zugeben, über diesen Vorgang vorher nicht informiert worden zu sein. Doch fügte er vorsorglich gleich hinzu, die Regierung Seiner Majestät beabsichtige nicht, eine ähnliche Bewegung ins Leben zu rufen. Immerhin zeigte man sich beunruhigt über die aussergewöhnliche Tatsache, dass es Moskau fertiggebracht hatte, deutsche Generale für seine Propaganda einzuspannen. Aber im Sinne einer Art von neuem Appeasement, diesmal nun gegenüber der Sowjetunion, glaubte man alle Verdachtsmomente zerstreuen zu müssen, dass man ähnliches im Schilde führen könnte.

Ein Jahr später, nach dem Attentat, gab man sich in London alle erdenkliche Mühe, den sowjetischen Verbündeten davon zu überzeugen, dass an all den Gerüchten nichts Wahres sei, wonach der Putsch im geheimen Einvernehmen mit den Engländern durchgeführt worden sei. Der sowjetische Botschafter war schon Anfang Juli wegen solcher dubioser Nachrichten argwöhnisch im Foreign Office, dem Aussenministerium, vorstellig geworden. Zwar hätten auch die Engländer Grund zum Argwohn gehabt, als in einem Appell von sechzehn in russische Kriegsgefangenschaft geratenen deutschen Generalen, der auch in der sowjetischen Presse veröffentlicht wurde, auf die Bedeutung guter deutsch-russischer Beziehungen in der Tradition Bismarcks hingewiesen wurde. Aber dieses Befremden über das russische Vorgehen war offensichtlich nur geeignet, die Beschwichtigungspolitik, der sich das Foreign Office verschworen hatte, noch zu verstärken. So erging am 23. Juli 1944 dann ein Rundschreiben an die britischen diplomatischen Vertretungen in den neutralen Ländern, in dem eine ernste Warnung vor Kontakten mit deutschen Friedensfühlern enthalten war. Doch damit sind wir schon bei den Reaktionen auf das Attentat selbst.

Eine Woche vor dem Attentat wurde der britische Premierminister im Unterhaus an sein Wort erinnert, dass die Deutschen am besten beraten wären, ihre Unterdrükker selbst zu stürzen. Obschon Churchill erklärte, nach wie vor zu diesem Wort zu stehen, fand er nach vollbrachter Tat nur ziemlich abschätzige Worte für das gescheiterte Unternehmen. In einer Unterhausdebatte, die zwei Wochen nach dem Attentat stattgefunden hat, sagte er, es handle sich dabei lediglich um Ausrottungskämpfe zwischen den höchsten Vertretern des Deutschen Reiches. («The highest personalities in the German Reich are murdering one another, or trying to ...») Deutsche Historiker haben dazu den Kommentar abgegeben, diese Worte bezeichneten «wohl den tiefsten Punkt in den stets von Unheil überschatteten Beziehungen zwischen der deutschen Opposition gegen Hitler und den Alliierten». Churchill habe gegen bessere Kenntnis gesprochen und sich den Parolen von Hitler und Goebbels angepasst, wie das übrigens auch in den USA der Fall gewesen sei. In der erwähnten Unterhausdebatte meinte der Labourabgeordnete und ehemalige Minister Greenwood übrigens, der Nationalsozialismus sei eine eklige und widerliche Sache, aber man sollte nicht vergessen, dass es weitgehend die «militärische Kaste» gewesen sei, die Hitler dorthin gebracht habe, wo er sich heute befinde.

Schon vorher hatte der britische Aussenminister Eden sich in ähnlichem Sinne geäussert. Hitler sei das eigentliche «Symbol des deutschen Angriffsgeistes», meinte er. «Wenn dieses Symbol verschwindet, muss immer noch der Geist ausgetilgt werden.» Man müsse diesmal sicher sein, dass jegliche Möglichkeit einer weiteren Aggression verschwinde. Man dürfe sich nicht der Illusion hingeben, dass nach dem Sieg über Hitler und seinen asiatischen Kriegspartner (Japan) der Weltfrieden gegenüber ihren Nachfolgern schon gesichert wäre. «Hitler bildet ein zu deutliches Symptom des deutschen Herrenvolkes, um uns auch nur einen Augenblick dieser Illusion hinzugeben.» Der britische Informationsminister erklärte vor ausländischen Journalisten, dass die von Stauffenberg benutzte Bombe sicher nicht aus England stamme; denn man wünsche überhaupt nicht, Hitler vor der Kapitulation ums Leben kommen zu sehen. «Wir haben alles Interesse daran, Hitler und seine Intuitionen uns bis Kriegsende zu erhalten.» Er gab zwar zu, dass ein Aufstand gegen Hitler den Krieg abkürzen könnte, bezweifelte aber, dass es dazu kommen werde. Und er fügte dann hinzu, die Kapitulation auf dem Schlachtfeld werde für jeden, der als Sprecher Deutschlands auftrete, unumgängliche Forderung bleiben.

Lord Vansittart, der schon zu den Zeiten der Appeasement Policy eine scharf antideutsche Linie verfolgt hatte, deutete den Attentatsversuch so, dass angesichts der drohenden Niederlage alles Menschenmögliche versucht werde, um zu retten, was noch zu retten sei. Die Aufrührer trachteten offenbar danach, eine Position aufrechtzuerhalten, von der aus sie später einen neuen Krieg beginnen könnten. Sie glaubten wohl, wenn sie versuchten, das nationalsozialistische System zu stürzen, würden die Alliierten geneigt sein, die Grausamkeiten zu vergessen, die seitens der deutschen Militärs begangen worden seien. Aber selbst wenn Hitler ermordet worden wäre, so würde sich das Problem nicht ändern, dem sich die Alliierten gegenübersehen, nämlich «die Ausrottung des deutschen Militarismus». Vansittart kam dann auf die Möglichkeit zu sprechen, dass es sich bei dem Attentatsversuch um eine Komödie gehandelt haben könnte – eine damals nicht nur in England, sondern auch im übrigen Ausland weitverbreitete These. Danach hätten irgendwelche «Supernazis» ein fingiertes Attentat auf den Führer inszeniert, um mit dieser Provokation ein schärferes Vorgehen gegen die unzufriedenen Elemente in der deutschen Wehrmacht und darüber hinaus rechtfertigen zu können.

Auch die englische Presse war ganz auf diese Töne abgestimmt. So schrieb die «Times» bereits kurz nach dem Attentat, welches auch immer die wahre Deutung der dramatischen Ereignisse in Deutschland sein möge, für die Alliierten gebe es nur eine Weisung, nämlich den militärischen Druck auf das Dritte Reich zu verstärken. Ganz grundsätzlich betonte dann die führende britische Zeitung, «dass die Rivalen der Machtstellung Hitlers nicht die Freunde der Alliierten sind.» Die «Herren Generale», die sich als Thronerben der Nazis proklamierten, täten dies nicht als «Vorkämpfer der Freiheit», sondern als «Vertreter des Militarismus», dem sie von jeher gedient hätten und den sie nun glaubten retten zu können. Sie verdankten ihre Karriere Hitler und seien nichts anderes als Emporkömmlinge des Nationalsozialismus. Ähnliche Töne schlug der «Manchester Guardian» an, wenn er schrieb, die Verschwörung der Generale bedeute wenig Gutes für die Zukunft des deutschen Volkes. Es seien dies die gleichen Männer, die sich der nationalsozialistischen Bewegung als Mittel zur Weltherrschaft bedienen wollten. Sie lehnten sich nicht gegen den Krieg auf, sondern nur gegen den Misserfolg. Sie wünschten nur, Deutschland weitere Verwüstungen zu ersparen, aber nur, damit es um so eher in der Lage sei, in zehn oder zwanzig Jahren einen neuen Krieg zu beginnen und ihn dann zu gewinnen. So sei es vielleicht besser, schlussfolgert die Zeitung, dass die Verschwörung fehlgeschlagen sei. Der «Daily Telegraph» liess verlauten, eine militärische Junta wäre genauso untragbar wie das jetzige politische Regime. Der «Daily Herald» ist nicht einmal interessiert daran, wer die Verschwörung inszeniert hat. Der Londoner Korrespondent einer Schweizer Zeitung berichtete zusammenfassend über die Stimmung in England, das Schicksal der frondierenden Generale lasse die britischen Beobachter kalt. Aus allen Kommentaren spreche die unbedingte Ablehnung einer Verständigung mit solchen Kräften.

Die deutsche Opposition gegen Hitler und das Attentat vom 20. Juli wurden nur unter einem Gesichtspunkt positiv beurteilt, in England wie in den USA: unter dem Gesichtspunkt einer Schwächung der deutschen Abwehrkraft und einer dadurch bedingten Abkürzung des Krieges, also unter rein machtpolitisch-militärischem Aspekt. Irgendeine Art von politischem Abkommen wurde überhaupt nie in Betracht gezogen, nicht einmal eine politische Konzession etwa im Sinne einer Milderung der Forderung auf bedingungslose Kapitulation. Als anlässlich einer internen Aussprache im Foreign Office im Mai 1944 die Möglichkeit einer Zusammenarbeit mit den Kommandierenden Generalen der deutschen Wehrmacht in Westeuropa immerhin erörtert wurde, kam man zum Schluss, dass deren allfällige Forderung auf Abschirmung Deutschlands gegenüber der Sowjetunion ein Preis wäre, den auch nur in Betracht zu ziehen völlig unmöglich sein würde.

Nach dem Attentat versicherte die britische Botschaft in Washington dem State Department, dass es für die Regierung Seiner Majestät natürlich nicht in Frage komme, deutschen Oppositionellen irgendwelche Versprechungen oder Ermutigungen zukommen zu lassen, noch gebe es für sie irgendwelche Gründe, vom Postulat der bedingungslosen Kapitulation abzurücken (7. August 1944).

Wie ein Memorandum des Foreign Office vom 11. September 1944 zeigt, war man in London dann aber doch beunruhigt über das Ausmass der Dezimierung der konservativen Führungsschicht Deutschlands durch den grausamen Rachefeldzug Hitlers und seiner Schergen, und man stellte sich die Frage, ob Deutschland auf dem Weg zum Kommunismus sei. Die westlich Gesinnten («the western school of thought») verlören an Boden nicht nur als Folge der Säuberungswelle nach dem

Scheitern des Attentats, sondern auch wegen des Eindrucks, dass der Westen viel stärker auf bedingungsloser Kapitulation bestehe als der Osten. Man sollte sich daher der Erkenntnis nicht verschliessen, dass eine starke Tendenz auch in nichtkommunistischen Kreisen bestehe, «to look to the Soviet Union rather than to the West for support and guidance». Aber noch hatte man weniger Sorge vor einem kommunistischen Deutschland als vor einem neuen «Rapallo», einem erneuten Zusammengehen zwischen einem besiegten und gedemütigten Reich und Moskau.

Die Kommentare der amerikanischen Presse unterschieden sich nicht grundsätzlich von denen der britischen. Der Tenor ist durch die immer wieder repetierte Feststellung bestimmt, dass die Forderung nach bedingungsloser Kapitulation gegenüber jedem möglichen Verhandlungspartner der anderen Seite aufrechterhalten werden müsse. So schrieb die «New York Times» etwa, um Frieden in Europa zu erlangen, müssten sich die Alliierten sowohl Hitlers wie der deutschen Offiziere entledigen. Auch hier kehrt der Verdacht wieder, die putschenden Generale versuchten nur, zum Zwecke eines späteren Krieges zu retten, was noch zu retten sei. Sie versuchten auch, der gerechten Strafe für ihre kollektiven Sünden zu entgehen, indem sie ihren Führer umbringen wollten. Doch die Nazis und die Generale hätten letztlich dieselben Ziele. Aus der heutigen Situation gehe hervor, schrieb die Zeitung eine Woche nach dem Attentat, dass das deutsche Offizierskorps zersplittert sei und Hitler die Armee fester denn je in den Händen habe. Man könne keine Hoffnung mehr hegen, dass die Armee mit Hitler ein Ende mache. Doch sei dies recht so. Die Alliierten würden die Deutschen auf dem Schlachtfeld schlagen, und Hitler und seine Partei würden die Verantwortung jetzt allein tragen, was mithelfen werde, den Glauben der Deutschen an den Nationalsozialismus so gründlich zu vernichten, wie ihr Glaube an das Kaiserreich seinerzeit vernichtet worden sei (!). Für diese Ziele seien die Alliierten auch bereit, den Sieg noch etwas teurer zu bezahlen.

Die andere New Yorker Zeitung von internationalem Ansehen, die «Herald Tribune», schlug noch radikalere Töne an. «Amerikaner werden im allgemeinen nicht bedauern», so schrieb sie, «dass die Bombe Hitler verschont hat, auf dass er seine Generale erledige. Amerikaner haben nichts übrig für Aristokraten als solche und am wenigsten für diejenigen, die dem Gleichschritt huldigen und, wenn es in ihre Pläne passt, mit niedriggeborenen, pöbelverbundenen Gefreiten zusammengehen. Mögen die Generale die Gefreiten töten oder umgekehrt, am liebsten beides.»

Auch von Regierungsseite tönte es ähnlich. Der amerikanische Aussenminister Cordell Hull erklärte in einer Pressekonferenz, die jüngsten innerdeutschen Ereignisse seien Beweis dafür, dass in Deutschland immer mehr die Erkenntnis von der bevorstehenden Niederlage zum Durchbruch komme. Kriegsminister Henry L. Stimson warnte die Amerikaner vor dem Glauben, man könne von den Junkergeneralen etwas Gutes erwarten. Zwar sei ihr Aufstand gegen Hitler zu begrüssen, aber der Geist der Junker und Generale sei den Alliierten nicht weniger zuwider als Hitler selbst.

Solche Urteile scheinen der öffentlichen Meinung in den USA voll und ganz entsprochen zu haben. Aus Publikumsumfragen, wie sie in Amerika schon damals, vor allem durch das berühmte Gallup-Institut, durchgeführt wurden, weiss man, dass eine überwältigende Mehrheit der Bevölkerung die Forderung nach bedingungsloser Kapitulation und anschliessender vollständiger Besetzung Deutschlands billigte. Als im Juni 1944 die Frage gestellt wurde, ob die Alliierten mit der deutschen Wehrmacht verhandeln sollten, falls diese Hitler stürzen würde, antworteten nur 37 Prozent positiv, dagegen 54 Prozent negativ. Als dieselbe Frage kurz nach dem Scheitern des Attentats gegen Hitler wieder gestellt wurde, stieg die Zahl der ablehnenden Stimmen gar auf 64 Prozent. Was man von der Aussagekraft solcher Umfragen auch immer halten will, sie waren geeignet, die amerikanische Regierung in ihrer konsequent ablehnenden Haltung gegenüber jeglicher deutschen Opposition nur zu bestärken.

Man muss zu dem Schlussurteil kommen, dass in den USA keine Neigung bestand, mit Oppositionsgruppen innerhalb Deutschlands oder mit exilierten deutschen Politikern in engeren Kontakt zu kommen oder gar mit ihnen über Friedensprobleme zu reden oder zu verhandeln. An dieser Haltung änderte sich durch das Attentat vom 20. Juli 1944 nichts. Gleich wie in britischen hatte man auch in amerikanischen Regierungskreisen keine sehr hohe Meinung vom deutschen Widerstand gegen Hitler, obschon gerade die Amerikaner über Pläne und Absichten dieses Widerstandes bestens informiert waren. Man fürchtete wie in England, dass die Machenschaften der deutschen Opposition nur geeignet sein könnten, das Verhältnis der Westmächte zum grossen Verbündeten im Osten zu trüben, den man nicht nur für eine siegreiche Beendigung des Krieges – auch gegen Japan! – zu brauchen glaubte, sondern ebenso für eine gemeinsame Bewältigung der Nachkriegsprobleme, unter denen die Niederwerfung und Niederhaltung des deutschen und japanischen Militarismus einen hervorragenden Platz einnahmen. Die herrschende politische Elite in den USA ging bei ihren Vorstellungen und Plänen für die Nachkriegszeit von einer amerikanisch-sowjetischen Partnerschaft aus. Diesem Primärziel der amerikanischen Kriegspolitik hatte sich alles andere unterzuordnen, insbesondere auch die Politik gegenüber Deutschland.

Im Gegensatz zu den westlichen Reaktionen war das Echo aus Moskau auf das misslungene Attentat zunächst erstaunlich positiv. Bereits unmittelbar nach der Tat erschien in der Regierungszeitung «Iswestija» ein Kommentar aus der Feder des Europaberichterstatters der Agentur Tass, N. Bodrow, so dass man von einer praktisch offiziellen Stellungnahme sprechen kann. Darin wird ausgeführt, die Auftritte der Naziführer hätten enthüllt, dass der Anschlag auf Hitler keineswegs eine Einzelaktion gewesen sei, sondern vielmehr Glied einer breiten militärischen Verschwörung von Offizieren, die anscheinend klare politische Ziele anstrebe. Es gehe nicht nur um einen organisierten Kern, sondern um eine weitverzweigte Verschwörerorganisation. Die eingeleiteten Massnahmen, insbesondere die Betrauung Himmlers mit dem Kommando der «inneren Armee», bewiesen deutlich, dass die Ereignisse in Deutschland den Charakter einer heftigen inneren Auseinandersetzung angenommen hätten. Es sei klar ersichtlich, dass Deutschland unter dem Zeichen einer aufgebrochenen politischen Krise lebe. Nicht nur mehr weitsichtigen politischen Führern, sondern auch einer Reihe von Offizieren sei jetzt klar, dass Hitler Deutschland in eine Sackgasse geführt habe. Unabhängig davon, ob es Hitler gelinge, dieses Mal den Aufstand noch niederzuschlagen, könne man feststellen, dass in Deutschland eine neue umfassende Bewegung im Hitlerschen Apparat selbst entstanden sei. Weiter wird betont, dass die Verschwörung tief verwurzelt sei. Das deutsche Offizierskorps sei in einen dem Regime treuergebenen Teil und in einen ihm feindlich gesinnten aufgespalten. Altgediente Offiziere hätten erkannt, dass Hitler den Krieg endgültig verloren habe und Deutschland in den Untergang führe. Deshalb hätten sie die Liquidierung Hitlers und seines Regimes beschlossen. Dieses sei durch die Ereignisse bis auf den Grund erschüttert worden. Zum Schluss wird der bestimmten Erwartung Ausdruck gegeben, dass bald ein riesiger Aufstand gegen das Regime losbrechen werde, wodurch der Zusammenbruch von Hitlers Armee und Staat beschleunigt würde. Soweit die Artikel aus «Iswestija».

Ilja Ehrenburg veröffentlichte allerdings gleichzeitig einen Artikel in der Armeezeitung «Roter Stern», der in klarem Gegensatz zum vorigen steht und praktisch ganz auf der «westlichen» Linie argumentiert: Nicht rebellierende deutsche Generale würden das Dritte Reich in die Knie zwingen, sondern die alliierten Armeen in Ost, West und Süd. «Wir sind auch nicht geneigt», schrieb der sowjetische Schriftsteller, «die Verschwörung einer selbst grösseren Zahl deutscher Generale mit einer grossen Volksbewegung zu verwechseln.» Es sei notwendig, die Vorgänge in Deutschland genau zu beobachten und zu ermitteln, «in welchem Umfang das deutsche Volk selbst sich gegen seine jetzige Führung auflehnt.» Bei aller Objektivität vermöge man nur festzustellen, «dass es in Deutschland Millionen gibt, die unfähig sind, zu denken und zu fühlen». Stumpfheit und Feigheit seien nicht wegzuleugnende Massenerscheinungen. Das müsse mit aller Deutlichkeit zum Ausdruck gebracht werden, damit nicht falsche Hoffnungen bei den Alliierten erweckt würden. Eine klare Entscheidung könne nur auf dem Schlachtfeld fallen. Zum Schluss begrüsst Ehrenburg ausdrücklich, dass die «Vorsehung» Hitler vor dem Bombenanschlag gerettet habe. «Es ist für die Weltgeschichte notwendig, dass der Führer selbst noch Zeuge des endgültigen Zusammenbruchs des Dritten Reiches wird.»

Bedeuten diese grundsätzlichen Darstellungen, beide an hervorragender Stelle publiziert, dass Moskau in seiner Beurteilung des Attentats und seiner Urheber unsicher gewesen ist oder zweigleisig gefahren ist? Jedenfalls ist die ursprünglich positive Würdigung, wie sie von «Tass» verbreitet wurde, mit der Zeit einer immer kritischeren Haltung gewichen, von der eigentlich nur der Kreis um Stauffenberg stets ausgenommen wurde, während Oppositionsgruppen wie der «Kreisauer Kreis» und die Leute um Goerdeler äusserst negativ beurteilt wurden, indem man sie mit Ausdrücken wie «reaktionär, imperialistisch, antisowjetisch», ja sogar «faschistisch» zu belegen begann.

Zunächst aber wurde es auch dem «Nationalkomitee Freies Deutschland» gestattet, sich in positiver Weise zum Attentat vernehmen zu lassen. Mehrere Appelle wurden von gefangenen deutschen Offizieren über den Äther verlesen. Darin heisst es unter anderem: «Wir werden die Bewegung mit allem unterstützen, was in unserer Macht steht.» Unter Berufung auf Ulrich von Hutten, «einen der vornehmsten Freiheitskämpfer Deutschlands», werden die deutschen Truppen ermahnt, Gruppen von «freien Deutschen» in der Wehrmacht zu bilden. «Wenn alle Feinde Hitlers sich derart als wahre Deutsche erweisen, werden sie darüber staunen, wie zahlreich und stark sie selber sind und wie klein und elend die Schänder unseres Volkes erscheinen.» In einem andern Appell ist von der «Befreiungsbewegung in Deutschland» die Rede, die immer noch am Leben sei und grosse Gefolgschaft in allen Volksschichten habe (was offensichtlich nicht der Fall gewesen ist). Am 8. August 1944 erliess Generalfeldmarschall Paulus einen Aufruf, in dem er sich nun offen Hitler entgegenstellte. Deutschland müsse sich von Hitler lossagen, hiess es da, und sich eine neue Staatsführung geben, die den Krieg beende.

Es ist sehr aufschlussreich, dass durch diese Aktivitäten des sowjetfreundlichen deutschen Nationalkomitees das gaullistische Frankreich am meisten aufgeschreckt worden zu sein scheint. De Gaulle musste solche Wiederbelebungsversuche deutsch-russischer Freundschaft nach dem Modell Bismarcks um so mehr als Herausforderung empfinden, als er ja selbst die Absicht hegte, die Grossmachtstellung Frankreichs nicht zuletzt durch solchen Rückgriff auf die diplomatische Konstellation der Zeit vor 1914, hier des französisch-russichen Bündnisses, wiederherzustellen. Im übrigen reagierten die Anhänger de Gaulles auf das Attentat vom 20. Juli auf der allgemeinen Linie der westlichen Alliierten, wobei besonders hervorgehoben wurde, dass die Vertreter des junkerlich-preussischen Militarismus, die jetzt gegen Hitler geputscht hätten, die Deutschen in Frankreich lange vor den Nationalsozialisten unbeliebt gemacht hätten. Ja, Potsdam sei den Franzosen noch mehr das Symbol des sie bedrohenden Deutschlands gewesen als selbst Berchtesgaden.

Was Vichy-Frankreich anbetrifft, so berichtete der schweizerische Gesandte in einer Depesche vom 26. Juli, Pétain habe bei der Kunde vom missglückten Attentat spontan geäussert: «C'est dommage.» Als der deutsche Gesandte von ihm verlangt habe, ein bereits ausgefertigtes, äusserst devot gehaltenes Glückwunschtelegramm an Hitler zu senden, habe sich der greise Marschall hartnäckig geweigert. Man habe schliesslich einen Ausweg gefunden, indem Pétain den Chef seines Militärkabinetts zum deutschen Botschafter geschickt habe, um diesem zu erklären, er missbillige das Attentat und begrüsse es, dass Hitler heil davongekommen sei. Dafür habe der Ministerpräsident Laval sofort das obligate Ergebenheitstelegramm geschickt. Bei den bekannt engen Beziehungen, die der schweizerische Gesandte Stucki zum Präsidenten von Vichy-Frankreich pflegte, kann diesen Informationen zweifellos höchster Wahrheitsgehalt zugebilligt werden.

Wenn wir die Reaktionen der Schweizer Presse mit denjenigen der angelsächsischen vergleichen, so fällt sofort auf, wie sie wesentlich differenzierter ausfallen. Dabei lassen sich allerdings die schweizerischen Pressestimmen viel weniger über einen Leisten schlagen als diejenigen der kriegführenden Länder, die ganz offensichtlich der Wirkung der eigenen Kriegspropaganda ihren Tribut zollen mussten. Die bürgerlichen Blätter nehmen im allgemeinen nicht eine vorschnelle Identifizierung von Preussentum oder preussischer Offizierstradition und Nationalsozialismus vor – im Gegenteil. Sie betonen die unterschiedlichen, ja gegensätzlichen Gedankenwelten, die beide verkörpern, ohne dabei zu übersehen, welchen Anteil der sogenannte preussische Militarismus am machtpolitischen Aufstieg Hitlerdeutschlands gehabt hat.

Die deutsche Generalität und das Offizierskorps im allgemeinen hätten den Nationalsozialimus ursprünglich als ein Mittel zum Zweck betrachtet, schrieb die «Neue Zürcher Zeitung», als brauchbares Werkzeug für ihre eigenen Pläne. Aber den politischen Institutionen und dem allgemeinen Zuschnitt des Dritten Reiches hätten sie keine übertriebenen Sympathien entgegengebracht. Unter den älteren Jahrgängen des höheren Offizierskorps seien die leidenschaftlichen Bewunderer des Nationalsozialismus auf jeden Fall weit seltener gewesen als seine nüchternen Nutzniesser. Aber die Indifferenz, die die alte Generalität dem politischen Phänomen des

Nationalsozialismus gegenüber bekundet und mit der sie die schrankenlose Parteiherrschaft geduldet habe, habe sich nun an ihr selbst gerächt. Das Offizierskorps alter Schule habe sich zwar auf seine selbständige Tradition und Erfahrung besonnen und sei mit dem Gedanken umgegangen, «angesichts der drohenden Niederlage Deutschlands ohne Rücksicht auf die Interessen des Nationalsozialismus einen rettenden Ausweg zu suchen». Jetzt aber stosse die Partei die preussisch-deutsche Militärkaste, die sie einst mit Ehren überhäuft und mit geschichtlich beispiellosen Mitteln ausgestattet habe, rücksichtslos in den Abgrund.

Das Gerede von der «kleinen erbärmlichen Clique» wird der nationalsozialistischen Propaganda schon sehr bald nicht mehr abgenommen. Die Kunde vom Tod von Generaloberst Beck lässt aufhorchen. Der ehemalige deutsche Generalstabchef hat in eingeweihten Kreisen einen Ruf, der dem undurchsichtigen Vorgang sozusagen automatisch eine andere Qualität zu geben vermag. Man erinnert daran, dass er offensichtlich wegen seines Widerstandes gegen Hitlers beabsichtigte Aggressionspolitik bereits 1938 den Abschied genommen hat. Wie überhaupt praktisch überall auf die tiefgehenden Wurzeln des Attentats im gespannten Verhältnis zwischen Partei und Wehrmacht hingewiesen wird, wobei die Zerwürfnisse Hitlers mit zahlreichen Heerführern im Verlaufe der Kriegsjahre aufgelistet werden. Das «Journal de Genève» meint, die Aktion der Offiziere sei nicht durch Ambition diktiert gewesen, sondern durch Sorge über die militärische Lage. Die Verschwörer hätten den Zusammenbruch der Armee durch Beendigung der Feindseligkeiten aufzuhalten versucht. Da sie die Methoden von SS und Gestapo nicht billigten, wollten sie sich vom Regime trennen, das sie allerdings stillschweigend akzeptiert hätten, als die Dinge noch gutgingen. Jetzt aber erscheine ihnen das Regime schädlich für die Dauerinteressen Deutschlands. Es folgt dann der Vergleich mit Frankreich vor dem Thermidor (1794). Auch der Vergleich mit Tauroggen 1812 wird häufig gezogen, wobei der Name des Mitverschwörers Yorck von Wartenburg zitiert wird. Es wird aber auch festgestellt, dass ein Umsturz, an dem nicht die Arbeiterklasse oder ein Grossteil der Wehrmacht teilnehme, zum Scheitern verurteilt sei. Das Komplott habe nicht reüssieren können, weil die allgemeinen Bedingungen für eine Revolte in Deutschland nicht existierten.

Die «Gazette de Lausanne» betont ebenfalls, dass nicht eine «Clique» das Attentat ausgeführt habe, sondern hohe Offiziere, die das letzte Mittel angewandt hätten, weil sie die Situation nur allzu gut kannten. Die Zeitung vergleicht das Attentat mit demjenigen gegen den russischen Zaren Alexander II. im Jahre 1881, weil auch damals eine Verschärfung der Repression die Folge gewesen sei. Die sozialdemokratische «Berner Tagwacht» vertritt die Auffassung, es sei gut, dass das Attentat gescheitert sei, weil sonst eine neue Dolchstosslegende entstanden wäre – auch dies ein Thema, das in vielen Variationen abgehandelt wird. Die gleiche Zeitung meinte nach der Vollstreckung des Todesurteils gegen Witzleben und die anderen Offiziere, die nationalsozialistische Partei habe dem deutschen Offizierskorps eine Beleidigung zugefügt, «wie es sie noch nie in seiner ereignisreichen Geschichte erfahren musste» – ein Urteil, das allgemein geteilt wird. Die Basler «National-Zeitung» schreibt von der «Tragödie des deutschen Offizierstandes» und vergleicht das Vorgehen Hitlers mit dem grossen Prozess Stalins gegen Tuchatschewski, ein Vergleich, der insofern zugunsten des sowjetischen Diktators ausfällt, als die verurteilten russischen Offiziere füsiliert und nicht erhängt worden sind. Die Zeitung meint, dass es der Fehler der Offiziere gewesen sei, nicht zehn Jahre früher entschlossener gehandelt zu haben, wie überhaupt der Vergleich mit dem Röhm-Putsch oft gebracht wird. Ein Goerdeler als Reichskanzler, meint dieselbe Zeitung, reime sich schlecht zusammen mit der «kleinen Generalsclique».

Als geradezu hervorragend informiert erwies sich, wie aus bisher unveröffentlichten Akten des schweizerischen Aussenministeriums hervorgeht, die damalige Gesandtschaft der Schweiz in Berlin. Nachdem eine Woche vor dem Attentat nach Bern berichtet worden war, dass ein solches unmittelbar bevorstehe, war der schweizerische Militärattaché bereits einen Tag nach der Aktion in der Lage, über deren Planung und Durchführung sowie über den innersten Kreis der beteiligten Personen genaueste Auskunft zu geben – zu einem Zeitpunkt, als Regierungen anderer Länder geschweige denn die Medien noch tage-, ja wochenlang im dunkeln tappten. So heisst es in dem Bericht vom 21. Juli, die Durchführung des Putsches hätte in zwei Phasen ablaufen sollen, nämlich zuerst Sturz der Regierung im Innern und anschliessend Kapitulation des Westheeres, also sozusagen innenpolitische Revolution in einer ersten und aussenpolitische Kehrtwendung in der zweiten Phase. Im Zentrum der Verschwörung seien die Generale Beck, von Witzleben, Hoepner und Olbricht gestanden, die gesamten Vorbereitungen seien durch den Chef des Stabes von Generaloberst Fromm, Oberst Graf Stauffenberg, geleitet worden. Auch die Marschälle Kluge und Rommel hätten zu den eingeweihten Personen gehört. Wenn die Taktik des Propagandaministeriums darin bestehe, das Komplott als Tat eines ganz kleinen Kreises erscheinen zu lassen, so sei erwiesen, dass es Verbindungen in weiten Kreisen nicht nur von Offizieren, sondern auch von Zivilisten gehabt habe.

Erstaunlich ist auch, wie genau der Vertreter der Schweiz über die Verhandlungen vor Freislers Volksgerichtshof unterrichtet ist, die vor einem begrenzten, von den Behörden ausgewählten und zum Schweigen verpflichteten «Publikum» stattfanden. So wendet er sich in einem Bericht vom 18. August ausdrücklich gegen die von der nationalsozialistischen Propaganda verbreitete Version, wonach die Angeklagten einen erbärmlichen Eindruck gemacht und sich als Feiglinge benommen hätten. «Es liegt mir daran, vorauszuschicken», heisst es da, «dass die in grosser Aufmachung in der deutschen Presse erschienene Berichterstattung über die Verhandlungen vor dem Volksgerichtshof gegen Generalfeldmarschall von Witzleben und Mitangeklagte sachlich unrichtig ist. Sämtliche Angeklagten, die wohl wussten, dass der Ausgang des Prozesses nicht zweifelhaft war, bewahrten Ruhe und Würde. Sie standen nicht als Feiglinge und Lügner vor ihren Richtern ...»

Der schweizerische Diplomat widerlegt dann an gezielten Beispielen die nationalsozialistische Berichterstattung. Weiter schreibt er, «dass die Anführer des Attentats alle ohne Ausnahme bei jeder Gelegenheit versuchten, die Beweggründe zu schildern, die sie zu ihrer Tat veranlassten, und klarzumachen, dass das Verbleiben des Führers in der obersten Heeres- und Reichsleitung Deutschlands Unglück darstelle». Aber alle diese Versuche seien von Freisler unter gröbsten Beschimpfungen unterdrückt worden.

Aufschlussreich ist ferner die Feststellung des Diplomaten, dass die Berichterstattung über den geheimen «Schauprozess» in der Bevölkerung offensichtlich nicht den gewünschten Eindruck hervorgerufen habe, so dass beschlossen worden sei, die weiteren Prozesse ohne jegliches Aufsehen abzuwickeln. «Gleich niederschmetternd war der Eindruck des Prozesses und besonders die gewählte Hinrichtungsart bei den hiesigen diplomatischen Kreisen. Merkwürdigerweise zeigten sich die Vertreter der japanischen Botschaft und thailändischen Gesandtschaft wie auch die Vertreter Kroatiens, der Slowakei und Ungarns besonders empfindlich berührt.» Also nicht einmal bei den Repräsentanten der wenigen noch existierenden befreundeten Regierungen fand Hitlers Rachefeldzug Verständnis! Die Tendenz des Reichspropagandaministeriums gehe dahin, «den Nachweis zu leisten, die Verschwörer hätten einzig mit Moskau in Verbindung gestanden und beabsichtigt, das Reich dem Bolschewismus auszuliefern». Beziehungen zu den Engländern und Amerikanern sollten nach Möglichkeit verschwiegen werden, damit die Massnahmen des Regimes als Errettung vor einer Bolschewisierung Deutschlands dargestellt und gerechtfertigt werden könnten.

Zusammenfassend kann über die Reaktionen in der neutralen Schweiz gesagt werden, dass sie sich bei aller Vielfalt der Meinungen um abgewogenere Urteile bemühten als diejenigen in den alliierten Ländern, was sich indessen leicht aus der unterschiedlichen Lage erklärt, in der sich Neutrale und Kriegführende befanden. Insbesondere versuchen manche Zeitungen, den Verschwörern Gerechtigkeit widerfahren zu lassen, ohne dass sie allerdings über die wahren Motive ihrer Tat viel Konkretes auszusagen vermöchten. Wenn in dieser Beziehung die Berichte der schweizerischen Gesandtschaft wesentlich ergiebiger sind, dann ist dies darauf zurückzuführen, dass die diplomatische Vertretung über Verbindungen und damit Informationen verfügte, die höchster Geheimhaltungsstufe unterlagen und der Öffentlichkeit damit unzugänglich waren.

Ein historisch gerechtes Urteil über die deutsche Opposition gegen Hitler und ihre Verzweiflungstat vom 20. Juli 1944 wurde erst möglich, als sich der Pulverdampf des Krieges verzog und damit den Blick freigab für eine unvoreingenommene Betrachtung der Dinge. Dann konnte auch ein Winston Churchill, der grimmig-entschlossene Gegner aus der Kriegszeit, erklären: «In Deutschland lebte eine Opposition, die durch ihre Opfer und eine entnervende internationale Politik immer schwächer wurde, aber zu dem Edelsten und Grössten gehört, was in der politischen Geschichte aller Völker je hervorgebracht wurde. Diese Männer kämpften ohne eine Hilfe von innen oder von aussen – einzig getrieben von der Unruhe ihres Gewissens ...»

1984

Neutralität im totalen Krieg

Wie übel neutralen Staaten im Zweiten Weltkrieg, dem ersten wirklich totalen Krieg, mitgespielt wurde, das zeigt bereits eine kurze Übersicht. Eine ganze Reihe von meistens kleineren Staaten fiel dem Expansionswillen totalitärer Mächte, nicht nur des nationalsozialistischen Deutschland, sondern auch des bolschewistischen Russland, zum Opfer, obschon sie feierlich ihre Neutralität proklamiert oder gar in Staatsgrundgesetzen niedergelegt hatten. Der grösste Sünder war selbstverständlich Hitlerdeutschland, das nacheinander Dänemark, Norwegen, Holland, Belgien und Luxemburg überfiel, währenddem die Sowjetunion, praktisch im Einvernehmen mit Deutschland, sich die drei baltischen Staaten einverleibte, aber auch Finnland mit Krieg überzog. Innerhalb weniger Monate – von April bis August 1940 – verloren damit acht Staaten, die versucht hatten, sich durch Neutralität aus dem Kriegsgeschehen herauszuhalten, ihre Unabhängigkeit oder gar ihre nationale Existenz. Ein schlimmeres «Neutralensterben» hatte es in der Geschichte noch nicht gegeben. Es erhebt sich natürlich die Frage nach den Ursachen für eine solche katastrophale Entwicklung, die dem Neutralitätsprinzip als Maxime der Unabhängigkeit und Staatserhaltung schon gleich zu Beginn des Krieges fast jede Überlebenschance raubte. Die Sowjetführung stellte denn auch bereits am 16. Mai 1940 lakonisch fest: «Die letzten Kriegsereignisse haben wiederholt gezeigt, dass die Neutralität der kleinen Staaten, die nicht entsprechende Kraft zu ihrer Erhaltung besitzen, nur reine Phantasie ist. Für das Weiterbestehen der Neutralität und der Unabhängigkeit der kleinen Länder bleibt daher nur wenig Aussicht übrig.»[1] Natürlich war dies in erster Linie im Hinblick auf das von den Sowjets den baltischen Staaten zugedachte Schicksal gesagt. Drei Monate später verloren sie denn auch definitiv ihre Unabhängigkeit und nationale Existenz.

Trotzdem gelang es einigen wenigen europäischen Staaten, während dieses schlimmsten aller bisherigen Kriege ihre Neutralität und damit Unabhängigkeit zu bewahren, wenn auch in sehr unterschiedlichem und in keinem Falle uneingeschränktem Ausmasse. Dabei ist es bezeichnend, dass es sich grösstenteils um geographisch peripher gelegene Staaten handelte wie Schweden im Nordosten, Irland im äussersten Westen, Portugal im Südwesten und die Türkei im äussersten Südosten des europäischen Kontinents. Es liegt von vorneherein nahe, dass die geographische oder auch geopolitische Lage dieser Staaten eine wesentliche Rolle bei der Aufrechterhaltung ihrer Neutralität gespielt hat. Eine deutliche Ausnahmestellung nimmt die Schweiz ein: sie befand sich im Epizentrum des kriegerischen

Geschehens, zum mindesten in dessen erster Phase, grenzte an das mächtige und schliesslich zur absoluten Hegemonialmacht aufsteigende Dritte Reich und war schliesslich während vier Jahren völlig von einer Kriegspartei, den Achsenmächten, eingeschlossen. Sie war zudem das einzige Land unter den verbliebenen Neutralen, das keinen Zugang zur See hatte, wenn auch hinzugefügt werden muss, dass von den übrigen Neutralen nur zwei ans offene Meer grenzten, nämlich Irland und Portugal, auch Spanien, das allerdings nur sehr bedingt und nur für die zweite Phase des Krieges als neutral bezeichnet werden kann. Auch hier stellt sich die Frage nach den Gründen, die es einigen Staaten erlaubt haben, sich aus dem totalen Kriegsgeschehen herauszuhalten und ihre Neutralität mehr oder weniger erfolgreich zu verteidigen. Jedenfalls erfüllte sich das ominöse Wort der Kremlführung über die geringe Aussicht für das Überleben neutraler Kleinstaaten in diesen Fällen nicht.

Eine vergleichende Betrachtung des Schicksals der neutralen Staaten im Zweiten Weltkrieg, eine Herausarbeitung allfälliger Gemeinsamkeiten, aber auch Unterschiede, war sozusagen ein Desideratum der Wissenschaft. Es entsprach daher zweifellos einem internationalen Bedürfnis, wenn im September 1983 an den Universitäten von Neuenburg und Bern eine wissenschaftliche Tagung mit dem Titel «Die neutralen Staaten Europas und der Zweite Weltkrieg» durchgeführt wurde. Ausgegangen wurde im ersten Teil der Tagung von der Schweiz, die als einziges europäisches Binnenland während des ganzen Krieges die Neutralität behaupten konnte. Sodann wurde durch Wissenschaftler aus den betreffenden Ländern die unterschiedlich gehandhabte Neutralität folgender Staaten aufgezeigt: Schweden, Irland, Portugal, Spanien und Türkei. Die Tagung beschäftigte sich aber auch mit solchen Ländern, deren Neutralität durch kriegführende Mächte nicht respektiert wurde. Zu diesen zählen Dänemark und Norwegen, Holland, Belgien und Luxemburg, die baltischen Staaten und Finnland sowie Staaten Südosteuropas. Schliesslich behandelten Historiker aus den ehemaligen kriegführenden Grossmächten deren Haltung gegenüber Neutralität und neutralen Staaten. Hier kamen zu Wort Deutschland und Italien, Frankreich, Grossbritannien und die USA, während in Ermangelung eines Vertreters aus der Sowjetunion deren Sicht durch einen schweizerischen Völkerrechtler übernommen werden musste.

Es sollen nun im Folgenden einige Erkenntnisse dieser wissenschaftlichen Tagung wiedergegeben werden, wobei es sich natürlich angesichts des zur Verfügung stehenden Platzes nur um eine Auswahl handeln kann. Dabei wollen wir das Schwergewicht unserer Darlegungen auf die Haltung der kriegführenden Grossmächte gegenüber den neutralen Staaten legen. Wir werden uns allerdings gestatten, auch Erkenntnisse aus andern wissenschaftlichen Arbeiten heranzuziehen. Ferner wollen wir uns bemühen, nicht allzuviel bereits Bekanntes zu wiederholen, was unter anderem bedeuten wird, dass wir uns weniger mit der schweizerischen Problematik beschäftigen werden als mit derjenigen anderer neutraler Staaten, deren Schicksale hierzulande weniger bekannt sein dürften.

Es wird oft übersehen, dass die Rückkehr der Schweiz zur sogenannten «integralen Neutralität» im Jahre 1938 keineswegs eine so singuläre Aktion gewesen ist, wie es einer gelegentlich etwas helvetozentrischen Betrachtung erscheinen möchte. Vielmehr gehört dieses Ereignis, das Bundesrat Motta «als grosses Datum in der Geschichte des Landes» verstanden wissen wollte, in den allgemeinen Rahmen einer regelrechten «Los-von-Genf-Bewegung» zahlreicher kleinerer Staaten Europas. Als Wendepunkt kann man unschwer das Versagen des Völkerbundes bzw. seiner Sanktionsmaschinerie im Falle des Abessinienkrieges, aber auch die veränderte machtpolitische Lage in Europa durch die Bildung einer Antivölkerbundsfront ausmachen. Für die westeuropäischen Kleinstaaten spielte zudem die damit aufs engste verflochtene Remilitarisierung des Rheinlandes und damit der Zusammenbruch des Sicherheitssystems von Locarno eine entscheidende Rolle.[2] Die beiden Westmächte, die sich ja als Vormächte der Völkerbundspolitik verstanden, versagten 1935/36 somit gleich auf zwei Ebenen: in der Politik der kollektiven Sicherheit im Rahmen des Völkerbundes gegenüber Italien und in der Wahrnehmung ihrer sicherheitspolitischen Interessen gegenüber der flagranten Verletzung des Locarnovertrags durch das nationalsozialistische Deutschland. Diese doppelte Ernüchterung veranlasste die europäischen Kleinstaaten, ihre bislang auf die kollektive Sicherheit abgestützten aussenpolitischen Konzeptionen einer grundsätzlichen Revision zu unterziehen.

So entschieden sich die Länder der sogenannten Oslogruppe, zu der nicht nur die skandinavischen Länder gehörten, sondern auch Holland, Belgien und Luxemburg, als Folge der geschilderten Ereignisse von 1935/36, «they would reserve the right to obey or disobey a call of sanctions».[3] Schrittweise distanzierten sich diese Länder von ihren Völkerbundsverpflichtungen, je deutlicher die Schwäche der Genfer Liga zutage trat. Als der britische Premierminister Chamberlain in einer Unterhausrede vom Februar 1938 ganz offen erklärte, es käme einer Irreführung der kleineren Nationen gleich, wenn man sie glauben machte, der Völkerbund könne sie vor Angriffen schützen, da war kein Halten mehr. Nicht nur der schweizerische Bundesrat sah in diesen desillusionierenden Worten des britischen Premiers eine Rechtfertigung seiner Politik einer Rückkehr zur vollen Neutralität. Nicht umsonst unterstützte der schwedische Aussenminister Sandler die schweizerische Sache vor dem Völkerbund voll und ganz, so dass man ihm in Schweden vorwarf, er habe wie der schweizerische Aussenminister gesprochen.

Aber auch die Kleinstaaten Nordosteuropas, Litauen, Lettland und Estland, unternahmen vergleichbare Schritte – Finnland zählte sich nicht zum Baltikum, sondern zu Skandinavien, was die beiden Diktatoren Hitler und Stalin allerdings nicht hindern sollte, Finnland in die Aufteilung der baltischen Interessensphäre einzubeziehen.[4] Im Dezember 1938/Januar 1939 erliessen sie nacheinander Neutralitätsgesetze, nachdem eine baltische Aussenministerkonferenz schon drei Jahre früher, im Dezember 1936, die Neutralität als einzig richtige aussenpolitische Linie ihrer Länder bezeichnet hatte. «In den Augen Moskaus war die Neutralität keine aussenpolitische Tugend und keine Alternative. Nach der Meinung der Sowjetunion begünstigte der Neutralitätskurs einseitig Deutschland.»[5] Als Folge litauischer Nachgiebigkeit in der Memelfrage bot Moskau den beiden andern baltischen Republiken Garantieverträge an, wie übrigens schon bei früheren Gelegenheiten. Der Hitler-Stalin-Pakt ist der logische Schlusspunkt einer seit Jahren konsequent verfolgten sowjetischen Politik gegenüber dem Baltikum, nun allerdings nicht gegen, sondern mit Deutschland.

Auch in Portugal wurde ab etwa 1937 immer stärker die neutrale Position des Landes betont, obschon man an der historischen Allianz mit England durchaus festhalten wollte. In gelegentlich etwas halsbrecherisch anmutenden Balanceübungen versuchte man, den eigenen Neutralitätskurs nicht nur als vereinbar mit dem britischen Bündnis darzustellen, sondern Grossbritannien bis über den Kriegsbeginn hinaus den Vorteil dieser Situation einzureden – allerdings mit wenig Erfolg, wie sich zeigen sollte. Im Mai 1939 hatte sich Salazar vorsichtig vom Bündnis distanziert, wenn er erklärte, «que l'alliance ne fusse pas toute notre politique extérieure, et qu'il n'appartenait pas à l'Angleterre de défendre avant nous-mêmes, ou même contre nous, tous nos intérêts»[6] – also auch hier der deutliche Zweifel an der sicherheitspolitischen Tragfähigkeit der britischen Unterstützung. Dass der mit Hilfe der Achsenmächte errungene Sieg Francos und dessen praktische Zugehörigkeit zu deren Lager die Tendenz zu einer klaren Neutralitätspolitik in Portugal beschleunigen musste, versteht sich von selbst.

Was Irland anbetrifft, so hing dessen Aussenpolitik aufs engste mit dem Kampf um Unabhängigkeit von Grossbritannien zusammen.[7] «Traditionally, Irish resistance to British rule had sought support from Britain's most powerful continental enemy.» Aber bereits vor der Gewinnung der Unabhängigkeit hätten irische Revolutionäre erkannt, «that a policy of forming alliances with Britain's enemies, however appropriate a means of winning freedom, would be wholly inappropriate once freedom was won». Neutralität war denn auch das Ziel, das die irischen Delegierten anvisierten, als der englisch-irische Vertrag von 1921 ausgehandelt wurde. Sie sahen im neutralen Status den besten Garanten für eine wirklich unabhängige irische Aussenpolitik. Auch für Irland war «the failure of the League of Nations» 1936 der Anlass, seine grundsätzliche Neutralität im Hinblick auf einen möglichen internationalen Konflikt in Erinnerung zu rufen. Noch gab es zwischen Irland und England das Problem der Verteidigung der irischen Häfen bzw. des Rechts Englands, diese im Konfliktfall zu besetzen. «The necessary precondition for Irish neutrality in the coming war was fulfilled when the Anglo-Irish agreement of 25 April 1938 abrogated the defence articles of the treaty and transferred all harbour defences to the Irish government.»

Nun bekam aber das Problem der irischen Häfen erneute Aktualität nach dem Fall Frankreichs und der vitalen Bedrohung Englands angesichts einer möglichen deutschen Invasion. Deutschland hätte versucht sein können, Irland «as a backdoor to Britain» zu benutzen, um so mehr als die Verteidigungsbereitschaft im argen lag. Anderseits war für die nun weit energischere Kriegführung Englands unter Winston Churchill die Versuchung gross, sich der irischen Häfen zu versichern. «But Ireland was a lucky neutral – lucky in that the geographical accident of being an offshore island behind the larger offshore island of Britain made her the least vulnerable of European neutrals to the onslaught of the triumphant German war-machine of 1940.» De Valera machte auch deutlich, dass sein Land sich gegen jeden Angriff verteidigen würde, woher er auch komme.

Nachdem die deutsche Drohung infolge des Ausbleibens der Invasion und vollends nach dem deutschen Angriff auf die Sowjetunion praktisch nicht mehr existierte, kam Irland wiederum unter vermehrten Druck, vor allem nach dem Eintritt der USA in den Krieg, sich angesichts der schwierigen Seekriegslage den westlichen Alliierten anzuschliessen und seine Neutralität aufzugeben. Es gehörte, wie noch zu zeigen sein wird, insbesondere zur amerikanischen Politik gegenüber den Neutralen, diese möglichst auf die eigene Seite zu ziehen und dabei vor scharfem wirtschaftlichem Druck nicht zurückzuschrecken, was ja auch schweizerischen Erfahrungen entspricht. Wenn es Irland auch gelang, ebenfalls diese schwierige Periode seiner Neutralitätspolitik zu überstehen, so sah es sich doch gezwungen, nicht unbeträchtliche Konzessionen an die Kriegführung der Angelsachsen zu machen. Dies gilt vor allem auch für das Gebiet des Nachrichtenwesens, so dass Fanning zum Ergebnis kommt, «the Irish authorities gave significant secret military and intelligence assistance both to the Americans and to the British». Er spricht von einem «close understanding with the British Intelligence Service». Schliesslich wurde sogar eine Radarstation für den Kampf gegen die deutschen U-Boote auf irischem Territorium eingerichtet. Doch diese Dinge blieben geheim und der Öffentlichkeit unbekannt. «The Irish public, safely cocooned by the censor's cloak, saw only what their government wanted them to see: a lonely stand in defence of neutrality against the combined might of the United Kingdom and the United States.» Trotz dieser Konzessionen an die angelsächsische Kriegführung hatte die irische Neutralität übrigens eine schlechte Presse ausserhalb des Landes, vor allem eben im angelsächsischen Bereich. Auch hier liegt ein Vergleich mit der Schweiz durchaus nahe.

Was schliesslich die Türkei angeht, so kann von einer konsequenten Neutralitätspolitik, wie wir diese verstehen, keine Rede sein, schon gar nicht vor dem Krieg, aber eigentlich auch nicht während des Krieges. Trotzdem ist es dem Land durch eine geschickte Schaukelpolitik gelungen, sich aus dem Kriegsgeschehen herauszuhalten, was ja schliesslich das Hauptziel seiner Aussenpolitik gewesen ist. Erst kurz vor Kriegsende hat die Türkei dann ihre Neutralität aufgegeben und ist, als der Endsieg schon feststand, an die Seite der Alliierten getreten. Eine eigene spezifisch türkische Neutralitätskonzeption entwickelte man in Ankara erst, nachdem durch den Hitler-Stalin-Pakt und den Zusammenbruch Frankreichs die machtpolitische Lage in Europa sich radikal gewandelt hatte. Der 1939 mit Grossbritannien abgeschlossene Vertrag auf gegenseitige Hilfe schien nun nicht mehr das richtige Instrument für die türkische Sicherheitspolitik zu sein. So kam es zur Begründung dessen, was die Türken selber als «active neutrality» bezeichneten: «An active neutral has a foot in both camps. It is permissible for him to have an alliance with one of the belligerents so long as he has a pact of friendship with the other ...» So interpretierte ein Angehöriger des Aussenministeriums diese «aktive Neutralität». Sie bestand denn auch im wesentlichen darin, «mit England verbündet und mit Deutschland befreundet» zu sein. Diese Absicherung nach beiden Seiten konnte indessen nicht verhindern, dass die Türkei wechselndem Druck beider kriegführenden Parteien ausgesetzt war. Nach der deutschen Eroberung des gesamten Balkans schloss die Türkei mit dem mächtigen Reich einen Nichtangriffsvertrag (18. Juni 1941), um den ungeheuren Druck auf seine Grenzen etwas abzuschwächen.

Wie der türkische Referent ausführte,[8] war 1943 das schwierigste Jahr für sein Land, weil es nun unter stärksten Druck der westlichen Alliierten geriet, den neutralen Status aufzugeben. Doch die türkische Führung verstand es, einen Kriegseintritt unter Hinweis auf die mangelnde militärische Vorbereitung des Landes immer wieder hinauszuschieben. Als die Verzögerungstaktik nicht mehr durchgehalten werden konnte, schlugen die Türken selbst gemeinsame Operationen auf dem Balkan vor, wohlwissend dass weder die USA noch gar die Sowjetunion an solchen militärischen Operationen interessiert waren. Deringil meint dazu: «Turkish tactics in this period can be likened to defence works around a citadel.» Man kann zwar nicht behaupten, dass alle Neutralen im Zweiten Weltkrieg gerade den Eindruck von gut verteidigten Zitadellen machten. Aber dass sie alle mehr oder weniger zu einer Rundum-Verteidigung ihrer Interessen gezwungen waren, dies kann wohl nicht bestritten werden.

Was die Haltung Grossbritanniens gegenüber den Neutralen anbetrifft, so stellt D.C. Watt u.a. fest,[9] als allgemeinen Grundsatz britischen Verhaltens sozusagen, «that the closer those policy-makers came to embracing the concepts of economic warfare, total war and ideological conflict, the more their perceptions of neutrality came to be influenced by the geopolitical, strategic, economic and ideological relations between each neutral state and the enemy coalition . . .». Er meint dann, dass die britische Politik fünf Kategorien von neutralen Staaten unterschieden habe:

1. Neutrale bzw. nichtkriegführende Staaten, die England unterstützen, wozu neben der Türkei und Portugal natürlich vor allem die USA gezählt wurden;

2. «Neutral, tied to Britain in some way or other, potentially anglophile», wozu Finnland vor 1941 gerechnet wird sowie die Länder Lateinamerikas;

3. «Strictly neutral but open to pressure to abandon that neutrality in economic matters» – hierher gehören Belgien, die Niederlande und Norwegen vor ihrer Besetzung durch Deutschland sowie Schweden und die Schweiz.

In Kategorie 4 kommen Länder, die zur feindlichen Koalition Bindungen haben wie Italien vor Kriegseintritt, die Balkanstaaten vor dem deutschen Angriff auf die Sowjetunion, Vichy-Frankreich und Franco-Spanien.

In die letzte Kategorie schliesslich fallen Neutrale bzw. Nichtkriegführende, die den Feind unterstützen, wie die Sowjetunion bis Juni 1941 und Spanien bis November 1942. (Interessant ist an dieser Klassifikation u.a., dass die Sowjetunion sogar unfreundlicher eingestuft wird als Italien!)

Die Bemühungen der britischen Politik seien nun darauf gerichtet gewesen, möglichst viele Neutrale in eine für England günstigere Kategorie zu «befördern». Zu diesem Zweck sei auch Grossbritannien nicht vor Versuchen zurückgeschreckt, «to entertain notions of violating the neutral rights and territory», insbesondere im Falle Norwegens und Schwedens sowie Rumäniens und der Türkei. Im Dezember 1942, mit der alliierten Erklärung gegen Kriegsverbrechen, trat ein neues Element in die britische Haltung gegenüber den europäischen Neutralen: Neutralität wurde mehr und mehr moralisch verurteilt, ja verachtet als Abseitsstehen in einem Kampf, wo es um Recht gegen Unrecht ging. Mit andern Worten: Die Ideologisierung des Krieges führte zu einer Abwertung der Neutralität als aussenpolitischer Maxime, «even where the constraints set upon the European neutrals by their vulnerability to Nazi forces was recognized».

In dieser Verhärtung des Standpunktes gegenüber den Neutralen wurde nicht zuletzt der amerikanische Einfluss spürbar. Für die noch stärker ideologisch geprägte Kriegführung der USA wurde neutrale Politik zunehmend zu einer moralisch verfemten Position. Nach amerikanischer Auffassung war kein Platz für Neutralität in einem Krieg, in welchem es um Sein oder Nichtsein von Freiheit, Demokratie und Humanität ging. So meint Arthur L. Funk:[10] «American policy toward neutrals directed itself first in an effort to persuade them to abandon their neutrality. Much effort and pressure was exerted on neutrals to permit a free press and radio which, translated into practical terms, meant free use of the media for Allied propaganda but restrictions on Axis use. The western Allies wanted privileges for their embassis, consulates, and Intelligence missions, but the denial of such privileges for the Axis ... Finally, when the neutral country controlled resources useful for the waging of war, the Allies wanted these goods available to them but not to their enemies.»

Es leuchtet ein, dass eine Erfüllung solcher Forderungen jegliche Neutralitätspolitik, die diesen Namen noch verdient, unmöglich gemacht hätte. Anderseits ist nicht zu bestreiten, dass sich, was die Schweiz anbetrifft, zum mindesten die Currie-Mission entlang dieser Richtlinien abgespielt hat. Den Unterschied zwischen amerikanischer und britischer Haltung gegenüber den Neutralen betont auch A. Adamthwaite:[11] «After Pearl Harbor the United States was eager to play an active role in economic warfare. There was a fundamental difference of approach between London and Washington. The Americans were ready to take the stick to the neutrals, Britain preferred conciliation.» Am 25. November 1944 sah sich der britische Gesandte in Bern veranlasst, für eine «reconsideration of policy» zu plädieren gegenüber «a friendly neutral», wie er die Schweiz nannte. «My general thesis is», so schrieb er, «that Switzerland which has since the fall of France been treated as practically an enemy country from the economic warfare point of view should now be regarded as a country ... to encourage and to help.» Dies wiederum scheint Churchills berühmten Brief an Eden vom 3. Dezember 1944 beeinflusst zu haben, in welchem er schrieb: «Of all the neutrals, Switzerland has the greatest right to distinction ... What does it matter whether she has been able to give us the commercial advantages we desire or has given far too many to the Germans, to keep herself alive? She has been a democratic state, standing for freedom in selfdefence among her mountains ...»

Dieser versöhnliche Ton des britischen Premiers – als der sichere Endsieg in Sicht war – kann nicht darüber hinwegtäuschen, dass die Neutralen auch für die angelsächsische Kriegführung und Politik zum mindesten im wirtschaftlichen Sektor zu potentiellen Feinden wurden, wenn sie aus purer Selbstbehauptung sich gezwungen sahen, auch mit der andern Seite oder – angesichts der militärischen Lage von 1940–44 – sogar vor allem mit der andern Seite Handelsbeziehungen zu pflegen. Dies ist das klare Ergebnis der verschiedenen Studien, die an dieser Konferenz vorgelegt wurden, und der daraus sich ergebenden Diskussion.

Auch von französischer Seite wurden die Neutralen in verschiedene Gruppen eingeteilt «en tenant compte de leur situation géographique et stratégique vis-à-vis de la France».[12] Dabei ist zu bedenken, dass Frankreich bereits im Juni 1940 auf Grund des Waffenstillstandes mit Deutschland und Italien als kriegführende Macht ausschied.

Bei dieser Gruppierung der Neutralen werden Italien und Spanien als «ennemis potentiels» eingestuft, was sich im Falle Italiens ja dann auch bewahrheiten sollte. Was die Sowjetunion anbetrifft, so wurde sie nach dem Abschluss des Paktes mit Hitlerdeutschland als «un neutre malveillant» angesehen, mit welchem man schliesslich sogar bereit war, die Klingen zu kreuzen, auch wenn es zu der beabsichtigten Hilfsexpedition zugunsten des bedrängten Finnland nicht mehr kommen sollte, da bereits vorher ein Waffenstillstand den russisch-finnischen Winterkrieg beendete – ganz abgesehen davon, dass Norwegen und insbesondere Schweden deutlich gemacht hatten, dass sie auf keinen Fall irgendwelche Durchmarschrechte gewähren würden. «On avait», so führte J.-M. d'Hoop aus, «par chance, évité un ennemi supplémentaire, mais l'U.R.S.S. demeurait toujours un neutre malveillant.» In der Tat sollte ja dann Molotow Hitler ausdrücklich gratulieren zu seinem überwältigenden Sieg über Frankreich!

Neben diesen Frankreich feindlich gesinnten Nichtkriegführenden gab es eine Gruppe, «dont le seul objectif est de rester en dehors du conflit qui oppose les Grands, et qui espèrent y parvenir en pratiquant, et en faisant respecter une stricte neutralité». Hier werden unterschieden: Länder Südosteuropas, nordische Staaten, Schweiz sowie Belgien-Holland-Luxemburg. Ihnen allen gegenüber habe sich indessen das Problem der Blockade gestellt, «particulièrement délicat du fait que les Alliés en ont fait leur arme essentielle pendant cette drôle de guerre». Dabei ging es für Frankreich (und natürlich auch England) um ein doppeltes Ziel: «dissuader les neutres d'approvisionner l'Allemagne, et concurrencer victorieusement sur leurs marchés les exportations de celle-ci». Wie d'Hoop feststellt, kam der weitaus wichtigste Handelsstrom zugunsten Deutschlands von Zentraleuropa und Schweden (Eisenerz!), aber auch die Sowjetunion spielte eine Schlüsselrolle. Die schweizerischen Lieferungen, insbesondere auch Kriegsmaterial, gingen in dieser ersten Phase des Krieges in weit höherem Ausmass nach Frankreich und England als nach Deutschland.[13] Erst mit der Niederlage Frankreichs und der Umzingelung durch die Achsenmächte wandelte sich das Bild aus Gründen, die auf der Hand liegen. Solange die Schweiz also den notwendigen militärpolitischen Spielraum noch hatte, konnte von einer Bevorzugung Deutschlands keine Rede sein, was oft übersehen wird.

Der letzte französische Ministerpräsident vor dem Zusammenbruch, Paul Reynaud, formulierte in geheimer Sitzung am 19. April 1940 das, was er «une théorie nouvelle des droits et des devoirs des belligérants envers les petits Etats neutres» nannte. Wir befänden uns in diesem Krieg «en face d'un fait nouveau paradoxal: les petits Etats neutres ont un intérêt vital à la victoire des Alliés, faute de quoi ils sont sûrs d'être balayés de la carte d'Europe et d'autre part l'Allemagne leur inspire une terreur telle que leurs actes sont dirigés en faveur de l'Allemagne et tendent à provoquer la victoire de l'Allemagne dont il sont sûrs d'être victimes». Wie d'Hoop mit Recht feststellt, hatte diese merkwürdige Theorie keinen andern Zweck, «que de justifier les efforts faits pour amener les Neutres à se ranger dans le camp allié ...». Denn man wird wohl kaum allen Ernstes behaupten können, dass der Haltung der kleinen neutralen Staaten – und nur von denen ist hier die Rede und nicht von der Sowjetunion oder den USA – eine derart entscheidende Bedeutung jemals zugekommen wäre. Dies wurde denn auch auf dieser Tagung mit aller Deutlichkeit festgehalten.

Die französische Regierung hat tatsächlich dann auch versucht, diese neue Theorie zu realisieren, und zwar gegenüber Schweden und Norwegen im Zusammenhang mit den für Deutschland kriegswichtigen Eisenerztransporten über Narvik. Entsprechend hiess es denn auch in einer Entschliessung des Conseil Suprême Interallié vom 28. März 1940: «Considérant que les Alliés mènent la guerre pour des buts qui sont autant dans l'intérêt des Petits Etats que dans leur intérêt propre, les Alliés ne peuvent permettre que le cours de la guerre soit influencé à leur détriment par des avantages que l'Allemagne obtiendrait de la Suède et de la Norvège.» Bekanntlich kam es dann aber nicht zu einer entsprechenden militärischen Aktion, da Deutschland den Westmächten zuvorgekommen ist.

Was Belgien und die Schweiz anbetrifft, so hatten diese Länder nach französischer Auffassung eines gemeinsam, nämlich die Bedrohung durch eine mögliche deutsche Invasion zur Umgehung der Maginotlinie. D'Hoop erwähnt dann die Abmachung zwischen Gamelin und General Guisan im Hinblick auf eine solche Möglichkeit. Er sieht einen wesentlichen Unterschied darin, dass die Schweiz eine von den Mächten anerkannte permanente Neutralität praktizierte, während Belgien bis 1936 ein Alliierter Frankreichs gewesen ist und erst in diesem Jahr zu einer Politik «exclusivement et intégralement belge» zurückkehrte, wie der amtliche Text es formulierte. Es ist wohl nicht zu bestreiten, dass es grosse strategische Nachteile für Frankreich mit sich brachte, wenn Belgien sich standhaft weigerte, auch angesichts einer ständig steigenden und schliesslich offensichtlichen deutschen Bedrohung, irgendwelche militärische Absprachen zu treffen zwecks Koordination einer gemeinsamen Verteidigung. Hätte die französische Armee das Recht erhalten, bereits vor einem deutschen Angriff belgisches Gebiet zu besetzen und sich dort zur Verteidigung einzurichten, hätte die Operation «Sichelschnitt», die zu der katastrophalen operativen Niederlage führte, kaum in der vorgesehenen Form durchgeführt werden können. Deutschland hat 1914 und 1940 einen entscheidenden militärischen Vorteil dadurch errungen, dass es beide Male die belgische Neutralität verletzte. Und Frankreich hat anderseits beide Male entsprechende militärische Nachteile in Kauf genommen, weil es die Respektierung des Völkerrechts über die eigenen strategischen und damit letztlich auch nationalen Interessen stellte. Daher ist die Behauptung von B. Martin[14] unhaltbar, die beiden kriegführenden Lager hätten die neutralen Staaten nicht nur in ihre militärischen Planungen einbezogen, sondern sie auch, «sofern es aus der Sicht eines der Hauptkriegführenden die militärische oder politische Situation erforderte, rücksichtslos besetzt bzw. militärisch niedergeworfen». Gerade weil die westlichen Alliierten eben nicht so handelten, wie ihnen hier unterstellt wird, haben sie grosse strategische Nachteile in Kauf genommen. Im Falle Norwegens wurden zwar schliesslich entsprechende Beschlüsse gefasst, aber die Deutschen kamen den Alliierten, wie erwähnt, zuvor, und zwar ganz eindeutig deswegen, weil diese lange Zeit ihre rechtlichen und moralischen Skrupel nicht überwinden konnten. Im Falle Belgiens aber kam es wie gezeigt überhaupt zu keiner entsprechenden militärischen Planung oder gar Aktion. Dieser entscheidende Unterschied in der Haltung des nationalsozialistischen Deutschland und der westlichen Demokratien gegenüber Neutralität und neutralen Staaten verdient ganz besonders betont zu werden. Analoges gilt natürlich auch für die andere totalitäre Macht, das bolschewistische Russland. Kein einziger europäischer Neutraler hat durch militärische Aktionen der westlichen Demokratien seine Unabhängigkeit verloren, ganz im Unterschied zu den zahlreichen Opfern nationalsozialistischer und bolschewistischer Aggresionspolitik.

Die Haltung Hitlerdeutschlands gegenüber den Neutralen war durch die für nationalsozialistische Politik typische Diskrepanz zwischen Worten und Taten gekennzeichnet. Zu Kriegsbeginn und teilweise schon vorher versicherte Hitler allen interessierten Staaten, dass er ihre Neutralität respektieren werde. Bekanntlich bot er praktisch allen andern Staaten Nichtangriffspakte an, als er im Frühjahr 1939 durch den amerikanischen Präsidenten aufgefordert wurde, seine Aggressionspolitik einzustellen. Dänemark, das auf Hitlers Angebot einging und, offensichtlich vertrauend auf sein Wort, jegliche militärische Abwehrvorbereitung unterliess, ist denn auch als erster neutraler Staat von deutschen Truppen überfallen und besetzt worden. Nach B. Martin wurden die neutralen Staaten von der deutschen Führung «aufgrund der totalitären, rassisch fundierten nationalsozialistischen Weltanschauung . . . als Fremdkörper im angestrebten Grossgermanischen Reich» angesehen. Der deutsche Autor glaubt, dass die Politik Hitlers gegenüber den Neutralen durch drei Faktoren bestimmt gewesen sei: «Vorrangig im Krieg war das machtpolitisch-strategische Kalkül, gefolgt vom Motiv kriegswirtschaftlicher Notwendigkeiten und schliesslich weltanschaulich-rassische Momente.»

Vier Phasen glaubt er im Verlaufe des Zweiten Weltkrieges unterscheiden zu können. In einer ersten Phase deutsches Werben um die Neutralen, dann nach dem Sieg im Westen der Versuch einer Eingliederung in das «Neue Europa», drittens während des Vormarsches in Russland «das antizipierte Aufgehen der Neutralen in einem Grossgermanischen Reich» und schliesslich in der letzten Phase die Hinwendung der Neutralen zu den westlichen Alliierten. «Strikte Neutralität übte während des Zweiten Weltkrieges keiner der neutralen Staaten aus; alle waren sie mehr oder minder zum Lavieren genötigt.» Immerhin differenziert Martin zwischen «klassischen Neutralen», zu denen er die skandinavischen Staaten und die Schweiz zählt, und «Neutralen aus Verlegenheit», zu denen Spanien und die meisten Balkanstaaten gehört hätten, «aber auch die heutigen Beneluxstaaten wegen ihrer politischen Konzeptionslosigkeit und militärischen Schwäche gerechnet werden müssen» – eine Auffassung, der von Wissenschaftlern der betreffenden Länder, insbesondere von belgischer Seite, heftig widersprochen worden ist.

Dass in dem anvisierten «Grossgermanischen Reich» für echte Neutralität kein Platz gewesen wäre, versteht sich fast von selbst. Die überwältigenden Siege Deutschlands hätten die Neutralen gezwungen, «sich mit dem Sieger zu arrangieren, um so viel Eigenstaatlichkeit wie möglich zu bewahren». Hitler habe nach seinem Triumph «ein freiwilliges Einordnen der wenigen Neutralen in den deutsch beherrschten Machtbereich» erwartet. «Schweden wollte die deutsche Führung – ähnlich wie auch die Schweiz – durch eine enge wirtschaftliche Anbindung den deutschen Hegemonialvorstellungen politisch gefügig machen.» Aber die Neutralen hätten durch «Obstruktionspolitik» ihre rasche Eingliederung in das ohnehin fiktive «Neue Europa» vereitelt. Der deutsche Autor ging so weit zu behaupten, dass die Schweiz ab 1940 «Bestandteil der deutschen Kriegswirtschaft war», was von schweizerischer Seite mit guten Gründen bestritten wurde. Wie sich aus deutschen Akten ergebe, «galt die Schweiz in Berlin als de facto in die deutsche Sphäre eingegliedert, so dass sich eine Militäraktion erübrige». Daran mag so viel richtig sein, dass im Falle eines deutschen Endsiegs die nationale Unabhängigkeit der Schweiz wohl aufs höchste gefährdet gewesen wäre.

In dem, was man die «Ideologisierung» der Neutralität nennen könnte, ging Deutschland am weitesten. Der Propagandaminister Goebbels höchstpersönlich gab das Stichwort, als er der herkömmlichen «Staatsneutralität» die sogenannte «Volksneutralität» entgegensetzte, eine Art von «totalitärer» Neutralität, deren Kern darin bestand, dass der neutrale Staat dafür zu sorgen hatte, dass auch das Volk neutral war, d. h. dass der einzelne Bürger und die gesamte öffentliche Meinung gleichgeschaltet werden sollte. Ein Schüler des bekannten Juristen Carl Schmitt warf gerade der Schweiz vor, sie vertrete den Rechtsstandpunkt, dass «Staatsneutralität» mit «Volksfeindschaft» vereinbar sei. Wenn diese neue Variante der «Volksneutralität» von der Schweiz abgelehnt werde – was offensichtlich der Fall war –, so müsse dies «als gewolltes, selbsttätiges, rechtswirksames Erlöschen der Neutralitätsposition» betrachtet werden.[15]

Zu Beginn des Jahres 1940 wurde eine regelrechte publizistische Grossoffensive gegen die neutralen Staaten gestartet. Wiederum war Goebbels der Regisseur. Er ordnete für die gleichgeschaltete deutsche Presse an, «dass die neutralen Staaten ... allmählich unter den Terror des von uns neugebildeten Neutralitätsbegriffs zu bringen seien».[16] Dies verhiess nichts Gutes für die kleineren Neutralen. Wie sich dann bald einmal herausstellte, ging es dabei um nichts weniger als die propagandistische Vorbereitung für die beabsichtigten flagranten Neutralitätsverletzungen, die sich wenige Wochen später Schlag auf Schlag ereigneten, als Deutschland zuerst die nordischen Neutralen Dänemark und Norwegen überfiel und gleich anschliessend die westeuropäischen Neutralen Holland, Belgien und Luxemburg.

Dass von der andern totalitären Macht, der Sowjetunion, die Neutralen ebenfalls nichts Gutes zu erwarten hatten, haben wir bereits betont. In der Zwischenkriegszeit befürwortete die sowjetische Führung zeitweise zwar die Neutralität als aussenpolitisches Prinzip, indem sie eine Reihe von Neutralitätsverträgen mit fast allen Nachbarstaaten abschloss. Nach der ersten Ausgabe der Grossen Sowjet-Enzyklopädie vom Jahre 1939 war es «ein prinzipiell neuer Charakterzug» dieser Verträge, «dass sie dem Kampf gegen die Aggression untergeordnet sind ... Unsere Verträge sind Waffen im Kampf für die Zerschlagung der Front der imperialistischen Staaten gegen die UdSSR ...».[17] Solche Verträge wurden in den späten zwanziger und den frühen dreissiger Jahren mit den Nachbarstaaten Finnland, Estland, Lettland, Polen, der Türkei, Afghanistan und China abgeschlossen – nur mit Rumänien kam kein analoger Vertrag zustande wegen des Zankapfels Bessarabien. Auch mit Litauen wurde ein solcher Vertrag geschlossen und insbesondere mit Deutschland im Jahre 1926, auf den sich Stalin dann in der völlig gewandelten Situation von 1939 wiederum berief, um den Paktabschluss mit Hitler zu rechtfertigen.

1939 wurde denn auch zum «turning point» in der sowjetischen Politik gegenüber Neutralität und Neutralen. Nachdem Stalin sich ausgerechnet mit dem potentiellen Hauptgegner Hitler über eine Aufteilung der zwischen den beiden Mächten liegenden Staatenwelt geeinigt hatte, war das Schicksal der betroffenen Staaten besiegelt. Es brauchte nur noch die Entfesselung des Krieges durch den Partner Hitler. Dessen militärisches Engagement nutzte Stalin skrupellos aus, um das sowjetische Territorium abzurunden und die historische Lage der Zeit vor 1914 wiederherzustellen. Jetzt wurde nicht mehr «die Neutralität als Mittel zur Festigung der eigenen Sicherheit und des allgemeinen Friedens» angesehen, sondern umgekehrt die territoriale Annexion oder zum mindesten Amputation gerade jener Staaten, denen man vorher feierlich ihre nationale Unabhängigkeit «garantiert» hatte.

Wie S. Myllyniemi feststellt, hatten die baltischen Staaten «sehr geringe Möglichkeiten, ihre Neutralität militärisch zu verteidigen». So glaubte denn der estnische

Oberbefehlshaber auch, «dass die estnische Neutralitätspolitik nur durch ein militärisches Bündnis der Staaten zwischen Deutschland und der Sowjetunion zu sichern sei, zu dem ausser den Staaten der baltischen Entente auch Finnland und Polen hätten gehören müssen». Doch entsprechende Bemühungen führten zu keinem Ergebnis. Wie überhaupt Zusammenarbeit zwischen neutralen Staaten im Hinblick auf einen kommenden Krieg praktisch nirgends zustande gebracht worden ist, so sehr sie sich aufgedrängt hätte. Dies gilt nicht nur für den nordosteuropäischen Raum, sondern auch für die skandinavischen Staaten, wo die politische Zusammenarbeit an sich am weitesten gediehen war, sowie für Belgien und Holland. Wie J. Vanwelkenhuyzen darlegte,[18] befanden sich die beiden neutralen Länder insofern in einer ähnlichen Lage, als sie beide eine wirkliche Gefahr nur von deutscher Seite befürchteten. Aber Holland hoffte auf eine Wiederholung des «Wunders von 1914», nämlich eine Aussparung des eigenen Landes im Falle eines deutschen Angriffs, und vertraute daher von Anfang an auf eine Art von militärischem «réduit national». Infolgedessen gab es denn auch nicht die geringste Koordination in den militärischen Massnahmen, als der deutsche Überfall wirklich erfolgte.

Um auf die baltischen Staaten zurückzukommen, so befanden sie sich natürlich von jenem Augenblick an in einer praktisch aussichtslosen Lage, als Hitler und Stalin sich über eine Aufteilung ihrer Interessensphären im mittelosteuropäischen Raum einigten. Aber schon vorher erschien ihr aussenpolitischer Bewegungsspielraum ausserordentlich eingeschränkt. Ihre Unabhängigkeit beruhte rein machtpolitisch, ganz ähnlich wie im Falle Polens, auf der gleichzeitigen Schwäche der historischen Ordnungsmächte in diesem Raum, nämlich Deutschlands und Russlands, eine Schwäche, die aber nur vorübergehender Natur war. Allenfalls hätten die baltischen Staaten auch nach einer Wiedererstarkung Deutschlands und Russlands weiterexistieren können, wenn sie geschickt zwischen den beiden Grossen balanciert hätten. Aber ein Balanceakt wäre es allemal geworden, ganz abgesehen davon, dass sie nie verleugnen konnten, ihre nationale Wiedergeburt einem erfolgreichen Kampf gegen den Bolschewismus zu verdanken. Eine Anlehnung an Deutschland war damit sozusagen vorprogrammiert, wenn der russische Druck sich erhöhen sollte, was eindeutig schon vor 1939 der Fall gewesen ist.

Was Finnland anbetrifft, so kollidierten hier zwei verschiedene sicherheitspolitische Konzeptionen miteinander: «Einerseits wollte die Sowjetunion auch Finnland in seine Interessensphäre bringen, um militärisch ihr Vorgelände kontrollieren zu können, und anderseits wollte Finnland als ein zu Skandinavien gehörendes neutrales Land behandelt werden.» Myllyniemi macht deutlich, dass die vertraglichen Regelungen, die Moskau den Finnen vorschlug, von derselben Art waren wie diejenigen gegenüber den baltischen Staaten. Wie schon M. Jakobson festgestellt hat, hätte Finnland bei einer Annahme dieser sowjetischen Forderungen kaum der bisherigen Linie nordischer Neutralität folgen können, «als ob nichts geschehen wäre». Folgt daraus, dass Moskau Finnland von vornherein dasselbe Schicksal zugedacht hatte wie den kleinen baltischen Ländern?

Darüber scheint es in Finnland immer noch eine Kontroverse zu geben, die natürlich in hohem Masse auch politisch bedingt ist. Denn in der gegenwärtigen aussenpolitischen Lage kann man es sich in Finnland offensichtlich nicht leisten, die volle Wahrheit über die Ereignisse von 1939/40 zu sagen. Jedenfalls gab der frühere langjährige finnische Staatspräsident, U.K. Kekkonen, Erklärungen ab, die im Sinne einer praktisch völligen Übernahme des sowjetischen Standpunktes in dieser Frage interpretiert werden müssen. Unseres Erachtens kann es keinen Zweifel geben, dass auch Finnland kurz- oder mittelfristig zur Sowjetrepublik gemacht worden wäre, wenn es sich nicht zur Wehr gesetzt hätte. Darauf deutet doch schon die Einrichtung einer sowjetfreundlichen Marionettenregierung unter Kuusinen nach dem russischen Überfall.

Aber auch die Akten, die über die Hitler-Molotow-Gespräche vom November 1940 überliefert sind, machen deutlich, dass der Kreml auch nach dem finnisch-russischen Winterkrieg und der erfolgreichen, wenn auch unter schweren Opfern errungenen Selbstbehauptung Finnlands seine Pläne nicht geändert hatte. Denn da kam Molotow mehrere Male auf die «Bereinigung» der finnischen Frage zu sprechen, die doch im Geiste des Abkommens von 1939 erfolgen sollte. Wie sich der sowjetische Aussenminister diese «Bereinigung» dachte, geht aus den betreffenden Gesprächsprotokollen nur allzu deutlich hervor. Auf eine Frage Hitlers erklärte er nämlich, «dass er sich diese Bereinigung in demselben Ausmass wie in Bessarabien und in den Randstaaten vorstelle . . .».[19] Mit anderen Worten: Finnland sollte ebenfalls annektiert werden – und das, nachdem die Sowjetführer im März 1940 mit Finnland einen Friedensvertrag feierlich unterzeichnet hatten!

Dieselbe krasse Missachtung des Neutralitätsprinzips wiederholte sich in der Schlussphase des Krieges. So erklärte die Sowjetunion im August 1945 Japan den Krieg, obschon sie mit diesem Staat im April 1941 einen auf sechs Jahre befristeten Neutralitätsvertrag abgeschlossen hatte. Allerdings machten sich in diesem Fall die westlichen Alliierten insofern mitschuldig, als sie die Sowjetunion aufforderten, drei Monate nach dem Ende des Krieges in Europa an ihrer Seite in den Krieg gegen Japan einzutreten. Aber vom rein juristischen Standpunkt aus dürfte diese «Mitschuld» wohl ohne Belang sein.

Besonders instruktiv für die Beurteilung des sowjetischen Verhaltens gegenüber einem neutralen Staat ist auch das Beispiel Bulgariens. Der kleine Balkanstaat in der Südostecke des europäischen Kontinents verstand es länger als andere Staaten dieser Region, sich trotz des stetig zunehmenden deutschen Drucks eine gewisse aussenpolitische Bewegungsfreiheit zu bewahren. Im Falle Bulgariens wie auch der übrigen Länder Südosteuropas zeigt sich auch die Bedeutung des wirtschaftlichen Faktors bzw. der einseitigen Ausrichtung der Wirtschaft auf eine Grossmacht im Hinblick auf die Erhaltung der eigenen Unabhängigkeit. 1939 nahm Deutschland im Handel mit allen Staaten dieses Raumes mit weitem Abstand den ersten Platz ein. Was Bulgarien anbetrifft, so machte der Handel mit Deutschland zwei Drittel des gesamten Aussenhandelsvolumens aus. Vor der politischen und militärischen Beherrschung dieses Raumes durch das Deutsche Reich war dessen wirtschaftliche Durchdringung erfolgt. Trotzdem gelang es wie erwähnt gerade Bulgarien, sich länger als alle anderen Länder eine gewisse Unabhängigkeit in der Aussen- und übrigens auch der Innenpolitik zu erhalten.[20]

Die Bemühungen der bulgarischen Aussenpolitik zur Aufrechterhaltung einer gewissen Neutralität, sowohl zwischen Deutschland und Russland wie zwischen Deutschland und den Westmächten, veranlassten den deutschen Gesandten denn auch – es war im März 1939 –, den bulgarischen Ministerpräsidenten und Aussenminister Kjoseivanov zu fragen, ob er Bulgarien «verschweizern» wolle. Dieser habe dann aber die «Verschweizerungsidee», wie der deutsche Gesprächspartner berichtete, «lustig-entsetzt» abgelehnt.[21] Wie dem auch sei, jedenfalls hat das Land verstanden, als letztes dem Dreimächtepakt beizutreten und nach Eröffnung des Krieges im Osten als einziger Achsenstaat die diplomatischen Beziehungen zum überfallenen Sowjetstaat beizubehalten. Doch diese Haltung sollte dem kleinen Land von Moskau schlecht gelohnt werden.

Obschon es sich angesichts des unaufhaltsamen Vormarsches der russischen Armeen in den Donauraum aus dem Krieg herauszuhalten versuchte und am 26. August 1944 eine feierliche Neutralitätserklärung abgab, vermochte es der sowjetischen Besetzung und anschliessenden Bolschewisierung nicht zu entgehen. Dieses für Bulgarien katastrophale Ereignis war indessen nur der logische Schlusspunkt einer langen Entwicklung. Denn Moskau hatte schon seit 1939 konsequent darauf hingearbeitet, Bulgarien seiner Interessensphäre einzuverleiben. Die überlieferten Dokumente zeigen deutlich, in welche Richtung die Reise hätte gehen sollen. So schlug die Sowjetregierung im Nachgang zu den denkwürdigen Unterredungen Molotows in Berlin im November 1940 u. a. den Abschluss eines Geheimprotokolls (!) vor, in welchem Deutschland und Italien anerkennen sollten, «dass sich Bulgarien im Hinblick auf seine geographische Lage in der Sicherheitszone der Schwarzmeergrenzen der Sowjetunion befindet und dass es daher als politisch notwendig erachtet wird, einen gegenseitigen Beistandspakt zwischen der Sowjetunion und Bulgarien abzuschliessen, der in keiner Weise das innere Regime Bulgariens, seine Souveränität und Unabhängigkeit berühren soll».[22]

Da diese Formel genau dieselbe war, die auch die entsprechenden Pakte mit den baltischen Staaten von 1939 enthalten hatten, darf man wohl darauf schliessen, dass auch das Endschicksal Bulgariens kein anderes gewesen wäre als dasjenige Estlands, Lettlands und Litauens, nämlich militärische Besetzung und politische Gleichschaltung. Im Einvernehmen mit Hitler klappte es dann allerdings nicht mehr, sondern Bulgarien wurde zu einem der Zankäpfel, über die sich die beiden Diktatoren nicht zu einigen vermochten, was schliesslich zum Bruch und zum Krieg führen sollte. Was 1940 noch misslungen war, konnte nun 1944 nachgeholt werden. P. Gosztony und A. Ernst sind übrigens der Ansicht, dass durchaus die Möglichkeit bestanden hätte, sich nicht einfach kampflos in das schwere Schicksal zu ergeben, sondern «eine erfolgversprechende Strategie der Kriegsverhütung zu betreiben».[23] Denn wenn die Sowjetführung mit einem hartnäckigen Widerstand der über 400 000 Mann starken bulgarischen Armee hätte rechnen müssen, würde sie vielleicht gezögert haben, den Angriff wirklich auszulösen. Es sei nicht mangelnde militärische Stärke gewesen, die Bulgarien unter russische Herrschaft brachte, sondern die zu wenig konsequente Politik der Regierung und die raffinierte Zersetzung des Widerstandswillens durch die Russen und ihre einheimischen Helfershelfer. In mancher Hinsicht, so meint Alfred Ernst, erinnerten diese Vorgänge an die Ereignisse des Jahres 1798 in der alten Eidgenossenschaft. Sie bewiesen, «dass militärische Stärke nichts hilft, wenn der politische Wille fehlt, die staatliche Unabhängigkeit zu verteidigen».

Hier wird besonders deutlich, dass das Neutralitätsprinzip, wie übrigens auch alle andern aussenpolitischen und völkerrechtlichen Grundsätze, voll und ganz den Interessen des Sowjetstaates untergeordnet sind. Wenn Neutralität diesen Interessen nützlich erscheint, dann wird sie respektiert, wenn dies nicht mehr der Fall ist, dann wird sie ohne Skrupel verletzt. Wie L. Revesz nachwies, hat sich an dieser Haltung auch nach dem Zweiten Weltkrieg grundsätzlich nichts geändert, wie die Nichtachtung der ungarischen Neutralitätserklärung 1956 zeigte und – so könnte man hinzufügen – die krasse Verletzung der Neutralität bzw. Blockfreiheit von Afghanistan durch die sowjetische Invasion Ende 1979. Zwar hat die Sowjetführung im Rahmen des KSZE-Schlussdokumentes vom 1.8.1975 durch ihre Unterschrift feierlich «das Recht auf Neutralität» für alle Teilnehmerstaaten, also auch diejenigen ihres Satellitensystems, anerkannt. Aber es ist offensichtlich, dass dies der sowjetischen Politik in Praxis und Theorie widerspricht. Denn die sogenannte Breschnewdoktrin anerkennt gerade kein Recht auf Neutralität für die im Machtbereich der Sowjetunion gelegenen «sozialistischen» Staaten – im Gegenteil: ihre Aussenpolitik ist völlig den «Interessen des internationalen Sozialismus» untergeordnet, die bekanntlich mit den Interessen der Sowjetunion identisch sind. Dass die Führer des bolschewistischen Russland auch vor krassen Verletzungen der Neutralität eines Staates ausserhalb ihres Blocks nicht zurückschrecken, das dürften wohl die wiederholten U-Boot-Invasionen in die Hoheitsgewässer Schwedens in den Jahren 1982/83 zur Genüge gezeigt haben. Auch hier darf und muss man vom Grundsatz ausgehen, dass die Sowjetunion nur insoweit bereit ist, neutrales Territorium zu respektieren, als der betreffende Staat in der Lage ist, dieses Territorium auch effektvoll zu verteidigen. Daraus wird auch für die schweizerische Sicherheitspolitik die entsprechende Lehre zu ziehen sein.

1984

Europäische Sicherheit einst und heute

Rückblick auf Locarno 1925

Wer vom Jahre 1975 auf das Jahr 1925 zurückblickt, hat zunächst das Gefühl, in eine geschichtlich längst versunkene Welt versetzt zu sein. Die weltpolitische Konstellation von damals scheint mit der unsrigen kaum mehr etwas gemein zu haben. Das europazentrische Weltbild, in dem England und Frankreich den Ton angaben, während die USA und die Sowjetunion nur am Rande in Erscheinung traten, gehört einer vergangenen Zeit an. Die europäischen Staaten, die sich damals als ehemalige Weltkriegsgegner zum Versöhnungsakt von Locarno zusammenfanden, sind heute längst in einem engen Bündnis vereinigt und auf dem Weg zu einer immer engeren Integration. Das deutsch-französische Verhältnis, damals Epizentrum der europäischen Erschütterungen, gibt heute zu keinen dramatischen Schlagzeilen mehr Anlass – vielleicht höchstens noch beim Fussball. Die politische Thematik von 1925 scheint in der Tat nur noch von geschichtlichem Interesse.

Doch wenn man beginnt, sich in die Texte der damals abgeschlossenen Verträge zu vertiefen, oder die Reden der Politiker, die hier in Locarno versammelt waren, wiederzulesen oder auch die Artikel der Presse, die damals über das grosse Ereignis von 1925 geschrieben wurden, wieder zu überfliegen, dann bekommt man immer mehr das Gefühl, dass sich nun soviel in den vergangenen 50 Jahren auch wieder nicht geändert habe – im Gegenteil: wir stossen auf dieselben Begriffe, und wir hören von denselben Problemen, wir vernehmen dieselben wohlklingenden Absichtserklärungen, wie sie uns aus der Gegenwart wohlvertraut in den Ohren klingen. Es ist da die Rede von «sécurité», «collaboration», »«désarmement», «règlement pacifique», «non-agression», «conciliation», «arbitrage», «maintien du statu quo territorial», «entente générale», «détente» usw.

Und wenn wir in der Präambel Absichtserklärungen lesen wie: «en vue de rechercher d'un commun accord les moyens de préserver du fléau de la guerre leurs nations respectives,» oder: «Les Représentants des Gouvernements ici représentés déclarent avoir la ferme conviction que l'entrée en vigueur de ces Traités et Conventions contribuera grandement à amener une détente morale entre les nations, qu'elle facilitera puissamment la solution de beaucoup de problèmes politiques ou économiques conformément aux intérêts et aux sentiments des peuples et qu'en raffermissant la paix et la sécurité en Europe elle sera de nature à hâter d'une manière efficace le désarmement prévu ...» – wenn wir solche Sätze lesen, dann fühlen wir uns vollends in die Gegenwart versetzt: sie könnten ebenso gut in der Präambel der vielberufenen europäischen Sicherheitskonferenz stehen, die vor einigen Wochen feierlich unterzeichnet worden ist. So unterschiedlich und fern also die politische Konstellation, so wenig verschieden und so nah die politische Problematik. Wollten wir die Weltpolitik mit einem Theater vergleichen – was ja gelegentlich von wenig respektvollen oder besonders phantasievollen Kommentatoren getan zu werden pflegt – so könnten wir auch sagen: der Bühnenaufbau hat sich stark verändert, die Schauspieler sind nicht mehr dieselben, doch es ist das gleiche Stück, das da aufgeführt wird, 1925 wie 1975.

Dies ist, wenn man es richtig bedenkt, eigentlich eine erstaunliche, um nicht zu sagen verblüffende Feststellung: die ungeheuren, recht eigentlich revolutionären Veränderungen, die die Welt in den vergangenen 50 Jahren, sei es auf politischem, sei es auf technisch-wissenschaftlichem Gebiet durchgemacht hat, vermochten nicht zu bewirken, dass sich die politische Problematik und Thematik, mit der wir uns zu beschäftigen haben, ebenso grundlegend veränderte. Was sich allerdings grundlegend verändert hat, das ist der Rahmen, in dem sich das abspielt. Heute hängt die europäische Sicherheit nicht mehr in erster Linie vom deutsch-französischen Verhältnis ab wie 1925, sondern vom Verhältnis der beiden Supermächte zueinander. Womit allerdings zugleich gesagt ist, dass das Problem der europäischen Sicherheit eigentlich ein solches der globalen Sicherheit geworden ist. Denn das Verhältnis der USA und der Sowjetunion betrifft nicht nur Europa, sondern die ganze Welt. Es ist daher nur logisch, dass die geografisch gesehen aussereuropäischen Mächte USA und Kanada an dem heutigen Sicherheitssystem Europas ebenfalls partizipieren. Die Sowjetunion ist übrigens ebenfalls keine reine europäische Macht, sondern sie definiert sich selbst als eurasiatische Macht, als welche sie ja ein analoges asiatisches System zustande bringen möchte.

Ein Hauptunterschied zwischen dem Sicherheitssystem, das in Locarno 1925 angestrebt wurde und demjenigen, das man auf den Konferenzen von Genf und Helsinki zu begründen versuchte, liegt also einmal im geografischen Bereich. Während an dem System von heute alle europäischen Staaten partizipieren – mit der ideologisch-politisch bedingten und eher etwas skurril anmutenden Ausnahme Albaniens – ist es 1925 nur zu einem im wesentlichen westeuropäischen Sicherheitssystem gekommen, dem allerdings zwei mitteleuropäische Staaten, wenn auch nicht als vollwertige Partner angeschlossen waren. Die spezifischen geschichtlichen Bedingungen und Voraussetzungen, die zu dem System von Locarno führten, sind nun etwas näher ins Auge zu fassen.

Als sich im Oktober 1925 die Vertreter von sieben west- und osteuropäischen Regierungen zur Konferenz von Locarno zusammenfanden, waren sieben Jahre verflossen seit dem Ende des grossen Krieges von 1914–18. Aber seinen Frieden hatte Europa noch nicht gefunden. Zwar hatten die verschiedenen Verträge von 1919/20, wie sie auf der grossen Pariser Friedenskonferenz ausgehandelt worden waren, dem Kriegszustand formell ein Ende bereitet. Aber wirklichen Frieden hatten sie nicht gebracht. In West und Ost schwelten die Konflikte weiter. Deutschland hatte den Versailler Vertrag nie anders empfunden denn als «Diktatfrieden», dessen harte Bestimmungen man nur mit äusserstem Widerwillen erfüllte. Widerstand gegen diesen Friedensvertrag galt als nationale Tat, Erfüllung seiner Bedingungen als nationale Schande, ja als Verrat. Die nationalistischen Leidenschaften, die der opferreichste aller bisherigen Kriege entfesselt hatte, waren durch den Friedensschluss keineswegs abgeklungen – im Gegenteil: die Friedensverträge verschärften die alten Feindschaften und schufen neue.

Im Zentrum der damaligen europäischen Politik stand, wie erwähnt, das deutsch-französische Verhältnis. Von ihm hing in erster Linie die Frage Krieg oder Frieden ab. Zwar waren dem einst übermächtigen deutschen Adler durch den Versailler Vertrag die Flügel arg gestutzt worden. Frankreich war der grosse Sieger auf dem Kontinent und konnte doch seines Sieges nicht richtig froh werden. Es lebte in ständiger geheimer Angst vor einem Wiedererstarken des «Erbfeindes» und versuchte daher mit allen Mitteln, Deutschland nicht nur militärisch, sondern auch wirtschaftlich niederzuhalten. Um die Deutschland auferlegten Reparationen einzutreiben, haben französische Truppen noch 1923 das Ruhrgebiet besetzt. Die deutsch-französischen Beziehungen waren auf einem absoluten Tiefstand angelangt. Aber auch Deutschlands Beziehungen zu seinem neuen östlichen Nachbar, zum wiedererstandenen Polen, waren denkbar schlecht. Die grossen territorialen Verluste, die Deutschland im Osten erlitten hatte, machten für die meisten Deutschen die neue deutsch-polnische Grenze zur «blutenden Grenze». Kein verantwortlicher deutscher Politiker hätte es wagen können, diese Grenze als endgültig anzuerkennen.

Aber auch der mit so grossen Hoffnungen begrüsste Völkerbund hatte nicht gehalten, was man sich von ihm versprochen hatte. Für das besiegte Deutschland war die in Genf niedergelassene Liga der Nationen alles andere als ein Friedensinstrument, sondern vielmehr der verlängerte Arm der Siegermächte. Für das bolschewisierte Russland war die Genfer Institution ein feindlicher Klub von Kapitalisten und Imperialisten. Und der mächtigste Staat der Welt, die USA, deren Einsatz den Krieg definitiv zuungunsten Deutschlands entschieden hatte, blieb dem Völkerbund fern, obschon der amerikanische Präsident Wilson sein eifrigster Befürworter gewesen war.

Am meisten aber hat wohl zur Vergiftung der internationalen Atmosphäre das leidige Reparationenproblem beigetragen, das die wirtschaftlichen Beziehungen zwischen den Völkern weiter belastete, nachdem das internationale Handelssystem schon durch den Krieg ruiniert worden war. Und doch war es gerade auf diesem Gebiet, dass eine Wendung zum Besseren sich abzuzeichnen begann. Nach dem Ruhrkonflikt, der praktisch einem unerklärten Kriegszustand zwischen Deutschland und Frankreich gleichkam, begann man sich, unter Führung der USA, einer vernünftigeren Regelung des Reparationenproblems anzunähern, die auch den gegenseitigen wirtschaftlichen Interessen und den finanziellen Möglichkeiten Deutschlands vermehrt Rechnung trug. So kam es 1924 zum sogenannten Dawesplan – benannt nach dem späteren amerikanischen Vizepräsidenten –, den man treffend als den eigentlichen «ökonomischen» Friedensschluss bezeichnet hat. In Parallele dazu hat man das Vertragswerk von Locarno als den eigentlichen «politischen» Friedensschluss bezeichnet.

Nach monatelangem Geplänkel zwischen den verschiedenen europäischen Hauptstädten begannen die eigentlichen Konferenzgespräche zwischen den Regierungsvertretern Frankreichs, Deutschlands, Belgiens sowie Englands und Italiens, später auch Polens und der Tschechoslowakei am 5. Oktober 1925. Bereits 10 Tage später lag das umfangreiche Vertragswerk zur Unterschrift vor. Es besteht aus dem

Locarnovertrag im engeren Sinn, auch West- oder Rheinpakt genannt, sowie aus Schiedsverträgen zwischen Deutschland und seinen Nachbarn im Westen und Osten. Das Kernstück ist ein regionales Sicherheitssystem, in welchem Deutschland einerseits, Frankreich und Belgien anderseits, gegenseitig die Grenzen anerkennen, so wie sie aus dem Vertrag von Versailles hervorgegangen sind. Deutschland verzichtete somit in aller Form, auf dem Fusse der Gleichberechtigung und der Freiwilligkeit, auf Elsass-Lothringen. Gleichzeitig anerkannte Deutschland auch die Entmilitarisierung der Rheingrenze, wie sie durch Art. 42 und 43 des Versailler Vertrages vorgesehen war. Damit verpflichtete sich Deutschland, ebenfalls nun freiwillig, links des Rheins sowie in einem 50 km breiten Streifen rechts des Rheins, keine Truppen zu stationieren oder Befestigungen anzulegen. Darüberhinaus versprachen sich die drei westlichen Nachbarstaaten, in keinem Fall zu einem Angriff gegeneinander zu schreiten. Sollte einer der vertragsschliessenden Teile trotzdem eine unprovozierte Angriffshandlung begehen, so waren die andern berechtigt, und England und Italien, die als Garantiemächte fungierten, verpflichtet, gemeinsam gegen den Vertragsbrecher vorzugehen.

Der Rheinpakt ist zum Modellfall eines regionalen kollektiven Sicherheitsvertrages geworden, des ersten in der Geschichte der europäischen Politik. Das Vertragswerk war nicht zuletzt auch eine Antwort auf die schlechten Erfahrungen, die man mit den Versuchen gemacht hatte, das universale System des Völkerbundes mit wirklichem Leben zu erfüllen. Es zeigte sich nämlich, dass die Interessen von Ländern aus so verschiedenen und entfernten Weltgegenden wie etwa Europa und Latein- oder Nordamerika viel zu unterschiedlich gelagert waren, um sie unter einen Hut zu bringen. Das hatte das Schicksal des «Genfer Protokolls» deutlich gezeigt. Mit Locarno wurde nun ein neuer Weg eingeschlagen: die Sicherheit wenigstens in einer bestimmten und besonders gefährdeten Region zu gewährleisten. So kommt den Verträgen von Locarno auch in der Entwicklung des modernen Völkerrechts ein hervorragender Platz zu. Und noch aus einem andern Grunde.

Auch der Idee der Schiedsgerichtsbarkeit ist in Locarno eine Bresche in die internationalen Beziehungen geschlagen worden. Deutschland schloss zusätzlich mit seinen Nachbarn im Westen und im Osten Schiedsabkommen ab, wonach alle Streitfragen friedlich, notfalls schiedsgerichtlich beigelegt werden sollten. Dabei war übrigens auch dem schweizerischen Bundespräsidenten eine besondere schiedsgerichtliche Rolle zugedacht. Wie fortschrittlich diese Regelung von 1925 gewesen ist, lässt sich daran ermessen, dass der von der Schweiz eingebrachte analoge Vorschlag auf der Genfer Konferenz für europäische Sicherheit 1975 sich nicht durchzusetzen vermochte: Wir sind also 50 Jahre nach Locarno noch nicht einmal dort, wo man 1925 bereits einmal war: Mehr kann wohl über die zukunftsweisende Bedeutung der Locarnoverträge nicht gesagt werden.

Führende Völkerbundspolitiker entwarfen eine Konzeption, wonach die internationale Sicherheit durch die Ausarbeitung weiterer solcher regionaler Vereinbarungen erhöht werden sollte, bis einmal die ganze Welt von einem Netz solcher Regionalabkommen überzogen sein würde. Zu den wärmsten Befürwortern eines solchen schrittweisen Vorgehens gehörte der tschechische Aussenminister Benesch, der ja sein Land ebenfalls in Locarno vertreten hat. Das Schlichtungs- und Schiedsabkommen mit Deutschland hat Benesch selbst vor dem tschechischen Parlament als grossen Fortschritt bezeichnet. Dessen sollte man sich erinnern, wenn es heute Mode geworden ist, diesen Schiedsabkommen jeglichen Wert abzusprechen.

Natürlich prallten auch auf der Konferenz von Locarno die unterschiedlichen Interessen mitunter hart aufeinander. Es entspräche nicht der geschichtlichen Wirklichkeit, die Dinge so darzustellen, als ob sich die Vertreter der ehemals verfeindeten Mächte nun wie schwärmerische Pazifisten in die Arme gesunken wären – bei allem Respekt vor dem milden Klima des Lago Maggiore, so rasch vermochte es doch nicht das Eis aufzutauen, das sich in langen Jahren in den zwischenstaatlichen Beziehungen angesammelt hatte. Die Politiker von Locarno waren keine weltfremden Idealisten. Sie wussten vielmehr sehr wohl die Interessen ihrer Länder wahrzunehmen.

Deutschlands Aussenminister Gustav Stresemann ging es darum, sein Land aus der Isolierung herauszuführen, es von den schlimmsten Fesseln des Versailler Vertrages zu befreien und es wieder als gleichberechtigte Macht ins europäische Konzert zurückzuführen. Frankreich sollte daran gehindert werden, zu einer Politik der militärischen Gewaltanwendung zurückzukehren wie während der Ruhrbesetzung von 1923. Der Leiter der französischen Aussenpolitik, Aristide Briand, hatte erkannt, dass es auf die Dauer unmöglich war, Deutschland mit Gewalt niederzuhalten – nicht zuletzt weil die eigenen Alliierten, England an der Spitze, aber auch Belgien, von den USA ganz zu schweigen, eine solche Politik auf die Dauer nicht mehr mitzumachen gewillt waren. So ging Briand auf den deutschen Vorschlag einer freiwilligen Anerkennung der neuen Grenzen im Westen und deren Garantierung durch ein kollektives Sicherheitssystem ein. Die französische Sicherheit sollte nicht mehr auf eine antideutsche Konzeption abgestützt werden, sondern mehr auf eine Zusammenarbeit mit dem ehemaligen Kriegsgegner. Dabei war es für Frankreich von grundlegender Bedeutung, dass sein wichtigster Kriegsverbündeter England an einem solchen System partizipierte. Nach etwelchem Zögern hat die britische Regierung eine solche Garantiefunktion übernommen, weil sie in Einklang zu stehen schien mit der Maxime, von der sich die britische Europapolitik seit je hatte leiten lassen, nämlich dem «Balance of Power». Wie England wegen der drohenden deutschen Hegemonie 1914 in den Weltkrieg eingetreten war, so war es nach 1918 keineswegs an einem allzugrossen französischen Übergewicht interessiert. Eine weitere Schwächung Deutschlands wünschten die Engländer aus politischen wie wirtschaftlichen Gründen nicht. Deutschland war vor 1914 zwar Englands wichtigster Konkurrent aber auch Handelspartner gewesen. Politisch aber spielte das nun zur demokratischen Republik gewordene Deutschland die Rolle eines Bollwerkes gegen die Ausbreitung des russischen Bolschewismus. Man sieht, die Konstellation war einer Wiederaufwertung Deutschlands als gleichberechtigte Macht ausserordentlich günstig. In der selben Richtung machte sich auch der amerikanische Einfluss geltend. Er war jedenfalls in der Vorgeschichte der Locarnoverträge grösser als man lange angenommen hat. In einer Rede vor dem Kongress im November 1925 hat der amerikanische Präsident Coolidge die Befriedung Europas sogar dem grossen Einfluss der USA zugeschrieben. Die Verträge von Locarno begrüsste er aufs wärmste.

Es liegt auf der Hand, dass die Begleitmusik, die aus Moskau ertönte, weniger harmonisch klang. Man glaubte im Kreml – oder behauptete wenigstens, es zu glauben – es handle sich um eine antisowjetische Verschwörung kapitalistischer Mächte, die da im Gange war. Man tat alles, um insbesondere eine Einbeziehung Deutschlands in eine westeuropäische Kombination zu verhindern und übte entsprechend scharfen Druck auf die deutsche Regierung aus. Tatsächlich sollte es den Sowjets dann auch gelingen, in einem sogenannten Neutralitätsvertrag mit Deutschland die «Gefahr» einer antisowjetischen Frontbildung abzuwenden. Bestand überhaupt eine solche Gefahr? Der Historiker, der sich auf die Dokumente stützt und nicht auf irgendeine Ideologie, wird diese Frage ohne weiteres verneinen können. Eine solche Gefahr einer «kapitalistischen» Einheitsfront gegen das bolschewistische Russland bestand schon aus dem einfachen Grunde zu keinem Zeitpunkt, weil die deutschen Interessen dem völlig widersprachen. Im Gegenteil: starke Kräfte in der deutschen Politik, Wirtschaft und insbesondere Armee, also gerade konservative und nationalistische Elemente, setzten vielmehr auf die russische Karte als auf die westliche. Denn nur Russland, so glaubte und hoffte man in diesen Kreisen, könnte Deutschland einmal zur Revision der nie akzeptierten Grenzen mit dem neuen polnischen Staat verhelfen. Diese Hoffnung stützte sich nicht zuletzt auch auf die Tatsache, dass auch Russland weite Gebiete an diesen neuen polnischen Staat verloren hatte. Die Hoffnung war allerdings verfrüht, aber wie die Geschichte zeigen sollte, nicht grundlos. Demgegenüber wollte Frankreich das genaue Gegenteil, nämlich eine Respektierung der neuen Ostgrenzen deutscherseits, was es allerdings nicht im gewünschten Umfange erreichen sollte.

Polen war, wie ein Diplomat mit Recht feststellte, der «Schlüssel der Politik». Die unbefriedigende Grenzregelung zwischen Deutschland und Polen (Korridor und Danzig vor allem), über welche schon die Friedensmacher von Versailles in Zwist geraten waren, blieb das neuralgische Problem während der ganzen Zwischenkriegszeit. Polens neue Grösse beruhte auf Voraussetzungen, die alles andere als auf Fels gebaut waren, nämlich dass der Schwächezustand seiner beiden grossen Nachbarstaaten nicht nur vorübergehender Natur war und dass sein wichtigster Verbündeter Frankreich ihm auch effektiv helfen würde. Sehr treffend charakterisierte der schweizerische Gesandte in Warschau gerade im Jahre 1925 die potentiell keineswegs gemütliche Lage des polnischen Staates. «Von den Russen und den Deutschen zwischen Hammer und Amboss gehalten», so berichtete er nach Bern, werde sich Polen in der Gefahr daran erinnern müssen, «dass Gott zu hoch oben ist und Frankreich zu weit entfernt ist». Mit geradezu prophetischer Voraussicht hat dieser Schweizer Diplomat die dunkle Lage vom Vorabend des zweiten Weltkrieges beschworen. Ueberhaupt enthalten die Berichte der schweizerischen Diplomaten, die wir in unserem Seminar zum ersten Mal systematisch ausgewertet haben, ausserordentlich wertvolle Informationen, die auf manches Ereignis und manche Persönlichkeit neues Licht zu werfen vermögen.

Noch ein Wort über Italien. Dass Mussolini ebenfalls auf der Konferenz von Locarno erschien – wenn auch in Form eines propagandistisch sehr wohl berechneten Solo-Auftritts – mag rückblickend als Schönheitsfehler empfunden werden. Doch muss der Historiker gerechterweise feststellen, dass das faschistische System im Jahre 1925 noch nicht in seiner ganzen Verworfenheit erkannt werden konnte. Im übrigen ging es ja nicht um eine Beurteilung oder gar Anerkennung des Faschismus als Ideologie, sondern um den Einbezug Italiens als Siegermacht in das geplante europäische Sicherheitssystem. Wenn Mussolini nun nach langem Schwanken schliesslich grünes Licht dafür gab, dass auch Italien als Garantie-Macht partizipieren sollte, so tat er dies weniger aus eigenen realen Interessen, sondern weil es dem Duce schmeichelte, auf der europäischen Bühne gleichberechtigt neben dem britischen Empire auftreten zu können. Das Prestige war also letztlich ausschlaggebend; denn sein ursprüngliches Ziel, sich bei dieser Gelegenheit die Brennergrenze garantieren zu lassen, hat er nämlich nicht erreicht.

Weder Stresemann noch Briand waren also weltfremde Idealisten. Was sie zusammenführte und zur Einigung von Locarno kommen liess, war die gemeinsame Überzeugung, dass den Interessen beider Länder besser gedient war, wenn politische Sicherheit und wirtschaftliche Prosperität auf Zusammenarbeit und nicht auf Gewaltpolitik herkömmlichen Stils aufbauten. Weder die deutsche noch die französische Delegation konnten an diese Zusammenarbeit indessen Konzessionen leisten, die über ein gewisses Mass hinausgingen. Denn beide hatten sich vor einem ausserordentlich kritischen und teilweise misstrauischen Parlament und Volk zu verantworten. Dass der deutsche Aussenminister dabei einen viel schwereren Stand hatte, zeigt sowohl die Reaktion der öffentlichen Meinung in Deutschland wie dann vor allem auch die Ratifikationsdebatte im deutschen Reichstag. Während die beiden französischen Kammern das Vertragswerk mit überwältigenden Mehrheiten befürworteten (Kammer 413:71, Senat sogar 274:6), kam im deutschen Reichstag nur eine Mehrheit von etwas mehr als 3:2 zustande (292:174).

Dabei ist interessant, dass es in beiden Ländern eine «Unheilige Allianz» zwischen Nationalisten und Kommunisten bzw. Rechts- und Linksextremisten gab, besonders deutlich in Deutschland. Nationalistisch gesinnte Kreise lehnten das Vertragswerk ab, weil sie überhaupt jegliche Konzession an den ehemaligen Feind als verdammenswert ansahen und diesem nach wie vor zutiefst misstrauten; die Kommunisten waren dagegen, weil es Moskau so wollte, aus welchen Motiven haben wir gesehen. Natürlich fiel es den Gegnern der Verträge leicht, durch Zitieren von chauvinistischen oder revanchistischen Stimmen aus den andern Ländern Punkte für sich zu sammeln. Wenn man das, was in Locarno erreicht wurde, in den richtigen Proportionen sehen will, dann muss man sich immer wieder vergegenwärtigen, wie verfahren die Situation vorher war. Es grenzte wirklich an ein «Wunder», wie eine Schweizer Zeitung schrieb, dass es gelang, innerhalb weniger Monate von einer emotional aufgeladenen Atmosphäre voll Hass und Bitterkeit zu einer Konferenz zu gelangen, die trotz aller bleibenden Probleme doch durch gegenseitiges Vertrauen gekennzeichnet war.

Die Ausgangslage war ja auch alles andere als einfach gewesen. Der Frieden von Versailles, der in Deutschland von rechts bis links als «Diktat» bezeichnet wurde, hatte zu einer masslosen Verhärtung der Fronten geführt. Wie Frankreich alles Heil von diesem Frieden erwartete bzw. von dessen strikter Anwendung und Erfüllung, kam für Deutschland umgekehrt alles Unheil aus diesem unseligen Vertrag, dessen Revision sozusagen a priori zur aussenpolitischen Maxime Nr. 1 jeder deutschen Regierung werden musste. Gegensätzlicher konnten die Standpunkte also kaum sein. Wenn aus dieser Sackgasse schliesslich doch ein Ausweg gefunden wurde, dann eben durch die sich anbahnende Erkenntnis, dass mit einer Politik der absoluten Konfrontation auf die Dauer niemandem gedient war.

Was Deutschland anbetrifft, gehen zwar die Meinungen der Historiker über die letzten Intentionen Stresemanns auch heute noch oder heute gerade wieder auseinander. Ich schliesse mich jener Auffassung an, wonach es zum Kern von Stresemanns aussenpolitischer Konzeption gehörte, eine Isolierung Deutschlands zu verhindern und gleichzeitig die schlimmsten Fesseln des Versailler Vertrages zu beseitigen.

Im sogenannten Ruhrkampf hatte er auf schmerzliche Weise erfahren müssen, dass Deutschland bei einer machtpolitischen Konfrontation mit Frankreich auf jeden Fall am kürzeren Hebelarm sass. Es macht seine staatsmännische Grösse aus, dass er nicht nur eingesehen hat, dass es keine Alternative für seine Politik der konstruktiven Zusammenarbeit geben konnte, sondern dass er diese Politik gegen ein Heer von inneren Gegnern schliesslich durchgesetzt hat. Wie kühn es von Stresemann war, Frankreich die Anerkennung der Grenzen im Westen anzubieten, kann man etwa daran ermessen, dass er sich in einer Kabinettssitzung von General von Seeckt, dem Oberbefehlshaber der Reichswehr, sagen lassen musste, Deutschland dürfe auf Elsass-Lothringen unter keinen Umständen verzichten, vielmehr habe es stets an die Wiedergewinnung der verlorenen Territorien zu denken, und dies werde nie durch Verträge, sondern nur durch Waffen erreicht. Und so wie der Herr General dachten auch viele Politiker, bis in Stresemanns eigene Partei hinein. Nur dass keiner von ihnen wusste, wie man unter den gegebenen Bedingungen zu diesen Waffen kommen wollte!

Stresemann hat seine Initiative sozusagen aus der strategischen Defensive heraus gestartet, nämlich sowohl eine französisch-britische Entente wie ein französisch-russisches Zusammenspiel auf Kosten Deutschlands abzuwehren. Weil er diese Gefahren als sehr hoch einschätzte, war er auch bereit, zu deren Vermeidung einen relativ hohen Preis zu zahlen – so hoch, dass er zunächst fast allein dastand. Er, der ausgezogen war, Deutschlands Isolierung zu verhindern, sah sich plötzlich selbst isoliert. Keiner der beteiligten Staatsmänner hatte für den Durchbruch nach Locarno und anschliessend für die Genehmigung des Vertragswerkes so hart zu kämpfen wie der deutsche Aussenminister. Wir betonen das deshalb so sehr, weil erst von hier aus richtig beurteilt werden kann, wie absurd die gerade auch heute wieder vertretene These ist, Stresemann sei im Grunde ein Revanchepolitiker gewesen, der Hitlers Politik nur mit andern Mitteln vorbereitet habe. Als ob Hitlers Gewaltpolitik nicht vielmehr über die Leiche der Locarnoverträge geführt hat!

Es ist richtig, dass es kein «Ostlocarno» gegeben hat, wie man in der damaligen diplomatischen Sprache zu sagen pflegte, also keine analoge Anerkennung des territorialen status quo im Osten. Die deutsche Regierung war nur bereit, mit den östlichen Nachbarn Schiedsverträge abzuschliessen, d.h. auf Gewaltanwendung zu verzichten, wozu Deutschland nach seinem Beitritt zum Völkerbund ohnehin verpflichtet gewesen wäre. Eine Stabilisierung der Grenzverhältnisse im Sinne einer Garantie wurde nicht erreicht. Dieser Punkt hat ebenfalls zu manchen Kontroversen Anlass gegeben, bis auf den heutigen Tag. Zunächst wird man von der unbestreitbaren Feststellung ausgehen müssen, dass eine definitive Anerkennung der östlichen Grenzregelungen, die immerhin zu einer territorialen Zerreissung Deutschlands geführt hatten, auf eine ekrasante Opposition in Deutschland gestossen wäre. Jede Regierung, die so etwas angeboten hätte, wäre sofort gestürzt worden. Stresemann daher einen Vorwurf daraus zu machen oder gar einen Strick daraus zu drehen, dass er auf dieses französische Ersuchen nicht eingegangen ist, heisst ganz einfach, an den politischen Realitäten vorbeisehen. Schliesslich war ja auch England nicht bereit, an Deutschlands Ostgrenzen die Funktion einer Garantiemacht zu übernehmen, wie es dies am Rhein getan hat.

Wie ist das Problem des deutschen Revisionismus zu beurteilen? Dass Stresemann selbst diese Ostgrenze nicht als definitiv angesehen hat, ist unbestritten. Eine doppelbödige Politik kann dies insofern nicht genannt werden, als ja friedliche Revision nicht ausgeschlossen wurde. (Aehnliches gilt übrigens für die heutige Grenze zwischen den beiden Deutschland auf Grund des Textes von Helsinki). Dass sich Stresemann über die Möglichkeiten solch friedlicher Revision im Osten gewissen Illusionen hingegeben hat, steht auf einem andern Blatt. Auch hat er offensichtlich, wozu die Deutschen ganz allgemein neigten, den nationalen Lebenswillen des neuen polnischen Staates, der über alle Realitäten hinaus den Status einer Grossmacht anstrebte, erheblich unterschätzt. Ebenso unbestritten ist es, dass deutsche Nationalisten und Militaristen schon damals weit weniger friedliche Absichten hegten und von einem, gemeinsam mit der Sowjetunion zu veranstaltenden Vernichtungsfeldzug gegen das verhasste Polen träumten, oder sogar einen lokalisierten deutsch-polnischen Krieg für möglich hielten.

Was Stresemann von solchen gefährlichen Träumereien hielt – es waren im Grunde ja nur Präludien auf Hitlers Politik – kommt in sehr bezeichnender Weise zum Ausdruck, wenn er ironische Randbemerkungen zu einem Kriegsspielpapier der Reichswehr machte. Darin war ein solcher lokalisierter Krieg gegen Polen angenommen worden unter der Annahme, «dass einerseits unsere Beziehungen zu Frankreich so sehr gefestigt sind, dass mit seinem Eingreifen gegen uns nicht gerechnet zu werden braucht, anderseits Russland von innenpolitischen Kämpfen so sehr in Anspruch genommen ist, dass es keine Bedrohung darstellt». Stresemann vermerkte dazu: «Ferner wird anscheinend angenommen, dass England das Opfer eines Seebebens wurde und Amerika teils durch Wirbelstürme, teils durch falsche Spekulationen dem Ruin anheimfiel, während die Tschechoslowakei vollständig mit dem Abschluss von Konkordatsverhandlungen beschäftigt war».

Diese kleine Episode zeigt uns auf eindrückliche Art, durch welchen Abgrund Denk- und Handlungsweise eines Stresemann und eines Hitler voneinander getrennt sind. Denn mit dem gleichen fahrlässigen Dilettantismus, der hier Stresemanns Sarkasmus herausfordert, sollte nur 10 Jahre später der Führer des Dritten Reiches seine militärpolitischen Lagebeurteilungen vornehmen, indem er die Faktoren Grossbritannien oder gar USA vernachlässigte, und Europa damit in einen weiteren furchtbaren Krieg stürzen.

Wenn Stresemann von manchen Historikern auch im Westen als Vorbereiter Hitlers dargestellt wird – im sowjetischen Osten ist dies sogar die offizielle These – so sollte doch auch nicht übersehen werden, dass 1933 jene Kräfte an die Macht gekommen sind, die zu den schärfsten Gegnern Stresemanns gehört hatten und die nicht davor zurückgeschreckt waren, ihn wegen Locarno einen Landesverräter zu schimpfen. Ich bin gerade kürzlich wieder, anlässlich eines internationalen Kongresses der Jugoslawischen Akademie der Wissenschaften, mit der von östlichen Historikern vertretenen These konfrontiert worden, wonach von Locarno über München eine direkte Linie in den zweiten Weltkrieg führe. Diese Theorie ist vom sowjetischen Historiker Melnikow zum 50. Jahrestag der Locarnoverträge 1975 wieder aufgewärmt worden; sie hat zwar sehr viel mit Ideologie, aber offensichtlich wenig mit historischer Wissenschaft zu tun. Für einen Historiker, der die Dinge nicht auf den Kopf stellt, führt der Weg in den zweiten Weltkrieg nicht über den Abschluss der Locarnoverträge, sondern vielmehr über den Bruch dieser Verträge durch die Remilitarisierung des Rheinlandes im Jahre 1936. Mit diesem Coup revolutionierte Hitler die politische und strategische Lage Europas und schuf damit die entscheidende Voraussetzung für seine kriegerischen Abenteuer, zunächst gegen die Tschechoslowakei und Polen und dann gegen die westeuropäischen Staaten.

Es ist einleuchtend, dass auch das Urteil der Geschichtsschreibung nicht ungetrübt von diesen verhängnisvollen Ereignissen von 1936 geblieben ist. Dies zeigt sich besonders deutlich am Beispiel der französischen Historiographie. Während die Ergebnisse von Locarno damals (1925) in der französischen Oeffentlichkeit überwiegend positiv beurteilt wurden, wie dies ja auch in den parlamentarischen Debatten zum Ausdruck kam, urteilen französische Historiker rückblickend sehr skeptisch. Einer der führenden Spezialisten meint über Locarno: «Plutôt qu'un grand succès, c'était une grande illusion.» Erfolg und Misserfolg entscheiden eben in hohem Masse über den Platz, den eine Aktion oder auch eine Persönlichkeit in der Geschichte oder im geschichtlichen Bewusstsein schliesslich einnimmt. Trotzdem sollte man sich davor hüten, ausschliesslich post festum zu urteilen, d.h. im Lichte all dessen, was nachher passiert ist. Vielmehr sollte sich der Historiker befleissigen, auch ex eventu zu urteilen, d.h. unter Berücksichtigung der damaligen Umstände und Möglichkeiten, Voraussetzungen und Bedingungen.

Wer so urteilt, wird zum Schluss kommen müssen, dass Locarno ein grosser diplomatischer Erfolg gewesen ist, wenn man an die Hindernisse denkt, die dem entgegenstanden. Man hatte weitherum das Gefühl, dass erst jetzt der wahre Frieden zwischen den ehemaligen Kriegsgegnern abgeschlossen worden sei. Locarno bedeutete eine grosse Hoffnung und eine grosse Chance – die letzte Chance Europas, wie sich zeigen sollte. Die Zeitgenossen hofften, das Tor zu einer neuen Periode friedlichen Zusammenlebens der europäischen Völker sei nun endgültig aufgestossen. In diesem Sinne äusserten sich auch die Männer, die die Verträge mit ihren Namen unterzeichneten. Nicht umsonst erhielten drei von ihnen den Friedensnobelpreis. (Er stand damals noch wesentlich höher im Kurs als heute!)

Auch die schweizerische Oeffentlichkeit nahm lebhaften Anteil an dem geschichtlichen Schauspiel, das sich in dieser schweizerischen Stadt abspielte. Eine Berner Dissertation, die das aussenpolitische Bewusstsein der öffentlichen Meinung in der Schweiz untersucht hat, kommt zu dem Urteil, dass die grosse Mehrheit des Schweizervolkes den 16. Oktober 1925, Tag der Unterzeichnung der Verträge, als ein historisches Datum ersten Ranges gefeiert habe. In der Presse war die Rede von einem «grossen und guten Friedenswerk», von einem «Statut eines einheitlichen Europas», ja von einem «Wunder». Man stellte mit Genugtuung fest, dass die Locarnopolitik «sozusagen die spezifisch schweizerische Tendenz verwirklicht», wobei man vor allem an den Sieg des Prinzips der Schiedsgerichtsbarkeit dachte, das ja seit Jahrzehnten schon ein bevorzugtes Instrument schweizerischer Friedenspolitik gewesen war.

Alle diese Hoffnungen sollten grausam enttäuscht werden, schon Jahre vor dem endgültigen Bruch der Verträge durch Hitler. Schon die «Machtergreifung» durch die braunen Horden im Jahre 1933 war ein tödlicher Schlag für den «Geist von Locarno»; denn dieser war unvereinbar mit dem braunen Ungeist, der von nun an Deutschland beherrschte. Aber nachdem Europa durch die lange Nacht des Nazismus und des Krieges hindurchgegangen war, zeigte sich, dass der «Geist von Locarno» nicht tot war. 25 Jahre nach Locarno konnten die Männer, die ein vereinigtes Europa erstrebten, den Faden wieder aufnehmen, den man 1925 in Locarno gesponnen hatte.

Wenn an unserer Erinnerungsfeier auch der Europarat vertreten ist, und zwar durch Repräsentanten jener fünf westeuropäischen Länder, die vor 50 Jahren hier den Sicherheitsvertrag abgeschlossen haben, so hat das mehr als symbolische Bedeutung. Es ist ein Bekenntnis – ein Bekenntnis zum «Geist von Locarno». Sicher ging es damals 1925 zunächst nur um europäische Sicherheit und noch nicht um europäische Vereinigung, ging es um Versöhnung und noch nicht um Verbündung. Aber von Locarno führt ein direkter Weg zu den Europaplänen Briands von 1929, denen im Prinzip auch Stresemann in seiner letzten grossen Völkerbundsrede vor seinem allzufrühen Tode zugestimmt hat. Und man vergisst meistens, dass die Idee eines vereinigten Europas, wie sie vor allem vom Grafen Coudenhove-Kalergi unermüdlich propagiert wurde, zur Zeit von Locarno bereits einflussreiche Anhänger hatte. Kein Geringerer als der französische Ministerpräsident Herriot rief im Januar 1925 in einer Rede aus: «Mon plus grand désir est de voir un jour apparaître les Etats-Unis d'Europe . . .» Und der französische Historiker Duroselle betont, dass es das erste Mal in der Geschichte war – abgesehen von dem Intermezzo Napoleon III. – dass ein europäischer Regierungschef sich für die Realisierung dieser Idee ausgesprochen habe. Januar 1925 – das war gerade der Zeitpunkt, da man in Berlin an dem historischen Memorandum arbeitete, in welchem Stresemann die Initiative ergriff, die nach Locarno führen sollte. Kein Wunder, dass sie in Frankreich auf fruchtbaren Boden gefallen ist.

Dass sich diese konstruktiven Kräfte der europäischen Politik nicht auf die Dauer zu behaupten vermochten – insbesondere in Deutschland nicht – besiegelte das Schicksal der Locarnoverträge und damit auch des Friedens. Wie die Unterzeichnung des Vertragswerkes den ersten Weltkrieg erst wirklich beendete, so markierte die Verletzung dieses Friedenswerkes durch die nationalsozialistische Gewaltpolitik den Beginn des zweiten Weltkrieges. Nichts vermöchte deutlicher den Stellenwert des Vertragswerkes von Locarno in der Geschichte zu erhellen.

1975

Das Gespenst von Jalta

Ein Gespenst geht um in Europa – das Gespenst von Jalta. So könnte man in Abwandlung eines berühmten geflügelten Wortes sagen. Mit schöner Regelmässigkeit taucht dieses Gespenst aus der Vergangenheit auf, wenn die Sowjetunion wieder einmal, sei es direkt oder indirekt, eines der um mehr Freiheit und Selbstbestimmung ringenden Völker in ihrem Satellitenreich vergewaltigt: 1956 Ungarn, 1968 die Tschechoslowakei und heute nun Polen. Da könne man, d.h. der freie Westen, eben nichts machen, heisst es jeweils, denn das spiele sich doch in der sowjetischen Interessensphäre ab, und das habe man eben zu respektieren. Es mag ja sein, dass es heute, politisch gesehen, so etwas wie Einflusszonen der Supermächte in Europa gibt. Dass diese aber, insbesondere die sowjetische Zone, jemals rechtlich sozusagen abgesegnet worden wären, davon kann keine Rede sein, jedenfalls nicht im Zusammenhang mit der Konferenz von Jalta Anfang 1945. Aber gerade das behauptete neben andern kürzlich auch Bundeskanzler Schmidt in einem Interview mit der «New York Times»: In Jalta sei Europa in zwei Einflusssphären aufgeteilt worden, was zwar beklagt werden könne, aber dennoch den Westen daran hindere, die Entwicklung in Osteuropa beeinflussen zu können. In ähnlichem Sinne hat auch der französische Staatspräsident Mitterrand die «Teilung» von Jalta beklagt, wenn er auch nicht die gleichen resignierenden politischen Konsequenzen gezogen hat.

Was ist davon zu halten? Haben die westlichen Staatsmänner seinerzeit auf dieser viel berufenen Konferenz, die vom 4. bis zum 11. Februar 1945 auf der Krim stattgefunden hat, wirklich ganz Osteuropa den Sowjets auf Gedeih und Verderb ausgeliefert? Und hat insbesondere der damalige amerikanische Präsident Roosevelt wirklich einer solchen «Teilung» Europas in eine westliche und eine östliche Interessensphäre ausdrücklich zugestimmt? Können sich infolgedessen die Sowjets mit Recht auf ein solches «Abkommen» berufen, wenn sie in ihrem Einflussbereich schalten und walten, wie es ihnen beliebt?

Es ist offensichtlich, dass die richtige Beantwortung solcher Fragen nicht nur von historischem Interesse ist. Denn es macht doch wohl einen Unterschied, ob die Sowjets ihre freiheitsfeindliche Politik in Osteuropa mit einem solchen «Übereinkommen» rechtfertigen können oder ob diese Politik nicht vielmehr gerade gegen die damaligen vertraglichen Abmachungen verstösst. Nun, wer die Dokumente zur Kenntnis nimmt, die über die Vorgänge und Beschlüsse jener folgenschweren Konferenz informieren, wird bald einmal feststellen, dass die Behauptung von einer

«Teilung» Europas ohne jegliche Grundlage ist. Die «Weltteilung» von Jalta ist eine Legende, und sie bleibt eine Legende, auch wenn sie von noch so prominenten Persönlichkeiten verbreitet wird.

Als die Konferenz von Jalta zusammentrat – es war die mittlere von insgesamt drei Gipfelkonferenzen der «Grossen Drei», USA, Grossbritannien und Sowjetunion, während des Zweiten Weltkrieges –, da neigte sich dieser Krieg, jedenfalls in Europa, seinem Ende zu. Im Osten und Westen waren die Alliierten bis an die Grenzen Deutschlands vorgedrungen. Es ergab sich damit die Notwendigkeit, auf einer solchen Gipfelkonferenz die dringenden Probleme der Friedensregelung und der Nachkriegsordnung zu beraten: Gründung der Vereinten Nationen, Behandlung Deutschlands, Schicksal der von der nationalsozialistischen Herrschaft befreiten Völker, insbesondere Osteuropas und des Balkans. Letzter Punkt bereitete den westlichen Staatsmännern, insbesondere Churchill, grosse Sorge. Denn diese Länder waren sukzessive von der Roten Armee erobert worden (oder standen kurz davor), und es bestand die Gefahr, dass Stalin dort vollendete Tatsachen schaffen werde. Gerade hinsichtlich Polens hatte der sowjetische Diktator einen Monat vor Jalta ein solches «fait accompli» geschaffen: Am 5. Januar 1945 hatte die Sowjetunion das «Lubliner Komitee» als provisorische Regierung Polens anerkannt, und zwar entgegen dem ausdrücklichen Wunsch ihrer westlichen Verbündeten. So gab es nun zwei polnische Regierungen: die praktisch von der ganzen Welt anerkannte Exilregierung in London und nun die provisorische Regierung von Sowjets Gnaden. Der Streit um Polen war also bereits in vollem Gang, als die drei Grossen zu ihrer Konferenz zusammentraten. Roosevelt und Churchill aber kamen keineswegs nach Jalta, um die einseitigen Entschlüsse Stalins zu sanktionieren, sondern vielmehr, um sie zu revidieren. Das gilt ganz besonders für den Fall Polen.

Weder Churchill noch Roosevelt liessen Zweifel an ihrem Willen aufkommen, dass sie ein «freies, unabhängiges und demokratisches» Polen wollten. Etwas anderes würde vor ihren Völkern und ihren Parlamenten auch gar keine Gnade finden. Zu diesem Zwecke sollte eine polnische Regierung gebildet werden, die dem Willen des polnischen Volkes entsprach, und die westlichen Staatsmänner machten sehr deutlich, dass ihrer Ansicht nach das «Lubliner Komitee» diese Bedingung keineswegs erfüllte. Deshalb verlangten sie, dass die amtierende Regierung «auf breiterer demokratischer Grundlage unter Einbeziehung demokratischer Persönlichkeiten aus Polen selbst und von Polen aus dem Ausland» umgebildet werden sollte. Die zweimalige Verwendung des Begriffs «demokratisch» in dieser Formel ist natürlich nicht zufällig. Es sollte ein Gegengewicht gebildet werden gegen den kommunistischen Einfluss in Polen. Die derart umgebildete polnische Regierung sollte sich verpflichten, «sobald wie möglich allgemeine, geheime, freie und unbeeinflusste Wahlen abzuhalten, an denen teilzunehmen und für die Kandidaten aufzustellen alle demokratischen Parteien berechtigt sind, so dass daraus eine Regierung hervorgeht, die dem wahren Willen des polnischen Volkes entspricht».

So steht es im anglo-amerikanischen Vorschlag, der auf der Konferenz eingebracht wurde. Kann jemand bestreiten, dass diese Forderungen voll und ganz westlichen Vorstellungen von Freiheit und Demokratie entsprechen? Das Erstaunliche aber war, dass Stalin dieser Forderung durchaus zustimmte. Auf eine Frage des US-Präsidenten, wann denn solche Wahlen abgehalten werden könnten, antwortete er (und zwar nach dem sowjetischen Protokoll der Verhandlungen): «Die Wahlen könnten in einem Monat stattfinden, falls es an der Front nicht zu einer Katastrophe käme und die Deutschen die Alliierten nicht schlagen . . .» (!) Natürlich kam es nicht zu einer «Katastrophe» (der sowjetische Diktator beliebte zu scherzen), aber die versprochenen freien Wahlen fanden keineswegs innerhalb eines Monats statt – sie fanden überhaupt nicht statt.

Aber nicht nur für Freiheit und Unabhängigkeit Polens haben sich Churchill und auch Roosevelt eingesetzt – dieser verwies u.a. auch auf die vielen Millionen amerikanischer Bürger polnischer Abstammung –, sondern für eine analoge Behandlung auch aller andern im sowjetischen Machtbereich gelegenen Länder und Völker. Davon zeugt die sogenannte «Erklärung über das befreite Europa», die zu den offiziellen Dokumenten der Jalta-Konferenz zählt und die Unterschriften der drei Grossen trägt. Doch die verlangten freien Wahlen sind nur in einem einzigen späteren Satellitenstaat abgehalten worden, in Ungarn. Das Resultat war indessen so katastrophal für die zur Macht drängenden Kommunisten, dass das gefährliche Experiment nirgends wiederholt wurde, auch in Polen nicht.

Dass von einer freiwilligen oder gar vertraglichen Überlassung Osteuropas an die Sowjetunion keine Rede sein kann, zeigt auch das Verhalten der westlichen Partner, als sehr bald deutlich wurde, wie wenig die Sowjetführer gewillt waren, ihre in Jalta feierlich unterzeichneten Versprechen auch einzuhalten. So protestierten sie, und zwar unter ausdrücklichem Hinweis auf die Abmachungen von Jalta, z.B. gegen das sowjetische Vorgehen in Rumänien, wo Stalins Abgesandter Wyschinski bereits einen Monat nach Konferenzende mit brutaler Gewalt eine kommunistische Machtergreifung inszenierte. Ähnlich ging es in Bulgarien zu. Churchill in seinen Memoiren: «Falls es uns nicht gelang, dem zu steuern, musste die Welt in Kürze erkennen, dass wir, Roosevelt und ich, als wir unsere Unterschriften unter die Jalta-Vereinbarung setzten, einen verlogenen Wisch Papier unterzeichnet hatten.»

Was Polen anbetrifft, um das es ja heute vor allem geht (1982), so beweist der Briefwechsel zwischen Churchill und Roosevelt in den letzten Wochen vor dessen Tode – er starb plötzlich am 12. April 1945, einen Monat vor Kriegsende in Europa –, wie sehr sich die beiden Staatsmänner bemühten, Polen nicht dem sowjetischen Schicksal zu überlassen. Ein Unterschied zwischen den beiden bestand höchstens darin, dass sich Roosevelt immer noch Illusionen darüber hingab, was die wirklichen Absichten der Sowjets waren. Aber auch er schrieb in einem Brief an Stalin von Ende März 1945, als er bereits vom Tode gezeichnet war, im Hinblick auf die sowjetische Politik in Polen: «Ich muss Ihnen in aller Deutlichkeit sagen, dass jede Lösung, die nichts als eine kaum verhüllte Fortsetzung des gegenwärtigen Warschauer Regimes ergäbe, unannehmbar wäre und das amerikanische Volk veranlassen würde, die Jalta-Vereinbarungen als einen Fehlschlag zu betrachten.» Und Churchill doppelte nach, indem er Stalin vorwarf, es sei in der polnischen Angelegenheit «der Geist und teilweise nicht einmal der Buchstabe von Jalta eingehalten worden».

Der Streit über Polen zwischen den – muss man schon sagen: ehemaligen? – Kriegsverbündeten war derart heftig, dass dieses Land nicht mal an der Gründungskonferenz der Uno in San Francisco teilnehmen konnte. Polen ist keineswegs – zu diesem Schluss muss man unweigerlich kommen, wenn man die historischen Quellen konsultiert – einer sowjetischen Einflusszone zugeschlagen worden, ganz im

Gegenteil. Die westlichen Verbündeten haben sich so energisch für Polen eingesetzt, dass darüber die Kriegskoalition in die Brüche ging. Wenn das schwer geprüfte Volk seine Freiheit und Unabhängigkeit, für die es an allen Fronten so heldenmütig gekämpft hat, erneut an ein totalitäres System verlor, dann nicht deswegen, weil es in Jalta geopfert worden wäre, sondern weil die Sowjetunion entschlossen war, ihre Machtposition in Osteuropa ohne Rücksicht auf vertragliche Abmachungen restlos auszunutzen. Nicht der Konferenz von Jalta ist es zuzuschreiben, dass Polen und die andern osteuropäischen Völker unter sowjetisches Joch geraten sind, sondern dem flagranten Bruch der entsprechenden Vereinbarungen durch die Sowjetführung. Etwas anderes sollte infolgedessen auch nicht mehr behauptet werden. Gerade heute, wo wir die sowjetischen Manipulationen mit der Helsinki-Schlussakte und der KSZE-Konferenz täglich erleben, sollte es eigentlich nicht schwerfallen, das analoge Vorgehen der Sowjets von 1945 zu durchschauen.

1982

Die Sowjetunion und die europäische Sicherheit

Die Bereinigung der seit dem Zweiten Weltkrieg hängigen deutschen Frage durch die Ostverträge der Bundesrepublik mit der Sowjetunion und Polen anfang der 70er Jahre öffnete den Weg zu gesamteuropäischen Verhandlungen über Sicherheit und Zusammenarbeit in Europa. Das Zustandekommen der Konferenz erwies sich als schwierig, sollten doch auf Wunsch der Westeuropäer auch die USA und Kanada teilnehmen. Während die Sowjetunion in erster Linie auf eine vertragliche Garantie ihres im Zweiten Weltkrieg eroberten Besitzstandes abzielte, gelang es dem Westen, auch Menschenrechte und Grundfreiheiten als verbindliche Verpflichtungen in der 1975 in Helsinki unterzeichneten Schlussakte der KSZE festzuschreiben.

Auch der Europarat beschäftigte sich verschiedentlich mit Projekt und Gestaltung der Sicherheitskonferenz. In den Rahmen solcher Aussprachen gehört die nachfolgende Rede Hofers vom 1. Oktober 1969.

Der zweite Text, Hofers Abschiedsrede vor der Strassburger Versammlung am 31. Januar 1980, beschäftigt sich mit dem kurz zuvor erfolgten Einmarsch der Sowjetunion in Afghanistan. Wie die Pessimisten einer europäischen Sicherheitskonferenz befürchtet hatten – und Hofer gehörte zu diesen – nutzte die Sowjetunion die Entspannung in Europa zur Fortsetzung ihres Expansionismus an andern Grenzen.

Der Hemmschuh der Breschnew-Doktrin

Gestatten Sie mir auch einige Bemerkungen zu dem Thema der europäischen Sicherheitskonferenz. Die Politische Kommission schlägt vor, unsere Versammlung sollte die Idee einer solchen Konferenz günstig aufnehmen, wenn auch unter bestimmten Bedingungen, von denen die wichtigsten sind: der Widerruf der Breschnew-Doktrin und die Teilnahme der Vereinigten Staaten von Amerika.

Ich begrüsse es – auch wenn es eigentlich selbstverständlich sein sollte –, dass die Politische Kommission nicht bereit ist, auf dem Altar einer solchen Konferenz grundlegende Prinzipien zu opfern, ohne deren Respektierung eine freie Völkergemeinschaft gar nicht denkbar ist. Man muss sich allerdings fragen, ob eine solche Konferenz überhaupt zustandekommen wird, wenn von der Sowjetunion der Widerruf der Breschnew-Doktrin verlangt wird. Denn es fängt ja schon damit an, dass entgegen aller Evidenz in Moskau behauptet wird, eine solche Doktrin gäbe es gar nicht. Natürlich wissen wir alle, dass es sie gibt. Herr Bringolf hat gesagt, sie sei viel älter, sie sei mindestens 20 Jahre alt. Ich möchte noch weitergehen und sagen: Sie ist noch viel älter: Sie ist ganz genau 150 Jahre alt. Es ist nämlich nichts anderes als die Wiederauflage des Metternich'schen Interventionsprinzips, dessen getreulichste Erfüller wie bekannt ist die russischen Zaren gewesen sind. Die Chinesen haben leider Recht, wenn sie sagen, dass die Sowjetführer die Nachfolger der russischen Zaren sind. Die revolutionäre bzw. pseudorevolutionäre Rechtfertigung dieser Doktrin ändert also nichts daran, dass sie ausgesprochen reaktionären Charakters ist. Der einzige Unterschied zwischen der Zeit von Metternich und der heutigen besteht allenfalls darin, dass an die Stelle der Heiligen Allianz absoluter und freiheitsfeindlicher Fürsten eine unheilige Allianz ebenso absoluter und ebenso freiheitsfeindlicher Parteisekretäre getreten ist. Wenn wir den Vergleich noch weiterführen, so wissen Sie: In liberalen Kreisen hat man vor 150 Jahren Metternich deswegen als den Polizeidirektor von Europa bezeichnet. Ich sehe keinen Grund, warum man dieses Epitheton ornans nicht auch Herrn Breschnew zukommen lassen sollte.

Wenn von der Sowjetunion verlangt wird, auf die Doktrin von der beschränkten Souveränität zu verzichten, dann steht dies zwar im Einklang mit den Prinzipien der Vereinten Nationen, wie das im Bericht gesagt wird, aber es widerspricht doch ganz offensichtlich total den Interessen und Absichten der gegenwärtigen Sowjetführung. Sie wird daher höchstwahrscheinlich unter einer solchen Voraussetzung einer solchen Konferenz gar nicht zustimmen oder sie wird ein weiteres Mal ein reines Lippenbekenntnis abgeben.

Wie sehr die tatsächliche Politik der Sowjetunion den von ihr selbst immer wieder propagierten Grundsätzen widerspricht, zeigt ein Blick in die Schlusserklärung der Karlsbader Konferenz der kommunistischen Parteien, die bekanntlich im April 1967 stattgefunden hat und in der zum erstenmal diese Idee einer europäischen Sicherheitskonferenz wieder aufgewärmt worden ist. Wenn wir nachlesen, dann heisst es in diesem Dokument von 1967: «Vor der europäischen Arbeiterbewegung und allen friedliebenden und demokratischen Kräften erhebt sich die Aufgabe, nach der Entfaltung friedlicher Beziehungen und der Zusammenarbeit zwischen allen europäischen Staaten auf der Grundlage der Prinzipien der Souveränität und Gleichberechtigung zu streben.» Dann heisst es weiter – im April 1967 –: «Zu diesem Zweck ist es erforderlich, einen Vertrag abzuschliessen zwischen allen Staaten Europas über den Verzicht auf Anwendung oder Androhung von Gewalt in den gegenwärtigen Beziehungen sowie auf die Einmischung in die inneren Angelegenheiten . . .» Ich zitiere das, um Ihnen zu zeigen und vor Augen zu führen, was aus diesen Grundsätzen und Versprechungen geworden ist. Warum sollte die Sowjetunion nicht ein zweites Mal ein solches Versprechen abgeben und es ein Jahr oder zwei Jahre später wieder brechen? Machen wir uns doch klar, dass eine Absage an die Breschnew-Doktrin nichts weniger bedeuten würde als den Verzicht der Sowjetunion auf die Beherrschung ihres Satellitenreiches, das beschönigend als sozialistisches System bezeichnet wird. Eine solche Entwicklung wäre zwar ausserordentlich zu begrüssen, aber doch zu schön, um wahr zu sein. Die Voraussetzungen einer solchen prinzipiellen Wendung der Sowjetpolitik wäre doch, wie ich gestern kurz ausgeführt habe, eine Änderung des Sowjetsystems selbst, von dem sich das russische Volk zuerst selbst befreien müsste. Dass eine solche Entwicklung nicht von vornherein ausgeschlossen werden darf, habe ich gestern darzulegen versucht.

Wenn die Breschnew-Doktrin nicht mehr bestehen sollte und vor allem die Sowjetpolitik sich nicht mehr nach dieser Doktrin richten würde, dann wäre ein entscheidendes Hindernis für eine europäische Sicherheitskonferenz beseitigt, aber auch das entscheidende Hindernis für die europäische Sicherheit überhaupt. Denn diese wird nur von einer Macht bedroht. Ich hatte kürzlich mit einem osteuropäischen Diplomaten ein vertrauliches Gespräch über dieses Problem. Als ich ihn fragte, ob er nicht auch der Ansicht sei, dass die europäische Sicherheit zwar theoretisch von zwei Weltmächten bedroht werden könnte, aber doch praktisch eigentlich nur von einer bedroht werde, da stimmte er zu. Als ich ihn weiter fragte, ob wir denn die gleiche Macht meinten, da sagte er, er glaube es schon. Wenn diese Bedrohung wegfällt, dann brauchen wir gar keine Konferenz mehr, und solange sie besteht, wird auch eine Konferenz unsere Sicherheit nicht erhöhen. Gestatten Sie mir, das ganze auf diese etwas paradoxe Formel zu bringen. Man darf auch nicht ausschliessen, dass wenn es zu einer solchen Konferenz kommt und sie zu einem Misserfolg führt – und es muss ein Misserfolg werden, wenn die Staaten an ihren Positionen festhalten –, dann würde das geeignet sein, die Spannungen in Europa nicht zu verringern, sondern sie, wenn möglich, noch zu erhöhen.

Das Ziel der Sowjetunion ist offensichtlich, mit einer solchen Konferenz nicht die europäische Sicherheit, wie wir sie verstehen, zu erreichen, sondern etwas ganz anderes, nämlich Sicherung ihrer eigenen Machtposition, und das kann gewiss nicht vernünftiges Ziel westlicher Politik sein. Auch ein weiteres dauernd festgehaltenes Fernziel der Sowjetpolitik ist nicht geeignet, die europäische Sicherheit zu erhöhen, nämlich der Versuch, die Vereinigten Staaten aus Europa zu verdrängen. Das wird zwar in dem letzten Vorschlag nicht mehr so deutlich gesagt, aber das Ziel bleibt. Ein kollektives Sicherheitssystem in Europa unter Ausschluss der USA würde nichts weniger bedeuten als die Sanktionierung der sowjetischen Hegemonie in ganz Europa, oder man könnte auch sagen, kollektive Unsicherheit für ganz Europa. Europa würde dann politisch das werden, was es geographisch ist, nämlich ein Vorgebirge Asiens. Es ist nicht ganz überflüssig das hier zu sagen, denn vor nicht allzu langer Zeit gab es ja ein grosses europäisches Land, in dem die Formel vom «Europa vom Kanal bis zum Ural» sehr in Mode war, ja sogar offizielle aussenpolitische Doktrin. Ich weiss nicht, ob diese Politik immer noch verfolgt wird. Vom Standpunkt der Sicherheit aus möchte ich nur sagen: Zwischen dem Kanal und dem Ural gibt es kein Gleichgewicht, selbst wenn Europa nicht am Kanal, sondern jenseits des Kanals anfängt, was meine Ansicht ist. Wer glaubt, dass Europa oder gar ein einzelnes europäisches Land ein Gegengewicht gegen die Sowjetunion darstellen kann, gibt sich einer sträflichen Selbstüberschätzung hin, um kein schärferes Wort zu gebrauchen. Es geht nicht, wie gesagt wurde, um einen «inferiority complex», sondern um eine klare, vorurteilslose Beurteilung der machtpolitischen Lage. Wenn aber die USA dabei sein werden, was wir alle wünschen, wenn es zu einer solchen Konferenz kommen würde, dann ist das keine europäische Konferenz mehr, sondern eine Weltkonferenz, denn die Interessen der dann daran partizipierenden Staaten würden schon rein geographisch von San Francisco bis Wladiwostok gehen. Mit Recht ist gesagt worden, dass wir eigentlich dann auch den Nahen Osten einbeziehen müssten, denn das Mittelmeer ist zu einem Sicherheitsproblem Nummer eins von Europa geworden. Wenn es die amerikanische Flotte im Mittelmeer nicht geben würde, dann wären wir heute schon mit der Tatsache einer sowjetischen Hegemonie in diesem strategisch entscheidenden Gebiet konfrontiert. Das sind nur einige Argumente in aller Kürze – es sind längst nicht alle –, die uns in dieser Sache zu äusserster Vorsicht veranlassen sollten ...

Afghanistan – Warnung vor falscher Entspannungseuphorie

... Ich hatte sofort nach Bekanntwerden der Ereignisse in Afghanistan Kontakt mit Strassburg aufgenommen und eine Dringlichkeitsdebatte verlangt. Ihr Interesse, meine Damen und Herren, zeigt, dass wir richtig gehandelt haben. Es wäre sicher nicht verstanden worden, wenn wir dazu geschwiegen hätten. Zwar hat kürzlich jemand in diesem Hause gesagt, wir sollten uns mehr um unsere eigenen, europäischen Dinge kümmern. Ich glaube aber, die Debatte hat gezeigt, dass man hier wirklich sagen kann: Nostra res agitur, es geht auch um unsere Sache, wenn es sich auch geographisch weit von uns entfernt abspielt.

In der Debatte haben wir gesehen, dass es in zweierlei Hinsicht um unsere Sache geht, nämlich um unsere Prinzipien, von denen sehr viel gesprochen wurde, aber auch um unsere Interessen, von denen zwar weniger geredet wurde, die wir jedoch durchaus offen ansprechen dürfen. Denn es handelt sich bei diesem sowjetischen Vorgehen nicht nur um eine Verletzung von Grundsätzen, sondern auch um eine Gefährdung von Interessen. Die Gefährlichkeit des sowjetischen Vorgehens – das sei doch noch einmal festgestellt – besteht vor allem darin, dass jeder weitere Schritt, den die Militärmacht der Sowjetunion allenfalls tun könnte, sei es in Richtung Iran, sei es in Richtung Pakistan, Weltkriegsgefahr heraufbeschwören könnte. Darin liegt doch wohl die eigentliche Gefährdung. Hier, wenn irgendwo, zeigt sich auch die von vielen betonte Notwendigkeit der Unteilbarkeit der Entspannung. Was nützt uns Entspannung in Europa, wenn der Entspannungspartner die Situation ausnutzt, um durch eine gigantische strategische Umfassung eben dieses Europa schachmatt zu setzen! Es ist auch gesagt worden, zu einer Entspannung gäbe es keine Alternative. Dazu möchte ich doch mit aller Deutlichkeit folgendes sagen: Zu dieser Entspannung, wie sie der Entspannungspartner im Osten in den letzten Jahren betrieben hat, muss es eine Alternative geben, sonst sind wir nämlich verloren!

Es ist längst bekannt gewesen, und die Zeichen waren seit Jahren da, dass die Sowjetunion, die Sowjetführung die Entspannung anders interpretierte als wir. Aber wir wollten es nicht zur Kenntnis nehmen; auch in diesem Hause hat man es nicht zur Kenntnis nehmen wollen. Sowohl ideologisch wie auch machtpolitisch waren die Zeichen sehr deutlich zu sehen. Ich glaube, dass es infolge dessen wichtig ist, wenn wir wenigstens jetzt im Klartext darüber reden. Dass die bolschewistische Ideologie nicht nur Theorie ist, sondern eben auch praktisch immer noch ihre Wirkung hat, zeigt gerade das Beispiel Afghanistan. Ich möchte auch mit aller Deutlichkeit sagen: Solange unsere Entspannungspartner im Osten eine solche Haltung einnehmen, das heisst, solange die Grundsätze weltpolitischen Verhaltens der bolschewistischen Ideologie untergeordnet bleiben, so lange werden wir eine

Entspannung, wie wir sie uns wünschen, nicht haben, und wenn wir sie noch so oft beschwören. Wir müssen eigentlich dem Sprecher der französischen Kommunistischen Partei von gestern dankbar sein, dass er dies so deutlich gemacht hat. Denn wer internationale Politik als internationalen Klassenkampf versteht, der ist zu einer echten Entspannung, wie wir sie wollen, nicht fähig und auch nicht bereit. Es sei denn, er wird dazu gezwungen. Und dazu gezwungen werden kann dieser Partner nur – das ist gestern mehrere Male gesagt worden – durch eine entsprechende Gegenmacht. Alles andere sind meiner Ansicht nach fromme Wünsche, wenn nicht Illusionen. Wer in dieser Lage von Abrüstung redet, muss sich sagen lassen, dass die ganzen letzten Jahre der sogenannten Entspannung von der Sowjetunion ausgenützt worden sind, um eine militärische Hegemonie aufzubauen, die es ihr erlaubt, gerade solche Dinge wie in Afghanistan zu unternehmen. Mit Recht ist gesagt worden: Entspannung und militärisches Gleichgewicht gehören zusammen. Meine Damen und Herren, wir haben kein militärisches Gleichgewicht und wir haben infolgedessen auch nicht die Gewährleistung der Sicherheit.

Es ist auch gesagt worden: Ein Krieg muss unter allen Umständen vermieden werden. Damit sind wir zweifellos alle einverstanden. Wir wollen alle einen Krieg vermeiden. Der Krieg ist keine vernünftige Alternative. Die Frage ist aber, was die richtige Politik ist, um den Krieg zu vermeiden. Und niemand sollte doch übersehen, dass die sogenannten Jahre der Entspannung uns nicht dem Frieden, sondern dem Krieg näher gebracht haben. Ich lasse mich gerne bei diesem Wort behaften. Das ist wohl Grund genug, dass wir unsere weltpolitischen Konzepte einer grundlegenden Ueberprüfung unterziehen. Ich weiss, dass diese Worte nicht jedermann in diesem Haus gefallen. Aber ich glaubte, nach 12jähriger Tätigkeit in diesem Rat, bevor ich ihn verlasse, doch noch einige Dinge deutlich sagen zu können. Ich wollte diese voraussichtlich letzte Gelegenheit, bei der ich in diesem Raum eine politische Rede halten kann, dazu benützen, Ihnen aufgrund meiner politischen Erfahrung und der geschichtlichen Erkenntnis vor Augen zu führen, was ich von den Dingen halte.

Meine Damen und Herren! Wenn Sie dieses freie Europa, dieses einzigartige weltgeschichtliche Gebilde, wo Freiheit und Menschenrechte zu den tragenden Pfeilern der Gesellschaft gehören, wenn Sie dieses freie Europa erhalten und wenn Sie es Ihren Nachkommen unversehrt weitergeben wollen, dann muss man Opfer bringen, dann müssen wir mehr für seine Verteidigung tun. Betrachten Sie das als Vermächtnis eines Mannes, der seine besten Kräfte jahrelang für dieses Europa eingesetzt hat.

Entwicklungen und Perspektiven europäischer Zusammenarbeit

Wenn wir a) von den Europäischen Gemeinschaften oder vom Europaparlament reden, b) vom Europarat und von seiner parlamentarischen Versammlung und c) von der europäischen Sicherheitskonferenz, auch KSZE genannt, sind sich viele Bürger nicht bewusst, dass in diesen drei Fällen jeweils von einem andern Europa gesprochen wird. Im ersten Fall meinen wir das Europa der Zehn oder vielleicht bald einmal der Zwölf, d.h. die Europäische Gemeinschaft im engeren Sinne. Im zweiten Fall reden wir vom Europa der Einundzwanzig, d.h. der Versammlung aller westeuropäischen Demokratien, und im dritten Fall ist die Rede vom Europa der 35, d.h. von West- und Osteuropa plus den USA und Kanada. Wir sehen also, dass Europa heute alles andere als ein klar definierter Begriff ist, und man sollte immer sagen, von welchem Europa man eigentlich spricht...

Heute stellt sich die Frage, ob der Europarat nicht nur eine historische, sondern auch eine Zukunftsbedeutung hat. Wird das Europaparlament, wie befürchtet, den Europarat überflüssig machen oder einfach erdrücken?

Wir haben seinerzeit, noch vor der ersten Direktwahl zum Europaparlament, einen umfassenden Bericht im Auftrag der Politischen Kommission ausgearbeitet und darin konkrete Vorschläge gemacht, wie die Arbeiten der beiden parlamentarischen europäischen Gremien koordiniert und aufeinander abgestimmt werden und wie eine Arbeitsteilung und eine Schwerpunktbildung angestrebt werden könnten. Leider ist in dieser Beziehung, soviel wir wissen, wenig geschehen. Nicht nur, dass das Europaparlament eine sehr expansive Politik betreibt und jetzt auch in die eigentliche Domäne des Europarates, nämlich in die Menschenrechtsfragen, hineinregiert. Auch der Europarat hat wohl nicht viel unternommen, um seine Arbeit auf das wirklich Wesentliche zu konzentrieren, was sogar in seinem eigenen Interesse liegen würde, da er ja ohnehin immer zu wenig Zeit und auch zu wenig Geld hat, um alle Probleme zu behandeln. Wir haben damals als solche Schwerpunkte bezeichnet: einmal die Menschenrechte, dann die Förderung der demokratischen Institutionen, die Zusammenarbeit auf dem kulturellen und dem Erziehungsgebiet, die Entwicklung eines Systems zum Schutz der Wanderarbeiter, Fragen der wissenschaftlichen Zusammenarbeit der Jugend und des Natur- und Denkmalschutzes, der europäischen Sicherheitspolitik sowie der Harmonisierung des Rechts.

Das wäre noch mehr als genug Arbeit für den Europarat. Aber eben, eine Konzentration würde die Auflösung von Kommissionen bedeuten, und dann gäbe es einige Präsidentenposten weniger. Dagegen begrüssen wir ausdrücklich die Initiative des leider infolge Nichtwiederwahl ins spanische Parlament zurückgetretenen ehemaligen Versammlungspräsidenten Areilzá, eine engere Zusammenarbeit der im Europarat versammelten westeuropäischen Demokratien mit den demokratischen Staaten der übrigen Welt anzustreben, um so etwas wie ein Weltforum der Demokratien zusammenzubringen. Diese sind ausserhalb Europas ohnehin rasch gezählt. Eine solche Zusammenarbeit wäre um so notwendiger, als die Interparlamentarische Union, zu deren Gründungszielen eigentlich die Förderung des Parlamentarismus gehört hätte, in den letzten Jahren immer mehr zu einer Westentaschen-Uno degeneriert ist, in der sattsam bekannte, einseitige Resolutionen aufgewärmt werden.

Sicher kann man sich eine Entwicklung denken, die damit endet, dass beide westeuropäischen Institutionen in ihrem geographischen Bereich deckungsgleich geworden sind; d.h. alle westeuropäischen Staaten hätten sich dann den Europäischen Gemeinschaften angeschlossen. Dann wäre zweifellos nur noch Platz für eine parlamentarische europäische Versammlung. Aber selbst dann, würde ich meinen, wäre der Europarat nicht einfach untergegangen, sondern im Gemeinschaftsparlament aufgegangen. Und er hätte damit den ursprünglichen Zweck, allerdings auf beträchtlichen Umwegen, erfüllt, den man seinerzeit mit seiner Gründung verbunden hat, nämlich die politische Einigung, eine politische Union der freiheitlichen westeuropäischen Staaten. Solange es nicht so weit ist – und es kann noch lange dauern, bis es so weit ist, wenn es überhaupt jemals so weit kommt –, hat der Europarat als umfassendstes Forum europäischer Zusammenarbeit seine Existenzberechtigung, ja Existenznotwendigkeit.

Was die schweizerische Haltung gegenüber einer solchen Zukunftsperspektive anbetrifft, so haben Mitglieder des Bundesrates gerade in allerletzter Zeit deutlich gemacht, dass die Vorbehalte, die uns seinerzeit gehindert haben, der Europäischen Gemeinschaft (EG) als Vollmitglied beizutreten, nach wie vor Gültigkeit haben, mit andern Worten: Die Frage des EG-Beitritts ist für die Schweiz, wie der Bundesrat sich ausgedrückt hat, «nicht aktuell und dürfte auch in absehbarer Zeit nicht aktuell werden» (Honegger). Also kein qualitativer Sprung; solange jedenfalls das Ziel europäische Union mit supranationalen Befugnissen heisst, möchte ich hinzufügen. Auf die Gefahr hin, meine Freunde in der Schweizerischen Europa-Union zu enttäuschen, möchte ich nämlich meine leisen Zweifel anmelden, ob das Ziel der politischen Union, Vereinigte Staaten von Europa, überhaupt je realisierbar sein wird, ja ob es überhaupt je wünschenswert wäre.

Ich habe stets die Auffassung vertreten und sie auch zum Ausdruck gebracht, dass ich das Modell «Vereinigte Staaten» nach dem Vorbild der USA nicht für realistisch halte. Dass man sich innerhalb der EG so schwer tut, auf diesem Weg voranzukommen, verwundert mich gar nicht, gerade als Historiker nicht. Es ist eben ein entscheidender Unterschied, ob sich Kolonien zusammenfinden, die vorher einen gemeinsamen Unabhängigkeitskampf bestanden haben wie die USA im 18. Jahrhundert oder ob sich Nationalstaaten zusammenschliessen sollen, die im Verlaufe von Jahrhunderten zu historischen Individualitäten geworden sind. Historisch gewordene Nationen zu verschmelzen, ist etwas anderes als aus befreiten Kolonialgebieten eine Nation zu machen. Für viel realitätsnäher halte ich ein anderes Modell, das ebenfalls ein historisches Vorbild hat: die alte Eidgenossenschaft, d.h. die politische Struktur, in welcher eine engere Allianz als Kern sich mit zugewandten Orten verbindet, die ihre besonderen Verträge auf Grund ihrer besonderen Bedürfnisse erhalten.

Auch ein anderes Ziel, das oft als Zweck und Sinn europäischer Zusammenarbeit genannt wird, halte ich nicht nur für realitätsfern, sondern geradezu für verfehlt: Europa als «dritte Kraft», das kein Geringerer als der italienische Staatspräsident kürzlich vor dem Europarat wieder beschworen hat. Europa als dritte Kraft zwischen beiden Supermächten? Welches Europa? müsste man dann wieder fragen. Das westliche oder das ganze Europa? Und was wäre dann mit Russland? Wäre es innerhalb oder ausserhalb dieses Europas? Ganz oder teilweise? Vom Kanal bis zum Ural, wie es einstmals hiess? Fragen über Fragen, die nur aufgeworfen werden können, um die Schwierigkeiten aufzuzeigen, in die man hineingerät. Aber selbst wenn wir nur das freie Europa im Auge haben als solche dritte Kraft: Ist dies überhaupt machbar oder auch nur wünschbar? Würde dies nicht bedeuten, dass dieses Europa, um wirklich Kraft zwischen Kräften zu sein, starker Zentralstaat werden müsste, fähig zur eigenen Verteidigung oder gar Abschreckung? Der Weg, über eine gemeinsame europäische Verteidigung zur europäischen Union zu kommen, ist bekanntlich schon vor dreissig Jahren gescheitert. (Etwas anderes ist die engere militärische Zusammenarbeit im westeuropäischen Bereich.)

Aber Europa als dritte Kraft hat noch einen anderen Aspekt, der uns bedenklich erscheint. Steht dieses freiheitliche Europa wirklich zwischen den Supermächten? In gleicher Distanz von der Sowjetunion und den USA? Tatsächlich gibt es ja bereits die Theorie von der «Aequidistanz», die offensichtlich immer mehr europäische Politiker, auch solche mit Regierungsverantwortung, zur Richtschnur ihres Handelns nehmen. Muss man wirklich in Erinnerung rufen, dass die Möglichkeit freiheitlicher Entwicklung wenigstens im westlichen Teil Europas ohne die Existenz der USA undenkbar wäre? ...

Aber wie sollen dies junge Leute begreifen, deren Erinnerung höchstens bis zum Vietnamkrieg zurückreicht? Aber die europäische Freiheit ist eben nicht nur in geschichtlicher Perspektive an die Existenz und den Einsatz der USA gebunden, sondern auch in Gegenwart und Zukunft. Nur der Umstand, dass eine der Supermächte eine freiheitlich-rechtsstaatliche Demokratie ist, macht solche Demokratie in Europa überhaupt möglich. Was heisst denn angesichts solcher unbestreitbarer Tatsachen «Aequidistanz»? Müssen wir zuerst polnische Verhältnisse bekommen, um zu erkennen, wohin eine solche kurzsichtige und opportunistische Politik führen kann, ja muss? ...

Was die Diktaturen in Osteuropa anbetrifft, so hoffte und glaubte man, mit dem Dokument von Helsinki einen Weg gefunden zu haben, den unterdrückten Völkern in Osteuropa etwas mehr von freiheitlicher Luft des Westens zukommen zu lassen. Als besondere Errungenschaft erachtete man die Aufnahme des Respekts und der Garantie der Menschenrechte und Grundfreiheiten im Dekalog, der am 1. August 1975 von 35 Staatschefs und Parteisekretären unterschrieben wurde. Was daraus geworden ist, dürfte auch allgemein bekannt sein. Als ich in meiner Abschiedsrede im Europarat vor nunmehr drei Jahren die Auffassung vertrat, die Zeit seit Helsinki habe uns nicht dem Frieden, sondern dem Krieg nähergebracht, hat dies auf manche schockierend gewirkt. Heute dürfte diese Auffassung mehr oder weniger Allgemeingut sein. Man kann es u.a. auch im neuen Geschäftsbericht des Bundesrates nachlesen, in welchem Ausmass sich das West-Ost-Verhältnis in den letzten Jahren verschlechtert hat. Der Bundesrat scheut sich auch nicht, den Hauptgrund für eine solche unerfreuliche Entwicklung zu nennen, nämlich schwerwiegende Verletzungen der Schlussakte von Helsinki durch das polnische Militärregime. Darüber konnten wir ja in den allerletzten Tagen wieder Anschauungsunterricht geniessen. Solche andauernde Verletzung feierlich unterzeichneter Grundsätze durch östliche Machthaber stellt den Westen und damit auch unser Land vor schwerwiegende Probleme. Das erweist sich ganz konkret beim Versuch, ein Schlussdokument für die Madrider KSZE-Konferenz zu erarbeiten. Es ist bekannt, dass unser Land im Rahmen der sogenannten Gruppe Neutraler und Blockfreier (N+N) eine massgebliche Rolle spielt oder – soll man vielleicht vorsichtigerweise sagen – gespielt hat.

Was mich anbetrifft, so stand ich den mit der Helsinki-Akte verbundenen Hoffnungen, um nicht zu sagen Illusionen, stets äusserst skeptisch gegenüber. Ich habe weder im Europarat noch in unserem Parlament in dieser Beziehung aus meinem Herzen eine Mördergrube gemacht und dafür keineswegs nur eitel Beifall geerntet. Trotzdem habe ich die Teilnahme unseres Landes stets befürwortet und mich auch parlamentarisch dafür eingesetzt. Es fragt sich nun aber, ob wir nicht an einem kritischen Punkt angelangt sind, sowohl was die Konferenz selbst als auch was unser Engagement anbetrifft. Schon hat sich der Bundesrat veranlasst gesehen, sich von einer gemeinsamen Aktion der N+N zu distanzieren, in welcher eine sofortige Annahme des Kompromissvorschlages von West und Ost verlangt wird. Der Umstand, dass diese Forderung zwar in Moskau, nicht aber im Westen beifällig aufgenommen worden ist, lässt zum mindesten den Verdacht aufkommen, dass dieses Dokument östlichen Vorstellungen mehr entgegenkommt als westlichen. Sollte die angesprochene «Aequidistanz» hier etwa bereits zugunsten des Ostens korrigiert sein? Eine grundsätzliche Überprüfung der bisherigen schweizerischen Rolle scheint uns unumgänglich.

Anlässlich der Eröffnung der Madrider Konferenz im November 1980 sagte unser Delegationsleiter u.a. an die Adresse der 35 repräsentierten Länder: «La Suisse a toujours été de l'avis que la CSCE, n'est pas seulement une conférence entre états et gouvernements, mais qu'elle doit faire profiter de ses résultats le plus grand nombre de citoyens de nos pays participants.» Also keine Konferenz nur von Staaten und Regierungen, sondern auch zugunsten der Völker. Und dann ein weiterer Satz: «Si notre conférence ne parvenait plus à enregistrer des progrès concrets au profit de l'individu, elle perdrait sa crédibilité auprès de l'opinion publique.»

Will heute, nach zweieinhalb Jahren, jemand bestreiten, dass man gerade dieses anvisierte Ziel nicht erreicht hat, nämlich Fortschritte zugunsten individueller Freiheiten in jenen Ländern, die solche Freiheiten offensichtlich für unvereinbar mit ihrem sogenannten Gesellschaftssystem halten? Sind wir infolgedessen an den Grenzen unserer Glaubwürdigkeit angelangt, nicht nur bei unserer eigenen öffentlichen Meinung, sondern auch bei der Meinung der in erster Linie betroffenen Völker im Osten, auch wenn es dort keine öffentliche Meinung gibt, sondern einerseits eine veröffentlichte, anderseits eine geheime Meinung?

Bundesrat Aubert hat in sehr deutlicher und tapferer Rede bei der Wiedereröffnung der KSZE im Februar 1982 u.a. gesagt, die Schweiz sei nicht gewillt, sich an der Verabschiedung eines Dokumentes zu beteiligen, «von dem wir mit Bestimmtheit wissen, dass es schon zum Zeitpunkt der Verabschiedung verletzt wird». Und im November doppelte Delegationsleiter Brunner nach, indem er festhielt, die Schweiz sei der Ansicht, die KSZE sollte nicht Rückschläge der Entspannung hinter Texten verbergen, die Illusionen erzeugen. Staatssekretär Probst hat in einem Vortrag nochmals nachdrücklich auf diesen Punkt hingewiesen, wenn er ausführte, die grösste Gefahr für die KSZE sei die, «dass die Konferenz zu einer Illusion wird, indem sie Verhaltensregeln verabschiedet, von denen man schon zum voraus weiss, dass sie nicht eingehalten werden» ...

Es ist bekannt, dass immer mehr Politiker (nicht in der Schweiz, wie ich hoffe) dem Druck des Ostens nachzugeben bereit sind, um Menschenrechte auf dem Altar falsch verstandener Entspannung zu opfern. Dieser Weg führt mit Bestimmtheit in die Irre bzw. auf die schiefe Bahn der Kapitulation. Wenn das Verlangen der osteuropäischen Völker nach mehr individueller und nationaler Selbstbestimmung nur noch als lästige Beeinträchtigung der Entspannungspolitik empfunden werden sollte, dann ist es nicht mehr weit zur Selbstaufgabe. Eine solche KSZE-Politik wäre für uns nicht mehr zumutbar.

Vielleicht wird man fragen, wie ein solches Engagement sich mit traditioneller Neutralität vertrage. Missverstehen wir doch unsere eigene aussenpolitische Staatsmaxime nicht. Wenn Menschenrechte und überhaupt geistige Werte der freiheitlich-rechtsstaatlichen Demokratie zur Debatte stehen, dann gibt es für uns keine Neutralität. Wir haben es schon gegenüber dem faschistischen Totalitarismus so gehandhabt, wir tun es auch heute gegenüber dem Totalitarismus kommunistischer Prägung. Insofern ist unser Schicksal auf die Dauer untrennbar und existentiell verbunden mit demjenigen des freien Europa und der freien Welt. Das ist die Quintessenz der Gedanken, die ich Ihnen an diesem Europagedenktag die Ehre hatte vorzutragen.

1983

Freiheit und Menschenrechte

Gedanken zur Menschenrechtsproblematik in der heutigen Welt

Das Jahr 1978 ist von den Vereinten Nationen zwar feierlich zum «Jahr der Menschenrechte» proklamiert worden. Doch wer sich in der Welt umsieht, hat wohl kaum Veranlassung, dieses Jubiläums wirklich froh zu werden – im Gegenteil: noch selten schienen Theorie und Praxis derart auseinanderzuklaffen. Ein Bericht über die Menschenrechte in der Welt, der zu Beginn dieses Jahres im Europarat vorgelegt und debattiert wurde, machte sich folgende Beurteilung der französischen Zeitung «Le Monde» zu eigen: «Heute rollt eine grosse Welle der Repression an, die von Gebieten ausgeht, die nicht mehr weit entfernt von uns liegen, sondern plötzlich entsetzlich nahe gerückt sind. Sie folgt auf das Grauen in Chile, den Zusammenbruch des chinesischen Mythos, die schreckliche Enttäuschung nach dem Sieg in Kambodscha, wo das Blut Hunderttausender vergossen wurde, die Ausbreitung des totalitären Systems in der ganzen Welt. Sie trifft zusammen mit der enttäuschten Hoffnung, die die Ideologien einst geweckt haben. Der ‹Gulag›, die Stimme der Dissidenten in der Sowjet-Union und den Staaten des Ostens, die endlich Gehör fand, klingt nicht mehr als Echo eines unwahrscheinlichen Alptraums, sondern berichtet von einer harten Realität, die man allzulange nicht für möglich halten wollte. . .»[1]

Auch die Beurteilung, die der Bundesrat in seinem «Bericht über das Verhältnis der Schweiz zu den Vereinten Nationen und ihren Spezialorganisationen für die Jahre 1972 bis 1976» gegeben hat, ist alles andere als optimistisch. Zwar habe die Generalversammlung das Inkrafttreten der Internationalen Pakte über die Menschenrechte mit tiefer Befriedigung begrüsst als «einen wichtigen Schritt in den internationalen Bemühungen, die weltweite Achtung und Einhaltung der Menschenrechte und Grundfreiheiten zu fördern» (Resolution 31/86 vom 13. Dezember 1976). Doch dann gibt der Bundesrat zu bedenken: «Die Fortschritte in der Kodifizierung der Menschenrechte auf weltweiter Ebene dürfen jedoch nicht zu Illusionen über den tatsächlichen Schutz der individuellen Freiheitsrechte verleiten. Da ein wirksames Kontrollverfahren fehlt und die Bestimmungen der Übereinkommen oft unklar und ungenau sind, ist die tatsächliche Anwendung der internationalen Normen ernstlich behindert.» Das Inkrafttreten der beiden Pakte dürfe aber dennoch positiv gewertet werden, und ihre Auswirkungen sollten nicht unterschätzt werden. Wenn der Bundesrat dann weiter meint, es werde für die Staaten immer schwieriger, unter Berufung auf die Charta zu behaupten, «der Schutz der Menschenrechte falle ausschliesslich in ihre innerstaatliche Zuständigkeit», so bin ich da, nach allem, was sich in jüngster Zeit abgespielt hat, allerdings weniger optimistisch.[2]

Auch der Völkerrechtler Rudolf Bindschedler hat in seinem Beitrag zum «Handbuch der schweizerischen Aussenpolitik» davon gesprochen, die Rechtsidee habe an Macht eingebüsst, und wir stünden trotz einer unübersehbaren Produktion von Staatsverträgen einem Abbau des Völkerrechts gegenüber. Man komme über allgemeine und abstrakt wohlklingende Formeln, die von den Staaten nach Willkür ausgelegt und angewandt werden könnten, nicht hinaus. «Begriffe wie Angriff, Verteidigung, friedliche Koexistenz, Demokratie oder auch Schutz der Menschenrechte haben jede Eindeutigkeit verloren.» Die Konkretisierung dieser allgemeinen Grundsätze scheitere aber «am Fehlen gemeinsamer Rechtsüberzeugungen und an tiefgehenden politischen Gegensätzen».[3]

Man könnte seitenlang ähnliche Urteile zitieren, die die Situation beklagen, in der sich insbesondere die Menschenrechtspolitik in der heutigen Welt befindet. Was Amnesty International anbetrifft, so erklärte das für die Verleihung des Friedensnobelpreises 1977 zuständige Komitee zur Erläuterung seiner Wahl, «in einer Welt zunehmender Brutalisierung, der Internationalisierung der Gewalt, des Terrorismus und der Folter» habe diese Organisation «ihre ganze Kraft in den Dienst des Schutzes der menschlichen Werte» gestellt.[4]

In der Tat: wer fühlte sich angesichts einer solchen Lage, sei es Individuum, sei es Staat, nicht dazu aufgerufen, zu einer besseren Respektierung der grundlegenden Menschenrechte in der Welt beizutragen? Dabei fehlt es nicht etwa an Abkommen und Texten – im Gegenteil: das Generalsekretariat der Vereinten Nationen hat für das «Jahr der Menschenrechte» eine neue bereinigte Sammlung von nicht weniger als 50 verschiedenen Dokumenten beigesteuert! Könnte die Diskrepanz zwischen Theorie und Praxis krasser zum Ausdruck kommen?

Dass gerade auch ein Staat wie die Schweiz, die ihre traditionelle Neutralität längst mit den schmückenden Beiwörtern Humanität und Solidarität versehen hat, hier eine Daueraufgabe sehen muss, liegt auf der Hand. So ist in den letzten Jahren denn auch mehrfach der Wille zum Ausdruck gebracht worden, «bei der Verbesserung des internationalen Schutzes der Menschenrechte mitzuwirken». Eine dahingehende Erklärung ist durch den Bundespräsidenten auch anlässlich der feierlichen Unterzeichnung der Schlussakte von Helsinki am 1. August 1975 abgegeben worden. Was die Weltebene anbetrifft, so ist die Schweiz zwar bei der Kodifizierung des humanitären Völkerrechts stets führend beteiligt gewesen, doch was die Internationalen Pakte über Menschenrechte angeht, ist unser Land hier ins Hintertreffen geraten. Laut Bericht über das Verhältnis der Schweiz zur UNO soll nun aber bald mit Anträgen zur Unterzeichnung und Ratifizierung der beiden Pakte gerechnet werden können.

Unbeschadet dieser Verspätung gehört die Schweiz indessen zu jener Gruppe von Staaten, die durch die Ratifizierung der Europäischen Menschenrechtskonvention zweifellos den höchsten internationalen Stand in der Respektierung und Garantierung dieser Rechte und Freiheiten erreicht hat. Doch ist eben die Gültigkeit dieser Konvention auf Europa, genauer auf das Europa der rechtsstaatlichen Demokratien beschränkt. Es liegt zweifellos in der Logik der schweizerischen Menschenrechtspolitik, wenn unser Land auch bei der Kodifizierung der Menschenrechte auf UNO-Ebene nicht abseits stehen möchte. Der Bundesrat übersieht dabei die Schwierigkeiten nicht, die sich im Rahmen der UNO einer wirksamen und nicht nur verbalen Menschenrechtspolitik entgegenstellen. In dem bereits erwähnten Bericht über das Verhältnis unseres Landes zur UNO ist denn auch die Rede von einer «selektiven Moral», die sich die Menschenrechtskommission der UNO zuschulden kommen lasse.[5] Der spanische Aussenminister sprach anlässlich der feierlichen Aufnahme seines Landes in den Europarat von einer «condamnation sélectionnée», die in der UNO Mode geworden sei. Wir wissen alle, was gemeint ist. Es ist eben schon so, wie man treffend gesagt hat: es gibt Menschenrechtsverletzungen, die die UNO sieht und solche, die sie nicht sieht. Und viele von den schwersten Menschenrechtsverletzungen gehören in die zweite Kategorie.

Man geht wohl kaum fehl, wenn man annimmt, dass in einer kommenden Kampagne in Sachen schweizerischer UNO-Beitritt diese Frage keine untergeordnete Rolle spielen wird. Zu Beginn dieses Jahres brachte «Die Weltwoche» einen diesbezüglichen Artikel, wo der redaktionelle Vorspann lautete:

«Der bis zum 10. März in Genf tagenden UN-Menschenrechtskommission fehlt es kaum an Diskussionsthemen: Sowjet-Union, Uganda, Kambodscha, Argentinien, Uruguay, Kurdistan, Äquatorial-Guinea. Sie sucht man vergeblich auf der Traktandenliste. Dafür werden die Probleme von Staaten wie Israel, Chile und Südafrika zum x-tenmal aufgewärmt».[6]

Dies nur ein Beispiel aus der Schweizer Presse unter vielen andern. Geht es hier um eine, gerade auch seitens der Behörden oft beklagte, «rein negative» Sehweise der Arbeit der UNO? Man kann aber auch anders fragen: Darf in einer objektiven Berichterstattung die unzweifelhaft vorhandene «Verpolitisierung» der Menschenrechtsfrage durch die UNO einfach übergangen werden? Soll man das Negative verschweigen, um die UNO für den Fall einer Volksabstimmung in etwas günstigerem Lichte erscheinen zu lassen? Eine falschere publizistische Devise ist kaum denkbar.

Nein: es gibt nur eine, allenfalls noch konstruktive Möglichkeit, um dieses schwierige und – wir betonen es nochmals – für eine schweizerische UNO-Abstimmung schwer ins Gewicht fallende Problem anzugehen: man muss die Ursachen, gerade auch die geschichtlichen Ursachen für diese unerfreuliche Situation zu eruieren versuchen. Dies soll zwar nicht nach dem Motto geschehen: alles verstehen, alles verzeihen. Aber ein Zusammenhang oder ein Phänomen, die rational – einigermassen – durchschaubar geworden sind, können erfahrungsgemäss auch weniger emotional beurteilt werden.

Der Ausgangspunkt für eine Erklärung der Verpolitisierung der Menschenrechtsfrage durch die UNO liegt in der Erkenntnis, dass es eine allgemein, d.h. weltweit akzeptierte einheitliche Konzeption der Menschenrechte ganz einfach nicht – vielleicht noch nicht – gibt. Vielmehr gibt es sehr unterschiedliche Konzeptionen bzw. Interpretationen, wobei insbesondere die Prioritäten sehr verschieden gesetzt werden. «Es gibt keine abstrakten Menschenrechte, sondern ihre Handhabung geht einher mit der politischen Ordnung oder der wirtschaftlichen und sozialen Lage eines Landes.»[7] Bei aller Differenzierung von Land zu Land können aber doch, so scheint uns, drei generelle Verhaltensweisen gegenüber der Menschenrechtsproblematik festgestellt werden, die natürlich nicht zufällig mit bestimmten politischen Systemen, aber auch sozio-ökonomischen Strukturen weitgehend identisch sind. Die erste Konzeption hat Gültigkeit im Raume der sogenannten pluralistischen – ich würde vorziehen zu sagen – rechtsstaatlichen Demokratien, die aus historischen Gründen vor allem beidseits des Nordatlantik beheimatet sind, allerdings mit Ausläufern bis in fernste Weltgegenden. Die zweite Konzeption ist offizielle Doktrin in allen Ländern, die vom sogenannten Marxismus-Leninismus beherrscht sind, mit der Sowjetunion und ihrem Satellitensystem im Zentrum. Die dritte Variante schliesslich beherrscht weitgehend das politische Denken und Handeln in der sogenannten Dritten Welt, d.h. in der Gruppe der im wesentlichen durch die Dekolonisation unabhängig gewordenen Staaten.

Nach den Schwerpunkten bzw. Prioritäten, die in den drei Konzeptionen gesetzt werden, könnten wir sie in der Reihenfolge der obigen Aufzählung bezeichnen als

1. die individualistische oder personalistische
2. die kollektivistische und
3. die nationalistische Konzeption.

Stehen bei der ersten personale (oder auch individuelle) Rechte im Zentrum (besonders im historischen Ansatz), so bei der zweiten sogenannte soziale Rechte und bei der dritten nationale Rechte. Nach der Windrose könnten wir schliesslich auch von der westlichen, der östlichen und der südlichen Konzeption sprechen. Alle drei Varianten können sich dabei auf international anerkannte Texte bzw. Teile von ihnen berufen, wobei deren allgemeine, abstrakte und manchmal auch unklare Formulierungen unterschiedlichen Interpretationen geradezu Vorschub leisten. Jede der genannten Staatengruppen scheint sich also das auslesen zu können, was ihren Idealen oder Interessen am besten entspricht. Diese Situation führt uns notwendigerweise zu gewissen Fragen.

Sind die drei Menschenrechtskonzeptionen infolgedessen (da sie sich offensichtlich auf allgemein anerkannte Texte berufen können) als gleichberechtigt anzusehen? Müssen wir uns also mit der relativen Gültigkeit der verschiedenen Menschenrechte und Grundfreiheiten abfinden? Gibt es also – im Gegensatz zum geschichtlichen Anspruch der grossen Menschenrechtserklärungen – keine Menschenrechte, die absolute und universale Gültigkeit beanspruchen können? Gibt es infolgedessen auch keinen objektiven Standpunkt zur Beurteilung der weltweiten Auseinandersetzung über Menschenrechte, es sei denn den eines platten Relativismus?

Von der Beantwortung dieser Fragen hängt es zweifellos in hohem Masse ab, ob ein Kampf um die bessere Respektierung der Menschenrechte weltweit überhaupt sinnvoll geführt werden kann. Und es hängt weiter davon ab, welchen Beitrag gerade ein neutraler Staat wie die Schweiz, von der man ja traditionellerweise eine besondere Objektivität verlangt, unter diesen Umständen überhaupt leisten kann.

Geschichtlich gesehen ist die individualistische Interpretation der Menschenrechte, d.h. die Konzeption, die den Menschen als Individuum (allgemeine Menschenrechte) wie als Staatsbürger (politische Freiheitsrechte) ins Zentrum stellt, die älteste. Diese Auffassung der Menschenrechte und Grundfreiheiten ist das Resultat dessen, was man als «atlantische Revolution» bezeichnet hat: vom England des 17. Jahrhunderts ausgehend, im Verlaufe des 18. Jahrhunderts jenseits des Atlantik im Zusammenhang mit der amerikanischen Unabhängigkeitsbewegung weiterentwickelt und schliesslich über Frankreich nach Kontinentaleuropa zurückwirkend, hat diese Konzeption ihre klassische Form in den berühmten Menschenrechtskatalogen der Virginia Bill of Rights von 1776 und der Déclaration des droits de l'homme et du citoyen von 1789 gefunden. Der Kerngedanke von den natürlichen Freiheiten und den angeborenen und unveräusserlichen Rechten des Menschen vermochte vor allem die Völker beidseits des Atlantik zu erfassen und ihre Staatsverfassungen zu prägen. Auf Grund ihres Schwergewichts in Nordamerika und in Westeuropa kann man diese Konzeption infolgedessen auch als die westliche bezeichnen. Doch auch internationale Vereinbarungen und Abkommen sind deutlich von ihrem Geiste geprägt. Dies gilt nicht nur, wenn auch in besonderem Ausmass, von der Europäischen Menschenrechtskonvention, sondern, zeitlich schon früher, auch von der Allgemeinen Erklärung der Menschenrechte der Vereinten Nationen von 1948. Man vergleiche nur den Artikel 1 von 1948 mit demjenigen von 1789! Die westliche Konzeption war also auf dem besten Wege, nach dem Zweiten Weltkrieg universale Geltung zu erhalten. Aber auch das berühmte Prinzip Nr. VII der Schlussakte von Helsinki von 1975 hat einen Titel, der deutlich die Zeichen dieser Konzeption trägt, heisst es doch da:

«Achtung der Menschenrechte und Grundfreiheiten, einschliesslich der Gedanken-, Gewissens-, Religions- oder Überzeugungsfreiheit».[8]

Sollte das heissen, dass sich auch die sogenannten sozialistischen Regimes, deren Generalsekretäre die Schlussakte ohne Vorbehalte unterzeichneten, dieser westlichen und individualistischen Menschenrechtskonzeption angeschlossen hatten? Zweifel darüber, ob diese Unterschriften zum Nennwert zu nehmen seien, waren von Anfang an vorhanden. Die Geschehnisse seither haben diese Zweifel leider mehr als bestätigt.

Von der herrschenden Ideologie her konnte es nur als grosse Überraschung empfunden werden, dass die Gralshüter des Marxismus-Leninismus jemals ihre Unterschrift unter ein solches Dokument setzten. Denn Marx und in seinem Gefolge Lenin glaubten ja, ein für allemal den Klassencharakter dieser angeblich allgemeingültigen Menschenrechte und Grundfreiheiten entlarvt zu haben. Für sie waren diese schönen Kataloge nichts als bürgerlicher Volksbetrug, da diese Rechte und Freiheiten nur der herrschenden Klasse der Bourgeoisie zu dienen hätten. Nur die Abschaffung des Privateigentums an den Produktionsmitteln mit dem Instrument der sozialistischen Revolution und der proletarischen Diktatur konnte Bedingungen schaffen für tatsächliche Freiheit und Menschlichkeit in der Gesellschaft. Im Zentrum dieser Menschenrechtsauffassung steht nicht der Mensch als Individuum, sondern das Proletariat als Klasse. Die Rechte gelten dem Kollektiv, nicht dem Individuum, das sich vielmehr diesem Kollektiv bedingungslos ein- und unterzuordnen hat.

Vorrangig sind infolgedessen sogenannte Sozialrechte: Recht auf Arbeit, auf Bildung, auf soziale Sicherheit, auf ärztliche Betreuung, auf Erholung usw. Offizielle Erklärungen und Abhandlungen aus dem Lager des sogenannten Sozialismus verfehlen zwar selten zu behaupten, auch die sogenannten politischen Freiheitsrechte seien in ihren Staaten in optimaler Weise garantiert. Anderseits verschanzen sie sich hinter das Postulat der Nichteinmischung in die inneren Angelegenheiten oder des Vorrangs der inneren Gesetzgebung, wenn offensichtliche Verletzungen individueller Freiheitsrechte, wie sie in der Schlussakte garantiert sind, ihnen vorgehalten werden. Die sowjetische Position ist also nicht widerspruchsfrei, mehr dialektisch als logisch. Verbale Konzessionen an die westliche Auffassung einerseits, doch keine konkreten Anwendungsmöglichkeiten seitens des Individuums im eigenen Lande anderseits. In denselben Zusammenhang gehört übrigens der Umstand, dass ja längst auch andere demokratische Attribute zum sowjetischen Modell gehören wie allgemeine Wahlen (die keine sind) und Parlamente (die ebenfalls keine sind).

Typisch für die gegenwärtige östliche Argumentation in der Menschenrechtsfrage ist ein Artikel aus der DDR-Zeitschrift «Neue Justiz», wo ein Professor der Sektion Rechtswissenschaft der Humboldt-Universität in Berlin Folgendes schreibt: «Gegen den Kern der Menschenrechtskonzeption der Vereinten Nationen, die auf der Fundierung der staatlichen Souveränität im Selbstbestimmungsrecht der Völker beruht, richten sich jene bürgerlichen (!) Theorien, die versuchen, UNO-Deklarationen über die Menschenrechte, die Schlussakte der Konferenz von Helsinki oder einzelne Bestimmungen der Menschenrechtskonventionen als für den einzelnen Bürger unmittelbar geltendes Recht auszugeben ... und auf diese Weise die staatliche Souveränität einzuschränken oder auszuschliessen.» Der Autor polemisiert dann gegen die Versuche, «einen Menschenrechtsgerichtshof, einen Hochkommissar für Menschenrechte oder ähnliche Organe den Staaten durch Mehrheitsbeschluss der UNO-Vollversammlung zu oktroyieren». Das alles sei nur geeignet, «die Intervention in die inneren Angelegenheiten anderer Staaten zu betreiben». Die Wiederbelebung solcher Vorschläge sei daher ungeeignet «für die friedliche Zusammenarbeit im Rahmen der Vereinten Nationen». Und dann heisst es noch: «Die Zeiten, da die bürgerlichen (!) Freiheits- und Eigentumsvorstellungen als die ‹ewigen Menschenrechte›» ausgegeben werden konnten, sind endgültig vorbei ...»[9]

Das sind deutliche Worte. Der Zweck der dialektischen Übung ist klar: die individuellen Freiheitsrechte und die Anstrengungen, sie international durchsetzbar zu machen, sollen in Gegensatz gebracht werden zum Selbstbestimmungsrecht der Völker und zur nationalen Souveränität der Staaten und damit auch zu friedlicher Zusammenarbeit und Entspannung. Bürgerliche Freiheitsrechte haben also letztlich unfriedliche Tendenzen und Konsequenzen. Es ist wohl eher ein Understatement, wenn der Bundesrat in seinem UNO-Bericht feststellt: «Trotz der oben erwähnten völkerrechtlichen Verträge (gemeint sind die Internationalen Pakte über die Menschenrechte) fällt es den Vereinten Nationen oder besser gesagt der Mehrheit ihrer Mitgliedstaaten schwer, sich der westlichen Konzeption der Menschenrechte und Grundfreiheiten anzuschliessen.» Es fällt ihnen offensichtlich nicht nur schwer, sie haben vielmehr nicht die geringste Absicht, es zu tun. Dass der oben zitierte DDR-Autor keine Angst zu haben braucht, es werde sich jemals eine Mehrheit für diese westliche Konzeption finden, dafür sind nun die Staaten der dritten Welt, bzw. die Gruppe der seit dem Zweiten Weltkrieg im Zuge der Dekolonisation neu entstandenen Staaten besorgt.

Die kommunistische Propaganda wird nicht müde, ihre «sozialistische» Menschenrechtskonzeption als die einzige anzupreisen, die diesen Namen verdient. Gleichzeitig wird sie der minderwertigen, geschichtlich überholten «bürgerlich-kapitalistischen» Auffassung als Vorbild hingehalten. Was ist dazu zu sagen?

1. Wir haben zwar die westliche Konzeption als individualistisch bezeichnet, weil sie die bürgerlichen (im Sinne von staatsbürgerlichen) Freiheitsrechte bzw. den Schutz der Rechte des Individuums als eigentlichen Kern der Sache ansieht. Das bedeutet indessen keineswegs, wie allgemein bekannt, dass die westliche Konzep-

tion auf dem historischen Stand von 1789 stehen geblieben wäre – ganz im Gegenteil. Der liberale Rechtsstaat hat sich überall, wenn auch in unterschiedlichem Masse, zum sozialen Wohlfahrtsstaat weiterentwickelt, wobei es nicht von entscheidender Bedeutung ist, ob die Sozialleistungen mit oder ohne entsprechenden Katalog von Sozialrechten erbracht werden. Die Tendenz indessen, den Katalog der individuellen Freiheitsrechte durch Sozialrechte zu ergänzen, ist allgemein. Was die Schweiz anbetrifft, so denke man an den Entwurf einer neuen Bundesverfassung. Ein erster und sehr früher Schritt in dieser Richtung ist übrigens im Europarat getan worden und zwar durch den Abschluss der sogenannten Sozialcharta bereits im Jahre 1961. Dieser, ausdrücklich als soziale Ergänzung zur Europäischen Menschenrechts-Konvention gedachte Vertrag enthält alle wesentlichen Sozialrechte. Was die Schweiz anbetrifft, so werden sich die eidgenössischen Räte in allernächster Zukunft mit der Ratifikation dieser Charta zu befassen haben. Ob auch das Volk mitzureden haben wird, werden die Räte zu entscheiden haben. Darüberhinaus liegt seit geraumer Zeit ein in gleicher Richtung zielender Antrag aus der Mitte des Europarates vor, um die Europäische Menschenrechtskonvention (EMRK) direkt durch Sozialrechte zu ergänzen. Wir betonen indessen nochmals, dass dieser «theoretische» Rückstand in der Kodifizierung der «sogenannten Sozialrechte» nicht das Geringste aussagt über die konkreten Sozialleistungen, die jenseits und diesseits des eisernen Vorhanges nun wirklich erbracht werden. Die beabsichtigte Diskreditierung der westlichen Menschenrechtskonzeption durch ihre Bezeichnung als «bürgerlich-kapitalistisch» erweist sich bei näherem Zusehen als nichts anderes denn als ideologischer Ladenhüter. Hingegen halten wir mit Recht daran fest, dass nur die Garantie der prinzipiellen Unantastbarkeit der klassischen Grundrechte den Staat davor bewahrt, zum totalen Sozialstaat zu degenerieren (wobei die Betonung erst noch mehr auf total als auf sozial liegen könnte). Der Bürger aber würde durch eine übermächtig werdende Staatsbürokratie und Planwirtschaft zum regelrechen Untertan erniedrigt (was er in den sogenannten sozialistischen Staaten ja weitgehend auch ist).

2. Die Behauptung, wonach die wirklichen Menschenrechte nur in den «sozialistischen Demokratien» Osteuropas realisiert seien, wird inzwischen bekanntlich auch von den grössten kommunistischen Parteien ausserhalb des Ostblocks in zunehmendem Masse in Frage gestellt. Der sogenannte Eurokommunismus bemüht sich gerade in der Frage der Menschenrechte um Distanz vom sowjetisch geprägten Modell, indem er, in Annäherung an die westliche Konzeption, den individuellen Menschen- und Bürgerrechten einen hervorragenden Platz einräumt und deren mangelnde Respektierung durch die östlichen Regimes zum Hauptgegenstand seiner Kritik am moskowitischen System gemacht hat. So konnte der Berichterstatter des Europarates denn auch sagen, «dass ein grosser Teil unserer kommunistischen Kollegen unseren Standpunkt teilt, dass der Schutz der Grundfreiheiten und die Würde des einzelnen die Grundlage der Menschenrechte bilden».[10] Und er fuhr fort, dass die Menschenrechtskonflikte heute vor allem eine Konfrontation zwischen Demokratie und totalitärem System, sei es nun links oder rechts, darstellten.

Diese Aussage scheint mir von besonderer Wichtigkeit zu sein, weil sie die Dinge wieder einmal an den richtigen Platz stellt. Ich persönlich habe stets dagegen angekämpft, zur Kennzeichnung des Spannungsverhältnisses zwischen West und Ost von einem Gegensatz zwischen Kapitalismus und Sozialismus zu sprechen, weil damit ja nur – von vielen natürlich bewusst, von manchen aber auch unbewusst und gedankenlos – eine bolschewistische Sprachregelung übernommen wird. Es geht aber, und das zeigt sich nirgends deutlicher als in der Frage der Menschenrechte, nicht um einen Gegensatz zwischen Wirtschaftssystemen (die verstehen sich ganz gut, wenns ums Geschäftemachen geht), sondern um einen solchen von Staatsauffassungen und Menschenbildern.

3. Schliesslich ein letzter und, wie mir scheint, entscheidender Gesichtspunkt zur Bewertung der westlichen und östlichen Konzeption in der Menschenrechtsfrage. Es geht darum, ob die Sozialrechte eine Ergänzung oder ein Ersatz für individuelle Freiheitsrechte sein sollen. Der Westen kann den Katalog der bürgerlichen politischen Freiheitsrechte durch Sozialrechte ergänzen, ohne deswegen das demokratische System aufgeben zu müssen – ganz im Gegenteil: er kann es dadurch vervollständigen, verbreitern und festigen. Die kommunistischen Regimes aber können ihre – tatsächlichen oder angeblichen – Sozialrechte nicht durch den Katalog der individuellen politischen Freiheitsrechte ergänzen, ohne ihr System letztlich überhaupt aufgeben zu müssen: denn eine Verwirklichung der politischen Bürgerrechte im westlichen Sinne würde das totalitäre System in seinem Kern treffen, nämlich im Herrschaftsanspruch einer Partei und einer Ideologie. Wie wenig der Kreml indessen eine auch nur teilweise Realisierung politischer Freiheitsrechte zu dulden gewillt ist, hat der Versuch der tschechischen Reformkommunisten gezeigt, einen «Sozialismus mit menschlichem Gesicht» zu schaffen (womit übrigens implizite zugegeben wird, dass der bestehende Sowjetkommunismus offenbar ein «Sozialismus mit unmenschlichem Gesicht» ist). Im Augenblick, da ich diese Zeilen schreibe, ist es gerade 10 Jahre her, dass sowjetische Panzer diesen «Sozialismus mit menschlichem Gesicht» niederwalzten: August 1968. Auch das wäre ein Datum, dessen man beim 30jährigen Jubiläum der UNO-Menschenrechtserklärung eigentlich gedenken müsste. Was nach dieser militärischen Gewaltaktion gegen das tschechoslowakische Volk von dem viel gepriesenen Selbstbestimmungsrecht übrig geblieben ist – das ja gerade nach östlicher Interpretation «den Kern der Menschenrechtskonzeption der Vereinten Nationen» ausmacht – diese Frage steht seitdem unbeantwortet im Raum der west-östlichen Beziehungen.

Steht im Zentrum der westlich-individualistischen Konzeption das Selbstbestimmungsrecht der Person, so in der Theorie der Dritten Welt das Selbstbestimmungsrecht der Nation. (Wir werden später noch auf die Problematik der Anwendung dieses aus der europäischen Geschichte stammenden Begriffs auf die dekolonisierten Staaten zu sprechen kommen.) «Die Menschenrechte werden hauptsächlich an den Rechten der Völker und insbesondere am Selbstbestimmungsrecht der Völker gemessen. Die Selbstbestimmung der Person erscheint somit als Bedingung der kollektiven Selbstbestimmung.»[11] Menschenrechtliches Grundgesetz ist für die allermeisten dieser Staaten nicht ein Katalog à la 1789, sondern vielmehr etwa die 1974 von den Vereinten Nationen angenommene Resolution über eine «UNO-Charta der wirtschaftlichen Rechte und Pflichten der Staaten», von der man sagen könnte, der eigentliche Titel müsste lauten: von den wirtschaftlichen Rechten der Entwicklungsländer und den Pflichten der Industrieländer, diese zu erfüllen. Zentral ist nicht das Recht der einzelnen Bürger auf individuelle Entwicklung, sondern der Anspruch des Kollektivs, des Staates auf nationale Entwicklung. Im Vordergrund steht nicht die

Stellung des einzelnen im Staat, sondern diejenige des Staates in der Völkergemeinschaft. Nach dieser Doktrin können Rechtsstaat und Demokratie nach westlichem Vorbild allenfalls am Ende einer längerfristigen Entwicklung des Staates zu voller nationaler Souveränität und wirtschaftlicher Gleichberechtigung stehen. Bis dahin wird die Verletzung elementarer Menschenrechte (nach unserem Verständnis) sozusagen als notwendiges Übel im Namen der übergeordneten Ziele der Revolution angesehen (was das auch immer im einzelnen Fall heissen mag).

Diese Konzeption hat sozusagen offiziellen Charakter bekommen durch eine Entschliessung des Sozialkomitees der UN-Vollversammlung vom Dezember letzten Jahres, in welcher bei der Suche nach einer universalen (!) Garantie der Menschenrechte folgende Forderungen als vordringlich bezeichnet wurden:

1. Schutz vor Apartheid und jeder Form von Diskriminierung, vor Kolonialismus, Besetzung und Beherrschung durch das Ausland sowie Angriffen auf die nationale Souveränität;

2. Garantie der nationalen Einheit und der territorialen Integrität, der Selbstbestimmung der Völker und ihrer souveränen Verfügung über ihre Reichtümer und natürlichen Reserven;

3. Priorität für eine neue Weltwirtschaftsordnung als Grundelement für die Entwicklung der Menschenrechte und Grundfreiheiten.[12]

Die Prioritäten sind also klar: die Garantie der Menschenrechte und Grundfreiheiten steht nicht an erster, sondern an letzter Stelle, wobei unterstellt zu werden scheint, dass sich nach einer allfälligen Verwirklichung des «new economic order» diese Rechte mehr oder weniger von selbst einstellen würden. Bis dahin müsste also zugewartet werden. Die Menschenrechte sind vorläufig sozusagen in nationale Rechte umfunktioniert.

Es gilt, diese von der westlichen Konzeption total abweichende Interpretation der Dritten Welt, mithin also der überwältigenden Mehrheit der UNO-Mitglieder, voll zur Kenntnis zu nehmen, wenn man die von dieser UNO selbst betriebene Menschenrechtspolitik mit all ihren Ungereimtheiten, wie wir es empfinden, verstehen (wenn auch nicht rechtfertigen) will. Es gibt bekanntlich für den ökonomischen Bereich bzw. für die Entwicklungsstrategie die sogenannte «Abkoppelungstheorie», nach welcher die Entwicklungsländer gerade nicht in die bestehende und allenfalls zu reformierende Weltwirtschaftsordnung integriert werden sollten. Es geht hier nicht darum, diese Theorie zu beurteilen, die ich für meinen Teil für falsch halte. Sicher ist indessen, dass man von einer wirklichen Abkoppelung der Entwicklungsländer von der westlichen Welt in der Menschenrechtsfrage nicht nur sprechen kann, sondern sprechen muss. Die Tragweite dieser Tatsache ist noch kaum voll in unser Bewusstsein gedrungen. Dabei nehmen die Länder der Dritten Welt nicht nur für sich in Anspruch, eigene Prioritäten im Bereich der Menschenrechte zu setzen, sie lehnen dahinzielende Belehrungen oder gar Vorwürfe aus der westlichen Welt auch immer entschiedener ab, wobei sie auf ihre Erfahrungen mit dem Kolonialismus hinweisen bzw. auf das Erbe, das die Epoche – tatsächlich oder angeblich – hinterlassen hat. (Es kann hier nicht darum gehen, eine umfassende Beurteilung der Kolonialepoche und ihrer Resultate zu geben. Dass diese Resultate keineswegs nur negativ gewesen sind und dass infolgedessen keineswegs alles Negative, das sich heute in den Entwicklungsländern vorfindet, auf das Konto des zum Prügelknaben gemachten Kolonialismus geht, ist ohnehin für jeden klar, der die betreffende Entwicklung historisch und nicht ideologisch beurteilt.)

Diese von uns in ihren Grundzügen dargestellte Menschenrechtskonzeption der Dritten Welt mag vielen Schweizern wenig sympathisch erscheinen, was uns indessen nicht von der Pflicht befreien kann, nach ihren Ursachen und Motiven zu suchen. Zunächst muss unumwunden zugestanden werden, dass diese Konzeption nur noch sehr wenig zu tun hat mit dem Geist der Allgemeinen Erklärung der Menschenrechte von 1948, deren 30jähriges Jubiläum Anlass für unsere Betrachtungen bildet. Anderseits ist festzustellen, dass jene erste allgemeine Menschenrechtserklärung der UNO zu einem Zeitpunkt erlassen wurde, als es das uns heute so bekannte Phänomen der Dritten Welt bzw. der durch den Dekolonisationsprozess neu entstandenen Staaten überhaupt noch nicht gab. Denn dieser Prozess begann erst einige Jahre später. Die UNO hatte damals noch eine komfortable westliche Mehrheit, was hinreichend erklärt, warum diese erste UNO-Menschenrechtserklärung im wesentlichen noch vom Geist der westlichen Tradition geprägt ist. Und damit sind wir bereits bei den geschichtlichen Ursachen für das Phänomen der abweichenden Interpretation der Menschenrechte durch die dritte Welt.

Denn die westliche Menschenrechtkonzeption ist aus einer geschichtlichen Entwicklung hervorgegangen, mit der sich die meisten Staaten der dekolonisierten Welt schon deswegen nicht identifizieren zu können glauben, weil jene geschichtliche Entwicklung, die für uns eine solche zu mehr Freiheit und Recht des Bürgers darstellte, für sie den Weg in Fremdherrschaft und Kolonialismus bedeutet hat. Ich habe schon zu Beginn der sechziger Jahre geschrieben, als der Dekolonisationsprozess noch in seinen Anfängen stand: «Diese Kolonialherrschaft bedrückte nicht nur die betroffenen Völker der farbigen Welt. Der Kolonialismus lastet wie eine schwere Hypothek auch auf den Ländern und Völkern, die ihn ausübten, dabei gerade auf solchen, die in der Geschichte des europäischen Freiheitsringens einen so hervorragenden Platz einnehmen wie England und Frankreich. Dass die grossen europäischen Demokratien zugleich die grossen kolonialen Mächte waren, hat sich zweifellos nachteilig ausgewirkt für das Ansehen der Demokratie in der farbigen Welt.»[13]

Die Koinzidenz – die ihrerseits auch wiederum ihre geschichtlichen Gründe hat – wonach dieselbe Epoche europäischen Völkern und Bürgern Freiheit und Selbstbestimmung bescherte, aussereuropäischen, insbesondere asiatischen und afrikanischen Völkern hingegen Fremdherrschaft und Unterwerfung brachte, dies stellt den eigentlichen geschichtlichen Kern der weltweiten Menschenrechtsproblematik von heute dar. Die grossen Menschenrechtserklärungen, auf die wir uns mit berechtigtem Stolz berufen, denn sie sind Sternstunden der abendländischen Geschichte, sind für die früheren Kolonialvölker – und diese stellen heute die absolute Mehrheit in der UNO dar! – nichts als Privilegien der weissen Rasse, deren Völker anderer Rassen nicht teilhaftig wurden. Am sprechendsten wohl das amerikanische Beispiel, wo die gossartige Virginia Bill of Rights, der erste moderne Menschenrechtskatalog überhaupt, in einem typischen Sklavenhalterstaat entstanden ist! Verschärfend kommt noch hinzu, dass das verhasste «rassistische» Regime in Südafrika als letztes, aber typisches Beispiel für den europäischen Kolonialismus angesehen wird, obschon dies in doppeltem Sinne nicht stimmt: denn 1. waren keineswegs alle europäischen Kolonialregimes rassistisch, ganz im Gegenteil und 2. handelt es sich bei der weissen Herrschaft in Südafrika geschichtlich gesehen gerade nicht um ein typisches Beispiel des europäischen kolonialen Imperialismus (vielmehr waren ja die weissen Südafrikaner selbst Objekte des britischen Imperialismus). Aber es sind nicht solche historischen «Feinheiten», die die politisch-psychologische Situation bestimmen, sondern eben die unbestreitbare Tatsache, dass das gegenwärtige südafrikanische Regime auf der Grundlage krasser Rassendiskriminierung beruht. Diese geschichtliche Perspektive muss man sehen, um die Bestrebungen der Länder der Dritten Welt einigermassen zu verstehen, den westlich bestimmten Menschenrechtskatalog neu zu interpretieren bzw. zu ergänzen. Die entscheidende Schwerpunktsverlagerung war dabei die, wie bereits erwähnt, dass an die Stelle der individuellen Freiheitsrechte der Person die politischen und dann in zunehmenden Masse auch die wirtschaftlichen Freiheitsrechte der unabhängig gewordenen Nationen traten. Aus personalen wurden nationale Rechte. Symptomatisch ist für dieses Unterfangen, dass in den beiden Internationalen Pakten von 1966 (über die bürgerlichen und politischen Rechte sowie über die wirtschaftlichen, sozialen und kulturellen Rechte) in Artikel 1 jeweils das Selbstbestimmungsrecht der Völker stipuliert wird, obschon es in diesem Zusammenhang wie ein Fremdkörper anmuten muss. Diese Linie wurde dann konsequent weiterverfolgt, so dass der oben zitierte DDR-Jurist wohl nicht Unrecht hat, wenn er behauptet, «den Kern der Menschenrechtskonzeption der Vereinten Nationen», jedenfalls nach dem Willen der herrschenden Mehrheit, mache eben das Selbstbestimmungsrecht der Völker aus.

Dass bei einer solchen Interpretation das Spannungsverhältnis zwischen staatlicher Souveränität und übernationalen Menschenrechten radikal zugunsten der ersteren entschieden wird, liegt auf der Hand. Vorhaltungen über Menschenrechtsverletzungen, die von aussen kommen, werden damit automatisch als Einmischung in die inneren Verhältnisse eines Staates disqualifiziert. Diese Haltung kam sehr deutlich zum Ausdruck anlässlich der letzten Konferenz der sogenannten Blockfreien in Belgrad. Den Menschenrechten wurde zwar die übliche Referenz erwiesen, aber sogleich hinzugefügt: ohne Einmischung in die inneren Angelegenheiten. Womit das Bekenntnis durch den Nebensatz weitgehend entwertet wird. Ebenso symptomatisch ist es für die unterschiedlichen Positionen in der Menschenrechtsfrage, dass z.B. die sowjetischen Dissidentenprozesse, welche in der westlichen Welt ein derartiges Echo auslösten, für die Blockfreien kein diskussionswürdiges Thema darstellten. Überhaupt zeigen gerade die beiden Belgrader Konferenzen, die ja kurz hintereinander stattgefunden haben, sehr anschaulich, wie unterschiedlich, ja gegensätzlich die Vorstellungen der verschiedenen Gruppen sind. Das zentrale Thema der KSZE-Konferenz, nämlich die Frage der Respektierung der Grundrechte, die zu einer zeitweise stürmischen Konfrontation zwischen West und Ost ausartete, spielte auf der zweiten Belgrader Konferenz nur ganz am Rande eine Rolle.

Selbstverständlich gibt es nicht nur geschichtliche Gründe für das besondere Verhalten der Länder der Dritten Welt, sondern auch unbestreitbare Fakten ökonomischer und sozialer Natur. So wird man konzedieren müssen, dass es zum mindesten nicht unproblematisch ist, den Katalog der westlichen Freiheitsrechte dort realisiert zu sehen, wo die primitivsten materiellen Voraussetzungen dazu fehlen. Wo es ums nackte Überleben geht, da wird z.B. das Recht auf Nahrung zum ersten Menschenrecht. Ohne gewisse materielle Voraussetzungen bleiben ideelle Werte leicht leere Worte. Das Recht, seinen Hunger zu stillen, wird dann wichtiger als das Recht auf Pressefreiheit – obschon natürlich deren Unterdrückung auch für weniger entwickelte Länder bzw. deren Bürger durchaus negative Folgen haben kann. Aber im wesentlichen bringt wohl die gültige Doktrin zum Ausdruck, was der Präsident Nyerere von Tansania gesagt hat: ein leerer Magen müsse zuerst gefüllt werden, bevor er politische Freiheiten geniessen könne wie sie die westlichen Demokratien kennen. Also: Vorläufig keine westlichen Freiheiten für unterentwickelte Gebiete und Menschen? Menschenrechte und Grundfreiheiten als Luxus für Bürger der «reichen» Welt?

Was indessen meistens verschwiegen wird – und das ist die Kehrseite dieser Doktrin – dass auch massgebliche und teilweise handfeste machtpolitische Interessen mitspielen, um jegliche internationale Garantie individueller Freiheitsrechte abzulehnen. Die starke Betonung der nationalen Einheit und der staatlichen Souveränität erklärt sich zu einem grossen Teil aus dem Umstand, dass viele dieser neuen Staatswesen auf äusserst schwachen Fundamenten ruhen. Die staatliche Einheit ist in den meisten Fällen allein durch willkürlich gezogene Grenzen der ehemaligen Kolonialmächte gegeben, während von Nation im westlichen Sinne dieses Wortes kaum die Rede sein kann. Die viel berufene nationale Einheit ist also alles andere als gesichert, wobei die Gefahr keineswegs so sehr von aussen droht – wie die oben zitierten Grundsätze glauben machen wollen –, sondern vielmehr von innen: es ist das Gespenst der Sezession, das überall umgeht, d.h. der Versuch sich unterdrückt fühlender Minderheiten, nun ihrerseits das vielgepriesene Selbstbestimmungsrecht für sich in Anspruch zu nehmen – allerdings mit wenig Erfolg, soweit es die Haltung der UNO betrifft. Wie die Mehrheit der farbigen Völker, unterstützt vom kommunistischen Block, dafür besorgt ist, dass keiner der ihren in Sachen Menschenrechtsverletzungen in Anklagezustand versetzt wird, so wird auch das Selbstbestimmungsrecht im Interesse dieser Mehrheit interpretiert. Daher kann auch der durch UNO-Abkommen verbriefte Schutz nationaler Minderheiten kaum funktionieren.

Heisst das, dass wir uns mit der unterschiedlichen Interpretation der Menschenrechte und Grundfreiheiten und ihrer nur relativen Gültigkeit abfinden müssen? Oder gibt es vielleicht doch fundamentale Rechte, die sozusagen jenseits aller Ideologien und sozialen Systeme Gültigkeit beanspruchen können, eben doch so etwas wie universal gültige Rechte? Diese Frage haben sich auch die beiden Berichterstatter an einer gemeinsamen Sitzung gestellt, die im Januar dieses Jahres zwischen dem Europarat und dem Europaparlament stattgefunden hat und dem Jahr der Menschenrechte gewidmet war. Beide sind zur Überzeugung gekommen, dass es solche fundamentale Rechte geben muss, «von denen sich alle anderen ableiten lassen». Welcher Art sind diese Rechte? Sie betreffen «die Würde und den Wert des Menschen». Und in diesem Sinne wurde einer Resolution zugestimmt, in welcher es u.a. heisst, «dass wenn dem einzelnen Menschen kein grundlegender Wert beigemessen wird, alle andern Rechte nur vorübergehender Natur sein können, weil der Staat sie jederzeit unterdrücken kann». Es gibt zwar «Tausendundeine Lesart der Menschenrechte», aber «die Menschenwürde kennt nur eine Lesart».[14]

Zum Begriff des Wertes und der Würde des Menschen gehört sicher einmal, dass er auch materiell gesehen menschenwürdig leben kann und nicht dahinvegetieren oder gar verhungern muss. Hier liegt die grösste Herausforderung an die Welt der entwickelten Industrieländer. Unser Engagement zur Respektierung der Menschenrechte und Grundfreiheiten, so wie wir sie verstehen, kann nur dann glaubwürdig wirken, wenn wir bereit sind, gleichzeitig auch unseren Beitrag zu leisten, um diese materiellen Voraussetzungen für ein menschenwürdigeres Dasein für all jene Millionen zu schaffen, die diese Voraussetzungen (noch) nicht haben, wohlwissend dass es sich dabei um ein langfristiges Unternehmen von Generationen handelt.

Wir übersehen dabei keineswegs, dass die historisch und psychologisch verständliche Prioritätenordnung der Dritten Welt auch ein machtpolitisch sehr gut zu gebrauchendes Instrument sein kann und auch ist. Denn die Parolen von der nationalen Einheit und Souveränität eignen sich vorzüglich, jegliche individuelle Freiheitsregung oder gar oppositionelle politische Tätigkeit sowie auch Autonomieforderungen von ethnischen Minderheiten zu diskreditieren, zu unterdrücken und schliesslich deren Repräsentanten auch physisch zu liquidieren. Mit dem Hinweis auf die sakrosankte nationale Einheit kann alles und jedes zum Staatsverbrechen erklärt werden. Mit anderen Worten: Die Menschenrechtskonzeption der Dritten Welt kann auch zur Rechtfertigung jeglicher Willkür- und schliesslich auch Terrorherrschaft missbraucht werden. Dieser unheimliche Zusammenhang muss um so mehr betont werden, als die die UNO beherrschende Mehrheit alles tut, um ihn zu kaschieren. Zudem käme es einem seichten Materialismus gleich, anzunehmen, die Garantierung der Grundfreiheiten hänge ausschliesslich von materiellen Voraussetzungen ab. Dass dem nicht so ist, beweisen die sogenannten sozialistischen Staaten. Es braucht dazu auch eine entsprechende Staatsphilosophie und ein entsprechendes Menschenbild. Wo das Kollektiv alles, das Individuum nichts ist, da nützen auch materielle Voraussetzungen wenig, um den Untertan zum vollwertigen Bürger zu machen.

Was vom Wohlwollen eines Regimes abhängt, was der Staat gibt, das kann auch jederzeit wieder weggenommen werden. Zu diesem Thema haben wir ja gerade anlässlich des zehnjährigen Gedenkens an die Invasion von 1968 in die Tschechoslowakei und die daraufhin erfolgende «Normalisierung» allerhand zu hören und zu lesen bekommen. Nicht von ungefähr steht in einer gemeinsamen Erklärung polnischer und tschechischer Dissidenten zur Unterdrückung des «Prager Frühlings» der Satz im Zentrum: «Die unveräusserliche Würde des Menschen als ein Wert, der dem Leben des Individuums wie auch der Gemeinschaft einen Sinn gibt, bildet heute mehr denn je die Grundlage aller unserer Überlegungen über die Zukunft und das Ziel für unsere Hoffnungen.»[15]

Natürlich wird das Recht auf ein menschenwürdiges Dasein vieler Millionen, ja Hunderter von Millionen in unserer heutigen Welt durch Armut und Verzweiflung in Frage gestellt. Aus dieser Perspektive erscheint es folgerichtig, wenn unser Beitrag an die Entwicklung der Menschenrechte in der dritten Welt nicht so sehr an der Zahl der Proteste gegen Menschenrechtsverletzungen gemessen wird, sondern an der Grösse der materiellen Hilfe, die wir den betroffenen und benachteiligten Regionen der Welt leisten – ob dies uns nun sympathisch ist oder nicht. Menschenwürdige Existenz wird aber auch durch Staatsgewalt und Polizeiwillkür in den zahllosen Diktaturen unserer Zeit täglich und stündlich mit Füssen getreten. Und hier gibt es sicher keinen Unterschied zwischen reich und arm: Verfolgung, Terror, ungerechte Behandlung und Folter trifft den Menschen im Kern seiner Würde, ob er satt oder hungrig ist und wo es auch immer geschehen mag. Recht auf Leben in Sicherheit vor Willkür und Tortur ist das fundamentalste Menschenrecht, das es gibt, und für dessen Verletzung und Missachtung es keine Rechtfertigung ideologischer und sozialer Natur geben dürfte.

Wie weit wir noch von einem Zustand entfernt sind, wo die Respektierung dieses fundamentalen Menschenrechts gewährleistet sein wird, das erfahren wir jeden Tag durch Presse und Medien. Auch die Studie des Instituts Henry Dunant, die es über die Lage der politischen Häftlinge und die Notwendigkeit einer internationalen Konvention zu deren Schutz angefertigt hat, beklagt gerade diesen Zustand: «Die heutige Fassung einer grossen Zahl von Staatsverfassungen ist zumindest als merkwürdig zu bezeichnen», heisst es da. «Während sie nämlich viele Bestimmungen enthalten, welche die Rechte des Individuums schützen, namentlich wenn es sich um Verhaftete handelt, so gibt es doch häufig einen oder zwei Artikel, die diese Bestimmungen aufheben oder ihre Anwendung im Notstand, im Ausnahmezustand oder bei öffentlicher Gefahr beschränken. Was nützt also die Achtung der Menschenrechte, wenn sie unter bestimmten Voraussetzungen aufgrund der Verfassung illegal wird?» Und an anderer Stelle heisst es dann noch, es sei wenig wahrscheinlich, «dass die Bestrebungen zugunsten der weltweiten Anwendung des habeas corpus von Erfolg gekrönt sein werden . . .»[16]

Habeas Corpus: das ist Schutz vor willkürlicher Verhaftung und Recht auf ein ordentliches Gerichtsverfahren. Das ist der Kern bzw. die Grundlage aller Grundrechte und staatsbürgerlichen Freiheiten – nicht zuletzt daran erkennbar, dass freiheitsfeindliche Regierungen dieses Recht stets als erstes ausser Kraft zu setzen pflegen. Denken wir in diesem Zusammenhang auch an gar nicht solange zurückliegende europäische Geschichte, nämlich an die sogenannte Machtergreifung der Nationalsozialisten in Deutschland, wo sie den selbst inszenierten Reichstagsbrand dazu benutzten, den Katalog der durch die Weimarer Verfassung garantierten Freiheitsrechte zu suspendieren, um die terroristische Diktatur durchsetzen zu können.[17] Die Verletzung des Grundsatzes von Habeas Corpus spielte dabei eine zentrale Rolle. Die Folge war, dass das Individuum Staatsgewalt und Polizeiwillkür völlig schutzlos preisgegeben war. Leider hat Hitler viele Nachahmer bis auf den heutigen Tag gefunden, und insbesondere in der Welt der dekolonisierten Staaten. Einer der schlimmsten afrikanischen Potentaten wollte ihm sogar ein Denkmal errichten. Wir sind noch meilenweit von einer allgemeinen Respektierung dieses Grundsatzes entfernt, ohne den rechtsstaatliche Verhältnisse nicht existieren können.

Wenn der Historiker den Begriff Habeas Corpus hört, dann denkt er an das Jahr 1679. Denn in diesem Jahr war es, dass das englische Parlament dem nach absolutistischen Methoden gelüstenden König Karl II. diesen Grundsatz abgetrotzt hat. Es war die geschichtliche Geburtsstunde des modernen Rechtsstaates. Nächstes Jahr, 1979, wird es genau 300 Jahre her sein seit diesem denkwürdigen Vorgang. Ich denke, wir hätten mindestens so viel Anlass, dieses 300. Jahrestages von Habeas Corpus zu gedenken wie des 30. Jahrestages der Allgemeinen Erklärung der Menschenrechte.[18]

1978

Friede und Freiheit sind unteilbar

Im April 1977 debattierte der Europarat über die bisherigen Ergebnisse der gemeinsamen Erklärung, welche die 35 Teilnehmerstaaten der Konferenz über Sicherheit und Zusammenarbeit in Europa am 1. August 1975 in Helsinki unterzeichnet hatten; dies geschah vor allem im Hinblick auf das KSZE-Folgetreffen in Belgrad, welches kurze Zeit danach stattfand. Dabei machte Hofer am 28. 4. 1977 vor der Parlamentarischen Versammlung folgende Ausführungen:

... Die bisherige Debatte hat gezeigt, dass bei allen Nuancen doch eine Übereinstimmung in manchen Punkten besteht. Zum Beispiel, dass wir keine Alternative zur Entspannung sehen, dass wir die Entspannung als langfristigen Prozess betrachten und als permanenten Dialog, dass wir allerdings eher wenig Fortschritte bis heute verzeichnen können und trotzdem kein Tribunal in Belgrad wollen. Wir sind uns ferner einig in der Betonung der Gleichwertigkeit verschiedener Prinzipien und dass kein Verzicht geleistet werden kann auf die Verteidigung der Menschenrechte.

Offensichtlich sind in dieser ganzen Angelegenheit die Spiesse nicht gleich lang, weil nämlich der Osten behauptet, ein offensives Verbreiten seiner Ideen sei mit der Entspannung vereinbar, währenddem ein Eintreten für westliche Werte mit der Entspannung nicht vereinbar sei.

Wir müssen der östlichen Seite klarmachen, und zwar nicht nur hier und heute, sondern auch in Belgrad von seiten unserer Regierungen, dass solches für uns nicht akzeptabel ist. Wir haben nicht die Absicht gehabt, mit unseren Partnern der östlichen Hälfte Europas einen ungleichen Vertrag zu schliessen, wie das etwa zu Zeiten des Imperialismus der Fall gewesen ist, sondern wir sind der Auffassung, dass sich daraus für alle Partner gleich viele Rechte und gleich viele Pflichten ergeben.

Wer sich infolgedessen für die Verteidigung der Menschenrechte und Grundfreiheiten auch für den Osten und auch im Osten einsetzt, darf weder als kalter Krieger bezeichnet noch antisowjetischer Machenschaften bezichtigt werden.

Wenn dem dritten Korb des Helsinki-Dokuments von westlicher Seite und insbesondere von diesem Haus besondere Bedeutung beigemessen wird, dann sind die Gründe voll einsichtig. Nämlich erstens weil die Menschenrechte seit eh und je ein zentrales Anliegen und Thema dieser Versammlung gewesen sind, und zweitens, was oft übersehen wird, weil ja der Korb drei im Grunde genommen der einzige umstrittene Bereich in der ganzen Angelegenheit ist. Denn niemand hat hier ernsthaft die Notwendigkeit einer vermehrten Zusammenarbeit auf wirtschaftlichem, wissenschaftlichem und technischem Gebiet bestritten. Niemand stellt ernsthaft die politischen Grundsätze in Frage wie territoriale Integrität und Souveränität, nationale Unabhängigkeit und Unverletzlichkeit der Grenzen, alles Grundsätze, die so alt sind wie das Völkerrecht überhaupt; sie werden nur noch einmal aufgezählt.

Wirklich neu ist doch eben nur das, was wir als Korb drei bezeichnen. Das ist der Grund, warum wir ihm unsere besondere Aufmerksamkeit widmen. Es geht hier um Selbstverständliches auf der einen Seite und noch gar nicht Selbstverständliches auf der andern Seite. Den östlichen Partnern muss ganz klargemacht werden, dass die Menschenrechte genauso ein integrierender Bestandteil westlicher Politik sind, wie es offensichtlich Kommunismus für die östliche Politik ist. Und wenn wir es zu dulden haben, dass die Ideen des Kommunismus bei uns verbreitet und vertreten werden, so wird der Osten sich daran gewöhnen müssen, dass es kein antisowjetisches Verbrechen ist, wenn ein Bürger der Sowjetunion oder andere Bürger sich auf den Katalog der Grundfreiheiten berufen.

So lange das nicht selbstverständlich ist, müssen wir immer wieder darüber sprechen. Auch das gehört zu dem, was wir den «permanenten Dialog» nennen, der hier so oft beschworen worden ist. Und wenn es vom Osten tönt, die Entwicklung zum sogenannten Sozialismus sei eben ein Gesetz der Geschichte, dann möchte ich antworten, dass wir zwar nicht wissen, ob der Weg zur Freiheit und Demokratie auch ein solches Geschichtsgesetz ist, dass wir aber wissen und überzeugt sind, dass bislang geschichtlich gesehen keine andere Gesellschaftsform sichtbar geworden ist, die der Würde des Menschen derart entspricht, wie die freiheitliche und rechtsstaatliche Demokratie.

Und wenn es vom Osten tönt, Sozialismus sei ein Anliegen der ganzen Menschheit, so sagen wir, dass der Katalog der Menschenrechte sich seit je an alle Menschen gewendet hat und für alle Menschen Gültigkeit beansprucht. Die Menschenrechtserklärungen der Geschichte haben sich immer an die ganze Menschheit gewendet. Die «Bill of Rights of Virginia» hat sich nicht nur an die Amerikaner gewendet, und die «Déclaration des Droits de l'Homme et du Citoyen» hat sich keineswegs nur an die Franzosen gewendet, sondern an alle Menschen. So ist es auch mit dem Katalog, den der Europarat in seiner Menschenrechtskonvention aufgestellt hat.

Ich sehe die Bedeutung der Schlussakte von Helsinki nicht zuletzt gerade darin, dass nun unterschriftlich bestätigt und anerkannt ist, dass das inzwischen eine gesamteuropäische Aufgabe geworden ist.

Ideologische Konfrontation oder ideologische Koexistenz? Um diese Frage herrscht einige Verwirrung. Ich glaube aber, sie ist falsch gestellt. Erstens haben wir gar nicht die Wahl, ob wir zur ideologischen Konfrontation antreten wollen, denn der Osten sagt uns jeden Tag, dass es eine ideologische Koexistenz nicht gibt; er wird also die ideologische Offensive weiterzuführen versuchen. Und zweitens sollten wir den westlichen Ideen nicht sozusagen verbieten, ihre Wirksamkeit zu entfalten. Die Geschichte würde zu Ende sein, gäbe es keinen Kampf der Ideen mehr.

Dem erwähnten, angeblich objektiven Gesetz der Entwicklung zum Sozialismus hin sollten wir ein moralisches Gesetz entgegensetzen. Wir sollten unser ganzes politisches Verhalten und Handeln unter das Gesetz der Menschenrechte und Grundfreiheiten stellen. Das und nichts weniger verlangt das Statut von uns, das uns die Legitimität gibt, hier zu sprechen und zu wirken. Wer anders sollte denn diese Aufgabe übernehmen, wenn nicht diese Versammlung hier, gerade angesichts des totalen Versagens jener Organe der Vereinten Nationen, die sich mit den Menschenrechten zu befassen hätten?

Mit Hilfe der inneren Kraft der Menschenrechte und der Grundfreiheiten ist es gelungen, die letzten Bastionen der Diktatur im westlichen Europa zu stürmen. Wir sollten dem heute in dieser Hohen Versammlung ergangenen Aufruf des Premierministers von Portugal, Mario Soares, folgen, diesen Kampf hier nicht aufzugeben oder abzubrechen, sondern ihn fortzusetzen. Ich bin überzeugt, dass die innere Kraft der Menschenrechte und Grundfreiheiten auch weitere verhärtete Regimes noch aufbrechen wird. Voraussetzung ist allerdings, dass wir selbst den Glauben an die wahrhaft revolutionäre Kraft dieser Ideen nicht verlieren.

Ich möchte zum Schluss einen Satz zitieren, der in einem Aufsatz steht, den unser Präsident Karl Czernetz vor einigen Tagen veröffentlicht hat. Dieser Satz lautet: «Der Friede wird dauernd bedroht durch die Beschränkungen der Menschenrechte und Grundfreiheiten.» Ganz klar kommt der Zusammenhang zwischen Freiheit und Frieden zum Ausdruck. Daraus folgt, dass Kampf für Freiheit und Menschenrechte nicht entspannungsfeindlich sein kann. Ich hoffe, dass unsere Regierenden in Belgrad diesen existentiellen Zusammenhang zwischen Frieden und Freiheit mit dem notwendigen Nachdruck deutlich machen werden.

Ungarn 1956. Gegen Fremdherrschaft und Diktatur

... Ungarn ist eines jener bedauernswerten Länder, das innerhalb weniger Jahre den unbändigen Machtwillen der beiden totalitären Diktaturen des 20. Jahrhunderts, der nationalsozialistischen und der kommunistischen, hintereinander am eigenen Leibe erfahren musste. Dabei darf nicht verschwiegen werden, dass es seine eigenen politischen Führer gewesen sind, die dieses Land zum Komplizen der Hitlerschen Eroberungspolitik gemacht haben. So ist das Land auch in die unvermeidliche Katastrophe des hybriden deutschen Diktators hineingezogen worden und gelangte damit in den Machtbereich der siegreichen Sowjetarmee. Nach dem Ende des zweiten Weltkrieges teilte es das Schicksal der andern Länder «hinter dem eisernen Vorhang»: dem sowjetischen Imperium einverleibt und bolschewisiert zu werden. Der Volksaufstand von 1956 ist der heroische Versuch gewesen, beides gleichzeitig rückgängig zu machen: die sowjetische Bevormundung und die kommunistische Unterdrückung. Er hat also zwei Aspekte: er ist einerseits nationale Erhebung gegen Fremdherrschaft, und er ist andererseits freiheitliche Revolution gegen eine totalitäre Diktatur. Sprechen wir zuerst vom nationalen Aspekt.

Es ist sicher nicht der launische Zufall, sondern eher die geschichtliche Notwendigkeit am Werk gewesen, wenn der schärfste nationale Ausbruch im sowjetischen Satellitenreich gerade in Ungarn geschehen ist. Die Parallelität der Ereignisse von 1848/49 und von 1956 springt sofort in die Augen: beide Male waren es russische Armeen, die das ungarische Streben nach nationaler Unabhängigkeit unterdrückten. Im 19. Jahrhundert geschah es im Zeichen der «Heiligen Allianz» der Fürsten, in unserem Jahrhundert im Zeichen der unheiligen Allianz der kommunistischen Parteisekretäre. Der Kampf um nationale Selbstbestimmung ist für die Ungarn in beiden Fällen ein – letztlich aussichtsloser – Kampf gegen russische Interventionstruppen gewesen. «Soll Russland abermals die ungarische Freiheit in den Staub treten wie im Jahre 1849?» So fragten die zunächst siegreichen aufständischen Studenten und Arbeiter in einem Aufruf über den Sender Miskolc, als sie sich gegen die kommunistische Regierung Ungarns wandten, die die Sowjettruppen gegen ihr eigenes Volk zu Hilfe gerufen hatte.

1848 als Vorbild und Ansporn für 1956 – dieser Tatbestand ist kennzeichnend für den ganzen zeitlichen Ablauf der ungarischen Revolution. Mit vollem Recht hat daher der Herausgeber dieses Dokumentationsbandes über die ungarische Revolution von 1956 ein Wort von Lajos Kossuth, einem der Führer des Kampfes von 1848, als Motto vorangestellt. Hier treffen wir zweifellos auf eine der entscheidenden Ursachen des Volksaufstandes: der Wunsch und Drang, die Unterdrückung der nationalen Unabhängigkeit, die Herabwürdigung in das Helotendasein eines sowjetischen Satellitenstaates, loszuwerden und abzuschütteln. Die Symbole der Revolution von 1848 sind allgegenwärtig: der verbotene Nationalfeiertag vom 15. März (Beginn des Aufstandes von 1848), das verbotene Kossuth-Wappen, die Namen der Freiheitshelden von 1848 – vor allem Sándor Petöfi, der durch sein Gedicht «Auf, Magyaren, die Heimat ruft!» die Bewegung von 1848 auslösen half.

Ausgerechnet der einzige Stalinpreisträger der ungarischen Literatur, der junge Schriftsteller Tamás Aczél, schildert dieses überall lebendige nationale Geschichtsbewusstsein nach einer Reise auf das Land im Frühjahr 1956 – und er schildert es keineswegs in ablehnender Manier. «Der Name Kossuth ist heilig», so schreibt er, und er erzählt, wie die Menschen «der grossen Freiheitsideen des Jahres 1848 im Familien- und Freundeskreis in ihren Heimen, hinter verschlossenen Türen gedenken». Und er fasst zusammen: «In der Nation widerspiegelt sich die ganze Geschichte des Volkes, und mit dieser Geschichte lebt die Nation ...» Dieses trotz aller kommunistischen Umerziehungsversuche weiterlebende nationale Geschichtsbewusstsein sollte zu einer der entscheidenden Triebkräfte der Ereignisse des Oktobers 1956 werden. Ein anderer Schriftsteller, einer der führenden Männer der ungarischen Literatur, Tibor Déry, Mitglied der KP auch er, beschwor einige Wochen nach dem Erscheinen jenes Reiseberichts «die Jugend von 1848», und er stellte sie den Tausenden von jugendlichen Zuhörern als Vorbild hin. So werden die Denkmäler und Erinnerungsstätten der 48er Revolution zu beliebten Zielen der demonstrierenden Studenten, wo sie Kränze niederlegen und Gedichte von Petöfi rezitieren. Selbst das Zentralorgan der KP wird nach dem Sieg des Aufstandes diesem nationalen Geschichtsbewußtsein seine Reverenz erweisen und die Behauptung der «Prawda», eigentliche Ursache des Aufstandes sei die Wühlarbeit ausländischer Agenten, entrüstet zurückweisen als «Beleidigung für die gesamte Bevölkerung von Budapest». Wenn führende Intellektuelle, Schriftsteller insbesondere, sich zu einem Diskussionskreis zusammenschliessen und diesem Kreis den Namen Petöfi geben, wenn sie sich im sogenannten Kossuth-Club zusammenfinden und ihre Gründungsversammlung ausgerechnet am 15. März (1956) abhalten, dann kommt auch das einem nationalen Bekenntnis gleich.

So ist kein Zweifel möglich: Die ungarische Revolution von 1956 ist eine nationale Revolution gewesen, ein Versuch, sich einer Fremdherrschaft zu entledigen; denn als solche empfand man das Satellitendasein, trotz allen Gepränges mit den Insignien nationaler Souveränität, trotz allen Geredes von Gleichberechtigung und sozialistischer Brüderlichkeit. Aber dies ist nur der eine Aspekt, vielleicht nicht einmal der wichtigere, jedenfalls nicht in der ersten Phase der Revolution, d.h. vor der Einmischung der sowjetischen Armee, die dann die Wendung zum nationalen Abwehrkampf herbeiführte.

Wer den Ursprüngen der Revolution nachspürt, wird zwar auch auf den Ruf nach Freiheit stossen, aber nicht Freiheit im nationalen Sinne, sondern im politischen, im moralischen, im geistigen Sinne. Es sind die Schriftsteller gewesen, die das Feuer der Opposition gegen das herrschende Regime entfacht haben, und was sie zunächst forderten, das war Freiheit für die Literatur, also Freiheit in einem durchaus geistigen Sinne, Freiheit, die Wahrheit zu denken, zu sagen, zu schreiben. «Seit Jahren blicken die Petöfi-Denkmäler fragend, streng und vorwurfsvoll auf uns herab; mir scheint, sie verlangen von uns Rechenschaft über die Pressefreiheit ...» So sprach ein junger Journalist in der Sitzung des Petöfi-Kreises vom 27. Juni, der bereits Tausende beiwohnten. Und er erzählte, wie Petöfi und seine Mitstreiter sich die Pressefreiheit erkämpften, indem sie einfach eine Druckerei beschlagnahmten – übrigens im Einverständnis mit ihrem Besitzer. Und das ist nun der andere, für die in diesem Kreise versammelten Intellektuellen wichtigere Aspekt ihres Bekenntnisses zum Revolutionsdichter von 1848: eben die Forderung nach Pressefreiheit, nach Freiheit für die Literatur, nach Freiheit für das Denken und Schreiben. «Die Wahrheit auszusprechen ist unser gebieterisches inneres Bedürfnis», rief Tibor Méray in derselben Sitzung des Petöfi-Kreises aus, nachdem er auf die Vergewaltigung des Denkens durch das herrschende Regime und seine Ideologie hingewiesen hatte. «Aber was ist das für eine Situation», so fragte er, «in der die Wahrheit gegenüber der Partei illoyal ist?» Das war der neuralgische Punkt: vertrug die Partei die Wahrheit, konnte sie sie überhaupt vertragen? Und dann noch das weitere Wort: «Aber Wahrheit kann man nur haben, wenn Freiheit herrscht.» Damit war eine, wie sich alsbald zeigen sollte, für die Partei gefährliche, ja tödliche Frage gestellt. Die Einheit von Freiheit und Wahrheit war geeignet, die Dialektik der Partei aus den Angeln zu heben. Denn wenn man sich die Freiheit nahm – und das sollten diese Intellektuellen alsbald tun –, die Wahrheit zu sagen, dann musste man feststellen, dass man keine Freiheit hatte. Damit aber war die Legitimation der kommunistischen Herrschaft in Frage gestellt; denn sie beruhte auf der Behauptung, die werktätige Klasse befreit zu haben. Rákosi erkannte sofort mit dem scharfen Blick des alten Bolschewisten, dass es hier ums Ganze ging, und er machte sich alsbald daran, diesen «gefährlichen Geist» auszurotten. Aber so weit sollte es zunächst nicht kommen; nicht er, sondern erst sein Nachfolger wurde von der Sowjetmacht ermächtigt, diesen «gefährlichen Geist» auszurotten.

Es ist das klassische Wort des Marquis von Posa aus Don Carlos, das als Motiv über die ungarische Revolution zu setzen ist: Geben Sie Gedankenfreiheit! («Wir haben keine Gewissensfreiheit!» schleuderte ein junger Pionieroffizier bei einer Aussprache in der Militärakademie dem Verteidigungsminister ins Gesicht.) Im Petöfi-Kreis wird diese gefährliche Forderung zuerst laut, um dann nach und nach zum gewaltigen Chor der demonstrierenden Massen anzuschwellen. Der Schriftsteller Gyula Háy, einer der geistigen Herolde der Auflehnung gegen Parteidiktatur und ideologische Tyrannei, forderte es schliesslich ganz offen in einem Artikel der «Irodalmi Ujság» vom 8. September – und er nahm sich damit die Pressefreiheit nach dem Vorbild von 1848: «Jawohl, wir denken an die vollkommene Freiheit der Literatur, d. h. an die vollständige, uneingeschränkteste Freiheit, die unter Menschen, die in einer Gesellschaft zusammen leben, überhaupt möglich ist.» Und dann wiederum die zentrale Forderung: «Der Schriftsteller muss, wie jeder andere auch, die uneingeschränkte Freiheit haben, die Wahrheit zu sagen ...» Die genannte Zeitung des Schriftstellerverbandes, ein Literaturblatt also, wurde in der Folge geradezu eine Flugschrift der Revolution: 70 000 Exemplare, d. h. die gesamte Auflage, wurden in einer halben Stunde in Budapest verkauft! Der Funke, der das Feuer der Revolution entfachen sollte, entzündete sich nicht an den weiss Gott misslichen ökonomischen Bedingungen, sondern am Drang des Geistes nach Freiheit. Nicht die Massen des werktätigen Volkes, nicht die Arbeiter und Bauern haben das Feuer der Revolution entfacht, sondern die «Geistesarbeiter», die Schriftsteller und Studenten. Aber die Massen haben ihre Parolen befolgt, haben ihren Resolutionen zugestimmt und haben sich ihren Demonstrationen angeschlossen, und damit das einzigartige Phänomen eines spontanen Volksaufstandes herbeigeführt. Es ist nicht zu leugnen: der bisher grösste und mächtigste Aufstand gegen die totalitäre Diktatur des Bolschewismus begann als Protest des Geistes, und er begann im Schosse der sogenannten privilegierten Intelligenz. Kádár selbst hat es bestätigt. Er legte den Kern bloss – für jeden deutlich, der gewillt ist zu sehen –, um den es geht in der säkularen Auseinandersetzung zwischen freiheitlicher Demokratie und Totalitarismus: um die Frage der geistigen Persönlichkeit, um die Frage der Freiheit der Persönlichkeit, was nur zwei Ausdrücke für dieselbe Sache sind.

Nicolai Berdjajew, der christliche russische Geschichtsphilosoph, der selbst durch den Kommunismus hindurchgegangen ist – und zwar in seiner leninistischen Phase –, schrieb in seinem Buch «Wahrheit und Lüge des Kommunismus»: «Die Lüge des Kommunismus ist gewaltiger als alle seine Wahrheiten. Sie ist vor allem eine geistige, nicht eine soziale Lüge. Falsch und ungeheuerlich ist der Geist des Kommunismus selbst. Denn dieser Geist ist eine Leugnung des Geistes, des geistigen Prinzips der menschlichen Persönlichkeit ...» Das ist es, wogegen die geistige Elite Ungarns sich erhoben hat und wogegen die Intelligenz der andern kommunistischen Staaten, in der einen oder andern Form, mit mehr oder weniger Erfolg, auch angekämpft hat und weiter ankämpft: gegen die Vergewaltigung der geistigen Persönlichkeit. Einer der Teilnehmer an der erwähnten denkwürdigen Sitzung des Petöfi-Kreises sprach von den «mechanisierten Gedankenprozessen», die alles Denken «mit Gewalt in den Plan zwingen». Dasselbe Phänomen haben auch Intellektuelle anderer kommunistischer Länder beschrieben, nachdem sie sich innerlich vom Kommunismus zu lösen vermochten. «Der Intellektuelle in der Volksdemokratie», schrieb der Pole Czeslaw Milosz nach Jahren eigener bitterer Erfahrung, «wird nicht als eine schöpferische Potenz, sondern lediglich als ein ausführendes Organ betrachtet und behandelt.» Und der rebellierende Jugoslawe Milowan Djilas, der vom Theoretiker des Titoismus zu dessen schärfstem Kritiker wurde, hat diesen Zustand als «Tyrannei über den Geist» definiert und dieses Problem in den Mittelpunkt seiner Abrechnung mit dem Kommunismus gestellt. «Der Mensch kann auf vieles verzichten», schreibt er in seinem Buch «Die neue Klasse», «aber er muss denken, und er hat ein tiefes Bedürfnis, seine Gedanken zu äussern. Es ist zutiefst erniedrigend, zum Schweigen gezwungen zu sein, wenn man das Bedürfnis hat zu sprechen. Die Tyrannei ist indessen dann am schlimmsten, wenn sie die Menschen zwingt, anders zu denken, als sie gewohnt sind, und Gedanken zu äussern, die nicht ihre eigenen sind ...»

Es lag in der Natur der Dinge, dass die Revolte des Geistes politische Konsequenzen haben musste. Der Ablauf der Ereignisse mutet uns an wie eine geschichtliche Demonstration für die Unteilbarkeit der Freiheit. Wenn Rákosi schon durch den Ruf nach literarischer Freiheit auf den Plan gerufen wurde, dann weil er um diesen Zusammenhang wusste: dass literarische Freiheit unter den herrschenden Bedingungen der totalitären Diktatur politischen Charakter annehmen musste. Den Postulaten der Schriftsteller folgten die Forderungen der Studenten auf dem Fusse, und als die Arbeitermassen, statt die auflüpfigen Akademiker in die Schranken zu weisen, wie es das Regime wollte, sich diesen vielmehr anschlossen, war der Volksaufstand da. Was das aufgestandene Volk politisch wollte und ersehnte, darüber geben zahlreiche Dokumente eindeutigen Aufschluss: nämlich wirkliche und nicht nur scheinbare Unabhängigkeit – das war das nationale Ziel – und wirkliche und nicht nur scheinbare Demokratie – dies war der Kern der innenpolitischen Forderungen. Der Aufstand war zugleich national und demokratisch. Das eine Ziel verdichtete sich in dem Ruf: «Rote Armee nach Hause!», das andere in der Forderung: «Freie und geheime Wahlen!» Man konnte auch sagen: es ging gegen äussere und innere Fremdherrschaft; denn als solche wurde die bolschewistische Parteidiktatur eindeutig empfunden. Zwar versuchten die Revolutionäre, in Erkenntnis der feindlichen Übermacht, ihre Bewegung so zu steuern, dass sie weder einen offenen antikommunistischen noch antisowjetischen Charakter annahm. Man wollte den Kommunismus nicht vernichten, sondern reformieren, demokratisieren, und man wollte keine antisowjetische Politik inaugurieren, sondern nur das ungarisch-sowjetische Verhältnis auf eine neue Basis stellen: auf die Grundlage wirklicher Gleichberechtigung und wirklicher Respektierung der nationalen Interessen und der nationalen Souveränität. Nachträglich ist es nicht schwer einzusehen, dass die Ungarn Unmögliches versuchten; denn beide Ziele, das nationale und das demokratische, kollidierten mit den Interessen der Sowjetmacht. Die demokratischen Forderungen der Aufständischen erwiesen sich als unvereinbar mit den Prinzipien, nach denen allein kommunistische Herrschaft möglich war. Mit andern Worten und zugleich kürzer und prägnanter: es erwies sich die Unvereinbarkeit von demokratischer Freiheit und totalem Herrschaftsanspruch einer Partei. Es zeigte sich aber auch die Unvereinbarkeit des Verlangens nach völliger nationaler Selbstbestimmung und des Herrschafts-, zum mindesten aber Kontrollanspruchs der Sowjetunion über die andern Glieder ihres «sozialistischen Systems». Die elementare Dynamik des revolutionären Ausbruchs von 1956 hat ihren Grund in dem Umstand, dass es gleichzeitig um die Erringung der nationalen wie der individuellen Freiheit ging. Und die Heftigkeit des Zusammenstosses mit der Sowjetmacht ist die logische Konsequenz dieses inneren Zusammenhanges; denn sie wurde zum Hauptfeind der einen wie der andern Freiheit. Die eine Freiheit widersprach ihrem ideologischen, die andere ihrem aussenpolitischen Interesse. Die Sowjetmacht war nicht nur herausgefordert als Gralshüterin der Ideologie, sondern auch als Vormacht des «sozialistischen Lagers». Es wird gelegentlich behauptet, dass die ungarische Erhebung hätte Erfolg haben können, wenn sie sich auf das nationale Ziel beschränkt hätte, und es wird auf das Vorbild Jugoslawiens hingewiesen. Man wird dabei aber den entscheidenden Unterschied nicht übersehen dürfen: Ungarn war im Augenblick seiner Erhebung von der Roten Armee besetztes Gebiet, Jugoslawien nicht. Und was eben wichtiger ist: der Ursprung des ungarischen Befreiungsversuchs liegt, wie wir gesehen haben, im Verlangen nach geistiger und politischer Freiheit, und damit war von vorneherein das kommunistische Herrschaftssystem in Frage gestellt. Die jugoslawische Sezession hingegen ist nationalen Ursprungs. Im jugoslawischen Falle handelte es sich um eine aussenpolitische Staatsaktion der kommunistischen Führung, die den Bruch mit dem «grossen Bruder» vollzog, in Ungarn aber um einen Volksaufstand, der sich gegen eine kommunistische Führung richtete, die diesen Bruch gerade nicht vollziehen wollte.

Wie die politischen Ziele der ungarischen Freiheitskämpfer im einzelnen aussahen, darüber geben die zahlreichen Aufrufe und Petitionen reichlichen Aufschluss. Die Resolutionen der verschiedenen revolutionären Organisationen, die sich spontan gebildet haben, waren sich in folgenden Punkten vollkommen einig: Wiederherstellung der Rechtssicherheit, und das hiess: Verbot und Auflösung der Staatssicherheitspolizei, der «roten Gestapo», wie man sie nannte, dieses typischen Instruments der terroristischen Parteidiktatur; wirkliche Garantierung der Menschen- und Bürgerrechte; freie und geheime Wahlen mit der Möglichkeit der Teilnahme mehrerer Parteien; Entfernung der herrschenden Rákosi-Gruppe, die offen als verbrecherisch bezeichnet wird, und Amnestie für alle politischen Gefangenen – um nur die wichtigsten zu nennen. Also: Habeas Corpus, Déclaration des droits de l'homme et du citoyen, allgemeines, geheimes, gleiches Wahlrecht – das sind nichts anderes als die liberalen und demokratischen Grundforderungen abendländischen Freiheitsstrebens, das sind die Grundpfeiler der freiheitlich-rechtsstaatlichen Demokratie. «Im wesentlichen zielten diese innenpolitischen Foderungen auf die Errichtung eines demokratischen Regimes hin . . .», stellte die von der UNO eingesetzte Sonderkommission fest. Man sprach gerne von einem «demokratischen Sozialismus», wobei sich der Ton im Verlaufe der Ereignisse merklich vom Begriff des Sozialismus auf denjenigen der Demokratie verlagerte, selbst bei Imre Nagy. Ein polnischer Journalist berichtete seiner Zeitung nach Warschau, es scheine, als ob man hier «eine merkwürdige Synthese» erleben werde, nämlich «eine Staatsform, in der sich die Grundzüge der Volksdemokratie (das Land in Händen der Bauern, Sozialisierung der Fabriken und Banken) mit dem Mehrparteiensystem, der Pressefreiheit und allen andern demokratischen Freiheiten verbinden». Und er stellt die rhetorische Frage: «Ist das nicht auch ein Weg zum Sozialismus – wenn vielleicht auch ein sehr langer?» Dieses Bekenntnis ist sehr aufschlussreich; denn der Pole gibt damit zu, dass die demokratischen Freiheiten eben nicht zu den «Grundzügen» der Volksdemokratie gehören – während er andererseits eine sehr optimistische Charakterisierung dieses Systems gibt, wenn er behauptet, das Land befinde sich in Händen der Bauern . . .

Dies bringt uns nun auf die sozialen und wirtschaftlichen Vorstellungen, die die ungarischen Revolutionäre mit ihrer Vision eines demokratischen Sozialismus verbanden. Diese Frage, die hier keineswegs erschöpfend behandelt werden kann, ist deswegen wichtig, weil sie besondere Bedeutung bekommt im Zusammenhang mit dem von kommunistischer Seite geäusserten Vorwurf, die ungarische Revolution sei «reaktionär» und «konterrevolutionär» gewesen. Ohne auf eine nähere Untersuchung dieser emotionellen Begriffe einzugehen, kann festgestellt werden, dass die vorliegenden Dokumente diesen Vorwurf voll und ganz entkräften, falls damit gemeint sein sollte, man habe zu den Zuständen des Horthy-Regimes zurückkehren wollen. Ein polnischer Journalist war ehrlich genug, zuzugeben, dass er umsonst nach den «Horthy-Faschisten» gesucht habe. Sie existierten ja auch nur in der Einbildung der KP-Propaganda. Es wäre auch grotesk anzunehmen, die ungarischen Bauern hätten die Grossgrundbesitzer zurückgewünscht; das wollten sie bestimmt nicht. Aber was sie ebenfalls nicht wollten, das war die kommunistische Zwangskollektivierung und Zwangsablieferung. Sie wollten freie und unabhängige Bauern werden. Und die Arbeiter wollten auch keine Reprivatisierung der grossen Unternehmen, aber sie hatten eben auch genug von der kommunistischen Zwangswirtschaft mit ihrem ausgeklügelten Lohn- und Normsystem. Was sie wollten, haben sie durch die Bildung von Arbeiterräten zum Ausdruck gebracht: «Selbstverwaltung, wirkliche Überführung der Unternehmen in die Hände der Werktätigen». Eine Resolution des Schriftstellerverbandes enthielt die Forderung: «Das gegenwärtige demütigende Lohn- und Normensystem sowie die schimpflichen Zustände im sozialen Versicherungswesen müssen verbessert werden.» So war es um die sogenannten «sozialen Errungenschaften» des Regimes bestellt, mit deren Lobpreisung man glaubte, die Arbeiter ködern zu können und vor deren Gefährdung durch die Revolution man warnen zu müssen glaubte. Das Verhalten der ungarischen Arbeiter beweist, dass das Gerede von den «sozialistischen Errungenschaften» zum grossen Teil eine Fata Morgana der bolschewistischen Propaganda war. Nein: zurück zu den Zuständen des Vorkriegsungarns wollten die Ungarn bestimmt nicht. Weder Rákosi noch Horthy – lautete vielmehr die Parole. Im übrigen boten die turbulenten Tage der ungarischen Erhebung, wo man sich alsbald in einen Kampf auf Leben und Tod mit der intervenierenden Sowjetmacht verwickelt sah, recht wenig Musse, um über wirtschafts- und sozialpolitischen Programmen zu brüten. Diese Sorge war durchaus sekundärer Natur, um so mehr, als sich die überwältigende Mehrheit der Ungarn ganz offensichtlich auch hier in den Grundzügen einig war. Zuerst galt es, die Freiheit zu erringen. Dann würde man weitersehen.

Es ist kein Wunder, dass ein solches Programm, wie wir es in seinen wichtigsten Punkten kennengelernt haben, die kommunistischen Machthaber auf den Plan rief. Aber schliesslich stellte sich nur die Geheimpolizei hinter das Regime, selbst die Armee ging rasch auf die Seite der Rebellion über. Die Partei selbst zerfiel, wie auch kommunistische Augenzeugen bestätigen, innerhalb weniger Stunden. Und als der Widerstand der Geheimpolizei gebrochen und der Sieg damit errungen war, da kamen die Truppen der Sowjetarmee zurück, um das befreite Land wieder unter die Botmässigkeit der Sowjetmacht und ihrer neu ernannten Statthalter in Ungarn zu zwingen. Die bewaffnete Intervention der Roten Armee stellte übrigens nicht nur eine flagrante Verletzung der UN-Charta dar, sondern sogar auch des Warschauer Paktes und damit des sogenannten «sozialistischen Völkerrechts». Dass sich der Kreml herausgefordert fühlte, ist indessen verständlich; denn was die Kommunisten z.B. von der Forderung auf allgemeine freie Wahlen zu erwarten hatten, scheint den Herren in der Sowjetführung durchaus klar gewesen zu sein. Im Unterschied zu den andern Satellitenstaaten hatte Ungarn das Privileg gehabt, sich wirklich in freien Wahlen über seinen politischen Willen auszusprechen. Das war im November 1945 gewesen. Die Niederlage der Kommunisten war, trotz sowjetischer Besetzung, katastrophal: sie erhielten nur ein Sechstel der Sitze im Parlament. Trotzdem mussten anschliessend die Schlüsselpositionen der Regierung mit Kommunisten besetzt werden, und nichts vermochte die Bolschewisierung des armen Landes aufzuhalten. Noch im August 1947 vermochten die Kommunisten trotz Terror und Wahlbetrug nicht einmal einen Viertel der Stimmen zu erringen. Erst nach der gewaltsamen Liquidierung der andern Parteien gelang die Errichtung der totalen Parteidiktatur im Jahre 1949. Ungarn versank im Völkergefängnis des Stalinismus.

Alles sprach dafür, dass sich bei erneuten freien Wahlen im Jahre 1956 oder auch zu einem späteren Zeitpunkt kein Sechstel der Bevölkerung mehr für die sowjetische Form der «Demokratie» ausgesprochen haben würde. Selbst ein führender Kommunist, der berühmte marxistische Philosoph György Lukács, der als Kultusminister in das Reformkabinett Imre Nagy eingetreten war (und dafür von der Kádár-Regierung später verbannt wurde), vertrat einem polnischen Journalisten gegenüber die Ansicht, dass seine Partei bei freien Wahlen «fünf, höchstens zehn Prozent der Stimmen» gewinnen würde. Ja, Lukács spielte sogar mit dem Gedanken, dass die kommunistische Partei in einem Ungarn der wiederhergestellten demokratischen Freiheit «in die Opposition gehen» könnte. Kann man sich eine beweiskräftigere Widerlegung des kommunistischen Herrschaftsanspruchs überhaupt denken als eine solche aus dem Munde dieses führenden marxistischen Denkers der Gegenwart? Lukács hat damit noch einmal den Finger auf den entscheidenden Punkt gelegt, mit dem wir uns schon beschäftigt haben: eine Demokratisierung des Kommunismus sowjetischer – nicht nur stalinistischer – Prägung ist unmöglich, es sei denn um einen Preis, den er nie freiwillig zu zahlen bereit sein wird: um den Preis seiner Abdankung. Dies völlig deutlich gemacht zu haben, ist und bleibt eines der entscheidenden Verdienste der ungarischen Revolutionäre. «Wer durch die Oktober-Ereignisse nicht überzeugt wurde, ist durch nichts zu überzeugen, ausser – und nicht einmal das ist sicher – er erlebt eines Tages im eigenen Land dasselbe.» (Albert Camus)

1966

Polen 1980. Geschichte als Vermächtnis

Die 1980 ausgebrochenen Unruhen in Polen gaben den Anlass zur folgenden historischen Rückbesinnung, die weit in der über tausendjährigen Geschichte des zwischen Ost und West eingeklemmten Volkes zurückblättert, um die aktuellen Ereignisse zu erklären und zu verstehen. Der Beitrag zeigt aber auch deutlich die persönliche Betroffenheit und Verbundenheit des Schreibers mit den leidgeprüften Polen, deren Freiheitsstreben für ihn auch Anlass zu einem geschichtsphilosophischen Optimismus ist. Wohl an keinem andern Beispiel lässt sich so eindrücklich die politische Bedeutung des kollektiven historischen Bewusstseins eines Volkes illustrieren.

Während ich an diesen geschichtlichen Betrachtungen über Polen arbeite, steigt in mir die Erinnerung an den Juni 1940 auf. Auch in unser Dorf zogen damals Teile jener polnischen Legion ein, die sich an der Westfront der Hitlerschen Wehrmacht hatte zum Kampfe stellen wollen. Nun mussten sie sich in der Schweiz internieren lassen, einmal mehr geschlagen, ohne überhaupt geschlagen zu haben. Wie ihnen die französische Armee keine wirkliche Entlastung zu bringen vermochte, als sie im Osten gegen die deutsche Übermacht kämpften, so wurden die Polen nun diesmal Opfer des katastrophalen Versagens der Strategie und der militärischen Führung Frankreichs, als der Krieg auf den Westen übergriff. Es waren manche dabei, die innerhalb weniger Monate zweimal gegen Hitlers Kriegsmaschine angetreten waren. Auf den abenteuerlichsten Wegen waren sie nach dem Westen gelangt, als ihnen Stalins Truppen auch noch heimtückisch in den Rücken gefallen waren. War der Krieg in Polen etwas gewesen, was sich weit von uns abspielte, so sehr es uns auch aufwühlte – jetzt befanden wir uns in hautnahem Kontakt mit den Angehörigen jenes Volkes, das es gewagt hatte, sich Hitlers Grössenwahnsinn entgegenzustellen.

Damals war mir selber noch nicht so ganz klar – ich befand mich gerade am Anfang meines Geschichtsstudiums –, wie sehr sich die ganze geschichtliche Tragik des polnischen Volkes in jenen Männern widerspiegelte, die damals Schutz und Hilfe in unserem Lande suchten und auch fanden. Wie oft haben polnische Legionen auf fremdem Boden und unter fremdem Kommando für die Unabhängigkeit ihres Landes und die Freiheit ihres Volkes gekämpft und wie oft sind sie enttäuscht, hintergangen und verraten worden! Für mich bedeuteten jene Erlebnisse und Begegnungen des Sommers 1940, dass Polen von da an stets mein besonderes geschichtliches Interesse hatte; aber nicht nur das. Dieser lebendige menschliche Kontakt mit den Angehörigen eines leidgeprüften Volkes machte es mir fortan schwer, streng nach dem taciteischen Grundsatz des «sine ira et studio» zu verfahren, wenn es um polnische Geschichte ging. Nicht dass die folgenden Betrachtungen, die zum geschichtlichen Verständnis der Gegenwart beitragen sollen, «mit Zorn und Eifer» geschrieben wären; aber ohne Anteilnahme und vielleicht manchmal sogar ein bisschen Parteinahme ging es nicht. Doch geziemt es einem Schweizer Historiker nicht, für die Unterdrückten und Verfolgten Partei zu nehmen?

Das Unglück des polnischen Volkes hat aber nicht erst im Zweiten Weltkrieg die schweizerische Anteilnahme gefunden; vielmehr hat diese eidgenössische Sympathie für Polen selbst schon ihre eigene Geschichte. Wie das Unglück Anteilnahme immer und immer wieder erweckte, so führten die revolutionären Ausbrüche des polnischen Freiheitsstrebens im letzten Jahrhundert zu wahren Stürmen der Begeisterung; aber auch zu entsprechender Niedergeschlagenheit nach dem Scheitern und der grausamen Unterdrückung dieser revolutionären Ausbrüche. Für die Liberalen des neuen schweizerischen Bundesstaates galten die Polen als Brüder und das polnische Volk geradezu als Inkorporation der heiligen Sache der Freiheit. Kein Geringerer als Gottfried Keller verfasste schon im Jahre 1844 ein Polengedicht, das in der Hoffnung auf eine polnische Wiedererstehung ausklingt. Aber zum Lyriker gesellte sich der Praktiker, wenn Keller als zürcherischer Staatsschreiber sich nach dem polnischen Aufstand von 1863 zum Sekretär eines Unterstützungskomitees wählen liess. Er drohte sogar mit Demission von seinem Staatsamt, als man den Waffenankauf für die aufständischen Polen verbieten wollte.

Diese tiefe Sympathie für die polnische Sache hat auch in der schweizerischen Geschichtsschreibung ihren Niederschlag gefunden. Zwei bedeutende Historiker haben sich in geschichtlich bedeutsamen Augenblicken mit dem polnischen Schicksal und den schweizerisch-polnischen Beziehungen befasst. Und sie haben aus ihrem Herzen ebenso wenig eine Mördergrube gemacht wie vor ihnen der Dichter Gottfried Keller. Der eine, Richard Feller, schrieb im Jahre vor der Wiederauferstehung des polnischen Staates, also 1917; der andere, Edgar Bonjour, ein Jahr nach dem erneuten Untergang des unabhängigen Polen, d.h. 1940.

Hören wir zuerst also die Schlusssätze aus dem Aufsatz, den Richard Feller, der auch noch mein Lehrer an der Universität Bern gewesen ist, im Jahre 1917 veröffentlicht hat:

«Es ist das Schicksal Polens gewesen, mehr zu leiden, als es gefehlt hat, und dann vergessen zu werden. Gross ist der Mut, mit dem sich Polen eh und je gegen die Übermacht seiner Bedrücker erhoben hat, grösser noch die edle Standhaftigkeit, mit der Polen über ein Jahrhundert sich selbst getreu geblieben ist und den Ungläubigen bewiesen hat, was der Genius eines Volkes ist: wahrlich des Opfers genug, dass Polen wieder in die europäische Völkerfamilie zurückkehren darf, aus der es so lange verstossen war. Möge sich auch der Schweizer an der grossen Wende der Dinge, die uns angekündigt ist, erinnern, was seine Vorfahren für die Polen empfunden und hingegeben haben, und möge seine Teilnahme dazu beitragen, dass die Zukunft Polen vergilt, was die Vergangenheit ihm zuviel getan!»

Wie Richard Feller den schweizerischen Wunsch nach Wiederherstellung der polnischen Freiheit an den Schluss setzte, so bekennt sich dessen Schüler Edgar Bonjour gleich auf der ersten Seite seiner geschichtlichen Betrachtungen zu diesem Grundsatz, wenn er schreibt:

«In dem Augenblick, da Polen von einem grausamen Schicksal ereilt wird, geziemt es sich, uns daran zu erinnern, dass wir zu Polen in einem durchaus eigenen Verhältnis stehen. Dieses Verhältnis hat seine reiche und schöne Geschichte. Berührungen fanden sowohl im Kulturellen als auch im Politischen statt und verdichteten sich zeitweise zu engen Freundschaftsbanden zwischen den weitauseinanderliegenden Ländern. Wir haben deshalb nicht die geringste Ursache, uns unsere Ansicht über Polen von irgend einer der kriegführenden Parteien vorsagen zu lassen. Denn wir sehen die Dinge vielfach anders als sie, unter einem eigenen, schweizerischen Gesichtspunkt. In unsern Augen bedeutet Polen eine völliger Unabhängigkeit würdige Nation, ein achtenswertes Volk wie jedes andere in Europa auch. Um ein Wort Spittelers über Belgien auf Polen anzuwenden: ‹Ein Schweizer, der die Verlästerung der unglücklichen Polen mitmachte, würde neben einer Schamlosigkeit eine Gedankenlosigkeit begehen.› Denn es ist klar, dass man mit denselben Gründen, mit denen man jetzt dem polnischen Staat die Lebensberechtigung abspricht, auch einmal gegen das eigenartige Gebilde der schweizerischen Willensnation vorgehen könnte, wenn man deren Auflösung herbeizuführen wünschte.»

Bedenken wir, dass dies gesagt wurde im Jahre 1940, als das nationalsozialistische Deutschland übermächtig dastand, und Hitler sich mit Stalin gerade in die polnische Beute geteilt hatte! Wir sehen, wie sich die Freundschaft der beiden Nationen so widerspiegelt in ihrer Geschichtsschreibung. Denn auch die polnischen Historiker haben das besondere Verhältnis unserer beiden Länder ausführlich gewürdigt. So haben sie anlässlich des internationalen Historikerkongresses, der 1938, also ganz kurz vor Kriegsbeginn, in Zürich stattfand, einen Band veröffentlicht, der sich in mehreren Studien mit den polnisch-schweizerischen Beziehungen durch die Jahrhunderte befasst, und ihm die Widmung vorangesetzt: «Dem Lande der Freiheit, dem Volke der politischen und nationalen Gerechtigkeit, der Nation der bewährten Vaterlandsliebe, der Schweiz». Wer hat wohl damals gedacht, dass ein Jahr später die so mühsam errungene polnische Freiheit wieder dahin sein werde? Dass den sechs Flüchtlingswellen, von denen in diesem Band in historischem Rückblick die Rede ist, alsbald eine siebente folgen werde, eben diejenige von 1940, von der wir eingangs gesprochen haben? Dass dem polnischen Volk noch Opfer und Leiden bevorstanden, die alles geschichtliche Unglück weit in den Schatten stellen würden? Nun, Unglück ist weiss Gott nicht nur ein Thema der polnischen Geschichte, es ist ein Thema der Weltgeschichte. Nicht nur die polnische Geschichte weist Höhe- und Tiefpunkte staatlicher und nationaler Existenz auf, wir finden sie in der Geschichte aller Völker. Man denke etwa an den tiefen Fall, den Deutschland von der Machthöhe des Bismarckreiches zur totalen Ohnmacht von 1945 und zum Verlust der nationalen Einheit bis heute getan hat. Oder man denke an die Zertrümmerung des französischen Staates im Jahre 1940, der unmittelbar zuvor noch als Weltmacht gegolten hatte. Oder man vergegenwärtige sich den steilen Aufstieg und den jähen Fall des japanischen Reiches in der ersten Hälfte unseres Jahrhunderts – um nur Beispiele aus der neusten Geschichte zu zitieren. Die ganze Weltgeschichte ist voll von diesem Thema: Aufstieg und Niedergang der Reiche, Staaten und Völker. Ein allgemeiner Vorgang also, der im Falle des römischen Reiches allerdings exemplarische Bedeutung für die Herausbildung des abendländischen Geschichtsbewusstseins erlangt hat. Diese weltgeschichtliche Schau vom Kommen und Gehen der

Völker und Staaten hat ja geschichtsphilosophische Denker veranlasst, von der ewigen Wiederkehr zu sprechen, vom Kreislauf, von den «corsi» und «ricorsi», wie es der Italiener Giambattista Vico genannt hat.

Gerade aber das Beispiel der polnischen Geschichte veranlasst uns, allen pessimistischen Geschichtsdeutungen misstrauisch zu begegnen. Denn sie ist nicht nur die Geschichte «eines durch namenloses Unglück geadelten Volkes», wie es der genannte Edgar Bonjour formuliert hat; sie ist auch der Beweis für die Leidensfähigkeit und die Widerstandskraft eines Volkes, der Beweis dafür, dass der Lebenswille einer Nation ungebrochen die schlimmsten Torturen und Misshandlungen übersehen kann, wenn sie nur den Glauben an sich selbst nicht verliert. Nun wäre es allerdings verfehlt, bei einem Blick in die polnische Geschichte nur von den Leiden dieses Volkes zu reden. Es gilt, auch dessen geschichtliche Leistungen zu würdigen, seine historische Rolle, die es im Verlaufe eines Jahrtausends gespielt hat.

Wie stolz das polnische Volk auf die über 1000 Jahre seiner Geschichte sein kann, können wir Schweizer vielleicht an dem Stolz ermessen, den wir über die bald einmal 700jährige Existenz der Eidgenossenschaft empfinden. Als unsere Vorväter und ersten Bundesgründer am Vierwaldstättersee zum gemeinsamen Schwur zusammentraten, da hatte Polen bereits eine über 300jährige wechselvolle Geschichte hinter sich. Sein Staat hatte um die Jahrtausendwende unter Boleslaw I. Chrobry einen ersten Höhepunkt erreicht und nach vorübergehendem Niedergang einen zweiten unter Boleslaw III. in der ersten Hälfte des 12. Jahrhunderts.

In der Zeit, da sich bei uns die achtörtige Eidgenossenschaft herausbildete, erreichte das Königtum der Piasten seine grösste Macht und Ausdehnung, unter Kasimir III., dem unter allen polnischen Königen allein der Beiname «der Grosse» gegeben wurde. Nach seiner Union mit Litauen, das sich damals weit in heute russisches Gebiet hinein ausdehnte, stieg die polnisch-litauische Doppelmonarchie zur beherrschenden Macht Osteuropas auf, die am Ende des 15. Jahrhunderts über ein Territorium verfügte, mit dem kein anderer europäischer Staat konkurrieren konnte. Es reichte von der Ostsee bis zum Schwarzen Meer und von Schlesien bis nach Kaluga und Kursk.

Wir sehen also, dass das polnische Königreich zur selben Zeit seinen machtmässigen Höhepunkt erreicht wie die alte Eidgenossenschaft, die in jenen Jahrzehnten zur stärksten Kriegsmacht Mitteleuropas wurde. Es ist dabei nicht ohne Reiz festzustellen, wie auch ein Ereignis der Schweizer Geschichte auf diese Entwicklung Polens zur Grossmacht eingewirkt hat. Es sind polnische Historiker gewesen, die darauf hingewiesen haben, wie die Schlacht von Sempach (1386), die bekanntlich eine schwere Niederlage der Habsburger war und dem Chef ihres Hauses den Tod brachte, eine wichtige Voraussetzung für die Bildung der polnisch-litauischen Union gewesen ist. Denn Leopold III. von Österreich hatte die Absicht gehabt, Polen durch eine dynastische Verbindung an Habsburg zu bringen.

Wegen ihres Krieges gegen die Eidgenossen konnten die Habsburger ihre Interessen in Osteuropa aber nicht wahrnehmen, und die polnischen Grossen bestimmten den litauischen Grossfürsten Jagiello zum Prinzgemahl der polnischen Königin, womit eben die erwähnte Union zustande kam. (Von 1386 bis 1572 regierten in Polen die Jagiellonen.) So ist ein eidgenössischer Sieg mit zur Voraussetzung des Aufstiegs Polens zur osteuropäischen Grossmacht geworden. Ein polnischer Historiker spricht sogar davon, dass die damalige Eidgenossenschaft auch der europäischen Zivilisation einen grossen Dienst erwiesen habe, weil dank dieser Union Christentum und abendländische Kultur bis an Düna und Dnjepr vorgestossen seien.

Welche Bedeutung der Religion für das geschichtliche Selbstverständnis Polens zukommt, geht schon daraus hervor, dass nach der traditionellen Auffassung die eigentliche Geschichte Polens mit dem Beginn seiner Christianisierung anfängt, d.h. mit dem Übertritt von Herzog Mieszko I. zum Christentum im Jahre 966. Zwar beschloss das (kommunistische) polnische Parlament seinerzeit, die Gedenkjahre für die Jahrtausendfeier des polnischen Staates seien die Jahre 1960 bis 1966. Das vermochte indessen nicht zu verhindern, dass für die überwältigende Mehrheit der Polen die eigentliche Jahrtausendfeier in das Jahr 1966 fiel – das «Sacrum Poloniae Millenium» wurde so zur Jahrtausendfeier schlechthin. Der seinerzeitige Streit um diese Frage zwischen Christen einerseits und Kommunisten andererseits ist bezeichnend für die geistige (und politische) Situation Polens, bis auf den heutigen Tag.

Für die christlichen Polen war diese Jahrtausendfeier die Gelegenheit, um die geschichtliche Zugehörigkeit des katholischen Polen zum Westen und zum Abendland zu dokumentieren, wobei das religiöse Bekenntnis leicht in ein politisches übergehen konnte, ja musste. Genau aus diesem Grunde war dieser Vorgang für das kommunistische Regime und seinen grossen Bruder im Osten lästig und peinlich, ja gefährlich. «Das polnische Volk schaut nach Rom, zur lateinischen Kultur des Westens», sagte der Kardinal-Primas Wyschinski zum Auftakt der kirchlichen Jahrtausendfeier 1966. Und er fuhr fort: «Die Kraft des Volkes, seine Standhaftigkeit in jahrhundertlangen Kämpfen ... verdankt es der Taufe nach lateinischem Ritus und seiner Verbundenheit mit der abendländischen Kultur, an der es tätig Anteil nimmt.»

Inzwischen hat das polnische Volk noch viel mehr Grund, «nach Rom zu schauen». Denn zum ersten Mal in der Geschichte dieses vielleicht treuesten, jedenfalls aber am meisten geprüften Volkes der katholischen Christenheit ist ein Pole Papst geworden. Obschon erst relativ kurze Zeit verstrichen ist seit dieser aufsehenerregenden Papstwahl, wird deren historische Dimension immer deutlicher, sozusagen von Tag zu Tag. Jedenfalls ist der polnische Papst zu einem wesentlichen Faktor der polnischen Existenz geworden, schon bevor er sich expressis verbis für das Recht seines, gerade seines Volkes auf Unabhängigkeit und Souveränität feierlich ausgesprochen hat.

Der Anlass war zwar ein historischer, der beabsichtigte Effekt zweifellos aber ein politischer. «Wir können jenes Datum nicht vergessen», sagte der Papst Anfang September in Erinnerung an die Entfesselung des Zweiten Weltkrieges durch Hitler (mit gütiger Zustimmung Stalins übrigens). «Wir können es nicht vergessen, weil der Zweite Weltkrieg unserem Heimatland einen solchen enormen Beitrag an Opfern abverlangt hat, dass allein schon diese Tatsache in besonderer Weise das moralische Recht dieser Nation auf Unabhängigkeit und Souveränität legitimiert.» Und dann kommt der bedeutungsvolle Satz, der wie eine Interpretation der vielberufenen, gerade auch von östlicher Seite immer wieder bemühten Helsinki-Akte anmutet: «Souveränität bedeutet aber auch das Recht auf Selbstbestimmung, deren Achtung auch von jeder internationalen moralischen Ordnung verlangt wird.»

Wie gesagt: der Anlass für diese bedeutungsvollen Worte des Papstes war ein historischer, nämlich Hitlers Überfall auf Polen. Doch dürften sich diese Worte schwerlich an den seit 35 Jahren toten Diktator des ebensolange untergegangenen Nazistaates gerichtet haben ... Im Klartext: Kann man überhaupt daran zweifeln, dass sich der polnische Papst damit gegen die «Pseudo-Souveränität» ausgesprochen hat, die Moskau seinen Satelliten bestenfalls zu gewähren gewillt ist, eben Souveränität *ohne* Selbstbestimmung? «Gott ist zu hoch und Frankreich zu weit» lautete ein altes geflügeltes Wort, das die verzweifelte Situation Polens zu einer Zeit drastisch zum Ausdruck brachte, als man von Frankreich im eigenen Existenzkampf Hilfe erwartete. Rom ist auch weit, könnte man heute sagen. Doch der polnische Papst ist nicht nur mitten unter seinem Volk, wenn er in seiner Heimat auf Besuch ist. Man denke an die Papstbilder, die überall auftauchten, wo in den letzten Wochen gestreikt wurde. Ein Bild des Papstes ausgerechnet auf einer Werft, die den Namen Lenins trägt! Das stellt schon eine beträchtliche Herausforderung der bolschewistischen Macht dar. Der Kampf zwischen Bolschewismus und Katholizismus erscheint personifiziert in den Namen Lenin und Woytila. Und wer bei den Streikenden den Sieg davon getragen hat, darüber dürfte man sich auch im Kreml kaum Illusionen hingeben. Wie hatte doch Stalin gefragt, als ihm während des Zweiten Weltkrieges Churchill die Macht des Vatikans klar zu machen versuchte: «Wie viele Divisionen hat der Papst? ...»

Natürlich ist es unmöglich, hier all die geschichtlichen Fakten aufzuzählen, die die geistige Verbundenheit Polens mit der abendländischen Kultur dokumentieren. Es kann höchstens darum gehen, ein paar Lichter aufzusetzen. Aber es ist bei objektiver Betrachtung ganz einfach nicht zu bestreiten – und es wird dies selbst von Kommunisten nicht getan, die sich noch ein unabhängiges geistiges Urteil bewahrt haben –, dass Polen an allen Phasen der abendländischen Kulturentwicklung aktiv teilgenommen hat. Es war ein Glied des Corpus christianum des lateinischen Mittelalters, und Polen kommt die Ehre zu, eine der ersten Universitäten im mitteleuropäischen Raum gegründet zu haben. Es ist die Universität Krakau, die durch päpstliches Privileg vom 1. September 1364 ins Leben gerufen wurde – ein ganzes Jahrhundert vor der ersten schweizerischen Universität Basel und fast 400 Jahre vor der ersten russischen Universität.

Insbesondere wurde das geistige Leben Polens stark beeinflusst von den für die Grundlegung der abendländischen Kultur so wichtigen Bewegungen der Renaissance, des Humanismus und der Reformation – ganz im Unterschied zu Russland. Die polnische Jugend studierte an allen europäischen Universitäten, in Deutschland, in Frankreich, in Italien, später auch in der Schweiz; rege Korrespondenz und Gedankenaustausch kennzeichnen die Intensität der kulturellen Beziehungen. Der polnische König Zygmunt I. korrespondierte mit Erasmus, und es war ein Pole, der die Bibliothek des berühmten Humanisten kaufte. Sein Briefwechsel mit polnischen Humanisten und Gelehrten füllt einen ganzen Band.

Viele Erzeugnisse polnischer Gelehrsamkeit wurden z.B. in Basel, einem frühen Zentrum der europäischen Buchdruckerkunst, gedruckt. Gross war auch der Einfluss Calvins, obschon die polnische Regierung den Besuch ketzerischer Universitäten verboten hatte. Die Polen schienen sich schon damals nicht gerne von oben vorschreiben zu lassen, in welcher Richtung sich ihre geistigen Interessen bewegen dürften. Calvin widmete sogar einen seiner Kommentare dem polnischen König Sigismund August. Wie berichtet wird, wies die Universität Basel am Ende des 16. Jahrhunderts am meisten polnische Doktoranden unter allen ausländischen Hochschulen auf.

Wie das 16., so bildete auch das späte 18. Jahrhundert ein «goldenes Zeitalter» kultureller Blüte in Polen und regen geistigen Verkehrs mit dem Westen. Seltsam, wie sich in jenen Jahrzehnten politischer Verfall und kulturelle Renaissance in eigentümlicher Weise verschlingen. Der gleiche polnische König Stanislaw August Poniatowski – er war der letzte vor dem Untergang von 1795 –, der sich zur politischen Marionette der russischen Zarin Katharina machen liess, wurde zum grossen Erneuerer von Literatur, Wissenschaft und von den schönen Künsten. In dieser Epoche der «polnischen Aufklärung» wurden eifrig französische und englische Autoren übersetzt, und die pädagogischen Ideen eines John Locke und Jean-Jacques Rousseau bewirkten eine Erneuerung des polnischen Erziehungswesens. Ausgerechnet Polen erhielt damals die erste weltliche Erziehungsbehörde Europas, wie es einige Jahre später übrigens auch die erste modern geschriebene Verfassung Europas erhielt! Der genannte König versuchte sogar, gleich Friedrich II. von Preussen, den leuchtendsten Stern der Aufklärung an seinen Hof zu locken – doch Voltaire kam nicht. Vielleicht hatte er genug von königlichen Freundschaften, nachdem diejenige mit dem Preussenkönig ein übles Ende genommen hatte. Dafür beschäftigte sich Rousseau eifrig mit Polen, insbesondere mit seinem Verfassungsproblem. Aber sein Verfassungsentwurf, der den Titel trägt «Considérations sur le gouvernement de Pologne» (1772), war für die praktischen Bedürfnisse Polens wenig geeignet. Der einzige taugliche Vorschlag, nämlich die Einführung der allgemeinen Wehrpflicht, wurde nicht befolgt. Der genannte Monarch, Stanislaw II., nannte das Werk Rousseaus, halb bewundernd, halb ironisch, «le plus beau roman sur la Pologne». Ein schweizerischer Landsmann Rousseaus indessen rühmte die Polen, dass sie nicht den Ratschlägen von Theoretikern und Dogmatikern gefolgt seien, sondern «la plus sage des constitutions» selbst geschaffen hätten. Die polnische Refom von 1791 bzw. der Reformversuch wird als leuchtendes Vorbild den Exzessen der Französischen Revolution gegenübergestellt. Das hinderte anderseits die russische Zarin nicht, von der Übertragung der «französischen Pest» an die Weichsel zu sprechen und entsprechende Gegenmassnahmen zu ergreifen. Den russischen Zaren von gestern waren «westliche Ideen» genauso ein Greuel wie den sowjetischen Diktatoren von heute. Auch daran hat sich in der Politik der osteuropäischen Grossmacht trotz der angeblich so totalen Revolution von 1917 wenig geändert.

Das Stichwort Reform bringt uns auf den Gang der politischen Dinge zurück, die gerade zu jener Zeit, da der Geist der Aufklärung in Polen blühte, äusserst schlecht standen. Wie war es soweit gekommen, dass das ehemals mächtige polnische Reich zum Spielball und schliesslich zum Opfer der umliegenden grossen Mächte hatte werden können? Die Geschichtsforschung hat sich mit diesem, nicht nur für die polnische, sondern auch für die europäische Geschichte folgenschweren Problem ausführlich beschäftigt und, wie so üblich bei den Historikern, sich über die Bedeutung und Gewichtung der verschiedenen Ursachen ergiebig gestritten. Zusammenfassend wird man sagen können, dass innere und äussere Ursachen mitgewirkt haben, langfristige und kurzfristige, um Polen das Schicksal des staatlichen Untergangs zu bereiten. Wir glauben, dass es eine zu verantwortende Vereinfachung darstellt, wenn wir es auf die Formel bringen: innere polnische Anarchie plus äussere, insbesondere russische Expansion.

Das bestehende Wahlkönigtum stellte eine Dauereinladung an die auswärtigen Mächte dar, sich in die inneren Angelegenheiten Polens einzumischen. Dazu kam das sogenannte liberum veto, der Einspruch jedes einzelnen Abgesandten im polnischen Adelsparlament, das schliesslich zu einer totalen Lähmung dieser Institution führte. Wenn wir dazu noch die dauernden inneren Zwistigkeiten sich stetig befehdender und mit den verschiedenen Mächten paktierenden und konspirierenden Gruppen ins Auge fassen, dann haben wir einigermassen ein Bild dessen, was man treffend «eine durch Bürgerkrieg gemilderte Anarchie» genannt hat. Die polnische Realität war damit himmelweit entfernt vom Ideal einer «demokratischen Republik», wie sie der Verfasser des «Contrat social» zu erkennen glaubte. Was im Polen von damals am Werke war, ist eben nicht – um mit den bekannten Begriffen Rousseaus zu sprechen – eine Art «volonté générale» gewesen, sondern ganz im Gegenteil eine «volonté de tous» bzw. eine Herrschaft der einzelnen, die sich nicht mehr zusammenfinden konnten, um dem Gemeinwohl zu dienen.

Polen war damit ein Unikum staatsrechtlicher Natur im europäischen Staatensystem der damaligen Zeit – höchstens etwa der alten Eidgenossenschaft vergleichbar, der es ja ebenfalls an einer effektiven Zentralgewalt mangelte. Es kam denn nicht von ungefähr, dass klarsichtige Eidgenossen für ihren Staat ein ähnliches Schicksal befürchteten, wie es damals Polen ereilte, nämlich Opfer fremder Machtpolitik zu werden. So schrieb denn Albrecht von Haller, nachdem Russland, Preussen und Österreich begonnen hatten, den polnischen Staat unter sich aufzuteilen: «Unsere Republikaner machen über die Teilung Polens grosse Augen. Wann der Comet kommen will, so werden wir ihn müssen kommen lassen ... Wir sehen Polens Unglück an wie einen zwar entfernten Brand, dessen Ende aber niemand kennt ...» Und Richard Feller meinte rückblickend zu diesem Vorgang: «Die Schweiz, die mit Polen mehr denn eine Schwäche gemeinsam hatte, erschrak und sah in Polens Vergewaltigung ihre eigene Sicherheit bedroht. Leider war ihr das Unglück Polens nicht Warnung genug, sich aus ihrer Ohnmacht zu erheben, und so blieb ihr die Prüfung nicht erspart, in fremde Hände zu fallen und das Gebot fremder Eroberer über sich ergehen zu lassen.» In der Tat: drei Jahre nach der völligen Aufteilung Polens (1795) brach auch die alte Eidgenossenschaft zusammen und wurde ein Opfer der französischen Revolutionsheere (1798).

Die Teilungen Polens, wie sie sich im letzten Drittel des 18. Jahrhunderts abspielten und zum völligen Verschwinden dieses einst mächtigen Staates führten, sind ein einzigartiger Vorgang in der Geschichte des europäischen Staatensystems. Das wurde auch in der damaligen Zeit selbst schon durchaus so empfunden, insbesondere von den Anhängern und Verfechtern eines europäischen Völkerrechts, das sich auf allgemein anerkannte Grundsätze stützen sollte. Die wichtigsten waren dabei der Grundsatz von der «Heiligkeit des anerkannt rechtmässigen Besitzstandes», wie es der Göttinger Historiker Professor Heeren in seiner «Geschichte des europäischen Staatensystems» formulierte, sowie das Prinzip des europäischen Gleichgewichts, das die zwischenstaatlichen Beziehungen regeln und einer zügellosen Machtpolitik Schranken setzen sollte.

Dass sich die an diesem Schacher beteiligten Majestäten sogar selbst auf dieses Gleichgewicht beriefen, um ihrem Raub den Anschein der Rechtmässigkeit zu geben, forderte den Zorn der Kritiker ganz besonders heraus. Friedrich von Gentz, einer der führenden politischen Publizisten und später Vertrauter Metternichs, meinte: «So das Edelste gemissbraucht zu sehen, was das europäische Gemeinwesen (!) zu seiner Sicherheit und Wohlfahrt besass, war an und für sich ein widriges Schauspiel: aber der ganze bösartige Charakter der Tat trat erst in ihren Folgen ans Licht.» Wie recht er damit haben sollte! Wie weit hatte man sich von dem entfernt, was Gentz als «europäisches Gemeinwesen» bezeichnete! Oder was Friedrich von Schiller dachte, als er die europäische Staatengesellschaft mit einer grossen Familie verglich, in der die Hausgenossen, wie er schrieb, «einander anfeinden, aber hoffentlich nicht mehr zerfleischen könnten».

Doch selbst den beteiligten Monarchen war offensichtlich nicht ganz wohl bei dem üblen Geschäft. Maria Theresia jedenfalls nannte es einen «Schandfleck für meine ganze Regierung», was den gefürchteten Spötter und Frauenhasser Friedrich II. veranlasste zu kommentieren: «Sie weint, aber sie nimmt.» Die Manifeste der Teilungsmächte über angebliche Rechtstitel auf polnisches Gebiet – das war (und ist wohl auch heute noch?) ein beliebter Trick, um Recht und Macht «in Einklang» zu bringen – hat gerade Friedrich II. von Preussen später selbst in seinen Aufzeichnungen als blosses Blendwerk bezeichnet. Noch wichtiger ist seine Einsicht in die politischen Folgen der russischen Machtpolitik, wenn er bereits 1768 (also *vor* der Tat selbst) in seinem politischen Testament den Satz schrieb: «Wir Fürsten Europas sind es, die Russlands Anmassung unterstützen.» Ob er wohl geahnt haben mag, dass diese russische Macht auch einmal sein eigenes Werk zerstören werde?

In der Tat hatte Russland schon seit langem eine Politik betrieben, die auf eine völlige Beherrschung Polens hinauslief. Sicher trifft alle an der Zerstörung des polnischen Staates beteiligten Mächte ein gerüttelt Mass an Mitschuld. Der entscheidende Faktor war indessen der russische Expansionsdrang –, wenn auch heute versucht wird, diese geschichtliche Tatsache zu verschleiern, weil man sonst unliebsame Parallelen zur Gegenwart ziehen könnte. Aber selbst im «sozialistischen» Polen konnte ein Werk erscheinen, in dem es heisst, «dass auf dem zaristischen Russland als der Macht, die seit 1764 in polnischen Angelegenheiten das entscheidende Wort sprach, die Verantwortung für die Teilungen als Ganzes liegt».

Die Polen haben sich schliesslich doch noch aufgerafft, aus den für sie so misslich verlaufenen Ereignissen die notwendigen Lehren zu ziehen und ihren Staat zu reformieren. Das wichtigste Resultat war die schon erwähnte Verfassung von 1791. Sie war weder radikal noch gar revolutionär, gemessen an den Ideen der Zeit. Sie enthielt jedenfalls keinen Katalog der Menschen- und Bürgerrechte, wie die im gleichen Jahr verabschiedete französische Revolutionsverfassung. Trotzdem war sie relativ, d.h. auf die damaligen Verhältnisse bezogen, durchaus modern. So war z.B. die Regierung, zwar vom König ernannt, einer parlamentarischen Kontrolle unterstellt. Erwähnenswert gerade vom heutigen Standpunkt aus, dass auch der Primas von Polen, der höchste kirchliche Würdenträger, von Amtes wegen der Regierung angehören sollte. (Heute ist man fast versucht zu sagen, ist er das «in der Verfassung nicht vorgesehene» Mitglied der Regierung ...) Die Verfassung versuchte aber auch die Ansatzpunkte für auswärtige Einflüsse zu beseitigen durch Abschaffung des

Wahlkönigtums und des Liberum veto. Alles in allem sicher also wenig von «französischer Pest», aber eben offensichtlich doch Grund genug für eine russische Intervention. Die russische Zarin wollte weder ein innenpolitisch reformiertes, noch ein aussenpolitisch wirklich unabhängiges Polen an ihrer Grenze dulden. Und so nahm denn das Verhängnis seinen Lauf. Im Januar 1793 erfolgte der zweite Teilungsvertrag zwischen Russland und Preussen. Doch ein Jahr darauf kam es zum Volksaufstand, dem letzten, verzweifelten. Ausgerufen wurde er auf dem Marktplatz von Krakau von dem schon zur legendären Figur gewordenen Tadeusz Kosciuszko, weshalb denn dieser Verzweiflungskampf auch als Kosciuszko-Aufstand in die Geschichte eingegangen ist.

Dank seiner hervoragenden Rolle, die er, ähnlich Lafayette, im amerikanischen Unabhängigkeitskrieg gespielt hatte – an seine Verdienste erinnert ein Denkmal vor dem Weissen Haus –, war Kosciuszko als Bürger des freien Amerika nach Polen zurückgekehrt. Auch andere hervorragende Polen haben damals an der Seite Washingtons gekämpft, wie z.B. Kasimir Pulaski, der als General 1779 auf amerikanischem Boden gefallen ist. Noch heute begeht das Polentum in den USA zu seinen Ehren jedes Jahr den Pulaskitag. Denn nach keinem westlichen Land sind in der Zeit der nationalen Unterdrückung soviele Polen ausgewandert wie nach den USA. Ihr Einfluss auf die amerikanische Politik ist daher stets beträchtlich gewesen, gerade heute wieder abzulesen an Namen wie Muskie und Brzezinski, dem Aussenminister und dem Sicherheitsberater Präsident Carters.

Dies hat auch entsprechende Rückwirkungen auf die amerikanische Politik gegenüber Polen gehabt, wohl am auffälligsten in dem Umstand, dass Präsident Wilson in seinen berühmten 14 Punkten von 1918 die Forderung nach der Schaffung eines unabhängigen Polen aufgenommen hat. Damit nahm die Leidenszeit der Teilung und nationalen Unterdrückung nach 125 Jahren ein Ende. Bezeichnend übrigens für die mannigfachen Wirkungsmöglichkeiten der polnischen Emigration, dass Wilsons Engagement für Polen in starkem Masse auf den Einfluss des weltberühmten Pianisten und auch Komponisten Ignaz Paderewski zurückzuführen war.

Aller Kampfesmut hat nicht vermocht, Polen gegen die Übermacht seiner Feinde vor dem Untergang zu retten. 1795 kam das Ende, und zwei Jahre später schlossen die drei Teilungsmächte Russland, Preussen und Österreich einen Vertrag, in dem sie sich u.a. versprachen, «alles auszutilgen, was die Erinnerung an die Existenz des Königreiches Polen wachrufen könnte». Doch die hohen Fürstlichkeiten sollten sich täuschen, wie anderthalb Jahrhunderte später Hitler und Stalin, die einen ähnlich lautenden Vertrag abschlossen. Der Verlust der Eigenstaatlichkeit führte keineswegs zu Resignation und Ertötung des Lebenswillens der Nation. Im Gegenteil: im Augenblick der grössten geschichtlichen Ohnmacht bildet sich gerade ein polnisches Nationalgefühl im modernen Sinne heraus. «Als Nation ohne Staat geht das polnische Volk in das 19. Jahrhundert.»

Erst jetzt, wo es auf die Territorien dreier fremder Mächte verteilt ist, wird das polnische Volk sich seiner Nationalität wirklich bewusst. Dieses durch die polnische Geschichte genährte Nationalbewusstsein wird trotz aller herben Enttäuschungen nicht mehr untergehen. Und wie gross diese Enttäuschungen waren! Man setzte Hoffnungen auf die brüderliche Hilfe der französischen Revolution, auf die Versprechungen Napoleons, der sich aber auch in der polnischen Sache als egoistischer

Despot erwies, auf den Wiener Kongress, der doch die Wiederherstellung der vorrevolutionären Staatenwelt auf seine Fahnen geschrieben hatte.

Aber nun zeigte sich, dass dieses Programm für Polen nicht gelten sollte. Die «Revolution» der legitimen Fürsten wurde nicht gesühnt, nur diejenige des Usurpators aus Korsika. Immerhin erwies sich schon 1815, zwanzig Jahre nach dem Verschwinden des polnischen Staates, die gefährliche Sprengkraft der polnischen Frage. Beinahe hätten sich die Siegermächte deswegen zerstritten, und nur die Rückkehr Napoleons von Elba liess sie sich eines Besseren besinnen. Es entstand ein polnisches Königsreich in Personalunion mit dem russischen Zarentum, «Kongresspolen».

Die hoffnungsvollen Ansätze des zum mindesten formal wiederhergestellten Königreiches erfüllten sich nach 1815 nicht. Statt eines Ausbaus der gewährten Verfassung erfolgte nach dem misslungenen Aufstand von 1831 deren Liquidierung. Der polnische Freiheitskampf wurde so ein durchgehendes Motiv der Geschichte des 19. Jahrhunderts. Polen kämpfen auch ausserhalb ihres Landes, überall dort, wo gegen das System der Heiligen Allianz gefochten wird. Sie sorgen dafür, dass die polnische Sache, im Gegensatz zu der Absicht der Allianz der drei schwarzen Adler, nicht vergessen wird. Im Gegenteil: Europa beginnt sich für die polnische Sache zu begeistern, eine Begeisterung, die, wie wir gesehen haben, gerade in der Schweiz besonders hohe Wellen schlug: 1831, 1848, 1863. Aber solange die Interessengemeinschaft der Teilungsmächte andauerte, gab es keine reelle Chance einer Wiederherstellung. Nur ihr Zerfall würde diese schaffen. Dies erkannt und daraus die taktischen Konsequenzen gezogen zu haben, ist in erster Line das Verdienst Pilsudskis geworden, der wie kaum ein zweiter zur Wiederauferstehung des polnischen Staates beitragen sollte.

Es wird niemanden verwundern, wenn das polnische Nationalgefühl, angesichts des tragischen Geschicks dieses Volkes, gelegentlich allzu emotionalen Ausdruck fand. Etwa in den romantischen Ergüssen des Dichters Adam Mickiewicz, des Schöpfers des polnischen Nationalepos «Pan Tadeusz» – er weilte übrigens auch, wie so viele nationale Polen, zeitweise in der schweizerischen Emigration, so 1838–1840 als Professor für slawische Literatur in Lausanne, nachdem er vorher Jahre in der sibirischen Verbannung zugebracht hatte. Nach dem missglückten Aufstand von 1830/31 schrieb er, das polnische Volk sei nicht gestorben. Zwar liege sein Leib im Grabe und seine Seele habe die Erde verlassen. Aber, so fuhr er fort: «Am dritten Tag wird die Seele in den Leib zurückkehren und das Volk wird auferstehen, und es wird alle Völker Europas aus der Knechtschaft befreien.» Für solche Töne haben wir heute kaum mehr ein Sensorium, doch dieser Messianismus, der dem eigenen Volk eine Erlöserfunktion zuspricht und es mit Christus vergleicht, findet sich damals durchaus auch bei andern nationalen Propheten unerlöster Völker. Die Worte könnten ebenso gut etwa von Mazzini stammen.

Auch ein junger polnischer Musiker wird gerade in jener Zeit, angesichts des Schicksals seines gequälten Volkes, von Weltschmerz und Todessehnsucht ergriffen, wie wir aus seinem Tagebuch wissen. Es ist Frédéric Chopin, der ebenfalls den Rest seines allzukurzen Lebens in der Emigration verbringen sollte. Franz Liszt schrieb über ihn in seiner «Etude biographique», Chopin werde «als einer der ersten in die Reihe derer eingehen, die den dichterischen Geist einer Nation in sich verkörpert haben ...» Und er schreibt weiter, dass «seine Gesänge alle Herzen seines Landes im Gleichklang mitschwingen lassen».

In der Tat ist die Wirkung Chopins für die polnische Sache kaum abschätzbar. Beim schon erwähnten Einfluss Paderewskis auf Präsident Wilson wird diese Wirkung ganz konkret sichtbar und politisch greifbar. Es ist übrigens bezeichnend für den engen Zusammenhang zwischen Musik und Politik in der Nationalgeschichte Polens, dass sich der Musiker Paderewski dem neu erstandenen polnischen Staat auch als Politiker zur Verfügung stellte und zwar an ganz prominenter Stelle, zuerst als Abgesandter am Pariser Friedenkongress und dann gar als Ministerpräsident. Sicher handelte er damit im Sinn und Geist des Meisters, dessen Musik er wie kaum ein zweiter kongenial zu interpretieren wusste, eben Frédéric Chopins.

Noch eine andere Episode zeigt, welcher Stellenwert Chopin im polnischen Existenzkampf zukommt: als die Deutschen nach dem Überfall Hitlers Warschau bombardierten, tönte aus dem polnischen Radio, bis es ebenfalls verstummte, immer wieder Musik Chopins, allem voran, wie berichtet wird, die berühmte Etude c-Moll Opus 10 Nr. 12 «dite la révolution», von der man weiss, dass sie in jener schweren Zeit des missglückten Aufstandes von 1831 komponiert worden ist.

Der Erste Weltkrieg brachte die politische Konstellation, die die Wiederherstellung Polens möglich machte, und zwar in einem Ausmass, wie dies vor Ausbruch dieses Krieges ein polnischer Patriot in seinen kühnsten Träumen nicht hätte erwarten können. Denn alle drei Mächte, die sich seinerzeit in die polnische Beute geteilt hatten, waren unter den Besiegten, auch wenn sie gegnerischen Lagern angehört hatten. Wahrhaftig eine geschichtliche Ausnahmesituation! Wer wird es den Polen von 1918 verargen, dass sie dies als gerechte Wiedergutmachung begangenen Unrechts empfanden? So verständlich das Bestreben war, die Gunst der Stunde zu nutzen und nach den historischen Grenzen zu greifen, so gefährlich war es. Die Legitimität von 1918 war nicht mehr die historisch-dynastische des 18. Jahrhunderts, sondern diejenige des Selbstbestimmungsrechts der Nationalitäten. Konnte man dieses Recht gleichzeitig für sich in Anspruch nehmen und anderen vorenthalten? Mit diesem Selbstwiderspruch war die wieder gewonnene staatliche Existenz zwischen den beiden Weltkriegen belastet.

Dazu kam ein zweites: dass Polen seine Macht überschätzte, wenn es glaubte, wie ehedem die Rolle einer europäischen Grossmacht spielen zu können. Der gleichzeitige Zusammenbruch der drei grossen Nachbarn war eine Situation, mit deren Andauern man vernünftigerweise nicht rechnen konnte. Zwar war die Donaumonarchie von der Landkarte verschwunden, nicht aber Russland oder Deutschland, auch wenn das eine bolschewistisch und das andere republikanisch geworden war. Nachdem 1933 auch in Deutschland die demokratische Republik einer totalitären Diktatur hatte weichen müssen, befand sich Polen in der ungemütlichen Lage, in Ost und West an Staaten zu grenzen, die von skrupellosen Machtmenschen diktatorisch regiert wurden. Von da an lag die Möglichkeit sozusagen in der Luft, dass die rote und die braune Diktatur – Ideologie hin oder her – sich zusammenfinden könnten, um auf Kosten Polens gemeinsame Sache zu machen. Im August 1939 war es so weit, als Stalin Hitler grünes Licht gab für seinen Angriffskrieg und dafür die polnische Beute mit ihm teilen durfte. Die vierte Teilung Polens wurde zur geschichtlichen Tatsache.

Es ist bezeichnend, wie schon angedeutet, dass die geheimen Teilungsverträge zwischen Hitler und Stalin «offizielle» analoge Versprechen enthalten wie diejenigen zwischen den absoluten Monarchen, nämlich keine Agitation zur Wiederherstellung eines polnischen Staates zu dulden. Und es ist bezeichnend für das schlechte Gewissen des sowjetischen Partners in diesem kriminellen Teilungsgeschäft, dass Moskau die Existenz eines solchen Geheimabkommens bis auf den heutigen Tag leugnet, obschon es samt den Unterschriften Ribbentrops und Molotows überliefert ist. Die Sowjetunion scheint sich immer noch an Punkt 4 dieses Abkommens vom 23. August 1939 zu halten, wo es heisst: «Dieses Protokoll wird von beiden Seiten streng geheim behandelt werden.» Diese offizielle Geheimnistuerei hindert natürlich nicht, dass in Polen jedermann von diesem Abkommen weiss, das Polen ein weiteres Mal von der Landkarte verschwinden liess. Das Dekor hatte gewechselt – an die Stelle der Heiligen Allianz der Majestäten war die eher unheilige Allianz der Diktatoren getreten – die Politik aber war dieselbe geblieben.

Mit dem Zweiten Weltkrieg begann die schrecklichste Leidenszeit der an schweren Prüfungen so reichen polnischen Geschichte. Dass die durch keine Normen des internationalen Rechts und durch keine Regeln der Menschlichkeit eingeschränkte Gewalt- und Vernichtungspolitik der neuen Teilungsmächte den Lebenswillen der polnischen Nation nicht zu brechen vermochte – dies grenzt wirklich ans Wunderbare. Wiederum kämpften polnische Legionen, nach dem Untergang des Heimatlandes, auf allen Kriegsschauplätzen der Welt. Der polnische Beitrag an die Wiederherstellung des Vaterlandes, nicht zu vergessen die von den Sowjets schmählich verlassene Widerstandsbewegung im Lande selbst, ist offensichtlich und beträchtlich. Hitler wurde schliesslich besiegt, doch Stalin dachte nicht daran, seine Beute aus dem Vertrag mit dem deutschen Diktator wieder herauszugeben. Doch noch schlimmer als die Frage der Grenzen war, wie Churchill betonte, dass der sowjetische Diktator dem wiedererstandenen Polen auch sein politisches Regime aufzwingen wollte. Die Westmächte waren 1939 in den Krieg gegen Hitlerdeutschland eingetreten, weil sie Polen eine Garantie gegeben hatten. Sie konnten indessen am Ende des Krieges nicht verhindern, dass das wiederhergestellte Polen auf Gnade und Ungnade Stalinrussland ausgeliefert war. Und noch eins: Wie sich die Siegermächte 1815 über Polen zerstritten, so geschah es auch wieder 1945. Das eben ist der Fluch der bösen Tat...

Zwar gab es jetzt, nach 1945, wieder einen polnischen Staat. Aber er entsprach ganz offensichtlich nicht dem Ideal, für das so viele Polen gelitten und gekämpft hatten. Um an den Ausgangspunkt unserer Betrachtungen zurückzukehren: Von den Polen, die ich im Jahre 1940 kennenlernte und von denen einige meine Freunde wurden, kehrten so manche nicht nach Polen zurück, als der Krieg endlich überstanden war. Sie hatten zwar für die Unabhängigkeit und Freiheit Polens gekämpft, zum Teil an verschiedenen Fronten. Aber als Polen wiedererstanden war, konnten sie das Land nicht erkennen, für das sie gekämpft hatten. Sie wählten die Emigration, die Fremde, so schwer es ihnen auch fallen mochte. Sie handelten wie Kociuszko, ihr grosses historisches Vorbild, der sich ebenfalls geweigert hatte, in ein Polen von Russlands Gnaden zurückzukehren.

1980

Der Europarat und die Überwindung der westeuropäischen Diktaturen

Schon kurz nachdem Hofer im Dezember 1967 in die schweizerische Europarats-Delegation gewählt worden war, ernannte ihn die Strassburger Versammlung zum Vorsitzenden ihrer Kommission für Nichtmitgliedstaaten. Als Kommissionspräsident war Hofer bestrebt, Menschenrechtsverletzungen nicht nur in ost-, sondern auch in westeuropäischen Diktaturstaaten zur Sprache zu bringen und damit die demokratischen Kräfte in diesen Ländern nach Möglichkeit zu unterstützen; dies zeigt sich deutlich in der ersten der hier wiedergegebenen Reden vom 22. 1. 1974 über das seit 1967 herrschende Obristen-Regime in Griechenland. Nach dem Sturz der Diktatur und dem Wiedereintritt Griechenlands in den Europarat Anfang 1975 stellte denn auch ein griechischer Minister anerkennend fest, die schonungslosen Berichte des Europarates seien für die demokratische Opposition eine grosse Hilfe gewesen. Die nachstehende Rede vom 3. 10. 1975 über die Lage in Portugal fiel in eine besonders schwierige Etappe der nach der «Nelkenrevolution» von 1974 einsetzenden Demokratisierung, hatte doch wenige Wochen zuvor ein Putschversuch linksextremer Militärs nur mit Mühe verhindert werden können. Erst die Parlaments- und Präsidentschaftswahlen von 1976 brachten den endgültigen Sieg der Demokratie und die Aufnahme in den Europarat. War die Demokratisierung in Portugal primär von linksrevolutionären Kräften in Frage gestellt worden, so in Spanien von den noch immer starken Franquisten. Schon wenige Wochen nach dem Tode Francos führte Hofer in Paris Gespräche mit spanischen Oppositionellen aller politischer Tendenzen – ein historisches Ereignis, vereinigte sich doch erstmals seit dem Bürgerkrieg die gesamte spanische Opposition an einem Tisch. Noch bevor die Garantie von Demokratie und Menschenrechten durch eine neue Verfassung verwirklicht worden war, sprach sich die Parlamentarische Versammlung des Europarates für die Aufnahme Spaniens als 20. Mitglied aus. In der entsprechenden Debatte betonte Hofer am 12. 10. 1977, gegenüber formaljuristischen Bedenken, die Notwendigkeit der Übernahme politischer Verantwortung. In einem Interview mit der Zeitschrift «Europa» aus dem Jahr 1984 hat denn auch der ehemalige spanische Aussenminister und heutige Generalsekretär des Europarates Marcelino Oreja Aguirre Hofers Engagement für das demokratische Spanien gewürdigt: «Il faut rappeler que l'Espagne est entrée au Conseil de l'Europe aussi rapidement qu'elle le pouvait. A ce propos, je me dois de rappeler ici la part très active que le professeur Walther Hofer a prise dans ce processus: dans une phase délicate de l'histoire récente de notre pays, il a fait confiance aux démocrates espagnols et a fait preuve de patience envers nous. Nous lui devons une profonde reconnaissance.»

... Nun wissen alle, dass die Entwicklung in Griechenland durch den Studentenaufstand und den anschliessenden erneuten Staatsstreich vom November [1973] einen neuen dramatischen Höhepunkt erlebt hat. Es ist dann eine Phase gefolgt, in der es längere Zeit unklar war, wie sich die Lage weiterentwickeln würde. Die Repräsentanten des neuen Militärregimes haben sich jedenfalls anfangs bemüht, beim griechischen Volk und in der Weltöffentlichkeit den Eindruck aufkommen zu lassen, als ob ihre Willkürpraktiken nun ein Ende nehmen würden. Das hat zum Beispiel der Griechenlandspezialist der «Neuen Zürcher Zeitung», der selbst ein Grieche ist und offensichtlich sehr gut informiert ist, gerade vor wenigen Tagen wieder in einem Artikel festgestellt. Er hat in diesem Artikel aber ebensowenig Zweifel gelassen, dass die gegenwärtigen Machthaber sich inzwischen als Exponenten eines harten Kurses entpuppt haben und sich bei der Unterdrückung der Opposition jener rigorosen Methoden bedienen, die wir im Bericht geschildert haben und die von mehreren Rednern angeprangert worden sind. Auf Grund von Informationen, die ich mir persönlich beschaffen konnte und die von wohlinformierten Personen stammen, kann die Lage in Griechenland gegenwärtig nur pessimistisch beurteilt werden. Die ursprünglichen Hoffnungen auf eine Liberalisierung sind völlig verflogen. Dass eine Restauration der Demokratie durch das gegenwärtige Regime selbst erfolgen könnte, ist ausserordentlich unwahrscheinlich. Mit Recht ist schon gesagt worden: es ist offensichtlich leichter, in eine Diktatur hineinzugehen, als sie zu liquidieren.

Wenn die Demokratie wieder hergestellt werden sollte, dann denken auch die demokratischen Politiker Griechenlands keineswegs einfach an eine Rückkehr zu den Zuständen vor 1967. Eine neue Demokratie müsste nach Auffassung dieser demokratischen Politiker eine stärkere Exekutive haben und ein stabileres Parteiensystem. Das ist zum Beispiel auch die Ansicht von Herrn Karamanlis, der mich vor einigen Tagen in Paris zu einem längeren Gespräch empfangen hat. Für die Versammlung ist es vielleicht von Interesse, wenn ich sage, dass Herr Karamanlis den Bericht und die Resolution gelesen hat. Er hat mir gesagt, dass er den Bericht ausserordentlich objektiv und die Resolution sehr vernünftig finde.

Wie der Berichterstatter schon festgestellt hat, ist es gerade jetzt von grosser Bedeutung, dass der Europarat seine Stimme erhebt. Kenner der Lage in Griechenland stellen immer wieder fest, dass dies nicht ohne Wirkung bleibt, besonders angesichts des Umstandes, dass das Regime politisch und wirtschaftlich in eine Sackgasse geraten ist. Es besteht allerdings die Gefahr, auf die auch hingewiesen wurde, dass diese Sackgasse nicht zur Demokratie führen wird, sondern zu einem neuen Staatsstreich oder zur Anarchie, zu einer verhängnisvollen Alternative also, die der Berichterstatter schon genannt hat: Bürgerkrieg oder Unterdrückung.

Natürlich kann der Europarat nicht von Strassburg aus die Demokratie in Griechenland wiederherstellen. Aber wir können jene ermutigen, die an diesem Ziel arbeiten. Das ist doch der Zweck aller Berichterstattung über Griechenland in dieser Versammlung, dass die Abgesandten dieses Landes und Volkes, dem die abendländische Zivilisation so viel verdankt, wieder in dieses Haus zurückkehren können. Wenn wir für eine solche Rückkehr Vorbedingungen nennen, dann ist das mitnichten eine Einmischung in die inneren Angelegenheiten Griechenlands; das möchte ich noch einmal in aller Form feststellen. Ich habe hier immer wieder den Standpunkt vertreten – ich glaube, es ist der Standpunkt der Versammlung –, dass die Respektierung der grundlegenden Menschenrechte und politischen Freiheiten ein universales und insbesondere europäisches Postulat darstellt. Es liegt rechtlich nicht im Ermessen des einzelnen Staates, ob er diese Rechte respektieren will oder nicht. Wer sich als humaner Rechtsstaat nach aussen etikettiert, muss es in Kauf nehmen, dass dieses Epitheton ornans kritisch unter die Lupe genommen wird. Wir messen Griechenland heute mit demselben Massstab, mit dem wir gestern die Sowjetunion gemessen haben. Es ist der gleiche Massstab, an dem wir nicht zuletzt auch uns selbst messen. Wir sind hier in dieser Versammlung weder auf dem rechten Auge noch auf dem linken Auge blind. Das hat gerade die Debatte gestern und heute über die Sowjetunion und Griechenland ergeben. Wenn wir in dieser Versammlung immer wieder auf die Menschenrechte hinweisen, dann erfüllen wir einen universellen Auftrag. Dies erscheint mir um so wichtiger, als jene universale Organisation, deren Aufgabe das eigentlich wäre, in diesem Punkt doch vollkommen versagt hat. Nicht zuletzt dies bleibt eine raison d'être unserer Institution. Wenn wir diese Mission vernachlässigen oder gar verraten würden, dann würden wir uns selber eine der existentiellen Grundlagen entziehen, auf denen wir dieses Werk hier aufgebaut haben, das in der Geschichte Europas wohl für immer mit dem Namen Strassburgs verbunden sein wird.

Portugal

... Diese Versammlung hat die Entwicklung in Portugal mit gespannter Aufmerksamkeit verfolgt; zuerst, nach der Beseitigung des autoritären Regimes, mit grosser Freude, dann, als es so aussah, dass eine der Parteien versuchte, die Macht für sich allein zu beanspruchen und den demokratischen Willen nicht zu respektieren, mit zunehmender Sorge, und jetzt, nach der Bildung der neuen Regierung, wieder mit einem gedämpften Optimismus. Ich kann mich nur all denen anschliessen – an der Spitze unserem Präsidenten Karl Czernetz –, die die Hoffnung hegen, dass sich die demokratischen Kräfte in Portugal endgültig durchsetzen. Vor allem unterstützen wir das Postulat auf baldige Durchführung allgemeiner und freier Wahlen für eine gesetzgebende Versammlung.

Der Chef der portugiesischen Delegation hat uns in seiner Rede wiederum das Nebeneinander und zum Teil auch Gegeneinander der demokratischen und der sogenannten revolutionären Organe vor Augen geführt, die es in Portugal gibt. Ich glaube, auf die Dauer wird es nicht möglich sein, dieses Nebeneinander und Gegeneinander aufrechtzuerhalten. Ich bin dem Chef der portugiesischen Delegation vor allem für die klare Aussage dankbar, dass es in Portugal nur ein einziges durch freie allgemeine Wahlen legimitiertes Organ gibt, und das ist die Konstituante, deren Repräsentanten wir hier in unserer Mitte haben.

Lassen Sie mich hier ein grundsätzliches Wort über das Verhältnis von Demokratie und Revolution sagen. Wenn ein autoritäres oder totalitäres Regime – welcher Couleur auch immer – beseitigt und der Versuch der Einführung einer Demokratie unternommen wird, dann ist das eine Revolution, und zwar in dem eigentlichen Sinne des Wortes. Wir sollten uns auf den revolutionären Ursprung der Demokratie, so wie wir sie verstehen, besinnen. Wir sollten es nicht hinnehmen, dass der Revolutionsbegriff von bestimmten Parteien für sich in Anspruch genommen wird, die, wenn sie an die Macht kommen, Herrschaftssysteme verwirklichen, die viel mehr mit Konterrevolution als mit Revolution etwas zu tun haben. Das betrifft die Leute ganz rechts genauso wie die Leute ganz links. Revolution braucht keineswegs eine Serie von Gewalttaten zu sein, Revolution braucht keineswegs ein Blutbad zu sein. Es gibt auch die Revolution mit den Stimmzetteln, und ich finde es eine der grossartigsten Demonstrationen in der neueren politischen Geschichte Europas, wie das portugiesische Volk nach fast einem halben Jahrhundert Diktatur eine solche Revolution mit dem Stimmzettel gemacht hat. Das ist für uns in diesem Hause die eigentliche Revolution. Wir möchten das portugiesische Volk dazu beglückwünschen, dass es die politische Reife gezeigt hat, jeglicher Diktatur, komme sie von rechts oder von links, mit dem Stimmzettel eine Absage zu erteilen.

Ein weiteres Wort scheint mir notwendig, und ich fühle mich dazu nicht zuletzt durch die Interventionen unserer portugiesischen Freunde ermutigt. Es gibt nach unserer Auffassung hier im Hause nur ein einziges angemessenes Kriterium für die Beurteilung einer politischen Partei: ob sie die demokratischen Spielregeln respektiert oder nicht respektiert. Parteien, die die demokratischen Spielregeln nicht respektieren, die den demokratisch zum Ausdruck gebrachten Willen des Volkes nicht respektieren, werden hier in diesem Hause nie den Anspruch erheben können, als demokratisch angesehen zu werden. Als Historiker kann ich nicht umhin, daran zu erinnern, dass es vor mehr als 50 Jahren eine andere demokratische Versammlung gegeben hat, die sich ebenfalls Konstituante nannte und die genauso wie Ihre Konstituante, meine portugiesischen Freunde, die erste wirklich frei gewählte Versammlung in der Geschichte ihres Landes war: die russische Konstituante. Und was ist mit dieser Konstituante geschehen? Ein Mann namens Lenin hat sie auseinandergejagt und die Diktatur des Proletariats errichtet. Kein Geringerer als der berühmte Schriftsteller Maxim Gorki, ein damaliger Freund Lenins, hat gesagt: Das ist das Ende der Demokratie in Russland. Wir alle hoffen, dass der portugiesischen Konstituante nicht dasselbe Schicksal beschieden sein wird, und wir haben allen Anlass für die Erwartung, dass diese Hoffnung sich auch erfüllen wird. Der Europarat muss meines Erachtens alles tun, um die Bande mit dem neuen Portugal und seinen demokratischen Vertretern zu stärken. Ich glaube auch, dass es nicht stimmt – und was heute von unseren portugiesischen Kollegen hier gesagt worden ist, bestärkt mich in dieser Auffassung –, wenn in Ihrem Lande gesagt worden ist, Portugal sei eher ein Land der dritten Welt als ein Land Europas. Meine Damen und Herren, das ist nicht wahr. Wir alle wissen – und ich selbst bin vor einem Jahr als Chef der ersten Delegation des Europarats in Portugal gewesen –, dass die sozialen und ökonomischen Strukturen Portugals zurückgeblieben sind. Wir haben dies auch heute gehört. Hier liegt eine grosse Aufgabe des Europarats und der parlamentarischen Demokratien Europas, zu helfen. Aber Portugal ist dennoch ein integrierender Bestandteil Europas: durch seine Geschichte und durch seine Kultur. Die geistige Bildung der Herren, die wir unter uns haben, ist eine eminent europäische. Deswegen haben wir die Hoffnung, dass Portugal bald auch politisch in die Familie der freien Völker

Europas zurückkehren und Mitglieder in diese Versammlung entsenden wird. Ich muss aber auch dieses sagen – und ich sage das ohne irgendeine Überheblichkeit und ohne den Versuch, mich in die portugiesischen Angelegenheiten einmischen oder unsere portugiesischen Freunde belehren zu wollen: Damit die Vertreter eines Volkes in diesem Hause Einzug halten können, bedarf es der Erfüllung hoher Anforderungen, nämlich der vollkommenen Garantie und Respektierung der Grundfreiheiten und Menschenrechte. Das ist die Basis, auf der wir stehen und von der wir nicht lassen können. Wir haben mit Genugtuung den Ausführungen mehrerer unserer portugiesischen Kollegen entnommen, was die neue Regierung alles unternimmt, um die Grundfreiheiten und Menschenrechte in Portugal wirklich zu garantieren. Von meinem Freund Gessner und auch von anderen ist schon darauf hingewiesen worden, dass uns der Begriff der sozialistischen pluralistischen Demokratie nicht voll zu befriedigen vermag. Wir haben Verständnis für die Schwierigkeiten in Ihrem Land, meine portugiesischen Kollegen; wir haben Verständnis dafür, dass gewisse Farben in dem politischen Spektrum Ihres Landes heute noch nicht so sichtbar sind wie in den anderen Ländern. Aber wir müssen doch betonen, dass Demokratie in unserem Verständnis keineswegs nur aus Sozialismus besteht, sondern – wie mehrere Mitglieder dieser Versammlung gesagt haben – auch aus Liberalismus, auch aus konservativen, christlich-demokratischen und anderen Strömungen. All dieses gehört ebenfalls in das politische Spektrum einer Demokratie. Sie, Herr Präsident der Delegation, haben von Utopie gesprochen. Als Professor der Geschichte weiss ich sehr wohl, welch grosse Rolle Utopien in der Geschichte der abendländischen politischen Philosophie gespielt haben. Aber ich darf mit allem Respekt sagen: wenn man Utopien verwirklichen will, dann kann es gefährlich werden. Utopien als Leitbilder sind sehr willkommen; Utopien zu verwirklichen, kann eine sehr gefährliche Sache sein.

Lassen Sie mich schliessen mit dem Appell an unsere Versammlung, alles zu tun, was in ihrer Macht liegt, um den Prozess der Demokratisierung in Portugal zu fördern. Dabei möchte ich keine Illusionen wecken, meine sehr verehrten Freunde aus Portugal. Diese Versammlung hier, so wie Sie sie sehen, hat nur moralische Macht, keine finanzielle, keine wirtschaftliche, genau genommen nicht einmal politische Macht. Aber ich glaube, die Demokratie als Idee und als Realität beruht letztlich doch auf dem Glauben daran, dass die moralische Macht die entscheidende Macht im Leben der Völker und der Staaten ist . . .

Spanien

Wir sind am Ende einer langen und sicher fruchtbaren Debatte angekommen. Als Präsident der zuständigen Kommission möchte ich zunächst den Berichterstattern für ihre vorzügliche Arbeit danken, aber auch dem Präsidenten der Politischen Kommission für die gute Zusammenarbeit, die wir gehabt haben.

Es ist schon der Delegation, die vor einem Monat in Ihrem Auftrag Spanien besuchte, klar geworden, dass wir nicht bis zur Vollendung der neuen spanischen Verfassung warten konnten. Dass Spanien nicht am Ende seines Demokratisierungsprozesses angekommen ist, haben wir auch festgestellt. Wir haben es im

Bericht festgehalten. Niemand weiss es besser als unsere spanischen Kollegen und Freunde, die hier sind. Aber hier und heute – ich glaube, damit den Willen der Versammlung auszudrücken – ist nicht ein juristischer Akt zu vollziehen im Sinne einer richterlichen Nachprüfung, sondern ein politischer Entschluss zu fassen im Sinne der Übernahme eigener Verantwortung. Mit anderen Worten: Es gilt, dass wir, die Parlamentarische Versammlung – und der Ministerrat wird uns zweifellos folgen –, durch die Aufnahme Spaniens in die Familie freier demokratischer Völker Europas diesen Demokratisierungsprozess selbst aktiv fördern und stabilisieren helfen.

In vielen Reden ist zum Ausdruck gekommen, dass gerade wir zur Konsolidierung der Demokratie in Spanien etwas beitragen können. Ich glaube, wenn wir jetzt den Entschluss fassen, Spanien als 20. Glied in unsere Familie aufzunehmen, dann bleiben wir der Haltung treu, die wir seit Jahren gegenüber dem spanischen Problem eingenommen haben. Wir haben nicht einfach beobachtet und analysiert, sondern wir haben seit Jahren versucht, aktiv zu helfen. Ich erinnere Sie nur daran, dass wir vor weniger als zwei Jahren sämtliche Führer der demokratischen Opposition in Paris versammelt haben. Einige der hervorragenden Mitglieder sitzen hier nun unter uns als frei gewählte Parlamentarier, an ihrer Spitze Herr Alvarez de Miranda, der Präsident des Kongresses.

Mir war von Anfang an klar, dass aus dieser wahrhaft historisch zu nennenden Debatte nur dieser Entschluss hervorgehen konnte und durfte. Spanien kommt nicht mit leeren Händen, im Gegenteil. Wer hätte zu hoffen gewagt, dass weniger als zwei Jahre nach dem Tode des Diktators frei gewählte Parlamentarier dieses Landes unter uns sitzen? Enormes ist unter ungünstigen wirtschaftlichen Umständen in Spanien geleistet worden. Der entscheidende Durchbruch zur Demokratie ist längst erfolgt. Damit die Demokratisierung, wie es gesagt wurde, wirklich ein irreversibler Prozess ist, müssen auch wir das Unsrige beisteuern, nämlich die politische und moralische Unterstützung, die wir der jungen spanischen Demokratie geben können. Man hat sie mit einer zarten Blume verglichen. Ich glaube, wir sind alle entschlossen, zu helfen, dass diese zarte Blume nicht in Wind und Wetter zugrundegeht. Gerade wer glaubt – und das ist in einigen Reden doch angeklungen –, dass es noch Gefahren für diese spanische Demokratie gibt, muss sich für die sofortige Integration Spaniens in Europa aussprechen. Mit dem Wort «historisch» wird oft Missbrauch getrieben, und gar manches hat vor der Geschichte keinen Bestand gehabt. Hier aber – ich bin fest überzeugt davon – erleben wir einen historischen Augenblick. Denn mit Spanien ist das letzte westeuropäische Land zu einer freiheitlichen und rechtsstaatlichen Demokratie geworden, und die Geissel der Diktatur ist aus Westeuropa verschwunden. Zum erstenmal in der Geschichte bildet Westeuropa eine Familie wirklich freier Völker. Dass auch die Völker in Osteuropa, auf die mehrmals Bezug genommen wurde, nach dieser Freiheit dürsten, die wir haben, darüber kann es keinen Zweifel geben, und ich gebe der Hoffnung Ausdruck, dass auch für die Völker in Osteuropa diese Stunde kommen wird.

Es wird heutzutage viel geredet von der Krise der Demokratie, und wir werden uns gleich anschliessend über das «mal européen» unterhalten. Vergessen wir aber doch nicht, dass in diesem historischen Prozess, der in wenigen Jahren die Diktaturen in Westeuropa zum Verschwinden brachte, zwei Ideen ihre ungebrochene Lebenskraft bewiesen haben: die Idee der Demokratie und die Idee Europa. Während die Völker freiwillig zu uns kommen, um in unserer Familie aufgenommen zu werden, muss die Supermacht im Osten ihre Satelliten mit Druck und Zwang, notfalls mit Gewaltanwendung bei der Stange halten. Das sagt mehr über das wahre Wesen von Demokratie und Diktatur aus als lange wissenschaftliche Abhandlungen. Wie wir Spanien neuen Mut geben auf seinem Weg, indem wir es in die Familie der freien Völker Europas aufnehmen, so macht uns Spanien seinerseits Mut, an die ungebrochene Lebenskraft und an die Zukunft dessen zu glauben, für das wir hier wirken und kämpfen, nämlich für ein freies, demokratisches und einiges Europa.

Ich bitte Sie, der Resolution mit den vorgelegten Amendements zuzustimmen, wodurch die Resolution in eine Recommandation an den Ministerrat umgewandelt wird, Spanien ohne Verzug einzuladen, Vollmitglied des Europarats zu werden. Ich hoffe, dass die Versammlung diesen Beschluss einstimmig fassen wird.

Politisches Denken und politische Wissenschaft

1951 erhielt Hofer eine Dozentur an der Hochschule für Politik in Berlin, 1958 wurde er ordentlicher Professor an der dortigen Freien Universität (FU). Der folgende Vortrag vom 27. Januar 1959 nahm die Integration der Hochschule für Politik in die FU zum äusseren Anlass für eine grundsätzliche Standortbestimmung im Verhältnis von Wissenschaft, Politik und Freiheit. Die Stossrichtung von Hofers Argumenten richtet sich insbesondere gegen frühe «neo-marxistische» Tendenzen, die schliesslich in die studentischen Unruhen von 1968 mündeten.

. . . Schon zu einer Zeit, da noch nicht ein Dezennium seit der Gründung verflossen war, mussten wir uns Worte und sogar Reden aus unserem Kreise anhören (und sie sind heute alles andere als verstummt), in denen von der FU etwa als einer Gründung des kalten Krieges oder des Antibolschewismus gesprochen wurde; und Antibolschewismus aber bilde, so ungefähr wurde weiter argumentiert, keine tragende Idee für eine Universität. Es ist betrüblich und stimmt bedenklich, dass man nach kaum zehn Jahren ausdrücklich feststellen muss, dass die FU nicht *gegen* eine Idee, sondern *für* eine Idee gegründet worden ist. Die FU ist nicht gegen den Bolschewismus gegründet worden, sondern für die Freiheit der Wissenschaft. Die FU ist nicht gegründet worden, damit wir hier in Berlin neben einer bolschewistischen auch eine antibolschewistische Universität haben, sie ist gegründet worden, damit wir neben einer Universität, an der die Freiheit der Wissenschaft unterdrückt wird, auch eine Universität haben, an der die Idee der freien Wissenschaft verwirklicht werden kann. Die FU ist gegründet worden, damit das freie Gemeinwesen Berlin eine Stätte habe, an der eine Forschung möglich ist, die nur der Wahrheit verpflichtet ist, und eine Lehre, die diese Wahrheit in Freiheit weitergeben kann. Wenn es unter uns Studenten und vielleicht auch Professoren geben sollte, die von diesem Geist der FU keinen Hauch mehr zu verspüren scheinen, dann mögen sie sich doch mit der Gründungsgeschichte dieser Universität vertraut machen. Dann werden sie erkennen, dass die Studenten, die eine freie Universität wollten und dabei ihre eigene Freiheit aufs Spiel setzten, nicht eine antibolschewistische Politik treiben, sondern in Freiheit studieren wollten. Oder sie mögen sich mit der Lage der Hochschulen in der sogenannten DDR befassen. Dann werden sie erkennen, dass die Zustände, die zur Gründung der FU im Jahre 1948 geführt haben, allerdings heute nicht mehr dieselben sind. Aber eine Veränderung hat leider nur zum Schlimmen stattgefunden, so dass die Existenz einer Freien Universität von Jahr zu Jahr mehr gerechtfertigt erscheinen musste. Wenn die Kulturfunktionäre der Sozialistischen Einheitspartei Deutschlands (SED) die FU als eine antibolschewistische Organisation empfinden und anprangern, dann liegt das daran, dass der Bolschewismus die Freiheit der Wissenschaft als einen Angriff auf seine Ideologie ansieht und die Existenz der FU als eine stetige Herausforderung an die sozialistische Hochschule sowjetischer Prägung.

Damit ist auch schon der Zusammenhang angedeutet, auf den für uns angesichts der gegenwärtigen Lage alles ankommt: Freiheit der Wissenschaft ist nur in politischer Freiheit möglich; Freiheit der Wissenschaft steht und fällt mit der politischen Freiheit. Da der Wissenschaftler, insbesondere natürlich der Sozialwissenschaftler, seinen Beruf nur dort erfüllen kann, wo politische Freiheit herrscht, ist er als Wissenschaftler aufgerufen, seine Kraft dafür einzusetzen, dass politische Freiheit errungen bzw. nicht verloren wird. Demokratie als Staatsform schliesst die Idee freier Wissenschaft wesensnotwendig ein. Unter der Idee der Freiheit fallen damit wissenschaftliche und politische Verantwortung des Akademikers zusammen.

Sicher gilt das, wie schon angedeutet, in viel höherem Masse für den Sozialwissenschaftler als für den Naturwissenschaftler. Aber der Unterschied ist doch nur relativer Natur und mehr praktischer als theoretischer Art. Die Zeiten liegen noch nicht allzu lange zurück, da auch die Naturwissenschaftler im Bereich der Sowjetwelt ähnlichen Beschränkungen unterworfen waren wie es die Sozialwissenschaftler noch heute sind. Dass diese Beschränkungen für die Naturwissenschaftler inzwischen aufgehoben scheinen und dass gerade die Naturwissenschaften und die technischen Wissenschaften im Bereich der Sowjetunion solche epochemachenden Fortschritte erzielen konnten, bedeutet wenig für das Prinzip, das hier in Frage steht, solange es nicht grundsätzlich und allgemein anerkannt ist. Es erweist sich daran höchstens, dass naturwissenschaftliches Denken und Forschen eben auch ohne das möglich ist, was ich die moralisch-politische Aktivität im Gegensatz zur wissenschaftlich-technischen Aktivität des Geistes nennen möchte. Das heisst nun wiederum nicht, dass solche moralisch-politische Aktivität des Geistes beim Naturwissenschaftler ausbleiben muss – ganz im Gegenteil, dass solche Aktivität im Bereich der Naturwissenschaften immer deutlicher wird, und zwar auch in der bolschewistischen Welt, wie uns glaubhaft versichert wird, ist einer der wenigen Hoffnungsschimmer in unserer trostlosen Zeit. Wie eng diese Grenzen einer moralisch-politischen Aktivität des Geistes aber noch gezogen sind, zeigt sich etwa an der Frage der Anti-Atomkampagne. Während in unserer Welt hervorragende Naturwissenschaftler an dieser Bewegung bestimmenden Anteil haben, ist eine solche Aktivität hinter dem Eisernen Vorhang undenkbar. Klaus Mehnert, wohl der beste deutsche Kenner des Lebens in der Sowjetunion, schreibt in seinem Buch «Der Sowjetmensch» über diese Frage: «Die stärkste Bremse, die im Westen jeder Politik des militärischen Risikos angelegt ist, fällt in der Sowjetunion aus: die Atomangst ... Moskau applaudiert erfreut, wenn im Westen gegen Atomwaffen demonstriert wird oder auf westlichen Fernsehschirmen grauenerregende Antiatomfilme erscheinen, und macht von der westlichen Atomangst in Krisenzeiten ... auch gerne Gebrauch, um den Westen mit atomaren Drohungen einzuschüchtern. Im eigenen Lande aber wird jede Diskussion des gleichen Problems unterbunden.»

Der totale Staat befindet sich dem Geiste gegenüber in einem unausweichlichen Dilemma. Wie schon der Fall der nationalsozialistischen Diktatur gezeigt hat, kann eine schwindelnde Höhe der technischen Aktivität des Geistes durchaus zusammengehen mit der grausamsten Tyrannei über den Geist, d.h. mit der vollständigen Unterdrückung dessen, was ich die moralisch-politische Aktivität des Geistes nannte. Der technische Geist kann auch in der politischen Knechtschaft leben und gedeihen, die moralisch-politische Aktivität des Geistes wird in einem solchen System verdorren, untergehen oder – revoltieren. Es ist ein Kennzeichen der modernen totalitären Diktatur, dass sie den Geist zugleich fördern und fürchten muss.

Die Freiheit der Wissenschaft ist im totalen Staat um so stärker gefährdet, je näher der Gegenstand der Wissenschaft dem zentralen Anliegen der alleinherrschenden Ideologie kommt. Das betrifft in bezug auf die bolschewistische Ideologie alle Sozialwissenschaften, keine aber in dem Masse, wie die politische Wissenschaft. So paradox es klingen mag: Das Land des gesellschaftswissenschaftlichen Studiums hat keine Gesellschaftswissenschaft, die den Namen Wissenschaft verdiente. Politische Wissenschaft wird im bolschewistischen Machtbereich und im totalen Staat überhaupt notwendig zur politisierten Wissenschaft und damit zur Mätresse der Ideologie. Keine Wissenschaft ist an die Staatsform der Demokratie aus inneren Gründen so gebunden wie die politische Wissenschaft. Da dies prinzipiell, wenn auch graduell verschieden, für alle anderen Wissenschaften gilt, wird es zur vornehmsten Aufgabe der politischen Wissenschaft, diesen Sachverhalt immer wieder zu bekunden. Darin liegt u.a. die Hoffnung begründet, dass die politische Wissenschaft zur Wiederbelebung der Idee der FU beitragen möge. Wenn politische Wissenschaft somit nur in der Demokratie möglich ist, so heisst das nicht etwa, dass sie in ihrem Erkenntnisstreben an etwas anderes gebunden wäre als an die Idee der Wahrheit, wohl aber heisst es, dass die Demokratie die einzige Staatsform ist, die die Wahrheit der politischen Wissenschaft verträgt. Ja, die Demokratie tut gut daran, diese Wahrheit nicht nur zu ertragen, sondern geradezu herauszufordern.

Damit ist der Rahmen abgesteckt, innerhalb dessen das Thema «Politisches Denken und politische Wissenschaft» abgehandelt werden müsste. Fürchten Sie nicht, dass ich jetzt einen umständlichen Versuch einer theoretischen Begründung der Möglichkeit politischer Wissenschaft unternehme. Aus diesem Stadium der Diskussion sind wir, zumindest hier in Berlin, längst heraus. Ich möchte hier nur einige Gedanken zu der Frage beitragen, in welchem Verhältnis politische Wissenschaft und politisches Denken zueinander stehen und was politische Wissenschaft zur Förderung politischen Denkens allenfalls zu leisten imstande ist. Erwarten sie dabei, bitte, keine systematische Darstellung. Es kann hier vielmehr nur darum gehen, einige Probleme gerade nur anzudeuten. Es liegt in meinem Spezialgebiet begründet, wenn dabei vor allem von der Aussenpolitik die Rede sein wird.

Wissenschaftliches Denken, von dem hier allein die Rede sein soll, ist nicht möglich ohne klare Begriffe. Niemand würde auf die Idee kommen, dass jemand mathematisch denken kann, wenn er nicht die mathematischen Grundbegriffe beherrscht und möglichst viel mathematisches Wissen hat. Niemand würde einem Menschen physikalisches Denken zutrauen, wenn er nicht die Gesetze der Physik kennt und über eine beliebig grosse Menge physikalischer und naturwissenschaftlicher Kenntnisse verfügt. Sie werden eben vielleicht selbst schon gemerkt haben, dass man merkwürdigerweise dasselbe vom Wissensgebiet der Politik nicht sagen kann. Der Grund mag einmal darin liegen, dass die Tatsache, Politik könne und müsse auch ein Gegenstand der Wissenschaft sein, noch viel zu wenig ins allgemeine Bewusstsein dringen konnte. Es liegt wohl auch daran, dass politisches Denken verwechselt oder durcheinandergeworfen wird mit «eine politische Meinung haben». Schliesslich wird mitspielen, dass politisches Denken ja zweifellos nicht nur eine wissenschaftliche, sondern auch eine schöpferische oder – wenn Sie wollen – intuitive Komponente hat. Ich glaube, dass wir in bezug auf die Intuition in der Politik skeptisch sein müssen, nachdem wir es alle erleben mussten, wie die mit schlafwandlerischer Sicherheit gefassten intuitiven Entschlüsse eines unseligen Politikers ein grosses Volk und einen starken Staat in den Abgrund geführt haben. Wie dem auch sei, jedenfalls ist damit zum Ausdruck gebracht, dass politische Wissenschaft nicht Politik überhaupt oder gar Diplomatie ersetzen könnte, aber sie muss ihnen die objektive Wirklichkeitsanalyse liefern, ohne welche sie des festen Fundamentes entbehren würden.

Da die politische Wissenschaft in höchstem Masse konkrete Wissenschaft ist, kann wissenschaftliche Begriffsbildung hier nur möglich sein auf Grund objektiver Analyse der Wirklichkeit. Da politische Wissenschaft wie alle Sozialwissenschaften es mit der menschlich-geschichtlich-gesellschaftlichen Wirklichkeit zu tun hat (um einen Begriff Wilhelm Diltheys hier anzuwenden), müssen auch ihre Begriffe konkret erfüllt sein. Damit ist eo ipso gesagt, dass politisches Denken nicht möglich ist ohne politisches Wissen, dessen Quantität nach oben keine Grenze gesetzt ist. Um jedes Missverständnis auszuschliessen, sei nochmals betont, dass dies keine Einschränkung politischer Meinungsfreiheit oder besser der Freiheit, eine politische Meinung zu haben, bedeuten soll und darf. Wohl aber bedeutet es, dass man noch nicht den Anspruch erheben soll, politisch zu denken, wenn man eine politische Meinung hat. Am Stammtisch wird auch über Sputniks und kosmische Raketen, vielleicht sogar über das Dreikörperproblem und die Fluchtgeschwindigkeit gesprochen – niemand wird auf die Idee kommen, dies deswegen schon als naturwissenschaftliches Denken zu bezeichnen.

Es ist im Zusammenhang mit gewissen Ereignissen, die sich in den Räumen der FU abgespielt haben und von denen der Rektor gesprochen hat, recht viel die Rede gewesen von politischem Denken, von der Notwendigkeit politischen Denkens, genauer: nüchternen, realistischen, selbständigen politischen Denkens innerhalb und ausserhalb der Universität. Der Appell, dass die Professoren die Studenten und auch sich selbst zu nüchternem und realistischem politischen Denken erziehen sollen, kann niemandem willkommener sein als dem politischen Wissenschaftler. Aber man wird ihm gestatten, am Vorabend des Einzuges der Deutschen Hochschule für Politik in die Alma mater seinen Anspruch anzumelden, an dieser Erziehung mitzuwirken, und zwar an hervorragender Stelle mitzuwirken, als der eigentlich dazu Berufene, auch und gerade im akademischen Sinne dazu Berufene. Er muss auch seine Bedenken anmelden, wenn diese Unterweisung in selbständigem und nüchternem politischen Denken von Professoren anderer Fächer usurpiert zu werden droht. Die Spezialisierung der Wissenschaften ist nun einmal so weit gediehen, dass man sie nicht ohne unangenehme Folgen einfach ignorieren kann. Damit soll wiederum nichts gegen den Amateur gesagt sein, aber man sollte doch nicht übersehen, dass es nicht dasselbe ist, wenn jemand aus Liebhaberei Astronomie oder Physik betreibt, und wenn er sich anheischig macht, eine realistische oder die einzig realistische Analyse politischer Situationen zu geben oder gar grosse Politik zu machen. Der Amateur-Astronom kann vielleicht einen Sputnik für einen Kometen halten oder umgekehrt, vielleicht kann auch gar das Haus in die Luft fliegen, wenn der Amateur-Physiker ein Experiment falsch durchführt. In der Politik geht es um mehr, ja, es kann gerade in der ernsten Lage, in der wir uns hic et nunc befinden, ums Ganze gehen.

Es gibt vielleicht kaum Schwierigeres als die objektive Analyse eines weltpolitischen Problems oder einer weltpolitischen Situation. Diese Analyse muss – um nur eben gerade Andeutungen zu machen – nach drei Seiten hin Totalität erstreben: nach der Seite der sachlichen Zusammenhänge, nach der Seite der räumlichen Ausdehnung und nach der Seite des zeitlichen Wirkungszusammenhanges. Das heisst, sie muss möglichst alle sachlichen Aspekte berücksichtigen, sie muss den Umstand immer vor Augen halten, dass heute alles auf jedes einwirken kann in der Welt, und sie darf schliesslich nie ausser acht lassen, dass die gegenwärtige Lage in hohem Masse das Produkt geschichtlicher Bedingungen und Notwendigkeiten ist. Damit wäre politisches Denken schon dreidimensional zu nennen. Es kommt aber etwas hinzu, was man die vierte Dimension nennen könnte: die Berücksichtigung der Tatsache einer gespaltenen Welt, welche, und das ist hier entscheidend, auch eine Spaltung der Welt der Begriffe darstellt.

Es handelt sich bei dem, was ich soeben sehr theoretisch und anspruchsvoll ausgedrückt habe, bei oberfächlichem Zusehen zweifellos um eine Binsenweisheit, wenigstens für uns Menschen der westlichen Welt. Jeder einigermassen politisch Orientierte weiss, dass Grundbegriffe der Politik wie Freiheit, Sicherheit, Frieden, Demokratie usw. da etwas anderes bedeuten, wo die bolschewistische Ideologie herrscht, als bei uns. Man kann aber trotzdem nicht behaupten, dass aus dieser mehr oder weniger allgemeinen Erkenntnis auch immer die notwendigen Konsequenzen für das politische Denken gezogen werden. Die politische Wissenschaft sah sich angesichts dieser Spaltung der Begriffswelt gezwungen, zu einer Methode zu greifen, die man die philologisch-ideologiekritische nennen könnte, indem sie alle Begriffe des bolschewistischen Vokabulars auf ihren Bedeutungsgehalt und auch Bedeutungswandel analysiert. In der Tat sollte man jedem politisch Interessierten empfehlen, immer ein Glossar dieser Begriffe neben sich zu haben, wenn er sich mit Reden, Noten, Resolutionen und Vertragstexten aus der bolschewistischen Welt beschäftigt.

Lassen Sie mich gerade an diesem Punkt einen Augenblick verweilen, der mir angesichts unserer Lage besonders bedeutsam erscheint. Keiner, der die politische Publizität und die parteipolitische Diskussion unserer Tage auch nur einigermassen verfolgt, wird behaupten wollen, dass diesem Grundsatz der politischen Semantik auch nur entfernt nachgelebt wird. Nehmen wir als Beispiel etwa den vielgebrauchten Begriff der Sicherheit, womit Sicherheit von Staaten in den internationalen Beziehungen gemeint ist.

Von denen, die ihre aussenpolitische Konzeption auf den von der sowjetischen Regierung und ihrer Propaganda immer wieder in die Debatte geworfenen Sicherheitsbegriff gründen möchten, sind sich zweifellos die wenigsten darüber klar, dass der Begriff der Sicherheit nach bolschewistischer Auffassung in einem nahen, sogar sehr nahen Zusammenhang mit dem Begriff der Weltrevolution steht. Es geht aus der bolschewistischen Ideologie mit absoluter Klarheit hervor, dass die Sowjetunion und das sozialistische Lager ihre Sicherheit erst dann gewährleistet sehen, wenn die kapitalistische Welt vernichtet bzw. das Weltsystem des Sozialismus vollendet ist. Damit schlägt der Begriff der Sicherheit dialektisch um in den Begriff der Weltrevolution. Genau dasselbe kann aus der geltenden sowjetischen Völkerrechtslehre abgeleitet werden, die allerdings in hohem Masse – wie könnte es anders sein – die ergebene Dienerin der sowjetischen Ideologie und Aussenpolitik zu sein hat. Der Sicherheit dient somit nur, was der Weltrevolution bzw. der Ausbreitung des sozialistischen Lagers dient. Niemand wird bestreiten wollen, dass von diesem Standpunkt aus die sowjetischen Berlin-Vorschläge oder die Übertragung der sogenannten sozialistischen Errungenschaften der DDR auf die Bundesrepublik einen Beitrag zur Sicherheit Europas und damit auch einen Beitrag zum internationalen Frieden darstellen. Wie ernst die sowjetischen Führer ihre Ideologie offenbar nehmen, konnte auch Eisenhower erfahren, als ihm Mikojan erklärte, der Berlin-Vorschlag der Sowjetunion diene dem Frieden, wie überhaupt jeder sowjetische Vorschlag dem Frieden diene. Die Frage, welche Rolle bei den sowjetischen Führern die ideologische Komponente in ihrer Beurteilung der internationalen Politik spielt, ist eine der schwierigen Fragen, die der politischen Wissenschaft, genauer der Wissenschaft von den internationalen Beziehungen, heute gestellt sind. Wenn sie sich nicht in das Gebiet der Kreml-Astrologie begeben will, so muss sie hier mit äusserster Vorsicht operieren. Zweifellos nimmt auch die Sowjetregierung mit ihren zahlreichen Spezialisten eine Wirklichkeitsanalyse vor, aber es gilt immer wieder neu, den Faktor Ideologie zu bestimmen, sozusagen den Ideologie-Koeffizienten, dessen Kenntnis allein erst die nötige Korrektur nach der Wirklichkeit hin erlaubt.

Es gilt dabei auch zu bedenken, dass die bolschewistischen Führer sich in ihren Äusserungen ja auch nicht nur an die westliche Welt, sondern auch an ihre eigene Welt zu wenden haben. In ihrer eigenen Welt werden die Worte zweifellos so verstanden, wie sie im bolschewistischen Bereich allein verstanden werden können. Es kann den Leitern der sowjetischen Politik nur recht sein, wenn ihre Äusserungen im Westen gleichzeitig anders verstanden und dabei letztlich missverstanden werden. Jeder geschulte Bolschewist weiss, dass internationale Sicherheit nur durch Ausdehnung des sozialistischen Lagers auf die ganze Welt zu erreichen ist. Wenn derselbe Begriff von der westlichen Welt oder von der übrigen Welt überhaupt in einem gegenteiligen Sinn missverstanden würde, nämlich als Sicherheit vor weiterem bolschewistischem Machtstreben, so würde das wieder automatisch der bolschewistischen Weltstrategie dienen, sofern auf Grund dieses Missverständnisses vertragliche Regelungen abgeschlossen würden.

Das ist keine reine Theorie. Ich brauche nur das Wort «Jalta» zu nennen, um sogleich wieder ganz konkret zu werden. Die unheilvollen Folgen der Beschlüsse von Jalta gehen zu einem grossen Teil auf den Umstand zurück, dass man im Westen, allerdings unter den psychologisch erschwerenden Umständen der Kriegskoalition und der Zusammenarbeit, die Kluft zwischen den Begriffswelten viel zu wenig beachtet hat. Man sollte aber doch nun wenigstens aus diesen geschichtlichen Erfahrungen lernen. So gibt es auch nicht den geringsten Anhaltspunkt dafür, dass der Begriff «demokratischer und friedliebender Staat» in dem nun schon Jahre dauernden Notenwechsel über die deutsche Wiedervereinigung von sowjetischer

Seite jemals anders gemeint gewesen wäre, als im Sinne der «Volksdemokratie». Man sollte auch nicht vertraglichen Regelungen mit der Sowjetunion das Wort reden, bevor man nicht zur Kenntnis genommen hat, welchen logischen Ort internationale Verträge und das Völkerrecht überhaupt im theoretischen System des Bolschewismus haben. Die sowjetische Völkerrechtslehre lässt keinen Zweifel darüber offen, dass nur diejenigen Normen des geltenden Völkerrechts von der Sowjetunion anerkannt werden, die dem internationalen Frieden und der Sicherheit der Sowjetunion und des sozialistischen Lagers dienen, wobei wir jetzt wissen, dass der Begriff des internationalen Friedens demjenigen der Sicherheit der Sowjetunion durchaus untergeordnet ist. Verträge werden infolgedessen nur soweit beachtet werden, als sie diesen Zielen dienen. Wenn der Fall eintritt, dass ein Vertrag den Interessen der Sowjetunion nicht mehr dient, dann verlangt das Interesse des sozialistischen Lagers im Einklang mit der bolschewistischen Moral (die natürlich höher steht, als die geltende Völkerrechtsordnung, die nach bolschewistischer Auffassung im wesentlichen kapitalistisch ist), dass dieser Vertrag gebrochen bzw. gekündigt wird.

Dass in der Rechtfertigung solcher Vertragsbrüche mit völkerrechtlichen Begriffen gearbeitet bzw. argumentiert wird, wie auch der Fall Berlin wiederum zeigte, ist eine notwendige Konzession an die Weltöffentlichkeit, aber auch an die Vereinten Nationen, die ja das Produkt der geltenden Völkerrechtsvorstellungen sind, und nicht des «fortschrittlichen sozialistischen Völkerrechts». Taktisch ergibt sich daraus für die westliche Politik – und damit haben wir gleichzeitig ein Beispiel, in welcher Form die politische Wissenschaft politische Ratschläge erteilen kann –, dass mit der Sowjetunion keine Verträge abgeschlossen werden dürfen, die nicht auf eindeutige Machtverhältnisse gegründet sind. Nicht nur aus der Ideologie, wie eben dargestellt, sondern durchaus auch aus der Geschichte der sowjetischen Aussenpolitik, die damit in hohem Masse von der Ideologie geprägt erscheint, ergibt sich mit zwingender Notwendigkeit die Einsicht, dass ein einseitiges Vertrauen auf die Respektierung von Rechtsverhältnissen zu den verhängnisvollsten Folgen führen muss.

Oder nehmen wir schliesslich den Begriff der Koexistenz. Obschon er von den massgebenden politischen Führern und Ideologen der Sowjetwelt wiederholt und in aller Öffentlichkeit klar definiert worden ist, wird er bei uns immer wieder missverstanden und falsch angewendet. Es fehlt mir hier die Zeit, Ihnen die Fülle der Zitate vorzulegen, die ich zur Verfügung habe. Doch seien mir wenigstens zwei gestattet. In einer Auseinandersetzung oder vielmehr Abrechnung des Chef-Ideologen der ungarischen KP, Szigeti, mit dem marxistischen Philosophen Georg Lukács und seiner Rolle in der sogenannten Konterrevolution von 1956 schreibt jener über den Begriff der Koexistenz folgendes: «Der Kampf um die Verteidigung des Friedens, für die Verwirklichung der friedlichen Koexistenz ist freilich eine demokratische und keine sozialistische Zielsetzung, doch bleibt es ein Unterschied, ob wir dies für einen Selbstzweck halten oder die Ergebnisse des Friedenskampfes zur Förderung des Sozialismus verwerten. Das letztere ist, unter entsprechenden inneren und äusseren Bedingungen, überall die Pflicht der revolutionären Arbeiterbewegung ... Innerhalb der Grenzen der Koexistenz vollzieht sich der Kampf in den Formen des wirtschaftlichen Wettbewerbs und der politischen und ideologischen Auseinandersetzung. Nur die Formen ändern sich also, der antagonistische Inhalt des Kampfes bleibt und ist immer offenbar. Wir geben die Grundlage des Marxismus preis, wenn wir dies nicht sehen.» Wesentlich kürzer und bündiger drückte sich der ehemalige sowjetrussische Aussenminister Schepilow auf der 6. Tagung des Obersten Sowjets im Jahre 1957 aus, als er ausrief: «Die friedliche Koexistenz ist kein wolkenloses Dasein ... Die friedliche Koexistenz ist Kampf: politischer Kampf, wirtschaftlicher Kampf, ideologischer Kampf!» Wer noch gern die Meinung des sowjetischen Diktators Chruschtschow selbst kennenlernen möchte, der sei auf den Rechenschaftsbericht Chruschtschows vor dem XX. Parteitag im Jahre 1956 hingewiesen, in welchem er deutlich zum Ausdruck brachte, dass friedliche Koexistenz und ideologischer Kampf für den Kommunismus vereinbar seien und dass die Ideologen der Bourgeoisie «die Fragen des ideologischen Kampfes mit den Fragen der Beziehungen zwischen den Staaten» durcheinander werfen würden, wenn sie dies nicht einsehen.

Daraus geht doch zweierlei hervor: 1. Koexistenz ist nicht eine Angelegenheit der Strategie, sondern der Taktik; 2. Koexistenz bedeutet Kampf mit allen Mitteln ausser den militärischen.

Wenn nun aber auf unserer Seite jemand im Einklang mit dieser Definition des Begriffs Koexistenz den geistigen Kampf gegen den Bolschewismus führt, dann wird er auf der anderen Seite des Eisernen Vorhanges sofort nicht nur als Antibolschewist, was noch angehen möchte, sondern als kalter Krieger und Kriegshetzer angeprangert. Dieses Vorgehen der Bolschewisten ist sicher nicht logisch, vielleicht ist es dialektisch, fair schon gar nicht, aber jedenfalls sehr wirksam; denn gewisse Gruppen von Menschen auf unserer Seite, die in letzter Zeit leider sehr stark zugenommen haben, scheinen nicht in der Lage, diese Taktik zu durchschauen und sind vielmehr geneigt, in den also Apostrophierten das einzige Hindernis zu sehen für die Verwirklichung ihrer Auffassung von friedlicher Koexistenz, die eben nur einen, allerdings entscheidenden Mangel hat: eine Utopie zu sein.

Man sieht auch hier wieder, wie die bolschewistische Führung alles tut, um dem Missverständnis des von ihr selbst geprägten und klar definierten Begriffs der Koexistenz in der westlichen Welt zu deren alleinigem Nachteil Vorschub zu leisten, um damit nämlich die Schar jener zu vergrössern, die wie Marionetten an den vom bolschewistischen Weltgeist gezogenen Drähten zappeln, ohne es selbst zu merken.

Ganz Ähnliches wäre vom Begriff der «Politik der Stärke» zu sagen. Ich will mich hier aber zurückhalten, da ich sonst in allzu grosse Nähe parteipolitischer Dogmen geraten könnte, was ich hier unbedingt vermeiden möchte. Koexistenz scheint mir dann eine schlechte Sache, wenn sie so gehandhabt wird, dass die andere Seite uns mit einer Fülle von Verleumdungen, Verdrehungen, Verunglimpfungen, Unterstellungen und Verdächtigungen übergiessen darf, während wir nicht einmal schlicht und einfach die Wahrheit sagen dürfen. Denn wir befinden uns ja in der an sich vorteilhaften Lage, nur die Wahrheit über die Wirklichkeit sagen zu müssen, um den geistigen Kampf gegen den Bolschewismus zu führen. Wenn das «primitiver Antikommunismus» ist, wie z.B. der Professor und Gelehrte meint, mit dem ich mich noch gleich zu beschäftigen haben werde, dann kann ich demgegenüber nur fragen: Ist es unsere Schuld, wenn die Wahrheit eine antibolschewistische Tendenz hat?

Ich komme zum Schlussstück meines Vortrages, in welchem ich Ihnen an einem anschaulichen Beispiel, das mit dem soeben Ausgeführten im Zusammenhang steht, demonstrieren möchte, welche Konsequenzen es hat, wenn man glaubt, politikwissenschaftliche Erkenntnisse als unverbindlich ansehen zu können. Dass es sich bei dem in Frage stehenden Gelehrten um eine geistige Prominenz ersten Ranges und einen Wissenschaftler von internationalem Ruf handelt, ist nur geeignet, die Bedeutung unserer exemplarischen Beweisführung zu erhöhen. Ich spreche von Prof. Dr. Karl Barth, dem Theologen von Basel.

Vor mir liegt eine vor kurzer Zeit herausgegebene Schrift, die sich betitelt: «Brief an einen Pfarrer in der DDR.» In dieser Schrift antwortet Prof. Barth auf den Brief eines sowjetzonalen Pfarrers und geht nach längeren einleitenden Worten auf acht konkrete Fragen ein, von denen uns im wesentlichen nur eine interessieren wird. Von der Theologie Barths soll und kann hier nicht ausführlicher die Rede sein. In dieser Schrift aufgeworfene theologische Fragen, die schon eine deutliche Affinität zum Politischen haben, können eben nur gestreift werden: So etwa die Frage, warum Barth die Christen dem Nationalsozialismus gegenüber zum Widerstand aufrief, während er dem Bolschewismus gegenüber von einem solchen Widerstand abrät. Ebenfalls nur erwähnt werden kann der merkwürdige Umstand, dass sich Barth mit der Bekennenden Kirche unter der nationalsozialistischen Diktatur dagegen wehrte, dass die evangelische Kirche sich aus der Öffentlichkeit der Welt in einen Winkel privater Frömmigkeit abdrängen liess – wie es in einem Wort der Bekenntnissynode der evangelischen Kirche der Altpreussischen Union vom März 1935 heisst –, während er jetzt gegen eine solche Winkel-Existenz der evangelischen Kirche kaum etwas einzuwenden hat, ja in ihr die zukünftige und zukunftsträchtige Gestalt dieser Kirche zu erblicken scheint. Ebenfalls nur gerade erwähnt sei, dass damit viele Dinge, um die in der Sowjetzone so heftig gerungen wird, zu untergeordneten Fragen werden, wie etwa die Auseinandersetzung um Konfirmation und Jugendweihe. Prof. Barth glaubt, das geht aus dieser Schrift wiederum ganz deutlich hervor, eine Analyse der gegenwärtigen Weltsituation vornehmen zu können, ohne auf den Gegensatz von Freiheit und Unfreiheit oder von Rechtssicherheit und Rechtsunsicherheit eingehen zu müssen. Den Begriff des Totalitarismus glaubt er neutralisieren zu können, indem er ihn auch auf die demokratische rechtsstaatliche Welt des Westens anwendet. Die angegebenen Alternativen sind für Barth theologisch irrelevant – zunächst theologisch, möchte ich hinzufügen. Für ihn ist nur *ein* Gegensatz wichtig, nämlich derjenige von Gesetz und Gnade oder von Gesetz und Evangelium.

Die Haltung Prof. Barths könnte beim ersten Blick als apolitisch angesehen werden. Man wird aber schon eines besseren belehrt, wenn man die massiven politischen Urteile, ja Ausfälle des Theologen gegen die westliche Politik, insbesondere diejenige der Bundesrepublik, liest. Aber auch das ist noch nicht entscheidend, wie befremdlich eine solche Mischung von christlicher Theologie und politischer Ideologie auch anmuten mag. Ernst wird die Sache da, wo Karl Barth dem sowjetzonalen Pastor auf dessen zweite Frage zu antworten hat. Die Frage lautet: «Kann man dem Staat der DDR angesichts der ihm inhaerierenden Gefahren die von ihm gewünschte Loyalitätserklärung geben?» Prof. Barth antwortet darauf: «Ich kenne den Wortlaut dieser Loyalitätserklärung nicht, nehme aber an, dass der, der sie abgibt, nicht, wie es einst mit dem Hitlereid der Fall war («Ich schwöre Treue und Gehorsam dem Führer . . .»), eine Katze im Sack kaufen muss, sondern dass es sich bei dem Gegenstand der von ihm gewünschten Erklärung um eine Definition der dort aufgerichteten bestehenden Staatsordnung handelt, über deren Wesen er durch die Verfassung der DDR unterrichtet ist. ‹Loyalität› dieser Ordnung gegenüber heisst (ich habe beim folgenden die Stelle Röm. 13 vor Augen, aber durchaus auch mein eigenes Verhältnis zu der in ihrer Verfassung erklärten Ordnung der Schweizerischen Eidgenossenschaft!) ehrliche Willigkeit, ihren Bestand zu anerkennen und sich ihr – vielleicht unter Voraussetzung, aber unter praktischer Zurückstellung gewisser Bedenken (angesichts der ihr inhaerierenden Gefahren) – einzuordnen.» Prof. Barth führt dann weiter aus, was Loyalität nicht heisst, nämlich weder Anerkennung der Ideologie noch Gutheissung aller Massnahmen des Staates. Loyalität schliesse den Vorbehalt der Gedankenfreiheit, aber auch den Vorbehalt des Widerspruchs und eventuell des Widerstandes gegen bestimmte Explikationen und Applikationen einer vorgegebenen Staatsordnung in sich. Und dann fährt er wiederum wörtlich weiter: «Es gibt auch so etwas wie eine loyale Opposition. ‹Loyal› gegenüber einer vorgegebenen Staatsordnung ist und verhält sich der, der deren Gültigkeit und Massgeblichkeit auch für sich anerkennt und entschlossen ist, sich in den Grenzen des ihm innerlich und äusserlich Möglichen an sie zu halten. – Ich würde an Ihrer Stelle keine Schwierigkeiten sehen, der DDR in diesem Sinn Loyalität entgegenzubringen und also die von Ihnen gewünschte Erklärung wahrheitsgemäss abgeben.»

Uns interessiert für unsere Beweisführung vor allem der erste Teil von Prof. Barths Antwort. Was heisst es da? Doch wohl nichts anderes, als dass Prof. Barth der Ansicht ist, der sowjetzonale Pfarrer und Bürger werde durch die Verfassung der DDR über das Wesen der dort aufgerichteten und bestehenden Staatsordnung unterrichtet. Nicht genug damit lässt Prof. Barth deutlich durchblicken (der betreffende Passus steht zwar in Klammern, aber dafür mit Ausrufungszeichen), dass sich der sowjetzonale Pfarrer seinem Staat und dessen Verfassung gegenüber in einer analogen Situation befinde, wie Barth selbst gegenüber dem schweizerischen Staat und seiner Verfassung. Barth glaubt also, auf eine der entscheidenden und grundlegenden politikwissenschaftlichen Erkenntnisse unserer Zeit verzichten zu können, nämlich auf die Erkenntnis des grundsätzlich verschiedenen Verhältnisses von Verfassungsrecht und Verfassungswirklichkeit oder von geschriebener Verfassung und tatsächlicher Staatsordnung in der Volksdemokratie einerseits und in der westlichen Demokratie andererseits. Fast muss ich es als eine Zumutung Ihnen gegenüber empfinden, wenn ich, hier in Berlin, über diesen Punkt noch weitere Worte verliere. Prof. Barth glaubt, nicht zur Kenntnis nehmen zu müssen, dass der totale Staat, zu dessen Typus die DDR gehört, gerade dadurch charakterisiert ist, dass die Verfassung zur Fassade, zum Schein, zur Propaganda gehört und praktisch wenig, im Extremfall nichts über die wirkliche Staatsordnung aussagt, dass – um eine wissenschaftliche Untersuchung eines Kollegen unserer Universität über diese Frage zu zitieren – die geschriebene Verfassung der Sowjetischen Besatzungszone (SBZ) für die Verfassungswirklichkeit, also das gesamte politische und soziale Leben, überhaupt keine massgebliche Bedeutung besitzt und dass die einzige Verfassung, die wirklich existiert, die Verfassungswirklichkeit ist – dass also der sowjetzonale Bürger, um die Worte Prof. Barths zu gebrauchen, gerade «eine Katze im Sack kaufen muss», genau wie es im Dritten Reich der Fall war. Und nur zur Illustration sei noch beigefügt, dass nach den letzten Analysen sich ungefähr die Hälfte der Verfassungsbestimmungen der DDR praktisch ausser Kraft befinden. Diese Bestimmungen sind aber nicht etwa auf dem, wenigstens formal gesehen, vergleichsweise verfassungsmässigen Wege einer verfassungsändernden Mehrheit beseitigt worden, sondern auf dem Wege von einfachen Gesetzen, wobei der Vollständigkeit halber noch hinzuzufügen wäre, dass natürlich der Unterschied von Gesetz und Verordnung vollkommen verwischt ist. Das Parlament, das ja keine Volksvertretung im westlichen Sinne ist, wurde also nicht einmal bemüht, seine übliche und ohnehin feststehende Einstimmigkeit einmal verfassungsändernd wirken zu lassen. Nein: Der Schein sollte ganz gewahrt werden, auf dass Barth und seinesgleichen ganz geblendet werden.

Die Angelegenheit bleibt indessen nicht auf die Ebene der Wissenschaft bzw. der wissenschaftlichen Unzulänglichkeit beschränkt. Prof. Barth erteilt ja auf Grund seiner unhaltbaren Analyse einen Ratschlag, der wohl mindestens so sehr politischer wie theologischer Natur ist, nämlich den Eid zu leisten. Prof. Barth greift also auf Grund einer völlig unhaltbaren politischen Beurteilung der Lage handelnd in den Kampf ein, der seit vielen Jahren zwischen Staat und Kirche in der SBZ tobt und an die Existenzgrundlage der Kirche zu greifen droht. Die Wirkungen eines solchen Denkens und Handelns, dessen Beurteilung ich wohl getrost Ihnen überlassen kann, werden angesichts der Autorität, die Prof. Barth in der evangelischen Theologie darstellt, nicht abzusehen sein.

Eine Wirkung ist sogleich sichtbar geworden: der Gebrauch von Barths Ratschlag für die Wahlkampagne der SED vom vergangenen November. In ihrer Nummer vom 14. 11. 1958 beschäftigte sich die «Neue Zeit», das Organ der sogenannten Christlich-Demokratischen Union der DDR, ausführlich mit Barths Brief und schloss dann ihren Artikel mit folgenden Worten: «Es gibt gar keinen anderen Weg, in der DDR für die DDR da zu sein (so wie aus den Grundsätzen von Karl Barth und den Bruderschaften folgt), als durch ein Ja auch bei unseren Wahlen. Dass es keine Erscheinung in der DDR gibt, die zu einer grundsätzlichen Ablehnung berechtigt, dass vorhandene Vorbehalte praktisch zurückgestellt werden müssen, dass durch Mitarbeit das Beste der DDR zu suchen ist, darin besteht die Aufforderung und der Appell Karl Barths.»

Damit ist ein führender evangelischer Theologe unserer Zeit zum Befürworter eines totalitären, nicht nur antidemokratischen, sondern auch antichristlichen Regimes geworden. Prof. Barth kann nicht einmal für sich in Anspruch nehmen, dass er es so nicht gewollt hat. Denn es gehört nun einmal zu verantwortlichem politischen Denken und Handeln in unserer Zeit, immer zu bedenken, was die Propaganda des totalitären Gegners aus unseren Worten und Taten machen könnte.

Das Dargelegte dürfte genügen, um anschaulich zu machen, wohin man gelangt, wenn man sich über entscheidende politische Wirklichkeiten hinwegzusetzen versucht, deren objektive Analyse nach wie vor die wichtigste Aufgabe politischer Wissenschaft bleibt. An einem solchen sicher extremen, aber keineswegs allein dastehenden Beispiel können wir auch ermessen, welche Bedeutung dem Einzug der politischen Wissenschaft in den Tempel der Wissenschaften zukommt und was politische Wissenschaft an Aufklärung gerade unter Akademikern noch zu leisten hat . . .

Lassen Sie mich denselben Gedanken zum Schluss noch mit den Worten Friedrich Meineckes ausdrücken, die er an der Gründungsfeier der Freien Universität am

4. 12. 1948 gesprochen hat: «Das empfinden wir doch nun übermächtig, dass die segensreichste Tradition Deutschlands und des ganzen Abendlandes heute verteidigt werden muss gegen tödliche Gefahren: die Idee der Freiheit und eng mit ihr verbunden die Idee der Persönlichkeit. Aus Freiheit und Persönlichkeit wächst nun auch Wissenschaft und deren Lehre hervor.»

Möge die Freie Universität in den kommenden, ohnehin wohl schweren Jahren ihrer Existenz diesem Geiste und keinem anderen folgen und verpflichtet sein.

Europa und die deutsche Frage

Deutsche Einheit – eine geschichtliche Episode?

Unter diesem Titel erschien 1970 zum Gedenken an die deutsche Einigung von 1870/71 ein Sammelband mit Beiträgen führender Historiker aus verschiedenen europäischen Ländern und den USA. Hofer fungierte als Herausgeber und verfasste dazu die nachfolgend abgedruckte «Bilanz», welche wir hier unverändert wiedergeben. Der Text enthält somit noch einige Hinweise auf andere Beiträge dieses Werkes, die der interessierte Leser leicht in diesem selbst nachschlagen kann.

«Mir erscheint jetzt immer der Schillersche Demetrius wie ein Symbol unseres Schicksals: Rein und edel fängt er an, und als Verbrecher endet er! Rätselhaft –, aber jedenfalls sehr tragisch. Ich werde nicht fertig mit dem Nachdenken darüber.» Diese Worte schrieb Friedrich Meinecke, der Verfasser der «Idee der Staatsräson» und des «Historismus», an einen befreundeten Historiker, nachdem Hitlerdiktatur und Hitlerkrieg die von ihm stets vorausgesagte totale Katastrophe über Deutschland gebracht hatten. Er nannte sie auch die «deutsche Katastrophe» und gab diesen Titel auch seinem grossartigen und zugleich erschütternden Rechenschaftsbericht über die Entwicklung des deutschen Staates und des deutschen Menschen «von Bismarck zu Hitler», wie er sich ausdrückte.

Man wird es verstehen, dass dem Greis, den die verbrecherische Wendung der deutschen Dinge aufs tiefste erschüttert hat, rückblickend die Reichsgründungszeit, die er als Kind noch erlebt hatte, als «rein und edel» erscheint. Man wird aber diesen Teil seines Urteils nicht einfach unbesehen übernehmen wollen. Auch Meinecke selbst war sich ja bewusst, dass, selbst gemessen am Verbrechertum einer Hitlerdiktatur, auch an Bismarcks Werk einiges zu kritisieren sei. Und so schreibt er denn im selben Brief, das Werk des Reichsgründers habe «doch eben neben seiner Tagesseite auch seine Nachtseite für uns gehabt». Diese «Nachtseite» sichtbar werden zu lassen, nachdem auch er lange Jahre nur die «Tagesseite» hatte sehen wollen, ist ja denn auch gerade ein Hauptthema seines Buches über die «deutsche Katastrophe». Schonungslos geht er mit dem «üblen Borussismus und Militarismus» ins Gericht, der wie eine «schwere Hypothek» auf dem Werk Bismarcks und damit auf der Schaffung eines deutschen Nationalstaates gelegen habe. Scharf arbeitet er die üblen Auswirkungen und – vor allem auch – Nachwirkungen heraus, die das, was er «die Blut- und Eisenpolitik Bismarcks» nennt, «auf das politische Denken und Wollen der Menschen in Deutschland» gehabt habe. Und diese Wirkung sieht er vor allem in der Entstehung eines politischen Verhaltens, das er als «Massenmachiavellismus» bezeichnet. Er scheut auch nicht davor zurück, in der Entwicklung des deutschen Machtstaatsgedankens eine Linie zu ziehen von Hegel zu Hitler, und er nennt sie zugleich die Geschichte einer Entartung, in der auch Bismarck seinen historischen Platz habe. Aber dann wieder, unermüdlich bemüht, «Heilvolles und Unheilvolles» mit der grösstmöglichen historischen Gerechtigkeit gegeneinander abzuwägen, scheidet er die Welten eines Bismarck und eines Hitler weit voneinander: dort sieht er geschichtliche Tragik, menschliche und geschichtliche Grösse und zugleich Problematik, «während das Werk Hitlers zu den Durchbrüchen eines satanischen Prinzips in der Weltgeschichte gerechnet werden muss».

Wir haben diese Gedanken Friedrich Meineckes an den Anfang unserer Schlussbetrachtungen gestellt, weil sie den Beweis erbringen, dass heute, ein Vierteljahrhundert später, nichtdeutsche Historiker – nehmt Alles nur in Allem – zum gleichen Ergebnis kommen wie der grosse deutsche Geschichtsdenker unter dem unmittelbaren Eindruck dessen, was er «deutsche Katastrophe» genannt hat. Auch die Autoren dieses Bandes können nicht über die Problematik hinwegsehen, ja, sie anerkennen sie teilweise ausdrücklich: dass es zwar einerseits zweifellos eine «Entwicklung» von Bismarck zu Hitler gibt (und zwar nicht nur in dem selbstverständlichen chronologischen Sinne, dass Späteres irgendwie aus Früherem hervorgeht), dass aber anderseits diese beiden Stationen deutscher Geschichte und Politik durch Welten geschieden sind. Und dies bedeutet gleichzeitig: «Bismarck gehörte zu unserer Welt» (wie ein keineswegs bismarckfreundlicher dänischer Historiker unter dem Eindruck der Politik Hitlers Meinecke anvertraute) und damit auch das Deutschland seiner Zeit, Hitlerdeutschland gegenüber aber war – wie D. C. Watt es formuliert hat – jegliches gemeinsame europäische Empfinden verlorengegangen; mit anderen Worten: Hitler und sein Deutschland gehörten nicht mehr zu unserer, das heisst zur europäisch-abendländischen zivilisierten Welt.

Wenn darauf hingewiesen wird, dass die deutsche Einheit durch Krieg entstanden und durch Krieg verloren worden sei, so darf dieses unbezweifelbare Faktum nicht darüber hinwegtäuschen, dass auch zwischen diesen Kriegen Welten liegen. Es wird zwar oft die Auffassung vertreten, Krieg sei Krieg, und auch etwa an das Bibelwort erinnert, dass, wer das Schwert ziehe, durch das Schwert umkomme. Dieses Wort hat aber ganz offensichtlich keine Geltung für Staaten; denn sonst hätten ebensogut praktisch alle andern europäischen Staaten durch Krieg verschwinden müssen, weil sie früher oder später, in der einen oder anderen Form, ebenfalls durch Krieg oder durch ganze Serien von Kriegen entstanden sind. Wobei natürlich im einzelnen dann unterschieden werden könnte und wohl auch müsste zwischen Eroberungs- und Befreiungskriegen, zwischen «gerechten» und «ungerechten» Kriegen, was wir hier indessen unterlassen wollen. Aber auf die Feststellung legen wir Wert, dass es nicht Ausnahme, sondern Regel der europäischen Geschichte ist, wenn ein Staat durch Krieg entsteht. Und ebenso gibt es natürlich in der europäischen und Weltgeschichte genug Beispiele dafür, dass Staaten und Reiche durch Kriege untergehen.

Unter allgemein weltgeschichtlichem Aspekt würde also der deutsche Fall nicht als Ausnahme bezeichnet werden können. Wenn die deutsche Geschichte der letzten hundert Jahre ganz unzweifelhaft trotzdem den Eindruck des Ausserordentlichen auf uns macht, so gibt es dafür gute Gründe. Da wäre einmal zu nennen die zeitliche Zusammendrängung der Ereignisse – denn ein knappes Jahrhundert ist eine kurze Zeit im Leben eines Volkes –, die dem ganzen Geschehen den Charakter eines Dramas gibt. Als zweiter Grund muss sicher sogleich erwähnt werden, dass dieses deutsche Drama Europa und die ganze Welt aufs tiefste in Mitleidenschaft gezogen hat, was uns ja dazu veranlasste, in unserer Einleitung die wahrhaft weltgeschichtlichen Implikationen des deutschen Einheitsstrebens ganz besonders zu betonen. Das dritte und sicher wichtigste Motiv für diesen Eindruck des Ausserordentlichen muss indessen wohl doch in dem Umstand gesucht werden, dass es sich bei diesem deutschen Drama, das zugleich in so hohem Masse Weltdrama gewesen ist, um zeitnahe Geschichte handelt, nicht um zeitferne Geschehnisse, die dem aktuellen Bewusstsein mehr oder weniger entschwunden sind. Im Gegenteil: Millionen von Menschen sind bis auf den heutigen Tag in ihrem Denken und Fühlen von diesen Ereignissen noch beeinflusst, wobei der Phase des nationalsozialistischen Verbrechertums für diese Bewusstseinsbildung natürlich ganz besondere Bedeutung zukommt. Letztlich ist dies alles eine Konsequenz der geschichtlichen Verspätung der deutschen Einigung, weshalb ja auch zutreffend der Begriff der «verspäteten Nation» gebildet worden ist.

Doch kommen wir auf die Feststellung zurück, dass zwischen den Kriegen, durch die die deutsche Einheit herbeigeführt wurde, und jenen Kriegen – wenn wir nicht nur den Zweiten, sondern auch den Ersten Weltkrieg dazu rechnen –, die den Untergang der deutschen Einheit zur Folge hatten, sehr wohl unterschieden werden müsse. In der Tat ist ein rein moralisches oder gar moralisierendes Urteil nur geeignet, den Blick für entscheidende politische Tatbestände und Zusammenhänge zu verstellen. Die Unterschiede springen denn auch sofort in die Augen, sie sind sowohl militärischer wie politischer Natur. Die sogenannten Einigungskriege sind militärisch begrenzte Unternehmungen, sozusagen Idealtyp des begrenzten Krieges. Und dieser militärischen Begrenzung entspricht die Beschränkung der politischen Ziele, die mit diesem militärischen Einsatz erreicht werden sollen. Der von Hitler entfesselte Zweite Weltkrieg dagegen ist das genaue Gegenteil von alldem: unbegrenzt in der militärischen Kriegführung und unbeschränkt bzw. schrankenlos und masslos in der politischen Zielsetzung. Wenn Hitlers Krieg ein eindeutiger Hegemonialkrieg gewesen ist, was in gewissem Ausmass auch schon für den Ersten Weltkrieg gilt, so waren Bismarcks Kriege in ihrem Ansatz ebenso deutlich antihegemoniale Kriege; denn derjenige von 1866 richtete sich gegen die österreichische Vorherrschaft im Deutschen Bund, derjenige von 1870 gegen die französische im europäischen System. Beide Mächte wollten eine deutsche Einigung unter preussischer Führung verhindern.

Natürlich erhebt sich die Frage, ob durch diese Siege und den damit verbundenen preussischen bzw. preussisch-deutschen Machtzuwachs nicht das neue Deutsche Reich nun selbst zur Hegemonialmacht geworden sei. Leonhard von Muralt hat diese Problematik in seinem einleitenden Beitrag ausserordentlich instruktiv und eindringlich behandelt. Aber wie sie schon unter den Zeitgenossen umstritten war, so ist sie es eigentlich auch heute noch. Und dafür gibt es einen einfachen Grund: Begriffe wie Hegemonie und Gleichgewicht sind eben keine eindeutig bestimmbaren, wäg- oder messbaren Grössen. Das Streitgespräch zwischen den beiden grossen zeitgenössischen Historikern Ranke und Thiers hat sich im Grunde durch das ganze seither verflossene Jahrhundert zwischen deutschen und französischen Autoren, aber keineswegs nur zwischen ihnen, fortgesetzt.

Wir wollen uns nicht auch noch einschalten, um so mehr, als der ganze Streit doch etwas von einem «Hornberger Schiessen» an sich hat. Soviel steht jedenfalls fest: Das Urteil Disraelis von 1871 über das völlig zerstörte Gleichgewicht ist von den Engländern selbst wieder revidiert worden, und zwar expressis verbis und zu wiederholten Malen – sogar noch in dem berühmten von Eyre Crowe stammenden Memorandum von 1907, das fälschlicherweise immer wieder als Beweis für den prinzipiell antideutschen Kurs der britischen Aussenpolitik angesehen worden ist, obschon darin doch deutlich gesagt wird, England sei aus Gründen des Gleichgewichts an der Erhaltung eines starken Deutschlands interessiert und wünsche keines seiner Rechte geschmälert zu sehen. So dachte man im britischen Foreign Office noch, nachdem ein Jahrzehnt deutscher Welt- und Flottenpolitik bereits über die Bühne gegangen war!

Wenn es umstritten bleiben mag, ob und inwiefern die Schaffung eines deutschen Nationalstaates das sogenannte «europäische Gleichgewicht» gestört habe, so scheint doch etwas anderes und im Grunde viel Wichtigeres unbestritten zu sein: dass es niemals zu den Zielen der Bismarckschen Politik gehört hat, das europäische Staatensystem zu zerstören. Es ging ihm vielmehr darum, dieses System in der durch die deutsche Einigung veränderten Form zu erhalten und möglichst rasch wieder zu stabilisieren, das neue Deutsche Reich – wie man heute wohl sagen würde – in das bestehende System zu integrieren. So hat er wiederholt das deutsche Interesse an der Existenz aller Mächte, inklusive Frankreichs, deutlich zum Ausdruck gebracht. «Das friedliche Beieinanderwohnen der grossen europäischen Mächte» nannte er in seinem programmatischen Schreiben an den unglücklichen Kaiser Friedrich III. als Ziel deutscher Politik – «friedliche Koexistenz» also, wie man heute sagen würde. Nochmals wird der Abstand zu Hitler, aber auch schon zur Kriegszielpolitik von 1917/18 sichtbar. Solche Programme waren nur durch völlige Zerstörung des europäischen Staatensystems zu erreichen.

Man kann Bismarck – wie dies immer wieder geschieht – auch nicht eigentlich den Vorwurf machen, dass er durch seine «militaristische Machtpolitik» (so Ivan Pfaff) das europäische «Konzert» zerstört habe. Schon der Begriff ist missverständlich. Wenn Bismarck den Krieg als Mittel der Politik eingesetzt hat, so hat er doch insofern gerade keine «militarisierte» Politik betrieben, als es bekanntlich zu seinen obersten Regierungsgrundsätzen gehörte, den Primat der Politik gegenüber militärischen Forderungen und strategischen Argumenten der Generäle stets zu verteidigen. Eine eigentliche Militarisierung der deutschen Politik im Sinne eines Übergangs des Primats an den militärischen Bereich ist erst nach dem Abgang Bismarcks erfolgt, vor allem weil Wilhelm II. selbst, aber auch seine Kanzler, vor dieser Aufgabe versagt haben. Was das «gute Einvernehmen» der grossen Mächte, das sich von den Wiener Verträgen herleitete, anbetrifft, so war dieses längst dahin, als Preussen sich unter Führung Bismarcks an das Werk der deutschen Einigung machte. Nach dem Wort eines zeitgenössischen Publizisten – der übrigens ein enragierter Gegner Bismarcks war – ist dieses europäische «Konzert», wie er sich ausdrückte, auf der Krim gestorben und am Mincio begraben worden. An beiden damit anvisierten kriegerischen Auseinandersetzungen der europäischen Mächte ist aber Preussen bekanntlich nicht beteiligt gewesen. Sicher verstand es der Reichsgründer aufs vortrefflichste, die Spannungen innerhalb des europäischen Systems für seine Zwecke auszunutzen. Und es kam ihm auch sehr zustatten, dass gewisse Mächte die deutsche Nationalpolitik für eigene nationale Ziele zu benutzen gedachten, wie vor allem Italien, aber auch Russland, auf dessen Haltung es ja ganz besonders ankam.

Welche Bedeutung der russischen Stellungnahme beim Versuch einer deutschen Einigung zukam, hatte sich 1848/49 gezeigt. Dass die damals deutlich genug ausgesprochene russische Interventionsdrohung ernst zu nehmen war, haben die gleichzeitigen Vorgänge in Ungarn bewiesen. Aber nicht nur das reaktionäre Russland hat sich der von der Frankfurter Paulskirche ausgehenden Nationalpolitik des liberalen Bürgertums widersetzt, sondern auch die liberalen Westmächte. Die Flamme der französischen Sympathie für eine deutsche Einheit war nicht von Dauer, schreibt Duroselle. Die faszinierende Idee eines gemeinsamen deutsch-französischen Kreuzzuges gegen den «Hort der Reaktion» in Russland, um mit einem Schlag die deutsche Einheit und die polnische Freiheit zu bewerkstelligen, blieb ein flüchtiger Gedanke. Die Internationale der liberal und national Gesinnten nach Mazzinis Vorbild des Giovane Europa blieb eine noble Utopie. Aber selbst die Unterstützung Englands, das sonst alle liberal-nationalen Bewegungen von Griechenland bis Lateinamerika wohlwollend protegiert hatte, haben sich Preussen und die liberale deutsche Nationalbewegung 1849 verscherzt. Die Kraftmeierpolitik gegen das kleine Dänemark, aber auch die teutonischen Reden gewisser Frankfurter Abgeordneter haben Europa aufgeschreckt. Dabei hatte Frankreich eine «Konstituierung Deutschlands» ursprünglich begrüsst und Palmerston die Begründung eines deutschen Staates gar als «garantie de la paix générale» bezeichnet. Aber am Schluss war Preussen und mit ihm die liberale deutsche Nationalbewegung in Europa isoliert. 1870 war es umgekehrt. Da war das Frankreich Napoleons III. isoliert. Mit Recht ist darauf hingewiesen worden, dass der deutsche Einigungsversuch von 1848/49 an aussenpolitischen Widerständen gescheitert wäre, wenn dies nicht schon aus innenpolitischen Gründen geschehen wäre.

Wir erwähnen dies alles hier ausdrücklich deswegen, weil in der internationalen, aber auch deutschen Kritik an der «Bismarcklösung» der Einheitsfrage, wie sie vor allem seit 1945 wieder stark einsetzte, immer wieder das Bedauern durchklingt, dass die deutsche Einigung durch die preussische «Revolution von oben» und nicht durch die liberale «Revolution von unten» vollzogen worden sei. Man mag es bedauern, aber man muss zur Kenntnis nehmen, dass diese zugegebenermassen viel sympathischere national-liberale Erhebung nicht nur an den reaktionären Kräften Deutschlands, sondern auch am Widerstand Europas gescheitert ist. Wer die historischen Tatsachen berücksichtigt, wird auch nicht um die Einsicht herumkommen, dass die kleindeutsche Lösung von 1871 das Äusserste gewesen ist, was Europa zu gestatten bereit war, das heisst, was ohne allgemeinen Krieg erreicht werden konnte. Schon gar nicht bereit war Europa, irgendeine grossdeutsche Lösung zu akzeptieren. Nicht alle Länder mit einer deutschstämmigen oder -sprachigen Bevölkerung gehörten schon deswegen zu Deutschland, tönte es 1848 warnend aus Paris, und der britische Premierminister bekannte sich 1849 in bewegten Worten zur Erhaltung Österreichs, weil seine politische Unabhängigkeit und Unversehrtheit ein wichtiges Element im europäischen Gleichgewicht darstellte. Schärfste Widersacher einer grossdeutschen Lösung waren aus naheliegenden Gründen die Tschechen, aber auch andere slawische Nationalitäten der Donaumonarchie, weil sie fürchteten, sonst von einem übermächtigen pangermanischen Reich erdrückt zu werden.

Man hat das kleindeutsche Reich als «unvollendeten» oder gar «verkrüppelten» Nationalstaat bezeichnet, wobei meistens übersehen wird, dass dieses Urteil bereits einen bestimmten Begriff von «Nation» voraussetzt, nämlich Nation als Sprachgemeinschaft. Es ist richtig, dass die Lösung von 1871 sowohl eine Absage an die romantisch-völkische Idee der Nation darstellt wie auch eine solche an die alte historische Reichsvorstellung. Wie die Folgezeit beweisen sollte, führte jeder Versuch, die eine oder andere Konzeption oder gar beide zusammen als Modell für eine weitergefasste politische Einheit zu benutzen, stets zum Widerstand Europas. Das zeigte sich 1918/19, als man sich – jetzt unter republikanischem Vorzeichen und unter der Flagge des Selbstbestimmungsrechts der Völker – an das Sammeln der deutschen Erde machen wollte. Hitlers Versuch vollends, einen allerdings völlig pervertierten Reichsbegriff mit einer völkischen Rassenideologie zu kombinieren und damit die Schaffung eines «Grossgermanischen Reiches deutscher Nation» zu «legitimieren», hat bekanntlich zum grössten aller bisherigen Kriege geführt. Wenn man dem Urteil zustimmen kann, dass die Reichsidee von 1871 des «völkischen» Inhalts entbehrte (Bussmann), so wird man anderseits nicht übersehen dürfen, dass das Reich auch nach der Schaffung der Einheit «wenn auch nicht die deutsche Lebensform, so doch die Denkform» geblieben ist, wie Srbik es formuliert hat. Der universale Reichsgedanke hat tatsächlich nicht nur lange einen deutschen Nationalstaat verhindert, sondern er hat diesen Staat auch nachher belastet, auch wenn nicht einmal grossdeutsche Ideen damit verbunden waren. Der Begriff «Preussisches Reich deutscher Nation», wie ihn etwa auch Heinrich von Treitschke vertrat, ist für diese Denkart symptomatisch. Selbst die Republik von 1919 wollte ja auf den Reichsbegriff nicht verzichten.

Aber all das ändert nichts daran, dass sich Bismarck selbst allen über die kleindeutschen Grenzen hinausgehenden Reichsphantasien entschieden verschlossen hat. Diese Selbstbeschränkung ist von Europa denn auch honoriert worden. Dass die Annexion von Elsass-Lothringen nicht in diese Konzeption einer «weisen» Selbstbeschränkung hineinpasst, ist immer wieder kritisiert und wohl auch schon von Bismarck selbst empfunden worden. Sie belastete zweifellos das von ihm anvisierte Ziel einer friedlichen Stabilisierung Europas auf dem Stande von 1871. Diese Annexion passte auch insofern nicht in die damalige Reichsgründung, als diese ja ganz dynastisch organisiert war. Das kommt auch in der Sonderstellung der annektierten Gebiete als Reichsland zum Ausdruck. Dass gerade im Fall des Elsasses mit dem sprachlich-völkischen Nationalbegriff argumentiert wurde – neben den strategischen «Notwendigkeiten» natürlich –, führte erst zu einer scharfen Konfrontation mit dem anders gearteten französischen Nationsbegriff, wie er sich dann in Ernest Renans berühmter Formel verdichtete, mit der er übrigens gerade Elsass-Lothringen im Auge hatte. Trotzdem hat sich Europa mit der Existenz dieses neuen deutschen Staates eigentlich sehr rasch abgefunden, obschon man in den meisten Ländern seiner kriegerischen Entstehung mit einer gehörigen Portion von Misstrauen und auch Befürchtungen beigewohnt hat. Die Reichsgründung selbst wurde – wie D. C. Watt und Gordon Craig gezeigt haben – nur in den angelsächsischen

Ländern allgemein begrüsst, wobei auch insofern zwischen USA und England zu unterscheiden ist, als diese positive Einstellung für die britischen Regierungskreise keineswegs gilt. Man könnte fast sagen, dass die Freude über dieses Ereignis um so grösser war, je weiter ein Land vom Schauplatz der Ereignisse entfernt war, oder umgekehrt, das Unbehagen um so ausgeprägter, je näher man sich dabei befand. Aber die Friedenspolitik des ersten Reichskanzlers tat überall ihre Wirkung. Dies zeigt sich besonders eindrücklich bei den kleineren Nationen, wie dies Hans U. Rentsch für die Schweiz, Hermann W. von der Dunk für die Niederlande und Folke Lindberg für Schweden gezeigt haben. Es kann wohl schlechterdings nicht bestritten werden, dass es der deutschen Politik nach 1871 relativ rasch gelungen ist, Europa mit der Existenz eines deutschen Nationalstaates zu versöhnen.

Man wird allerdings die unerlösten slawischen Völker von diesem günstigen Urteil ausklammern müssen, nachdem man die Aufsätze von Henryk Batowski über Polen und Ivan Pfaff über die Haltung der Tschechen gelesen hat – auch wenn man nicht den ganzen Katalog ihrer kritischen Bemerkungen ohne weiteres zu akzeptieren bereit ist. Die polnische Haltung zum deutschen Staat musste mit innerer Notwendigkeit vor allem durch den Umstand bestimmt werden, dass die westlichen Gebiete des ehemaligen polnischen Staates nun zu diesem neuen deutschen «National»-Staat gehörten. Die polnische patriotische Bewegung sah darin eine Verschlechterung der Chancen einer nationalen Wiedergeburt. Der alte preussisch-polnische Konflikt wurde auf das gesamte Deutschland übertragen und dadurch – nach Batowski – noch verschärft. Hier lag tatsächlich eine schwere Hypothek auf dem kleindeutschen Reich, weil es zu einem existentiellen Gegensatz zwischen den beiden Völkern führen musste.

Wenn allerdings in Batowskis Darstellung als Hauptfeind einer nationalen polnischen Wiedergeburt ganz einseitig Deutschland erscheint, so wird man für diese verschobene Perspektive angesichts der besonderen Umstände im heutigen Polen zwar psychologisches Verständnis haben, Anspruch auf historische Objektivität kann eine solche Sicht der Dinge indessen wohl kaum erheben. Mit einem Wort: Russland war ein mindestens so entschiedener und gefährlicher Gegner der polnischen Nationalbewegung wie Preussen und später das deutsche Reich, und übrigens keineswegs nur unter dem Zarismus, sondern auch nachher. Wer die ganze Problematik der nationalen Existenz Polens ins Auge fasst, wird insbesondere auch nicht darüber hinwegsehen können, dass diese gerade durch die Zusammenarbeit zwischen den beiden grossen Nachbarn gefährdet worden ist, sei es nun Kollaboration zwischen dem monarchischen Preussen und dem zaristischen Russland oder zwischen Hitler und Stalin gewesen, ganz abgesehen davon, dass schon für die polnischen Teilungen des 18. Jahrhunderts eindeutig Russland als Hauptverantwortlicher dasteht – ein historisches Urteil, das sogar auch in der gegenwärtigen polnischen Geschichtschreibung nicht unterdrückt wird. Trotz dieser unbedingt notwendigen Korrektur an der in diesem Buch vorgetragenen polnischen Sicht der Dinge bleibt die Tatsache in ihrer ganzen folgenschweren Bedeutung bestehen, dass hier im Osten die Stelle gewesen ist, wo auch der «unvollendete» deutsche Nationalstaat erheblich über die deutschen Volksgrenzen hinausreichte. Die andere neuralgische Stelle lag im Westen des Reiches: Elsass-Lothringen. Hier waren zwar die Volksgrenzen strittig, aber im geschichtlichen Bewusstsein Frankreichs und auch Europas gehörte dieses Gebiet politisch eben zu Frankreich. Obschon die beiden Fälle in gewisser Weise geradezu gegensätzlich gelagert sind – im Osten überschnitten sich preussisches bzw. deutsches Staatsgebiet und polnisches Volksgebiet, im Westen aber, wenigstens teilweise, ursprünglich deutsches Siedlungsgebiet und französisches Staatsgebiet –, hat sie schon Bismarck selbst miteinander verglichen, wenn er die annektierten westlichen Provinzen als «une Pologne avec la France derrière» bezeichnete. Es waren denn auch diese beiden Gebiete, die Deutschland nach seiner Niederlage im Ersten Weltkrieg wieder verloren hat. Diese Amputationen am fast als unberührbar und heilig im politischen Bewusstsein der meisten Deutschen verankerten Körper des Reiches von 1871, insbesondere die territorialen Abtretungen im Osten, haben dann ihrerseits wiederum die rapide Entwicklung eines virulenten, völkisch bestimmten Nationalismus in Deutschland begünstigt. Die Revolution von 1918/19, der Übergang von der preussisch-deutschen Monarchie zur demokratischen Republik, vermochte daran nichts zu ändern. Das deutsch-polnische Verhältnis hat sich nach der Entstehung eines unabhängigen polnischen Staates noch verschlechtert, weil dieser eben zu einem erheblichen Teil auf Kosten des Deutschen Reiches zustande gekommen war. Die Gewinnung der inneren Freiheit verblasste für viele Deutsche vor dem Empfinden, an äusserer Macht und «Freiheit» eingebüsst zu haben.

Was die Haltung der Tschechen gegenüber dem Problem der deutschen Einheit anbetrifft, so ist diese wohl schwer auf einen Nenner zu bringen. Sosehr sie einerseits jede grossdeutsche Lösung ablehnten, so fürchteten sie anderseits im Rahmen einer kleindeutschen Lösung die Hegemonie des militaristischen Preussen. Ivan Pfaff gebraucht die Formel, dass die tschechischen Vorbehalte sich nur gegen Methode, Umfang und Programm, nie gegen das Prinzip einer deutschen Einigung gerichtet hätten. Man könnte dieser Formel fast allgemein-europäische Gültigkeit zusprechen – selbst Napoleon III. und Frankreich hatten ja «im Prinzip» nichts gegen einen deutschen Nationalstaat einzuwenden, wenn sie das letzte Wort über Umfang und Grenzen selbst zu sprechen hatten. War aber eine solche Forderung im Zeitalter des Nationalismus politisch realisierbar bzw. historisch gerechtfertigt? Dies bringt uns zu dem schon in der Einleitung angetönten Problem der «historischen Notwendigkeit». Doch vorher noch ein Wort zur Beurteilung des Bismarck-Reiches in unserem tschechischen Beitrag.

Kann man wirklich dem ersten Reichskanzler imperialistische Absichten unterschieben im Sinne der späteren deutschbeherrschten Mitteleuropakonzeption? Versuchte er wirklich Österreich als Instrument einer deutschen Südosteuropapolitik zu benutzen? Kann man vollends Schablonen wie «Pangermanismus» und «Panslawismus» mit dem politischen Denken und Handeln eines Bismarck in Verbindung bringen? Gehören diese nicht gerade ausdrücklich einer späteren Zeit an, nämlich der Epoche des Wilhelminischen Deutschlands? Wilhelm II. ist es doch erst gewesen, der als erster deutscher Monarch den Kampf zwischen Germanen und Slawen predigte, als ob er in die Rolle eines germanischen Stammesfürsten der Völkerwanderungszeit zurückgefallen wäre. Solches Denken weist nicht zurück zu Bismarck, sondern vorwärts zu Hitler. Es waren vielmehr gerade politische Gegner Bismarcks, die bereits in diesen die Weltkriege des 20. Jahrhunderts ankündigenden Kategorien dachten. Auch Pfaffs Darstellung des Schicksals der «Fundamentalartikel» dürfte wohl kaum unwidersprochen bleiben. Sie sind wohl doch eher an innerösterreichischen Widerständen als an Interventionen Bismarcks gescheitert. Wenn schliesslich vom «böhmischen Staatsrecht» die Rede ist, dann müsste doch wohl auch gesagt werden, dass es einen Begriff der «böhmischen Nation» voraussetzte, der eben nicht von allen in diesem historischen Raum wohnenden Volksgruppen anerkannt wurde; nicht nur die später sogenannten Sudetendeutschen, selbst die Mähren machten nicht mit. So stellt es jedenfalls Hugo Hantsch in seiner grossen Geschichte Österreichs dar. Alle diese kritischen Bemerkungen ändern indessen auch hier nichts daran, dass das tschechoslowakische Volk genau dasselbe Recht auf nationale Selbstbestimmung geltend machen konnte wie seine grossen Nachbarvölker, die ihm, vor allem in den letzten dreissig Jahren, so übel mitgespielt haben. Anders als der polnische Autor stellt der tschechische Historiker übrigens sehr eindrücklich die Gefahr dar, die der nationalen Existenz dieses ebenfalls zwischen Deutschen und Russen eingeklemmten Volkes von der andern, nämlich der russischen Seite her drohte und immer noch droht.

«Recht auf nationale Selbstbestimmung» und «historische Notwendigkeit der nationalen Einigung» – das sind Begriffe, die aufs engste zusammengehören. Zwar ist das Selbstbestimmungsrecht der Völker erst am Ende des Ersten Weltkrieges zum weltweiten Schlagwort geworden und zugleich zu so etwas wie der «revolutionären» Legitimität von 1919 – im Unterschied zur «historischen» Legitimität von 1815. Dies ändert indessen nichts daran, dass das nationale Prinzip schon längst vorher zu einer entscheidenden historischen Kraft geworden war. Nicht dass das nationale Prinzip auch im deutschen Volk wirksam wurde, ist erstaunlich, vielmehr der Umstand, dass es durch die sogenannte kleindeutsche Lösung derart in Schranken gehalten werden konnte. Historisch gesehen besteht der Ausnahmecharakter der deutschen Entwicklung darin, dass das Nationalprinzip relativ so spät wirksam wurde und in relativ engen Grenzen gehalten werden konnte. Der Einigungsversuch von 1848/49 war für das liberale deutsche Bürgertum nichts anderes als das Nachholen, das Aufholen einer Entwicklung, die sich im Westen Europas seit langem vollzogen hatte. So hat es Westeuropa zunächst auch verstanden. Dass die deutsche Einheit dann schliesslich durch den preussischen Staat bzw. die preussische Armee und nicht durch das deutsche Volk geschaffen wurde, ändert nichts an der grundsätzlichen Einsicht, wie sie schon Jacob Burckhardt, aber auch viele andere, die man sicher nicht als deutsche Nationalisten bezeichnen kann, gehabt haben: dass da nur etwas getan wurde, «was mit der Zeit doch geschehen wäre», um mit den Worten des grossen Schweizer Historikers zu sprechen. Wir könnten aber auch Marx und Engels zitieren, für die die Schaffung eines nationalen Staates die Voraussetzung für die nationale Arbeiterbewegung und damit für die Förderung der Revolution war. Ob man die Triebkräfte der deutschen Einheit nun mehr in der nationalen Bewegung oder in der sozioökonomischen Entwicklung sieht, die Erkenntnis, die sich aufdrängt, ist in beiden Fällen dieselbe, das heisst die einer historischen Notwendigkeit. Man mochte die angewandten Mittel ablehnen – und viele tun es bis zum heutigen Tag. Aber wie, wenn die nationale deutsche Einheit nur mit diesen Mitteln zustande gebracht werden konnte? Interessanterweise waren nicht nur die preussischen «Militaristen», sondern auch die Begründer des «wissenschaftlichen» Sozialismus dieser Auffassung. Schon 1866 schrieb Marx an Engels, den «deutschen Philistern» könne die Einheit «nur von Gottes- und Säbelgnaden oktroyiert werden»! Der Krieg gegen Frankreich vollends wurde damals durch ein breites Spektrum von Meinungen hindurch für «historisch» notwendig und natürlich auch politisch und moralisch «gerecht» gehalten. Unter denen, die so dachten, befindet sich selbst der konservative Föderalist und Antibismarckianer Constantin Frantz.

Im Licht einer solchen Logik der historischen Entwicklung erscheint das immer wieder vorgebrachte Argument als unhistorisch und damit als unrealistisch, wonach die Deutschen auf nationale Einheit hätten verzichten und sich vielmehr ihrer besonderen europäischen Funktion bewusst sein sollen. Dass das alte «heilige römische» Reich eine solche besondere Funktion innerhalb des europäischen Systems ausgeübt hat, wird keineswegs bestritten. Die Frage war indessen, ob eine solche, auf universalen Ideen beruhende Ordnungsvorstellung in das nationale Zeitalter hinübergerettet werden konnte. Versucht hat man es, nämlich durch die Schaffung eines deutschen Bundes auf dem Wiener Kongress an Stelle des von der damals schon mächtigen deutschen Nationalbewegung verlangten geeinten Deutschlands. Die besondere europäische Funktion Deutschlands lag auch der Konzeption dieses Bundes zugrunde, wie dies deutlich in der Rede des österreichischen Delegierten in der ersten Sitzung vom November 1816 zum Ausdruck kam. Deutschland sei berufen, so sagte Buol-Schauenstein, «einen zugleich die Nationalität sichernden Staatenbund zu bilden». Dies sei Deutschlands Bestimmung, «der Standpunkt der deutschen Nation in der Reihe der übrigen europäischen Völker». Aber dieses Experiment musste schon deswegen scheitern, weil sich der deutsche Bund und seine Organe als völlig steril erwiesen, unfähig zu jeglicher Entwicklung in der Richtung auf moderne politische und soziale Bedürfnisse. Ein solches kraft- und saftloses Gebilde musste dem Ansturm des Nationalismus um so eher erliegen.

Die Ohnmacht des Deutschen Bundes in der Wahrnehmung der nationalen Interessen im Innern wie nach aussen hat übrigens auch dazu geführt – und dies ist zweifellos eine schwere Hypothek der deutschen Geschichte –, dass das föderalistische Prinzip in Deutschland für ganze Generationen diskreditiert war. Denn das Reich von 1871 war natürlich keine echte Föderation, weil eine solche nur möglich ist, wenn nicht eines der Glieder alle andern durch Macht und Grösse erdrückt. Die Verfassung Preussen-Deutschlands von 1871 mit dem amerikanischen Unionssystem zu vergleichen oder gar gleichzusetzen, wie dies Präsident Grant in der Rede tat, mit der er die Begründung des Deutschen Reiches begrüsste, ist eine wirklich penible Fehlleistung. Diesen Pferdefuss eines deutschen «Bundesstaates» haben übrigens hellsichtige Deutsche wie Pfizer schon lange vor der 48er Revolution erkannt. Bevor die preussisch-deutsche Lösung überhaupt realisiert war, stellte er die wahrhaft revolutionäre und zukunftsträchtige Frage, ob denn ein Bundesstaat mit *einer* Grossmacht möglich sei, nachdem man schon erkannt hatte, dass Preussen und Österreich nicht unter einen gesamtdeutschen Hut zu bringen sein würden. Selbstverständlich ist die Forderung nach Auflösung des preussischen Staates zugunsten eines ausgewogenen deutschen Bundesstaates 1870/71 nicht mehr erhoben worden. Sie kam aber wieder, und zwar 1918/19. Aber da waren es nicht die preussischen Reaktionäre, die sich dem widersetzten, sondern die preussischen Sozialisten!

Die Untersuchungen, die in diesem Band vereinigt sind, weisen überzeugend nach, wie rasch man sich in Europa mit der deutschen Einheit abgefunden hat. Dies gilt selbst für die Besiegten, Österreich und Frankreich, wie Hantsch und Duroselle gezeigt haben. Es geht aus diesen Untersuchungen aber ebenso deutlich hervor, wie sehr das Auftreten Deutschlands in der Welt, deutsche Welt- und Flottenpolitik, die andern Mächte irritiert hat. Rasch begannen sich in der wilhelminischen Epoche die Beziehungen Deutschlands zu den andern an der imperialistischen Konkurrenz beteiligten Mächten zu verschlechtern. Dies gilt selbst für die USA, wie Craig besonders eindrücklich dargestellt hat. Man betrachtete Deutschland praktisch überall als lästigen Konkurrenten, von dem man erwartete, dass er sich mit seiner mächtigen Stellung in Europa zufriedengebe. Ein Mann wie Winston Churchill empfand den kostspieligen deutschen Schlachtflottenbau als unverständlichen Luxus. Trotzdem könnte und sollte man auch hier die Frage nach der historischen Notwendigkeit stellen. Jedenfalls gehörte es zum Selbstverständnis der nach Bismarcks Abgang führenden Schicht, und zwar der politischen wie der geistigen, dass deutsche Weltpolitik ein vernünftiges, ja notwendiges Ziel sei, sozusagen logische Folge der Reichsgründung und deren zweite Stufe. Nur die Linke widersetzte sich dieser Weltmachtpolitik, die von der grossen Mehrheit der Deutschen ganz offensichtlich als eine Art nationaler Selbstbestätigung empfunden wurde.

Es könnte also auch hier gefragt werden, ob sich nicht einer unhistorischen Denkweise schuldig macht, wer von den Deutschen verlangt, sie hätten auf etwas verzichten sollen, was alle andern grossen Völker taten, nämlich Weltpolitik betreiben, um Weltmacht und Weltvolk zu werden. Natürlich wäre es, rückblickend geurteilt, besser für Deutschland gewesen, wenn es sich mit dem 1871 erreichten Besitzstand zufriedengegeben hätte; denn die Sucht, die Zukunft «auf dem Wasser» zu sehen, hat doch nur dazu geführt, dass man schliesslich den festen Boden unter den Füssen verlor. Wir haben hier leider nicht den notwendigen Raum, um diese ganze Problematik zu behandeln. Wir können auch nicht auf die in den letzten Jahren neu entfachte Diskussion um die Verantwortung für den Ersten Weltkrieg eingehen. Hier nur soviel: Wenn es praktisch nicht bestritten werden kann, dass die deutsche Kriegszielpolitik 1914/18 ohne schwere Erschütterung, ja Zerstörung des europäischen Systems gar nicht zu realisieren gewesen wäre, so ist es unserer Ansicht nach doch keineswegs erwiesen, dass diese zweifellos hegemoniale Politik bereits auch die entscheidende Triebkraft zum Krieg selbst gewesen sei. Dass Kriegsziele gleich Kriegsgründe seien, ist eine doch etwas zu einfache Formel für psychologisch und politisch recht komplizierte Zusammenhänge – worauf nicht zuletzt ein Fachmann vom Range eines Pierre Renouvin hingewiesen hat.

Wie dem auch sei, auf jeden Fall hat der mit massgeblicher deutscher Beteiligung ausgelöste Krieg von 1914 zu einer geradezu ungeheuerlichen Entfremdung zwischen Deutschland und praktisch der gesamten übrigen Welt geführt. Insbesondere verschwand nun auch der letzte Schatten dessen, was Ranke den «Genius Europas» genannt hatte. Der Krieg hatte zur Folge, dass Deutschland mehr und mehr isoliert wurde. Es ist geradezu erschütternd, die Äusserungen zu lesen, die von dem tiefen Graben zeugen, der zwischen Deutschland und den westlichen Demokratien insbesondere aufgerissen wurde, von deren Verhältnis – wie es Watt einleitend formuliert hat – das Schicksal Europas abhängen musste. Dass der Frieden für den Besiegten hart sein würde, welche Seite auch immer den Sieg davontragen würde, musste nach allem, was der Krieg mit sich gebracht hat, erwartet werden.

Man hat in Deutschland angesichts dieser Umstände zweifellos zu wenig zu würdigen gewusst, dass die, geschichtlich gesehen, noch junge staatliche Einheit durch diesen Krieg nicht überhaupt wieder zerstört wurde. Sicher waren die territorialen Verluste schmerzlich, aber sie waren im wesentlichen mit der «Legitimität» von 1919, dem Selbstbestimmungsrecht, zu rechtfertigen. Allerdings muss anderseits zugegeben werden, dass dieses «Recht» dort nicht angewendet wurde, wo es Deutschland territoriale Gewinne hätte einbringen müssen, und zwar von einem Ausmass, das die Niederlage geradezu in einen Sieg hätte verwandeln können. Womit wir auch bereits auf den Grund gestossen sind, warum den entsprechenden Begehren der deutschstämmigen Bevölkerung ausserhalb des Reiches von den Siegermächten nicht stattgegeben wurde. Den Anschluss der Deutsch-Österreicher und der Deutsch-Böhmen zu verbieten stellte zweifellos einen klaren Bruch des Selbstbestimmungsrechts dar. Aber es hiess doch wohl Unmögliches von den Siegerstaaten verlangen, die ja nicht im grössten aller bisherigen Kriege und unter ungeheuerlichen Verlusten und Opfern eine deutsche Hegemonie in Europa mit knapper Not noch eben abgewehrt hatten, um dafür schliesslich ein noch grösseres Deutschland zu bekommen, nur um einer Idee willen, die einem amerikanischen Präsidenten so am Herzen lag, wie man in Paris bitter feststellte.

Man wird insbesondere das tschechische Argument, wonach das Selbstbestimmungsrecht für Deutsch-Böhmen praktisch als Mittel zur Verhinderung einer unabhängigen Tschechoslowakei hätte herhalten sollen, ernst nehmen müssen – besonders im Lichte dessen, was sich dann in der nationalsozialistischen Zeit in diesem Raum abgespielt hat. Trotzdem ist man versucht, hier von einer tragischen Situation zu sprechen, die ja – nach Hegel – dann entsteht, wenn nicht Recht gegen Unrecht, sondern Recht gegen Recht gesetzt wird. Ebenso hätte natürlich ein Anschluss Österreichs zu einer Gefährdung der zur Unabhängigkeit drängenden slawischen Nationalitäten der ehemaligen Donaumonarchie führen können, wenn nicht müssen. Das Selbstbestimmungsrecht für alle deutschstämmigen Volksteile zu fordern, was ja praktisch einem Anschluss an Deutschland gleichkommen musste, hätte tatsächlich zur Errichtung einer zum mindesten potentiellen deutschen Hegemonie in Europa führen können. So hätte dieser Prozess darauf hinauslaufen können, dass nachträglich durch die Idee doch noch verwirklicht worden wäre, was durch die Macht nicht zu erreichen gewesen war. Man kann es schon verstehen, dass ein nationalkonservativer Historiker in dieser «Wiedergeburt der grossdeutschen Idee» die Möglichkeit erblickte, der deutschen Geschichte nach Niederlage und Revolution doch wieder einen Sinn zu geben. Aber es waren ja keineswegs nur Konservative und Nationalisten, die so dachten, wurde doch der Anschlussgedanke vor allem auch von den Sozialisten vertreten. Dabei wird man sich daran erinnern müssen, dass die Linke schon 1848/49 am konsequentesten grossdeutsch gedacht und gehandelt hat.

Die Reaktion der Siegermächte und der neu entstandenen unabhängigen Staaten Mitteleuropas auf die deutsche Selbstbestimmungsrechtsbewegung zeigt noch einmal mit aller Deutlichkeit, dass Europa nicht gewillt war, eine über die nun allerdings reduzierten Grenzen von 1871 hinausgehende Lösung der deutschen Einheit zu dulden, unter welchen ideologischen Vorzeichen sie auch immer auftreten mochte. In diesem Lichte müssen auch die Realisierungschancen früherer Konzeptionen einer besonderen mitteleuropäischen Ordnung gesehen werden, sei es nun diejenige des konservativen Föderalisten Constantin Frantz oder des sozialliberalen Pastors Friedrich Naumann. Besonders die erstere ist in der Deutschland-Diskussion nach 1945 als sozusagen verschüttete Möglichkeit einer besseren Lösung der deutschen Einheitsfrage angepriesen worden. Abgesehen davon, dass auch Frantzens Konzeption der pangermanischen Anklänge nicht entbehrt, haben die betroffenen nichtdeutschen Völkerschaften auch in solchen Ordnungsvorstellungen immer eine verschleierte deutsche Hegemonie gewittert. Dass längst unabhängig gewordene Staaten wie die skandinavischen, die Niederlande oder auch die Schweiz schon gar keine Lust gezeigt hätten, in eine auch noch so föderalistisch aufgezogene «germanische Allianz» einzutreten, bedarf wohl kaum der Erörterung.

Erstaunlich bleibt, wie lebendig die grossdeutsche Idee nach einem halben Jahrhundert «kleindeutschem» Reich geblieben war bzw. wie leicht sie wieder erweckt werden konnte. Nur schwer oder kaum hat in der Folge das Volk Rumpfösterreichs ein wirkliches Staatsbewusstsein entwickeln können. Dies wird man berücksichtigen müssen, wenn man verstehen will, was sich 1938 abgespielt hat, ganz abgesehen natürlich von der völlig veränderten machtpolitischen Lage.

Kommen wir zu der Feststellung zurück, dass die Erhaltung der deutschen Einheit am Ende des Ersten Weltkrieges keinesfalls eine Selbstverständlichkeit war. Zwar gab es noch keine offiziellen Aufteilungspläne wie im Zweiten Weltkrieg. Aber an Versuchen fehlte es bekanntlich nicht, Deutschland durch weitgehende territoriale Amputationen und selbst durch Bildung von selbständigen bzw. Satellitenstaaten im Stile der napoleonischen Rheinbundpolitik entscheidend zu schwächen und auf den Stand einer mittleren Macht herabzudrücken. Duroselle hat diese Aspirationen schonungslos aufgedeckt. Aber weder im Westen noch auch im Osten vermochten sich die Maximalisten durchzusetzen. Der amerikanische Präsident opponierte ihnen, um seine ohnehin schon schwer angeschlagenen Grundsätze nicht noch mehr verleugnen zu müssen, der britische Premierminister widersetzte sich solchen extremen Forderungen aus Gründen des Gleichgewichts und der Stabilität Europas, Begriffe, die ja für einen traditionsbewussten Engländer weitgehend identisch waren. Die Einheit Deutschlands war indessen nicht nur von aussen gefährdet, sondern im Grunde viel stärker durch innere Zersetzungserscheinungen. Separation war ein grösseres Gefahrenmoment als Annexion. Lassen die Ereignisse nach 1918 den Schluss zu, dass die Einheit Deutschlands im politischen System Europas fester verankert war als im politischen Bewusstsein Deutschlands?

Aber nicht nur die Einheit blieb Deutschland trotz seinem hegemonialen Ausgreifen im Kriege durch den so vielgeschmähten Friedensschluss erhalten. Noch erstaunlicher ist eigentlich, angesichts der Hass- und Rachegefühle, die der Krieg geweckt hatte, wie rasch dieses Deutschland wieder in die Völkergemeinschaft aufgenommen wurde. Innerhalb weniger Jahre folgte dem «Diktatfrieden», wie man ihn in Deutschland von ganz rechts bis ganz links nannte, das Versöhnungswerk von Locarno. Die denkbar günstigsten Voraussetzungen schienen damit geschaffen für die Wiederversöhnung der europäischen Völker und die Wiederherstellung eines funktionierenden europäischen Systems; denn indirekt waren ja auch Polen und die Tschechoslowakei, wenn auch in für sie unbefriedigender Weise, dem Vertragssystem angeschlossen. Der Optimismus wurde natürlich noch gestärkt durch die

Hoffnung auf eine gedeihliche innenpolitische Entwicklung Deutschlands im Sinne der westlichen liberalen Demokratie. Nachdem sich das bolschewistische Regime in Russland definitiv zu behaupten schien, erhielt Deutschland für viele Europäer zudem die Funktion eines Bollwerkes gegen die Sowjetunion, womit der Republik von Weimar eine sozusagen im allgemeinen europäischen Interesse liegende aussenpolitische Aufgabe übertragen wurde. Allerdings sollte die deutsche Republik davon letztlich weniger profitieren als der Mann, der sie zerstörte.

Jedenfalls erfreute sich das nun zur demokratischen Republik gewordene Deutschland schon relativ kurze Zeit nach dem Kriege einer sehr geachteten internationalen Stellung. Die ehemaligen westlichen Verbündeten Frankreichs wandten angesichts der französischen Methoden der unmittelbaren Nachkriegszeit ihre Sympathien mehr und mehr wieder Deutschland zu. Der Aussenminister der neutralen Schweiz sah es als eine seiner Hauptaufgaben an, Deutschland so rasch wie möglich aus seiner Isolierung zu befreien und ihm den Weg in den Völkerbund zu ebnen, wie Rentsch gezeigt hat. Selbst die führenden Männer der neuen Tschechoslowakei begannen eine gegenüber der deutschen Republik wohlwollende Politik zu treiben und machten den scharfen politischen Kurs ihres wichtigsten Verbündeten Frankreich nicht lange mit.

Nur an der deutschen Ostgrenze wollte dem Friedensschluss keine Versöhnung folgen. Allzu viele Deutsche vermochten sich offensichtlich mit der Existenz eines polnischen Staates nicht abzufinden, was umgekehrt wiederum das polnische Misstrauen nährte. Man wollte in Deutschland nicht zur Kenntnis nehmen, dass die zweifellos nicht gerade elegante Korridor-Danzig-Konstruktion eine wesentlich günstigere Variante der Grenzregelung darstellte, als dies ursprünglichen polnischen Wünschen entsprochen hätte. Die deutsch-polnische Grenzregelung war und blieb für viele Deutsche «schreiendes Unrecht». Nach dem Zweiten Weltkrieg indessen begann man sich dann für die Wiederherstellung Deutschlands gerade auf diese Grenzen zu berufen. Das «schreiende Unrecht» von gestern wurde somit zum legitimen Rechtsanspruch für heute und morgen. An diesem Beispiel lässt sich auf sehr eindrückliche Weise zeigen, wie die Vorstellungen von den gerechten Grenzen eines deutschen Nationalstaates sich unter dem Druck der geschichtlichen Ereignisse wandeln konnten. Aber man kann diese Erkenntnis auf die deutsche Geschichte des ganzen letzten Jahrhunderts und noch darüber hinaus anwenden. Die Problematik der Einheit Deutschlands hat immer auch darin bestanden, und zwar für Deutschland wie für Europa, dass eigentlich nie Einigkeit darüber bestand, was Deutschland nun wirklich sei.

Trotz aller Einschränkungen erscheint die Zeit der Weimarer Republik als die letzte geschichtliche Chance, die deutsche Einheit zu erhalten und sie endgültig in Europa zu integrieren. Und es ist eine gute Chance gewesen, entgegen allen Verleumdungen einer nationalistischen Demagogie. Als die intransigenten Chauvinisten und völkischen Rassisten zur Macht kamen, war Deutschland im wesentlichen wieder als gleichberechtigte Grossmacht anerkannt, was völkerrechtlich in seinem ständigen Sitz im Völkerbundsrat seinen Ausdruck fand. Solches erreicht zu haben war das Verdienst der vielgeschmähten Aussenpolitik der ersten deutschen Republik. Aber diese Chance konnte, zum Unglück Deutschlands, Europas und der ganzen Welt, nicht mehr von der demokratischen Republik genutzt werden. Sie wurde von ihren geschworenen Feinden auf ihre Weise wahrgenommen und – vertan. Hitlerdiktatur und Hitlerkrieg führten Deutschland und Europa in die schrecklichste Epoche ihrer Geschichte. Das Dritte Reich ist kein tausendjähriges Reich geworden, so haben wir es einmal formuliert, aber die zwölf Jahre seines Bestehens haben genügt, die geschichtliche Arbeit von tausend Jahren zu verschleudern.

Richard Löwenthal hat im Prinzip recht, wenn er betont, dass der Verlust der deutschen Einheit nicht mit absoluter Notwendigkeit aus dem Zweiten Weltkrieg hervorgehen musste. Vielmehr haben die Siegermächte in der Frage der Erhaltung einer deutschen Einheit keine konsequente Linie eingehalten. Dies gilt insbesondere für die Sowjetunion. War Stalin ursprünglich der eifrigste Verfechter einer Aufteilung Deutschlands – auf ihn geht wohl der Gedanke überhaupt zurück und nicht auf die Engländer, wie Duroselle meint –, so ist er in dem Augenblick zum Befürworter einer deutschen Einheit geworden, da er sich im Osten, sei es für Russland direkt, sei es für den Satelliten Polen, territorial bedient hatte. So wurde im Potsdamer Abkommen die Einheit Deutschlands grundsätzlich wiederum postuliert, doch konnte sie angesichts des sich verschärfenden Interessengegensatzes zwischen den Siegermächten nicht verwirklicht werden. Aus provisorischen Besatzungszonen wurden zwar ursprünglich auch provisorisch gemeinte Staatsgebilde, die indessen im Verlaufe der Jahre mehr und mehr Anzeichen eines Definitivums bekommen haben. Von 1970 aus können wir rückblickend feststellen: Genau 100 Jahre nach dem Scheitern des ersten Versuchs einer deutschen Einigung (1849) ging die deutsche Einheit infolge der Entstehung zweier deutscher Staaten auf dem Gebiet des ehemaligen Reiches im Jahre 1949 de facto zu Ende. Ob man nun die deutsche Teilung mehr als direkte oder indirekte Folge des Hitlerkrieges verstehen will, eines ist jedenfalls sicher: Am Anfang der Kausalkette, die zum Untergang der deutschen Einheit führte, finden wir die nationalsozialistische Diktatur und ihr aussenpolitisches Programm, das wiederum den Krieg mit innerer Notwendigkeit zur Folge hatte. Hingegen weigern wir uns, weil wir es für wenig sinnvoll halten, die Kausalkette weiter zurück zu verlängern. Dies hiesse einem historischen Determinismus zu huldigen, den wir für ungeschichtlich halten und deshalb nicht akzeptieren können.

Von 1970 aus gesehen ist nicht nur der Zweite Weltkrieg, sondern auch die deutsche Spaltung bereits historisches Ereignis. Bedenken wir, dass alle Deutschen, die heute weniger als ungefähr 35 Jahre alt sind, keine wirklich lebendige Erinnerung mehr an einen gemeinsamen deutschen Staat haben können. Das gilt natürlich auch für die andern europäischen Völker. Ist damit die deutsche Einheit im Begriffe, nicht nur von der politischen Landkarte, sondern auch aus dem politischen Bewusstsein zu verschwinden? Die deutsche Teilung ist seit über 20 Jahren ein politisches Faktum – das ist mehr als ein Fünftel der Zeit, die seit der deutschen Einigung von 1871 verflossen ist. Wenn wir mit den 75 Jahren vergleichen, die die deutsche Einheit gedauert hat (1871–1945), so wird das Verhältnis von Einheit und Teilung noch ungünstiger. Genügt diese Zeitdauer, um bereits von der «normativen Kraft des Faktischen» zu sprechen?

In der Frage, ob das Reich bzw. die deutsche Einheit wenigstens de iure noch weiterbestehe, nachdem sie ganz offensichtlich de facto untergegangen ist, haben sich die Auffassungen zwischen West und Ost, zum mindesten in der Theorie, immer weiter auseinanderentwickelt. Während die Bundesrepublik sich in dem nach wie vor geltenden Grundgesetz feierlich zur deutschen Einheit bekennt, ist von der andern Seite immer stärker die Zweistaatentheorie ausgebaut worden. Heute kann man aus dem Osten hören, Deutschland sei nur noch ein historischer und geographischer Begriff – man erinnert sich unwillkürlich an Metternichs Wort, das er 1815 gegen die Idee der italienischen Einheit schleuderte – es sei weder völkerrechtlich noch politisch, noch auch nur kulturell eine Einheit. Ist der westliche Teil bereit, dieses Verdikt zu akzeptieren? Um diese Kernfrage geht es offensichtlich in der heftigen Diskussion, durch die die psychopolitische Lage Deutschlands hundert Jahre nach der Reichsgründung charakterisiert ist. Ernst Fraenkel hat in einem instruktiven Aufsatz über die Anerkennungsfrage kürzlich festgestellt, dass die gegenseitige völkerrechtliche Anerkennung der beiden deutschen Teilstaaten Deutschland auch als Rechtseinheit auflösen würde.

Und die Haltung der andern Mächte? Nach wie vor bekennen sich die westlichen Siegermächte offiziell zum Programm einer deutschen Wiedervereinigung. Dies steht übrigens durchaus im Einklang mit dem von den Vereinten Nationen feierlich proklamierten Grundsatz des nationalen Selbstbestimmungsrechts, das den Deutschen prinzipiell genauso zusteht wie allen andern Völkern. Aber die politischen Voraussetzungen für seine Verwirklichung sind offensichtlich nicht gegeben. Die Praxis hat gezeigt, und die Beiträge dieses Bandes beweisen erneut, dass die Westmächte nicht viel zur deutschen Wiedervereinigung beigetragen haben, obschon sie versprochen hatten, sie zu fördern – um die auf die USA gemünzten Worte Gordon Craigs auch auf die andern Mächte zu übertragen. Fragt sich höchstens noch, ob sie überhaupt mehr hätten tun können, selbst wenn sie gewollt hätten. Noch weniger scheint die öffentliche Meinung Europas gewillt, etwas Entscheidendes für dieses Ziel zu unternehmen. Aus alldem darf man wohl schliessen, dass die westlichen Verbündeten der Bundesrepublik nicht viel dagegen einzuwenden hätten, wenn diese selbst auf das einst feierlich proklamierte Ziel verzichten würde.

Anderseits ist festzustellen, dass die seit bald einer Generation bestehende Spaltung Deutschland nicht gehindert hat, innerhalb kürzester Zeit wiederum einen erstaunlichen Wiederaufstieg zu bewerkstelligen, zuerst im westlichen und dann, wenn auch nicht im gleichen Tempo und Ausmass, auch im östlichen Teil. Dies hat dazu geführt, dass die beiden deutschen Staaten als Wirtschaftsmächte in den politischen Systemen, denen sie angehören, an die zweite Stelle gerückt sind, natürlich immer noch mit gebührendem Abstand von den Führungsmächten USA und Sowjetunion. Politisch gesehen stehen wir heute vor einer Situation, in der die beiden Nachfolgestaaten des vor 25 Jahren total besiegten Deutschen Reiches zu den wichtigsten und vor allem zuverlässigsten Verbündeten der beiden grossen Siegermächte von 1945 geworden sind. Damit sind sie allerdings auch weitaus am stärksten in den weltpolitischen Antagonismus der beiden Grossen einbezogen. Richard Löwenthal hat gezeigt, wie eng die Wechselwirkung zwischen der Spaltung der ehemaligen Anti-Hitler-Koalition und der Spaltung Deutschlands, die die Bildung zweier antagonistischer deutscher Staaten zur Folge hatte, gewesen ist und immer noch ist. Das hängt natürlich auch mit den geographischen Gegebenheiten zusammen, die den beiden Deutschland im gegenwärtigen Weltkonflikt, der, ob man ihn nun «kalten Krieg» nennen will oder nicht, immer noch andauert, strategische Schlüsselstellungen zuweisen. So sind die beiden deutschen Staaten zu so etwas wie Juniorpartnern der beiden Weltmächte geworden. Dabei sind wir uns der erheblichen Unterschiede durchaus bewusst, die die Beziehungen der beiden Weltmächte zu ihren politischen Verbündeten kennzeichnen. Und diese Unterschiede sind nicht nur gradueller Natur, wie gewisse superkluge Kritiker heute weismachen wollen, sondern durchaus prinzipiell. Statt langer theoretischer Erörterungen braucht man sich nur der geschichtlichen Erfahrungen zu erinnern, um zu dieser schlichten Erkenntnis zu gelangen.

Mit vollem Recht ist gesagt worden, dass die deutsche Teilung jedenfalls so lange dauern werde, als das sowjetische Imperium in Osteuropa bestehe. Aber wie steht es mit dem Westen? Eine viel gelesene französische Zeitschrift schrieb anlässlich der spektakulären Begegnung der beiden deutschen Regierungschefs in Erfurt: «La division de l'Allemagne est faite pour durer» – die deutsche Teilung werde von Dauer sein. Schliesslich habe ja eine ganze Generation Franzosen davon geträumt, «de remplacer l'Allemagne par ‹les Allemagnes›», also das eine Deutschland durch mehrere zu ersetzen. Nun da dieser Wunschtraum in Erfüllung gegangen ist, sieht sich der französische Staatspräsident veranlasst, sich mit dem offensichtlichen Missbehagen zu befassen, das viele Franzosen angesichts der neu gewonnenen Stärke Deutschlands beschleicht. Auf einer Pressekonferenz im Juli 1970 beschäftigte er sich mit der Furcht und dem Misstrauen gegenüber dem wiedererstarkten Deutschland, die offenbar viele Franzosen erfasst hätten. Auch die neue deutsche Ostpolitik erweckt in der öffentlichen Meinung Frankreichs gewisse unliebsame Assoziationen, trotz offizieller Billigung von oben. Das Wort «Rapallo» geht um und in gewissen Kreisen noch Schlimmeres. Zwar hat der französische Staatschef seine Mitbürger hinsichtlich ihrer Ängste vor Deutschland beruhigt und ihnen zugerufen, die deutsche Stärke als Ansporn für eigene Anstrengungen anzusehen. Aber er sagte auch, dass es an sich jedermann vorziehe, «weniger grosse Nachbarn zu haben als zu grosse». Heisst dies, dass Deutschland, auch in der auf die Bundesrepublik von heute reduzierten Form, bereits schon wieder «zu gross» ist? Auch nachdem Clemenceau nicht mehr zu seufzen brauchte, dass es 20 Millionen Deutsche zuviel gäbe? Es soll hier beileibe nicht dramatisiert werden. Aber man sollte doch solche Bedenken und Ängste nicht verschweigen. Sie werfen, zugegebenermassen, ein etwas irritierendes Licht auf die deutsch-französischen Beziehungen im Jahre 1970 – 100 Jahre nachdem sich das Frankreich Napoleons III. aus Angst vor der gefürchteten deutschen Einheit in den unseligen Krieg von 1870 gestürzt hat. Natürlich ist unsere Lage in keiner Beziehung mit der von 1870 zu vergleichen, und es wäre absurd, einen solchen Vergleich anstellen zu wollen. Höchstens in einem Punkt gibt es Vergleichbares: In beiden Fällen ist die französische Vorherrschaft mehr Einbildung als Wirklichkeit gewesen. Napoleon III. konnte diese Einsicht, sehr zu seinem Leidwesen, nicht mehr rechtzeitig gewinnen. Der lange Schatten de Gaulles verdunkelte diese Realität wohl auch allzu lange für allzu viele Franzosen – daher jetzt das unselige Erwachen. Wie gesagt: Kein Anlass zur Dramatisierung. Aber es scheint doch, dass die Schatten der Vergangenheit noch nicht so vollständig und endgültig verscheucht sind, wie man es zeitweise anzunehmen geneigt war.

Welches ist diese Realität, die manche Franzosen und wohl auch andere Europäer erschreckt? Sie kann in einer nackten Zahl ausgedrückt werden: Die deutsche

Wirtschaftsmacht beträgt 45 Prozent des Potentials der europäischen Gemeinschaften! Deutschland ist also offensichtlich im Begriff, mindestens wirtschaftlich, eine fast hegemoniale Stellung in Westeuropa zu erringen. Warum wir dies hier alles erwähnen? Weil sich daraus zwingend der Schluss ergibt, dass ein wiedervereinigtes Deutschland den Rahmen einer europäischen Gemeinschaft vollends sprengen würde. Auch die Machtverhältnisse in Westeuropa vertragen sich also kaum mit einer Wiederherstellung der deutschen Einheit. Man kann Löwenthal daher nur zustimmen, wenn er feststellt, dass eine deutsche Wiedervereinigung auch nach dem Verschwinden der sowjetischen Hegemonie und damit des sowjetischen Vetos keineswegs gewiss wäre. Das westliche Europa wäre ganz offensichtlich nicht stark genug, um den grossen Brocken eines vereinten Deutschlands ohne Schwierigkeiten zu verkraften.

Ist überhaupt ein europäisches System denkbar, «das stabil genug wäre, ein ungeteiltes Deutschland wirksam zu integrieren», um nochmals mit Löwenthal zu sprechen? De Gaulle – und er sprach ja keineswegs für sich allein – hatte ein Rezept, das er in dem Schlagwort «Europa vom Kanal zum Ural» zusammenzufassen liebte. Zugegeben, das Wort hat auf den ersten Blick etwas Faszinierendes an sich, wie alle geopolitischen Visionen, weil sie die Phantasie der Menschen ungemein anregen. Aber Geopolitik hat Europa schon einmal in die Irre geführt. Auch das «Europa vom Kanal zum Ural» erweist sich sehr bald als recht wenig vernünftige und realistische Konzeption. Es fängt damit an, dass Europa nicht am Kanal beginnt – was die Franzosen nach de Gaulle eingesehen zu haben scheinen – und Russland bzw. die Sowjetunion nicht am Ural endet, sondern bekanntlich einige tausend Kilometer weiter östlich am Pazifischen Ozean. Die Sowjetunion hat bislang wenig Neigung verraten, sich am Ural teilen zu lassen. Aber unterstellen wir einmal, rein theoretisch, dass eine europäische Integration nur mit dem europäischen Russland möglich wäre. Welches wäre die Konsequenz? Doch keine andere als eine russische, noch viel erdrückendere Hegemonie anstelle der befürchteten deutschen – vom ideologischen Aspekt einmal ganz abgesehen. Nur masslose Selbstüberschätzung konnte zu dem Gedanken verführen, dass Frankreich ein genügendes Gegengewicht gegen den östlichen Koloss je darstellen könnte! Nein, für jeden realistisch Denkenden kann es nur ein Gegengewicht zur sowjetischen Weltmacht geben und das sind die USA. Ein denkbares politisches System, in das ein wiedervereinigtes Deutschland allenfalls integriert werden könnte, müsste also unter den machtpolitischen Gegebenheiten unserer Epoche zweifellos ein Weltsystem sein. Zum machtpolitischen Gegensatz der Weltmächte tritt indessen noch der ideologische Weltgegensatz. Und dieser trübt nicht nur alle reinen Berechnungen der Macht, er vereitelt sie geradezu. Ein solches politisches System wäre nur denkbar, wenn die massgeblichen Mächte über ein gewisses Minimum an Konsensus verfügen würden, wie dies etwa 1815 der Fall gewesen ist. Solange das fehlt, wird es kein System geben, das Sicherheit und Stabilität in einem Masse aufweist, das allenfalls auch eine deutsche Einheit zu integrieren vermöchte.

Eines jedenfalls ist gewiss: Die Lösung der Einheitsfrage ist nicht eine Angelegenheit der Deutschen. Insofern kann der Slogan «Deutsche an einen Tisch» kein Rezept für eine Lösung des Einheitsproblems sein. Es ist höchstens ein von östlicher Seite lancierter Versuch, die wahren Verantwortlichkeiten zu verwischen, wenn nicht reine Bauernfängerei. Die Lösung der deutschen Frage liegt ja nicht einmal in der Kompetenz der Europäer, noch weniger die Beseitigung der europäischen Spaltung, die die deutsche überlagert. All dies liegt in den Händen der beiden Weltmächte. Daher müssen wir, so wie die Dinge liegen, wohl oder übel zum Schluss kommen, dass hundert Jahre nach der Schaffung der deutschen Einheit keinerlei Anzeichen für eine mögliche Wiederherstellung dieser Einheit festzustellen sind.

Diese deutsche Einheit, deren Problematik hier beleuchtet wurde, hat 75 Jahre gedauert. Das ist eine relativ kurze Zeit im Leben der Völker und Staaten. «Die Deutschen waren immer geteilt, sie waren immer teilbar», schrieb kürzlich, etwas apodiktisch und polemisch zugespitzt, ein bekannter deutscher Publizist. Aber im Kern ist die Aussage richtig. Es hat tatsächlich, geschichtlich gesehen, meistens mehrere deutsche Staaten gegeben. Auch die «deutsche Einheit» von 1871 macht davon bekanntlich keine Ausnahme. Selbst Hitler, der alle Deutschstämmigen in einem Reich sammeln wollte, musste gewisse «Volksdeutsche», wie es damals hiess, ausserhalb lassen, obschon er zu diesem Zweck den grössten aller bisherigen Kriege entfesselte. Wenn wir die deutsche Geschichte überblicken, so kommen wir nicht um die Feststellung herum, dass Vielheit und Vielfalt die Regel ist, Einheit aber die Ausnahme. Wir wissen, dass dies für gar manche ein schwacher Trost sein mag. Aber man darf gerade heute an dieser geschichtlichen Tatsache nicht vorbeisehen.

Der streitbare Philosoph Karl Jaspers hat sogar von sechs Staaten «deutschen Ursprungs» gesprochen, indem er zu den beiden deutschen Teilstaaten und Österreich auch die Schweiz, die Niederlande und Luxemburg gleich noch hinzuzählte. Auch an dieser Aussage wäre manches differenzierend zu berichtigen. Doch wir wollen uns hier nur auf einen Punkt beschränken, der sogleich zeigt, dass hier im Grunde recht verschiedene Vorgänge in einen Topf bzw. in eine These geworfen werden. Jene historischen Glieder des Reiches wie die Niederlande und die Schweiz hatten den autonomen politischen Willen, einen unabhängigen Staat zu bilden, und sie haben sich mit eigener Kraft vom Reich gelöst. Man wird nicht behaupten wollen, dass dies für die Teilung von 1949 zutrifft. Vielmehr hat hier fremde Gewalt einen Teil Deutschlands gegen den offensichtlichen Willen der betroffenen Bevölkerung losgerissen. Trotzdem enthält auch diese Argumentation einen richtigen Kern: dass nämlich Teilung und nicht Einigung durch die Jahrhunderte hindurch das Gesetz gewesen ist, unter dem die Geschichte der Völker und Stämme sich abspielte, die zum alten Heiligen Römischen Reich Deutscher Nation gehörten – wobei allerdings der Begriff «Nation» in diesem Zusammenhang eine wesentlich andere Bedeutung hatte als heute. Und hier stossen wir auf den eigentlichen Pferdefuss in Jaspers' Argumentation, die sich doch eben mehr als philosophisch oder theoretisch denn historisch erweist. Er berücksichtigt nämlich nicht, dass es einen wesentlichen Unterschied ausmachen kann, ob solche Teilungs- bzw. Spaltungsvorgänge vor dem Erwachen des modernen Nationalbewusstseins sich abgespielt haben oder erst nachher. Drei Vierteljahrhunderte gemeinsamen staatlichen Zusammenlebens können eben ein Volk viel stärker prägen als unter Umständen Jahrhunderte der Spaltung. Wir können hier allerdings nicht auch noch auf das schwierige Thema eingehen, ob und inwiefern es ein «gesamtdeutsches» Nationalbewusstsein heute noch gibt. Die Untersuchungen darüber kommen zu recht widersprüchlichen Ergebnissen.

Wenn wir nochmals die Geschichte zu Rate ziehen, dann zeigt sich, dass das eine wie das andere möglich ist, nämlich der relativ rasche Verlust einer nationalen Kohärenz wie deren relativ lange Erhaltung. Für die erste Möglichkeit steht das Beispiel Österreich. Wie Hugo Hantsch gezeigt hat, ist das starke gesamtdeutsche Nationalbewusstsein, das nach dem Ersten Weltkrieg in Österreich vorherrschte, nach dem Zweiten Weltkrieg praktisch völlig verschwunden, um einem autochthonen österreichischen Staatsbewusstsein zu weichen. Und dieser Prozess vollzog sich in sehr kurzer Zeit, obschon Österreich jahrhundertelang zum «Reich» gehört hatte. Es gibt aber auch Beispiele dafür, dass das Gefühl der Zusammengehörigkeit eines Volkes und der Wille, einen gemeinsamen Staat zu bilden, sich über lange Zeiträume erhalten kann, und zwar unter den denkbar ungünstigsten Bedingungen. Wir denken da vor allem an Polen, um nicht gar von Israel zu reden. Gerade Polen gibt einerseits einen Massstab dafür, wie lange Teilungen dauern können; aber es beweist anderseits ebenso eindrücklich, dass der Wille, solche Teilung zu überwinden, noch dauerhafter sein kann und schliesslich den Sieg davonträgt. Niemand vermag heute vorauszusagen, ob sich das geteilte Deutschland nach diesem Vorbild weiterentwickelt oder ob die deutsche Spaltung als letzte Stufe eines jahrhundertelangen Desintegrationsprozesses, nämlich der Auflösung des alten Deutschen Reiches, in die Geschichte eingehen wird. In diesem Falle würden die 75 Jahre deutscher Einheit in der Sicht späterer Generationen dann allerdings zur geschichtlichen Episode absinken.

Gibt es eine deutsche Nation?

Ein deutscher Philosoph, ordentlicher Professor an einer Universität, an einer bayerischen übrigens, hat zu Beginn der sechziger Jahre in einem Aufsatz, betitelt «Die Frage nach dem Vaterland», folgende Analyse der deutschen Situation gegeben: «Der ‹Patriotismus› war vor dem Ersten Weltkrieg den Deutschen ebenso selbstverständlich wie den Franzosen, den Amerikanern, wie allen anderen Völkern europäischer Tradition, und es ist wohl eine der erstaunlichsten Tatsachen der Gegenwart, dass es sich heute ganz anders verhält, dass in Deutschland, des genaueren in der Bundesrepublik, diese politische Grundgesinnung wie ausgestorben scheint. Zwar lassen sich gelegentlich besorgte Stimmen vernehmen, die sagen, dass auch diese neue deutsche Republik einer Staatsgesinnung bedürfe und damit einer gedämpften und vorsichtigen Erneuerung des ‹Nationalgefühls›. Aber vorherrschend in der Öffentlichkeit, dort also, wo überhaupt Stimmen vernehmbar werden durch Rundfunk, Presse, Literatur, ist doch umgekehrt die Ansicht, ‹Nationalismus› jeder möglichen Abstufung sei etwas Ungehöriges, etwas Gefährliches, jedenfalls etwas Antiquiertes.» Und an einer etwas späteren Stelle heisst es noch: «In Deutschland ist jedes Nationalgefühl wie erstorben und zugleich – was ja noch etwas anderes ist – in der intellektuellen Öffentlichkeit geächtet. Wer das Wort ‹Vaterland› auch nur in den Mund nimmt, setzt sich bereits der Blamage aus.» Und dieser Analyse werden dann noch folgende Fragen beigefügt: «Sind wir wirklich noch eine Nation, und ist der Ort, den wir bewohnen, noch unser ‹Vaterland›, patria, väterlicher Raum, dem wir unsere Herkunft verdanken und dem wir Dienst und Liebe schulden, amor patriae, ‹Liebe zum Vaterlande›? Was gilt denn noch an hergekommener politischer Tradition, ragt überhaupt noch etwas herüber aus dieser ‹unbewältigten Vergangenheit›, das trägt und fordert, oder hat das Jahr 1945 einen Schnitt geführt, dem nichts von alledem entgangen ist?»

Der deutsche Leser kann vielleicht besser beurteilen als ich, ob diese zugegebenermassen recht pessimistische Analyse auch heute noch, etwa fünf Jahre später, ihre volle Gültigkeit hat; denn er lebt in täglichem Kontakt mit den deutschen Dingen, während wir Ausländer diese Dinge eben nur von aussen betrachten können, selbst wenn wir uns einbilden und uns auch attestiert wird, dass wir etwas von diesen deutschen Dingen verstehen. Jedenfalls hat aber ein anderer deutscher Universitätsprofessor, diesmal ein Historiker, noch vor wenig mehr als zwei Jahren in einer bemerkenswerten Rede über «Weltbürgertum und Patriotismus heute» ähnliche Feststellungen gemacht. Ich darf auch daraus einige Sätze zitieren. Es heisst dort:

«Wir sind uns dessen heute bewusst, dass die grosse Politik endgültig Weltpolitik geworden ist, dass fast alle entscheidenden Fragen weltweite Dimensionen angenommen haben. Dieser Erkenntnis und dieser Lage finden wir uns aber nach wie vor in unserer Eigenschaft als Deutsche gegenübergestellt. Welchen Stellenwert dieses unser Deutschtum in einem veränderten politisch-geistigen Koordinatensystem einnimmt, darüber herrscht heute grosse Unsicherheit und Verworrenheit. Was der älteren Generation unter den Mitlebenden noch weithin als Binsenwahrheit erscheint, das ist es für die jüngere nicht mehr. Wer als Hochschullehrer ständigen Umgang mit jungen Menschen hat und wem es obliegt, mit ihnen Fragen des öffentlichen Lebens zu erörtern, weiss, wie anders, verglichen mit früheren Generationen, ihre seelischen Beziehungen zu den Begriffen Volk, Nation, Vaterland, Staat geworden sind.» Und der zitierte Geschichtsprofessor formuliert daran anschliessend die Aufgabe, die bislang versäumt worden sei, wie er meint, nämlich «vor dem politisch interessierten Publikum und namentlich vor der heranwachsenden Generation zu klären, was es heute mit den Begriffen Staat und Nation auf sich hat». Dass sich bis heute an dieser Situation nichts Grundlegendes geändert haben könnte, darauf deutet vielleicht der Umstand hin, dass sich auch der letzte Parteitag der grossen deutschen Regierungspartei veranlasst gesehen hat, ausführlich auf diese Frage einzugehen. So postulierte etwa Bundestagspräsident Gerstenmaier die Notwendigkeit der Schaffung eines neuen deutschen nationalen Bewusstseins, welches er folgendermassen charakterisierte: «Es hat nichts zu tun mit den schäbigen Resten des Nationalsozialismus. Es stammt aus ganz anderen seelischen Bereichen, und es orientiert sich an völlig anderen Leitbildern und Überzeugungen. Angestachelt und geformt wird es vielleicht mehr von einem humanitären als spezifisch politisch-staatlichen Element, nämlich von der menschlichen Solidarität mit denen hinter dem Eisernen Vorhang. Damit verbindet sich die wachsende Einsicht, dass die europäische Integration die nationale Integration weder ersetzen soll noch kann.» Und er fährt dann noch fort: «Es zeigt sich, dass keineswegs nur die Engländer und das Frankreich de Gaulles den Nationalstaat nicht aufgegeben haben. In unserem Verlangen nach der Wiedervereinigung Deutschlands hatte er immer weitergelebt, auch wenn man davon ausgehen kann, dass sein heutiges und zukünftiges Verständnis sich nicht mehr auf die alte Wertordnung der nationalen Souveränität gründet.» Gerstenmaier riet dann, die Regungen dieses neuen deutschen Nationalbewusstseins nicht zu verdächtigen, sondern gewissenhaft zu pflegen. Er gab seiner Überzeugung Ausdruck, dass dies ein Ausweg sein könnte aus der blossen Wirtschaftsgesellschaft oder, wie er es drastisch formulierte, «aus dem Vakuum des gepanzerten Konsumvereins».

Damit trifft sich dieser hervorragende deutsche Politiker voll und ganz mit dem eingangs zitierten Philosophen, wenn dieser die Frage erhob, «ob die Bundesrepublik nicht doch auch einer tragenden Staatsgesinnung bedürfe, der innerlichen und aufrichtigen Teilnahme ihrer Bürger, um nicht eine bloss passiv ertragene Wirtschafts-, Verwaltungs- und Versorgungsorganisation zu sein ...» Es wird also deutlich, dass philosophisch-historische Analyse und politische Forderung durchaus im Einklang stehen, dass die praktische Politik bestrebt scheint, die richtigen Konsequenzen zu ziehen aus der wissenschaftlichen Analyse. So beruhigend diese Feststellung zu wirken vermag – «Einheit von Theorie und Praxis!» würde man jenseits des

Eisernen Vorhangs triumphierend ausrufen –, das anvisierte Problem ist damit natürlich noch keineswegs erledigt. Vielmehr stehen wir erst am Anfang. Wenn ich die zitierten Äusserungen, die doch wohl als repräsentativ gelten dürfen, zusammenfasse, dann scheint zweierlei festzustehen: Einmal die Tatsache, dass das als natürlich bezeichnete Vaterlandsgefühl den Deutschen weitgehend abhanden gekommen sei, und zum anderen die Notwendigkeit, ein neues zeitgemässes Nationalbewusstsein in Deutschland wieder zu erzeugen.

Wenn wir zunächst den ersten Punkt näher ins Auge fassen und die Frage stellen, warum es so gekommen ist, so würden die meisten Deutschen antworten, dies sei ein Ergebnis der Entwicklung der letzten Jahrzehnte. Der Nationalismus habe Vaterlandsliebe, Patriotismus, Nationalgefühl aufs schändlichste missbraucht, ad absurdum geführt und die ganze damit zusammenhängende Gefühls- und Begriffswelt verdächtig gemacht. Die deutsche Spaltung nach 1945 habe zur Verwirrung und Unsicherheit weiter beigetragen, weil man nun vollends nicht mehr wisse, was man unter dem Begriff «Deutschland» zu verstehen habe und an was sich ein neues Nationalbewusstsein allenfalls zu attachieren hätte. Eine bekannte schweizerische Zeitung liess sich von ihrem Korrespondenten über den erwähnten Parteitag der CDU vom vergangenen März berichten, auch der Bundeskanzler habe den Begriff Nation mehrere Male unterstrichen, «ohne dass deutlich gemacht wurde, ob mit diesem Begriff ein westdeutscher oder gesamtdeutscher Patriotismus mobilisiert werden soll». Da haben wir sie wieder, diese Unsicherheit; denn man darf wohl füglich annehmen, dass der Bundeskanzler absichtlich nicht deutlich gemacht hat, um welchen Patriotismus es sich handle, weil er möglicherweise selbst unsicher ist, welchen Patriotismus es nun zu mobilisieren gelte. Ich möchte nicht missverstanden werden: Das ist keine billige Kritik und bar jeder Schadenfreude, im Gegenteil; es ist die Feststellung der tragischen Situation, in der sich Deutschland heute befindet, wenn es sich aufmacht, einen neuen Patriotismus zu erwecken, sein Vaterlandsgefühl wiederzufinden. Aber der Historiker muss doch sofort darauf hinweisen, dass diese Unsicherheit über des Deutschen Vaterland, diese Verwirrung in der Frage der deutschen Nation viel weiter zurückreicht als in die Jahre der katastrophalen Geschichte vor und nach 1945.

Die ganzen letzten anderthalb Jahrhunderte der deutschen Geschichte sind erfüllt von dem Ringen um die Frage, was Deutschland sei, von dem Kampf um die Gestaltung eines deutschen Staates, eines deutschen nationalen Staates. 1813, 1848, 1871, 1919, 1933, 1949 – hat man nicht jedes Mal, an jeder dieser Stationen, etwas anderes verstanden unter Deutschland? Es gab das Deutschland des alten Heiligen Römischen Reiches Deutscher Nation; es gab den Kampf um die Frage Grossdeutschland oder Kleindeutschland; es gab das preussisch-deutsche Reich Bismarcks, und dann seine Verstümmelung, wie man es allgemein empfand, durch den Friedensvertrag von 1919; es gab das grossgermanische Reich der deutschen Herrenrasse; es gab schliesslich das Nichts und aus dem Nichts die Schaffung der Bundesrepublik, aber auf der anderen Seite auch der sogenannten DDR. Auf keiner dieser Stationen, wir betonen es noch einmal, hat man unter Deutschland, «deutschem Staat» und «deutscher Nation» dasselbe verstanden. Die verschiedenen historischen Vorstellungen von Deutschland sind nicht zur Deckung zu bringen. Sie klaffen vielmehr oft weit auseinander, bis zu der völligen Verwirrung von heute, wo man auf die Frage, was denn eigentlich Deutschland heute sei, wohl die unterschiedlichsten Antworten bekommen würde, und was die Verwirrung vollkommen macht, jede dieser Antworten könnte sich auf mehr oder weniger einleuchtende historische und mehr oder weniger fundierte juristische Argumente stützen. Wie sehr sich die Vorstellungen von dem, was den deutschen Nationalstaat ausmache, unter dem Druck der geschichtlichen Ereignisse gewandelt haben, dafür ist also die ganze deutsche Geschichte der letzten 150 Jahre ein einziger Beweis. Wenn wir nur an die letzten Jahrzehnte denken: nach 1919 empfand es wohl die überwältigende Mehrheit der Deutschen der Weimarer Republik als eine unannehmbare Ungerechtigkeit, wie der sogenannte Diktatfrieden von Versailles das Deutsche Reich insbesondere im Osten dezimierte, und dieser Wunsch und Drang nach der Revision der Grenzen von 1919 war die schwerste Hypothek, die auf der ersten deutschen Republik lastete. Und heute? Heute stützt sich die offizielle Forderung auf Wiederherstellung der deutschen Einheit auf die Grenzen von 1937, das heisst die Grenzen von 1919 plus Saargebiet, das bekanntlich 1935 zu Deutschland zurückkam. Die Ungerechtigkeit von 1919 ist also zur völkerrechtlichen Stütze von heute geworden. Aus dem «historischen Unrecht» von 1919 ist die Legitimität von heute geworden, nachdem der hypertrophe Nationalismus und Rassismus des Dritten Reiches die mühsam zusammengebrachte deutsche Einheit verspielt hatte.

Verwirrung und Unsicherheit in der Frage des deutschen Nationalstaates und damit des deutschen Nationalbewusstseins sind indessen nicht nur das Resultat der politischen Geschichte Deutschlands. Sie haben auch ihre geistesgeschichtlichen Wurzeln. Dies hängt zusammen mit der spezifisch deutschen Ausprägung der nationalen Idee, wie sie sich vor allem in der Zeit von Herder bis zur Romantik herausgebildet hat. Volk im Sinne von Nationalität gründet sich danach auf gemeinsame Sprache, Sitte, Kultur, aber auch auf Natur. Volkstum und Volksgeist sind die entscheidenden Kriterien. Die Nation ist objektiv da. Es gilt nur, sich ihrer bewusst zu werden. Demgegenüber steht die westliche, sowohl französische wie angelsächsische Auffassung, wenn wir hier von feineren Unterschieden absehen dürfen, wonach die Nation ein politischer Begriff ist und die Entstehung einer Nation ein politischer Akt, ein Willensakt wie die Unabhängigkeitserklärung der USA von 1776 oder die Konstituierung der Generalstände als Nationalversammlung 1789. Selbstbestimmung und Selbstregierung sind hier entscheidende Kriterien, und die Begriffe der nationalen Idee und der bürgerlichen Freiheit gehen eine innige Verbindung ein. Nation wird in erster Linie verstanden als eine politische Willensgemeinschaft oder, wie es der französische Historiker Ernest Renan 100 Jahre nach der grossen Revolution mit den oft zitierten Worten ausgedrückt hat, «eine Nation ist, was eine Nation sein will». Dann das berühmte Wort: «Die Nation ist eine tägliche Volksabstimmung» («L'existence d'une nation est un plébiscite de tous les jours»). Nun wissen wir allerdings heute, gebrannte Kinder des Zeitalters des totalen Staates, wie leicht es fällt, solche Plebiszite zu manipulieren, einem System der Unfreiheit den Mantel der Freiheit umzuhängen und ein Volk in Ketten zu zwingen, öffentlich kundzutun, dass es sich frei fühle. Trotzdem bleibt es ein Charakteristikum dieser Definition, dass nicht ein für allemal durch objektive Umstände determiniert ist, was eine Nation ist, sondern dass eine Gemeinschaft von freien Bürgern die Möglichkeit hat, sich als Nation zu konstituieren. Die spezifisch deutsche Ausprägung der nationalen

Idee jedenfalls ist durch ihre Übersteigerung und, sagen wir es ruhig, Pervertierung in der völkischen Ideologie des Nationalsozialismus derart in Mitleidenschaft gezogen, dass man es schon verstehen kann, wenn ihr nicht nur zahlreiche Menschen ausserhalb, sondern ja auch innerhalb Deutschlands mit erheblichen Reserven gegenüberstehen. Mit Recht ist gesagt worden, dass die Korrumpierung der nationalen Idee durch den Nationalsozialismus ein Erfolg ist, der den Untergang des Systems überdauert hat und noch heute als schwere Hypothek auf der Erneuerung eines deutschen Staatsbewusstseins lastet.

Es ist also sicher kein Zufall, wenn ein solches Thema, wie wir es zu behandeln versuchen, gerade in Deutschland hic et nunc gestellt wird. Ja, fast ist man versucht zu sagen, es konnte überhaupt so nur in Deutschland gestellt werden. So sehr nun aber auch der deutsche Sonderfall in Geschichte und Gegenwart in die Augen springen mag, so dürfen doch andererseits die gemeineuropäischen Züge der Entwicklung nicht übersehen werden. Wenn auch die jüngste deutsche Geschichte die schlimmste Übersteigerung des nationalen Gedankens in Europa hervorgebracht hat, seine Pervertierung zum Wahn des Herrenvolkes und zum Verbrechen des Völkermordes, so ist die Idee der Nation auch im übrigen Europa längst in eine Krise geraten, übrigens keineswegs erst durch den Zweiten, sondern im Grunde schon vielmehr durch den Ersten Weltkrieg. Schon das furchtbare und opferreiche, von niemandem in diesem Ausmass erwartete Kriegsgeschehen von 1914/18 hat die Idee des nationalen Machtstaates und den Gedanken der Vaterlandsverteidigung derart strapaziert, dass die europäischen Völker, gerade auch die westlichen Siegernationen, gewillt schienen, ihre Politik nach anderen Leitsternen auszurichten. Es folgten dann auch die ersten tastenden Versuche einer Weltfriedensorganisation im Rahmen des Völkerbundes und ein Jahrfünft später der erste Anlauf europäischer Zusammenarbeit im Rahmen des Locarno-Paktes. Es schien, als ob das Zeitalter des Nationalismus zumindest in West- und Mitteleuropa mit dem Ersten Weltkrieg seinen Höhepunkt überschritten hätte. Wir betonen: in West- und Mitteleuropa; denn diese Feststellung gilt keineswegs für Osteuropa oder gar die anderen Kontinente.

Vielmehr stehen wir ja, wenn wir die neuere Geschichte unter dem Gesichtspunkt des nationalen Prinzips betrachten, vor einem Phänomen, das ich als historische Phasenverschiebung bezeichnen möchte. Damit ist nichts anderes angedeutet als die allgemein bekannte Tatsache, dass der Prozess der nationalen Emanzipation, der nationalstaatlichen Ausscheidung, in den verschiedenen geographischen Räumen zu verschiedenen Zeiten angelaufen ist, und zwar so, dass die Bewegung im 17. und 18. Jahrhundert, wenn nicht noch früher, in Westeuropa, in Nordamerika beginnt, im 19. Jahrhundert auf Mitteleuropa übergreift – vor allem deutsche und italienische Einigung – und auch schon Osteuropa berührt, wo die Ergebnisse des Ersten Weltkrieges einer Erfüllung der nationalen Wünsche der osteuropäischen Nationalitäten weitgehend gleichkommen. Die nationale Bewegung ergreift im Zusammenhang mit den Ereignissen des Weltkrieges aber auch schon den asiatischen Kontinent, den Nahen wie den Fernen Osten. Ich verweise nur auf die arabischen Völker, auf Indien, auf China. Damit kommt das in Gang, was wir die Emanzipationsbewegung der farbigen Völker zu nennen pflegen, eine Bewegung, die allerdings erst durch den Zweiten Weltkrieg und seine machtpolitischen Ergebnisse auf höchste Touren gebracht wird, so dass wir heute, 20 Jahre nach dem Ende des Zweiten Weltkrieges, feststellen können: Der Siegeszug des nationalen Prinzips über die Welt hin steht vor seinem Abschluss, wenn wir vorläufig unberücksichtigt lassen, in welch unterschiedlichen Formen, um nicht zu sagen fragwürdigen Formen, sich diese Idee manchmal verwirklicht hat, und wenn wir von den Ausnahmen zunächst absehen, zu denen gerade auch das deutsche Volk zählt, mit dessen geschichtlichem Schicksal wir uns zu befassen haben.

Wenn jenen ersten Versuchen weltweiter und europäischer Zusammenarbeit nach dem Ersten Weltkrieg kein nachhaltiger Erfolg beschieden war, dann will das nicht heissen, dass sie von vorneherein zum Scheitern verurteilt waren. Die Zeitgenossen jedenfalls empfanden nicht so. Die gewaltige geschichtliche Schuld des Nationalsozialismus springt gerade dann ins Auge, wenn wir bedenken, welche Möglichkeiten übernationaler Kooperation damals mutwillig verschüttet worden sind. Zur gleichen Zeit, da die Völker der grossen westlichen Demokratien sich anschickten, die Idee des nationalen Machtstaates von ihrem Piedestal herunterzuholen und eine neue Rangordnung der politischen Werte aufzustellen, machte sich Deutschland unter der Führung Hitlers auf den Weg, um in einem schrankenlosen Nationalismus sein Heil zu suchen. Die nationalsozialistische Politik stellt infolgedessen einen verhängnisvollen Rückschritt in der europäischen Entwicklung dar, und Europa ist gezwungen worden, einen neuen Weltkrieg durchzufechten und durchzustehen, wenn man das überhaupt noch sagen kann, um 1950 wieder da anzufangen, wo es 1930 verblieben war (wenn wir etwa an den Europa-Plan von Aristide Briand denken).

Die Katastrophe, in die das nationalsozialistische Regime Deutschland und mit ihm grosse Teile Europas gestürzt hat, der totale Zusammenbruch des europäischen Staatensystems, die Auffüllung des entstandenen Machtvakuums durch die beiden grossen Siegermächte USA und Sowjetunion, der Verlust der europäischen Weltstellung, die ein Charakteristikum der ganzen neuen Jahrhunderte gewesen war – all dies stellte die europäischen Nationen vor eine völlig neue Situation. 1945 schien nur noch das Chaos bevorzustehen, dessen mutmasslicher Nutzniesser der Bolschewismus sein würde. Stalins sture Politik des Kalten Krieges gab Europa indessen eine neue unverhoffte Chance. An der Hand Amerikas wurde es, wenigstens soweit es nicht im Machtbereich der Roten Armee gelegen war, aus dem Chaos der Nachkriegszeit herausgeführt und auf den Weg der Zusammenarbeit verwiesen. Aus inneren europäischen wie aus äusseren weltpolitischen Gründen sahen sich die Europäer veranlasst, die Frage des Verhältnisses ihrer Nationen neu zu durchdenken. Sie taten es, indem sie die Idee der Nation mit der Idee Europas konfrontierten. Tatsächlich schien sich die Marschrichtung auf ein Vereinigtes Europa mit zwingender Logik aus der geschichtlichen Erfahrung wie aus der weltpolitischen Lage zu ergeben. Wir sind zwar heute längst aus der sozusagen kindlich-naiven Europabegeisterung der ersten Jahre heraus. Man mag es bedauern, aber es war vielleicht unvermeidlich. Die Zeit ist vorbei, da viele in echter Begeisterung das vereinte Europa unmittelbar vor der Tür wähnten, da man die «europäische Nation» alsbald glaubte aus der Taufe heben zu können. Geblieben aber ist die Frage nach dem rechten Verhältnis der traditionellen Idee der Nation zur – fast möchte man sagen – revolutionären Idee Europa.

An diesem Punkte scheiden sich die Geister, wenn ich recht sehe, heute ebenso wie früher, ja vielleicht heute mehr denn je. Soll der Weg zu einem europäischen Bundesstaat mit supranationalen Institutionen eingeschlagen werden oder soll vielmehr das Konzept des «Europe des patries» verwirklicht werden, also eines «Europa der Vaterländer», eines wohl doch recht losen Bundes europäischer Staaten? Aber nicht nur die Politiker sind sich nicht einig, auch die Philosophen sind es nicht, wenn es um die Frage geht, welche Tragfähigkeit der Idee Europa zukomme. Karl Jaspers berichtet in seiner vieldiskutierten und, soviel ich weiss, auch heftig umstrittenen Schrift über «Freiheit und Wiedervereinigung» von einem Gespräch mit einem «bundesdeutschen Landsmann» aus dem Jahre 1960. Die Deutschen hätten, so habe dieser bundesdeutsche Landsmann ausgeführt, bislang in einem Europa-Mythos gelebt und ihn auch glaubhaft gemacht. Nun werde aber, da England und Frankreich so offensichtlich auf die nationale Linie einschwenkten, jener Mythos dem deutschen Volk unglaubwürdig. Deshalb müsse man ein entsprechendes Nationalbewusstsein schaffen. Die Antwort von Jaspers lautet: «Europa ist kein Mythos, sondern die einzige Möglichkeit der Selbstbehauptung der politischen Freiheit». Ein deutsches Nationalbewusstsein lasse sich so wenig wie ein anderes machen. Kein Nationalbewusstsein dürfe seines Erachtens in Europa noch einen politischen Charakter haben. Ein unpolitisches deutsches Nationalbewusstsein aber sei nicht absolut an einen bestimmten Staat gebunden. Jaspers hält den Nationalgedanken, wie er sich ausdrückt, für das «Unheil der Welt». Er sieht in ihm «die heute übermächtige zerstörende Kraft der Erde». Die Tatsache des auf der ganzen Erde blühenden gegenwärtigen Nationalismus sei kein Grund, so meint er, ihn mitzumachen. Die Rangordnung der Werte ist für ihn klar. Zuoberst steht «die Idee des Weltfriedens in Freiheit durch eine nicht staatlich fixierte Weltkonföderation». An zweiter Stelle kommt «die Idee der Selbstbehauptung des Abendlandes» und erst an dritter Stelle «die Idee eines deutschen Staates». In der traditionellen Auseinandersetzung um die Gestaltung des deutschen Nationalstaates, nämlich derjenigen zwischen Einheit und Freiheit, optiert der Philosoph Jaspers mit aller Radikalität für den Vorrang der Freiheit vor der Einheit. Der Gedanke des Nationalstaates aus dem 19. Jahrhundert ist für ihn historische Episode. Soweit Jaspers, dem man sicher dafür dankbar sein muss, dass er in so schonungsloser Weise der deutschen Frage zu Leibe rückt, aber auch dafür, dass er sich als Philosoph nicht für zu gut hält, sich mit politischen Fragen zu befassen. Dies war nämlich in der deutschen Philosophie im Laufe der Zeit einigermassen aus der Übung gekommen.

Für Jaspers und alle, die so denken, ist Europa also nicht nur kein Mythos, sondern die einzige ernst zu nehmende Realität, deren wir nur noch recht bewusst werden müssen. Dem hält etwa Raymond Aron in seinem grossangelegten Werk «Frieden und Krieg zwischen den Nationen» entgegen, dass der traditionelle Patriotismus, die herkömmliche Liebe zur Nation, mehr affektive Kraft besitze als «das vage Bewusstsein einer europäischen Zivilisation». Er ist auch skeptisch gegenüber der Erwartung, «dass ein supranationales Prinzip einer politischen Einheit – sei es kontinental oder ideologisch – als solches bereits für den Frieden vorteilhafter wäre». Und er fährt fort: «Wenn man glaubte, die europäische Einheit wäre friedfertig, während die Nationen kriegerisch waren, hiesse das, den Fehler derjenigen begehen, die glaubten, die Nationen wären friedfertig und nur die Könige seien kriegslüstern gewesen.» Er fügt dann aber immerhin auch hinzu, dass diejenigen, die allein die nationalen Einheiten für dauerhaft in der Geschichte hielten, unwissentlich «das Siegel der Ewigkeit unter die Geschichtsphilosophie des 19. Jahrhunderts» setzten. Man geht wohl nicht fehl in der Annahme, dass der bekannte französische Politologe hier in subtiler, aber deutlicher Weise Kritik übt an der Politik seines Staatschefs.

Man erkennt, wie gross die Spannweite ist, innerhalb deren es um die Entscheidung der Fragen geht, die für unser Thema von grundlegender Bedeutung sind, nämlich das Verhältnis von Einheit und Freiheit in der Gestaltung des deutschen Staates und das Verhältnis von Deutschland und Europa. Hier müsste nun das Problem der deutschen Wiedervereinigung zur Sprache kommen. Es ist hier nicht der Ort, dieses dornenvolle Thema in seiner ganzen Breite und Tiefe aufzugreifen. Hingegen müssten wir jetzt auf die Frage des Selbstbestimmungsrechts zurückkommen. Auch das kann nicht in ausführlicher Weise geschehen. Aber die Dinge liegen grundsätzlich gesehen hier relativ einfach. Einerseits ist das Prinzip der nationalen Selbstbestimmung ein feierlich verkündeter, in der Charta der Vereinten Nationen verankerter völkerrechtlicher Grundsatz, auf den sich die gesamte Emanzipationsbewegung der farbigen Welt seit 1945 gestützt hat. Andererseits stehen wir vor dem Phänomen, dass dieses Recht dem deutschen Volk von der Vormacht des Kommunismus praktisch verwehrt wird, indem theoretisch behauptet wird, die Bildung der sogenannten DDR befinde sich im Einklang mit diesem Recht (nach der leninistischen Formel, dass «wahre Selbstbestimmung» eines Volkes nur dort gegeben sei, wo die «Diktatur des Proletariats» herrsche). Nun wird gelegentlich die Auffassung vertreten, dass dieses Recht geschichtlich verspielt worden sei. Dem ist entgegenzuhalten, dass ein solches Recht gar nicht verspielt werden kann. Was man verspielen kann, das ist die politische Chance und Möglichkeit, dieses Recht verwirklichen zu können. Und in dieser Lage scheint sich Deutschland heute zu befinden. Es hat zwar ein unbezweifelbares Recht, nämlich das Recht auf nationale Selbstbestimmung, aber es hat nicht die politische Möglichkeit oder die politische Macht, es wahrzunehmen, es durchzusetzen. Nun kann man auch die Auffassung vertreten, dass es auf den Nationalstaat gar nicht mehr so ankomme, so wie wir aus den Worten von Jaspers gehört haben, sondern auf die Erhaltung der politischen Freiheiten, der Menschenrechte, der abendländischen Zivilisation. Aber man wird andererseits nicht bestreiten können, dass Nation und Nationalstaat – und sei es in der, fast möchte man sagen, sinnentleerten Bedeutung des postkolonialen Zeitalters – nach wie vor Grundtatsachen der politischen Ordnung, zumindest aber der politischen Organisation unserer Welt darstellen. Das, was wir historische Phasenverschiebung genannt haben, führte ja dazu, dass, während wir uns hier im freien Europa bemühen, Abschied zu nehmen von jeglicher Art nationaler Überheblichkeit und Hypertrophie – die einen mit mehr, die anderen mit weniger Einsatz und Erfolg –, andere Erdteile überhaupt erst in die Phase eines virulenten, naiven und selbstgerechten Nationalismus eintreten. Während bei uns das Pathos des Nationalismus hohl und unglaubwürdig klingen mag, versuchen die Regime dieser neuen Staaten Asiens und Afrikas, mit eben diesem Nationalismus eine staatliche Integrierung ihrer heterogenen Stämme und ethnischen Gruppen zustande zu bringen, die sich durch Willkür und Zufall des europäischen Kolonialimperialismus heute innerhalb der Grenzen desselben Staates versammelt finden.

Man mag das Wirken des Nationalismus bedauern und für das Unglück unserer Zeit halten, wie es Jaspers tut, doch der Historiker wird feststellen müssen, dass sich diese politische Idee noch stets in der Geschichte mit geradezu historischer Notwendigkeit auf die Dauer durchzusetzen vermocht hat. Dies musste selbst jene Macht und jene Ideologie erfahren, die glaubte, das Gespenst des Nationalismus in ihrem Bereich endgültig gebannt zu haben, nämlich der Bolschewismus. So grosse Bedeutung zwar Lenin im Unterschied zu Marx der nationalen Frage beigemessen hat, so war es für ihn doch stets nur eine Angelegenheit der Taktik. Der Nationalismus der Völker, der Nationalitäten, sollte als Sprengmittel der bestehenden Imperien wirken und damit zum Schrittmacher der Weltrevolution werden. Der internationalistische Kommunismus war seiner Idee nach darauf angelegt, den Nationalismus zu überwinden und die Völker in einer umfassenden, wie Lenin es formuliert hat, «Weltsowjetrepublik» zu vereinen. Heute aber sind wir Zeugen einer Entwicklung, in welcher der für überwunden gehaltene Nationalismus zum Sprengmittel des sowjetischen Imperiums zu werden droht. Die angeblich wissenschaftliche Voraussage, dass die sogenannte Machtergreifung und Diktatur des Proletariats nationale Rivalitäten endgültig ausschalten und durch das Prinzip der «sozialistischen Brüderlichkeit» ersetzen werden, diese «wissenschaftliche» Voraussage ist auf eindeutige Weise Lügen gestraft worden. Das sogenannte sozialistische Weltsystem hat, kaum dass es entstanden ist, genau dieselben Rivalitäten hervorgebracht, wie sie das sogenannte kapitalistische System charakterisiert haben – Rivalitäten, unter denen der Konflikt zwischen Moskau und Peking nur der spektakulärste, aber keineswegs der einzige ist.

Diese Tendenz zu einer nationalen Ausscheidung im kommunistischen Weltsystem ist für unser Thema deshalb von nicht zu unterschätzender Bedeutung, weil analoge Bestrebungen durchaus auch im kommunistisch beherrschten Teil Deutschlands festzustellen sind. Es ist offensichtlich, dass das Regime Ulbrichts in ständig zunehmendem Masse versucht, die deutsche Nationalidee vor seinen Karren zu spannen. Das SED-Regime als Sachwalter der gesamten deutschen Nation auf der einen Seite und die antinationale Politik der Bonner Spalterregierung auf der anderen Seite, das ist das Bild deutscher Politik, das die kommunistische Propaganda dem deutschen Volk und der Welt einhämmern möchte. So lächerlich und aussichtslos dieses Unternehmen angesichts der Erbärmlichkeit des Zonenregimes auch zu sein scheint, so dürfen wir die hier schlummernden Gefahren doch wohl nicht einfach übersehen. So wenig gerade die SED berufen scheint, die Idee der deutschen Nation wiederzuerwecken oder wachzuhalten, so ist andererseits nicht zu bestreiten, dass der Schlüssel zu einer deutschen Wiedervereinigung machtpolitisch gesehen heute und wohl noch auf lange Zeit hinaus im Kreml deponiert ist. Auch unter diesem Aspekt also ergibt sich politisch und psychologisch die Notwendigkeit für die Bundesrepublik, der Pflege eines «zeitgemässen» deutschen Nationalbewusstseins, wie es genannt worden ist, ihre Aufmerksamkeit zu schenken.

Wenn wir dies alles bedenken, dann wird neben der Forderung der staatsbürgerlichen Freiheit auch die Forderung nach nationaler Einheit wieder zu ihrem Recht kommen müssen, wenn es um die Frage dieses zeitgemässen deutschen Nationalbewusstseins geht. Für den Vorrang der Freiheit haben sich die Deutschen, soweit sie frei waren in ihrer Entscheidung, ja bereits dadurch ausgesprochen, dass sie den

Weg der Zusammenarbeit mit dem freien Europa beschritten haben, statt sich einer Politik der nationalen Einheit zu verschreiben, die zur Unfreiheit für alle Deutschen hätte führen können.

Zum Schluss noch ein Wort, das geeignet ist, die geistige und politische Situation, in der wir uns heute befinden, nochmals blitzartig zu beleuchten, obschon dieses Wort heute genau 200 Jahre alt ist. Ich fand es, als ich in der berühmten französischen Enzyklopädie des 18. Jahrhunderts blätterte, in jenem Buch also, das wie kaum ein anderes Werk mithalf, eine Welt der Unfreiheit aus den Angeln zu heben und der Idee der Freiheit den Weg in die Geschichte zu ebnen. Im 12. Bande dieses Monumentalwerkes, der eben gerade 1765 erschienen ist, steht unter dem Stichwort «Patrie» unter anderen der Satz: «Il n'est point de patrie sous le joug du despotisme» (unter dem Joch des Despotismus gibt es kein Vaterland). Ich wüsste kein anderes Wort, das würdiger wäre, einem neuen deutschen Nationalbewusstsein voranzuleuchten. Es wäre nicht nur geeignet, Europa endgültig mit Deutschland zu versöhnen, es wäre auch der denkbar beste Wechsel auf eine Zukunft, von der das deutsche Volk die Wiedererlangung seiner nationalen Einheit erhofft.

1965

Schweiz: Politisches System und Aussenpolitik

Das Staatsvertragsreferendum in historischer Sicht

Am 12. März 1970 erklärten die eidgenössischen Räte, das heisst die beiden Kammern des schweizerischen Parlaments, zwei gleichlautende Motionen erheblich, welche vom Bundesrat Bericht und Antrag über eine Neufassung von Artikel 89, Absatz 4, der Bundesverfassung verlangten, und zwar mit dem Ziel, «Volk und Ständen die angemessene Einflussnahme auf wesentliche aussenpolitische Entscheide zu ermöglichen, soweit diese sich auf das innerstaatliche Recht auswirken». Weitere parlamentarische Vorstösse und schliesslich sogar eine Volksinitiative, die in die gleiche Richtung zielten, folgten nach. Sie führten zu einer intensiven öffentlichen Diskussion, aber auch staatstheoretischen Besinnung über die Problematik und Zielsetzung einer der spezifisch schweizerischen Eigenheiten im System der direkt-demokratischen Institutionen, nämlich über das sogenannte Staatsvertragsreferendum. Worum handelt es sich?

Der erwähnte Artikel 89, Absatz 4, der geltenden Bundesverfassung wurde 1921 neu aufgenommen und hat folgenden Wortlaut:

«Staatsverträge mit dem Auslande, welche unbefristet oder für eine Dauer von mehr als 15 Jahren abgeschlossen sind, sind ebenfalls dem Volke zur Annahme oder Verwerfung vorzulegen, wenn es von 30 000 stimmberechtigten Schweizer Bürgern oder von acht Kantonen verlangt wird.»

Wie das Wörtchen «ebenfalls» andeutet, geht dem Absatz 4 eine analoge Bestimmung voraus – es ist Absatz 2 –, der in gleicher Weise das sogenannte fakultative Referendum für «Bundesgesetze sowie allgemeinverbindliche Bundesbeschlüsse» vorsieht. Der Artikel 89, der vor ziemlich genau 100 Jahren in Kraft getretenen zweiten Bundesverfassung, stellt eine der entscheidenden Errungenschaften jener Totalrevision von 1874 im Sinne des Ausbaus der direkten Demokratie dar. In der Verfassung von 1848 war zwar bereits das obligatorische Referendum, also die Mitbestimmung des Volkes für Verfassungsrevisionen vorgesehen. 1874 kam nun als neues Institut der direkten Demokratie das erwähnte fakultative Referendum hinzu. 1891 schliesslich wurde durch Teilrevision der neuen Verfassung ein weiteres Volksrecht hinzugefügt, nämlich das Recht der Verfassungsinitiative.

Dass dieser Ausbau der direkt-demokratischen Institutionen keineswegs unumstritten war, geht etwa aus dem sarkastischen Wort eines damaligen Mitgliedes der Landesregierung hervor, wenn es sagte: «Man kann die schweizerische Zeitgeschichte in drei Perioden einteilen: Diejenige des Parlamentarismus von 1848 bis 1874, diejenige der Demokratie seit der Verfassungsrevision von 1874 ... und diejenige der Demagogie, die mit der Einführung des Rechts der Verfassungsinitiative begonnen hat.»[1]

Inzwischen haben sich die Geister indessen längst beruhigt, und was damals hart umstritten war, erscheint heute als unumstrittenes Ergebnis schweizerischer Verfassungsgeschichte. So liess sich der Bundesrat in einer Antwort auf einen parlamentarischen Vorstoss aus dem Jahre 1973 über dieses Thema folgendermassen vernehmen:

«Tragende Pfeiler unserer schweizerischen Demokratie sind die politischen Rechte im allgemeinen und die Institutionen der Verfassungsinitiative und des Referendums im besonderen. Diese beiden Volksrechte, die einer Minderheit die Möglichkeit geben, direkt an den Souverän zu appellieren und ihr Anliegen selbst gegen den Willen des Parlaments, der gesetzgebenden Gewalt, durchzusetzen, stellen zweifellos weise staatspolitische Einrichtungen dar, deren eminente Bedeutung auch heute ausser Diskussion steht.» Die schweizerische Regierung fuhr dann aber einschränkend fort: «Seit geraumer Zeit mehren sich aber die Stimmen, die ein Überdenken unseres Demokratieverständnisses als vordringlich bezeichnen und eine ‹Verwesentlichung› der Volksrechte postulieren.»[2]

Damit ist das Stichwort gefallen, unter dem auch die gegenwärtig laufende Diskussion um das Staatsvertragsreferendum zu beurteilen ist: Verwesentlichung der Volksrechte. Seit ungefähr anderthalb Jahrzehnten ist das Staatsvertragsreferendum, so wie es im Artikel 89, Absatz 4 der Bundesverfassung seit 1921 geregelt ist, kritischem Beschuss ausgesetzt. Soweit die Kritiker eine «Verwesentlichung» dieses Volksrechtes anvisieren, lässt sich ihre Kritik auf einen Nenner bringen: Sie erachten das alleinige Kriterium der zeitlichen Dauer eines Vertrages – mehr als 15 Jahre – als unbefriedigend und verlangen nach anderen materiellen oder formellen Kriterien, die eben eine solche Verwesentlichung dieses Volksrechts mit sich bringen würden. Was nun allerdings von den verschiedenen Kritikern an positiven Vorschlägen für eine Neufassung dieser Verfassungsbestimmung vorgebracht wird, lässt sich weniger leicht auf gemeinsame Nenner bringen. Dasselbe gilt für die sogenannten Vernehmlassungsverfahren, die bei Kantonsregierungen, Parteien, Verbänden und anderen Vereinigungen und Körperschaften im Hinblick auf eine mögliche neue Totalrevision der Bundesverfassung sowie eben im Hinblick auf eine Neufassung des umstrittenen Staatsvertragsreferendum-Artikels in letzter Zeit durchgeführt wurden.

Die Schwierigkeiten einer Neuregelung scheinen um so klarer erkannt worden zu sein, je länger man darüber diskutiert und debattiert hat. Immerhin kann als allgemeiner Trend festgehalten werden, dass sozusagen eine «volonté générale» sichtbar wird, welche die Neufassung zu einem materiellen Ausbau dieses Volksrechts benutzen möchte. Widerstand gegen einen solchen Ausbau ist, soweit wir sehen, eigentlich nur im Schosse der schweizerischen Staatsrechtslehre spürbar geworden, wo die Meinungen über die Zweckmässigkeit eines solchen Ausbaus stark auseinandergehen. Dass es bei jenen, die Aussenpolitik konkret «machen», auch manche Skeptiker gibt, liegt auf der Hand.[3] Dabei ist es interessant festzustellen, dass die Argumente, die sich heute gegenüberstehen, im Prinzip die gleichen sind, mit denen schon vor 100 Jahren gefochten worden ist. Das sagt nichts Negatives aus über den Wert der heute vorgebrachten Argumente, wohl aber etwas über die prinzipielle Problematik, die sich hinter dem Staatsvertragsreferendum versteckt und die sich im

Verlaufe des vergangenen Jahrhunderts nicht grundsätzlich verändert, sondern höchstens noch verschärft hat. Diese Problematik besteht, auf eine Formel gebracht, darin, wie aussenpolitische Entscheidungs- und Vertragsfähigkeit des Staates und Mitspracherecht des Volkes in Einklang gebracht werden können. Oder noch formelhafter ausgedrückt: es geht um das Verhältnis von auswärtiger Gewalt und direkter Demokratie.

Ohne dieses Verhältnis im Rahmen eines kurzen Aufsatzes staatstheoretisch ausloten zu können, darf nur kurz in Erinnerung gerufen werden, dass die klassischen Theoretiker die auswärtige Gewalt als Prärogative der Regierung angesehen haben. In diesem Punkt sind sich Locke (The second Treatise of Government 1690, Kap 14, § 160), Montesquieu (De l'esprit des lois 1748, Buch IX, Kap. 6) sowie selbst Rousseau (Lettres – Ecrites de la Montagne 1764, VII. Brief) für einmal einig. Doch mit dem Untergang des Ancien Régime und der fortschreitenden Entwicklung des Konstitutionalismus im 19. Jh. verschoben sich die Gewichte insofern, als die Volksvertretungen in vermehrtem Masse Einfluss auf die Aussenpolitik, insbesondere auf den Abschluss von Verträgen, zu nehmen suchten. Diese Entwicklung widerspiegelt sich auch in der schweizerischen Verfassungsgeschichte. Parlamentarische und öffentliche Kontrolle auch der Aussenpolitik ist ein durchgehender Trend in der Entwicklung der demokratischen Institutionen, bis sich diese Forderung schlagwortartig, aber auch wortgewaltig in Punkt 1 der 14 Punkte Wilsons verdichtete.

Doch zunächst nochmals ein Blick zurück in die Entwicklung der schweizerischen Angelegenheiten hinsichtlich der Kompetenzverteilung in aussenpolitischen Fragen. Ohne hier auf staatsrechtliche Einzelheiten oder gar Kontroversen eingehen zu können, darf festgestellt werden, dass bei der Gründung des Bundesstaates von 1848 die aussenpolitischen Kompetenzen zwischen Regierung und Parlament geteilt erscheinen. Die Kompetenzausscheidungen beseitigten zwar nicht alle Zweifel an deren Interpretation, wie die Folgezeit erweisen sollte, aber dies dürfte wohl kaum ein helvetisches Spezifikum sein.[4] (Man denke nur an das Tauziehen zwischen Präsident und Senat, das durch die ganze amerikanische Verfassungsgeschichte anzutreffen ist.) Immer wieder ist umstritten gewesen, was nun eigentlich in die Kompetenz des Bundesrates in Sachen Aussenpolitik falle und was nicht. Diese Auseinandersetzung durchzieht die ganze lange Leidensgeschichte der Entstehung auswärtiger Kommissionen.[5] Zuletzt ist die Kompetenzfrage wieder akut geworden im Zusammenhang mit der Frage, ob die immer grössere Ausmasse annehmende Entwicklungshilfe durch die allgemeinen aussenpolitischen Kompetenzen des Bundesrates verfassungsrechtlich genügend abgesichert sei oder ob es dafür nicht zusätzlicher Rechtsgrundlagen bedürfe. Die Frage ist schliesslich durch die Schaffung eines entsprechenden Entwicklungshilfegesetzes beantwortet worden.

Beschränkte sich in der ersten Phase des Bundesstaates das Verlangen nach verstärkter Mitsprache in aussenpolitischen Fragen auf das Parlament, so erfolgte vor 100 Jahren, im Zusammenhang mit der beabsichtigten Totalrevision, die ja im Zeichen eines Ausbaues der direkt-demokratischen Rechte stand, der erste massive Vorstoss auf Einbezug des Volkes in die aussenpolitischen Entscheidungsprozesse. Eine Reihe von Parlamentariern ergriff entsprechende Initiativen. Sie waren überzeugt, die Logik auf ihrer Seite zu haben, wenn sie anlässlich der Einführung der

Volksgesetzgebung und damit der Umwandlung der Schweiz in eine Referendumsdemokratie die Ausdehnung der Mitwirkung des Volkes nicht nur auf Gesetzesmaterien, sondern auch auf Staatsvertragsmaterien verlangten. Durch Staatsverträge würden, so argumentierten sie, sehr oft generelle Normen aufgestellt oder gar internes Gesetzesrecht abgeändert. Eine wesentliche Rolle haben bei dieser Argumentation auch die Erfahrungen mit dem Abschluss einer Reihe wichtiger Handelsverträge in den achtzehnhundertfünfziger und achtzehnhundertsechziger Jahren, die teilweise auch andere Materien regelten, wie Niederlassung und geistiges Eigentum, gespielt. Vor allem der Handelsvertrag mit Frankreich von 1864 erweckte wegen seiner Eingriffe in die innerschweizerische Gesetzgebung den Unwillen föderalistisch gestimmter Kreise. Es war denn auch einer der Führer der föderalistischen Opposition, Philipp Anton von Segesser[6], der unter Hinweis auf diesen Handelsvertrag den Antrag stellte, dass «Verträge nur inner den Schranken der Bundesverfassung mit dem Auslande sollen abgeschlossen werden dürfen». Nur mit Stichentscheid des Präsidenten wurde der Antrag in der Kommission abgelehnt! Im Plenum nahm Segesser den Gedanken in noch verschärfter Form wieder auf und verlangte: «Bundesgesetze und Staatsverträge mit dem Auslande unterliegen der Abstimmung des Volkes und der Kantone.» Also überhaupt keine Abstufung mehr im Mitspracherecht des Volkes zwischen innen- und aussenpolitischen Angelegenheiten.

Auch andere Ratsherren forderten in der einen oder andern Form – es würde zu weit führen, hier in Einzelheiten zu gehen – den Einbezug des Volkes bei der Genehmigung internationaler Verträge. Unter ihnen befanden sich der spätere Thurgauer Bundesrat Anderwert[7] sowie der Bündner Caflisch[8], der sich dabei auf «Alt fry Rhätien» berief. Mehrere Kantone hatten zudem seit der Regenerationsperiode eine Art von Staatsvertragsreferendum eingeführt, so dass gegen Ende des 19. Jh. etwa die Hälfte der Kantone ein obligatorisches oder fakultatives Referendum für bestimmte Vertragskategorien kannte. Auf Bundesebene vermochte sich indessen zu jener Zeit keiner dieser Anträge durchzusetzen. Die Gegner einer solchen Ausdehnung der Volksrechte beschworen das Gespenst der Vertragsunfähigkeit der Schweiz in ihren Beziehungen mit dem Auslande. So insbesondere auch Bundesrat Welti.[9] Alfred Escher[10] meinte gar: «Man würde gegenüber anderen Staaten nicht nur in eine sehr bedenkliche, sondern geradezu in eine lächerliche Position geraten.»

Die Bedenken gegen ein solches Mitspracherecht des Volkes in aussenpolitischen Belangen überwogen noch stark, insbesondere im Nationalrat, der sich schliesslich mit einem Stimmenverhältnis von 2:1 gegen die Einführung eines Staatsvertragsreferendums aussprach. Interessanterweise waren im Ständerat die Bedenken weniger ausgeprägt, wobei wohl allerdings mehr föderalistische Vorbehalte als grosse Vorliebe für die direkte Demokratie im Spiele waren. Jedenfalls unterlagen zwei Vorstösse, die eine Unterstellung von Staatsverträgen unter die Genehmigungspflicht von Volk und Ständen verlangten, sofern diese Bundesgesetze bzw. Bestimmungen der Verfassung abänderten oder tangierten, nur ganz knapp. Nachdem der Verfassungsentwurf von 1872 von Volk und Ständen verworfen worden war, kam man bei den unmittelbar anschliessenden Revisionsverhandlungen, aus denen die Verfassung von 1874 hervorgehen sollte, auf diesen Punkt überhaupt nicht mehr zurück. Die Aussenpolitik blieb zunächst auch in der Referendumsdemokratie alleinige Sache von Regierung und Parlament.

Dass die Angelegenheit indessen nicht ein für allemal erledigt war, zeigt eine genauere Durchforschung der parlamentarischen Verhandlungen der achtzehnhundertachtziger und achtzehnhundertneunziger Jahre, bis es dann zum Kulminationspunkt der Motion Fonjallaz von 1897 kam. Aber bereits 1886, anlässlich der Genehmigung der Konvention betreffend Gründung einer internationalen Union zum Schutze der literarischen und künstlerischen Werke, stellte die vorberatende Kommission «eine Regel für das Verhalten der Räte» auf, in der wiederum sehr deutlich das Missbehagen zum Ausdruck kam, dass durch einen internationalen Vertrag neues internes Recht geschaffen oder bestehendes erheblich geändert werden könnte. Es wird auf die Ungleichheit zwischen dem Verfahren der inneren Gesetzgebung und demjenigen internationaler Vertragsabschlüsse hingewiesen und von entsprechenden «Unzuträglichkeiten» gesprochen, «weil auf diese Weise der schweizerischen Aktivbürgerschaft die Teilnahme an der Gesetzgebung versagt wird, sobald es beliebt, die betreffende Materie international zu ordnen». Damit war das Kernproblem, das sich für die Führung der Aussenpolitik in der direkten Demokratie ergeben musste, klar formuliert.[11]

Ungefähr ein Jahrzehnt später kam es dann zu einer Motion, die das fakultative Referendum für Handelsverträge einführen wollte. Sie wurde von dem genannten radikalen Waadtländer Weinbauern Fonjallaz und dem Bündner Konservativen Decurtins gemeinsam eingereicht.[12] Die Begründung zeigt sehr deutlich, aus welcher Richtung diese parlamentarische Initiative kam. Es wird nämlich geltend gemacht, «dass durch die bis jetzt abgeschlossenen Handelsverträge die landwirtschaftliche Bevölkerung, welche ja als die eigentliche staatserhaltende betrachtet werden müsse, der industriellen Bevölkerung gegenüber in offensichtlicher Weise benachteiligt worden sei». Es wird dann auf die ausländische Konkurrenz hingewiesen, auf die Entvölkerung des Landes und das ungesunde Wachstum der Städte. Wandel könne hier nur durch Unterstellung der Handelsverträge unter das fakultative Referendum geschaffen werden. Dies liege auch «im Sinne und Geiste unserer demokratischen Einrichtungen». Und schliesslich heisst es, es lasse sich nicht einsehen, «warum das Volk über Zolltarifgesetze solle abstimmen können, nicht dagegen über Handelsverträge, welchen unter allen Umständen ungleich grössere Bedeutung zukomme». Wenn auch der interessenpolitische Ausgangspunkt der Motion sehr deutlich zum Ausdruck kommt, so wird doch auch ein immer wiederkehrendes und gerade heute wiederum im Zentrum stehendes staatspolitisches Problem aufgeworfen: die «Verwesentlichung» der Volksrechte, gerade auch auf dem Gebiet der Aussenpolitik.

Der Bundesrat bekämpfte die Motion mit dem Argument, eine Annahme würde das Zustandekommen von Handelsverträgen überhaupt verhindern. Wenn schon, dann wäre «der grundsätzlich allein richtige Antrag», alle Staatsverträge dem Referendum zu unterstellen. Aber innere Gesetzgebung sei eine Sache, Staatsverträge eine andere. Hier müssten im Interesse des Landes Motive oft genug geheimgehalten werden. Das Volk drohe auch zum Spielball gewissenloser Agitatoren zu werden, die nicht das Gesamtinteresse im Auge hätten. Die Motion wurde mit dem überwältigenden Mehr von 82 zu 6 Stimmen abgelehnt.[13] Dieses «wenig ehrenvolle Begräbnis», wie ein früherer Chronist es nannte, erstaunt um so mehr, als es sich bei den beiden Motionären um sehr gewichtige Persönlichkeiten des damaligen parlamentarischen und politischen Lebens handelte. Das kommt nicht zuletzt darin zum

Ausdruck, dass der eine «Napoléon du vignoble» und der andere «Löwe von Truns» genannt wurde. Die Motion ist auch deswegen interessant, weil sie zugleich in einen anderen historischen Zusammenhang hineingehört, nämlich in die Geschichte der Formierung der grossen wirtschaftspolitischen Interessenverbände, hier des schweizerischen Bauernverbandes, dessen konstituierende Versammlung genau einen Tag vor der parlamentarischen Behandlung der Motion Fonjallaz-Decurtins stattfand. Beide Motionäre wurden übrigens in den Vorstand der neu gegründeten gesamtschweizerischen Bauernorganisation gewählt.

12 Jahre nach diesem vergeblichen Anlauf war es der Gotthard-Vertrag von 1909, der die Diskussion über die Wünschbarkeit eines Staatsvertragsreferendums wieder aufleben liess.[14] Der Vertrag, der Deutschland und Italien die Meistbegünstigung auf dem Eisenbahnnetz des Bundes zusicherte und unkündbar war, rief eine der lebhaftesten und auch leidenschaftlichsten politischen und parlamentarischen Auseinandersetzungen in der Geschichte des Bundesstaates hervor. Die Gegner betrachteten das Vertragswerk als schwere Beeinträchtigung der Wirtschaftsfreiheit, ja der Souveränität. Man sprach von «Demütigung der Schweiz» und verglich den Vertrag mit dem schmählichen Friedensvertrag, den Deutschland 1871 Frankreich aufgezwungen habe. Antideutsche Gefühle machten sich Luft, besonders in der welschen Schweiz. Eine welsche Zeitung malte das Gespenst von der «pénétration allemande» an die Wand. Der Graben zwischen deutsch und welsch, der im Ersten Weltkrieg sich so unheilvoll auswirken sollte, wurde durch diese Agitation zweifellos vertieft.

Da die Volkserregung, die einem zwar oft mehr agitatorisch geschürt vorkommt, nicht zu verhindern vermochte, dass die beiden Räte den Vertrag 1913 genehmigten, verdichtete sich der Unmut in einem Volksbegehren zur Einführung des fakultativen Referendums, das noch im selben Jahr mit der allerdings nicht gerade überwältigenden Unterschriftenzahl von etwas über 64 000 eingereicht wurde. Darin wird das fakultative Referendum für alle Staatsverträge verlangt, die unbefristet oder für eine Dauer von mehr als 15 Jahren abgeschlossen werden. Damit taucht zum ersten Mal die zeitliche Dauer eines Vertrages als Kriterium für das Mitspracherecht des Volkes auf.

Der Bundesrat nahm bereits ein Jahr später – zwei Monate vor Kriegsausbruch – in einem 25seitigen Bericht zum Begehren Stellung.[15] Darin wies er insbesondere auf die Unzweckmässigkeit dieses zeitlichen Kriteriums hin, da Bedeutung und Tragweite eines Vertrages mit seiner Dauer wenig oder nichts zu tun hätten. Die Staatsvertragspraxis zeige, dass einerseits zahlreiche Verträge rein verwaltungsrechtlicher Natur für unbefristete Zeit abgeschlossen worden seien, «während das ganze grosse Gebiet der Handelsverträge und der internationalen Rechtsgesetzgebung ausserhalb den Kreis der von der Initiative erfassten Verträge» fallen würde. Wenn irgendwo eine Weiterbildung des demokratischen Grundsatzes der unmittelbaren Mitwirkung des Volkes an der Gesetzgebung verständlich gewesen wäre, dann da, «wo es sich um Änderungen oder Ergänzungen des unter der ausdrücklichen oder stillschweigenden Zustimmung des Volkes geschaffenen innerstaatlichen Rechtes durch internationale Rechtsvorschriften handelt». Die Regierung warf also der Initiative Mangel an Folgerichtigkeit vor. Ausschlaggebend für die ablehnende Haltung war indessen das gleiche Argument wie 1871/72: die Beeinträchtigung der Vertragsfähigkeit der Schweiz. Der Bericht stellte im übrigen ganz prinzipiell fest, dass auf interne Gesetzgebung und Staatsverträge «allen Geboten der Logik zum Trotz nicht die gleichen demokratischen Grundsätze angewendet werden können».

Der Krieg, der 1914 ausbrach, verhinderte eine weitere Behandlung der Materie, da die kleine neutrale Schweiz, die bald einmal von kriegführenden Mächten eingeschlossen war, Sorgen von ganz anderer Grössenordnung hatte. Doch schon vor dem Ende des Krieges begann der Bundesrat, wie die Akten zeigen, sich erneut mit der Angelegenheit zu befassen. Im Mai 1919 erschien dann ein neuer Bericht.[16] Jetzt war der Tenor wesentlich anders. Es hiess jetzt darin, die Logik der direkten Demokratie lasse die Einführung eines Staatsvertragsreferendums als wünschbar erscheinen. Es entspreche einem folgerichtigen Ausbau des demokratischen Staatsrechts, dass Verträge, durch welche der Staat auf lange Zeit gegenüber dem Auslande gebunden werde, dem Volk als dem obersten Träger der Staatsgewalt zur Genehmigung vorgelegt werden sollten. Das früher so scharf kritisierte Kriterium der zeitlichen Erstreckung eines Vertrages fand jetzt eine positive Würdigung, wenn es weiter hiess, dass es sich dabei um ein klar bestimmbares Merkmal handle und dass es auch politisch wesentlich erscheine, für wie lange der Staat in seiner Handlungsfähigkeit gegenüber dem Auslande gebunden sei. Also alles in allem eine klare Kehrtwendung.

Welches waren die Gründe für diese bemerkenswerte Änderung in der Haltung des Bundesrates? Es liegt auf der Hand, dass diese Frage die besondere Aufmerksamkeit des Historikers auf sich ziehen musste. Dass die völlige Verwandlung der weltpolitischen Szenerie, aber auch des «ideologischen» Klimas, die durch den Sieg der demokratischen Westmächte über die autokratischen Mittelmächte eingetreten waren, eine entscheidende Rolle gespielt haben mussten, lag von vornherein nahe, und es kommt dies in der neuen Botschaft auch deutlich zum Ausdruck. Eine weitere Frage, die nicht ebenso leicht beantwortet werden konnte, lag indessen ebenfalls in der Luft: ob die Persönlichkeiten, das heisst die gegenüber 1914 andere Zusammensetzung der Landesregierung, eventuell auch eine Rolle gespielt haben.

Wenn in dem neuen Bericht nun die Rede ist von der allgemeinen Tendenz zur Demokratisierung bzw. «nach konsequenter Durchsetzung des demokratischen Prinzips auf dem Gebiete der sozialen und der äusseren Politik» sowie von der Forderung auf Öffentlichkeit der Verträge und dass die heimlichen Verträge «nach den Forderungen der neuen Zeit nun überall verschwinden» sollen, so erkennt man unschwer, dass hier der Geist Wilsons seine Wirkung getan hat, insbesondere Punkt 1 seiner berühmten vierzehn Punkte, in welchem er bekanntlich die Öffentlichkeit der Verträge und die Ablehnung der Geheimdiplomatie postuliert hatte. Der Bundesrat beeilt sich dabei indessen festzustellen, dass heimliche Verträge schon nach schweizerischem Verfassungsrecht unmöglich seien. Es ist hier wohl auch in Betracht zu ziehen, dass ja auch der schweizerische Bundesrat schlechte Erfahrungen mit der Geheimdiplomatie gerade hinter sich hatte, nicht nur der amerikanische Präsident. Wie dieser über die Geheimverträge seiner europäischen Alliierten nicht informiert gewesen war, so war der Bundesrat durch die unglückliche Friedensinitiative seines Kollegen Hoffmann überspielt und in internationale Verlegenheit gebracht worden.[17]

Es ist aber auch von der «konsequenten Durchsetzung des demokratischen Prinzips» in der sozialen Politik die Rede, womit zweifellos auf die innenpolitischen

Vorgänge des Winters 1918/19 mit dem Höhepunkt des Generalstreiks und den damit zusammenhängenden sozialen Forderungen angespielt wird. So dürften aussenpolitische, innenpolitische und personalpolitische Faktoren gemeinsam dazu beigetragen haben, den Bundesrat zu dieser Kehrtwendung in der Frage des Staatsvertragsreferendums zu veranlassen. Dieser Befund wird bestätigt durch Aktenstücke, die wir, soweit wir sehen, zum ersten Mal für die historische Forschung ausgewertet haben. Es handelt sich dabei um den Bericht des Politischen Departements, mit welchem Bundesrat Calonder[18] die beschriebene Änderung in der Einstellung gegenüber dem Staatsvertragsreferendum befürwortete und begründete und um die Mitberichte des Volkswirtschafts- sowie des Justiz- und Polizeidepartements.

Besonders aufschlussreich ist das von Calonder unterzeichnete und mit Datum vom 18. September 1918 versehene maschinengeschriebene neunseitige Schriftstück. Der Chef des Politischen Departements geht davon aus, dass die vergangenen bewegten Jahre es zur «unabweislichen Notwendigkeit» machten, die ganze Angelegenheit neu zu überprüfen, «ob nicht die veränderten Verhältnisse eine veränderte Stellungnahme erheischen». Auch wenn die Opposition gegen den Gotthard-Vertrag, auf die ja die Initiative zur Unterstellung von Staatsverträgen unter das fakultative Referendum ursprünglich zurückgehe, abgeflaut sei, so seien die Aussichten für eine Annahme der Initiative keineswegs geschwunden, «sondern durch die Verstärkung der föderalistischen und sozialistischen Tendenzen wesentlich gestiegen». Die Schwierigkeit, das Vertragsreferendum zu bekämpfen, bestehe in erster Linie darin, «dass diese Institution durchaus in der konsequenten und logischen Entwicklung unserer demokratischen Institutionen liegt». Diese Tendenz sei eine Grundrichtung unserer Verfassungsentwicklung und sie werde durch die Zeitumstände noch wesentlich verstärkt. «Demokratisierung der auswärtigen Politik» sei ein zum Schlagwort gewordenes Postulat in fast allen Staaten geworden. Wenn man ferner berücksichtige, «dass heute die politischen Prinzipien und Ideologien wieder mehr in den Vordergrund gerückt sind als in den ruhigeren Zeiten vor dem Kriege», so sei zu befürchten, dass die sachlichen Opportunitätserwägungen des Berichtes von 1914 für weite Kreise keine durchschlagende Beweiskraft mehr haben würden. Man könne auch nicht bestreiten, dass die gegen das Referendum vorgebrachten Argumente z. T. mit gleichem Recht auch gegen die Mitwirkung der Parlamente beim Abschluss von Staatsverträgen geltend gemacht werden könnten. Es scheine geradezu gefährlich, die Heimlichkeit (unterstrichen!) als Argument anzurufen, wo das Schlagwort von der Öffentlichkeit der Diplomatie grossen Eindruck auf die Massen mache. Auf dieses Argument könne um so leichter verzichtet werden, als die schweizerischen Staatsverträge der neueren Zeit ohne Bedenken vor der Öffentlichkeit begründet werden könnten. Calonder meint auch, dass die einige Monate betragende Verzögerung eines Vertragsabschlusses durch das Referendum wenig ins Gewicht falle. Auch könne kaum von einer Aufhebung der Vertragsfähigkeit der Schweiz im Falle einer Annahme der Initiative gesprochen werden. Der wichtigste Grund gegen das Vertragsreferendum bleibt für den Chef des Politischen Departements «die leider nicht unbegründete Befürchtung, dass das Referendum zu Agitationen missbraucht werden könnte ...» Schliesslich meint Calonder, «die Anerkenntnis einer gewissen politischen Unreife des Volkes» könne kaum den Stimmberechtigten als Hauptgrund für die Verwerfung der Initiative hingestellt werden.

Was die konkrete Formulierung des Initiativtextes anbetrifft, so hält Calonder zwar daran fest, «dass das Moment der Dauer nicht ausschlaggebend sei für die sachliche Wichtigkeit eines Vertrages und dass dabei gerade die rechtsetzenden, in die Gesetzgebung eingreifenden Konventionen zum allergrössten Teil ausser den Bereich des Referendums fielen». Trotzdem anerkennt er nun die «innere Begründetheit der Regel», wonach auf das Moment der Dauer abzustellen sei, einmal weil die autonome Gestaltung der durch den Vertrag geordneten Verhältnisse während der Vertragsdauer unmöglich sei und sodann, weil die zeitliche Qualifizierung den Vorzug der Bestimmtheit und Einfachheit habe, während Begriffe wie «Allgemeinverbindlichkeit» und «Dringlichkeit» Gegenstand schwankender und widerspruchsvoller Interpretation gewesen seien. Das Departement kommt mithin zu einer grundsätzlich positiven Würdigung der Forderung, dass Staatsverträge mit mehr als 15jähriger Dauer dem Referendum zu unterstellen seien. Immerhin plädiert das Schriftstück für zwei wesentliche Änderungen und Ergänzungen und damit für einen Gegenvorschlag.

Erstens sollen nicht 30 000 Stimmberechtigte oder 8 Kantone das Referendum verlangen können, sondern ein Drittel der Mitglieder eines Rates oder – als Variante – beider Räte. Zweitens soll eine Dringlichkeitsklausel für Zeiten von Krieg und Kriegsgefahr eingebaut werden. Der Vorschlag, das Parlament einzuschalten, ist auch deshalb interessant, weil der Bundesrat in seiner Botschaft von 1974 darauf zurückgekommen ist – ein weiterer Beweis für die Kontinuität der Fragestellung bzw. Problemlösung.

Wie die erwähnten Berichte der anderen Departemente zeigen, sind diese Vorschläge Calonders auf wenig Gegenliebe gestossen. Besonders scharf ist die Reaktion des Justiz- und Polizeidepartements: keine zwingenden Gründe für einen Meinungswechsel, heisst die Devise. Der Standpunkt von 1914 wird beibehalten. Auch das Volkwirtschaftsdepartement hält den Initiativ-Vorschlag grundsätzlich für verfehlt. Es äussert weiter Zweifel am Kriterium der Dauer und legt vor allem Gewicht auf die Dringlichkeitsklausel. Der Bundesrat war sich also, was in der Botschaft von 1919 natürlich nicht sichtbar wird, alles andere als einig. Vielmehr stiessen die gegensätzlichen Meinungen stark aufeinander. Doch über die Auseinandersetzungen, die im hohen Kollegium zweifellos stattgefunden haben müssen, wissen wir nichts.

Interessant ist in diesem Zusammenhang noch, was Prof. Max Huber in seinen kürzlich erschienenen Denkwürdigkeiten darüber zu berichten weiß.[19] Er bestätigt, dass auch das persönliche Element eine nicht unwesentliche Rolle gespielt hat, d.h. insbesondere der Wechsel in der Führung des Politischen Departements. Nach Huber war die ablehnende Botschaft von 1914 von Bundesrat Hoffmann selbst verfasst worden. Die Ablehnung der Initiative durch Hoffmann scheint Huber sehr schwach begründet und sein Botschaftsentwurf «typisch für die Ideen- und Prinzipienarmut des führenden Freisinns der Vorkriegszeit». Calonder beauftragte nach seiner Amtsübernahme Prof. Huber mit der Ausarbeitung eines Gutachtens, auf dem das besprochene Schriftstück des Politischen Departements zweifellos beruht. Auch die neue Botschaft von 1919 stammt von Huber. Er war keineswegs Anhänger des Staatsvertragsreferendums, doch schien ihm eine einfache Ablehnung der Initiative deren Chancen eher noch zu erhöhen. Er hielt die Initiative für schlecht redigiert und unklar, aber auch für gefährlich, da sie keine «Sicherheitsventile» für Notzeiten vorsah, die ein rasches Handeln erforderten. Die Idee, eine Dringlichkeitsklausel einzubauen, scheint daher auf Huber zurückzugehen. Er bedauert denn auch ausdrücklich, dass der Bundesrat an seinem Gegenvorschlag nicht festgehalten hat und die Initiative daher in ihrer ursprünglichen Form angenommen wurde.

So war in der 1921 von Volk und Ständen angenommenen neuen Verfassungsbestimmung die zeitliche Dauer eines Vertrages einziges Kriterium für die Unterstellung unter das fakultative Referendum. Es blieb unwesentlich, ob es sich dabei um einen rechtsetzenden Vertrag handelte oder nicht. Von der ursprünglich in den Revisionsverhandlungen von 1871/72 zentralen Idee, nämlich zu verhindern, dass das innere Gesetzgebungsrecht des Volkes durch aussenpolitische Verträge umgangen würde, war nicht mehr die Rede. Wie wenig die vorgeschlagene Formel geeignet war, wichtige und unwichtige Verträge wirklich zu erfassen, sollte sich gerade zeigen, als darüber noch debattiert wurde. Der Beitritt der Schweiz zum Völkerbund (1920), mithin der wichtigste aussenpolitische Schritt seit 1848, wäre nämlich nicht unter das in Aussicht genommene Staatsvertragsreferendum gefallen. Regierung und Parlament hielten diesen Entschluss aber für so wichtig, dass sie ihn gleich einer neu zu schaffenden Verfassungsbestimmung – auf Grund Art. 121 der Bundesverfassung – Volk und Ständen zur Genehmigung unterbreiteten. Es war das erste Mal, dass ein solcher Fall seit dem Bestehen des Bundesstaates eingetreten ist. Damit wurde praktisch ein «obligatorisches» Staatsvertragsreferendum eingeführt, bevor das fakultative überhaupt in die Verfassung aufgenommen war. Jedenfalls hat sich schon vor der Annahme des neuen Verfassungsartikels über das Staatsvertragsreferendum gezeigt, wie wenig das Kriterium der zeitlichen Dauer geeignet war, alle wichtigen völkerrechtlichen Verträge zu erfassen. Hier sollte die Kritik an dem neuen Verfassungsartikel dann tatsächlich auch wieder ansetzen.

1960 war es soweit, als es um die parlamentarische Genehmigung des Abkommens mit der Europäischen Freihandels-Assoziation (EFTA) ging. Dieses Abkommen war einerseits kündbar und daher formell nicht referendumspflichtig, anderseits von einer Tragweite, die weit über das übliche Mass von Handelsverträgen hinausging. Damit stand man wieder vor dem Dilemma, dass man einen für die Zukunft der Schweiz ausserordentlich wichtigen Vertrag nicht der Genehmigung des Volkes unterstellen konnte, weil er durch den entsprechenden Verfassungsartikel rechtlich nicht erfasst wurde. Es wurde zwar von verschiedenen Votanten argumentiert, dass es der Bundesversammlung jederzeit freistehen müsse, den Inhalt von Artikel 89, Absatz 4 derart auszudehnen, dass Verträge von wesentlicher Tragweite dem fakultativen Referendum unterstellt werden könnten. Doch die Mehrheit widersetzte sich dieser Argumentation. Immerhin wurde ein Postulat überwiesen, das den Bundesrat ersuchte, eine Revision von Artikel 89, Absatz 4 in Angriff zu nehmen und zwar in der Weise, dass Staatsverträge «von erheblicher wirtschaftlicher und politischer Bedeutung» dem fakultativen Referendum unterstellt werden sollten.[20] Damit war zum ersten Mal, soweit wir sehen, dem Kriterium der Vertragsdauer dasjenige der Vertragsbedeutung entgegengestellt. In seiner Antwort gab der Bundesrat zwar zu, dass es kaum zu befriedigen vermöge, wenn Verträge allein auf Grund der zeitlichen Dauer dem Referendum unterstellt würden. Doch sei es ausserordentlich schwierig, wenn nicht unmöglich, Kriterien zu finden, die klar und ohne zu Willkür Anlass zu geben, erlaubten, «Staatsverträge nach ihrer Bedeutung zu unterscheiden und sie je nachdem dem fakultativen Referendum zu unterstellen oder nicht.»[21] Damit war das Dilemma umschrieben, mit dem die ganze Diskussion um die Neugestaltung des Staatsvertragsreferendums bis heute zu kämpfen hat: einerseits die Einsicht, dass die bisherige Regelung nicht mehr zu befriedigen vermag und anderseits die Erkenntnis, wie ausserordentlich schwierig es ist, andere zuverlässige objektive Kriterien für die Mitwirkung des Volkes an aussenpolitischen Entscheidungen zu finden.

Nachdem schon der Beitritt zum Völkerbund der Volksabstimmung unterworfen worden war, ist allerdings in Literatur und Praxis immer auch die Auffassung vertreten worden, dass Artikel 89, Absatz 4 für bestimmte Fälle von Verträgen die Mitwirkung des Volkes in der Form des obligatorischen Referendums, d.h. eines Verfassungszusatzes abzustützen vermöge. Dies gilt vor allem für die beiden Fälle, wo Verträge «schwerwiegende Eingriffe in die innere Struktur der Schweiz mit sich bringen» (z.B. Vollbeitritt zu den Europäischen Gemeinschaften) oder aber «eine grundlegende Neuorientierung der schweizerischen Aussenpolitik bedingen» (z.B. bei einem Vollbeitritt zu den Vereinten Nationen).[22]

Als es 1972 um die Genehmigung der Abkommen zwischen der Schweiz und den Europäischen Gemeinschaften (EG) ging, ist der Bundesrat sogar noch über die bisherige Theorie hinausgegangen. Obschon diese Abkommen, da kündbar, nicht dem fakultativen Referendum nach Artikel 89, Absatz 4 unterstellt werden konnten und obschon weder ein Eingriff in die verfassungsmässige Ordnung und innere Struktur unseres Landes noch eine grundlegende Neuorientierung unserer Aussenpolitik damit verbunden war, und mithin auch kein Grund vorlag, die Abkommen dem obligatorischen Referendum zu unterstellen, entschloss sich der Bundesrat, die Abkommen trotzdem der Abstimmung von Volk und Ständen zu unterbreiten, und zwar gemäss Verfassungsgesetzgebung nach Artikel 121 der Bundesverfassung. Dabei waren allerdings weniger rechtliche als politische Gründe für das vorgeschlagene Vorgehen massgeblich. Das Vertragswerk sei in seinem Gehalt von solcher Bedeutung und regle das Verhältnis zwischen der Schweiz und ihren europäischen Vertragspartnern trotz der Kündigungsklausel in derart dauerhafter Weise, dass die Diskrepanz zu den sonst üblichen Mitwirkungsrechten des Volkes allzu gross erschienen wäre, wenn dieses nicht Gelegenheit bekommen würde, sich dazu auszusprechen. Ausdrücklich betonte die Regierung, dass sie indessen damit nicht beabsichtige, eine neue Art von Staatsvertragsreferendum zu schaffen.[23]

Dieses Vorgehen des Bundesrates war alles andere als unbestritten, vielmehr ist es gerade über diesen Punkt zu der heftigsten Auseinandersetzung gekommen, währenddem die materiellen Regelungen der EG-Abkommen kaum mehr Anlass zu grossen Kontroversen gaben. Von verschiedenen Rednern musste sich die Regierung sogar den Vorwurf des Verfassungsbruchs gefallen lassen. Die Auffassungen der Experten gingen indessen, wie üblich bei staats- und verfassungsrechtlichen Fragen, stark auseinander, so dass jede Seite ihre juristischen Koryphäen ins Feld führen konnte. Uns interessiert in diesem Zusammenhang nicht diese Fehde unter Juristen, sondern der Einfluss dieser Auseinandersetzung auf die durch parlamentarische Vorstösse dringend verlangte Revision des Staatsvertragsreferendums. Die Debatte hatte zweifellos eine beschleunigende Wirkung, weil die bestehende verfassungsmässige Regelung nun definitiv, auch von seiten der bislang noch widerstrebenden Regierung, als revisionsbedürftig erkannt und erklärt wurde. So meinte der Vertreter des Bundesrates während der EG-Debatte in seiner Schlussrede über diesen Punkt: «Es bedeutet für den Bundesrat eine Selbstverständlichkeit, dass dieser Artikel 89 revidiert werden muss.» Im Hinblick auf diese Revision ist es von einigem Interesse festzustellen, dass der Vertreter der Regierung für die Notwendigkeit einer Volksabstimmung vor allem die materielle Bedeutung dieser Verträge ins Feld geführt hat. Sie liegt einerseits darin, dass gegen zwei Drittel der schweizerischen Aussenhandelsbeziehungen dadurch erfasst werden und anderseits Auswirkungen auf die Binnenstruktur der schweizerischen Wirtschaft zu erwarten sind. Dazu kommt, dass es sich um ein multilaterales Abkommen mit 16 Vertragspartnern handelt, «um eine Art westeuropäische Flurbereinigung», und faktisch eine dauerhafte Regelung beinhaltet.[24]

In der Tat legte der Bundesrat bereits im Mai 1973 einen Revisionsvorschlag vor und liess das übliche Vernehmlassungsverfahren anlaufen. Dieser Entwurf sieht für den Beitritt zu Organisationen für kollektive Sicherheit oder zu supranationalen Organisationen das obligatorische Referendum vor, d.h. solche Verträge müssen Volk und Ständen in jedem Fall zur Genehmigung unterbreitet werden. In einem zweiten Absatz wird das fakultative Referendum geregelt. Danach können völkerrechtliche Verträge «von wesentlicher Tragweite» durch Beschluss der Mehrheit aller Mitglieder in jedem der beiden Räte dem Volk zur Abstimmung vorgelegt werden. Eine Abstimmung findet statt, wenn es von 30000 stimmberechtigten Schweizer Bürgern oder von 8 Kantonen verlangt wird.[25]

Kurze Zeit später veröffentlichte die Arbeitsgruppe für die Vorbereitung einer Totalrevision der Bundesverfassung ihren Schlussbericht, in welchem sie auch zur Problematik des revisionsbedürftigen Staatsvertragsreferendums Stellung bezog.[26] Aus diesem Bericht geht hervor, dass das Staatsvertragsreferendum, neben der Gesetzesinitiative, Hauptdiskussionspunkt der Vernehmlassungen im Rahmen der Fragestellung betreffend die direkte Demokratie darstellt. Einhellig werde dabei die Meinung vertreten, dass Artikel 89, Absatz 4 revisionsbedürftig sei. Vorwiegend sei auch die Auffassung zum Ausdruck gebracht worden, dass ein Beitritt zur UNO oder zu den Europäischen Gemeinschaften dem obligatorischen Referendum zu unterstellen seien. Hinsichtlich aller weitergehenden Forderungen hingegen gingen die Ansichten weit auseinander. Insbesondere könnten zwei entgegengesetzte Tendenzen festgestellt werden, was den Ausbau des fakultativen Referendums anbetreffe. Die eine Tendenz gehe dahin, dieses Institut in der Weise auszubauen, dass alle Staatsverträge, «die neue Rechte und Pflichten der Bürger begründen, gleich wie Gesetze dem fakultativen Referendum zu unterwerfen» seien. Damit solle vermieden werden, «dass der Bund ohne ausdrückliche oder stillschweigende Zustimmung des Volkes dem Bürger auf dem Umweg über den unmittelbar anwendbaren Staatsvertrag Pflichten auferlege, die er auf dem ordentlichen Gesetzesweg nur unter Wahrung der Referendumsmöglichkeit einführen könne.» Unschwer erkennt man hier ein Kernargument wieder, das bereits 100 Jahre zuvor eine zentrale Rolle in der Forderung nach einer Mitwirkung des Volkes bei Vertragsabschlüssen gespielt hatte.

Eine entgegengesetzte Tendenz möchte nicht nur keinen Ausbau, sondern überhaupt kein fakultatives Referendum mehr, wobei darauf hingewiesen wird, dass von diesem Volksrecht seit seiner Einführung nur selten Gebrauch gemacht worden sei. In der Tat ist das Referendum nach Artikel 89, Absatz 4 nur zweimal ergriffen worden: 1923 gegen das Freizonenabkommen mit Frankreich und 1958 gegen das Abkommen mit Italien über die Nutzbarmachung der Wasserkraft des Spöl. Doch nur im ersten Fall war das Referendum erfolgreich, d.h. wurde das entsprechende Abkommen verworfen. Mit anderen Worten: In den über 50 Jahren seit Inkrafttreten des fakultativen Staatsvertragsreferendums hat das Volk von den Hunderten durch die Schweiz abgeschlossenen Verträgen also gerade einen einzigen verworfen.

Wie aus dem Bericht der Arbeitsgruppe weiter hervorgeht, teilt sie weitgehend die Auffassung, «dass fundamentale Entscheidungen der schweizerischen Aussenpolitik wie seinerzeit beim Beitritt zum Völkerbund von der Zustimmung von Volk und Ständen getragen sein sollen.» Bei einer gegenteiligen Entscheidung würde «das ganze System der direkten Demokratie unglaubwürdig». Es gehe nicht an, dem Volk Gelegenheit zur Meinungsäusserung in hunderten von zweitrangigen Fragen zu geben und es «bei den grossen Schicksalsentscheidungen über seine Zukunft auszuschliessen». Diese Feststellung beinhaltet nichts anderes als das eingangs erwähnte Postulat der «Verwesentlichung» der Volksrechte.

Ergeben sich so beim Problem einer Regelung des – neu einzuführenden – obligatorischen Referendums relativ wenig Schwierigkeiten, türmen sich diese zu einem beträchtlichen Haufen beim Versuch, eine neue Fassung für das fakultative Referendum zu finden. Die Hauptschwierigkeit liegt darin, wie der Bericht betont, ein taugliches Kriterium zu finden, um «Staatsverträge von wesentlicher Tragweite» von «gewöhnlichen» zu unterscheiden.

Zwischen den beiden extremen Haltungen – fakultatives Referendum für alle Staatsverträge oder aber überhaupt kein fakultatives Referendum – bestehe «ein weiter Fächer von Möglichkeiten». Die zuhanden einer Totalrevision der Bundesverfassung eingesandten Antworten hinsichtlich einer Neuregelung des Staatsvertragsreferendums ergeben folgende (unvollständige!) Liste von Verträgen, die als referendumspflichtig bezeichnet wurden:

a) verfassungsändernde Staatsverträge

b) Verträge, «die in die verfassungsmässigen Rechte der Bürger eingreifen»

c) Verträge, «die in die Gesetzgebungskompetenz der Kantone eingreifen» (hier wird der föderalistische Vorbehalt sichtbar)

d) Verträge, die die Grundrechte der Bürger berühren

e) Verträge, die unmittelbar anwendbare Rechtssätze für die Bürger begründen

f) Verträge, die erhebliche finanzielle Lasten für den Bund mit sich bringen (hier dürfte vor allem die Entwicklungshilfe anvisiert sein)

g) grenzändernde Verträge.

Die Arbeitsgruppe vertritt dann die Auffassung, dass dem Verfassungsgeber prinzipiell drei Möglichkeiten offenstünden, von denen indessen keine voll befriedigen könne: nämlich

1. Ausschluss jedes fakultativen Referendums,
2. Wahl eines der aufgezählten Kriterien und
3. Ermessenskompetenz der Bundesversammlung.

Wie aus dem oben zitierten Entwurf des Bundesrates hervorgeht, hat die Regierung die dritte Lösungsmöglichkeit gewählt. Damit ist zwar die schwierige Suche nach einem objektiv bestimmbaren Kriterium für referendumspflichtige Verträge umgangen, die Auseinandersetzung darüber aber doch wohl einfach in das Parlament verlegt. Der Vorschlag des Bundesrates ist denn auch gerade in diesem Punkt auf erhebliche Kritik gestossen, ohne dass allerdings die kritischen Bemerkungen in der eigentlichen Kernfrage weitergeführt hätten. Der Bundesrat kann sich bei seinem Vorschlag allerdings darauf berufen, dass es sich dabei um keine absolute Neuerung im schweizerischen Staatsrecht handelt. So kennen mehrere Kantone seit langem das sogenannte ausserordentliche obligatorische Referendum, d.h. eine Institution, die die Anordnung einer Volksabstimmung durch das Parlament vorsieht.

Sehen wir uns abschliessend noch die Ergebnisse an, die das über den Entwurf des Bundesrates durchgeführte Vernehmlassungsverfahren gezeitigt hat. Es mag von einigem Interesse sein zu erfahren, wer in diese Verfahren einbezogen wurde: Die Kantonsregierungen, die in der Bundesversammlung vertretenen Parteien, 11 wirtschaftliche und gewerkschaftliche Organisationen, 4 Frauenorganisationen, 5 Vereinigungen juristischer oder aussenpolitischer Natur, insgesamt 55 Adressaten. Im Unterschied zu den zur Totalrevision der Bundesverfassung eingegangenen Antworten wurde hier nicht nur das obligatorische, sondern auch das fakultative Referendum fast einhellig befürwortet. (Bei der Umfrage betreffend Totalrevision waren neben Kantonen, Parteien und Verbänden noch die Universitäten sowie kirchliche Organisationen einbezogen worden.[27])

Die eingegangenen Antworten beweisen, dass die Einführung des obligatorischen Referendums auf keine grundsätzliche Opposition und auf wenig Kritik stösst. Die meisten Antworten enthalten eine vorbehaltlose Zustimmung zum Entwurf, so wie er durch das Politische Departement (Aussenministerium) ausgearbeitet worden ist. Immerhin wird Kritik geäussert gegenüber der gewählten Formulierung, die von Beitritt zu «Organisationen für kollektive Sicherheit oder zu supranationalen Organisationen» spricht. Diese Fassung sei allzusehr auf die beiden konkreten Fälle eines Beitritts zur UNO und zu den Europäischen Gemeinschaften ausgerichtet, wobei höchstens der erste Fall, nicht aber der zweite heute zur Diskussion steht. So schlug die Schweizerische Volkspartei z.B. die allgemeine Fassung vor – die ihrerseits wiederum auf einen früheren Entwurf des Bundesrates zurückgreift –, solche Staatsverträge dem obligatorischen Referendum zu unterstellen, «die schwerwiegende Eingriffe in die innere Struktur der Schweiz oder eine grundlegende Neuorientierung ihrer Aussenpolitik mit sich bringen». Ein Verfassungsartikel sollte so formuliert sein, dass er auch heute nicht vorauszusehende Entwicklungen zu erfassen vermag.[28]

Wesentlich stärker umstritten ist auch bei diesem Vernehmlassungsverfahren die Neugestaltung des fakultativen Referendums. Über 30 Gegenvorschläge wurden eingereicht. Wie schon angedeutet stiess insbesondere die vorgesehene Zuständigkeit der Bundesversammlung zum Entscheid über die Unterstellung unter das Referendum auf wenig Gegenliebe. Vor allem wurde moniert, dass dies nicht einer Erweiterung der direktdemokratischen Befugnisse gleichkomme, sondern vielmehr einer Einschränkung, was zweifellos nicht den Intentionen der parlamentarischen Revisionsbegehren entspreche. Fast die Hälfte der Gegenvorschläge verlangte auch, dass insbesondere Staatsverträge rechtsetzenden Charakters, d.h. solche, die auf die innere Gesetzgebung einwirken, dem fakultativen Referendum unterstellt werden sollten. Trotzdem hielt der Bundesrat im wesentlichen an seinem Vorschlag fest, insbesondere an der Zuständigkeit der Bundesversammlung zum Entscheid über die Unterstellung von Staatsverträgen unter das Referendum. Er lehnte allerdings auch den Vorschlag auf eine abschliessende Zuständigkeit der Bundesversammlung ab, auch wenn diese der aussenpolitischen Flexibilität der Exekutive zugute käme. Denn auch dem Bundesrat erscheint «die völlige Ausschaltung der direkten Mitsprachemöglichkeit der Stimmbürgerschaft politisch undenkbar».[29] In der Tat geht es ja bei der Revision des in Frage stehenden Verfassungsartikels nicht um einen Abbau, sondern eben um einen Ausbau des Mitspracherechts des Souveräns, wenn auch im Sinne einer «Verwesentlichung» der direkten Demokratie auf diesem Gebiet.

Auch die Einschaltung des Bundesgerichtes lehnte die Regierung, wohl mit Recht, ab. Es war nämlich angeregt worden, dass das oberste Gericht als Verfassungsgericht Rechtsgutachten erstellen sollte, ob ein Staatsvertrag im Zweifelsfalle dem Referendum zu unterstellen wäre. Die Erfahrungen, die man mit diesem Verfahren in Ländern wie USA und Japan, aber insbesondere auch in der Bundesrepublik Deutschland gemacht hat, scheinen in der Tat nicht unbedingt nachahmenswert. Die Gefahr ist zu gross, dass das oberste Gericht in innen- und parteipolitische Auseinandersetzungen hineingezogen wird.

Die teilweise sehr kritischen Reaktionen auf den besprochenen Vorschlag der Regierung veranlassten diese, ein zweites Vernehmlassungsverfahren im engeren Kreise durchzuführen, wozu insbesondere die Spitzenverbände der Wirtschaft eingeladen wurden. Doch diese beharrten auf ihrer Kritik und vertraten weiterhin die Auffassung, wonach das vorgesehene Mitspracherecht des Volkes bzw. der Stände ungenügend sei. So verlangten sie insbesondere eine Ausdehnung des Mitspracherechtes auf solche Verträge, die sich in erheblicher Weise auf das innere Recht auswirkten, sei es auf der Verfassungsstufe oder auf der Gesetzesstufe, wobei für die erste Form das obligatorische, für die zweite das fakultative Referendum vorzusehen wäre. Unschwer erkennen wir in diesen Forderungen das alte Postulat, das die schweizerische Verfassungsgeschichte der letzten 100 Jahre durchzieht, wonach das für die Gesetzgebung vorgesehene Mitspracherecht des Volkes (und der Stände) nicht durch internationale Verträge und Abmachungen umgangen und so schliesslich ausgehöhlt werden dürfe.

Obschon sich in dieser Frage, die die eigentliche Kernfrage im Verhältnis zwischen direkter Demokratie und auswärtiger Politik darstellt, eine breite «Einheitsfront» ergab, die vom Gewerkschaftsbund bis zum Vorort des Handels- und Industrievereins reichte, blieb die Regierung auch diesmal fest. Nur in einem Punkte war die eingesetzte juristische Expertenkommission bereit, vom ursprünglichen Text abzuweichen, indem nun für unbefristete und unkündbare Verträge automatisch das fakultative Referendum Platz greifen soll. Hier, wenn irgendwo, zeigt sich, wie die Problematik, für die es eine verfassungsrechtliche Lösung zu finden gilt, stets die gleiche geblieben ist und man sich infolgedessen sozusagen im Kreise gedreht hat: denn das zeitliche Kriterium, d.h. die Vertragsdauer, war ja gerade der Punkt gewesen, an dem die Kritik und damit die Revision des alten Verfassungsartikels eingesetzt hatte, und jetzt kam das alte Kriterium doch wieder, sozusagen durch die Hintertür, in die vorgeschlagene Neuregelung hinein. Der Umstand, dass es, bei allen festgestellten Nachteilen, eben doch das einzige objektiv eindeutig bestimmbare Kriterium zu sein scheint, hat ihm erneut zu einem späten Sieg verholfen.

Im Augenblick, da dieser Aufsatz abgeschlossen wurde, befand sich die Angelegenheit noch im parlamentarischen Verfahren. Aber schon bevor die definitive Neufassung des viel diskutierten Verfassungsartikels über das Staatsvertragsreferendum vorliegt, kann vorausgesagt werden, dass die Vorschläge, die auf eine substantiellere Ausgestaltung des Mitspracherechts des Volkes und der Stände abzielen, in den parlamentarischen Beratungen mit Sicherheit wieder auftauchen werden. Und alles spricht dafür, dass sich diese Vorschläge, in der einen oder anderen Form, aber jedenfalls der Substanz nach, durchsetzen werden gegenüber der zurückhaltenderen Fassung der Exekutive.

Die auch unserer Ansicht nach gerechtfertigten Argumente für ein vermehrtes und vor allem «verwesentlichtes» Mitspracherecht des Volkes beim Abschluss internationaler Verträge, lassen sich im Grunde genommen auf zwei Kerngedanken zurückführen: Erstens hat das Volk ein legitimes Recht mitzubestimmen, wenn Verträge abgeschlossen werden, die von schicksalshafter Bedeutung für seine Zukunft sein können. Sonst würde die direkte Demokratie, die eine im wesentlichen unbestrittene Grundlage des politischen Systems der Schweiz darstellt, in der Tat unglaubwürdig. Dazu kommt das zweite Moment: es soll vermieden werden, dass durch die rechtsetzende Kraft internationaler Verträge die legislative Gewalt des Volkes bzw. sein Mitspracherecht bei der inneren Gesetzgebung umgangen oder schliesslich ausgehöhlt wird. Auch durch einen solchen Prozess müsste die direkte Demokratie ihre Glaubwürdigkeit verlieren. Natürlich ist an einer Flut von Abstimmungen über internationale Abkommen kein vernünftiger Staatsbürger interessiert, besonders angesichts der Tatsache, dass diese direkte Demokratie auch ohnedies heute eindeutig an den Grenzen ihrer Belastbarkeit angelangt ist. Eine solche Flut ist auf Grund der gemachten Erfahrungen auch nicht zu befürchten. Gerade wem die Funktionstüchtigkeit dieser typisch schweizerischen Errungenschaft der abendländischen Verfassungsgeschichte am Herzen liegt, wird alles tun, um ein Abgleiten ins Demagogische zu verhindern.

Die Aufgabe, die Regierung, Parlament und Volk bei der Neugestaltung des Staatsvertragsreferendums zu bewältigen haben, ist ebenso einfach zu formulieren, wie sie schwierig zu realisieren ist: zwischen dem Mitspracherecht des Volkes einerseits und dem Postulat der internationalen Vertragsfähigkeit des Staates andererseits einen goldenen Mittelweg zu finden.[30]

1976

Parlament und Regierung in der modernen Demokratie

Anlass zu den folgenden Überlegungen zum Verhältnis zwischen Verwaltung, Regierung und Parlament in der Demokratie gab der sogenannte «Mirage-Skandal» 1964. Die Landesregierung musste in diesem Jahr eine massive Kostenüberschreitung um hunderte von Millionen Franken bei der Beschaffung von Kampfflugzeugen des Types Mirage bekanntgeben. Das Parlament reagierte darauf mit der Einsetzung einer Untersuchungskommission, die beträchtliche Eigenmächtigkeiten im Militärdepartement feststellen musste. Der konkrete Fall gab aber auch Anlass zu der bis heute immer wieder erhobenen Forderung nach Parlamentsreform. Beim nachfolgenden Beitrag handelt es sich um die auf dem «Ustertag 1964» gehaltene Rede Hofers. Diese knüpfte an die Mirage-Diskussionen an und führte die bereits in seiner Jungfernrede als Nationalrat am 10. Juni 1964 abgehandelte Thematik weiter.

Es ist noch gar nicht so lange her, da operierte man, wenn man die politischen Zustände in unserem Lande charakterisieren wollte, ganz allgemein mit dem Begriff der Stabilität. Die einen bewunderten diese Stabilität uneingeschränkt – obwohl sich diese uneingeschränkten Bewunderer wohl von jeher mehr im Ausland als im Inland befunden haben mögen! Die anderen fanden sie in zunehmendem Masse langweilig, bedrückend, und sie waren geneigt, das Wort Stabilität durch Stagnation zu ersetzen. Darin lag ein unüberhörbarer Vorwurf, der keineswegs nur von nonkonformistisch Gesinnten erhoben wurde; auch eine grosse schweizerische Zeitung, die man getrost zu den positiven gegenüber dem Staate zählen kann, schrieb noch anlässlich der letzten Nationalratswahlen, die, wie schon üblich, kaum parteipolitische Verschiebungen brachten, solche Stabilität habe nicht nur ihre positive Seite, sie könne eben auch zur Stagnation werden.

Nun ist es eine alte Weisheit – wenn es überhaupt eine ist – dass Stillstand Rückschritt bedeute. Dieses Credo ist unserer von Dynamik erfüllten Zeit natürlich besonders wesensgemäss. Insbesondere die zunehmende politische Enthaltung der jüngeren Jahrgänge erklärte man sich vor allem aus dem Umstand, dass unserem politischen System zu wenig Dynamik innewohne. Stabilität widerspreche eben dem jugendlichen Lebensgefühl, das es übrigens durchaus auch bei älteren Jahrgängen noch geben kann; dieses wolle vielmehr Veränderung und Fortschritt, Kampf und Auseinandersetzung, «Leben in die Bude bringen», wie man so sagt. Das Bewusstsein, dass man durch seinen eigenen Beitrag doch nichts ändern könne, wirke lähmend auf die politische Aktivität. Man wolle mitspielen und nicht nur zuschauen und feststellen, «que les jeux sont faits».

Und nun, seit einigen Monaten, sehen wir ein ziemlich verändertes Bild: das Parlament in voller Opposition gegen die Regierung – obschon wir eigentlich angesichts der Durchproportionierung unseres Regierungssystems eine solche gar nicht haben sollten; die Einsetzung einer noch nie dagewesenen Untersuchungskommission; die fristlose Entlassung eines hohen Offiziers; ja sogar das Wackeln eines bundesrätlichen Sessels. Das sind lauter Dinge, die gut helvetischer Sitte und Tradition gar nicht entsprechen. Und dies alles auf dem Hintergrund einer in Erregung geratenen öffentlichen Meinung, die mit einer lange nicht mehr erlebten Leidenschaft politisiert, und dies heisst ja, unter eidgenössischen Bedingungen, vor allem kritisiert. Mit einem Wort: das von so vielen schmerzlich vermisste Leben ist nun in unsere Bude gekommen. Und nun ist es gar so manchem auch wieder nicht recht.

Aber wie dem auch sei: die Dinge sind in Fluss gekommen. Wir kennen alle den Grund dieser so plötzlichen Veränderung in der politischen Szenerie und Atmosphäre des eidgenössischen Staatslebens: es ist das «Mirage»-Geschäft, das diese Wellen verursacht hat. Diese Wellen sind nun aber nicht verebbt mit der – wenigstens vorläufigen – parlamentarischen Erledigung des betreffenden Geschäftes, sondern es zeigte sich, dass eine Grundwelle ausgelöst worden ist, die weit über den eigentlichen Sach- und Fachbereich dieses leidigen Geschäftes hinausgegangen ist. Das in unserer Geschichte bislang einzigartig dastehende finanzielle Ausmass dieses Geschäftes – wir werden uns an diese Grössenordnung allerdings wohl bald gewöhnen müssen! – hat nicht nur nach ebenso einzigartigen Massnahmen seiner parlamentarischen Erledigung gerufen, die Kritik ist vielmehr vom Einzelfall ins Allgemeine vorgestossen, und es hat sich die Erkenntnis Bahn gebrochen, dass es nicht nur gelte, für einmal Abhilfe zu schaffen, sondern für immer Vorsorge zu treffen. Das «Mirage»-Geschäft hat also wie ein Initialzünder gewirkt, der eine Kettenreaktion ausgelöst hat. Aber diese Kettenreaktion hätte nicht eintreten können, wenn nicht das Material dazu bereitgelegen hätte. Das «Mirage»-Geschäft beziehungsweise die militärische Flugzeugbeschaffung ist ja keineswegs das einzige Problem, das wir nicht zu bewältigen vermochten; es ist nur eines von vielen. Dazu treten die Teuerungsbekämpfung, die Fremdarbeiterfrage, der Nationalstrassenbau, der Gewässerschutz, der Zivilschutz, die Hochschulförderung – um nur gerade die wichtigsten zu nennen. In allen Fällen, diese Feststellung ist wichtig, handelt es sich um Aufgaben einer neuen Grössenordnung, wie wir sie bislang noch nicht gestellt bekamen und zu bewältigen hatten.

Angesichts dieser Lage ist die erwähnte Grundwelle natürlich vor allem auch zu einer Grundwelle der Kritik, und zwar der scharfen Kritik, geworden. Wer herumhorcht, wird sofort feststellen, dass eine weitverbreitete Unzufriedenheit im Schweizer Volke herrscht, ja ein eigentliches Malaise entstanden ist über einer solchen Häufung nicht bewältigter oder – wie viele meinen – falsch angepackter Aufgaben. Wenn wir unsere Demokratie aber ernst nehmen, dann müssen wir diese Volksstimmung ernst nehmen.

Wohin zielt nun diese weitverbreitete Kritik und wen oder was visiert sie an? An die Adresse der Verwaltung wird der Vorwurf erhoben, dass sie die gestellten Aufgaben nicht mehr zu meistern vermöge, wofür die «Mirage»-Angelegenheit nur das spektakulärste, aber keineswegs das einzige Beispiel sei. Schon hat eine sonst sehr zurückhaltende und als gouvernemental geltende Zeitung vom «Miragegeist» im

Nationalstrassenbau geschrieben; der Regierung wird vorgeworfen, dass sie in der routinemässigen Verwaltungsarbeit ertrinke, dass sie administriere, aber nicht regiere und vor allem nicht führe und nicht plane; dem Parlament schliesslich wird entgegengehalten, dass es seine Aufgabe der Verwaltungskontrolle vernachlässigt habe und damit solche Fehlentwicklungen und -planungen erst möglich gemacht habe. Wir wollen hier nicht, noch nicht, untersuchen, was an solchen und ähnlichen Vorwürfen berechtigt erscheint und was nicht. Jedenfalls, so scheint mir, lassen sich die Kerngedanken dieser allgemeinen Kritik auf einen Nenner bringen und der heisst: Verlust der Kontrolle. Das Parlament hat die Kontrolle über die Regierung verloren, die Regierung die Kontrolle über die Verwaltung und die Verwaltung die Kontrolle über, ja über was denn eigentlich? Sagen wir einmal ganz allgemein: über die Entwicklung.

Dieser Kontrollverlust auf den verschiedenen Ebenen ist, wenn wir richtig sehen, auf eine im Grunde wohl unbestrittene Erscheinung zurückzuführen: auf die rasche Entwicklung ökonomischer, technischer, wissenschaftlicher, aber auch demographischer Natur, auf den Entwicklungsdrang unserer technisierten Zivilisation, deren Anforderungen unsere politischen Einrichtungen ganz einfach nicht mehr gewachsen sind. Die Technik ist der Politik davongeeilt, wenn man es auf diese einfache Formel bringen darf. Wir stehen vor der Erkenntnis, dass unsere politischen Einrichtungen, die aus der Mitte des 19. Jahrhunderts stammen, den Anforderungen einer technisierten Zivilisation um die Mitte des 20. Jahrhunderts nicht mehr gewachsen sind – nicht mehr gewachsen sein können! Man sollte, bei aller Notwendigkeit eines Suchens und Aufdeckens subjektiver Schuld und individueller Verantwortung beim Versagen von Verwaltung und Regierung, nicht aus dem Auge verlieren, dass hier eine objektive, in der allgemeinen Entwicklung selbst liegende Tendenz vorliegt. Unsere politischen Institutionen mussten vor diesen gewaltigen Aufgaben versagen, weil sie nicht zur Bewältigung solcher Aufgaben geschaffen worden sind. Am ehesten, so überraschend dies scheinen mag, ist noch die Verwaltung den modernen Anforderungen gewachsen, weil sie mit der bisherigen Entwicklung, wenn auch wohl nachhinkend, einigermassen Schritt halten konnte. Hingegen hat es an einem entsprechenden Ausbau der notwendigen Hilfsmittel für das Parlament völlig gefehlt.

Wenn ich in meinem Votum während der ersten «Mirage»-Debatte davon gesprochen habe, dass es nicht nur um ein Versagen bestimmter Behörden und Verwaltungsstellen gehe, sondern um eine Krise unseres ganzen parlamentarischen Regierungssystems, so wie es leibt und lebt, so ging es mir darum, Debatte und Diskussion gerade aus der Phase der Anklage und der einseitigen Kritik herauszuführen und in eine Phase der Selbstkritik und der Selbsterkenntnis hinüberzuleiten. Ein Hochspielen und schliessliches Übersteigern eines Gegensatzes zwischen Parlament und Regierung beziehungsweise Verwaltung hätte nur negativ enden können. Worum es allein gehen konnte und gehen kann, ist die gemeinsame Suche aller an der politischen Willensbildung beteiligten Instanzen nach den entscheidenden Fehlerquellen und den entsprechenden Abhilfen und Verbesserungen. Es geht nicht um ein Gegeneinander, sondern um ein Miteinander und auch Ineinander. Dafür braucht es aber Einsicht auf allen Ebenen, und die hat noch gar manchem gefehlt. Es ist ja an sich psychologisch begreiflich, wenn es manchem schwerfällt, von der überlieferten und liebgewordenen Vorstellung Abschied zu nehmen, dass bei uns alles zum besten bestellt sei. Aber die in Gang gekommene Bewegung hatte ihre eigene Dynamik, und sie wird sie, so wollen wir hoffen, auch weiter beibehalten. Aus dem Ruf nach Reform der Verwaltung oder bestimmter Verwaltungsstellen wurde der Ruf nach Reform des Parlaments und schliesslich auch der Regierung, und man braucht kein Prophet zu sein, wenn man erwartet, dass bald auch der Ruf nach Reform der Verfassung sich noch hinzugesellen wird. Aber warum nicht? Wäre es nicht den Schweiss der Edelsten wert, ein solches grundlegendes Werk in Angriff zu nehmen, unsere politischen Institutionen der Gegenwart anzupassen und darüber hinaus auf die Zukunft auszurichten? Wäre die Vollendung eines solchen Werkes nicht die schönste Zentenarfeier für das Jahr 1874, im Sinne einer organischen Verbindung von Tradition und Reformation, von Überlieferung und Erneuerung?

Wenn ich von Krise unseres Systems gesprochen habe, so darf auch dies nicht missverstanden werden. Es wurde etwa der Vorwurf laut, es sei doch zu hoch gegriffen, von einer solchen Krise unseres ganzen politischen Systems zu sprechen, und ein solches Urteil sei doch wohl wenn nicht dem jugendlichen Übermut, so doch der mangelnden praktischen Erfahrung des Redners zuzuschreiben. Nun, was heisst Krise? Sie bedeutet keineswegs etwas nur Negatives, sie bedeutet nicht nur Krankheit, sondern Überwindung der Krankheit dank den dem Patienten innewohnenden lebendigen Kräften. In einem vertrauenswürdigen Konversationslexikon steht unter dem Begriff Krise, dies bedeute (medizinisch) «das plötzliche, meist unter reichlichem Schweiss erfolgende Aufhören des Fiebers, das dann alle andern Erscheinungen hinreichend erklärt, und mit dem auch die grösste Gefahr beseitigt zu sein pflegt». Wenden wir diese Beschreibung auf die Politik an, so ergeben sich verblüffende Parallelen; wenigstens möchten wir es hoffen, dass der in den «Mirage»-Debatten auf allen Seiten vergossene Schweiss das Fieber besänftigt und die schlimmste Gefahr beseitigt habe. Der Gesundungsprozess könnte dann einsetzen. Doch bevor wir unsere Ansichten über die anzuwendende Therapie vortragen können, müssen wir in der Diagnostik der politischen Lage noch etwas weiter gehen.

Wir sprachen davon, dass die allgemeine Entwicklung der Politik davonzulaufen droht, dass unsere politischen Einrichtungen den Anforderungen des technisch-zivilisatorischen Apparates unserer Zeit nicht mehr gewachsen sind. Wir deutetenn aber auch an, dass diese mächtige Expansion das Schwergewicht innerhalb der Regierungstätigkeit immer mehr auf die Verwaltung verschoben hat. Die Verwaltungstätigkeit innerhalb des Staates hat in den letzten Jahrzehnten gewaltig zugenommen, ohne dass die Kontrolltätigkeit, sei es die der Regierung oder gar die des Parlamentes hätte Schritt halten können. Der Weg, den wir seit der Gründung unseres Bundesstaates zurückgelegt haben, hat uns vom Gesetzgebungsstaat zum Verwaltungsstaat geführt. Im Verwaltungsstaat aber, so hat es ein Staatsrechtslehrer kürzlich formuliert, ist die Administration im Begriff, sich von der Regierung zu lösen, und – so müssen wir hinzufügen – in noch viel stärkerem Masse der parlamentarischen Kontrolle zu entziehen. Obschon unsere Zeit also durch eine noch nie dagewesene Staatstätigkeit charakterisiert ist, hat unsere Behördenorganisation seit 1848 im Sinne einer Anpassung an die neuen Verhältnisse keine grundsätzliche Änderung erfahren. Obschon wir inzwischen vom liberalen Rechtsstaat des 19.

Jahrhunderts in den sozialen Fürsorgestaat des 20. Jahrhunderts geraten sind – man könnte vielleicht auch sagen: vom Rechtssicherheitsstaat zum Lebensversicherungsstaat – befinden wir uns mit unseren Einrichtungen, teilweise wohl auch mit unserem politischen Bewusstsein, noch in der früheren Phase. Diese Verschiebung der Gewichte hat zweifellos im Zuge der Zeit gelegen und ist für alle modernen Zivilisationsstaaten festzustellen. Je komplizierter und unübersichtlicher die Verwaltungstätigkeit des Staates wurde, desto mehr erlangte die Verwaltung auch das Monopol der Sachkunde, während zunächst das Parlament und später auch die Regierung auf der Strecke blieben beziehungsweise von der Verwaltung abhängig wurden. Man hat von einer dreifachen Not gesprochen, durch welche die Fähigkeit des Parlaments zur Kontrolle der Tätigkeit der Exekutive und ihrer Ausführungsorgane in Frage gestellt worden sei: die Zeitnot, die Not der Sachkunde und die Bewertungsnot. Dieser Zustand ist keineswegs erst heute eingetreten; er ist durch die «Mirage»-Angelegenheit nur jedermann deutlich vor Augen geführt worden.

Seitdem ich mir über die Problematik einer Parlamentsreform und einer Reform unserer politischen Einrichtungen überhaupt Gedanken mache, habe ich allerhand wissenschaftliche Literatur zur Kenntnis genommen. Es war dabei mein Bemühen, auch Urteile des Auslandes kennenzulernen, weil der Aussenstehende bekanntermassen oft einen schärferen Blick für die Dinge hat als wir selbst. Das hat sich in der Tat auch in diesem Punkt gezeigt. Mir scheint, dass zwei sehr bekannte Staatsrechtler des Auslandes schon etliche Jahre vor dem eigentlichen Ausbruch der Krise, in der wir stehen, die schwachen Stellen in unserem System gesehen haben.

Karl Loewenstein schreibt in seiner Verfassungslehre: «Die Bundesversammlung befolgt in der Regel die politischen Direktiven der Regierung und überträgt sie in Gesetze zu deren Ausführung ... Die Achtung vor der politischen Führung des Bundesrates geht so weit, dass die üblichen politischen Kontrollen des Parlamentes fast auf den Nullpunkt gesunken sind. In dieser Hinsicht hat die Schweiz das Glück, beinahe ein unterentwickeltes Land zu sein.» Dieses Urteil eines führenden amerikanischen Staatsrechtlers ist 1956 entstanden.

Ein anderer Staatsrechtler, ebenfalls Deutsch-Amerikaner, Professor an der Harvard University, Prof. Carl J. Friedrich, schreibt über die schweizerische Form der Demokratie, die er, im Unterschied zur Parlamentsform, zur Kabinetts- und zur Präsidialform, als Ratsform bestimmt, folgendes: «Die Gefahr dieser Form der Demokratie, die an und für sich vieles für sich zu haben scheint, ist die Bürokratisierung. Und in der Tat ist in der Schweiz die Politik in einem ganz ungewöhnlichen Masse bürokratisiert, weil ja viele Bundesräte 20, 25, ja 30 Jahre im Amt sitzen und deshalb auch fast wie lebenslängliche Beamte zu handeln in der Lage sind, mit anderen Worten im Grunde verwalten und nicht regieren.» Und er fährt dann fort: «Aus dieser Situation und dieser Gefahr der Bürokratisierung heraus ist es vielleicht zu verstehen, dass das Schweizer Vorbild nirgendwo sonst Anklang gefunden hat. Man empfindet wohl, dass man so unpolitisch seine Staatsgeschäfte nicht führen kann.» Dieses Urteil ist 1958 entstanden.

Wenn wir diese doch wohl recht kompetenten Urteile zusammenfassen, dann heisst das: wir haben eine verbürokratisierte Regierung, die praktisch keiner parlamentarischen Kontrolle untersteht. Dieses zugegebenermassen recht scharfe Urteil wird im Grunde von den führenden schweizerischen Staatsrechtlern durchaus unterschrieben. Prof. Hans Huber, Bern, sagte in einem Vortrag über die schweizerische Demokratie, den er vor zwei Jahren an der Freien Universität Berlin gehalten hat, die schweizerische Bundesversammlung sei im Vergleich zum amerikanischen Kongress «im allgemeinen gouvernementaler, gefügiger, willfähriger, leichter zu gewinnen». Und in bezug auf den oben erwähnten Entwicklungsprozess schreibt er: «Vor allen Dingen setzten Verwaltungsstaat und Bürokratie, die ja nur einen andern Aspekt des Sozialstaates darstellen, den Gesetzgebungsstaat teils ausser Kurs. So verschob das Fachwissen der Verwaltung die Gewichte. Von diesem Fachwissen muss sich auch der Bundesrat unterrichten, inspirieren und unterstützen lassen . . .»

Was heisst das? Dass das Parlament nicht nur des Rechts der Verwaltungskontrolle beziehungsweise der Oberaufsicht, wie es in Artikel 81 der Bundesverfassung heisst, verlustig gegangen ist, sondern dass ihm auch die Gesetzgebung, die ja als die eigentliche zentrale Aufgabe jedes Parlamentes angesehen werden muss, durch die Entwicklung aus den Händen gewunden worden ist.

Auch Professor Kurt Eichenberger von der Universität Basel hat in einem vor kurzem gehaltenen Vortrag auf diesen Punkt hingewiesen: dass die Verwaltung starken Anteil hat an der Gesetzgebung allein dadurch, dass sie die Entwürfe ausarbeitet. Wie stark die Verwaltung anderseits die Entscheidungen der Exekutive vorwegnimmt, hat doch gerade die Untersuchung der «Mirage»-Beschaffung mit aller Deutlichkeit gezeigt. Nicht nur der obersten zivilen Behörde, also dem Bundesrat, konnte im Grunde doch nur eine formelle Verantwortung aufgebürdet werden, dies gilt sogar auch für die obersten militärischen Organe wie die Landesverteidigungskommission und den Generalstabchef. Die wirklichen Sachentscheidungen wurden weiter unten gefällt, und die obersten Behörden hatten sie nur noch zu sanktionieren und zu decken.

Mit einem Wort: es kann nicht bestritten werden und wird ja eigentlich auch nicht bestritten, dass die Verwaltung durch die Macht der Umstände in hohem Masse in die Bereiche und Befugnisse der Legislative und der Exekutive, ja sogar der Rechtsprechung, wenn wir an die Verwaltungsrechtspflege denken, eingebrochen ist. Damit ist das beherrschende Prinzip der Gewaltenteilung in Frage gestellt, was ein weiterer Staatsrechtler, Prof. Max Imboden, unumwunden zugibt. Das Verhältnis der Gewalten sei in mehr als einer Hinsicht zur Frage geworden, schreibt er. Die Volksvertretung habe an Wirkungskraft gegenüber Regierung und Verwaltung verloren; die Bedeutung des parlamentarischen Oberaufsichtsrechts sei gesunken, und in der Gesetzgebung habe sich das Parlament mehr und mehr in die Abhängigkeit von der Regierung gesetzt, um so mehr, als die Finanzbefugnisse des Parlaments aufgehört haben, «die Schlüsselstellung im staatlichen Haushalt zu bezeichnen». Und er stellt schliesslich auch die Aufgabe, die zu lösen sein wird: «Mit klaren Akzenten ein neues, innerlich ausgewogeneres Gleichgewicht der Gewalten zu schaffen wird Ziel einer zeitgemässen Verfassungsgebung sein.» Wenn aber das Prinzip der Gewaltenteilung und der gegenseitigen Gewaltenhemmung beziehungsweise Gewaltenkontrolle gefährdet erscheint, dann ist wirklich Gefahr im Verzuge. Wer den bürokratischen Apparat beherrsche, so hat schon der grosse deutsche Soziologe Max Weber gültig festgestellt, habe auch die Macht im Staate. Was nun aber, wenn den bürokratischen Apparat niemand mehr wirklich beherrscht, wenn dieser selbst aus einer dienenden in eine herrschende Funktion aufrückt? Dann adieu Demokratie!

Ein Staat kann nicht zugleich genossenschaftliche Demokratie und zentralisierte Bürokratie sein. Verfassung und politische Wirklichkeit sind bei uns so weit auseinandergeraten, dass es höchste Zeit wird, diese Frage nun in ihrer ganzen Breite und Tiefe anzugehen.

Unsere politische Diagnose sollte deutlich genug gemacht haben, dass der Ruf nach Parlamentsreform und Reform der politischen Einrichtungen überhaupt keineswegs nur aus dem Fieberzustand der «Mirage»-Debatte heraus verständlich zu machen ist, sondern dass er sehr wohl in unseren gegenwärtigen politischen Zuständen begründet ist. Die Skepsis, mit der gar mancher, besonders in der Regierung, aber auch im Parlament selbst, dieser Forderung zunächst gegenüberstand oder immer noch gegenübersteht, ist also keineswegs berechtigt. Es ist zwar mit dem Ruf nach Parlamentsreform nicht anders gegangen wie mit so vielen andern Reformvorschlägen auch: zuerst wurde er nur von einigen wenigen erhoben, und dann haben sich ihm immer mehr angeschlossen. Und bereits heute haben wir eine Lage, die einen mir befreundeten, für seinen Witz bekannten bernischen Oberrichter veranlasste zu sagen, es sei eher selten, dass sich die Herren so zu einer Vaterschaft drängten. Aber es geht hier nicht darum, sich um ein Erstgeburtsrecht zu streiten; die Hauptsache ist, dass sich die Erkenntnis von der unbedingten Notwendigkeit politischer Reformen in unserem Regierungssystem allgemein Bahn bricht. Denn eine solche allgemeine Zustimmung ist in unserer Demokratie unbedingt notwendig, wenn man etwas «Neues» durchbringen will.

Dass der Ruf nach Parlamentsreform in der Luft liegt, zeigt sich auch sofort, wenn wir den Blick über unsere Grenzen richten. Von Westeuropa bis nach Israel wird dieser Ruf erhoben, und es werden teilweise genau dieselben Forderungen gestellt wie in unserem Parlament auch. Internationale parteipolitische Organisationen wie die Liberale Weltunion oder die Sozialistische Internationale haben in den gleichen Ruf eingestimmt und eine allgemeine Aufwertung des Parlaments gegenüber den andern Gewalten als dringendes Erfordernis unserer Zeit bezeichnet, wenn die Demokratie überhaupt in unserer hochtechnisierten und hochspezialisierten Zivilisation eine Zukunft haben solle. In der Tat ist nicht zu übersehen, dass wir vor dem Phänomen eines allgemeinen Niederganges des Parlamentarismus stehen. Nicht nur dass in gar so manchem Lande das parlamentarische System überhaupt aufgegeben wurde – wie in den meisten sogenannten Entwicklungsländern, aber etwa auch in dem benachbarten Frankreich, einem der Mutterländer des Parlamentarismus – auch da, wo dieses System prinzipiell beibehalten wurde, will es nicht mehr so recht funktionieren, aus eben den Gründen, die wir geschildert haben. Der erwähnte Prof. Friedrich zählt sogar die englische Demokratie, also die «Mutter der Parlamente», nicht mehr zur Parlamentsform der Demokratie, sondern zur Kabinettsform, und ein bekannter englischer Wissenschaftler stellte fest, dass in England die Regierung das Parlament beherrsche und nicht umgekehrt. Richard Crossmann, der für seinen Radikalismus zwar bekannt ist, fällte das Urteil, England sei längst keine parlamentarische Demokratie mehr, sondern eine «Prime Minister Democracy», die sich von der Präsidialdemokratie der Vereinigten Staaten nur noch wenig unterscheide. Dies schrieb er noch als oppositioneller Abgeordneter; vielleicht ist er heute froh, dass es so ist, nachdem er selbst Minister geworden ist. Die Optik sieht nämlich offensichtlich anders aus, ob einer auf der Regierungsbank oder in den

Abgeordnetenreihen sitzt. Das ist ja auch begreiflich: welcher Minister oder Regierungschef hat schon gerne ein starkes und damit eigenwilliges, unbequemes und vielleicht sogar aufsässiges Parlament? Aber wir können auf derlei Empfindsamkeiten keine Rücksicht nehmen, wenn wir das gestellte Problem wirklich lösen wollen.

In England, das in der landläufigen Vorstellung immer noch als Vorbild der parlamentarischen Demokratie angesehen wird, hat sich also im Grundsatz dieselbe Entwicklung vollzogen wie bei uns auch. Wie das englische Kabinett ursprünglich ein Ausschuss des Parlaments war, so war der Bundesrat nach der Verfassung von 1848 ein Beauftragter der Bundesversammlung. In beiden Ländern hat sich die Exekutive von der Legislative nicht nur losgelöst, sondern sie zum Teil sogar ins Schlepptau genommen. Wir betonen noch einmal; dass es dabei nicht um böse Absichten der Regierenden geht, um verfassungswidrige Machtgelüste sozusagen; dieser Zustand ist vielmehr durch die Macht der Umstände herbeigeführt worden. Kürzlich fand in Bern ein Gespräch am Runden Tisch über die Parlamentsreform statt beziehungsweise über die Frage, ob die Verwaltung tatsächlich das Parlament überspiele. Als die Frage gestellt wurde, ob die Verwaltung die Absicht habe, das Parlament zu überspielen, gab ich zu bedenken, dass es nicht darum gehe, sondern um die Erkenntnis, dass das Parlament mit innerer Notwendigkeit durch die Macht der Entwicklung überspielt werden musste.

Infolgedessen sollte man sich ja auch nicht darauf beschränken, einzelne Beamte oder Verwaltungsstellen in die Schranken zu weisen, sondern Massnahmen zu treffen, um einer solchen Entwicklung grundsätzlich Einhalt zu gebieten. Es geht nicht um die Verhängung disziplinarischer Massnahmen, sondern um die Schaffung neuer Einrichtungen beziehungsweise um die sach- und zeitgerechte Ausstattung der bestehenden Einrichtungen mit entsprechenden Mitteln und Hilfskräften.

Mit Recht ist festgestellt worden, dass der Hauptgrund, warum der amerikanische Kongress den allgemeinen Niedergang des Parlamentarismus nicht mitgemacht, sondern im Gegenteil seine Macht im Laufe der Zeit noch gestärkt habe, darin liege, dass er sich rechtzeitig mit den notwendigen Hilfsmitteln und -kräften ausgestattet habe, um ein Überborden der Verwaltung zu verhindern. Das Vorbild für unsere Parlamentsreform ist infolgedessen nicht in England, sondern in den Vereinigten Staaten zu suchen. Es braucht dabei wohl kaum des Hinweises, aber für die Uneinsichtigen und Böswilligen sei er doch gemacht, dass es für uns niemals darum gehen kann, ein ausländisches Beispiel sklavisch nachzuahmen, besonders wenn es sich dabei noch um eine Grossmacht mit einem Berufsparlament handelt. Aber zu behaupten, wir könnten vom Ausland nichts lernen, kommt einer Überheblichkeit gleich, die wohl kaum gerechtfertigt sein dürfte. Und wer unsere Neutralitätspolitik gefährdet sehen sollte, wenn wir gewisse amerikanische Einrichtungen übernehmen sollten, den habe ich schon früher auf die Möglichkeit hingewiesen, auch die russischen Verhältnisse zu studieren, weil es auch nicht ganz ohne Sinn sei festzustellen, wie man es nicht machen soll. Wer noch irgendwelche Zweifel gehabt haben sollte an dem fundamentalen Gegensatz zwischen echter Demokratie und Scheindemokratie, der sollte eigentlich durch die weltpolitischen Ereignisse, die vor einigen Wochen über die Bühne gingen, endgültig eines Besseren belehrt worden sein. Selbst die Partei der Arbeit sah sich ja nach dem Sturz von Chruschtschow zur

Feststellung veranlasst, es habe sich gezeigt, dass die Demokratisierung in der Sowjetunion doch noch nicht weit genug fortgeschritten sei. Das ist eine bemerkenswerte Kritik, und wir nehmen sie gerne zur Kenntnis. Ob sie etwas fruchten wird, ist indessen eher zweifelhaft; denn die Ablösung von Chruschtschow hat sich durchaus nach den Grundsätzen des Leninismus abgespielt. Was die Vereinigten Staaten als Vorbild anbetrifft, sei doch immerhin noch die historische Feststellung gemacht, dass sich unsere Bundesgründer von 1848 auch nicht gescheut haben, von Amerika zu lernen. Hätten wir rechtzeitig die Massnahmen studiert, die der amerikanische Kongress einleitete, um seine Entmachtung zu verhindern, dann wäre es bei uns nie so weit gekommen. Aber Selbsterkenntnis kommt nie zu spät. Wir dürfen uns nicht damit begnügen, festzustellen, dass in so und so vielen andern Ländern keine echte Demokratie, sondern nur Scheindemokratie herrsche; dieser Umstand sollte für uns vielmehr warnendes Beispiel sein, auf dass wir nicht unmerklich in einen Zustand hinübergleiten, wo die Funktion der Demokratie auch bei uns in Frage gestellt sein könnte.

Es kann hier nicht darum gehen, die Reformvorschläge, die bereits gemacht wurden, Revue passieren zu lassen oder gar einer kritischen Prüfung zu unterziehen. Das wird in kommenden Parlamentsdebatten und Kommissionssitzungen zu geschehen haben. Wichtig ist, dass sich die Erkenntnis durchsetzt, wie entscheidend die parlamentarische Kontrolle im demokratischen Staat ist. Nur eine kontrollierte Macht kann demokratische Macht sein, nur eine Verwaltung, die unter Kontrolle bleibt, kann eine demokratische Verwaltung sein. Die Demokratie ist die Staatsform der Öffentlichkeit im Sinne der öffentlichen Prüfung aller staatlichen Tätigkeit. Wo diese öffentliche Prüfung nicht mehr gewährleistet ist und damit politische Verantwortlichkeiten nicht mehr festgestellt werden können, da stehen wir am Anfang vom Ende der Demokratie. Mit einem Wort: die Möglichkeit der öffentlichen Kontrolle von Regierung und Verwaltung, sei es direkt durch das Volk, sei es durch die Repräsentanten des Volkes in den Parlamenten, ist der Kern der Demokratie.

Natürlich gilt es bei einer kommenden Reform immer die – helvetischen – Proportionen zu wahren. Das Parlament kann und will keine Gegenbürokratie aufziehen. Aber es muss das Mindestmass an Mitteln in die Hand bekommen, um das verfassungsmässig zugestandene und auch vorgeschriebene Amt der Oberaufsicht ausüben zu können. Es ist lächerlich, in einer solchen Lage, wo sich das Parlament aufgerafft hat, nicht endgültig abzudanken, das Schreckgespenst einer parlamentarischen Diktatur an die Wand zu malen, wie dies ein politisierender Zürcher Professor getan hat. Was das Parlament offensichtlich will und die Stunde auch erfordert, das ist nicht mehr aber auch nicht weniger als die Zurückgewinnung der Stellung, die es einnehmen muss, wenn die Gewaltenteilung und damit die Demokratie nicht zur Farce werden sollen. Das Parlament will nur, was des Parlamentes ist.

Das Parlament mit den notwendigen Hilfsmitteln ausstatten, heisst auch nicht, wie fälschlicherweise gelegentlich befürchtet wird, sich auf den Weg zum Berufsparlament zu begeben. Im Gegenteil: es heisst, das Amateurparlament, das wir haben und behalten wollen, in die Lage zu versetzen, seine verfassungsmässige Aufgabe gerade auch als Amateurparlament erfüllen zu können. Die Aufgabe wird auch so noch schwierig genug sein. Wir dürfen uns übrigens nicht darüber hinwegtäuschen lassen, dass der Begriff des Amateurparlaments auch einen falschen Eindruck erwecken könnte. Es handelt sich nämlich um ein Amateurparlament, das heute bereits zu einem grossen Teil aus Berufspolitikern besteht. Der Vergleich mit der Olympiade drängt sich auf, die immer ausschliesslicher von Berufssportlern, die allerdings als Amateure getarnt sind, beschickt wird.

Man mag es bedauern, dass auch in unserem Parlament immer mehr Berufspolitiker erscheinen, seien es Verbands- und Parteileute oder Magistratspersonen; aber es ist wahrscheinlich, dass das Parlament noch weniger funktionieren würde, wenn es nicht so wäre. Denn der Berufspolitiker hat eben im allgemeinen viel mehr Zeit, sich der parlamentarischen Arbeit zu widmen als derjenige, der daneben einen vollen Beruf auszuüben hat. Dass diese Berufspolitiker in vielen Fällen gleichzeitig Vertreter bestimmter Interessengruppen sind, bringt allerdings ein weiteres verwirrendes Element in unseren Parlamentarismus. Dieses Problem kann hier nur gerade angedeutet werden.

Aber auch von den Verbänden her, von den «Pressure Groups», wie der angelsächsische Ausdruck lautet, droht dem demokratischen Parlament Gefahr, und zwar die Gefahr, von der Gesetzgebung immer mehr ausgeschaltet zu werden beziehungsweise vor vollendete Tatsachen gestellt zu werden. Das sogenannte Vernehmlassungsverfahren hat dazu geführt, dass die legislativen Entscheidungen in hohem Masse heute bei uns im vorparlamentarischen Raum gefällt werden, so dass die Debatten im Rat nur noch Nachhutgefechten gleichkommen. Auch diese Frage müsste einmal gründlich angepackt werden, obschon wir uns wohl bewusst sind, wie schwierig hier eine Lösung zu finden sein wird. Dass die Frage der parlamentarischen Kontrolle nicht durch eine noch engere Bindung der Volksvertreter an die Verbände gefunden werden kann, wie dies ein verdienter Altparlamentarier vorgeschlagen hat, dürfte eigentlich nicht zweifelhaft sein.

Dies hiesse doch wohl den Bock zum Gärtner machen. Worum es geht, ist vielmehr das Gegenteil: dem Parlamentarier wenigstens ein Mindestmass an unabhängiger Information zu verschaffen, unabhängig sowohl von der Verwaltung wie von den Interessengruppen. Das ist der zentrale Punkt. Im amerikanischen Kongress hat man das sehr wohl erkannt und zu diesem Zweck den «Legislative Reference Service» geschaffen und immer mehr ausgebaut; seine Aufgabe ist es, dem Parlament Informationen zur Verfügung zu stellen, «independent of the executive branch, independent of the lobbyists», wie es in der Umschreibung seiner Aufgaben ausdrücklich heisst. Es handelt sich also um einen parlamentarischen Auskunftsdienst, der die Volksvertreter in den Stand setzen soll, sich ein möglichst unabhängiges Urteil zu bilden.

Die zweite amerikanische Einrichtung, der wir unsere Aufmerksamkeit widmen sollten, sind die sogenannten «Hearings». Es handelt sich um das Anhören von Sachverständigen und Zeugen, die nicht der Verwaltung anzugehören brauchen. Welche Bedeutung dieser Einrichtung in Amerika beigemessen wird, geht unter anderem aus dem Urteil des obersten Bundesgerichtshofes in Washington hervor, das dieser gegen einen Mann gefällt hat, der sich geweigert hat, vor einem Untersuchungsausschuss des Senats zu erscheinen. Es stehen in diesem Urteil folgende Sätze: «Wir sind der Auffassung, dass die Zuständigkeit zur selbständigen Erforschung der Wahrheit ... für die Gesetzgebungsarbeit ein ebenso wesentliches wie notwendiges Hilfsmittel ist ... Ein Parlament kann nicht weise und wirksam Erlasse schaffen, ohne die tatsächlichen Verhältnisse, die angetastet oder verändert werden sollen, zu durchschauen; soweit ein Parlament über die einschlägigen Kenntnisse nicht schon verfügt, ... muss es die in Frage kommenden Dritten dazu anhalten können, ihm diese zu vermitteln.» Denn der Kongress sei, das ist die Quintessenz dieses Urteils, «die oberste Prüfungsinstanz der Nation».

Dem ist nicht viel hinzuzufügen. Der Massstab ist gegeben, das Ziel ist anvisiert, das unsere Reform erreichen muss: das Parlament in Stand zu setzen, wieder in Stand zu setzen, oberste Prüfungsinstanz der Nation zu sein.

Anhang

ANMERKUNGEN

Über den wissenschaftlichen Umgang mit dem Dritten Reich

1 Klaus Hildebrand: Nationalsozialismus ohne Hitler? Das Dritte Reich als Forschungsgegenstand der Geschichtswissenschaft. In: Geschichte in Wissenschaft und Unterricht 1980, S. 289 (GWU).
2 Martin Broszat: Soziale Motivation und Führerbindung der NS-Bewegung. In: Vierteljahreshefte für Zeitgeschichte 1970, S. 392 (VHZ).
3 Auftrag und Verpflichtung der Geschichte. Ansprache des Bundeskanzlers auf dem 32. Deutschen Historikertag in Hamburg. Bulletin des Presse- und Informationsamts der Bundesregierung Nr. 114 vom 10. Oktober 1978.
4 Karl Dietrich Bracher: Zeitgeschichtliche Kontroversen. Um Faschismus, Totalitarismus, Demokratie. München 1976, Einleitung.
5 Karl Dietrich Erdmann: GWU in eigener Sache. Antwort an einen Dunkelmann. Wie informiert GWU ihre Leser? In: GWU 1981, S. 197.
6 Vgl. Anmerkung 1.
7 Vgl. die Schlussbetrachtungen dieses Aufsatzes.
8 Es muss auch festgestellt werden, dass der Begriff «Polykratie» ein Neologismus ist, eine Neuschöpfung, die insbesondere nichts zu tun hat mit der klassisch-griechischen Theorie der Herrschaftsformen.
9 Wie wenig die Tendenz zur «Rivalität» das Ziel der «Totalität» beeinträchtigte, zeigt am Beispiel der Entstehung der Gestapo neuerdings in überzeugender Weise Christoph Graf: Politische Polizei zwischen Demokratie und Diktatur. Einzelveröffentlichungen der Historischen Kommission zu Berlin, Band 36. Berlin 1982.
10 Heinz Höhne: Der Orden unter dem Totenkopf. Die Geschichte der SS. Fischer-Bücherei Nr. 1052, Band I, Einleitung.
11 Bracher: Zeitgeschichtliche Kontroversen, S. 47.
12 A. J. P. Taylor: The Origins of the Second World War. 1961. Deutsche Ausgabe: Die Ursprünge des Zweiten Weltkrieges. Gütersloh 1962.
13 Fritz Tobias: Der Reichstagsbrand. Legende und Wirklichkeit. Rastatt 1962.
14 Meine Auseinandersetzung mit Taylor in: Die Entfesselung des Zweiten Weltkrieges. Frankfurt am Main 1964. S. 419 ff. Wieder abgedruckt in: Kriegsbeginn 1939. Entfesselung oder Ausbruch des Zweiten Weltkrieges? Herausgegeben von Gottfried Niedhart: Wege der Forschung. Band CCCLXXIV. Darmstadt 1976.
15 Taylor, a. a. O., S. 354.
16 So Hans Mommsen: Nationalsozialismus. In: Sowjetsystem und demokratische Gesellschaft. Eine vergleichende Enzyklopädie. Freiburg-Basel-Wien 1971, Band IV, Spalte 695 ff.

17 Adolf Hitler: Mein Kampf. München 1936, S. 736. Vgl. dazu auch mein Buch: Der Nationalsozialismus. Dokumente 1933–1945. Fischer Taschenbuch Verlag. Band 6084, S. 175 ff.

18 So Gottfried Niedhard in: Kriegsbeginn 1939, Einleitung. Dazu meine Kritik. Normalization or Falsification of Nazi-History? A. J. P. Taylor and the «neorevisionist» school in Germany. In: L'histoire et les relations internationales. Recueil d'études en hommage à Jacques Freymond. Institut Universitaire de Hautes Etudes Internationales. Genève 1981, p. 309.

19 Vgl. Hermann Graml: Zur Diskussion über die Schuld am Zweiten Weltkrieg. In: Kriegsbeginn 1939, S. 429 ff.

20 A. J. P. Taylor: Erneute Betrachtungen. In: Kriegsbeginn 1939, S. 29 ff.

21 Tobias, a.a.O., S. 591 ff.

22 Bracher: Zeitgeschichtliche Kontroversen, S. 66.

23 Der Reichstagsbrand – Alibi einer Nation? In: Der Spiegel Nr. 43 vom 10. Oktober 1972.

24 Der Reichstagsbrand. Eine wissenschaftliche Dokumentation. Band I. Berlin 1972, Band II. München 1978. Herausgegeben von W. Hofer u.a.

25 Urteil des Bundesgerichtshofs vom 11. Januar 1966 in dem Rechtsstreit Gisevius gegen Gewehr.

26 Wenn Hillgruber schreibt, es sei meine Auffassung, «Hitler habe gar kein konkretes aussenpolitisches Ziel gehabt», so ist dies ein Missverständnis. Hingegen bin ich tatsächlich der Meinung: «Statt Polen hätte auch ein anderes Objekt den Vorwand zur Auslösung des Krieges bieten können» – z.B. die CSR bereits im Herbst 1938 oder aber die Westmächte statt Polen im Herbst 1939. Prinzipiell feststehend war das Ziel der Eroberung neuen Lebensraums und die Überzeugung, dass dieses Ziel nur durch Krieg erreichbar sein würde. Auf der taktischen Ebene aber schwankte Hitler lange, in welcher «Reihenfolge» er Krieg führen sollte. Insofern bin ich durchaus Anhänger der Auffassung, wonach Hitler planmässig und bewusst den Krieg von 1939 herbeigeführt hat. Das ist ja die Grundthese meines Buches über die «Entfesselung des Zweiten Weltkrieges».
Vgl. Andreas Hillgruber: Endlich genug über Nationalsozialismus und Zweiten Weltkrieg? Forschungsstand und Literatur. Düsseldorf 1982, S. 32 ff.
Auch Klaus Hildebrand: Das Dritte Reich, München-Wien 1979, ist diesem Missverständnis zum Opfer gefallen, wenn er meine Auffassung dahingehend interpretiert, dass «Hitler in seiner Aussenpolitik und Kriegsführung als machiavellistischer Opportunist gehandelt habe ...» Vgl. S. 170. Man sollte strategische Zielsetzung und taktische Durchführung auseinanderhalten.

27 Vgl. dazu das Kapitel «Die Struktur der NS-Aussenpolitik und die Entwicklung des Auswärtigen Amtes» in meinem Beitrag über «Die Diktatur Hitlers» für das «Handbuch der deutschen Geschichte», herausgegeben von Brandt-Meyer-Just. Konstanz 1960.
Zu diesem Thema ebenfalls schon früher Hans-Adolf Jacobsen: Nationalsozialistische Aussenpolitik 1933–1938. Frankfurt a. M. 1968.

28. W. Schieder: Spanischer Bürgerkrieg und Vierjahresplan. Zur Struktur nationalsozialistischer Aussenpolitik. In: Der spanische Bürgerkrieg in der internationalen Politik (1936–1939). München 1976.

29 Hans-Henning Abendroth: Die deutsche Intervention im spanischen Bürgerkrieg. In: VHZ 1982, S. 117 ff.

30 Klaus Hildebrand: Monokratie oder Polykratie? Hitlers Herrschaft und das Dritte Reich. In: Der «Führerstaat»: Mythos und Realität. Studien zur Struktur und Politik des Dritten Reiches. Herausgegeben von Gerhard Hirschfeld und Lothar Kettenacker mit einer Einleitung von Wolfgang J. Mommsen. Veröffentlichung des dt. Historischen Institutes London 1981 (Stuttgart 1981).

31 Andreas Hillgruber: Endlich genug über Nationalsozialismus und Zweiten Weltkrieg? Forschungsstand und Literatur. Düsseldorf 1982, S. 28.

32 David Irving: Hitlers War. London 1977. (Hitler's Krieg, München 1982). Dass sich

Irvings Bücher «ziemlich deutlich in den Dienst neonazistischer Tendenzen» stellen, vgl. Jost Düffler: David Irving, der Widerstand und die Historiker. In: GWU 1979, S. 686ff.

33 Vgl. Uwe Dietrich Adam: Judenpolitik im Dritten Reich. Düsseldorf 1972.

34 Martin Broszat: Hitler und die Genesis der «Endlösung». In: VHZ 1977, S. 739ff.

35 Christopher Browning: Zur Genesis der «Endlösung». In: VHZ 1981, S. 97ff. Browning nennt Broszats «Beweisführung» einen «tour de force».

36 a.a.O., S. 105.

37 Jochen von Lang: Das Eichmann-Protokoll. Tonbandaufzeichnungen der israelischen Verhöre. Berlin 1982.

38 Hans Mommsen: Nationalsozialismus oder Hitlerismus? In: Persönlichkeit und Struktur in der Geschichte, Michael Bosch (Hrsg.). Düsseldorf 1977, S. 62ff.

39 Rolf Hochhuth in: Die Weltwoche (Zürich) Nr. 39 vom 29. September 1982. In überzeugender Weise werden die Thesen von M. Broszat neuerdings zurückgewiesen durch Edouard Calic: Reinhard Heydrich. Schlüsselfigur des Dritten Reiches. Düsseldorf 1982, S. 509ff. (Zitat Wiesenthal, S. 524).
Vgl. ferner dazu Wolfgang Scheffler: Zur Entstehungsgeschichte der «Endlösung» in: Aus Politik und Zeitgeschichte (Bonn) vom 30. Oktober 1982.

40 Renzo de Felice: Intervista sul fascismo. Roma-Bari 1975. Sebastian Haffner: Anmerkungen zu Hitler. Fischer Taschenbuch Verlag Nr. 3489. Frankfurt a.M. 1981.

41 George L. Mosse: Einführung. Die Entstehung des Faschismus. In: Internationaler Faschismus 1920–1945 (Deutsche Buchausgabe von Heft Nr. 1 des Journal of Contemporary History, London 1966).

42 Jacob Burckhardt: Weltgeschichtliche Betrachtungen. Fünftes Kapitel: Das Individuum und das Allgemeine (Die Historische Grösse).

43 Friedrich Meinecke: Die deutsche Katastrophe. Wiesbaden 1955.

44 Karl Dietrich Bracher: Zeitgeschichtliche Kontroversen, S. 18.

45 W.J. Mommsen: Gesellschaftliche Bedingtheit und gesellschaftliche Relevanz historischer Aussagen. In: Eberhard Jäckel und Ernst Weymar (Hrsg.): Die Funktion der Geschichte in unserer Zeit. Stuttgart 1975. S. 219.

46 Hillgruber a.a.O., S. 38ff.

47 Vgl. dazu Karl Dietrich Erdmann: Nationalsozialismus – Faschismus – Totalitarismus. In: GWU 1976, S. 457ff.

48 a.a.O., S. 459.

49 Wolfgang J. Mommsen in seiner Einleitung zu dem in Anmerkung 30 genannten Buch.

50 Wolfgang J. Mommsen, vgl. Anmerkung 30.

51 Vgl. dazu mein Buch: Geschichtsschreibung und Weltanschauung. Betrachtungen zum Werk Friedrich Meineckes. München 1950. In diesem Zusammenhang vor allem von Bedeutung das Kapitel: Das Individuum und das Allgemeine, wo sich auch die Meinecke-Zitate finden.

52 Theodor Schieder: Geschichte als Wissenschaft. Eine Einführung. München-Wien 1968, S. 157ff., wo auch die übrigen Zitate stehen.

53 Kurt Lenk: «Elite» – Begriff oder Phänomen? In: Aus Politik und Zeitgeschichte vom 23. Oktober 1982, S. 27ff.

54 Für Helmut Schmidt vgl. Anmerkung 3.

Neutralität im totalen Krieg

1 Zitiert bei: Heinz Fiedler. Der sowjetische Neutralitätsbegriff in Theorie und Praxis, Köln 1959, S. 191.

2 Wie Birgitt Galler in einer bei mir angefertigten Dissertation über «Aspekte der belgischen Sicherheitspolitik nach dem Ersten Weltkrieg: Das französisch-belgische Militärabkommen von 1920 und die Luxemburgfrage» nachgewiesen hat, erfolgte die Kündigung dieses Abkommens seitens Belgiens in erster Linie aus innenpolitischen Gründen, aller-

dings nur gerade einen Tag vor dem Einrücken der deutschen Truppen ins Rheinland.

3 So im Vortrag von M. de Keizer «Dutch neutrality in the Thirties: a policy of pastors and merchants?» Konferenzpapier (= K. P.).

4 Vgl. dazu mein Buch über «Die Entfesselung des Zweiten Weltkrieges», Frankfurt am Main 1964, S. 115 ff. (Neuauflage Düsseldorf 1984).

5 So im Vortrag von Seppo Myllyniemi «Die Neutralitätspolitik der baltischen Staaten und Finnlands am Vorabend und in der Anfangsphase des Zweiten Weltkriegs». K. P.

6 Zitiert nach dem Vortrag von Carlos Bessa «La Neutralité portugaise dans la seconde guerre mondiale». K. P.

7 Wir folgen hier dem Vortrag von R. Fanning über «The politics of Irish neutrality during world war II», dem auch die Zitate entstammen. K. P.

8 S. Deringil: «Turkish reactions to European crisis: 1943». K. P.

9 D. C. Watt: «Britain and the Neutral Powers 1939–1945: Some general considerations». K. P.

10 «American wartime relations with neutral European states: the case of the United States and Switzerland» by Arthur L. Funk. K. P.

11 «Great Britain and neutral Switzerland» by Anthony Adamthwaite. K. P.

12 «La France et les neutres européens de septembre 1939 à mai/juin 1940» par Jean-Marie d'Hoop. K. P.

13 Dies hat jetzt Edgar Köppel in einer Berner Diplomarbeit über «Die Problematik der schweizerischen Kriegsmaterialexporte 1939–1945» auf Grund der im Bundesarchiv liegenden Akten definitiv nachgewiesen.

14 B. Martin: «Deutschland und die neutralen Staaten Europas im Zweiten Weltkrieg». K. P.

15 Vgl. Max Nef, Bericht des Bundesrates an die Bundesversammlung über die schweiz. Pressepolitik im Zusammenhang mit dem Kriegsgeschehen 1939–1945, Bern 1945, S. 124 ff.

16 Edgar Bonjour, Geschichte der schweizerischen Neutralität, Kurzfassung, Basel 1978, S. 155.

17 Zitiert nach dem Vortrag von L. Revesz über «Die sowjetische Neutralitätspolitik vor, während und nach dem Zweiten Weltkrieg». K. P.

18 Im Vortrag über «La neutralité des Pays-Bas, du Luxembourg et de la Belgique pendant la «Drôle de Guerre». K. P.

19 Abgedruckt in Alfred Seidl (Hrsg.): Die Beziehungen zwischen Deutschland und der Sowjetunion 1939–1941. Aus den Archiven des Auswärtigen Amtes und der deutschen Botschaft in Moskau, 1949, S. 271.

20 Wir folgen hier dem Vortrag von H.-J. Hoppe «Neutrale Staaten in Südosteuropa». K. P.

21 Zitiert bei Hoppe, Bulgarien – Hitlers eigenwilliger Verbündeter. Eine Fallstudie zur nationalsozialistischen Südosteuropapolitik, Stuttgart 1979, S. 59.

22 Vgl. Seidl, a. a. O., S. 297.

23 Neutrale Kleinstaaten im Zweiten Weltkrieg, Münsingen 1973, S. 85 f.

Gedanken zur Menschenrechtsproblematik in der heutigen Welt

1 Rapport sur la Politique générale du Conseil de l'Europe: Droits de l'homme dans le monde. Doc. 4081. Zitiert: Rapport

2 a. a. O., S. 72 ff.

3 Handbuch der schweizerischen Aussenpolitik. Schriftenreihe der Schweiz. Gesellschaft für Aussenpolitik 2. Bern und Stuttgart 1975, S. 153.

4 zitiert in: Rapport, S. 38.

5 a. a. O., S. 74.

6 Die Weltwoche Nr. 8 vom 22. 2. 1978.

7 Rapport § 8.
8 Konferenz über Sicherheit und Zusammenarbeit in Europa (KSZE). Schlussakte von Helsinki. Separatdruck aus dem Bundesblatt Nr. 35 vom 5. 9. 1975.
9 Prof. Dr. Bernhard Graefrath in: Neue Justiz, Zeitschrift für Recht und Rechtswissenschaft, Ostberlin, Nr. 1/1977.
10 Rapport § 29.
11 Rapport § 21. Ganz in diesem Sinne heisst es in der Deklaration der blockfreien Staaten über ihre Konferenz in Belgrad vom 25.–30. Juli 1978 zu diesem Punkt: «They point out that the issue of human rights cannot be isolated from its national, economic and social context, that the freedom of the individual is inseparable from the rights of the people and that human rights and the fundamental freedoms of the individual and of the people are inalienable.» Original englisch, S. 55.
12 zitiert in: Rapport § 23. Vgl. auch NZZ Nr. 287 vom 7. 12. 1977.
13 Walther Hofer: Von der Freiheit und Würde des Menschen und ihrer Gefährdung. Bern-Stuttgart-Wien 1962, S. 74.
14 Rapport § 24 und 25.
15 Text in NZZ Nr. 191 vom 19./20. 8. 1978.
16 Bericht über den Abschluss einer internationalen Konvention zum Schutz politischer Häftlinge. Botschaft des Bundesrates vom 29. Juni 1977, S. 21f.
17 Vgl. dazu jetzt: Der Reichstagsbrand. Eine wissenschaftliche Dokumentation. Herausgegeben von Walther Hofer u.a. Band I, Berlin 1972, Band II München-New York-London-Paris-Berlin 1978. In dieser Dokumentation ist die ursprünglich allgemein angenommene NS-Täterschaft, die dann von gewisser Seite bestritten wurde, erstmals geschichtlich einwandfrei nachgewiesen worden.
18 Der Verfasser wird jedenfalls eine dahinzielende Initiative in der parlamentarischen Versammlung des Europarates einreichen.

Das Staatsvertragsreferendum in historischer Sicht

1 Zitiert bei Jean-François Aubert. Traité de droit constitutionnel suisse. Band I. Neuchâtel 1967. S. 67. Nr. 163.
2 Antwort des Bundesrates auf ein Postulat Weber-Arbon vom 20. März 1973. Maschinenschrift. Bern 1973. S. 4.
3 So sprach Botschafter Professor R. Bindschedler, einer der führenden Völkerrechtler, vom Staatsvertragsreferendum als einer «demokratischen Extravaganz».
4 Der Schlussbericht der Arbeitsgruppe für die Vorbereitung einer Totalrevision der Bundesverfassung (Bern 1973. S. 649) stellt dazu fest: «Der heutige Art. 85 Ziff. 5/6 BV einerseits und der Art. 102 Ziff. 8/9 anderseits geben keine klare Kompetenzausscheidung zwischen der Bundesversammlung und dem Bundesrat im Gebiete der auswärtigen Angelegenheiten. Bei der Ausarbeitung einer neuen Bundesverfassung wird zu prüfen sein, ob diese Kompetenzausscheidung revidiert werden kann.»
5 Willy Bretscher. Das Verhältnis von Bundesversammlung und Bundesrat in der Führung der auswärtigen Politik. In: Schweizerisches Jahrbuch für Politische Wissenschaft Nr. 6. Lausanne 1966. S. 7–27. – Edgar Bonjour. Geschichte der schweizerischen Neutralität. Band III. 1930–1939. Basel, Stuttgart^2 1967. S. 11–12.
Der Gedanke der Schaffung einer ständigen parlamentarischen Kommission für auswärtige Angelegenheiten reicht, wie neueste Forschungen ergeben haben, bis in die neunziger Jahre des letzten Jahrhunderts zurück.
6 Philipp Anton von Segesser. 5. 4. 1817–30. 6. 1888.Politiker und Schriftsteller. Aus altem aristokratischem Geschlecht. Nationalrat von 1848 bis 1888. Hervorragende Persönlichkeit der luzernischen und schweizerischen Konservativen. In der Bundesversammlung Führer der katholisch-konservativ föderalistischen Opposition.
7 Joseph Fridolin Anderwert. 19. 9. 1828–25. 12. 1880. Aus alter Thurgauer Familie. Natio-

nalrat von 1863 bis 1874. Bundesrat von 1875 bis 1880. Führende Stellung in den Revisionsbewegungen von 1865–1874. Beeinflusste durch seine zahlreichen Anträge das neue Verfassungswerk entscheidend.

8 Johann Bartholome Caflisch. 3. 2. 1817–1. 8. 1899. Bündner Advokat. Ständerat von 1853 bis 1856, von 1859 bis 1860 und von 1868 bis 1869. Nationalrat von 1860 bis 1863 und von 1869 bis 1872. Überzeugter Zentralist von 1872.

9 Friedrich Emil Welti. 23. 4. 1825–24. 2. 1899. Ständerat von 1857 bis 1866. Bundesrat von 1866 bis 1891. Gegner der Volksrechte. Förderer der Gotthardbahn. Sein Sohn Friedrich Emil war verheiratet mit Lydia Escher, der Tochter von Alfred Escher (vgl. Anm. 10).

10 Alfred Escher. 20. 2. 1819–6. 12. 1882. Aus alter einflussreicher, regierender Zürcher Familie. Nationalrat von 1848 bis 1882. Eines der einflussreichsten Mitglieder der Bundesversammlung. Hauptförderer der Gotthardbahn. 1872–1878 Direktionspräsident der Gotthardbahn.

11 Vgl. BBl. 1914, III, S. 454.

12 Motion Fonjallaz-Decurtins 1897. Vgl. BBl. 1914, III, S. 455ff.

13 Vgl. Protokoll über die Verhandlungen des schweizerischen Nationalrates. Sitzung vom 8. Juni 1897 (Traktandum Nr. 42).

14 Vgl. Felix Bosshard. Der Gotthardvertrag von 1909. Ein Beitrag zur schweizerischen Innen- und Aussenpolitik vor Ausbruch des Ersten Weltkrieges. Diss. Zürich 1973.

15 Bericht des Bundesrates an die Bundesversammlung betreffend das Volksbegehren betreffend Unterstellung von Staatsverträgen unter das Referendum vom 29. Mai 1914. BBl. 1914, III, S. 445ff.

16 Zweiter Bericht des Bundesrates an die Bundesversammlung über das Volksbegehren betreffend Unterstellung von Staatsverträgen unter das Referendum vom 9. Mai 1919. BBl. 1919, II, S. 222ff.

17 Vgl. Rolf Soiron. Der Beitrag der Schweizer Aussenpolitik zum Problem der Friedensorganisation am Ende des Ersten Weltkrieges. Basler Beiträge zur Geschichtswissenschaft. Band 127. Basel und Stuttgart 1973. S. 32ff.

18 Felix Calonder. 7. 12. 1863–14. 6. 1952. Radikal-demokratischer Ständerat 1899 bis 1913. Bundesrat von 1913 bis 1920. Ab Januar 1918 Vorsteher des Politischen Departements.

19 Max Huber. Denkwürdigkeiten 1907–1924. Zürich 1974. S. 236ff.

20 Amtliches stenographisches Bulletin der Bundesversammlung. Nationalrat 1960. S. 160.

21 Amtliches stenographisches Bulletin der Bundesversammlung. Nationalrat 1962. S. 54–56: Antwort von Bundesrat Wahlen.

22 Vgl. Botschaft des Bundesrates an die Bundesversammlung über die Weiterführung der technischen Zusammenarbeit der Schweiz mit den Entwicklungsländern vom 10. November 1971. In: BBl 1971, II, S. 1644–1753.

23 Botschaft des Bundesrates an die Bundesversammlung über die Genehmigung der Abkommen der Schweiz und der Europäischen Gemeinschaften vom 16. August 1972. In: BBl. 1972, II, S. 653–999.

24 Amtliches stenographisches Bulletin der Bundesversammlung. Nationalrat 1972. Seite 1434–1514; Rede des Vorstehers des Eidgenössischen Volkswirtschaftsdepartements, S. 1510–1513. Auch als Separatdruck, Bern, Oktober 1972, erschienen.

25 Schreiben des Bundesrates und Vorentwurf für einen entsprechenden Bundesbeschluss vom 21. Mai 1973.

26 Arbeitsgruppe für die Vorbereitung einer Totalrevision der Bundesverfassung. Band VI: Schlussbericht der Arbeitsgruppe. Bern 1973. S. 652–658.

27 Arbeitsgruppe für die Vorbereitung einer Totalrevision der Bundesverfassung. Antworten auf die Fragen der Arbeitsgruppe. Band I: Kantone. Band II: Parteien. Band III: Universitäten. Band IV: Varia. Bern 1969/70.

28 Schreiben der Schweizerischen Volkspartei an den Bundesrat vom 1. 10. 1973. Die Stel-

lungnahme wurde vom Autor dieses Aufsatzes verfasst.

29 Botschaft des Bundesrates an die Bundesversammlung über die Neuordnung des Staatsvertragsreferendums vom 23. Oktober 1974. S. 39.

30 In der Volksabstimmung 1977 wurde der Gegenvorschlag zur Neuordnung des Staatsvertragsreferendums angenommen. Die weitergehende Volksinitiative wurde abgelehnt.

BIBLIOGRAPHISCHE NOTIZEN

«Von der europäischen zur globalen Weltgeschichte. Eine Skizze» zuerst in: «Festgabe Hans von Greyerz zum 60. Geburtstag, 5. 4. 1967», hrsg. von E. Walder, P. Gild, U. Im Hof und B. Besmer, Bern 1967 (Verlag Peter Lang)

«Lenin und Wilson 1917. Die ‹leitende Tendenz› des Jahrhunderts» zuerst in: *Moderne Welt* 4/1967

«Europäisch-atlantische Tradition als Voraussetzung freiheitlicher Existenz», Vortrag Zürich 2. 5. 1963 im Rahmen eines Kurses für Unternehmensführung unter dem Thema «Grundfragen schweizerischer Existenz»

«Historische Grundlagen sowjetischer Weltpolitik», zuerst in *Politik und Kultur*, 5/1983

«Über den wissenschaftlichen Umgang mit dem Dritten Reich», zuerst in: *Geschichte in Wissenschaft und Unterricht*, 1/1983 unter dem Titel: «50 Jahre danach. Über den wissenschaftlichen Umgang mit dem 3. Reich»

«Der 20. Juli 1944 und das Ausland», zuerst in: R. Lill, H. Oberreuter (Hg.), «20. Juli. Portraits des Widerstandes», Düsseldorf 1984 (Econ Verlag), unter dem Titel «Das Attentat der Offiziere und das Ausland»

«Neutralität im totalen Krieg» zuerst in: «Einblick in die schweizerische Aussenpolitik. Festschrift für Staatssekretär R. Probst», Zürich 1984

«Rückblick auf Locarno 1925», Vortrag zur Erinnerung an die Unterzeichnung der Locarno Verträge nach 50 Jahren, Locarno 1975, unveröffentlicht

«Das Gespenst von Jalta» zuerst in *Weltwoche*, 13. 1. 1982

«Der Hemmschuh der Breschnew-Doktrin», Rede vor der Parlamentarischen Versammlung des Europarates, 1. 10. 1969

«Afghanistan-Warnung vor falscher Entspannungseuphorie», Rede vor der parlamentarischen Versammlung des Europarates. 31. 1. 1980

«Entwicklung und Perspektiven europäischer Zusammenarbeit», gekürzte Fassung des Vortrages aus Anlass des 20. Jahrestages des Beitritts der Schweiz zum Europarat, 5. 5. 1983, zuerst in: *Neue Zürcher Zeitung*, 25. 5. 1983

«Gedanken zur Menschenrechtsproblematik in der heutigen Welt», zuerst in Amnesty International Schweizer Sektion (Hg.), «Menschenrechte im Spannungsfeld. Eine Herausforderung für die Schweiz», Bern, Stuttgart 1978 (Paul Haupt Verlag)

«Friede und Freiheit sind unteilbar», Rede vor der Parlamentarischen Versammlung des Europarates, 28. 4. 1977

«Ungarn 1956. Gegen Fremdherrschaft und Diktatur», leicht gekürzte Fassung des Vorwortes zu: P. Gosztony (Hg.), «Der ungarische Volksaufstand in Augenzeugenberichten», Düsseldorf 1966 (Karl Rauch Verlag)

«Polen 1980. Geschichte als Vermächtnis», zuerst in: *Der Bund*, 3 Teile, 19. 9. 1980, 20. 9. 1980, 23. 9. 1980

«Der Europarat und die Überwindung der westeuropäischen Diktaturen», drei Reden vor der Parlamentarischen Versammlung des Europarates, 22. 1. 1974 (Griechenland), 3. 10. 1975 (Portugal), 12. 10. 1977 (Spanien)

«Politisches Denken und politische Wissenschaft», leicht gekürzte Fassung des im Auditorium Maximum an der Freien Universität Berlin am 27. 1. 1959 gehaltenen Vortrages, zuerst in: *Studiendank*, Studentenwerk der FU, Mitteilungen Nr. 4, November 1959

«Deutsche Einheit – eine geschichtliche Episode?», zuerst in: W. Hofer (Hg.), «Europa und die Einheit Deutschlands. Eine Bilanz nach 100 Jahren», Köln 1970 (Verlag Wissenschaft und Politik), unter dem Titel «Versuch einer Bilanz»

«Gibt es eine deutsche Nation?» zuerst in: F. Minssen, W. Hofer, «Zur Frage nach dem Vaterland», Schriften der Bundeszentrale für politische Bildung, unter dem Titel «Vaterland – Vergangenheit und Zukunft», Bonn 1965

«Zur Geschichte und Problematik des Staatsvertragsreferendums in der Schweiz», zuerst in: «Festschrift L. Jedlicka zum 60. Geburtstag», hrsg. von R. Neck, A. Wandruszka, St. Pölten 1976

«Parlament und Regierung in der modernen Demokratie», zuerst in *Der Landbote*, 4 Teile, 24. 11. 1964–27. 11. 1964